中国民族统计年鉴 2013

CHINA'S ETHNIC STATISTICAL YEARBOOK 2013

国家民族事务委员会经济发展司
国家统计局国民经济综合统计司 编

中国统计出版社
China Statistics Press

图书在版编目（CIP）数据

中国民族统计年鉴 = China's ethnic statistical yearbook. 2013 / 国家民族事务委员会经济发展司, 国家统计局国民经济综合统计司编. -- 北京 ：中国统计出版社, 2014.9

ISBN 978-7-5037-7290-0

Ⅰ. ①中… Ⅱ. ①国… ②国… Ⅲ. ①民族地区－统计资料－中国－2013－年鉴 Ⅳ. ①D633-54

中国版本图书馆 CIP 数据核字(2014)第 213941 号

中国民族统计年鉴—2013

作　　者/国家民族事务委员会经济发展司　国家统计局国民经济综合统计司
责任编辑/郭　栋
封面设计/李雪燕
出版发行/中国统计出版社
通信地址/北京市丰台区西三环南路甲 6 号　邮政编码/100073
电　　话/邮购（010）63376907　书店（010）68783172
网　　址/http://csp.stats.gov.cn/
印　　刷/河北天普润印刷厂
经　　销/新华书店
开　　本/880×1230mm　1/16
印　　张/57.5
字　　数/1800 千字
版　　别/2014 年 9 月第 1 版
版　　次/2014 年 9 月第 1 次印刷
定　　价/360.00 元

中国统计版图书，如有印装错误，本社发行部负责调换。

《中国民族统计年鉴—2013》

编辑委员会名单

高　键　山西省民族事务委员会主任

孟智军　内蒙古民族事务委员会副主任

赵佐贤　辽宁省民族事务委员会副主任

梁翠芬　吉林省民族事务委员会副主任

沃岭生　黑龙江省民族事务委员会主任

曹　斌　上海民族和宗教事务委员会主任

王在郑　江苏省民族事务委员会副主任

陈智慧　浙江省民族宗教事务委员会副主任

白和平　安徽省民族事务委员会副主任

杨志英　福建省民族与宗教事务厅厅长

梅仕灿　江西省民族宗教事务局副局长

马文艺　山东省民族事务委员会主任

彭亚平　河南省民族事务委员会主任

胡祥华　湖北省民族宗教事务委员会副主任

赵仁秀　湖南省民族事务委员会副主任

李秀英　广东省民族宗教事务委员会副主任

卢献匾　广西民族事务委员会主任

黄明荣　海南省民族宗教事务委员会主任

唐步新　重庆市民族宗教事务委员会主任

甘映平　四川省民族事务委员会副主任

徐　飞　贵州省民族宗教事务委员会副主任

赵立雄　云南省民族事务委员会主任

益西平措　西藏民族宗教事务委员会副主任

徐自立　陕西省民族事务委员会主任

沙拜次力　甘肃省民族事务委员会主任

文化堂　青海省民族事务委员会副主任

丁卫东　宁夏民族事务委员会主任

吐尔干·皮达　新疆民族事务委员会主任

穆坦里甫·买提托合提　新疆生产建设兵团民族宗教局局长

《中国民族统计年鉴—2013》

编者说明

一、由国家民族事务委员会主办的《中国民族统计年鉴》（2013），是一部全面反映中国政府民族经济工作以及全国少数民族和民族自治地方国民经济社会发展情况统计资料的大型资料性工具书。

二、本书由“专文”、“综述篇”、“政策法规篇”、“统计资料篇”、“附录”共5部分组成。

1. 专文。收录了国家民委主要领导在2012年有关民族工作的部分文章和讲话。

2. 综述篇。分“民族自治地方发展综述”、“民族乡镇发展综述”、“民族经济工作综述”等3个类目，收录了2012年全国、各省（自治区、直辖市）民族自治地方和民族乡镇经济社会发展情况及2012年全国和各省区市及兵团民族经济工作情况的综合性文稿。

3. 政策法规篇。收集了2012年国务院、国家民委及有关部委和各省（自治区、直辖市）颁发的关于民族工作方面的文件、制度、法规、规划等文献。

4. 统计资料篇。分“民族自治地方”、“陆地边境县”、“牧区半牧区县”、“民族乡镇”、“全国少数民族发展情况”、“其他资料”等6部分。涉及到的全国性统计数据均不包括台湾省和香港特别行政区、澳门特别行政区的资料。统计资料主要来源于国家政府主管部门、各级统计和民族工作部门。部分数据合计数或相对数由于单位取舍不同而产生的计算误差均未作机械调整。全部统计资料均经国家统计局国民经济综合统计司审核。

5. 附录。收编了各类民族方面的资料。

目　　录

专　文

综述篇

民族自治地方发展综述

民族乡镇发展综述

民族经济工作综述

政策法规篇

统计资料篇

二十一、社会服务

陆地边境县

牧区半牧区县

民族乡镇

全国少数民族发展情况

一、人口

附 录

专文

收录了国家民委主要领导在2012年有关民族工作的部分讲话。

国家民委主任杨晶同志在全国民委主任会议上的讲话

（2012 年 1 月 6 日）

这次全国民委主任会议，是国务院批准召开的重要会议。主要任务是：深入学习贯彻党的十七届六中全会、中央经济工作会议、中央扶贫工作会议、中央农村工作会议精神和中央关于民族工作的一系列决策部署，按照在广西召开的贯彻落实中央民族工作会议精神经验交流会和昨天召开的国家民委委员全体会议的要求，认真总结 2011 年的民族工作，研究部署 2012 年的工作。

一、2011 年工作的简要回顾

2011 年，是中国共产党成立 90 周年和辛亥革命 100 周年，是国家实现“十二五”良好开局的一年。一年来，我们紧紧围绕全党全国工作大局，抢抓机遇、开拓进取，多项工作取得新进展、实现新突破。一年来，我们在服务党和国家大局上作出了新贡献。我们围绕建党 90 周年，召开首都各界少数民族人士座谈会，举办“唱支山歌给党听”系列主题活动，出版《中国共产党民族工作九十年》、《民族理论政策干部读本》等理论读物，成功举办第九届全国少数民族传统体育运动会和西藏和平解放 60 周年等多个大型展览，赴民族地区开展“中华民族一家亲”文化下基层活动，会同有关部门对 10 个省（区、市）和 10 个部委维护民族团结和社会稳定情况进行督查，进一步开展新疆籍华人华侨团结争取工作，维护了全国改革发展稳定的大局。各地民族工作部门开展丰富多彩的活动纪念建党 90 周年，促进了隆重、浓郁、热烈社会氛围的形成。北京、上海、江苏、浙江、广东等省市认真落实中央对口支援民族地区的部署，从物质上和感情上加大了对口援疆、援藏工作的力度，促进了民族地区长治久安和跨越发展。

一年来，我们在贯彻落实民族政策上探索了新思路。我们紧紧围绕贯彻中央关于民族工作的决策部署，召开了贯彻落实中央民族工作会议精神经验交流会、全国民族自治县（旗）科学发展经验交流会，推动召开了关于牧区发展、武陵山片区区域发展和扶贫开发试点等重要会议，推动出台了促进牧区发展的文件，争取和参与国家支持内蒙古、云南和贵州发展文件的制定，举办全国民委系统贯彻落实十七届六中全会精神研讨班，积极探索“十二五”时期民族工作的新思路新举措。河北、广东利用全国民族自治县（旗）科学发展经验交流会的契机加大对民族地区的帮扶，吉林抓住长吉图先导区建设的机遇谋划民族地区新发展，海南把民族工作融入国际旅游岛建设的大盘子，广西加快建设西部经济强区、民族团结进步模范区，云南推动民族团结进步、边疆繁荣稳定示范区建设，勾画了“十二五”民族团结进步事业的美好蓝图。

一年来，我们在加强民族团结上迈出了新步伐。我们切实履行维护民族团结的第一职责，扎实推动民族法制建设，广泛开展民族团结宣传教育，深入推进民族团结进步创建活动，推出创建活动集体和个人典型 50 个，评选命名第三批全国民族团结教育基地，进一步营造了民族团结的良好社会氛围。深入云南调研民族团结的成功实践，在《求是》杂志发表专题文章，推广宣传先进经验。加强民族关系协调，做好城市少数民族流动人口服务与管理，协助处理涉及民族因素突发事件 120 多起，不断提高应急管理水平和能力。内蒙古、青海、新疆完善加强民族团结的措施，稳妥处置影响民族团结的案件。上海、安徽、山东、四川等加强协调交流，及时处置涉及民族因素的矛盾纠纷。河南把民族团结工作纳入平安河南建设纲要。天津出台加强少数民族流动人口工作的意见，山西、陕西做好少数民族流动人口的服务与管理。新疆和兵团广泛开展各种形式的主题活动和创建活动，在全社会唱响了大团结大发展的时代主旋律。

一年来，我们在加快民族地区发展上实现了新突破。在我们的协调争取下，兴边富民和扶持人口较少民族发展“十二五”规划，分别将海南省6个自治县，6个10万人以上、30万人以下的民族纳入扶持范围，建立了部际协调机制，实现了范围扩大和机制创新，民族贸易和民族特需商品生产优惠政策实现多项突破，为“十二五”少数民族和民族地区加快发展提供了有力的政策支持。河北、内蒙古、黑龙江、辽宁、安徽、福建、贵州、甘肃、青海、新疆等省区出台“十二五”时期扶持少数民族和民族聚居地区经济社会发展规划，福建、安徽、江西加大民族乡村发展帮扶力度，湖北、湖南、重庆、贵州四省市加强协作，共同推进武陵山片区扶贫开发试点，四川实施藏区牧民定居等三大民生工程，西藏实施农牧民安居工程，宁夏实施贫困人口生态移民工程，青海全力做好玉树地震灾后重建工作和民生工作，有力推动了民族地区发展，确保群众共享改革发展成果。

一年来，国家民委各委员单位，通过法制建设、项目规划和资金安排等方式，加大对民族地区的倾斜，支持基础设施建设，推动产业结构调整，构建公共文化服务体系、民族医药服务网络和社会保障体系，为加快民族地区发展、保障和改善民生、增进民族团结，作出了十分重要的贡献。总的看，一年来，我们紧锣密鼓、稳扎稳打，圆满完成了各项任务，取得了较好的成绩。这是党中央、国务院正确领导的结果，是各地区各部门团结奋斗的结果，也是民族工作战线共同努力的结果。这里，我代表国家民委，向中央各部门、各委员单位、各地党委政府和社会各界表示衷心的感谢！向全国民委系统的同志们表示崇高的敬意！

二、突出重点，扎扎实实做好2012年的工作

2012年，是实施“十二五”规划承上启下的重要一年，我们党将召开十八大。当前，国际政治经济环境复杂多变，我国保持经济平稳较快发展的任务十分艰巨，民族地区改革发展稳定的工作十分繁重。谋划好今年的民族工作，为全党全国工作大局服务，为推进全面建设小康社会进程服务，意义十分重大。根据中央的总体部署，按照贾庆林主席、回良玉副总理在广西会议和昨天国家民委委员全体会议上讲话精神的要求，2012年民族工作总的要求是：全面贯彻党的十七大和十七届三中、四中、五中、六中全会精神，以邓小平理论和“三个代表”重要思想为指导，深入贯彻落实科学发展观，坚定贯彻党中央、国务院关于民族工作的决策部署，把握各民族共同团结奋斗、共同繁荣发展的主题，落实好贯彻落实中央民族工作会议精神经验交流会精神，系统总结十七大以来党和国家民族工作的成就和经验，深入谋划当前和未来一个时期的民族工作，着力推动少数民族和民族地区又好又快发展，不断巩固和发展平等团结互助和谐的社会主义民族关系，以新的业绩迎接党的十八大胜利召开。

按照以上总要求，我们确定了2012年民族工作的总体思路，概括起来就是四句话：服务大局、总结谋划、狠抓落实、开拓创新。服务大局，就是自觉服从和服务于全党全国工作大局，把迎接党的十八大召开和学习宣传贯彻十八大精神作为工作主线，办好迎接、学习、宣传、贯彻的一系列活动，进一步唱响各民族共同团结奋斗、共同繁荣发展的主题，切实维护社会稳定，为党的十八大胜利召开营造良好氛围。总结谋划，就是站在中国特色社会主义发展全局的高度，对新世纪新阶段以来，尤其是十七大以来民族工作的巨大成就和宝贵经验进行深入总结和全面宣传，深刻理解党的十八大提出的新精神，把握党和国家事业发展的新要求，深入谋划下一阶段的民族工作。狠抓落实，就是根据去年广西会议和昨天国家民委委员全体会议精神，按照贾庆林主席、回良玉副总理重要讲话的要求，全力贯彻中央关于民族工作的一系列重大决策部署，认真落实民族政策和民族法律法规，大力实施“十二五”有关专项规划，促进民族工作再上新台阶、再创新局面。开拓创新，就是坚持从实践的新发展、形势的新变化、群众的新期待出发，以改革创新精神研究解决民族工作面临的重大理论和现实问题，在促进发展上有新办法，在维护团结上有新举措，在真抓实干上有新作为，进一步创新和完善工作体制机制，切实提高民族工作的能力和水平。关于今年的具体工作，《国家民委2012年工作要点（征求意见稿）》中已经讲得比较全面，这里不再重复。下面，我着重强调一下需要重点抓好的几件大事。

第一，抓好“三个规划”实施工作，促进“十

二五”少数民族和民族地区又好又快发展。兴边富民行动、扶持人口较少民族发展和少数民族事业发展三个“十二五”专项规划，饱含着中央对少数民族和民族地区的深情厚谊，寄托着各族干部群众的殷切期望，政治、经济意义十分重大。目前，兴边富民行动、扶持人口较少民族发展“十二五”规划已经颁布实施，少数民族事业发展规划的编制也进入收尾阶段。编制好规划很不容易，实施好规划更不容易。结合规划实施进展情况，我们今年将在适当时候召开实施“三个规划”工作会议，认真总结经验，研究存在的问题，探索推进的办法。同时，还要抓好少数民族特色村寨保护与发展“十二五”规划的编制与实施，搞好试点项目的调研和检查验收。我们民族工作部门抓发展工作，无论是措施、手段，还是资金、项目，都不是长项。这几个规划，是我们为数不多的抓手。希望各级民委一定要认真对待，把辛辛苦苦争取来的规划编制好、实施好，为确保少数民族和民族地区同步迈入小康社会作贡献。

第二，扎实推进民族团结进步创建活动，巩固各民族和睦相处、和衷共济、和谐发展的良好局面。民族团结进步创建活动，是贯彻民族政策的有效手段，是促进各民族和睦相处的有效载体。2010 年以来，我们印发了文件，成立了相关机构，召开了视频会议，对创建活动进行了全面部署。总结两年来的工作，各地都进行了成功实践，取得了很大成绩，但也存在一些薄弱环节。比如，有的地方创建活动的体制机制还不够健全，有的地方还缺乏抓手和载体，有的地方还缺乏特色和影响。我们讲，要推进创建活动进学校、进社区、进单位、进企业，具体该怎么搞？怎样能够达到最好效果？今年，我们将会同中宣部、中央统战部召开一次经验交流会，进一步探索行之有效的方式方法。各地区、各部门要根据各自特点和实际，确定特色鲜明、具体可行的创建主题，不断增强吸引力和感染力，推动活动广泛、深入、持久、有效开展。

第三，认真筹备举办第四届全国少数民族文艺会演，推动少数民族文化大发展大繁荣。全国少数民族文艺会演，是国家法定的一项重大活动，也是民族工作的一个重要品牌。今年，适逢党的十八大召开。办好本届文艺会演，是一项重大的政治任务。本届文艺会演时间跨度长，参演人员多，参与单位多，协调难度大，我们要加强与文化部、广电总局、北京市人民政府三家主办单位的协调配合，确保每项工作都按要求落实到位。目前北京市已经把少数民族文艺会演作为本年度政府重点工作，积极筹备，作了大量前期工作。各省（区、市）民族工作部门，要以高度的政治责任感，会同有关部门做好节目选送、参演等工作，真正把精品力作选送上来，向全社会展示少数民族的艺术精华，展示少数民族积极向上的精神风貌，宣传党和国家民族政策的巨大成就，激励各族群众为全面建设小康社会而努力奋斗。为深入贯彻落实十七届六中全会精神，进一步推进少数民族文化大发展大繁荣，我们今年要对贯彻落实《国务院关于进一步繁荣发展少数民族文化事业的若干意见》情况进行督查。这份文件出台两年多来，为推动少数民族文化发展起到了重要作用。同时，我们也看到，贯彻落实中还存在一些问题和困难。组织协调有关部委，进行一次深入的监督检查，是十分必要的。我们将重点督查有关地区和部门是否制定相关文件或规划，措施是否切实可行，工作机制是否健全，人员和经费是否有保障。督查工作完成后，及时形成工作报告，供党中央、国务院决策参考。

第四，加强牧区工作和扶持集中连片特殊困难地区工作，推动民族地区区域协调发展。加快牧区和集中连片特殊困难地区发展，是当地各族干部群众多年的期盼，也凝聚着几代民族工作者的心血。经多方协调和推动，去年，国务院召开了全国牧区工作会议，出台了促进牧区发展的文件，召开了武陵山片区区域发展与扶贫攻坚试点启动会，编制了《武陵山片区区域发展与扶贫攻坚规划（2011—2020 年）》，实现了工作的新突破。牧区工作我们抓了几十年，探索了一些路子，积累了一些经验。现在，中央又对牧区发展进行了新的部署。我们一定要深刻领会中央的精神，切实履行好国务院赋予的综合协调和督促检查职责。各牧区省份的民族工作部门，要按照牧区会议和文件的要求，因地制宜推进本地牧区科学发展。连片特困地区区域发展和扶贫攻坚是一项创新的工作，还缺乏成熟的经验和方法。我们作为武陵山片区扶贫攻坚试点工作的联系单位，要按照贾庆林主席、回良玉副总理的要求，深入调查研究，加强沟通反馈，推动规划落实，先行先试，积累经验，为其他连片特困地区提供借鉴。湖南、湖北、贵州、重庆四省市民族工作部门要加强沟通，协调推进，抓好项目实施。同时，其他有关省区民族工作部门也要积极开展工作，抓紧争取和推进连片特困地区扶贫攻坚规划的出台。

第五，加强和创新城市民族工作，探索民族工作服务社会管理的新方法新途径。随着工业化、城镇化、市场化深入发展，大量少数民族群众进入内地和城市务工经商，城市社区的少数民族人口不断增加，一些企业的少数民族职工日益增多。社区和企业在成为各民族交流交往平台的同时，维护民族团结的任务也日益繁重。针对这个情况，去年，我们分别会同民政部、国资委，制定印发了关于加强新形势下社区和国有企业民族工作的文件。我们要把这两项工作与加强和创新社会管理结合起来，围绕少数民族就业培训、保障特殊需要等方面，切实做好少数民族流动人口和企业职工的服务与管理。要继续推进《城市民族工作条例》修订和《清真食品标志管理办法》立法工作，为做好有关工作提供法制保障。各地民族工作部门要结合本地实际，加强与国资委和民政部门的联系沟通，共同抓好文件的贯彻落实，把工作做到企业中去，做到社区里去，切实维护少数民族群众的合法权益，维护城市社区和企业的民族团结。我们先前一直抓学校的民族团结教育工作，现在又把工作延伸到了城市社区和国有企业，以后还要拓展到其他领域，进一步扩大工作的覆盖面。

第六，会同教育部开好第六次全国民族教育工作会议，推动民族教育事业的长远发展。长期以来，民族教育事业发展滞后，成为制约民族地区经济社会发展的主要原因之一。开好第六次全国民族教育工作会议，是民族教育事业发展的一个宝贵机遇，我们必须高度重视，切实抓好用好。这次会议的核心任务，就是深入贯彻落实《国家中长期教育改革和发展规划纲要（2010—2020 年）》，把有关支持民族教育改革发展的政策措施落到实处。我们要深入开展调查研究，准确掌握民族教育的特殊困难和突出问题，提出切实可行的政策建议。要巩固和提高民族地区“两基”攻坚成果，推动公共教育资源进一步向民族地区倾斜。要配合教育部办好内地民族班（校），促进民族职业教育更好地服务地方经济社会发展。要积极争取有关部门和地区进一步加大对民族院校的支持力度，继续推动教育部直属高校对口支援委属院校。要按照宪法和民族区域自治法的规定，积极稳妥推进“双语”教学，科学保护各民族语言文字，培养更多少数民族和民族地区发展急需的合格人才。

第七，加强对民族自治地方的分类指导，支持民族地区探索各具特色的科学发展道路。近年来，在我们的积极推动下，国务院相继出台了促进五个自治区加快发展的政策性文件。去年，我们在河北大厂和广东乳源成功召开了全国民族自治县（旗）科学发展经验交流会，并授予河北大厂“全国民族自治县（旗）科学发展示范县”称号。今年，我们打算召开第二次经验交流会，把促进民族自治县（旗）科学发展工作引向深入。目前，在三级民族自治地方中，我们还没有一项针对自治州加快发展的工作。我们考虑，今年开展两项工作，一是开展全国民族自治州巡礼大型宣传采访活动，二是支持自治州以逢十周年大庆为契机举办自治州一级的文艺调演，推进各自治州间相互学习、共同进步。同时，我们还将结合自治州的实际和需要，研究探索有关扶持政策，为民族自治州科学发展注入新的动力。

第八，深入开展调查研究，认真做好信息工作，提高服务民族工作决策的能力水平。调查研究是做好民族工作的一项基本功，也是检验我们工作态度和能力水平的试金石。在国内外形势日新月异的今天，能否搞好调查研究、全面掌握情况，事关民族工作的成败得失。要围绕国际形势变化，加强对世界民族问题、国际人权对话等方面的研究，把握主动权。要围绕科学发展，把基层、群众、重要典型作为调研重点，总结成功模式，推广先进经验。要围绕民生改善，重点调研群众最盼、最急、最忧的问题，反映特殊困难，研究解决办法。要围绕民族团结，注重调研影响民族关系的潜在性、苗头性、倾向性问题。要围绕机制建设，重点就基层民族工作部门建设、人员配备和少数民族公务员招录等问题深入调研。各省（区、市）民族工作部门的主要负责同志，要带头搞调研。要重视调研成果的转化，最大限度应用到工作中。从下一次全国民委主任会议开始，我们将统一表彰全国民委系统优秀调研报告和信息工作先进集体、先进个人。

总之，要通过加强调查研究，出想法、出思路、出政策，切实履行好党和政府民族工作参谋助手职责。信息工作和统计工作是我们民委系统的基础工作，是我们了解情况、正确决策的重要依据，必须一以贯之地抓实抓好。要紧紧围绕民族工作重点任务，加强统计调查和信息组织报送，迅速、真实、准确地反映情况，为工作决策服务。去年，我们制定了国家民委第一个信息化建设专项规划，国家发改委编制的国家重大信息化工程建设规划征求意见稿，已将我委列为"文化资源信息库"和"应急维稳保障信息化工程"的主要建设单位之一。希望各部门、各单位抓住这一难得机遇，做好有关工作，为推进民族工作信息化建设作贡献。

上面这几件大事，涵盖了今年工作的主要方面。我们希望通过以点带面的方式，使今年的工作既能重点突出，又能全面推进。各地区、各部门要按照这个思路，认真谋划今年的各项工作，突出抓好重点工作，确保各项任务保质保量落实好、完成好。

三、加强工作机制和作风建设，以良好的精神状态迎接党的十八大胜利召开

即将在今年下半年召开的党的十八大，标志着党和人民事业即将翻开崭新的历史一页，将对"十二五"和相当长一个时期的民族工作产生重大影响。这是我们民族工作承担历史使命、争取更大作为的重大机遇。我们要主动抓住、用好这个契机，在工作机制、能力水平和干部队伍上下功夫，既要努力保持民族工作的延续性，又要不断推动新发展，以优异成绩向党的十八大献礼。我们要进一步创新和完善工作体制机制。建设各具特色、完善高效的体制机制，是做好新时期民族工作的根本保证。几年来，各地区进行了有益探索，取得了显著成果。比如，国家民委和很多地方民委长期实行的委员制，四川、广西等省区的党委民族工作委员会制，云南、湖南等省的民族工作领导小组制，在推动民族工作方面发挥了重要作用。

今年，我们将派出工作组，对各地成功做法进行总结、宣传、推广。希望各地区继续做出努力，推动建立更加科学合理的体制机制。功夫要下在三个层面。一是在领导体制方面，要进一步建立和完善工作委员会制、领导小组制，形成工作常态机制，以便指挥有方、调度有力。二是在协调机制方面，要进一步建立和完善民委委员制、部际协调机制、对口支援机制等，形成做好民族工作的合力。三是在具体工作机制方面，要进一步建立和完善宣传教育机制、团结创建机制、监督检查机制、调查研究机制等，确保政策执行有力，工作运转高效。

我们要进一步提高民族工作的能力水平。胡锦涛总书记指出，能否正确处理民族问题、切实做好民族工作，是衡量党的执政能力和各级党政组织领导水平的重要标志。这对提高民族工作的能力和水平提出了明确要求。我们要有内强素质、外树形象的意识，爱读书、读好书、善读书，勤思考、广调查、深研究，努力提高理论素养和工作水平，一定要做到超前一步、高人一招，树立民族工作者专业精、素质高、能力强的良好形象。要有科学谋划、统筹兼顾的思维，更好地抓住各种机遇，汇聚各方面的力量，努力产生一加一大于二的效果，构建民族工作社会化的格局。要有开拓进取、创新发展的胆识，敢闯敢试、敢作敢为，形成支持探索、崇尚实干的工作氛围，在改进工作方式、丰富工作手段上动脑筋、下功夫。要有团结拼搏、迎难而上的精神，始终牢记使命、不忘责任，始终锐意进取、毫不懈怠，推动全国民委系统成为一盘棋、一条心、一股绳，努力形成做好民族工作的强大合力。

我们要进一步加强民族工作干部队伍建设。干部是工作成败的决定因素。做好 2012 年和今后一个时期的民族工作，关键在于要打造一支高素质的干部队伍。要深化人事制度改革，进一步优化选人用人机制，把那些想干事、能干事的干部选拔到重要岗位上去。要优化民族工作干部队伍，完善学历、专业、年龄结构，特别是关心年轻干部的成长成才。要加大培养培训力度，落实《全国民委干部教育培训规划（2011—2020 年）》，不断提高全国民委系统干部教育培训工作的质量和规模。要认真实施《国家民委中长期人才发展规划（2011—2020 年）》，建立专家咨询委员会和专家库，进一步发挥各类人才服务民族工作的作用。要通过各方共同努力，把全国民委系统的干部，打造成一支政治立场坚定、大局意识强烈、业务能力突出的队伍，打造成一支对

少数民族有感情、对民族地区有感情、对民族工作有感情的队伍，让这支队伍在民族团结进步事业实践中，成为更为可靠、更为坚实、更为出色的中流砥柱。

同志们！2012 年民族工作的艰巨任务，“十二五”民族工作的光荣使命，在等待着我们，激励着我们，也考验着我们。让我们更加紧密地团结在以胡锦涛同志为总书记的党中央周围，高举中国特色社会主义伟大旗帜，坚定信心、振奋精神，锐意进取、奋发有为，努力把民族工作提高到一个新的水平，以优异的成绩迎接党的十八大胜利召开！去年一年，各省（区、市）有不少老同志到龄退休，他们为民族工作作出了重大贡献，在这里请向他们转达我们的问候和感谢。同时，有一大批同志新加入到民族工作战线，我们向他们表示热烈的欢迎。元旦刚过，春节将至，我代表国家民委党组，向同志们拜个早年，祝大家身体健康、工作顺利、阖家幸福！

国家民委主任杨晶同志在国家民委党组中心组（扩大）贯彻党的十八大精神专题学习班上的讲话

（2012年11月19日）

党的十八大，是在我国进入全面建成小康社会决定性阶段召开的一次十分重要的大会。大会高举中国特色社会主义伟大旗帜，回顾总结了过去五年的工作和党的十六大以来的奋斗历程及辉煌成就，确立了科学发展观的历史地位，对新的时代条件下推进中国特色社会主义事业作出全面部署，进一步深刻回答了旗帜、道路、奋斗目标、精神状态等一系列至关重要的问题，为党和国家事业进一步发展指明了方向。

认真学习贯彻十八大精神，是当前和今后一个时期全党全国的首要政治任务，也是我们国家民委系统的头等大事。今天，国家民委党组中心组举办这次专题学习班，是认真贯彻落实中央部署的具体举措，是深入贯彻落实十八大精神的良好开端。下面，就做好深入学习贯彻十八大精神有关工作、搞好这次专题学习活动，我谈几点意见。

一、认真学习、深刻把握，把思想和认识统一到十八大精神上来

我们要深刻认识和把握十八大的历史方位和重大意义。今年是科学发展观提出的第10个年头，是全面建设小康社会的第10个年头，是中国特色社会主义建设的第30个年头，正处在小康社会建设和现代化建设时间过半的中间阶段。往前看，我们党即将成为拥有百年基业的大党，我们国家正朝着世界第一大经济体奋勇迈进。在这个重大的历史关头，十八大的召开以及确立的内外政策方针，对于推动全球经济复苏、政治秩序变革，对于确保我们在党成立百年的时候实现全面小康、在新中国成立百年的时候基本实现现代化，对于进一步提升和改善我们每个人的工作生活质量，都具有重大而直接的影响。

我们要深刻认识和把握科学发展观的指导地位。十六大以来，我们党对科学发展观的认识，经历了一个不断深化的过程。从提出全面、协调、可持续的发展观，到强调是经济社会发展的重要指导方针，到提出实现经济社会又好又快发展，再到十七大明确为发展中国特色社会主义必须坚持和贯彻的重大战略思想，对科学发展观的认识逐步加深，科学发展观的重要性不断提升。十八大明确科学发展观同马列主义、毛泽东思想、邓小平理论、“三个代表”重要思想一道，是党必须长期坚持的指导思想。这是十八大理论创新的最大亮点和最突出的贡献，成功实现了我们党在指导思想上的与时俱进。十年来，我们党理论探索和工作实践的最大成果，就是形成和贯彻了科学发展观。把科学发展观确立为党的指导思想，反映了时代的要求、人民的心声和全党的愿望，对于我们进一步实践和推动科学发展，必将起到更重要的指导作用。

我们要深刻认识和把握中国特色社会主义的新阐述新概括。中国特色社会主义伟大旗帜，就是中国特色社会主义道路、理论体系、制度的有机统一。高举这个旗帜，就是坚持这个道路、理论体系、制度。十八大科学阐述了中国特色社会主义道路、理论体系、制度的内涵及其相互关系，提出了中国特色社会主义的总依据、总布局、总任务，提出不断丰富中国特色社会主义的实践特色、理论特色、民族特色和时代特色，强调了在新的历史条件下夺取中国特色社会主义新胜利必须牢牢把握的“八项基本要求”。这些新提法、新概括，标志着我们党对中国特色社会主义的认识提高到了新水平，表明了我们党对中国特色社会主义的高度自信，成为我们党在新的历史起点继续推进中国特色社会主义的战略部署。旗帜指引方向，事业凝聚人心。我们要进一

步高举中国特色社会主义伟大旗帜，进一步坚定道路自信、理论自信、制度自信，引领、团结、凝集一代又一代人为中国特色社会主义事业不懈奋斗。

我们要深刻认识和把握中国特色社会主义五位一体的工作布局。党的十八大明确提出建设社会主义市场经济、民主政治、先进文化、和谐社会、生态文明五位一体总体布局，并对经济建设、政治建设、文化建设、社会建设、生态文明建设进行了全面部署。对“五位一体”的认识，我们党经历了一个探索、深化和完善的过程。改革开放初期，以邓小平同志为核心的第二代中央领导集体，提出要坚持物质、精神“两个文明”一起抓。十三届四中全会后，以江泽民同志为核心的党的第三代中央领导集体进一步提出在建设“两个文明”的同时，努力建设社会主义政治文明，形成了经济、政治、文化建设“三位一体”。十六大以来，以胡锦涛同志为总书记的党中央，提出构建社会主义和谐社会的战略思想，从而扩展为经济、政治、文化和社会建设的“四位一体”。在深入贯彻落实科学发展观的过程中，我们党对生态文明建设的认识不断深化，十七大提出建设生态文明的目标，十八大明确把生态文明建设上升为总布局的重要组成部分。“五位一体”的总体布局，是中国特色社会主义实践不断丰富发展的结果，是我们党对中国特色社会主义认识不断深化的结果，为开创中国特色社会主义新局面、全面建成小康社会提供了有力的支撑。

我们要深刻认识和把握全面建成小康社会和深化改革的新任务新要求。十八大提出“为全面建成小康社会而奋斗”。从十六大明确提出“全面建设小康社会”，到十七大提出具体的奋斗目标，再到十八大提出“全面建成小康社会”，虽然只有一字之改，却是一个质的飞跃。特别是提出“实现国内生产总值和城乡居民人均收入比 2010 年翻一番”的“两个翻番”，使小康社会的目标更加明确、更加切近，同时标准也更严、要求也更高。十八大强调，我国进入全面建成小康社会决定性阶段，必须深化重要领域改革，坚决破除一切妨碍科学发展的思想观念和体制机制弊端，并提出了全面深化经济、政治、文化、社会和生态文明建设领域体制改革的目标要求，明确了各个领域深化改革开放的重点。十八大关于实现全面建成小康社会和全面深化改革开放的目标要求，是对什么是小康社会、如何建设小康社会认识的新飞跃，必将极大鼓舞全国人民向着全面小康社会美好前景奋勇前进。

我们要深刻认识和把握全面提高党的建设科学化水平的重要部署。十八大对今后一个时期党的建设进行了全面部署，提出了一系列新观点、新举措。一是提出“把握加强党的执政能力建设、先进性和纯洁性建设这条主线”。把纯洁性建设纳入进来，使党的执政能力建设和先进性建设有了更坚实的保证。二是提出建设学习型、服务型、创新型的马克思主义执政党的目标。首次提出服务型、创新型政党，对于加强执政党建设、实现执政方式现代化意义重大。三是提出要增强自我净化、自我完善、自我革新、自我提高能力，体现了我们党对自身建设的高度自觉。四是明确提出加强党的建设要坚持解放思想、改革创新，指明了加强党的建设的新路径。五是首次把坚持党管人才原则，把各方面优秀人才集聚到党和国家事业中来，作为党的建设的一项重大任务提出来。六是提出在全党深入开展以为民务实清廉为主要内容的党的群众路线教育实践活动，着眼于解决人民群众反映强烈的突出问题，提高做好新形势下群众工作的能力。这些新思想、新论断，表明我们对执政党建设规律的认识提升到一个新的高度，对执政党建设规律的把握更自觉、更全面、更深刻。这对于提高党的建设的科学化水平，对于保持党的先进性、纯洁性和党的蓬勃活力、巩固党的执政地位、完成党的执政使命，必将产生重大而深远的影响。

我们要深刻认识和把握党中央对思想路线和精神状态提出的新要求。胡锦涛同志在十八大报告中语重心长地指出，面对人民的信任和重托，面对新的历史条件和考验，全党必须增强忧患意识、创新意识、宗旨意识、使命意识，始终保持清醒头脑，始终保持奋发有为的精神状态，始终把人民放在心中最高位置，始终保持共产党人的政治本色。这“四种意识”，是上一届中央委员会对新一届中央委员会的政治交代，是新老交替之际党中央向全党同志作出的政治嘱托，对全党同志以什么样的精神状态做好工作提出了明确要求。十八大指出：“解放思想、实事求是、与时俱进、求真务实，是科学发展观最鲜明的精神实质。”把“求真务实”写进来，这是对党的思想路线的最新概括。我们要以高度的政治责任感和神圣的使命感，切实增强“四种意识”，坚定理想信念和精神追求，把握好、贯彻好党的思想路线，以更加昂扬的精神状态，以更为优异的工作实践，努力创造无愧于党、无愧于人民、无愧于时代的业绩，继续为党和人民事业贡献智慧和力量。

二、围绕中心、服务大局，按照全面建成小康社会新要求、中国特色社会主义总布局来谋划和推动民族工作

十八大提出的全面建成小康社会的新要求，也是对民族工作的新要求；提出的五位一体总布局，也是我们做好民族工作的总布局。我们要自觉把民族工作放到五位一体总布局中，按照全面建成小康社会的新目标新要求，在围绕大局中明确方向、坚定信心，在服务大局中谋划思路、推动工作。具体来讲:

第一，按照完善社会主义市场经济体制和转变经济发展方式的新要求新部署，围绕推动少数民族和民族地区又好又快发展谋划思路、推动工作。十六大以来，民族地区 GDP、财政收入以两位数增长，经济社会发展取得举世瞩目的成就。与此同时，民族地区发展中还遇到不少困难和问题，与东部地区还存在一定程度的差距。我们要按照十八大关于经济发展的总部署和加大对民族地区扶持力度的总要求，研究如何更好地落实中央支持少数民族和民族地区发展的政策举措。要研究如何推进民族地区加快转变经济发展方式、调整经济结构，推动产业转型升级和民族特色产业发展。要研究如何深入推进西部大开发，推进集中连片特殊困难民族地区扶贫攻坚，实现与全国同步协调发展。要研究如何进一步提升沿边开放水平，打造好沿边开放窗口，实施好兴边富民行动，努力形成更大范围、更广领域、更高层次的沿边对外开放格局。

第二，按照推进中国特色社会主义政治发展道路和政治体制改革的新要求新部署，围绕坚持和完善民族区域自治、切实保障少数民族合法权益谋划思路、推动工作。十八大指出，对人民代表大会制度这一根本政治制度，中国共产党领导的多党合作和政治协商制度、民族区域自治制度以及基层群众自治制度等基本政治制度，必须倍加珍惜、始终坚持、不断发展。我们要研究如何通过人民代表大会制度、社会主义协商民主制度、基层民主制度，更好地保障少数民族建言献策、平等行使国家权力、享有更多民主权利。要按照“三个不容”的要求，研究坚持和完善民族区域自治制度的新途径，加快制定配套法律法规和单行条例，让民族区域自治的政治优势得到更大程度的发挥。要研究如何加快民族法制建设步伐，加大民族法制普法力度，增强各族人民法制观念，切实维护好实现好发展好少数民族合法权益。

第三，按照推进社会主义文化强国建设的新要求新部署，围绕繁荣发展少数民族文化、构建中华民族共有精神家园谋划思路、推动工作。我们要按照十八大关于推进社会主义文化强国建设的总体部署，按照中央关于深化文化体制改革的要求和国务院繁荣发展少数民族文化事业的文件精神，研究如何推动少数民族文化在中国特色社会主义文化发展道路上更好更快发展。要研究怎么样更好地鼓励和扶持少数民族文化传承、弘扬与创新发展，加快建设民族地区公共文化服务体系，更好保障各族群众的基本文化权益。要研究怎么样更为广泛有效地开展社会主义和爱国主义教育，不断增进各族人民对伟大祖国、对中华民族、对中华文化、对中国特色社会主义道路的认同。要研究如何积极开展对外文化交流与合作，推动少数民族文化“走出去”，不断增强中华文化的国际影响力。

第四，按照在改善民生和创新管理中加强社会建设的新要求新部署，围绕促进民族团结、维护社会稳定过程中谋划思路、推动工作。十八大指出，加强社会建设，是社会和谐稳定的重要保证。当前，民族地区与全国同步全面建成小康社会的任务还很繁重，影响民族关系的因素更加多样，加强和创新社会管理面临新挑战。我们要探索开展民族团结宣传教育和民族团结进步创建活动的新途径，进一步唱响共产党好、社会主义好、改革开放好、伟大祖国好、各族人民好的时代主旋律，为各民族和睦相处、和衷共济、和谐发展。要探索保障和改善群众的新方式，重点解决好民族地区群众教育、就业、增收、社会保障、看病就医等问题，让各族群众生活更好、更有盼头。要探索完善涉及民族因素突发事件预防和处置机制的新办法，坚决纠正侵犯少数

民族合法权益、伤害民族感情的不法行为，依法打击危害国家安全的分裂活动，切实维护国家统一和社会稳定的大局。

第五，按照大力推进生态文明建设的新要求新部署，围绕支持民族地区加强环境保护和生态建设谋划思路、推动工作。民族地区处在大江大河的源头和气候的上游，是国家重要的生态屏障。十八大报告把生态文明建设写进五位一体总布局，为民族地区加强生态建设提供了重大契机。我们要研究探索贯彻主体功能区战略部署的有效途径，加强民族地区重点生态功能区建设，强化我国生态安全屏障。要努力探索民族地区可持续发展的新途径，努力实现绿色发展、循环发展、低碳发展，避免一些国家和我国经济相对发达地区走过的弯路。要研究怎么样更好地推动建立和完善生态补偿机制，解决好民族地区发展经济和保护生态的矛盾，保护民族地区加强环保和生态建设的积极性。要研究怎么样发掘和弘扬少数民族传统生态文明理念，建设少数民族特色人文生态，为各族人民创造良好生产生活环境、实现中华民族永续发展作贡献。

第六，按照党管干部、党管人才的新要求新部署，围绕推进少数民族和民族地区干部人才培养谋划思路、推动工作。十八大对新形势下的干部人事制度改革、干部人才队伍建设提出明确要求。我们要研究怎么样进一步发挥好委属院校作用，为民族地区培养更多更好更实用的人才。要研究怎么样以更多样更有效的方式，积极参与和推动民族地区人才培养和人才资源开发工作。要研究怎么样不断提高中央民族干部学院办学能力和服务水平，加大培训力度，增强针对性、实效性，更好地为少数民族干部人才队伍建设服务。要研究怎么样以民族地区领导干部为重点，进一步办好各级各类培训班，大幅度提高少数民族和民族地区干部队伍素质，为民族地区改革发展稳定提供坚实可靠的干部人才保障。

三、联系实际、开拓进取，迅速掀起学习贯彻十八大精神的热潮

各部门各单位要按照十八大的要求，坚持理论联系实际的学风，坚持实事求是、求真务实的态度，坚持学以致用、以用促学的方法，在武装头脑、指导实践、推动工作上下功夫，努力把十八大精神转化为谋划民族工作的有力武器、推进民族工作的强大动力。具体来讲，要做到“五个结合”。

一要把学习贯彻活动与学习型机关建设结合起来。各部门、各单位要加强领导、精心组织、周密部署、抓好落实，迅速掀起学习贯彻十八大精神的热潮。党组中心组和各单位党委中心组（党支部）要站在时代高度、战略高度、全局高度深入学习领会，完善学习制度，制定学习计划，切实发挥引领导向作用。领导干部要先学一步、学深一步，在把握方法上下功夫，在学通弄懂上下功夫，在学以致用上下功夫，学深学透，学出成效，努力提高领导能力和水平。要把学习贯彻十八大精神作为建设学习型组织、学习型机关的重大契机，推动广大党员干部争当建设学习型组织、学习型机关的组织者、促进者、实践者。要从各单位实际出发，组织多种形式，运用多种载体，认真学习、不断学习、自觉学习，有计划、有步骤地把学习推向深入。各委属文化单位既要把十八大精神深入扎实学习好、贯彻好，又要发挥优势，把十八大精神大张旗鼓解读好、宣传好。

二要把学习贯彻活动与提高工作能力结合起来。学习的目的全在于应用。民族工作政治性强、政策性强、群众性强、涉及面广，没有侥幸的捷径可走，没有固定的模式可循。随着我国“五化”深入发展，各族群众的交往交流日益深入，影响民族关系的因素更加复杂，涉及民族因素的社会矛盾易发高发，对民族工作提出了更高的要求、更严的标准。要根据十八大精神的新要求和中央关于民族工作的新部署，着眼于我国民族问题的阶段性特征，着眼于民族工作的新实践新发展，全面提高观察问题、分析问题、解决问题的能力。要学会运用马克思主义的立场、观点、方法，正确分析、妥善处理民族工作的新情况新问题，通过思想上的新解放、观念上的新转变、思路上的新突破，不断提高驾驭新形势下民族问题的本领。要以敏锐的洞察力、准确的判断力、超前的预测力来掌握工作的主动权，提高大胆探索、打破陈规、敢于超越的创新能力，不断把民族工作推向前进。

三要把学习贯彻活动与规划长远发展结合起来。凡事预则立，不预则废。工作考虑的好、设计

的好，才能开展的好、效果好。这要求我们在工作上要想在前、走在前、做在前，努力在全局性、战略性和前瞻性的重大问题上抢占先机、争得主动。要深入思考和研究如何实现民族地区又好又快发展的问题，让发展这个解决民族问题的关键在更大程度上发挥作用。要深入思考和研究民族地区小康社会建设中的突出困难、民生问题，努力探索更为妥善、更为便捷的解决办法。要深入思考和研究如何进一步巩固和发展民族关系的问题，动员各族群众成为民族团结进步、社会和谐稳定的主动参与者、坚定维护者。要深入思考和研究如何进一步坚持完善民族区域自治的问题，为解决民族问题提供更加健全、更有优势、更为根本的制度基础。要深入思考和研究进一步建立健全体制机制的问题，着眼全局和长远，为民族工作搞好顶层设计。要深入思考和研究大部门制改革、健全部门职责体系的有关问题，结合这些年民族工作新情况，切实履行好民委职责，进一步当好参谋和助手。要按照“超前一步、高人一招”的要求，超前思考、超前研究、超前部署，切实提高调查研究的能力，深入开展调查研究工作，以调查研究的扎实成果，为筹备召开新一届的中央民族工作会议打好基础、创造条件。

四要把学习贯彻活动与做好当前工作结合起来。学习十八大精神，成效要体现在行动上，落实到工作中，努力把学习成果转化成部署工作的思路、推进工作的本领、落实工作的举措。今年只剩下一个多月的时间，各部门、各单位要结合各自的工作职责，对承担的任务进行一次认真梳理，抓紧扫尾，没有完成的要制定措施、抓紧落实，确保全年任务圆满完成。尤其国家民委委员全体会议和全国民委主任会议，我们要抓紧筹备、精心安排。明年是十八大之后的开局之年、起步之年，也是实施“十二五”规划的关键之年、攻坚之年。怎么样以十八大精神为指导，考虑和筹划明年的工作思路和安排，是当前一项紧迫任务。我们要从思想上高度重视起来，及早动手、及早筹备、及早落实，力争实现明年工作的“开门红”。

五要把学习贯彻活动与加强作风建设结合起来。党性纯则作风正，党性强则作风硬。要清醒认识新形势下加强干部作风建设的极端重要性，根据新形势新任务的要求，大力弘扬党的优良传统和作风，教育引导民委系统广大党员干部牢固树立正确的世界观、权力观、事业观，坚定政治立场，明辨大是大非，做社会主义道德的示范者、诚信风尚的引领者、公平正义的维护者。要坚持正确的用人导向，用好的作风选人、选作风好的人，弘扬新风正气，抵制歪风邪气，建设一支素质过硬、能力过硬、作风过硬的国家民委机关干部队伍建设。要严格执行党风廉政建设责任制，坚持惩防并举、注重预防，大力加强反腐倡廉建设，深入开展反腐败斗争，为民族工作和民委工作的顺利开展营造一个风清气正的良好环境。

以上五个方面，是我们学习贯彻十八大精神的重要载体，是学习好贯彻好十八大精神的重要保证，也是举办这次专题学习班的基本要求。希望大家以高度的责任感、使命感、紧迫感，原原本本学习、认认真真学习、扎扎实实学习，把参加这次学习班的过程，作为用十八大精神武装头脑的过程，作为加强理论素养的过程，作为提高工作能力和领导水平的过程，作为谋划事业和工作长远发展的过程，以良好的状态、切实的行动、优异的成绩，确保这次专题学习活动达到预期目的、取得圆满成功。

为了十八大的召开，全党全国都付出了巨大努力，我们民委也做了大量工作。翻译局承担大会少数民族文字的翻译工作。委机关选派同志参与大会宣传组工作，委属文化单位做了大量的宣传报道。各单位各部门在会议期间做了很多工作，创造了和谐稳定的氛围和环境。十八大的胜利召开，同志们都付出了辛劳、作出了贡献。这里，我代表党组，向同志们表示衷心的感谢!

同志们! 十八大的胜利召开，开启了中国特色社会主义的新征程。让我们紧密团结在以习近平同志为总书记的党中央周围，高举中国特色社会主义伟大旗帜，解放思想、实事求是、与时俱进、求真务实，以高度的道路自信、理论自信、制度自信，以锐意进取、开拓创新的扎实工作，以不负重托、不辱使命的坚定信念，为全面建成小康社会、夺取中国特色社会主义新胜利、实现中华民族伟大复兴，作出我们新的更大贡献!

国家民委副主任罗黎明同志在全国兴边富民行动座谈会上的讲话

（2012 年 8 月 14 日）

尊敬的刘新齐司令员，各位领导、同志们:

八月的新疆，瓜果流蜜，大地飘香。在这个如诗如画的季节里，我们在新疆生产建设兵团隆重召开这次全国兴边富民行动座谈会，会议主要任务是:总结工作，交流经验，推动全国兴边富民行动持续、高效、深入、健康发展。

刚才，刘新齐司令员作了热情洋溢、生动感人的致辞，使我们对新疆生产建设兵团及屯垦戍边、艰苦创业的兵团人有了全新的认识，更加深刻认识到兵团在打击和抵御境内外分裂势力的破坏和渗透活动，保卫祖国边疆的稳定和维护祖国统一等方面不可替代的特殊作用，更加深刻认识到兵团在加快新疆经济发展，促进民族团结，保持社会稳定等方面起到的重要作用。出席会议的 10 个省区和兵团的领导作了很好的交流发言。大家讲得很好，讲得很实。我深受启发，很受鼓舞。我相信通过这次会议交流，开拓思路，互相借鉴，取长补短，兴边富民行动必将得到更有力的推进，取得新的更大的成绩。

下面，我讲几点意见。

一、稳步推进，兴边富民行动规划（2011-2015 年）实施初显成效

一年多来，国家各有关部门和边境省区各级政府按照“国家支持，省负总责，地州配合，县市落实”的方针，加强领导，落实责任，密切合作，推进兴边富民行动取得显著成效。

（一）国家有关部门进一步加大推进兴边富民行动力度，全力推进兴边富民行动健康发展

“十二五”以来，国家各有关部门（兴边富民行动协调小组成员单位）结合各自的职责，充分发挥兴边富民行动的平台作用，不断加大对边境地区的支持力度，全力推进兴边富民行动健康发展。

第一，资金保障力度不断加大。国家民委、财政部密切配合，大幅增加兴边富民行动专项资金支持力度，2011、2012 两年在少数民族发展资金中安排兴边富民补助资金达 24.2 亿元，超过前 10 年的资金总和。发展改革委新增设立了兴边富民中央预算内投资专项，投资额逐年增长，今年比上年增长 60%，用于支持《兴边富民行动规划（2011-2015 年）》中提出的群众迫切需要而其他资金渠道又无法解决的村寨便民工程、通自然屯路和乡镇基础设施等项目建设。财政部进一步加大对边境 9 省区的转移支付力度，仅边境地区转移支付一项，2011、2012 年就分别安排了 71 亿元和 89.2 亿元，相当于“十一五”期间（166 亿元）总和。据初步统计，发展改革委还通过采取提高部分民生项目中央投资标准、减免公益性项目地方配套资金、设立专项等措施，2011 年以来累计安排陆地边境县和边境团场中央预算内投资约 250 亿元，接近“十一五”期间（546 亿元）的一半。其他各部门的专项投入也向边境地区倾斜。2011 年，教育部在学前教育、农村初中校舍改造、农村教师周转宿舍建设等方面安排和落实中央投资 18.69 亿元。农业部累计安排边境县及边境团场项目资金近 80 亿元。国家林业局安排边境县中央林业资金近 28 亿元（不含西藏）。国家开发银行明确要求各分支机构加大对边境地区的信贷政策和资源倾斜力度。

第二，项目支持力度不断加大。发展改革委通过编制实施“十二五”有关规划，结合游牧民定居、农村危房改造、战略性新兴产业等行业专项规划组织编制工作，对边境地区给予重点支持。科技部依托星火计划、科技富民强县专项行动计划、农业科技成果转化资金等，促进科技要素向边境地区集聚和科技成果转化推广。国土资源部在各级土地整治规划中，保障兴边富民行动项目用地需求，同时加大边境地区地质勘查投入。环保部划定边境地区为国家生物多样性保护优先区域，将边境地区具有重要生态功能的地区划定为国家重要生态功能区。水

利部在水利改革发展规划和农村饮水安全、水土保持生态建设等一系列水利规划中，均对边境地区水利项目予以倾斜。文化部的“春雨工程”、文化信息资源共享工程、“中国民族音乐发展和扶持工程”、非物质文化遗产保护等加大对边境地区扶持力度。广电总局将边境地区作为广播电视村村通工程、西新工程、农村电影放映工程、直播卫星公共服务户户通工程等公共文化重点工程的重点建设区域。国家旅游局积极推进边境旅游的发展，2011 年延伸和新批准了 6 条边境旅游线路，新批准 14 家旅行社经营边境旅游业务。总参谋部精心组织道路、桥梁、码头等边海防基础设施建设，现北部边境执勤道路基本全线贯通，南部边境结束了许多偏僻村寨不通公路的历史。

第三，政策倾斜力度不断加大。工业和信息化部重点扶持边境地区特色产业发展，并出台一系列差别化、个性化的产业政策，有序引导边境地区承接产业转移。民政部、人力资源和社会保障部指导边境地区及时将符合条件的困难群众全部纳入城乡低保范围，将 124 个陆地边境县纳入城镇居民社会养老保险国家试点。住房和城乡建设部进一步提高边境一线贫困户危房改造中央补助标准，今年户均补助达 1 万元，高于其他地区户均 7500 元的标准。交通运输部全面提高边境省区公路建设投资补助标准，高速公路及农村公路补助比“十一五”提高约 50%、国省道提高约 150%。商务部会同人民银行、国家税务总局落实边贸出口人民币结算办理退税试点工作，适当放宽了进出口限制，支持边境地区利用周边国家资源发展加工贸易，进一步扩大了边民互市免税商品范围和进口免税额度。卫生部提高了边境地区医疗卫生基础设施建设和设备配置项目补助额度，额度比其他地区平均水平提高 10-15%。特别是在新一轮国家扶贫开发工作中，国资委组织中央企业定点扶贫工作实现“全覆盖”，31 个边境县为定点扶贫县，占总量的 13%。国家税务总局在落实好各项税收优惠政策的同时，积极会同有关部门研究促进边境地区发展的税收优惠政策。国务院扶贫办在划分集中连片特殊困难地区和调整国家扶贫开发工作重点县的工作中，对边境地区予以照顾，有 57 个县进入了连片特困地区，20 个县被列为扶贫开发工作重点县。

第四，和谐边境建设力度不断加大。外交部全面发展与周边国家友好关系，不断提升边境省区与周边国家合作质量和水平。进一步加强边界管理，妥善处理跨界纠纷。及时指导驻外使领馆积极开展侨务工作，引导少数民族侨胞参与地方经济建设，与“疆独”、“藏独”等敌对分裂势力做斗争。国家民委以增进民族团结、共建和谐边疆为目标，指导边境省区和新疆生产建设兵团广泛深入开展民族团结进步创建活动，并支持工作经费近 2000 万元，扎实推进陆地边境县、边境团场民族团结模范村（社区）、乡镇、县市创建。公安部边防管理局大力实施爱民固边战略，积极构建警民鱼水关系。2011 年，全国爱民固边模范村（社区）增加到 2370 个，爱民固边模范乡镇 149 个、县市 41 个、地市 3 个。创造性推出了民警兼任村官（党支部副书记）的举措，有效发挥了边境村（居）党支部团结各族群众推动发展、促进和谐、反对分裂、维护稳定的作用。总参谋部针对不同方向面临的安全威胁，加强边境地区管理控制，严密防范和打击各类跨境违法犯罪活动，有力维护边防安全稳定。

（二）各边境省区和新疆生产建设兵团切实加强组织领导，不断加大工作力度，推进兴边富民行动不断取得实效

“十二五”以来，各边境省区和新疆生产建设兵团充分发挥兴边富民行动统领边境地区经济社会发展的作用，不断加大工作力度，形成了多部门协作、多渠道投入、多措施并举、多层次推进、多方力量参与的工作格局，推进兴边富民行动不断取得实效，促进边境地区经济社会又好又快发展。概括起来主要有以下几条:

第一，强化领导，建立健全工作机制，形成推进兴边富民行动的强大合力。吉林省构建了党政军警民“五位一体”合力推进兴边富民行动的工作机制，为“十二五”期间全力推进兴边富民行动提供了强有力的组织保障。广西壮族自治区兴边富民行动领导小组，成员单位由原来的 19 个增加到 45 个，进一步明确相关部门的职责，还研究制定了自治区落实国家兴边富民行动规划的实施意见。云南省委、省人民政府高度重视兴边富民行动，出台了深入实施“十二五”兴边富民工程的决定，明确要求全省各级各部门要统一思想、提高认识，把兴边富民工作摆在更加重要的位置、纳入重要议事日程，在发展规划、资金投入和项目安排上重点向边境地区倾斜，要建立健全体制机制，强化督促检查，形成良好社会氛围，切实保障“十二五”兴边富民工程顺利实施，为建设发展更加协调、生活更加富裕、民族更加团结、社会更加和谐的边境地区作出更大贡献。新疆生产建设兵团成立了兴边富民行动领导小组，各师、团也成立了相应机构，同时还建立了兴边富民行动目标责任制和奖惩措施。

第二，明确规划，以兴边富民行动统领边境地区经济社会发展，着力解决突出困难和问题。内蒙古自治区兴边富民行动规划确定了五个方面的重点建设领域，并按轻重缓急，优先建设沿边境一线乡镇（苏木）基础设施项目及保障和改善民生项目。辽宁省从边境地区山多地少、林下资源和水资源丰富的实际出发，突出发展边境地区特色优势产业。黑龙江省兴边富民行动规划提出着力改善民生，突出发展特色优势产业，加快转变经济发展方式。同时，还提出弘扬民族文化，推进少数民族文化事业与文化产业齐头并进。云南省兴边富民工程“十二五”规划，确定兴边富民工程由 3 年一轮延长为 5 年一轮，计划投入资金 809 亿元，内容由原来的 6 大工程建设、办好 30 件惠民实事拓展为“十大工程”、“十项保障”共 57 项，建设领域更加广泛、内容更加丰富。截至 2011 年底，云南省各级各部门投入边境县资金已超过 200 亿元。新疆维吾尔自治区印发兴边富民行动“十二五”规划涉及储备项目 2886 个，资金 782.56 亿元，并编制完成了兴边富民行动“十二五”专项建设规划，共 739 个项目，总投资 23 亿元。

第三，落实项目，确保兴边富民行动各项任务落实，夯实发展基础。新疆生产建设兵团充分发挥兴边富民行动项目“吸纳”、“酵母”、“孵化”等功效，通过兴边富民行动这个有力抓手，全力推进经济社会发展。辽宁省充分发挥国家兴边富民补助资金引领作用，省财政安排配套资金，并整合涉农资金，先后扶持了食用菌、中药材、海产品等一批富民项目，有效促进群众增收致富。吉林省 10 个边境县仅 2011 年就开工建设 3000 万元以上重点项目 659 个，完成投资 227 亿元，其中新开工建设项目达 442 个，完成投资 165 亿元。海南省实施兴边富民行动的第一年，建立了兴边富民行动“十二五”项目库，确定项目 3671 个，重点立足民族地区资源优势，积极探索和开发扶持民族特色产业项目。

第四，创新思路，不断丰富兴边富民行动内涵，始终保持旺盛活力。吉林省最早提出“省级政府推动”，对全国兴边富民行动作出重要贡献，“十二五”又提出了实施“强基富民固边”工程推进兴边富民行动的新思路。广西壮族自治区首创以“大会战”的形式推进兴边富民行动，并在实践中不断丰富和完善其内涵和外延，还率先实行了“边民补助”、边境县“新农合补助”机制。云南省在继续实施“十二五”兴边富民工程的同时，以面向西南开放重要桥头堡和民族团结进步边疆繁荣稳定示范区建设为契机，努力构建兴边富民行动大格局。西藏自治区在实施兴边富民项目过程中，在确保工程质量的前提下，对施工难度不大、技术含量不高的项目，组织当地群众直接参与建设，直接增加了收入，提高了自我发展能力，把兴边富民行动从“国家的事”转变为“自己的事”，激发了工作热情和创造精神。新疆维吾尔自治区发挥农牧产品龙头企业的带动作用，形成“订单农业”和“公司加农户”模式，实现农牧产品向精深加工型转变，促进经济发展，带动群众增收。

第五，成效显著，各族群众得到实惠，边境地区迈上发展快车道。2011 年，黑龙江省边境县农民人均纯收入达到 1.03 万元，18 个边境县中有 4 个进入全省民生工作十强县，3 个县进入全省财源建设十强县。甘肃省肃北县主要经济指标保持了高速增长，城镇居民人均可支配收入、农牧民人均纯收入、人均生产总值、人均财政收入等指标位居全省前列。广西壮族自治区东兴市农民人均纯收入 8006 元，排在全区首位，其余边境县农民人均纯收入大部分排在全区中等水平。新疆生产建设兵团边境团场人均纯收入达到 1.08 万元，边境团场三次产业结构由 56: 16: 28 调整为 53: 27: 20，实现国内生产总值 114.9 亿元，年均增长 53.3%。

（三）社会各界对边境地区的关注度进一步提高，为边境地区发展创造了良好的社会氛围

随着兴边富民行动的不断深入，特别是兴边富民行动“十二五”规划颁布实施以来，国内新闻媒体对边境地区的关注度持续升温。去年，由国家民委经济发展司主办，中国民族报社承办的中央新闻媒体“兴边富民行动万里行”宣传活动启动后，70家电视台、广播电台、平面媒体及网络媒体进行了报道。目前，采访团已完成东北三省、广西、云南、新疆等省区的采访报道。

中央电视台中文国际频道继2010年9月在《中国新闻》推出30集系列报道“西部边疆行”之后，又打造了百集系列特别节目《边疆行》，以展现中国陆地边境县风土人情以及睦邻和谐友邦关系为主要内容，并呈现边疆地区极具魅力的旅游资源，已于2011年7月起分亚、欧、美三版播出。2011年8月，中央电视台财经频道启动《走基层边疆行》大型主题报道，通过财经专业视角，展现近年来祖国边陲“促发展重民生”的举措和成就，并在《第一时间》、《环球财经连线》、《经济信息联播》等栏目连续播出。中国国际广播电台从2011年7月以来，开始“全景国境线”采访报道。7月，环球时报、环球网启动了“让边疆不再遥远”采访活动。8月，两岸媒体《中国北部边境纪行》采访活动开始。9月，《经济日报》启动了“走基层转作风改文风、兴边富民口岸行”采访报道活动。2011年6月，由中国旅游报社、第一旅游网、搜狐网等联合主办的中国边境及民族地区旅游业创新发展大会暨中国最美的边境及民族旅游城市（县）评选活动举办，通过海量网民投票评定的方式，评选出游客认为最美的边境及民族地区旅游市、县、镇及景区。并以“边境及民族地区旅游业——中国旅游的下一个热点”为主题，举办高峰论坛。今年“两会”期间，有部分代表和委员建议设立国家“边疆节”，社会各界对边境地区的关注度越来越高，为边境地区发展创造了更加良好的社会氛围。

这些成绩的取得，是党中央、国务院高度重视、坚强领导的结果，是国家各有关部门积极支持、密切合作的结果，是边境省区各级党委、政府认真组织，狠抓落实的结果，也是边境省区各族干部群众无私奉献、扎实工作的结果。借此机会，我代表国家民委和杨晶主任，向所有关心、支持兴边富民行动的领导和同志们表示衷心的感谢！

二、提高认识，从战略和全局高度谋划兴边富民行动，切实推进边境地区经济社会加快发展

边境地区是我国少数民族的聚居区，也是我国重要的战略资源储备区，更是我国重要的生态安全屏障和国防安全屏障，战略地位十分重要。边境地区发展具有战略性、政治性、民族性、特殊性的特征。加快边境地区发展，有利于我国社会主义现代化建设的战略目标；有利于增强边境各族群众的凝聚力、向心力和自豪感；有利于边民守土固边，维护国家主权和领土完整；有利于增强反渗透实力，切断境内外敌对势力的联系，筑成反渗透、反分裂、反颠覆的铜墙铁壁，维护国家安全、确保边疆安宁；有利于扩大我在周边地区的优势和影响，提高我国的国际地位和影响力。加快边境地区发展，对稳定边疆、巩固边防，促进边境地区民族团结、长治久安和全面建设小康社会，具有极其重要的战略意义。

（一）从如期实现全面建设小康社会宏伟目标看，必须不断加大兴边富民行动力度，促进边境地区加快发展

在兴边富民行动推动下，这些年来边境地区有了较快发展。但由于历史、自然、社会等方面的原因，边境地区发展水平和群众生产生活条件仍然低下，基础设施落后、生态环境脆弱的瓶颈制约仍然存在，贫困面大、公共服务能力薄弱的问题仍然突出，经济结构不合理、自我发展能力不强的状况还没有根本改变，与其他地区发展上的差距还很大。2010年，全国陆地边境县人均地区生产总值2.22万元，仅为全国平均水平的68%，人均地方财政收入1360元，仅为全国平均水平的43%。边境贫困地区差距更大。据统计，连片特困地区内的57个边境县和20个边境扶贫重点县国内生产总值、人均财政一般预算收入和农民人均纯收入2006至2009三年平均值分别为全国平均水平的44.8%、45.6%和48.7%，均不到一半。没有边境地区的小康，就没有全国的小康。要实现到2020年同全国一道进入全面小康社会的目标，任务十分艰巨和繁重。

（二）从维护国家主权和边疆稳定的需要看，必须不断加大兴边富民行动力度，促进边境地区安宁稳定

我国边境地区国境线漫长，毗邻国家众多，少

数民族聚居，对敌斗争复杂，反恐维稳形势严峻，发展稳定以及维护国家主权和领土完整的任务艰巨。从国际形势看，美国军事力量重返亚洲，意图搅乱亚太局势，日本、菲律宾、越南等国与我国领土摩擦不断。境外敌对势力利用民族问题对我国实施西化分化战略的图谋一刻没有改变，对我国边境地区实施渗透分裂破坏活动的力度明显加大。周边国家政局变动对我边境地区稳定也带来影响和冲击。随着经济社会快速发展，非法越境、越界生产、跨境犯罪等治安问题和矛盾纠纷日益增多。从国内形势看，当前我国形势总体是好的，边境地区发展总体是稳定的，民族关系总体是团结的、和谐的。目前，我国正处于深化经济体制改革、加快转变经济发展方式的攻坚阶段和重要战略机遇期，同时也进入矛盾凸显期和多发期，各种矛盾问题相互交织，情况更为复杂敏感。所有这些，对我们维护国家主权和边疆稳定带来的挑战更加严峻。

（三）从坚持和完善党的民族理论民族政策的需要看，必须不断加大兴边富民行动力度，努力做好边境地区民族工作

推进兴边富民行动是党和国家加强新时期民族工作的重大举措。1999 年中央民族工作会议强调，要大力加强边境地区的民族工作，继续推进兴边富民行动，为富民、兴边、强国、睦邻作出贡献，巩固祖国的万里边疆。边境地区是我国主要的少数民族聚居区，在 2.2 万公里的陆地边界线中，有 1.9 万公里边界线在民族自治地方；136 个边境县中，有 107 个县是民族自治地方；2300 万边境地区人口中，有近一半是少数民族；194 万平方公里的国土面积中，90%以上是民族自治地方；有 30 多个民族与境外同一民族毗邻而居，其中有 8 个民族在境外建有独立的民族国家、4 个民族在邻国建有一级行政区。这一特殊国情表明，做好边境地区民族工作有着特殊重要意义。目前，在理论界、学术界，甚至一些干部中间，出现了一些对我国现行民族政策质疑的声音，造成了一定的思想混乱，我国解决民族问题的基本政治制度遇到了挑战。兴边富民行动的成功实践充分证明了胡锦涛总书记强调的“三个不容”：民族区域自治，作为党解决我国民族问题的一条基本经验不容置疑，作为我国的一项基本政治制度不容动摇，作为我国社会主义的一大政治优势不容削弱。

三、狠抓落实，全面推进兴边富民行动规划（2011-2015 年）实施

兴边富民是边境地区经济社会实现又好又快发展的迫切需要，我们必须以科学发展观为指导，进一步增强责任感和紧迫感，始终把推进兴边富民工程作为发展边疆经济、维护民族团结、巩固边防安全、促进社会和谐稳定的大事来抓，以时不我待、只争朝夕的责任感和紧迫感，注重科学谋划、系统安排、整体推进、统筹协调，积极创新工作思路，完善工作机制，破解工作难题，全力推进兴边富民行动取得更大实效。

第一，要进一步加强对兴边富民行动的组织领导。兴边富民行动涉及领域宽、包含内容广、工作难点多，需要相关部门紧密配合、共同推进。今年初，国家成立了兴边富民行动协调小组。大部分省区反应及时、动作迅速，建立健全了相应领导机制或协调机制。部分省区的兴边富民行动领导小组增加了不少成员单位，充实壮大了开展工作的力量。今后，我们要进一步统一思想认识，强化组织保障，推动工作落实；要明确工作职责，形成工作合力；要强化资金保障，落实投入责任；要创新体制机制，加大政策支持；要完善帮扶制度，加大帮扶力度，以富民、兴边、强国、睦邻为目标，推动“十二五”兴边富民行动扎实、有效开展。我们要充分发挥兴边富民行动领导小组的协调职能，通过及时的、经常性的、有效的协调和沟通，努力多方协同联动，形成共同推动规划落实的良好格局。要紧紧围绕保障措施的落实，按照建立协调机制，确定协调内容，讲究协调方式，注重协调效果的总体要求，把协调具体化、经常化、制度化，确保兴边富民行动取得更大实效。

第二，要进一步加强沟通和协调，抓好规划衔接和兴边富民项目的组织落实。纵向来说，要深化部省（区）会商机制，各省区要和国家兴边富民行动协调小组成员单位加强沟通，掌握和了解国家的相关政策措施和专项规划，切实反映解边境地区发展诉求，及时做好相关领域兴边富民项目的对接。横向来说，要加强各级政府各部门之间的协调，注意将本省区的兴边富民行动规划与相关专项规划全

面衔接，统筹安排好各领域的兴边富民项目。总之，组织落实好规划项目，既要加强纵向的沟通，争取上级支持，同时要加大横向统筹协调力度，共同把项目完成好。

第三，要进一步加强各类资源的整合力度，加大兴边富民行动投入。一是按照“渠道不变，投向不乱，集中使用，各负其责，各计其功”的原则，对各项资金进一步整合，投入兴边富民行动重点区域和重点领域，同时还要争取各类捐助捐赠资金、信贷资金、民间资金投向边境地区，集中力量办实事、办好事。二是在充分用好用足现行有关政策的同时，还要吃透国家相关领域重大政策及其趋势，争取新政策新举措在边境地区先行先试。继续深入研究边境地区的特殊重要性，既要推动国家制定实施有关特殊政策，也要认真研究制定本地区的扶持政策。三是充分动员社会力量支持边境建设。各级政府要按照规划要求，创新舆论宣传模式，广泛凝聚人心，调动各方面积极性，形成全社会支持兴边富民行动，关心边境建设的良好局面。

第四，要进一步突出重点，全力打牢边境地区经济社会加快发展基础。一是要加强交通、农田水利、能源、信息等基础设施建设和生态环境保护工作，进一步提升科学发展的保障能力。二是要深化产业结构调整，大力推动农副产品加工、国际贸易流通、文化旅游等特色优势产业发展。三是要推进基本公共服务均等化，不断加大扶贫力度，完善社会保障体系，加大保障性安居工程实施力度，大力发展教育、卫生和公共文化事业，进一步保障和改善民生。四是要牢固树立“兴边先富民”的思想，切实把沿边开放和兴边富民结合起来，认真学习沿海开放经验，把产业培育作为一项重要任务，突出园区经济、民营经济、特色经济、开放经济四个抓手，提升沿边开发开放水平，加快“走出去”步伐，进一步增强发展动力和活力。五是要始终坚持以发展促团结、以发展促稳定、以发展促和谐，推进民族团结进步事业，进一步维护社会和谐稳定。

第五，要进一步以特色产业为突破，加快边境地区新的增长点建设。一是扶持特色农牧产品加工，着力延长农业产业链条，大力发展品种优良、特色明显、附加值高的优势农产品，积极培育一批知名品牌，重点扶持一批带动力强的龙头企业。加强边境地区地质矿产勘查开发，推进优势资源富集地区科学有序开发，深入实施以市场为导向的优势资源转化战略。积极稳妥发展以水电为主的清洁能源产业，加快边境资源枯竭城市（地区）转型，积极开展跨境资源开发利用合作。二是充分挖掘丰富的民族传统文化资源，打造特色文化品牌，推动非物质文化遗产生产性保护和利用，发展文化产业。依托旅游资源优势，推动文化与旅游的深度融合。大力培育开发具有边境特色的重点旅游景区和线路，鼓励发展边境旅游、民族特色村寨旅游、休闲度假旅游、生态旅游、探险旅游、农业旅游等特色旅游。三是大力推进劳务经济产业化发展，建设一批集制作、培训、销售、展示为一体，体现民族地域特点的特色劳务基地，树立、宣传、推介一批劳务品牌，促进农牧区富余劳动力就地就近就业。四是支持中小企业技术创新、结构调整、节能减排、开拓市场、扩大就业、人员培训。扶持少数民族特需商品定点生产企业和民族手工艺品生产企业发展。

第六，要进一步加快建设国际跨境旅游区，促进边境地区创新发展。边境地区具有旅游文化资源丰富、跨境旅游便利等优势。充分发挥边境地区独特的资源、地缘和生态优势，把边境地区建设成为国际跨境旅游区，对推动边境地区区域发展意义重大。要进一步完善边境集镇及口岸基础设施，在确保国门安全的前提下实行便捷宽松的出入境政策；创新国际旅游合作方式，积极探索边境旅游、跨境旅游的新途径；加强相互投资和市场拓展，开发一批吸引力强的跨境旅游产品，培育一批特色突出的高品位旅游景区，打造一批旅游节庆活动知名品牌；实施“走出去、引进来”战略，引进国内外大型旅游企业和战略投资者，加快推进旅游产业化、市场化。

第七，要进一步加强对规划实施情况的督促检查。各级政府要强化项目管理理念，加大对规划组织实施的监督检查力度，重点加强对专项建设资金执行情况的检查、分析和评估，开展兴边富民行动项目实施情况的专项监督检查和绩效评价，及时掌握规划的实施动态情况，定期报告规划实施情况。

同志们，深入推进兴边富民行动，责任重大，任务艰巨，使命光荣。让我们更加紧密地团结在以胡锦涛同志为总书记的党中央周围，高举中国特色社会主义伟大旗帜，深入贯彻落实科学发展观，牢牢把握各民族共同团结奋斗、共同繁荣发展的民族工作主题，坚定信心，再接再厉，求真务实，锐意进取，进一步推动边境地区经济社会科学发展，开创兴边富民行动新局面，以更加优异的工作成绩迎接党的十八大召开!

谢谢大家!

国家民委副主任罗黎明同志在全国扶持人口较少民族发展经验交流会上的讲话

（2012 年 8 月 21 日）

同志们:

今天，我们在祖国的东北边陲、美丽的松花江畔，素有“东方第一城”之称的综合性工业城市佳木斯市召开全国扶持人口较少民族发展经验交流会，会议的主要任务是：贯彻落实中央领导同志的重要批示精神，总结工作，交流经验，分析形势，研究部署工作，扎实推进扶持人口较少民族发展“十二五”规划实施。

刚才，黑龙江省副省长孙永波同志和佳木斯市委副书记、市长孙喆同志发表了热情洋溢的致辞。黑龙江、辽宁、广西、云南、新疆、上海有关负责同志代表各省区市作了很好的交流发言，听后深受教育，深受启发，深受鼓舞。

自 2011 年 5 月国务院批准实施扶持人口较少民族发展“十二五”规划以来，在党中央、国务院的高度重视和亲切关怀下，在国务院有关部门的大力支持下，各相关省区坚持从本地实际出发，精心谋划，周密部署，扎实工作，不断加大对人口较少民族聚居区的支持力度，创造了许多各具特色的新思路，积累了许多成功经验。

黑龙江省是一个多民族散杂居的边疆省份，也是一个人口较少民族种类较多、发展任务较重的省份。近年来，黑龙江省委、省政府高度重视扶持人口较少民族的发展工作，把扶持人口较少民族发展作为新时期全省民族工作的重要组成部分，作为建设平安龙江、和谐龙江、幸福龙江的重要内容，坚持以人为本、关注民生，突出特色、因族施策，努力转变经济发展方式，多渠道增加人口较少民族群众收入，坚持做到科学发展、和谐发展。2011 年 6 月，在国务院刚审批下发扶持人口较少民族发展“十二五”规划之际，黑龙江省就迅速召开全省兴边富民行动和扶持人口较少民族发展工作会议，副省长孙永波同志亲自出席会议并对扶持人口较少民族发展工作作了全面部署。省委、省政府主要领导还多次到人口较少民族乡村视察工作，听取汇报，解决问题，有力推动了人口较少民族经济社会快速发展。这次会议安排在黑龙江省佳木斯市召开，目的就是让大家考察学习黑龙江省在扶持人口较少民族发展工作中的好经验和好做法。

同时，与会的各省区也都按照会议要求，准备了很好的总结交流材料。希望大家相互学习，相互借鉴，取长补短，共同促进，共同提高，扎实推进扶持人口较少民族发展工作。我相信，此次会议的成功召开对确保如期完成扶持人口较少民族发展“十二五”规划目标和任务，加快人口较少民族发展，促进各民族共同团结奋斗、共同繁荣发展，必将起到积极的推动作用。

下面，我讲几点意见。

一、扶持人口较少民族发展“十二五”规划实施开局良好，进展顺利

一年多来，国家有关部门和各省区按照“国家扶持，省负总责，地县落实，整村推进”的方针，全面加强组织领导，进一步落实责任，密切协作和配合，扶持人口较少民族发展工作取得明显成效，人口较少民族聚居区呈现出生产发展、生活提高、生态改善、民族团结、社会和谐、文明进步的良好局面。

（一）国家有关部门进一步加大对人口较少民族发展的扶持力度，有力地推动了规划实施

第一，进一步明确了职责和分工。2011 年 10 月，国务院批准同意建立由国家民委、国家发改委、财政部、中国人民银行、国务院扶贫办牵头的扶持人口较少民族发展部际联席会议制度。联席会议由

国务院36个相关部门和单位组成。为推动规划的落实，经联席会议各成员单位共同商议，研究制定了规划任务分工方案，进一步明确了各部门职能和工作责任，将扶持人口较少民族发展的各项政策措施具体化，特别是明确了各项任务分工的牵头部门和参与实施的部门，有力地推动了扶持人口较少民族发展“十二五”规划的实施。

第二，进一步加大了资金投入力度。国家发改委“十二五”期间计划安排支持人口较少民族发展的中央预算内投资总额将比“十一五”大幅增加。其中，2011年就安排了5亿元，2012年安排了6亿元，重点解决人口较少民族聚居区基础设施建设问题，改善生产生活基础条件，提升基础设施保障能力。项目投资继续执行免除人口较少民族所在州县配套资金政策。对符合现有投资政策的工程项目，国家发改委还充分利用现有投资渠道给予解决，并纳入相关专项建设规划统筹安排。国家发改委和国家民委还共同组织编制了《扶持人口较少民族发展专项建设规划（2011-2015年）》，指导有关省区做好“十二五”专项建设资金项目安排和实施工作。财政部2011、2012两年共安排支持人口较少民族发展资金10.4亿元。同时，中央财政进一步加大对人口较少民族省区的转移支付力度，对人口较少民族农村义务教育阶段寄宿生继续实行生活费补助政策。

第三，进一步加大了项目安排和政策倾斜力度。国务院扶贫办在实施新十年扶贫开发纲要中，在中央扶贫资金的安排、定点扶贫、东西扶贫协作、社会扶贫和国际合作中，向人口较少民族聚居区倾斜，调整国家扶贫开发工作重点县和确定集中连片特殊困难地区分县名单，对人口较少民族所在县予以照顾，有60个县被列为扶贫工作重点县，有76个县被纳入连片特困地区。中国人民银行进一步加大对人口较少民族聚居区的金融支持，特别是加大对培植增收致富产业的支持。教育部在学前教育、基础教育、职业教育、高等教育、人才培养等各个层次、各项政策中对人口较少民族予以更多的倾斜，巩固提高“普九”水平，继续落实人口较少民族寄宿生生活费补助政策，实施人口较少民族农村义务教育学生营养改善计划。交通运输部实施的畅通工程对人口较少民族聚居乡村给予重点支持，力争实现80%的行政村通沥青（水泥）路。水利部对人口较少民族聚居区的农村饮水安全和水利设施等建设工程，在项目、资金安排上给予重点照顾。文化部、新闻出版总署对人口较少民族聚居行政村文化室和农家书屋建设予以支持。卫生部对人口较少民族农村医疗服务体系建设给予倾斜支持。国家文物局积极支持开展人口较少民族文化遗产保护工作。其他成员单位在本部门有关专项规划中，都注意体现对人口较少民族的倾斜扶持。

（二）各省区全面加强组织领导，狠抓落实，规划实施取得实效

第一，加强领导，完善机制。各省区党委、政府把扶持人口较少民族发展列入重要议事日程，作为政治责任抓紧抓好。在已有的组织领导机构的基础上，按照“十二五”规划要求对机构人员进行调整完善，建立了自上而下的协调组织机制。各相关的州、县均成立了扶持人口较少民族发展工作领导小组，形成了职责明确、齐抓共管，相互协调、密切配合，层层负责、层层落实的领导体制和工作机制。内蒙古、吉林、黑龙江、贵州、云南、西藏、青海、新疆等省区和新疆生产建设兵团分别召开了扶持人口较少民族发展工作会议或专题会议，加强领导，提高认识，统一思想，研究部署“十二五”时期扶持人口较少民族发展工作，协调解决重大问题，积极推动扶持人口较少民族发展工作。

第二，制定规划，出台政策。在国家扶持人口较少民族发展“十二五”规划指导下，各省区相继出台了配套规划和政策。云南省结合本省实际，在全国率先制定出台了《关于进一步加快人口较少民族发展的决定》，编制印发了本省扶持人口较少民族发展“十二五”规划。目前，已有内蒙古、黑龙江、云南、甘肃、新疆等省区编制印发了省区扶持人口较少民族发展“十二五”规划。福建省出台了贯彻实施意见。江西省委、省政府联合下发了2010年1号文件，对促进人口较少民族发展提出了具体办法和措施。甘肃省民族地区和社会发展“十二五”规划将扶持人口较少民族发展列为专项工程。辽宁省、广西壮族自治区正在抓紧制定本省区落实扶持人口较少民族发展规划的实施意见。贵州省两次召开专题会议，分别请省直有关部门研究如何整合力量扶持人口较少民族聚居区加快发展问题。

第三，突出重点，加大投入。各省区充分调动力量，整合资金，支持人口较少民族发展。据统计，2011 年各省区已启动实施项目 1800 多个，安排扶持资金 23.4 亿元。云南省加大协调力度，进一步整合各方面资金，形成合力。在中央投入 2.31 亿元的基础上，省里整合配套了 14.3 亿元，对边境县人口较少民族聚居的 183 个自然村实行整村推进扶持。黑龙江省对人口较少民族聚居的县（区）投入资金 7060 万元，实施项目 66 个，其中直接落实到村的资金为 6781 万元，用于人口较少民族聚居地区修路、建房、水利等生产生活设施条件的改善，发展当地特色产业，促进农民增收。

第四，严格管理，保证效益。广西壮族自治区有关县市积极建立和完善了资金项目管理制度，加强对资金使用和项目实施的监督管理，严格少数民族发展资金项目操作规程，切实抓好“一宣”、“二公”、“三管”、“四得”工程（“一宣”即抓好宣传发动，“二公”即对资金项目坚持公开、公正，“三管”即由财政部门对项目资金全程实行业务管理、收支管理和报账管理，“四得”即保证每一个扶持项目都要让群众看得见、摸得着、用得上，并经得起时间和群众的检验），从而确保资金使用安全，保证工程建设质量。新疆维吾尔自治区在项目实施管理中，地县两级都成立了领导小组，指定专人负责项目，提前组织项目评估，建立“扶持人口较少民族补助资金项目库”，做到平时有考察，用时有档案，报时有项目，改变了临时找项目、匆忙报项目的状况。在资金管理上，实行县级报账管理制度，采取专户管理，单独建账，单独核算，全额保障，以项目进度安排资金的运行方式，确保资金效益的发挥和工程质量。贵州省在项目前期论证、组织实施、竣工验收三个阶段严格管理，确保项目工程质量。青海省在项目管理中，严格逐级审批上报程序，层层筛选、层层把关，对项目采取跟踪监管，及时掌握项目推进情况，为确保项目的顺利实施提供了保证。

第五，对口帮扶，社会关注。多年来，扶持人口较少民族发展得到各部门的支持，全社会的关心，形成了良好的社会氛围。上海市对口帮扶云南省人口较少民族，在“十一五”圆满完成帮扶德昂族的任务后，“十二五”又把对口帮扶独龙族发展列入沪滇合作内容，计划 2010-2014 年，对 6 个独龙族聚居村寨 323 户安居房、7 个村寨整村推进、5 个民族文化旅游特色村实施帮扶。2011 年 9 月，上海市五大宗教团体深入独龙江地区考察并开展援助，捐助资金 200 万元。目前，上海市已累计投入帮扶资金 5200 万元。香港全国政协委员杨钊先生继续资助 641 万元帮扶贵州毛南族和云南德昂族、布朗族、景颇族等发展教育、卫生和种植加工。中国少数民族经济研究会实施新西兰发展基金资助少数民族妇女自我发展能力建设项目，在青海互助土族自治县针对提高土族妇女发展能力、拓展生计渠道开展“土族刺绣”培训，传承民族传统手工艺。报纸、杂志、网络等各种新闻媒体也加强宣传扶持人口较少民族发展工作，营造全社会关心支持人口较少民族发展的舆论氛围。

以上成绩的取得，是党中央、国务院高度重视、亲切关怀的结果，是国家各部门密切协作、大力支持的结果，是各省区各级党委、政府加强领导、真抓实干的结果，也是人口较少民族聚居区广大干部群众自力更生、艰苦奋斗的结果。借此机会，我代表国家民委和杨晶同志向国家各部门以及各省区的领导和同志们表示衷心的感谢!

二、进一步提高认识，正确把握扶持人口较少民族发展面临的新形势、新任务

（一）从全局和战略的高度，进一步提高对扶持人口较少民族发展重大意义的认识

第一，扶持人口较少民族加快发展，是深入贯彻落实科学发展观的迫切需要。科学发展，是以人为本的发展，是全面、协调、可持续的发展。当前，人口较少民族聚居区最突出的矛盾、最根本的问题，是基础设施滞后，经济社会发展结构不合理，民生改善任务艰巨，是不同民族之间及同一民族内部之间的发展不平衡、不协调。科学制定和实施扶持人口较少民族发展“十二五”规划，在扶持人口较少民族发展中始终贯穿科学发展的理念，促进人口较少民族聚居区经济社会又好又快发展，着力解决人口较少民族发展中存在的特殊困难和问题，促进人口较少民族聚居地区与其他地区的协调发展，促进不同民族之间、同一民族内部的协调发展，这是我们深入贯彻落实科学发展观的有效载体，也是集中力量帮助人口较少民族加快发展步伐，走上共同富裕道路的重要手段，对于全面建成小康社会和促进

各民族共同繁荣发展，对于维护边疆稳定和构建和谐社会具有特殊重要意义。

第二，扶持人口较少民族加快发展，是实现全面建设小康社会的重要举措。全面建设惠及十几亿人口的小康社会，重点在民族地区，难点也在民族地区。民族地区要实现全面建设小康社会的目标，需要付出更大的努力。这将直接关系到我国全面建设小康社会和整个现代化建设的进程。“十二五”时期是民族地区全面建设小康社会的关键时期。经过“十一五”规划的扶持，人口较少民族聚居区经济社会快速发展，综合实力明显增强，各族群众生产生活条件显著改善。但是，我们必须看到与实现全面建设小康社会奋斗目标的要求相比，与发达地区相比，人口较少民族聚居区还存在很大的差距。从对人口较少民族摸底调查情况看，一些人口较少民族贫困问题依然突出。以 2009 年全国农村贫困标准 1196 元统计，2119 个人口较少民族聚居村贫困发生率 32.7%，高于当年全国（3.8%）28.9 个百分点，高于民族自治地方（16.4%）16.3 个百分点。特别是云南的独龙族、怒族、景颇族，西藏的珞巴族，新疆的塔吉克族、柯尔克孜族等，所处的地区自然条件相对恶劣，脱贫难度大，扶持任务重。此外，人口较少民族聚居区基础设施和公共文化服务体系还不够完善，自我发展能力不强，缺乏特色产业支撑致使群众收入仍然较低，民生问题仍然突出，民族传统文化保护形势依然严峻。这些都是制约人口较少民族同全国各民族一道如期实现全面建设小康社会目标的瓶颈。因此，制定实施规划，加快人口较少民族发展的步伐，对人口较少民族聚居区到 2020 年与全国一同实现小康社会意义重大。

第三，扶持人口较少民族加快发展，是发展民族团结进步事业的必然要求。各民族共同团结奋斗、共同繁荣发展是新世纪新阶段民族工作的主题。围绕这一主题，进一步做好民族工作就必须大力发展民族团结进步事业，建立平等、团结、互助、和谐的社会主义民族关系，促进各民族共同发展。民族的团结、祖国的统一、社会的稳定，是我们做好民族工作的根本原则，也是全国各族人民根本利益之所在。根据第五次全国人口普查数据，人口在 30 万以下的 28 个民族总人口 169.5 万人，占 55 个少数民族人口（10449.0735 万人）的 1.6%，仅占全国人口（124261.2226 万人）的 1.4‰，相对来讲人数极少，可以说是少数民族中的少数民族。但从民族成份来看，占 56 个民族成份的一半，是中华民族大家庭的重要成员，也是世界 3000 多个民族中的一员，民族问题是当今世界的热点问题和难点问题。人口较少民族尽管人数较少，但所代表的民族成份众多，解决了他们的发展问题，就意味着有一半成份的民族或更多的民族得到了繁荣发展，充分体现了党的民族平等政策，具有深远的历史和政治意义。我国人口较少民族大多居住在边疆地区，有 15 个民族与境外同一民族相邻而居，促进这些民族加快发展，对于增强国家凝聚力和边疆稳定具有重要意义。因此，只有加快人口较少民族经济社会发展，不断提高各族群众生活水平和质量，才能增强各民族大团结的物质基础和中华民族的凝聚力，才能增强抵御渗透、反分裂斗争的实力，才能推动民族团结进步事业的发展，将各民族的智慧和力量凝聚到全面建设小康社会的奋斗目标上来。

第四，扶持人口较少民族加快发展，是丰富和创新党的民族理论政策的具体成果。扶持人口较少民族加快发展的成功实践和经验，丰富和创新了党的民族理论政策，是新时期发展民族团结进步事业的成功典范，这是国务院各部门、各省区以及同志们多年辛勤工作的成果，得到了中央领导同志的充分肯定，赢得了民族地区各族干部群众的普遍赞许。但是，当前出现了一些对我国现行民族政策质疑的声音，造成了一定的思想混乱。国家制定扶持人口较少民族发展政策，不但有力促进人口较少民族聚居区经济社会又好又快发展，确保不让任何一个兄弟民族掉队，确保实现各民族共同团结奋斗、共同繁荣发展，更进一步丰富和创新了党的民族理论政策，是对质疑党和国家民族政策声音的强有力的反击，对从事民族工作的同志以及民族地区的广大干部群众进一步坚持我们党解决民族问题的基本政治制度，做到思想上不动摇，行动上与党中央保持高度一致具有重要意义。

总之，扶持人口较少民族加快发展，是党中央、国务院作出的一项重大决策，是新世纪、新阶段民族工作的一项重要任务，是全面落实科学发展观，构建和谐社会，建设社会主义新农村，实现各民族共同团结奋斗、共同繁荣发展的重要举措。我们必须要进一步提高对扶持人口较少民族发展重大意义的认识，牢牢把握各民族共同团结奋斗、共同繁荣发展的主题，把握形势、明确任务，抢抓机遇、乘势而上，推动人口较少民族地区更好更快发展。

（二）认清形势，紧紧抓住加快人口较少民族发展的重要历史机遇

党中央、国务院历来高度重视加快人口较少民族发展，胡锦涛总书记两次作出重要批示，强调要“继续加大对人口较少民族发展的支持力度”。贾庆林主席、回良玉副总理都明确作出批示，要求以学习贯彻胡锦涛总书记批示精神为动力，凝聚合力推动人口较少民族经济社会发展再上新台阶。党中央、国务院的高度重视是人口较少民族加快发展的根本保证。国务院有关部门和各级政府大力支持，社会各界关心帮助，为人口较少民族加快发展创造了有利条件。

我国日益增强的综合国力和财政实力，不断加强的强农惠农政策，日趋完善的社会保障体系，加上扶贫开发和西部大开发深入推进，少数民族发展资金规模逐年增加，为继续加快人口较少民族发展提供了坚实的物质基础。同时，实施“十一五”规划的成功实践为加快人口较少民族发展奠定了基础、积累了经验。《扶持人口较少民族发展规划（2005-2010 年）》实施 6 年来，国家和地方共投入各项扶持资金 45.22 亿元，安排各类扶持项目 15206 个。640 个人口较少民族聚居村中有 627 个村实现“四通五有三达到”的目标，占 98%。人口较少民族聚居区呈现出生产发展、生活提高、生态改善、民族团结、社会和谐、文明进步的良好局面。人口较少民族自身的发展进步具备了加快发展的基础条件，为“十二五”实现全面协调可持续发展，实现全面建设小康社会目标奠定了坚实基础。我们在实践中形成的坚持科学发展、以人为本，坚持统筹规划、因地制宜，坚持突出重点、协调推进，坚持多方配合、形成合力的成功实践，这些都为人口较少民族聚居区加快发展和科学发展探索了路子，积累了宝贵经验。

（三）认真学习，正确把握和领会规划的精神实质

扶持人口较少民族发展“十二五”规划是根据党中央、国务院关于人口较少民族发展的一系列指示精神，按照全面建设小康社会的总体要求，充分考虑人口较少民族聚居区经济社会发展现状和特点以及人口较少民族的期盼和要求，广泛征求有关部门和地方意见，经各方面专家论证后确定的。与“十一五”规划相比，“十二五”规划有以下新的变化和特点：

第一，规划适当扩大了扶持范围，充分体现了我国各民族一律平等的民族政策。进入新世纪以来，党中央站在全局的政治高度作出扶持人口较少民族加快发展的重大决策。规划的实施极大地促进了人口较少民族聚居区经济社会的发展，人口较少民族群众得到国家特殊扶持政策带来的实惠和好处，衷心拥护党中央的这一重大决策。扶持人口较少民族加快发展，成为新时期促进民族团结的民心工程、推动各民族共同繁荣发展的德政工程、造福人口较少民族群众的幸福工程。近几年，有关地方少数民族干部和群众纷纷要求享受国家扶持人口较少民族发展的特殊政策，纳入“十二五”规划范围。国家民委在会同有关部门研究编制“十二五”规划中，按照国务院领导同志的指示精神，充分考虑广大少数民族干部和群众提出的迫切愿望和要求，从统筹民族工作的大局出发，在国家财力可能的条件下，适当扩大了扶持范围，尽可能让更多的少数民族群众享受到这一特殊政策。“十二五”规划的扶持范围，省区由 10 个扩大到 13 个，民族由 22 个增加到 28 个，增加了总人口在 10 万以上 30 万以下的 6 个民族，即景颇族、达斡尔族、柯尔克孜族、锡伯族、仫佬族和土族。被扶持的人口较少民族聚居村由 640 个增加到 2119 个。此外，基本公共服务体系建设覆盖人口较少民族的 71 个民族乡、16 个自治县、2 个自治州，充分体现了我国各民族一律平等的民族政策。

第二，规划的指导思想和目标体现了科学发展观的要求和“两个共同”的民族工作主题。规划明确提出，到 2015 年，人口较少民族聚居行政村基本实现“五通十有”，人口较少民族聚居区基本实现“一减少、二达到、三提升”，这个发展目标比“十一五”提出的人口较少民族聚居行政村实现“四通五有三达到”的目标有新的提高，既体现了全局的要求又切合人口较少民族的实际，既有经济发展的目标又有社会进步的目标，既有定性发展目标又有量化指标，既与“十一五”规划相衔接又体现全面建设小康社会的新要求，统筹兼顾，实在具体，是我们进一步做好扶持人口较少民族发展工作的指南针。

第三，规划提出的重点任务体现了注重民生、和谐发展的理念。规划从解决人口较少民族聚居区经济社会发展的主要矛盾入手，将解决人口较少民族群众特殊困难和问题摆在更加突出的位置，确定了主要任务和重点工程。规划提出了六个方面的主要任务，即夯基础、促增收、保民生、兴文化、强素质、构和谐。按照重点工作内容项目化、工程部门化、任务责任化的原则，与主要任务相对应，提出了基础设施建设、特色优势产业发展和群众增收、民生保障、繁荣发展民族文化、人力资源开发、和谐家园建设等六项重点工程。在研究编制规划中，国家民委会同国家发展改革委、财政部、中国人民银行、国务院扶贫办等，通过召开部门座谈会和书面征求意见，对重点工程的各项任务都明确了牵头部门和实施单位，为下一步落实打好基础。

第四，规划提出的政策措施体现了中央加大对少数民族和民族地区支持力度的要求。规划提出了五个方面的政策支持，即加大资金投入力度，加大金融服务力度，加大对口帮扶力度，加大人才队伍建设力度，加大已有政策法规落实力度等。在这些政策措施中，一些是“十一五”政策的延续和完善，一些是根据人口较少民族发展需要，参照国家近期出台的一系列政策提出的。在落实普惠政策的同时，针对人口较少民族聚居区存在的突出问题提出了一些特殊政策。这些政策措施明确具体，特别是强调了加大专项资金的投入力度。对新纳入规划范围的人口较少民族聚居区，特别是新增加的 6 个民族，国家也明确提出将加大扶持力度，让他们与其他人口较少民族一起共同脱贫致富奔小康，确保不让任何一个兄弟民族掉队。

第五，规划的组织实施体现了扶持人口较少民族发展工作更加科学化和制度化。规划提出要继续坚持和完善“十一五”时期的“国家扶持，省负总责，地县落实，整村推进”的方针。进一步明确中央各部门、地方各级政府和部门的职责，加强组织领导和责任分工，强调制定配套规划和政策，强调指导协调和督促检查，强调探索创新和体制机制的完善，强调宣传动员和营造良好社会环境等。这些措施将推动规划实施工作走上科学化、制度化的轨道。按照规划要求，国务院批准成立了扶持人口较少民族发展部际联席会议制度，国家民委与国家发展改革委、财政部、中国人民银行、国务院扶贫办共同研究制定了规划任务分工方案，使扶持机制更加完善。

三、突出重点，狠抓落实，扎实推进扶持人口较少民族发展“十二五”规划的实施

“十二五”期间是我国全面建设小康社会进程中承上启下的关键时期，也是人口较少民族聚居区实现又好又快发展的重要时期。胡锦涛总书记强调指出，加快少数民族和民族地区经济社会发展，是各族人民的迫切愿望，也是现阶段解决民族问题的根本途径，必须摆到更加突出的战略位置。支持少数民族和民族地区加快发展，是中央的一项基本方针，也是推进西部大开发的首要任务。既要投入更多的资金，又要给予更优惠的政策；既要帮助他们把经济搞上去，又要帮助他们发展各项社会事业；既要继续发挥中央政府的作用，又要坚持抓好各地区的对口支援。要通过多方面的努力，使民族地区发展实现新的跨越，使各族群众的生活得到实实在在的改善。我们必须按照中央的部署和要求，一定要牢牢把握各民族共同团结奋斗、共同繁荣发展这个主题，加强领导，落实责任，明确任务，加大支持，协调配合，督促检查，切实把规划实施工作抓紧抓好，抓出成效。要讲感情、动真格、求实效，采取更加有力的措施，把国家扶持少数民族和民族地区的优惠政策落到实处，帮助民族地区实现又好又快发展，实现人口较少民族聚居区发展更加协调、生活更加富裕、环境更加美好、社会更加和谐，全面建成小康社会。

（一）进一步加强基础设施及配套建设，努力提升人口较少民族加快发展保障能力

要把加强和完善基础设施建设放在优先地位，着力提升人口较少民族加快发展保障能力。一是加快交通基础设施建设，重点推进行政村通沥青（水泥）路建设，加强农村公路危桥改造和安保工程建设，改善农村公路网络状况。二是加强基本农田和草场建设，重点解决好农村饮水安全问题。加强中小河流、山洪地质灾害治理和农村河道水系整治，

加强水源保护及水污染防治。三是加强综合信息基础设施建设，提高农村和边远地区的信息网络覆盖率，力争行政村基本通宽带，自然村和交通沿线通信信号基本覆盖。四是加强农村能源建设，突出解决不通电行政村、自然村用电问题，实现无电地区电力全覆盖。加强可再生能源技术服务体系建设，继续推进农村生态能源建设。五是加强农村人居环境建设，搞好乡村规划，优化村庄布局，大力推进新农村建设。积极保护有历史文化价值的古村落和古民宅，推进农村环境综合治理，支持农牧民改善人居环境。六是加强生态环境保护建设，继续推进退牧还草、防护林体系建设、石漠化综合治理等生态建设工程，加快完善生态补偿机制，积极稳妥地推进生态移民，搞好易地扶贫搬迁，做到搬得出、稳得住、能脱贫。七是以人口较少民族的民族乡、自治县、自治州为重点，积极稳妥推进小城镇建设，促进城乡良性互动和协调发展，打造一批特色鲜明的街道或乡镇，促进特色产业和农村人口向小城镇集聚。

（二）进一步坚持因地制宜，全面加强对人口较少民族发展的分类指导

在实施规划中，要充分考虑民族特点、地域特征和发展水平，实事求是、因族举措、突出重点、体现特色、梯次推进，各有侧重地“夯基础”、“促发展”、“达小康”。一是对特殊困难的民族，如云南的独龙族、怒族、景颇族，西藏的珞巴族，新疆的塔吉克族、柯尔克孜族，聚居地区为边疆、高原、深山区，自然条件相对恶劣，贫困问题突出，整体发展水平较低，由于居住分散导致建设成本高，扶持难度大，脱贫任务艰巨。对这些特困人口较少民族，要采取重点扶持措施，着重改善生产生活条件，夯实脱贫基础。二是对有一定发展基础的民族，如土族、仫佬族、毛南族、撒拉族、布朗族、普米族、鄂温克族等，要重点培育主导产业、特色产业，加快现代农业建设，促进群众增收致富。三是对发展条件较好的民族，如锡伯族、达斡尔族、京族、俄罗斯族、裕固族、乌孜别克族、赫哲族、高山族等，要促其力争先行一步，走在前列。重点转变经济发展方式，提升产业发展的层次和水平，促进城乡产业的对接与互动，加快城市公共设施和服务向乡村延伸覆盖，推进城乡一体化进程，着重提高城镇化水平，率先实现小康。

（三）进一步培育优势产业，努力增加人口较少民族聚居区群众收入

发展特色优势产业是增强人口较少民族聚居区发展内生动力、增加群众收入的重要途径。各省区要着眼于打造人口较少民族加快发展的产业支撑，找准适合本地发展的产业，加强农牧业综合生产能力建设，发展现代农牧业，加快推进农牧业产业化进程，大力推广先进适用技术，加快结构调整和传统种养方式转变，大力推进二三产业发展，推动工业化、城镇化、农业现代化“三化同步”，促进群众持续增收、脱贫致富，确保 2015 年前人口较少民族聚居区贫困人口数量减少一半或以上。一是大力发展特色农业、生态绿色农业、设施农业、循环农业和节约型农业，加快农业发展方式转变，支持种养业良种工程、动植物保护工程、农产品质量安全检验检测体系建设，健全农业服务体系，促进和优化优势农产品区域化布局和专业化生产，形成一批区域布局合理的优质特色农产品产业基地。二是培育扶持一批龙头企业，延长产业链，提升农业综合效益。大力发展农牧民合作社、农村专业技术协会、经济联合体等农村专业合作经济组织和专业大户，提高农业生产经营组织化程度，壮大农村集体经济组织实力。三是大力发展特色林果和种植业、养殖业、庭院经济、休闲农业、乡村旅游、特色文化旅游等优势产业，支持特色产业县、乡（镇）、村的发展。做大做强民族文化产业、民族贸易、民族特色餐饮等一批民字号产业，打造民族品牌，拓宽增收渠道。积极发展乡村集市贸易，推动连锁经营向农村延伸，加快实施人口较少民族聚居区“万村千乡”市场工程、新农村现代流通网络工程和农产品批发市场、农贸市场升级改造。四是大力发展对外贸易及对外经济合作，扩大边民互市贸易点设置，开展对外劳务合作。大力推进劳务经济产业化发展，建设一批体现民族地域特点的特色劳务基地，树立并宣传、推介一批劳务品牌，促进农牧区富余劳动力就地就近转移就业。五是加大对人口较少民族聚居贫困地区扶贫开发的支持力度，切实解决人口较少民族群众生产生活面临的突出困难。扶持人口较少民族聚居区群众发展特色优势产业，帮助人口较少民族贫困群众拓宽致富门路，促进增加收入。确保 2015 年前人口较少民族聚居区农牧民人均纯收入达到当地平均或以上水平；1/2 左右的民族的农牧民人均纯收入达到全国平均或以上水平；基础设施保障水平、民生保障水平、自我发展能力大幅提升。

（四）进一步保障和改善民生，努力促进人口较少民族基本公共服务均等化

一是积极发展学前教育，基本普及学前一年教育。加快义务教育学校标准化建设和农村寄宿制学校建设，落实好人口较少民族寄宿生生活费补助政策。加快普及高中阶段教育，积极实施中等职业学校国家助学政策、免学费政策，广泛开展新型农民培训。大力推进双语教育，开设人口较少民族校本课程。二是加强医疗卫生机构基础设施建设，加快农村牧区三级卫生服务网络建设，提高基本公共卫生服务水平。进一步巩固提高新型农村合作医疗参合率，逐步提高筹资水平及政府补助标准。加强疾病预防控制体系能力建设，加强农村卫生服务队伍建设，推进民族医药事业加快发展。三是加强农村劳动力转移就业服务和职业技能培训能力建设，大力拓宽就业渠道，鼓励创业带动就业。加强公共就业服务体系建设，积极抓好新型农村社会养老保险试点工作，实现全制度覆盖。四是加快建立健全社会服务体系，完善社会救助政策，建立健全救助标准正常调整机制，实现社会救助全覆盖；改善福利设施基础条件，支持人口较少民族聚居区州、县级综合性福利中心、儿童福利机构和农村五保供养机构建设。

（五）进一步发展文化事业和文化产业，繁荣人口较少民族文化

文化是民族生命力、凝聚力和创造力的重要源泉。完善公共文化服务体系，加强基础设施建设，保障人口较少民族群众的基本文化权益，保护和发展少数民族优秀传统文化，对促进人口较少民族聚居区经济社会全面发展将起到重要推动作用。一是要加强人口较少民族聚居区公共文化基础设施建设，继续实施广播电视村村通工程，重点建设一批人口较少民族标志性文化设施（特色博物馆、民俗馆或民族文化体育场院等）。二是要加强人口较少民族公共文化服务能力建设，重点扶持少数民族文艺院团建设，加大专业人才培养，积极举办各类具有民族特色的文化展演和体育活动，优先支持人口较少民族对外文化交流。三是要积极编制实施人口较少民族文化遗产保护专项规划，对濒危文化遗产进行抢救性保护。积极推进非物质文化遗产生产性保护，大力推动文化生态整体性动态保护，建立一批人口较少民族文化生态乡村。实施少数民族特色村寨保护工程，推进民族特需商品传统工艺和技术保护。四是要充分发挥人口较少民族文化资源优势，把文化产业作为推动人口较少民族文化繁荣发展的重要引擎和经济发展新的增长点，大力培育市场主体和文化精品，推动实施一批具有战略性、引导性和带动性的重大文化产业项目。五是要加强基层公共体育设施和民族传统体育项目基地建设，实施农民体育健身工程，加强民族传统体育人才培养，确保在全国少数民族传统体育运动会项目中有适当比例的人口较少民族项目。

（六）进一步加强人力资源开发，全面增强人口较少民族自我发展能力

坚持人力资源开发优先战略，以提高少数民族群众科学素质为基础，以提高就业能力和工作能力为核心，大力加强人口较少民族聚居区人力资源开发，为人口较少民族加快发展提供强大的人力和智力支撑。一是继续实施人口较少民族干部教育培训计划，对人口较少民族聚居区干部实施全覆盖、多手段、高质量的培训。二是进一步扩大人口较少民族专业技术人才培养规模，加快构建分层、分类的专业技术人才继续教育体系，实施人口较少民族专业技术骨干人才培训计划。三是加强技能人才培养基地和实训基地建设，大力推行校企合作、工学结合、顶岗实习的人才培养模式，加强技能人才培养能力建设。四是以农村青壮年劳动力作为培训重点，大规模培养种养殖能手、致富带头人、农牧民技术员、手工艺制作人才和农业产业化急需的企业经营管理人员、农民合作组织带头人和农村经纪人，使人口较少民族聚居村每个家庭至少有一名种养殖能手；每个村至少有一名致富带头人。五是积极开展当家理财人、文化传承人、传统手工艺、妇幼保健、文明健康生活习惯、扫盲等培训，培养一大批有文化、懂技术、会经营、讲文明、守法纪的新型农牧民，使户有当家理财人、村有文化传承人。

（七）进一步开展民族团结进步创建活动，积极建设和谐家园

民族团结和社会稳定是人口较少民族实现又好又快发展的基本保障。要继承和发扬民族团结的光荣传统，广泛开展民族团结进步创建活动，使“汉族离不开少数民族，少数民族离不开汉族，各民族之间也相互离不开”的思想更加深入人心，促进各民族和睦相处、和衷共济、和谐发展。一是要广泛开展民族团结进步创建活动，创建和培养一大批民族团结模范县（旗、市）、模范乡（镇）、模范村（社区）、模范单位和个人，促进人口较少民族聚居区率先建成民族团结进步示范区。二是要加强以党组织为核心的农村基层组织建设，深入开展创先争优活动，选好配强村“两委”班子，解决好村级组织“有人管事”、“有钱办事”、“有场所议事”的问题，扩大党组织对农村新型组织的覆盖面。发展和完善党组织领导的村民民主自治机制，推进村务公开、民主管理示范等活动。积极推进农村社区和农村社会组织建设，充分发挥乡村内部的自主力量在公共服务供给、社会秩序维系、矛盾纠纷化解等方面的作用。三是进一步加强农村社会主义精神文明建设，充分发挥群众组织的作用，积极开展和谐家庭建设活动，建设多种形式的特色文明新村。开展工农共建、军民共建、村企共建等各类共建活动。推进农村群众文化建设，加强对民间艺人、文化能人、文化经纪人的培训，培养一批文化中心户、文化大院、文艺队，组建一批农民书社、电影放映队。四是积极推进农村矛盾纠纷调处机制和农村治安防控体系建立，探索建立多种形式的群防群治力量，大力推进开展“平安村”创建活动。要研究建立协调、处置涉及民族宗教因素的纠纷和突发事件的应急预案和应急预警机制，及时、依法妥善处理影响民族团结的问题。

（八）进一步加强组织领导，明确责任，确保扶持人口较少民族政策和措施的落实

扶持人口较少民族发展，既是党中央、国务院的决策，更是各民族和睦相处、和衷共济、和谐发展的需要。我们必须进一步加强组织领导，明确责任，确保扶持人口较少民族政策和措施的落实。

第一，国家各有关部门要进一步加大扶持力度，积极推动人口较少民族加快发展。要按照“国家扶持，省负总责，地县落实，整村推进”的方针，研究制定配套规划和政策，加强领导，落实责任。要充分发挥职能作用，加强分类指导，把人口较少民族发展纳入本部门规划和计划，加大资金投入，加快项目安排，落实和强化政策措施，支持和督促地方相关部门，确保工作落到实处。要充分发挥扶持人口较少民族发展部际联席会议各成员单位的职能作用，落实好规划任务分工方案中提出的有关工作任务。

第二，各省区党委、政府要切实担负起总责，全面加强对扶持人口较少民族发展工作的组织领导。要认真落实国家扶持人口较少民族发展“十二五”规划，切实担负起总责，认真履行统筹规划、组织实施、监督检查的职责，把扶持人口较少民族发展放到经济社会发展全局进行规划，加强指导和协调，落实好有关配套资金，制定实施配套政策措施，确保实现规划目标。各有关部门要把做好扶持人口较少民族发展工作主动纳入本部门工作盘子统筹安排。

第三，各州县党委、政府要认真谋划，严密组织，全力抓好扶持人口较少民族发展“十二五”规划落实。各州县党委、政府作为落实规划的责任主体，要积极制定配套规划或实施意见，明确年度工作计划和目标，出台相应的落实措施，采取特殊政策，优先、重点扶持，既要投入更多的资金，又要给予更优惠的政策，集中人力物力财力，整体推进。特别是地（州、市）党委和政府要加强统筹协调，全面落实各项任务；县（旗、市）党政“一把手”要切实履行第一责任人的职责，发挥基层党组织战斗堡垒作用，充实基层一线力量，广泛发动干部群众参与，确保取得实效。省州县三级民族工作部门要发挥好牵头作用，总结推广成功经验，及时发现和解决存在的问题，协调各方面力量参与扶持工作。

第四，要充分尊重人民群众的首创精神，鼓励探索创新，加强体制机制建设。要及时总结推广规划实施中好的做法、模式和经验。建立健全服务扶持人口较少民族发展工作科学发展的体制机制，探索完善组织领导机制、群众参与机制、项目管理机制、资金运行机制、考核验收机制等，推动各项工作的制度化、规范化，以体制机制创新推动工作。重点要帮助人口较少民族干部群众解放思想、更新观念，树立发展意识、市场意识、竞争意识、科技意识、开放意识，充分发挥积极性、主动性和创造性。要加强人口较少民族地区的基层组织建设，选好脱贫致富的带头人，依靠他们团结带领广大群众，不等不靠，苦干实干，在国家和有关部门的帮扶下，主要依靠自身的力量改变贫困落后的面貌，以奋发有为的实际行动创造更加美好的明天。

第五，加强宣传，广泛动员，争取全社会参与扶持人口较少民族发展工作。要广泛宣传党和国家关于扶持人口较少民族发展工作的方针、政策，宣传扶持人口较少民族发展的重大意义，宣传规划的指导方针、目标任务、重点工程，宣传规划实施中的典型经验、做法和取得的成效，动员全社会进一步关心、支持人口较少民族的发展，为规划实施创造良好的社会环境和舆论氛围。同时，扶持人口较少民族发展，既要发挥政府的主导作用，又要动员社会各界广泛参与，调动一切积极因素，不断为人口较少民族发展增添新力量。要把动员和组织全社会力量，支持和参与扶持人口较少民族发展作为一项重要措施，以原有对口支援为基础，组织和引导发达城市与人口较少民族结对，开展多层次、多形式、多渠道、多领域的帮扶和合作，将城市与深山老林、草原牧区紧密联系起来，促进共同发展。

第六，要进一步抓好督促检查，确保各项扶持政策和资金项目落到实处。要加强督促检查和审计监督，研究建立健全统计监测制度和考核验收制度，建立规划监测信息系统，开展规划实施监测。加强对规划实施情况的调查研究，加强对项目实施情况的检查。突出抓好实施规划的督促和检查，加强综合协调、调查研究和信息反馈，围绕规划确定的目标和任务，对规划实施情况进行监测评估，确保各项扶持政策和资金项目落到实处。同时，各级民族工作部门要会同督查部门制定考核办法，加强督促检查，确保扶持工作顺利推进、取得实效。

同志们，做好扶持人口较少民族发展工作责任重大、任务艰巨、使命光荣。让我们更加紧密地团结在以胡锦涛同志为总书记的党中央周围，深入贯彻落实科学发展观，牢牢把握各民族共同团结奋斗、共同繁荣发展的主题，坚定信心，再接再厉，进一步推动人口较少民族聚居区实现科学发展，努力开创扶持人口较少民族发展工作新局面，为民族工作再立新功，以优异成绩迎接党的十八大胜利召开！

最后，衷心祝愿黑龙江省和佳木斯市各项事业繁荣发展，各族人民幸福安康！

谢谢大家。

综述篇

分“民族自治地方发展综述”、“民族乡镇发展综述”、“民族经济工作综述”3个类目，收录了2012年全国、各省区市民族自治地方、民族乡镇经济社会发展情况及2012年全国和各省区市及新疆生产建设兵团民族经济工作情况的综合性文稿。

民族自治地方
发展综述

全国民族自治地方经济社会发展综述

2012 年，在党中央和国务院的正确领导下，在各族干部群众的共同努力下，民族自治地方各族干部群众认真贯彻落实党的十七大以来的方针政策和中央民族工作会议精神，全面落实科学发展观，民族自治地方经济社会保持了稳定发展的良好势头。

一、民族自治地方经济发展

2012 年底,民族自治地方年底总人口 1.88 亿人，比上年增长 0.59 %，其中少数民族人口 9013 万人，比上年增长 1.1%，少数民族人口占总人口比例达 48.0%。

（一）经济总量占全国比重保持稳定增长

2012 年全国民族自治地方经济实现稳中有落，经济总量保持稳定快速发展。初步核算，生产总值完成 54079 亿元，按可比价格计算，比上年增长 12.0%。民族自治地方生产总值占全国各地区加总生产总值 9.38%。其中，新疆维吾尔自治区生产总值增长速度达到 12.0%，居于 5 个自治区首位。第一产业增加值完成 8146 亿元，比上年增长 6.1%；第二产业增加值完成 26550 亿元，比上年增长 14.5%；第三产业增加值完成 19383 亿元，比上年增长 11.0%；三次产业比重由上一年的 15:49:36 调整为 14:47:39，产业结构得到进一步优化。

2012 年民族自治地方人均生产总值达到 30871 元。5 个自治区的人均 GDP 均超过 3500 美元。

（二）农业生产持续稳定增长

2012 年，民族自治地方农业生产稳中有升，农产品产量加速增长，农业生产条件进一步改善，畜牧业产品产量出现小幅平稳可控回落。全年完成农林牧渔副业总产值 13631.28 亿元,比上年增长 12%。农林牧渔业产值比重由上年的 50:7:39:4 调整为 55:6:35:4，农业产值所占比重明显提高，高于上年 20.5%；林业所占比重比上年提高 3.9%，牧业产值所占比重比上年下降 2.3%，渔业所占比重基本持平。

农作物总播种面积实现稳步增长，农作物总产量大幅增长，粮食单产再创新高。2012 年农作物总播种面积为 3168.26 万公顷，比上年增长 1.9%。其中粮食播种面积达到 1922.39 万公顷，与上年基本持平；油料播种面积达到 233.18 万公顷，与上年相比下降 16.9%；棉花播种面积达到 172.72 万公顷，较上年下降 13.8%。粮食单产为 4760 公斤/公顷，每公顷比 2011 年提高 210 公斤。

全年农产品产量继续保持增长。粮食产量 9141.60 万吨，比上年增长 5.1%；棉花产量 354.54 万吨，比上年增长 22%，高与上年同期增速 5 个百分点；油料产量 454.67 万吨，比上年增长 9%，高于上年增速 10 个百分点；烟叶产量 120.98 万吨；糖类产量 10097.28 万吨。

畜牧业和渔业生产维持平稳发展。2012 年民族自治地方大牲畜、猪、羊年末存栏头（只）数分别为 5485.62 万头、8554.60 万只和 15130.63 万只，分别占全国总量的 45.84%、18.29%和 53.59%。全年肉类总产量达到 1598.33 万吨，其中猪肉产量为 865.29 万吨，比上年增长 7%；牛肉、羊肉产量分别为 220.69 万吨、206.87 万吨，其中牛肉产量相比上年基本持平，羊肉产量出现小幅回落，比上年下降 3%；牛羊奶产量 1427.31 万吨，基本持平于上年；羊毛产量 28.51 万吨，比上年增长 3%，扭转了 2011 年的下降趋势。

农业生产条件进一步持续有效改善。2012 年末，民族自治地方农业机械总动力 15094.0 万千瓦，比上年增长 6.7%; 全年农村用电量 377.5 亿千瓦小时，增长 15.0%；农田有效灌溉面积 1235.25 万公顷，增长 4%。

民族自治地方农产品人均占有量均有不同程度增长，其中棉花、油料等农作物增长态势明显突出。2012 年粮食人均占有量达 487.23 公斤，比上年略有增长；棉花人均占有量 18.90 公斤，比上年增长 21.4%，增速高于上年 5 个百分点；油料人均占有量 24.23 公斤，较上年增长 8.5%,，高于上年增速 10 个百分点，大幅扭转了 2011 年下降趋势；大牲畜人均占有量为0.29头/人，相比上年出现明显下降，同比降低9个百分点。

（三）工业生产平稳发展，总体效益水平加速下滑

全年工业生产稳步增长，工业总产值及工业品总产量保持平稳增长趋势，对经济发展仍然发挥着重要的支撑主导作用。工业企业效益水平持续加速下滑，亏损幅度明显拉大。

2012年，民族自治地方年产品销售收入2000万元以上工业企业（以下简称规模以上工业企业）有18916个，合计完成工业总产值57521.34亿元。其中国有企业完成6398.41亿元，港澳台商投资企业完成1630.39亿元，外商投资企业完成3663.72亿元。

主要工业产品产量得到不同程度增长，均保持快速稳定增长趋势：机制纸及纸板产量473.63万吨，比上年增长8%；成品糖产量1102.3万吨，增长18%；原煤产量13.79亿吨，增长28%；原油产量3230万吨，增长1%；发电量8989.47亿千瓦时，增长26%；粗钢产量4018.94万吨，增长24%；生铁产量5140.5万吨，增长7.1%；水泥产量31246.76万吨，增长34.5%。

工业生产产销衔接保持稳定，经济效益总体水平持续加速下滑。全年规模以上工业企业实现利润总额4906元，相比上年下降38.3%，自2010年来首次出现大幅下降；亏损企业亏损总额577.63亿元，同比增加62.9%，高于上年同期19.7个百分点。

（四）固定资产投资持续高速增长，建筑业平稳发展

2012年民族自治地方全社会固定资产投资完成46514.06亿元，比上年增长26%。其中城镇固定资产投资44231.39亿元，农村固定资产投资2282.67亿元；国有单位固定资产投资完成15580.17亿元，比上年增长25%。从资金来源看，仍以国内贷款和国家预算内资金为主，对外商投资的吸引力进一步增大。国家预算内资金4244.18亿元，比上年增长29.8%，国内贷款5957.97亿元，比上年增长28.3%，利用外资667.29亿元，比上年增长21.8%。

建筑业实现平稳增长，企业资产规模总额实现新跨越，利润总额小幅回落。全年建筑业总产值完成6823.22亿元，比上年增长6.8%；房屋竣工面积19199.42万平方米，增长9.8%。企业资产总额达5664亿元，增长19.1%；全年建筑企业实现利润总额255亿元，比上年下降1%。建筑业增加值1905亿元，同比增长7.3个百分点。

（五）内需市场强劲增长，服务业贡献明显加强

2012年民族自治地方消费市场活力持续释放，消费能力进一步提升，服务业对消费市场的拉动作用明显增强，餐饮住宿业销售额明显下滑，销售企业库存压力上升较明显。全年社会消费品零售总额完成15930.13亿元，比上年增长15.6%。其中批发零售贸易业14163.35亿元，增长26.5%；餐饮住宿业1179.74亿元，下降50.9%；其他服务业营业总额593.3亿元，增长126.5%。企业库存压力有所回升，限额以上批发零售贸易企业年末库存总额505.1亿元，增长12.7%，增幅提高80.7个百分点。

（六）对外贸易继续保持高位增长，增速有所放缓

2012年，民族自治地方对外贸易维持高位增速，增幅有所放缓，外资利用情况企稳回升。全年进出口贸易总额完成821.12亿美元，比上年增长18%，增速回落13.4个百分点。其中，出口额512.98亿美元，增长21%，增幅减少7.9个百分点；进口额308.14亿美元，比上年增长13%，增幅降低22.2个百分点。民族自治地方年末实有外商投资企业10259个，全年实际利用外资71.39亿美元，比上年增长7.4%，扭转了2011年以来实际外资利用额下降的局势。

（七）交通运输业稳中有升，邮电通信业持续回升

2012年民族自治地方国有铁路营业里程2.37万公里，比上年同期增长2.9%，增速小幅放缓；公路线路里程达到102.46万公里，增长6.6%。民族自治地方铁路和公路完成货物运输周转量13932.91亿吨公里，相比上年增长12.6%；完成旅客运输周转量3078.45亿人公里，增长9.4%。

邮电通信业全年完成邮电业务总量1322.11亿元，比上年增长10.98%。固定电话用户2391.25万户，移动电话用户达到13131.49万户，比上年增长16.7%；互联网接入用户达到2214.45万户，比上年下降8.2%。

（八）旅游业强劲增长，旅游收入再创新高

民族自治地方旅游资源丰富，对海内外游客形

成了持续增强的吸引力。全年国内外旅游产业走势强劲，维持高位增速，旅游收入再创新高。截至2012年底，民族自治地方共有世界自然遗产5处、文化遗产2处、人类口述和非物质遗产2处；国家级重点风景名胜区47处；国家历史文化名城、名镇、名村分别为18个、32个和29个；国家重点文物保护单位373个；国家5A级旅游区12个，4A级旅游区180个，3A级146个，2A级212个，1A级43个；国家重点自然保护区125个，保护区面积达8158万公顷。

2012年民族自治地方共有旅行社2730个。国内旅游人次达到7.16亿人次，比上年增长30%；实现国内旅游收入6255.6亿元，增长52.4%，增速提升32.9个百分点。国际旅游人次1226.5万人次，增长10%；实现国际旅游外汇收入45.4亿美元，增长24.9%，增幅提高2.9个百分点。

（九）财政收入持续增长，金融业运行健康平稳，上市公司效益下降

2012年民族自治地方财政收支保持高位增长，财政赤字余额持续拉大，但增速均明显放缓。全年完成财政总收入9335.76亿元，其中地方财政收入5220.36亿元，比上年增长22%，增速降低9个百分点；地方财政支出16049.09亿元，比上年增长18.3%，增幅降低11个百分点；地方财政收支赤字为10850亿元，增长16.5%，增幅降低12个百分点。

金融业运行稳中有增，金融机构存贷款年末余额稳定增加，上市公司利润水平降低，发展后劲不足。2012年民族自治地方金融机构各项存款年末余额64118.39亿元，比年初增加9446.45亿元，增长17.3%。其中，城乡居民储蓄存款余额30688.72亿元，比年初增加6980.16亿元。全部金融机构各项贷款余额44516.93亿元，比年初增加7217.81亿元，增幅达19.4%；上市公司利润总额317.78亿元，下降7.3%；全年实现净利润263.19亿元，比上年降低4.7个百分点。

（十）城乡居民收入稳定增长，就业民生持续改善

2012年民族自治地方城乡居民收入稳定增长，高于全国平均水平，人民生活持续明显改善。城镇居民人均可支配收入为20016.33元，名义值比上年增长13.88%，高出全国平均水平1.6个百分点；全年城镇居民人均生活费支出为14228.18元，增长12.11%。农牧民人均纯收入为5784元，比上年增长16.4%，领先全国平均水平3个百分点；农村居民人均生活费支出为4759.86元，增长19.79%。城镇居民家庭恩格尔系数36.59%，下降0.5个百分点。农村居民家庭恩格尔系数41.09%，下降1.6个百分点。

就业和民生工作持续取得新进展，就业人员劳动报酬水平稳步提高，国有单位和城镇集体单位带动就业的作用有所下降，私营企业对拉动就业和民生改善的贡献日益突出。2012年末民族自治地方从业人员1449.2万人，比上年增长4.8%。，其中国有单位提供近66.5%的就业岗位，仍占大多数比重，个体私营企业创造了近30%的就业岗位，增速位列第一。2012年民族自治地方就业人员年平均工资为41549元，比上年增长11.4%，增速回落4.5个百分点。其中其他单位就业人员年均工资涨幅最快，高达16%，国有单位和城镇集体单位增速均在9%上下浮动。

二、民族自治地方社会发展

（一）科学研究与技术进一步稳定发展

2012年末，民族自治地方研究与开发机构及情报文献机构665个，从业人员4.5万人，从事科技活动人员3.1万人。科技活动经费收入74.41亿元，支出72.02亿元。科学研究与技术开发成果数量继续增长。拥有有效发明专利总数995件；专利申请量889件，比上年增加312件；专利授权量502件，比上年增加130件。发表科技论文9236篇；出版科技著作230部。高新技术产业发展速度进一步加大。2012年末，包头、南宁、桂林、乌鲁木齐等8个国家高新技术开发区，共有高新技术企业2195家，从业人员48.96万人；高新技术企业总收入5285.14亿元，比上年增长80%；出口总额70.59亿美元，比上年增长55.48%。

（二）教育事业健康稳步发展

2012年末，民族自治地方共有普通高等院校210所，比上年减少1所；招生49.66万人，比上年减少6.8%；在校本、专科生165.71万人，比上年增长3.6%。普通中学9469所，招生349.54万人，在校学生1021.47万人。普通小学44912所，招生251.92万人，在校学生1478.70万人。

（三）文化事业继续推进

至 2012 年末，民族自治地方有各种艺术表演团体 1050 个，公共图书馆 749 个，文化馆 789 个，博物馆 410 个。全年报纸出版 18.7 亿份，各类杂志出版 12120.9 万册，图书出版 5.48 亿册（张）。共有广播电视台 537，广播电台 38 个，电视台 45 个。民族自治地方广播综合人口覆盖率 94.37%，电视人口综合覆盖率 96.56%。

（四）卫生事业进一步改进

2012 年末，民族自治地方卫生事业条件均得到不同程度改善。其中共有卫生机构（其中包括医院、卫生院、门诊部、疗养院所、专科防治所站、卫生防疫站、妇幼保健所站）4.67 万个，卫生机构床位 70.4 万张，比上年增长 9.5%；卫生技术人员 77.0 万人，增长 6.9%。民族自治地方卫生机构万元以上设备改进工作得到进一步贯彻落实，价值 50 万元以下的设备共有 36.4 万台，增长 13.8%；价值 50 万元至 100 万元的设备有 10179 台，增长 21.1%；价值 100 万元以上的设备有 7830 台，增长 25.4%。

（撰稿　万晓璐　审稿　乐长虹　冯常海）

全国民族自治地方经济社会发展

河北省

一、河北少数民族人口

截止 2012 年底，河北省共有 55 个少数民族成份，少数民族总人口 3270335 人，占全省总人口的 4.49%。其中满族人口最多，为 2316805 人，占全省少数民族人口总数的 70.84%；其次是回族，为 660958 人，占全省少数民族人口总数的 20.21%。德昂族人口最少，为 3 人。

从人口增长情况看，全省总人口比上年度增加 47 万人，增长幅度为 0.65%。全省少数民族人口增加 57328 人，增长幅度为 1.78%，高于全省人口增长 1.13 个百分点。全省 11 个设区市中，少数民族人口比例增长最快的是邢台市，少数民族人口比例增长了 8.76 个百分点，少数民族人口增加最多的市是承德市，少数民族人口增加了 30585 人。

全省少数民族人口最多的市是承德市，有少数民族人口 1583224 人，占承德市总人口的 42%，占河北省少数民族总数的 48.41%。少数民族人口最少的市是衡水市，有少数民族人口 6830 人，占衡水市总人口的 0.15%，占河北省少数民族总数的 0.20%。

二、河北省自治县（民族县）情况

（一）人口及基层组织情况

截止 2012 年底，河北省共有 6 个自治县（丰宁满族自治县、围场满族蒙古族自治县、宽城满族自治县、青龙满族自治县、大厂回族自治县、孟村回族自治县）、3 个民族县（滦平、隆化、平泉），总人口为 3317749 人，其中少数民族人口为 1872723 人，占总人口的 56.44%；乡镇总数为 181 个，占河北省乡镇总数的 9.28%，村委会 2275 个。共有共产党员 136278 人，占总人口的 4.1%。

（二）经济及财政情况

截止 2012 年底，河北省自治县（民族县）实现地区总值 9607915 万元，比上年增加 784914 万元；人均国内生产总值 28959 元，为全省平均水平的 79.41%，比上年减少 0.77 个百分点。

全省自治县（民族县）城镇居民可支配收入为 18282 元，是河北省平均水平的 89%。其中，大厂回族自治县城镇居民可支配收入为 27000 元，高出河北省平均水平 6457 元；城镇居民可支配收入最少的是丰宁满族自治县，为 13333 元，比全省平均水平低 7210 元；城镇居民消费性支出为 11722 元，是全省平均水平的 93.54%，比上年增长 4.4 个百分点。

全省自治县（民族县）农民人均纯收入为 5279 元，是全省平均水平的 65.32%，比上年减少 7.59 个百分点。其中，农民人均纯收入最高的县是大厂回族自治县，为 11203 元，高出全省平均水平 3122 元；最少的是围场满族蒙古族自治县，为 3887 元，比全省平均水平低 4194 元。

全省自治县（民族县）财政总收入为 1271540 万元，比上年增加 198508 万元。其中增量最多的是宽城满族自治县，比上年增加 47095 万元，增量最少的是围场满族蒙古族县，比上年增加 8743 万元；人均财政收入 3832 元，比上年增加 569 元，是全省平均水平的 80.27%，比上年增长 2.04 个百分点。

全省自治县（民族县）地方财政支出为 1573578 万元，占全省地方财政总支出的 3.92%；人均财政支出 4742 元，是全省平均水平的 85.99%。

（三）教育、医疗卫生情况

河北省自治县（民族县）共有 9 所农业中等技校，在校人数 17529 人；高中 21 所，在校学生 54103 人；初中 101 所，在校学生 98493 人；小学 589 所，在校生总数为 221831 人。教师总数为 30422 人。

全省自治县（民族县）县、乡、村三级医疗卫生机构共有 2947 个，医务人员 11183 人，具有高级职称的有 737 人，占总人数的 6.59%；具有中级职称的有 2549 人，占总人数的 22.76%。

三、河北省民族教育情况

河北省共有民族中学 63 所，比上年增加 7 所，在校学生总数为 68574 人，其中少数民族学生 35967 人，占学生总数的 52.45%；教师总数为 5719 人，其中少数民族教师 3136 人，占教师总数的 54.83%，具有大专以上（含大专）学历的教师 5590 人，占教师总数的 97.74%。全省有民族小学 332 所，比上年总数减少了 6 所，在校学生总数为 111831 人，其中少数民族学生 64349 人，占学生总数的 57.54%；教师总数为 7244 人，其中少数民族教师 4027 人，占教师总数的 55.59%，具有大专以上（含大专）学历的教师 6053 人，占教师总数的 83.56%。

（撰稿　张瑞强　审稿　康志峰）

内蒙古自治区

2012 年，内蒙古经济在三季度“筑底”的基础上稳步回升。各项主要经济指标均实现了平稳增长，大多数指标完成了年初预期的目标任务，呈现出稳中有进、转型加快、重点突破、物价稳定、民生改善的特点。但同时，2012 年也是全区经济受外部因素冲击比较大的一年，表现为部分指标未能如期完成年初确定的目标任务，工业企业经济效益偏差，商品房市场和外贸持续下降等。展望 2013 年，外部环境可能会逐步好转，全区经济回升的势头会更为明显，但回升的基础仍待巩固，经济发展方式的转变仍是重大而急迫的课题。总体看，经济有望保持持续健康发展，实现稳中求进。

一、2012 年全区经济运行的基本情况

（一）整体经济实现了平稳可控回落，人均生产总值取得了重要突破

受国际、国内经济下行的影响，内蒙古整体经济与前几年相比也出现了明显落势，但总体而言，回落的幅度并非较剧烈，仍在可控范围内。从 2012 全年走势看，各季 GDP 增速较上年同季约低两到三个百分点；但四季度后经济增长有所回升，“筑底回升”的态势较为明显。初步核算，2012 年，全区生产总值实现 15988.34 亿元，在全国各省区市中排第 15 位，按可比价格计算，比上年增长 11.7%，在全国排第 13 位，较上年增速低 2.6 个百分点，但高于全国平均增速 3.9 个百分点。其中，第一产业增加值实现 1447.43 亿元，增长 5.8%；第二产业增加值 9032.47 亿元，增长 14%；第三产业增加值 5508.44 亿元，增长 9.4%。三次产业比由上年的 9.1：56.0：34.9 调整为 9.1：56.5：34.4，第一产业所占比重基本未变化，第二产业所占比重继续提高，第三产业所占比重有所下降。人均生产总值实现了重要突破。2012 年，全区人均生产总值达 64319 元，按年均汇率折算首次超越 1 万美元，为 10189 美元，超全国平均水平（6091 美元）近 4000 美元，增长 11.3%，意味着内蒙古已跨入中等发达国家的水平。

（二）农牧业和工业平稳发展，交通运输业取得新进展

农牧业发展平稳，粮食产量再获新突破。2012 年，内蒙古农业再获丰收，粮食产量首次突破了 500 亿斤大关，达 505.7 亿斤，再创历史新高，居全国各省区市第 10 位，比 2011 年净增 28.2 亿斤。同时，播种面积和粮食单产也获新高，全年粮食播种面积为 558.94 万公顷，比 2011 年增加 2.7 万公顷；粮食单产为 4523.7 公斤/公顷，每公顷比 2011 年提高 231 公斤。生态保护特别是草原生态保护取得新成绩。2012 年自治区将 10.2 亿亩可利用草原全部纳入生态保护补助范围，对严重退化的 4.43 亿亩草原实行禁牧、退耕还林、退草还牧、休牧轮牧与循环发展、低碳发展、绿色发展规划使自治区走上了生态文明常态化的发展之路。草原奖补资金已全部发放到户。到 2012 年底，禁牧补贴、草畜平衡奖励以及生产资料补贴已全部兑现到户。2012 年草原奖补机制各项奖励补贴资金已经通过财政一卡通发放资金 24.94 亿元，占应发的 70%，已有 97 万户牧民开始享受第二年的奖补政策，占应发户数的 85.1%。农业现代

化、机械化水平不断提高。2012 年，全区农机装备总量和机械化水平同步快速增长，农机总动力 3250 万千瓦，同比增长 2.5%；综合机械化水平达 73%，同比提高 2.4 个百分点，为近 10 年来的最高水平。农机社会化服务力量不断发展壮大，农机专业合作社 908 个，10 万元以上农机大户约 2.5 万户，农机社会化服务比重达到 22.8%，同比提高 3.5 个百分点，全区农机化示范园区 550 个。主要畜产品产量稳定增长。2012 年，全区羊肉、猪肉和牛肉产量分别为 88.6 万吨、73.9 万吨和 51.2 万吨，分别比上年增长 1.6%、3.6%和 3%；禽蛋和牛奶产量分别为 54.5 万吨和 910.2 万吨，分别增长 3.8%和 0.2%。

工业保持着平稳增长的态势，对全区经济发展起着重要的支撑主导作用。2012 年，全区规模以上工业增加值比上年增长 14.8%，较 2011 年增速回落 4.2 个百分点，但高于全国平均增速 4.8 个百分点。民营经济实现了较快发展。私营企业增加值增长 21.3%，非公有工业增加值增长 16.9%，均高于全部规模以上工业增速。煤炭开采和洗选业总产值占全部工业总产值的比重为 21.8%。从产品产量看，原煤产量达 10.62 亿吨，增长 12.3%；合成氨产量达 135.72 万吨，同比增长 1.08 倍。中小企业的发展得到了财政等的大力扶持。2012 年，自治区财政共筹集中小企业发展专项资金 3.6 亿元；通过贴息和无偿资助的方式，资助项目近 400 项，拉动 6.98 万人就业，预计增加销售收入 160 多亿元，有力地促进了中小企业技术改造和经济结构调整。工业企业效益较差。2012 年，全区工业产品销售率为 97.2%，比上年下降 5.4 个百分点。2012 年 1-11 月份，全区规模以上工业实现利润 1557.96 亿元，同比增长 6.5%，低于上年同期 30 多个百分点。

交通运输业取得新发展，交通“瓶颈”问题正逐步得到缓解，航空业成绩斐然。2012 年，全区各机场旅客吞吐总量已超过 1100 万人次，其中支线机场旅客吞吐量超过 600 万人次，其客流贡献比例居全国首位，标志着内蒙古支线强区战略取得阶段性成果。铁路方面，2012 年，内蒙古铁路建设完成投资约 230 亿元，内蒙古铁路运营里程达到 10285 公里，成为全国首个铁路运营里程超过 1 万公里的省区。一批铁路重点建设项目陆续建成。建成了集宁至包头第二双线等重点铁路项目，实现了与既有京包铁路线的客货分线运行。随着路网的完善和铁路运行提速，自治区呼和浩特、包头和集宁三地之间将形成 3 小时铁路交通圈，呼和浩特至北京的旅行时间将压缩到 6.5 小时之内。公路方面，2012 年，全区公路建设规模达 1.9 万公里，公路通车总里程达到 16.3 万公里，投资规模创历史最好水平，公路出区通道不畅情况基本改善。全区公路运输营业性客运量、旅客周转量、货运量和货物周转量分别比上年增长 6.9%、9.5%、20.8%和 20.5%。在与邻国的互联互通方面。2012 年，内蒙古继续拓展国际运输服务，新开通 3 条通往俄罗斯、蒙古的国际道路客货运输线路。至此，内蒙古开通的国际客货运输线路达到 28 条。

（三）财政收入稳步增长，县域财政收入实现新跨越

2012 年，全区财政收入增长走势与经济增势基本同步，经历了从年初到三季度的逐步放缓再到四季度稳步回升的过程，但较前几年增速总体偏低。2012 年，全区地方财政总收入完成 2497.28 亿元，比上年增长 10.4%，仅是上年增速（30.1%）的三分之一多；其中，公共财政预算收入完成 1552.75 亿元，比上年增长 14.5%，低于上年增速 12.3 个百分点。分盟市看，鄂尔多斯市财政收入在困难的情形下实现了增长，地方财政总收入总额超过了 800 亿元，达 820 亿元，增长 3%；呼和浩特市和包头市均超过了 300 亿元，分别为 316.32 亿元和 326.78 亿元；东部盟市中，赤峰市、通辽市、呼伦贝尔市和锡林郭勒盟相继跨越百亿元大关，分别达到了 139.37 亿元、138.11 亿元、137.27 亿元和 130.92 亿元。从旗县看，全区 101 个旗县（市区）中，地方财政总收入超过 10 亿元的达到 48 个，超过 20 亿元的达到 33 个，且全部旗县（市区）超过了亿元，实现了财政收入超亿元旗县（市区）在自治区的全覆盖。支出大于收入。2012 年，全区公共财政预算支出额达 3429.41 亿元，比上年增长 14.7%，不足上年增速（31.5%）的一半。其中，用于教育、医疗卫生、社会保障和就业、住房保障、文化方面的民生支出比上年增长 16.1%，高于公共财政预算支出增幅。此外，财政的支付方式也在逐步发生新的变革。2012 年全区财政补贴资金“一卡通”发放突破 200 亿元，达到 201.2 亿元，创造了自治区财政补贴资金管理和支付方式改革新的里程碑。这些资金涉及 39 类 184 项补贴，覆盖 447 万户城乡居民，发放数额比 2011 年增加 56.9 亿元，增长 39.4%。

（四）固定资产投资保持稳定较快增长，房地产投资及销售全线下滑

全年投资实现了平稳较快增长，使全区的生产能力不断提高。2012 年，全区 50 万元以上项目固定资产投资额完成 12986.04 亿元，比上年增长 20.4%，低于上年增速 1.1 个百分点，也低于全国平均增速 0.2 个百分点。分产业看，第一产业完成投资 637.91 亿元，增长 33.7%；第二产业完成投资 6526.27 亿元，增长 26.6%；其中，工业完成投资 6410.48 亿元，增长 27.3%；第三产业完成投资 5821.85 亿元，增长 13%。项目个数稳步增加。全年施工项目数 17560 个，比上年增加 2215 个；全年新开工项目数 14023 个，增加 1613 个；全年投产项目数 13567 个，增加 2032 个，增长 17.6%。

在国家对房地产市场的调控措施下，全区房地产投资及销售全线下滑。2012 年，全区房地产开发完成投资 1291.44 亿元，比上年下降 21.7%（全国为比上年增长 16.2%）。分盟市看，只有呼和浩特市和赤峰市房地产开发投资实现增长。全区商品房销售面积 2523.52 万平方米，比上年下降 30.3%；商品房销售额 1022.8 亿元，下降 24.8%，而全国商品房销售面积及销售额分别增长 1.8%和 10%。全年保障房建设任务已超额完成。国家 2012 年下达内蒙古的保障性安居工程建设任务是新开工 27.77 万套，基本建成 13 万套；全区新开工各类保障性住房实际完成 29.3 万套，超额完成国家下达的目标任务 1.5 万多套，并且已基本建成 13.8 万套，完成投资 480 亿元。

（五）内需市场平缓增长，对外贸易曲折下滑

受经济下行等多种因素的影响，全区内需市场增长平缓，扩大内需仍需发力。2012 年，全区社会消费品零售总额完成 4534.55 亿元，比上年增长 14.9%（扣除价格因素实际增长 12.1%），高于全国平均增速 0.6 个百分点，但低于上年增速 3.1 个百分点。乡村市场销售增长好于城镇市场。乡村实现社会消费品零售额 566.56 亿元，占全部消费品零售总额的 12.5%，比上年增长 16.7%，高于城镇增速 2.1 个百分点。流通成本有所降低。2012 年，内蒙古收费公路“绿色通道”累计减免鲜活农产品运费超过 2.6 亿元，在一定程度上降低了流通成本，促进了鲜活农产品的流通。

受世界经济低迷复杂的影响，全区对外贸易曲折下滑。2012 年，全区海关进出口总值达 112.57 亿美元，比上年下降 4.9%，低于全国平均增幅 11.1 个百分点。其中，出口总值 39.7 亿美元，同比下降 15.3%；进口总值 72.86 亿美元，同比增长 1.9%；贸易逆差 33.16 亿美元。从贸易对象看，全区对外贸易的主要伙伴是蒙古与俄罗斯，与上述两国的贸易额达到了 59.84 亿美元，占全区总贸易额的 53.2%。分盟市看，满洲里市、包头市、二连浩特市、呼和浩特市和巴彦淖尔市 5 个市的进出口总值超过了 10 亿美元，其中满洲里市和包头市的进出口值超过了 20 亿美元。从商品类别看，普通钢材是出口值最大的商品，为 2.24 亿美元；煤是进口值最大的商品，达到了 17.54 亿美元。口岸开放数量继续增加，开放水平不断提高。2012 年，国务院新批准开放的内蒙古 3 个公路口岸额布都格口岸、阿尔山口岸、满都拉口岸均通过了国家级正式验收。3 个口岸的正式开放，将有力促进自治区向北开放战略的实施，对深化中蒙经贸合作，促进边境少数民族地区繁荣稳定，实现兴边富民具有重要意义。通关环境不断优化，秩序得到切实维护，国家利益和安全得到保障。2012 年以来，海关总署组织开展了为期 1 年的“国门之盾”行动，呼和浩特海关、满洲里海关结合自治区特点和辖区实际确定了打击重点。

（六）金融业稳步发展，金融机构存贷款余额增长稳中有落

2012 年，全区金融业实现了稳步发展，对实体经济的支持和贡献度不断加大。金融机构存贷款余额增长稳中有落。12 月末，全区金融机构人民币各项存款余额达 13612.72 亿元，全年新增 1549.47 亿元，比上年末增长 12.8%，较 2011 年末增速回落 4.6 个百分点。金融机构人民币各项贷款余额 11284.2 亿元，全年新增 1541.71 亿元，比 2011 年全年新增贷款少 300 多亿元；比 2011 年末增长 16%，较 2011 年末增速回落 6.8 个百分点。金融对创业就业的支持力度明显加大。2012 年，全区共发放妇女小额担保财政贴息贷款 8.58 亿元，帮助 1.82 万名妇女实现户均增收 5000 元以上。

（七）消费价格温和上涨，圆满完成了控制目标

全年全区消费价格实现了温和上涨，圆满完成了年初的预期控制目标。2012 年，全区居民消费价格比上年上涨 3.1%，控制在了 4%以内，高于全国平均涨幅 0.5 个百分点。其中，城市同比上涨 3.3%，农村牧区同比上涨 2.5%。八大类别中，仅有交通和通信价格同比下降，为下降 0.3%；食品价格上涨 5.8%；居住价格上涨 2.4%，但房租特别是城市房租价格上涨较快。从工业生产者角度看，2012 年，工业生产者购进价格同比上涨 2%；出厂价格同比上涨 0.2%，其中，生活资料出厂价格同比上涨 3.3%。

（八）节能降耗工作成绩突出，安全生产、交通、火灾等形势不断好转

随着全区经济发展方式的逐步转变，更加注重经济增长质量和效益，全区能耗水平不断下降，节能降耗成绩突出。据自治区电力行业协会统计，2012 年，全区用电消费量为 2016.76 亿千瓦时，比上年增长 8.2%。从三次产业看，第一产业用电量 32.91 亿千瓦时，比上年下降 30.8%；第二产业用电量 1794.78 亿千瓦时，增长 9%，其中工业用电量为 1783.91 亿千瓦时，增长 9.1%；第三产业用电量 87.54 亿千瓦时，增长 12.1%。2012 年，内蒙古电力公司售电量 1279.54 亿千瓦时，同比增长 1.5%。2012 年，全区规模以上工业企业综合能源消费量为 1.36 亿吨标准煤，比上年增长 4%。特别是非金属矿物制品业、黑色金属冶炼和压延加工业能耗呈现负增长。从主要能源消费品种看，原煤消费总量达 3.41 亿吨，电力消费总量 1538.1 亿千瓦时。安全生产形势继续保持了稳定好转的态势。2012 年，全区共发生各类安全生产事故 11712 起，较上年下降 23.5%；死亡 1566 人，较上年少死亡 107 人。全区煤炭产量在同比增长近 10%的情况下，发生事故 20 起、死亡 33 人，百万吨死亡率 0.031，同比分别下降 33%、34%和 40%；事故起数连续 10 年下降，死亡人数连续 7 年控制在百人以内，百万吨死亡率连续 8 年下降，继续保持了全国领先水平。文明交通示范公路创建活动取得显著成效，交通事故明显下降。2012 年，全区共发生道路交通事故 3699 起，同比减少 728 起，下降 16.4%，911 人死于一次死亡 10 人以下的交通事故，同比减少 35 人，下降 3.7%，未发生一次死亡 10 人以上的道路交通事故。在防范火灾方面，2012 年，全区未发生重特大火灾，火灾 4 项指标全面下降。全区共发生火灾 7439 起，同比下降 26.3%；因火灾死亡 34 人，同比下降 30.6%；因火灾受伤 16 人，同比下降 5.9%；火灾造成直接财产损失 5155.4 万元，同比下降 17.1%，在未发生重特大火灾的同时，实现了火灾 4 项指标的全面下降，实现了全区火灾形势的持续稳定。

（九）城乡居民收入实现了平稳较快增长，就业和民生工作取得新成效

城乡居民收入实现了平稳较快增长，均完成了增长 12%的目标任务。2012 年，全区城镇居民人均可支配收入达 23150 元，比上年名义增长 13.4%，扣除价格因素实际增长 9.8%，名义增长与实际增长分别高于全国平均水平 0.8 个和 0.2 个百分点。其中，工资性收入达 16873 元，占可支配收入的 72.9%，增长 14.2%。农牧民收入增长较快，不仅超过了城镇居民收入增速，也“跑赢”了 GDP 增速。2012 年，全区农牧民人均纯收入达 7611 元，比上年名义增长 14.6%，扣除价格因素实际增长 11.8%，名义增长与实际增长高于全国平均水平均为 1.1 个百分点，同时，实际增速也高于全区 GDP 增速 0.1 个百分点。其中，家庭经营纯收入达 4689 元，占全部纯收入的 61.6%，增长 11.2%。农牧民工工资拖欠现象明显减少。2012 年，全区各级劳动保障监察机构共受理拖欠工资待遇 5390 件，共为 94.9 万名劳动者追发工资等待遇 12.9 亿元。

全区就业形势总体稳定，作为就业重点的高校毕业生就业也较为稳定。2012 年全区高校毕业生达 11.2 万人，据自治区人力资源和社会保障厅统计，截至 11 月底，已有 11.7 万名高校毕业生实现就业或落实了就业去向，完成年度计划的 111.45%。2012 年，全区各级团组织通过青年就业创业“东西互助”行动推动 1 万余名东部盟市青年转移到西部就业，培训青年农牧民 16.8 万人（次）。再就业工作扎实推进。各盟市依托旗县、街道和社区基层劳动保障工作平台，对认定的零就业家庭进行定期上门走访，开展送政策、送温暖、送服务、送岗位、送补贴的上门服务活动，对有就业愿望、自愿参加培训的零就业家庭成员开展多层次、多形式的职业技能和创业培训，进一步提高他们的就业、创业能力。2012

年以来，全区采取多项措施帮助 805 户零就业家庭中的 863 人就业，实现了零就业家庭动态为零的目标。加快实施以创业带动就业。2012 年以来，全区采取多项措施鼓励创业，累计发放小额担保贷款 24 亿元扶持创业，创业带动就业效果显著。截至目前，内蒙古创业培训人数达 4.7 万人，培训后成功创业人数达 3.6 万人，创业带动就业人数达到 12.2 万人，创业带动就业人数之比为 1: 3.4。新增就业完成全年任务。

民生工作向广覆盖、纵深化方向发展。扶贫工作作为自治区 2012 年的头号民生工程，取得了重要进展。全区 2012 年用于扶贫攻坚的投入达到 76 亿元，重点实施连片特困地区、整村推进和扶贫移民“三大工程”；采取了“六项措施”，即推进产业化扶贫、劳动力转移培训扶贫、互助资金扶贫、革命老区和民族自治旗扶贫、行业和社会扶贫、保障救助扶贫，使扶贫工作取得很大进展。全年实现了贫困地区人均纯收入增长 15%以上、贫困人口减少 30 万人的目标。作为 2012 年全区重点民生工程之一的农村牧区安全饮水问题得到较好解决。2012 年以来，全区农村牧区饮水安全工程建设取得显著成效，截至 12 月初，全区共解决 128.5 万人饮水问题，完成总投资 9.49 亿元，共建成饮水安全工程 2675 处。在城市饮水安全方面，包头市成为国内首个基本实现分质供水的百万人口城市。据统计，截至 2012 年 11 月底，包头市健康水工程已累计建成 62 个水站、116 个水屋、140 个现制现售水机，累计完成投资 6.57 亿元，全市 70%的人口喝上了健康水，成为我国百万人口以上城市基本实现分质供水的第一城。作为自治区 2012 年承诺为群众办好的“十件实事”之一，从 2012 年起，全区全面实现了高中阶段免费教育，提前一年完成了目标。养老保险制度实现了全覆盖。2012 年，内蒙古实现新型农村和城镇居民社会养老保险制度全覆盖，人均补助水平由每人每月 55 元提高到 60 元，企业退休人员养老金、城乡低保、医保、五保等多项社会保障标准已达到或超过全国平均水平。城乡低保标准和补助水平进一步提高，2012 年，全区城市低保月平均保障标准达到 385 元，农牧区低保年平均保障标准达到 2583 元，月均分别比 2011 年提高 58 元和 46 元，超过了自治区确定的 39 元和 20 元的提标要求，城乡低保保障标准均排在全国第七位。城乡医疗救助有效推进。2012 年，全区下拨城乡医疗救助资金 4.15 亿元，累计救助城乡困难群众 101.02 万人次。加大农村牧区危房改造投入力度。2012 年，自治区下达中央和自治区本级农村牧区危房改造补助资金 28.31 亿元，用于改造 20.4 万户农村牧区危房，补助资金较 2011 年增加 14.33 亿元，增长 1 倍，改造户数较 2011 年增加 14.4 万户，增长 2.4 倍。

（十）县域经济竞争力不断增强，在全国的地位不断攀升

全区县域竞争力较强的旗县在全国各类县域评比中，位次不断攀升，在西部省区市的县域中已全面领先。在唯一以全面小康为主题的国家级大型论坛“2012 第七届中国全面小康论坛”中，内蒙古的准格尔旗荣获“2012 中国全面小康十大示范县市”荣誉称号，这是准格尔旗第四次进入全国“十强”。到 2012 年，准格尔旗县域经济基本竞争力与科学发展综合评价位居全国百强第 12 位、西部百强第 1 位。在全区率先普及了 15 年免费教育，率先实施了城乡一体化医疗保障制度，率先建立了覆盖城乡的基本养老保险和低保制度，实现了经济社会的全面协调可持续发展。在由国家统计局下属的《中国国情国力》杂志社和中国行业企业信息发布中心发布的《2012 年中国西部最具投资潜力百县(市)研究报告》中，内蒙古准格尔旗、托克托县、东胜区和牙克石市等 32 个旗县（区）市入选 2012 年中国西部最具投资潜力百县(市)，在各省市自治区总量排名中位列第一。

（十一）人口与环境更趋协调，“美丽内蒙古”建设平稳推进

全区人口保持着低速增长态势。2012 年末，全区总人口为 2489.85 万人，比上年末增加 8.15 万人。城镇化率达到了 57.74%，高于全国平均水平 5.17 个百分点，比上年提高 1.12 个百分点。生态治理成果丰硕，“美丽内蒙古”建设平稳推进。草原保护力度加大。2012 年，全区共发生违法开垦草原案件 171 起，涉案面积 5503.39 亩，立案 171 起，结案 121 起，结案率为 71%。开垦草原案件发案数比上年减少 25 起，发案率降低 17%，开垦草原面积比上年减少 5761.71 亩，涉案面积降低了 51.1%，使草原得到了较好保护。全区坚持推进生态示范建设、农牧区综合环境整治，农村牧区生活环境质量不断改善。各地乡镇根据自身优势，积极参与到“国家级生态乡镇”创建工作中。国家环保部日前公布 2011—2012 年度“国家级生态乡镇”名单，全区 24 个乡镇榜上有名。截至目前，内蒙古已有 56 个乡镇获此殊荣。

二、2012 年全区经济运行中存在的主要问题

2012 年，全区经济运行在趋稳的同时，问题和困难依然不少，需要认真研究、着手解决。

（一）部分指标未完成年初预定的目标任务

按照 2012 年初《政府工作报告》中提到的预期目标：全区生产总值增长 13%；全社会固定资产投资增长 18%；社会消费品零售总额增长 18%；地方财政总收入增长 17%；城镇居民人均可支配收入和农牧民人均纯收入均增长 12%；城镇登记失业率控制在 4%以内；居民消费价格指数涨幅控制在 4%左右；单位生产总值能耗下降 3.2%；节水减排指标完成国家下达的目标任务。对照上述目标，全区生产总值、地方财政总收入和社会消费品零售总额三项指标增长未完成目标任务。2012 年，受全国经济下行等影响，全区生产总值增长 11.7%。地方财政总收入仅完成年度预算任务（2677.17 亿元）的 93.3%，比上年增长 10.4%，距 17%的目标增速相差也较大。受整体经济拖累及新型消费方式的迅速崛起（如电子商务）等的影响，全年社会消费品零售总额增速为 14.9%，未完成 18%的预期目标任务。

（二）工业企业效益偏差

2012 年，全区工业企业最突出的问题就是效益偏差，利润增长偏低。四季度以来虽然工业企业利润下降的势头得到初步扭转，开始呈现低速增长、稳步回升态势。但总体而言，企业利润增长偏低、亏损加大的问题仍较突出。1-11 月份，全区规模以上工业企业利润同比增长 6.5%，低于上年同期 30 多个百分点，也低于增加值增速 8 个百分点。12 个盟市中，有一半盟市工业企业利润为同比下降。其中，阿盟整体利润为负值，为全盟净亏损状态。从企业规模看，大企业利润仍为下降状态，大型企业实现利润 462.81 亿元，同比下降 5.8%。此外，亏损额增长较高。1-11 月份，全区亏损企业亏损额 162.42 亿元，同比增长 90.9%，高于上年同期 80 多个百分点；从亏损面上看，全区有五分之一多的规模以上工业企业处于亏损状态，在全区 4318 户规模以上工业企业中，亏损企业 930 户，亏损面为 21.5%。工业企业利润的低速增长及亏损的大幅增加势必会影响企业生产的动力。

（三）商品房市场及对外贸易的持续下滑状态亟待扭转

2012 年以来，受经济低迷及国家调控影响全区商品房的供应和销售一直处于下滑通道中，且自治区受调控的影响程度远大于全国平均水平。受此影响，与房地产直接相关的行业及上下游产业的生产、销售均遇到了重大挑战，全区的就业特别是从事建筑、装饰装潢、销售等领域的人员就业受到了较大影响。另一个问题是对外贸易的持续下滑给全区经济特别是外贸企业带来的负面冲击，全区对外开放的优势是充当我国向北开放的“桥头堡”和前沿阵地。但同时，内蒙古对外开放的对象面窄量少也是不争的基本事实，全区的外贸形势对几个主要贸易伙伴的依赖性太强，一旦蒙古、俄罗斯等国经济出现波动，给内蒙古外贸带来的冲击也是显著且直接的。因此，鼓励引导全区企业与世界其他经济体加强经贸往来，实现贸易伙伴的多元化，有力规避风险，是今后全区对外开放的重点课题。

（撰稿　李日树　审稿　常　威）

辽宁省

2012 年在省委、省政府的领导下，辽宁民族自治地方深入贯彻落实科学发展观，牢牢把握“稳中求进、稳中求快”的基调，抢抓机遇促发展，经济实现较快增长，各项社会事业取得新进步，人民生活持续改善，各项社会事业取得新的进步。

一、经济总量

2012 年全年生产总值 1257.9 亿元，按可比价格计算，比上年增长 12.0%。其中，第一产业 246.1 亿元，增长 5.1%；第二产业 628.3 亿元，增长 15.9%；第三产业 383.5 亿元，增长 8.9%。生产总值三次产业构成为 20：50：30。

二、农林牧渔业

2012 年农林牧渔业总产值 476.4 亿元，按可比价格计算，比上年增长 13.2%。其中，农业产值 207.6 亿元，增长 14.4%；林业产值 50.6 亿元，增长 16.9%；牧业产值 169.7 亿元，增长 12.5%；渔业产值 31.6 亿元，增长 13.2%。

2012 年全省农作物总播种面积 619.6 千公顷，比上年减少 1.3%。粮食作物播种面积 432.0 千公顷，比上年下降 2.2%。粮食总产量 305.7 万吨，比上年增产 15.6 万吨，增长 5.4%。油料播种面积 121.3 千公顷，比上年增长 4.8%。烟叶产量 9597 吨，比上年增长 5.7%。水果产量 37.4 万吨，比上年下降 0.8%。

全年大牲畜存栏 96.1 万头，比上年增长 4.8%。猪存栏 230.7 万头，比上年增加 17.7%。羊存栏 239.0 万头，比上年增长 3.0%。全年大牲畜出栏 68.9 万头，比上年增长 2.5%。猪出栏 418.7 万头，比上年增长 26.8%。羊出栏 344.3 万头，比上年增长 22.0%。全年肉类总产量 78.8 万吨，比上年增长 22.0%。其中，猪肉产量 35.0 万吨，增长 26.4%；牛肉产量 8.1 万吨，比上年增长 5.2%；羊肉产量 5.4 万吨，增长 22.7%；奶类产量 24.1 万吨，增长 41.8%。山羊毛产量 533.6 吨，比上年下降 4.7%，绵羊毛产量 4535.6 吨，比上年增长 17.7%；羊绒产量 420.9 吨，比上年下降 14.8%。

全年造林面积 80.4 千公顷，比上年增长 30.1%。水产品产量 10.9 万吨，比上年降低 4.4%。

年末农业机械总动力 344.4 万千瓦，比上年末增长 7.5%。农村用电量 24.3 亿千瓦小时，比上年下降 13.8%。农用化肥施用量 18.7 万吨，比上年增加 8.1%。地膜使用量 3427 吨，比上年增长 19.9%。农药使用量 5483.6 吨，比上年下降 3.5%。

三、工业和建筑业

2012 年规模以上工业企业 1026 个，比上年增加 11.9%；规模以上工业总产值 1638.7 亿元，比上年增长 29.4%。其中国有企业 12 个，比上年增加 40%，产值 14.2 亿元，比上年增长 167.9%；集体企业 71 个，比上年增长 6.0%，产值 164.9 亿元，比上年增长 22.7%；股份合作企业 9 个，比上年增长 28.6%，产值 14.4 亿元，比上年增长 242.9%；港澳台商投资企业 17 个，比上年增长 13.3%，产值 31.4 亿元，比上年增长 19.4%；外商投资企业 25 个，比上年下降 3.8%，产值 61.2 亿元，比上年增长 20.5%。规模以上工业企业销售产值 1585.6 亿元，比上年增长 29.2%。本年应交增值税 46.6 亿元，比上年增长 20.4%。资产总计 611.5 亿元，比上年增长 31.9%。主营业务收入 1594.4 亿元，比上年增长 29.2%。利润总额 103.9 亿元，比上年增长 34.1%。亏损企业亏损总额 3.5 亿元，比上年增长 59.1%。

主要工业品产量中，原煤产量 80.8 万吨，比上年下降 16.4%；发电量 27.2 亿万千瓦时，比上年增长 40.2%；生铁产量 230.5 万吨，比上年增长 51.9%；水泥产量 252.5 万吨，比上年增长 13.5%。

全年建筑企业 127 家，比上年增长 10.4%。建筑业增加值 41.4 亿元，比上年增长 7.3%。房屋建筑施工面积 759.5 万平方米，比上年增长 15.0%；房屋建筑竣工面积 585.8 万平方米，比上年增长 44.9%；资产总计 61.7 亿元，比上年增长 18.9%；实现利润 5.1 亿元，比上年增长 75.9%。

四、固定资产投资

全年全社会固定资产投资 903.9 亿元，比上年增长 22.6%。按经济类型分，国有经济投资 114.1 亿元，比上年增长 11.2%；集体经济投资 93.9 亿元，比上年增长 645.2%；外商港澳台经济投资 2.4 亿元，比上年下降 63.1%。按资金来源分，国家预算内资金投资 29.4 亿元，比上年下降 17.4%；国内贷款投资 110.7 亿元，比上年下降 13.7%。全社会固定资产投资新增固定资产 665.2 亿元，比上年增长 48.1%。

五、贸易

全年社会消费品零售总额 323.9 亿元，比上年增长 16.0%。按行业分，批发和零售业 285.7 亿元，比上年增长 14.5%；住宿和餐饮业 38.2 亿元，比上年增长 28.6%。

全年进出口总额 37423 万美元，比上年增长 61.3%。其中，出口总额 22481 万美元，比上年增长 8.7%；进口总额 14942 万美元，比上年增长 493.9%。当年新利用外资协议(合同)项目 16 个，比上年降低 38.5%。全年实际利用外资额 35872 万美元，比上年增长 51.9%。年末实有外商投资企业 77 个，比上年减少 25.2%。

六、交通运输、邮电和旅游

全年客运量总计 5033 万人，比上年降低 1.9%。货运总量 11199 万吨，比上年降低 12.9%。旅客周转量 24.5 亿人公里，比上年增长 9.3%。货运周转量 35.7 亿吨公里，比上年增长 5.0%。

全年完成邮电业务总量 13.6 亿元，比上年增长 3.0%。移动电话用户 113.7 万户，比上年增长 13.8%；固定电话用户 80.4 万户，比上年末降低 5.4%，国际互联网络用户 22.1 万户，比上年增加 10.0%。邮政局所 192 处，比上年增加 3.2%。邮路总长度 1.4 万公里，比上年增加了 16.7%。

全省民族自治地方旅行社总数为 43 个。全年接待国内外旅游者 3266.8 万人次，比上年增长 17.3%。其中，接待国内旅游者 3227.8 万人次，比上年增长 16.1%；接待国际旅游者 21.3 万人次，比上年增长 4.4%。国内旅游收入 287.3 亿元，比上年增长 32.6%；旅游外汇收入 8517.9 万美元，比上年增长 26.5%。

七、财政

全年地方财政一般预算收入 102.7 亿元，比上年增长 27.1%。其中，各项税收 75.2 亿元，比上年增长 25.3%。在各项税收中，国内增值税 6.3 亿元，比上年降低 12.5%；营业税 12.0 亿元，比上年增长 15.4%；企业所得税 5.1 亿元，比上年降低 16.4%；个人所得税 2.0 亿元，比上年降低 37.5%。

全年地方财政一般预算支出 189.1 亿元，比上年增长 23.0%。其中，一般公共服务支出 23.4 亿元，比上年增长 36.0%；教育支出 38.8 亿元，比上年增长 46.4%；科学技术支出 1.7 亿元，比上年增长 41.7%；文化体育与传媒支出 2.6 亿元，比上年增长 30.0%。

八、金融

全年全部金融机构各项存款 785.4 亿元，比上年增长 14.7%。其中全部金融机构各项贷款 378.4 亿元，比上年增长 12.2%；城乡居民储蓄存款年末余额 613.3 亿元，比上年增长 18.2%。

九、教育

普通中学 164 所，在校生 13.8 万人，招生 4.2 万人，毕业生 4.7 万人，教职工 1.6 万人，专任教师 1.1 万人。中等职业学校 9 所，在校生 1.2 万人，招生 0.4 万人，毕业生 0.4 万人，教职工 977 人。普通小学 477 所，在校生 17.3 万人，招生 2.8 万人，毕业生 3.0 万人，教职工 1.8 万人。教育经费支出 40.1 亿元，比上年增长 27.7%。

十、文化、卫生

年末有艺术表演团体 58 个，艺术表演场所 14 个，群众艺术馆 3 个，文化馆 8 个，公共图书馆 8 个，博物馆 8 个。全年出版报纸 35 种，出版量 1363.6 万册；期刊 319 种，出版量 2865.2 万册。

年末有各类卫生机构 2266 个。其中，医院、卫生院 193 个，卫生院 158 个。各类卫生机构拥有病床 10040 张。其中医院、卫生院有病床 9856 张。卫生机构人员 14610 人，其中卫生技术人员 10297 人，执业医师 4751 人。

十一、人民生活和社会保障

全年农村居民人均纯收入 9543 元，比上年增长 13.3%。平均每人消费性支出 6252 元，比上年增长 9.8%。其中食品支出 2411 元，衣着支出 484 元，家庭设备用品及服务支出 258 元，医疗保健支出 611 元，交通和通讯支出 610 元，娱乐教育文化服务支出 531 元，住房支出 1113 元。城市人均住房面积 27 平方米，农村人均住房面积 27 平方米。

年末城镇居民最低生活保障 6.2 万人，比上年降低 7.5%；支出 1.9 亿元，同上年基本持平。农村最低生活保障 12.9 万人，比上年增长 2.4%；支出 1.9 亿元，比上年增长 5.6%。城镇社区服务设施 637 个。新型农村合作医疗参加 231.6 万人，比上年增长 0.3%，费用支出 6.4 亿元，比上年增长 39.1%。新型农村合作医疗参合率达到 97.46%。

十二、环境保护和安全生产

全年工业废水排放总量 1695.7 万吨，比上年增长 7.6%。工业废水排放达标量 1484.0 万吨，比上年增长 14.9%。工业废水中化学需氧量排放 COD 量 0.65 万吨，比上年增长 30%。工业固体产生量 1800.2 万吨，比上年增长 11.2%。工业污染治理项目当年完成投资 10353 万元，比上年增长 66.8%。

（撰稿 李 珂 审稿 赵佐贤）

吉林省

吉林省民族自治地方在省委、省政府的正确领导下，同全省人民一道，深入贯彻落实科学发展观，着力破解长期积累的矛盾和问题，统筹推进“三化”，实施“三动”战略和富民工程，开拓创新，扎实推进，民族自治地方实现了经济的较快发展和社会的全面进步。

一、全省民族自治地方经济发展

经过初步核算，2012 年，全省民族自治地方实现地区生产总值 1418.57 亿元，按可比价格计算，比上年增长 14.2%，其中，第一产业增加值 187.22 亿元，增长 11.2%；第二产业增加值 694.95 亿元，增长 16.2%；第三产业增加值 536.40 亿元，增长 12.7%。按常住人口计算，当年民族自治地方人均 GDP 达到 42562 元。三次产业的构成为 13.2: 49.0: 37.8，对经济增长的贡献率分为 10.7%、55.0%和 34.3%。

财政收支实现较快增长。全年财政收入 168.06 亿元，比上年增长 15.6%。地方财政收入 87.02 亿元，增长 20.1%，其中，各项税收 56.04 亿元，比上年增长 23.9%；全年完成地方财政支出 278.73 亿元，比上年增长 13.5%。其中，一般公共服务支出 30.12 亿元，比上年增长 11.4%；教育支出 49.05 亿，比上年增长 27.6%；科学技术支出 1.53 亿，比上年增长 18.3%；文化体育与传媒 6.60 亿元，比上年增长 13.7%。

农业继续保持稳步发展。民族自治地方农林牧渔业总产值 337.21 亿元，比上年增长 8.2%，其中，农业产值 214.30 亿元，比上年增长 16.4%，粮食作物播种面积 757.59 千公顷，比上年增长 11.8%，粮食总产量 431.36 万吨，比上年增长 3.6%。

畜牧业发展势头良好。大牲畜、猪、羊年末存栏头（只）数分别为 78.61 万头、97.83 万只和 74.97 只。全年肉类总产量达到 25.88 万吨，其中猪肉、牛肉和羊肉产量分别为 8.71 万吨、6.24 万吨和 0.98 万吨。牛羊奶产量为 4.98 万吨。

民族自治地方克服了金融危机等各种不利因素的影响，保持了工业经济较快发展态势。全年规模以上工业总产值 1529.92 亿元，比上年增长 29.1%。实现主营业务收入 1388.14 亿元，比上年增长 21.9%；实现利润总额 100.32 亿元，比上年增长 21.9%。

民族自治地方主要工业产品产量增幅较大。原煤 1434.80 万吨，比上年增长 39.3%；原油 151.85 万吨，比上年增长 5.1%；发电量 68.37 亿千瓦时，水泥 465.79 万吨，农用氮磷钾化肥总计（折纯）14.46 万吨。

建筑业增长较快。全年民族自治地方建筑业企业完成总产值 131.79 亿元，比上年增长 13.4%；实现利润总额 6.04 亿元，比上年增长 20%。房屋建筑施工面积 1021.96 万平方米，比上年增长 43.6%；房屋建筑竣工面积 604.86 万平方米，比上年增长 32.8%。

外商、港澳台固定资产投资占比例较大。全年民族自治地方完成全社会固定资产投资额 970.86 亿元。从经济类型看，国有单位固定资产投资 332.72 亿元，占 34.3%；集体单位固定资产投资 13.28 亿元，占 1.4%；外商、港澳台经济固定资产投资 32.93 亿元，占 3.4%。从资金来源看，国家预算内资金 88.16 亿元，国内贷款 58.0 亿元，利用外资 22.90 亿元。全社会固定资产投资新增固定资产 736.17 亿元。

国内贸易发展较快。2012 年民族自治地方社会消费品零售总额完成 526.56 亿元，比上年增长 15.6%。其中，批发和零售贸易业 453.46 亿元，比上年增长 25.7%。

对外贸易发展势头良好。2012 年民族自治地方全年累计实现外贸进出口总值 21.43 亿美元，增长 10.7%。其中，实现出口总额 17.76 亿美元，增长 17.3%；实现进口总额 3.67 亿美元。民族自治地方年末实有外商投资企业 660 个，实际利用外资额 1.82 亿美元。

交通运输和邮电通信业保持良好发展势头。2012 年，全省民族自治地方货运总量 6963 万吨。完成旅客周转量 63.81 亿人公里，比上年增长 7.6%。公路总里程 1.56 万公里，其中，等级公路总里程 1.28 万公里，占公路总里程的 81.8%；高速公路 591 公里，占公路总里程的 3.8%。全省民族自治地方全年完成邮电业务总量 2.01 亿元。固定电话用户 56.55 万户；国际互联网用户 47.11 万户。

旅游收入大幅增长。截至 2012 年末，全省民族自治地方有旅行社 138 家。全省民族自治地方接待国内外旅游者 1504.5 万人次，比上年增长 26.0%。其中，接待国内旅游者 1450.2 万人次，比上年增长 26.2%；接待入境旅游者 54.4 万人次，比上年增长 20.5%。全年民族自治地方国内旅游收入 118.39 亿元，比上年增长 26.7%；旅游外汇收入 1.86 亿美元，比上年增长 21.0%。

人民生活水平稳步提高。2012 年全省民族自治地方城镇居民人均可支配收入达到 21439 元，比上年增长 10.7%；城镇居民人均消费性支出为 17266 元，比上年增长 13.9%。农村居民人均纯收入达到 8608 元，比上年增长 14.1%；农村居民人均生活消费支出 5826 元。

二、全省民族自治地方社会发展

教育事业平稳发展。2012 年末，全省民族自治地方小学 515 所，招生 2.69 万人，在校生 15.33 万人。普通中学 232 所，招生 3.95 万人，在校生 12.16 万人。中等职业学校 18 所，招生 0.72 万人，在校生 1.47 万人，毕业生 0.53 万人。普通高等学校 2 所，招生 0.59 万人，在校研究生 0.34 万人，在校本科、专科学生 2.53 万人，毕业生 0.53 万人。

文化事业保持稳步发展。截至 2012 年末，全省民族自治地方拥有文化馆 12 个，艺术表演场所 6 个；公共图书馆 12 个；博物馆 15 个。全省民族自治地方出版图书 4997 种，图书印数 4730.8 万册；期刊 21 种，年总印发量近 61.6 万册；报纸类 12 种，年总印发量近 2629.9 万份。

卫生事业快展。截至 2012 年末，全省民族自治地方有卫生机构数 2645 个；卫生机构床位 1.39 万张，比上年增长 4.5%；卫生机构人员 2.32 万人，其中卫生技术人员 1.9 万人，其中执业医师和执业助理医师 0.73 万人。

环境保护治理力度加大。2012 年，全省民族自治地方工业废水排放总量 5559.5 万吨；工业固体废物产生量 790.36 万吨，工业固体废物综合利用量 600 万吨，工业当年施工污染治理项目 4 个，工业污染治理项目当年完成投资额 1.5 亿元。

（撰稿人　路英武　审稿　赵洪姗）

黑龙江省

2012 年，黑龙江省杜尔伯特蒙古族自治县深入贯彻落实科学发展观，紧紧围绕全面实现龙江“牧业强县、旅游大县、生态名县”建设目标，务实创新，积极作为，全县经济社会实现更好更快发展。

一、经济实力显著增强

经济发展综合水平、质量效益稳步提升，地区生产总值达到 97.3 亿元，增长 37.8%，增幅四县最高。全口径财政收入突破十亿大关，同比增长 10.2%，其中公共财政预算收入 4.2 亿元，同比增长 20.2%。固定资产投资完成 64.5 亿元，同比增长 80%。发展成果更多惠及人民，城镇居民可支配收入、农民人均纯收入分别达到 15200 元、14136 元，同比分别增长 36.2%、55.4%。

二、主导产业转型升级

奶牛规模化、集约化饲养模式全面推开，新建规范化牧场小区 27 处，总量达到 44 处，示范带动作用凸显。奶牛良种化工程有序实施，良种核心群达到 5 万头。多元发展步伐加快，鹅鸭、狐貉饲养量分别达到 305 万只、80 万只。饲草饲料有效保障，畜牧产业安全稳定，重大动物疫病免疫率达到 100%。奶牛存栏 21.1 万头，牧业产值实现 32.6 亿元，增长 26.6%。

三、旅游产业跨越发展

连环湖旅游名镇基础设施日益完善，印象广场进入工程收尾，回迁区全面投用，127.4 公里旅游公路全线通车。旅游业整体优势充分显现，温泉景区二期项目稳步推进，当奈湿地、寿山旅游度假村实现企业化运营，王爷府民俗博物馆、九八抗洪纪念馆对外开放。吉禾民族赛马场被评为国家 4A 级景区，阿木塔银沙湾被评为国家 3A 级景区，银沙湾被评为全国休闲农业与乡村旅游示范点。旅游客源市场进一步扩大，接待游客 115 万人次，实现收入 4.5 亿元。

四、生态优势充分彰显

完成造林 5.5 万亩，绿化村屯 60 个，杜尔伯特自治县被国务院评为全国“三北”四期工程生态建设突出贡献奖先进集体。强化草原禁牧，治理草原 20 万亩，草原景观档次不断提升。大力实施天湖、阿木塔泡等引水工程，全县完成补水 3 亿立方米，天湖公园被列为全省首批国家湿地公园。产业效益逐渐显现，完成锦鸡儿套种苜蓿 500 亩，发展经济林 1 万亩，水产品产量达到 2.7 万吨。生态创建稳步推进，获批省市级生态村 34 个，泰康镇被评为国家级生态乡镇，杜尔伯特自治县成为全省首个省级生态县。

五、现代农业稳步推进

大力推进沿江优质水稻产业带建设，加快实施巴彦查干土地整理、波贺岗子水稻园区等旱改水项目，水田总面积达到 35 万亩，粮食产量创历史新高，突破 20 亿斤，农业总产值完成 53.3 亿元，同比增长 26%。基础设施建设全面加强，新建现代农业示范区 4 处，核心面积 4.7 万亩。顺利实施“节水增粮行动”，新改建抗旱井 595 眼，全县农田有效灌溉比例达到 56.8%，田间作业综合机械化率达到 85%。棚室经济效益提升，果蔬总产量 3.4 万吨，实现收入 3 亿元。投资 2.8 亿元，完成新农村建设项目 271 个，农村面貌不断改善。

六、地方工业支撑有力

骨干企业拉动作用显著增强，工业整体素质全面提升，实现工业增加值 54.7 亿元，利税总额 10.9 亿元，油与非油经济比重调整到 54:46。产业项目快速推进，中丹一期、绿色草原风电项目并网发电，中丹二期风机安装完毕，伊利婴幼儿配方奶粉加工项目建成投产。园区承载功能持续优化，投资 2400 万元，重点实施排水管网、过路桥涵、强排泵站等基础工程，开发总面积 3 平方公里，入园企业 30 家，园区产值实现 79 亿元，占地方工业总产值的 45%，成功晋升省级工业园区。

七、城乡品质加快提升

投资 6.5 亿元，推进城南、城北棚户区改造等新续建工程，新建保障性住房 1334 套，改造农村泥草房 3800 户，城乡开发建设面积 50.2 万平方米。投资 2.2 亿元，强化城市基础设施建设，南城集中供热建成投用，南环路、乙二路设计路段建成通车。投资 3818 万元，整饰府前路、二道街两侧楼宇外立面 17 栋、5.2 万平方米，中心公园、城西绿地广场建成开放，旅游城市形象全面提升。深入开展环境综合整治，提高管理精细化水平，机械化保洁、清雪覆盖城市主次干道，顺利通过省级卫生先进县城复检。

八、人民生活持续改善

将可用财力的 80%投入民生领域，支持社会事业发展。新建扩建公办幼儿园 17 所，稳步推进农村初中进城工程，启动一中、二中、蒙中校舍扩建，教育满意度不断提升。人民医院工程收尾，33 处村卫生所建设完成，妇幼保健院跻身二级甲等行列。社会保障更加全面，城镇新增就业 3244 人，“五险”扩面净增 4210 人，新农保和城居保参保 6.8 万人，新农合参合率达 100%；完成城乡低保排查清理，发放低保金 2897 万元。草原影城投入运营，乡镇综合文化站达到省级标准，民族文化节、“激情之夏”、“一乡一品”等城乡群众文体活动广泛开展，成为有影响有特色的民族文化品牌。

九、社会管理成效显著

“六五”普法深入开展，“六调联动”作用有效发挥，重点矛盾化解效果突出，党的十八大期间全县信访总体稳定，平等、团结、互助、和谐民族关系日益巩固。深化“打非治违”，强化“四黑四害”严打，规范食品安全秩序，乡镇安全监管中心和专业消防队伍全面组建，安全领域事故保持零状态，杜尔伯特自治县被确定为国家级安全生产重点装备县，被评为国家级平安铁路示范县、省级餐饮服务食品安全示范县。人民武装、审计统计、人口计生等工作得到加强，工商质监、邮政通讯、金融保险等部门做出积极贡献，残联、工商联、老龄委等群团组织及其他社会团体工作均取得新的成绩。

十、政府服务全面优化

着眼效能提升，以“三化”工作为牵动，深化政府绩效管理，“三清”工作成效显著，27 件大事实事快速推进。健全运行机制，重大项目安排和大额资金使用集体决策，国库转移支付改革全面完成，国有资产经营公司、城市建设投资公司成功组建，项目招投标、政府采购、工程审计“三项制度”严格执行，具体行政行为和重点经济事项规范运作。强化政府执行力，认真落实县委决议，自觉接受县人大、县政协监督，代表建议和委员提案办复率达100%。践行廉政承诺，有效控制“三公”经费，领导干部定期轮流接访，供热、回迁等一大批热点难点问题得到及时解决，政府工作实现行政提速、服务提质、执行提效、形象提升。

（撰稿　秦国文　审稿　刘烈军）

浙江省

2012 年，景宁畲族自治县（旗）实现国内生产总值 353390 万元，人均生产总值 33323 元，分别比上年增长 9.2%和 9.8%。全社会完成固定资产投资 260926 万元，增长 30.4%。实现财政总收入 95027 万元，增长 18.1%。实现农、林、牧、渔业总产值 90277 万元，增长 11.5%。粮食总产量 43068 吨，增长-2.9%。年内下达扶贫项目 18 个，扶贫资金 2.6 亿元。实现工业增加值 90248 万元，增长 12.8%。实现社会消费品零售总额 171179 万元，增长 15.9 %。全县公路通车里程 1792 公里。完成邮电业务总量 8826 万元，增长—7.2%。广播电视覆盖率为 100 %，有 1 种少数民族语广播电视，播出时间年 510 小时。实现旅游总收入 13.1 亿元，增长 29.4%。有各类学校 26 所，其中民族学校 3 所；在校学生 16229 人，其中少数民族学生 1947 人，占在校学生的 12 %。有艺术表演团体 1 个；公共图书馆 1 个，藏书 95.0 千册；文化馆 1 个；档案馆 1 个。有各类卫生机构 26 个，医务人员 695 人，医疗机构床位 383 张。年内农（牧）民人均纯收入 8384 元，增长 13.1%；城镇居民人均可支配收入 22862 元，增长 12.5%。

2012 年，景宁畲族自治县人民政府被评为浙江省民族团结进步创建示范单位，敕木山村被评为浙江省民族团结进步小康村申报村。落实少数民族发展资金 1103 万元，开展 47 个项目建设，投入 860 万元，开展 10 个民族特色村寨建设；发放少数民族大学生奖金 9.5 万元、民族教育券 125 万元、医疗保险费补助 62 万元、贫病补助 35 万元。完成《畲汉一心三县并举团结昂扬再谱新篇》民族经济社会发展专题纪录片摄制，完成《景宁畲族民歌》《传师学师》两个光碟制作并发行，编印出版《景宁畲族村寨景观集》。成功举办 2012 首届中国（浙江）畲族服饰大赛。大型畲族风情舞蹈诗《千年山哈》参加第四届全国少数民族文艺会演，获得表演金奖等 9 个奖项，被评为浙江省“五个一工程”奖作品。

（撰稿　王晓跃　审稿　陈智慧）

湖北省

2012年，湖北省民族自治地方“一州两县”（即恩施土家族苗族自治州、五峰土家族自治县和长阳土家族自治县）在省委、省政府的正确领导下，以《中共中央、国务院关于进一步加强民族工作，加快少数民族和民族地区经济社会发展的决定》和《国务院实施〈中华人民共和国民族区域自治法〉若干规定》为依据，按照《中共湖北省委、湖北省人民政府关于进一步加强民族工作加快少数民族和民族地区经济社会发展的若干意见》（鄂发〔2006〕3号）文件的要求，深化改革，开拓创新，使湖北省民族地区经济保持了稳定、协调、健康、持续发展的良好态势，国民经济稳定增长。据统计，2012年，民族自治地方“一州两县”完成生产总值614.72亿元。其中，第一产业170.75亿元，第二产业202.2亿元，第三产业241.76亿元。

一、农业生产稳定发展

全年实现农林牧渔业总产值284.19亿元，按可比价格计算，比上年增长16.45%。其中：农业产值156.3亿元，增长9.72%；林业产值9.28亿元，增长30.44%；牧业产值110.62亿元，增长25.17%；渔业产值5.6亿元，增长18.13%。畜牧业稳定发展，全年生猪出栏582.06万头，增长5.7%；猪肉产量48.73万吨，增长0.28%。羊出栏134.44万只，增长25.59%；羊肉产量2.59万吨，增长23.58%。农作物总播种面积898.09千公顷，比上年增加27.72千公顷。

二、工业经济发展迅速

全年规模以上工业企业409个。其中，国有企业23个，集体企业2个，股份合作企业48个，港澳台商投资企业3个，外商投资企业3个。规模以上工业企业总产值362.07亿元，增长17.68%。

三、固定资产投资保持快速增长

全年全社会固定资产投资完成额达到481.84亿元，比上年增长29.66%。按资金来源分，国家预算内资金65.12亿元，增长28.23%；国内贷款91.71亿元，增长37.29%。

四、国内贸易市场稳定，对外贸易繁荣活跃

国内贸易全年实现社会消费品零售总额224.83亿元，比上年增长17.01%，其中：批发和零售业总额197.42亿元，增长12.21%；住宿和餐饮业总额26.49亿元，增长62.14%。进出口总额35160.3万美元，比上年增长107.33%。

五、财政收入稳步增加

全年完成财政总收入99.71亿元，比上年增长28.48%。其中：地方财政一般预算收入46.53亿元，增长45.41%。地方财政一般预算支出226.54亿元，比上年增长23.24%。全部金融机构各项存款800.04万元，比上年增长26.17%，全部金融机构各项贷款425.23万元，比上年增长22.1%，城乡居民储蓄存款年末余额462.85万元，比上年增长20.92%。

六、城乡居民收入稳定增长

全年城镇居民人均可支配收入13069元，比上年增加1682元，增长14.78%；城镇居民人均消费支出9658元，比上年增加1195元，增长14.13%。全年农民人均纯收入3959元，比上年增加165元，增长20.18%。

七、旅游业发展较快

全年旅行社总数达到77个，比上年增长33.93%。旅游人数突破2626万人次，比上年增长51.49%。其中，国际旅游35.73万人次，比上年增长2.03%，国内旅游2590万人次，比上年增长52.67%. 国际旅游收入4646.7万美元，比上年增长16.59%，国内旅游收入1379189万元，比上年增长67.07%。

八、教育事业快速发展

湖北民族地区认真落实农村义务教育保障新机制，努力改善办学条件，扎实推进素质教育，加强师资队伍建设，不断规范学校管理，各类教育长足

发展，专任教师有所增加，教师队伍质量明显提高。2012 年，普通高等学校在校本、专科学生 2.45 万人，招生数 8368 人，比上年增长 10.15%。九年制义务教育成果得到巩固，小学适龄儿童入学率达到 100%，普通中小学在校人数 19.97 万人，中等职业学校在校生人数 3.49 万人。教育经费共支出 41.62 万元，比上年增长 7.37%。

九、文化、卫生事业蓬勃发展

截至 2012 年末，共有艺术表演团体 12 个，艺术表演场所 10 个，文化馆 11 个，公共图书馆 11 个，博物馆 4 个。全年卫生机构数 3734 个，比上年增长 7.64%；村卫生室 3162 个，比上年增长 7.64%；医疗机构床位数 17447 张，比上年增长 7.64%；卫生机构人员数 22493 人，比上年增长 7.64%。

（撰稿　周　巍　审稿　唐启明）

湖南省

2012 年，面对复杂严峻的国际、国内经济环境，全省民族自治地方各级在省委、省政府的正确领导下，深入践行科学发展观，千方百计稳增长，促和谐，实现了国民经济继续上行，质量效益显著提高，人民生活不断改善，社会事业全面进步。

截至 2012 年末，湖南民族自治地方总人口 6193177 人，比上年增长 10.3‰；其中，少数民族人口 4866477 人，比上年增长 5.6‰；少数民族人口占民族自治地方总人口 78.5%。

国民经济持续增长。2012 年，全省民族自治地方完成地区生产总值（GDP）9488420 万元，按可比价格计算，同比增长 10.1%。其中，第一产业增加值 1598209 万元，增长 4.5%；第二产业增加值 3300858 万元，增长 10.7%；第三产业增加值 4589353 万元，增长 11.7%。三次产业结构由上年的 17.2∶35.0∶47.8 调整为 16.8∶34.8∶48.4；第一产业比重比上年下降 0.4 个百分点，第二产业比重比上年下降 0.2 个百分点，第三产业比重比上年提高 0.6 个百分点。按常住人口计算，人均地区生产总值 18553 元，同比增长 21.0%。

农业生产稳步增长。2012 年，全省民族自治地方完成农林牧渔业总产值 2645054.5 万元，按可比价格计算，同比增长 4.2%。其中，农业总产值 1515727.7 万元，增长 4.0%；林业总产值 267435.2 万元，增长 4.0%；牧业总产值 773397.5 万元，增长 4.7%；渔业总产值 51753.6 万元，增长 13.3%。粮食总产量 2058677.4 吨，增长 6.1%；糖料产量 23237 吨，增长 8.3%；棉花产量 466.75 吨，比上年增加 18.5%；烟叶产量 63655.3 吨，增长 8.3%；茶叶产量 2788.5 吨，增长 9.8%；油料总产量 173562 吨，比上年减少 2.5%；麻类产量达 1906.19 吨，增长 2.0%；水果产量 1592869.2 吨，增长 3.3%。全年存栏大牲畜 91.1 万头，比上年增加 0.5%；出栏大牲畜 22.76 万头，同比减少 11.9%；出栏肉猪 341.62 万只，同比增长 4.1%；出栏羊 66.04 万只，比上年增加 2.1%；肉类总产量 324730 吨，比上年增长 3.8%；奶类产量 39905 吨，比上年增加 5.7%；全年水产品产量达 48334 吨，同比增长 23.9%。

农业生产条件继续改善。2012 年末，民族自治地方农业机械总动力 350.6 万千瓦，与上年基本持平；全年农村用电量 54263.19 万千瓦小时，比上年增长 6.2%；农田有效灌溉面积 252.92 千公顷，增长 14.3%；农用化肥施用量 17.5 万吨，与上年基本持平；地膜使用量 4821.89 吨，增长 5.3%；农药使用量 7373.58 吨，比上年增长 10.5%。

工业增速大幅下滑。2012 年，受国际经济复苏减缓和国内经济下行的影响，市场疲软，全省民族自治地方 588 家规模以上工业企业完成总产值 5746552 万元，同比下降 17.6%。其中，国有企业完成产值 564386 万元，减少 3.3%；集体企业完成产值 36220 万元，减少 40.8%；股份合作企业完成产值 1070564 万元，减少 25.3%；港、澳、台商投资企业完成产值 144723 万元，同比下降 82.7%。实现主营业务收入 6658729 万元，增长 3.5%；实现利润

259148 万元，减少 36.5%。

固定资产投资规模加大。全年完成全社会固定资产投资 5344679 万元，同比增加 18.5%。其中，固定资产投资（不含农户）4909266 万元，增长 20.4%；国有经济投资 3420218 万元，增长 110.2%；集体经济投资 645871 万元，增长 7.0%；外商、港澳台经济投资 98782 万元，减少 4.2%。全社会固定资产投资新增固定资产 3009467 万元，同比增长 116.9%。

城乡消费市场持续繁荣。2012 年，全省民族自治地方实现社会消费品零售总额 3452377.2 万元，增长 15.2%。全年批发和零售额达 2973766 万元，增长 15.0%；住宿和餐饮业达 478611.2 万元，增长 16.0%。

财政金融增量加大。财政收入稳定增长，全年完成财政总收入 857152 万元，增长 20.4%；完成地方财政收入 535039 万元，增长 22.0%。全年财政支出 2810144 万元，增长 22.0%。金融机构存款大幅增加，金融机构各项存款余额 9706358 万元，同比多增加 598267 万元；贷款投放力度明显加大，金融机构各项贷款余额 5358369 万元，同比多增加 855105 万元；城乡居民储蓄存款年末余额 7818931 万元，比上年增加 2472744 万元。

旅游业持续增长。全省民族自治地方共有旅行总社 65 个，同比增加 11 个，全年共接待游客 55966716 人次，增长 19.3%；国际旅游收入达 17987.5 万美元，增长 73.3%；国内旅游收入达 2642221 万元，增长 42.2%。其中，湘西土家族苗族自治州全年共接待国内外游客 1884.68 万人次，实现旅游收入 105.45 亿元，分别增长 25.5%和 34.8%。全州成功创建国家等级景区 7 家，举办了“矮寨大桥通车庆典暨矮寨奇观景区旅游扶贫开发项目开工仪式”、中国“红石林”杯茶歌大赛、中国土家族社巴节，“华彩湘西”心连心艺术团湘西州慰问演出、奥凯航空“快乐湖南之旅”、矮寨大桥低空跳伞节和高空走钢丝等众多旅游促销活动。

对外经贸增幅继续回落。受世界经济复苏减缓的影响，全年进出口总额 17204.4 万美元，下降 28.7%。其中，出口 15471 万美元，下降 30.2%；进口 1733.4 万美元，下降 11.6%。全年实际利用外资 13595 万美元，增长 71.4%。

居民收入稳步增长。全年城镇居民可支配收入 14762 元，同比增加 1514 元，增长 11.4%；农村居民人均纯收入 4085 元，同比增加 515 元，增长 14.4%。

民生福祉进一步改善。2012 年，城镇居民人均消费性支出 10531 元，比上年增长 12.4%。其中，交通和通信支出 904 元，比上年增长 8.6%；医疗保健支出 639 元，增加 22 元；居住支出 1438 元，增加 256 元；人均居住面积 36 平方米，比上年增加 1 平方米。农村居民人均消费性支出 3223 元，比上年增加 367 元；人均住房面积 30 平方米，与上年持平。

社会保障能力进一步加大。2012 年，城镇居民最低生活保障人数达 155226 人，与上年基本持平；保障支出达 40806.24 万元，比上年增加 11948.75 万元，增长 41.4%。农村居民最低生活保障人数达 425562 人，比上年增加 135090 人；保障支出达 37481.4 万元，比上年增加 18179.72 万元，增长 94.2%。城镇社区服务设施达 482 个，比上年增加 23 个。

教育事业健康发展。2012 年，全省民族自治地方有普通高等学校 5 所，在校本科、专科学生 55758 人，毕业生 14881 人，教职工 2963 人，其中专任教师 1914 人；有普通中学 399 所，在校学生 274385 人，毕业生 89027 人，教职工 25067 人，其中专任教师 21858 人；有中等职业学校 49 所，在校学生 44440 人，毕业生 16370 人，教职工 3069 人，其中专任教师 2822 人；有小学 1040 所，在校学生 416029 人，教职工 25559 人，其中专任教师 24197 人。全年教育经费支出 588593 万元，比上年增长 40.5%。

文化事业稳步发展。2012 年，全省民族自治地方拥有各类艺术表演团体 29 个，博物馆 11 个，公共图书馆 22 个，艺术表演场所 22 个，群众艺术馆 5 个，文化馆 18 个，全年报纸出版 1500 万册。

卫生事业继续推进。截至 2012 年末，全省民族自治地方有医院、卫生院 498 个，村卫生室 5078 个。共有卫生技术人员 23340 人，其中，执业(助理)医师 8831 人。医疗机构床位数 23649 张。新型农村合作医疗制度覆盖全省所有民族地区，参保人数达 460.2 万人，比上年增加 3.6 万人，平均参合率 96.7%，较上年增加 1.5 个百分点。

（撰稿　陈春建　审稿　曹承明）

广东省

2012年，面对错综复杂的国内外环境，广东民族地区认真贯彻落实中央各项宏观调控政策，加强经济运行调节，把稳增长、调结构、促改革、惠民生有机结合起来，较好地化解了经济下行压力，广东民族地区经济呈现稳中有进的特征。

一、国民经济持续稳定增长

2012年，连南瑶族自治县、连山壮族瑶族自治县和乳源瑶族自治县地区生产总值和财政收入均以两位数的速度增长，高于广东省平均增速，综合经济实力大幅提升。据统计，全省3个自治县实现地区生产总值99.56亿元，比上年增长12.13%。其中，连南26.92亿元，连山24.31亿元，乳源48.33亿元，分别比上年增长20.23%、17.67%、5.66%。第一产业增加值16.09亿元，增长9.01%；第二产业增加值43.51亿元，增长6.12%；第三产业增加值39.96亿元，增长20.98%。各项经济监测指标与2011年相比，基本保持了上升的态势。但是，3个自治县在当年经济发展中仍然面临诸多问题，如作为3个自治县中经济发展形势最好的乳源瑶族自治县，2012年三大产业结构比为12∶50.5∶37.5，第一产业增加值比重比上年上升1个百分点；第二产业增加值比重比上年下降1.1个百分点；第三产业增加值比重比上年上升0.9个百分点。这主要是因为国内国际市场运行疲软，市场信心下降，工业产品流通受阻，能耗下降速度慢，经济缺乏增长亮点，后劲不足，物价指数势头看涨，生活成本升高等因素造成的。

二、农业生产增长保持平稳

2012年，3个自治县继续坚持以生态发展主体功能区建设规划统筹农业农村工作，培育壮大绿色特色农业和休闲产业基地发展，促进了农业生产稳定增长，农民收入有较大幅度提高。全年完成农林牧渔业总产值达24.48亿元，同比增长10%。农作物总播种面积53.64千公顷，比上年增长1.1%；粮食作物播种面积54.28千公顷，同比增长1.19%；粮食总产量138293吨，同比增长1.93%；油料播种面积5.31千公顷，比上年持平；油料产量达到11325吨，同比增长6.38%。在种植业取得良好成绩的同时，林业、畜牧业和渔业生产增速持平。2012年，全自治县林业产值43432.77万元，同比增长10.16%。大牲畜年末存栏头（只）为3.8万头，同比下降5.9%，猪、羊年末存栏头（只）分别为12.07万只和0.79万只，同比增长53.37%和295%。肉类总产量达到17926吨，同比增长3.69%，其中牛肉、羊肉和猪肉产量分别为610吨、99吨和12910吨。渔业产值5036.54万元，比上年增长12.19%。

三、工业和建筑业生产增速减缓

2012年，受国内外市场运行疲软的影响，生产的产品难以流通，极大影响了民族地区以制造业为主打的工业经济。同时本年降雨量较充沛，水电企业生产比较顺利，在一定程度上缓解了工业增长压力。一是规模以上工业总产值107.13亿元，与上年持平。股份合作制企业、外商及港澳台投资企业发展迅速，股份合作制企业总产值45.44亿元，同比增长52.3%，外商及港澳台投资企业总产值37.16亿元，同比增长6.72%。集体企业、国有及国有控股企业生产步伐有所回落。规模以上工业产品销售情况趋缓，经济效益与上年相比呈下滑态势。全年规模以上工业完成销售产值101.38亿元，同比下降4.94%；实现利润总额5.58亿元，与上年相比减少2.65亿元。二是重点行业带动作用明显。如连山壮族瑶族自治县在重点企业县电力公司和县小水电公司的拉动下，全县工业总产值15.83亿元，同比增长5.2%。三是建筑业增长较快。全年建筑业总产值完成5.11亿元，同比增长3.02%。全社会完成建筑业增加值3.08亿元，同比增长14.49%。

四、固定资产投资稳步增长

2012年，3个自治县继续加大对民生、基础设施建设和自主创新的投资力度，固定资产投资实现平稳增长。全社会固定资产投资 51.11 亿元，同比增长 19.72%。其中，连南 5.56 亿元，比上年增长 9.02%，连山 7.86 亿元，比上年增长 10.24%，乳源 37.69 亿元，比上年增加 23.7%。分城乡看，城镇投资 46.32 亿元，增长 13.47%，农村投资 4.79 亿元，增长 156.12%。分投资主体看，国有经济投资 19.30 亿元，增长 34.31%，集体经济投资 24.92 亿元，增长 53.07%，外商、港澳台经济投 4.99 亿元，增长 92.67%。总体上看，一些大的固定资产投资施工项目和传统的重点项目，不仅对当地经济的稳定增长做出了重要贡献，而且增强了对外的市场竞争能力和人民的生活水平。房地产业也成为带动各自治县经济增长的重要行业之一。乳源瑶族自治县在省重点工程、东阳光重点项目和房地产开发等共同推动下，投资总额增长较快，全年固定资产投资项目完成 28.18 亿元，同比增长 45.1%，房地产开发投资 4.22 亿元，同比增长 20.3%。

五、财政收入实现快速增长

2012 年，3 个自治县地方财税、金融部门继续实施积极财政政策和稳健货币政策，切实提高财政收入质量，财政增收为当地政府扩大内需和公共服务提供了物质基础。3 个自治县完成地方财政总收入 23.79 亿元，比上年增长 18.95%，地方财政一般预算收入 6.21 亿元，比上年下降 1.27%。其中，连南 1.82 亿元，同比下降 21.98%，连山 1.13 亿元，乳源 3.6 亿元，分别比上年增长 8.65%和 4.96%。地方财政一般预算支出为 23.11 亿元，同比增长 10.05%。其中，一般公共服务和教育领域支出成为政府财政支出的大项，支出额分别达 3.52 亿元和 5.82 亿元，分别比上年增长 0.57%和 30.49%。金融流通运行平稳。3 个自治县全部金融机构年末各项存款余额 95.12 亿元，比上年增长 9.67%。

六、城乡居民收入增加较快

2012 年，农民人均消费支出 5928 元，比上年增长 13.54%。其中，食品类支出 2667 元，增长 19.87%；衣着类支出 295 元，增长 7.27%；家庭设备用品及服务类支出 271 元，下降 6.87%；医疗保健支出 299 元，下降 2.28%；交通和通讯类支出 534 元，下降 16.3%；娱乐、教育、文化用品及服务类支出 267 元，增长 17.11%；居住类支出 1519 元，增长 28.84%。城镇居民人均消费性支出 9823 元，比上年增长 6.19%。其中，食品类支出 4342 元，增长 9.23%；衣着类支出 755 元，增长 1.34%；家庭设备用品及服务类支出 710 元，增长 2.16%；医疗保健支出 535 元，增长 7.99%；交通和通讯类支出 1194 元，增长 21.1%；娱乐、教育、文化用品及服务类支出 1038 元，下降 3.26%；居住类支出 1111 元，下降 3.31%

七、文化体育事业取得新成绩

整合 3 个自治县民族艺术团资源而成立的广东民族艺术团参加了第四届全国少数民族文艺会演，获得了包括剧目金奖，最佳导演奖、最佳编剧奖、最佳演员奖、最佳节目奖、最佳新人奖在内的 11 项大奖，实现了本届会演音舞类最高奖项满堂红。同时，为进一步推动全民健身运动的开展，提升全民身体素质，民族地区增加了体育基础设施和群众活动场所，截至 2012 年末，广东省民族自治地方有各种艺术表演团体 9 个，公共图书馆 3 个，文化馆 3 个，博物馆 3 个，群众表演场所 5 个，群众艺术馆 1 个。

八、教育事业持续发展

2012 年 3 个自治县继续调整优化教育资源，实施人才兴教战略，努力提高教育教学质量，城乡、民族、各级各类教育均衡发展取得了显著成绩。3 个自治县学龄儿童入学率 100%，小学毕业生升学率 100%，职业教育学生推荐就业率 98%。2012 年末，民族自治地方共有普通中学 29 所，招生数 7286 人，在校学生 25271 人。普通小学 70 所，招生数 5685 人，在校学生 31401 人。中等职业学校 3 所，招生数 783 人，在校学生数 3122 人。

九、民生改善步伐加快

2012 年，各自治县在改善民生方面继续增加投入力度，人民生活水平有所改善，城乡居民收入实现双增。年末在岗职工 37612 人，比上年增长 7.48%。全年城镇居民可支配收入 14689 元，比上年增长 12.19%。在岗职工年人均工资 38060 元，比上年增长 15.11%。农民人均纯收入 6579 元，比上年增长 18.93%。城乡居民收入差距由 2011 年的 2.37：1 下降为 2012 年的 2.23：1。城市人均住房面积 29 平方米，比上年持平，农村人均住房面积 32 平方米，比上年增长 3.23%。

十、社会保障机制和福利事业更加完善

2012 年，3 个自治县医疗卫生投入持续提高，实际参加新型农村合作医疗人数 39.26 万人，比上年基本持平。新型农村合作医疗费用累计支出总额 8992 万元，比上年增长 51.97%，累计受益 39 万人次。医疗卫生网络进一步完善。民族自治地方卫生机构 149 个，比上年增加 12 个，医疗机构床位数 1147 张，卫生机构人员 2304 人。医疗卫生基础设施得到进一步完善，医疗技术人员能力不断提高，处置突发性公共卫生事件的能力进一步增强。同时，全年 3 个自治县社会保障受益人群持续增加，共有 1707 名城镇居民和 22267 名农村居民得到政府最低生活保障，城镇居民及农村居民最低生活保障支出达到 328 万元和 2909 万元。

（撰稿　方　莉　审稿　李秀英）

广西壮族自治区

2012 年，面对复杂严峻的经济形势和改革发展稳定的繁重任务，广西认真贯彻落实中央和自治区的决策部署，坚持以科学发展为主题，以加快转变经济发展方式为主线，按照稳中求进的工作总基调，着力稳增长、促转型、扩内需、惠民生，全区经济保持平稳较快发展的良好势头，经济社会发展总体稳中有进。

全年全区生产总值（GDP）13035.10 亿元，按可比价格计算，比上年增长 11.3%，从 2002 年起连续 11 年保持两位数增长。其中，第一产业增加值 2172.37 亿元，比上年增长 5.6%；第二产业增加值 6247.43 亿元，增长 14.2%，其中工业增加值 5279.26 亿元，增长 13.8%；第三产业增加值 4615.30 亿元，增长 9.8%。三次产业对经济增长的贡献率分别为 8.1%、62.5%和 29.4%，其中工业贡献率为 52.1%。

一、全区经济运行主要特点

（一）经济增长总体平稳

全区一季度、上半年、前三季度、全年的生产总值分别增长 11.5%、11.4%、11.2%和 11.3%，与全国同期增速 8.1%、7.8%、7.7%和 7.8%相比，基本保持高于全国 3.5 个百分点，总体保持平稳较快发展势头，年度增速连续 5 年高于全国 3 个百分点以上。经济运行稳中有进，基本与全国走势一致。前三季度增速为年内最低，随着宏观调控政策措施成效进一步显现，四季度经济增长企稳向好，全年增速比前三季度回升 0.1 个百分点。

（二）生产形势基本稳定

工业发展取得新突破，新增 3 个工业千亿元产业。全年规模以上工业增加值比上年增长 15.9%，增幅比全国高 5.9 个百分点。重工业生产稳步回升，增加值增长 15.4%，比 1-2 月回升 1.7 个百分点；轻工业增长 17.2%。重点产业较快发展，电子信息、石化、冶金、有色金属、食品和建材等产业分别增长 26.9%、24.8%、19.1%、17.7%、17.4%和 16.8%；新增 3 个工业千亿元产业，有色、电力和建材等 3 个产业主营业务收入超 1000 亿元，工业千亿元产业达到 8 个，其中食品产业率先突破 2000 亿元。原油加工、氧化铝、汽车、水泥、钢材和成品糖等主要产品产量均实现较快增长。产销基本衔接，规模以上工业产品产销率 95.4%，与上年持平。规模以上工业主营业务收入达 14324.38 亿元，比上年增长 17.4%；企业效益进一步好转，实现利润 749.0 亿元，增长 8.8%，扭转了年初以来下降的局面。

农业基础不断巩固，粮食总产量创 7 年来新高。全年第一产业增加值增速创 6 年来最高水平，比上年增长 5.6%，高于全国 1.1 个百分点。其中，种植业增加值 1183.63 亿元，比上年增长 5.7%；林业增加值 186.28 亿元，增长 9.1%；畜牧业增加值 531.44 亿元，增长 4.6%；渔业增加值 225.06 亿元，增长

4.1%。粮食总产量创7年来新高，达1484.90万吨，增长3.8%；平均亩产创新世纪以来最高水平，达322.5公斤，增长3.97%。糖料蔗比上年增长7.1%，水果产量增长9.1%。木材产量比上年增长11.4%，松脂增长4.4%，油茶籽增长8.5%，八角增长8.6%。猪牛羊禽肉总产量405.6万吨，比上年增长5.1%，其中猪肉产量252.5万吨，增长5.3%。生猪出栏3342.1万头，比上年增长4.6%；生猪存栏2466.6万头，增长2.3%；蚕茧产量31.56万吨，增长6.5%。水产品产量303.45万吨，比上年增长5.1%。其中，海水产品164.39万吨，增长3.5%；淡水产品139.07万吨，增长7.0%。

服务业稳步发展，旅游市场持续升温。年末金融机构本外币存款和贷款余额分别比上年末增长18.0%和16.1%，新增银行贷款增长2.7%。全年旅游总收入1659.72亿元，比上年增长29.9%。客运周转量1047.98亿人公里，增长7.8%；货物周转量4110.68亿吨公里，增长18.3%；北部湾港货物吞吐量1.71亿吨，增长13.7%。邮电业务总量增长12.6%。

（三）需求继续稳步增长

固定资产投资较快增长。全年固定资产投资（计划总投资50万元及以上项目）12171.79亿元，比上年增长24.8%。第一、二产业投资增长较快，分别完成投资491.22和5003.90亿元，增长42.6%和32.3%；第三产业完成投资6773.46亿元，增长20.4%。民间投资持续活跃，完成投资7393.47亿元，增长31.7%，所占比重达到60.7%，比上年上升3.1个百分点；国有投资4461.89亿元，增长16.6%，比上年加快20.9个百分点。更新改造投资保持强劲，完成投资4257.1亿元，增长39.4%；基本建设投资4974.59亿元，增长18.9%。施工项目6.83万个，增长31.1%。资金来源小计12888.45亿元，增长27.9%。

市场销售稳定增长。全年社会消费品零售总额4474.59亿元，比上年增长15.9%。分经营单位所在地看，城镇消费品零售额3947.43亿元，增长15.8%；乡村消费品零售额527.16亿元，增长16.4%。分商品类别看，在限额以上批发零售业中，通讯器材类零售额比上年增长41.4%；中西药品类增长26.0%；石油及制品类增长20.9%；日用品类增长20.0%；汽车类增长11.2%；家用电器和音像器材类增长9.2%。

进出口结构优化。全年贸易进出口总额294.74亿美元，比上年增长26.2%。其中，其中，出口154.68亿美元，增长24.2%；进口140.05亿美元，增长28.5%。加工贸易高速增长。加工贸易进出口50.43亿美元，增长64.5%；边境小额贸易进出口83.48亿美元，增长33.5%；一般贸易进出口144.7亿美元，增长13.2%。与东盟双边贸易的比重达40.8%，总量达120.49亿美元，比上年增长26.0%。对新兴市场贸易较快增长，对巴西、南非进出口增速分别达67.4%、54.6%。出口商品结构优化。高新技术产品出口增长43.6%，机电产品出口增长18.8%，农产品出口增长24.6%。

（四）经济运行质量良好

经济结构调整有新进展。三次产业结构由上年的17.5: 48.4:34.1调整为16.7:48.6:34.7，第一产业增加值比重比上年下降0.8个百分点，第二、第三产业增加值比重分别提高0.2和0.6个百分点。城镇化水平持续提高，城镇化率达43.53%，比上年提高1.73个百分点。

节能降耗有新成效。全年规模以上工业综合能源消费量比上年增长6.2%，与上年增幅（13.4%）相比明显下降；规模以上工业单位增加值能耗比上年下降8.4%，比上年降幅扩大2.3个百分点。

财政金融上新台阶。全年财政收入1810.07亿元，比上年增长17.4%，其中公共财政预算收入突破1000亿元，达1166.06亿元，增长23.0%。年末金融机构本外币各项存款余额15966.65亿元，增长18.0%；本外币各项贷款余额12355.52亿元，增长16.1%。全年新增本外币贷款1708.37亿元，比上年多增45.31亿元。

人民生活有新改善。全年城镇居民人均可支配收入21243元，比上年名义增长12.7%，扣除价格因素实际增长9.2%；农村居民人均纯收入6008元，比上年名义增长14.8%，扣除价格因素实际增长11.2%。全年城乡居民收入比为3.54: 1，比上年的3.60: 1有所缩小。全区财政民生投入2252.14亿元，比上年增长16.9%，占全区财政支出的76%。

（五）物价和就业保持稳定

物价水平总体平稳。全年居民消费价格（CPI）比上年上涨3.2%，低于年度控制目标（4.0%），涨幅比上年回落2.7个百分点。调查的八大类商品与服务价格不同程度上涨。其中，食品类价格上涨

5.2%，回落 9.2 个百分点；衣着类上涨 3.6%，烟酒及用品类上涨 3.1%。全年工业生产者出厂价格(PPI)比上年下降 2.2%，工业生产者购进价格下降 0.8%。

就业形势基本稳定。全年城镇新增就业 54.05 万人。城镇失业人员实现再就业 10.7 万人。就业困难人员实现就业 3.3 万人。新增农村劳动力转移就业 89.93 万人次。2012 年各季度末城镇登记失业率稳定在 3.38～3.41%区间，全年为 3.41%，低于年度控制目标（4.6%）。

二、经济运行中存在的主要问题

（一）实体经济生产经营困难仍然较多

工业生产增速回落较大。全年规模以上工业增加值增速比上年回落 4.9 个百分点，回落幅度超过国际金融危机影响最严重的 2008 年（回落 3.9 个百分点）和 2009 年（回落 4.4 个百分点）。用电需求增幅明显下滑。全年全社会用电量比上年增长 3.7%，增幅比上年回落 8.3 个百分点，其中全部工业用电量仅增长 2.1%，回落 8.5 个百分点。生产价格持续下降。受市场需求不振影响，工业生产者出厂价格自 2 月份以来持续呈同比下降态势，全年累计下降 2.2%。外需萎缩，工业出口交货值增长 19.8%，比上年回落 21.7 个百分点。

（二）城乡居民收入水平仍然较低

2012 年广西城镇居民人均可支配收入 21243 元，相当于全国（24565 元）的 86.5%，与全国的差距从 2011 年的 2956 元扩大到 3322 元；扣除价格因素比上年实际增长 9.2%，低于全国 0.4 个百分点。2012 年广西农民人均纯收入 6008 元，相当于全国（7917 元）的 75.9%，与全国的差距由 2011 年的 1746 元扩大到 1909 元。

（三）房地产开发和商品房销售低迷

全年房地产投资 1554.94 亿元，仅比上年增长 2.5%，增速低于全国 13.7 个百分点，低于上年 23.3 个百分点。房地产开发企业房屋新开工施工面积比上年下降 6.3%，其中住宅新开工面积下降 7.4%。全年商品房销售面积比上年下降 6.9%，其中住宅销售面积下降 7.4%；商品房销售额仅增长 3.7%。商品房待售面积比上年大幅增长，高达 71.3%。

（四）消费热点降温明显

受促消费政策退出等因素影响，限额以上批发和零售业中，汽车类零售额增速比上年回落 2.3 个百分点；家用电器和音像器材类零售额增速回落 9.4 个百分点。消费热点降温，限额以上批发和零售业金银珠宝类、石油及制品类零售额增速分别比上年回落 42.0 和 16.9 个百分点。

（五）下半年物价涨幅呈扩大趋势

7～12 月份，当月居民消费价格同比分别上涨 2.6%、3.4%、3.9%、2.8%、3.9%和 4.1%，涨幅不断扩大，其中 12 月份 CPI 达到全年月度最高值，比全国高 1.6 个百分点。

三、对策建议

（一）增强工业主导地位

继续落实推动工业发展的各项政策措施，培育和促进中小企业成长壮大，推动中小企业上规模，积极扩大工业经济总量，提高工业经营效益。利用环境倒逼机制、化解产能过剩矛盾的契机，加快工业结构升级优化调整，推动传统产业发展壮大，加快战略性新兴产业发展。加强重大科技攻关，加大科研投入力度，提升工业技改科技含量，推进工业化与信息化深度融合，增强工业创新驱动发展能力。

（二）大力落实城乡居民收入倍增计划

继续完善农村基础设施建设，进一步改善农业生产条件。大力发展因地制宜的特色农业经济，广开农民增收渠道。加大金融扶持力度，推动农业生产向规模化多元化发展。加强农业生产资料价格监督，增强农民生产积极性。加强农产品收购管理，确保增产增收。强化政策支持力度，提高困难对象定点帮扶工作成效。积极探索城乡保障一体化建设有效途径。加大就业帮扶和创业扶持力度，广开渠道推进就业创业。缓解行业收入分配差距，完善收入增长机制。加大对农民工法律援助，维护好农民工合法权益。

（三）积极有效扩大内需

继续用好国家西部大开发等扶持政策，充分发挥投资对经济增长的关键作用，优化投资结构，围绕“两区一带”、千亿元产业、战略性新兴产业、基础设施等重点领域和关键环节，加大重大项目储备，统筹推进重大项目建设，积极争取国家项目、资金和政策倾斜。落实好鼓励和引导民间投资的政策措施。培育一批拉动力强的消费增长点，增强消费对经济增长的基础作用。落实鼓励消费的各项政策，积极培育消费需求，推动消费升级。积极开拓农村市场，改善农村消费环境。

（四）推动房地产平稳健康发展

支持自主性住房需求合理增长，抑制房地产市场的投机行为，防止房价过快上涨。优化商品房供应结构，建立和完善城镇住房保障制度体系，继续加快保障性安居工程建设步伐，加强监督确保工程质量和施工安全，引导开发商增加中低价位，中小户型商品住房的比重。加强保障性住房认购管理，维护好困难群众的住房权益。鼓励和引导房地产开发向县镇延伸。

（五）积极稳妥推进城镇化

科学合理规划，推动城市新区建设和旧城改造统筹协调发展。完善征地拆迁补偿机制，依法文明征地，高效和谐拆迁。加强基础设施建设，使城镇化与城市公用设施、教育、服务、生产和环境相协调，实现可持续发展。加强产业结构调整，坚持工业化和城镇化相互融合相互带动。推动城镇化纵深建设，即要重视大中小城市建设，也要加强县镇发展，实现城、县、镇梯度合理发展。

（六）预防物价过快上涨

切实加强农产品生产管理，优化农产品生产结构，保障市场供应充足品种齐备。加强重要商品储备管理，做好稳物价的各项应急准备。加强重要商品价格监测，把握价格走势，加强市场价格特别是节假日市场价格有效监管，确保市场价格稳定。完善社会救助和保障标准与物价上涨挂钩联动工作机制。

（撰稿　邓诗源　审稿　凌祥升）

海南省

海南省有 6 个民族自治县，分别是白沙黎族自治县、乐东黎族自治县、昌江黎族自治县、陵水黎族自治县、保亭黎族苗族自治县、琼中黎族苗族自治县。民族自治地区总人口 179.36 万，其中少数民族人口 91.51 万，主要以黎、苗族为主。2011 年 6 个民族自治县首次被纳入国家兴边富民行动政策扶持范围。2012 年，海南省民族自治地方切实贯彻省委、省政府关于实现绿色崛起和全面建成小康社会宏伟目标的一系列决策部署，按照“科学规划年”和“项目建设年”的工作要求，迎难而上，真抓实干，经济保持平稳较快发展，改革开放深入推进，人民生活水平继续提高，少数民族事业全面进步，少数民族和民族地区经济社会迅猛发展。据统计，全年民族自治地方生产总值 286.67 亿元，增长 13.2%，保持较快的增长速度。其中第一、第二、第三产业增加值分别为 103.21 亿元、72.12 亿元和 69.68 亿元，增长 7.8%、23.5%和 12.4%。

一、农业

民族自治地方发挥地域优势积极发展热带现代农业，强农惠农富农政策力度加大，扎实推进农业传统产业和特色产业发展，发展基础进一步增强，产业结构进一步优化调整，产业化、规模化进一步发展，生产效益明显提高。农业增加值年均增长 6.7%，连续领跑全国。初步建成 200 万亩冬季瓜菜生产基地、20 万亩南繁制育种基地。全力为乐东黎族自治县建设国家现代农业示范区提供政策、资金支持。加快农产品加工业发展，推动农产品加工园区建设，多家企业落户琼中黎族苗族自治县湾岭、昌江黎族自治县太坡两大农产品加工园区，初步建成白沙黎族自治县农产品加工园区。2012 年是中部市县实施农民三年增收计划的最后一年，该计划圆满完成，通过大力发展琼中种桑养蚕、白沙生姜、保亭农乐乐特色产业帮助中部山区农民实现增收，效果明显，中部农民收入增幅高于全省 4-5 个百分点。继续实施农民养猪增收保供应、平物价计划，以及促进西部市县农民养猪增收计划，通过直补、贴息模式扶持农民养猪。完善乡镇农技推广服务体系建设，大力建设乡镇农技服务站，全省民族自治地方建立三级农技推广服务网络，农业科技 110 和手机服务系统服务实现全覆盖。加强农村实用人才培训，投入少数民族发展资金 100 万元，共培训农民 0.4 万人次。全年民族自治地方农业增加值 103.21 亿元，增长 7.8%。

二、工业

民族自治地方工业产品销售状况良好，企业经济效益良好，产品生产销售旺盛，推动工业继续较快增长。出台鼓励新型工业、战略性新兴产业和高新技术产业发展的优惠政策，着力壮大第二产业规模。推进工业项目建设，80 万吨甲醇项目、叉河 100 万吨水泥二期、华盛水泥三期等一批工业项目建成投产，昌江循环经济开发区等工业园区产值规模不断扩大，工业产能进一步扩大，形成新的经济增长点。全年民族自治地方规模以上工业增加值 46.35 亿元。全年工业完成增加值 72.12 亿元，增长 23.5%。

三、旅游业

国际旅游岛建设取得新的进展，民族自治地方旅游业出现新的亮点，取得新的成绩。陵水清水湾、香水湾、土福湾旅游度假区建成，乐东龙沐湾、龙栖湾和昌江棋子湾等一批旅游度假区建设进行顺利，白沙、陵水、保亭等一批特色风情小镇建设扎实推进。成功举办环岛公路自行车赛、大帆船赛、黎族苗族"三月三"传统节日、保亭七仙嬉水节等会展赛事节庆活动。森林旅游取得成效，以五指山为中心，以尖峰岭、吊罗山、黎母山、霸王岭四大林区为重点，依托国家、省级森林公园和呀诺达等著名森林旅游景区，不断完善森林旅游的各项设施建设，吸引众多游人。呀诺达雨林文化旅游区不断提升配套设施建设，获评 5A 级旅游景区；海洋主题公园完成年投资 4.9 亿元。2012 年，全年接待旅游过夜人数 268.98 万人次，增长 20.2%。

四、固定资产投资

兴边富民政策在海南省 6 个民族自治县继续实施，中央扩大内需投资项目进展顺利，一批基础设施、保障性住房建成投入使用。重点工程、重点项目建设进展较好，琼中红岭灌区工程、白沙生姜冷藏及加工项目建成投产，乐东温德姆酒店、乐东凯宾斯基别墅酒店等项目已进入收尾阶段，昌江核电一期工程、红岭水利枢纽工程、陵水清水湾、乐东龙沐湾等项目已进入主体施工阶段，国际旅游岛先行试验区基础设施、布隆赛乡村文化旅游小镇、昌江生态湿地、屯昌至琼中高速公路、西环高铁、陵水海洋主题公园等项目已开工建设，各自治县大规模保障住房开工建设，固定资产投资保持快速增长势头。全年民族自治地方全社会固定资产投资完成 320.30 亿元，增长 46.45%。

五、财政金融

经济较快增长促进税收收入快速增长，民族自治地方公共财政收入 42.46 亿元，增长 22.82%；地方公共财政支出 142.77 亿元，增长 28.54%。年末金融机构各项存款余额 517.7 亿元，增长 22.46%；贷款余额 131.56 亿元，增长 63.87%；城乡居民储蓄存款余额 218.06 亿元，增长 19.42%。

六、人民生活

城乡居民收入较快增长，人民生活水平继续提高。城镇居民人均可支配收入 17873 元，增长 17.6%；农村居民人均纯收入 6432 元，增长 24.67%。各自治县大力实施保障性安居工程，居民居住条件极大改善，城市人均住房建筑面积 23.2 平方米，农村人均住房面积 24.5 平方米，生活质量进一步提高。加快实施农村公路通畅工程，行政村公路已全部硬化，实现了村村通硬化公路的目标。大力创建一批基础设施完善、人居环境优美的文明生态村，继续建设琼中黎族苗族自治县湾岭镇国家级生态乡镇，农民生产生活条件不断提升。

七、教育

继续加大对民族教育的投入力度，推动各类教育全面发展。小学适龄儿童毛入学率 100%，初中阶段毛入学率达到了 99.03%，均好于全省水平。"两免一补"范围进一步扩大，小学生、初中生均公用标准提高到 500 元和 700 元，提高寄宿生补助标准。陵水黎族自治县在全县农村公办小学中实施营养改善工程，为上万名小学生按照每天 3.8 元/人的标准提供营养餐。实施农村教育周转宿舍建设工程，2012 年开工建设 2000 多套住房，逐步解决农村老师住房难问题。面向全国招收 4 所思源实验学校和 10 所民族中小学校的校长、副校长和学科骨干教师多名，校长、副校长按 12 万、10 万元年薪标准发放，加强了自治地方的师资力量。各自治县全部建成职教中心，中职教育和普通高中规模大体相当，中职毕业生就业率连续 5 年达 95%以上。

八、医疗卫生

扎实推进民族地区医疗卫生事业发展，缩小城乡居民基本公共卫生服务差距。琼中县人民医院门诊综合楼、白沙县人民医院住院大楼陆续建成投入使用，6 个民族自治县的农村贫困人口和城乡低收入人群患有部分重大疾病可获得免费治疗，农村五保、低保、重点优抚对象等医疗救助对象入院治疗，得到新农合补偿的同时可享受民政医疗救助，全年共成功救治慈善惠民病人 10396 例，住院总费用 5790.5 万元，其中医疗保险报销 3407.5 万元，惠民医疗救助 2383 万元，医院减免 148 万元。加大对村卫生室建设的投入，完成了乡镇卫生院、村卫生室的改造和改建工作，村卫生室覆盖率已达 90%，初步形成“1 小时三级医疗机构服务圈”，农村医疗救助“一站式”同步结算服务已覆盖民族地区。新农合和城镇居民医保财政补助标准从 120 元/人年提高到 200 元/人年，全年新型农村合作医疗参合率达到 98.15%，政策范围内住院费用报销比例从 50%提高到 70%左右，实现新农合全覆盖。

九、文化

加强公共文化基础设施建设，继续实施乡镇宣传文化站建设工程、文化信息资源共享工程、农村电影放映工程、农家书屋工程、广播电视村村通工程、农民体育健身工程等六大农村文化惠民工程，基本建起县、乡、村三级文化网络，为少数民族文化发展奠定了坚实的物质基础。举办海南黎族苗族传统节日“三月三”节庆活动、保亭七仙嬉水节、广场文艺会演等大中型文化活动 10 多场次，观众 10 多万人次。民族自治地方建成民族文化广场 6 个、文化馆 6 个、图书馆 6 个、乡镇综合文化站 60 个，已基本形成以大型文体设施为骨干、基层文体设施为基础，能满足群众基本文体需求的公共文化服务体系，人均享有公共文化服务指标接近全国平均水平。保亭县城文化中心和广播电视台演播大楼启用，文化中心总占地约 30 亩，总投资 1.2 亿元，建设项目有图书馆、文化馆、博物馆、展览馆、影剧院和影宫。各项建设标准均达到了省内一流水平。村级文化室建设完成过半，农家书屋已建成 300 多家，书屋可供借阅的书刊达 1200 种(1500 册)；有线数字电视实现全城区覆盖，广播、电视综合人口覆盖率均超过 90%，20 户以上的自然村通电话比率、乡镇通宽带的比率达 100%，行政村通宽带率超过 90%。农村公益性电影放映 1 万多场，农民体育健身工程开建 100 多个，全民健身路径配建 130 多套。实施海南黎族苗族民歌传唱工程，举办传唱工程培训班多期，培训人次达 600 多人。开展征集海南黎族苗族礼仪歌活动，共征集到 300 多首礼仪歌，从中挑选出 20 首出版发行《海南黎族苗族礼仪歌专辑》。把保护项目代表性传承人补助资金纳入财政预算，投入资金在各自治县分别多所建设黎族传统纺染织绣技艺传习馆，举行 10 多期黎锦技艺培训，培训 1000 多人次。目前全省学会织黎锦的人数已有 10000 多人，促进黎族优秀传统文化的传承和发展。精心打造黎族原创舞蹈诗《黎族故事》，参加第四届全国少数民族文艺会演，摘得剧目金奖（最高奖）11 项大奖，在全省巡回演出 10 多场次。举办环海南岛国际公路自行车赛、七仙岭登山、海南省非遗保护成果展演展示活动周、热带雨林登山赛等活动，极大地丰富了少数民族群众的文体生活。

十、环境保护

围绕生态省建设目标，坚持把建设生态文明、保护生态环境放在经济社会发展的首要位置，大力开展海防林建设，实施“绿化宝岛”行动，生态环境保持良好。《海南省环境保护条例》由海南省第四届人民代表大会常务委员会第三十二次会议于 2012 年 7 月 17 日修订通过，从 2012 年 10 月 1 日起施行，为海南绿色崛起战略的实施和践行提供了坚实的法律支撑。加快城镇生活垃圾处理设施和污水处理设施建设，实现县城以上生活垃圾处理设施全覆盖，城镇生活污水和垃圾集中处理率均达到 75%以上，化学需氧量、二氧化碳排放量等主要污染物排放总量控制在国家规定的减排目标内。建立对中部生态核心区实施的逐年增长的生态补偿投入机制，明确将海南中部山区作为生态核心区实行财政转移支付，通过生态补偿政策保护天然林、海防林等重要生态系统，促进了中部山区重要的原始热带雨林保护。年内安排生态效益补偿资金 3.1 亿元，将重点生态公益林全部纳入管护范围，管理标准从 2011 年的 17 元／亩提高到 20 元/亩。环境空气质量达到国家一级水平城镇环境空气质量优良天数比例为 100%，环境空气中主要污染物二氧化硫、二氧化氮浓度符合国家环境空气质量一级标准；地表水环境质量总体保持良好状态，所有开展监测的城市(镇)集中式生活饮用水水源地水质均符合国家集中式饮用水源地水质要求；近岸海域水质达标率为 90%，绝大部分监测海域水质处于清洁状态。民族自治地方森林覆盖率平均达到 71.2%，比全省森林覆盖率高 9 个百分点。

（撰稿　熊中华　审稿　王　艳）

重庆市

在 2012 年宏观经济的复杂严峻的背景下，渝东南民族地区坚持“稳中求进”的总基调，按照市委、市政府的统一部署，沉着应对各种不利影响，保持了总体经济平稳运行的态势。1~4 季度，渝东南民族地区实现地区生产总值 534.9 亿元，同比增长 13.2%。人均地区生产总值突破 2 万元，达到 21612 元。第一产业实现增加值 86.1 亿元，同比增长 5.3%，第二产业实现增加值 279.2 亿元，同比增长 15.7%，快于全市 0.1 个百分点，第三产业实现增加值 169.6 亿元，同比增长 12.9%，快于全市 0.9 个百分点；农民人均纯收入突破 6000 元，达到 6007 元，同比增长 14.1%。

一、经济运行情况

(一)农村经济总体稳定

粮食生产总体保持稳定，特色产业发展态势良好。形成了生猪、长毛兔、烤烟、蚕桑、魔芋、中药材 6 大骨干农业产业。黔江 69 原种猪场被评为国家生猪核心育种场；“石柱长毛兔”获得国家地理商标。

(二)工业经济增势平稳

2012 年，渝东南民族地区 5 区县实现工业增加值 220.4 亿元，同比增长 15.1%。市国资委帮助民族地区园区建设第二批融资 15 亿元，极大改善了园区的基础设施，完善了投入环境，吸引 115 家规模以上企业入住。黔江建成 200 万头生猪屠宰、250 万吨旋窑水泥、10 万千升啤酒、2400 绪缫丝、6 万吨工业硅等重大产业项目，初步构建起食品、新材料、清洁化工三大百亿骨干产业集群。

(三)是投资平稳增长

完成固定资产投资 608.7 亿元，同比增长 24.5%，快于全市 1.9 个百分点；黔江区争资引资卓有成效，全年争取到位国市各类资金 13 亿元，招商引资到位 100 亿元，利用外资 3000 万美元，外贸进出口总额达到 1.4 亿美元。

(四)旅游业快速发展

酉阳自治县各大景区共接待游客 361.3 万人次，实现旅游收入 11.1 亿元，分别同比增长 46.8%和 47.1%。彭水自治县成功举办首届中国乌江苗族踩花山节暨中国·彭水水上运动大赛，全县接待游客 310 万人次，同比增长 87%，实现旅游收入 8.3 亿元，比上年同期增长 108%。

(五)消费品市场保持增长

实现社会消费品零售总额 169.3 亿元，同比增长 15.4%；秀山武陵山物流园区逐步投入使用，极大了拉动武陵山民族地区商贸流通。

(六)是财政税收稳步增长

2012 年，渝东南民族地区实现地方一般预算收入 48.64 亿元，同比增长 19.4%，同比快于全市 6.1 个百分点；区县级税收 31.1 亿元，同比增长 16%，同比快于全市 4.5 个百分点。

(七)城乡居民收入持续增加

全年民生支持 111.9 亿元，占一般财政预算支出的 61%，城镇居民可支配收入达到 17384 元，同比增长 14%，农民人均纯收入 6007 元，同比增长 14.1%。

二、面临的困难

2012年，国际局势复杂多变，经济发展形势严峻，全国宏观经济平稳减速。在较为严峻的宏观形势影响下，渝东南民族地区经济运行面临一定困难。

(一)几大主要经济指标增速有所放缓

2012年，渝东南民族地区GDP同比增速比上年同期回落了2.8个百分点，其中第二产业回落了6.6个百分点；全社会固定资产投资同比增速比上年同期回落了7.6个百分点；社会消费品零售总额同比增速比上年同期回落了3.4个百分点。

(二)工业经济形势严峻

尽管工业投资实现稳定增长，但在全国宏观经济平稳减速的情况下，工业增长形势不容乐观。主要原因是受市场需求影响，资源型产品价格大幅下降。彭水自治县受进口原煤冲击，煤炭工业市场需求不足，原煤价格一路走低，原煤产量在上半年的高速增长后急速回落。秀山自治县，因受市场需求影响，资源型产品价格大幅下降，锰、硅等生产企业开工不足，绝大部分企业处于停产和半停产状态。

(三)投资面临较大压力

受国家宏观调控影响、土地指标等因素影响，民族地区许多重大项目无法正常开工（如：秀松高速、酉沿高速）；项目储备不够，包装不足，前期工作缓慢；房地产严重下滑，房地产投资较上年下滑了21.4个百分点。

（撰稿 陈 引 审稿 孔 刚）

四川省

2012年，在国内经济下行压力增大的背景下，四川民族自治地方深入贯彻落实科学发展观，加快转变经济发展方式，牢牢把握“稳定增势、高位求进、加快发展”的工作基调，紧紧抓住国家新一轮西部大开发加快、深入推进藏区、彝区经济社会跨越发展等重大机遇，强力推进“两化”互动，统筹城乡，促进了民族自治地方经济的加快发展，呈现“增长快于全省、需求稳步扩大、财政持续增收、城乡居民增收加快”的良好态势。

2012年底，四川民族自治地方年末人口759.5万人，其中少数民族人口460万人。辖区面积30.5万平方公里，占全省土地面积62.9%。

一、经济增速高于全省平均水平

2012年，民族自治地方实现地区生产总值1587.5亿元，增长13.6%，增速比全省平均水平高1个百分点。经济增速继上年、一季度、上半年、前三季度分别比全省平均水平高0.1、0.5、0.6和0.7个百分点以来，持续高于全省平均水平，呈现加快发展的良好态势。其中，第一产业增加值311.7亿元，增长4.7%；第二产业增加值800.6亿元，增长18.9%；第三产业增加值475.2亿元，增长11.0%。三次产业结构由2011年的19.8: 50.0: 30.2调整为19.6: 50.4: 30.0，其中第一产业比重下降0.2个百分点，第二产业比重提高0.4个百分点。

二、农业稳定增长

2012年民族自治地方立足特有的优势资源，大力发展农牧业，特别是畜牧业等特色优势产业，促进了农业稳定增长，增幅持续高于全省平均水平。2012年，民族自治地方第一产业增加值311.8亿元，比上年增长4.7%，增幅比全省平均水平高0.4个百分点。实现农林牧渔总产值494.53亿元。农作物总播种面积977.5千公顷，其中粮食作物播种面积698.2千公顷，占农作物总播种面积71.4%。粮食总产量285万吨，增长1.7%。油料播种面积40.8千公顷，增长15.9%；产量6.95万吨，增长10.9%。全年肉类产量92.7万吨，增长4.0%，其中猪牛羊肉产量87.2万吨，增长3.9%；年末大生畜存栏706.6万头，生猪存栏659.8万只，羊存栏881.2万只。农业基础设施不断改善。农田有效灌溉面积 171.1 千公顷，增长 5.6%。农用化肥施用量（折纯）17.79 万吨，农业机械总动力 452.6 万千瓦小时，增长 12.8%。完成造林面积 21.8 千公顷。《川西藏区生态保护与建设规划（2011—2020 年）》已通过中国国际工程咨询公司评估待国家正式批复。继续抓好天然林保护、退耕还林、退牧还草、水土流失治理、防沙治沙、野生动植物保护等重大生态工程建设，努力修复林区灾后植被。

三、工业增长较快

2012 年，受需求不足影响，尽管全国、全省工业增速放缓，但四川民族自治地方工业保持了较快增长。全年实现全部工业增加值 616.2 亿元，增长 18.6%，增速比全省平均水平高 3.0 个百分点。规模以上工业企业户数 574 个，总产值 1485.3 亿元，实现销售产值 1321 亿元。规模以上工业主要产品产量中，水泥产量 77.74 万吨，下降 10.04%；发电量 478.8 亿千瓦小时，增长 27.1%；原煤 186.5 万吨，增长 19.6%。规模以上工业企业实现主营业务收入 1377.2 亿元，增长 15.7%；利润总额为 119.9 亿元，下降 17.5%。建筑业稳步增长。

四、投资、交通运输、邮电通讯业快速增长

随着国家支持民族自治地方发展的惠民政策力度的加大，以交通、能源、水利为主的基础设施建设不断完善，投资规模不断扩大。2012 年，全社会固定资产投资 1679.8 亿元，增长 16.5%，增速比上年快 5.5 个百分点。年末公路通车里程 6.7 万公里，其中等级公路 5.3 万公里。全年邮电业务总量 30.9 亿元，年末互联网络用户数 50.8 万户，固定电话年末用户 64 万户，移动电话用户 452 万户。邮政所 347 处，邮路总长度 29577 公里，农村投递路线总长度 27250 公里。

交通建设方面：稻城亚丁机场成功试飞。阿坝红原机场基础工程进展顺利。成兰铁路取得实质性进展。川藏铁路成都至康定（新都桥）段项目建议书获批。雅西高速、映汶高速全线贯通。甘孜州“两路一隧”，省道 217、216、215 线、巴郎山隧道等国省干线、旅游通道及经济干线公路建设大力推进。电力建设方面：“新都桥—甘孜—石渠”联网工程正式通电，裕隆换流站、锦屏—苏南 ± 800 千伏输变电工程竣工投产。新都桥和溪古 500 千伏输变电工程、康定—崇州二期 500 千伏输变电线路工程等前期工作、金沙江上游川藏段、雅砻江上游 500 千伏输变电等工程规划工作加快推进。水利建设方面：乡城玛依河水利工程、得荣茨巫水库枢纽和渠系配套工程竣工验收。甘孜打火沟、石渠洛须、北川开茂水库等水利工程加快建设。泸定顺河堰、炉霍易日河、金川崇化水利工程可研报告获批。巴塘巴楚河、康定力曲河等一批水利工程抓紧推进前期工作。城镇建设方面：国家对四川省民族自治地方城镇供水、集中供热、道路桥梁等市政基础设施项目建设投入力度进一步加强，城镇面貌逐步改善。

五、消费品市场平稳增长，旅游业加快发展

2012 年，民族自治地方社会消费品零售总额 459.7 亿元，增长 15.9%。全年接待游客 5694 万人次，增长 29.1%。其中，接待国内游客 566.4 万人次，增长 29.1%；接待入境游客 29.6 万人次，增长 26.7%。实现旅游总收入 330.9 亿元，增长 34.0%。其中，实现旅游外汇收入 6452.1 万美元，增长 14.3%；实现国内旅游收入 326.8 亿元，增长 34.5%。

六、财政持续增收，城乡居民增收步伐加快

2012 年，民族自治地方实现地方公共财政收入 155.7 亿元，增长 21.9%，，增幅比全省平均水平高 3.5 个百分点。实现地方公共财政支出 711.9 亿元，增长 18.9%，增速比全省平均水平高 2.7 个百分点。城乡居民储蓄存款余额 713.45 亿元，增长 21.4%。

2012 年，民族自治地方城镇居民人均可支配收入 19733 元，增长 15.1%，增幅比全省平均水平高 1.6 个百分点。农牧民人均纯收入 5967 元，比上年增加 991 元，增长 19.9%，增幅比全省平均水平高 5.7 个百分点。其中，甘孜州农牧民人均纯收入达到 4610 元，增长 29.1%；阿坝州农牧民人均纯收入 5770 元，较上年增长 23.8%；凉山州农民人均纯收入 6419 元，增长 15.9%。甘阿凉三州增速分别居全省第一、二、三位。

七、文化教育卫生事业健康发展

2012 年，民族自治地方有普通高等学校 3 所，普通中学 346 所，中等职业学校 31 所，普通小学 2577 所。普通高等学校在校本科、专科学生 2.9 万人，普通中学在校学生 37.7 万人，中等职业学校在校学生 4.7 万人，普通小学在校学生 76.7 万人。各级各类学校教职工人数 7.3 万人，其中；专任教师 6.4 万人。

年末拥有医院、卫生院 1370 个，床位 2.3 万张。村卫生室 7512 个。有卫生技术人员 2.2 万人，其中：执业（助理）医师 8976 人。新型农村合作医疗制度不断推进，参合农民 373.2 万人。

公共文化设施不断完善，有艺术表演团体 31 个，群众艺术馆 3 个，文化馆 259 个，博物馆 20 个，公共图书馆 30 个。

（撰稿　刘康蓉　审稿　荣跃泽仁）

云南省

2012 年，省委、省政府带领全省各族人民团结一心，以科学发展观为统领，围绕民族团结进步边疆繁荣稳定示范区建设目标，积极应对三年连续干旱和经济下行压力带来的严峻挑战，把握稳中求进的主基调，以推进园区经济、县域经济、民营经济发展“三大战役”为抓手，抢抓机遇、攻坚克难、开拓进取，全省民族自治地方呈现经济平稳较快发展、社会事业全面进步，民生持续改善、民族团结和谐、边疆繁荣稳定的良好局面。

一、综合经济增长速度高于全省

2012 年云南民族自治地方地区生产总值为 4024.2 亿元，与上年同期相比增长 14.0%，高于全省 1 个百分点。其中，第一产业增加值 928.2 亿元，比上年同期增长 7.2%，高于全省 0.5 个百分点；第二产业增加值 1688.9 亿元，比上年同期增长 18.4%，高于全省 2.2 个百分点，其中：全部工业增加值 1323.1 亿元，比上年同期增长 17.7.%，高于全省 2.6 个百分点；第三产业增加值 1407.0 亿元，比上年同期增长 12.8%，高于全省 1.4 个百分点。人均 GDP 为 17655 元，比上年同期增长 13.9%，高于全省 1.6 个百分点。社会消费品零售总额 1214.8 亿元，比上年同期增长 18.5%，高于全省 0.4 个百分点。

二、农业和农村经济快速健康发展

各级政府全面贯彻落实中央和省委、省政府各项强农惠农政策，继续加大粮食直补、综合直补、粮种、农机和农民购肥等政策性补贴力度，深入实施中低产田改造，加快高原特色农业和农业产业化发展，农业综合生产能力进一步提高，全省民族地区农业农村呈现出快速健康发展的好势头。2012 年农林牧渔总产值达到 1602.4 亿元，比上年增长 9%。粮食总产量达到 989.63 万吨，比上年增产 43.26 万吨，在四年连旱等大灾情况下实现了连年增产；人均粮食产量 434 千克，比全省多 58 千克，比上年同期人均粮食产量 418 千克增加 16 千克。特色农业健康发展，2012 年水果产量 458.7 万吨，比上年同期增长 25.8%，人均水果产量 201 千克，比全省多 91 千克；蔬菜产量 675.0 万吨，比上年增长 7.5%，人均蔬菜产量 296 千克，比上年同期增加 19 千克；烤烟产量 58.8 万吨，比上年同期增长 11.3%；茶叶产量 16.5 万吨，比上年同期增长 13.2%；油料产量 25.6 万吨，与上年同期基本持平；甘蔗产量 1493.1 万吨，比上年同期增长 8.6%；猪牛羊肉总产量 263.6 万吨，比上年同期增长 11.6%；人均猪牛羊肉产量 116 千克，比上年同期多 12 千克。年末大牲畜存栏数 753.2 万头，比上年同期增长 1.2%。农产品质量安全水平稳定，农产品检测合格率稳定在 95%以上，是全国多年没有发生重特大农产品质量安全事故的少数几个省份之一。

三、基础设施建设步伐加快

2012 年，民族自治地方固定资产投资（不含农户）总额2785.9亿元，比上年增长32.2%。新增等级公路10474公里，新增高速公路82公里，民族地区总公路里程达15.2万公里，等级公路里程（含高速公路里程）达9.8万公里。大理至丽江高速公路等一批高速公路正在加快建设，丽江机场高速公路正式通车，结束了滇西北没有高速公路的历史；南北大通道建设高速公路项目正式开工建设，昆明石林至红河州锁龙寺高速公路主线全线贯通；农村公路改造力度进一步加大；“八入省、四出境”铁路网建设加快推进，全省在建铁路里程1500公里，大部分里程是在民族地区；泸沽湖机场正式开工建设，红河蒙自机场、沧源机场、澜沧机场建设前期工作取得重大进展。牛栏江—滇池补水工程试通水。交通、能源、水利等重点基础设施建设大步向前推进，云南民族地区基础设施落后面貌显著改变，经济社会发展“瓶颈”制约得到有效缓解。

四、外向型经济快速发展

2012年民族地区引进省外到位资金1062.3亿元，比上年同期增长60.1%；实现进出口总额77.1亿美元，比上年同期增长68.7%；接待国内外游客1.1亿人次，比上年同期增长37.5%，实现国际旅游收入13.4亿美元，比上年同期增长26.4%，实现国内旅游收入764.4亿元，比上年同期增长31.5%。

五、民生进一步保障和改善

2012年民族自治地方实现农民人均纯收入4966元，比上年同期增长17.6%（不剔除价格因素），城镇居民人均可支配收入18716元，比上年同期增长15.2%（不剔除价格因素）；社会保障覆盖范围逐步扩大，保障力度进一步增强。2012年，城镇居民最低生活保障人数53.1万人，比上年增长2.3%；城镇居民最低生活保障支出12.7亿元，比上年增长22.1%；农村居民最低生活保障人数发展到277.6万人，比上年增长5.9%；农村居民最低生活保障支出31.4亿元，同比增长28.7%；新型农村合作医疗参保人数1807.3万人，新农合参合率达96.6%，比上年提高0.4个百分点，新型农村合作医疗费用支出43.3亿元，比上年增长47.7%。

六、财政金融运行持续向好

2012年民族自治地方完成地方公共财政预算收入355.8亿元，比上年增长24.6.0%，高于全省4.1个百分点，人均地方公共财政预算收入1557元，比上年同期增长20.4%；完成地方公共财政预算支出1378.8亿元，比上年同期增长19.3%，人均地方财政支出6033元，比上年同期增长15.3%。2012年末，民族自治地方金融机构各项存款余额为5239.7亿元，比年初增长16.7%，其中：城乡居民储蓄存款年末余额2812.1亿元，比年初增长18.1%；金融机构各项贷款余额3203.6亿元，比年初增长16.8%。

七、农村生产生活条件进一步改善

2012年，民族自治地方有790个乡镇，7369个村委会，其中自来水受益村7059个，占村委会总个数的95.7%，与上年相比上升了1.2个百分点；通公路村数7355个，占99.8%，与上年相比上升了0.3个百分点；通电话村数7208个，占97.8%，比上年同期增加13个村；通电村数7361个，占99.9%，与上年相比上升了0.1个百分点。农业机械总动力为1688.5万千瓦，与上年相比增长8.2%。农村用电量437864万千瓦小时，与上年相比增长7.2%。

（撰稿　易永红　审稿　李红燕）

西藏自治区

2012年，是西藏实施“十二五”规划的关键之年，自治区党委、政府沉着应对复杂的维稳形势和繁重的发展任务，团结带领全区各族人民积极迎接、学习、宣传、贯彻党的十八大，深入贯彻落实科学发展观，坚持走有中国特色、西藏特点的发展路子，按照中央稳中求进的工作总基调，全力以赴保稳定、促增长、控物价、抓改革、扩开放、惠民生，全区经济社会呈现出经济增长快、投资增长快，财政税收增幅高、外贸出口增幅高，城乡居民生活持续改善、发展环境持续改善，全区上下安定团结、社会大局持续和谐稳定的良好态势。

一、综合

2012 年，实现全区生产总值（GDP）701.03 亿元，按可比价格计算，比上年增长 11.8%。其中：第一产业增加值 80.41 亿元，增长 3.4%；第二产业增加值 242.85 亿元，增长 14.4%；第三产业增加值 377.8 亿元，增长 12.0%。人均地区生产总值 22936 元，增长 10.4%。

在全区生产总值中，第一、二、三产业增加值所占比重分别为 11.5%、34.6%、53.9%，与上年相比，第一产业比重下降 0.8 个百分点，第二产业提高 0.1 个百分点，第三产业提高 0.7 个百分点。

全区居民消费价格总水平比上年上涨 3.5%。其中：城市上涨 3.6%，农村上涨 3.4%。服务项目价格上涨 2.0%，消费品价格上涨 3.9%。从居民消费价格构成大类看，食品类、烟酒及用品类、衣着类、家庭设备用品及维修服务类、医疗保健及个人用品类、交通和通讯类、娱乐教育文化用品及服务类和居住类，分别比上年上涨 6.9%、1.5%、4.3%、1.5%、0.9%、1.2%、0.3%和 1.4%。商品零售价格上涨 2.9%。农业生产资料价格上涨 1.6%。工业品出厂价格下降 0.3%。

二、农牧业

全年农作物种植面积 243.95 千公顷，比上年增加 2.52 千公顷。其中：青稞面积 118.26 千公顷，比上年减少 0.16 公顷；小麦面积 37.73 千公顷，增加 0.13 千公顷；油菜籽面积 23.89 千公顷，减少 0.03 千公顷；蔬菜面积 23.72 千公顷，增加 1.32 千公顷。全年实现粮食总产量 94.89 万吨，比上年增长 1.2%；油菜籽 6.30 万吨，下降 0.5%；蔬菜 65.59 万吨，增长 9.1%。年末牲畜存栏总数 2056.31 万头（只、匹），比上年末减少 128.9 万头（只、匹）。其中：牛 624.92 万头，减少 19.96 万头；羊 1352.46 万只，减少 106.49 万只。全年猪牛羊肉产量达 28.95 万吨，比上年增长 4.6%；奶类产量 31.69 万吨，增长 1.1%。

三、工业和建筑业

全年全部工业实现增加值 55.35 亿元，比上年增长 14.7%。规模以上工业企业实现增加值 42.83 亿元，比上年增长 15.1%。其中：轻工业实现增加值 11.32 亿元，增长 9.1%；重工业实现增加值 31.51 亿元，增长 17.3%。国有及国有控股企业全年实现增加值 21.50 亿元，比上年增长 8.8%。按登记注册类型分，国有企业实现增加值 14.33 亿元，增长 10.0%；集体企业实现增加值 0.57 亿元，增长 4.9%；股份制企业实现增加值 20.96 亿元，增长 22.0%；外商及港澳台企业实现增加值 2.47 亿元，增长 7.6%；其他经济类型企业实现增加值 4.49 亿元，增长 8.4%。

全年规模以上工业企业实现利润总额 12.89 亿元，比上年增长 0.5%。其中：外商及港澳台企业实现利润 1.53 亿元，增长 59.5%；其他经济类型企业实现利润 2.15 亿元，增长 21.0%；集体企业实现利润 0.27 亿元，增长 22.9%；股份制企业实现利润 13.80 亿元，增长 53.1%。规模以上工业企业产品销售率 102.2%。

全年规模以上工业企业完成水泥产量 286.67 万吨，比上年增长 23.1%；发电量 19.57 亿千瓦时，下降 9.6%；啤酒 17.52 万吨，下降 3.5%；中成药（藏医药）1346 吨，增长 24.8%；自来水 11535 万吨，增长 9.6%；瓶（罐）装饮用水 8.77 万吨，增长 6.1%；铬矿石 12.35 万吨，增长 12.4%。

全年建筑业实现增加值 187.50 亿元，比上年增长 14.4%。

四、固定资产投资

全年全社会完成固定资产投资总额 709.98 亿元，比上年增长 29.3%。其中：民间投资 219.09 亿元，增长 72.8%。

按产业分：第一产业 32.03 亿元，比上年增长 4.4%；第二产业 222.82 亿元，增长 47.9%；第三产业 455.13 亿元，增长 23.7%。按经济类型分：国有经济完成投资 473.01 亿元，比上年增长 15.5%；集体经济完成投资 14.74 亿元，增长 2.1 倍；其他各种经济类型完成投资 99.48 亿元，增长 28.7%；个体经济完成投资 32.04 亿元，增长 48.5%。按城乡分：城镇完成投资 606.93 亿元，比上年增长 26.2%；农村完成投资 103.05 亿元，增长 50.6%。

在城镇固定资产投资中，农、林、牧、渔业投资完成 22.45 亿元，增长 11.0%；采矿业投资完成 41.17 亿元，增长 2.0 倍；制造业投资完成 43.10 亿元，增长 28.2%；电力、燃气及水的生产和供应业投资完成 85.70 亿元，增长 39.4%；建筑业投资完成 25.51 亿元，下降 20.5%；交通运输、仓储和邮政业投资完成 132.24 亿元，下降 7.9%；信息传输、计算机服务和软件业投资完成 13.05 亿元，增长 1.1 倍；批发和零售业投资完成 14.65 亿元，增长 3.2 倍；住宿和餐饮业投资完成 24.95 亿元，增长 91.5%；金融业投资完成 2.58 亿元，增长 3.4 倍；房地产业投资完成 17.56 亿元，下降 1.3%；租赁和商务服务业投资完成 10.12 亿元，增长 4.4 倍；科学研究、技术服务和地质勘查业投资完成 2.56 亿元，增长 1.1 倍；水利、环境和公共设施管理业投资完成 45.03 亿元，增长 1.5%；居民服务和其他服务业投资完成 4.91 亿元，增长 2.4 倍；教育投资完成 19.66 亿元，增长 4.5%；卫生、社会保障和社会福利业投资完成 8.52 亿元，增长 13.9%；文化、体育和娱乐业投资完成 14.25 亿元，增长 24.3%；公共管理和社会组织投资完成 72.06 亿元，增长 67.2%。

全年房地产开发投资 6.87 亿元，比上年增长 33.8%。房地产开发施工房屋面积 47.33 万平方米，比上年下降 2.9%；竣工房屋面积 9.23 万平方米，下降 57.5%；商品房销售面积 22.50 万平方米，增长 18.5%。

五、国内贸易

全年社会消费品零售总额 254.64 亿元，比上年增长 16.3%。分地域看，城镇消费品零售额 211.79 亿元，增长 18.3%；乡村消费品零售额 42.85 亿元，增长 7.2%。分行业看，批发和零售业零售额 212.28 亿元，增长 14.7%；住宿和餐饮业零售额 42.36 亿元，增长 24.7%。

在限额以上批发和零售业零售额中，增长较快的有：石油及制品类增长 18.9%，中西药类增长 45.2%，化妆品类增长 85.2%，服装、鞋帽、针纺织品类增长 27.4%。

六、对外贸易

全年进出口总额 342397 万美元，比上年增长 1.5 倍。其中：出口总额 335501 万美元，增长 1.8 倍；进口总额 6896 万美元，下降 60.7%。

在进出口贸易中，边境小额贸易实现进出口总额 168648 万美元，比上年增长 81.3%，占进出口贸易总额的 49.3%。其中：出口 167739 万美元，增长 81.5%；进口 909 万美元，增长 48.3%。

全年对亚洲进出口 266240 万美元，比上年增长 1.6 倍；对欧洲进出口 30229 万美元，增长 26.0%；对北美洲进出口 22347 万美元，增长 1.5 倍；对大洋洲进出口 2210 万美元，增长 3.6 倍。

全年合同利用外商直接投资 39353 万美元，实际利用外商直接投资 17402 万美元，全年审批利用外商直接投资项目 2 家。

七、交通、邮电和旅游

全年完成货运量 1144 万吨，比上年增长 9.6%。其中：公路运输完成 1042 万吨，增长 6.4%；铁路运输完成 84.6 万吨，增长 74.0%；航空运输完成 1.65 万吨，增长 36.4%；管道运输完成 15.74 万吨，增长 5.6%。全年客运总量 4052.76 万人次，增长 2.9%，其中：公路运输完成 3739 万人次，增长 2.2%；铁路运输完成 92.03 万人次，下降 4.0%；航空运输完成 221.73 万人次，增长 21.1%。

年末公路总通车里程 65198 公里，比上年增加 2090 公里，其中：有铺装路面总里程 8896 公里，增加 2267 公里。

年末全区民用汽车拥有量达到 27.38 万辆，比上年末增长 6.2%。

全年完成邮电业务总量 34.41 亿元，比上年增长 27.3%。其中：邮政业务总量 1.43 亿元，增长 4.4%；电信业务总量 32.98 亿元，增长 28.5%。年末局用交换机总容量 126.20 万门。年末固定电话用户 40.52 万户，其中：城市电话用户 39.10 万户，乡村电话用户 1.40 万户。新增移动电话交换机 117 万门，总容量达 342 万门。新增移动电话用户 39.09 万户，年末达到 235.49 万户。年末全区固定及移动电话用户总数达到 276 万户，比上年末增加 39.1 万户。电话普及率达到 92 部/百人。

全年接待国内外旅游者 1058.39 万人次，比上年增长 21.7%。其中：接待国内旅游者 1038.89 万人次，增长 23.3%；接待入境旅游者 19.49 万人次，下降 28.0%。旅游总收入 126.48 亿元，增长 30.3%；

旅游外汇收入 10570 万美元，下降 18.5%。

八、财政、金融和保险

全年完成地方财政收入 95.63 亿元，按同比口径计算，比上年增长 48.2%。其中：一般预算收入 86.58 亿元，增长 58.1%。

全年地方财政支出 933.97 亿元，按同比口径计算，比上年增长 20.4%。其中：一般预算支出 905.34 亿元，增长 19.4%。在一般预算支出中，社会保障和就业支出 62.16 亿元，增长 7.8%；教育支出 91.71 亿元，下降 17.9%；医疗卫生支出 35.80 亿元，增长 1.4%；环保支出 23.44 亿元，增长 46.1%。

年末全部金融机构本外币各项存款余额 2054.25 亿元，比上年末增长 23.7%。其中：个人储蓄存款 403.96 亿元，增长 25.7%。全部金融机构本外币各项贷款余额 664.05 亿元，增长 62.3%。

全年保险公司保费收入 9.54 亿元，比上年增长 25.5%。其中：财产险保费收入 6.52 亿元，比上年增长 13.7%，其中机动车辆险保费收入 4.26 亿元，增长 17.7%；人寿险保费收入 0.98 亿元，增长 25.4%；意外险保费收入 1.27 亿元，增长 1.9 倍；健康险保费收入 0.77 亿元，增长 18.0%。全年共支付各类赔款 4.05 亿元，比上年增长 21.2%。

九、教育、科学技术

全区普通高等教育院校 6 所，年内招生 10605 人，其中：研究生 473 人，普通本专科 10132 人；在校生 34531 人，其中：研究生 1079 人，普通本专科 33452 人；毕业生 8808 人，其中：研究生 228 人，普通本专科 8580 人。中等职业学校 6 所，招生 7901 人，在校生 18291 人，毕业生 9350 人。中学 122 所，其中：高级中学 22 所，完全中学 8 所，初级中学 92 所，高中招生 17529 人，在校生 47825 人，毕业生 13286 人；初中招生 43424 人，在校生 130266 人，毕业生 46578 人。小学 857 所，招生 51552 人，在校生 292016 人，毕业生 47537 人。特殊学校招生 150 人，在校生 420 人。年末幼儿园在园幼儿 61495 人，比上年增加 19744 人。全区小学学龄儿童入学率达 99.4%，比上年提高 0.05 个百分点。

2012 年西藏气象系统共有 137 个自动气象站，其中：有人值守气象台站 39 个，无人值守气象站 98 个。天气雷达站 7 个，其中：多普勒雷达站 4 个，数字化雷达站 3 个。地震监测台站（点）共 21 个，其中试运行 19 个。水文监测站 34 个，水位监测站 56 个。

十、文化、卫生和体育

年末全区共有各类文化机构 393 个，其中，艺术事业 67 个，群众文化事业 320 个。公共图书馆 4 个，群众艺术馆 8 个，其他文化事业 2 个。年末全区共有电视台 2 座，广播电视台 6 座，广播电台 1 座。广播、电视人口综合覆盖率分别达 93.38%和 94.51%。出版报纸 205720 千印张，各类杂志 1705 千册，图书 1925 万册。

年末全区共有卫生机构 1390 个，其中：医院、卫生院 798 个，疾病预防控制中心（卫生防治机构）81 个，妇幼保健院、所、站 57 个。实有病床床位 9850 张，其中：医院 9392 张。卫生技术人员 13600 人，其中：执业/执业（助理）医师 7500 人。每千人病床数和卫生技术人员数分别达到了 3.28 张和 4.53 人。

年末全区共有健身路径器材 358 套、农民体育健身工程 1000 个。自治区运动员在国际国内各种竞技体育比赛中共取得金牌 5 枚、银牌 8 枚、铜牌 5 枚。本年度认证社会体育指导员 399 人，其中：一级体育指导员 54 人；二级体育指导员 85 人；三级体育指导员 260 人。全年销售体育彩票 2.4 亿元，筹集体育彩票公益金 6601 万元。

十一、人口、人民生活和社会保障

根据人口抽样调查资料推算，年末全区常住人口总数为 308 万人，比上年净增加 4.7 万人。其中城镇人口 70 万人，占总人口的 22.75%；乡村人口 238 万人，占总人口的 77.25%。人口出生率为 15.48‰，死亡率为 5.21‰，自然增长率为 10.27‰。

全区城镇居民人均可支配收入达 18028 元，比上年增长 11.3%；农牧民人均纯收入 5719 元，增长 16.6%。通过推进新农村建设、实施安居工程，年末已有 40.83 万户、181.22 万农牧民住上了宽敞明亮的新房。2012 年年末城镇居民人均居住面积 36.14 平方米，农牧民人均居住面积达到 29.58 平方米。

到 2012 年底，全区参加企业职工基本养老保险人数为 12.22 万人，城镇居民社会养老保险人数为 6.9 万人（含寺庙僧尼 2.32 万人），新农保人数为 130.69 万人，工伤保险人数为 12.39 万人，失业保险人数为 11.33 万人，生育保险人数为 16.99 万人；全区参加城镇职工基本医疗保险人数为 26.63 万人，参加居民基本医疗保险人数为 22.57 万人（含寺庙僧尼 2.32 万人）。

全区城镇居民共有 47690 人享受政府最低生活保障，发放低保救助金 14906 万元。农村居民有 32.9 万人享受政府最低生活保障，发放低保救助金 25230 万元。年末全区各类社会福利机构共有 277 个，公办儿童福利院 10 所，民办儿童福利院 3 所，集中收养 4544 人；供养五保户 3429 人，其中孤残儿童 1115 人。全年销售社会福利彩票 3.1 亿元，筹集社会福利公益金 1.1 亿元。

十二、矿产资源、安全生产

2012 年度全年新发现矿产 8 处，重点评价 2 处，具有开发价值的矿床 1 处。有 6 种矿新增储量，实施地质勘探项目 122 项，完成了钻探实物工作量 208974 米。

全年共发生各类安全事故 924 起，比上年下降 23.45%；死亡 356 人，上升 5.64%；直接财产损失 1533.33 万元。

青海省

2012 年，面对复杂多变的宏观经济环境，全省各族人民在省委、省政府的坚强领导下，牢牢把握科学发展主题和加快转变经济发展方式主线，坚持“四个发展”，全面贯彻落实加强和改善宏观调控的各项政策措施，全省经济保持平稳较快发展，各项社会事业取得新的进步。

一、综合

经济总量：全年民族地区生产总值（当年价）1184 亿元，比上年增长 15.2%，比全省增速高出 2.9 个百分。分产业看，第一产业值 144.11 亿元，增长 6.2%；第二产业 794.31 亿元，增长 17.8%；第三产业 245.57 亿元，增长 12.8%。第一、第二和第三产业对生产总值的贡献率分别为 13%、66%和 21%。第一、第二第三产业增速分别高出全省 1、3.7 和 1.7 个百分点。

财政：全年总收入 571.26 亿元，比上年增长 5.7%。其中，地方公共财政预算收入 70.80 亿元，增长 18.65%，全年财政总支出 562.79 亿元，增长 13.13%。其中，一般预算支出 560.49 亿元，比上年增长 13.20%；教育支出 99.67 亿元，增长 30.73%；农业支出 96.60 亿元，增长 27.45%。

全省居民消费价格总水平比上年上涨 3.1%。其中，城市上涨 3.0%，农村上涨 3.1%。

农业生产资料价格比上年上涨 8.7%。工业生产者出厂价格下降 3.1%，工业生产者购进价格下降 1.4%。固定资产投资价格上涨 2.2%。

二、农业和畜牧业

全年农作物总播种面积 426.4 千公顷，比上年增加 2 千公顷；粮食作物播种面积 212.9 千公顷，比上年增加 3 千公顷，其中，青稞增长 4.0%，玉米增长 11.4%，马铃薯下降 5.0%，其中枸杞增长 52.0%。蔬菜播种面积 50.97 千公顷（76.46 万亩），比上年增长 21.2%。全年粮食产量 83.19 万吨；油料 26.68 万吨，于上年基本持平。畜牧业平稳发展，全年育活仔畜。全年全省育活仔畜 738.16 万头（只），比上年下降 0.1%，仔畜成活率 92.3%，比上年提高 0.3 个百分点；成幼畜死亡 46.61 万头（只），比上年下降 1.3%，成幼畜死亡率 2.4%，与上年基本持平；年末草食畜存栏 1905.32 万头（只），比上年末减少 3.6%；草食畜出栏 783.02 万头（只），比上年增长 7.3%，草食畜出栏率 39.6%，提高 2.7 个百分点；草食畜商品率 33.2%，提高 2.5 个百分点。年末猪存栏 65.10 万头，比上年末增长 4.8%。

三、工业生产较快

全年全省规模以上工业总产值值 1139.45 亿元，按可比价格计算，比上年增长 15.0%。规模以上工业中，非公有工业增加值增长 26.5%。按经济类型分，国有企业增加值增长 7.6%，股份制企业增加值增长 17.8%，集体企业增加值增长 9.9%，外商及港澳台投资企业增加值下降 10.2%。按轻、重工业分，轻工业增加值增长 32.2%，重工业增加值增长 13.8%。规模以上工业企业产品销售率为 93.1%。

全年规模以上工业有产值的 32 个行业中，27 个行业增加值比上年增长，其中 19 个行业增幅高于全部规模以上工业。增加值超 10 亿元的共有 12 个行业，均保持增长。其中非金属矿物制品业、化学原料及化学制品制造业、有色金属冶炼及压延加工业、黑色金属冶炼及压延加工业、电力热力的生产和供应业、石油加工和炼焦业六大高耗能行业完成增加值 556.32 亿元，比上年增长 14.5%，占规模以上工业增加值的 62.0%，比重比上年下降 1.4 个百分点。

全年规模以上工业中，十大特色优势产业完成增加值 513.74 亿元，比上年增长 12.4%，占全省规模以上工业增加值的 57.3%。

四、固定资产投资与房地产开发

全年全社会固定资产投资 1010.07 亿元，较上年有所减少。分城乡看，城镇新增固定资产 817.92 亿元，增长一倍多；农村固定投资 192.15 亿元，较上年有所减少。按资金来源分，国家预算内资金 260.29 亿元，比上年增加四千多万元；国内贷款 186.97 亿元，比上年增长七千多万元；利用外资 2.03 亿元，较上年减少 5.7 亿元；自筹资金 432.87 亿元，比较上年减少 288.3 亿元。

全年房地产开发投资 18.40 亿元，比上年减少投资 126.3 亿元；其中，住宅投资减少 130 亿元。

五、国内外贸易

全年全社会消费品零售总额 150.11 亿元，比上年增长 14.67%。按销售地区分，城镇消费品零售额 119.18 亿元，比上年增长 47.5%；乡村消费品零售额 30.92 亿元，比上年减少 19.19 亿元。

限额以上批发零售企业商品零售额中，粮油食品类零售额比上年增长 21.1%（其中，粮油类增长 39.3%，蔬菜类增长 18.9%，干鲜果品类增长 19.5%），服装、鞋帽、针纺织品类增长 44.0%，化妆品类增长 22.4%，金银珠宝类增长 20.9%，日用品类增长 13.9%，电子出版物及音像制品类增长 49.4%，家用电器和音像器材类增长 33.1%，通讯器材类增长 2.0 倍，石油及其制品类增长 31.9%；煤炭及其制品类下降 21.9%。

全年进出口总额 7.89 亿美元，比上年增长 34.7%。其中，出口额 4.66 亿美元，增长 85.8%；进口额 3.23 亿美元，下降 3.6%。主要出口产品中，硅铁出口 20655 万美元，增长 1.5 倍；服装及衣着附件出口 6701 万美元，增长 17.8%；纺织纱线、织物及制品出口 7423 万美元，增长 52.3%（其中地毯出口 3753 万美元，增长 48.7%）。主要进口产品中，金属加工机床进口 2621 万美元，增长 3.0 倍；纺织机械及零件进口 1930 万美元，增长 3.6 倍；氧化铝进口 13521 万美元，下降 23.9%。

六、交通、邮电和旅游

全年交通运输、仓储和邮电通讯业增加值 61.26 亿元，比上年增长 9.7%。年末全省铁路营运里程达 1651 公里；公路通车里程 62185 公里，比上年末增加 2049 公里，其中高速公路里程 235 公里；民航通航里程 32602 公里，比上年末增加 1040 公里。

全年邮电业务总量达 10 亿元，比上年增长 36.0%。年末移动电话用户 174 万户，比上年末增长 28.0%；固定电话用户 41.59 万户，比上年末下降 5.6%。互联网用户 15 万户，比上年末增长 24.3%。

全年接待国内外旅游人数 1442.5 万人次，比上年增长 60.76%，其中，国内旅游人数 1438.1 万人次，增长 60%；全部旅游人数中，过夜旅游者占 41.3%。旅游总收入 49.7 亿元，增长 144.75%。

七、金融

年末金融机构人民币各项存款余额 1126.65 亿元，比上年末增长 20%，其中，城乡储蓄存款年末余额 431.95 亿元，比上年末增 21.70%。金融机构人民币各项贷款余额 546.62 亿元，比上年末增长 19.60%，

八、教育、文化、卫生和体育

全年全省学龄儿童入学率 99.6%；普通初中毛入学率 103.6%，提高 3.2 个百分点。普通中学在校生 182687 人增长 1.4%，其中，初中在校生 136416 人，毕业生增长 0.2%；普通小学在校生 403816 人，在校生下降 2.7%，其中，招生数 60860 人

中短波广播发射台和转播台 8 座，广播综合人口覆盖率达到 88.9%，比上年提高 0.4 个百分点；电视台 8 座，电视综合人口覆盖率达到 94.3%，比上年提高 0.3 个百分点。年末艺术表演团体 11 个，群众艺术团体 23 个，图书馆 35 个，博物馆 10 个。图书种类 9 种，发行图书期刊 4.15 万册。

年末全省拥有卫生机构 1250 个，床位数 0.94 万张。其中，医院卫生院 454 个，床位数 0.81 万张。卫生技术人员 0.98 万人，其中，执业医师 3733 人。全省突发公共卫生事件及时报告率和有效处置率均为 100%。举办环青海湖自行车赛，强渡黄河极限挑战赛等体育赛事，各类群众性体育竞赛，体育健身活动蓬勃发展。

九、人口、人民生活和社会保障

全年常住人口 371.32 万人，比上年增加 6.59 万人。少数民族人口 242.19 万人，占民族地区总人口的 53.31%。全年城镇居民人均可支配收入 18903.11 元，比全省高 1336.83 元；城镇居民人均消费性支出 13930.11 元，比上年增长 9.5%。城镇居民人均住房建筑面积 25.87 平方米。全年农牧民人均纯收入 5705.72，比全省高 341.34 元，比上年增长 19.25%；农牧民人均生活消费支出 4997.55 元，比上年增长 15.31%。农牧民人均居住面积 21.44 平方米。全省参加农村新型合作医疗人数 352.65 万人。享受城镇居民最低生活保障的农牧民 16.23 万人；享受农村最低生活保障的农牧民 31.18 万人；新型农村合作医疗参合率达 98.3%，比上年提高 0.3 个百分点。

十、资源、环境和安全生产

年末全省森林面积 370.01 万公顷，森林覆盖率 5.2%。全省湿地面积 556.89 万公顷，占全省总面积的 7.8%，其中，自然湿地 553.06 万公顷。国家重点公益林管护面积 4961 千公顷，天然林保护面积 3678 千公顷。自然保护区 11 个，面积 2182.22 万公顷，其中，国家级自然保护区 5 个。当年全省治理水土流失面积 15.72 千公顷。全年全民义务植树 1405 万株。

（撰稿　成自强　审稿　王学仁）

宁夏回族自治区

2012 年，面对复杂严峻的国内外经济形势，自治区党委、自治区政府带领全区人民，紧扣科学发展主题和加快转变经济发展方式主线，坚持稳中求进的工作总基调，着力推进稳增长、控物价、调结构、惠民生、抓改革、保稳定的各项工作，把稳增长放在更加重要的位置，采取一系列行之有效的举措加大对经济运行的调节，全区经济继续朝着宏观调控的预期方向发展，经济筑底回升，呈现出经济发展、民生改善的良好局面，各项社会事业全面进步。

一、全年经济运行情况

（一）总体经济实现平稳较快增长

2012 年全区实现生产总值 2326.64 亿元，比上年增长 11.5%。其中，第一产业增加值 200.16 亿元，增长 5.6%；第二产业增加值 1158.58 亿元，增长 13.8%；第三产业增加值 967.90 亿元，增长 9.7%。按常住人口计算，全区人均生产总值 36166 元，增长 10.3%。三次产业增加值构成由 2011 年的 8.8:50.2:41.0 调整为 2012 年的 8.6:49.8:41.6。2012 年，三次产业对经济增长的贡献率分别由 2011 年的 3.9%、71.2%和 24.9%转变为 2012 年的 4.3%、62.0%和 33.7%。

（二）三次产业全面推进

1. 农业生产形势喜人

由于气候条件较好，出现了夏秋、山川同丰大好局面。全年完成农业总产值 385.9 亿元，比上年增长 5.7%。其中，种植业产值 241.9 亿元，增长 5.0%；林业产值 10.0 亿元，增长 6.9%；畜牧业产值 105.5 亿元，增长 5.9%；渔业产值 12.6 亿元，增长 9.7%；农林牧渔服务业产值 15.9 亿元，增长 11.9%。全年粮食播种面积 1242.41 万亩，比上年减少 2.8%，粮食总产量 375.03 万吨，增长 4.5%，实现连续九年增产，总产再创历史新高。油料播种面积 132.57 万亩，减少 0.3%。蔬菜播种面积 167.36 万亩，增长 4.0%。2012 年末全区育苗面积 42.47 万亩，比上年增长 19.5%。其中，本年新育苗面积 12.18 万亩。2012 年末实有封山（沙）育林面积 439.46 万亩，比上年增长 15.3%；完成人工造林 80.15 万亩。

2. 工业增速逐步趋稳

针对工业运行存在的困难和问题，及时出台促进工业生产的政策措施，工业生产逐步趋稳。全年全部工业增加值 878.64 亿元，比上年增长 13.5%。全年规模以上工业实现工业增加值 818.24 亿元，比上年增长 14.0%。在规模以上工业增加值中，轻工业增加值 98.45 亿元，增长 8.6%；重工业增加值 719.79 亿元，增长 14.8%。全年规模以上工业企业实现销售产值 2940.31 亿元，比上年增长 24.7%，工业产品销售率为 97.5%；工业品出口交货值 65.62 亿元，下降 1.6%。在全区重点监测考核的 46 种工业产品中，有 30 种产品产量增长，增长面达 65.2%。全区具有资质的总承包和专业承包建筑业企业 541 家，全年完成建筑业总产值 461.93 亿元，比上年增长 10.8%。按建筑业总产值计算的劳动生产率 24.9 万元/人，同比增加 9.3 万元/人。建筑业企业房屋施工面积 3753.07 万平方米，比上年增长 12.1%；房屋竣工面积 1491.64 万平方米，增长 17.1%。

3. 房地产和金融、保险业贡献突出

全年房地产开发投资 429.15 亿元，比上年增长 27.6%。其中，住宅投资 279.49 亿元，增长 16.7%；办公楼完成投资 10.84 亿元，增长 27.3%；商业营业用房投资 83.01 亿元，增长 66.8%。房屋施工面积 5033.26 万平方米，比上年增长 23.4%，竣工面积 1151.97 万平方米，增长 19.1%。全年商品房销售面积为 804.43 万平方米，比上年下降 5.0%。其中，住宅销售面积 707.57 万平方米，增长 0.3%；商品房销售额 317.58 亿元，增长 0.5%。其中，商品住宅销售额 256.19 亿元，增长 7.2%。

2012 年末，全区金融机构本外币各项存款余额 3507.16 亿元，比年初增加 534.48 亿元，同比多增 143.20 亿元。其中，人民币各项存款余额 3495.41 亿元，外汇存款余额 1.87 亿美元。金融机构本外币各项贷款余额 3372.12 亿元，比年初增加 465.01 亿元，同比少增 22.65 亿元，其中，人民币各项贷款余额 3339.58 亿元，外汇贷款余额 5.18 亿美元。

全区营业性保险分公司 16 家，保险从业人员 1.61 万人，比上年下降 0.65%。全年保险公司实现保费收入 62.69 亿元，比上年增长 13.3%。其中，财产险收入 26.47 亿元，增长 21.0%；寿险收入 28.71 亿元，增长 7.5%；健康险收入 5.83 亿元，增长 15.1%；意外伤害险收入 1.68 亿元，下降 0.9%。全年支付各项赔款和给付 19.99 亿元，增长 35.5%。其中，财产险赔款 13.16 亿元，增长 46.2%；寿险给付 4.64 亿元，增长 20.7%；健康险给付 1.70 亿元，增长 16.6%；意外伤害险赔款 0.48 亿元，增长 9.6%。

（三）三大需求取得了新突破

1. 固定资产投资高速增长

全年全社会完成固定资产投资 2109.52 亿元，比上年增长 27.5%。其中，基本建设投资 1361.49 亿元，增长 28.8%；更新改造投资 238.18 亿元，增长 26.3%；房地产开发投资 429.15 亿元，增长 27.6%。分投资主体看，国有及国有经济控股完成投资 876.21 亿元，增长 4.6%；非国有经济完成投资 1233.31 亿元，增长 51.1%，其中，民间投资 1194.33 亿元，增长 51.2%。从投资结构看，第一产业投资 71.81 亿元，增长 50.3%。第二产业投资 1049.34 亿元，增长 27.0%。其中，工业投资 1018.03 亿元，增长 27.6%。第三产业投资 988.37 亿元，增长 26.7%。

2. 国内贸易消费市场活跃

全年实现社会消费品零售总额 548.83 亿元，比上年增长 14.9%。扣除价格因素，实际增长 13.8%。按经营地统计，城镇消费品零售额 502.31 亿元，增长 15.0%；乡村消费品零售额 46.52 亿元，增长 13.7%。按消费形态统计，商品零售额 466.93 亿元，增长 13.8%；餐饮收入额 81.90 亿元，增长 21.6%。在限额以上企业（单位）商品零售额中，基本生活类消费品增长较快，主要集中在粮油食品类和日用品类，分别增长 21.0%和 20.1%，肉禽蛋类增幅达到 26.4%。中西药品类增长 29.5%，电子出版物及音像制品类增长 20.6%，金银珠宝类增长 18.1%，化妆品类增长 17.4%。建筑及装潢材料类下降 34.0%，机电产品及设备类下降 31.9%，家用电器和音像器材类下降 1.2%。

2012 年，全区居民消费价格总水平比上年上涨 2.0%。其中，城市、农村分别上涨 2.2%和 1.7%。全年服务项目价格上涨 2.0%；商品零售价格上涨 1.0%。全年工业生产者出厂价格下降 2.6%；工业生产者购进价格下降 0.5%；农业生产资料价格上涨 7.6%。

3. 对外贸易发展有待提高

据海关统计，全年实现进出口总额 22.17 亿美元，比上年下降 3.0%。其中，出口总额 16.41 亿美元，增长 2.6%；进口总额 5.76 亿美元，下降 16.2%。全年累计实现贸易顺差 10.65 亿美元。

全年实际利用外资 3.48 亿美元，比上年增长 1.7%。其中，实际利用外商直接投资 2.18 亿美元，增长 8.0%。2012 年全区新批准外商直接投资项目 11 个，合同外资金额 4.03 亿美元。其中，制造业签订利用外商直接投资项目 4 个，合同额 2.88 亿美元。2012 年底，全区注册登记外商投资法人企业累计达到 150 家。其中，中外合资企业占 30.7%。

（四）“三大”收入进一步提高

1. 财政收入总量实现了新突破，支出更趋合理

全年完成公共财政预算总收入 460.14 亿元，比上年增长 23.9%，完成地方公共财政预算收入 264.04 亿元，增长 20.0%。其中：增值税、营业税、企业所得税和个人所得税等主体税种分别实现 26.25 亿元、92.48 亿元、25.39 亿元和 6.68 亿元，分别增长 7.6%、15.4%、5.1%和下降 10.9%。

全年公共财政预算支出 872.19 亿元，比上年增长 22.7%。其中，教育支出 106.91 亿元，增长 1.2%；农林水事务支出 132.16 亿元，增长 16.5%；社会保障和就业支出 89.45 亿元，增长 28.4%；医疗卫生支出 45.80 亿元，增长 11.3%；住房保障支出 56.40 亿元，增长 67.3%；城乡社区事务支出 112.72 亿元，增长 33.6%。

2. 城乡居民收入增长双双加快

全年农民人均纯收入 6180 元，比上年增加 770 元，增长 14.2%，扣除价格因素实际增长 12.3%。农村居民家庭恩格尔系数为 35.3%。农村居民人均居住面积 26.16 平方米，比上年增加 0.3 平方米。

全年城镇居民人均可支配收入 19831 元，比上年增加 2253 元，增长 12.8%，扣除价格因素实际增长 10.4%。城镇居民家庭恩格尔系数为 33.9%。城镇居民人均居住建筑面积 30.3 平方米。

3. 社会保障事业不断发展

2012 年末全区参加基本养老保险人数为 131.23 万人，比上年增长 8.4%，其中参保职工 91.23 万人，参保离退休人员 40 万人。离退休人员养老金社会化发放率继续保持在 100%。参加失业保险人数 64 万人，增长 6.1%。参加基本医疗保险人数 558.39 万人，其中，参加城镇职工基本医疗保险 105.2 万人，参加城乡居民基本医疗保险 453.19 万人。2012 年末，全区养老保险、失业保险、医疗保险、工伤保险和生育保险五项保险基金收入 127.9 亿元。年末五项社保基金累计结余 204.1 亿元，较上年末增加 13.76 亿元，增长 7.2%。到 2012 年底，全区享受低保救济的困难群众达 54.04 万人。其中，城镇 17.78 万人，农村 36.27 万人。

4. 人口增速减缓

年末全区常住人口 647.19 万人。其中，城镇人口 327.96 万人，占常住人口比重 50.67%，比上年提高 0.85 个百分点。人口出生率为 13.26‰，比上年下降 0.39 个千分点；死亡率为 4.33‰，比上年下降 0.35 个千分点；人口自然增长率为 8.93‰，比上年下降 0.04 个千分点。

二、全年经济运行中存在的主要问题

从全年经济运行的走势来看，面对如此复杂的国际国内环境，自治区经济继续保持平稳较快发展，经济保持平稳较快发展的内生动力和活力不断增强，能取得可喜的成绩，是来之不易的。但也清醒地认识到，当前自治区经济运行中仍存在一些不容忽视的矛盾和问题。

（一）工业生产经营困难

受外部市场需求萎缩、产品价格走低、流动资金趋紧的影响，工业企业生产经营状况不佳，部分企业处于关停状态，尤其是煤炭、电力增速下滑趋

势明显，规模以上工业实现利润下降较大。

（二）投资增长后劲不足

国有及国有经济控股投资低速增长，民航、铁路、水利和部分工业行业投资出现下降。建设资金仍然趋紧，特别是企业自筹资金能力减弱。由于市场需求不足，一些重点项目单位投资愿望、信心和能力不强。商品房待售面积增长较大，对后期房地产发展将产生一定影响。

（三）第三产业发展仍然较慢

城乡居民增收的长效机制尚未建立，增收压力大，消费潜力难以释放，社会消费品零售额增速走低。增值税、所得税等主要税种低速增长或下降，一般公共服务支出的贡献减弱。第三产业增加值增速在西部 12 个省（市、区）中处于落后位置，经济结构有待进一步优化。

（四）节能减排形势依然严峻

工业内部结构倚重倚能状况没有根本改变，经济增长与节能减排的矛盾突出，“十二五”前两年节能减排欠账较多，完成整体目标任务艰巨。

三、针对 2013 年经济发展提出的建议

（一）促进工业生产稳定回升

抓好重大项目投产达效，建成投运国电英力特宁东一系列项目、捷美丰友合成氨/尿素等一批项目，做好中铝固原煤电铝一体化、太阳山煤制芳烃联产烯烃产业园等重点项目前期工作。选准产业定位，注重政策引导，推进工业园区差异化发展。促进工业行业协调发展。建立起科学合理、运转协调，互利共赢的电价形成机制和电力营销体系，促进煤—电—高耗能行业协调发展。尽最大努力帮助企业解决项目建设和生产经营中资金短缺问题。建议国家设立专项产业发展资金，切实解决工业企业发展问题。

（二）争取固定资产投资较快增长

全力争取中央投资。加快推进项目建设，深入实施宁东、沿黄城市带建设、山区大县城建设等大会战，再掀项目建设新高潮。扎实做好重大项目谋划及前期工作，借助“外脑”积极谋划一批事关宁夏经济社会发展的重大项目，保障重大项目接续顺畅，为全区投资持续加快增长夯实基础。全力保障项目建设资金需求，引导和鼓励民营经济在自治区经济建设中发挥更大作用，促进民间投资加快增长。加强项目建设监督检查。建议国家在安排布局重大项目时，重点向中西部地区倾斜。

（三）大力提升服务业发展水平

深度挖掘服务业增长空间，支持新兴服务业发展，增强居民消费能力，优化服务业发展环境。积极发展现代物流业，继续引进大型物流企业入驻自治区，培育流通领域龙头企业。促进文化旅游融合发展，加快构建“一带三板块”文化旅游景区布局，努力建设西部独具特色的旅游目的地和对阿拉伯国家及穆斯林地区最具吸引力的国际文化旅游目的地。促进房地产业稳定发展。建议国家加大对中西部地区特色旅游、商贸物流、现代金融、科技信息、文化产业等现代服务业发展的支持力度。

（四）加大节能减排力度

认真落实“十二五”节能减排综合性工作方案确定的总体要求和目标任务，严格项目准入，对不符合产业政策、节能评估、环境影响评价的项目，坚决不予核准备案。继续加强工业、建筑、交通、公共机构等重点领域节能工作。严格节能考核，强化减排力度。积极争取国家加大对宁夏资源节约和环境保护的支持，大力支持发展循环经济，实施好灵武“城市矿产”、银川餐厨废弃物处理、石嘴山市经济开发园区循环化改造、宁东资源综合利用“双百工程”等国家试点项目，提高资源综合利用水平。建议国家实行差异化的节能减排政策，按照“一事一议”政策，另行安排排放指标，并进行单独考核。

（撰稿　马雅琦　审稿　杨　浩）

新疆维吾尔自治区

2012 年，面对复杂的国际国内经济形势，新疆维吾尔自治区党委、人民政府沉着应对，牢牢把握

"稳中求进、进中求变"主基调，增强调控的前瞻性、灵活性和有效性，以三大"主题促进周"务实开局，以"稳增长"为重要目标主动作为，国民经济逆势上行，先于全国企稳回升向好，多项指标增速高于全国平均水平，经济社会发展亮点纷呈，后发赶超势头强劲。

一、经济发展"稳中有进，进中有变"，在复杂多变的环境下，实现了"七稳、六进、五变"的骄人业绩

（一）经济运行七"稳"特征突出

1. 经济（GDP）增长率先企稳逆势回升。初步预计，全年实现生产总值 7505.31 亿元，按可比价格计算，比上年增长 12.0%，高于全国 4.2 个百分点。分产业看，第一产业增加值 1320.57 亿元，比上年增长 7.0%，高于全国 2.5 个百分点；第二产业增加值 3481.56 亿元，增长 13.7%，高于全国 5.6 个百分点；第三产业增加值 2703.18 亿元，增长 12.3%，高于全国 4.2 个百分点。三次产业对经济的贡献率分别为 11.1%、54.5%、34.4%，分别拉动经济增长 1.3、6.6、4.1 个百分点。

全年经济走势呈现出"一回（一季度回落）、二触（上半年触底）、三稳（前三季度企稳）、四升（全年逆势上升）"的态势。比全国提前一个季度确认回升拐点，实现逆势企稳回升，一改过去滞后全国半年下降或回升的态势；经济增速与全国的对比优势从一季度高于全国 3.1、上半年 2.9、前三季度 3.8 扩大到全年的高于全国 4.2 个百分点，对比优势创 1992 年以来新高，为自治区实现到 2020 年与全国同步建成小康社会奠定了坚实的基础。

2. 农业形势稳中趋好。第一产业增加值比上年同期增长 7.0%，比上年加快 0.5 个百分点，保持了平稳较快增长的态势。农林牧副渔业总产值 2275.67 亿元，比上年同期增长 7.4%，其中，农业增长 6.8%，林业增长 7.6%，畜牧业增长 9.8%，渔业增长 4.1%，农林牧渔服务业增长 7.8%。

2013 年在惠农政策到位、农业投入增加、科技水平提高等积极因素的共同促进下，粮食棉花丰收。全年粮食产量 1259.83 万吨，增长 4.9%；棉花产量 353.95 万吨，增长 22.1%，连续 20 年稳居全国第 1 位，继 2008 年突破 300 万吨之后，再创历史新高。特色林果产品（不含果用瓜）736.74 万吨，增长 22.5%。

3. 工业经济稳中趋快。全口径工业增加值 2940 亿元，按可比价格计算，比上年增长 12.7%。

规模以上工业率先企稳，增长速度快于全国。一季度至全年，全区规模以上工业同比增速分别达到 12.6%、11.2%、11.7%、12.7%，稳定在 12%左右，分别快于全国 1.0、0.7、1.7、2.7 个百分点。分轻重工业看，轻工业增加值 207.24 亿元，比上年增长 14%，重工业增加值 2596.76 亿元，增长 12.5%。从当月增速看，全区从 2 月份的 16.1%回落至最低值 8.3%，经过 7 个月时间完成探底，8 月份开始迅速进入企稳回升通道；全国工业增速持续下行至 8 月份，9 月份开始缓慢回升，自治区比全国提前 1 个月企稳回升，且回升幅度明显快于全国。

4. 经济效益筑底企稳。全区工业企业主营业务收入增速自 2012 年 7 月开始筑底企稳，1-12 月实现主营业务收入 7375 亿元，比上年同期增长 8.3%，增速比 1-11 月加快 0.6 个百分点。利润总额增速前三季度为全年的最低点，进入 10 月份以后降幅逐步收窄，1-12 月全区规模以上企业实现利润 842 亿元，同比下降 7.5%，比 1-11 月收窄 5.4 个百分点，比前三季度收窄 10.3 个百分点。企业亏损情况有所好转，12 月末，全区规模以上工业亏损企业 528 家，比上月减少 98 家；亏损面 28.9%，比上月下降 5.3 个百分点。

5. 消费市场稳健支撑。全区社会消费品零售总额 1798.99 亿元，比上年同期增长 15.5%，比全国快 1.2 个百分点。一改自治区消费增速大部分年份低于全国平均水平的颓势。一季度至全年，社会消费品零售总额同比增速分别达到 15.9%、15.2%、15.1%、15.5%，稳定在 15%以上。

分城乡看，城镇消费品零售额 1642.24 亿元，增长 15.7%；乡村消费品零售额 156.75 亿元，增长 13.8%。城乡市场消费增长差距逐步缩小，由一季度的 2.9 个百分点缩小到全年的 1.9 个百分点。

分行业看，批发业和零售业零售额 1553 亿元，增长 14.9%；住宿和餐饮业零售额 246 亿元，增长 19.5%。

分商品类别看，限额以上石油及制品类零售额增长 22.5%，金银珠宝类零售额增长 22.5%，粮油、

食品、饮料、烟酒类零售额增长 18.0%，服装、鞋帽、针纺织品类零售额增长 15.7%，家用电器和音响器材类零售额增长 2.4%，汽车类零售额增长 4.2%。

6. 对外贸易稳步回升。全年进出口贸易总额 251.71 亿美元，比上年同期增长 10.3%，增速比全国快 4.1 个百分点。其中，出口 193.47 亿美元，增长 15%，进口 58.24 亿美元，下降 2.8%。

从全年走势看，一季度，全区贸易形势较为严峻，进出口贸易总额比上年同期下降 7.6%，进入 4 月以后，呈现稳步回升，进出口贸易总额同比增速从 1-4 月的 3.3%逐月回升至全年的 10.3%。其中，出口增速从 1-4 月的 7.8%回升至全年的 15%；进口增速从下降 4.9%收窄至全年的下降 2.8%。

7. 物价水平整体稳定。2012 年，自治区把稳控物价作为宏观调控的重要内容和重大民生工程，多管齐下、综合施策，物价水平逐步回落，全区居民消费价格总指数从年初的上涨 5.0%回落至全年的上涨 3.8%，回落 1.2 个百分点，物价涨幅低于年初调控目标。其中，城市上涨 3.4%，农村上涨 4.7%。从季度涨幅看，一季度至全年，居民消费价格涨幅为 4.6%、4.2%、3.8%、3.8%，稳中趋缓特征较为明显，物价已基本保持稳定。

八大类商品和服务项目“七涨、一降”，其中，食品类上涨 7.6%，烟酒类上涨 5.6%，医疗保健和个人用品类上涨 2.9%，居住类上涨 2.8%，衣着类上涨 1.9%，家庭设备用品及维修服务类上涨 1.9%，娱乐教育文化用品类上涨 0.1%，交通和通信类下降 0.5%。

食品类价格持续回落，从 1 月份的上涨 10.9%，逐步回落到全年上涨 7.6%，涨幅回落 3.3 个百分点。

工业生产者出厂价格（PPI）下降 3.1%。工业生产者购进价格（IPI）下降 2.1%。农资价格上涨 6.2%

（二）提速进位六“进”势头强劲

1. GDP 增速前移 10 位。2012 年，国际经济环境欲振乏力，国内经济困难明显增多，区内石油工业增势低迷，在不利局面下，自治区党委、人民政府攻艰克难，迎难而上，不断加强经济运行调控，自治区经济实现了逆势加速，增速在全国和西部呈现进位赶超的良好势头。2010 年自治区 GDP 增速位居全国第 29 位，西部第 12 位；2011 年位居全国第 21 位，西部第 12 位；2012 年自治区 GDP 增速位居全国第 11 位，西部第 8 位，分别比上年前移 10 位、3 位。

2. 农林牧渔业总产值增速居全国第 1 位。2010 年，自治区农林牧渔业总产值增速位居全国第 18 位，西部第 9 位；2011 年居全国和西部第 1 位，在全国和西部的位次分别比上年前移 17 位、8 位；进入 2012 年以来，全区上下继续以强基础、促转型、抓增收、保供给、惠民生为重点，围绕农业经济增产增效，大力巩固农业基础地位，农业生产保持平稳较快增长，预计全区农林牧渔业总产值比上年同期增长 7.4%，增速继上年居全国第 1 位之后，连续两年摘取全国桂冠，自改革开放以来尚属首次。

3. 工业增速前移 7 位。2010 年以来自治区工业增速的位次呈现破位前移趋势。2010 年位居全国第 24 位，西部第 9 位；2011 年位居全国第 28 位，西部第 12 位；进入 2012 年以来，自治区把确保工业生产平稳较快增长作为稳增长的重要环节，全区工业增速先于全国企稳回升，在全国的位次稳步前移。2012 年预计工业增速位居全国第 21 位，比上年前移 7 位，表明自治区工业已开始进入快速增长通道，持续推进的新型工业化战略已取得成效。

4. 投资增速居全国第 1 位。2010 年以来自治区固定资产投资增速在全国的位次赶超态势明显。2010 年位居全国第 18 位、西部第 8 位；2011 年居全国和西部第 2 位，增速在全国和西部的位次分别比上年前移 16 位、6 位；2012 年全区城镇固定资产投资增速将达到 35%，与贵州省并列居全国第 1 位，增速创 1993 年以来新高，增速在全国的位次创改革开放以来新高。投资增速持续高位增长为自治区增强发展后劲夯实了基础。

5. 财政收入增速居全国第 3 位。2010 年以来，自治区财政收入大幅增加，增速在全国的位次不断前移。2010 年全区公共财政预算收入 500.58 亿元，比上年增加 111.8 亿元，增量首次超过 100 亿元，同比增长 28.8%，增速比上年加快 21.1 个百分点，居全国第 9 位，比上年前移 21 位；2011 年全区公共财政预算收入 720.91 亿元，比上年增加 220.33 亿元，增量超过 200 亿元，同比增长 44%，增速比上年加快 15.2 个百分点，居全国第 6 位，比上年前移 3 位；

2012 年，全区公共财政预算收入 909.1 亿元，在前两年大幅增长的基础上又增长 26.2%，增速居全国第 3 位，比上年又前移 3 位。

6. 城乡居民收入增速双双居全国第 1 位。近年来，自治区城乡居民收入增速在全国的位次趋势反映出“民生优先、基层重要、群众第一”执政理念已产生明显成效。预计 2012 年全区城镇居民人均可支配收入增长 17.0%，增速居全国第 1 位；农村居民人均纯收入增长 18.4%，增速居全国第 1 位。城乡居民收入增速双双居全国第 1 位，自改革开放以来尚属首次。

（三）发展方式五“变”成效凸显

1. 经济增长动力向多元化方向变化。农业方面，由单纯依靠种植业转变为林业、畜牧业共同发力。在连续三年加强农业基础投入、持续做强林果业、畜牧业产业基地的作用下，初步预计，林业产值增长 7.6%，比上年提高 1.7 个百分点；畜牧业产值增长 9.8%，比上年提高 7.8 个百分点，林业、畜牧业占农业比重 23.2%，比上年提高 0.2 个百分点。

第二产业中建筑业持续快速增长，已成为经济增长中的重要支撑点。近年来，在自治区固定资产投资快速增长，道路建设、城镇建设步伐加快，涉及“安居富民、定居兴牧、抗震安居”等民生工程投资大幅增加的带动下，全区建筑业增速持续加快。2011 年，全区建筑业增加值比上年增长 15.0%，增速比上年加快 6.7 个百分点，占第二产业的 16.3%；2012 年预计增长 18.2%，比上年加快 3.2 个百分点，占第二产业的 17.7%，比上年提高 1.4 个百分点，拉动经济增长 1.5 个百分点，比上年提高 0.3 个百分点。

服务业方面，以金融业、交通运输业为代表的生产性服务业成为推进三产增长的新动力；以旅游业、住宿餐饮业为代表的生活性服务业增长迅速。金融业增加值增速大幅提高，预计全年实现金融业增加值 363.72 亿元，比上年增长 23.2%，高于 GDP 增速 11.2 个百分点。同时，在连续加大交通运输投入后，交通、运输邮电通信仓储业成为稳定三产增长的重要因素。全年预计增速将双双超过 10%；旅游外汇收入 5.51 亿美元，增长 18.4%；住宿餐饮业快速发展，全年住宿餐饮业实现零售总额 246 亿元，增长 19.5%，比社会消费品零售总额增速快 4.0 个百分点。

2. 工业结构向自我驱动为主方面变化。非石油工业占据半壁江山。全区规模以上工业中，非石油工业增加值 1417.83 亿元，增长 21.8%，比石油工业增速快 17.7 个百分点，占工业比重达到 50.6%，高于石油工业 1.2 个百分点，对工业经济增长的贡献率 84.5%，比上年提高 13.4 个百分点；自治区工业发展由单纯依靠石油工业发展转变为产业多元化。

中、小型企业快速增长，彰显经济发展活力。大型企业实现增加值 1866.78 亿元，增长 9.2%；中型企业实现增加值 453.37 亿元，增长 10.3%；小型企业实现增加值 475.63 亿元，增长 31.5%；微型企业实现增加值 8.21 亿元，增长 9.1%。

重点产业规模优势稳步增强，差别化产业政策效果初步显现。近九成行业增加值实现增长，有一半行业实现两位数增长，其中，有色金属冶炼和压延加工业增长 82.3%，化学原料和化学制品业增长 24.8%，黑色金属冶炼和压延加工业增长 18.5%，煤炭开采和洗选业增长 17.4%。近七成工业产品产量稳步增长，其中，原铝（电解铝）增长 2.2 倍，汽车增长 2 倍，钢材增长 30.7%，软饮料增长 30.7%，水泥增长 28.5%，原煤增长 18.6%，发电量增长 22.9%，天然气增长 7.4%，天然原油增长 2.1%。

3. 投资结构向以服务业为主的优势资源方面变化。一、三产业投资增速加快，三次产业投资结构呈现一产投资增速大幅提高、二产投资稳中有降、三产投资快速增长的新变化。三次产业更趋协调。在城镇固定资产投资中，第一产业投资 114.52 亿元，增长 23.9%，增速比上年加快 11.4 个百分点；第二产业投资 3075.49 亿元，比上年增长 33.4%，增速比上年回落 14.5 个百分点，其中，工业投资 2988.09 亿元，比上年增长 33.0%，增速比上年回落 13.3 个百分点；第三产业投资 2403.80 亿元，增长 37.7%，加快 16.7 个百分点。

基础设施投资持续增长。电力、交通运输业、电信业、水利业、环境和公共设施管理业等七大基础设施投资 1639.82 亿元，增长 36.5%，对城镇投资的贡献率为 30.2%，拉动城镇投资增长 10.6 个百分点。其中，电力、热力、燃气及水的生产和供应业投资增长 36.8%；水利、环境和公共设施管理业投资增长 81.5%。

优势能源工业投资增势强劲。受益于差别化产业政策支持，重点产业投资规模持续加大。黑色金属冶炼及压延加工业投资 205.78 亿元，增长 85.5%；有色金属工业投资 203.95 亿元，增长 49.9%；电力、热力的生产和供应业投资 617.43 亿元，增长 37.8%。

民间投资持续活跃。民间投资 2268.79 亿元，增长 43.8%，增速快于城镇投资 8.8 个百分点；占城镇投资的比重达到 40.6%，对城镇投资的贡献率为 47.7%，拉动城镇投资增长 16.7 个百分点。

4. 金融信贷向支持涉农及中小微企业方面变化。年末金融机构各项存款余额 12332.34 亿元，比年初增加 1945.12 亿元，比上年增长 18.7%，其中，单位存款 6588.72 亿元，增长 18.2%；个人存款 5305.81 亿元，增长 19.7%。

年末金融机构各项贷款余额 7914 亿元，比年初增加 1640.93 亿元，比上年增长 26.2%，其中，短期贷款增长 22.6%；中长期贷款增长 23.3%。个人消费贷款增长 24.7%。

存贷比持续上升。在连续三年存贷比持续上升的情况下，2012 年全区存贷比 64.2%，比上年提高 3.8 个百分点，连续两年超过 60%。企业贷款 5202.61 亿元，其中，中小微型企业贷款余额 2938.80 亿元，占企业贷款的 56.5%；涉农贷款余额 3858.11 亿元，增长 26.8%，占全部贷款的 48.8%，比上年提高 0.3 个百分点。

5. 经济发展成果着力向民生方面倾斜变化。民生类财政支出持续增长，连续三年比重超过七成。财政用于民生类支出 1960.11 亿元，增长 17.3%，近 3 年民生累计支出占地方财政公共预算支出的 72.6%。

民生投资大幅增长，连续三年拉动投资增长超过 40%。民生类工程投资 1381.79 亿元，增长 41.0%。涉及安居富民工程、抗震安居工程、定居兴牧工程和保障性住房建设的房地产业投资增长 37.6%。卫生、社会工作投资增长 40%；教育投资增长 73.5%；文化、体育和娱乐业投资增长 1.2 倍；居民服务和其他服务业投资增长 1.3 倍。

城乡居民收入实际增速均高于 GDP 增速，还富于民初见成效。初步预计，农村居民家庭人均纯收入达到 6442 元，比上年增加 1000 元，首次增收千元以上，实现历史性突破，增长 18.4%，比全国快 4.9 个百分点，扣除物价上涨因素，实际增长 13.1%，高于 GDP 增速 1 个百分点，居全国第 1 位。城镇居民人均可支配收入达到 18151 元，增长 17.0%，增速比全国快 4.4 个百分点，扣除物价上涨因素，实际增长 13.2%，比 GDP 增速快 1.1 个百分点，居全国第 1 位。二十年后重返首位。

二、经济发展中长期积累的深层次矛盾和问题较为突出，保持经济快速增长仍面临不少困难

（一）石油工业持续低速增长，对工业影响较大

2012 年，石油天然气产量延续 2009 年以来低速增长的态势，对全区工业增长影响较大。1-11 月，原油产量增长 2.1%，原油加工量增长 1.6%，与石化行办年初预计全年增长 3.9%和 11.0%的目标还有不小的差距。石油工业增加值增长 4.1%，对工业经济的贡献仅为 14.5%。全区非石油工业增速自上年以来连续 7 个季度在全国工业增速中排名第 1 位，但受石油工业低速增长的影响，2011 年，全区规模以上工业增速在全国仅排名第 27 位，西部第 12 位；2012 年上半年，全国排名第 23 位，西部排名第 12 位；2012 年全年全国排名 21 位，西部第 12 位。

（二）产品价格走低，经济效益仍不乐观

从 2011 年 8 月份开始，全区工业生产者价格指数（PPI）持续走低，并从 2012 年 5 月份开始转为同比下降，全年下降 3.1%。从调查情况看，1-10 月，下降幅度较大的行业是化学纤维制造业下降 27.2%，纺织行业下降 15.8%，化学原料和化学制品制造业下降 11.4%，黑色金属冶炼和压延加工业下降 7.8%，有色金属冶炼和压延加工业下降 7.0%，石油和天然气开采业下降 4.3%；工业生产者购进价格同比下降 2.3%。1-11 月，全区规模以上工业实现利润总额 743.19 亿元，下降 12.9%。亏损企业亏损额 114.81 亿元，亏损面 34.2%

（三）房地产开发投资大幅回落，对税收和相关行业的影响开始显现

1-11 月，房地产开发投资 570.15 亿元，比上年同期增长 15.3%，增速低于全国 1.4 个百分点，居全国第 21 位。如果扣除当月新增 65 家房地产企业，按同口径数据对比测算，全区房地产投资增速仅为 8.2%，对投资的贡献率 1-10 月由上年同期的 21.2%

降至 2012 年的 3.1%，对投资拉动作用由上年同期的 7.1 个百分点下降到 1.1 个百分点。商品房销售持续低迷，1-11 月，商品房销售面积 1245.58 万平方米，下降 17.1%，比上年同期回落 32.6 个百分点；商品房销售额 479.12 亿元，下降 10%，比上年同期回落 45.5 个百分点。首府乌鲁木齐市前三季度房地产投资、商品房销售额和销售面积分别下降 9%、28%和 34.5%。与房地产开发相关的黑色金属冶炼和压延加工业增加值 9 月份当月下降 6.2%，前三季度，非金属矿物制品业增加值增长 11.1%；与房屋销售关联度高的商品受其影响，销售也出现减缓；家电类商品零售额仅增长 1.7%，增速同比回落 34.9 个百分点，其中，9 月份当月下降 5.5%。

三、经济发展应在注重质量和效益的前提下，发挥优势、突出重点、科学调控、借势跨越

2013 年是贯彻落实党的十八大精神的开局之年，也是自治区实现跨越式发展和全面推进全面建成小康社会的关键之年，做好 2013 年的经济工作应着重抓好以下五个方面：

（一）以市场化为导向，不断夯实农业基础

解决“三农”问题事关全面建成小康社会的全局，必须始终不渝的作为经济工作的重中之重。中央农村工作会议强调，要确保国家粮食安全和重要农产品的有效供给。2013 年，自治区要按照要求，结合自身实际，以市场化为导向，“稳粮、控棉、增畜、提果、扩渔”。

一是稳定粮食生产，确保粮食安全。进一步落实扶持粮食生产的各项政策措施，特别是要坚持和完善粮食直补政策，在近几年自治区粮食连续丰收的基础上，力争使粮食产量稳定在 1300 万吨。

二是控制棉花种植面积，提高单产，稳定总产。近年来，国内外棉花市场剧烈波动，市场风险不断加大。要引导农民注意规避市场风险，不盲目扩大种植面积。大力推广高密度、高产、高效栽培技术和膜下节水滴灌技术，实施规模化、集约化经营，降低生产成本，提升棉花竞争力，确保棉农收入不减。

三是加快养殖基地建设步伐，不断提高肉产量。近年来，随着城乡居民生活水平的不断提高，自治区肉类需求不断增加，导致肉类特别是牛羊肉价格持续上涨，而传统的养殖方式受资源和劳动力成本不断上涨的制约，提高肉类产量已无潜力可挖。因此，必须加快牛羊养殖基地的建设步伐，采取规模化养殖；加大科技投入，大幅提高肉类特别是牛羊肉的产量。

四是提升品质，做大做强林果业。自治区林果业已初具规模，已成为农村经济发展、农民增收的支柱产业之一。应在稳定面积的基础上，不断加大科技投入，通过科技创新提高林果品质，打造新疆品牌，靠质量、特色取得效益，增加农民收入。

五是扩大养殖规模，重点是冷水鱼养殖。自治区河流湖泊水域众多而且以冷水水域居多，冷水性鱼类资源丰富，如赛里木湖、喀纳斯湖、额尔齐斯河两侧以及天山和阿尔泰山的雪山融水等，蕴藏着发展冷水鱼养殖的巨大潜力。从目前国内鱼类消费市场看，由于冷水鱼味道鲜美，其价格优势非常明显，往往要高出普通鱼类价格的几倍甚至十几倍。自治区发展渔业特别是冷水渔业的先天资源优势十分明显。但目前自治区渔业发展仍然十分落后，2012 年渔业产值占农林牧渔业总产值的 0.7%，与极其丰富的水资源很不相称。应大力发展渔业，尤其是在生产和市场销售上应以农业产业化大型龙头企业为依托，在区内建立全国性冷水鱼生产基地，开拓全国市场，做大做强自治区的渔业生产。

（二）以落实差别化产业政策为抓手，不断推进新型工业化进程

中央新疆工作座谈会后，国家先后出台了《关于支持新疆产业健康发展的若干意见》、《关于促进新疆工业、通信业和信息化发展的若干政策意见》等一系列支持自治区发展政策，提出了支持自治区钢铁、电解铝、水泥、多晶硅、石油化工、煤炭、煤化工、火电、可再生能源、汽车、装备、轻工纺织等 12 个重点产业发展的政策措施，给予自治区差别化产业政策，为自治区赢得更大的发展机遇提供了政策支持，必须用足用好差别化产业政策，不断推进新型工业化进程。坚持高起点、高水平、高效益规划布局能源项目，合理规划和有序发展能源密集型产业，注重增强产业发展的协调性，坚持重工业和轻工业协调发展，坚持石油工业和非石油工业协调发展，坚持央企和地方企业协调发展，坚持大

中小企业协调发展；加快非石油工业、地方工业的发展，不断提高非石油工业、地方工业的比重，在重点发展以煤电、煤化工、煤制气等为主重化工业的同时，要进一步加快以农副产品加工为主的轻工业的发展，要借国家实施差别化产业政策的机遇，重振自治区棉纺织工业、食品工业，逐步改善自治区石油工业一业独大、工业经济一条脚走路的被动局面；加快工业园区建设步伐，不断提高园区工业比重，以工业园区为载体，加快产业集群发展，尽快形成规模效应，推动工业实现突破性增长；以大企业、大项目为牵引，带动中小微企业参与专业化分工、配套与合作，提高中小微企业的生存能力和发展能力。

（三）以加快推进新型城镇化为重点，大力发展服务业

城镇化与服务业发展密切相关，城市规模越大，聚集、辐射能力越强，越有利于服务业发展。自治区服务业发展滞后，城镇化水平低，2011 年，城镇化率仅为 43.5%，低于全国平均水平 7.77 个百分点，尤其是大中城市数量少（100 万以上的城市仅有乌鲁木齐），直接影响服务业的发展。差距意味着潜力，落后就是动力，要抓住难得的发展机遇，充分利用城镇化这一红利，加快推进城镇化，加强要素聚集与辐射，壮大城镇经济。要抓住我国经济总体转型、扩大内需的有利时机，以区位优势和资源优势为依托，积极争取在新一轮产业分工中，全面提高城镇经济发展的规模效应和聚集效应，以城镇化的大发展带动服务业的大提升；调整优化产业结构，培育发展城镇的主导产业、支柱产业、骨干龙头企业和产业集群，用区域发展政策指导城镇空间布局、产业分工和资源配置；在继续大力发展商贸流通、餐饮服务、金融保险、现代物流、交通运输、信息咨询等服务业的同时，培育扶持电子信息科技、文化产业、旅游、中介服务、社区服务等劳动密集型产业的发展，依托城镇，发展面向农村的服务业。

（四）以提高城乡居民收入为关键，不断改善民生

2013 年，自治区将继续实施民生建设年，其中，大幅提高城乡居民收入水平，不断缩小与全国的差距将成为重中之重。为此建议自治区尽快在发展战略上，把实施城乡居民收入倍增计划作为自治区最大的“头号”民生建设项目；在发展理念上，各级党委政府必须把实现居民收入翻番作为经济发展的最终目标，抛弃传统的唯 GDP 发展理念。其次积极争取国家政策支持，加大财税政策研究力度，进一步提高石油、天然气、煤炭、棉花等战略能源资源产业的发展对城乡居民收入提高和调节财力的促进与均等化的作用；最大限度争取中央财政支持，加大转移支付力度，争取国家的各项补贴政策，进一步提高机关事业单位的津补贴标准，继续实施涉及面更广的强农惠农政策。最后要加快收入分配制度改革，努力增加城乡居民工资性收入和转移性收入，大力实施创业富民工程，显著增加城乡居民的经营性收入和财产性收入。

（五）以稳定食品价格为突破口，保持物价整体稳定

2012 年自治区物价涨幅虽然低于预期，但上涨幅度仍然达到 3.8%，高于全国平均水平 1.2 个百分点，居全国第 2 位。其中，食品类价格的持续快速上涨使得消费层次还不是很高的自治区居民感受最为明显。但目前食品类价格的大幅度上涨并没有给农民带来明显好处，物价上涨的主要受益者是中间商，流通环节的各种加价与收费是食品类价格大幅度上涨的主要原因。保持物价的基本稳定，应以有效缓解食品类价格过快上涨为突破口，通过深化流通体制改革，消除物价结构性上涨矛盾，政策调整的重点应是从补贴流通环节转向补贴生产环节，适时提高农副产品收购价格，发布农副产品市场供求信息和市场零售指导价格，让农民直接得到更多好处。同时，尽快降低流通成本，清理和取消不合理的过路费、过桥费、进场费、摊位费以及其他乱收费，鼓励农超对接，进一步推动社区蔬菜直销点的建设，丰富并提高直销点农副食品的种类和品质，为广大市民提供便利的同时，直接减少流通环节，切实提高农副产品流通效率，维护农副产品价格稳定，增加农副产品有效供给。

（撰稿　木合巴尔　审稿　王纯夫）

民族乡镇发展综述

北京市

北京市有 5 个民族乡，其中 2 个回族乡、2 个满族乡和 1 个满族蒙古族乡，共涉及 62 个行政村，人口 69271 人，其中少数民族人口为 19631 人。2012 年，在各级党委、政府的坚强领导下，在各相关部门的大力支持下，北京市 5 个民族乡干部群众因地制宜，充分发挥民族特色和区位优势，扎实苦干、奋力拼搏，经济和社会各项事业继续保持平稳快速发展，群众生产生活条件得到进一步改善。

一、经济保持较快增长，农民生活逐步富裕

全市 5 个民族乡（实际 4 个乡，因密云县檀营满族蒙古族乡已城市化无统计数据）实现乡镇企业总产值 79.80 亿元，增长 53.7%，其中工业企业总产值达 44.21 亿元，增长 67.8%。5 个民族乡地方财政收入 4.48 亿元，增长 10.9%；农民人均纯收入达 16714 元，增长 10.7%，高于全市郊区居民人均纯收入 16476 元。全市民族乡农民人均纯收入最高的朝阳区常营回族乡已达 20638.8 元。

二、旅游产业突显特色，都市农业发展迅速

怀柔区长哨营满族乡和喇叭沟门满族乡位于北部山区，近年来，深入挖掘和发扬满族特色，逐步推进满族特色村庄建设，年内整合山区泥石流搬迁、抗震节能改造和民族经济扶持资金，重点打造了西沟满族特色村。通过举办“汤河川满族民俗风情节”，建设和培育鲜果采摘，投资 1300 万元建成了集文化展示、山货贸易、原生态展示以及服务接待等为一体的汤河川满族风情文化园，大力推广休闲游、体验游、民俗游等措施吸引了首都市民。2012 年，两乡共完实现旅游综合收入 1700 多万元，大大增强了 2 个民族乡的经济活力，各族群众实现了增收；此外，长哨营满族乡设施农业也得到了大力发展，全乡 1200 余栋温室大棚，在食用菌和特菜两大品牌基础上，还发展形成了遥岭产业园区特色水果基地，注重引进科技资源和市场开发，逐渐形成了“农校对接”、“农超对接”、“农社对接”模式，全乡一产实现人均增收 4000 余元。喇叭沟门满族乡坚持多元循环型农业模式优化农业结构，大力发展特色林果业，2012 年完成 200 亩京白梨的嫁接换优，完成榛子载植 170 亩，推广高产谷子 550 亩。同进，肉鸡实现年出栏 230 万元，实现销售收入 5670.5 万元，实现利润 521.6 万元。通州区于家务回族乡围绕“绿色生态”目标，立足自身优势，大力发展农业园区建设。2012 年，位于于家务回族乡的“国际种业科技园区被农业部正式确定为与北京市共建的现代农作物种业示范区核心基地，并正式纳入中关村自主创新示范区，成为唯一的农业园与，并与中国国际经济交流中心（国家智库）建立长期战略合作关系，即将列为国家种业发展战略基地。该园区建设有力地带动了全乡农业高端产业发展，加快了全乡农业现代化步伐。

三、基础设施建设深入推进，民生服务保障持续改善

111 国道是北京到河北丰宁、滦平、赤城等地交通联系的主要通道，也是连接北京与河北、内蒙古东部等省市区的重要通道。向北经长哨营和喇叭沟门两个满族乡，与河北省丰宁相接。2012 年，111 国道二期改造工程长哨营段已率先实现全线进场施工，并完成了总工程量的 70%；喇叭沟门段已完成全部拆迁任务。111 国道改造工程完成后，将对两个民族乡群众的出行带来极大便利，也能更好地推动两个民族乡民俗旅游接待的较快发展。两个民族乡完成生态搬迁 313 户，完成抗震节能单项改造工程 707 户，有效地改善了山区农民群众的生活条件。于家务回族乡 2012 年完成 2000 户农宅保温改造工作，完成抗震节能单项改造工程 230 户。完成 15 万平米街坊路修建，并投资 900 多万元完成了各村和乡域公路的绿化美化。总投资 1100 万元的中心幼儿园项目各项手续已办理完毕，正在开工建设。常营

回族乡新建了4000平米的早市和社区菜市场。完成了民族家园小区光伏电站建设和绿化改造，并完成了以城市公园为标准的常营郊野公园及配套设施建设工程，地铁六号线贯通，解决了常营乡居民的出行问题。

（撰稿　沙海涛　审稿　马中璞）

天津市

2012年，蓟县孙各庄满族乡在县委、县政府的正确领导下，在市县有关部门和社会各界的大力支持下，紧紧围绕县委、县政府的总体部署，以科学发展观为统领，大力调整农业产业结构，全面提升农业效益，积极发展养殖、林果和重点项目工程三大产业，扎实推进各项工作，继续深入开展社会主义新农村建设，社会经济保持了快速发展的良好势头。

一、经济发展势头好

以安全、稳定、发展为出发点，抓民生、促发展，讲和谐、保稳定，圆满完成了各项工作计划，特别是各主要经济指标超额完成任务。全年地区生产总值完成23000万元，同比增长30.6%；固定资产投资完成52500万元，同比增长48%；招商引资完成13320万元，同比增长31%；乡级税收收入完成260.1万元，同比增长42%；农民人均纯收入完成12560元，同比增长12.6%。

二、重点项目取得突破

一是坚持规划先行，充分发挥规划的引领作用，高标准抓好天津市蓟县满族风情园博览区项目规划的提升、编制、实施，把项目纳入规划之中，使全乡规划蓝图更加合理、更加科学。二是突出资源优势和文化特色，整合乡域内招商资源，制定完善了招商引资相关规定和政策，以诚恳的态度、良好的服务和优厚的条件吸引投资。三是孙各庄商务中心建设进一步加快，已投资200万元，完成了场地平整、绿化、原建筑物改造提升，中心服务区功能基本完善。已有北京北展奥通装饰工程有限公司天津分公司等四家企业入驻。

三、林果经济增亮点

集中精力推进科技型中小企业、万亩核桃川等重点项目，培植壮大果品、旅游、文化产业龙头。万亩核桃川示范项目，已投资400万元新增优质核桃500亩，嫁接优质核桃1000亩，完成新植核桃20000余株、高接换优30000余芽，新硬化生态观光路3000米，新建蓄水量2000立方米的大眼井两座，2012年核桃总产量达到320万斤，总产值近6000万元。

四、环境整治树形象

按照“两条线、五个点”的治理重点，乡政府组建专业队伍每天进行清扫，各村分别确定专职保洁员，已经设立垃圾箱池256处，清除垃圾4000余方，清理排水沟渠4200余米，安装路灯80余盏，立面粉刷8000余平方米，树木刷白3100株，规范牌匾40处，拆除违章建筑60处，拆除遮挡4000余平方米。全乡13个村村容村貌都有了明显改观，基本实现了村庄道路硬化、绿化、美化，垃圾无害化、能源清洁化程度不断提高，改善了道路通行条件，提升了村庄形象。

五、小康建设促和谐

农村基础设施进一步改善，以夏家林村文明生态村、隆福寺村文化示范村创建为重点，不断加大农村基础设施建设投入，并以典型示范带动其他村发展，形成了村村有项目、户户有动作的整体建设格局。全乡累计投资800万元，硬化村内街道30000平方米；新建沼气池120座；绿化6000平方米；安装路灯200盏；新建村综合服务中心一处；新建健身广场两处。农村文化进一步繁荣，完善了乡文体中心和十三个村农家书屋的软硬件设施，提高了服务群众水平，丰富了群众业余文化生活。农村卫生进一步加强，卫生服务站建设全部完工。

（撰稿　刘　飞　审稿　李景林　从秀荣）

河北省

河北省现有52个民族乡（2005年共有55个民族乡，2006年合乡并镇减少2个、2010年撤乡建镇减少1个），行政区划面积5476.9平方公里，总人口893560人。其中，少数民族人口358941人，占全省少数民族总人口（3213007人）的11.17%，占民族乡总人口的40.17%。下辖682个行政村，有680个村通公路、561个村通自来水、680个村安装电话、全部通电，分别占行政村总数的99.7%、82.25%、99.7%、100%。全省共8个设区市辖有民族乡，其中承德市28个，沧州市9个，石家庄市、唐山市、保定市各3个，张家口市、廊坊市、邯郸市各2个。民族乡主要分布在承德市山区和沧州市盐碱地区，占总数的71.15%。民族乡的民族成分构成为：满族乡25个，回族乡18个，满族蒙古族乡3个，蒙古族乡2个，蒙古族满族乡2个，回族满族乡和满族回族乡各1个。全省民族乡呈现出数量多、分布广、民族成份交叉的特点。

截至2011年底，全省民族乡实有耕地面积124.3万亩，有效灌溉面积82.6万亩，农作物播种面积143.5万亩，其中粮食播种面积119.5万亩；共有学校338所，其中，中学38所，小学300所，在校学生6.8万人，教师5991人；建有图书馆、文化站111个，医院、卫生院（所）68个，医务人员965人，病床1496张，医生与病床数倒置问题基本得到解决；现有农技推广服务机构133个，从业人员314人。

近年来，在国家民委和省委、省政府的大力支持下，在各级有关部门的关心和帮助下，全省民族乡牢牢把握发展机遇，扭住"第一要务"，不断巩固和提高农业主导产业，大力发展特色经济，以项目建设为重点，积极招商引资，经济和社会事业取得快速发展。

一、经济发展稳中有增

2011年，全省民族乡的乡镇企业总数达到15447个，比上年增加17个，总产值388.60亿元，比上年增加32.45亿元，同比增长9.11%；企业年净利润总额43.5亿元，比上年增加5.3亿元，同比增长13.87%。农林牧渔业总产值74.49亿元，比上年增加5.65亿元，同比增长8.2%；粮食产量56.1万吨，比上年增产2.8万吨，肉类产量为11.7万吨，比上年增产5778.45吨；实现财政收入11.5亿元，比上年增加2.1亿元，同比增长21.84%；农民人均纯收入达到4632元，同比增长13.22%。民族乡整体呈现出"每年迈一步、年年有提高"的发展态势。

二、特色产业和重点项目建设迅速发展

各民族乡依据自身区位、资源优势，积极调整农业产业结构，逐步由单一的农作物种植，向特色种植和园区化、规模化种植的转变，实现了农业、林业和旅游业等多元一体的立体增收途径，形成了种、养殖到深加工的链条式生产经营模式。同时，各民族乡进一步解放思想，积极营造"服务最好、政策最优、成本最低、发展最具潜力"的一流投资环境，拓宽招商渠道，引进规模大、资金多、技术高、污染小的企业到民族乡落户，重点项目投资力度不断加大。黄骅市羊二庄回族乡依靠其独特的临港、产盐优势，确立了"借港兴镇"、"以工强镇"的战略思路，筹建了临港工业园区，现拥有民营、股份、私营企业156家。其中，固定资产超100万元的企业32家，超1000万元的10家，外资企业4家，为经济快速持续发展奠定了基础，其综合实力列民族乡之首。

三、基础设施明显改善

全省民族乡充分利用国家和各级政府加大基础设施建设投资带来的机遇，积极争取资金，以加强水、电、路、通信及公共服务设施建设为重点，坚持城镇改造与产业规划相结合，新民居工程与新农村建设相结合，乡、村面貌焕然一新。九门回族乡着力改善回汉群众生产生活环境，先后投资1758万元，加强基础设施和公益事业升级改造，努力营造高高兴兴迎生产，轻轻松松谋发展的良好环境。

四、社会事业全面进步

各民族乡从解决人民群众最关心、最现实、最直接的利益问题入手，将低保五保、粮食直补、家电补贴、传染病防治等各项惠农资金、信息服务贯穿到改善民生的实际工作中，积极兴办公益事业，推动农村社会事业全面进步。教育事业蓬勃发展，投入资金整合教育资源，改善办学条件，实现学龄人员有学上，有书读，上得起；扎实开展新型医疗合作工作，参合率逐步提高，乡卫生院、图书馆、文化馆实现了数量、面积“双达标”。

五、领导班子健全有力

多年来，各级党委、政府高度重视民族乡干部配备和组织建设，选拔了一批能胜任、与少数民族群众贴心的少数民族干部担任乡领导，建立了坚强、有力的领导班子和高素质的干部队伍，为推动工作奠定了牢固的组织基础。目前，全省民族乡干部编制 2122 人（实有 1939 人），其中乡领导 512 人，少数民族干部 805 人，占总数的 41.5%，少数民族乡领导 291 人，占乡领导总数的 56.8%；具备大专以上学历的 1547 人，占总数的 79.8%。认真做好村级“两委”班子换届选举工作，扎实推进农村基层民主建设，村级组织的战斗力和凝聚力明显增强，为全面推动农村改革发展提供了有力保证。

（撰稿　张瑞强　审稿　康志锋）

内蒙古自治区

内蒙古自治区有 18 个民族乡，其中鄂温克族民族乡 7 个、达斡尔族民族乡 2 个、达斡尔鄂温克民族乡 1 个、鄂伦春族民族乡 1 个、朝鲜族民族乡 1 个、回族民族乡 1 个、满族民族乡 4 个、俄罗斯族民族乡 1 个。民族乡工作在全区工作中特别是民族工作中占有重要地位。近年来，特别是“十一五”以来，随着内蒙古自治区经济社会又好又快发展，各级党委、政府也加大了对民族乡的扶持力度，民族乡人民群众在各级党委、政府的领导下，因地制宜，发挥优势，发展特色经济富民强乡，经济社会事业有了长足的发展，人民生活水平有了较大提高。

各民族乡因地制宜，大力发展奶牛、玉米、大豆、马铃薯、柞蚕等支柱产业。奶牛养殖业向规模化、集约化、产业化迈进。积极发展设施农业，建立现代农业园区，推广公司＋基地＋农户生产模式，发展集农业生产、科技示范、农业观光和生态保护功能于一体，形成集生产、销售、加工、旅游观光为一体的农业产业群，带动农牧民发展生产，增加收入。各乡依托丰富的自然资源和民族文化优势，积极发展旅游产业，势头十分迅猛，成为支持民族乡经济社会发展的新支柱和朝阳产业。

国家、自治区和地方政府不断加大对民族乡的支持力度，在项目安排和资金扶持上优先倾斜，民族乡基础设施建设和农牧民生产生活条件得到很大改善。各民族乡坚持教育优先发展，整合教育资源，改善办学条件，不断提高教学质量，实现了“两基”达标。加大科技投入，重视科技人才培养，积极示范推广农牧业新品种，不断改良牲畜质量。努力改善乡村医疗服务条件，全面推行新型农村合作医疗。文化、体育、广播电视事业快速发展，民生等社会事业不断改善，乡乡通油路和村村通广播电视工程基本完成。全面加强民主法制建设，强化村务公开制度，加强社会治安综合治理，有力维护了农村牧区社会稳定。优秀民族文化得到保护和传承。大部分民族乡都有了民族博物馆。各民族乡积极开展民族语言传承工作，积极培养本民族语言教师，开展民族语言教学课程，保护和弘扬民族文化与家庭旅游相结合，全力发展民俗旅游业，实现了双赢。各民族乡广泛深入开展民族团结宣传教育和民族团结进步创建活动，切实保障少数民族合法权益，涌现出一大批各级民族团结模范集体和模范个人，营造了民族团结的良好社会环境，为民族乡加快发展提供了坚强保证。

（撰稿　李日树　审稿　常　威）

辽宁省

2012 年，辽宁省有 63 个民族乡，其中：满族乡 46 个，蒙古族乡 10 个，朝鲜族乡 2 个，民族联合乡 5 个。民族乡行政区划总面积为 8760 平方公里，年末总人口达到 118.3 万人，其中少数民族人口达到 62.5 万人，占民族乡总人口的 52.8%。

2012 年，全省民族乡镇经济社会得到进一步发展，基础设施不断改善，人民生活水平不断提高。全省民族乡共有 614 个村民委员会，其中已通公路的村有 613 个，占 99.9%；已通自来水的村有 331 个，占 53.4%；614 个村全部通电、通邮、通电话。

2012 年，全省民族乡共有乡镇企业 6277 家，从业人员 82923 人，乡镇企业总产值 909.1 亿元，其中工业总产值 411 亿元，乡镇企业年净利润总额 32.0 亿元。

2012 年，全省民族乡年末实有耕地面积 268.3 万亩，有效灌溉面积 66.0 万亩。农作物总播种面积 285.1 万亩，其中粮食播种面积 225.9 万亩。2012 年，民族乡粮食产量达到 111.2 万吨，肉类总产量达到 32.8 万吨。民族乡实现农林牧渔业总产值 121.6 亿元。

2012 年，全省民族乡财政收入为 11.2 亿元，财政支出为 10.0 亿元；农民人均纯收入达到 7648 元，比上年增加 623 元。

2012 年，全省民族乡共有学校 294 所，在校学生总数 8.2 万人，教师总数 7587 人；图书馆 52 个，文化站 63 个，村文化活动室 532 个。医院卫生院 66 个，其中医生 716 人，病床 1777 张；村卫生室 708 个，医生 855 人。农业技术推广服务机构 272 个，从业人员 710 人。

（撰稿　赵经纬　审稿　赵　瑞）

吉林省

2012 年，在各级党委、政府的正确领导下，各民族乡（镇）深入贯彻落实科学发展观，积极应对复杂多变的国内外经济环境，紧紧围绕全省经济社会发展总体目标，着力推进促增长、调结构、稳物价、惠民生的各项工作，民族乡（镇）经济保持平稳较快增长，各项社会事业取得新进步，人民生活持续得到改善，

一、全省民族乡（镇）经济发展

2012 年底，全省有民族乡（镇）33 个，其中：村民委民会 395 个。民族乡（镇）总人口数 63.9 万人，其中少数民族人口 19.4 万人，少数民族人口占人口的 30.4%。财政收入 5.55 亿元，财政支出 5.30 亿元。

（一）乡镇企业生产稳步增长

2012 年，全省民族乡镇企业 3108 个，比上年增长 1.7%。乡镇企业实现总值 134.22 亿元，比上年增长 13.1%亿元，其中，工业企业实现工业总产值 86.92 亿元，比上年增长 16.4%；工业总产值占民族乡镇企业总产值的 62.9%。乡镇企业全年实现净利润 13.79 亿元，比上年增长 94%。从业人员达 4.34 万人。

（二）农业生产发展平稳

2012 年，全省民族乡镇实现农林牧渔业总产值 58.3 亿元，农作物总播种面积 264.70 万亩，比上年增长 3.2%。其中粮食播种面积 236.1 万亩，比上年增长 2.5%。粮食总产量达到 122.21 万吨，肉类总产量 12.69 万吨。

（三）农业生产条件有所改善

2012 年，全省民族乡镇实有耕地面积 260.53 万亩。年末有效灌溉面积 105.94 万亩，比上年增长 3.7%。农业机械总动力达到 152.14 万千瓦，比上年增长 5%。农

村用电量 2.21 亿千瓦时。比上年增长 11.5%。

（四）人民生活水平进一步改善

2012 年，全省民族乡镇农民人均纯收入 7915 元，比上年增长 26%。全省 395 个民族乡镇全部通电、通邮，其中有 262 个村通上自来水，比上年增加 14 个村。已通公路的村达到 385 个；通电话的村 395 个。

二、全省民族乡社会发展

2012 年，全省民族乡（镇）拥有各类学校 196 个，在校学生 4.47 万人；教师 5379 人。图书馆 46 个，文化站 33 个，村文化活动室 334 个，比上年增加 5 个。全省民族乡（镇）拥有农技推广服务机构 155 个，农技推广服务从业人员 664 人。

2012 年，医院、卫生院 43 个，拥有医生 662 人。拥有病床 845 张。村卫生室 398 个，拥有医生 580 人。

（撰稿　翟文斌　审稿　王喜年）

黑龙江省

黑龙江省建有 66 个民族乡（镇），其中，满族乡 24 个，朝鲜族乡 22 个，蒙古族乡 6 个，赫哲族乡 3 个，鄂温克族乡 1 个，达斡尔族乡 5 个，鄂伦春族乡 5 个。近年来，在中央政策的扶持下，在黑龙江省委、省政府领导下，全省民族乡（镇）经济社会发展较快，民生工程得到较大加强，社会事业得到较大改善。

一、经济实力显著增长

经过多年发展，黑龙江省民族乡（镇）经济实力迅速提升。2012 年，66 个民族乡（镇）经济总收入实现 185.5 亿元，比 2005 年增长 85.3%，比 2011 年增长 28.5%；农村人均纯收入实现 9033 元，比 2005 年翻了一番，比 2011 年增长近 20%；地区生产总值 241.9 亿元，是 2005 年的近两倍，比 2011 年增长近 20%；其中第一产业 94.4 亿元，第二产业 114.1 亿元，第三产业 36.1 亿元，分别比 2005 年增长 164.7%、188.4%、154.2%，较 2011 年都有了显著增长。

二、基础设施条件日益改善

在推动民族乡（镇）发展方面，黑龙江省以加强民族乡（镇）基础设施建设为着力点，逐年加大投入，不断改善农民生产生活条件。“十一五”期间，全省民族乡镇共完成基础设施建设项目 766 个，新建、扩建、维修道路 5356 公里。667 个少数民族聚居村中，通公交车的有 642 个，占 92.1%；吃上自来水有 481 个，占 66%。通电的有 677 个，占 97.1%；通电话的有 642 个，占 92%；所有民族村都通邮。2012 年，共投入少数民族发展资金 14560 万元，使全省民族乡（镇）基础设施建设得到进一步加强。

三、产业结构逐年优化

在加快民族乡（镇）经济增长方面，黑龙江省以优化产业结构，实现少数民族群众快速致富为突破口，全力推动民族乡（镇）产业结构向“固一产、促二产、强三产”的方向迈进。一是第一产业稳固提高。近年，黑龙江省民族乡（镇）在优化一产结构上，以大力发展特色种养殖业为抓手，在水稻种植、食用菌栽培、特色养殖等方面都形成了优势产业，确保农民收入增加。例如，海林市以龙头+基地+农户的新型产业化发展模式，建成了一批具有民族特色的民俗村，与韩国洪城郡合作进行稻田养鸭项目试点取得成功，全市推广面积达到 4000 亩，年可增收 500 多万元。东宁县着力挖掘得天独厚的“小江南”气候，深化农业结构调整，精于特色主导产业，构筑民族经济发展的竞争优势，实现了“特色农业兴边”。鸡东县大量引进先进的科学技术，全面推行水稻旱育超稀植，改良水稻品种，新建多家水稻加工厂进行精深加工。宁安市利用自身水稻种植历史优久，土壤肥沃，气候适宜的发展优势，全力深度开发水稻种植业，在响水米业、渤海集团、江西村米业等龙头企业的拉动下，实行“五统一”（统一选种、统一育苗、统一操作规程、统一销售、统一品牌）产业模式，增加了市场占有份额和知名度，打响“响水”大米品牌，塑造“中华第一米”形象。杜尔伯特蒙古族自治县以专业化、规模化、集约化和标准化牧业养殖为牵动，大力推动多元化养殖格局形成，疫病防控、繁育改良、饲料供应等服务体系不断完善，被评为全省牧业强县、全国牛奶生产强县和全国优势奶牛产业带建设示范县。二是第二产业不断加快。民族乡（镇）以开发利用自身在土地、矿产、劳动力和血缘关系等方面的比较优势为着力点，积极对外开展招商引资，不断推动工业大项目落地，实现资本、土地和劳动力等生产要素的优化重组，推动民族乡（镇）工业经济快速发展。如宁安市充分发挥与韩国亲缘、族缘和地缘优势，不断强化对韩国的招商引资工作力度，引进东部韩农（黑龙江）化工有限公司等 12 家韩国企业，引资总额达到 4 亿元，为当地民族乡（镇）工业发展，打造工业强镇奠定深厚基础。三是第三产业迅速提升。近年来，黑龙江省民族乡（镇）在发展劳务经济、旅游产业、传统文化开发利用等环节上加快发展步伐，实现第三产业快速增长。同江市发挥民族文化、民俗优势，开发特色旅游业，在街津口民俗度假区新建了赫哲族印像文化餐饮中心，并引导赫哲族群众开办“渔家乐”民俗旅游、民族手工艺品制作等产业项目。塔河县鄂伦春民族乡大力开发鄂伦春族桦树皮特色制作，重点生产桦皮画、桦皮盒等特色手工艺品，扩大了鄂伦春族桦树皮手工艺制作产业。鸡西市充分发挥民族优势，区位优势和语言优势，利用亲缘关系，大力开展农村剩余劳动力的转移工作，向韩国、俄罗斯、日本、美国等国家和国内沿海发达地方输出劳务，2012 年对外输出劳务 1.4 万人（次），占劳动力总数的 60%以上，劳务收入达 4.5 亿元人民币。宁安市结合民族区域实际，发挥朝鲜族亲缘关系优势，鼓励广大朝鲜族群众对韩劳务输出，每年外出劳务人员达 7000 多人次，劳务收入已经成为朝鲜民族村支柱产业之一。佳木斯市少数民族村民俗资源富集、风情浓郁、自然风光优美的资源优势和良好现代农业基础，树立科学经营理念，大力发展山水风光游、民俗风情游、生态度假游和农业科技示范观光游，正在兴建的敖其湾赫哲族旅游区项目总投资 1.41 亿元。

四、社会事业长足进步

2012 年，全省 66 个民族乡（镇）建有中小学校共计 273 所，教师总数达到 10662 人，图书馆、文化站总数也超过了 200 间，培养适龄学生近 9 万人。医院、卫生院总数达到 144 间，执业医生数为 1150 人，年收治病人超过 3 万人，农村合作医疗体系进一步扩大和完善。此外，66 个民族乡共培养出少数民族干部 2115 人，累计参加农村职业技能培训人数超过 2 万人（次）。

（撰稿　李彦龙　审稿　刘烈军）

江苏省

2012 年，面对日趋严峻的国际国内经济形势，高邮市菱塘回族乡积极采取措施稳增长、促转型、惠民生、保稳定、促和谐，全乡经济总体稳中有进，社会各项事业和谐发展，全年实现经济总量 180 亿元，地区生产总值 25.7 亿元，财政收入 1.82 亿元，农民人均纯收入 1.8 万元，同比分别增长 30%、20%、26%和 15%。

一、工业经济稳健提升

2012 年，克服光伏低迷、铜价回落和服装外贸订单减少等不利因素影响，全乡实现工业开票销售 44.7 亿元，同口径增长 23.8%，排在高邮市乡镇前列；开票销售过亿元企业 8 家，开票销售过 5000 万元企业 20 家，过 2000 万元企业 36 家，过 1000 万元企业 45 家，入库税收过 100 万元的企业 21 家。

二、农业经济持续增长

全年实现农业增加值 1.94 亿元、同比增长 6%，粮食总产 3.02 万吨、同比增长 19%，夏秋两季平均单产 480 公斤、同比增长 18.6%。单产、总产实现

"九连增"，其中水稻单产实现"亩增二百斤"的目标。高效农业规模进一步扩大，新增设施种养业面积 350 亩、设施渔业面积 900 亩。4 家农业龙头企业实现销售 3220 万元，同比增长 15.3%。兴旺鸭业合作社获全国供销合作社先进集体称号。

三、建筑三产势头良好

外埠建筑市场健康发展，乡内建筑市场稳健上扬，实现建安产值 17.6 亿元。实现服务业增加值 3.45 亿元，占目标 104%，同比增长 17%，服务业地税收入 1120 万元，同比增长 24%，高于全市平均水平。全乡在建服务业、旅游业 3000 万元以上项目 5 个。

四、项目建设进展顺利

2012 年，园区建设、招商引资不断取得新进展，实现了与央企合作"零"的突破，招引中船重工集团来菱投资 1.2 亿元。在建 1000 万元以上项目 22 个，其中续建项目 8 个，新开工项目 14 个。累计竣工投产 1000 万元以上项目 13 个，其中 10 亿元项目 1 个、亿元项目 3 个、5000 万元项目 4 个。重大项目建设均已超额完成高邮市下达的目标任务。

五、开发开放有序推进

利用外资上，协议注册外资 1890 万美元，占目标 150%；注册外资实际到账 383 万美元，同比增长 50%。内资上，全乡新增个体工商户 181 个，占目标 101%，新增私营企业 110 户，占目标 100%；新增有限公司注册资本金实际到账 4.3 亿元，占目标 108%；新增注册亿元以上有限公司 2 户，占目标 100%。

六、科技创新成效显著

企业创新能力进一步增强，新增国家级高新技术企业 2 家；新增省级以上高新技术产品 48 个；新增市级以上研发机构 6 个，其中江苏省博士后科研站 1 个；申请专利 240 件，其中发明专利 62 件。企业家队伍不断壮大，先后有 2 人获得扬州市级荣誉，3 人获得江苏省级荣誉。工业集中区被认定为江苏省中小企业集聚示范区、江苏省科技产业园。顺利通过了国家科技部专项评审，被认定为国家火炬特种电缆特色产业基地。

七、民生工程展现新业绩

集中财力、强势推进"十大建设工程"，曙光东路、团结东路拓宽改造工程已经竣工；清真路、育才路大修及配套工程，污水提升泵站及二期管网建设推进工程，民族大道配套完善工程，回民中心小学塑胶操场建设及排水管网配套工程等已竣工并通过相关验收；11 万伏变电所及供电所易地兴建工程、环湖大堤达标建设工程、民族风情园推进工程、集镇清真寺修缮提升工程等正在积极推进之中；湖西自来水厂营业厅及日供水 5 万吨建设工程、民族广场改造及民族文化宫兴建工程正在筹备或启动之中。五保、社保、低保、医保、新农保等保障面有序扩展，累计发放"惠民十金"近 100 万元，其中奖学金、助学金受益 20 人，救助金受益 70 户 75 人，帮扶金受益 953 户 953 人，定补金受益 75 人，敬老金受益 701 户 707 人。

八、环境整治展示新面貌

把环境整治工作作为建设美丽菱塘、创建优美乡村的重要内容，按照全面清、重点疏、强势推、长效管的要求，严格落实道路养护等"五位一体"系列推进机制，投入近百万元用于新建垃圾中转站和采购清扫机、垃圾专用压缩箱等，实现垃圾运送处理厂集中处理。夏秋两季秸秆禁烧成效明显。巩固提升了国家生态镇创建成果，清真村创成全省村庄建设与环境整治示范村，全乡共创成三星级村庄 1 个、二星级村庄 5 个、一星级村庄 6 个，111 个一般村庄全部通过省市验收。

九、城镇建设展开新画卷

城镇化建设"十个一"目标基本实现，"四创一申"成果显著，成功创成江苏省特色旅游景观名镇，古清真寺申报成为国家 AA 级旅游景区。加大了镇区绿化、硬化、亮化、美化建设力度，提升镇区精致精细管理水平，配套了回民小区、康居新苑、骑龙农民集中居住区等供排水、路道、绿化、路灯、环卫等设施，改造了小区公厕，方便居民生产生活。国土资源管理工作扎实有效，万顷良田复垦项目已获省厅批准。

十、各项事业展露新变化

扎实推进成人教育和社区教育，成功实施幼教体制改革，实现了1个公办幼儿园的目标，义务教育入学率、巩固率均为100%，教育现代化进程有序推进。教育教学质量处于全市前列。医改实现有序平稳过渡，卫生院环境和医疗设施得到进一步改善。认真实施了“秦邮人家、健康幸福”促进工程，计生优质服务体系乡村实现全覆盖，计生奖扶政策基本落实到位，被表彰为全省人口和计划生育依法行政示范乡镇。切实做好双拥和国防教育工作，圆满完成年度征兵工作任务，通过了扬州市双拥模范乡镇创建验收。扎实做好各项统计工作，被省统计局认定为第一批基层统计规范化建设示范乡镇。

（撰稿　张　可　审稿　成　坚）

安徽省

安徽省现有9个民族乡（定远县二龙回族乡、凤台县李冲回族乡、寿县陶店回族乡、宁国市云梯畲族乡、淮南市谢家集区孤堆回族乡、肥东县牌坊回族满族乡、淮南市潘集区古沟回族乡、五河县临北回族乡、颍上县赛涧回族乡），1个回民农场（皖河农场三益回民分场，享受民族乡待遇），2012年，全省民族乡工作坚持以邓小平理论和“三个代表”重要思想为指导，全面贯彻落实科学发展观，围绕中心、服务大局，锐意进取、开拓创新，民族乡呈现人民群众安居乐业、农村经济强力推进、社会事业良好发展的态势。

一、综合实力进一步提升

2012年，通过全省民族乡干部群众共同努力，多项主要经济指标快速增长，民族乡综合实力明显提升。9个民族乡农民人均纯收入达7556.6元，比上年增加939.6元，增长14.2%，财政收入达到5075.5万元，比上年增加2441.5万元，增长92.69%，农林牧渔总产值达16.9亿元，粮食总产达174529吨，较好的完成了预定目标，有力地支持了乡域经济的发展。

二、基础设施条件得到改善

各民族乡通过一事一议、以工代赈、争取项目资金等渠道，进一步加大对基础设施建设的投入，实施一批重点项目，各族群众生产生活条件得到明显改善，乡容相貌焕然一新。定远县二龙回族乡投入资金350万元，大力加强农田水利建设，共完成水利工程50多处，其中市县重点工程20处，完成土方70万方。淮南市潘集区古沟回族乡筹集资金700多万元，新修村内道路4500米，完成桥闸涵配套12座，兴修水渠8000多米，更新改造了太平村级电灌站，实施了4个村级活动场所升级改造工程、搬迁新村建设损毁水系恢复工程和顾圩村“整存推进”项目。“共同发展”提升行动中，肥东县牌坊回族满族乡争取省水利厅安排水土保持项目，在草庙村实施封山育林、梯改坡、营造经济林和水保林、兴建拦沙坝等小型水保工程，总投资达120万元。

三、农业产业结构调整步伐加快

民族乡坚持以农民增收为目标，积极培育具有鲜明民族特色的种养业产业基地、少数民族农业产业化龙头企业和各类少数民族农民专业合作组织，大力推进“一乡一业”、“一村一品”富民工程建设，实施农业产业结构调整。淮南市谢家集区孤堆回族乡坚持突出民族特色，大力实施“金花计划”，通过扶持永泰和伊兰香两个农业产业园区建设，推动农业产业化进程。目前，两个园区已经流转土地2000余亩，兴建蔬菜大棚300多亩，示范带动效益明显。肥东县牌坊回族满族乡在大力发展设施栽培的同时，积极推进生态养殖，农业产业结构调整步伐进一步加快。全乡已建成设施栽培基地30处，面积7000多亩，3000亩基地获国家农业部无公害产地认定，杭椒、西红柿、黄瓜3个品种获国家农业部无公害产品认证；建成市、县标准化饲养小区26个，市级农业产业化养殖龙头企业 7 家，合肥鑫华、桂和公司的肉、奶牛存栏量已达到 2000 多头，带动了周边数百名各族群众就业和致富。淮南市潘集区古沟回族乡新增转移农村劳动力 1072 人，新增城镇就业 818 人，开展创业、实用技术培训 977 人次，投资 700 万元的古沟农民工创业园建设完成并投入使用。宁国市云梯畲族乡引进社会资金投入 3500 万元建设畲族文化园，一期工程建成并投入运营，被省旅游局命名为五星农家乐，同时被省农委评为省级休闲农业与乡村旅游示范点。

四、社会事业全面进步

坚持以保障和改善民生为重点，统筹经济发展和社会进步，民族乡民生工程更加完善，社会事业稳步推进。寿县陶店回族乡投资 400 多万元的乡文化站综合大楼和民族文化广场已经建成，安装了大型电视墙和太阳能灯，电脑室、阅览室正常开放，公共文化场所覆盖面进一步扩大。宁国市云梯畲族乡综合文化站在安徽省文化厅组织的乡镇文化站等级评定中被评为一级站，淮南市潘集区古沟回族乡综合文化站、谢家集区孤堆回族乡综合文化站分别被评为二级站、三级站。凤台县李冲回族乡中心幼儿园前期征地报批结束，进入施工阶段，预计投资规模达 680 万元。五河县临北乡卫生院在省卫生厅支持下投入 100 万元，加强业务用房、环境改造和污水垃圾处理等辅助设施建设，改善各族群众医疗条件。位于定远县二龙回族乡的定远县回民敬老院正式纳入县民生工程项目投入建设，该回民敬老院，共投资 90 余万元，建筑面积 1500 平方米，设有 44 个床位，敬老院设计具有鲜明的回族建筑风格，环境舒适，交通便利，受到群众好评。淮南市谢家集区孤堆回族乡利用“e 线牵”平台，与乡驻平湖流动党支部建立双向互动平台，完善外出务工人员的流出地和流入地“双向共管”制度，加强了两地社会保障、农村新型医疗合作保险、计划生育等工作的交流，成为联系外出务工人员与家乡的重要桥梁。淮南市潘集区古沟回族乡通过对低保对象的重新申请、评议、审核登记，确认农村低保 503 户、城镇低保 131 户、五保供养 369 人，全年共发放低保金 285 万元，真正实现应保尽保。2013 年该乡新农合参合率达 100%，新农保参保率达 90%，城镇医保参保 686 人，失地农民养老保险参保 110 人。

五、小城镇建设和美好乡村建设彰显特色

民族乡共有 8 个村纳入全省首批美好乡村中心村建设任务。民族乡结合少数民族特色村寨保护与发展试点项目建设工作，积极推进小城镇和美好乡村建设，民族特色逐步凸显。定远县二龙回族乡结合“丰乐杯”创建，按照“规划先行、彰显特色”的要求，开展民族特色建筑建设工作。新开发的岗镇大道、新农村示范点和集镇范围内建房一律实行先设计后审批，确保新建房屋具备民族元素。对集镇内原有临街房屋进行改造，在全乡 700 多户少数民族民居统一装饰阿文牌匾。乡财政还设立了民族特色建设专项资金，专门用于民族风格建设奖励和工程技术人员培训。肥东县牌坊回族满族乡按照高标准规划、高质量建设、高效能管理的原则全力打造牌坊、高塘、草庙 3 个集镇，稳步推进牌坊村美好乡村建设。实施农村环境综合整治项目，全乡 13 个村配备 90 名保洁员，全年累计投入达 300 余万元。投入 1100 余万元，完成近 2000 亩水库涵养林绿化任务。五河县临北回族乡结合“水韵五河、美丽乡村”创业活动，进一步加大文明创建力度，美化乡村环境。投资 120 万元，实施老街道下水道改造、临北新、老街道绿化和村、街环境卫生整治等项目，对临北回族村进行硬化、绿化、亮化、美化。寿县陶店回族乡重点推进陶店中心村美好乡村建设，新建了陶店垃圾处理厂和其他设施，开展文明创建活动，乡村环境得到明显改善。淮南市谢家集区孤堆回族乡孤堆村被命名为第六批安徽省“生态村”。

六、新型社会主义民族关系不断巩固和发展

民族乡坚持以民族团结宣传月、民族团结进步创建活动等工作为载体，组织形式多样、群众喜闻乐见的文艺演出、民族知识竞赛等活动，营造宣传民族政策、落实民族政策、促进民族团结进步、经济社会发展的良好氛围，各民族间平等、团结、互助、和谐的新型民族关系已经基本稳固。肥东县牌坊回族满族乡以建乡 18 周年为契机，承办肥东县民族文化艺术展演，荟萃了富于民族特色的名人名家书画展，牌坊回族满族乡 18 年经济社会发展成就

展，56个民族简介图片展，回族满族食俗文化展等多个主题，大力颂扬少数民族群众在党的领导下，坚持民族团结、共同繁荣发展的精神风貌，各族群众和睦相处、和衷共济的骨肉亲情。宁国市云梯畲族乡成立畲族山歌队，聘请安徽省畲族民歌非遗传承人为畲族青年、学校教师、退休职工授课，每年举办“三月三”畲族歌会，宣传和传承畲族传统文化。淮南市潘集区古沟回族乡在太平回族村结合小农水项目兴修桥、涵、闸233处，建二级排灌站1座，修防渗渠50余条，新修了3条水泥路，总长1800米，建蔬菜大棚80个；清理沟塘10余处，帮助少数民族群众改善生产生活条件。

（撰稿 刘 炜 审稿 白和平）

福建省

2012年，福建省民族工作紧紧围绕加大挂钩帮扶力度，致力推进民族乡村经济加快发展，进一步做大做强民族乡村特色优势产业，培养一批具有“造血”功能的农村特色经济项目，提升乡村发展效率，有效促进农民增收，提高少数民族收入。2012年，福建省19个民族乡行政区域面积为2120.1平方公里，共有321个村民委员会和2870个村民小组，11.51万户居民，其中少数民族3.60万户；年末总人口43.37万人，比上年增长3.3%，其中少数民族人口14.50万人，增长1.6%，占民族乡总人口33.4%。

一、乡经济总量持续较快增长

2012年，民族乡农村经济总收入217.29亿元，其中第一、二、三产业收入分别为21.18亿元、182.19亿元和14.55亿元。乡财政收入4.58亿元，增长64.1%，其中预算内收入2.83亿元，增长44.3%，乡财政支出3.94亿元，增长51.2%。乡办及村办水电站64座，拥有农业机械总动力10.02万千瓦，比上年增长9.1%。农村用电量达4.87亿千瓦时，人均用电量1123千瓦时，分别增长8.7%和5.2%。

二、乡农业经济稳步提升

2012年，民族乡实现农、林、牧、渔业总产值27.81亿元，比上年增长12.8%。其中农业产值14.23亿元，林业产值2.37亿元，牧业产值5.44亿元，渔业产值5.69亿元，分别增长18.5%、6.8%、15.2%和2.7%。2012年，民族乡农作物总播种面积58.15万亩，其中粮食作物播种面积31.50万亩。粮食产量为13.51万吨，比上年增长10.4%。茶叶产量和食用菌产量分别为0.73万吨和0.97万吨，分别增长27.1%和2.6%。水产品产量为5.51万吨，增长2.7%，其中海水产品产量4.86万吨，增长4.66%。

三、乡镇企业增长率逐步提高

2012年，乡镇企业总产值198.72亿元，其中工业企业总产值为180.50亿元，营业收入185.71亿元，净利润总额6.57亿元，实交税金总额为3.88亿元。乡镇从业人员23.88万人，其中少数民族7.20万人，占从业人员的30.2%。从事第一、二、三产业的从业人数分别为11.05万人、6.57万人和6.26万人，占比分别为46.3%、27.5%和26.2%。乡镇企业总产值198.72亿元，其中工业企业总产值为180.50亿元，营业收入185.71亿元，净利润总额6.57亿元，实交税金总额为3.88亿元。

四、乡农民人均纯收入增幅高于全省平均水平

2012年，民族乡农民人均纯收入达7802元，增长19.9%，其中少数民族农民人均纯收入7051元，增长18.0%。民族乡农民人均纯收入增长幅度均高于全省平均水平13.5%。民族乡的居民储蓄存款余额12.76亿元，增长15.8%。

五、民族乡文化教育工作扎实推进

2012年，共有完小学校64所，其中民族完小学校28所，占民族乡小学总数的43.8%。完小教师数1663人，平均每所小学拥有26名教师。中学19所，中学教师1203人，其中少数民族教师227人。

民族乡初中生入学率、巩固率、毕业率和升学率分别达到 99.4%、98.9%、98.2%和 84.5%，其中少数民族初中生入学率、巩固率、毕业率和升学率分别是 99.3%、98.5%、97.3%和 82.9%，与上年相比，各项指标均有所提高。民族乡建有图书馆、文化站 25 个。

六、卫生医疗条件、社会保障制度更加完善

至 2012 年底，福建省民族乡已建立了 19 所乡卫生院，卫生院总建筑面积达 3.56 万平方米，比上年增长 5.3%。病床数增加，医疗设备条件也有较大的改善，2012 年民族乡医疗设备价值 1471 万元，比上年增加 417 万元，增长 39.6%，拥有单台件 0.5 万元以上的设备 235 件，增长 15.8%。新型农村合作医疗制度建设积极稳妥推进，民族乡参加合作医疗的人数有 35.11 万人，少数民族参保人数为 12.22 万人。全省民族村共有 64.96 万农民参加新型农村合作医疗，其中有 38.33 万少数民族人口，参合率分别达 79.5%和 89.8%。

七、基础设施建设日渐完善

2012 年，民族乡所辖行政村全部实现通电、通邮、通电话和通公路。公路里程达 1526 公里。308 个行政村通自来水，316 个村通电视，245 个村通有线广播，分别占行政村的 96.0%、98.4%和 76.3%。电话用户、移动电话用户和互联网用户分别为 6.64 万户、12.18 万户和 1.28 万户，同比分别增长 3.3%、8.2%和 17.4%。共有汽车站 16 个、垃圾处理站 24 个、供水站 19 个、银行、信用社 22 所、集贸市场 28 个和综合市场 25 个。

（撰稿　央金拉姆　审稿　兰国秋）

江西省

一、主要经济指标较快增长

民族乡转移劳动力就业、一乡一业和一村一品建设促进了农民增收致富。除丰产毛竹林、高产油茶、食用菌、果业和特色种养业等成为农民增收的主要渠道外，一些新兴产业开始推动农民致富。据统计，2012 年 8 个民族乡农民人均纯收入达到 7938 元，比上年增长 1301 元，同期增长 19.6%；财政收入 3.46 亿元，较上年同期增长 19.31%；企业总产值 46.42 亿元，比上年同期增长 5.81%；招商引资项目 22 个，实际进资 7.65 亿元，较上年增加 0.4 亿元；落实农民增收项目 531 个，带动农户 9955 户。经济健康快速发展，民族乡农民收入差距拉大的趋势得到根本扭转。

二、社会和民生事业成效显著

2012 年，8 个民族乡在社会基本公共服务方面，道路、教学设施、卫生医疗、危旧房改造、深山移民搬迁等社会和民生事业建设成效显著，部分指标超过全省平均水平。民族乡 80%以上通组道路实现硬化，未硬化道路也作出安排计划；民族乡学校基本消除 D 类危房，教学设施条件更加完善；实施深山移民搬迁 7050 人。结合新农村建设和秀美乡村建设，8 个民族乡 30 户以上自然村都安排了新农村建设项目计划。安排新农村建设点 60 多个、少数民族特色村寨建设点 7 个；完成劳动技能和农业实用技术培训 5000 余人次，外出转移劳动力近 4 万人。

三、少数民族文化体育发展活力增强

2012 年成功组织畲歌剧《七彩畲乡》参加第四届全国少数民族文艺会演，取得了剧目金奖大奖、最佳导演奖、最佳编剧奖、最佳音乐奖、最佳舞美、最佳演员和最佳新人奖的优异成绩。建设 10 个民族传统体育推广基地，民族传统体育走进校园。通过服务网络平台、外来流动人口联系站、民族团结宣传月、民族知识竞赛、各族兄弟手拉手活动等平台，开展民族工作进社区、进校区、进园区、进景区活动，民族团结教育活动和创建活动富有地方性、符合时代性，营造了各民族共同团结奋斗、共同繁荣发展的良好氛围。

江西民族乡“两个达到”目标的基本实现得益于江西省委、省政府的高度重视与大力支持，得益于各级各有关部门的凝心聚力、攻坚克难，得益于民族乡干部群众的共同努力与艰苦奋斗。

一是摸清底数，找准差距。2012 年，江西省对民族乡农民人均收入和公共服务水平状况进行了认真的调查摸底，认真分析存在的困难和问题，进一步找准差距，明确努力方向，做到心中有数。尤其对增加农民收入的新的承载项目制定切实有效的措施。

二是兑现政策，落实措施。认真贯彻落实赣办发【2010】1 号文件精神，加大工作力度，确保了各项政策和措施的全面落实。省直有关部门严格按照 1 号文件的要求，在资金和项目上对民族乡更加倾斜、更加照顾；在对口支援工作中围绕实现“两个达到”，千方百计加大帮扶力度，提高工作成效。有关设区市和县（市、区）把落实 1 号文件与本地出台的相关文件结合起来，民族乡所在县（市、区）政府还与兑现目标责任状的承诺结合起来，全面落实各项政策，采取更加有效的措施。

三是突出重点，整体推进。在促进民族地区发展工作中，坚持把帮扶民族乡作为重点任务，把实现民族乡“两个达到”作为重点目标，举全省之力加大对民族乡的帮扶力度，加快民族乡的发展步伐。在 8 个民族乡中，把赤土、金竹、篁碧 3 个乡作为重点对象，实行分类指导，重点帮扶。特别是赤土畲族乡，由于人口多、教育等社会事业欠账多，以及土地、山林等资源相对贫乏，作为重中之重。

（撰稿　茅　黎　审稿　马徽江）

山东省

山东省共有四个回族镇，分别是淄博市金岭回族镇、德州市十里望回族镇、聊城市张鲁回族镇、菏泽市侯集回族镇。总人口 15.06 万人，其中少数民族人口 3.04 万人。2012 年，四个回族镇的财政收入 15119 万元，比上一年增长 30.9%；人均收入 8329 元，比上一年增长 21.5%。在各级党委、政府的领导支持下，民族镇深入贯彻落实科学发展观，抢抓机遇，锐意开拓，国民经济实现快速健康发展。

一、强化结构调整，促进民族经济蓬勃发展

金岭回族镇，大力推进转方式调结构，按照西部仓储物流区、东部加工产业区、南部精细化工区的总体布局，科学摆布项目，形成了精细化工、塑料塑编、机械加工、现代物流四大特色产业集群，打造了中国塑料编织制品生产基地、中国农用塑料研发生产基地和中国塑料再生循环利用研发生产基地三大基地，培育了清源、齐旺达等大企业集团，实施并储备了一批大项目、好项目，为长远发展积蓄了力量。2012 年，全镇地方财政收入实现 1.0967 亿元，居民人均纯收入达 12750 元；实现工业销售收入 111 亿元、利税 14.6 亿元、利润 9.8 亿元；完成规模以上固定资产投资 24.1 亿元。十里望回族镇，积极做大做强民族特色产业，规划建设了 15 平方公里的工业园区，全镇工业企业达到 98 家，其中规模以上 48 家，培育形成机械制造、精细化工、新型建材、绿色食品等四大特色产业集群。全镇民营业户 2600 余家，回族群众从事畜禽加工等行业的有 400 余户，回族企业 16 家，其中广源清真、伊盛清真、顺发皮革等达到规模以上企业。张鲁回族镇通过改善内部环境，提高服务水平，扩大招商引资等措施，全力推进工业化快速健康发展。特别是民营经济实现了跨越发展，2012 年民营经济固定资产投入 2.6 亿元，同比增长 22%，招商引资完成 1.8 亿元，全镇民营经济实现销售收入 14.3 亿元，同比增长 21%，创利税 1.34 亿元，同比增长 23%。侯集回族镇，实行“二分之一”工作法，创新招商工作理念，有针对性的开展招商活动，招引了国药控股山东有限公司等大型企业，并在曹县投资兴建了医药物流及中药材加工项目。2012 年全镇完成社会生产总值 9.68 亿元，同比增长 21%；完成固定资产投入 2.26 亿元，同比增长 20.5%；完成财政收入 3848 万元，同比增长 30%。

二、发展特色农业，推进农业产业化

2012年十里望回族镇发展小康路蔬菜种植等种养合作社16个，建成伊盛牛羊养殖等各类规模化种养小区30处，形成了“南棚北菌中盖韭，苗圃花卉做点缀、畜牧小区遍全镇”的农业产业化发展格局，农民人均纯收入9328元。张鲁回族镇坚持把发展农村经济、增加农民收入作为首要任务，形成瓜菜生产、林果种植、畜牧养殖、植桑养蚕四大主导产业。全镇共有冬暖式大棚达到4500多个，大拱棚5000余亩，露地菜1000亩；优质果园达到2000亩；发展鸡棚500多个，牛、羊年出栏量分别达到2万头和4万只，年生产种鸽、肉鸽20万对。侯集回族镇在稳定常规农业生产的同时，重点发展特色规模农业，通过推广农村实用种植技术，群众种粮积极性普遍高涨，全镇小麦、玉米优种率基本实现了100%。2012年新成立种养植专业合作社3个，种植特色辣椒12000多亩，栽植油用牡丹500多亩，全镇大型牲畜存栏量达到4万多头，家禽存栏量近30万只，有效的拉动了群众增收。

三、完善基础设施建设，改善镇村面貌

2012金岭回族镇完成了镇碑路升级改造和纬四路金岭段建设工程，启动了铁山支线102省道立交工程建设。开展了化工行业综合整治、路域环境综合治理、生态环境综合提升工程，持续加强生态林网建设，全镇绿化覆盖率达58%。投资300余万元，新上生活垃圾处理设备及相应的配套设施，农村生活垃圾实现无害化处理，环境质量明显提升。张鲁回族镇成立了以镇长为组长，分管负责人为副组长，土管、城建、司法、教育等部门负责人为组员的领导小组，专门负责全镇的基础设施建设，投资600万元重点做好了本斋广场及顺和公园的绿化、美化、硬化、亮化工程，形成了“一河、二园、三路”的建设格局。加快农村水利建设，开挖引水渠2条，打井130眼，铺设地下节水管道20公里，新建供水中心一处，解决了51个村的饮水问题。强化农村公路建设，新修柏油路300多公里，新建桥涵100座，98%的村庄实现“村村通”。

四、强化民生投入，助推民族事业全面发展

2012年民族镇加大社会管理和公共服务力度，积极推动社会各项事业上水平，努力让人民群众得到更多实惠，享受更多发展成果。金岭回族镇把年财政收入的60%投入民生项目，社会保障实现全覆盖，各项保障标准处于区内较高水平。2012年配套完善同源一网供水管网1.8万米，为居民每人每年免费供应生活用水12立方。学生上学、饮水全免费，居民免费健康查体、享受新农合全区最高报销比例。推行了幼儿教育券、乘校车补贴券、老年人和残疾人生活补助等多项补贴政策，广大群众共享改革发展的成果。张鲁回族镇投资200多万元建成了高标准的一站式便民综合服务大厅，设立了12个便民服务窗口。在工作中坚持以惠民、便民为出发点，按照“工作提速、服务提质、形象提升”的要求严格执行挂牌上岗、首问负责、一次性告知、限时办结等效能监察制度。真正让广大群众切身感受到了政府为民服务的诚意和便利高效。十里望回族镇率先在全市完成村庄合并，将77个行政村合并为34个社区（村）。先后投资2300万元改造西大桥、禹王街，桥头公园；投资9000万元改造镇敬老院、建成福安康老年公寓、铺设长15公里的团结路；投资960万元完成镇综合文化站、卫生院、计生服务站、前河希望小学、民族中心小学建设改造；投资160万元建设了民族中学教学楼；投资350万元新建了镇中心幼儿园；投资500万元修建了便民市场、工业园路；投资100余万元对全镇所有沟渠进行了清淤；2012年投入1000万元修建贯通全镇南北的升李路和镇中心小学等。全镇民生工作实现了年年有投入，月月有变化，群众幸福指数不断提高。侯集回族镇在财力紧张的情况下，投资20余万元，对镇级服务站进行优化，设置了便民服务大厅，配备了仪器设备，同时投资60余万元对全镇的村级服务站进行新建和升级改造，新建东张楼、宋堂等村级服务室10家，翻新、改建村服务室等23个。

（撰稿　李瑞海　审稿　马　辉）

河南省

河南省有21个民族乡（镇），其中9个回族镇、12个回族乡。2012年，在当地党委、政府的领导下，在各级民族工作部门的大力支持下，河南省21个民族乡（镇）坚持以科学发展观为指导，认真贯彻落实党的路线方针政策，紧紧围绕中原经济区全面建设和中原崛起、河南振兴的奋斗目标，各族群众同心同德、团结奋斗、开拓进取，经济社会持续健康发展，群众生产、生活条件进一步改善。

一、经济总量持续增加

21个民族乡（镇）实现生产总值103.81亿元，比上年增长8.73%。其中三次产业增加值分别为11.58亿元、46.48亿元、45.75亿元，分别比上年增长7.24%、8.52%、9.32%，三次产业结构为：11.1∶44.8∶44.1，第一产业上升0.2个百分点。农林牧渔业总产值19.29亿元，粮食产量20.97万吨，亩均单产达到862.9斤，实现丰产；肉类总产量4.17万吨，下降1.2个百分点；乡镇企业总产值实现204.2亿元，其中工业企业总产值124.45亿元，增长7.18%。21个民族乡（镇）财政收入2.98亿元，比上年增长8.83%；农民人均纯收入6390.79元，与河南省农村居民人均纯收入7524.94元相比差距仍较大。2012年，荥阳市金寨回族乡、淮阳县城关回族镇、太康县城关回族镇、沈丘县槐店回族镇、睢县城关回族镇和洛宁县王范回族镇等6个回族乡（镇）人均收入略高于所在县（市）人均水平或持平；荥阳市金寨回族乡、郏县姚庄回族乡人均财政收入超过千元。

二、加快农业结构调整

按照立足实际，因村制宜的原则，加快农业产业结构调整，强力发展农业经济支柱产业，不断拓宽农民增收渠道。21个民族乡（镇）年末实有耕地面积31.82万亩，有效灌溉面积达91.87%；建有农技推广服务机构138个，服务从业人员363人；农业机械总动力达到212.44万千瓦。沈丘县槐店回族镇调整农业结构、突出经济特色，建成了4个种植基地、3个养殖基地，发展蔬菜大棚260个，苗圃种植基地200亩，蛋鸡养殖存栏15万只，2012年农民人均纯收入达到9790元。西平县蔡寨回族乡优质小麦种植面积稳定在2万亩以上，粮食产量连续8年获得丰收。方城县袁店回族乡耕地面积2.2万亩，发展了万亩小杂果基地。伯党回族乡种植各类花卉苗木6000余亩。襄城县颍桥回族镇累计流转土地5000余亩，发展烟叶种植4800亩，占全镇耕地面积的70%。镇平县郭庄回族乡流转土地5500亩，采用“公司+基地+农户”模式，兴建高端无公害蔬菜基地6个，年产蔬菜3200万公斤，亩均产值5.8万元；宁陵县城关回族山绵羊存栏3.4万只、牛存栏近万头、鸡禽4.5万只，畜牧产值占全镇生产总值30%以上。新蔡县李桥回族镇发展畜牧养殖专业村，群众收入近40%以上来自于畜牧养殖业。

三、民营经济发展较快

通过强化领导，加大投入，优化环境，政策驱动，积极引导等措施，民营经济在民族乡（镇）迅速发展，呈现出了皮革制品、交通运输、饮食服务、食品加工、畜牧养殖等产业格局。21个民族乡（镇）有企业4489家，其中97%以上为民营企业，乡镇企业从业人员11.07万人。工业经济持续发展，21个民族乡（镇）工业企业总产值达到124.45亿元，比上年度增长7.18%。禹州市山货回族乡坚持“培育特色产业，做强主导产业”的发展思路，围绕培育壮大和提升机械配件生产支柱产业，成立了机械制造工业协会、开通了山货乡企业信息网，充分发挥工业集聚区的集聚效应，企业总数达151多家，其中年产值千万元以上的企业12家，常年从业人员达3000多人，各种农机配件产品畅销全国20多个省市区。郏县姚庄回族乡以三郎庙回族村为中心发展清真特色餐饮，有饭店、茶馆32家，从业人员1300多人，日接待可达2000多人次。2012年姚庄回族乡被授予“河南省豫菜基地”和“中原特色饮食文化之乡”称号。叶县马庄回族乡发展公交客运200

多户，车辆近 300 辆，车辆总资产 1 亿多元，公交客运业成为拉动群众增收的新兴支柱产业。太康县城关回族镇个体经营户近 7000 户，其中少数民族群众经营的饭店、宾馆、早点小吃、地摊夜市等达 3000 多户。

四、招商引资取得突破

通过改善招商引资环境，创新招商引资方式，开拓招商引资渠道，坚持“走出去”与“请进来”相结合，采取驻地招商、以商招商、亲情友情乡情招商，实现招商引资新突破。2012 年，许昌县艾庄回族乡引进机械加工生产项目 4 个，千万元以上项目 6 个，5 千万元以上的项目 1 个，初步形成了农机配件、机电铸造、档发加工、农产品深加工等支柱产业，一大批农村剩余劳动力就地实现就业。禹州市山货回族乡引进项目签约资金 1.5 亿元，项目 10 个。太康县城关回族镇、沈丘县槐店回族镇、淮阳县城关回族镇引进落地资金均超过 2 亿元。

五、基础设施不断改善

21 个民族乡（镇）实现了乡乡通水泥路，所辖 206 个行政村全面完成道路“村村通”工程、电力、广播电视、邮政、电话“村村通”。有 169 个行政村吃上安全卫生自来水，占行政村总数的 82%，其余已全部列入计划，正在分批实施。21 个民族乡（镇）都建成乡级客运站。睢县城关回族镇、郏县姚庄回族乡 2012 年实施农村饮水工程改造项目，使居民群众全部用上自来水。

六、开展特色村寨保护

郏县姚庄回族乡依托特色村寨建设，当地政府筹措投入 3000 万元，发展清真茶食文化、休闲旅游、民族手工艺品，打造伊斯兰风情小镇；叶县马庄回族乡政府自筹 600 万元，建设开发清真食品特色村街。

七、社会事业取得进步

21 个民族乡（镇）内建有学校 194 所，教师 9438 人，在校学生 15.7 万人。21 个民族乡（镇）全部实现“基本普及九年义务教育”和“基本扫除青壮年文盲”，少数民族适龄儿童入学率达到 99%以上。民族乡村医疗卫生条件逐步改善。21 个民族乡（镇）均建有卫生院，辖区有医院、卫生院 49 所，有村级卫生室 197 个。21 个民族乡（镇）实现新型农村合作医疗制度全覆盖。敬老院、文化科技大院等一批少数民族公益事业在民族乡（镇）兴建。21 个民族乡（镇）建有图书馆 42 个、文化站 24 个、村文化活动室 133 个。城镇化建设步伐加快。6 个位于县城的回族镇，进一步铺修城镇化道路，加强沿街门面布局规划，实施亮化、绿化、硬化和供、排水等附属设施建设。

八、民族团结、社会和谐

21 个民族乡（镇）加大民族宗教政策法规宣传力度，积极开展“民族宗教政策法规宣传月”活动，引导清真寺等创建和谐寺观教堂，开展共建“民族团结进步友好村”活动。2012 年，21 个民族乡（镇）在民族关系方面未发生矛盾纠纷，保持了长期的团结稳定。

九、扶贫开发任务较重

21 个民族乡（镇）中有 3 个（方城县袁店回族乡、民权县伯党回族乡、民权县胡集回族乡）是扶贫开发工作重点乡，另有 10 个（洛宁县王范回族镇、叶县马庄回族乡、封丘县荆乡回族乡、镇平县郭庄回族乡、睢县城关回族镇、宁陵县城关回族镇、淮阳县城关回族镇、沈丘县槐店回族镇、太康县城关回族镇、新蔡县李桥回族镇）位于扶贫开发工作重点县。12 个民族乡普遍经济总量小、综合实力弱，工业化、城镇化水平低。

（撰稿　刘　宾　审稿　郭瑞疆）

湖北省

2012 年，湖北省 12 个民族乡（镇）在地方各级党委、政府的正确领导下，坚持以邓小平理论、“三个代表”重要思想为指导，全面贯彻落实科学发展观，紧紧围绕“农业、农村、农民”和建设社会主义新农村的各项要求，改善民生等一系列支农惠农的重大政策和措施，坚持统筹城乡发展，深化农村改革，强化支农惠农政策，稳定粮食生产，努力改善经济发展环境，加快农村劳动力转移就业，促进了农村经济稳定发展，农民收入实现稳定增长。截止 2012 年底，全省 12 个民族乡（镇）下辖 193 个村委会，人口共计 283542 人，其中少数民族人口 157688 人。

一、乡镇经济发展迅速

各民族乡（镇）围绕迅速壮大乡镇经济规模、增强财税收入目标，坚持以工业化为龙头，以招商引资和发展民营经济为突破口，以发展资源型工业、培育特色经济和发展壮大园区经济为主要途径，因地制宜、分类指导、多管齐下，努力提高工业化、城镇化和农业产业化水平。截止 2012 年底，全省 12 个民族乡（镇）财政总收入为 14376.4 万元，比上年增长 26.9%；财政支出 12832.5 万元，比上年增长 16.5%。拥有企业 1259 个，从业人员 19238 人，乡镇企业总产值 492354 万元，增长 80.95%，其中工业企业产值 452576 万元，增长 83.66%，乡镇企业年净利润总额 30260 万元，增长 66.26%。

二、农业基础得到巩固

各民族乡（镇）大力推进农业结构战略性调整，积极树立人与自然和谐发展的观念，将农业结构调整同生态城市建设相融合，大力推进生态型现代农业的快速发展，为增加农民收入开拓了新的渠道。同时，在努力维持现有粮食产量，确保粮食安全的前提下，通过充分发挥地域比较优势，进一步发展壮大特色农产品基地，发展高附加值农作物，推进农业标准化生产，农产品品质和农民收入大幅提高。截止 2012 年底，全省 12 个民族乡（镇）年末实有耕地面积 375291.3 亩，年末有效灌溉面积 121757 亩，农业机械总动力 1732021 千瓦时，增长 3.5%，农林牧渔业总产值 212867 万元，增长 40.64%，农作物总播种面积 788004 亩，其中粮食播种面积 479977 亩，粮食产量 146652 吨。

三、基础设施逐步改善

各民族乡（镇）争取整合开发、交通、国土、水利、电力、财政、民政、烟草等各部门项目资金，大力推进农村基础设施建设，城乡面貌发生了显著变化。尤其在村庄建设过程中，坚持“能依山的不占良田，能集中的不分散，能体现民族特色的不建洋房”三项原则，注重落实“规划、宣传、示范、引导、协调”五个环节，以调整区域村庄布局、集中建设中心村、改造农民住房、建设特色民居、治理村庄环境、改善村容村貌、完善公共基础设施、建立长效管理机制等为主要内容，积极探索集中建设居民点的新农村模式。截止 2012 年底，全省 12 个民族乡（镇）193 个行政村中，已通公路的有 193 个，已通自来水的有 146 个，已通电的有 193 个，已通电话的有 193 个，已通邮的有 192 个。

四、教育事业蓬勃发展

各民族乡（镇）把教育放在优先发展的战略地位，加大投入，改善办学条件，认真落实教育经费保障机制和“两免一补”政策，创新管理机制，实施教育综合改革，加强教师队伍建设，推行素质教育，教育教学质量稳步提高。截止 2012 年底，全省 12 个民族乡（镇）共有学校 57 所，在校生 24090 人，教师 1776 人。

五、卫生防疫工作成绩明显

各民族乡（镇）完善了镇村两级卫生体系，农村卫生基础设施进一步改善。截止 2012 年底，全省 12 个民族乡（镇）共有医院、卫生院 14 个，医生 502 名，552 个病床；村卫生室 180 个，医生 251 名；全面推行新型农村合作医疗工作，参合率达 98%以上，农民因病返贫、因病致贫的现象得到遏制.扎实开展疾病预防控制、妇幼保健、爱国卫生运动、艾滋病预防等工作，群众健康得到保障，卫生工作成绩明显。

六、民主法制建设进一步健全

各民族乡（镇）自觉接受人大的法律监督和工作监督，认真办理人大代表提出的建议、批评和意见，使人大代表在“三个文明”建设中的桥梁、纽带和模范带头作用得到较好发挥。积极推进村级财务管理体制改革，全面推行政务、村务、财务“三公开”，村民的“四权”得到全面落实，村民自治的民主化、法治化建设得到进一步加强。深入开展普法工作，不断增强干部群众的法律意识和依法行政能力。加大社会矛盾纠纷的排查调处力度，保障工作经费投入。认真开展社会治安综合治理工作，积极开展创建无毒社区活动，严厉打击邪教组织，维护了社会的稳定。

（撰稿　周　巍　审稿　唐启明）

湖南省

2012 年，湖南省 99 个散居民族乡（镇）干部群众，在当地党委、政府的领导下，积极调整产业结构，不断改善民生，全省民族乡（镇）经济社会各项事业保持又好又快的发展态势，各项社会事务取得新的进步。

截至 2012 年末，湖南省 99 个民族乡（镇）总面积 9351.02 平方公里，有 1251 个村民委员会。总人口 1157255 人，比上年增长 9.4‰，其中少数民族人口 810031 人，比上年增长 30.6‰；少数民族人口占民族乡（镇）总人口 69.9%。

一、经济发展稳步提高

2012 年，全省 99 个民族乡（镇）实现农林牧渔总产值 689511.1 万元，同比增长 1.8%；财政收入 33057.32 万元，比上年增长 7.1%；3984 个乡（镇）企业完成总产值 395089.1 万元，同比增长 0.1%，比上年提高 9.2 个百分点；粮食总产量 676611.4 吨，同比增长 2.4%；肉内总产量 110872.88 吨，增长 18.8%，比上年提高 30.7 个百分点。

二、人民生活持续改善

到 2012 年末，99 个民族乡（镇）的 1251 个行政村中，已通公路的村有 1216 个，已通自来水的村有 576 个，已通电的村有 1249 个，已通电话的村有 1196 个，已通邮的村有 1162 个，均比上年有较大增加。农民人均纯收入 2725 元，增长 8.6%。

三、农业生产条件进一步增强

2012 年，99 个民族乡（镇）年末实有耕地面积 973920.6 亩，有效灌溉面积 688266.9 亩，农业机械总动力 432004 千瓦，农村用电量 135970295 千瓦时，均比上年提高。

四、教育、科技、文化、医疗卫生事业健康发展

2012 年，全省 99 个民族乡（镇）共有学校 393 个，在校学生 83772 人，有教师 6511 人；有农技推广服务机构 172 个，农技推广服务从业人员 378 人；有图书馆 102 个，文化站 105 个，村文化活动室 934 个；有医院、卫生院、村卫生室 999 个，医生 1982 人，病床 1609 张。

（撰稿　陈春建　审稿　曹承明）

广东省

广东省有 7 个民族乡，其中瑶族乡 5 个，壮族瑶族乡 1 个，畲族乡 1 个。行政区划面积为 1373.7

平方公里，占广东省总面积的 0.76%，年末人口 80642 人，其中少数民族人口 36106 人，占广东省少数民族总人口的 1.11%。

2012 年，全省 7 个民族乡紧紧围绕“构建文明和谐社会，建设社会主义新农村”的主题，以生态资源为依托，以发展民族特色产业为抓手，坚持走“生态立乡，农业稳乡，工业稳乡，旅游旺乡”之路，经济社会保持了稳定发展的良好势头。

一、各项经济指标稳步增长，乡级综合实力不断增强

2012 年，民族乡完成工业生产总值 80946 万元，同比增长 14.6%；农业生产总值 55322 万元，同比增长 12.93%；地方财政一般预算收入 4019.17 万元，比上年增长 15.5%；农民人均纯收入 6322.13 元，同比增长 16.2%。

二、基础设施建设不断加强，群众生产生活条件进一步改善

一是交通道路建设成效显著。各民族乡全部实现了乡通行政村道路硬底化，部分通自然村公路也实现公路硬底化，大大改善了群众“行路难”问题。二是农田水利建设得到加强。始兴县深渡水瑶族乡投入资金 400 多万元推进荷花塘灌区改造，新建渠道进水口控制闸一座，惠及 1000 多人和 2640 亩耕地。三是农村饮水安全工程不断完善。阳山县秤架瑶族乡扩建和完善了村自来水工程，全乡 90%的农户用上了自来水。怀集县下帅壮族瑶族乡和龙门县蓝田瑶族乡投入资金建设农村饮水安全工程，受益人口达 13000 多人，群众“饮水难”问题得到了根本解决。

三、工业发展形势喜人，招商引资成效显著

怀集县下帅壮族瑶族乡利用水资源，发展小水电业，全乡共有水电站 9 个，总装机容量 3500 千瓦。东源县漳溪畲族乡大力发展新型环保建材工业，投资 6.5 亿元，年产 200 万吨水泥熟料的金杰旋窑水泥项目现已动工建设。坚持发展特种水泥特色产业，拥有“粤鹏”、“万绿湖”等中国特种水泥著名商标品牌，产品远销全国各地。连州市瑶安瑶族乡大力推进在建项目，投资 4000 万元的铭丰管桩配件制品有限公司已成功试产。

四、农业产业结构调整加快，特色经济发展势头良好

2012 年，各民族乡大力发展现代农业，注重培育特色产业。全年完成农林牧渔业总产值达 46525.4 万元。农作物总播种面积 133399 亩，比上年增长 3.5%；粮食作物播种面积 74371 亩，同比增长 3.5%。阳山县秤架瑶族乡大力发展广东第一峰万亩高山云雾茶及生态观光茶园项目和大蕙兰花基地建设，着力打造以太平洞为重点的绿色生态环境。始兴县深渡水瑶族乡形成了以瑶乡土鸡、蚕桑、竹鼠、灵芝为中心的种养业，做大做强了“灵芝、香菇、木耳、蜂蜜”等特色产业。龙门县蓝田瑶族乡完成粮食计划面积 12622 亩，充分利用当地山地、耕地条件优势，大力发展淮山、油茶和粉蕉种植，收势喜人。东源县漳溪畲族乡的板栗、沙糖桔、五指毛桃等特色产业发展保持良好的发展态势，大力发展黄龙岩为代表的畲族风情特色旅游，农民收入显著提高。三水瑶族乡着力调整农业产业结构，大力发展优质、高产、高效的无公害蔬菜和经济性养殖业，建立高山绿稻示范基地，产生了良好的经济效益。

五、社会事业协调发展，民生工程稳步推进

一是巩固教育创强成果，继续改善中小学教学环境。2012 年末，民族乡共有学校 13 个，在校学生 5113 人。各乡小学学龄儿童入学率达 100%，初中毛入学率达 99%以上。龙门县蓝田瑶族乡成功创建广东省教育强乡后，又投入 150 万元建设了中心幼儿园，进一步完善了学前教育。连州市瑶安瑶族乡投入 323 万进行美化校容校貌工程。连州市三水瑶族乡每学期补贴 1 万元给学校，改善农村学生营养状况。二是积极挖掘保护少数民族文化。各民族乡注重培养年轻一辈学习瑶族刺绣、纺织等瑶族手工艺，传承并弘扬瑶族文化。蓝田“瑶族舞火狗”、漳溪“畲族招兵节”、下帅“春牛舞”、三水“瑶族布袋木狮舞”、和漳溪畲族“蓝大将军出巡”、下帅壮族“壮狮舞”分别被列入省级和市级非物质文化遗产名录；漳溪“黄龙岩畲族风情景区”被授予“全

省民族团结进步教育基地”，三水瑶族乡被评为“广东最美丽乡村”。截至 2012 年末，民族乡有公共图书馆 4 个，文化站 7 个，村文化活动室 44 个。三是建立健全公共卫生和医疗服务等卫生监督体系。医疗卫生网络进一步完善。民族乡共有医院和卫生院 7 个，村卫生室 50 个，病床 107 张。继续巩固全覆盖式新型农村合作医疗和城镇居民医疗保险，切实解决农民看病贵的困难，民族乡医疗卫生服务网络进一步健全，医疗救护保障功能进一步提高。

（撰稿　方　莉　审稿　李秀英）

广西壮族自治区

2012 年，广西壮族自治区民族乡经济社会事业进一步发展，基础设施建设进一步加强，人民生活条件得到进一步改善。2012 年，广西壮族自治区所辖 58 个民族乡 585 个村民委员会，其中，已通公路的行政村有 581 个，占 99.31%；已通自来水的行政村有 420 个，占 71.79%；已通电的行政村有 585 个，占 100%；已通电话的行政村有 582 个，占 99.49%；已通邮的行政村有 556 个，占 95.04%。民族乡行政区划面积 1.55 万平方公里，人口 109 万人，占全区总人口的 2.05%，其中少数民族人口 77.6 万人，占民族乡总人口的 71.19%。年末实有耕地面积 115.4 万亩。财政收入 1.97 亿元，财政支出 2.43 亿元。学校 668 所，在校学生 10.74 万人，教师 9104 名，图书馆、文化站 116 个，医院卫生院 78 所，农村推广服务机构 67 个，农技推广服务从业人员 272 名。

（撰稿　邓诗源　审稿　凌祥升）

重庆市

全市共有 14 个民族乡，分布在 6 个区县，其中：万州区 2 个（恒合土家族乡、地宝土家族乡）；武隆县 4 个（文复苗族土家族乡、石桥苗族土家族乡、浩口苗族仡佬族乡、后坪苗族土家族乡）；忠县 1 个（磨子土家族乡）；云阳县 1 个（清水土家族乡）；奉节县 4 个（长安土家族乡、云雾土家族乡、龙桥土家族乡、太和土家族乡）；巫山县 2 个(红椿土家族乡、邓家土家族乡)。全市民族乡幅员面积 1386 平方公里，共辖 99 个行政村，725 个村民小组，2 个社区居委会，9 个居民小组，总人口 16.64 万，其中少数民族 6.9 万人。

一、经济发展速度较快

2012 年，全市民族乡地区生产总值达到 17.37 亿元，同比增长 17.9%，地方财政收入 1.36 亿元，同比增长 63.7%。

二、基础设施不断改善

99 个村实现公路通达，62 个村实现公路通畅，分别占行政村总数的 100%和 62.6%，交通条件大为改善。99 个行政村全部实现通电，已通自来水的村达到 65 个，已通电话村达到全覆盖，通邮的村达到 75 个。

三、产业发展稳步推进

传统产业巩固发展，如文复、浩口、恒合、云雾、龙桥等乡烤烟面积达到 4000 亩以上，其中文复乡烤烟实现产量全县第二，均价全县第一，长安乡在地中药材面积突破 1 万亩，磨子乡柑橘面积达到 5000 亩。工矿产业开始起步，如邓家、红椿乡的煤矿、铁矿产业已形成一定规模。农户万元增收工程成效显著，主导产业农户覆盖率达到 80%以上，农业产业对增加农户收入的贡献率达到 70%以上。

四、社会事业不断进步

民族乡的中学校和中心小学校均实现了寄宿制，小学生入学率达到100%，基础教育基本保障。每个民族乡均设立1所卫生院，共有村卫生室105个，占行政村总数的80.8%，卫生事业明显改善。民族乡2012年社会保障率达到80%以上，其中，农村居民最低生活保障率达到55%，农村五保供养率达100%，农村医疗保险率达到95%，农村社会保障水平大大提高。

五、民族文化繁荣发展

加强文化基础设施建设，共建成14个乡综合文化站，14个乡文化信息资源共享中心。加强乡土民族文化人才队伍建设，各个民族乡培养和储备了近200名业余民族文化人才队伍。积极保护和传承民族文化，武隆县编辑出版了《武隆县民族风情》，举办了民歌大赛；奉节县4个民族乡将土家摆手舞列入学校课间操，14个民族乡共有30余个文化项目进入市、县级非物质文化遗产保护名录；巫山县邓家乡荣获"重庆市民间文化艺术之乡"称号。

（撰稿　顾　勇　审稿　杨　帆）

四川省

四川省有98个民族乡，行政区化面积1.68万平方公里。分布在12个市（州）的29个县（市、区），其中彝族乡35个、苗族乡19个、藏族乡15个、回族乡8个、羌族乡5个、土家族和傈僳族乡各4个、蒙古族乡3个、藏族彝族乡2个、彝族藏族乡1个、傣族和纳西族乡各1个。2012年，民族乡总人口75.2万人，其中少数民族人口36.6万人，占民族乡总人口48.7%。

全省民族乡经济不断发展，基础设施进一步改善。2012年有村民委员会629个。其中，已通公路的村601个，占95.6%；已通自来水的村389个，占61.8%；已通电的村625个，占99.3%；已通电话的村550个，占87.4%；已通邮的村465个，占73.9%。实现农林牧渔业总产值46.5亿元。财政收入5.6亿元，财政支出5.3亿元。农民人均纯收入6100元，比上年增加852元，增长18.5%。有乡镇企业259个，企业从业人员2.8万人，乡镇企业总产值67.4亿元，其中工业总产值60亿元，乡镇企业年净利润9.9亿元。民族乡年末实有耕地面积90万亩，有效灌溉面积31万亩。农业机械总动力33.7万千瓦。农作物总播种面积187万亩，其中粮食播种面积130万亩。粮食产量46.2万吨，肉类总产量11.2万吨。

全省民族乡共有269所学校，在校学生8.1万人，教师4807人。图书馆39个，文化站110个，村文化活动室554个。有医院、卫生院108个，医生773人，病床1165个。村卫生室440个，医生549人。有农技推广服务机构115个，从业人员221人。

（撰稿　刘康蓉　审稿　荣跃泽仁）

贵州省

贵州是欠发达省份，贵州的民族乡大多分布在偏远、贫困、交通不便、信息封闭的地域，经济和社会发展相对滞后。深入分析民族乡工作所面临的形势和存在的问题，探索和研究新时期加快民族乡发展的思路和措施，"了解民族乡、关注民族乡、扶助民族乡"是民族工作部门当前最重要的工作内容之一。

一、基本情况

2012年，全省民族乡250个，占全省710个乡的35.2%，占全国民族乡总数的21.9%，居全国第一，共有2821个村民委员会，占全省18107个村民委员会的15.6%，行政区划面积2.56万平方公里，占全省行政区划面积的14.5%。年末常住总人口513.83万人，占全省年末常住人口的15.03%，少数民族人口267.18万人，占民族乡总人口的51.00%。民族乡大多分布在较偏远地区，因劳动力外出和返回比较频繁，常住人口总量受此影响变动幅度较大，2012年末民族乡常住人口较上年有所下降。

二、农民人均纯收入大幅上升

农民人均纯收入是反映全国或一个地区农村居民的平均收入水平，是该地区经济发展状况和衡量农村居民生活水平的重要指标，随着中央对“三农”问题重视程度不断提高，越来越受到社会的普遍关注。在250个民族乡中，农民人均纯收入在2000元以下的有5个乡，比上年减少4个；2000—3000元的乡32个，比上年减少46个；3000—4000元的乡49个，比上年减少55个；4000—5000元的乡112个，比上年增加68个；5000元以上的乡47个，比上年增加37个。2012年全省农民人均纯收入为4753元，183个民族乡在全省平均水平以下，占民族乡的73%，比上年降低10个百分点；67个民族乡在全省平均水平以上，占民族乡的27%，比上年上升10个百分点；2个民族乡处在现行贫困标准线以下，比上年减少16个。从下表可以反映民族乡农民人均出收入水平较上年提升情况。

三、科教文卫事业发展加快

2012年，全省民族乡2400个中小学拥有在校学生69.8万人，拥有教师3.8万人，在校生比上年减少7.89万人，教师数保持不变。师生比为1:18。平均每个教师负担的学生人数比全省少6.44人，比民族地方少0.3人。分析认为：在校学生减少是计划生育国策的周期性影响，与全省全国的大趋势一致；民族乡居民居住分散，教学点或学校相应设立分散，师生比在1:10左右比较理想，目前的师生比例反映了民族乡仍缺乏师资的现状。

民族乡拥有医院、卫生院262个，其中村级卫生室2690个，各类病床4729张，各类医生5565人。与2011年相比，村级卫生室增加300个，医生增加617人，各类病床增加1016张。民族乡每1107人拥有一张床位，每941人拥有一名医生。村级卫生室、病床和医生分别比上年增长9.87%、25.18%和10.43%。2012年全省平均每305人拥有一张病床，平均每782人拥有一名医生。民族乡医疗卫生发展速度虽在大幅度提高，但与全省比较差距仍然很大。

农村基层科技文化事业主要表现为农技机构、人员和文化场所的的建设。2012年，民族乡农技推广服务机构278个，从业人员1626人，乡均服务机构1.11个，平均农技服务机构从业人员6.3人。服务机构比上年减少28个，从业人员比上年增加317人。乡级图书馆、文化站及村办文化室分别增至80个、261个和2033个。平均每3个民族乡拥有1个图书馆，每个民族乡拥有1个文化站，每个民族乡拥有8个村级文化室，文化站比上年增加25.5%。

四、基础设施建设大幅提升

民族乡2012年基础设施建设有大幅增长。通路、通水、通电、通电话、通邮等“五通”是乡村发展最为基础的硬件设施。截止2012年末，民族乡共设2821个行政村，其中：已通公路的村2639个、已通自来水的村1945个、已通电的村2699个、已通电话的村2312个、已通邮的村1030个。分别占民族乡行政村总数的93.55%、68.95%、95.68%、81.96%、36.61%。与2011年数据相比，“五通”村的通路、通水、通电村数有所增加，通电话、通邮村数有所减少，分析是现在通讯发达，多数村群众直接用手机，减少了书信来往，有些村从而减少邮电信箱及送邮服务。

耕地面积、有效灌溉面积、农业机械总动力和用电量是现代农业生产的重要基础，也是反映当地农田水利建设，农业机械发展和农机动力条件保障程度的重要观察指标。年末实有耕地面积由2011年393.2万亩增加至2012年的438.2万亩；年末有效灌溉面积105.99万亩，增加18.3万亩；农业机械总动力9068.21万千瓦；农村用电量达到59049.8万千瓦时，比上年增长2.48%，为民族乡今后的跨越发展打下良好的基础。

纵向比较，民族乡的发展虽然取得了较好的成绩，但与全省及民族地方平均水平相比仍然存在明显差距。有些民族乡虽然已经解决了温饱问题，但基础不牢，极易返贫。民族乡生产生活基础设施建设落后，由于起点低，仍未从根本上得到改善，民族乡“五通工程”（通电、通路、通水、通电话、通广播电视）任务十分艰巨。部分干部对民族乡的整体情况深入调查不够，分析研究不够，情况摸不清、底数搞不明、问题吃不透的现象还比较严重。有的还只停留在民族乡的数量、人口情况上，而对民族乡的经济发展、文化建设情况的分析不够，对地方之间和民族之间的比较研究不够，特别是对民族贫困状况了解不够，致使对民族乡工作分类指导不够，工作力度不够。

（撰稿　张发刚　审稿　黄家逊）

云南省

2012 年云南省纳入统计范围的有 149 个民族乡（镇），国土总面积 4.4 万平方公里，总人口为 297.3 万人，其中少数民族人口 181.3 万人，占总人口的 61%。2012 年全省民族乡（镇）在各级党委、政府的带领下，抓住国家和省对农村基层基础工作不断加大政策支持的历史机遇，按照省委、省政府“做特乡镇、做美农村”的要求，大力发展乡镇特色产业，不断改善基础设施，进一步完善社会保障和公共服务，全省民族乡镇经济社会发展呈现平稳增长发展态势，农民群众的幸福指数和生活水平不断提高，社会大局和谐稳定。

一、经济实力不断增强

2012 年，实现农林牧渔总产值 177.5 亿元，比上年同期增长 20.5%（不剔除物价因素，下同）；实现乡镇企业总产值 156.2 亿元，同比增长 22.0%。其中：工业企业实现总产值 110.2 亿元，同比增长 13.7%；完成财政支出 14.0 亿元，同比增长 26.1%，人均财政支出 471 元，比上年同期增长 24.6%；实现农民人均纯收入 4168 元，同比增长 31.3%。民族乡镇总体经济指标都呈较快增长态势。

二、粮食产量持续增产

近两年以来各级政府全面贯彻落实中央和省委、省政府各项强农惠农政策，继续加大粮食直补、综合直补、粮种、农机和农民购肥等政策性补贴力度，深入实施中低产田改造，加快农业产业化发展，农业综合生产能力进一步提高，粮食生产又获丰收。全年粮食产量达到 143.5 万吨，比上年同期增长 12.1%；人均粮食产量 482 千克，比全省多 106 千克，比上年同期人均粮食产量增加 51 千克。

三、农村基础设施不断完善

2012 年，纳入统计范围的 149 个民族乡（镇）有 1142 个村委会，其中通公路村数 1109 个，占村委会总个数的 97.1%，自来水受益村 1047 个，占 91.6%；通电村数 1138 个，占 99.6%；通电话村数 1137 个，占 99.5%；通邮村数 1123 个，占 98.3%。农业机械总动力为 147.3 万千瓦，农村用电量 32184 万千瓦小时，与上年相比增长 14.6%。耕地有效灌溉面积 121.1 万亩，占耕地总面积的 28.6%，比上年同期增长 0.5 个百分点。

四、农村民生进一步改善

各民族乡（镇）积极争取政策，加大投入，促进了农村教育、文化、卫生等各项社会事业快速发展。2012 年 149 个民族乡镇有学校 1514 所，在校学生 39.1 万人，教师 2.4 万人，各民族乡（镇）着力改善农村中小学办学条件，撤校并点，优化教育资源取得一定成效；农村精神文明建设快速推进，有图书馆（规模较大的图书室）56 个，比上年新增 9 个，文化站 147 个，只有两个乡镇目前还没有建好文化站，村文化活动室 1296 个，比上年新增 142 个；医疗卫生条件不断改善，所有民族乡都有卫生院，共有卫生院 158 所，医生 1883 人，病床 3614 张，有村卫生室 1147 个，乡村医生 2396 人。新型农村合作医疗和新型农村养老保险政策已实现全覆盖。拥有农技推广服务机构 256 个，农技推广服务从业人员 1666 人。

（撰稿　易永红　审稿　李红燕）

陕西省

2012 年，陕西省民族乡经济社会事业进一步发展，基础设施建设进一步加强，人民生活条件得到进一步改善。2012 年，陕西省所辖 3 个民族乡 29 个村民委员会，其中，已通公路的行政村有 29 个，占 100%；已通自来水的行政村有 29 个，占 100%；已通电的行政村有 29 个，占 100%；已通电话的行政村有 25 个，占 86%；已通邮的行政村有 29 个，占 100%。民族乡行政区划面积 746 平方公里，人口 3.7 万人，占全省总人口的 0.1%，其中少数民族人口 11336 人，占民族乡总人口的 31%。年末实有耕地面积 5.5 万亩。财政收入 824 万元，财政支出 1093 万元。学校 20 所，在校学生 3061 人，教师 300 名，图书馆 31 个，文化站 3 个，医院卫生院 4 所，农村推广服务机构 3 个，农技推广服务从业人员 13 名。

（撰稿　马　震　审稿　段　平）

甘肃省

甘肃省有 34 个民族乡，辖 305 个村民委员会，民族乡面积 16657 平方公里，占民族地区总面积的 9.4%，总人口 31.1 万人，占民族地区总人口的 9.3%，其中少数民族人口 20.1 万人，占民族乡总人口的 64.7%，占全省少数民族总人口的 8.4%。34 个民族乡中，有 16 个回族乡，7 个藏族乡，7 个东乡族乡，1 个土族乡，2 个蒙古族乡，1 个裕固族乡。从区域分布看，有 11 个民族乡分布在自治州（县）内，有 23 个民族乡分布在散杂居地区。平凉市有 9 个民族乡，陇南市和张掖市各有 4 个民族乡，临夏州和甘南州各有 4 个民族乡，酒泉市有 7 个民族乡，白银市、庆阳市各有 1 个民族乡。从发展状况看，以畜牧业为主的民族乡群众收入较高，部分已达到小康水平，而以农业为主的民族乡群众生活水平相对较低，在所处地区处于落后状态。2012 年全省民族乡乡镇企业总产值 18.16 亿元，较上年增长 17%。乡镇企业年净利润总额 1.21 亿元，较上年增长 8%。农林牧渔业总产值 4.84 亿元，粮食产量 11.6 万吨。财政收入 0.3 亿元，财政支出 0.38 亿元。学校 274 所，在校学生总数 4.16 万人，图书馆、文化站 23 个，医院、卫生院 59 个。在 305 个村民委员会中，其中已通公路的村 287 个，占 94%；已通自来水的村 230 个，占 57%；已通电的村 279 个，占 98%；已通电话的村 198 个，占 80%；已通邮的村 305 个，占 100%。民族乡农牧民人均纯收入 1871 元，其中最高的张掖市肃南县祁丰藏族乡为 8908 元，最低的酒泉市玉门市独山子东乡族乡为 990 元（特贫移民乡），收入水平相差悬殊。

（撰稿　成自强　审稿　王学仁）

新疆维吾尔自治区

民族乡的发展是民族经济工作中的一项重要内容，自治区民委历来重视民族乡工作，把抓好民族乡工作作为一项重要内容，常抓不懈，在每年少数民族发展资金项目的安排上予以优先考虑，帮助扶持农牧民改善生产生活条件，支持民族乡文化产业的发展，帮助农牧民走致富之路。一年来在国家民委的大力支持下，在自治区党委、政府的坚强领导下，民族乡的社会经济各项事业取得了较快发展，民族乡农牧民收入水平和生活质量得到提高，民族乡的持续发展能力普遍增强，有力地促进了民族团结进步事业和边疆和谐稳定。

一、基本情况

新疆维吾尔自治区有 42 个民族乡，其中哈萨克民族乡 13 个、回族民族乡 5 个、塔吉克民族乡 4 个、塔塔尔族民族乡 1 个、克尔克孜民族乡 6 个，蒙古族民族乡 10 个、乌孜别克民族乡 1 个、达斡尔族民族乡 1 个、锡伯族民族乡 1 个，42 个民族乡大多分布在少数民族聚居的贫困地区，其中有 24 个民族乡分布在 17 个边境县市里。2012 年底，42 个民族乡总人口为 33.65 万人（其中少数民族人口 26.96 万人）。行政区划总面积 4.66 万平方公里.随着中央新疆工作座谈会和 19 个省区援疆工作的深入落实和开展，各级党委政府引领当地群众团结一心谋发展，进一步推动了民族乡的发展，截止 2012 年底，全区 42 个民族乡农民人均收入达 8499 元。人均收入超过 9000 元的 23 个民族乡，其中阿勒泰地区布尔津县禾木哈纳斯蒙古族乡农民人均纯收入达到 11900 元。

2012 年，全区 42 个民族乡，共有 244 个行政村，其中已通公路的村 228 个、已通自来水的村 201 个、已通电的村 237 个、已通电话的村 230 个，已通邮的村数 214.共实现财政收入 36778 万元.全年实现农林牧渔业总产值 531028 万元.农作物总播种面积 1858094 亩.其中粮食播种面积 1125290 亩.粮食总产量 566259 吨.

二、民族乡工作实效

1. 牢牢把握“各民族共同团结奋斗，共同繁荣发展”这一新时期民族工作的主题，一面以民族乡为民族团结创建的窗口，一面积极创造条件帮助民族乡发展经济。2012 年，全们以民族乡为重点，切实唱响“共产党好、社会主义好、祖国大家庭好、改革开放好、民族团结好”的主旋律，全面贯彻党的民族政策，认真落实中央新疆工作座谈会精神。

2. 依托全区民族文化的多样性，通过少数民族发展资金项目的支持，对少数民族文化的保护和传承进行支持，建立小型民族民俗文化博物馆对各民族文化进行保护，同时通过民族乡当地党委、政府的精心组织，开展农牧民喜闻乐见的传统体育运动会，一方面弘扬了民族文化，丰富了农牧民群众的业余生活，同时也于无形中促进了各民族的团结。

3. 通过少数民族发展资金的支持，帮助民族乡加速发展，一方面是在项目资金的投入上予以倾斜，帮助当地少数民族群众保护和发展自身文化，结合民族乡特点，突出民族歌舞，适时发展旅游业，进一步促进农牧民增收。木垒哈萨克自治县大南沟乌孜别克乡地处天山北麓东端，是全国唯一的乌孜别克族民族乡。过去那里的牧民为了生活无论冬夏都需要赶着羊群在天山中放牧，现在通过当地党委、政府的努力，通过兴边富民资金的带动，定居下来的牧民开始种植蔬菜大棚，生活条件得到了显著的改善，农民纯收入增长到 5969 元。

随着国家综合实力的不断增强，不断加大对民族乡的扶持力度，在各级党委、政府的带领下，民族乡的社会经济各项事业得到了全面的发展，但同时全区是多民族聚居的边疆地区，经济和社会发展相对滞后，民族乡的建设还面临着这样那样问题和困难。因此，建议国家民委进行专项调研，针对民族乡发展中的问题和困难制定专门的政策进行扶持，增强民族乡自全发展的能力，加速民族乡经济社会各方面发展，促进全区的民族团结，社会和谐。

（撰稿　木合巴尔　审稿　王纯夫）

民族经济工作综述

国家民委

一、认真做好少数民族事业十二五规划的编制和报批工作

编制了《少数民族事业“十二五”规划》文本，征求国家发展改革委、财政部等 50 多个部门的意见；组织召开规划专家论证会；经国家民委委务会审议通过后，与国家发展改革委、财政部会签上报国务院；2012 年 7 月，规划由国务院审批通过并以国务院办公厅名义正式印发实施。

二、贯彻落实兴边富民行动“十二五”规划

2012 年，全国兴边富民补助资金总额达 13.86 亿元，比 2011 年增长 34%。国家发展改革委设立兴边富民中央预算内投资专项，投资额比 2011 年增长 60%。特色优势产业试点县扩大到 50 个，安排兴边富民补助资金 4.76 亿元。

2012 年 1 月，经国务院批准组建了兴边富民行动协调小组，杨晶主任任协调小组组长，办公室设在经济发展司。2012 年 8 月，召开全国兴边富民行动座谈会。赴新疆、云南等边境地区的特色产业试点县进行调研。继续组织 8 家中央新闻单位，完成内蒙古、新疆等边境地区的采访任务，全面报道兴边富民行动成果。

三、贯彻落实扶持人口较少民族发展“十二五”规划

印发《扶持人口较少民族发展规划（2011-2015 年）》任务分工方案，督促、指导部门和地方贯彻落实规划。完成 2011 年扶持人口较少民族发展规划实施情况的总结。协调财政部、国家发展改革委落实《扶持人口较少民族发展规划(2011-2015 年)》2012 年资金投入。其中，落实财政部少数民族发展资金 6.8 亿元；落实国家发展改革委中央预算内投资资金 6 亿元。召开全国扶持人口较少民族发展经验交流会。完善“十二五”扶持人口较少民族发展监测系统指标体系，完成“十二五”新的扶持人口较少民族发展监测系统的研发建设。开展《扶持人口较少民族发展报告》的编辑工作。

四、制定并落实“十二五”民贸民品政策

根据国务院批准的《国家民委等四部门关于十二五期间进一步完善扶持民族贸易和民族特需商品定点生产企业优惠政策的请示》，经与财政部、人民银行多次沟通，出台了“民族贸易和民族特需商品生产贷款贴息管理暂行办法”。

协调财政部经济建设司修改了《民族特需商品生产补助资金管理暂行办法》并印发了《财政部关于印发〈民族特需商品生产补助资金管理办法〉的通知》。

协调人民银行总行，出台《中国人民银行关于民族贸易和民族特需商品生产贷款利率有关事宜的通知》，十二五期间新增加交通银行、招商银行作为执行民族贸易和民族特需商品生产优惠贷款行。

完成了十二五期间全国民族特需商品定点生产企业申报确定工作。召开了“十二五期间全国民族贸易和民族特需商品生产政策及定点企业调整研讨会”。印发《国家民委财政部中国人民银行关于申报十二五期间全国民族特需商品定点生产企业的通知》。指导各地做好企业的选报、资料数据的填写等工作。组织召开专家评审会，根据专家评审会议的意见，提交国家民委、财政部、人民银行进行终审。以三部委的名义下达关于确定十二五期间全国民族特需商品定点生产企业的通知。

继续实施中国少数民族特需商品传统生产工艺和技术保护工程（以下简称保护工程）。指导北京师范大学、中央民族大学继续开展《少数民族特需商品目录》修订工作以及《民族工艺品》田野调研。完成了《民族药》的终审和出版工作。启动了对《少数民族特需商品目录（2001 年修订）》的摸底和田野调研工作，为修订《目录》奠定了基础。

协调财政部，安排了各省区市 2012 年“民族特

需商品生产补助资金”、“民族贸易企业网点改造和民族特需商品定点生产企业技术改造贷款中央财政贴息资金”规模。按新的办法指导各省（自治区、直辖市）民委，与财政厅一起完成了上述资金项目的安排。

五、参与制定支持民族地区加快发展和扶贫开发的政策

配合国务院扶贫办、国家发展改革委等部门，参与武陵山片区、乌蒙山片区等 9 个集中连片特殊困难地区区域发展与扶贫攻坚规划的编制实施。配合国办督查室做好集中连片特困地区扶贫开发政策落实情况督查。与国家统计局联合开展少数民族地区 2011 年贫困监测工作。组织编制定点扶贫“十二五”规划。组织赴国家民委两个扶贫点开展定点扶贫送温暖慰问活动，指导内蒙古巴林右旗和广西德保县的定点扶贫工作，审核下拨 2012 年定点扶贫的扶持项目及资金。完成云南贵州交界突发地震的救灾应急启动和向国务院的灾情报告。

六、做好少数民族特色村寨保护与发展试点项目工作

布置 2012 年少数民族特色村寨试点村寨上报工作；开展少数民族特色村寨保护与发展项目调研和检查工作，召开少数民族特色村寨保护与发展工作座谈会；举办了少数民族特色村寨保护与发展项目培训班；联合民族画报社编辑出版《少数民族特色村寨保护与发展工作画册》，并与中国民族报合作编辑出版 4 期特色村寨电子杂志；组织召开《少数民族特色村寨保护与发展规划纲要（2011-2015 年）》专家论证会，规划经报委领导同意印发各地执行；起草《少数民族特色试点村寨检查验收暂行办法》；组织赴葡萄牙、西班牙考察国外少数民族特色村寨保护与发展工作；开发少数民族特色村寨保护与发展信息系统。

七、组织做好武陵山片区发展工作

成立了国家民委武陵山片区联系工作领导小组；成立以国务院相关部门和四省市分管领导为成员，国务院相关部门和四省市相关牵头单位司（厅）级领导为联络员的片区联系工作领导小组。及时向中央领导报告片区规划实施进展情况，温家宝、贾庆林、回良玉等领导作出重要指示或批示；协调落实了各部门 2012 年支持片区的资金项目（十几个部门共投入 400 多亿元）和相关工作方案的实施。组织召开国务院有关部门协调会、四省市协调会，参与筹备温家宝总理在吉首主持召开的武陵山片区扶贫攻坚座谈会。建立派驻联络员制度，启动派驻联络员工作。承担国务院组织的对武陵山片区扶贫开发政策落实情况督查（湖北片），拟定重点调研题目并组织派驻联络员开展调研。建立片区统计监测制度，收集整理国家对武陵山片区的现行政策和武陵山片区四省市出台的优惠政策。举办第二批武陵山片区省、市、县民族工作部门有关干部的培训。开展武陵山片区试点和规划实施调研。

八、开展对口支援工作

参与国家研究解决新疆、西藏和四省藏区经济社会发展中的问题。参加了第三次全国对口支援新疆工作会议。参加了对口支援新疆工作部际联席会议第二次全体会议，并报送了《2011 年对口援疆工作总结和 2012 年工作打算》、《关于落实中央领导同志批示新疆经济社会发展有关重大问题的意见》。按照《新一轮对口援疆工作—中央部委卷》联络员会议要求，编写了国家民委新一轮对口援疆工作的有关材料。

梳理排查国家民委开展西藏和四省藏区重大项目和政策落实情况。参加了中央西藏工作协调小组经济社会发展专项工作小组第三次全体会议。按照中央西藏工作协调小组经济社会发展专项工作小组的要求和国家发展改革委的统一部署，国家民委牵头第三督查组 2012 年 9 月赴青海和甘肃开展对中央支持西藏和四省藏区经济社会发展政策措施贯彻落实情况督促检查工作的有关情况进行督查。参加了四川、云南、甘肃三省对口支援本省藏区工作座谈会。召开了对口支援新疆西藏民族工作部门工作座谈会。研究草拟国家民委关于进一步做好民委系统对口援疆援藏工作的意见。

九、推动牧区工作

配合国家发展改革委、农业部，开展对全国牧区、半农半牧区县进行重新研究和确认工作。配合

全国政协，赴青海、新疆等地牧区开展城镇化、工业化进程中三牧问题进行调研，回良玉副总理对调研报告作了重要批示。

十、开展民族统计监测工作

编印下发 2012 年中国民族统计报表制度和 2012 年中国民族统计年鉴编排大纲；筹备召开了 2011 年民族地区经济形势分析暨转变经济发展方式座谈会；审核汇总 2011 年度民族统计数据和年鉴文稿，编辑出版《中国民族统计年鉴》（2012）和《中国民族统计手册》（2012）。

十一、加强少数民族发展资金使用管理工作

协调财政部扩大 2012 年少数民族发展资金规模，比 2011 年增长 40%。印发 2012 年度少数民族发展资金拨付通知。积极协商财政部研究提出 2013 年少数民族发展资金规模及使用方案，并印发 2013 年少数民族发展资金预拨通知。做好少数民族发展资金项目实施情况检查和抽查工作。督促完成“少数民族发展资金绩效考评体系构建和应用”课题研究。积极配合财政部修订和完善少数发展资金管理办法。

十二、建立民族经济工作联系点制度

制定并印发经济发展司民族经济工作联系点试行方案。首批确定了 6 个民族经济工作联系点。

北京市

2012 年，在北京市委、市政府的高度重视下，北京市的民族经济工作紧紧围绕《北京市“十二五”时期少数民族事业发展规划》和年度重点任务分解，积极努力、狠抓落实，有力地促进了首都民族经济的健康发展，较好地满足了少数民族群众的特殊生活需求。

一、努力促进民族乡村经济发展取得新进展

顺利完成了 2011 年度以奖代补考评工作。连续第四年以市委、市政府名义成功召开全市少数民族乡村经济工作会，总结经验、表彰先进、部署工作。以北京市少数民族经济发展专项资金为抓手，紧紧围绕年度考评结果和达标任务完成，积极推进贯彻落实工作。一是加强与相关部门沟通协调。会商市农委、市统计局等相关部门，认真研究专题调研、专项规划、专项统计等工作，制定了工作方案。争取科委绿色通道支持，积极探索北部山区民族村经济发展模式。市财政专项投入 4400 万元，共扶持民族乡村经济发展项目 50 个。二是着重加大对乡镇工作的力度。实现了两个第一次，即第一次对乡镇干部进行专题培训，第一次将乡镇纳入以奖代补考核体系。在此基础上进一步完善以奖代补机制，形成了区县、乡镇和民族村完整的三级主体考核体系。调整包括进一步扩大了奖励范围，进一步加大了奖励力度（由 2400 万元提高到 3250 万元），调整完善了考核形式和程序，进一步提高考核工作的科学性，确保公平、公正和公开。通过一年来的努力，区县乡镇重视程度进一步提高。怀柔区委区政府召开了全区少数民族乡村经济工作会，开展了“1+2”帮扶活动；房山区、通州区、延庆县、密云区积极推动区（县）级专项资金增长；顺义区在区民宗办的努力下，全区有民族村的 5 个镇每年各设立 50 万元专项资金扶持民族村经济发展。据不完全统计，全市区（县）、镇（乡）两级专项资金共计 2620 万元，较 2011 年增加了 1010 万元，增幅为 62.7%。较好地完成了年度目标任务。年度经济运行数据显示，2012 年全市民族村农民人均劳动所得为 15726 元，比全市平均水平 14381 元高 1344 元，民族村增幅较全市高 3.4 个百分点。达到所在区县农民人均劳动节所得的民族村有 77 个，较 2011 年新增 23 个，约占民族村总数的 67%。

二、积极推进清真食品行业发展取得新进展

坚持择优扶持、可持续发展、扩大受益面和重点项目集中支持等原则，强化责任、强化管理、强化绩效，注重工作的规范性，注重培养企业服务少数民族

群众、服务民族工作、服务国家发展大局的责任意识，1600 万元专项资金共扶持清真食品行业和特需商品定点生产企业经济发展项目 60 个，取得了良好经济社会效益。完成清真食品行业调研数据的复核研究工作，在总结分析近年来北京市清真食品工作、特别是清真食品保障体系建设和专项资金使用情况的同时，组织开展了清真网点布局与清真牛羊肉保供稳价专题调研，认真研究北京市有清真饮食习惯的 10 个少数民族人口分布与清真网点布局的吻合度、量化需求，及时转化调研成果，作为解决“清真不便”、合理规划布局清真网点的依据，指导推动工作。积极配合市财政局完成 2011 年度 1600 万元清真专项资金 64 个项目的绩效考核工作。认真回顾总结北京烹饪协会清真专委会成立十年来的工作历程，成功举办了第五届北京清真美食文化节。

三、认真贯彻落实国家政策取得新进展

一是指导定点企业充分享受国家政策。严格审核、指导帮助定点企业用好技术改造贷款和补助资金。认真贯彻落实《北京市民族贸易和民族特需商品生产贷款优惠利率管理实施细则》，共审核民族特需商品定点生产企业流动资金贷款 13 笔共 2.455 亿元，帮助企业享受流动资金贷款贴息 707 万元，享受技术改造贷款贴息 104 万元，争取技术改造补助 250 万元，有力地促进了企业的发展。二是会同相关部门完成北京市“十二五”时期全国民族特需商品定点生产企业调整申报工作。明确将符合条件、北京特色、注重发展作为北京市调整申报工作的原则，在区县推荐的基础上，会同市财政局、中国人民银行营业管理部完成了申报材料审核报送工作。三是会同相关部门积极跟进国家政策调整。根据《财政部国家民委中国人民银行〈关于印发民族贸易和民族特需商品生产贷款贴息管理暂行办法〉的通知》（财金[2012]139 号）要求，对近年来工作进行了认真总结分析，并组织开展专项调研，会同市财政局完成 2013 年定点企业流动资金贷款额度测算。

四、积极服务大局对口支援工作取得新进展

根据市委组织部工作部署，北京市民委承担了北京市对口支援新疆和田地区基层干部轮训班清真餐饮指导工作。此次轮训工作共 10 批次 1000 人、历时 5 个月，第四期同期还举办了中组部示范班，具有规格高、标准高、参训人员多、涉及部门多等特点。明确了属地负责、资源统筹的工作思路，细化了工作方案，先后完成了对市委党校二分校相关人员的民族知识和民族政策培、指导清真餐厅硬件改造、协调清真餐饮工作人员和清真进货渠道、协调专业翻译人员翻译接待所需维语资料等工作。特别是选调人员组成清真工作小组全程参与清真餐饮保障，充分发挥了民族工作部门作用，体现了首都特色。北京市民委的工作得到了中组部和市委组织部有关领导的充分肯定，也得到了参训和田地区维族同志的一致好评，做出了经验，起到了示范作用，赢得了赞誉。

（撰稿　沙海涛　审稿　马中璞）

天津市

2012 年是党的“十八大”胜利召开之年，天津民族经济工作深入贯彻党的十八大和市委十届全会精神，紧紧围绕市委“调结构，惠民生，上水平”的总要求，坚持以科学发展观作为谋划工作和开展工作的出发点与落脚点，坚持以提升服务水平和依法加强监管作为工作的突破点与着力点，努力推进全市民族经济加快发展，主要做了以下几方面工作。

一、民族乡工作取得新进展

为抓紧、抓实、抓好市委领导在深入蓟县孙各庄满族乡调研时，提出的加快民族乡现代化建设和建设全国少数民族示范乡的目标要求的指示精神的贯彻落实，市民委党组高度重视，多次研究部署相关工作。会同市文广局和资深专家学者多次深入到蓟县满族乡村进行调研和实地勘察，走访了一些乡

村干部和老村民，挖掘并搜集到一批珍贵的满族文化资料，形成并坚定了走一条弘扬民族特色，立足文化强乡的发展思路。在此基础上，市民委密切配合专家组，按照高起步规划、高水平设计，有利于长期发展的工作理念，经过多次论证、座谈、修改与完善，编制出《天津蓟县满族风情游览区概念性规划设计方案》，将满族乡的所有重点建设项目串接成为一个整体，形成一个具有突出满族特色的民族文化旅游产业集群区域，将满族乡的未来发展空间和发展潜力拓展到最大化。市委常委、统战部长刘长喜和副市长任学锋专门听取汇报，并给予充分肯定。为加快项目的落实与推进，市民委多次协调组织调研论证会和专题工作会议，成立了由市民委和蓟县主要领导同志为组长，相关部门负责同志及规划设计专家参加的满族风情游览区项目工作领导小组。截至 2012 年底，该项目已经进入具体规划设计阶段，满族乡的总体规划提升。

二、清真食品市场继续保持稳定

积极会同商务、卫生、工商、食药等相关部门，不断健全和完善清真食品市场依法监管的工作机制，在十八大和重大节日期间开展清真食品市场的专项检查。及时依法妥善处理了涉及清真食品投诉 10 余件，制定清真食品备案的工作流程，并对备案申请材料进行分解与细化，使清真食品市场的准入进一步规范化和标准化。深入区县、街道、社区、企业开展清真食品相关工作的宣传培训，不断提升与扩大民族政策法规和民族政策的知晓度。针对当前互联网信息传播的趋势和清真食品问题的敏感，市民委继续完善了清真食品网络巡查制度，在定期上网筛查涉及清真食品的敏感内容和不稳定隐患的同时，还将“触角”功能不断延伸，广泛查询和搜索国内外清真食品市场和清真食品管理的最新情况与发展动态，不断拓宽和丰富了促进天津市清真食品市场繁荣与稳定的新思路和新方法。

三、民族特需商品工作再上新台阶

一是收官“十一五”。市民委就“十一五”民族特需商品的生产情况和享受政策情况，深入到各个定点企业开展调研。在国家申报“十二五”定点企业文件下发后，市民委及时下发文件并召开专题会议布置落实，主动深入企业指导组织申报材料，积极会同市财政局、市人民银行，按时高质量完成了“十二五”申报工作。二是健全协调机制。市民委主动与市人民银行、市财政局、市经信委相关职能处室建立了定期会商制度，积极宣传贯彻落实民族政策的重要性和特殊性，共同学习领会相关政策和文件，分析研究在政策执行过程中遇到的新情况、新问题。针对相关工作，分别与有关职能部门细化责任分工，及时沟通情况，共同深入企业开展政策咨询服务，切实保障了民族特需商品生产的供应，促进了天津市定点企业又好又快发展。三是落实优惠政策。积极会同市人民银行，向各贷款经办银行宣传政策、答疑解惑，促进了优惠政策的落实。经过与市人民银行反复研商，对企业调整贷款审批程序进行了改进，进一步提高了服务水平和工作效率。仅 2012 年前三季度，天津市落实流动资金贷款优惠利率政策贴息 974 万元，超过“十一五”前四年贴息总额的一半。在技改贷款贴息和生产补助资金工作中，市民委主动会同市财政局，甄选出运转良好、经营规范、投入较大、效益明显的优质项目进行扶持，积极协调市经信委，落实了地方等额配套资金，为定点企业的发展提供了强有力的资金支持。四是加强监督检查。日常工作中，市民委不定期地对定点企业特需商品的生产情况进行检查，对上一年度定点企业享受优惠政策的技术改造项目，积极会同市财政局逐一项目进行检查验收，确保优惠政策落实到位。五是制定实施细则。为了将特需商品的各项政策落实好、执行好，认真按照文件精神，经过与市财政局、市人民银行多次磋商，已经着手结合本市工作实际，拟定出《关于做好天津市民族特需商品生产贷款贴息管理工作的通知》。与市财政局对天津市贯彻落实特需商品技术改造贷款财政贴息和生产补助资金管理办法进行了研究论证。六是促进民族团结。积极引导定点企业牢牢把握各民族共同团结奋斗，共同繁荣发展的民族工作主题。经不完全统计，2013 年天津市定点企业为民族地区及本市贫困地区、残疾人、困难学生以及清真寺修建累计捐款捐物达到 300 余万元，为民族团结进步创建工作贡献了力量。

（撰稿　刘　飞　审稿　李景林　从秀荣）

河北省

2012年在国家民委的关怀和支持下，在河北省委、省政府的正确领导下，河北省的民族经济工作取得显著成效。

一、圆满完成赴平泉、丰宁现场办公活动

2012年7月31日至8月3日，河北省民宗厅组织省民委委员单位和省直有关部门赴平泉（民族县）、丰宁（满族自治县）现场办公。本次现场办公有51个单位参加（省民委委员单位32个，省直有关部门、大专院校19个），共支持项目597个，资金75.64亿元，参加单位、帮扶项目和资金规模均为历年之最，民族工作社会化水平进一步增强，一大批事关两县发展、民生的突出问题得到解决。这次现场办公有三个显著特点：一是更加注重政策层面的支持。加大了对两县财政体制、金融信贷、城乡发展、园区建设等政策方面的支持力度；二是更加注重发展环境的营造。按照全省“两个环境”建设的部署，在公路改造升级、水源保护、林场续建等项目上加大投入，促进县域经济全面协调可持续发展；三是更加注重改善民生。在教育、医疗、社保、新民居建设等领域扶持资金超过6亿元，有效改善民族地区各族群众的生产生活条件。

省长张庆伟对此次现场办公做出了“抓的对路，同意工作安排”的批示，这是对河北省坚持到民族地区现场办公做法的充分肯定，也是对帮助民族地区解决困难、加快发展这一有效途径的高度评价。

二、扎实推进民族工作示范村（含民族特色村寨，下同）创建工作

河北省于2009年启动民族工作示范村创建工作，结合新农村建设，以“加强基础建设、培育主导产业、打造特色村寨、促进民族团结”为重点，每年重点扶持50个民族工作示范村。截止2012年，共实施项目311个，总投资7.7亿元，解决了一大批事关加快发展、改善民生问题。为进一步推进创建工作，2012年5月，召开全省民族工作示范村创建工作会议，命名第一批全省民族工作示范村，制订《关于推进第二批民族工作示范村创建工作的实施意见》，对第二批50个民族工作示范村创建重点村进行安排部署。计划经3年努力，使第二批试点村成为民族团结氛围好、特色产业发展好、群众生活水平好、便民服务设施好、村容村貌形象好的民族经济富裕村、民族文化风情村、民族团结标杆村。

河北省创建民族工作示范村的做法得到国家民委充分肯定，2012年6月，国家民委组织的全国少数民族特色村寨保护与发展试点工作培训班赴河北省保定市凤凰台村、忠义村两个少数民族特色村寨保护与发展试点参观调研，对河北省民族工作示范村创建工作给予了高度评价。

三、合理安排少数民族发展资金

严格按照《财政扶贫资金管理办法》和《少数民族发展资金管理办法》管理和使用少数民族发展资金，认真做好资金项目的组织、论证、申报、审批、检查、验收等各项工作，一是严格审批程序。在加强调研的基础上，不断健全项目申报制度，规范申报审批程序。与财政部门紧密配合，在项目申报时，严格按照资金的使用范围认真甄别，把好入口关。二是确保专款专用。高度重视少数民族发展资金的监督检查工作，制定检查验收工作方案，抽调得力人员深入项目实施单位，按要求对少数民族发展资金项目进行实地督导检查。三是提高资金的使用效率。在项目考察申报到资金拨付使用等各环节推行责任制，明确专人负责，并进行跟踪监督检查，以确保项目立项合理，资金拨付及时，工程进展迅速，社会或经济效益显著，使少数民族发展资金达到最佳使用效率。

2012年少数民族发展资金以完善民族乡村基础设施、发展社会公益事业、解决少数民族群众的特殊困难为重点，兼顾发展优势特色产业，培训少数民族群众致富技能，共安排各类项目280个，资金3290万元。其中，50个民族工作示范村（含民族特

色村寨 30 个）建设项目 50 个，安排资金 1250 万元；人畜饮水及修建路、桥、坝、小型水利灌溉等基础设施项目 142 个，安排资金 1202 万元；特色种养殖、农畜产品加工等项目 23 个，安排资金 199 万元；少数民族劳动技能培训、适用技术推广项目 24 个，资金 298 万元；文化教育等社会事业项目 41 个，安排资金 341 万元。这些项目的实施有力地促进了民族乡村改善落后面貌，推动了民族地区经济社会的协调发展，取得了良好的经济效益和社会效益。

四、民贸民品工作取得新突破

按照国家民委、财政部、中国人民银行的通知要求，完成"十二五"期间民族特需商品定点生产企业的调整、申报工作。会同省财政厅、中国人民银行石家庄中心支行，对各市推荐企业认真审核，筛选了 61 家企业申报"十二五"期间全国民族特需商品定点生产企业。其中，保留"十一五"期间民族特需商品定点生产企业 30 家，新增报企业 31 家。经审核，河北省 51 家企业被确定为"十二五"期间民品定点生产企业，比"十一五"期间增加了 7 家，这是河北省历史上被批准为定点生产企业数量最多的一次，一批实力强、影响大、信誉好的企业被确定为定点生产企业，使河北省的定点生产企业的总体质量有了进一步提高。

根据《中国人民银行国家民委关于继续对民族贸易和民族特需商品生产贷款实行优惠利率的通知》（银发[2011]171 号）精神，河北省民宗厅会同中国人民银行石家庄中心支行，调研起草了《河北省少数民族特需商品生产优惠利率贷款管理办法（试行）》，并由中国人民银行石家庄中心支行先期试行。《办法》要求定点企业 2012 会计年度开始对民品优惠利率贷款设立专账管理，清晰反映贷款的实际用途、使用情况等信息。确立了审计与检查相结合的资金监管模式，对企业流动资金优惠利率贷款和贴息资金的使用情况，采取由各承贷银行的省级分行指定会计师事务所审计的方式进行监管，审计结果作为企业享受优惠利率贷款利差补贴的依据。执行一年来取得良好效果，确保了定点企业流动资金贷款全额用于特需商品生产，利息优惠部分的 70%以上用于补充企业自有流动资金，贷款贴息资金管理更加科学和规范。经过各级民族工作部门和各有关财政、金融部门的共同努力，2012 年全省 29 家民品定点生产企业享受优惠利率贷款贴息超过上年同期水平，再创历史新高。

五、其他工作

组织召开了省民委委员会议，总结 2011 年的民族工作情况，安排部署 2012 年的主要工作；完成民族乡调研工作；争取省财政支持，成功设立民族工作示范村（民族特色村寨）创建工作专项资金和少数民族社会事务发展资金两个专项资金，少数民族专项资金预算增加 400 万元；召开全省民族统计工作会议，完成 2011 年度河北省民族地方统计工作，上报和编印了 2011 年度河北省少数民族地方统计资料汇编。

（撰稿　张瑞强　审稿　康志锋）

山西省

2012 年，在省委、省政府的正确领导下，在国家民委的指导和支持下，山西省民族经济工作紧密围绕"共同团结奋斗、共同繁荣发展"的主题，服务服从山西转型发展主战略，以为少数民族群众服务、加快少数民族群众脱贫致富步伐为宗旨，通过各级民族工作部门和有关单位的共同努力，民族经济工作取得了一些成绩。

一、省委、省政府高度重视，全面安排部署

山西是个少数民族杂散居的省份，全省有少数民族约 10 万人，约占全省总人口的 0.3%。少数民族成份 53 个，其中人口最多的是回族，约 8 万人，满族、蒙古族人数均在万人以上。少数民族分布在全省的 119 个县（市、区）。山西省委、省政府高度

重视少数民族经济社会发展。2012 年 1 月 15 日，省委书记袁纯清主持召开了十届省委第 14 次常委会议，会议传达贯彻落实中央民族工作会议精神经验交流会精神，研究部署山西省贯彻落实意见。会议强调要“把少数民族经济社会发展摆在更加突出的位置，把少数民族聚居村放在发展一村一品、扶贫开发、新农村建设的优先位置，从各方面给予倾斜”。9 月 10 日，省政府郭迎光副省长主持召开会议，专题研究少数民族聚居村扶贫开发工作。省民委、省扶贫办、省农业厅主要负责人参加了会议。会议研究确定了加快少数民族贫困村脱贫致富奔小康的帮扶措施。还明确提出年轻干部要深入基层，与少数民族贫困村结对帮扶，推动贫困村加快脱贫致富步伐。

二、加快民族聚居村经济建设，不断提升山西省少数民族经济发展水平

山西共有 42 个少数民族聚居村，其中 8 个村农民年人均纯收入低于国家贫困线标准，18 个村农民年人均纯收入低于 2011 年山西省平均水平。

1. 加强调研，制定方案。落实十届省委第 14 次常委会议精神，省民委对 42 个少数民族聚居村实地调研，与扶贫办、财政厅等有关部门制定了加快少数民族经济聚居村社会发展实施意见和工作方案。4 月 27 日，省民委召开全省民族经济工作会议，就贯彻落实省委常委会精神，进一步加快山西省少数民族聚居村经济社会发展进行安排部署。

2. 深入开展年轻干部对口帮扶活动。11 月 2 日，省民委召开年轻干部与少数民族贫困村结对帮扶动员会。会议对机关年轻干部结对帮扶少数民族贫困村工作进行了安排部署。会后，省民委机关帮扶干部深入全省 26 个少数民族贫困村开展对口帮扶工作。

3. 将少数民族特困村列入全省贫困地区整体推进村。省民委协调省扶贫办将 8 个人均收入低于全国贫困线的少数民族聚居村列入山西省贫困地区整村推进村，并安排每个村扶贫开发项目资金 50 万元

4. 继续做好少数民族发展资金分配使用管理工作，加强资金的监管力度，坚持“科学选项，择优扶持，公开透明”的原则，邀请省农业厅、省农科院畜牧所、省交通科学院、省林业及省财政厅等有关单位专家论证，确定了 27 个项目给予扶持。

三、认真做好民族特需商品定点生产工作

1. 圆满完成“十二五”期间少数民族特需商品定点生产企业的调整确定工作。2012 年，根据国家民委等部门文件精神，省民委联合省财政厅、中国人民银行太原中心支行，经过认真考察、调研，选择了 36 家具有一定经济实力、能够承担民族特需商品生产并坚持为少数民族群众服务的企业申报“十二五”期间全国民族特需商品定点生产企业。最终有 29 家企业被国家民委、财政部、中国人民银行确定为“十二五”期间全国民族特需商品定点生产企业。

2. 民族特需商品生产企业优惠政策落实到位。2012 年，全省 21 家民品企业年产值约为 96.88 亿元，年销售额约为 94.76 亿元。民品企业共享受流资贷款贴息 6103.89 万元，生产补助资金 300 万元，企业技术改造贷款财政贴息资金 206 万元（其中省财政补贴 103 万元）。国家优惠政策的有效落实减轻了企业负担，提高了企业效益。此外，还组织民品企业积极参加各类贸易洽谈会，提高企业知名度，扩大社会影响力，增强企业竞争力。

3. 引导鼓励民品企业切实履行社会责任。2012 年，山西省民品企业积极参与各类公益活动，全省 21 家民族特需商品定点生产企业，特别是在全国具有较大优势的清真食品、纺织、玻璃器皿、机械制造等企业，竭诚为少数民族群众办好事、办实事，采取切实措施支援山西省和西部少数民族群众脱贫致富奔小康。当年，为当地和少数民族地区捐款捐物总价值约为 2700 万元。

四、扎实推进清真食品安全工作

2012 年，山西省认真贯彻落实《山西省清真食品监督管理条例》（以下简称《条例》），坚持服务与管理并举，不断加大工作力度，取得了显著成效。初步统计，全省清真食品业年产值在 1000 万元以上的大型清真食品加工企业有 19 家，总产值达到了 145.41 亿元。清真食品业已成了山西省民族经济发展的一个亮点。

1. 广泛宣传，营造氛围，深入开展食品安全“久安工程”，先后组织了“雷霆行动”、“人人关心食品安全，家家享受健康生活”的食品安全宣传周活动。

2. 加强领导，完善机构。2012 年，省、市各级民族工作部门都已成为当地食安委的成员单位。绝大部分市成立了由市分管领导为组长，民族宗教、工商、质监、卫生等相关职能部门为成员的清真食品监督管理领导组。领导组定期研究清真食品的监督管理工作，加强了部门协作，形成了联动机制，有效地确保了清真食品的安全。长治、临汾等市还将清真食品的监督管理列为年终考核内容。

3. 建章立制，健全队伍。各市全面加强“责权一致，责任到人，上级抓下级，下级对上级负责”的清真食品安全监管长效机制建设。建立健全监管制度。聘请清真食品管理监督员，建立社会监督机制，为开展工作打下了良好的基础。

4. 依法行政，监管有力。2012 年，在清真食品业全面推行网格化管理，坚持“属地管理、网内履职、层层落实”原则，不断提高责任监管的科学化、规范化水平。2012 年，组织了全省清真食品安全专项检查，对全省 11 市清真食品生产经营单位进行了全面检查，特别是对大型清真食品生产企业、清真肉食经营店、清真餐饮单位、大型超市和商场清真专柜（区），企业、学校内设清真食堂等关键部位进行重点检查。国庆、中秋、春节等重大节假日，各市都要对本地清真食品市场认真检查，加大对集贸市场、食品超市、城乡结合部和农村地区等集中活动场所的监管力度，对检查中发现的不合格清真食品坚决予以清除出了市场，确保了清真食品流通环节的安全。常态化的监督检查，有效促进了全省清真食品领域的和谐稳定。

（撰稿　解全东　审稿　白　源）

内蒙古自治区

一、继续深入推进兴边富民行动

根据国家民委部署，重点做好了以下六方面的工作，一是认真贯彻落实国务院办公厅印发的《兴边富民行动规划（2011-2015 年）》，组织编制了全区兴边富民行动“十二五”规划并已印发各有关地区和单位。二是进一步加大了对边境旗市兴边富民行动项目的指导和检查力度，进一步强化了工作手段和责任制，为兴边富民行动工作顺利的开展打下坚实基础。三是认真组织材料，参加了国家民委召开的全国兴边富民行动座谈会，自治区政府刘新乐副主席就自治区开展此项工作情况和今后打算进行了汇报。四是积极争取，将全区国家级兴边富民特色优势产业旗由 2011 年的 2 个增加到了 3 个。五是作为开展兴边富民行动工作的牵头单位，及时将自治区开展此项工作的进展情况报告给自治区贯彻落实国务院关于进一步促进内蒙古经济社会又好又快发展的若干意见工作领导小组办公室。六是积极配合国家民委开展了中央新闻媒体兴边富民行动万里行采访团来自治区的采访工作，进一步宣传了自治区兴边富民行动开展以来所取得的成就。

二、继续抓好扶持人口较少民族发展工作

重点完成了以下六个方面的工作，一是认真贯彻落实国家民委、国家发展改革委、财政部、中国人民银行、国务院扶贫办印发的《扶持人口较少民族发展规划（2011-2015 年）》，组织编制了自治区扶持人口较少民族发展“十二五”规划并已印发各有关地区和单位。二是继续配合自治区有关部门开展好扶持人口较少民族发展的专项督察工作，促进此项工作的深入推进。三是组织自治区有关部门共同参加了全国扶持人口较少民族发展经验交流会，汇报了自治区的工作进展情况以及开展此项工作中涌现出的典型事例。四是会同中国人民银行呼和浩特中心支行，共同制定出台了《内蒙古金融业支持人口较少民族地区经济发展的指导意见》。五是作为开展扶持人口较少民族发展工作的牵头单位，及时将自治区开展此项工作的进展情况报告给自治区贯彻落实国务院关于进一步促进内蒙古经济社会又好又快发展的若干意见工作领导小组办公室。六是积极做好扶持人口较少民族发展有关动态监测工作。

三、抓好民贸工作

根据国家民委、财政部、中国人民银行的文件部署，会同自治区财政厅、中国人民银行呼和浩特中心支行，组织全区“十二五”期间全国民族特需商品定点生产企业申报工作，经过下达通知、组织申报、汇总评定、联合行文上报等程序，将自治区135 家企业上报国家三部委，国家审批自治区 120 家企业为“十二五”期间全国民族特需商品定点生产企业。

配合开展了国家民委组织的少数民族特需用品目录项目调研工作，会同自治区财政厅组织 2012 年民贸企业技改贴息以及民贸生产补助资金项目。积极协调中国人民银行呼和浩特中心支行，加大对民贸企业的支持力度。

四、抓好少数民族发展资金的使用管理

一是安排好 2012 年国家下达的资金。2012 年，国家民委和财政部拨付自治区少数民族发展资金 26041 万元，自治区本级安排 1300 万元，共 27314 万元。项目侧重安排兴边富民行动、扶持人口较少民族发展、民族特色村寨保护试点等有专项规划的项目。在各旗县和盟市两级民委、财政共同筛选、把关、上报的基础上，会同自治区财政厅按照国家《少数民族发展资金管理办法》和自治区《少数民族发展资金使用管理实施办法》的有关规定，严格程序、认真操作，经过专家评审的程序，安排了 512 个项目，及时下达了资金。

二是主动积极协调，增加自治区本级配套资金。2011 年底，自治区主要领导对少数民族发展资金自治区本级配套部门有明确批示。在 2012 年国家下达自治区的资金额度确定后，积极协调财政，争取按领导批示落实资金，经过不懈努力，虽已近年末，但仍将资金予以了追加落实。

三是进一步要求各盟市按照国家《少数民族发展资金管理办法》和自治区《少数民族发展资金使用管理实施办法》的有关规定做好少数民族发展资金管理的规范化、制度化建设，及时做好项目反馈，总结好各地的资金管理工作，确保资金的经济和社会效益。

四是按照国家民委部署，认真开展了少数民族发展资金自查和交叉检查工作。全面梳理了自治区 2010 年和 2011 年的少数民族发展资金项目，分级进行了自查。此外，根据国家民委省区交叉检查的部署，自治区民委去湖南省检查了湖南省 2010-2011 年少数民族发展资金项目实施情况，并向国家民委提交了检查报告。还配合山西省民委检查组实地赴呼伦贝尔市进行了检查。通过自查和交叉检查，既学习到了好的做法，又发现了不足之处，必将进一步促进自治区少数民族发展资金的使用管理工作。

五、继续抓好帮扶工作

一是帮扶兴安盟扎赉特旗阿拉达尔吐苏木沙日格台嘎查。2012 年共向该嘎查投入扶贫资金 180 万元，重点改善农牧民居住环境和加大特色产业建设，改造危草房 40 户，扶持 20 户贫困户搞育肥羊集中养殖，聘请专业技术人员进行技术指导，开展农牧民科技培训等。

二是继续对鄂伦春自治旗、莫力达瓦达斡尔族自治旗进行区域重点帮扶。结合民委工作职能，侧重扶持人口较少民族聚居嘎查（村），2012 年，共向两旗投入 2790 万元，扶持了 93 个人口较少民族聚居嘎查（村）。

三是继续配合国家民委做好帮扶赤峰市巴林右旗。巴林右旗是国家民委的扶贫联系点，2012 年，根据国家民委要求，组织编制了国家民委定点帮扶巴林右旗“十二五”规划。此外，国家和自治区两级民委共同安排 190 万元的帮扶资金。

六、认真完成民族统计、少数民族特色村寨保护与发展、民族经济调研等其他工作

完成了 2011 年度 96 套统计报表填报工作和中国民族统计年鉴稿件的撰写工作。认真组织材料，并组织有关厅局人员共同参加了民族地区经济形势分析会。

认真做好少数民族特色村寨保护与发展试点工作，根据国家民委要求和自治区实际，结合资金情况，适当调整补充了自治区少数民族特色嘎查(村)，2012 年，共组织 15 个嘎查（村）开展了少数民族特色村寨保护与发展工作。及时上报了少数民族特色村寨项目备案表和项目情况表，对全区的少数民族特色村寨进行了调研，及时发现工作当中存在的

问题，认真解决问题。

积极配合有关部门，参加了自治区主体功能区规划、自治区集中连片特困区域帮扶规划、自治区东北振兴“十二五”规划等规划的编制审定工作。

（撰稿 李日树 审稿 常 威）

辽宁省

2012年，在省委、省政府的正确领导下，在国家民委的大力支持下，辽宁省民委经济工作认真贯彻落实全国民委主任会议和全省民族工作会议精神，紧紧围绕民族工作的目标任务，以不折不扣抓落实为责任，以用好民族资金为手段，以项目建设为依托，开拓进取，真抓实干，有力地促进了民族地区经济社会发展和少数民族民生改善。

一、重点开展执法检查，推动民族自治县发展

认真落实党和国家民族政策，主动协调省人大民侨外委将民族政策落实情况执法检查纳入工作日程，积极配合省人大常委会重点开展自治法实施情况执法检查。一是提出执法检查建议。二是配合省人大民侨外委制定执法检查方案。省人大召开《辽宁省实施<中华人民共和国民族区域自治法>办法》执法检查工作会议，安排部署执法检查工作，听取省政府关于贯彻执行《实施办法》情况的报告。三是积极开展执法检查。省民委领导分别陪同省人大三位副主任赴6个市和8个自治县，通过听取市、县人大、政府汇报，召开座谈会，实地调研考察等方式，对贯彻执行《实施办法》进行全面检查。四是召开协调会，推动各项政策措施的落实。省政府召开协调会议，专题研究落实省人大执法检查报告的建议，研究和部署整改工作，要求省直有关部门和有关各市政府，切实做到认识到位、措施到位、责任到位、落实到位，对省人大所提意见和建议条条抓落实，件件有交待。

执法检查取得了提出成效。省政府在民族政策的宣传和督查力度、推进县域功能区划分、自治县输出资源补偿、减免自治县基础设施建设配套资金、自治县财政支持政策、双语教学事业费、自治县公务员队伍和专业人才队伍建设、自治县民族文化产业发展、自治县发展林地经济、自治县扶贫开发等11个方面制定了政策措施。据初步统计，仅自治县矿产资源两权价款返还一项，2012年落实政策资金达到一亿元以上。

二、扎实推进四项特色工作，促进民族地区发展

一是扎实推进少数民族特色新村建设。召开全省少数民族特色新村建设推进会，国家民委经济司领导到会作专题辅导报告，统一思想、总结经验、明确要求、推进工作；组织人员赴省外学习先进经验、作法，拓宽思路，开拓视野；加大投入，安排民族资金930万元，在20个少数民族村进行试点，比2011年增加了5个，努力打造集民族特色民居保护、民族特色产业发展、民族特色文化传承和民族团结进步创建四位一体的社会主义民族新村，取得明显成效。表现在：从特色民居改造、村容村貌整治和完善水、电、路等方面的基础设施入手，加大投入，努力改善群众生活条件；大力发展特色产业，群众收入有较大提高。抚顺市四家子锡伯族村建设占地4500多亩果园，发展“假日休闲游”，可同时接待400人，仅此一项全村增收30多万元；促进了少数民族优秀文化的挖掘、整理、传承和发展。丹东市满家寨投资3000多万元，编排反映满族起源、历史、民俗的《八旗山水谣》大型歌舞剧，在观众面前呈现出一幅满族文化的全景画卷；

民族团结进步创建活动形式得到创新。指导试点村开展民族团结宣传教育工作，设立展示大厅，建立56个民族宣传板，全面宣传党的民族政策和民族知识。

二是扎实推进扶持人口较少民族发展工作。紧紧抓住国家扶持人口较少民族发展这一重要机遇，认真组织实施国家扶持人口较少民族发展规划，研

究制定政策措施、加大工作力度，积极推进辽宁省锡伯族聚居村发展。制定政策措施，明确目标任务。省民委与省发改委、省财政厅、中国人民银行沈阳分行、省扶贫办共同研究制定了《辽宁省贯彻〈扶持人口较少民族发展规划〉的实施意见》。《实施意见》从辽宁人口较少民族—锡伯族的实际出发，按照分类指导的原则，明确了以锡伯族聚居村为单位，实施整村推进、重点突破；

召开专题会议，推进工作落实。召开了“全省扶持锡伯族聚居村发展推进会议”，学习贯彻党的十八大精神，认真落实“全国扶持人口较少民族发展经验交流会”精神，全面深刻把握国家《扶持人口较少民族发展“十二五”规划》和本省《实施意见》的丰富内涵，总结前段工作，研究部署“十二五”后三年加快辽宁省锡伯族聚居村发展工作；项目引领，夯实基础、发展产业。以项目为抓手，增强锡伯族聚居村发展后劲，培育特色优势增收致富产业，着力改善民生，受到锡伯族聚居村干部群众的好评。投入基础设施建设资金 3667 万元，扶持 27 个建设项目，涵盖 27 个锡伯族聚居村。投入少数民族发展资金 2000 万元，扶持 39 个种植、养殖、农产品加工和民生改善项目，涵盖 34 个锡伯族聚居村。中央资金发挥了重要引领作用，整合各类资金 10169 万元投入到锡伯族聚居村。省发改委投资 3000 万元在沈阳市沈北新区建设锡伯族标志性建筑—锡伯族博物馆，省财政厅安排配套资金 367 万元改善锡伯族聚居村生产、生活条件；调查摸底，一村一档。为全面系统掌握全省少数民族聚居村，尤其是锡伯族聚居村经济社会发展情况，增强工作的针对性和有效性，在 2009 年全面调查的基础上，省民委专门发出《关于开展全省少数民族聚居村调查的通知》，对全省少数民族聚居村进行调查摸底。同时建立锡伯族聚居村档案，以村为单位“一村一档”。主要内容包括基本情况、“五通十有”情况、经济社会指标、项目建设情况、发展规划等。

三是扎实推进兴边富民行动。因地制宜，大力培育和发展特色优势产业，投入少数民族发展资金 5067 万元，扶持兴边富民行动项目 119 个，收到明显效果。沿海精品水产养殖和加工业发展迅猛。丹东沿海的港湾养殖、滩涂贝类、浅海养殖、淡水养殖和草莓种植业、稻田渔业发展迅速，其影响力扩展至全国北方地区，产品已销往域外；山区特色农产品种植和加工业形成规模。围绕干鲜果产业、中药材种植、柞蚕产业，全面实施兴边富民项目，共带动 3000 农户建立 3000 个产业示范基地；民族医药、特色村寨建设初具规模。丹东药业集团的满族医药、凤城大梨树满族村、青山沟满族风情园、三道河朝鲜族民俗村等民族特色产业已形成规模；菜篮子民生工程稳步推进。实施“菜篮子工程”建设项目 45 个，有力的促进了丹东市“菜篮子”工程稳步发展。

四是扎实推进民贸民品政策的落实。按照国家要求，完成了“十二五”时期少数民族特需商品定点生产企业的调整工作；制定了《辽宁省民族贸易民族用品企业财政补助资金项目管理办法》和《辽宁省民族贸易民族用品企业财政补助资金项目申报指南》，进一步规范管理；落实民族贸易、民族用品企业优惠政策资金 4049 万元。其中财政补助 613 万元，15 个企业受益。落实流动资金贷款贴息 3436 万元，23 个企业受益。

三、进一步完善资金管理，着力提高工作水平

为了更好的发挥少数民族发展资金的作用，确保安全、合规、有效，切实解决存在的不足和问题，提高项目申报管理工作质量，制定了《发展资金项目管理意见》，召开了培训会议；规范项目申报要求，对申报项目时间、申报项目程序、项目的申报资金和数量、申报材料等作了规范化处理；

建立评估审检制度，要求各市民委成立审检小组，对辖区内拟申报的发展资金项目进行评估审检，评估审检结果作为上报项目的必要依据。省民委对资金额度较大的项目，组织专家评审小组进行复审；加强项目检查验收工作。切实加强少数民族发展资金项目的监督检查，做到专户管理，专款专用。项目建成后及时组织验收，根据验收结果兑现补助资金。

（撰稿　赵经纬　审稿　赵　瑞）

吉林省

2012年，吉林省民族经济工作按照国家民委的和吉林省委、省政府的总体要求和部署，紧紧围绕民族“专项规划”的贯彻实施，着力促进民族和边境地区加快发展，取得了可喜的成效。

一、加强指导，着力为民族和边境地区加快发展助力

为推动民族和边境地区加快发展，加大政策支持和规划指导力度，进一步明确“十二五”期间发展思路和重点工作任务，在会同省直有关部门编制完成《吉林省少数民族事业发展“十二五”规划》和《吉林省兴边富民行动“十二五”规划》的基础上，加强与省政府沟通协调，经省政府领导同意，两个《规划》分别以省政府办公厅文件形式予以颁布。积极争取政策扶持，着力促进民族和边境地区经济社会发展服务。推动省委省政府出台支持延边加快发展的意见。经过积极协调争取，在省财力十分困难的情况下，新增少数民族发展资金配套资金800万元。

二、突出重点，全力推进“兴边富民行动规划”实施

一年来，吉林省民委围绕国家《兴边富民行动规划（2011—2015年）》，结合吉林省实际，在深入调研，广泛征求意见的基础上，确定了兴边富民工作的重点任务，并大力推进。一是突出边民增收致富项目建设。继续实施“百村万户”致富工程，通过采取整村推进的方式，以100个重点村为平台，大力扶持发展以食用菌、中药材、有机蔬菜、延边黄牛等为重点的特色优势产业。2012年，投入各类资金14704万元，组织实施173个增收项目，受益群众达15369户。二是着力改善边境地区各族群众生产生活条件。先后投入各类资金444万元，用于道路建设、自来水改造等民生建设项目，受益群众达1042户，有效地解决了边民群众行路难、吃水难等问题。三是积极推动兴边富民行动向纵深开展。组织召开了全省兴边富民行动现场会，总结了工作，交流了经验，省政府有关领导同志就贯彻落实国家和省兴边富民行动规划进行了总体部署。四是会同省边防总队开展了“比团结、比发展、创模范”为主要内容的“两比一创”、“爱民固边”、“同心筑堡垒、合力兴边疆”、“手拉手、心连心”、“百连百村结百对”等活动，培育了一批民族团结进步示范点和民族团结教育基地，使民族团结教育活动进村屯、进学校、进企事业单位，营造了边疆各民族和睦相处、和谐发展的氛围。

三、采取措施，努力促进民族自治地方经济发展

一直以来，省民委始终把促进民族自治地方经济发展作为民族经济工作的一项重要内容。针对民族自治地方经济发展不平衡的实际，通过采取加大资金投入和政策倾斜等一系列措施，努力促进民族自治地方经济发展。一是加大资金投入。对于民族自治地方的国家级贫困县，在项目资金的投入上要高于其它民族自治县25%，切实解决他们的生产生活中遇到的特殊困难和问题。二是加大政策倾斜力度。对于民族自治地方的项目优先考虑、优先安排，并予以重点扶持。2012年，在民族自治地方共投入各类资金11538万元，实施涉及产业发展、基础设施建设等项目共计152个，受益各族群众达46949人。

四、立足实际，切实做好少数民族特色村寨试点工作

按照国家民委、财政部“关于做好少数民族特色村寨保护与发展试点工作的指导意见”，坚持规划先行、突出重点的原则，在兼顾其它少数民族特色村寨保护与发展的同时，针对吉林省朝鲜族人口相对集中，朝鲜族特点比较突出的实际，将朝鲜族特色村寨的保护与发展作为工作的重点，编制了“朝鲜族特色民居和标志性建筑物以及特色村寨建设参

考标准和技术指导规范”一书。在具体推进工作中坚持“四不扶”、做到“六结合”和“五到位”。“三不扶”是：当地党委、政府不重视的，不扶持；当地没有政策倾斜和资金支持的，不扶持；没有规划的，不扶持；群众积极性不高的，不扶持。“六结合”是：与当地经济社会发展相结合；与新农村建设相结合；与促进各族群众增收致富相结合；与民族团结进步示范点创建相结合；与弘扬传承少数民族优秀传统文化相结合；与民俗旅游产业发展相结合。“五到位”是：宣传认识到位；组织领导到位；统筹协调到位；指导检查到位；资金投放到位。有效地推进了特色村寨试点工作的顺利进行。一年来，全省共投入各类资金 4304 万元，用于 6 个村寨 8 个项目建设。

五、强化协调，认真做好民品企业调整申报工作

根据国家民委在郑州召开的“‘十二五’期间全国民族贸易和民族特需商品生产政策及定点企业调整研讨会”和国家民委、财政部和中国人民银行“关于申报‘十二五’期间全国民族特需商品定点生产企业的通知”精神的要求，按照“总量控制、择优确定；优化结构、突出特色；保证生产，确保供应”的原则，认真做好“十二五”期间民品企业调整申报工作。一是开展调研。先后深入到全省 9 个市（州），深入企业开展调研，了解情况，摸清底数，为调整工作顺利开展奠定基础。二是加强指导。组织召开了由全省各市（州）民族科（处）长参加的民品企业申报工作会议，对申报工作进行了全面部署。三是加强沟通。积极与省财政厅、中国人民银行长春中心支行进行沟通，确定申报材料，并共同对各地申报材料进行了审核，确定上报民品企业名单。经国家批准，全省有 102 户企业纳入民贸民品优惠政策范围，为满足少数民族群众的特殊需求，促进民品企业发展壮大起到了积极作用。

（撰稿　翟文斌　审稿　王喜年）

黑龙江省

2012 年，黑龙江民委牢牢把握“两个共同”的民族工作主题，紧紧围绕黑龙江省委、省政府中心工作，配合推进全省“八大经济区”和“十大工程”建设，加大少数民族和民族地区扶持力度，加快推动黑龙江省少数民族和民族地区经济发展，全面促进少数民族社会事业繁荣进步。

一、以科学技术创新为助力，为民族地区经济发展提供技术支持

加快推进现代化大农业建设步伐，积极打造现代农业科技加工业，加快构建现代农业产业体系。五常市民乐朝鲜族乡建设了占地 8 万亩的现代化水稻种育秧基地，实现了全乡统一技术、统一标准、统一时间催芽育秧，全程电脑温控，给广大农民节省了资金、时间。绥滨县在发展网箱养鱼项目中，根据当地流域特点，自主研究设计建造了全省首创、国内领先的船式网箱养鱼模式。这种船式网箱不但造型新颖、技术独特，和普通网箱相比更具有降低水的流速，加大水体交换量；使用灵活；安全性能高；便于管理四大特点。泰来县宁姜蒙古族乡土地沙化面积达近 4 万亩，由于土地贫瘠，灌溉能力较弱，作物产量低，经济效益不高。2011 年 10 月开始，宁姜乡在好新村好新屯东的沙岗上建设沙地衬膜水稻示范园区 15 亩，2012 年示范园区投入使用。由于沙地温度高，透气性好，节水保肥，省工省时，比种植杂豆等作物经济效益每亩提高近 500 元，每年增加经济效益 7200 元左右，按照塑料埋在地下可利用至少 50 年计算可增加收入 36 万元，为进一步探索治理沙地、提高沙地生产效益提供了有效途径。

二、以特色优势产业为支撑，为民族地区经济发展提供有力保障

2010 年开始，黑龙江省改变以往摊大饼似的资金使用方法，在全省少数民族地区选择特色优势产业进行扶持，集中资金投入试点建设，不断打造样板，典型引路，整体推进。2010 到 2012 三年时间

优先打造了特色优势产业试点项目5个。其中，投入2400万元，帮建绥滨县网箱养鱼基地，目前养殖船已达25艘，年产达50万公斤，总产值突破5000万元，并召开了全省加快渔业产业发展暨绥滨网箱养鱼现场会，推广其成功经验。在此基础上，2011年、2012年，又将饶河县黑峰养殖、孙吴县冷水鱼养殖、穆棱市食用菌培育、黑河市爱辉区新生鄂伦春族乡新生新村综合旅游开发项目4个项目纳入试点，实施重点扶持，实现“一乡一品”，以特色产业先行试点逐步带动整个民族地区优势产业的全面发展。至今，全省少数民族地区种养殖方面已初步形成了优势产业支撑。特色种植方面，突出水稻种植优势，全省朝鲜族群众聚居地水稻种植面积占耕地面积的80%以上，标准化种植率占水田面积的70%，优良品种率100%，亩产水稻超千斤。特色养殖方面，确定了“以水兴业、以水富民”发展思路，重点发展了黑龙江网箱养鱼。乡村特色产业取得了很好的经济效益。

三、以多种经济形式为补充，为民族地区经济发展提供后续力量

黑龙江省充分发挥龙江民族风俗和自然景观优势，打造了佳木斯市街津口赫哲族文化村、黑河市爱辉区鄂伦春族特色村寨等知名旅游品牌，改善当地少数民族群众生活环境，增加了群众收入。而且还传承弘扬了赫哲族鱼皮画、鄂伦春族桦树皮画、满族满绣、剪纸等一大批民族文化精品，对少数民族风俗给予保护和开发，初步形成了龙江少数民族特色旅游产业开发基地。同时，黑龙江省充分利用朝鲜族村特殊的族缘、亲缘优势，大力发展劳务经济。绥棱县全面开展境外劳务输出工作，劳务输出的触角已延伸到韩国、日本、俄罗斯、美国、加拿大、澳大利亚等国家和地区。全国朝鲜族村出外打工人员每年有1200多人次，年创利润2000万元以上。劳务收入超过民族地区村民总收入的50%，使劳务产业真正成为了民族地区的一项“阳光产业”。

四、以项目资金监管为手段，为民族地区经济发展打造健康环境

2012年，黑龙江省不断加强少数民族发展资金管理和使用工作。为利用好发展资金，省民委以突出发展特色产业，适当兼顾改善生产生活条件为原则，大力扶持特色产业建设，重点指导和扶持民族地区发展特色种植、特色养殖、特色产品加工，全年安排项目311个。针对当前少数民族发展资金金额逐年加大，项目逐年增多的现状，为进一步推动发展资金管理和使用制度化、科学化、规范化，黑龙江省制定出台了《少数民族发展资金使用管理检查工作方案》，要求全省各级民族工作部门和财政部门一起，以管好、用好少数民族发展资金为抓手，推动民族地区经济社会加快发展。

（撰稿　李彦龙　审稿　刘烈军）

上海市

在上海市委、市政府的正确领导和国家民委的具体指导下，上海市民族和宗教事务委员结合上海城市少数民族经济工作的特点，上海少数民族经济工作，以“立足上海、面向全国、热情服务”，为工作思路，认真贯彻党的民族政策，充分调动社会各方面的积极性，整合各种社会资源，在不断满足少数民族特殊需求、积极支持少数民族和民族地区加快经济社会发展、巩固和发展平等、团结、互助的社会主义民族关系，促进上海各民族之间经济建设全面、协调、可持续发展方面取得了一定成绩：

一、把民族经济工作作为满足少数民族特殊生活需求和上海服务全国的大事来抓

按照中央的要求，上海要做好自身发展和服务全国这两篇大文章。在市委、市政府领导下，从贯彻邓小平“两个大局”思想和实践“三个代表”重要思想高度，认真落实中央民族工作会议精神，把做好少数民族特需用品生产工作作为民族工作的重要内容，作为上海主动服务全国的一个重要抓手。经国家民委等五部委确定的“十一五”期间本市少

数民族特需用品生产定点企业共有 8 家单位（其中清真食品生产企业 5 家）。他们积极响应党中央提出的“西部大开发”的战略决策，加强与西部民族地区的联系，发展与民族地区的贸易。各定点企业均拟定年度计划，为少数民族和民族地区生产、生活需要做好生产服务工作。如：上海老凤祥有限公司拓展全国老凤祥银楼专买店、店中店、特约经销店等多种销售形式的销售网络，扩大为少数民族服务的覆盖面，开展加工、调换、修理、个性化设计等十大服务，更好地提供少数民族适销的首饰，同时支持少数民族地区，发展民族地区价廉物美的银饰品、玉饰品、礼品。在饰品的价格上，对销往西北、西南、东北、中原等地的首饰平均每克比销往江浙的低 1.72 元。为更好地按少数民族特需用品组织生产，计划在云南、贵州、四川等少数民族集聚区，选址开设民族款式的金银首饰连锁店，并给予适当让利。并与当地合作，开展设计、制作技术人员培训，帮助发展当地的民族经济。又如，上海东亚食品工业有限公司在公司内部管理上，严格按清真食品要求组织生产，做到“四专”。认真做好清真食品生产的宣传推广工作，接待本市有关单位组织的少数民族群众到公司参观，扩大公司产品在少数民族中的影响。他们积极参加全国清真食品和少数民族用品博览会，为拓展清真食品市场，做好市场调研工作，进一步扩大对少数民族地区的销售推广工作，积极开发研制新的适销对路的产品，满足更广泛消费层次和少数民族的需要。对民族地区的销售额呈逐年增长趋势。

二、充分发挥上海民族宗教系统特点和优势，继续做好少数民族地区对口帮扶工作

1. 初步确定了德昂族后续帮扶方案。2012 年民宗委集资 50 万元资金用于德昂族群众职业技能培训和农民增收和产业发展扶持等项目。

2. 做好对贵州的帮扶工作。2012 年 9 月，民宗委走访了贵州安顺市镇宁自治州民族中学，与校方及有关部门进行了交流，，根据校方提出的帮扶方案，确定由市佛教协会捐款 30 万元用于该校微机室建设。目前项目已经完成。

3. 继续开展人口较少民族独龙族帮扶项目。按照总体规划和沪滇双方确定的工作原则，结合独龙族帮扶工作的实际，截止到 2012 年底，上海帮扶资金已到位 4000 万元，对口帮扶独龙族工作取得了阶段性成果，主要体现在：逐步实现经济发展新跨越。独龙江乡农村经济总收入 639 万元，较 2009 年增长 40%。农民人均纯收入 1255 元，较 2009 年增长 37%。逐步实现安居工程新跨越。由过去户均面积不足 20 平方米的房子搬进设施齐全的户均面积近 80 平方米的安居房（其中 44 户面积达 120 平方米）人均居住面积大幅提高，切实改善了少数民族生活条件。逐步实现产业培育新跨越。独龙江乡旅游公共服务设施建设正有序进行。普卡娃民族村已初具旅游接待功能，老百姓通过旅游接待，有了新的收入增长点。逐步实现独龙族群众思想观念新跨越。在帮扶工作中，老百姓参与项目的投工投劳，艰苦奋斗创家业，自力更生建家园的的积极性普遍高涨，商品经济意识、文化科技意识、卫生环保意识明显增强，劳动素质明显提升。

4. 根据市委、市政府和国家民委的工作要求，积极开展对口支援新疆喀什四县工作。主动开展支援新疆工作。以市合作交流领导小组办公室及上海市援疆工作指挥部制定的《上海市对口支新疆喀什四县综合规划》为依据，在上海市援疆工作指挥部的统一部署和领导下，结合自身优势开展支援新疆喀什四县工作：一是与市对口援建新疆工作前方指挥部、喀什地区民宗委、叶城县政府、民宗委共同协商新农村示范点援建项目方案。二是启动莎车县饮水项目、巴楚县民族团结教育中心项目、泽普县照明电入户项目。三是根据上海市合作交流办的要求，举办了第二期 50 人参加的喀什地区爱国宗教人士培训班。四是协助市合作交流办、市教委及有关区做好新疆未就业大学生在沪学习的有关工作，已有 182 名新疆未就业大学生完成培训离沪返疆工作。五是做好喀什地区民宗系统 4 名干部来沪赴浦东、杨浦、普陀、嘉定等区民宗（委）办挂职的有关工作。黄浦区民宗办组织区民族宗教界人士赴新疆少数民族地区学习考察，并前往伊宁市察布察尔锡伯族自治县捐款 20 万元用于少数民族群众民族刺绣等培训。

5. 根据国家民委援疆、援藏工作会议精神，投资 30 万元开展了对口支援西藏日喀则民族工作部门工作

6. 做好青海果洛少数民族干部来沪挂职工作前期准备工作。

三、认真贯彻落实《上海市清真食品管理条例》

1. 建立健全世博后清真食品长效管理机制。一是政府六部门联合监管的《关于加强清真食品管理工作的通知》在征求市清真食品工作联席会议各成员单位意见的基础上，向各区县相关部门正式下发。二是会同市商务委召开清真食品货源追溯工作会议，召集了本市主要清真食品经营批发企业就清真食品货源可追溯提出工作要求，并听取了各经营单位的意见。先行试点，然后在具备条件的企业逐步推行。三是就进一步加强清真食品义务监督员管理工作，征求了各区县民宗办和市少数民族联合会的意见，并形成工作意见下发各区县民族部门。为建立完善的清真食品社会监督网络打下良好的基础。

2. 贯彻落实清真食品行业财政优惠政策。为保障清真食品的供应，促进清真食品行业发展，根据市商务委、市民族宗教委、市财政局关于《上海市清真食品基本供应点专项资金管理办法》的规定，依照清真食品财政专项扶持资金的预算额度，经上海市商务委、市财政局及民宗委组成的项目评审小组审定，确定装修改造的清真食品基本供应点9家，清真副食品专柜租金补贴84家。上海市财政执行2012年清真食品专项资金预算380余万元。这些扶持政策的贯彻执行，使清真食品企业进行了技术改造，清真食品企业和供应网点的环境面貌得到了较大的改善，134家清真副食品供应网点按照“四个规范”即标准规范、设施规范、管理规范、服务规范要求进行装修改造，改变了过去脏、乱、差的现象。清真饮食行业利用政府的装修改造补贴，对硬件设施和消费环境进行更新改造，提高了经营档次和接待能力，得到少数民族和广大消费者的称赞。

四、民族用品贷款利率补贴政策落实情况

在中国人民银行上海分行和上海市财政局支持下，自2012年1月至12月上海市民族用品生产优惠贷款利率补贴政策落实情况：上海民族乐器一厂、东亚食品有限公司、上海爱普食品工业有限公司、中国第一铅笔股份有限公司、老凤祥银楼、上海同仁药业有限公司等6家企业共计贷款17460万元，其中国家贴息472万元。

五、2012年度民族特需商品生产补助政策落实情况

根据《财政部关于下达2012年度民族特需商品生产补助资金的通知》，经财政部审核，上海市技术改造项目2012年度民族特需商品生产补助资金：上海爱普食品工业有限公司60万元、上海东亚食品公司60万元，上海同仁药业有限公司40万元、中国第一铅笔股份有限公司40万元、上述四家单位技术改造项目民族特需商品生产补助资金总计200万元。

（撰稿　窦　伟　审稿　张继富）

江苏省

2012年，江苏省民委在国家民委的指导和省委、省政府的正确领导下，以迎接党的十八大召开和学习贯彻十八大精神为强大动力，全面落实省委提出的“六个注重”，立足于江苏省散杂居的实际，坚持服务大局，夯实基础、突出特色、注重实效，全省民族经济工作取得了新的成绩。

一、以制度建设为保障，创建“五个示范”，为全省民族经济发展营造良好的社会氛围

（一）“五个示范”创建活动取得显著成效

在各级党委、政府的大力支持下，在各地宣传、统战、教育、民政等部门的密切配合下，江苏省民委在全省深入进行民族团结宣传教育活动的基础

上，广泛开展了“五个示范”为具体内容的民族团结进步创建活动并取得了阶段性成果。至 2012 年底，全省共有 65 个单位被授予“江苏省民族团结宣传教育示范单位”、105 个社区被授予“江苏省民族工作示范社区”、20 个民族村被授予“江苏省民族团结和谐小康示范村”、39 家清真拉面店被授予“江苏省清真拉面示范店”、13 个民族社团被授予“江苏省民族团结示范社团”等称号。2012 年 7 月在宁夏银川市召开的全国民族团结进步创建经验交流会上，江苏省开展的“五个示范”创建的经验在会上作了书面交流，受到回良玉副总理的高度评价，省委书记罗志军、省长李学勇分别对此作出重要批示。

（二）完善制度，形成机制

省民委紧密结合国家民委、省有关文件精神和地方实际，研究制订创建工作制度文件，围绕主题，制订了“五个示范”的创建对象、标准和成果要求，按照“成熟一个、健全一个、巩固一个、提升一个”的思路，在建立长效机制中推进创建工作深入实施，为民族团结进步创建工作提供了强有力的制度保障，发挥示范单位的引领作用，让民族团结进步创建活动覆盖全社会。

（三）保持了全省民族领域团结、稳定与和谐

省民委坚持把加强民族团结和维护社会稳定放在工作的首位，采取教育疏导、依法行政、法律援助等措施和办法，全力维护民族团结和社会稳定。对于涉及民族方面的矛盾纠纷，省民委坚持慎重对待、依法处置、妥善解决的原则，严防矛盾扩大化，全省各地保持了民族团结的良好局面。

二、以“适度倾斜、优先发展”为原则，强化领导，加大投入，推进民族乡村经济和社会事业又好又快发展

2012 年，省民委从政治和全局高度，进一步提高了对加快民族乡村经济发展重要性的认识，坚持高起点谋划、高标准建设，主动对上争取省人大、省政府领导的重视，努力开创全省民族乡村经济社会发展新局面，让少数民族群众共享改革发展新成果。

（一）省人大领导领衔督办人大代表建议助推民族乡村发展

年初，省人大常委会从十一届人大五次会议代表们提出的 400 多件建议中，遴选出 7 件建议由省人大常委会负责同志进行重点督办。其中《关于加大对全省民族聚居地方扶持力度，制定扶持 39 个民族村发展专项政策的建议》被遴选为 2012 年重点督办建议之一，由省人大张艳副主任领衔督办。省民委抓住省人大领导重点督办建议的契机，积极争取省人大对民族工作的支持，委领导多次专程赴省人大专题汇报民族工作及建议办理情况，争取省人大领导的支持。为使办理工作取得实效，傅自应副省长在建议办理过程中多次听取省民委工作汇报并提出明确要求，推动有关部门落实办理事项。8 月下旬，张艳率省人大有关专门委员会负责同志、部分常委、人大代表，赴高邮市菱塘回族乡等 5 个民族乡村视察调研民族工作并召开现场督办会。傅自应副省长和 14 个相关厅局负责人参加了督办会，就采取切实措施进一步推动全省民族聚居地方经济社会发展作了表态发言。

（二）力推省政府出台加强民族乡村发展指导性文件

为进一步推动江苏省少数民族和民族聚居地方经济、社会、文化等各方面加快发展，省民委加强了对民族聚居地方发展现状和实际需求的调研，先后召开了省民委、省辖市、相关县（市、区）民宗局领导和民族工作干部、民族乡（镇）负责人、民族村及民族村所在乡镇部分领导干部计 143 人参加的 9 个座谈会。期间，省政府分管领导为方案的出台多次亲自实地调研并主持召开协调会。2012 年 12 月 18 日《省政府关于推动民族乡（镇）村全面建设小康社会的意见》（以下简称《意见》）正式出台。为使文件精神落到实处，省政府于 2013 年 1 月 16 日召开了全省民族宗教工作暨民族乡（镇）村小康建设推进会议。各市分管领导、省民委全体兼职委员及联络员、各市民宗局长、民族宗教工作分管副局长、民族宗教处长、辖有民族乡（镇）村的各县（市、区）政府分管领导、民宗局长等参加会议。傅自应副省长就进一步落实省政府文件精神，加强民族工作的组织领导，加大对民族乡（镇）村的扶持力度提出了明确要求。

（三）切实加大对民族工作和民族聚居地方扶持力度

为全面推进民族乡（镇）村小康社会建设，改

善公共基础设施和生态环境,《意见》明确提出将苏北、苏中地区民族村全部纳入全省经济薄弱村"整村推进"规划,到2015年,苏南、苏中、苏北地区民族村年集体收入分别达到70万元、30万元和15万元以上,少数民族村民年人均纯收入达到8000元以上,达到或超过所在县(市、区)农村居民收入平均水平。教育、科技、文化、卫生、体育等社会事业加快发展,少数民族群众的生活质量和综合素质明显提高,合法权益得到切实保障,民族关系更加和谐。为此,《意见》明确将江苏省"支援不发达地区发展资金(少数民族部分)",按1:1的规模与中央下达江苏省的少数民族发展资金进行配套。省财政同意每年安排民族教育专项资金300万元,用于改善全省民族中小学、幼儿园教学设施和解决内地新疆高中班、西藏民族中学基础设施建设中的特殊困难;安排清真网点建设补助资金200万元,用于扶持全省清真饮食网点建设和清真企业的发展,满足少数民族群众的生活需求;安排民族文化专项经费200万元,用于加强对少数民族优秀文化遗产的挖掘和保护、大力推进少数民族文化艺术创作和宣传演出、全国少数民族文艺会演江苏省参演剧目的选拔编排、建设民族文化产业基地等。

(四)充分发挥省民委委员制的帮扶作用

为进一步建立健全省民委委员制,充分发挥其综合协调职能,省政府办公厅下发文件,重新调整了省民委兼职委员单位和兼职委员,新增了省环保厅、省商务厅、省妇联等3家兼职委员单位并明确了相应职责,增强了省民委委员制的实力。"十二五"期间,经省政府领导同意,江苏省依然将省民委兼职委员单位的项目帮扶,作为加快少数民族聚居地方发展的重要举措之一予以继续实施。经省领导同意,省民委对各地上报的项目进行筛选、汇总,形成了《"十二五"期间全省民族乡村(组)经济和社会事业扶持项目建议方案》,共确定124个项目,投资总额3.07亿元,将惠及所有民族乡(镇)、村(组),并以省民委委员制的名义发文落实。

(五)民族乡经济社会事业快速发展

高邮市菱塘回族乡是江苏省唯一的民族乡,2012年实现经济总量180亿元,地区生产总值25.7亿元,财政收入1.82亿元,农民人均纯收入1.8万元,同比分别增长30%、20%、26%和15%,经济和社会事业得到全面发展,各族群众的生活水平显著提高。

(六)努力提升少数民族发展资金对民族乡村发展的拉动效应

5月上旬,省民委举办了全省少数民族特色村寨保护与发展项目培训班,对市、县(市、区)民族干部和民族乡村项目负责人进行专题培训。为使少数民族发展资金效应最大化,省民委先后3次召开座谈会,研究讨论热点、难点问题。重点把好少数民族发展资金项目管理申报、实施、督查等三个环节,确保少数民族发展资金用到实处,注重引导,发挥和放大少数民族发展资金的经济和社会效益。

三、以受援地区实际需要为目标,提高认识,突出重点,进一步加大对口援藏援疆工作力度

2012年,按照国家民委的统一部署,省民委系统负责对口支援新疆伊犁州、克州、新疆兵团农四师、农七师以及拉萨市所属有关县民族工作部门。全省相关民族工作部门把对口支援工作当作一项重要的政治任务,事关民族团结进步和维护边疆稳定、促进东西部协调发展的全局的大事来抓,将对口支援列入重要议事日程,结合自身实际,以促进经济发展、维护稳定、增进交流为己任,认真拟定与受援方对接计划、任务,强化组织领导,扩大支援范围,提高合作层次,对口支援工作取得了一定成绩。

(一)提高认识,进一步加强组织领导

为了切实做好工作,省民委根据国家民委的具体要求和江苏省工作实际。一是全面加强组织领导。结合系统内正常人事变动情况,及时调整刷新对口支援工作领导小组成员,确保组织健全有力。二是严格处室责任落实。民族处作为主要工作部门,负责做好日常工作的协调、服务和联络工作,与其他职能处室一起落实有关援助、合作项目,并将有关目标、任务落实到相关具体单位。三是不断健全工作机制。在工作中,省民委结合实际不断健全完善工作机制,如工作例会、责任单位、工作交流等工作制度。上半年省民委结合民族工作相关业务培训班,参会各单位汇报了对口支援工作进展情况,交流了经验体会,较好地促进了工作开展。

(二)围绕目标,广泛开展形式多样的活动

围绕2012年对口支援目标、任务,省民委采取

更加扎实措施，开展形式多样的活动，大力推进支援活动，确保各项工作落到实处。一是全力做好第二批新疆籍高校未就业毕业生来苏培养岗位实习工作的保障工作。2012 年，2964 名新疆籍高校毕业生在完成一年院校培养教育后，于 8 月底到江苏省 14 个对口援助市、20 多个县（市、区）的基层乡（镇、街道）的上千个岗位进行实习。为确保实习工作的顺利进行，省财政拨付资金近 5000 万元，省民委作为培养工作领导小组成员单位，要求相关地区民族工作部门提前谋划，强化培训，做好指导，检查清真饮食保障情况，做了精心细致的工作，为岗位实习工作顺利展开奠定了基础。并对有关市、县（市、区）实施岗位实习工作的相关人员进行政策和服务管理工作培训。二是为新疆伊犁州培训宗教教职人员。经省民委与伊犁州民宗委协商，自 2012 年下半年起，持续为伊犁州培养宗教教务人员 5 年。每年 2 期，上、下半年各 1 期。目前已经培训了第 1 期 4 位学员，涉及费用约 3 万元。三是广泛开展互访活动。省民委、南京、镇江、南通、泰州、盐城等部门和地方派出或接待对口支援地考察团 10 余个，落实支援项目 12 个，达成意向项目 6 个。

（三）突出重点，确保对口支援工作落到实处

全省民委系统主动与各受援地区民族工作部门开展对接工作，了解他们的工作情况和存在的主要困难，以增强对口支援工作的有效性。2012 年 8 月，省民委组成考察团赴新疆进行了工作对接，赠给伊犁州民宗委、克州民宗委、生产建设兵团民宗局各 10 台笔记本电脑，支援工作经费 30 万元。各地也加强与新疆受援民族工作部门的沟通协作，针对他们的实际需求，积极开展援助工作，帮助他们改善办公条件、加强人员交流与培训等。9 月，南京市民宗局从办公经费中抽出 10 万元援助新疆伊宁市第 14 中学，为他们定制了课桌、讲台和运动器材，还拿出 2 万元援助了西藏墨竹工卡南京希望小学，为该校购买了教学板、复印机、扩音器材等教学设备。无锡江阴市为新疆霍城县民宗委购买 5 台电脑，拨付现金 15 万元等。据统计，2012 年，江苏省民委系统对口援助新疆民委系统用于改善办公条件的资金达 100 万元。江苏省南通市还与伊宁县签订了人员交流培训协议，自 2011 年开始接受伊宁县统战部门干部来南通市挂职锻炼。

（四）加强引导，倡导定点企业回报社会服务民族工作

“十二五”期间江苏省共有 59 家单位被国家民委、财政部和中国人民银行确认为民族特需商品定点生产企业。在各级民族工作部门的积极协助下，2012 年，全省民族特需商品定点生产企业共享受流动资金贷款贴息、生产补助资金贴息、技术改造贷款贴息共计 3000 多万元。在切实满足少数民族和民族地区的特殊需求的基础上，省民委还就定点企业回报社会服务民族工作出台了专门意见。在省民委的积极引导下，全省定点企业积极开展对口帮扶等多种公益活动，向中西部民族地区的民族教育、少数民族扶贫、公益事业、向江苏省民族村组及散居少数民族困难群众积极捐款捐物，以回报社会，服务民族工作。

（撰稿 张 可 审稿 成 坚）

浙江省

2012 年，浙江省民族经济工作在国家民委的指导下和省委、省政府的正确领导下，坚持以科学发展观为指导，牢牢把握“共同团结奋斗，共同繁荣发展”的民族工作主题，以加快转变经济发展方式为主线，把普遍增加少数民族群众收入、全面提升民生水平、不断增强内生动力为中心任务，不断提高民族工作、尤其是民族经济工作的科学化水平，推动少数民族和民族地区实现科学发展。

2012 年，浙江省少数民族农村居民人均纯收入破 7 千元大关，达到 7429 元，比上年增长 15.7%，增幅高于全省 8.8%的平均水平。景宁畲族自治县和 18 个民族乡（镇）全年工农业总产值达到 84.1 亿元，比上年增加 16%。景宁畲族自治县 2012 年实现地区生产总值 36.4 亿元，同比增长 10%，完成工业总产值32.3亿元，同比增长6%；财政总收入9.5亿元，其中地方财政收入4亿元，同比分别增长17%和9%；农村居民人均纯收入达8384元，同比增长13%；少数民族人均收入7600元，同比增长13.7%。全省18个民族乡（镇）人均收入达到7669元，比上年提高了12.5%；实现工业总产值31.8亿元，比上年增长19%；农牧渔业生产总值10.9亿元，比上年增长13.5%。人均收入4千元以下的少数民族人口从上年的8.55万人减少到2012年底的6.8万人，少数民族群众生产生活质量有了显著提高，少数民族和民族地区经济发展“赶趟”步伐进一步加大。

一、强化规划和政策保障

浙江省把切实贯彻落实《浙江省少数民族事业发展“十二五”规划》作为民族工作的重点，指导少数民族和民族地区结合《规划》的相关要求，制订具体的实施意见。浙江省各级民族工作部门以“推动少数民族和民族地区加快转变经济发展方式”为主题，围绕《浙江省少数民族事业发展“十二五”规划》，全面推进政策保障倾斜、产业项目倾斜、发展资金倾斜和人才技术倾斜。少数民族和民族地区充分立足各自实际，注重转型升级，在经济发展中做到人无全有、人有全优、人优全精，在差异化、特色化发展道路上较好的实现了质与量的统一。

2012年省委、省政府继续加大对景宁自治县的帮扶力度，出台《省委、省政府关于加大力度继续支持景宁畲族自治县加快发展的若干意见》（浙委〔2012〕115号）。景宁畲族自治县紧紧围绕打造畲乡新农村这个主题，从抓点扩面、打造畲族特色着手，不断加大农村基础设施建设和环境整治的工作力度，从“点、线、面”三个层面推进村镇建设。2012年景宁县制定了《关于深入推进重点村整治扎实开展美丽乡村魅力畲寨建设的实施意见》，计划2011年至2015年，每年投入专项资金2000万元，按照“提升一批、打造一批、改造一批”的思路，整治建设52个“生态环境优美，村容村貌整洁、产业特色明显、乡土文化浓郁”的美丽乡村·魅力畲寨。在“美丽乡村·魅力畲寨”建设中，该县从原来的抓“推进”促“提升”转向抓“魅力”塑“特色”建设，坚持以编制规划为先导，注重挖掘和彰显景宁独特的畲族文化内涵和村貌特征、产业特点，做到“一村一貌”、“一村一景致”，着力打造生态优势突出、民族风情浓郁、地方特色明显的农村“金名片”。

二、专题研讨年度民族经济工作重点

围绕浙江省经济社会发展的中心、立足全省民族经济发展的实际，从2010年开始，浙江省每年召开全省性的民族经济工作座谈会。在分析研判形势的基础上，确定年度民族经济工作的重点，通过交流经验、实地考察、典型带动等，全面推动全省民族经济工作。2012年5月，浙江省在兰溪市召开以推动少数民族和民族地区加快转变经济发展方式为主题的全省民族经济工作座谈会，会议紧紧围绕“以项目为抓手，以特色产业为重点，推动少数民族和民族地区加快转变经济发展方式”这一主题，通过交流座谈和参观考察，全面客观地研判了当前浙江省民族地区经济社会发展情况，分析了民族地区经济运行态势，进一步明确全省少数民族和民族地区经济发展的思路和工作重点。会上有关县（市）各自围绕本地区少数民族和民族地区经济的发展成果和成功经验作了交流发言，与会代表还实地参观考察了兰溪市水亭畲族乡民族工业园区、上朱民族村现代农业示范园和下方泉民族村新农村建设情况等。

三、加强少数民族发展资金管理

认真做好少数民族发展资金的统筹安排和绩效评估等工作，集中力量抓好一批重点帮扶项目。2012年共安排发展资金3122万元，安排产业发展和特色村寨保护与开发等重点项目45个。根据国家民委要求开展了省际间资金管理交流检查。通过加强民族经济工作调研，科学安排项目资金；健全资金管理制度，提高资金的管理水平；突出资金使用重点，提升资金的使用效益；加强资金绩效评估，确保资金的实际成效。

与此同时，浙江省还认真做好民贸民品工作。2012年全省6家民品定点企业共获得国家生产补助及技改贴息资金203万元；景宁的民贸企业办理流动资金贷款贴息从原来的两家增加到三家，企业贷款规模达7585万元，年享受贴息195万元。民品民贸优惠资金用于围绕企业发展、进一步扩大自身生产能力和提高产品质量上，并在生产技改、开发新产品等方面也有新的突破和进展。使少数民族群众受益，企业发展，达到“双赢”效益。

四、继续做好民族团结进步小康村创建和特色村寨建设

把特色村寨建设与民族团结进步小康村建设、美丽乡村建设有机结合，积极做好第四批省级民族团结进步小康村的申报、考核和验收工作，新创建民族团结进步小康村 19 个。并对以前小康村、民族特色村寨加强提升。工作实践中，一是合理规划，理清工作思路。在深入细致调研的基础上，明确“因村制宜、分类指导，拓展内涵、彰显特色，先易后难、重点先行，统筹兼顾、合力发展”为基本工作思路。确定以发展民族村种养业经济、打造畲族特色村落文化、提升民生水平、推进民族团结进步为主旨，二是统筹协作，做好结合文章。坚持把民族特色村寨与新农村建设相结合，用特色村寨保护与发展的成果丰富和深化新农村建设的内涵；坚持把民族特色村寨与文化保护相结合，充分挖掘文化内涵，为少数民族传统文化保护和传承提供新的途径和鲜活的实体。坚持把民族特色村寨与民族团结进步创建相结合，将民族团结内容纳入村规民约，融入日常生活，增强民族凝聚力和向心力。三是产业助推，打造“一村一品”。依托产业园区与龙头企业，培育“畲家特产”特色农业产业；依托“畲族风情、畲乡山水、畲家特产”三大主题，培育“畲家乐”农家特色旅游产业；依托民间传统工艺与现代科技进步，培育畲家特色手手工艺品产业。变畲乡生态、文化等潜在优势为现实生产力，加快少数民族和民族地区群众致富奔小康步伐。四是突出主体，着眼群众得实惠。在建设和推进的过程中，注重加强引导，广泛发动群众，调动群众在创建过程中的积极性；注重创新方式，依托专业合作社，调动群众在产业发展中的积极性；注重群众得实惠，通过建设和发展，让村庄更加美丽，让当地群众更加富裕。五是整合资源，强调多级联动。发挥有关部门作用，统筹项目，统筹资金，形成创建合力；发挥基层党委政府组织领导和推进落实作用，严格项目推进落实及资金管理；发挥创建村工作主体作用，按照实际创建规划和工作进度要求，及时解决建设过程中遇到的困难和问题。通过整合资源，多级联动，共同推进小康村和民族特色村寨建设工作。

五、以培训工作为手段，提高民族干部工作能力

2012 年浙江省继续举办民族乡（镇）干部培训班，培训班邀请省委宣传部讲师办主任李泽泉博士作了省党代会提出的建设“物质富裕、精神富有”现代化浙江的辅导报告；培训班共同学习研究国家民委少数民族特色村寨建设规划，明确其要求，共同探讨浙江省少数民族特色村寨建设问题，并就推进民族乡村产业发展、文化建设、生态文明等进行专门座谈，进一步提升民族干部抓经济工作的能力和水平。同时省民宗委还积极指导有关市县开展民族乡村干部的培训工作，通过培训更好地推动民族乡村干部的素质。

一年来，浙江省民族经济工作取得了较大进步，但浙江省 400 多个民族村，多处偏僻山区，经济落后，尤其是村集体经济薄弱是浙江省民族村的普遍现象，这个问题基本上没有得到根本好转；少数民族和民族地区发展水平总体滞后现状没有改变，与省内发达地区差距拉大的趋势仍然没有扭转。浙江省的民族村与全国农业农村同样，在发展上面临着一系列新的挑战：农业综合生产成本上升，自然和市场风险加大，农产品供求结构性矛盾突出，地少且差、水缺的矛盾加剧，农业资源要素流失加快。特别是农村社会结构加速转型，农村劳动力大量流动，农户兼业化、村庄空心化、人口老龄化趋势明显。

(撰稿　王晓跃　审稿　钟建文)

安徽省

2012 年，安徽省民委按照国家民委的总体要求和部署，紧紧围绕省委省政府中心工作，突出重点，创新思路，圆满地完成了年初既定的各项目标任务，有力地促进了全省少数民族和民族聚居地区经济社

会又好又快发展。

一、实施"四大建设"深入推进"共同发展"提升行动

一是贯彻落实省委省政府《关于实施"十二五"居民收入倍增规划的指导意见》精神，年初出台《关于推进四大建设，促进增效增收，深化"共同发展"提升行动方案》，确定以推进示范基地建设、合作社示范社建设、民族企业建设、少数民族贫困农户脱贫工程建设等"四大建设"为抓手，深化"共同发展"提升行动。二是对2011年度"共同发展"提升行动实施情况总结表彰，推动24家省民委委员单位签约承诺帮扶民族乡村项目39个，带动投入各类项目资金8500万元，惠及民族乡村道路交通、农田水利、特色产业发展等各个方面。三是加大对少数民族和民族聚居地区"三农"发展的扶持力度。通过技术培训、现场指导、资金投入、示范引领，支持少数民族农民专业合作组织和示范基地建设建设，目前全省少数民族农民专业合作社近200余家，实现民族乡村全覆盖。2家少数民族农民专业合作社被评为国家级示范社，15家被评为省级示范社，1家合作社被农业部授予"农民专业合作社信息化建设示范社"称号；投入少数民族发展资金1195万元，扶持63个特色种植养殖业项目，重点支持畜牧养殖、果蔬种植等特色产业发展，形成各类种养业示范基地300余家，省、市农业产业化龙头企业100余家。2012年底，又评选表彰10家省级少数民族种植业养殖业示范基地、10家少数民族农民专业合作社示范社，对民族乡村经济发展起到极大的促进带动作用。

二、开展"民族一家亲"爱心行动帮扶少数民族困难群众增收

安徽省民委、省光彩事业促进会、省扶贫开发协会三家单位联合组织了"民族一家亲"爱心行动，多方筹措资金，为少数民族贫困家庭提供3000-5000元启动本金，投资种植业、养殖业或依托相关合作社、基地代为经营，以获取的增值效益来增加少数民族贫困家庭收入。自2012年6月8日爱心行动启动以来，已募集捐款523.6万元，目前已下拨爱心款89.7万元，首批299户少数民族特困家庭相继得到帮扶。由于工作成绩突出，安徽省民委被省委省政府评为"安徽省定点扶贫先进单位"。

三、深入推进少数民族特色村寨建设卓有成效

2012年10月，省民委在宁国市举办了全省少数民族特色村寨保护与发展试点项目现场会暨安徽民族经济发展论坛，进一步扩大了少数民族特色村寨的影响。国家民委调研组对安徽省特色村寨保护与发展工作予以肯定。目前，全省各个试点村寨进展情况良好，一些特色村寨已初具规模，如宁国市云梯乡千秋畲族村，围绕"政府主导、市场运作、整合资源、群众参与、突出特色"，通过整合各类项目和招商引资，吸引各类投资近5000万元，已初步形成一个极具特色的少数民族村寨，先后被命名为省级新农村建设示范村、省级"生态村"、省级"美丽和谐乡村"。安徽省委《要情专报》专门刊登情况介绍。同时各地也采取多种措施推进特色村寨建设，如全椒县以培育老街特色产业打造管坝民族村特色村寨，淮南市召开创建少数民族特色村寨工作会议，由市委分管领导牵头布置八公山区闪冲回族村的特色村寨创建工作等等，这些都有效地推动全省少数民族特色村寨保护与发展工作的顺利进行。

四、以服务推动民族特需商品定点生产企业加快发展

一是通过开展调研摸底，对申报企业组织培训，与省财政、人民银行合肥中心支行开展联合评审和筛选申报等多项工作，共争取认定安徽省"十二五"期间全国民族特需商品定点生产企业18家，定点企业数量、质量比"十一五"均有明显提高。二是抓好优惠政策贯彻落实。帮助定点企业申报流动资金优惠利率贷款贴息及技改贷款贴息，2012年共为安徽省定点企业争取优惠利率贷款贴息近700万元、技改贷款贴息226万元，民族特需商品补助资金200万元。三是统计汇总18家"十二五"定点企业2012年度流动资金贷款金额及测算2013年度流动资金贷款规模，会同财政部门提出安徽省定点企业2013年度流动资金优惠利率贷款贴息预算。四是严格按照《安徽省民族工作条例》有关规定，开展调研摸底，编制少数民族企业基本台帐，制定评选办法并

命名52家安徽省民族企业。五是及时有效地为定点企业传达省委省政府有关方针政策和文件精神，协调帮助安庆市清怡针纺织品有限公司、安庆市柏兆记工贸有限公司、合肥桂和农牧渔发展有限公司、全椒县礼庚管坝牛肉有限公司等多个定点生产企业和民族企业做好技改项目申报、经营地点落实、专项资金申报等服务工作。

五、少数民族发展资金管理工作创新办法，成效明显

针对少数民族发展资金不断增加的情况，省民委创新了发展资金管理“五项制度”，为切实管好用好少数民族发展资金奠定了坚实基础。一是实行项目监督管理责任制，明确各级民委资金监管责任。省民委与各市民委主任签订了少数民族发展资金监督管理责任书，明确项目实施、资金使用、检查验收、绩效考评等方面的规定和要求，把监管责任进一步量化细化。二是实行专家论证立项制，完善项目资金科学分配机制。建立和完善了少数民族发展资金项目库，促进项目生成、储备和滚动发展；组建少数民族发展资金项目评审专家团，规范发展资金项目评审论证工作；建立发展资金项目立项制度。明确规定立项条件，即上报项目必须有现场考察责任人及责任人签字，项目实施周期不超过一年且有实施进度计划，项目必须有自筹资金且规模适中，上报文本必须有项目当前状况基本信息文字图片等，凡不符合立项要求的项目，不具备享受分配资金的资格。同时完善项目资金分配机制，对各市县上报的151个项目全部进行录入和审核论证。三是实行项目公示实证制，接受社会公开监督。省民委对发展资金分配和项目安排，在第一时间即通过机关网站予以公告；督促项目实施县（区）落实公告、公示制度。村级项目向全体村民公告，合作社项目要向全体社员公告。落实项目实证制度，在每个项目完成后树立公示碑（牌），彰示建设成果，确保每个项目的实施取得项目申报文本所预计的成果，接受群众公开监督。四是实行项目资料台帐制，确保实施项目真实准确。省民委对每个少数民族发展资金项目建立健全项目台帐，对项目审定、申报、实施、验收以及资金拨付、使用等各个环节进行具体、明确的规定，使每一阶段的工作都在台帐规定的框架中运行，台帐主要包括几个方面：项目的申报文本或立项报告，主要是明确项目实施的具体内容；项目报账的各种资料，主要是资金拨付报账凭证；项目实施情况的总结，主要是项目完成情况、产生的经济社会效益等。五是实行项目督查考评制，构建项目监管长效机制。2012年，省民委先后召开少数民族发展资金项目实施情况汇报会、少数民族发展资金监督管理现场会，要求各市民委每3个月定期报告项目实施进度，督促各地按期完成项目实施，并先后组织了少数民族发展资金项目管理的多个培训班，开展了发展资金项目绩效考评，聘请社会中介机构进行审计。2012年，省审计厅在对少数民族发展资金项目进行延伸审计时，对少数民族发展资金监管工作予以充分肯定，指出，省民委“以结果为导向、以提高绩效为目标，抓项目资金运用绩效，抓住了资金管理工作要害，充分发挥了少数民族发展资金在促进少数民族聚居地区经济社会发展中的作用”，同时将省民委严格项目申报立项、明确监管责任、年终检查评比等经验做法专题编发信息上报省政府。国家民委少数民族发展资金项目检查组也对安徽省少数民族发展资金项目监管工作表示肯定。

六、建立少数民族实用技术培训基地，提升发展内生动力

省民委充分利用现有各类培训渠道加大对少数民族群众各项实用技能培训，2012年又依托合肥桂和农牧渔发展有限公司、安徽中祝农业发展有限公司及和县济洪蔬菜专业合作社等少数民族龙头企业和特色种养殖示范基地，建立了3个省级少数民族实用技术培训基地，为少数民族群众提供免费培训服务，培训致富带头人240人，少数民族群众2000余人，有效地提升了少数民族和民族聚居地区发展的内生动力。

七、统计分析全省民族乡村经济社会发展、民族企业基本情况

编制2011年全省民族乡、民族村经济社会发展情况调查汇总表、民族企业基本情况汇总表，全面了解民族乡村经济社会运行状况和发展态势。同时完成国家民委下发的2011年度民族年鉴、民族统计

年鉴编写任务，填报全省民族乡统计报表、西藏（新疆）班统计报表以及民族地区经济社会运行监测系统数据上报工作。

（撰稿　刘　炜　审核　白和平）

福建省

2012 年，在福建省委、省政府的高度重视和正确领导下，在国家民委经济司的精心指导下，福建省民族经济工作牢牢把握“共同团结奋斗、共同繁荣发展”主题，突出发展，注重创新，务实举措，较好地完成全年工作任务，为促进民族地区加快发展作出了新贡献。

一、加大挂钩帮扶民族乡力度

围绕解决民族乡经济社会发展滞后问题，谋划出台新政策。省政府领导高度重视，在省民委深入调研分析的基础上，多次召开会议研究加大挂钩帮扶力度具体办法，并于 5 月推动出台省政府《关于进一步帮扶民族乡加快发展五条措施的通知》（闽政〔2012〕27 号），明确要求每年省财政和各挂钩帮扶单位、有关市县区共同出资 400 万元帮扶一个民族乡。召开全省挂钩帮扶民族乡现场经验交流会，动员部署 27 号文件的贯彻落实，各挂钩帮扶单位领导亲自抓，深入民族乡制定规划，落实项目、资金，2012 年全省实际落实帮扶资金 8013.5 万元帮扶 19 个民族乡，重点支持 96 个项目，拉动社会投资 1.5 亿元，取得了明显的帮扶成效。据初步统计，2012 年全省 19 个民族乡经济总收入 219.6 亿元，同比增长 18.9%；乡财政收入增长 3.6 亿元，增长 29%；农民人均纯收入 7856 元，增长 20.8%，三项指标均超过了全省的 11.4%、18.3%、13.5%的增长幅度，这是多年来福建省民族乡在增长速度上首次实现超越。上杭县官庄民族中学教学楼、回龙小学综合楼，庐丰乡农贸市场、宁化县治平乡河滨路项目建设、百崎乡卫生院改扩建、罗源县霍口乡食用菌、油茶、苗圃七大产业和永安市青水乡烟叶、蔬菜、茶叶“三个万亩”基地等一批惠民项目相继完工投入使用，有效的提高了各民族乡的生活水平。

二、推进实施“民族乡村特色经济发展扶持增收工程”

在广泛调研、充分论证的基础上，逐步推进实施“民族乡村特色经济发展扶持增收工程”。集中 1060 万元扶持 106 个民族村发展特色经济，重点支持水产养殖、烟叶、蔬菜、茶叶、林木花卉种植等“一乡一优势产业、一村一优势产品”发展项目，充分发挥特色经济项目带动和典型示范作用。走“一乡一业、一村一品”适度规模的发展路子，着力促进农民增产增收，取得了良好的开局。

三、认真保护建设民族特色村寨

推动出台省政府《关于贯彻落实少数民族事业“十二五”规划的意见》，从加快民族乡村发展、挂钩帮扶、加大“造福工程”、扶持高山族、繁荣发展民族文化事业、加快推进民族教育卫生事业发展、推进民族团结进步等七个方面明确任务，加大政策扶持力度。将 11 个少数民族特色村寨保护与发展试点工作列入省“少数民族文化‘双十一’繁荣发展工程”项目，下拨 700 万元重点支持。一年来，福建省特色村寨的保护与发展工作取得显著成绩，各试点单位的少数民族特色建筑得到了有效保护，一批少数民族传统节庆活动、传统工艺和特色美食等得到保护和弘扬，特色产业得到发展，民族乡村魅力得到体现，知名度显著提高，宁德市上金贝村成为福建省新农村建设示范村，被评为宁德市最美丽乡村之一。

四、重点普惠结合继续扶持高山族发展

坚持“一户一策，扶持到户”基本方针，采取重点与普惠相结合方式，继续扶持福建省人口较少民族（高山族）发展。围绕到户与到项目相结合，分散与相对集中相结合，重点扶持发展当地种养殖业等特色优势产业。同时加强劳动技能和生产技术培训项目；加大公益性项目及基础设施建设力度。

华安县高山族新村（特色村寨）已开工建设，9 个高山族相对聚居村各项建设按国家发改委下达的计划开展建设。2012 年全省共下达资金 600 万元扶持项目 238 个，从生产帮扶、就业帮扶、教育帮扶、住房帮扶、就医帮扶、困难补助、社保医保等方面帮助高山族群众发展生产和改善民生。其中到户项目 201 个，集体生产性项目 9 个，高山族培训班 28 期，取得了较好的经济社会效益。

五、统筹推进其他各项工作

积极开展两岸民族乡镇交流，首次成功举办以“加强民族乡镇交流、促进共同发展”为专题的海峡两岸民族乡镇发展交流会，来自台湾原住民乡镇长和江西、浙江、福建省等两岸民族乡镇长 150 多人参加会议，签署结对框架协议，得到了上级领导的充分肯定。认真做好民族贸易和民族商品工作，深入民族定点企业调研指导，协调解决各项问题，落实好民族贸易和民族特需商品生产优惠政策。帮助指导福建省民贸定点企业福建“盈盛号”金银饰品有限公司申报 2011 技改项目补贴资金。积极广泛调研，认真严格筛选，及时上报申请福建省民族特需商品定点生产企业。扎实推进“造福工程”搬迁工作，落实少数民族搬迁对象 1333 户 5593 人，下达省财政增补资金 335.58 万元。加强民族统计工作，完成国家民委要求上报的各项统计报表。编撰出版《2011 年福建少数民族乡村社会经济统计资料》，为各级各部门决策提供有效、准确依据。

（撰稿　央金拉姆　审稿　兰国秋）

江西省

2012 年，江西民族经济工作坚持以科学发展观统领，坚持贯彻落实党和国家的各项方针政策，坚持服务全省、全局工作大局，坚持民族经济工作的连续性和政策落实的连贯性，持续扎实推进《少数民族事业发展“十二五”规划》和赣办发[2010]1 号文件的贯彻实施，抓发展、促繁荣、上管理、争先进，凝心聚力、奋发有为，努力促进民族地区加快实现“两个达到”目标，做到了“三个争取”，实现了全省民族地区经济社会持续、健康、快速发展。

一、争取领导高度重视，营造了各级同心合力的良好氛围

2012 年，江西省委、省政府领导和全省各级党政领导持续保持对民族工作和促进民族乡实现“两个达到”目标的高度重视。鹿心社省长等许多省领导先后到民族乡视察调研，就促进民族乡实现“两个达到”目标作出重要指示。全省民族宗教工作会议后，各有关市、县党委常委会或政府常务会议都听取了汇报，进行了专题研究，提出了有力措施，大力扶持民族经济发展。8 月中旬，省少数民族地区建设工作领导小组召开第十四次会议，对赣办发[2010]1 号文件贯彻落实过程中存在的突出困难和问题进行专题研究。高位推动这些优惠政策的全面贯彻落实，使这个文件落实率超过任何一个专门性文件。据初步统计，三年来，各民族乡因为这个文件得到的资金支持都在 5000 万元--1 亿元之间。特别是一些优惠政策措施，比如新农村建设、民族乡示范镇建设、民族乡小农水项目、民族乡农业综合开发项目等，进入了省级经济开发战略框架，投入期都在 5 年以上。各级党政领导对民族地区发展始终如一的亲切关怀，在为民族地区争资金跑项目、开展对口支援等方面取得了突破性进展。

二、争取部门大力支持，保持了工作求真务实的良好状态

省民委始终坚持争取江西省少数民族地区建设工作领导小组 30 个成员单位对经济社会发展的大力支持。这些年来，成员单位始终把促进民族乡实现“两个达到”（农民人均纯收入和社会基本公共服务达到或超过全省平均水平）目标作为自己的责任，工作求真务实。2012 年 4 月下旬到 5 月中旬，领导小组办公室就赣办发[2010]1 号文件落实情况和“两个达到”目标实现情况，进行了专题督查。6 月初，召开督查情况通报会议，就督查中发现的问题研究

进一步整改的措施。6 月下旬，江西省出现入汛以来持续时间最长、降雨量最大的强降雨过程，有 7 个民族乡灾情严重。领导小组成员部分单位领导立即分别带队到受灾民族乡视察灾情、指导救灾重建。争取领导小组各单位职能的充分发挥和政策的倾斜优惠，不仅保证了促进民族乡“两个达到”目标的逐步实现，也使民族经济工作不断求得突破、取得经验的关键所在。

三、争取出台民族发展“十二五”专项规划，巩固了民族地区经济又好又快发展的良好态势

编制下发《江西省民族地区经济社会发展“十二五”规划》是 2012 年工作的重点。9 月下旬，省民委会同省发改委等部门，成功协调省政府办公厅印发了这一规划。规划注重操作性和针对性，基本上做到每一项具体规划都有资源支持可能，都有牵头部门，都有协调支持单位作保证。同时，省民委还对照民族地区实际列出项目清单，在领导小组会议上，逐一落实责任单位、牵头部门。在实施个规划过程中，省民委又在贯彻落实省委、省政府《关于实施和谐秀美乡村建设工程的若干意见》的基础上，把民族地区新农村建设、和谐秀美乡村建设和特色村寨建设有机结合，提出把江西省民族乡村打造成为亮丽的生态秀美村寨。产业发展始终是经济工作的重要内容和基本脉络，省民委突出抓好转移劳动力就业、一乡一业和一村一品建设，民族地区农民增收致富渠道更加丰富、潜力开始发挥，丰产毛竹林、高产油茶、食用菌、果业和特色种养业开始成为农民增收的主渠道，农民人均纯收入出现迅速增长势头。2012 年，8 个民族乡农民人均纯收入增辐高于全省平均水平，促进民族乡“两个达到”目标基本实现。其中：半数民族乡农民人均纯收入超过全省平均水平，一半民族乡接近全省平均水平；民族乡社会基本公共服务水平达到全省平均水平，部分指标超过全省平均水平。

（撰稿　茅　黎　审稿　马徽江）

山东省

2012 年，山东省的民族经济工作在省委、省政府和国家民委的正确领导下，围绕贯彻落实国家民委工作要点、贾万志副省长在全省民族宗教工作会议上提出的 8 项惠民措施和省政府第 11 号《会议纪要》精神，在抓落实上下功夫，扎实工作，务实创新，圆满完成了各项任务。

一、强化调研交流，抓好政策落实

在搞好少数民族发展资金使用、特色村寨项目试点、民品企业政策落实和农民专业合作社建设调研及专项督导工作基础上，2012 年山东省民委参加了“十二五”期间全国民族贸易和民族特需商品生产政策及定点企业调整研讨会；接待了云南省民委、人行昆明分行调研组，学习了相关工作经验；撰写了《关于山东省少数民族农民专业合作社发展情况的调研报告》，获得国家民委社会科学研究成果优秀奖，起草了《关于山东省少数民族发展资金管理使用情况的调研报告》，参加了全国民委系统优秀调研报告评选。按照贯彻国办发〔2012〕38 号文件要求，结合落实省政府第 11 号《会议纪要》精神，起草了山东省《关于贯彻落实国办发〔2012〕38 号文件精神促进少数民族事业健康发展的实施意见》，为山东省“十二五”期间民族工作作出了纲领性规划。

二、强化使用效益，抓好少数民族发展资金管理

2012 年少数民族发展资金额度取得较大突破，增幅达 41%。经过充分论证和认真研究，会同省财政厅，分别对特色村寨、“第一书记”帮包村、道路建设、水利建设、种植养殖、新能源建设等 90 个项目进行了扶持，于 2012 年 8 月全部拨付到位。圆满完成了国家民委安排的山东省与江西、福建两省少数民族发展资金项目实施情况的交叉检查任务，及时向国家民委提交了检查报告。就山东省济南等 13 市的少

数民族发展资金项目落实情况，首次组织开展了市与市之间的交叉检查工作。积极协调省财政对山东省少数民族农民专业合作社予以补助，按照每个合作社10-20万元的标准，对全省首批76家合作社给予补助，共投入资金820万元。经过反复协调，会同省科技厅星火科技中心，举办了19期少数民族科技培训班，培训少数民族实用技术人员2800余人。

三、强化监督管理，抓好民品工作

按照国家民委、财政部、人民银行通知要求，结合山东省实际，顺利完成了“十二五”期间全国少数民族特需商品定点生产企业申报工作。在各市三部门联合申报的基础上，经与省财政、省人行组成审核小组，以更高的标准，更严格的审查流程，进行了封闭式审核，经委党组研究后及时上报了山东省的全国“十二五”期间民品企业。同时，及时高效地完成了山东省民品企业政策性流动资金贷款的审核工作，为企业提供了优质高效的服务。配合国家民委民品目录调整课题组人员赴菏泽、临沂、日照等地相关企业调研，对12家企业的27种产品进行重新拍照，对图片及文字介绍进行筛选、整理，报国家民委存档；对5家企业自主研发，特别适合民族地区使用的3大类近20种产品进行逐一详细了解，采集、整理文字、图片等资料，力求将这些适合少数民族生产生活特殊需要的商品纳入到修订后的民品目录中去。会同省财政厅为9家民品企业争取到技术改造贴息中央及省财政补助603万元，为5家企业争取了生产补助资金250万元。

四、强化政策扶持，抓好少数民族帮扶

根据省领导分工和各部门领导变动情况，完成了山东省民族事务协调委员会的调整工作，成员单位由上届的27家增加为33家，对口帮扶少数民族的力量得到进一步充实。协调省扶贫办等部门，将山东省59个少数民族贫困村纳入到山东省农村扶贫开发纲要（2011-2020年）扶持范畴，为今后一个时期的少数民族扶贫工作开启了良好开端。根据《中共山东省委山东省人民政府关于进一步支持菏泽加快科学发展的意见》（鲁发〔2011〕19号）文件精神，起草并印发了《山东省民委关于进一步帮扶菏泽民族经济社会事业加快发展的意见》（鲁民发〔2012〕10号），提出加大政策和资金支持力度，在项目建设、专项资金安排等方面给予倾斜，把侯集回族镇纳入省民协委新一轮重点帮扶和全省扶贫规划，形成长效工作机制，助推菏泽少数民族经济社会事业的全面发展。按照省委、省政府部署要求，积极配合做好“第一书记”帮包村的工作。采取重点倾斜措施，为省民委帮包的菏泽曹县侯集回族镇侯集村、西沙楼村、北沙楼村落实少数民族发展资金各30万元；协调民品企业滨州亚光毛巾集团向三个民族村捐助70万元；协调落实敬老院轮椅30台。同时，认真研究帮包村工作，加大调研力度和人才培训，积极帮助帮包村探索经济发展路子。2012年春节前，按照贾省长要求，协调财政厅、民政厅等部门对全省10.82万户穆斯林农户和城市低保户，按照每户100元的标准，发放了牛羊肉价格一次性补贴，全省各级财政共投入资金1082万元。完成了农村低收入少数民族养殖户专项补助的发放工作。协调省财政投入扶持资金600万元，对全省2000户以养殖业为主要生活来源、年人均纯收入低于2500元的农村少数民族低收入家庭，按照每户3000元的标准给予财政补助，用于购买牛羊等畜种。积极响应国家民委号召，紧跟省委、省政府步伐，立足山东省实际，继续做好援疆援藏工作。

五、强化动态分析，抓好民族统计

加强民族统计和监测平台建设。开展了少数民族经济和社会发展情况统计工作，少数民族村、居（社区）基本情况统计工作，其中包括少数民族低收入家庭、自来水情况、服务中心建设情况等。协调省统计局落实六普全省少数民族人口相关数字。整理2011年有关少数民族人口及分布情况数据，上报省委办公厅信息调研处。组织填报国家民委2011年民族统计报表，规模以上少数民族企业相关情况统计报表。统计汇总“十二五”省重点扶贫乡镇少数民村名单，全省少数民族农户和低保户名单。组织全省民族统计人员撰写统计分析文章，首次编印了统计分析手册，分析全省少数民族经济发展现状，为领导科学决策提供可靠依据。

六、强化服务意识，抓好民促会工作

继续发挥好省少数民族经济发展促进会的桥梁

组带作用，增强服务意识，引导各会员单位积极为少数民族做贡献。积极向省领导和省农业厅争取，帮助 8 家民族、民品企业顺利通过“第六批农业产业化省级重点龙头企业”评审，为企业更好的享受优惠政策做出贡献。做好民促会年审、换证等常规性工作。

（撰稿　李瑞海　审稿　马　辉）

河南省

2012 年，河南省民族经济工作在国家民委的指导和支持下，在省委、省政府的正确领导下，坚持以科学发展观为指导，牢牢把握“两个共同”民族工作主题和围绕中原经济区建设，坚持“四个重在”实践要领，创新方法，强化措施，转变作风，提高效能，完成了年度工作目标任务，有力推动少数民族和民族聚居地区经济持续健康发展。

一、围绕中原经济区建设，谋划发展规划和政策措施

一是编制出台十二五少数民族事业发展规划。经深入调查研究、广泛征求意见、评审报批，会同省发展改革委联合编制《河南省少数民族事业发展规划（2011-2015 年）》。《规划》总结“十一五”少数民族社会事业发展情况，分析“十二五”发展面临的形势，提出了“十二五”发展的指导思想、发展目标和主要任务。使用专栏形式，提出 19 项重点工程，明确负责省直单位。

二是制定加强少数民族扶贫开发工作的意见。根据省第九次党代会、省委扶贫开发工作会议精神和《河南省农村扶贫开发“十二五”规划（2011-2015 年）》，制定《河南省民委关于加强少数民族扶贫开发工作的意见》，创新少数民族扶贫开发工作的思路和方法。到“十二五”末，力争使少数民族聚居地方经济和社会发展稳步赶上或超过全省平均水平，与全省及当地协调发展、同步发展。

三是研究关于帮助民族区乡镇加快发展的意见措施。深入调研、论证，提出支持河南省民族区、乡镇发展的政策措施，研究编制《河南省政府关于帮助民族区乡镇加快发展的意见》（草案），建议以扶持 24 个民族区、乡（镇）以群众增收为核心，以加快基础设施和社会事业建设为重点，加快经济发展方式转变，推进特色优势产业发展，切实保障和改善民生，提出 14 条意见措施。

二、重在持续提升，做好资金项目工作

一是管好用好少数民族发展资金，改善贫困民族聚居地区基础设施条件。河南省民委争取和安排少数民族发展资金，用于 149 个民族聚居村基础设施项目建设。在资金安排上不搞形象工程、政绩工程，坚持雪中送炭、拾遗补缺，把有限的资金安排到最困难最需要帮助的民族聚居乡村，覆盖到其它部门兼顾不到的“盲点”，避免重复安排，帮助贫困少数民族群众解决人畜饮水、村内道路、小型农田水利建设基本的生活生产特殊困难。专门制定《河南省民委少数民族发展资金监管办法》，强化监督管理。

二是努力帮助民族区乡镇加快发展。协调财政部门民族地区转移支付资金和少数民族发展资金项目的安排，缓解了民族区、乡（镇）的财政压力，解决了公共支出、社会管理等方面的困难，有效改善了民族区、乡（镇）的基础设施建设。郏县姚庄回族乡被国家民委经济发展司确定为全国范围内 5 个工作联系点之一。

三是开展对民族聚居地区干部群众的培训。在开封、焦作、商丘市安排了 6 期少数民族农民技能培训班，培训人员 640 人。其中，在焦作市举办了 1 期少数民族村街两委班子新型农村社区建设培训班，培训 90 人。指导市、县民族工作部门培训 5200 人。农村实用技术培训班的学员普遍反映，通过学习解决了很多过去遇到的难题，学到了新技术、新方法。村干部接受培训，拓宽了工作思路和带领群众发展的能力。

四是加强少数民族特色村寨建设。巩固和选择

实施了7个特色村寨保护项目。严格按照国家民委工作要求，以支持特色民居保护和改造、特色产业培育为主要内容，与扶贫开发、生态旅游、文化保护区和新农村、新型城镇化建设相结合，与当地的各专项规划相衔接，统筹兼顾，有效开发了当地特色资源、打造特色产业，受到各族群众欢迎。姚庄回族乡伊斯兰风情小镇、马庄回族乡清真食品特色村街、朱仙镇西大街村回族文化旅游休闲已初见成效，起到很好的示范引导作用。

三、强化服务措施，推动少数民族企业发展

一是落实民族特需商品生产优惠政策。河南省民委积极协调省财政厅、人行郑州中心支行，落实民族特需商品生产流动资金优惠利率贷款政策、落实技改贷款财政贴息和补助资金优惠政策，保证了民族特需商品的充足生产和市场供应。河南黄国粮业股份有限公司荣获2012年度“河南省省长质量奖”，张广智副省长专门做出批示。

二是组织参加“2012中国（青海）国际清真食品及用品展览会”。7月13日至16日，河南省民委联合省贸促会，由省民委主任彭亚平、副主任李尊杰带队，有关市、县民族宗教局、贸促分会、民族企业组成近200人的政府及经贸代表团，赴西宁参展。河南省专门设立“精装展区”，参展企业87家，展示产品24大类、95种，展区面积360平方米，参展企业数量和展区面积位居参展的16个省市区和12个外国展馆面积之首；举办“河南省省情暨清真食品用品专项推介”，参展企业展会签订产品购销合同意向2.5亿多元人民币，位居签约额第1位。

三是承办国家民委民贸民品政策研讨会。3月5日-8日，国家民委经济发展司在郑州市召开的“十二五”期间全国民族贸易和民族特需商品生产政策及定点企业调整研讨会。全国15个省（自治区、直辖市）民委经济（民族、民贸）处（办）处长（主任）及具体从事民贸民品工作的同志、13个民贸民品工作重点自治州和市县民委（民宗局）负责同志参加了会议。会议深入研究讨论了“‘十二五’时期民贸民品流动资金贷款利率补贴财政直补”政策改革的意义和影响，研究了民族特需商品定点生产企业调整申报的原则和相应条件，探讨了促进民贸民品工作科学发展的思路和方法，实地参观考察了河南省民族特需商品定点生产企业。

四是做好“十二五”期间民族特需商品定点生产企业申报工作。根据国家民委通知要求，积极协调省财政、人民银行郑州中心支行，组织对全省民族特需商品生产企业情况进行了全面的调查，坚持“优化结构，突出特色，保证生产，确保供应，动态管理”的原则，经逐级推荐、共同研究，择优选择具有较强经济实力、能够承担民族特需商品生产任务，并长期为少数民族群众服务的企业予以申报，争取国家民委等三部委确定河南省“十二五”期间民族特需商品定点生产企业87家。

四、重视基础工作，做好民族统计和分析

一是按时完成了统计年报任务。认真填报国家民委部署的《民族乡（镇）统计报表》、《社会发展统计报表》等年报统计任务，及时完成了《中国民族统计年鉴2011（河南卷）》文稿的编撰、宣传工作。二是对各地上报的2011年全省民族经济及民族区、乡（镇）等10余套统计年报数据进行审核汇总；指导各地开展民族经济运行分析，编印《河南省民族经济统计汇编（2012）》。三是在郑州市召开全省民族统计汇总会议。会议审核、汇总了全省少数民族经济社会发展统计报表；交流民族统计工作经验，总结安排年度全省民族统计工作；以会代训，对统计员进行业务培训，并部署了下阶段统计工作。

五、积极探索创新，扎实做好援疆工作

一是出台指导意见。在全面总结援疆工作的基础上，立足民族工作和豫哈实际，积极探索和创新援疆工作的思路和方法，研究制定《河南省民委关于推进援疆工作的意见》。明确河南省民委系统近年来援疆工作总体要求和基本原则，确立六大主要任务和工作举措，坚持真情援疆、科学援疆、和谐援疆、务实援疆、特色援疆，凝聚共识，群策群力，力求实现把民委系统对口援疆的成效体现在群众得实惠、当地有发展、边疆更稳定上。

二是做好援疆项目。承担哈密地区民族宗教界人士来豫参观学习援疆项目。6月21日—7月1日，哈密地区民宗委组织民族宗教界人士一行30人来豫参观学习，反响强烈，达到了激发爱国主义、民

族自豪感，进一步转变观念、提升素质，自力更生、科学发展的预期目的。哈密地区民族宗教界人士称这次活动是一次爱国之旅、是一次共同奋进之旅、是一次民族团结之旅。

三是持续沟通援助。本着交往、交融、发展的原则，主动持续赴哈密地区开展对接和援助民宗部门工作。10 月 24 日至 26 日，河南省民委主任彭亚平率队再次赴哈密地区和兵团农十三师，就进一步推进援疆工作进行考察和交流座谈。走访了河南省援疆工作前方指挥部，看望了援疆干部，代表河南省民委和有关民族用品生产企业向哈密地区民委捐赠一辆价值 18 万元的工作用车，并向农十三师民宗局捐赠工作经费 12 万元。

（撰稿　刘　宾　审稿　郭瑞疆）

湖北省

2012 年，湖北民族经济工作在省委、省政府的正确领导和国家民委的具体指导下，全省各级民族工作部门紧紧围绕各民族共同团结奋斗，共同繁荣发展这一民族工作主题，深入学习和贯彻党的十八大精神，扎实工作，团结协作，圆满完成了全年工作任务。

一、湖北武陵山试验区建设工作取得新突破

1. 成立工作机构，健全工作机制。省民宗委按照省委、省政府文件要求切实履行牵头抓总职责，协调、督促、指导试验区各县（市、林区）分别成立了武陵山试验区建设领导小组办公室，理顺了全省武陵山办组织机构关系。同时，制定了《省推进武陵山试验区建设工作联席会议制度》、《湖北省推进武陵山少数民族经济社会发展试验区建设领导小组办公室工作规则（试行）》和《关于明确省推进湖北武陵山少数民族经济社会发展试验区建设领导小组各成员单位工作职责和任务分工的通知》等文件，保证了武陵山试验区建设工作顺利进行。

2. 强化推进措施，加强督办检查。为贯彻落实省委常委会精神，推进武陵山试验区建设工作，4 月 27 日，组织召开了全省武陵山试验区建设领导小组办公室主任会议，总结交流了经验，重点部署了武陵山试验区现场推进会筹备工作。经过精心筹备，10 月 18 日，省委省政府推进湖北武陵山试验区建设现场推进会在恩施召开。省委、省政府、省政协领导同志出席会议，省长王国生、省委副书记张昌尔作了重要讲话。为发挥武陵山办协调监督职能，省武陵山办先后配合省委办公厅、省政府办公厅、省委督查室、省政府政务督查室对各地各部门贯彻落实鄂发〔2011〕25 号文件情况和武陵山试验区建设政策落实情况进行了检查督办。

3. 加强调查研究，大力宣传力度。3 月下旬，省武陵山办牵头组成两个调研组，分别深入清江流域各县（市）就构建清江流域旅游产业大板块建设进行了实地调研，并向省政府呈报了《关于加快武陵山试验区清江流域旅游产业大板块建设的建议报告》，省委常委、副省长张岱梨在《报告》上作出了重要批示。同时，还加强了武陵山数据资料库建设。通过《湖北武陵山少数民族经济社会发展试验区建设工作简报》相关网站加大了武陵山试验区建设工作的宣传，全年制发《简报》60 多期，在相关网站刊发信息 300 多条。

二、“616”对口支援工程工作取得新进展

1. 工作力度加大，主动性增强。省“616”办积极协调省直各牵头单位，联系省领导分别召开了“616”对口支援工作现场办公会。2012 年，省直 10 个牵头单位和联系省领导先后以不同形式召开了“616”对口支援现场办公会，为民族地区各县市发展解决了一大批重点、难点问题。为推进省“616”对口支援工程工作，6 月，省“616”办在长阳自治县召开全省“616”对口支援工程工作联络员座谈会。

2. 加强了“616”工程数据库建设。为加强“616”对口支援工程的基础工作，省“616”办对 2011 年和 2012 年“616”对口支援项目资金进行了统计汇总，进一步充实了“616”工程项目数据库。据统计，2011 年，共为民族地区对接项目 433 个，支援资金

30.69 亿元，拉动相关项目投资 220.37 亿元；2012 年共为民族地区对接项目 541 个，支援资金 43.14 亿元，拉动相关项目投资 172.03 亿元。

三、民族特色村寨保护与发展试点工作再上新台阶

1. 争取国家民委支持湖北省少数民族特色村寨保护与发展试点的专项资金大幅增加。2012 年，国家民委投入湖北省少数民族特色村寨保护与发展资金从 2011 年 1000 万元增到了 1800 万元，增长幅度居全国前列。

2. 各级地方党委和政府把少数民族特色村寨保护与发展试点列入了议事日程。2012 年，民族地区及散居辖有民族乡镇村的县市区党委政府高度重视民族特色村寨保护与试点工作，特别是民族县市多数把该项工作写入了政府工作报告或纳入政府目标责任考核内容。民族特色村寨保护与试点村寨已成为各地民族部门工作的亮点和品牌。

3. 在全省范围内开展争创全省“十佳民族特色村寨”活动，推动特色村寨保护与发展工作。为大力推进少数民族特色村寨保护与发展试点工作，倡导争先创优，3 月，制定下发了《湖北省少数民族特色村寨保护与发展试点工作验收办法》和《湖北省“十佳民族特色村寨”评比实施方案》等文件。年底，在对少数民族特色村寨保护与发展试点村检查验收的基础上，评选出了“十佳民族特色村寨”。

四、民贸民品优惠政策落实贴息资金创历史新高

2012 年，为加大贯彻落实民贸易民品优惠政策力度，联合省财政厅、人民银行武汉分行等单位对“十二五”少数民族特需商品定点生产企业的申报和民贸民品优惠政策落实情况进行了调研和检查督办。争取国家民委、财政部、中人民银行批准湖北省“十二五”民族特需商品定点生产企业 44 家，比“十一五”增加 4 家。切实加大民贸优惠政策的落实力度，2012 年，全年落实民贸民品政策资金同比增长 50%。其中：落实民族贸易流动资金贷款贴息资金比上年增加 2967 多万元，增长 53.5%；落实民族贸易网点建设和民族特需商品定点生产技改贷款贴息和民族特需商品生产补助资金资金 624 万元，比上年增加 83 万元，同比增长 15%。

五、全力推进新一轮民族地区扶贫开发工作

认真做好民族地区贫困状况的监测工作，积极参与民族地区扶贫搬迁工作。加大民族地区电脑农业推广应用力度，4 月，省民宗委专门邀请中国科学院合肥智能研究所电脑农业专家赴利川、咸丰、鹤峰、宣恩等县市进行了深入调研，并形成了调研报告。

六、加大中央少数民族发展资金的争取力度

2012 年，通过多方面努力和争取，国家民委下达湖北省少数民族发展资金规模从 2011 年的 3850 万元增加到了 5000 万元。同时，加强少数民族专项资金使用管理工作，配合国家民委对湖北省少数民族发展资金使用情况进行了检查，确保专项资金发挥应有的效益。

此外，还认真完成了《中国民族统计年鉴》(2011 年湖北部分）的编纂工作。

（撰稿　周　巍　审稿　唐启明）

湖南省

一、少数民族特色村寨保护与发展试点工作有了新的发展

切实加强对少数民族特色村寨工作的检查和指导，研究制定了湖南省少数民族特色村寨保护与发展试点工作考评办法，从考评范围、考评内容、考评标准、考评组织领导和程序等方面对考评进行了规范，对少数民族特色村寨保护与发展试点工作的组织领导与制度保障、村寨发展规划、建设项目实施和资金使用、特色村寨保护与建设、特色产业发

展、特色文化保护与传承、生态环境保护与建设等方面提出了具体的考核目标。从有关市州抽调人员，组成三个考评组，对省民委少数民族特色村寨联系村进行现场考评。同时，根据过去下达到各县（市区）的计划资金撒胡椒面较多、集中资金办大事效果不明显的情况，研究下发了《湖南省民委办公室关于征求承担 2012 年少数民族特色村寨保护与发展试点项目意见的通知》，积极引导全省民委系统资金集中使用到少数民族特色村寨建设上来，2012 年共整合下达到县市区的计划资金 960 万元，全省累计安排特色村寨资金 2623 万元，是全省少数民族发展资金问题的 35%，有力地推动了少数民族特色村寨工作。目前，少数民族特色村寨保护与发展试点工作在民族地区的影响越来越大，整合部门资源和社会力量的能力越来越强，已成为湖南省民族工作的新亮点和探索新时期民族工作新路子的重要抓手。

二、武陵山片区区域发展与扶贫攻坚试点联系工作稳步推进

配合国家民委领导、国家民委派驻武陵山湖南片区联络员总协调人以及国家民委委属高校领导，先后到湘西、怀化等地调研 10 余次，掌握片区联络员工作开展的基本情况；向国务院督查组、国家民委和省政府全面系统地汇报了湖南省片区试点工作进展情况、存在的问题及政策建议；省民委从全省的高度和战略的角度，为试点联系工作作好顶层设计，确立了省发改委负责区域发展，省扶贫办负责扶贫攻坚，省民委负责联系工作，共同创办工作简报，实行平台共建，资源共享，共同推进武陵山片区试点工作向前发展的联系工作机制；成立了省民委武陵山片区试点联系工作领导小组及其办公室，召开了一次座谈会议，组织了一系列调查研究，编发《湖南民族工作通报•武陵山片区试点联系工作专报》15 期、《湖南武陵山罗霄山区域发展与扶贫攻坚动态》15 期，联系工作开始走上规范化、常规化、在开拓创新中稳步向前推进的轨道。

三、少数民族发展资金使用管理工作有了新的突破

省民委多次向国家民委和财政部农业司汇报，争取增加湖南省少数民族发展资金规模，取得了很好的效果，得到了他们的理解和支持。2012 年，湖南省少数民族发展资金总规模达到了 7302 万元，其中，中央 5102 万元，省 2200 万元；中央资金比上年增加了 1202 万元，这是自少数民族发展资金设立以来，规模增加最大的一次。同时，始终坚持突出特色、打造亮点，确保重点、坚持投向，规范运作、从严管理的原则，切实加强了对少数民族发展资金的使用管理，效果比较明显。

四、民族贸易和民族特需商品工作有了新的进展

省民委十分重视民贸民品工作，对新时期民贸民品工作提出了明确的要求。省民委先后深入湘西、怀化、邵阳、张家界等市州近 30 家企业进行摸底调研，比较全面地掌握了全省民贸民品工作情况，为做好“十二五”期间民贸民品工作打下了基础；按照国家民委、财政部、中国人民银行关于报送“十二五”期间民族特需商品定点生产企业通知有关总数不变、优化结构的要求，确定了增加产品品种、扩大服务领域、优化企业布局的指导思想，向国家申报了 69 家少数民族特需商品定点生产企业和 12 家边销茶定点生产企业。“十二五”期间湖南省少数民族特需商品定点生产企业总数比“十一五”有所增加。在继续抓好湘西、怀化等民贸民品政策落实较好市州工作的同时，着力推动张家界、永州等工作滞后地区政策的落实，收到了较好的效果。2012 年全省民贸民品企业享受贷款利率优惠达 1.2 个亿左右，大大超过少数民族发展资金规模。在 2012 年召开的全国民族经济工作会议上，湖南省民委作了典型发言，得到了与会代表的高度评价，罗黎明副主任给予了充分肯定。

此外，民族统计、扶贫开发、对口支援、新农村建设、小城镇建设联系点等工作都取得了一定的成效。

（撰稿　陈春建　审稿　曹承明）

广东省

2012 年，广东省民族宗教委以科学发展观为指导，认真贯彻落实全国民委主任会议和全省民族工作会议精神，紧紧围绕各民族“共同团结奋斗、共同繁荣发展”的民族工作主题，强基固本，稳中求进，进一步推动了少数民族和民族地区科学发展。2012 年，广东省连南、连山和乳源 3 个自治县共实现地区生产总值 98.73 亿元，比上年增长 11.2%；人均 GDP23458 元，同比增长 9.7%；地方公共财政预算收入 6.21 亿元，同比下降 1.3%；城镇居民人均可支配收入 14257 元，同比增长 8.9%；农村居民人均纯收入 6184 元，同比增长 11.8%；规模以上工业总产值 109 亿元，全社会固定资产投资 50.86 亿元，同比分别增长 4.4%和 19.1%。

一、深入开展调研，着力加强对民族地区科学发展的研究指导推动

一是按照省委办公厅要求，牵头会同省发展改革委等有关部门对《关于广东省三县七乡民族地区民生状况的调研报告》和《关于广东省少数民族扶贫开发“双到”工作情况的视察报告》进行了办理，专门就解决民族地区民生问题向省委提出工作意见，使民族地区的一批民生项目得到了省财政的专款支持。二是会同省委政策研究室深入调研，撰写《关于设立“广东省少数民族科学发展试验区”的调研报告》，受到时任省委书记汪洋等领导的高度重视，批示要求研究 2013 年工作时统筹考虑。目前，徐少华和林少春副省长已同意设立广东省少数民族科学发展试验区工作方案。

二、贯彻落实省政府常务会议决定，召开广东省推动民族地区科学发展工作会议

2012 年 3 月 16 日，朱小丹省长主持召开十一届 90 次省政府常务会议，专门听取省民宗委《关于中央有关民族工作会议主要精神及广东省贯彻意见的汇报》，作出要“不断完善推动少数民族和民族地区加快发展的政策措施，促进广东省少数民族和民族地区经济社会跨越发展”的决议。为贯彻这次会议精神，省政府在乳源瑶族自治县召开了广东省推动民族地区科学发展工作会议。会议传达学习了中央有关民族工作的主要精神，总结交流了近年来全省各地各部门帮扶民族地区加快发展的经验，深入分析了全省民族地区面临的新情况、新问题，研究部署了今后一个时期加快民族地区发展的政策措施。

三、严格管理专项资金，努力提高少数民族发展资金使用效益

2012 年，国家民委拨付广东省少数民族发展资金 918 万元，省财政匹配资金 1000 万元。为使用好该专项资金，省民宗委紧密结合广东民族地区实际，因地制宜，通过科学安排项目资金、提高项目管理水平、提升资金使用效益、加强资金绩效评估等措施，推动少数民族群众增收致富，取得了良好效果。同年 8 月，根据国家民委办公厅《关于开展少数民族发展资金项目实施情况检查的通知》要求，积极做好迎检工作，并陪同湖南省民委检查组深入广东省连南、连山、乳源 3 个自治县，通过听取汇报，实地抽样检查，走访农户等方式全面检查了广东省少数民族发展资金项目的实施情况。检查组认为，广东省少数民族发展资金项目实施情况总体良好，较好地发挥了少数民族发展资金的社会和经济效益。与此同时，省民宗委还派员赴辽宁，对该省少数民族发展资金项目实施情况进行了检查，并向国家民委报送了《关于辽宁省 2010 - 2011 年度少数民族发展资金项目实施情况检查的报告》。

四、抓好少数民族特色村寨建设，不断促进社会主义新农村建设全面升级

全年共投入专项资金 300 万元，分别从特色村寨保护、特色村寨建设和特色产业发展等方面对 7 个少数民族特色村寨进行分类指导，取得了一定成效。指导民族地区建立和完善少数民族特色村寨基础资料库，加强对少数民族特色村寨保护与发展试

点项目资金使用情况的监督检查，先后赴3个自治县对近年来确定的少数民族特色村寨试点村进行调研，检查落实经费到位、规划和工作开展情况等。同时，还在广泛调研的基础上，新确定连南瑶族自治县涡水镇大竹湾村等9个村寨作为2012年少数民族特色村寨保护与发展试点村向国家民委申报。

五、从政策落实入手，努力促进民贸民品企业健康发展

协调中国人民银行广州分行、省财政厅等有关部门及时转发上级机关有关执行民族贸易和民族特需商品生产优惠政策的文件，落实民品企业技术改造贷款贴息36万元，中央财政民族特需商品补助资金100万元。这些资金在一定程度上改善了广东省民族商品定点生产企业的设备和经营状况，增强了市场竞争力，为企业发展注入了新的活力。根据国家民委、财政部和中国人民银行《关于申报十二五期间全国民族特需商品定点生产企业的通知》（民委发〔2012〕43号）要求，在深入各自治县和各民族乡进行实地考察的基础上，对各市、县（自治县）上报的企业进行了遴选，确定广州市回民饭店有限公司等8家企业作为广东省“十二五”期间的全国民族特需商品定点生产企业，向国家民委、财政部和中国人民银行申报并得到批准。

六、重视基础工作，认真做好民族地区经济形势监测和统计分析

认真完成《中国民族统计年鉴》（广东部分）的编撰工作，按时通过“民族地区监测系统”向国家民委上报广东省3个自治县和7个民族乡《2011年度广东省民族自治地方统计报表》、《广东省民族乡镇统计报表》和《广东省内地西藏班和新疆班统计报表》，为各级部门决策民族工作提供了重要依据。

（撰稿　方　莉　审稿　李秀英）

广西壮族自治区

2012年，在国家民委的大力支持和指导下，广西民族经济工作紧紧围绕各民族“共同团结奋斗，共同繁荣发展”的主题，积极帮助少数民族群众解决突出问题和特殊困难，有力推动少数民族和民族地区经济社会的加快发展。

一、大力推进兴边富民行动

自治区党委、政府高度重视兴边富民行动实施工作，及时调整和充实了领导小组，成员单位也由原来的19个增加到45个，进一步明确相关部门的职责。为全面落实国务院《兴边富民行动规划（2011-2015年）》，2012年2月和11月，自治区先后分别研究制定下发了《广西壮族自治区关于落实兴边富民行动规划(2011-2015年)的实施意见》和《广西壮族自治区兴边富民行动实施方案》，决定实施广西新一轮兴边富民行动大会战，计划用5年左右时间，继续集中人力、物力、财力，投入资金60多亿元，全面解决边境地区主要困难和问题，进一步改善边境地区生产生活条件。区民委积极配合大会战的实施，2012年，利用国家民委安排的兴边富民行动专项资金7200万元，实施兴边富民项目287个，建设了一批边境村屯道路、人畜饮水工程，打造了一批兴边富民行动示范点，扶持了一批兴边富民行动特色优势产业，并计划在“十二五”期间，投入资金4400万元，重点扶持边境线0-20公里范围内的44个乡镇建设44个民族团结进步示范屯建设，以点带面稳步推进兴边富民行动。通过推进新一轮兴边富民行动，广西边境地区经济社会发展步伐得到进一步加快。2011年至今，自治区共投入40多亿元，开工建设连接贯通3个边境市、8个边境县（市、区）的5条高速公路，总里程近500公里，边境交通运输能力将大大提高。投入2.4亿元，进行边境茅草房及危房改造，使边民居住环境得到改善，更加安心守边固土。开工建设一批涉及交通、农田、水利、电力等基本建设项目，惠及240多万边民，从根本上改善边境群众的生产生活条件，有效解决边民最直接和最现实的困难和问题。

二、加快扶持人口较少民族发展

自治区高度重视扶持人口较少民族发展工作，自治区领导多次就贯彻落实扶持人口较少民族发展规划作出重要批示。自治区民委、发改、财政、银行和扶贫等对口部门密切配合，2012 年 11 月，共同研究制定下发了《广西壮族自治区落实〈扶持人口较少民族发展规划（2011-2015 年）〉实施意见》，自治区发改委和民委还共同编制了《广西壮族自治区扶持人口较少民族发展“十二五”专项建设规划（2011-2015 年）》，研究提出广西扶持人口较少民族发展的目标、任务和工作要求。自治区建立了扶持人口较少民族发展厅际联席会议制度，全面部署开展全区扶持人口较少民族发展工作，科学指导开展各项工作。自治区五个牵头部门加强沟通，密切配合，充分发挥联席会议制度各成员单位的作用，调动社会各方面的积极因素，共同关注和扶持加快人口较少民族发展。2011 年，自治区民委、发改委、财政厅、扶贫办等部门，共安排扶持人口较少民族发展资金 14034 万元，实施项目 284 个，2012 年安排资金 18417 万元，实施项目 384 个。重点实施乡村公路、村屯道路、村庄综合整治、体育卫生设施、基础教育设施、安全饮用水、特色优势产业、民族传统文化保护等建设项目。2012 年，国家民委安排广西的扶持人口较少民族发展资金 6720 万元，实施项目 193 个，重点建设村屯道路、人畜饮水、农田水利、特色产业、民族传统文化保护等建设项目，努力扶持 160 个人口较少民族聚居村实现“五通十有三提高”目标。

三、组织开展民贸民品工作取得新进展

国家民委、财政部、中国人民银行下发了《关于申报“十二五”期间全国民族特需商品定点生产企业的通知》后，广西积极做好国家优惠政策的宣传工作，认真开展民品生产企业申报工作。举办了全区民族特需商品定点生产企业申报工作培训班，会同自治区财政厅、中国人民银行南宁中心支行对全区少数民族特需商品定点生产企业的申报工作作了部署并提出具体工作要求，并完成全区 205 家民品企业的抽样检查、申报材料的收集、汇总、初审和上报工作。通过努力，全区有 132 家企业申报成功，比“十一五”时期在数量和质量上都有所增加。申报成功后，自治区民委又组织自治区财政厅和人民银行，召开了民贸民品工作座谈会，邀请国家民委领导来授课，14 个市民委、34 个民族贸易县民族局、部分民品企业负责人参加了会议，就相关业务知识展开了广泛而深入的探讨。

四、强化资金规范使用，督促项目实施

为规范和加强自治区少数民族发展资金的使用和管理，提高资金的使用效益，促进全区少数民族和民族地区经济社会发展。2012 年 9 月，自治区民委联合自治区财政厅共同编制了《广西壮族自治区少数民族发展资金管理办法》和《广西壮族自治区民族工作经费管理办法》，从资金的使用、申报、审批、下达、财务管理、监督检查等方面对两项资金的管理做出了明确规定。自治区民委还组织 3 个边境市、3 个人口较少民族所在市民委分管领导，8 个边境县（市、区）、4 个人口较少民族所在县（市）民族局局长，分四个交叉检查组，深入边境各县（市、区）和人口较少民族聚居区检查 2011 年资金的使用情况。先后与当地政府及发改、财政、民族、扶贫、审计等部门召开座谈会 11 次，实地检查验收项目 93 个，抽查项目档案资料 149 份，对全部 316 个项目的实施情况进行了分类统计。通过检查有效地加快了项目实施进度，提高了资金使用效率，规范了资金管理程序。

（撰稿　邓诗源　审稿　凌祥升）

海南省

2012 年是海南省委、省政府确定的“项目建设年”。在国家民委的具体指导下，海南省民宗委深入贯彻落实科学发展观，以少数民族发展资金项目建设为重要抓手，进一步提高资金项目的管理效能，有力

的推动了全省民族地区经济社会又好又快发展。

一、科学编制 2012 年少数民族发展资金项目建设计划

2012 年，国家民委安排海南省少数民族发展资金 5510 万，省民宗委认真按照《少数民族发展资金管理办法》，科学编制两项资金项目，切实发挥项目资金“拾遗补缺，雪中送炭，锦上添花”的作用，要求各市县民宗部门在申报资金项目前，会同有关部门深入各乡镇、村委会开展实地调查，为项目的合理安排奠定基础。同时，省民宗委根据“突出重点，统筹兼顾，科学选项，择优扶持”原则，对各市县申报的项目，严格把好项目筛选、考察、论证关，确保立项科学、准确。在项目筛选上，不仅看当地的需求情况，还结合地方资源优势进行统盘考虑，科学编制了《海南省 2012 年少数民族发展资金项目建设计划》，确保有限的资金发挥最大效益。

二、规范实施两项资金建设项目

一是精心组织实施资金项目建设。2012 年海南省民宗委共安排少数民族发展资金和兴边富民行动资金（以下简称“两项资金”）建设项目 176 个，其中道路桥梁项目 64 个，安排资金 2225 万元，硬化乡村道路 53.08 公里，建设涵洞 10 个和中小型桥梁 4 座，解决了 47834 人的行路难问题。饮水工程项目 33 个，安排资金 912.7 万元，解决了 13620 人的饮水难问题。农田水利设施项目 5 个，帮助 15 个村庄改善了农业生产条件，恢复和稳定农田灌溉面积 214 亩，为少数民族群众发展农业生产创造了条件。特色产业经济项目 41 个，安排资金 1262 万元，扶持和发展琼中南药种植、五指山花卉种植、保亭四棱豆基地、乐东珍稀树种等热带特色现代农业，以特色产业项目带动产业结构调整，实现产业结构的转变和升级，初步形成一村一品、一县多业的产业化规模效应；大力扶持发展农民新型合作组织，引导龙头企业以多种形式联接农户，以公司＋农户、公司＋合作社＋农户等多种形式带动农民生产增收。共安排技能培训项目 20 个，资金 273.3 万元，组织开展实用技术培训。以上项目的顺利实施，在促进少数民族和民族地区经济社会发展，改善少数民族群众生产生活条件等方面发挥了积极作用，取得了明显成效。二是加强对两项资金项目的管理和监督。各市县民宗部门严格按照“明确责权、分工协作、招标公示、审批报账”的原则，推进项目规范运作。项目实施前，严格实行招投标、项目预算等制度；项目建设过程中，采取日常检查与重点检查、定期检查与随机检查、明查与暗访相结合的方式，对项目建设过程进行监督检查；项目建成后，邀请审计、财政等部门参与验收，确保项目质量。在资金使用管理上，各市县严格遵守《少数民族资金管理办法》和《海南省财政支农及扶贫资金报帐管理办法》的有关规定，两项资金及时拨付到市县财政部门统一管理的扶贫专用帐户，做到了专款专用。所有的项目按照项目进度表拨付资金，保证了项目质量安全，没有出现截留、挪用、拖欠等现象。为做好督促检查工作，省民宗委明确各处室分管项目市县，责任处室经常深入各有关市县对两项资金项目的实施情况进行检查监督。印发了《关于规范管理资金项目档案工作的通知》和少数民族发展资金项目档案参考资料，进一步规范了项目档案管理，使项目资金的管理工作水平得到进一步提高。三是全面掌握项目推进情况。坚持每月收集项目建设进度和每季度通报项目执行情况制度，掌握项目整体推进情况，分析存在问题，扎实推进工作。6 月 8 日，召开两项资金项目推进会，总结经验，查找不足，表扬先进，鞭策后进，及时肯定并推广了乐东黎族自治县特色景观树种种植和七彩山鸡养殖、五指山市花卉种植等市县发展特色产业的经验，取得良好的反响。四是高标准做好国家民委项目检查工作。按照《国家民委办公厅关于开展少数民族发展资金项目实施情况检查的通知》（民办发〔2012〕107 号）要求，省民宗委对赴四川省检查和迎接重庆来琼检查活动作了周密安排和部署。9 月 24 日至 28 日，由委分管领导带队赴四川省检查考察了该省少数民族发展资金项目实施情况，并实地学习该省少数民族发展资金运作模式，特别是民族地区农村基础设施补助、产业化推进、种养业扶持、民族特色村寨、项目管理培训等项目建设的成功经验。10 月 9 日至 13 日，国家民委项目交叉检查组在重庆市民宗委向远道副主任的带领下，对海南省 2010—2011 年少数民族资金目项实施情况进行检查。在听取省民宗委关于少数民族发展资金项目实施情况介绍的

基础上，重点实地检查了琼中黎族苗族自治县黎母山镇什隆村道路硬化、黎母山林下经济产业、裸花紫株种植，五指山报南村花卉种植，保亭黎族苗族自治县毛岸镇农民合作社种鸽养殖和响水镇番道村茅草房改造、以及保亭黎族苗族自治县三道镇什进村、三亚市凤凰镇槟榔河村等少数民族特色村寨保护与发展项目。检查组对海南省少数民族发展资金安排、效益发挥、项目质量、后续管理、群众认可满意等方面均给予了高度评价。

三、扎实推进少数民族特色村寨建设

2012 年，三亚市凤凰镇槟榔村、河东区鹿回头村，保亭黎族苗族自治县三道镇什进村，陵水黎族自治县本号镇白水岭苗村（苗族）等少数民族特色村寨被列入省政府重点建设项目。为完成这一重要工作，省民宗委实行委领导和责任处室包点制度，多次派员深入市县开展实地调研，落实特色村寨建设等一系列事宜，及时解决了黎族图腾“甘工鸟”特色屋脊生产厂家和产品代理商供货渠道等问题，扎实推动特色民居建设工作，精心打造具有浓郁地域和黎族苗族特色的精品旅游村寨。为推动三亚市特色村寨试点工作，省民宗委黄明荣主任多次赴三亚，三亚市派出联合工作小组长期驻点，坚持每周对特色村寨建设项目进展情况进行分析研究，有力地促进了该项工作的落实。省民宗委还积极引导这些特色村寨大力发展现代观光农业、农家乐、特色养殖、农副产品加工、传统黎族苗族工艺品生产等优势产业，促进当地群众增产增收。目前，4 个特色村寨新建或改造特色民居 255 户，年度计划全面完成。在推进省政府重点工作的同时，省民宗委还在乐东、五指山等市县选择 3 个村庄开展少数民族特色村寨建设，新建或改建特色民居 184 户。使特色村寨特色民居达到 7 个村 439 户。在 2011 年 7 月国家民委召开的全国少数民族特色现场经验交流会上，海南省制作的图文并茂的视频典型发言，得到了参会领导和与会代表的高度赞扬，国家民委对海南省少数民族特色村寨试点工作开展情况给予了充分肯定。

四、积极争取少数民族发展资金省级配套资金

为争取海南省委、省政府对海南民族地区的更多支持，省民宗委在全国范围了解各省（市、区）政府对少数民族发展资金配套政策及配套资金规模等情况，主动与省财政厅、省发改委等部门进行沟通协调，并向省领导汇报。经积极争取，海南省政府同意，每年配套省级少数民族发展资金 1500 万元，从 2013 年起列入财政预算。

五、努力扶持海南省民贸企业发展

根据《国家民委财政部中国人民银行关于申报十二五期间全国民族特需商品定点生产企业的通知》（民委发〔2012〕43 号）要求，省民宗委组织人员深入全省民族特需商品生产企业开展实地调研，了解掌握全省民族贸易企业经营现状、存在困难、现阶段网点建设、民族特需商品生产企业技术改造所需贷款规模等情况。经过层层遴选审核，最后确定海南锦绣织贝有限公司、海南美裕营销有限公司、陵水藤竹工艺品有限公司等三家企业作为海南省的全国民族特需商品生产企业。同时，还积极扶持刚刚创业的 4 家生产民族特需商品的民贸企业，安排民族特需商品生产补助资金 100 万元，帮助他们制定企业发展规划，改善生产模式和营销手段，使这些企业的生存环境大大改善。

六、认真做好民族地区经济数据统计工作

按照国家民委、国家统计局《关于填报 2011 年少数民族和民族自治地方国民经济和社会发展统计报表的通知》要求，省民宗委及时下发通知，加强与民族自治县民宗、统计部门的联系沟通，反复进行数据审核对比，逐表逐项核对，认真完成了海南省《2011 年民族自治地方国民经济和社会发展统计报表》的收集、录入、汇总工作，按时将统计报表报送到国家民委。2012 年 8 月 4 日，国家民委在新疆召开全国民族地区经济统计工作会议，海南省民族自治地方经济数据统计工作以无差错、无漏项、准确度高，受到国家民委经济发展司的充分肯定。

七、积极编制兴边富民行动“十二五”规划

为切实做好兴边富民行动实施工作，根据国务院《兴边富民行动规划（2011-2015 年）》，省民宗委

组织人员，初步制定了《海南省兴边富民行动“十二五”规划》，目前，《海南省兴边富民行动“十二五”规划》已经基本完稿，进入审批阶段。

（撰稿　熊中华　审稿　王　艳）

重庆市

2012年，在重庆市委、市政府正确领导和国家民委有力支持指导下，重庆市认真贯彻落实党的民族政策，以“314”总体部署为统揽，“科学发展、富民兴渝”，扎实做好各项工作，有力促进了重庆市武陵山片区民族经济社会发展。

一、编制完成发展规划，为加快推进重庆武陵山片区民族经济发展奠定坚实基础

根据国家武陵山片区区域发展与扶贫攻坚试点工作要求，按照国家民委和市委、市政府的统一部署，市民宗委会同市级相关部门，结合重庆武陵山片区民族经济社会实际，编制完成了重庆武陵山片区区域发展与扶贫攻坚相关规划，为加快推进重庆武陵山片区民族经济发展奠定了坚实基础。

一是根据《国务院扶贫办、国家发展改革委关于印发<编制集中连片特殊困难地区区域发展与扶贫攻坚省级实施规划指导意见>的通知》（国开办发〔2012〕60号）的要求，市民宗委会同市发改委、市扶贫办编制印发了《武陵山区（重庆市）区域发展与扶贫攻坚实施规划（2011-2020)》，上报了国家民委、国家发改委、国务院扶贫办。

二是配合市发改委、市扶贫办、市财政局，市旅游局、市交委等市级有关部门编制印发了《重庆市扶贫规划（武陵山片、秦巴山片区)》、《重庆武陵山贫困地区交通扶贫规划》、《渝东南旅游发展规划》、《重庆武陵山、秦巴山片区扶贫特色优势产业发展与建设规划》、《重庆市“一圈两翼”对口帮扶工作“十二五”规划》、《整村脱贫规划》等六项专题规划。

二、做好派驻联络员联系工作，为重庆武陵山片区民族经济发展提供信息支持

做好国家民委派驻重庆武陵山片区联络员联系工作，是加快推进重庆武陵山片区民族经济发展与扶贫攻坚的一项重要工作，民宗委采取5项措施抓实抓好，取得了好的效果。即：建立联络员座谈会制度。每季度召开一次联络员座谈会，传达和落实国家民委有关试点联系工作新的要求和部署，交流工作经验，通报工作情况，研究有关问题，推进联系工作。建立信息通报制度。派驻联络员每月向市民宗委提供2~4篇反映所在区县经济社会发展、重大政策落实、重点项目进展等情况的信息，市民宗委及时编辑报市委市政府、送有关区县（自治县）党委政府，动态反映重庆市武陵山片区试点工作情况，为党委政府决策提供有效依据。建立统计监测制度。市民宗委每季汇总编缉一期各联络员提供的所在区县（自治县）经济社会发展统计数据，送市委市政府领导、有关区县（自治县）党委政府、市级有关部门参阅。建立重点项目实施跟踪联系制度，帮助片区各区县（自治县）向上反映重点项目推进中需要国家部委协调解决的重大问题。设立联络员专项工作经费。市民宗委专门设立了重庆市武陵山片区联络员联系工作经费，专项用于联络员集中交流、座谈工作情况等，保障了联络员联系工作顺利开展。

三、继续加强少数民族特色村寨建设，促进民族旅游、特色经济发展

2012年，安排少数民族发展资金1700万元，整合资金近2000万元，续建了4个少数民族特色村寨，新启动了10个少数民族特色村寨建设。目前，重庆市已启动37个少数民族特色村寨的建设，其中12个已完成全部规划建设，其对当地民族旅游和特色经济的促进带动作用明显。

四、全面推进民族团结进步示范点创建工作，为民族经济更好发展创造稳定的环境

按照“分级实施、分步推进，突出重点、注重特

色，边试边创，大胆推进，以点带面、整体覆盖”的原则，市民宗委在重庆武陵山民族地区启动民族团结进步示范区创建工作。集中打造128个示范点，重点推进石柱冷黄民族团结进步旅游示范带、秀山民族团结进步边界示范点、酉阳民族小学和彭水民族中学民族团结进步示范学校、渝东南地区“三馆三中心”民族文化示范场馆、黔江区少数民族流动人员服务管理体系示范点、黔江区民族团结进步示范军营、秀山民族团结进步现代物流工业园示范点、武隆仙女山民族团结进步示范镇、丰都名山民族团结进步示范镇等9个示范区建设。通过示范区的有效创建，促进重庆武陵山片区民族团结进步事业的发展。

五、着力推动民族贸易政策落实，民品民贸工作实现较大突破

一是会同市财政局、市人民银行完成“十二五”期间重庆市少数民族特需用品生产定点企业的申报。按照国家民委、国家财政部、人民银行的有关要求，市民宗委在全市摸底的基础上，按照“优、特、强、大”的标准，择优确定了周君记等15家企业为重庆市“十二五”期间少数民族特需商品生产定点企业。其中规模以上企业14家，初步实现了重庆市民品企业向“优、特、强、大”的转变。

二是全年民族贸易企业流动资金贷款贴息达到2600万元，较2011年增长了5倍。争取特需用品生产定点企业生产技改贴息206万元，较2011年增长了近2倍；争取特需商品生产定点补助资金200万元，较2011年增加33.3%。

六、进一步加强少数民族专项资金管理，充分发挥资金使用效益

一是加强少数民族发展项目监管工作，对2009年至2011年少数民族特色村寨保护与发展项目、民族团结进步示范村项目以及50万元以上的重点项目及时进行了实地检查，与区县（自治县）民族工作部门、项目单位进行了座谈，对项目实施中存在的问题，有针对性提出整改要求，保证了各项目按时建成，较好发挥了资金使用效益。二是配合市审计局，对2009年至2011年重庆市少数民族发展资金项目进行了全面审计。根据市审计局审计报告，重庆市少数民族发展资金项目管理没有发现重大违纪违规行为，管理总体水平有所提高。三是按照国家民委开展项目检查的要求，圆满完成了广西民委来重庆和重庆市民宗委赴海南开展的少数民族专项资金交叉检查工作。

（撰稿　杨　帆　审稿　顾　勇）

四川省

2012年，在四川省委、省政府和省民委党组的正确领导下，四川省民委始终坚持以科学发展观为指导，牢牢把握“共同团结奋斗，共同繁荣发展”的民族工作主题，紧紧围绕新时期全省民族工作思路，着力破解民族地区经济社会发展问题，努力促进少数民族和民族地区经济社会全面发展。

一、实施重点工程，助推民生改善

按照省委、省政府的关于重大民生工程的总体部署，省民委认真抓好工作落实，调动省级相关部门积极性，充分发挥民族地区各级政府责任主体作用，引导农牧民群众主动参与，民族地区重大民生工程取得阶段性成效。

1. 藏区“三大民生工程”。2009年至2012年四川省实施了藏区三大民生工程。一是藏区牧民定居行动计划暨帐篷新生活行动；二是实施9+3免费职业教育；三是实施藏区卫生事业发展计划。截止2012年底，牧民定居行动计划暨帐篷新生活行动政府已累计投入71.15亿元，全面完成四年规划建设任务；“9+3”免费职业教育政府投入10亿元以上，用于学生学费、生活费等补助和改善招生学校硬件设施。目前约10000名学生已走向不同工作岗位，还有约30000名藏区学生正在内地职业学校免费就读；藏区卫生事业政府投入35.08亿元，使藏区医疗卫生基础设施进一步改善，新农合参合人口162.89万人，参合率高达97.55%。

2. 彝家新寨建设。彝家新寨建设是省委、省政府支持推动大小凉山跨越式发展的重大举措，是当前四川省彝区最大的民生工程，省民委参与了由省扶贫移民局牵头实施的彝家新寨建设。该建设项目计划 5 年建成 1451 个彝家新寨，总投资 105 亿元，改善 12 万户 60 万贫困人口的生产生活条件。通过项目的实施，大小凉山综合扶贫开发扎实推进，彝家新寨建设取得了明显成效。

3. 彝家新生活行动“四件套”配置工作。为配合彝家新寨建设，四川省启动实施了彝家新生活行动“四件套”配置工作，共计投入资金 3.6 亿元，目标任务为 35000 套，向 12 万户贫困家庭每户发放价值 3000 元的炉子、桌椅、碗柜、橱柜。省民委牵头实施的该项目，让广大彝区群众“住上好房子、用上好家具、过上好日子”。

二、加强调查研究参与规划编制

1. 结合党的十八大精神，省民委加强了对藏彝羌地区与全省同步全面建成小康社会民生工作情况方面的调研，并向省委政研室提供了加快藏羌地区发展与全省同步全面建成小康社会民生方面突出问题和政策建议，为省委加快民族地区发展建言献策。省民委在调研基础上为四川藏区新农村建设规划提供重要数据，完善了四川省藏区新农村建设规划。

2. 按照国务院办公厅印发的《少数民族事业“十二五”规划》和省政府领导批示，省民委代拟起草了四川省人民政府关于贯彻《少数民族事业“十二五”规划》的实施意见，目前正在抓紧征求意见，修改完善。

3. 参与四川省“十二五”旅游业发展规划制定，对涉及民族地区旅游产业发展提供政策建议。

4. 主动配合制定秦巴、乌蒙、藏区（四川部分）区域发展与扶贫攻坚实施规划（2011-2015），以项目资金为抓手来加快少数民族贫困地区发展。

5. 按照国家民委（民委发［2012］197 号）《关于印发少数民族特色村寨保护和发展规划纲要（2011-2015 年）的通知》要求，省民委制定下发了《四川省少数民族特色村寨保护与发展实施意见（2011 年-2015 年）》，积极稳妥开展此项工作。

三、立足本职工作着眼规范创新

1. 少数民族发展资金项目安排和管理取得成效。一是项目安排工作。按照国家民委和《少数民族发展资金管理办法》的要求，注重改善民族地区农村基础设施条件，着力实施特色种养业发展项目。结合四川民族地区实际，在牧民定居、彝家新寨、灾后重建等建设基础上，将“在发展中寻求保护、在保护中寻求发展”的创新工作理念贯穿于项目建设始终，认真抓好特色村寨建设保护与发展工作；二是项目管理工作。按照《少数民族发展资金管理办法》和四川省制定的《少数民族发展资金项目管理监管督查办法》要求，为全面提升少数民族发展资金管理使用水平，省民委提出了“统筹安排、体现特色、突出重点、强化管理”的基本工作思路，项目管理规范工作迈上新台阶。

2. 主动开展民贸民品工作。一是认真落实好民贸民品优惠政策贯彻落实基本到位。省民委与财政、银行部门积极沟通协作，安排下达 2012 年度民贸民品技改贴息资金 206 万元，生产补助资金 250 万元；组织申报并通过审核的四川省“十二五”期间全国民族特需商品定点生产企业共 54 家；二是加强对民族工作部门和定点企业的指导与政策宣传和调研工作。

3. 认真做好民族地区统计与经济形势分析工作，按时完成每年《民族地区经济工作手册》编印，做好统计数据分析，及时准确把握少数民族和民族村经济社会发展现状和趋势，为政策制定和领导决策服好务。按时完成国家民委要求的扶贫统计数据报送工作。

（撰稿　刘康蓉　审稿　荣跃泽仁）

贵州省

2012 年，贵州省民族经济工作认真贯彻落实《国务院关于进一步促进贵州经济社会又好又快发展的若干意见》（国发〔2012〕2 号）、《武陵山片区区域发展与扶贫攻坚规划（2011—2020 年）》和国家民委《关于推进武陵山片区创建民族团结进步示范区的实施意见》、《关于进一步促进贵州经济社会又好又快发展的实施意见》，围绕省委、省政府“加速发展、加快转型、推动跨越”主基调，按照《贵州省“十二五”少数民族事业发展专项规划》的阶段性任务，以深入实施贵州省“少数民族事业十大推进计划”和“六项工作机制建设”为主抓手，突出重点地区、重点工作和重点环节，加强序时推进、强化责任推动、注重沟通协调、狠抓督促落实，不断提高民族经济工作科学化、制度化、规范化水平，有效地促进了少数民族和民族地区经济社会较快发展。

一、注重规划引领，不断加强民族经济工作机制建设

根据国发〔2012〕2 号文件精神和省委、省政府对落实国发 2 号文件的任务分解，积极协调省直有关部门和各地进行调查研究，抓好民族地区经济社会发展规划专项编制。省发改委牵头省直有关部门，就支持民族地区经济社会发展的总体目标、功能分区、基础设施、重点产业、配套措施以及支持项目进行调研，组织编制了《“三州”等民族地区发展专项建设规划》；省扶贫办完成了贵州三大集中连片特殊困难地区的区域发展与扶贫攻坚规划；省财政厅制定了《贵州省民族地区转移支付补助办法》，对民族自治县在计算税收挂钩环比增量中给予优于非民族地区补助的照顾，并增加了民族发展资金和民族自治地方逢十周年庆祝活动经费；省民委根据“促进民族地区跨越发展”和“建设民族团结进步发展示范区”的要求，从建设民族团结进步发展示范区的指导思想、基本原则、主要目标、示范范围和内容、政策支持、保障措施等方面开展专题研究，上报省委、省政府出台了《关于建设民族团结进步繁荣发展示范区的意见》(黔党发〔2013〕5 号)。通过各项规划编制和组织实施，为推动民族地区经济发展和后发赶超、确保与全省同步建成小康社会提供了政策支撑。

二、注重协调整合，不断加大民族经济工作力度

结合贵州省民族地区经济发展相对滞后的实际，按照与省直有关部门签订的“‘十二五’时期推进民族地区发展合作备忘录”，加强与省直有关部门沟通协调，在项目、资金等方面给予倾斜和重点安排。2012 年，省发改委、经信委、财政、交通、水利、扶贫等部门共投入 257.49 亿元支持民族地区发展。其中：省发改委共投入各类资金 7815 万元，实施扶持人口较少民族发展、黔东南州和黔南州天然林保护二期工程、民族地区高效种植基地、黔东南林浆纸一体化项目前期规划、黔南州瓮福磷煤电一体化基地发展规划等项目；省经信委从工业和信息化专项资金、工业产业扶持资金各安排 2.37 亿元和 6945 万元，安排 140 个项目扶持企业 74 家，安排 1.08 亿元对民族地区 15 个县的工业园区进行道路、供水、供电及排污处理等基础设施建设；省财政厅投入资金 1.78 亿元，用于民族特色文化村寨“一事一议”财政奖补；省交通运输厅共投入资金 17 亿元，实施民族地区农村公路建设、汽车场站（渡口）等建设，实施民族地区通村油路（水泥路）建设 1696 公里；省水利厅投入各类资金 30.58 亿元，用于民族地区骨干水源工程、农村饮水安全工程、病险水库治理、水土保持等项目；省住建厅对少数民族地区城建投资完成 174 亿元；省农委安排财政资金 9.2 亿元，扶持民族地区生态畜牧业、蔬菜、茶叶、精品水果、中药材等特色优势产业；省扶贫办投入各类资金 20.01 亿元，安排民族地区扶贫项目 6968 个，扶持农业产业，支持特色民族村寨建设，实施“雨露计划”。

三、注重分类指导，不断夯实民族地区发展基础

按照《贵州省“十二五”少数民族事业发展专项规划》，坚持分类指导，突出重点，加大对民族地区“双五百”(500 个贫困乡镇、500 个特色民族文化村寨)的投入，实施一批民族地区基础设施和民族特色经济和优势产业。一是制定了《省民委 2012 年民族乡贫困乡整村推进工作方案》，开展了民族乡贫困乡整村推进扶贫试点工作，在全省安排了 20 个点，投入资金 240 万元共 22 个项目支撑，覆盖全省 9 个市州 15 个民族乡 5 个贫困乡，重点扶持农业产业发展、文化设施建设等。二是按 30%基础设施、30%民族文化、40%产业发展的项目资金安排原则，

安排资金 2480 万元（其中省级民族经费投入 830 万元、扶持项目 53 个，中央发展资金投入 1650 万元、扶持项目 90 个），实施特色村寨建设项目 143 个。三是按照《贵州省扶持人口较少民族发展“十二五”专项建设规划》，召开了扶持人口较少民族发展项目专家评审会，下拨了 2012 年扶持人口较少民族发展项目专项资金 2520 万元，在人口较少民族聚居村实施扶持项目 92 个。四是协调省有关部门和民族民间传统工艺大师、专家、生产经营者代表等召开了少数民族传统手工业（手工艺品）发展专题座谈会，启动了贵州少数民族传统手工艺保护工程，安排专项资金 80 万元，整合民贸民品生产补助资金、民贸民品贴息补助资金，对 18 家传统手工漆器、民族毯、牙舟陶器、古法造纸、蜡染制品、民族刺绣、民族织布、银饰工艺、民族服饰等企业，给予资金补助，提高民族企业挖掘传承、开发创新、包装营销能力。五是扶持民族地区企业加快发展，协调经信、商务等相关部门，扶持 113 家民族特需商品生产企业资金 4187 万元，协调银行办理 20 家企业流动资金贷款贴息 4700 万元，协调省财政落实企业技改贷款财政贴息资金 216 万元、生产补助资金 350 万元，协调税务部门办理边销茶企业免征增值税 287.84 万元。

四、注重典型推动，不断加快民族地区脱贫致富步伐

采取召开现场会、典型引路、联系点推动、点对点帮扶等办法，积极探索民族地区开展扶贫工作的突破口和切入点，努力加快民族地区脱贫致富步伐。一是组织协调在平塘县召开了“全省人口较少民族扶持工作现场会”、在思南县召开了“全省民族地区贫困乡镇产业扶贫现场会”，从发展观念、发展思路、发展重点、发展措施、组织保障等方面交流了民族地区产业扶贫的经验，省长赵克志、副省长刘晓凯出席会议并作了重要讲话，对民族地区贫困乡镇产业扶贫起到了巨大的推动作用。二是省民委明确在“十二五”期间重点建设 100 个特色民族村寨，制定了建设 100 个特色民族村寨的工作方案，形成对特色民族村寨重点投入机制并挂牌示范，以打造 17 个世居少数民族特色村寨为重点，确保 17 个世居民族均有特色村寨典型。三是制定了《省民委科技农业示范推进工作实施方案》，明确提出因地制宜调整产业结构、促进产业发展、增加农民收入的指导意见，完成科技农业 17 个示范点布点工作，安排专项资金 190 万元，实施 25 个科技农业项目并向武陵山区倾斜。四是抓好新农村建设联系点的工作，制定了《省民委 2012 年新农村建设工作实施方案》，确定了 9 个新农村建设联系点，安排项目资金 270 万元，实施了 18 个基础设施和产业发展项目。五是制定了《省民委 2012 年少数民族及民族地区特色民居改造和贫困建房工程工作实施计划》，按照“点面结合、兼顾特殊、突出重点”的原则，对 15 个世居民族特色民居进行改造（人口较少民族除外），安排资金 300 万元对 600 户少数民族群众的危房进行改造，改善居住条件。

五、注重信息监测，为党委政府科学决策提供准确依据

加强对民族地区经济发展和扶贫攻坚情况监测和信息反馈工作。一是建立武陵山片区市（州）、县（市、区）监测机制，发挥“沟通联系、调查研究、提出建议、督促实施”的职责和作用，搭建与其他省市的武陵片区协作平台，实现“工作共研、信息共享、问题共报、协同发展”的良性运行机制，建立了与全国武陵山四省区联系协调机制和议事制度，及时了解掌握武陵山片区区域发展与扶贫攻坚的工作情况，建立了武陵山片区联系工作信息报送制度，收集整理、汇总三大片区数据和有关部门在武陵山片区扶贫攻坚工作动态，及时报送省政府和国家民委。二是积极协调省经信委、统计局等相关部门，撰写了全省民族地区经济社会发展统计分析报告，为领导决策提供参考依据；利用统计数据，分析民族地区县域经济发展中存在的问题，提出切实可行的意见和建议。三是加强民族经济工作调研，完成了“贵州省民族乡发展情况”、“凯里大风洞仫佬族、都匀土族等人口较少民族有关问题”、“贵州省民族地区县经济发展现状”等课题调研，为国家领导人、全国政协、国家民委、国务院扶贫办等领导对贵州省民族地区经济社会发展情况调研提供相关资料。四是加强民族经济工作宣传。在《贵州日报》全文刊登了《贵州省少数民族事业“十二五”规划》，加强对贵州省武陵山区扶贫攻坚和联系工

作、人口较少民族地区发展情况宣传，有效地扩大了贵州省民族事业和民族工作在全省各行各业的影响力。

（撰稿　张发刚　审稿　黄家逊）

云南省

2012 年，在国家民委的指导支持和省委、省政府的领导下，云南民委系统深入贯彻落实党的民族政策，以科学发展观为指导，围绕各民族“共同团结奋斗、共同繁荣发展”的民族工作主题，着眼于“十二五”时期民族地区“科学发展、和谐发展、跨越发展”，从解决少数民族和民族地区特殊困难问题出发，加强调查研究，不断开拓进取，认真开展年度民委民族经济工作，努力促进云南少数民族和民族地区经济社会加快发展。各项工作不断取得新成绩。

一、高位推进民族团结进步边疆繁荣稳定示范区建设

按照省委、省政府要求，云南省民委承担牵头起草《中共云南省委云南省人民政府关于建设民族团结进步边疆繁荣稳定示范区的意见》的任务，经过征求国家民委意见，省委民族工作领导小组会议、省政府常务会议、省委常委会议、省委全委会议审议通过，于 2012 年 6 月 25 日下发实施，并于 7 月 19 日由省委、省政府召开了隆重的动员大会，省委书记秦光荣和国家民委李小满纪检组长作了重要讲话。12 月 5 日，国务院听取了云南省民族团结进步边疆繁荣稳定示范区建设专题汇报会，回良玉副总理，中央书记处书记、国家民委主任杨晶出席会议并作了重要讲话，充分肯定了云南省在示范区建设工作中的做法和成效，对今后工作提出了殷切希望，国家相关部委表示大力支持云南示范区建设。全省各级各部门迅速行动、扎实推进，掀起了示范区建设的热潮，为云南省民族地区经济社会和谐快速发展打下了坚实基础。

二、深入推进加快少数民族和民族地区经济社会发展一系列专项规划的实施

为认真落实好已出台的《云南省加快少数民族和民族地区经济社会发展“十二五”规划》、《云南省兴边富民工程“十二五”规划》、《云南省扶持人口较少民族发展规划（2011-2015 年）》，省民委牵头建立了规划协调联络机制，进一步加强沟通联络，切实做好规划的落实工作，于 2012 年 3 月召开了相关规划实施评估分析会，通报了 2011 年规划实施情况，提出年度项目资金安排计划。据不完全统计，2012 年各级各部门投入《云南省加快少数民族和民族地区经济社会发展“十二五”规划》资金达 346 亿元，投入兴边富民行动资金近 200 亿元，投入扶持人口较少民族发展资金 24.6 亿元，分别占五年总投资的 47%、25%和 36%。《规划》内多个项目取得重大进展。无电人口通电建设项目已于 2012 年 10 月 30 日全面竣工，提前 3 年完成规划任务，实现全省“户户通电”目标。新型农村合作医疗补助和救助项目在 2012 年取得新进展，医疗救助“一站式”即时结算工作在全省范围内实现全覆盖，红河个旧、文山富宁、大理南涧等 3 个民族自治地方县被民政部等四部委列为全国重特大疾病医疗救助试点单位。农村居民最低生活保障项目在 2012 年进一步提高补助标准，扩大覆盖范围，农村低保月人均补助水平从 82 元提高至 94 元，民族地区农村低保对象从 262 万人增至 278.4 万人。有力促进了少数民族和民族地区经济社会快速发展。

三、着力推进扶持人口较少民族发展工作

2012 年是实施国家和省扶持人口较少民族发展规划的关键之年，省民委积极采取措施，围绕规划提出的“五通十有”目标任务，重点推进人口较少民族聚居自然村整村推进、特色产业培植、示范村建设项目，认真落实和实施上海对口帮扶工作，努力促进人口较少民族又好又快发展。一是整合资源，加大投入。2012 年，云南省民委围绕国家和省的规划，进一步加大扶持人口较少民族发展力度，投入

资金 16680 万元，实施了 400 个人口较少民族聚居自然村整村推进；实施了 50 个建制村特色产业培植项目；建设了 3 个人口较少民族特色村寨，建设了一批扶持人口较少民族发展示范村，并按照“五通十有”目标对人口较少民族聚居村进行巩固提高。同时，积极协调有关省级部门围绕规划确定的任务和责任项目，进一步整合资源，加大扶持人口较少民族发展的资金投入力度，2012 年落实规划投资 24.6 亿元，占总投资的 36%。二是加强总结，扩大宣传。做好总结和宣传工作，制作扶持工作简报和信息，为相关部门和新闻媒体提供扶持情况资料。加强统计监测工作，统计分析了 2011 年 8 个人口较少民族聚居村“五通十有”基本情况。三是大力推进对口帮扶工作。根据两省市对口帮扶独龙族发展计划，共投入 1950 万元(其中上海投入 1050 万元，云南配套 900 万元)，继续推进帮扶项目全面实施。同时，进一步加大宣传力度，营造帮扶工作氛围。组织上海《文汇报》记者采访团赴对口帮扶的德宏州三台山乡、怒江州独龙江乡开展采访工作，深入报道对口帮扶德昂族、独龙族发展取得的成效。

四、扎实推进兴边富民重点县建设

2012 年兴边富民重点县建设取得新突破、呈现新亮点。一是特色优势产业建设呈现新亮点。在国家支持下，安排资金 6600 万元实施了 9 个国家级和 5 个省级特色优势产业试点县建设，在产业选择、项目规划质量方面较前两年有了较大提升，通过 3 年的建设，目前已形成了一批带动群众增收的致富产业，具有示范带动作用的产业基地，探索边境民族地区产业发展的创新模式。二是兴边富民示范村建设取得新进展。投入资金 10378 万元实施了 243 个示范村建设，按照每个边境县都要有新亮点的思路，在选点和资金安排上既注重解决贫困问题，又注重整合力量、突出重点，每个重点村安排资金 50 万元，除国家级产业试点县，每县安排重点村 5 个，资金使用的效益更加明显。三是兼顾面上工作取得新成效。结合其他重点工作，投入 1440 万元实施了 57 个人口较少民族自然村整村推进和独龙江乡整乡推进、独龙族整族帮扶建设；投入 700 万元建设了 7 个边境县民族特色村寨；投入 2282 万元实施了扶持特困民族发展和解决少数民族群众生产生活特殊困难的项目。四是在加强调研和工作指导上有新举措。对 22 个边境县特色优势产业实施情况和取得的成效开展实地调研，总结提炼好的实施机制和发展模式。同时加强对产业和项目点选择的指导，采取对项目规划（实施方案）预审和实地查看的方式，根据上年项目实施情况和产业发展条件择优选择。

五、民族特色村寨建设取得新进展

根据国家民委、财政部对做好少数民族特色村寨保护与发展项目的要求，2012 年 7 月云南省民委组织考察组对 2012 年、2013 年申报的少数民族特色村寨保护与发展项目进行了实地考察，并会同省财政厅、省住建厅、省文化厅、省旅游局于 2011 年 11 月，组织专家进行了省级评审，确定了石林县石林镇和摩站村委会寺背后彝族特色村等 26 个自然村为 2012 年民族特色村寨建设项目，共安排资金 2600 万元。提前安排了 13 个 2013 年特色村寨建设项目，共安排资金 1250 万元。2012 年 9 月，在大理州召开了全省少数民族特色村寨保护与发展经验交流暨培训会议，邀请国家民委经济司领导到会指导培训，认真总结交流了开展少数民族特色村寨保护与发展试点工作取得的成绩和经验，深入分析试点工作中存在的困难和问题，并进行了业务培训，进一步统一思想，理清思路，为做好下一阶段工作打下更加坚实的基础。

六、认真推进民族地区示范村创建工作

为使有限的资金投入发挥更大的效益，云南省民委长期以来，坚持开展示范村建设，以自然村为单位，每村投入 30-50 万元左右，进行综合扶持，在内地创建民族团结示范村，在边境地区创建兴边富民示范村，在人口较少民族地区创建扶持人口较少民族发展示范村，结合扶持特困民族发展，创建扶持特困民族发展示范村。把示范村建设作为民族地区科学发展和谐发展跨越发展的引导和示范。2012 年，按照全省每个县都要开展不同类型示范村建设的思路，安排专项建设资金 4380 万元在没有边境和扶持人口较少民族发展任务的县（市、区）按每村安排 30 万元（重点示范村 60 万元）开展民族团结示范村建设，共实施了 130 个民族团结示范村建设项目。为民族地区科学发展和谐发展跨越发展

起到了引领和示范作用。

七、认真贯彻落实民族贸易和民族特需商品生产工作

为全面了解云南省民族特需商品定点生产企业经营和特需商品生产供应情况，云南省民委与中国人民银行昆明中心支行组织了调研组对民族特需商品定点生产企业流动资金贷款优惠利率政策的执行情况调研。为破解政策难以惠及民族特需商品定点生产企业的现状，省民委与中国人民银行昆明中心支行组织了专门人员赴山东、河北等省考察学习，拟就民族特需商品定点生产企业流动资金贷款优惠利率政策执行问题等向省政府汇报并提出解决问题的措施。深入贯彻落实“十二五”国家出台的有关民贸民品政策，按照国家民委要求，认真组织申报云南省民族特需商品定点生产企业。会同省财政厅组织国家 2012 年度民族贸易企业网点改造和民族特需商品定点生产企业技术改造贷款财政贴息项目申报评审，安排中央和省级项目贷款贴息资金 206 万元。与省财政厅联合组织 2012 年扶持民族地区企业贴息贷款项目申报评审工作，安排财政贴息资金 300 万元。协助省财政安排了民族特需商品生产补助 300 万元。

八、加强对外合作项目合作

根据国家民委项目办年度工作要求，完成了与联合国开发计划署合作项目——少数民族地区综合扶贫示范项目培训计划，组织少数民族手工艺术培训 2 期，组织两个项目村的手工艺产品赴香港展出，把项目示范村新平花腰傣手工刺绣和宁蒗摩梭人手工纺织品推向国际市场，为拓展少数民族群众增收起到了积极作用。

九、扎实做好民族统计工作

始终把民族统计工作作为做好民族工作的一项重要基础工作抓好抓实。2012 年，一是编纂《云南民族地区“十一五”经济社会发展文献》和《2012 年云南民族经济工作手册》。二是完成民族自治地方、边境县统计年快报。三是认真做好民族自治地方、边境县、民族乡统计年报审核汇总工作。四是完成了人口较少民族聚居的 395 个建制村 3520 个自然村“五通十有”指标的统计监测工作。五是对全省少数民族人口比例达到 30%以上的村委会和自然村进行了基本情况统计。六是汇总了云南“直过区”民族基本情况表、乌蒙片区基本情况表。为各级党委、政府科学决策提供了有力依据。

十、积极推进科学规范管理工作

为进一步做好资金项目管理，在民族发展资金项目管理方面不断进行探索创新，2012 年加强民族发展资金项目管理系统建设，对项目申报、审核审批、执行验收、总结评价实行全程网络化管理，实现了项目资金的信息化、规范化、公开化，提高了资金项目管理的效率，提升了操作的规范性和透明度。同时，开发了“云南省少数民族聚居村基本情况动态统计分析系统”，涉及 58 个指标 330 万个数据，摸清了 2011 年少数民族人口占 30%以上的 6961 个建制村及其所辖 68812 个自然村的基本情况，成为安排扶持项目的重要依据。

（撰稿　易永红　审稿　李红燕）

陕西省

2012 年，在国家民委的大力支持和有力指导下，在陕西省委、省政府的正确领导下，陕西省民委以科学发展观为统领，认真学习贯彻党的十八大、中央经济工作会议、全国民委主任会议精神，紧紧围绕民族工作“两个共同”主题和“建设西部强省、构建和谐陕西”宏伟目标开展工作，致力于推进省际民族经济交流合作以促进陕西省民族经济发展，通过对“十二五”期间少数民族特需商品定点生产企业的调整以做大做强陕西省民族企业，加大少数民族发展资金项目管理以带动陕西省少数民族聚居地方的产业发展，严格依法加强全省清真食品管理工作以化解矛盾纠纷，工作成效良好。

一、加强民族经济交流合作

签订了西部国际清真食品产业园项目合作协议。积极推动西部清真食品产业园项目落实工作，在陕西省第十六届西洽会上对西部清真食品产业园项目进行了推介暨新闻发布工作，加强了对项目的前期宣传，省民委被省政府评为“第十六届中国东西部合作与投资贸易洽谈会先进单位”。

二、指导民族企业健康发展

根据国家民委、财政部、中国人民银行《关于申报十二五期间全国民族特需商品定点生产企业的通知精神》，5 月，与省财政厅、中国人民银行西安分行联合下发了通知，对各市重新申报的民族特需商品定点企业进行了审核。对在“十一五”期间，生产经营情况良好，具备持续发展潜力，作用发挥良好，社会经济效益明显的 13 家定点生产企业予以保留；对 10 家由于生产经营不善或者由于改制，已经不能适应少数民族特需定点生产企业要求的定点企业，将其调整出定点生产企业名单；将近年具有一定规模和明显发展潜力的 14 家少数民族企业增加为“十二五”期间定点企业（共 27 家定点企业），上报国家民委，国家民委已正式批复了 23 家“十二五”期间民族特需商品定点生产企业。10 月份，与省财政厅一起下发了 2012 年少数民族特需商品定点生产企业生产补助资金 200 万元。

三、依法加强清真食品管理工作

加强对清真食品管理工作的指导，把《陕西省清真食品生产经营管理条例》的宣传落实做为民族工作的重点，及时下发《关于切实做好清真食品管理工作的通知》，扎实细致地做好各项重大活动期间清真食品管理工作，积极主动地做好清真食品生产经营各环节的监管工作；转发《西安市清真食品生产经营管理经验》；积极配合省食品安全委员会做好清真食品安全相关工作；深入清真食品生产经营企业、超市，采取听取汇报、实地考察、现场座谈等方式，对贯彻落实《陕西省清真食品生产经营管理条例》情况进行了检查。指导基层聘请清真食品社会监督员，建立了管理网络，做到了措施到位，责任到人，有效地预防了影响民族团结、社会稳定的事件发生。

四、做好少数民族发展资金项目的审核与监管

一是指导各市做好 2012 年度少数民族发展资金项目的申报工作；二是对全省申报的 80 个项目进行审核，并向主任办公会提出项目安排意见；三是与省财政联合下发了《关于下达 2012 年少数民族发展资金项目计划》，安排项目 46 个资金 918 万元；四是按照国家民委有关要求，上报了 9 个少数民族特色村寨保护与发展试点项目情况资料；五是按照国家民委《关于开展少数民族发展资金项目实施情况检查的通知》（民办发〔2012〕107 号）精神和有关要求，省民委组成检查组，于 9 月 17 日至 9 月 21 日赴贵州完成了交叉检查工作，并向国家民委上报了情况报告，圆满完成四川省检查组和国家民委抽查组对陕西省少数民族发展资金项目实施情况的检查。

（撰稿 马 震 审稿 段 平）

甘肃省

2012 年，在省委、省政府的领导和国家民委的具体指导下，甘肃省民委坚持以科学发展观统领民族经济工作全局，紧紧围绕省第十二次党代会、全省经济工作会议精神，牢牢把握“稳中求进、好中求快”的总基调，结合民族地区实际，研究提出加快少数民族和民族地区经济社会科学发展的政策措施，加大参与经济工作的力度，强化从事民族经济工作的手段，促进民族地区经济继续保持了快速、协调、健康发展的态势。

一、落实《国家民委关于进一步支持甘肃省民族地区经济社会发展的意见》中有关政策措施，积极争取少数民族发展资金

省民委多次赴国家民委就《意见》中涉及经济方面的政策措施进行汇报和衔接，通过积极争取，绝大部分政策措施已经得到落实，2012 年国家民委下达少数民族发展资金 9827 万元，比上年增加 3437 万元，增长了 54%。这个增长速度是历年来最高的，也高于全国平均水平。

二、贯彻落实中央扶贫工作会议精神，积极争取对民族地区的扶贫优惠政策

中央扶贫工作会议召开后，省民委在学习领会会议精神的基础上，多次向国家民委和省扶贫开发领导小组进行汇报和争取，反映汇报甘肃省民族地区的实际情况和贫困程度。经过积极争取，甘肃省 21 个民族县（市）中有 18 个县（市）被纳入国家连片特困地区。其中有 9 个民族县（市）纳入六盘山区连片特困地区，有 9 个民族县（市）纳入 4 省藏区特困地区。目前，全省 58 个国家扶贫工作重点县中有 18 个是民族县（市），占总数的 31%。

三、组织实施《扶持人口较少民族发展规划（2011–2015 年）》

根据国家《扶持人口较少民族发展规划（2011-2015 年）》，甘肃省编制了《甘肃省“十二五”扶持人口较少民族发展规划》和《甘肃省扶持人口较少民族发展“十二五”专项建设规划》。与“十一五”相比，“十二五”规划的人口较少民族的总人口增长 69276 人，扶持范围由原来的 2 县 1 乡扩大到 8 个县（市、区）36 个乡（镇）269 个人口较少民族聚居村。其中保安族聚居村有 58 个，撒拉族聚居村有 50 个，裕固族聚居村有 104 个，土族聚居村有 57 个。2012 年，加大对人口较少民族的支持力度，下达扶持人口较少民族发展资金 6880 万元，安排项目 147 个；国家发改委下达扶持人口较少民族发展专项资金 6000 万元，省预算内配套投资 1000 万元，其它投资 340 万元，实施项目 40 个，两项合计 14220 万元，共实施项目 187 个，项目数量和资金投入总量是历年来最高的。建立“扶持人口较少民族发展动态监测系统”，以 111 项监测指标为基础，对相关的 8 个县市（区）、36 个乡（镇）、269 个行政村实现了三级联网和监测统计数据网上传输报送。加大对扶持人口较少民族发展工作的宣传力度，以图片、大事记等形式，向国家民委报送了甘肃省肃南县、积石山县和黄泥堡乡在“十一五”期间开展扶持人口较少民族发展工作取得的成就和典型事例，营造了全社会关心和支持扶持人口较少民族发展事业的良好氛围。协调组织省发改委、省财政厅、省扶贫办、中国人民银行兰州中心支行等部门的同志参加了全国扶持人口较少民族发展经验交流现场会，现场学习观摩了黑龙江省开展扶持人口较少民族发展工作的成就和经验。

四、组织实施《兴边富民行动规划（2011–2015 年）》

根据国家《兴边富民行动规划（2011-2015 年）》精神，编制了《甘肃省“十二五”兴边富民行动规划》，以肃北县 2 镇 1 乡 26 个行政村为基础，共安排项目 54 个，概算总投资 103446 万元。按照国家统一部署，集中力量，把兴边富民行动的工作重点由以往的扶持基础设施转向扶持农牧业产业化和农牧民增收上。目前，党城湾镇牧农业开发科技示范园区、西滩养殖小区、3000 亩人工育草基地、肃北县种畜调引、无土栽培日光温室等项目已经初步建成。参加了全国兴边富民行动经验交流现场会，向分管省长汇报了会议精神，并就学习传达和贯彻落实全国兴边富民行动经验交流现场会精神，进一步推动甘肃省兴边富民行动再上一个新的台阶，提出了建议。会同省财政厅拍摄了《甘肃省兴边富民行动纪实》电视专题片，配合国家民委中央新闻媒体兴边富民行动万里行宣传活动采访团，完成了甘肃省兴边富民行动宣传报道任务，在《中国民族报》上对肃北县兴边富民行动进行整版报道。

五、开展少数民族特色村寨保护与发展工作

2009 年以来，国家民委共下达甘肃省少数民族特色村寨保护与发展专项资金 1700 万元，按照国家民委和财政部的要求，省民委认真组织开展了少数民族特色村寨保护与发展试点工作，共实施特色村

寨项目10个，主要用于少数民族特色民居的保护和村寨基础设施建设。目前，大部分特色村寨项目已经启动建设，进展顺利。其中临夏市整合多方面资金1.6亿元，已经初步完成枹罕镇拜家村集镇改造大部分工程，新建特色民居128户，建成村门、民俗馆等项目，展示临夏回族生活风情的特色村寨已经初步形成。2012年，省民委在继续支持原有8个特色村寨的基础上，增加张家川县张家川镇查湾村、宕昌县城关镇立界藏族村两个村，每个试点村各安排补助资金100万元。根据国家民委要求，省民委启动了《甘肃省少数民族特色村寨保护与发展规划》编制工作，目前已经列入的10个村分别编制了建设规划。

六、调研民族乡政策贯彻落实情况

2012年，省民委赴10个有民族乡（镇）的市（州）、39个县、40个乡开展了深入的调查研究，了解了民族乡政策贯彻落实情况，走访了部分学校、医院、企业，召开各类座谈会30多次，调研结束后，在充分吸纳了各个领域和方面的意见基础上，形成了《关于全省民族乡发展政策贯彻落实情况的调研报告》，并起草了《甘肃省人民政府关于支持民族乡经济社会发展的意见》。

七、严格管理民族专项资金

2012年，省民委共安排资金总额12100万元，安排各类项目390个。其中：国家民委安排的少数民族发展资金9827万元（扶持人口较少民族发展资金6880万元，兴边富民行动补助资金800万元，少数民族特殊困难补助资金400万元，贫困地区民族特色村寨保护试点补助资金700万元，项目管理费197万元）；省财政安排的专项资金1470万元（少数民族地区补助费240万元，少数民族生产生活补助资金100万元，民族自治县扶贫开发资金700万元，民族乡发展资金430万元）；民族贸易网点改造和民族特需商品定点企业技改贷款贴息和少数民族特需商品定点生产补助资金共803万元。项目安排中体现了适当集中的原则，尽量向民族自治州、县集中。对上年度20个重点项目开展了跟踪督察，确保项目资金按时足额到位，确保按计划组织实施。下发了《甘肃省民委关于印发民族专项资金项目申报审批办法的通知》（甘族发〔2012〕164号），各地严格按《通知》要求进行了项目的考察和申报，项目管理总体上更趋程序化、规范化、科学化。

八、开展少数民族发展资金项目实施情况交叉检查

2012年，国家民委对少数民族发展资金管理情况进行全国范围内的交叉检查，根据安排贵州省检查甘肃省，甘肃省检查云南。2012年9月下旬，贵州省民委督查组对甘肃省开展了督促检查，先后赴临夏市、积石山县、夏河县等地，实地察看了扶持人口较少民族发展资金、少数民族特色村寨保护与发展补助资金、特殊困难补助资金等专项资金的项目实施情况，对甘肃省的少数民族发展资金管理使用情况给予了充分肯定。10月上旬，分管主任史主任带领经济发展处的全体同志赴云南省红河哈尼族自治州、迪庆藏族自治州的6个县（市、区），对少数民族发展资金项目实施情况开展了督查。借这次督查的机会，省民委考察学习了云南省管理少数民族发展资金的经验和做法，查找了自身的不足之处和差距，并为进一步提高甘肃省少数民族发展资金管理提供了良好的思路和借鉴。

九、督促落实民贸优惠政策

2012年，省民委赴10个市（州）、39个县、40个乡，对全省少数民族特需商品定点生产企业生产经营情况及民贸优惠政策贯彻落实情况进行了调查研究，向国家民委上报了2012年甘肃省民族贸易和少数民族特需商品优惠政策贯彻落实情况的报告。根据《国家民委财政部中国人民银行关于申报“十二五”期间全国民族特需商品定点生产企业的通知》精神，结合调研中掌握的情况，筛选了168家符合条件的企业上报国家，经国家民委、财政部、中国人民银行审定，批复下达了105家定点企业，家数在全国居第5位（新疆268家，广西132家，内蒙120家，云南116家）。

十、做好民族统计工作

完成了2012年《中国民族统计年鉴》、《甘肃省发展年鉴》等书刊中文稿的撰写工作，向国家民委上报了2011年甘肃省扶持人口较少民族发展动态

监测数据。编印了《甘肃省民族统计手册》，积极为省委、省人大、省政府、省政协及省发改委、教育厅、统计局等部门提供了大量的有关民族地区和少数民族的各类统计数据及开展扶持人口较少民族发展、兴边富民行动等专项工作的信息资料。

（撰稿　成自强　审稿　王学仁）

青海省

2012年青海省各族人民在省委省政府的正确领导下，面对国内外复杂严峻的经济形势，积极应对，迎难而上，紧扣发展主题，全力稳增长、调结构、抓改革、惠民生，全省经济社会发展呈现出稳中有进、好中见快的良好态势，民族地区经济社会也得到了进一步发展。同比，全省生产总值1884.5亿元，增长12.3%；公共财政预算收入319.7亿元，增长18.2%；固定资产1920亿元，增长33.9%；社会消费品零售总额470亿元，增长16.1%；城镇居民人均可支配收入17566.3元，增长12.6%；农牧民人均纯收入5364.4元增长16.4%。2012年城乡居民收入增速高于生产总值增速，实际收入增幅创历史新高。

一、紧紧抓住国家对民族地区经济发展的多项优惠政策，积极做好规划的编制修订工作

1. 修订完成了《青海省扶持人口较少民族发展专项建设规划（2011—2015年）》。根据国家近两年来安排青海省的扶持人口较少民族发展资金额度，省民宗委对已编制完成的《青海省扶持人口较少民族（撒拉族、土族）发展“十二五”专项建设规划》在主体不变的基础上进行了科学合理的压缩删减，将原规划中的22个专项缩减为18个，规划总投资也由原来的671959万元缩减为74408万元，修改后的《青海省扶持人口较少民族发展专项建设规划（2011—2015年）》条理更加清晰，内容更加合理，项目更加科学，可操作性更强。

2. 编制完成了《青海省藏区六州宗教活动场所基础设施建设规划》。根据《青海省人民政府办公厅关于下达“十二五”藏区规划项目目标责任的通知》（青政办[2012]234号）的要求和领导批示精神，对全省6个自治州的宗教活动场所基础设施（包括通水、通电、通路）现状进行了摸底、统计，对拟纳入规划宗教活动场所的通水、通电、通路的项目工程量和工程标准进行反复的明确核实，并联合相关专业工程咨询单位深入基层调研，座谈走访，在此基础上编制完成了《青海省藏区六州宗教活动场所基础设施建设规划》（初稿）。规划涉及6个自治州的500余个宗教活动场所，规划投资约26亿元，共规划项目3大类659个。

3. 制定了《青海省少数民族特色村寨保护与发展专项建设规划》。规划以改善民生为核心、以特色民居保护和改造为重点、以保护传承民族文化为主线，初步在全省6个州（地、市）12个县确定了25个具有明显民族特色的行政村，将其纳入到少数民族特色村寨保护与发展规划，规划的民族特色村寨涵盖了全省藏族、回族、土族、撒拉族、蒙古族等5个世居民族。

二、紧紧盯住民族地区经济发展的主题，强化少数民族发展资金管理工作

1. 加强项目的确定和报审，充分发挥资金的使用效率。2012年国家民委等下达青海省的少数民族发展资金13643万元（其中扶持人口较少民族发展资金10520万元）、扶持人口较少民族发展专项建设资金6000万元。为管好用好这些资金，充分发挥资金的使用效率，省民宗委严格按照业已编制完成的各专项建设规划内容，先后13人次深入基层进行调研，积极和省直相关部门对接近20余次，和基层部门对接40余次，审核项目报告近700余份。经过审核论证后，落实人口较少民族发展资金项目190个10520万元；少数民族特色村寨保护与发展资金项目15个800万元；其它少数民族发展资金项目146个2050万元；少数民族发展资金管理费273万元；扶持人口较少民族发展专项建设项目117个6000万元。项目覆盖了全省8个州地市36个县(包括人口较少民族聚

居的 9 个县)，涉及到民族地区及人口较少民族聚居区的基础设施建设、农田水利生产、群众文化生活、特色优势产业发展及社会各项事业发展等方面，较好地发挥了少数民族发展资金的使用效率。

2. 强化专项资金多层次多渠道民主化管理和监督，吸引各方资金投入项目建设。为更好地服务基层，充分发挥基层组织的作用，进一步提高资金的使用效率，推动民族地区经济又好又快发展，省民宗委把加强项目管理作为推动民族经济工作发展的重点，严格逐级审批上报程序，采取层层筛选、逐级上报的办法，层层负责，层层把关，强化多层次多渠道民主化监督管理，明确职责和具体要求，注重加强对项目的跟踪管理，及时掌握项目推进情况，充分发扬民主，重大项目都必须通过集体讨论研究后报送相关部门，确保项目更加符合实际，更贴近少数民族群众及人口较少民族群众的生产生活需求，不断提高项目申报合理性和科学性。同时，积极协调相关部门，吸引新农村新牧区建设、党政军企共建示范村建设等各方面资金投入到少数民族地区，尤其是人口较少民族聚居区和少数民族特色村寨等，提高项目的效益。

3. 完成了 2010—2011 年少数民族发展资金项目实施情况交叉检查工作。积极配合兄弟省区民委，全面完成了青海省 2010--2011 年少数民族发展资金项目实施情况的检查，并形成报告上报国家民委。同时，赴新疆深入到霍城县、察布查尔县、鄯善县和吐鲁番市等地进行实地抽查人口较少、兴边富民、特色村寨及其它少数民族发展资金等专项，走访项目区群众 9 户近 50 余人次，顺利完成了检查任务，并形成报告上报国家民委。

三、紧紧围绕玉树州宗教活动场所灾后恢复重建的工作重点，全力做好相关项目的批复及业务指导工作

2012 年协同省住房和城乡建设厅召开项目论证会 6 次，组织 14 个厅（局）、10 个专业的专家及项目咨询、设计单位等 220 余人次参会，审核项目可行性研究报告、项目初步设计、项目投资估（预）算 623 个。批复项目 329 个，批复资金 94683.64 万元。目前，玉树州宗教活动场所灾后恢复重建项目中所有的维修加固项目已全部完成，重建的僧舍、活佛住房、公共用房全部完成，殿堂重建完成 93% 以上。寺院通路、通水、通电、通讯项目完成 97%。寺内建设初验通过 73 座，“四通”网电项目已竣工验收，通路、通水项目初验通过 78 座，通讯项目初验通过 14 座。

四、统筹推进各项工作顺利开展

加强全省特需商品定点生产企业的核查和申报工作，严格按照申报原则和条件及申报程序，共审查企业资料 120 余份，上报并最终确定少数民族特需商品定点生产企业 54 个。

完成了民族统计工作和《民族统计手册》的编制工作。完成国家民委统计报表及《中国统计年鉴》编制工作。编辑出版了《青海省民族统计手册》，汇总了 7 大类近 1 万余个数据。

完成扶贫联点及党政军企共建工作。按照作安排，先后赴果洛州久治县和玛泌县，对联点帮扶村和联点共建设村进行详细的考察调研，确定扶持项目 3 个，投入资金 119 万元，截止目前，省民宗委联点扶贫村宁友村三年扶贫规划项目涉及的基础设施建设、村社道路建设，通电项目已全面完成。编制完成了青海省“党政军企共建示范村”工程《玛沁县拉加镇赞根村村庄规划》，党政军企共建村联点单位承诺项目安置点道路建设、人饮入户建设项目计 64 万元已下达实施。

（撰稿　金水平　审稿　扎西本）

宁夏回族自治区

2012 年，在自治区党委、政府的领导和国家民委的支持下，宁夏自治区民委主动服务全区工作大局，把“改善民生、维护团结、推动发展”放在更加突出位置，统筹安排，重点扶持，整体推进，各

项工作取得新进展、新成效。

一、抓好调查研究，理清发展思路

积极主动汇报工作，争取各级领导支持，自治区民委主要领导先后多次陪同自治区党委、人大、政府、政协领导，深入集中连片贫困地区、生态移民区进行专题调研，及时解决特殊困难。配合中央督查组来宁检查中央关于民族地区经济社会发展政策落实情况，重点对贯彻落实《国务院关于进一步促进宁夏经济社会发展的若干意见》进行对照检查，提出工作意见。配合国家三部委对自治区民贸民品政策落实情况进行调研，为“十二五”民品企业调整理清思路。按照国家民委要求，配合新疆民委对自治区少数民族发展资金项目进行检查，进一步交流工作经验，查找工作不足，促进工作发展。定期召开发改、财政、扶贫、人民银行等部门参加的座谈会，及时沟通情况，交流信息，使各项民族优惠政策措施落到实处，这样既突出了民委在经济工作中的重要地位，又强化了各部门做好民族工作的责任意识，合力推进民族地区发展。

二、突出项目带动，服务发展大局

2012 年，国家下达全区少数民族发展资金 4847 万元，自治区首次配套 1700 万元，这部分资金在改善少数民族群众生产生活条件和实现脱贫致富上发挥了积极作用。2012 年，自治区民委围绕资金项目规范管理，研究制定发展资金评审办法，使项目申报、审批更加规范、科学、有效。2012 年少数民族发展资金主要用于以下方面：一是实施创建示范项目。将民族团结进步创建与促进民族地区经济社会发展结合起来，在全区广泛开展“五个十”创建活动，投入资金，对开展民族团结进步创建活动进行重点扶持和建设，充分发挥示范带动作用，促进创建工作持续健康发展，进一步营造各民族和谐发展的良好环境。二是实施扶贫解困项目。突出民生主题，全力配合生态移民、整村推进等重点工程，统筹安排少数民族发展资金 4000 多万元，实施项目 200 多个，实施了一批改善生产生活条件、实现脱贫致富的实事、好事。三是实施特色发展项目。以生态移民区、黄河金岸、旅游景区、商贸集镇为重点，积极抓好特色村寨建设工程，打造了一批民族特色鲜明、各方面基础较好的特色村，起到了典型示范作用。实施民族文化发展保护工程，安排资金 200 万元，加强少数民族文化联系点和少数民族传统体育基地建设。实施清真产业人才培养工程，依托少数民族培训基地，开展大规模、多层次的清真产业高级管理人才、阿语商贸服务人才以及清真厨师培训，提高了少数民族群众劳动技能。

三、挖掘政策潜力，增强发展优势

一是落实民贸民品政策。积极协调财政、人民银行，制定了民品定点生产企业评审方案，对“十二五”民品企业进行调整申报，争取国家批准 88 家。用足用活民贸政策，会同人民银行对自治区 9 个民贸县民贸企业进行考察评定，使全区享受优惠政策的民贸企业增加到 59 家。2012 年全区民贸民品企业享受国家贴息比 2011 年增长 30%。二是推进清真产业发展。中阿经贸论坛期间，举办清真产业国际标准化理论研讨会，100 多名国内外清真认证机构和清真产业的专家学者参加了会议。举办认证标准签约会，与云南、甘肃、青海、陕西等省签署认证地方联盟标准。加快国际互认，与约旦安曼商会签署协议，目前已与 7 个国家签署互认协议。还制定公布了 6 个清真产业专项标准，认证标准体系进一步完善。三是抓好节日会展经济。精心组织开斋节、古尔邦节“两节”系列活动，举办清真名小吃品尝展销，清真食品穆斯林用品优惠促销等，繁荣节日文化，促进节日经济。组织民贸民品清真产品协会会员企业积极参与中阿经贸论坛、西洽会等展会，完成“沙特经贸周”清真食品推介，加强与兄弟省区民族经济工作交流，为全区清真产业企业实现“走出去”战略搭建平台。

（撰稿　马雅琦　审稿　杨　浩）

新疆维吾尔自治区

2012年，在党中央、国务院和国家民委的大力支持下，在自治区党委、人民政府的领导下，新疆自治区民宗委紧紧围绕少数民族经济工作，牢牢把握民生建设年实事任务，以服务自治区各族群众为宗旨，提高各族群众生产生活水平为目的，广泛深入地实施“十二五”规划，着力保障和改善民生、提升口岸开发开放水平、促进特色优势产业发展，切实解决了一批各族群众生产生活中面临的突出困难和问题，促进了边境地区的团结稳定，增强了各族群众的凝聚力、向心力，有力推动了自治区民族经济工作的快速发展。

一、少数民族发展资金项目申报、审核和拨付顺利完成

2012年国家民委、财政部分两批下达自治区少数民族发展资金40765万元，自治区配套资金500万元，合计41265万元。根据资金拨付情况，及时组织各地州开展项目申报工作，对项目严格把关，认真反复审核，与自治区财政厅商定后，分两批次下达资金项目672个，项目内容涉及农业、林业、畜牧、水利、卫生、特色村寨、特色产业和民族手工艺培训等。其中兴边富民行动资金27200万元，项目313个，包括21个兴边富民行动县（市）16800万元，11个特色产业县10400万元；人口较少民族资金10400万元，项目210个，特色村寨保护与发展资金1000万，项目15个，少数民族发展资金存量部分1350万元，项目107个。通过积极争取国家政策支持，2012年全区32个边境县（市）兴边富民行动资金达到每县（市）800万元，比2011年增加了200万元，新增兴边富民行动支持特色产业试点县从上年的800万元增加到了1000万元。

二、不断开创民族贸易和民族特需商品生产工作新局面

2012年前三季度，全疆民贸、民品企业流动资金贷款贴息总额是上年同期的1.5倍；国家2012年安排自治区民贸网点建设和民族用品定点生产企业技术改造项目共10个，贴息金额较2011年增长1.4%；2012年自治区享受国家“少数民族特需商品生产补助资金”9个项目，安排资金较2011年增长3.79%。同时，民贸和民特企业的发展，已经逐步成为自治区收购农牧土特产品，送商品下乡、解决群众买难卖难问题重要力量、成为解决少数民族无业人员和城镇下岗职工再就业，实现农村富裕劳动力转移就业的重要基地，成为了少数民族群众增加收入的重要依靠。

三、充实完善了兴边富民行动领导小组机构

为深入做好“十二五”期间兴边富民行动规划的组织实施工作，根据国家民委《关于成立兴边富民行动协调小组及职责分工的通知》要求，积极与有关部门协调配合，广泛征求各成员单位的意见，代自治区人民政府起草了《关于调整自治区兴边富民行动领导小组成员和部门工作职责的通知》，将兴边富民领导小组原有的22个厅局成员单位增加到32个，并明确了工作职责，切实有效地加强了全社会对兴边富民行动的领导和支持力度。组织并指导6个边境县（市）编制完成了《申报2012年国家兴边富民补助资金支持特色优势产业试点项目规划》文本。

四、注重加强业务培训和工作指导力度

为总结交流少数民族特色村寨保护与发展试点工作的做法和成效，2012年组织部分地州和县（市）民宗部门工作人员赴内地相关省市学习考察了特色村寨建设；在吐鲁番市召开了自治区少数民族特色村寨保护与发展试点工作现场经验交流会，来自特色村寨项目区的地（州）、县（市）领导、民宗部门领导、各乡镇主要领导等90人参加会议，有力推动了特色村寨保护与发展工作。为规范自治区少数民族监测体系数据，提升业务人员的素质，召开了全

区民族地区经济社会运行监测系统和财政扶贫资金管理监测信息系统审核汇总会，来自全区 13 个地州、44 个县市民宗部门的工作人员参加了培训；国家民委在新疆生产建设兵团召开了全国兴边富民经验交流会，积极配合国家民委、新疆生产建设兵团组织协调相关部门圆满完成了会议的各项准备工作；国家民委经济司在自治区召开了全国民族统计工作会议，按照国家民委经济司的要求，较好地完成了会议筹备和会务服务保障工作，并积极筹备和参加国家民委组织的各类大型会议。

五、认真作好资金项目的监督检查

为加强少数民族发展资金项目管理，进一步增加少数民族发展项目资金使用效益，自治区民宗委下发了《关于 2011 年兴边富民行动工作进行绩效考核的通知》，对 2011 年度兴边富民项目实施情况进行全面绩效考评，并把绩效考评结果与 2012 年度资金项目分配相挂钩，促进了兴边富民行动资金项目管理制度化进程；多次深入南北疆部分地州、县（市），调研考察少数民族资金项目落实情况，与项目区的干部群众交流商谈，认真听取对做好资金项目工作的意见和建议，及时发现和指出资金项目建设中出现的问题；根据国家民委开展少数民族发展资金项目实施情况检查的通知要求，委（局）以此为契机，在全区认真开展了项目资金管理的自查和抽查工作。专门成立了少数民族发展资金项目检查领导小组，制定了具体的实施方案，指导全疆各地普遍开展了资金项目管理自查工作。委领导带队，抽调纪检部门、经济处等相关人员，分南北疆两个检查组对部分地州的自查情况进行了深入细致的检查；会同财政厅处理了哈密地区擅自变更少数民族发展资金项目的有关事宜，办理了新疆专员办关于各地少数民族发展资金审核整改意见事项，推动了全疆资金项目管理工作的整体水平。

六、积极做好少数民族发展资金项目交叉检查工作

根据国家民委关于开展少数民族发展资金项目交叉检查的通知要求，自治区民宗委组成资金项目检查组赴宁夏，圆满完成了资金项目交叉检查工作，并向国家民委报送了《宁夏回族自治区少数民族发展资金项目实施情况检查报告》。

（撰稿　木合巴尔　审稿　王纯夫）

新疆生产建设兵团

2012 年，在兵团党委、兵团的正确领导下，在国家民委指导和大力支持下，兵团民宗委以邓小平理论和“三个代表”重要思想、科学发展观为指导，深入贯彻落实中央新疆工作座谈会精神和兵团党委一系列重大决策部署，紧密结合兵团实际和新承担的工作任务，狠抓作风建设，认真履行职能职责，较好完成了一年的各项工作目标

一、加快少数民族聚居团场经济社会发展

兵团党委六届十次全委（扩大）会议提出“把加强困难团场和少数民族聚居团场工作摆在重要位置，举全兵团之力，通过 2-3 年努力，使困难团场和少数民族聚居团场发展质量和效益明显提高，职工群众生活生产条件明显改善，困难职工群众基本脱贫，人均收入达到兵团农牧工平均水平”。为贯彻落实这一决策部署，一是起草制订了《兵团党委兵团关于加快少数民族聚居团场经济社会发展的实施意见》，并以兵团党委的文件下发执行。《兵团党委兵团关于加快少数民族聚居团场经济社会发展的实施意见》明确要求将集中连片少数民族聚居的第三师 44 团等 8 个团场作为兵团重点扶持对象，还有第十三师柳树泉农场等 6 个团场由师重点扶持，兵团扶持为辅，其余团场由所属各师重点扶持。并决定兵团本级财务连续两年每年拿出 5 亿专项资金扶持少数民族聚居团场经济社会发展。还成立了兵团加快少数民族聚居团场经济社会发展领导小组，出台了《<兵团党委兵团关于加快少数民族聚居团场经济社会发展的实施意见>任务分解方案》，明确了各成

员单位的任务，落实了责任。二是2012年4月，在农三师图木舒克市召开了兵团加快少数民族聚居团场经济社会发展推进会。兵团党委书记、政委车俊出席会议并作重要讲话，强调要进一步统一思想、明确要求、加强领导，举全兵团之力加快少数民族聚居团场经济社会发展，全力以赴打赢这场事关跨越式发展和长治久安大局的关键战、攻坚战。通过这次会议对贯彻落实兵团党委的重大部署进行了动员部署。三是2012年兵、师重点扶持的14个少数民族聚居团场共申报了53个建设项目，项目内容涉及城镇化道路、绿化、供排水、电气、供暖、社区综合服务设施等基础设施建设、安居工程安居工程（包括廉租住房、解危解困住房、棚户区改造、农村安居工程、游牧定居建设）、发展设施农业（温室大棚）等方面。为加强对少数民族聚居团场经济社会发展项目专项资金的管理和监督，确保这一惠及各族职工群众的民心工程不出问题，兵团党委下发了《关于加强少数民族聚居团场项目监管工作通知》，加强了对项目实施情况的监督和资金安全使用的管理，以保证项目建设质量，项目资金的安全使用。三是师、团各级也成立了加快少数民族聚居团场经济社会发展领导小组，建立健全了工作体制机制。各师按照统筹规划、科学布局，先易后难、先急后缓的原则，加大对少数民族聚居单位基础设施建设的投入。首先是加大了城镇和中心连队建设的力度，特别是惠及民生的安居工程，所到团场都在进行紧张的城镇建设施工，工地一片繁忙景象。有部分团场原计划三年的建设任务紧缩在两年内完成，要让职工群众早日入住新居。其次是在惠及民生的社会事业上也加大了投入力度，如促进少数民族富余人员就业、促进广大群众参加居民社会保险、促进职工群众参加职业技能培训、促进“双语”教学工作的进一步推进等方面，普遍都加大了投入，取得了较好的社会效果，受到了各族职工群众的高度赞扬。第三是为增加职工群众的收入，加大了产业结构调整的力度，以发展林果业和畜牧业为主的优势产业正在不断形成和壮大。

二、贯彻落实好国家的民贸民特优惠政策

为确保国家民族贸易和民族特需商品生产优惠政策的有效落实，一是会同兵团有关部门加大帮助、指导、检查、服务力度，使国家民贸和民特企业流动资金贷款优惠利率、技术改造贷款财政贴息和税收减免等“三项民贸优惠政策”，在民贸和民特企业得到了全面落实，促进了兵团民贸和民特企业发展。二是会同兵团财务局、中国人民银行乌鲁木齐中心支行，根据《关于申报十二五期间全国民族特需商品定点生产企业的通知》（民委发【2012】43号），认真审核各师的申报材料，严格按照申报原则，向国家申报了焉耆天湖鹅业开发有限公司等39个企业为十二五期间全国民族特需商品定点生产企业。2012年12月，国家民委、财政部、中国人民银行正式确定了焉耆天湖鹅业开发有限公司等25个兵团企业为十二五期间全国民族特需商品定点生产企业。

三、推进兴边富民行动

2012年，国家民委、财政部大力支持兵团兴边富民行动，为58个边境团场每个团场拨付兴边富民行动补助资金300万元，总计17400万元。为了管好用好兴边富民行动补助资金，更好的发挥“兴边富民行动”项目利民、惠民的作用，一是组织了兵团兴边富民行动项目10个师、团的项目负责管理人员共41名学员，参加了国家民委在北京中央民族干部学院为兵团举办的第一期“兵团兴边富民行动项目管理人员培训班”，提高了各师、团业务管理人员的管理水平和综合素质。二是积极实施2012年兵团兴边富民行动项目，总投资17400万元，实施项目60个，对边境团场经济社会事业的发展起到了较大的推动作用。三是会同兵团财务局等有关部门对一、三、四、六、七、九、十、十三、十四师兴边富民行动项目实施情况进行了抽查验收。四是承办了国家民委2012年8月在第四师召开的全国兴边富民行动座谈会。国家民委副主任罗黎明出席会议并讲话。兵团党委副书记、司令员刘新齐做了热情洋溢的致辞。内蒙古、辽宁、黑龙江、广西、新疆、海南等省区政府的分管领导和兵团副司令员哈尼巴提•沙布开、副政委阿布力孜•尼牙孜，国家民委、国家发改委、公安部相关同志，以及相关省区政府和兵团副秘书长、相关省区和兵团民委领导、业务处长等90多人参加了会议。兵团10个边境师的分管领导和民宗局长列席会议。会议通过总结工作，交流经

验，实地考察，达到了推动全国兴边富民行动持续、高效、深入、健康开展的目的。这次会议通过与会代表在兵团的参观考察，对兵团的兴边富民行动进行了全面的展示，并获得了国家部委和各省区参会代表的肯定；同时广泛宣传了兵团屯垦戍边、艰苦创业的辉煌成就。

四、用好兵团扶持少数民族发展资金

为了使兵团扶持少数民族发展资金产生更好的经济社会效益，2012 年兵团扶持少数民族发展资金项目建设资金 1000 万元，实施了 19 个用于少数民族聚居团场养殖、林果、设施农业等改善生产、生活条件、改善民生和职工群众增收的项目，推动了少数民族困难职工群众的脱贫致富步伐。

五、积极开展少数民族职工群众培训工作

为了进一步提高少数民族职工群众素质，兵团民宗委开展了一系列的培训工作。一是根据《中华职业教育社关于同意在新疆生产建设兵团实施同心温暖工程国家通用语言培训项目的批复》，2012 年 2 月 26 日，在农三师图木舒克市大唐职业技术学校举行了《同心•温暖工程国家通用语言培训项目》兵团项目的启动仪式。中华职业教育社援建的三个项目点分别是农一师、农三师图木舒克市、农十四师皮山农场，共开设 4 个语音教室（其中农一师 1 个、农三师 2 个、十四师 1 个），每个语音教室招收 50 名学员。目前，已培训了 10 期，共有 500 名少数民族职工群众得到了培训。二是会同兵团人力资源和社会保障局在少数民族聚居团场开展了少数民族职工群众技能培训工作。在一师、三师、十四师的少数民族聚居团场举办了种植、养殖、经营等方面的培训班多期。

（撰稿　田惠敏　审稿　安尼瓦尔·加帕尔）

政策法规篇

收集了2012年国务院、国家民委及有关部委和各省区市制定的关于民族工作方面的文件、制度、法规、规划等文献。

国务院办公厅关于印发少数民族事业“十二五”规划的通知

国办发〔2012〕38号

各省、自治区、直辖市人民政府，国务院各部委、各直属机构：

《少数民族事业“十二五”规划》已经国务院同意，现印发给你们，请认真组织实施。

国务院办公厅

2012年7月12日

少数民族事业“十二五”规划

少数民族事业，是党和国家坚持与完善民族区域自治制度，加快少数民族和民族地区发展，保障少数民族合法权益，巩固和发展平等、团结、互助、和谐的社会主义民族关系，促进各民族共同团结奋斗、共同繁荣发展的一项综合事业。

大力发展少数民族事业，是适应我国多民族基本国情的客观需要，是增进民族团结和维护社会稳定的重要保障，是实现全面建设小康社会战略任务的重要内容。少数民族事业的发展，事关各族群众的福祉，事关社会主义现代化建设的全局，事关国家团结统一和长治久安，具有重大的现实意义和深远的历史意义。

“十一五”以来，我国少数民族事业快速发展，取得显著成绩。民族地区基础设施建设取得突破性进展，群众生产生活条件明显改善；特色优势产业快速发展，自我发展能力显著增强；生态建设和环境保护成效显著，环境质量进一步改善；贫困问题有效缓解，农牧民收入持续增加；社会事业长足进步，基本公共服务能力稳步提高。少数民族干部和各类人才队伍日益壮大，整体素质不断提升；民族法律法规和政策体系更趋完善，各民族合法权益得到进一步保障；民族团结不断巩固，民族关系更加和谐。当前，少数民族和民族地区发展仍面临一些突出问题和特殊困难，基础设施薄弱、生态环境脆弱的瓶颈制约仍然存在，区域发展不平衡、贫困面大的问题仍然突出，加快社会事业发展、提升基本公共服务水平的任务仍然艰巨，加强民族团结、维护社会和谐稳定的任务仍然繁重。

根据《中共中央国务院关于进一步加强民族工作加快少数民族和民族地区经济社会发展的决定》（中发〔2005〕10号）、《中华人民共和国民族区域自治法》和《中华人民共和国国民经济和社会发展第十二个五年规划纲要》，编制本规划。

本规划中民族地区指5个自治区、30个自治州和117个自治县、3个自治旗。

一、指导思想和发展目标

（一）指导思想。

高举中国特色社会主义伟大旗帜，以邓小平理论和“三个代表”重要思想为指导，深入贯彻落实科学发展观，牢牢把握各民族共同团结奋斗、共同繁荣发展的民族工作主题，坚持和完善民族区域自治制度，以解决少数民族事业发展中的特殊困难和问题为重点，采取特殊政策措施，不断加大对少数民族事业的扶持力度，全面提升少数民族事业发展水平。着力推进民族地区基础设施建设，不断夯实长远发展基础；着力培育特色优势产业和战略性新兴产业，不断增强自我发展能力；着力加强生态建设和环境保护，建设美好家园和国家生态屏障；着力保障和改善民生，进一步提高基本公共服务水平；

着力加大对少数民族文化事业的支持力度，进一步促进少数民族文化繁荣发展；着力加大少数民族干部和各类人才培养力度，努力建设高素质的少数民族干部和各类人才队伍；着力健全民族法律法规体系，保障少数民族合法权益；着力开展民族团结进步创建活动，进一步巩固和发展平等、团结、互助、和谐的社会主义民族关系，努力开创各民族和睦相处、和衷共济、和谐发展的新局面。

（二）主要发展目标。

民族地区经济发展主要指标增速高于全国平均水平，人均地区生产总值与全国平均水平的差距明显缩小。基础设施更加完善，特色优势产业体系初步形成，城镇化率增速高于全国平均水平，生态环境持续改善，对外开放水平显著提升。

民族地区人民生活水平大幅提高，城乡居民收入与全国平均水平差距明显缩小。城镇登记失业率控制在5%以内。牧区、边境地区、人口较少民族聚居地区和少数民族贫困地区群众生产生活条件明显改善。

民族地区基本公共服务能力显著增强，教育、文化服务、医疗卫生、社会保障等与全国的差距明显缩小。九年义务教育巩固率达到 90%以上，城乡三项基本医疗保险参保率提高 3 个百分点，新型农村养老保险和城镇居民养老保险实现全覆盖。

少数民族优秀传统文化得到有效保护、传承和弘扬，适应各族群众需求的优秀文化产品更加丰富，少数民族基本文化权益得到切实保障，少数民族文化产业发展迈出较大步伐，在对外文化交流中发挥更大作用。

民族理论政策体系和民族法律法规体系更加完备，民族事务服务体系更加完善，少数民族权益保障得到进一步加强，民族团结进步创建活动不断深入，民族关系更加和谐。

二、主要任务

（一）着力推动民族地区加快发展，不断改善各族群众生产生活条件。

加强民族地区基础设施建设，优先安排与农牧区群众生产生活密切相关的水利、能源和环境保护基础设施建设，优先安排草场围栏、农村公路、邮政设施、通信设施、广播电视、公共文化设施、贸易集市、清洁能源、民房改造等中小型和公益型项目。

大力发展民族地区资源开发、特色农牧业、民族文化旅游业等特色优势产业。推动有机产品基地建设，带动配套产业、社会服务业的发展，促进群众就业和增收。支持在资源开发、旅游度假、风情体验、加工制造、商贸流通等方面特色突出的小城镇加快发展。按照市场导向、优势互补、生态环保、集中布局的原则，积极承接国内外产业转移。

加大对少数民族和民族地区扶贫开发力度。全力实施集中连片特殊困难地区扶贫攻坚工程，优先解决特困少数民族贫困问题。重点支持民族地区实施整村推进、以工代赈、产业扶贫、劳动力转移培训等工程。大力推进游牧民定居工程，妥善解决搬迁农牧民后续发展和长远生计问题。建立和完善计划生育家庭优先优惠政策体系，支持建立健全人口计生服务体系，构建民族地区人口计生基本公共服务均等化机制。

深入推进兴边富民行动，大力扶持人口较少民族发展，集中力量加快边境地区和人口较少民族聚居地区经济社会全面发展。进一步做好少数民族特色村寨保护与发展工作，改善特色村寨的人居环境，培育特色产业，促进少数民族文化传承，创建民族和谐村寨。

支持民族贸易和民族特需商品生产企业发展，培育和发展满足少数民族群众生产生活特殊需求的特色产业，继续执行扶持民族贸易和民族特需商品生产企业的财政和金融等优惠政策。实施少数民族特需商品传统生产工艺和技术保护工程。

进一步加强耕地保护，支持民族地区加快编制土地整治规划。推动各类建设工程节约集约用地，做好与土地利用总体规划的衔接。

加强民族地区矿产资源调查评价与勘查，有序推进优势矿产资源开发，通过矿业的可持续发展，增强民族地区经济实力，提高当地群众收入水平。

继续加大民族地区天然林资源保护、石漠化综合治理、退牧还草、易灾地区草地保护、重点防护林建设、野生动植物保护、湿地保护与恢复、防沙治沙等生态工程建设力度，巩固退耕还林成果，基本形成国家生态安全屏障体系。

推动民族地区对外开放，支持发展对外贸易，开拓国际市场，提升沿边开放水平。积极建设广西东兴、云南瑞丽、内蒙古满洲里等重点开发开放试验区和新疆喀什、霍尔果斯经济开发区，加快边境经济合作区发展，支持符合条件的边境经济合作区扩大规模和调整区位。

专栏 1

（1）少数民族特色村寨保护与发展工程。

加大试点力度，整合统筹各方面资金，通过实施特色民居保护和改造等项目，保护少数民族特色村寨的建筑风格和整体风貌，改善少数民族群众的居住条件和环境，支持特色种养、民族风情旅游、民族手工艺品开发等“一村一品”特色产业发展，带动少数民族群众增收，推动民族文化保护和传承，促进民族团结进步。

（2）少数民族特需商品传统生产工艺和技术保护工程。

保护少数民族特需商品独特的生产工艺和技术，促进生产发展，满足消费需求，推动少数民族特需商品生产的产业化。系统收集和整理少数民族特需商品传统生产工艺和技术，运用现代技术手段予以保存和展示。对一些濒临失传的传统工艺和技术进行抢救。

（二）大力发展教育、科技、卫生、就业和社会保障事业，不断提高民族地区基本公共服务水平。

支持民族地区大力发展公办幼儿园，积极扶持普惠性民办幼儿园发展，优先将农牧区幼儿园纳入学前教育项目支持范围，构建“广覆盖、保基本”的学前教育公共服务体系。推进民族地区义务教育均衡发展，深化基础教育课程改革和教学改革，提高教育教学质量。科学稳妥推进双语教育，加大双语人才培养力度。推进民族地区义务教育学校标准化建设，改善办学条件，巩固义务教育普及成果。加快农牧区寄宿制学校建设，逐步提高生均公用经费基本标准和家庭经济困难寄宿生生活费补助标准，加大对民族地区实施农村义务教育学生营养改善计划的支持力度。加强中小学师资队伍建设，鼓励支持高校毕业生到民族地区基层任教。支持民族地区发展现代远程教育，扩大优质教育资源覆盖面。支持民族地区加快普及高中阶段教育，推动普通高中多样化发展，提高普通高中办学质量。加快发展民族地区职业教育，办好一批适应当地经济发展方式转变和产业结构调整要求的职业院校，加大符合当地产业发展需求的优势特色专业建设支持力度，中等职业教育改革发展示范校建设项目、职业教育实训基地建设项目等国家实施的项目向民族地区倾斜。继续办好内地西藏班、新疆高中班和内地西藏、新疆中职班，鼓励和支持有关省区相对发达城市面向当地民族地区举办中职班。加强民族院校和民族地区高校建设，中央财政支持地方高校发展的专项资金、工程和项目向民族院校和民族地区高校倾斜。推进学科专业调整和课程改革，重点加强应用型学科、特色学科建设。加大民族医药人才、民族文化人才及双语师资等民族地区急需人才的培养力度。继续办好高校少数民族预科班、民族班。继续实施少数民族高层次骨干人才培养计划，并逐步扩大办学规模。

加强民族地区科技基础设施和科技人才队伍建设，大力推进科技特派员农村科技创业行动，建立社会化、多元化、信息化新型农村科技服务体系，大力推广先进适用技术，促进科技进步和产业升级。加大科技富民强县专项行动计划实施力度，推动县域经济发展。加强少数民族和民族地区科普工作，加大双语科普工作力度，扶持少数民族语言文字科普读物的翻译出版，支持面向民族地区的大学生科普志愿者队伍建设。

专栏 2

（1）民族地区双语教育推进工程。

支持高校定向培养双语教师，建设双语教师培养培训基地。组织编译和开发优质双语教材、教辅、课外读物、课件和音像制品。

（2）民族地区义务教育学校标准化建设工程。

支持边境县和民族自治地方扶贫开发工作重点县义务教育学校校舍、体育场地、教学仪器设备、图书达到国家基本标准。

（3）农牧区幼儿园建设工程。

支持现有的乡镇和村幼儿园改善办学条件。优先在具备条件的农牧区小学增设附属幼儿园，在边远贫困地区开展学前教育巡回支教。积极扶持民办幼儿园发展。

（4）民族地区教育基础薄弱县普通高中建设工程。

支持民族地区教育基础薄弱县加强普通高中基础设施建设，改善办学条件，扩大培养规模，提升普通高中教育发展水平和质量。

（5）民族院校和民族地区高校教育质量提升工程。

支持民族院校和民族地区高校硕士点、博士点建设，建设一批重点学科，在审批新增硕士点、博士点和重点学科时，给予政策倾斜。支持建设一批重点实验室和人文社科研究基地，构建一批优势互补、资源共享的科研平台。加强师资队伍建设的校际联合和对外交流，鼓励和支持培养引进一批教育教学骨干、学术骨干和学科带头人，建设一批高水平教学和科研团队。

（6）民族院校和民族地区高校学生锻炼平台搭建工程。

搭建民族院校和民族地区高校学生寒暑假锻炼平台，充分利用现有资源，鼓励少数民族学生加强见习、实习和实训，提升就业能力。

（7）学校民族团结教育推进工程。

在全国各级各类学校广泛深入开展爱国主义和民族团结教育，推动党的民族理论政策、民族法律法规进教材、进课堂、进头脑，把民族团结教育贯穿到课堂教学、社会实践、校园文化建设全过程。在学生中广泛组织开展民族团结交流活动，组织举办各民族师生文化交流艺术节，开展东中部学校和民族地区学校“结对子”、学生“手拉手”等活动。加强民族团结教师培训和教材资源建设。支持中国教育电视台等单位开播民族团结教育专题节目。

（8）民族地区双语科普工程。

加强少数民族科普工作队建设，组建民族院校和民族地区高校少数民族学生科普志愿者队伍，扶持少数民族语言文字科普宣传品的翻译出版，组织开展内容丰富的科普宣传活动。

加强民族地区公共卫生服务体系建设，完善重大疾病防控、健康教育、妇幼保健等公共卫生服务网络，加强卫生监督、农村急救、精神疾病防治、食品安全监测等能力建设。加快建立和完善农牧区传染病、慢性病、地方病、职业病防控体系，提高突发公共卫生事件处置能力。加强以县级医院（含民族医医院）为龙头、乡镇卫生院和村卫生室为基础的农村三级医疗卫生服务网络建设，完善以社区卫生服务为基础的城市医疗卫生服务体系。加强以全科医生为重点的基层医疗卫生队伍建设，落实鼓励全科医生长期服务基层政策。加强妇儿专科医院和综合医院妇儿科建设。推进地市级综合医院建设。巩固提高新型农村合作医疗参合率，逐步提高人均筹资标准及保障水平。加大对少数民族和民族地区妇女宫颈癌、乳腺癌免费检查力度，提高妇女健康水平。加大民族医药的保护和抢救力度，实施民族医药保护与发展工程。加强民族医药基础理论和临床应用研究，推动民族医药学科和人才队伍建设，培养高层次民族医药人才。推广民族医药适宜技术，加大乡村民族医药工作者培训力度。

专栏 3

民族医药保护与发展工程。

梳理民族医重点专科（专病）优势病种诊疗方案，形成临床路径并加以推广。建立民族药药材种质资源保护区和药用野生动植物种养基地。继续实施民族医药关键技术研究项目和民族医药文献整理与适宜技术筛选推广项目。建设一批民族医药重点学科，培养一批民族医药学科带头人，推进民族医药学术继承和发展。实施全国名老民族医药专家学术经验继承、优秀民族医药临床人才研修等项目。推进民族医药标准化建设，建设一批民族医药标准化实施推广示范单位。

加强面向少数民族和民族地区公共就业服务体系建设，加强职业技能培训，大力开发公益岗位，完善就业援助制度，着力解决少数民族高校毕业生、农牧区转移劳动力、民族地区城镇就业困难人员等群体就业问题。加快推进民族地区覆盖城乡的社会保障体系建设，提高社会保险统筹层次，合理确定城乡居民最低生活保障标准。加快发展民族地区社会福利事业和社会慈善事业，加大社会救助力度。大力推进民族地区保障性安居工程建设。

（三）着力发展少数民族文化事业和文化产业，不断满足各族群众精神文化需求。

按照国家“十二五”时期文化改革发展规划纲要，加快构建民族地区公共文化服务体系。以城乡基层文化设施为重点，以流动文化设施和数字文化阵地建设为补充，基本建成覆盖城乡的公共文化设施网络。继续实施广播电视村村通工程，解决 20 户以下已通电自然村通广播电视问题，力争实现“户户通”。加强广播电视无线发射台站基础设施建设，进一步巩固和加强民族地区无线覆盖水平。支持少数民族题材影视剧的创作、生产、播出，继续向西藏、新疆等民族地区捐赠电视剧，并逐步扩大捐赠范围。对有线电视未通达的农牧区，开展直播卫星服务。继续实施农村数字电影放映工程，基本实现每个行政村每月放映一场电影，中小学生每学期至少观看 2 次爱国主义影片。支持城市数字影院建设。依托重点新闻网站，加强民族语言网站建设，提高网站服务少数民族受众的水平。

加大民族地区公共文化产品和服务的供给力度，积极弘扬中华优秀传统文化，大力扶持少数民族文化产品的创作生产。继续实施西新工程，加强少数民族语言广播影视节目制作、译制能力建设。实施新闻出版东风工程和新疆文化建设春雨工程，加强少数民族语言文字出版能力和信息化建设，加大对国家级少数民族文字出版基地建设的支持力度，提高优秀国家通用语言文字、外文出版物和优秀少数民族文字出版物双向翻译出版的数量和质量，支持基层出版物发行网点建设。支持民族文化特色鲜明的综合性博物馆和专题博物馆建设。加快推进公共图书馆、博物馆、文化馆（站）、美术馆等公共文化设施向社会免费开放，支持公共阅报栏（屏）建设。开展“中华民族一家亲”等面向民族地区基层的送戏送书送医活动，组织文化志愿者为民族地区基层群众提供文化志愿服务。支持民族地区公共体育设施建设，加强少数民族传统体育训练基地建设。继续办好全国性少数民族重大文化体育活动。依托少数民族重大节庆活动和民族民间文化资源，广泛开展群众性文化体育活动。

专栏 4

（1）少数民族文化读本编撰出版工程。

编撰出版少数民族文化读本和少数民族历史题材青少年普及版绘图本，编创、巡演、展播少数民族历史题材说唱艺术，创作、陈列、展出少数民族历史风俗画。

（2）少数民族传统文化展演评奖活动。

继续举办全国少数民族文艺会演、全国少数民族传统体育运动会、全国少数民族文学创作“骏马奖”评奖活动、全国少数民族曲艺展演、全国少数民族美术作品展和中国少数民族戏剧会演。

加强少数民族文化遗产保护工作。加强少数民族语言文字规范化信息化建设。健全少数民族文化遗产普查、登记、建档、认定制度，加强对世界文化遗产、大遗址和文物保护单位的保护，继续实施少数民族文物保护工程，加强民族地区历史文化名城（街区、村镇）的保护。对濒危的少数民族非物质文化遗产项目实施抢救性保护，对具有一定市场前景的少数民族非物质文化遗产项目实施生产性保护，对少数民族非物质文化遗产集聚区实施整体性保护。加强民族地区文化生态保护区建设。加强少数民族古籍保护、抢救、搜集、整理、翻译、出版和研究等工作。继续实施西藏、新疆等地少数民族古籍保护专项工作。

专栏 5

（1）少数民族语言文字规范化信息化建设工程。
加快少数民族语言文字急需标准的研制，开展多民族语言文字平台建设和民族语言资源库建设。
（2）少数民族濒危语言抢救与保护工程。
科学保护少数民族语言文字，完成 20 种少数民族濒危语言的调查工作，出版《中国少数民族语言文字保护丛书》。
（3）少数民族文物保护工程。
实施西藏重点文物保护、新疆大遗址保护等民族地区重点文物保护工程。
（4）少数民族古籍保护工程。
基本完成少数民族古籍普查和《中国少数民族古籍总目提要》的编纂出版工作。

充分发挥少数民族文化资源优势，加快少数民族文化产业发展，增强少数民族文化影响力。深化民族地区文化体制改革，加快培育文化市场主体。加强少数民族文化资源数字化建设。支持少数民族文化企业的高新技术应用示范，鼓励发展数字出版等新兴业态，推动数字印刷和绿色印刷发展。培育少数民族文化市场，实施一批具有带动、示范作用的文化产业项目。支持创作一批深受各族群众喜爱、具有鲜明民族特色的优秀少数民族文化作品，打造具有竞争力和影响力的艺术品牌，提升产业创新水平。积极举办少数民族文化产业博览会，为民族地区文化资源展示、产品交易搭建平台。

（四）不断巩固和发展民族团结进步事业，营造各民族和谐发展的社会环境。

广泛开展民族团结宣传教育，引导各族干部群众牢固树立汉族离不开少数民族、少数民族离不开汉族、各少数民族之间也相互离不开的思想，增强对伟大祖国的认同、对中华民族的认同、对中华文化的认同、对中国特色社会主义道路的认同，增强维护祖国统一和民族团结、反对民族分裂的自觉性、主动性和坚定性。大力弘扬以爱国主义为核心的民族精神，把民族团结教育纳入社会主义精神文明建设和公民意识教育、道德教育的全过程，推进民族理论政策、民族法律法规和民族基本知识宣传教育进机关、进企事业单位、进社区、进乡村、进学校、进部队。继续开展民族团结宣传月、宣传周和民族自治地方逢十周年庆典等传统活动。充分利用大众媒体和网络等新兴媒体开展宣传教育，建设网上民族团结宣传教育舆论阵地。

深入开展民族团结进步创建活动，推动各级各类民族团结进步示范单位建设，按照国家有关规定表彰民族团结进步先进集体和个人，充分发挥各类先进典型的模范带头作用。增进各民族互相了解、互相学习、互相交流，继续组织全国少数民族参观团，广泛开展青少年民族团结交流活动。继续推进民族团结进步教育基地建设。加强对民族关系状况的分析研判，建立和完善涉及民族因素的矛盾纠纷调处机制，完善应急处置预案。

专栏 6

民族团结进步创建工程。
推动各级各类新闻、出版、文化单位做好民族团结进步宣传教育工作，在全社会形成良好的舆论氛围。广泛开展民族团结进步示范典型创建活动，建设一批示范地（市、州）、县（旗）、乡（镇）、村（社区）、学校、企事业单位、连队等，建立一批民族团结进步教育基地。指导各地区各部门按照国家有关规定开展民族团结进步表彰活动。

（五）加强少数民族各类人才队伍建设，提升民族地区发展的智力支撑能力。

进一步确立少数民族和民族地区经济社会发展中人才优先发展的战略。积极推进民族地区企业经营管理人才、专业技术人才、高技能人才、农牧区实用人才、社会工作专业人才等各类人才队伍建设。

大力开发民族地区经济社会发展急需紧缺的专门人才，积极引进海外高层次人才。实施边疆民族地区人才支持计划。进一步加大对艰苦边远民族地区人才的扶持力度，鼓励民族地区各类人才的成长和创业，支持和吸引各类人才到民族地区发展创业。加强和改进干部和各类人才援藏援疆援青、博士服务团、“西部之光”访问学者、少数民族科技骨干特殊培养等工作。健全和完善人才培养、评价、选拔、激励、保障的体制和机制。

积极推进少数民族干部培养选拔工作，完善少数民族干部选拔制度，不断扩大规模、提高质量、改善结构。民族自治地方招收录用公务员时，依据法律和有关规定，对少数民族报考人员给予适当照顾。推进干部支援民族地区工作，继续做好中央国家机关、经济发达地区与民族地区干部双向交流。重视培养选拔少数民族女干部。加强对少数民族和民族地区干部的教育培训。发挥各级党校、行政学院、干部学院、高校和社会培训机构的作用，建立健全分工明确、优势互补的民族干部教育培训体系。

专栏 7

（1）少数民族人才发展工程。

实施少数民族高级人才联系培养项目，完善少数民族高级人才数据库。组织专家团到民族地区进行科技服务。实施少数民族科技领军人才与创新团队支持项目，遴选一批培养对象予以重点扶持，建设一批创新团队。实施少数民族中青年英才培养项目，遴选一批少数民族中青年人才进行重点扶持，提高优秀中青年人才的创新能力和科研水平。实施少数民族老专家学术技术抢救项目，遴选一批作出重大贡献、具有较大影响力的少数民族老专家予以资助，推进学术技术经验传承。实施少数民族和民族地区骨干人才培训项目，培训少数民族和民族地区经济社会发展急需紧缺人才。

（2）少数民族和民族地区干部教育培训工程。

实施少数民族和民族地区党政领导干部培训项目，对民族自治地方、边境地区、民族乡镇、人口较少民族等党政领导干部进行分期分批培训。加大民族地区干部双语培训力度。加强教育培训师资队伍建设，建立教育培训师资库，实现优秀师资资源共享。建立完善培训课程体系，加强精品课程和精品教材建设。编译出版民族地区基层干部双语培训教材。

（六）加强民族理论政策体系和民族法律法规体系建设，提高民族工作决策和管理水平。

加强马克思主义民族理论及其中国化的历史进程、基本经验研究，研究现阶段中国民族问题变化的基本规律，推进中国特色社会主义民族理论体系建设。组织开展少数民族和民族地区发展重大问题与我国民族关系发展变化情况的研究。加强世界民族问题研究，特别是对周边国家民族问题理论与实践的比较研究，开展民族问题研究国际交流与合作。加强民族政策落实情况评价体系研究，推进民族理论政策研究基地建设，完善民族工作决策专家咨询机制。

推动涉及民族方面的立法工作，促进在相关法律法规中贯彻落实宪法关于民族方面的规定。进一步完善民族区域自治法配套法规，制定贯彻实施民族区域自治法的部门规章或规范性文件，支持和帮助民族自治地方制定或修订自治条例、单行条例。全面提高依法管理民族事务的能力，提高民族工作的法制化水平。加强民族法制宣传教育，提高全社会民族法律法规意识。加强民族法制理论研究，完善民族法制理论体系。

加强民族政策、民族法律法规执行情况的监督检查。建立健全监督检查机制，完善监督检查机构、队伍和工作网络，实现监督检查的制度化、规范化、常态化。建立民族政策落实情况评价机制。

专栏 8

（1）民族法规体系建设工程。

修订《城市民族工作条例》等有关行政法规。研究制定少数民族语言文字保护、清真食品管理、民族成分登记管理、少数民族群众殡葬管理、少数民族文化遗产保护、少数民族传统医药保护等方面的法规或规章。实施民族法制宣传教育

"六五"规划。

（2）民族理论政策研究工程。

实施中国特色社会主义民族理论政策体系研究项目，重点加强对马克思主义民族理论、坚持和完善民族区域自治制度、中外民族理论比较的研究，编辑出版一批重点书籍，举办全国民族理论政策专题研讨会。实施新形势下民族工作重大课题研究项目，重点组织开展民族地区发展及民生问题、民族关系状况、城市民族工作、台湾少数民族、世界民族问题等方面的重大课题招标研究。实施民族理论政策宣传和民族团结教育研究项目，重点加强民族团结进步事业典型经验研究，实施民族理论政策教育行动计划。实施民族政策执行情况监督检查研究项目，重点加强对民族政策执行情况督查机制、民族区域自治有关政策落实情况、民族工作有关规划落实情况的研究，梳理民族工作方面的规范性文件。实施民族理论政策研究队伍建设项目，完善民族工作专家咨询制度和课题成果转化机制，办好民族理论中青年骨干培训班，扶持一批民族研究刊物，加强民族理论政策研究国际合作。

（七）继续加大民族工作交流合作力度，不断提升对外和对港澳台交流与合作水平。

加大我国民族理论政策和少数民族事业发展的对外宣传力度，积极开展民族工作领域对外交流。加强对国外民族理论政策的研究和借鉴。扩大少数民族文化对外交流与合作，打造一批少数民族文化对外交流精品，发挥少数民族文化在扩大中华文化国际影响力中的重要作用。鼓励民族院校和民族地区高校开展对外交流与合作，提高办学国际化水平。促进与港澳台地区的交流与合作，加强与旅居国外少数民族侨胞的联谊工作。做好民族工作干部涉外培训工作。

专栏 9

（1）民族工作对外交流与合作工程。

实施对外文化精品战略，打造"多彩中华"、"中华瑰宝"等品牌项目，建设民族工作领域对外传播平台。拓展民族院校和民族地区高校对外交流渠道，开展与国外著名大学、研究机构学术交流与合作，引进国外教育资源合作办学。开展对周边国家民族领域的研究、交流和相关人员的培训。

（2）民族工作对港澳台交流与合作工程。

继续举办海峡两岸各民族"中秋联欢"、"三月三"等传统交流活动。邀请台湾少数民族代表团参加全国少数民族文艺会演、全国少数民族传统体育运动会等全国性重大活动。开展港澳台地区民族研究和教育交流合作。鼓励大陆少数民族与台湾少数民族开展交流活动，建立稳定的交流合作机制。

（八）努力构建民族事务服务体系，不断提高民族事务管理和服务水平。

建立健全民族事务服务体系，保障少数民族群众合法权益。尊重少数民族风俗习惯，保障少数民族群众在饮食、丧葬、语言文字等方面的特定需求。提高对少数民族群众在特定需求、就业创业、社会保障、法律援助等方面的服务水平。加大对少数民族妇女的培训力度。加强少数民族法律服务队伍和服务网点建设。以特色服务、帮扶互助、宣传教育、促进交流为重点，加强社区民族工作。建立和完善少数民族流动人口流出地与流入地政府的联动机制，做好少数民族流动人口的服务与管理工作。

加强民族工作部门自身建设，推进政务公开，强化社会管理和公共服务职能。加强基层民族工作部门机构建设，改善工作条件，提高经费保障水平。优化民族工作部门干部结构，开展双语培训，建设一支政治思想坚定、有较高政策理论水平、善于团结各族群众的民族工作干部队伍。加强基层民族工作专兼职队伍建设。加强民族事务管理与服务信息化建设，促进管理与决策的科学化、民主化、规范化。

专栏 10

（1）民族事务服务体系建设工程。

扩大服务少数民族群众的法律援助专兼职队伍，为少数民族群众提供法律援助。在少数民族聚居区的医院、邮局、学校、政务服务大厅、机场、火（汽）车站等公共服务机构或场所提供双语服务。

（2）推进民族事务信息化建设。

依托国家电子政务网络，基本实现省级以上政府民族工作部门的互联互通，逐步实现各级民族工作部门的网络互联。加强信息资源开发利用，开展以政府网站为平台的多语种信息服务，推进业务应用系统建设，进一步提高对民族关系分析评估、民族地区经济社会发展监测能力，提升政府信息公开及服务能力。

三、政策措施

（一）财政政策。

加大中央财政对民族地区一般性转移支付和专项转移支付力度，建立对民族地区转移支付稳定增长机制，提高民族地区基本公共服务保障水平。

（二）投资和产业政策。

加大中央财政性投资对民族地区的投入力度。提高国家有关部门专项建设资金在西部民族地区的投入比重，加大对西部民族地区铁路、公路、民航等建设项目投资的资本金投入或提高补助标准。加大对民族地区特色农牧业发展的投入力度。在符合外方合作政策前提下，鼓励国际金融组织和外国政府优惠贷款向民族地区倾斜。中央安排的公益性建设项目，取消西部民族地区县以下（含县）以及集中连片特殊困难地区市地级配套资金。上级政府有关部门各种专项资金的分配，向民族自治地方和民族乡倾斜。

对民族地区实行差别化的产业政策。扶持民族地区发展旅游业等特色优势产业，凡有条件在民族地区加工转化的能源、资源开发利用项目，优先在当地布局建设。

（三）金融政策。

鼓励金融机构在满足审慎监管要求和有效防范风险的前提下，在民族地区设立分支机构，加大金融服务力度。鼓励商业银行重点支持有利于扩大就业、有偿还意愿和偿还能力、具有商业可持续性的民族地区中小企业、民族特需商品生产企业的融资需求。扶持民族地区妇女通过小额担保财政贴息贷款实现创业就业。加大对民族地区基础设施、特色农牧业、能源、环境保护、教育、文化产业、医疗卫生等重点领域的信贷和金融服务支持力度。鼓励民族地区县域法人金融机构吸收的存款主要用于当地发放贷款。

（四）生态补偿政策。

建立民族地区资源开发和生态保护补偿机制，在配套产业、社会服务业、劳动用工等方面，充分保障当地群众的利益。加强重点生态功能区保护，增加对民族地区生态保护与建设、环境整治的专项经费，完善森林生态效益补偿制度，逐步提高国家级公益林补偿标准，加大对大江大河上游等生态脆弱地区生态保护与建设支持力度。完善草原生态保护奖励机制。

（五）教育科技政策。

公共教育资源、重大教育工程和项目向少数民族和民族地区倾斜。增加双语教育经费。加大对民族地区实施农村义务教育阶段学校教师特设岗位计划的倾斜力度。在民族地区探索高中阶段免费教育，扩大家庭经济困难学生资助比例。加大对民族地区科普工作的支持力度。

（六）医疗卫生政策。

中央财政继续支持民族地区医疗卫生事业发展，新增医疗卫生资源重点向民族地区倾斜。鼓励医学院校毕业生到民族地区服务，鼓励发达地区医务人员到民族地区开展医疗帮扶。

（七）文化政策。

全国地市级公共文化设施建设规划、全国文化信息资源共享工程、公共电子阅览室建设计划、数字图书馆推广工程、公共图书馆文化馆免费开放计划、农家书屋建设工程等，向民族地区倾斜。加大对民族地区文物保护的财政支持力度。国家文化出口重点企业和项目认定、“文化部文化产业投融资公共服务平台”，向民族地区倾斜。

对少数民族题材电视剧，在备案公示、完成剧审查、播出调控等管理环节给予支持。对民族地区广播影视节目制作和广告经营活动给予支持，对符合条件的机构优先晋升《电视剧制作许可证（甲种）》资质。广播电视村村通工程、农村电影放映工程、城市数字影院建设工程等，向民族地区倾斜。

（八）社会保障政策。

完善民族地区城镇居民基本医疗保险和新型农

村合作医疗制度，逐步提高补助标准，不断提高保障水平。加大中央财政对少数民族贫困群众救助和自然灾害救助的投入力度，合理确定城乡最低生活保障标准。在民族地区的投资项目优先吸纳当地少数民族劳动力就业。

（九）干部和人才政策。

支持高校毕业生到民族地区基层工作，实施“三支一扶”（支农、支教、支医和扶贫）和大学生志愿服务西部计划等项目时，继续向少数民族和民族地区倾斜。加大选调生工作力度，积极引导优秀高校毕业生到民族地区基层一线锻炼成长。推进民族地区干部挂职锻炼工作。

（十）对口支援政策。

鼓励经济较发达省（市）、大中城市、国有大中型企业采取多种形式支援民族地区加快发展。继续推进援藏、援疆、援青等对口支援工作。鼓励社会各界参与支持民族地区公益活动及慈善捐助。

四、组织实施

建立健全实施少数民族事业规划的领导体制和工作机制。充分调动各地方、各部门的积极性，形成党委、政府统一领导，有关部门各司其职，社会各方面通力协作的规划组织实施工作格局。进一步坚持和完善国家民委委员制，充分发挥委员单位和兼职委员在实施少数民族事业规划中的重要作用。

建立健全实施少数民族事业规划的协调落实机制和目标责任制。中央有关部门和地方各级政府要把少数民族事业规划相关内容纳入本部门、本地区工作计划，分解落实工作责任，制定具体实施方案和配套政策措施，认真抓好落实。

加强对规划执行情况的监测评估和监督检查。国家民委要加强监督评估能力建设，健全少数民族事业发展综合评价监测体系，强化对规划实施情况的跟踪分析。国家民委、发展改革委、财政部要切实履行职责，监督检查少数民族事业规划的执行情况，定期向国务院报告，并以适当方式向社会公布，确保如期完成规划确定的各项任务和目标。

国务院关于进一步促进贵州经济社会又好又快发展的若干意见

国发〔2012〕2号

各省、自治区、直辖市人民政府，国务院各部委、各直属机构：

改革开放特别是实施西部大开发战略以来，贵州经济社会发展取得显著成就，进入了历史上发展的最好时期。但由于自然地理等原因，贵州发展仍存在特殊困难，与全国的差距仍在拉大。为进一步促进贵州经济社会又好又快发展，现提出以下意见：

一、总体要求

（一）重要意义。

贵州是我国西部多民族聚居的省份，也是贫困问题最突出的欠发达省份。贫困和落后是贵州的主要矛盾，加快发展是贵州的主要任务。贵州尽快实现富裕，是西部和欠发达地区与全国缩小差距的一个重要象征，是国家兴旺发达的一个重要标志。贵州发展既存在着交通基础设施薄弱、工程性缺水严重和生态环境脆弱等瓶颈制约，又拥有区位条件重要、能源矿产资源富集、生物多样性良好、文化旅游开发潜力大等优势；既存在着产业结构单一、城乡差距较大、社会事业发展滞后等问题和困难，又面临着深入实施西部大开发战略和加快工业化、城镇化发展的重大机遇；既存在着面广量大程度深的贫困地区，又初步形成了带动能力较强的黔中经济区，具备了加快发展的基础条件和有利因素，正处在实现历史性跨越的关键时期。进一步促进贵州经济社会又好又快发展，是加快脱贫致富步伐，实现全面建设小康社会目标的必然要求；是发挥贵州比较优势，推动区域协调发展的战略需要；是增进各族群众福祉，促进民族团结、社会和谐的有力支撑；是加强长江、珠江上游生态建设，提高可持续发展能力的重大举措。

（二）指导思想。

以邓小平理论和“三个代表”重要思想为指导，深入贯彻落实科学发展观，紧紧抓住深入实施西部大开发战略的历史机遇，以加速发展、加快转型、推动跨越为主基调，大力实施工业强省和城镇化带动战略，着力加强交通、水利设施建设和生态建设，全面提升又好又快发展的基础条件；着力培育特色优势产业，积极构建具有区域特色和比较优势的产业体系；着力加大扶贫攻坚力度，彻底改变集中连片特殊困难地区城乡面貌；着力保障和改善民生，大幅提高各族群众生活水平；着力深化改革扩大开放，不断增强发展的动力和活力，努力走出一条符合自身实际和时代要求的后发赶超之路，确保与全国同步实现全面建设小康社会的宏伟目标。

（三）基本原则。

——坚持科学发展，转变经济发展方式。牢固树立全面协调可持续的发展理念，把后发赶超与加快转型有机结合起来，走新型工业化、城镇化道路，在发展中促转变，在转变中谋发展。

——坚持统筹协调，促进“三化”同步发展。在加快工业化、城镇化进程中，始终把农业现代化建设和社会主义新农村建设放在突出重要位置，推进城乡区域协调发展，构建城乡一体化发展新格局。

——坚持以人为本，切实保障改善民生。始终将解决人民群众切身利益问题摆在全局工作首位，让发展改革成果进一步惠及城乡居民，保护、调动和发挥各族群众盼发展、谋发展、促发展的积极性。

——坚持改革开放，创新发展体制机制。解放思想，锐意进取，把改革开放作为加速发展、加快转型、推动跨越的强大动力，不断破除体制机制障碍，不断优化投资和发展环境，不断提高对内对外开放水平。

——坚持自力更生，加大国家支持力度。充分发扬“不怕困难、艰苦奋斗、攻坚克难、永不退缩”的贵州精神，依靠自身努力加快发展，进一步加大中央支持和发达地区对口帮扶力度。

（四）战略定位。

——全国重要的能源基地、资源深加工基地、特色轻工业基地、以航空航天为重点的装备制造基地和西南重要陆路交通枢纽。大力实施优势资源转化战略，构建特色鲜明、结构合理、功能配套、竞争力强的现代产业体系，建设对内对外大通道，打造西部地区重要的经济增长极。

——扶贫开发攻坚示范区。按照区域发展带动扶贫开发、扶贫开发促进区域发展的新思路，创新扶贫开发机制，以集中连片特殊困难地区为主战场，全力实施扶贫开发攻坚工程，为新时期扶贫开发工作探索和积累经验。

——文化旅游发展创新区。传承优秀传统文化，弘扬社会主义先进文化，探索特色民族文化与旅游融合发展新路子，努力把贵州建设成为世界知名、国内一流的旅游目的地、休闲度假胜地和文化交流的重要平台。

——长江、珠江上游重要生态安全屏障。继续实施石漠化综合治理等重点生态工程，逐步建立生态补偿机制，促进人与自然和谐相处，构建以重点生态功能区为支撑的“两江”上游生态安全战略格局。

——民族团结进步繁荣发展示范区。认真落实民族政策，支持民族地区加快发展，巩固和发展平等、团结、互助、和谐的民族关系，促进各民族交往交流交融，实现经济跨越发展和社会和谐进步。

（五）发展目标。

到 2015 年，以交通、水利为重点的基础设施建设取得突破性进展；产业结构调整取得明显成效，综合经济实力大幅提升，工业化、城镇化带动作用显著增强，农业现代化水平明显提高；单位地区生产总值能耗明显下降，主要污染物排放总量得到有效控制，环境质量总体保持稳定；石漠化扩展趋势得到初步扭转，森林覆盖率达到 45%；社会事业发展水平明显提升，扶贫对象大幅减少，全面建设小康社会实现程度接近西部地区平均水平。

到 2020 年，适应经济社会发展的现代综合交通运输体系和水利工程体系基本建成；现代产业体系基本形成，经济发展质量和效益明显提高，综合竞争力显著增强，城镇化水平大幅提高，科技创新能力明显提升；石漠化扩展势头得到根本遏制，森林覆盖率达到 50%，环境质量良好；基本公共服务达到全国平均水平，城乡居民收入显著提高，实现全面建设小康社会奋斗目标。

（六）空间布局。

按照“黔中带动、黔北提升、两翼跨越、协调推进”的原则，充分发挥黔中经济区辐射带动作用，加快建设黔北经济协作区，积极推动毕水兴（毕节、六盘水、兴义）能源资源富集区可持续发展，大力支持“三州”（黔东南州、黔南州、黔西南州）等民族地区跨越发展，构建区域协调发展新格局。

——黔中经济区。建设以贵阳—安顺为核心，以遵义、毕节、都匀、凯里等城市为支撑的黔中经济区。推进贵阳—安顺经济一体化发展，加快建设贵安新区，重点发展装备制造、资源深加工、战略性新兴产业和现代服务业。

——黔北经济协作区。以遵义、铜仁为节点城市，以黔北、黔东北为腹地，积极构建连结成渝经济区和黔中经济区的经济走廊。重点发展航天等装备制造、金属冶炼及深加工、化工、特色轻工、旅游等产业。推进武陵山地区经济协作和扶贫攻坚。

——毕水兴能源资源富集区。以毕节、六盘水、兴义为节点城市，充分发挥能源矿产资源优势，建设我国南方重要的战略资源支撑基地。重点发展煤电煤化工、钢铁有色、汽车及装备制造、新能源等产业。深入推进毕节试验区建设。

——“三州”等民族地区。加快推进黔东南州、黔南州、黔西南州及其他民族自治地方跨越发展。重点发展文化旅游、磷煤化工、新型建材、民族医药和农林产品加工业，打造具有国际影响的原生态民族文化旅游区。

二、加强交通基础设施建设，提高发展支撑能力

坚持把交通基础设施建设放在优先位置，按照统筹兼顾、合理布局、适度超前的原则，加快构建现代综合交通运输体系，打破交通瓶颈制约。

（七）推进铁路建设。

加强贯通东西、连接南北的铁路大通道建设，提高运输能力，扩大路网覆盖面。加快干线铁路建设，打通与外部区域的快速通道，尽快开工建设成贵、渝黔铁路，与贵广、长昆铁路共同构成通往省外的快速大能力通道，加快实施南昆、黔桂、渝怀铁路扩能改造等工程，提高既有铁路通行能力。完善路网结构，规划建设隆昌至百色贵州段、织金至

纳雍、昭通至黔江贵州段等铁路，规划研究毕节经水城至兴义、黔江经贵阳至河口、都匀经凯里至黔江、兴义至永州等铁路，逐步形成新的对外通道。继续实施铁路电气化改造，建设和改造贵阳、六盘水、毕节、安顺等一批铁路枢纽，形成布局完善、功能协调的区域综合交通枢纽。

（八）加大公路建设力度。

加快建设国家高速公路网贵州境内路段，推动银川至龙邦、都匀至西昌、毕节至兴义、成都至遵义等公路项目建设，打通连接周边地区的公路通道。完善省内干线公路网络，建设松桃经铜仁至黎平、赤水经正安至沿河、贵阳至瓮安、清镇至黔西、安康经南川至麻江、赤水经罗甸至百色等路段，力争相邻市（州）通高速公路。扩大国省道路网覆盖范围，加大国省干线改造力度，基本实现具备条件的县城通二级及以上标准公路。到2020年基本实现村村通油路。加快重点城镇、重点工矿区与高速公路的快速联络线和专用公路建设。推进重要节点客货站场和农村客运站场建设。

（九）促进民航和水运发展。

推进贵阳龙洞堡西部地区重要枢纽机场建设，发展临空经济，适时建设三期扩建工程，新增和加密直达日韩、东南亚及国内大型枢纽机场的客货运航线航班。加快支线机场建设，改扩建铜仁等机场，建设遵义、黄平等机场，研究建设仁怀茅台机场，开展黔北、威宁、罗甸等机场前期工作。鼓励和引导航空公司开辟和增加航线，加大航班频次。支持航空公司在贵州设立基地，扩大机队规模。支持支线航班和支线机场运营。积极发展通用航空，适时试点开放低空空域。积极发展水路运输，规划研究打通西南地区连接长三角、珠三角地区水运通道，重点推进红水河龙滩、乌江构皮滩等水电枢纽通航设施建设，支持都柳江干流航电结合梯级开发，因地制宜发展库区航运特别是旅游客运。

（十）加强能源通道建设。

加快实施500千伏独山至桂南电力外送新通道建设。完善省内500千伏主网架，加快建设毕节—大兴北部通道、兴仁—独山南部通道，形成覆盖全省的坚强电网。依托中缅天然气管道、中卫至贵阳天然气管道，建设支线管网，提高天然气供应能力。支持建设成品油储备设施。

（十一）推动信息网络设施建设。

稳步推进电信网、广播电视网、互联网融合发展，提高电话、互联网普及率，加快城市光纤宽带接入，力争行政村基本通宽带，已通电的20户以上自然村和重要交通沿线通信信号基本覆盖。加快完善公共服务领域的信息化建设，推进数字化城市建设和信息资源整合，促进互联互通和资源共享。实施电子政务提升工程和“三农”信息服务工程。强化信息网络安全与应急保障基础设施建设。加快邮政普遍服务体系建设。

三、全面实施“三位一体”规划，增强可持续发展能力

坚持把实施《贵州省水利建设生态建设石漠化治理综合规划》（以下称“三位一体”综合规划）放在重要位置，努力消除工程性缺水和生态脆弱的瓶颈制约，促进经济社会可持续发展。

（十二）加大水利建设力度。

积极推进夹岩、黄家湾、五嘎冲、马岭等大型水库建设，开工建设一批中小型水库和引提水工程项目，到2020年全省工程供水能力达到159.4亿立方米。全面完成病险水库除险加固，以及灌区续建配套和灌排泵站改造工程。推进小水窖、小塘坝、小堰闸、小泵站、小渠道等“五小”微型水利工程建设。到2020年灌溉供水保证率达到75%，新增有效灌溉面积515万亩，改善和恢复有效灌溉面积715万亩。加大中小河流治理及山洪、地质灾害防治力度，加强重点城镇防洪工程建设，完善防汛抗旱灾害监测预报预警体系。统筹利用地表水和地下水资源，加强岩溶地下水和地下暗河开发利用，建设一批应急水源工程，提高抗旱应急能力。实行最严格的水资源管理制度。加强水资源和水利工程设施管理，促进水资源合理开发和节约利用。在安排中央财政转移支付和中央预算内投资时，加大对贵州水利建设投入力度，支持贵州如期完成“三位一体”综合规划提出的水利建设目标。

（十三）扎实推进生态保护与建设。

继续实施天然林资源保护、长江珠江防护林、速生丰产林、水土保持等工程，加强水源地和湿地保护。增加造林和抚育任务。对生态位置重要的陡坡耕地继续实施退耕还林还草。加大草山草坡治理

力度，扩大退牧还草重点县范围。加强自然保护区、风景名胜区、森林公园、地质公园、世界自然遗产地保护和建设，保护生物多样性，提升生态系统功能。支持贵州开展生态补偿机制试点。

（十四）突出抓好石漠化综合治理。

进一步加大石漠化防治力度，提高单位面积治理补助标准，到 2020 年石漠化综合治理工程全面覆盖工程小区。坚持自然修复为主，宜林则林，宜草则草，推进封山育林（草），加强林草植被保护和建设，开展坡耕地水土流失综合治理。把石漠化治理与解决好农民长远生计结合起来，多种途径促进农民增收致富。大力发展林下产业，加强山区特色经济林建设，支持因地制宜发展花椒、金银花、猕猴桃、火龙果、核桃等经济作物。抓紧研究论证生态搬迁工程。

（十五）加强环境保护。

继续推进乌江、赤水河和南北盘江等流域水环境综合整治，实施红枫湖、百花湖、万峰湖等饮用水水源地环境综合整治工程，加强草海等湖泊环境保护和综合防治。推进城镇和产业园区环保基础设施建设，加强危险废物处理以及锰汞等重金属、持久性有机污染物防治。强化重点行业污染控制和区域大气污染防治。全面加强矿区生态保护与环境综合治理，完善矿山环境治理恢复保证金制度。采取有效措施，开展农村土壤环境保护和农业面源污染治理。完善环境监测预警系统，建立环境污染事故应急处置体系。

四、壮大特色优势产业，增强自我发展能力

按照市场需求导向、发挥资源优势、优化空间布局、促进转型升级的要求，坚定不移地走新型工业化道路，加快构建现代产业体系。

（十六）做大做强能源产业。

加强煤炭资源勘查，推进资源整合与优化开发，加快大型煤炭基地建设。推进煤矿企业兼并重组，重点发展大型企业集团。稳步推进矿业权整合，提高资源勘查开发规模化、集约化程度。加强“西电东送”火电基地电源点建设，加快建设六枝、织金、安顺三期、清江等一批大型坑口电厂和路口电厂。合理布局建设煤矸石综合利用电厂，支持产业园区和城市发展热电联产机组，允许符合条件的企业开展大用户直供电。积极推动煤电联营。稳步推进乌江和南北盘江、红水河等重点流域梯级水电开发，积极推进龙滩二期工程研究论证。积极开发风能、太阳能、生物质能、地热、浅层地温能等新能源。2015 年贵州电力装机达到 5000 万千瓦左右。加强天然气和石油勘查勘探力度，推进页岩气、煤层气等非常规油气资源的勘探、开发和综合利用。

（十七）大力发展资源深加工产业。

加强矿产资源勘查开发。认真组织实施贵州省矿产资源总体规划，加大矿产资源调查评价、勘查、开发利用与保护力度。加快建设国家重要的煤电磷、煤电铝、煤电钢、煤电化等一体化资源深加工基地。加强磷矿资源整合，建设织金—息烽—开阳—瓮安—福泉磷煤化工产业带。积极推进铝、钛、钡、钒、锰等资源精深加工一体化，建设清镇—黔西—织金煤电铝、煤电化循环经济示范基地。积极推进贵阳城市钢厂搬迁和水城钢厂升级改造。以资源环境承载能力为基础，支持煤炭清洁高效综合利用，在资源富集区推进煤炭深加工，建设毕节、六盘水煤制烯烃和贵阳乙二醇等项目。优化发展高载能行业。鼓励发展非金属精细化工，在安顺、铜仁建设全国精细碳酸钡生产和研发基地。积极发展氯碱化工和橡胶加工，扶持发展林化工。优化发展传统建材，积极开发生产新型节能环保建材。

（十八）加快发展装备制造业。

发挥国防科技工业优势，鼓励地方科研单位和军工科研院所合作，促进军工、民用技术双向转化和科研机构资源共享，发展壮大军民结合产业，推动军工经济与地方经济融合发展。大力发展航空航天装备、汽车及零部件、能矿产业装备和工程机械。巩固壮大精密数控装备和关键基础件、新型电子元器件和电力装备、铁路车辆及备件等产业。培育发展冶金、风电、农业机械等特色装备。支持安顺民用航空产业国家高技术产业基地加快发展，建设通用飞机、无人机、教练机等生产和试训基地，配套发展通用航空产业。依托贵阳、遵义国家级开发区加快发展航天产业。

（十九）积极发展特色轻工业。

利用赤水河流域资源和技术优势，适度发展名优白酒，确保产品质量，维护品牌声誉，推动建设全国

重要的白酒生产基地。努力提高茶叶加工能力和水平，提升黔茶知名度和市场竞争力。积极推进中药现代化，大力发展中成药和民族药。做强做优特色食品工业，培育一批龙头企业，打造一批知名品牌。

（二十）培育发展战略性新兴产业。

发展新材料、电子及新一代信息技术、生物技术、新能源汽车等新兴产业，重点开发一批具有比较优势的产品，形成新的经济增长点。支持金属及其合金材料、电子功能材料产业发展，建设贵阳、遵义新材料产业基地。重点发展电子元器件、软件、混合集成电路等产业，支持发展新一代移动通信技术相关产业。在贵阳、遵义、安顺、黔南等地培育生物医药、生物育种产业，大力发展节能技术和环保产业。建设光伏产品研发及新能源汽车产业基地。

（二十一）提高科技创新支撑能力。

鼓励企业与科研院所建立产学研联盟，加强核心技术和关键技术研发。推进科技基础设施、创新平台和创新载体建设，鼓励和支持国家大型科研单位、重点高校在贵州设立科研机构和成果转化中心，支持建设国家重点（工程）实验室、工程（技术）研究中心、企业技术中心。加快 500 米口径球面射电望远镜项目建设。支持贵阳、遵义建设创新型城市。探索承接产业转移新模式，搭建企业孵化器、产业园区等促进技术和成果转化的合作平台，鼓励支持先进实用技术的应用、科技成果的宣传及普及，通过技术转移带动产业转移。

（二十二）切实做好节能减排工作。

全面落实国家下达的节能减排任务，大力实施重点节能改造工程，支持高载能行业节能改造，新建和改建一批重点节能项目。在建筑领域积极推广节能墙体材料等节能产品和技术，实施建筑节能和公共机构节能示范工程。大力推进粉煤灰、磷硫石膏、煤矸石、尾矿等工业废弃物资源化、规模化和产业化利用。加快淘汰落后产能，支持重点行业实施技术改造和清洁生产。深入推进“城市矿产”、园区循环化改造等重点领域循环经济发展。继续推进贵阳国家循环经济试点城市、低碳试点城市建设和节能减排财政政策综合示范工作。支持六盘水开展循环经济示范城市建设。

（二十三）大力发展现代服务业。

加快建设贵州与周边地区物流大通道，规划建设贵阳区域性物流中心，遵义、安顺、毕节、六盘水等物流节点城市，研究建设黄桶幺铺等一批现代物流园区。大力培育和引进第三方物流企业，研究完善物流企业营业税差额纳税试点办法。积极培育发展地方金融机构，鼓励股份制银行在贵州设立分支机构。支持组建贵州银行、茅台集团财务公司。支持符合条件的农村信用联社改制组建农村商业银行，鼓励银行业金融机构在贵州发起设立村镇银行。积极发展证券、保险业。大力发展会展业，支持办好中国（贵州）国际酒类博览会。加强城市商业网点建设，积极推进农产品批发市场升级改造，支持建设现代化的中药材批发市场和酒类交易市场。积极发展人力资源服务业以及家政、养老等家庭服务业。支持开展服务业综合改革试点工作。

（二十四）大力发展文化和旅游产业。

把文化和旅游产业发展成为支柱产业。依托贵州多民族文化资源，建设一批文化产业基地和区域特色文化产业群。深入挖掘民族文化，做大做强以“多彩贵州”为代表的民族歌舞、工艺美术、节庆会展、戏剧、影视、动漫等文化品牌，培育一批有特色、有实力、有竞争力的文化骨干企业，积极引进文化产业领域战略投资者。加强旅游基础设施建设，提升服务水平，着力打造一批精品旅游线路。建设黄果树、荔波、梵净山、雷公山等精品景区，培育“爽爽贵阳”、“梵天净土”、“水墨金州”、“凉都六盘水”等一批旅游休闲度假胜地。加强遵义、镇远、习水、青岩、西江等历史文化名城（名镇、名村）以及旅游资源富集城镇保护和建设。大力发展红色旅游，实施红色旅游二期建设方案，加强以遵义会议纪念体系为重点的经典景区基础设施建设。积极开发蜡染、服饰、银饰、苗绣、漆器、紫袍玉带石雕等特色旅游商品。支持贵州符合条件的地区申报世界自然遗产。

五、加快城镇化进程，推进新农村建设

按照统筹规划、合理布局、集约用地、完善功能的原则，推进城镇化进程，形成大中小城市和小城镇协调发展的格局。引导产业向城镇和园区集聚。加快社会主义新农村建设。

（二十五）积极推进城镇化进程。

实施中心城市带动战略，培育黔中城市群，打

造一批节点城市和特色小城镇，提升中小城市承载能力。根据经济发展需要适时研究调整优化行政区划。把贵阳建设成为全国生态文明城市、西部地区高新技术产业重要基地、区域性商贸物流会展中心。加强黔中城市群与六盘水、铜仁、兴义等城市的联系，促进要素流动和功能整合。加快贵阳、遵义、安顺、六盘水等老工业基地改造，推进万山资源枯竭城市转型和赫章、务川、六枝等资源型城市可持续发展。

（二十六）加快城镇基础设施建设。

完善城市道路体系，增加路网密度，大力发展公共交通，在符合条件的城市安全有序地建设轨道交通。提高区域间快速通达能力，统筹规划以贵阳为中心、连接重要节点城市的快速铁路和城际轨道交通建设，规划研究贵阳—安顺—六盘水等城际轨道项目。加快给排水、供气、污水处理和生活垃圾处理等市政基础设施建设，加大管网改造力度。实施城市河流水污染防治工程，实现市政公共设施功能配套。城镇集中式饮用水水源地水质达标率超过90%。加强城市园林绿化建设。推进防灾减灾体系建设，建立健全灾害监测预警网络。稳步实施山体滑坡、泥石流等自然灾害避险搬迁工程。

（二十七）有序发展产业园区。

按照整体规划、严格管理、滚动发展、务求实效的原则，规范发展产业园区，充分发挥产业集聚和辐射带动作用。支持贵阳、遵义经济技术开发区和贵阳高新技术产业开发区扩区和调整区位，提高投资强度和产出效率。支持符合条件的省级开发区升级为国家级开发区。积极承接产业转移，培育和引进一批就业容量大、技术含量高的企业。鼓励与东中部及周边地区共建产业园区，比照国家级经济技术开发区予以指导和服务。支持贵州依托重点工业园区积极创建国家新型工业化产业示范基地。

（二十八）促进城乡统筹发展。

统筹城乡基础设施建设，推动城镇道路、供水、生活垃圾处理等基础设施向农村延伸，公共交通、公共服务向农村拓展。繁荣和发展县域经济，着力打造一批经济强县，促进生产要素在城乡之间自由流动，支持发展城郊农业和农产品深加工等产业，进一步活跃农村经济。积极发展小城镇，强化小城镇对周边农村的生产生活服务功能。做好村庄规划，节约农村建设用地。统筹城乡社会事业发展，逐步实现城乡基本公共服务均等化。改善城乡基层组织保障条件。深入推进户籍制度改革，将在城市有稳定职业和住所的农村人口逐步转为城镇居民。支持遵义、六盘水开展统筹城乡综合配套改革试点。

（二十九）加强社会主义新农村建设。

加大农村饮水、道路、供电、沼气等公共服务设施建设力度，重点安排农村群众直接受益的中小型民生项目。加快实施农村饮水安全工程，重点做好高氟、微生物病害污染水防治，全面解决饮水安全问题。实施农村公路通达通畅工程，推进村庄内道路硬化。加强农村电力基础设施建设，实施新一轮农村电网改造升级工程，提高电网供电能力，全面实现城乡用电同网同价。因地制宜发展小水电、沼气、生物质能等能源。推进水电新农村电气化县建设，扩大小水电代燃料建设规模，实施农村水电增容改造。加大农村危房改造力度，适当提高中央补助标准，全面改善困难农户居住条件。加大农村环境综合整治力度，加快实施农村清洁工程，推动乡镇和农村污水、垃圾收集处理设施建设。全面推广“富在农家、学在农家、美在农家、乐在农家”创建活动。

六、发展现代农业，强化农业基础地位

在稳定粮食生产的基础上，进一步推进农业结构调整，积极发展产业化经营，走高产高效、品质优良、绿色有机、加工精细的现代农业发展道路。

（三十）大力推进农业结构调整。

实行最严格的耕地保护制度，确保耕地保有量和基本农田保护面积不减少、质量有提高。加强旱涝保收高标准农田建设，确保人均基本口粮田不低于 0.5 亩。通过稳步提高单产，确保粮食年产量稳定在 230 亿斤以上。积极调整农业种植结构，立足不同区域特色，巩固发展油菜、马铃薯等传统优势农产品，积极推进茶叶、干鲜果、中药材、酿酒高粱、油茶等基地建设，因地制宜发展薏苡、苦荞、芸豆、芭蕉芋等小杂粮。实施山地高效立体农业工程，建设贵阳、遵义、毕节等山区现代农业示范区和铜仁、黔东南、黔南生态农业示范区、安顺山地农业机械示范区以及黔西南、六盘水喀斯特山区特色农业示范区。完善农业区域布局，重点在贵州北

部地区建设粮、畜、茶生产基地，在南部地区建设面向珠三角地区的蔬菜、精品水果生产基地，在西北部地区建设草食畜牧业和马铃薯生产基地。稳定生猪生产。重点支持特色优势农产品良种繁育基地和商品生产基地建设，继续实施对种植马铃薯脱毒种薯的良种补贴，逐步扩大原种生产补贴规模。深入开展粮油作物高产创建和园艺作物标准园建设。

（三十一）着力提高农业产业化水平。

重点培育和引进一批农业产业化龙头企业，以农产品生产基地为依托，形成若干具有当地特色和资源优势的农业产业化示范基地。引导龙头企业与农民结成紧密的利益共同体，让农民更多地分享产业化经营成果。着力提高农民组织化程度，扶持农民专业合作社、专业服务公司、专业技术协会等组织发展，为农民提供多种形式的生产经营服务。促进农产品加工业结构调整与升级，支持发展绿色食品和有机食品，加大特色农产品注册商标和地理标志开发保护力度，打造一批具有较强影响力的品牌。

（三十二）建立健全农业服务体系。

加强贵州农业科研院所的基础能力建设，提高粮食经济作物和畜禽良种选育、丘陵山地适用农业机械技术研究和实用技术推广水平。健全乡镇农业技术推广、动植物疫病防控、农业机械推广和安全监理、农产品质量安全监管和检验检测服务体系。积极推进农产品质量安全标准示范县建设。支持农村市场和农产品现代流通体系建设。扶持农村物流企业发展，对物流配送中心、农产品批发市场和鲜活农产品冷链物流建设给予补助。支持贵阳花溪农产品、遵义虾子镇辣椒以及黔东南榕江、黔南独山和黔西南册亨蔬菜等批发市场建设。推进农业信息服务网络建设，积极探索信息服务进村入户的有效途径。

（三十三）积极拓宽农民增收渠道。

坚持向农业的深度和广度进军，重点发展特色种养业、山地农业、设施农业和庭院经济，提高农民家庭经营收入。大力发展休闲农业和乡村旅游，多渠道增加农民收入。培育一批农产品加工示范企业和项目，带动农民就近就地转移就业。进一步加强农业职业技术院校建设，为农村培养实用技术人才。积极发展劳务经济，加大农村劳动力培训力度，发挥劳务中介组织作用，扩大劳务输出。实施农民创业促进工程，大力支持外出农民工返乡创业。探索农村集体和农户在当地资源开发项目中入股，增加农民财产性收入。

七、深入推进扶贫开发，促进民族地区跨越发展

坚持开发式扶贫方针，以推进民族地区跨越发展为重点，创新扶贫开发机制，加大扶贫开发力度，加快脱贫致富步伐。

（三十四）完善扶贫开发工作布局。

根据新时期扶贫开发总体要求，逐步形成以集中连片特殊困难地区为主战场，以国家扶贫开发工作重点县、贫困乡、贫困村为突破口，以贫困户为着力点的扶贫开发工作布局。推进实施武陵山片区区域发展与扶贫攻坚规划，加快编制乌蒙山片区、滇桂黔石漠化片区等区域发展与扶贫攻坚规划，加强基础设施建设，培育壮大特色优势产业，带动扶贫开发上水平。进一步支持扶贫开发工作重点县改善农村生产生活条件，提高劳动力基本素质，大力发展县域经济，重点支持麻山、瑶山等深度贫困地区加快发展。加强规划，整合资金，继续实施整村推进。促进扶贫开发和农村最低生活保障制度有效衔接。积极推广参与式扶贫，让农民通过投工投劳参与扶贫项目。

（三十五）加大扶贫攻坚力度。

进一步加大中央财政专项扶贫资金对贵州的投入力度。国家有关部门在制定政策、编制规划、分配资金、安排项目时向贵州倾斜，扶贫相关试点优先安排在贵州实施。支持贵州整合资源、创新体制机制，集中人力财力物力，重点加强公路、水利等基础设施建设，开展扶贫攻坚会战。实施教育扶贫工程，每年选送一批贫困家庭学生赴发达地区、省内大城市接受免费职业教育。引导社会各界参与扶贫事业，鼓励社会帮扶、慈善捐助等，形成专项扶贫、行业扶贫和社会扶贫新格局。

（三十六）支持民族地区跨越发展。

把促进民族地区发展作为区域开发工作的重点，采取更加有力的措施加快“三州”和其他民族自治地方的发展。编制相关专项建设规划，加大资金投入和工作力度，尽快解决制约发展的突出问题，探索符合民族地区实际的发展模式。把“三州”民

族地区建设成为承接产业转移、旅游休闲度假、民族文化保护和生态文明示范区。支持黔东南州实施凯里—麻江同城化发展，加强清水江、都柳江等流域综合治理，有序发展林浆纸一体化，建设西南林产业基地，率先开展自治州辖区行政体制改革研究。支持黔南州建设瓮安—福泉地区磷煤电一体化基地和中药材、茶叶种植基地，支持水族文化博物馆建设。支持黔西南州建设滇桂黔三省结合部商贸物流中心和西江上游经济区的能源化工、原材料加工基地。加大毛南族、仫佬族人口较少民族扶贫开发力度。充分挖掘民族地区丰富的民族文化和旅游资源，培育和扶持苗岭飞歌、侗族大歌、布依族八音坐唱等民族文化品牌，建设民族文化展演中心。扶持民族特需商品定点生产企业发展，支持民族特需商品生产基地和区域性流通贸易交易市场建设。尊重少数民族生活居住习惯，规划建设一批民族特色村寨，加强木质房屋村寨防火设施建设。结合全国主体功能区规划修编，将符合条件的生态功能重要区域纳入国家重点生态功能区范围。

八、加快社会事业发展，提高基本公共服务水平

加快推进以保障和改善民生为重点的社会建设，大力发展教育、卫生、文化、就业和社会保障等事业，建立健全基本公共服务体系，促进基本公共服务均等化。

（三十七）优先发展教育事业。

大力发展农村学前教育，新建、改扩建和利用闲置校舍改建一批幼儿园，到 2015 年力争所有城市社区和乡镇至少有 1 所公办幼儿园。巩固义务教育普及成果，大力推进义务教育学校标准化建设，支持县镇薄弱学校扩容改造。继续办好村教学点，鼓励有条件的地区分期分批开办“小餐桌”。鼓励偏远少数民族村寨小学开展“双语”教育。积极稳妥推进农村中小学寄宿制，支持校舍建设，配齐配好必要的管理人员，到 2015 年具备条件的地区基本解决小学寄宿生住宿问题。积极稳妥实施农村义务教育学生营养改善计划。继续实施好农村义务教育阶段教师特设岗位计划和“国培计划”。支持民族地区教育基础薄弱县改扩建一批普通高中，扩大普通高中培养能力。大力支持职业教育基础能力建设，支持建设一批国家示范性职业院校。支持贵州优化高等学校布局结构和人才培养结构，加强理工、民族医药等经济社会发展急需的院校和学科专业建设。加大对贵州高等教育年度招生计划安排的倾斜和支持力度，支持增加博士、硕士学位授权单位，加强重点学科和重点实验室建设。鼓励贵州高校与国内外高校联合办学。增加部属师范大学在贵州免费师范生招生计划。加大中央财政专项转移支付和中央预算内投资对贵州教育发展的支持力度，落实好义务教育经费保障机制相关政策，推动贵州义务教育均衡发展。

（三十八）大力提升医疗卫生服务能力。

全面落实深化医药卫生体制改革各项任务，建立健全基本医疗卫生制度。逐步提高人均基本公共卫生服务经费标准，落实国家基本公共卫生服务和重大专项公共卫生服务项目，力争到 2020 年千人口床位数达到全国平均水平。加强基层医疗卫生机构基础设施建设，推进基层医疗卫生信息化，加快推进县乡村三级卫生医疗机构和社区卫生服务中心建设。加强妇幼保健机构服务能力建设。加大基层医疗卫生队伍建设力度，通过订单定向培养、转岗培训等途径培养一批乡镇卫生院、社区卫生服务中心全科医生，开展“特岗医生计划”，力争实现每一个乡镇卫生院和社区服务中心有两名以上特岗医生。加快建立农村医疗急救网络，健全疾病预防控制体系，加大重大传染病、地氟病等地方病防治力度，提高突发重大公共卫生事件处置能力。支持中医药（民族医药）事业发展，加快推进省、市（州）两级中医（民族医）医院建设。以强化技术支撑为重点，完善食品药品监管体系，提高检验检测水平和安全保障能力。鼓励社会资本以多种形式举办医疗机构。加强人口和计划生育服务体系建设，实施“少生快富”工程，努力降低生育水平。

（三十九）积极发展文化体育事业。

大力发展公益性文化事业，构建公共文化服务体系。支持建设市（州）图书馆、文化馆、博物馆，加强县级文化馆和图书馆、乡镇综合文化站、村文化室建设，加快建设一批公共电子阅览室。全面推进基层公共文化设施向社会免费开放。深入实施广播电视村村通、农家书屋、文化资源共享、农村数字电影放映等文化惠民工程。加强民族文化遗产保

护和综合利用，支持非物质文化遗产展示、传习场所等设施建设。加强城乡公共文化体育设施建设，支持建设国家生态型多梯度高原运动训练示范基地和山地户外体育旅游休闲基地。积极开发民族传统竞技活动和特色体育赛事。

（四十）千方百计扩大就业。

大力发展劳动密集型产业、服务业和小型微型企业，多渠道增加就业岗位。完善和落实促进劳动者自主创业的小额担保贷款、税费减免、场地安排等政策，支持高校毕业生、退役士兵、下岗失业人员和农民自主创业。支持开发林场管护、道路协管、城镇公共服务管理等公益性岗位，帮助就业困难人员实现就业。加强人力资源市场建设，培育和推介人力资源服务品牌，加强与珠三角、长三角等沿海发达地区劳务合作，扩大劳务输出规模。支持基层人力资源社会保障公共服务平台等基础设施建设，重点支持创业孵化基地、就业见习基地和实训基地建设，建立健全面向全体劳动者的职业培训制度，完善覆盖城乡的公共就业服务体系。加强劳动关系调解和监察，构建和谐劳动关系。

（四十一）健全社会保障制度。

健全覆盖城乡居民的社会保障体系，加大投入力度，提高保障水平。加快实现新型农村和城镇居民社会养老保险制度全覆盖，适时提高基础养老金标准。做好城镇职工和城乡居民基本养老保险的制度衔接和养老保险、医疗保险关系跨省区转移接续工作。巩固基本医疗保障制度覆盖面，稳步提高城镇居民基本医疗保险、新型农村合作医疗的人均筹资标准和政府补助标准，逐步推进各项基本医疗保险制度整合。完善城乡最低生活保障制度，健全低保标准动态调整机制，实现应保尽保。建立健全城乡困难群体、残疾人和优抚对象等特殊群体的社会保障机制，完善失业、工伤保险等制度。加强社会福利和养老机构基础设施建设。完善孤儿保障制度，加强儿童福利机构和儿童福利指导中心建设。推进救灾应急能力建设。加强以公共租赁住房为重点的保障性安居工程建设，开展利用住房公积金贷款支持保障性住房建设试点。加大城市棚户区、国有煤矿和工矿棚户区等改造力度。加强农村教师、医疗卫生人员周转房建设。

九、深化体制机制改革，全面推进对内对外开放

坚持解放思想，与时俱进，坚持深化改革，扩大开放，以改革促发展，以开放促开发，不断破解体制机制障碍，努力开创经济社会发展新局面。

（四十二）推进体制机制创新。

深化行政体制改革，依法调整政企之间、政资之间、政事之间、政府与市场中介组织之间的权力与权利、权力与责任、权利与义务的关系，进一步转变政府职能，规范政府行为。创新政府管理方式，减少审批事项，提高行政效率，改善投资环境。加大国有企业改革力度，鼓励中央企业与地方企业联合重组，支持军地融合发展，培育具有较强竞争力的大企业集团。大力发展非公有制经济，降低民间资本准入门槛，支持非公有制企业进入基础设施、社会事业等领域，切实保护民间投资的合法权益。深化投融资体制改革，提高直接融资比重，支持符合条件的企业上市融资和发行债券。推进资源要素市场化改革。在贵州率先开展全国电力价格改革试点，探索发电企业与电力用户直接交易方式方法。理顺煤电等产品价格关系，适时调整西电东送电价。完善社会矛盾调解机制，加强和创新社会管理。编制毕节试验区深化改革试验方案和规划，拓宽改革试验内容，发挥示范带动作用。

（四十三）深化区域合作。

进一步加强与周边地区的交流与合作，实现基础设施互联互通，促进要素自由流动，构建产业分工协作体系。完善黔川渝区域协作机制，深化与成渝经济区在电子信息、装备制造、轻工、能源原材料等领域的合作，推进渝黔能源基地建设。积极参与武陵山经济协作区建设，建立信息共享平台，共同推进基础设施建设、生态环境保护和旅游资源开发。统筹攀西—六盘水经济区规划建设，强化资源集约开发和循环利用。促进滇黔桂粤西江流域航运、能源、旅游等领域合作。推动泛珠三角地区合作，拓展区域合作空间和领域，加强与珠三角、长三角地区的经济联系，承接产业转移，打造东西合作示范基地。

（四十四）扩大对外开放。

充分利用中国—东盟自由贸易区、大湄公河次

区域、泛珠三角地区等平台，积极参与东南亚、南亚等国际区域合作，全面提高对外开放水平。把贵安新区建设成为内陆开放型经济示范区，形成以航空航天为代表的特色装备制造业基地、重要的资源深加工基地、区域性商贸物流中心和科技创新中心，鼓励在土地、投资、科技创新等领域先行先试。积极有效利用外资和国外优惠贷款。在有条件的市（州）设立海关，支持条件成熟的地区设立综合保税区等海关特殊监管区，建立加工贸易承接基地。拓展对外贸易市场，扩大对外贸易规模，支持国家级出口基地和输港澳鲜活产品出口基地建设。积极开展境外工程承包、劳务合作、服务外包等，鼓励具备援外资格企业积极参与援外工程项目及其他经援项目竞标。

十、强化政策支持，加大投入力度

（四十五）财税政策。

充分考虑贵州的支出成本差异，进一步加大中央财政均衡性转移支付力度，逐步缩小地方标准财政收支缺口，中央财政在现有资金渠道内加大对交通、水利、教育等领域支持力度。进一步推进资源税改革，适当提高部分黑色金属矿原矿、有色金属矿原矿和其他非金属矿原矿的税率标准。研究完善水电税收政策，进一步使当地分享开发成果。航空航天、电子信息、装备制造、生物医药、新能源等产业企业符合规定条件的，其固定资产可实行加速折旧。适当加大中央集中彩票公益金支持力度，促进贵州社会公益事业协调发展。

（四十六）投资政策。

国家有关部门专项建设资金要提高对贵州公路、铁路、民航、水利、市政公用等建设项目的投资补助标准和资本金注入比例。中央安排的公益性建设项目，取消县以下（含县）以及集中连片特殊困难地区市地级配套，明确地方政府责任，强化项目监督检查。

（四十七）金融政策。

进一步加大对贵州的信贷支持力度。增加再贷款、再贴现限额，对当地法人金融机构实施较低的存款准备金率。加大扶贫贴息贷款支持力度。进一步完善农村金融机构定向费用补贴政策。增加农业保险保费补贴范围。鼓励国内外金融机构在贵州发起设立新型农村金融机构。鼓励保险资金探索参与贵州交通、能源、水利、市政公用及电网改造等基础设施和重点产业项目建设。加强地方政府和金融监管部门的沟通协调，鼓励银行业金融机构加强合作。支持贵州设立创业投资引导基金，扶持发展创业投资，规范发展股权投资。推进市政公用事业市场化进程，开放基础设施投资领域，实现投资主体多元化。

（四十八）产业政策。

实行差别化产业政策，在国家产业政策允许范围内，适当放宽贵州具备资源优势、有市场需求的部分行业准入限制。对有条件在贵州加工转化的能源、资源开发利用项目，予以优先规划布局并优先审批核准。合理确定贵州节能减排指标。加大中央财政对淘汰落后生产能力的支持力度。支持开展煤炭矿业权审批改革试点，积极指导贵州加快煤炭矿区矿业权设置方案的编制和修编工作，合理布局和有序投放矿业权。对重点煤炭资源开发项目，使用中央地勘基金、省财政出资的煤炭勘查项目，国家规划明确的煤炭资源开发配套勘查项目，以及已设煤炭采矿权的资源枯竭大中型矿山企业周边和深部不宜单独设置采矿权的零星分散煤炭资源勘查项目，优先审批设置探矿权。对页岩气、煤层气等非常规油气，优先保障当地居民用气和在当地转化利用。

（四十九）土地政策。

全面完成新一轮土地利用总体规划的编制工作，在不突破规划约束性指标的前提下，支持贵州建立和完善土地利用总体规划严格管控、动态评估与适时修改机制。在贵州开展国土规划编制试点。在安排土地利用年度计划、城乡建设用地增减挂钩周转指标等方面加大对贵州的倾斜支持力度。支持贵州健全并落实严格的节约集约用地制度，支持创新土地利用方式。将贵州确定为全国开发未利用低丘缓坡实施工业和城镇建设试点地区，相关指标单列管理。支持探索通过土地整理提高耕地质量等级、折抵新增耕地占补平衡指标的途径。在毕节试验区推进国土资源管理制度配套改革试点。

（五十）人才政策。

支持贵州进一步优化人才发展环境，健全引进、培养、使用人才的激励机制。加大东部地区、中央国家机关、中央企业与贵州开展干部双向挂职、任职交流工作的力度。依托国家重大人才工程，支持贵州各类人才队伍建设。国家“千人计划”、“百人计划”、“西部之光”、“博士服务团”和“新世纪百千万人才工程”等人才和引智项目向贵州倾斜。实施“贵州专门人才培训工程”和“院士专家援黔行动计划”。支持建设遵义干部学院。逐步提高贵州机关事业单位职工工资水平，落实艰苦边远地区津贴动态调整机制，中央财政按规定给予补助。

（五十一）对口支援政策。

鼓励东部发达城市对口支援贵州欠发达地区，确定“一对一”结对关系和主要任务，制定对口支援实施方案，编制相关专项规划。创新对口支援方式，支持支援方和受援方共建产业园区，推动招商引资、企业合作和利益共享。完善中央国家机关和企事业单位定点扶贫机制，实现对国家扶贫开发工作重点县全覆盖。发挥毕节试验区示范带动作用，鼓励和支持统一战线参与扶贫开发。引导社会力量开展多种形式的公益性活动，参与和支持贵州经济社会发展。

十一、加强组织领导，落实各项任务

（五十二）强化组织实施。

贵州要发扬“开放创新、团结奋进”的时代精神，抓住机遇，励精图治，加强领导，周密部署，认真落实各项任务。要切实转变工作作风，深入基层调查研究，及时研究解决实际问题。要加强与中央国家机关和有关单位的沟通衔接，强化与有关省份和企业的互动合作，扎实推进本意见实施。鼓励积极探索有利于科学发展的体制机制，涉及的重大政策、改革试点和建设项目按照规定程序另行报批后实施。

（五十三）加强指导协调。

国务院有关部门要按照本意见要求和职能分工，结合制定相关专项规划，进一步细化各项政策措施，加大支持力度。建立由国务院有关部门和贵州省人民政府参与的协调机制，加强指导和综合协调。发展改革委要加强对实施情况的监督检查和跟踪分析，重大问题及时向国务院报告。

（五十四）推进对口支援。

东部地区对口支援城市要建立相应领导体制和工作机制，认真落实对口支援具体措施，注重实效，创新形式，加大帮扶力度。要充分发挥各自优势，把本地区的资金、技术、人才、管理等优势与贵州的资源、劳动力、市场等优势结合起来，支持企业到贵州投资创业，鼓励人才相互交流，形成区域间协调互动、共同发展新局面。

支持贵州经济社会又好又快发展，是一项长期而艰巨的任务。各有关方面要进一步增强责任感和紧迫感，统一思想，戮力同心，开拓进取，扎实工作，努力推动贵州经济社会发展历史性跨越，为实现全面建设小康社会宏伟目标作出新的贡献。

（2012 年 1 月 12 日）

辽宁省清真食品生产经营管理条例

（2012 年 9 月 27 日辽宁省第十一届人民代表大会常务委员会第三十二次会议通过）

第一条 进为了尊重少数民族风俗习惯，维护少数民族合法权益，增进民族团结，加强清真食品生产经营活动的管理，根据国家有关法律、法规的规定，结合本省实际，制定本条例。

第二条 本条例所称清真食品，是指按照回、维吾尔、哈萨克、柯尔克孜、塔吉克、乌孜别克、塔塔尔、撒拉、保安、东乡等少数民族（以下称具有清真饮食习惯的少数民族）的风俗习惯和宗教信仰，生产、加工的食品。

本条例所称清真食品生产经营，是指清真食品的生产(不包括种植业和养殖业)、采集、收购、加工、储存、运输、陈列、供应、销售等活动。

第三条 在本省行政区域内从事清真食品生产、经营及其监督管理活动，应当遵守《中华人民共和国食品安全法》等有关法律、法规及本条例。

第四条 省、市、县（含县级市、区，下同）民族事务行政主管部门负责实施本条例。

工商、质监、公安、商务、卫生、食品药品监管、畜牧等有关部门应当按照各自职责，依法对清真食品生产经营进行监督管理。

清真食品的行业协会可以受省民族事务行政主管部门委托，根据委托内容参与清真食品生产经营的监督管理。

第五条 市、县人民政府应当结合本行政区具有清真饮食习惯的少数民族人员生活需要，在生产、经营选址、网点布局等方面扶持清真食品行业的发展，并根据国家有关储备制度的规定，组织商务、民族事务等有关行政部门建立清真肉类食品定额储备制度。

第六条 从事清真食品生产经营的，除具备《中华人民共和国食品安全法》及其实施条例规定的条件外，还应当具备下列条件：

（一）单位负责人、主要管理人员中有具有清真饮食习惯的少数民族人员，个体工商户业主应当是具有清真饮食习惯的少数民族人员；

（二）原料采购、制作（烹饪）、保管、销售等主要岗位的人员中有具有清真饮食习惯的少数民族人员；

（三）清真屠宰厂（场）配备符合清真屠宰要求的清真屠宰师，并配备符合清真习俗的设施。

第七条 从事清真食品生产经营的单位和个人，应当向所在地县以上民族事务行政主管部门申领《清真食品生产经营许可证》和统一清真标志。具体申领办法由省人民政府制定。

设立清真屠宰厂（场），应当向省民族事务行政主管部门申领《清真食品生产经营许可证》和统一清真标志。

未取得《清真食品生产经营许可证》的，不得生产经营清真食品。

第八条 对申请生产经营清真食品的，民族事务行政主管部门应当自受理申请之日起十五日内对其生产经营条件进行书面审查、现场核查，对符合生产经营条件的，依法作出准予行政许可的书面决定，并核发《清真食品生产经营许可证》和统一清真标志；不符合生产经营条件的，依法作出不予行政许可的书面决定。

第九条 清真屠宰厂（场）的清真食品生产经营许可有效期限为一年，其他清真食品生产经营单位和个人的清真食品生产经营许可有效期限为三年。需要延续有效期的，应当在该行政许可有效期届满三十日前向原发证机关提出申请。原发证机关应当在该行政许可有效期届满前作出是否准予延期的决定；逾期未作出决定的，视为准予延续。

清真食品生产经营单位和个人变更单位名称、生产经营范围、场所或者负责人的，应当向原发证机关申请变更。

清真食品生产经营单位和个人终止生产经营的，应当向原发证机关申请办理注销手续，由原发证机关收回《清真食品生产经营许可证》和统一清真标志，并处置剩余包装物等与清真食品有关的物品。

第十条 《清真食品生产经营许可证》和统一清真标志由省民族事务行政主管部门制作。核发《清真食品生产经营许可证》和统一清真标志，不得收取费用。

任何单位和个人不得伪造、涂改、出租、出借、倒卖《清真食品生产经营许可证》和统一清真标志。

第十一条 清真食品生产经营单位和个人，应当在生产经营场所的显著位置悬挂《清真食品生产经营许可证》和统一清真标志。

农贸市场、商场、超市等以非清真食品经营为主的商品流通场所设置清真食品专区（柜），应当与具有清真饮食习惯的少数民族禁忌（以下简称民族禁忌）的物品保持适当距离或者设置物理隔离设施，并在专区（柜）所在位置设立明显的标示牌，其直接经营人员应当是具有清真饮食习惯的少数民族人员。

第十二条 清真食品生产经营单位和个人，不得生产经营民族禁忌的食品、调料和伪劣清真食品。

任何单位和个人不得以非清真食品冒充清真食品销售，不得冒充具有清真饮食习惯的少数民族人员身份从事清真食品生产经营活动，不得将民族禁忌的物品带入清真食品生产经营场所。

第十三条 清真食品生产经营单位和个人，应当制定清真食品的生产、采集、收购、加工、储存、运输、陈列、供应、销售、检验等环节的管理制度和措施并加强管理。

用于清真食品有关的器具、车辆、库房等应当由专人负责，专物专用。

清真食品不得与民族禁忌食品混放，清真餐饮器具不得与非清真餐饮器具混存、混运、混洗和混用。

第十四条 清真食品生产经营单位的从业人员上岗前应当参加清真食品生产经营业务培训。单位负责人以及原料采购、制作（烹饪）、保管、销售等主要岗位的人员由市、县民族事务行政主管部门组织培训；清真屠宰厂（场）的负责人、清真屠宰师由省民族事务行政主管部门组织培训。

民族事务行政主管部门进行清真食品业务培训不得收费。

第十五条 清真屠宰厂（场）应当遵循清真习俗屠宰畜禽，出厂（场）的清真肉类产品，应当附有清真标识。

第十六条 清真食品生产所需肉类原料，应当到具有《清真食品生产经营许可证》的清真屠宰厂（场）或者商品流通场所清真食品专区（柜）、摊点采购，供货方应当向购货方提供清真食品有效证明。

非清真屠宰厂（场）生产的肉类产品及其衍生品不得提供给清真食品生产经营者。

第十七条 清真食品生产经营单位名称、字号和清真食品的名称、标志、包装、广告，不得含有民族禁忌的文字和图像。

制作清真食品广告、承印含有清真标志或者其他象征清真意义标志的清真食品包装物的，广告经营者、印刷企业应当查验广告主、印刷委托人的《清真食品生产经营许可证》，没有《清真食品生产经营许可证》的，广告经营者、印刷企业不得承揽制作。

第十八条 从省外进入本省和向外省销售清真食品的，应当持有产地清真食品的有效证明。

出口清真食品的，应当按照中国伊斯兰教协会的规定向省级清真食品行业协会申请认证，领取出口贸易所需要的清真食品证明。

第十九条 民族事务行政主管部门和其他有关行政部门在调查涉嫌违法行为时可以采取下列措施，有关单位和个人应当予以配合：

（一）进入生产经营场所实施现场检查，录制视听资料；

（二）对生产经营的食品进行检验、检测；

（三）询问相关当事人和证人；

（四）查阅、复制与生产经营清真食品有关的进货凭证、出货台账、合同、账册、票证和单据等相关资料；

（五）检查与清真食品生产经营有关的运输车辆和其他设备、工具；

（六）查封、扣押违法生产经营的食品，以及用于违法生产经营的运输车辆和其他设备、工具；

（七）查封违法从事生产经营活动的场所。

第二十条 违反本条例，有下列行为之一的，由县以上民族事务行政主管部门没收违法所得和违法生产经营的食品；违法所得不足三万元的，并处三千元以上三万元以下罚款；违法所得三万元以上的，并处违法所得一倍以上三倍以下的罚款：

（一）无《清真食品生产经营许可证》和统一清真标志生产经营清真食品的；

（二）清真食品生产经营单位和个人生产、经营清真肉类产品未附清真标识的；

（三）清真食品生产经营单位和个人生产经营民族禁忌食品、调料的；

（四）向清真食品生产经营单位提供非清真屠宰厂（场）生产的肉类产品及其衍生品的；

（五）清真食品生产经营单位名称、字号和清真食品的名称、标志、包装、广告，含有民族禁忌的文字和图像的；

（六）清真屠宰厂（场）屠宰畜禽不符合清真习俗的；

（七）生产、加工、储运、计量、包装、销售清真食品与非清真食品混用器具、车辆、库房的。

情节严重的，由民族事务行政主管部门依法吊销《清真食品生产经营许可证》。

第二十一条 违反本条例，伪造、涂改、出租、出借、倒卖《清真食品生产经营许可证》或统一清真标志的，由县以上民族事务行政主管部门没收违法所得；没有违法所得或者违法所得不足五千元的，并处五百元以上五千元以下罚款；违法所得五千元以上的，并处违法所得一倍以上三倍以下的罚款；构成犯罪的，依法追究刑事责任。

第二十二条 违反本条例，有下列行为之一的，由县以上民族事务行政主管部门责令限期改正，逾期不改正的，可以处三百元以上三千元以下罚款：

（一）不具备本条例第六条所规定的清真食品生产经营条件的单位和个人从事清真食品生产经营的；

（二）变更单位名称、生产经营范围、场所、负责人或者终止生产经营，未办理《清真食品生产经营许可证》变更、注销手续的；

（三）在生产、经营场所未悬挂《清真食品生产经营许可证》、统一清真标志的；

（四）有民族身份要求的岗位配置人员不符合条件或者冒充民族身份从事清真食品生产经营的；

（五）生产清真食品所需肉类原料未到清真屠宰场或者清真柜台、摊点采购的；

（六）从业人员和清真屠宰师未按规定培训上岗的；

（七）无《清真食品生产经营许可证》发布清真食品广告或者为没有取得《清真食品生产经营许可证》生产经营者制作清真食品广告、承印含有清真标志或者其他象征清真意义标志的清真食品包装物的；

（八）无产地清真食品有效证明，从省外进入本省和向外省销售清真食品的。

第二十三条 违反本条例，将民族禁忌的物品带入清真食品生产经营场所且不听劝阻的，由县以上民族事务行政主管部门没收禁忌物品，情节严重的可以并处二百元以上一千元以下罚款。

第二十四条 违反本条例，以非清真食品冒充清真食品销售，或者生产经营伪劣清真食品的，由工商、质监、食品药品监管、公安等部门按照国家有关生产、销售伪劣商品的规定处理。

第二十五条 民族事务行政主管部门和其他有关行政部门的工作人员，在清真食品生产经营监督管理中滥用职权、玩忽职守、徇私舞弊的，由其所在单位或者上级主管部门给予行政处分；构成犯罪的，依法追究刑事责任。

第二十六条 接受委托的清真食品行业协会及其工作人员，在参与清真食品生产经营监督管理活动中超越委托权限或者对社会公共利益、他人合法权益造成损害的，由省民族事务行政主管部门责令改正，给予警告；情节严重的，由省民族事务行政主管部门撤销委托。

第二十七条 国家机关、社会团体、企业事业组织内部的清真食堂，从事对外商业活动的，应当按照本条例的规定办理相关许可手续；不从事对外商业活动的，应当按照本条例规定的要求加工清真食品，并接受民族事务行政主管部门的指导监督。

第二十八条 本条例自 2012 年 12 月 1 日起施行。

安徽省民族工作条例

（2012年6月15日安徽省第十一届人民代表大会常务委员会第三十四次会议通过）

第一章　总　则

第一条　为了加强民族工作，保障少数民族合法权益，维护和发展平等、团结、互助、和谐的社会主义民族关系，促进各民族共同繁荣发展，根据宪法和有关法律、行政法规，结合本省实际，制定本条例。

第二条　少数民族公民的合法权利和利益受法律保护。任何单位和个人不得侵犯。

各级国家机关应当保障少数民族公民行使宪法和法律赋予的权利。少数民族公民应当履行宪法和法律规定的义务。

禁止民族歧视和破坏民族团结，禁止制造民族分裂和损害民族关系的行为。

第三条　各级人民政府应当将少数民族和民族聚居地区经济社会发展纳入国民经济和社会发展规划，促进少数民族和民族聚居地区加快发展。

鼓励社会力量帮助、支持少数民族和民族聚居地区发展经济和社会事业。

第四条　省财政设立民族工作专项经费，设区的市、县级财政根据本行政区域少数民族人口总数情况设立民族工作专项经费，省及少数民族人口相对较多的设区的市、县级财政设立少数民族发展资金、少数民族教育专项资金，并随财政收入增长逐年增加。

第五条　县级以上人民政府民族工作部门负责本行政区域内少数民族工作。

其他有关部门按照各自职责，做好少数民族的相关工作。

第六条　国家机关、企业事业单位和其他组织应当开展民族团结宣传教育活动。

第七条　县级以上人民政府及其有关部门应当对在民族团结进步事业中取得显著成绩的单位和个人给予表彰和奖励。

第二章　保障少数民族权利

第八条　少数民族人口达到总人口百分之三十的乡，可以建立民族乡；特殊情况的，可以略低于百分之三十。

民族乡的名称按照地方名称加民族名称确定。

民族乡的建立，由该乡人民政府提出申请，县级人民政府审核，设区的市人民政府同意，报省人民政府批准。

民族乡一经建立，未经省人民政府批准，不得变更、撤销。民族乡区划范围需要变动的，报批前应当征求省人民政府民族工作部门的意见。

第九条　民族乡的乡长由建立民族乡的少数民族公民担任。

民族乡人民政府其他工作人员，应当合理配备建立民族乡的少数民族和其他少数民族公民。

少数民族人口相对较多的村民委员会、居民（社区）委员会成员中应当有少数民族公民。

第十条　省、设区的市和有少数民族人口的县级、乡（镇）人民代表大会，应当按照法律规定有少数民族代表。

各级国家机关应当保障少数民族参与管理国家和地方事务的权利。在制定涉及少数民族重要政策、决定时，应当听取少数民族公民的意见。

第十一条　县级以上人民政府应当制定并组织实施培养、选拔、使用少数民族干部和各类专业人才的规划，加强少数民族干部、专业技术人才、企业经营管理人才、高技能人才和农村实用人才的队伍建设。

国家机关、企业事业单位和其他组织录用、聘用工作人员应当执行国家和省有关少数民族公民的优惠政策，并加强对少数民族干部和各类专业人才的培养、选拔和使用。禁止以风俗习惯等理由拒绝录用、聘用少数民族公民。

第十二条 公民的民族成分按照国家有关规定确定。公民申请变更民族成分的，由县级以上人民政府民族工作部门和公安机关按照国家规定办理。任何单位和个人不得擅自变更公民的民族成分。

公民不得采取谎报、伪造等欺骗手段变更民族成分，国家机关工作人员不得利用职务便利为其提供帮助。

第三章 发展少数民族经济

第十三条 各级人民政府应当落实国家和省对少数民族经济发展的优惠政策，扶持和帮助少数民族发展经济。

县级以上人民政府及其有关部门不得因少数民族聚居地区享有优惠政策而削减对其正常安排的资金和应当享受的其他政策性资金。

第十四条 县级以上人民政府及其有关部门应当引导少数民族聚居地区制定经济发展规划，合理开发利用资源，培育特色明显、带动力强的产业。

县级以上人民政府及其有关部门应当将贫困少数民族聚居地区纳入扶贫开发规划。

第十五条 省人民政府民族事务委员会委员单位，辖有民族乡和少数民族人口相对较多的设区的市、县级人民政府有关部门，应当健全帮扶机制，落实对口扶持项目，扶持少数民族聚居地区完善基础设施，调整产业结构，发展经济。

第十六条 县级以上人民政府及其有关部门应当加强民族乡、少数民族聚居村的科技兴农工作，组织科研单位和科技人员开展科技活动，加强民族乡、少数民族聚居村农业技术力量。

县级以上人民政府及其有关部门安排技术推广和科技成果转化项目，应当对民族乡、少数民族聚居村予以优先支持。

第十七条 符合下列条件之一的企业，享受国家和省规定的税收、信贷、行政事业收费等方面的优惠政策：

（一）以少数民族为主要服务对象的企业；

（二）少数民族职工占职工总数百分之三十以上的企业；

（三）在少数民族聚居地区兴办的企业。

各级人民政府和有关部门应当在信息咨询、人才引进、技术改造、技术服务、项目建设等方面为前款规定的企业提供扶持和帮助。

第十八条 鼓励在少数民族聚居地区开发资源、兴办企业，带动和发展少数民族聚居地区经济。

各级人民政府和有关部门对进入本地兴办企业和从事其他合法经营活动的外地少数民族人员，应当提供便利条件。

第四章 发展少数民族社会事业

第十九条 少数民族聚居地区根据实际需要，可以设立民族学校。

民族学校的设立、变更和终止，由设区的市或者县级人民政府教育行政部门会同民族工作部门按照管理权限审批，并报省人民政府教育行政部门和民族工作部门备案。

县级以上人民政府及其有关部门应当采取措施，鼓励教师到民族学校任教，加强民族学校教师的培训，优先培养民族学校师资力量，适当提高民族学校教师的中高级专业技术岗位结构比例。

县级以上人民政府应当对民族学校生均公用经费给予倾斜。

第二十条 鼓励有条件的高等学校设立民族预科班。

第二十一条 高等学校、高级中学、职业学校在招收新生时，应当执行国家和省有关对少数民族考生加分或者降分录取等优惠政策。

各级人民政府、县级以上人民政府教育行政部门和学校应当采取多种措施，帮助家庭困难的少数民族学生完成学业。

第二十二条 各级人民政府和县级以上人民政府有关部门应当采取调派、聘任、定期交流、对口支援、培训等办法，组织教师、医疗卫生人员、科技人员和其他基层需要的人员到民族乡、少数民族聚居村工作，帮助其发展社会事业。

第二十三条 县级以上人民政府及其有关部门应当扶持具有民族特点的文化和体育事业，保护和传承少数民族优秀的传统习俗、传统节庆、传统文艺、传统工艺、传统体育，保护和发展少数民族特色村寨，发掘和保护少数民族的非物质文化遗产，加强少数民族聚居地区的文化、体育设施建设，丰富少数民族公民文化生活。

第二十四条 县级以上人民政府及其有关部门应当加强少数民族聚居地区基层医疗卫生服务机构、设施的建设和管理，提高基层医疗服务能力。

第二十五条 县级以上人民政府及其有关部门应当通过完善就业服务、加强职业教育和培训、提供就业援助等措施，帮助少数民族公民扩大就业。

第二十六条 县级以上人民政府及其有关部门分配救济物资、资金，应当对生活困难的少数民族公民予以照顾。

第二十七条 少数民族公民按照国家和省有关规定实行计划生育。

县级以上人民政府及其有关部门应当在资金、技术、人员培训等方面对少数民族聚居地区人口和计划生育工作给予重点支持。

第二十八条 县级以上人民政府及其有关部门应当加强少数民族流动人员的服务和管理，维护少数民族流动人员社会保障、劳动保护、随迁子女入学等方面权益，及时妥善处理涉及少数民族流动人员的纠纷。少数民族流动人员应当接受当地人民政府及其有关部门的依法管理。

第五章 尊重少数民族风俗习惯

第二十九条 任何单位和个人都应当尊重少数民族风俗习惯。

出版物、网络媒体、广播、影视、音乐、戏曲作品和其他作品不得有侵害少数民族风俗习惯、伤害民族感情的内容。

第三十条 少数民族公民参加本民族重大节日活动的，所在单位应当执行国家和省有关放假的规定。

第三十一条 有清真饮食习惯的少数民族人口相对较多的居住区和旅游区、学校、医院、高速公路服务区等管理单位，应当采取有效措施保障清真餐饮服务，方便少数民族群众生活。

省、设区的市人民政府和有清真饮食习惯的少数民族人口相对较多地区的县级人民政府，应当扶持清真餐饮业发展。

第三十二条 生产清真食品、经营清真饮食的企业和个体工商户，应当保证清真食品加工、销售场所，以及运输车辆、专用工具、计量器具、储藏容器专用。

第三十三条 在国家允许实行土葬的民族乡、少数民族聚居村和其他少数民族人口相对较多的地区，当地人民政府应当本着节约土地的原则，统一划定公墓用地。依法划定的少数民族公墓受法律保护。

因公共利益需要迁移有特殊丧葬习俗的少数民族公墓的，建设单位应当征求当地县级人民政府民族工作部门和民政部门意见；建设单位负责迁移费用并按照规定给予经济补偿。有关少数民族公民应当予以支持、配合。

第六章 法律责任

第三十四条 违反本条例第十一条第二款规定，国家机关、企业事业单位和其他组织以风俗习惯等理由拒绝录用、聘用少数民族公民的，由县级以上人民政府有关部门责令改正。

第三十五条 违反本条例第十二条第一款规定，擅自变更公民民族成分的，由县级以上人民政府民族工作部门会同公安机关予以改正。

违反本条例第十二条第二款规定，采取谎报、伪造等欺骗手段变更民族成分的，其获得的升学等方面的资格、待遇，由有关部门予以取消，并依法予以处理。

第三十六条 违反本条例第二十九条规定，出版物、网络媒体、广播、影视、音乐、戏曲作品和其他作品有侵害少数民族风俗习惯、伤害民族感情内容，尚未构成犯罪的，由县级以上人民政府民族工作部门责令改正，并由有关部门依法处理。

第三十七条 国家机关工作人员在涉及民族事务工作中，滥用职权、玩忽职守、徇私舞弊，尚未构成犯罪的，依法给予处分。

第七章 附 则

第三十八条 本条例自 2012 年 10 月 1 日起施行。

福建省人民政府办公厅关于贯彻落实少数民族事业“十二五”规划的意见

闽政办〔2012〕216 号

各市、县（区）人民政府，平潭综合实验区管委会，省人民政府各部门、各直属机构，各大企业，各高等院校：

为贯彻落实国务院办公厅印发的《少数民族事业“十二五”规划》（国办发〔2012〕38 号），经省政府同意，现结合我省实际，提出如下意见，请一并贯彻落实。

一、推动少数民族乡村加快发展

实施民族乡村特色经济发展扶持增收工程，重点支持和帮助民族乡村少数民族群众发展特色产业，引进新技术、新品种，形成一乡一优势产业、一村一优势产品，形成规模效益，促进增产增收，提高农民收入；帮助民族乡村开展“一户一就业”技能培训，提高就业能力；引导民族乡村发展各类农业专业合作社和农村服务组织，推进农村信息化建设，提高公共服务水平。加强民族乡村基础设施建设，继续支持民族乡村的公路改造和提升、联网建设，推动有条件的人口 200 人以上民族自然村村道硬化。继续实施少数民族扶贫开发，抓好年人均纯收入在 3000 元及以下的民族贫困村的整村发展工作，稳步提高贫困群众收入水平和生活质量。拓展增收渠道，扶持年纯收入 3000 元及以下少数民族贫困群众脱贫致富。

二、提升挂钩帮扶民族乡实效

全面贯彻落实省政府《关于进一步帮扶民族乡加快发展五条措施的通知》（闽政〔2012〕27 号）要求，健全工作机制，量化帮扶任务，强化帮扶措施，提高帮扶实效。对民族乡村，省各类专项资金按扶持革命老区的标准予以补助。帮扶资金主要用于帮助民族乡发展特色产业和社会事业、完善农村基础设施，培育“造血”功能，增强自我发展能力。建立挂钩帮扶工作检查考核机制，加强挂钩帮扶项目跟踪落实和建设质量督查，使挂钩帮扶工作真正做到以农民增收为核心，以基础设施和社会事业建设为重点，加快发展特色产业。

三、加大少数民族“造福工程”支持力度

认真贯彻落实省委、省政府《关于加快推进“十二五”时期“造福工程”的指导意见》（闽委〔2011〕47 号）精神，加大少数民族“造福工程”实施力度，把少数民族“造福工程”和加快新农村建设、推进城镇化进程结合起来，拓宽搬迁少数民族群众就业、增收和创业渠道，着力提升搬迁群众的自我发展能力，不断提高搬迁群众的生活质量。

四、继续扶持人口较少民族高山族发展

按照“国家扶持、省负总责、县抓落实、扶持到户”的工作方针，结合我省贯彻《扶持人口较少民族发展规划（2011-2015 年）》（民委发〔2011〕70 号）的实施意见和高山族发展状况，因地制宜、分类指导，逐年推进。重点扶持高山族人口相对集中的村改善生产生活条件，发展特色产业、拓宽就业渠道，增强自我发展能力，提高生活水平。

五、繁荣发展少数民族文化事业

实施少数民族文化“双十一”繁荣发展工程，做好少数民族特色村寨保护发展和少数民族文化精品项目的规划建设工作。根据“明确目标、量化指标、集中财力、分期实施”的要求，制定规划，把宁德上金贝等 11 个少数民族村建设成为具有民族特色的民居、文化、农业、生态村寨。坚持“规划先行、项目优先”的原则，开展第二批特色村寨建设工作。按照“地方为主、省里支持、分期实施”的原则，实施“三月三”畲族文化节等 11 个少数民

族文化精品建设。弘扬少数民族优秀传统文化，保存、维护少数民族文化遗产，建立少数民族非物质文化遗产名录，举办具有民族特色的文化展演活动，加大民族文化产业扶持力度。继续做好少数民族古籍的抢救收集、挖掘整理工作，整理出版一批《福建省少数民族古籍丛书》。办好全省少数民族传统体育运动会，命名一批全省少数民族传统体育项目训练基地。积极开展少数民族文化对台交流，支持海峡两岸少数民族交流与合作基地建设，努力把我省建设成为海峡两岸少数民族文化交流中心。

六、加快发展民族教育、卫生事业

继续加大对民族教育的投入，落实少数民族学生助学金制度。优先扶持民族乡村幼儿园、民族中小学校，加快标准化学校和寄宿制学校建设，办好民族中学和民族班，扩大中职学校少数民族学生招生规模。继续办好高校民族预科班和民族班。选调一批城镇优秀教师到民族乡中小学任教和支教，充实民族地区师资队伍，改善教师学科结构。加强民族乡卫生院和民族村卫生室等农村医疗卫生服务网络建设。加强以全科医生为重点的民族乡村医疗卫生队伍建设，落实鼓励全科医生长期服务基层政策。加大民族乡村民族医药工作者培训力度。

七、不断推进民族团结进步事业

广泛开展民族团结进步宣传教育，继续在每年9月份开展民族团结进步宣传月活动。继续推动民族团结进步20个试点社区和20个试点民族村创建工作，深入开展民族团结进步创建活动。建立健全民族事务服务体系，尊重少数民族风俗习惯，提高对少数民族群众在特定需求、就业创业、社会保障、法律援助等方面的服务水平。关注城市困难少数民族流动人口，帮助他们解决实际问题，切实维护其合法权益。建立和完善少数民族流动人口流出地与流入地政府的联动机制，共同做好少数民族流动人口的服务与管理工作。

八、认真组织实施

进一步完善民族工作协调委员会制度，充分发挥成员单位在促进少数民族事业发展中的重要作用。有关部门和各级政府要把少数民族事业发展纳入本部门、本地区工作规划，分解落实工作责任，认真抓好落实。加强少数民族事业发展的监测评估和监督检查。省民族宗教厅要加强监督评估能力建设，健全少数民族事业发展综合评价监测体系，强化对少数民族事业发展的跟踪分析。省民族宗教厅、发展改革委、财政厅要牵头对贯彻执行《少数民族事业“十二五”规划》情况进行监督检查，定期向省政府报告，确保各项任务完成。

福建省人民政府办公厅

2012 年 12 月 27 日

福建省人民政府关于进一步帮扶民族乡加快发展五条措施的通知

闽政〔2012〕27号

各市、县（区）人民政府，平潭综合实验区管委会，省人民政府各部门、各直属机构:

为更好发挥挂钩帮扶工作机制的作用，推动民族乡加快发展，现提出如下措施:

一、明确挂钩帮扶目标

挂钩帮扶民族乡以农民增收为核心，以基础设施和社会事业建设为重点，加快发展特色产业，不断改善民生，把民族乡建设成为人民安居乐业、民族团结进步的模范乡。到 2015 年，全省 19 个民族乡的社会经济总收入年均增长速度、农民人均纯收入、人均乡财政收入不低于所在县（市、区）的平均水平；农村教育、文化、卫生、体育、社会保障等达到所在县（市、区）农村平均水平；水、电、路、通信等基础设施不断完善，群众生产生活条件明显改善。

二、加大挂钩帮扶力度

从 2012 年开始，省财政转移支付每个民族乡每年 100 万元；挂钩帮扶的省直单位和沿海经济发达县（市、区）每年筹措资金分别不少于 100 万元（列入预算）；民族乡所在地的设区市、县（市、区）分别安排配套资金各 50 万元。资金主要用于帮助民族乡发展特色产业和社会事业、完善农村基础设施，培育“造血”功能，增强自我发展能力。

三、落实惠农民生政策

各挂钩帮扶单位要充分发挥自身优势，全面推进民族乡发展。省直各部门在制定各项政策时，要充分考虑民族乡的实际，加大扶持力度，优先安排资金、项目，要将发展滞后的民族村列入新一轮扶贫开发重点村。挂钩帮扶的省直单位要主动协调其他省直部门，将省委、省政府出台的扶持老区发展、扶贫开发、农村饮水、农业“五新”推广、较大自然村村道硬化、一事一议、土地整理、环境保护、旅游发展、造福工程、民政福利、卫生医疗、中小学校舍安全工程、薄弱校改造、幼儿园建设、劳动力转移“阳光工程”、“雨露计划”等方面的优惠政策和专项资金在民族乡落实到位。省各类专项资金按扶持革命老区的标准予以补助。

四、提高挂钩帮扶成效

随着挂钩帮扶工作的推进，各挂钩帮扶单位要把重点延伸到村，引导和推动民族乡发挥地域优势，培植特色高效产业，形成规模效益，促进增产增收，提高农民收入。挂钩帮扶单位要发挥职能、资金、技术、人才、产业等优势，重点支持和帮助民族乡发展特色产业，引进新技术、新品种，形成一乡一优势产业、一村一优势产品；帮助民族乡开展“一户一就业”技能培训，提高就业能力；支持农村各类专业合作经济组织发展，增强民族乡公共服务水平。沿海挂钩帮扶县（市、区）和民族乡所在县（市、区）要组织本级相关部门、企业帮助民族乡招商引资及民生和公益项目建设。挂钩帮扶单位每年要为民族乡协调对接一批项目，特别是沿海发达县（市、区）要大力开展经济协作，促进优势互补、共同发展。

五、强化挂钩帮扶责任

建立由挂钩的省直单位牵头、挂钩沿海县（市、区）和被帮扶民族乡及其所在县（市、区）参加的联席会议制度，定期召开会议，研究解决问题。各挂钩帮扶单位要成立专门工作小组，主要领导为第一责任人，明确分管领导，并指定具体负责处室（部门）和联络员；主要领导或分管领导每年至少一次到挂钩的民族乡调研并现场办公，研究具体措施，解决实际问题；每年 3 月底前将年度帮扶工作计划报省民协委。省民协委要加强沟通协调，对挂钩帮扶工作进行检查考核；配合挂钩帮扶单位检查项目落实、资金使用情况，认真跟踪项目建设的进度和质量，保证帮扶资金专款专用；及时总结宣传挂钩帮扶工作中的好做法、好经验，每季度通报挂钩帮扶工作情况。挂钩帮扶成效列入各挂钩帮扶单位及民族乡所在县（市、区）的领导政绩和绩效考核，对推诿扯皮、未完成挂钩帮扶任务或帮扶效果不明显的单位将进行通报批评。

（2012 年 5 月 2 日）

江西省民族地区经济社会发展“十二五”规划

赣府厅发[2012]73号

“十一五”时期，在省委省政府的正确领导、各级各部门的大力扶持和民族地区干部群众的艰苦努力下，全省民族地区顺利完成了经济社会发展“十一五”规划的主要目标和任务。民族地区基础设施显著改善，产业规模不断壮大，社会事业明显进步，生态环境进一步优化，农民收入大幅度增加。特别是2010年以来，省委省政府围绕加强民族工作、促进民族地区发展作出了一系列重大决策部署，为民族地区又好又快发展创造了历史性机遇，奠定了坚实基础。

“十二五”时期，是我国进一步应对国际金融危机，进入全面建设小康社会攻坚阶段的关键时期；是我省深入建设鄱阳湖生态经济区，推进科学发展、进位赶超、绿色崛起的重要时期；也是我省民族地区赶上和超过全省平均发展水平，实现跨越式发展的决战时期。制定全省民族地区经济社会发展“十二五”规划，进一步明确民族地区发展的目标任务，加大对民族地区的的扶持力度，对于实现全省各民族共同繁荣发展、巩固民族团结、促进社会和谐具有重要意义。本规划的范围包括全省所有民族乡、民族村和民族村小组。

一、指导思想和总体目标

（一）指导思想

以中国特色社会主义理论为指导，深入贯彻落实科学发展观，牢牢把握共同团结奋斗、共同繁荣发展的民族工作主题，紧紧围绕促进民族团结、实现共同进步这一根本任务，以转变发展方式为主线，以科技进步为动力，以改善和保障民生为核心，以提高农民收入和公共服务水平为着力点，在推动江西科学发展、进位赶超、绿色崛起的伟大历史进程中，优先推动民族地区经济社会更好更快发展。

（二）总体目标

2012年，8个民族乡、三分之一以上民族村农民人均纯收入和社会基本公共服务赶上或超过全省平均水平，已经达到全省平均水平的民族乡村农民人均纯收入增幅高于全省平均水平。到2015年，把民族乡建设成为“绿色产业基地，生态文明样板，科学发展先锋，民族团结模范”，民族地区农民人均纯收入和社会基本公共服务基本赶上或超过全省平均水平，所有民族乡村实现整体脱贫，进入全面建设小康社会新阶段。

二、主要任务

（一）推进产业优化升级，促进民族地区农民收入增长

围绕提升经济实力，增加农民收入，着力打造民族地区现代产业体系，加快发展现代农业，大力发展新型工业，稳步发展现代服务业，促进一二三产业协调发展、农村经济全面繁荣、农民收入显著增长。

1. 加快发展现代农业。坚持把提升农业发展水平作为民族地区发展的重要基础，大力发展特色农业、生态农业、循环农业，形成“一村一品”的产业发展格局；大力推广农业实用技术，推广良种良法，推广标准化生产模式，提高农业科技水平；大力发展农民专业合作社、专业协会、经济联合体等农村专业经济合作组织，提高农业生产经营组织化程度；依托当地大型龙头企业，培育一批小型龙头企业，扶持一批种养专业大户，建设一批专业化、规模化、标准化生产基地；加快推进农产品精深加工，延伸产业链条，打造特色品牌，提高农业综合效益。

2. 大力发展新型工业。坚持以工业化、城镇化引领民族地区发展的未来，以当地工业园区和自然资源为依托，促进民族乡走园区办厂、工业强乡之路；落实“民族乡新增税收除上交中央财政部分外全部返还民族乡使用”的优惠政策，鼓励民族乡加大招商引资力度，按照当地产业发展规划要求，引进一批高技术、高效益、低消耗、低污染的企业落

户工业园区；支持民族乡现有工业企业进行提升改造，大力推广应用新技术、新工艺、新设备、新材料和管理新模式，促进信息化与工业化融合，高新技术与传统产业结合，加速产业转型升级；用好用足民族乡参照示范镇建设享受的系列优惠政策，把民族乡工业发展与推进小城镇建设结合、与推进农民自主创业结合，促进民族乡财力增长和农民增收。

3、稳步发展现代服务业。坚持通过提高第三产业比重促进民族地区产业协调发展，按照市场化、产业化、社会化的方向，稳步发展仓储物流、信息咨询、科技服务等生产性服务业；依托集镇和中心村，发展乡村集市贸易、特色饮食业、民族传统手工业，有条件的民族乡村建设一定规模的集贸市场和农产品批发市场；立足民族地区环境资源条件，以打造主体景观和推介旅游精品为重点，吸引外来资本联合开发，大力发展民族地区农业观光、生态休闲和民族文化旅游业；以乡级劳动就业服务平台建设为抓手，加强民族地区劳动力转移就业培训、组织和服务工作，大力发展劳务经济，提高农民务工收入。

（二）着力改善保障民生，提高民族地区公共服务水平

把建立全覆盖的公共服务体系放在突出位置，加快推进以改善和保障民生为重点的社会建设，优先发展教育事业，加快发展医疗卫生事业，切实加强社会保障工作，提高民族地区公共服务水平。

1. 优先发展教育事业。加快民族地区义务教育学校标准化建设，重点加快民族地区中小学校图书室、实验室、多媒体教室建设与设备配置，进一步完善配套设施，改善教学条件；适当调整民族乡村学校布局，集中力量办好寄宿制学校，提高教学质量和资源使用效益；加大民族学校新增危房改造力度，解决好课桌椅、厨房、厕所、自来水等与教学和生活密切相关的各种问题，改善学校环境，确保师生安全。

2. 加快发展医疗卫生事业。加强民族乡村卫生服务网络建设，推进民族乡卫生院、民族村卫生室升级达标，实现村村有标准化卫生室的目标；把民族乡卫生院视同中心卫生院对待，适当提高设备和人才配置标准，提高应急救治水平；巩固提高民族地区新型农村合作医疗参保率，提高政府补贴标准和地方筹资水平；加强民族乡村计生网络建设，做好出生缺陷干预和农村孕产妇住院分娩工作，实施少生优生快富工程；加强疾病预防控制体系建设，加大对地方病、传染病、人畜共患病的防治力度。

3. 切实加强社会保障工作。持续改善民族乡敬老院（光荣院）基本条件，进一步完善附属设施和配套工程；落实民族地区农村最低生活保障和“五保户”供养标准；推进新型农村社会养老保险制度建设，基本实现全覆盖；逐步扩大民族地区医疗救助范围，提高医疗救助水平；在加大劳动力转移就业培训服务工作的同时，多渠道开发就业岗位，促进民族地区劳动力充分就业；加强民族地区防灾减灾工作，提高应对灾害能力和救灾工作水平。

（三）完善基础设施条件，构筑民族地区发展支撑体系

继续坚持“优先优惠”原则，加大对民族地区的投资力度，进一步完善民族地区交通、水利、电力、信息等基础设施条件，推进民族地区小城镇和新农村建设，为民族地区快速发展、长远发展提供有力支撑。

1. 进一步加强乡村公路建设。着眼于打破发展“瓶颈”，实施以通组公路为主的新一轮民族地区公路建设工程，在优先安排计划、适当提高补助标准的基础上，2 年内全部完成民族乡内通组公路硬化，5 年内基本完成民族村内通组公路硬化；继续加强民族乡“出口通道”建设，重点抓好赤土至南康公路拓宽改造工程、东固红色旅游公路建设工程；加强民族乡村水毁路桥修复，有效解决“十五”和“十一五”期间民族乡村公路建设遗留债务问题。

2. 大力加强农田水利建设。加大民族地区水利设施建设力度，突出抓好民族乡防洪堤建设和河堤整治，优先支持民族地区小型水库和山塘建设，加快水毁工程修复和病险水库除险加固，推进灌区配套和节水改造；加快民族地区中低产田改造步伐，优先安排民族地区农田排灌、土地整治、土壤改良、机耕道路（果园、林业道路）和农田林网建设项目；继续重视解决民族地区安全饮水问题，逐步推进民族地区自来水建设工程。

3. 加快电力和信息设施建设。率先完成民族地区新一轮农村电网改造升级工程，提升农网供电可靠性和供电能力，改善供电质量，服务家电下乡，推进农村电气化建设；以“三网融合”为契机，推进广播电视村村通、政务网络乡乡通和移动通讯全覆盖工程，推进宽带信息网“最后一公里”和宽带互联网建设，提高民族地区信息网络建设水平。

4. 推进小城镇和新农村建设。充分发挥小城镇连结城市和农村的纽带作用，把民族地区小城镇建设和新农村建设结合起来，加速城乡一体化进程；认真落实赣办字[2010]39 号文件精神，按照示范镇建设要求，加强民族乡政府所在地集镇规划和建设，提高产业和人口集聚能力；结合实施移民搬迁和危房改造工程，建设人口适度集中的中心自然村，发展第三产业，提高公共资源共享水平；继续大力推进民族地区新农村建设，在发展现代农业、繁荣农村经济的同时，完善基础设施、美化村容村貌，改善人居环境和人民生活。

（四）加强环境保护建设，发挥民族地区生态资源优势

服从鄱阳湖生态经济区建设大局，根据民族乡村大多处在市县边界深山、江河水流源头的实际，继续推行“金山银山垒园区，绿水青山留畲乡”的发展模式，进一步加强生态环境保护和建设，提高民族地区生态承载能力和可持续发展水平。

1. 加强林业生态建设。继续大力推进民族地区造林绿化工程，重点加强村庄、河堤、路渠和荒滩、荒坡绿化，加强公路建设、水利建设等大型工程裸露工作面的复绿；优化民族地区林业发展模式，着力改善林分结构，提高森林质量，把增强林业碳汇功能、观赏功能与推进林业产业化相结合，实现生态、经济和社会效益的有机统一；切实加强民族地区森林管护，搞好封山育林，坚决制止无证砍伐、乱砍滥伐，杜绝野外用火，防止发生森林火灾。

2. 提高资源利用效率。继续在民族地区推行农业循环经济模式，大力推广农牧结合、粮经轮作、秸秆利用等生态循环技术，重点发展“猪-沼-果”、“猪-沼-菜”和以秸秆、木竹废料为原料的食用菌、草食畜牧等产业，提高土地产出率和农林资源利用水平；加强民族地区矿产资源保护和管理，坚持有限开发、合理利用原则，以提高资源利用效率为核心，以保护生态环境为前提，全面改进矿产开发工艺流程，推进节能、节水、节地、节材措施，切实减少资源浪费和环境污染；大力发展太阳能、沼气等农村新能源，切实解决民族地区能源需求与节约资源、保护环境的矛盾。

3. 坚决防治源头污染。强力推行民族地区工业企业节能减排，对原有的木竹加工、农产品加工等小型企业，加速淘汰落后工艺，推行清洁生产，坚决制止在民族地区兴办高消耗、高污染企业；加强民族地区农业面源污染防治，推广科学施肥用药，推广使用可降解材料，加强农膜、地膜回收利用，积极防治畜禽养殖、水产养殖污染；加快实施民族地区生活垃圾处理工程，按照“户定点、村收转、乡转运、县处理”的要求，率先落实生活垃圾集中处理措施。

（五）发展民族文化事业，丰富民族地区精神文化生活

按照全省民族文化工作会议要求，高度重视发展民族文化事业，以完善文化基础设施、健全文化服务体系为重点，保护民族文化遗产，保障少数民族群众文化权益，不断丰富民族地区精神文化生活。

1. 加强文化基础设施建设。大力推进民族乡村文化设施和文化活动场所建设，建好民族乡综合文化站、民族村文化活动室，全部达到省颁标准；加强民族文化标志物建设，筹备建设畲族博物馆，在有条件的民族村建设一批小型文化广场，形成一批少数民族标志性文化设施；全面实施和巩固农家书屋工程、文化信息资源共享工程，所有民族村都建成一所标准化书屋，都纳入文化信息资源共享工程村级服务点建设体系；加大广播电视“村村通”工程、农村文化“三项活动”对民族地区的支持力度。

2. 开展群众性文化活动。对优秀少数民族题材文艺作品，在出版、刊发、播出、宣传、评奖等方面给予重点支持和鼓励；扶持重点新闻网站开设少数民族类栏目，开展少数民族文化与赣文化、红色文化、生态文化相结合的研究，重点发掘和弘扬畲族文化；鼓励文艺单位和文艺工作者深入群众、深入生活，积极创作少数民族题材的优秀文艺作品，推出一批体现江西地域特色和民族特色、反映时代精神、具有较高水准的文学、戏曲、影视、音乐、舞蹈等文化艺术作品；精心组织畲族文化艺术节、少数民族文艺调演、少数民族传统体育选拔赛和参加全国少数民族文艺汇演、全国少数民族传统体育运动会等重大活动，支持少数民族开展传统节庆、民风民俗等特色文化活动。

3. 加强民族文化遗产保护。开展少数民族文化遗产调查登记工作，将少数民族文化遗产保护纳入全省文化遗产保护体系，对濒危文化遗产进行抢救性保护；加强少数民族非物质文化遗产的挖掘、整理和保护，做好少数民族古籍的搜集、抢救、保护和整理出版工作，完成《江西省畲族志》编纂工作，加强对畲族“铁书”、“样式雷”、瑶族“花棍舞”、“盘王节”等民族文化遗产的宣传和保护力度；加强少数民族特色村寨建设，对少数民族文化生态保持较好、具有特殊价值的村落或特定区域进行整体性保护；引导和鼓励少数民族文化产业多样化发展，促进民族特色文化产业与旅游、商贸、体育、教育等领域联动发展，形成一批具有江西特色的少数民族文化产业品牌。

（六）注重人力资源开发，增强民族地区自我发展能力

坚持人力资源开发优先原则，以提高就业、创业能力为核心，加强优秀人才培养开发，引导各类人才向民族地区集聚，为民族地区加快发展提供人才和智力保障。

1. 加强干部和专业人才队伍建设。高度重视民族乡村干部特别是主要负责人的配备工作，培养选拔能力强、作风实、有强烈事业心和责任感的优秀年轻干部和少数民族干部充实民族乡村领导班子；全面落实民族地区行政事业单位人员工资上浮政策，鼓励优秀干部、教师、医生和科技人员到民族地区工作，稳定和优化民族地区干部和专业技术人才队伍；进一步加大对民族地区乡村两级干部的培训力度，扩大对教育、卫生、文化、农技等专业技术骨干的培训规模，建立完善分级、分类的民族地区干部和专业技术人才培训教育体系。

2. 培养造就农村实用人才队伍。以各级各类职业培训机构为依托，以农村青壮年劳动力为重点，着力培养民族地区种养能手、科技明白人、产业带头人、农村经纪人和农业产业化经营管理人才；加大“阳光工程”、“星火科技培训”、“雨露计划”对民族地区的支持力度，提高民族地区青壮年劳动力外出务工经商技能；加强民族地区人才培养实训基地建设，推行校企合作、工学结合和顶岗学习，培养行业紧缺、产业急需的技能人才，大幅度增加民族地区实用人才总量。

3. 着力提高全体劳动者素质。在发展教育文化事业、加强人才培训的基础上，着眼于提高全体劳动者的素质，利用各种渠道和方式，加强对民族地区群众的宣传、引导、教育和培训；坚持以村组和农户为单位，开展适用技术、当家理财、卫生保健、文化传承等培训，全面普及与农民群众生产生活密切相关的各种基础知识和基本技能；结合各类普法扫盲和精神文明创建活动，帮助民族地区群众增长新知识、树立新观念、培养新习惯，造就一大批有文化、懂技术、会经营、讲文明、守法纪的新型农民。

（七）巩固新型民族关系，维护民族地区社会和谐稳定

围绕促进民族团结、建设和谐社会，提高民族地区社会服务和管理水平，不断推进民族团结进步事业，巩固和发展平等、团结、互助、和谐的社会主义民族关系，切实维护民族地区社会和谐稳定。

1. 推进民族团结进步创建活动。广泛深入开展民族团结进步宣传教育，继续开展宣传月、宣传周、宣传日活动，采取知识竞赛、文艺表演、演讲征文、举办成果展等形式，大力宣传党的民族政策、各族人民的幸福生活和民族团结进步典型，进一步打牢民族团结进步的思想基础和群众基础；继续以民族地区新农村建设和城市民族工作争先创优活动为抓手，创建一批民族团结模范乡、模范村（社区）、模范单位和模范个人，发挥民族团结模范的示范带动作用；加强民族团结教育基地建设，完善基础设施，充实教育内容，发挥基地教育的积极作用。

2. 加强民族地区基层组织建设和社会管理。在选好配强民族乡村领导班子的同时，整顿软弱涣散组织，完善村民自治制度，推进民主管理、政务公开，增强民族地区基层组织的凝聚力和战斗力；强化民族乡村社会管理和公共服务职能，加快建立民族乡村综合服务平台，普遍设立乡级便民服务中心、村级代办点，为民族地区群众提供一站式服务；完善民族地区村规民约体系，探索农村思想道德建设机制，充分发挥各类群众组织自我教育、自我管理、自我服务的作用。

3. 妥善处理涉及民族因素的矛盾纠纷。建立民族地区矛盾纠纷调处机制，加强矛盾纠纷排查调处工作，及时有效地化解和消除影响社会稳定的苗头隐患；健全农村治安防控体系，全面开展“平安”创建活动，强化基层基础，实现群防群治，进一步改善民族地区治安环境；建立农村公共安全预警、救援机制，制定各类突发事件应急预案，及时有效解决民族地区重大安全问题，依法妥善处理涉及民族因素的矛盾纠纷和突发事件。

四、重点项目

（一）民族乡河堤建设项目。对7个民族乡（铅山太源、铅山篁碧、永丰龙冈、青原东固、乐安金竹、南康赤土、贵溪樟坪）流经乡政府所在地和乡内较大行政村河流的主要堤段河岸进行整修、建设，结合小城镇建设，提高民族乡城镇化发展水平。

（二）峡江县金坪民族乡移山水库扩建工程。

（三）吉安市青原区东固畲族乡红色旅游公路建设工程。

（四）南康市赤土畲族乡扩建乡内通达市区公路工程。

（五）南康市赤土畲族乡、永丰县龙冈畲族乡、乐安县金竹畲族乡 3 个民族中学标准体育场建设项目。

（六）贵溪市樟坪畲族乡民族团结教育基地（畲族博物馆）建设工程。

（七）南昌、赣州、吉安、上饶、抚州等设区市城市民族事务服务平台体系和 8 个民族乡政府服务平台体系建设工程。

（八）南康市赤土畲族乡生态循环农业示范园区建设工程。

（九）贵溪市樟坪畲族乡毛竹科技示范园区建设工程。

（十）8 个民族乡农业产业化基地建设工程。

（十一）8 个民族乡一村一品示范推进工程。

（十二）民族乡、民族村社会主义新农村建设整体推进工程。

五、保障措施

（一）加强组织领导，确保规划顺利实施

各地各部门要从全局和政治高度出发，充分认识扶持民族地区发展的重要性，精心谋划、周密部署规划实施工作。继续坚持“省抓协调，市负总责，县管落实，分步推进”方针，设区市要认真统筹规划，加强监督检查；县（市、区）要狠抓落实，确保项目和资金到村到户。要把民族地区发展纳入当地经济社会发展全局进行规划，制定配套政策，落实配套资金，加强指导协调。各有关部门要根据职能分工，密切配合，加强协作，共同解决规划实施中的重大问题。民族工作部门要加强综合协调、调查研究和信息反馈，及时掌握新情况、新问题，提出意见和建议。要继续按年度分解落实规划目标任务，加强规划实施情况监测评估，总结推广规划实施中的成功经验，确保规划实施取得显著成效。

（二）落实政策措施，优先推动民族地区发展

进一步全面落实党和国家的民族政策，落实省委省政府关于加快民族地区发展的各项政策措施，特别是要把实施规划与贯彻落实省政府第六次民族团结进步表彰大会和省委省政府主要领导视察民族乡的重要讲话精神结合起来，与贯彻落实《中共江西省委办公厅、江西省人民政府办公厅关于促进民族乡经济社会又好又快发展的意见》（赣办[2010]1号）、《省委办公厅、省政府办公厅印发<关于加快示范镇建设的意见（试行）>的通知》(赣办字[2010]39号)结合起来，对民族地区产业发展、基础设施、社会事业、民生工程、人员培训、小城镇和新农村建设等项目给予优先安排、重点扶持。省财政应安排专项资金，用于民族地区改善基础设施、发展特色产业、扶持群众增收项目。财政扶贫资金要向民族地区倾斜，在实施扶贫搬迁、整村推进、产业化扶贫和雨露计划等方面，尽可能将民族地区纳入计划并优先实施。有关部门应主动将民族地区纳入项目申报计划，优先安排民族地区建设项目，并适度提高补助标准。地方各级财政要对民族地区发展给予重点支持。

（三）完善工作机制，提高对口支援工作成效

继续实行部门挂点帮扶机制，扎实开展第四轮省直部门对口支援民族乡村工作，进一步明确对口支援工作的目标、任务和要求，建立对口支援工作监督检查、考核评估制度，使省直部门对口支援工作取得更好成效。继续推动辖有民族乡村的设区市、县（市、区）开展部门对口支援工作，形成多层次、全方位的对口支援工作格局。引导和鼓励高等院校、科研单位、大中型企业特别是农业产业化龙头企业

与民族地区建立合作关系，帮助民族地区开展人才培训，进行科技示范，建设生产基地，实现互利共赢。积极推动省内经济发达地区与民族地区结对帮扶，加强经济、人才、教育、卫生、科技方面的援助和合作，促进省内区域经济社会协调发展。广泛动员社会各界开展各种形式的公益活动、捐助活动和志愿者活动，形成全方位支持民族地区发展的良好氛围。

（四）鼓励创新实践，激发民族地区创业热情

要广泛开展规划的学习宣传工作，促使民族地区干部群众进一步明确“十二五”时期的发展目标、发展思路和主要任务，进一步凝聚共识、坚定信心、鼓舞干劲。要充分尊重民族地区群众的首创精神，鼓励创新创业，加强试点示范，把规划实施与民族地区实际更好结合起来，不断创造行之有效的好做法、好经验、好模式。要加强民族地区群众创业服务工作，着力解决制约创业的“融资难”问题，千方百计搭建融资平台、建立信用体系，创新农村金融产品和信贷模式，大力发展适合民族地区群众需求特点的小额信贷业务，特别是加大小额担保贷款对民族地区群众就业创业的支持力度。民族地区干部群众要牢固树立科学发展观，坚持以规划为指导，在用好用足民族政策、广泛争取各方支持的同时，充分发挥主观能动性和创造性，自力更生，艰苦创业，团结奋斗，开拓创新，不断开创经济快速发展、人民安居乐业、社会稳定和谐的新局面。

湖南省实施《中华人民共和国民族区域自治法》若干规定

（2011年11月27日湖南省第十一届人民代表大会常务委员会第二十五次会议通过）

湖南省第十一届人民代表大会常务委员会公告

（第65号）

《湖南省实施〈中华人民共和国民族区域自治法〉若干规定》于2011年11月27日经湖南省第十一届人民代表大会常务委员会第二十五次会议通过，现予公布，自2012年3月1日起施行。

湖南省人民代表大会常务委员会

2011年11月27日

第一条 根据《中华人民共和国民族区域自治法》和《国务院实施〈中华人民共和国民族区域自治法〉若干规定》，结合本省实际，制定本规定。

第二条 省、辖有自治县的市的国家机关（以下简称上级国家机关）应当保障民族自治地方的自治机关依法行使自治权，支持和帮助民族自治地方加快经济社会发展，增进民族团结，促进各民族的共同繁荣。

第三条 各级国家机关应当加强民族法律法规和政策的宣传教育，依法制定具体措施，保护少数民族的合法权益，妥善处理影响民族团结的问题，巩固和发展平等、团结、互助、和谐的社会主义民族关系，禁止破坏民族团结和制造民族分裂的行为。

尊重和保护少数民族的语言文字、风俗习惯、宗教信仰和传统节日。

每年九月为全省民族团结进步宣传教育月。

第四条 上级国家机关支持民族自治地方组织开展促进民族团结进步的各项活动。

县级以上人民政府应当对为民族团结进步事业做出突出贡献的单位和个人给予表彰、奖励。

第五条 上级国家机关的决议、决定、命令和指示，如有不适合民族自治地方实际情况的，民族自治地方的自治机关可以报请该上级国家机关批准，变通执行或者停止执行；该上级国家机关应当在收到报告之日起六十日内给予答复。

第六条 省、辖有自治县的市的人民政府（以下简称上级人民政府）在制订国民经济和社会发展中长期规划时，应当听取民族自治地方和民族工作部门的意见，根据民族自治地方的特点和需要，支持和帮助民族自治地方加速发展经济、教育、科学技术、文化、卫生、体育等各项事业，实现科学发展。

第七条 上级人民政府根据民族自治地方的实际，优先安排基础设施建设项目。

上级人民政府安排的财政性建设资金、其他专项建设资金和政策性银行贷款，应当增加用于民族自治地方基础设施建设的比重。

国家安排的基础设施建设项目，需要民族自治地方承担配套资金的，适当降低配套资金的比例。民族自治地方的国家扶贫重点县和财政困难县确实无力负担的，免除配套资金。其中，基础设施建设项目属于地方事务的，由国家和省人民政府确定建设资金负担比例后，按比例全额安排。

第八条 上级人民政府应当帮助民族自治地方发展农业，加强农业基础设施建设，推广先进农业机械，改善农业生产条件，调整农业产业结构，发展农民专业合作组织，建立农产品标准化生产基地，支持发展农产品加工业，促进农业产业化经营。

上级人民政府应当帮助民族自治地方发展畜牧水产业，加强畜禽水产优良品种原产地域产品保护和种畜、饲料、防疫服务体系建设，保护和合理利用草山、水面，发展畜禽产品、水产品加工业。

第九条 上级人民政府应当帮助民族自治地方发展林业，实施林业生态建设工程，逐步提高生态公益林补偿标准；在民族自治地方征收的育林基金和森林植被恢复费应当专项用于民族自治地方发展林业。

第十条 上级人民政府应当帮助民族自治地方发展水利事业，优先安排水利建设项目，在民族自治地方征收的水资源费，除上缴中央部分外，其余部分应当专项用于民族自治地方水资源的开发、利用、保护和管理。

第十一条 上级人民政府应当支持民族自治地方社会主义新农村建设，加快农村饮水安全工程、沼气等建设，加强农村环境保护和治理，改善村容村貌。

第十二条 上级人民政府应当支持民族自治地方实施新能源建设项目和电网建设，提高电网输送能力，帮助农村实施电网改造。

第十三条 上级人民政府应当帮助民族自治地方发展交通运输业，支持干线公路、乡村公路、航道设施的建设、维护，提高补助标准。

第十四条 上级人民政府应当帮助民族自治地方加强生态环境保护，建立完善生态补偿机制，通过财政转移支付、项目支持等措施，对在生态环境保护等方面做出贡献的民族自治地方给予合理补偿。具体办法由省人民政府制定。

第十五条 上级人民政府应当优先安排民族自治地方矿产资源开发、土地开发、复垦整理和地质灾害防治项目，支持矿产资源普查、勘探工作。

在民族自治地方征收的新增建设用地的土地有偿使用费、耕地开垦费，除上缴中央部分外，其余部分应当专项用于民族自治地方耕地占补平衡和农村土地整理。

上级人民政府应当支持民族自治地方培育矿业权市场，促进探矿权、采矿权依法出让和转让；在民族自治地方征收的矿产资源补偿费的留成比例，应当高于一般地区。

第十六条 上级人民政府应当帮助民族自治地方发展特色产业，改造提升传统工业，支持建设资源型深加工项目，重点支持建设特色产业园区，引导产业项目向园区集聚。

上级人民政府应当支持民族自治地方发展循环经济和节能环保产业。

第十七条 上级人民政府应当帮助民族自治地方发展旅游业，保护和合理开发利用自然、人文等旅游资源，建设旅游景区、景点及其配套设施，开发具有民族特色的旅游产品，发展生态旅游和民俗文化旅游。

第十八条 上级人民政府应当帮助民族自治地方发展对外经济贸易，支持优势产品出口和对外经济技术、劳务合作。

上级人民政府应当帮助民族自治地方发展民族贸易和民族特需商品、传统手工业品生产，落实有关优惠政策。

上级人民政府根据民族自治地方的经济发展特点和需要，支持民族自治地方完善市场流通体系，扶持建设农产品、林产品、中药材、矿产品、民族工业用品物流中心，促进贸易发展。

第十九条 民族自治地方享受财政优惠政策。

省财政应当充分考虑民族自治地方的公共服务支出成本差异、经济和社会发展水平等因素，加大对民族自治地方一般性财政转移支付、专项财政转移支付和民族优惠政策财政转移支付力度；省财政对民族自治地方的转移支付和定额补贴在保持一定总量的基础上逐步增加。

省财政应当加大支持民族自治地方财源建设力度，保证民族自治地方的国家机关正常运转、财政供养人员工资（含津、补贴）按时足额发放、基础教育正常经费支出。

因税收减免政策造成民族自治地方财政减收部分，上级人民政府在测算转移支付时应当给予照顾。

省、辖有自治县的市的财政设立并安排少数民族发展资金和民族工作经费，资金规模随着经济发展和财政收入的增长逐步增加。

第二十条 上级人民政府应当执行国家对民族自治地方的有关税收优惠政策，对民族自治地方提出的税收减免，根据国家规定的权限和程序及时审批。

第二十一条 上级国家机关应当帮助民族自治地方拓宽间接和直接融资渠道，根据民族自治地方经济和社会发展的需要，完善金融组织体系和服务体系，引导金融机构加大对民族自治地方的投入，扶持民族自治地方重点项目建设和产业发展，支持符合上市条件的企业上市融资；支持民族自治地方加快保险业的发展。

第二十二条 上级人民政府鼓励和引导国内外资金投向民族自治地方基础设施建设、产业发展、生态环境保护等领域。

上级人民政府应当帮助民族自治地方引进国外贷款和无偿援助，重点用于扶贫、生态环境保护等公益事业。

第二十三条 上级国家机关应当坚持开发式扶贫方针，支持民族自治地方高寒山区、库区以通水、通电、通路、通信、通广播电视和危房改造、生态移民为重点的基础设施建设、产业开发和农田基本建设。鼓励、引导和扶持交通不便、生活贫困的散居农户相对集中居住。

扶贫开发项目和资金应当对民族自治地方给予倾斜。

上级国家机关组织和支持经济发达地区对民族自治地方的对口支援，鼓励和引导企业、高等学校和科学研究单位以及社会各方面力量加大对民族自治地方的支持力度。

第二十四条 上级人民政府应当帮助民族自治地方发展学前教育，促进义务教育均衡发展，办好普通高中教育、各类职业技术教育和特殊教育；加大定向培养少数民族教师队伍力度，组织和鼓励优秀教师、高等学校毕业生到民族自治地方任教，对长期在民族自治地方任教的教师，应当提高其待遇。

上级人民政府应当帮助民族自治地方办好中小学寄宿制学校，鼓励经济发达地区学校对口扶持民族自治地方的薄弱学校。在经济发达地区普通中学开设民族班或者开办民族中学，其办学条件、教学和管理水平应当达到当地学校的办学标准和水平，鼓励和支持社会力量以多种形式在民族自治地方办学。

上级人民政府在安排义务教育经费时应当对民族自治地方给予倾斜；安排的少数民族义务教育助学金，应当随着经济发展和财政收入的增长逐步增加，用于家庭经济特别困难学生的补助；逐步提高农村义务教育阶段家庭经济困难寄宿生生活补助标准；免除中等职业学校的家庭经济困难学生和涉农专业学生学费。

第二十五条 上级人民政府应当帮助民族自治地方发展高等教育，办好省内高等学校民族预科班，对民族自治地方的高等学校的基础设施、教师队伍和学科建设，给予政策扶持。

高等学校在招收新生时，可以实行定向招生，对民族自治地方的考生应当根据情况采取降分或者加分的办法，适当放宽录取标准和条件。各级人民政府和省内高等学校应当采取多种措施帮助家庭经济特别困难的少数民族学生完成学业。

第二十六条 上级人民政府应当帮助民族自治地方制定科学技术发展战略和规划，推广普及科学技术知识。

上级人民政府应当加强对民族自治地方科学研究开发、实用科学技术成果推广应用和科学研究队伍建设工作的指导，加大资金扶持力度，指导和支持申报科学技术计划，帮助获得项目经费支持。

第二十七条 上级人民政府扶持民族自治地方发展文化事业，加强文化基础设施建设和公共文化服务体系建设，发展新闻出版、广播电影电视事业，培育和发展民族文化产业；设立少数民族文化发展资金，并随着经济发展和财政收入的增长逐步增加。

省人民政府定期举办少数民族文艺会演。

各级人民政府应当加强对少数民族非物质文化遗产和历史文化名城名镇名村、特色民居、名胜古迹、文物等物质文化遗产的保护和抢救，支持少数民族古籍的收集、整理、翻译、出版；建立和完善非物质文化遗产传承人制度，支持非物质文化遗产代表性项目的代表性传承人开展传承、传播活动。

第二十八条 上级人民政府支持民族自治地方加强体育设施建设，开展民族传统体育活动，进行体育交流和协作。

省人民政府定期举办全省少数民族传统体育运动会。

第二十九条 上级人民政府应当帮助民族自治地方发展医疗卫生事业，加强少数民族医疗卫生技术人员的培养，完善县（市、区）、乡（镇）、村医疗预防保健网络，健全农村合作医疗制度和城镇居民医疗保险制度，优先安排医疗卫生基础设施建设和设备购置项目，组织医疗卫生机构对口支援民族自治地方的人才培养、医疗技术、公共卫生、疾病防治等工作；安排的少数民族医疗减免经费应当用于经济特别困难群众医疗费的减免，并随着经济发展和财政收入的增长逐步增加。

第三十条 上级人民政府应当加大对民族医药事业的投入，保护、扶持和发展民族医药学，建设民族医药开发基地，促进民族医药产业发展，推荐符合条件的民族传统药物进入地方基本药物目录，建立健全农村药品监督网络和供应网络。

第三十一条 上级人民政府应当帮助民族自治地方建立健全计划生育服务网络，指导做好优生优育、避孕节育、生殖保健的宣传教育工作，并对计划生育技术服务机构给予支持。

第三十二条 各级国家机关应当加强对少数民族干部的培养和使用。

上级国家机关的领导干部和工作人员中应当合理配备少数民族人员。民族自治地方的国家机关应当依法配备实行区域自治的民族和其他少数民族领导干部，在公开选拔、竞争上岗配备领导干部时，可以划出相应名额和岗位，定向选拔少数民族干部。

民族自治地方录用、聘用国家工作人员时，对实行区域自治的民族和其他少数民族适当放宽报考条件和录取标准，确保一定录取比例。具体办法由录用、聘用主管部门规定。

第三十三条 上级国家机关指导民族自治地方制订人才开发规划，采取措施加大对民族自治地方干部人才的培训力度，培养使用实行区域自治的民族和其他民族的各级各类人才。

建立和完善民族自治地方与上级国家机关和经济相对发达地区干部交流制度。上级国家机关有计划地选派民族自治地方的少数民族干部到上级机关、经济相对发达地区交流或者挂职锻炼，根据民族自治地方的需要，组织和选派经济相对发达地区的专业人才到民族自治地方工作。

上级国家机关鼓励和支持各种专业技术人员参加民族自治地方的建设，当地国家机关应当为其工作和生活提供便利。

第三十四条 上级人民政府应当支持民族自治地方发展社会救济和社会福利事业，帮助民族自治地方加快社会保障体系建设，建立和完善养老、失业、医疗、工伤、生育保险和城乡居民最低生活保障等制度，形成与当地经济和社会发展水平相适应的社会保障体系。

上级人民政府在安排农村危房改造、保障性住房建设资金、社会保障补贴、就业专项资金时，对民族自治地方给予倾斜。

第三十五条 对国家和上级人民政府安排的项目、资金，民族自治地方应当按照规定管理、使用，并接受上级人民政府及其有关部门的监督。

对违反财政法律法规，挪用、侵占、截留上级财政用于民族自治地方经费的，责令限期归还被挪用、侵占、截留的经费，并依法对直接负责的主管人员和其他直接责任人员给予处分；构成犯罪的，依法追究刑事责任。

第三十六条 各级国家机关违反本规定，不依法履行职责，由其上级主管机关或者监察机关责令改正。

各级国家机关工作人员在执行本规定过程中，滥用职权、玩忽职守、徇私舞弊的，依法给予处分；构成犯罪的，依法追究刑事责任。

第三十七条 张家界市的桑植县、永定区、武陵源区参照本规定享受民族自治地方经济社会发展方面的优惠。

第三十八条 省人民政府有关部门、辖有自治县的市的人民政府应当制定实施本规定的具体措施。

第三十九条 本规定自 2012 年 3 月 1 日起施行。1990 年 10 月 27 日湖南省第七届人民代表大会常务委员会第十九次会议通过的《湖南省实施〈中华人民共和国民族区域自治法〉若干规定》同时废止。

中共湖南省委湖南省人民政府关于深入实施西部大开发战略推进湘西土家族苗族自治州加快发展的若干意见

湘发[2012]4号

为全面贯彻落实《中共中央国务院关于深入实施西部大开发战略的若干意见》(中发〔2010〕11号)，现就我省深入施西部大开发战略，推进湘西土家族苗族自治州（以下简称湘西自治州）加快发展提出如下意见:

一、现实基础和主要目标

1. 现实基础。国家实施西部大开发战略十年来，省委、省政府高度重视湘西州的发展，先后出台了《中共湖南省委湖南省人民政府关于抓住西部大开发机遇加快湘西自治州发展的若干意见》(湘发〔2001〕10号)、《中共湖南省委湖南省人民政府关于继续支持湘西土家族苗族自治州加快经济社会发展的意见》(湘发〔2007〕7号)等一系列配套政策措施。省直各部门及各对口支援市积极响应省委、省政府号召，为促进湘西自治州经济社会发展作出了积极贡献。湘西自治州各级党委、政府团结带领全州各族人民艰苦奋斗，奋发图强，经济社会发展取得显著成绩，基础设施得到很大改善，产业建设初见成效，生态环境建设不断加强，民生事业取得新进步，改革开放不断深入，广大干部群众创新意识明显增强。但湘西自治州与省内其它地区发展的差距仍在扩大，实现全面建设小康社会目标任务仍然艰巨，湘西自治州仍然是我省全面建设小康社会和构建和谐湖南的重点和难点。

2. 指导思想。坚持以邓小平理论和“三个代表”重要思想为指导，深入贯彻落实科学发展观，进一步解放思想、开拓创新，坚持“四化两型”带动，以增强自我发展能力为主线，以改善民生为核心，进一步突出湘西自治州在全省扶贫开发中的主战场地位，加大资金投入，强化人才支持，全力推进优势产业建设、基础设施建设、新型城镇建设、生态环境建设和民生事业建设，努力把湘西自治州建设成为经济繁荣、社会进步、人民富裕、民族团结、山川秀美的美好家园。

3. 主要目标。“十二五”期间，湘西自治州GDP年均增长11%以上，财政总收入年均增长12%以上，城乡居民收入年均增幅与GDP增长基本同步，单位GDP能耗五年累计下降16%，森林覆盖率稳定在70%左右。

二、加快优势产业建设，增强自我发展能力

4. 优先发展文化旅游产业。突出文化旅游产业的龙头地位，将湘西自治州建设成为国内外驰名的生态民族文化旅游目的地。支持凤凰古城、老司城申报世界文化遗产和创建5A级景区，加快芙蓉镇、里耶、乾州三个核心景点圈旅游基础设施建设。打造“张家界—吉首—凤凰”、“常德—泸溪—吉首—茶峒—里耶”两条精品线路。完善旅游公路、游客服务中心等配套设施。支持土家织锦、苗族银饰、姜糖等旅游商品开发。加强民族文化挖掘和保护，支持实施特色民居保护工程，开发大型民族演艺节目和文化产品，提升“神秘湘西”旅游品牌。

5. 加快农业产业化建设。加强农业资源开发，支持湘西自治州柑桔品改低改100万亩、烤烟80万担、中药材20万亩、优质茶叶30万亩、富硒猕猴桃20万亩、草场改良100万亩等特色产业示范基地建设。支持完善农业技术服务体系、农产品质量安全监管体系、动物疫病防控体系建设。加快生物产业基地建设。重点支持白酒、食醋、精制茶、猕猴桃、柑桔、中药材、中药饮片、中成药等产品加工，扶持酒鬼酒、湘泉制药等龙头企业做大做强，鼓励省内外知名食品加工企业和中医药企业到湘西自治州投资办厂，努力建成具有湘西品牌的食品、医药生产基地。

6. 建设锰锌钒新材料基地。到2020年，建成

我国重要的、具有国际影响的矿产品精深加工基地，重点加快国家锰深加工高新技术产业化基地和省锰锌深加工高新技术产业化基地建设，严格执行电解锰、电解锌准入标准，力争将州内电解锰企业整合为6-8家，电解锌企业整合为3-5家，发展无硒高纯四氧三锰、氮化锰、锰酸锂、纳米氧化锌等新材料。合理有序开发钒矿资源，努力建成国家和省钒材料基地。支持湘西自治州产业园区建设，打造承接产业转移平台。

7. 积极发展新能源产业。支持湘西自治州风电资源开发，在资源合适的地方开展分散式风电接入试点。支持生物质能源基地及项目建设，支持湘西州大力发展农村沼气，太阳能，在资源条件较好的县市发展生物质发电、气化、碳化、成型燃料等综合利用，帮助有条件的县市创建国家绿色新能源建设示范县。争取天然气长输管道进入湘西自治州。

8. 加强自主创新。建设食品药品检验检测中心、药品不良反应监测中心、植物提取物试验中心、锰新材料研发中心等公共服务平台，支持核心企业建立技术研发中心和产学研创新战略联盟，提高自主创新能力。加强知识产权创造、应用、保护和管理。加大科技支撑计划项目、产学研结合项目和重大科技项目对湘西州的支持力度，力争在矿产品精深加工、特色动植物资源高效综合利用等共性关键技术上取得突破，加快科技成果向现实生产力转化，增强科技对经济发展的支撑作用。

9. 扩大对外开放。引进战略投资者，支持外来资本以并购重组、股权产权转让、合作开发等多种形式参与湘西自治州企业改制重组及技术改造升级。支持湘西自治州锰锌、白酒、茶叶等产品创建国际知名品牌，努力扩大产品外贸出口。支持湘西自治州依法设立海关、出入境检验检疫等机构。支持具有湘西民族特色和产业优势的专业批发市场、物流中心、零售网点建设。

三、加快基础设施建设，提升发展保障能力

10. 加快综合交通网络建设。全面加强铁路、公路、民航、水运建设，完善路网布局，提高通达能力。加快推进黔张常铁路前期工作，尽快启动焦柳铁路石门至怀化段扩能改造工程前期工作。建成吉茶、吉怀、张花、凤大、龙永、永吉等高速公路；改造升级G319、G209、S230、S231、S306等干线公路；加快打通省际“断头路”，强化路网衔接；加快县乡公路提质改造步伐，全面实施农村通畅工程，适时推进村间道路硬化。支持铜仁·凤凰机场改扩建工程，力争“十二五”期内建成。积极做好新的支线机场规划布局工作。重点推进沅水、酉水、武水、沱江等干流及重要支流航道治理，提高航道标准。启动泸溪深水码头建设。

11. 加强水利基础设施建设。规划建设吉首大兴寨水库、古阳河水库等骨干水源工程。加强中小河流治理工程、四水治理工程、城镇防洪工程、大中型病险水库除险加固、中小型病险水库治理、武水酉水大型灌区续建配套和集雨节水窖（池）、山塘清淤、小型农田水利、防汛抗旱、水土保持、农村水电等项目建设。全面解决农村安全饮水问题，有条件的地方实现集中式供水及配套排水。

12. 加快城乡电网改造步伐。支持输变电工程建设，争取新建湘西自治州500千伏输变电工程，新建吉首等220千伏变电站，新建红岩溪等110千伏变电站。理顺农网管理体制，加快农村电网改造升级步伐，实现城乡用电同网同价。

四、加快新型城镇建设，增强综合承载能力

13. 加快推进州府吉首建设。立足山区特点、民族特色、时代特征，着力将吉首打造成为商贸物流中心、民族民俗文化展示中心、区域工业加工中心和旅游集散中心，成为武陵山区中心城市，成为湘鄂渝黔四省市边区的区域发展核心增长极。2012年省财政安排6000万元支持州府吉首融资贴息和城市公共基础设施建设。到2020年，城市人口达到50万左右，建成区面积达到60平方公里左右。

14. 努力推进县城扩容提质。加快湘西自治州各县县城扩容提质，继续推进道路、垃圾污水处理、供水、天然气、绿化美化等工程建设。力争到2015年，县城用水用气普及率、绿化率、污水与垃圾无害化处理率达到或接近全省平均水平，实现市政设施基本配套完善。

15. 加强小城镇建设。推进新农村建设“百城千镇万村”试点工程，提高中心城镇的承载能力和对周边地区的辐射带动作用。加强中心镇路网、供水、垃圾污水处理等基础设施和公共服务设施建设，

培育扶持具有民族文化特色和生态宜居型的 30 个小城镇，促进农村人口向小城镇集聚，力争城镇化率 2015 年达到 45%以上。

五、加强生态建设和环境保护，构筑生态安全屏障

16. 推进生态建设。始终把生态保护放在扶贫开发的优先位置。坚持绿色发展，重点支持退耕还林、长江防护林、石漠化综合治理等工程，支持油茶产业发展，实施以沿路、沿河和城区为重点的绿化工程。加强森林公园和自然保护区建设。继续实施巩固退耕还林成果项目和生态家园富民计划。

17. 加强环境保护。全面落实建设项目环境影响评价制度和“三同时”制度。突出以锰锌企业为重点的重金属污染防治。加强对矿山开采的生态监控，抓好矿山生态环境治理工程，加快矿区损毁土地复垦、恢复利用和绿化进程，以及矿区废水、废物的综合治理。支持清洁生产、节能减排项目实施，加强环境执法、监测应急能力建设。实施太阳能推广、农村清洁、城镇污水处理和农村垃圾集中收运工程，改善村容村貌。

18. 加强地质灾害防治。加大地质灾害治理力度，抓好矿山地质环境治理，解决好锰锌尾砂库安全隐患问题。禁止在地质公园和自然保护区开采矿产资源。稳步推进生态移民，安排专项资金，将生活在自然条件恶劣、自然灾害频繁村寨的人口和自然保护区核心区内人口，逐步搬迁到城镇和生产生活条件较好的地区，实行统一安置，异地脱贫。

六、大力发展社会事业，着力保障和改善民生

19. 优先发展教育事业。支持合格学校建设，基本完成农村寄宿制学校学生生活设施改造。支持利用闲置中小学校舍和场地，新建、改造一批乡镇公办或普惠性幼儿园。加快普及高中阶段教育步伐，办好普通高中，落实国家西部开发政策待遇，提高家庭经济困难学生资助比例。支持中等职业学校基础能力建设，进一步整合资源，建好职教中心。支持吉首大学建设和发展，理顺吉首大学师范学院管理体制，提高民族高等教育办学水平。支持湘西民族职业技术学院建设。

20. 提高医疗卫生服务能力。全面深化医药卫生体制改革，巩固和完善城乡居民基本医疗保险制度，推进基本公共卫生服务均等化。逐步提高新型农村合作医疗和城镇居民基本医疗保险的筹资水平及政府补助标准。优先安排县市人民医院（中医院）、乡镇卫生院、社区卫生服务中心、采供血机构、卫生监督机构、妇幼保健机构、疾病预防控制机构、合格村卫生室等机构基础设施建设项目，支持基层医疗机构发展建设过程中形成的长期债务的清理和化解工作。支持州人民医院和州民族中医院建设，优先支持全科医生临床培养基地建设。建设民族医药研发基地。推进县、乡、村三级人口和计划生育服务网络建设，加快实施少生快富工程，启动农村计生家庭养老试点工作。

21. 积极发展文化体育事业。推进武陵山区（湘西）土家族苗族文化生态保护实验区建设和湘西自治州非物质文化遗产园建设。支持老司城、里耶古城国家考古遗址公园等一批重点文化项目建设。加快推进乡镇综合文化站、村村通广播电视工程建设，实现广播电视节目全覆盖；实施有线电视数字化、双向化改造工程，基本满足广大人民群众不同层次的收视需求。继续实施农家书屋、文化信息资源共享、农村电影放映工程。加强州体育馆和基层公共体育设施建设。

22. 千方百计扩大就业。落实更加积极的就业政策，省级财政统筹的就业专项资金向湘西自治州倾斜。加大“创办小企业、创造新岗位”工作力度。加强创业基地建设，鼓励、扶持能人创办企业。通过创办企业和发展产业来提供更多的就业岗位，以创业促就业。积极开发公益性岗位，重点做好高校毕业生、就业困难人员和军队退役人员就业安置工作。大力支持发展劳务经济，加强对农村劳动力进行职业技术培训和农村劳动力阳光培训，实施培训补贴，力争 80%以上的受训农民实现转移就业。加强人力资源社会保障工作平台和人力资源社会保障信息网络系统建设，省级财政在投入上实施倾斜政策。整合培训资源，支持加强人才资源市场建设和职业技能培训示范基地建设。

23. 提高社会保障水平。积极支持湘西自治州城乡低保、助学、医疗救助、住房保障等民生工程，对湘西自治州社会救助资金的安排予以重点支持。

完善城镇职工基本养老保险和失业保险制度，率先实现新型农村社会养老保险和城镇居民社会养老保险全覆盖。妥善解决国有困难企业养老保险欠费问题。加大保障性安居工程实施力度，对湘西自治州廉租房、棚户区改造、农村危房改造等项目予以重点支持。力争 3 年完成农村教师、乡镇卫生院卫生技术人员周转宿舍建设。重点支持湘西自治州福利公益设施建设。

七、完善政策措施，进一步加大支持力度

24. 财政政策。加大对湘西自治州的转移支付力度，在计算均衡性转移支付、重点生态功能区转移支付、民族转移支付、县级基本财力保障机制补助资金时，确保年度增幅高于中央对湖南省转移支付增幅。积极帮助争取中央财政用于节能环保、生态、新能源、教育、人才、医疗、社会保障、促进就业等方面的专项转移支付向湘西自治州倾斜。在完善全省财政体制推行省直管县时，将省州共享收入全部留给湘西自治州。取消中央安排的公益性建设项目州本级和县以下（含县）配套资金。安排资金支持湘西自治州乡镇政权建设。支持湘西自治州加强财源建设。

25. 税收政策。全面落实国家对西部地区的税收政策。支持湘西自治州争取高科技矿产品出口退税政策。积极帮助湘西自治州推进资源税改革，增加资源产地地方财政收入。

26. 投资政策。对纳入国家规划的公路、铁路、水利、电力等建设项目，中央和省级财政在补助比例、补助方式、补助范围等方面给予倾斜，行政村畅通工程按 30 万元/公里进行补助；积极争取湘西自治州享受西南五省区市兴建水库投资政策。

27. 金融政策。争取全国性金融机构特别是政策性金融机构加大对湘西自治州的有效信贷投入，并在分支机构的信贷规模和审批权限等方面予以适度倾斜。加快湘西自治州农村合作金融机构产权改革和风险处置，积极组建农村商业银行，充分发挥其农村与县域金融服务主力军作用。鼓励支持长沙银行湘西村镇银行立足县域，加快发展。力求湘西自治州各项贷款与全省同步增长，实现新增存款尽量用于当地建设。鼓励各类金融机构在湘西自治州增设机构网点，尽快实现金融机构覆盖全部乡镇。积极支持湘西自治州发展小额贷款公司、农村互助资金社等新型农村金融服务机构，进一步深化农村信用社改革，壮大资金实力。省财政再安排 1 亿元支持湘西自治州兴业担保公司增资扩股，扩大业务。支持符合条件的企业通过国内主板市场、中小板市场上市及发行企业债券，扶持创业投资企业，发展股权投资基金。积极支持湘西自治州经济社会发展项目利用世界银行等国际金融组织和外国政府优惠贷款。

28. 产业政策。积极争取重大项目在湘西自治州布局建设，大力支持湘西自治州特色优势产业发展。重点支持湘西广州工业园建设；适当放宽湘西自治州“四千工程”、战略性新兴产业专项资金项目、“小巨人计划”、重大科技成果转化项目、产学研项目条件；每年的湘西地区开发产业发展专项资金对湘西自治州予以重点支持。

29. 国土资源政策。在严格执行土地利用总体规划和耕地保护制度的前提下，适当增加湘西自治州土地利用年度计划指标，保障湘西自治州基础设施和民生工程以及省规划产业项目用地的合理需求；允许州内存量集体建设用地使用权进入市场；将湘西自治州纳入城乡建设用地增减挂钩试点；支持湘西自治州开发利用耕地后备资源，加快推进农村土地综合整治工程；工业用地出让金最低标准，可区别情况按《全国工业用地出让最低价标准》10%—50%执行。加强资源勘探，安排资金支持公益性找矿。

30. 生态补偿政策。按照“谁开发谁保护、谁受益谁补偿”的原则，逐步建立健全生态补偿机制。提高重点生态公益林森林生态效益补助标准。加大对生态环境保护转移支付力度。在林业非税收入使用方面，向湘西自治州重点倾斜。

31. 人才政策。落实艰苦边远地区津贴待遇政策。对湘西自治州干部职工津补贴和绩效工资给予专项补助。扩大干部交流规模，加大省直部门、长株潭等地区与湘西自治州干部的交流力度，每年从湘西自治州机关事业单位选拔一定数量优秀干部到省直单位任职。继续加强中央和国家机关、省直部门、经济发达地区与湘西自治州双向人才交流，各类人才项目、人才奖励等向湘西自治州倾斜。加大科技特派员选派力度，引导支持更多科技人员到湘

西自治州开展技术创新和创业。完善湘西自治州特聘专家制度，加大引进急需人才力度。

32. 帮扶政策。全面贯彻落实扶贫开发各项政策，将湘西自治州作为全省推进武陵山集中连片特困地区开发扶贫的主战场之一，到 2020 年基本消除绝对贫困现象。每年安排给湘西自治州的财政扶贫资金、以工代赈资金不低于全省相应资金总量的 35%。加大对腊尔山、吕洞山、龙永界等高寒山区扶贫开发力度。确定 8 个省直部门牵头分别对口支援 1 个县市，办好一批扶贫点、兴办一批实事；鼓励和支持在湘高校与湘西自治州实行产学研结合，帮助解决湘西自治州产业项目的关健技术和新产品开发问题。继续实施省辖 6 市对口扶持湘西自治州 6 县。鼓励中央在湘企业、省属大型企业到湘西自治州投资兴业，实现共赢发展。

八、切实加强领导，强化工作措施

33. 加强组织领导。省西部开发领导小组负责组织领导和工作协调。省西部开发领导小组办公室要抓好日常工作，搞好调查研究，对西部大开发优惠政策落实及重大项目进展情况加强调度，对实际工作中存在的问题及时研究解决，对重大问题提出意见和建议。省直各部门要各司其职，各负其责，加强服务，密切配合，省委督查室、省政府督查室要每年定期进行督查。

34. 抓好工作落实。湘西自治州各级党委、政府要进一步抢抓国家深入实施西部大开发战略机遇，在积极争取国家和省支持的同时，团结带领广大干部群众，发扬自力更生、艰苦奋斗的精神，真抓实干，锐意进取，扎实推进各项工作，努力实现湘西自治州经济社会发展各项目标。

（2012 年 1 月 30 日）

湖南省人民政府办公厅转发省民委《推进武陵山片区创建民族团结进步示范区的实施意见》的通知

湘政办发[2012]101号

各市州、县市区人民政府，省政府各厅委、各直属机构：

省民委《推进武陵山片区创建民族团结进步示范区的实施意见》已经省人民政府同意，现转发给你们，请结合实际，认真贯彻执行。

二〇一二年十月十五日

推进武陵山片区创建民族团结进步示范区的实施意见

为贯彻落实《国家民委关于推进武陵山片区创建民族团结进步示范区的实施意见》(民委发[2012]15号)精神，现就本省推进武陵山片区创建民族团结进步示范区提出如下实施意见。

一、总体要求

(一)指导思想。

坚持以邓小平理论和“三个代表”重要思想为指导，深入贯彻落实科学发展观，紧紧围绕“共同团结奋斗、共同繁荣发展”的民族工作主题，以构建和谐民族关系为目标，以改善民生为重点，以各种形式创建活动为载体，以创新社会管理为手段，全面推进党和国家民族政策的贯彻落实，坚定地维护民族团结和社会稳定，推动民族团结进步事业创新发展。努力为武陵山片区实现跨越发展、统筹发展、和谐发展和绿色发展营造良好的社会环境。

(二)总体目标。

通过示范区创建，使本省武陵片区经济社会事业繁荣进步，自我发展能力显著增强，人民生活水平明显提高；民族团结进步创建活动更加深入，创建内容更加丰富，创建方式和手段更加多样；民族文化的抢救、保护和传承取得重大进展，少数民族文化更加繁荣；民族法制建设进一步健全完善，各族群众的法律素质以及法治意识逐步提高；少数民族干部人才培养机制更加健全，民族干部人才结构更加科学合理；平等、团结、互助、和谐的社会主义民族关系更加巩固，力争使本省武陵山片区创建民族团结进步示范区的工作走在全国前列。

二、主要任务

1. 认真贯彻执行党和国家的民族政策法规。始终坚持和完善民族区域自治制度，支持自治地方完善自治条例和单行条例，加快少数民族权益保障、民族文化传承与保护等方面的立法和政策制定。加强民族理论、政策法规、民族知识的宣传教育，不断提高各族干部群众的民族法律意识。

2. 大力推动武陵山片区经济社会发展。一是认真组织实施《规划》，省民委要积极发挥武陵山片区“联系单位”的特殊作用，扎实搞好调查研究，主动加强沟通联络，努力当好省委省政府参谋。二是认真贯彻落实有关民族优惠政策，逐步完善各项扶持帮助机制，着力改善基础设施条件，大力培植旅游、文化等特色产业，实施生态保护工程，加快发展民族教育事业，扎实推进医疗卫生事业，不断完善社会保障体系，推动社会事业全面进步。

3. 不断繁荣少数民族文化事业。一是加大少数民族特色村寨保护与建设力度。进一步完善特色村寨保护与发展规划，坚持把特色村寨保护建设作为片区民族文化繁荣发展的基本载体和重要平台，把民族特色村寨保护建设与发展民族文化旅游产业结合起来，与发展文化创意产业结合起来，与扶贫开发、民生工程以及新农村建设结合起来。二是加大少数民族文化资源保护和传承力度。加强片区传统民族特色文化价值的挖掘和研究；积极培养少数民族非物质文化遗产传承人，突出抓好片区国家重大文化和自然遗产地、重点文物单位、历史文化名城名镇名村保护建设；深入挖掘民族传统节日文化内涵，积极推广民族传统体育运动项目，大力发展民族文艺展演业、民族风情旅游业、民族传统手工业。广泛开展优秀民族传统文化教育普及和民族文化进校园活动，夯实优秀民族传统文化的基础，推动和促进武陵山片区少数民族文化事业进一步繁荣发展。

4. 积极开展民族团结进步创建工作。积极推动民族团结进步创建进社区、进学校、进乡村、进企业、进机关，夯实民族团结进步的基础。加强对教育基地的建设，不断充实和扩展内容，使教育基地在弘扬爱国主义精神、促进民族团结方面发挥积极作用。推动民族团结进步表彰活动制度化、规范化，对民族团结进步的先进典型定期进行表彰，并采取多种形式大力宣传先进典型的模范事迹，在全社会形成自觉维护民族团结的良好氛围。加强示范典型的培养，做好推荐、申报、测评、管理和指导等工作，有计划、有步骤地创办国家、省、市、县级民族团结进步示范点，做到统筹推进、科学布局、分类指导；各级民族团结进步示范点要制定切合实际的示范点建设规划和特色鲜明、具体可行的创建工作主题，广泛、深入地开展民族团结进步创建工作。

5. 努力促进区域民族关系和谐发展。一是强化民族关系监测评估。加强涉及民族因素矛盾纠纷的预警和应急管理，加大对涉及民族关系不稳定因素的排查和化解工作力度，定期研究、分析评估区域内民族关系状况。二是妥善处理矛盾纠纷。进一步加强民族关系协调工作，及时、妥善处理影响民族团结的矛盾纠纷。严格区分和正确把握不同性质的矛盾，坚持教育疏导与依法打击相结合的方针，实行分级负责、属地管理，力争把矛盾化解在基层、解决在萌芽状态。三是加强少数民族流动人员服务管理。认真做好来湘少数民族人员服务管理工作，引导其主动融入城乡生活，形成稳定的心理认同。着力加强基层社会管理平台建设，认真做好社区、乡镇和国有企业的民族工作。

6. 切实加强少数民族干部人才培养。按照有关要求合理配备少数民族干部人才，进一步优化少数民族干部人才结构。加大教育培训、交流力度，进一步提高少数民族干部人才的工作能力。注重少数民族后备干部队伍的建设，努力打造一支素质优良、数量充足、结构合理的少数民族后备干部队伍。

三、保障措施

（一）建立健全工作机制。

1. 组织领导机制。片区内各市州政府要将创建民族团结进步示范区工作摆在重要的位置，加强调查研究，制定具体实施意见，精心组织实施。加强民族工作部门自身建设，进一步提高工作水平。

2. 宣传教育机制。利用各种形式，广泛开展党和国家民族理论和民族基本知识、民族政策和民族法律法规、爱国主义和反分裂反渗透的宣传教育。推进民族团结进步教育进党校、进学校，切实把民族团结进步宣传教育落到实处。

3. 协调配合机制。民族工作部门要认真履行自己的职责，充分发挥参谋助手的作用，协调有关部门按照有关职能分工，做相应工作。加强边界地区与外省毗邻地区的团结协作，建立健康有效的协作机制，增进沟通了解，促进边界地区团结稳定。

4. 应急维稳机制。不断完善矛盾纠纷排查机制，积极开展涉及民族因素矛盾纠纷的排查，严防影响民族团结和社会稳定的突发事件、群体性事件的发生。不断加强矛盾纠纷应急管理，制定突发事件应急预案，建立快速、有效的应急处理机制。完善社会矛盾调解机制，积极疏通各族人民的利益诉求渠道，充分尊重他们的要求和意见，依法协调、化解、处理各类矛盾纠纷，维护民族团结和社会和谐。

5. 监督检查机制。切实加强创建民族团结进步示范区工作的跟踪指导，着力解决工作中出现的问题和存在的薄弱环节。建立健全监督检查机制，认真督促检查创建民族团结进步示范区的各项工作，确保各项任务落到实处。

6. 经费保障机制。积极争取国家民委民族团结进步创建专项经费对我省武陵山片区予以倾斜。片区内各市州要加大投入，为各民族团结进步示范点建设提供支持，确保示范点建设的各项工作顺利开展。

(二)充分发挥各方作用。

1. 充分发挥民委委员单位作用。进一步完善省民委委员单位工作机制，明确工作职责，调动工作积极性。各委员单位要认真贯彻落实民族优惠政策、积极帮助武陵山片区少数民族和民族地区经济社会发展，夯实民族团结进步创建的思想、物质、文化基础。

2. 充分发挥武陵山片区联络员作用。充分发挥国家民委派驻我省武陵山片区联络员的作用，为其工作开展提供便利，支持其积极参与开展民族团结进步创建活动，推进片区内民族团结进步示范区建设。

3. 充分发挥民族联谊会的作用。建立健全各种少数民族联谊会组织，加强对联谊会的工作指导，完善联谊会工作机制，发挥积极作用。

中共云南省委云南省人民政府关于建设民族团结进步边疆繁荣稳定示范区的意见

云发[2012]9号

为认真贯彻落实党中央、国务院关于"把云南建设成为我国民族团结进步、边疆繁荣稳定的示范区"的要求，加快建设面向西南开放重要桥头堡，提出如下意见。

一、重大意义

在党中央、国务院领导下，省委、省政府全面贯彻落实党的民族政策，长期保持了全省民族团结、社会和谐、边疆稳定、跨越发展的良好态势。当前，在全面建设小康社会的关键时期，在深化改革开放、加快转变经济发展方式的攻坚时期，影响民族团结边疆稳定的因素呈现出新的阶段性特征。把云南建设成为我国民族团结进步、边疆繁荣稳定的示范区（以下简称示范区），是党中央、国务院对云南的信任关怀，是展示中国民族工作成功实践的重要窗口，是探索中国特色云南特点民族工作道路的重大任务，是巩固和发展平等团结互助和谐社会主义民族关系的现实需要，是提升云南形象的重要载体，是全省各族人民的共同愿望，对于建设中国面向西南开放重要桥头堡，加快推动云南科学发展和谐发展跨越发展，意义十分重大。

二、总体要求

（一）指导思想

高举中国特色社会主义伟大旗帜，以邓小平理论和"三个代表"重要思想为指导，深入贯彻落实科学发展观，不断加强党对民族工作的领导，坚持和完善民族区域自治制度，牢牢把握各民族共同团结奋斗、共同繁荣发展的民族工作主题，紧紧抓住建设面向西南开放重要桥头堡的战略机遇，以共同发展促进民族团结，以边疆繁荣促进边疆稳定，凝心聚力谋发展，开放进取建小康，为全国民族团结进步和边疆繁荣稳定探索经验、作出示范。

（二）建设目标

作出十大示范，实现三大跨越，2015年取得明显成效，2020年全面建成示范区。

在民族经济发展、民生改善保障、民族文化繁荣、民族教育振兴、生态文明建设、民族干部培养、民族法制建设、民族理论研究、民族工作创新、民族关系和谐十个方面作出示范。

少数民族和民族地区发展实现新跨越。基础设施明显改善、特色经济形成优势、贫困问题有效解决、公共服务趋于均等、民族文化愈加繁荣、教育科技全面振兴、生态建设取得实效、发展差距逐步缩小，全省经济社会全面协调可持续发展，各族人民生活水平和幸福感明显提升。

民族团结进步事业实现新跨越。民族团结观念深入人心，民族工作体制机制健全有效，民族理论研究成果丰硕，民族政策法规体系不断完善，把握和处理民族问题的能力不断提高，党领导民族工作更加有力，民族干部人才培养使用更加重视，社会主义民族关系更加巩固和发展。

边疆繁荣开放实现新跨越。对外开放水平不断提高，睦邻友好不断加强，兴边富民工程大力推进，沿边经济和通道经济快速发展，边民交往和边贸交易规范便捷，经济合作更加深入，文化教育科技交流更加广泛，与东南亚、南亚和印度洋沿岸的连接更加紧密，中国面向西南开放重要桥头堡的作用更加凸显。

（三）基本原则

——全面统筹，重点突破。坚持战略思考和科学布局，在全面推进全省各项事业发展的同时，从边疆民族山区贫困和发展不够快、不充分、不协调、不平衡的省情实际出发，分类指导，因地制宜，因族举措，突出民族自治地方、边境县、民族乡、民族村和贫困地区等建设重点。

——立足跨越，先行先试。在全面贯彻落实、充分用好用足用活国家和云南省制定实施的发展规划、政策措施和相关法规的基础上，积极争取中央支持，创新突破，率先发展，作出示范。

——政策拉动，项目推进。将示范区建设政策化、项目化、具体化、责任化，以政策拉动项目，以项目推进建设，明确责任，形成合力，确保示范区建设扎实推进、取得实效。

——群众至上，共建共享。把实现好、维护好、发展好各民族的根本利益作为切入点，用心用情用力为群众办实事，团结各族人民共同建设，确保各族人民共享改革发展成果。

三、主要任务

（一）实施民族经济发展示范

示范目标：实现民族地区和贫困地区经济跨越发展，决不让一个兄弟民族掉队，创新发展方式，走共同发展的道路。

1. 实行倾斜政策。制定实施一批促进少数民族和民族地区经济跨越发展的规划和工程，公共财政、公共设施、公共服务、重大产业项目布局和用地保障向民族地区倾斜。保持民族自治地方、边境县的预算内固定资产投资年均增长高于全省平均水平，提高财政均衡性转移支付系数，加大边境地区转移支付，加强和创新金融服务支持，确保经济发展速度高于全省平均水平。

2. 夯实发展基础。突破民族地区“硬件”瓶颈制约，适当超前和优先加强基础设施建设，实现县县通二级路、乡乡通柏油路、村村通硬化路，推进综合交通基础设施建设。实施民生水利工程，全面解决农村饮水安全问题。消除无电村，基本消除无电户。大幅提高农村清洁能源覆盖率。大力推进中低产田地（林）改造。改善民族地区发展“软件”，实现农村广播电视、信息网络全覆盖，提高农村客运覆盖率和安全舒适度，建成以县级配送中心、乡镇超市（卖场）、农村综合服务社（农家店）为支撑的农村现代流通服务网络。大力推进农业现代化建设，培养一代新型农民，扶持农民专业合作组织发展。

3. 协调区域发展。按照“强区、富带、兴群、促廊”空间开发思路，重点建设滇中城市集聚区、沿边开放城镇带、区域城镇群和沿对内对外开放经济走廊的城镇带，重点依托沿对内对外经济走廊的城镇带，串联、整合区域增长极和重要功能开发区域，遵循自然地理多元多样性、城镇发展差异性的特征，形成重点突破、极点开发、带状推移、轴辐扩散的全省空间开发格局。以特色资源优势和区位优势为载体，以发展特色经济和实体经济为主导，以完善城镇公共设施和公共服务为保障，以引导人才和项目落地为抓手，形成良性互动互补发展格局。有效推进主体功能区规划实施，优化空间布局，转变发展方式，缩小区域发展差距。

4. 加快工业化和城镇化进程。实施差别化产业政策，在民族地区布局和扶持一批特色化、规模化、集群化、高端化产业项目，走新型工业化道路，发展壮大县域经济。改造提升民族地区中心城市、重要通道节点和口岸城市功能，加快山地城镇建设和农民变市民进程。“十二五”末实现民族自治地方和边境县工业增加值占生产总值比重较“十一五”末提高 6%以上，城镇化率达到 40%以上。

5. 推进沿边经济和通道经济发展。大力实施“兴边富民”工程，推进边境贸易向纵深发展。建设沿边开发开放试验区、跨境经济合作区、边境经济合作区、综合保税区和口岸保税物流区。设立沿边经济区产业投资基金，加强产业园区模式设计。鼓励外资外企落户发展，支持企业走出去发展，打造辐射东南亚、南亚、西亚和非洲东岸国家的加工基地和物流基地。支持沿边地区举办各类边境经贸交易会，提升与大湄公河次区域和孟中印缅区域合作层次，提高通关、运输、贸易等便利化水平。

6. 推动特色经济发展。建立和完善扶持特色经济发展的资金平台和机制，支持产业基地建设、加工、技改、营销和上市等特色经济发展。建立和完善耕地、林地股份合作制和托管开发制，确保群众受益最大化，实现资金、技术、资源、人才、组织形式和群众积极性的有效结合，促进群众增收、企业增效、区域发展，走特色化、延伸化、规模化、可持续发展的道路。

大力发展高原特色农业，抓好高原粮仓、特色经作、山地牧业、淡水渔业、高效林业和开放农业，做大绿色产业规模和延伸产业链，依靠科技建设高原特色优势生物资源、优质种业、农产品种植加工基地，扶持农业产业化龙头企业和农产品深加工科技型企业，打造绿色和有机品牌。积极推行科技特派员创业政策。

大力发展民族文化产业，支持民族文化创业，培养民族文化致富带头人，扶持民族文化产品市场化开发，提升民族文化产业规模化、集约化、专业化水平，培育一批具有市场发展潜力和市场竞争力的民族文化企业，把民族文化资源转化为发展优势，把民族文化产业培育成支柱产业。

大力发展民族地区旅游经济，深刻挖掘民族文化和历史文化内涵，促进旅游与文化等产业融合发展，开发特色休闲和体验式旅游，支持民族餐饮、工艺品等旅游产品开发创新，打造一批民族特色旅游村镇、历史文化旅游项目和旅游度假区。建立旅游开发参与及分享机制。加强国际旅游合作，积极推进与东南亚、南亚便利化旅游建设。

大力发展民族医药产业，充分挖掘民族民间医药资源，扶持民族医药研发、药材开发和药品注册，做大做强一批民族药龙头企业，培植发展民族药材种植、研发、加工和营销的新兴产业链。积极发展中药、生物医药、康复医疗、生命健康服务等产业。

7. 鼓励非公经济发展。支持民族地区建设工业园区，给予标准化厂房建设扶持、减免租金、信用担保、财政贴息、科技研发补贴等优惠政策。给予民贸企业、民族特需商品定点生产企业、民族传统手工业和龙头企业特殊扶持。实施少数民族民营企业家“孵化”计划，奖励和扶持少数民族优秀民营企业家。增加省级扶持民族地区企业发展贷款财政贴息资金。“十二五”末实现民族自治地方和边境县非公有制经济占生产总值比重超过 50%。

8. 实施对口支援与互助发展计划。深入推进沪滇合作。落实省级部门每年为挂钩联系县办几件实事的要求。建立州市、县市区经济互助发展机制，探索跨区划异地开发合作模式，优化投资、土地、资源和人才组合，实现互利共赢，共同发展。

（二）实施民生改善保障示范

示范目标：有力推进基本公共服务均等化，有效解决贫困问题，充分普及现代文明，使各族人民共享改革发展成果，创造更加美好的幸福生活。

1. 促进创业就业。在民族贫困地区大力推行农村劳动力转移就业计划，落实小额担保贷款优惠政策，建立创业孵化示范基地，发挥创业带动就业倍增效应。对未继续升学的农村应届初、高中毕业生实施劳动预备制培训，给予培训鉴定和生活费补贴。民族地区公益性就业岗位、政府投资和国有企业建设项目就业岗位优先吸纳当地少数民族人员。

2. 完善社会保障。实现新型农村养老保险全覆盖，符合条件的农村贫困人口全部纳入农村居民最低生活保障，全额资助符合条件的农村医疗救助对象参加新型农村合作医疗，完善医疗救助制度，探索建立困难群众重特大疾病医疗救助。解决历史遗留的自发搬迁、跨国婚姻等特殊群体户籍和社会保障问题。实行边境沿线建制村群众守土固边专项补助。

3. 提升医疗卫生保障能力。给予民族地区县、乡、村三级医疗卫生基础设施和服务体系标准化建设倾斜，新型农村合作医疗参合率保持在 95%以上，门诊统筹全覆盖。提高乡村医生和公共卫生服务补助标准。开展家庭疾病预防、健康保健和妇幼卫生知识的普及指导。扶持民族医院和民族医药临床基地建设，加快民族医药学科建设和人才培养，推广民族医疗食疗技术，培训乡村民族医药工作者。

4. 改善农村和城镇住房条件。全面消除农村危房和人畜混居现象，加大基本丧失生存条件人口易地搬迁和农村危房改造的力度。对边境县和贫困县保障性住房建设给予政策倾斜。

5. 深入推进新农村建设。统筹城乡发展，实施村寨规划，保护民族特色，大力开展民族团结示范村、兴边富民示范村和文明新村等新农村建设，实现水、电、路、房、能源和环境建设“六到位”，实施山区和边境县解“五难”工程，健全公共服务，推动现代文明进村入户。

6. 着力推进扶贫开发。集中力量对乌蒙山区、石漠化地区、滇西边境山区、藏区，贫困民族乡和民族村，以及傈僳族、拉祜族、佤族等特困民族、散居民族、人口较少民族和少数民族深度贫困群体等特殊贫困区域、特殊贫困群体进行特殊扶持。确保“十二五”末贫困地区农民人均纯收入增幅高于全国平均水平，基本公共服务主要指标接近全省平均水平，贫困人口大幅度减少，贫困发生率大幅度下降。

（三）实施民族文化繁荣示范

示范目标：实现各民族文化交流交融和共同繁荣，充分发挥文化在促进经济社会发展，提升各族群众生活幸福感，增进各族群众相互了解、尊重、信任和学习，增强中华民族凝聚力和影响力方面的作用。

1. 实施文化惠民工程。完善民族地区公共文化设施和服务体系，保障运转经费，实现建制村（社区）有文化活动室、农家书屋、科普栏、体育设施和通互联网。解决群众看书难、看报难、上网难、看戏难、收听收看和听懂看懂广播影视难、体育锻炼难等问题。支持基层开展民族节庆、文化和体育活动，支持建设各世居少数民族博物馆，实施云南民族博物馆改造提升工程，建设云南民族文化宫。

2. 实施民族传统文化保护传承工程。加强现代科技对民族传统文化的保护应用，编制民族传统文化保护目录和规划，建设民族传统文化资源库和少数民族语言文字资源库。建立优秀民族文化传承体系，再造和规范民族传统文化典籍，抢救、保护和开发少数民族语言文字、文物古籍、口传文化、音乐舞蹈、体育、技艺、建筑、服饰、餐饮和医药等物质和非物质文化遗产，建设一批民族传统文化传承点、民族特色村寨和民族文化广场，出版民族村落影像文化志，命名民族文化艺术之乡。重大项目建设可行性研究要增加民族文化保护内容。增加世居少数民族传统文化抢救保护经费。

3. 实施民族文化精品建设工程。建立云南省人民政府民族文化艺术创作基金，采取项目招标、预付定金、以奖代补等方式，支持民族文学、音乐、舞蹈、戏剧、影视、服饰和工艺品等创作展示，扶持各族群众喜闻乐见的文学艺术作品创作。打造一批云南民族文化品牌。

4. 培养民族文化传人和人才。支持乡镇、社区文化站（馆）开办民族文化传习馆（班），大力培养乡土民族文化能人和民族民间文化传承人，充分发挥他们在民族文化建设中的积极作用。完善民族文化传承人认定补助制度，资助其传业创业。鼓励职校和高校建设民族文化艺术类学科，支持高端紧缺民族文化人才培养，建设一支高素质的民族文化艺术人才队伍。

5. 提供民族文化公共产品。实施民族文化公共产品订单制，向民族地区、边境村寨发送国家通用语言文字和少数民族语言文字双语广播影视、图书报刊、电子读物，以及爱国主义、民族团结、政策法规、实用技术和科普知识等公共文化产品。在民族地区和边境沿线建设一批标志性民族文化设施。继续实施村村通广播电视工程，开办少数民族语言文字宣传网站和卫星电视频道，建设西南少数民族文字出版基地和云南少数民族文字出版中心，建设云南少数民族语言文字翻译中心，建设面向东南亚、南亚的传媒译制中心。

6. 促进民族文化交流合作。建立民族文化内外交流机制，定期举办民族文化会展和文艺会演，成立云南民族文化国际交流协会，实施民族文化走出去工程，铺设面向西南开放的文化大通道。定期举办“中国昆明·民族文化国际博览会”。

（四）实施民族教育振兴示范

示范目标：普及现代教育，促进教育公平，推广现代科技，提高劳动者素质，打牢少数民族和民族地区发展进步的根基。

1. 加快普及学前教育。在不通和基本不通汉语的少数民族乡村建设国家通用语言和少数民族语言双语幼儿园，并给予扶持。加快推进民族地区逐步普及学前教育。

2. 优先发展基础教育。提高投入标准，加快推进民族地区义务教育学校标准化和农村寄宿制学校建设。争取国家支持，建设一批国门学校，逐步提高边境县乡镇、贫困民族乡农村中小学寄宿生生活补助标准。扩大省和州市优质高中民族生招生规模，支持云南民族中学建设。

3. 大力发展职业技术教育。实施劳动技能脱贫计划，建立覆盖农村的远程职业教育网，培养少数民族实用技术人才和技工。扩大民族地区和贫困地区职业教育规模，免除中等职业学校家庭困难学生学费，给予生活费、交通费等特殊补贴。支持 6 所民族中等专业学校基础设施、实训基地和教师队伍建设。实施云南省民族中等专业学校改扩建工程。

4. 积极发展高等教育。完善少数民族考生照顾录取政策。在省内高校划比例招收世居少数民族学生，定向招收少数民族生源较少考生，扩大少数民族预科招生规模并按本科生标准核拨生均经费。争取国家支持，增加部分东南亚语种为研究生考试外语语种，适当降低掌握少数民族语言考生的外国语考试成绩录取分数线，争取各世居少数民族都有硕士和博士生，设立民族工作专业硕士学位点。参照师范生政策每年招收一批掌握本民族语言的少数民族考生，定向培养乡村全科医生、教师、基层干警和司法工作者等。云南民族大学在校少数民族学生比例不低于70%。建设东南亚、南亚和西亚语言文化教育基地。

5. 加强民族文化知识和双语教学。在民族地区中小学开设民族文化、民族知识和地方传统知识课程，补助课本编辑出版。建立全省统一的国家通用语言文字和少数民族语言文字双语教师考核认定和岗位设置标准，对从事双语教学的教师给予专业技术职称评聘倾斜。支持高校建设国家通用语言文字和少数民族语言文字双语教师培养培训基地。

6. 促进教育公平发展。对民族学校、边境县和偏远高寒山区中小学，优先建设教师周转房，增加中高级职称评聘比例，教龄6年的中高级职称评聘放宽考核至合格等次，设立艰苦岗位津贴。建立城市教师到农村援教制度，新任教师晋升中职须有农村学校任教经历。切实保障各类特有民族班经费，加大对边境、民族和贫困地区的教育投入，大力推广普及远程教育。

7. 着力提高劳动者素质。加强民族地区科普宣传服务体系和队伍建设，深入推进科普进村入户，积极推广电脑农业专家系统。大力开展农村实用技术、新型农民、当家理财、妇幼保健、健康生活习惯等培训，推进科普富民示范村和文明生活示范户建设，增强群众自我发展能力。奖励和扶持少数民族科技致富带头人。

（五）实施生态文明建设示范

示范目标：实现资源节约和能源科学优化利用，分享生态环境保护和资源开发成果，弘扬各民族在环境保护和生态建设方面的优良传统。

1. 建设绿色生态安全屏障。实施绿水青山计划，推进天然林、防护林、湿地、重要水源和生物多样性保护，加大矿冶开发生态破坏整治和恢复、陡坡地生态和石漠化治理，加强城市绿地系统和生态系统建设。采取“以能代赈”、资金或实物补贴等，推广农村节柴改灶，支持开发利用沼气、风能、太阳能等清洁可再生能源。充分挖掘和推广各民族人与自然和谐相处的优秀传统文化，深入开展绿色村寨创建和环境综合整治。

2. 建立健全生态保护和资源开发补偿机制。建立水能资源开发利益分享和流域生态、碳汇生态、自然保护区生态等补偿机制，通过资金补偿、项目扶持、提供就业、技术援助、优先聘用参与管护工作等方式，保证群众得到实惠。民族自治地方和民族乡以资源参股形式分享资源开发收益。

3. 完善环境保护财税政策。加大财政转移支付生态补偿力度，增加生态文明建设资金。积极争取对煤炭等矿产品实行资源税从价计征改革，加大资源税用于生态补偿比重，并向民族地区、重要生态功能区、水系源头地区和自然保护区倾斜。提高森林生态效益补偿标准并扩大范围。

（六）实施民族干部培养示范

示范目标：建设一支政治坚定、业务精湛、作风扎实、数量充足、结构合理，深受各族群众拥护的高素质少数民族干部人才队伍。培养大批熟悉民族政策法规和民族工作的领导干部。

1. 加强少数民族干部人才教育培训。创造干部人才成长的良好环境，制定实施少数民族干部人才培养计划，创新培养工作机制，全面提高少数民族干部综合素质和能力，大力培养少数民族党政人才、专业技术人才、企业经营管理人才、高技能人才和社会工作人才，实现少数民族干部人才占全省总量比例与人口比例大体相当。

2. 定向招录少数民族工作人员。全省各级机关招录公务员、事业单位招聘工作人员时，要采取单设岗位、放宽条件等方式定向招录和招聘当地少数民族人员。法院、检察院、公安机关、民族宗教等部门可采取定向培养等方式招录掌握少数民族语言的工作人员。

3. 加大配备少数民族干部力度。配备各级领导干部时，要根据少数民族人口比例和民族成分等因素定向选拔，保证不同层次少数民族干部的梯次配备。少数民族人口较多的市、县、乡（镇）党政领导班子中要各配备一名以上少数民族干部。“十二五”末实现省级机关、事业单位、群团组织和省属国有重要骨干企业领导班子中至少配备一名少数民族干部。保持25个世居少数民族都有一名以上干部担任省级机关厅级领导干部。争取中央支持，大力培养选拔少数民族省部级领导干部。

4. 完善民族自治地方干部选拔任用制度。注重培养和选拔实行区域自治地方的当地民族干部。自治地方党委和政府领导班子中，要分别配备两名以上当地少数民族干部。自治州、县机关所属工作部门的领导班子，要配备一名以上少数民族干部。

5. 注重培养使用熟悉民族工作的干部。通过多种渠道和方式，提高各级领导干部和基层干部的民族理论、民族政策、民族法规和民族知识水平，并作为干部提拔使用的重要依据，确保在云南工作的各族干部都能熟悉和做好民族工作。

（七）实施民族法制建设示范

示范目标：坚持和完善民族区域自治制度，健全符合实际和行之有效的民族法规，推进民族工作法制化，依法保障少数民族合法权益。

1. 完善民族法规。修改完善贯彻民族区域自治法配套法规、民族自治地方自治条例，重点制定特色产业发展、开发移民、建设用地、环境保护和水能矿产等资源保护和开发方面的单行条例。推进维护民族团结、资源开发、生态补偿、城市民族工作、散居民族工作、民族文化传承保护、民族文化知识产权保护、少数民族语言文字工作、少数民族权益保障等方面的立法和政策制定。指导少数民族村寨依法订立具有民族特色的村规民约。

2. 保障民族自治地方依法行使自治权。加强民族自治地方行政管理体制和享受优惠政策等研究，开展民族区域自治制度和实现形式的新探索。对有悖于民族区域自治法和不利于民族自治地方经济社会发展的法规和政策，要重新修订或废止。大力宣传民族区域自治制度，支持民族自治地方开展逢十周年庆典活动。

3. 强化民族法律法规政策普及运用和监督检查。大力宣传普及民族法律法规，增强边民的国家、国界和边境管理法律意识，积极开展法律服务。定期开展民族法律法规执法检查，开展贯彻落实民族政策、发展规划和履行民族工作职责情况的监督检查。强化民族工作部门监督检查职能，推进民族工作依法行政。

（八）实施民族理论研究示范

示范目标：建立民族理论研究基地，形成在国内外具有重要影响力的符合时代发展和现实需要的理论成果，丰富中国特色社会主义民族理论。

1. 支持民族理论研究机构建设。支持各级民族理论学会、大专院校和科研机构开展民族理论研究，成立民族理论研究专家委员会，支持创立民族理论和民族学核心刊物，营造民族理论研究的积极氛围。

2. 加强民族理论研究人才培养。扶持民族理论和民族学学科建设，培养民族理论和民族学学科带头人、高层次和中青年研究人才。建立重大研究课题招标和优秀成果奖励机制，定期举办学术研讨会和讲座。

3. 促进民族理论研究创新发展。编制民族理论重大课题研究规划，编辑出版民族理论丛书，推动具有云南特点和中国特色社会主义民族理论发展。

4. 深化云南民族工作经验的理论研究。推动理论研究为解决现实问题服务，强化云南民族工作的舆论影响力和话语主动权，建设具有国际影响国内一流的民族学和民族理论研究基地。

（九）实施民族工作创新示范

示范目标：民族工作保障体制健全有力，民族工作机制运行高效，畅通各族干部群众呼声和需求的渠道，密切党和政府与各族群众的血肉联系。

1. 加强民族工作部门建设。进一步改善各级民族工作部门的工作条件。民族自治地方和民族工作任务较重地区要加强民族工作部门的领导和人员配备，民族工作部门要作为政府组成部门。配备乡镇民族工作专兼职助理员和信息员，安排相应工作经费。

2. 加强民族工作队伍建设。采取定向培养、在职教育、集中培训、多岗锻炼等方式，建设一支专业化、规模化、高素质，能应对处置复杂局面和矛盾纠纷的民族工作队伍。

3. 加强民族工作信息化建设。建设云南民族信息平台，网络延伸至县级民族工作部门和民族工作任务较重的乡镇。建立民族关系监测分析、突发事件应急处置、少数民族和民族地区经济社会发展统计分析、民族团结宣传和民族工作舆情等系统平台。建立和完善民族团结稳定的信息收集、分析和处理机制。

4. 加强城市民族工作。健全城市民族工作机构，加强和创新城市社会管理，建立少数民族务工、经商、就学、就业和技能培训等服务体系，建立流动人口管理协作机制，加强法律援助服务，保障少数民族合法权益，帮助少数民族群众更好地融入城市和创业发展。

5. 加强少数民族代表人士工作。完善少数民族代表人士和民族类社团管理机制，充分发挥其密切联系少数民族群众、促进民族团结的特殊作用。帮助少数民族代表人士解决工作生活中的特殊困难，支持他们为各族群众办实事，定期组织参观学习。

（十）实施民族关系和谐示范

示范目标：把党和国家民族工作的方针政策转化为各族群众的自觉行动，促进各民族和睦相处、和衷共济、和谐发展，使各民族同呼吸、共命运、心连心的优良传统不断发扬光大。

1. 完善维护民族团结稳定的长效机制。定期开展民族团结稳定形势分析研判和隐患排查，建立属地管理、受理接访和化解纠纷的联动机制，把问题解决在基层，处理在萌芽状态。坚持“团结、教育、疏导、化解”方针，正确区分两类不同性质的矛盾，正确对待和处理各族群众的合理诉求和特殊需求。深入开展社会管理综合治理，依法打击破坏民族团结和边疆稳定的违法犯罪活动，培养外事界务员等群众性边民守土固边队伍。充实完善民族团结目标管理考核体系。

2. 广泛开展民族团结宣传教育。做到民族理论、民族政策法规、民族知识和民族团结宣传教育常态化、多样化、社会化，并作为各级党校、行政学院和国民教育学校必修课程，纳入窗口单位、服务行业和执法人员的业务培训内容，纳入领导干部公开选拔、公务员招录、教师资格考试和媒体从业人员上岗培训范围，开发丰富多彩的民族团结教材。充分发挥各类媒体对民族团结社会舆论的正面导向作用。

3. 深入开展民族团结进步创建活动。完善创建工作机制，创新活动形式和载体，加强典型引导。积极开展民族团结进步示范村、民族团结进步示范社区、跨行政区域的民族团结进步示范区创建，大力开展民族团结军警民共建活动。建设民族团结教育基地，开展民族团结进步示范单位命名，倡导和支持各地开展民族团结月、团结周、团结日等活动，支持创建民族团结进步示范州、示范县。每 5 年召开一次全省民族团结进步表彰大会。

4. 提高宗教事务管理能力。依法加强宗教事务管理，尊重信仰，保护合法，制止非法，抵御渗透，反对分裂。保障少数民族信教群众正常宗教生活需求，解决宗教生活中的突出困难，支持标志性、文物性宗教场所修缮和本土化建设。关心、帮助和团结广大宗教界人士，着力培养一支爱国、爱教、拥护中国共产党和社会主义制度、宗教造诣高、在本民族群众中有威望的教职人员队伍。规范经堂寺院教育，加强审批和管理，制定教学大纲和教材，完善教师聘用和招生制度，提高宗教院校办学水平和质量。发挥宗教在促进社会和谐方面的积极作用。

5. 加强基层组织建设。加强农村和社区基层组织建设，保证“有人管事”、“有钱办事”、“有场所议事”，使基层组织成为爱国主义、民族团结、社会主义精神文明建设的坚强阵地，成为推动发展、服务群众、凝聚人心、促进和谐的战斗堡垒。着力提高基层干部应对突发事件、化解社会矛盾、团结各族群众的能力。充分发挥新农村建设指导员、大学生村官在提高基层组织战斗力、增进民族团结和带领各族群众建设新农村等方面的作用。不断巩固和扩大党的执政基础和群众基础。

四、组织领导

（一）明确责任，建立健全示范区建设的工作机制

必须从战略和全局的高度，深刻领会示范区建设的重要性、必要性和紧迫性，切实把思想认识统一到中央的要求和省委、省政府的决策部署上来，深入开展调查研究，制定完善政策措施，精心组织实施。各级党委政府要成立示范区建设领导小组，由主要负责人任组长，建立定期会议制度，研究部署任务，解决实际问题，形成党委领导、政府主抓、部门落实、社会参与的工作机制。各级示范区建设领导小组办公室设在民族工作部门，负责对领导小组部署的工作进行综合协调、督促检查和工作通报等。各级各部门主要负责人是示范区建设的第一责任人。

（二）强化措施，督查落实示范区建设的目标任务

分解示范区建设目标任务，列入全省各级各部门领导班子和领导干部综合考核评价内容。各级各部门要细化目标、明确任务、硬化措施、强化责任，制定实施细则、实施计划和年度工作目标，积极争取上级部门的支持和倾斜，敢于先行先试，确保本意见在本地区本系统得到落实，取得实效。省示范区建设领导小组负责示范区建设年度目标任务的考核检查，省委、省政府督查室每年对示范区建设情况和各级各部门落实情况进行督查。建立健全示范区建设工作的考核、通报、问责和奖励制度。

（三）合力推进，努力形成示范区建设共建共享的良好格局。

示范区建设是重大战略任务和系统工程，要广泛深入地宣传示范区建设的重大意义、典型经验和成效，动员全社会和各族群众关心、支持、参与示范区建设，形成点上突破、面上推进、整体提高、全省创建、示范全国的建设格局，全面建成民族团结进步边疆繁荣稳定示范区。

（2012 年 6 月 25 日）

兵团党委　兵团关于加快少数民族聚居团场经济社会发展的实施意见

新兵党发〔2012〕21号

为贯彻落实中央民族工作会议、中央扶贫开发工作会议、中央新疆工作座谈会和兵团党委六届十次全委（扩大）会议精神，加快推进兵团少数民族聚居团场经济社会发展、改变贫困落后面貌，根据兵团党委加快少数民族聚居团场经济社会发展的总体要求，制定如下实施意见。

一、加快少数民族聚居团场经济社会发展的重大意义

少数民族聚居团场是兵团的重要组成部分，在履行屯垦戍边使命中发挥着不可替代的作用。长期以来，兵团各级党委认真贯彻党的民族政策，高度重视少数民族聚居团场经济社会发展，做了大量卓有成效的工作，在推进兵团少数民族经济社会发展方面取得了显著成就：团场经济较快发展，职工收入不断提高，社会事业全面进步，生活环境明显改善，干部人才素质不断增强，宗教领域祥和稳定，民族关系和谐发展。但由于各种原因，部分少数民族聚居团场经济社会发展滞后的问题仍十分突出，主要表现在：经济发展滞后，贫困人口多，产业结构单一，就业压力太大，人才严重匮乏，基层组织软弱，维稳形势严峻，等等。

必须充分认识到，加快少数民族聚居团场经济社会发展，是各级党委的重大责任。没有少数民族聚居团场的跨越式发展，就没有兵团整体经济社会的跨越式发展；没有少数民族聚居团场的全面小康，就没有兵团全面建成小康社会目标的实现。面对中央新疆工作座谈会带来的历史性机遇，我们必须乘势而上，采取更加有力的措施，建立特殊的工作机制，使少数民族聚居团场经济社会发展面貌、各族职工群众生产生活条件、生产生活方式在短期内有明显改变，实现各民族共同团结进步、共同繁荣发展。

二、加快少数民族聚居团场经济社会发展的指导思想和目标任务

指导思想是：以邓小平理论和“三个代表”重要思想为指导，深入贯彻落实科学发展观，把加大投入、加快发展作为根本举措，把南疆集中连片特殊困难的少数民族聚居团场作为主战场，把改善职工群众的生产条件、提高生活水平作为中心任务，把增强团场自我发展能力作为主要途径，把加强基层组织建设作为根本保证，把提升维稳能力作为重要保障，举全兵团之力，整合资源，综合施策，加快推进少数民族聚居团场经济社会发展。

目标任务是：少数民族聚居团场年均GDP增长幅度高于兵团平均水平；农牧工家庭人均纯收入达到兵团农牧工平均水平；重大项目投资力度明显加大，基础设施条件明显改变；城镇化水平明显提高，初步形成对资金技术人才的吸引力和周边的辐射力；产业结构调整取得重大进展，可持续发展能力明显增强；基本解决就业严重不充分问题，劳动年龄内无业人员控制在3%以内；居民养老保险和医疗保险政策全覆盖，参保率达到95%以上；社会各项事业全面进步，职工群众生活条件明显改善；基层组织建设明显加强，民族关系和谐发展，宗教领域祥和稳定，维稳戍边能力增强。

三、加快少数民族聚居团场经济社会发展的总体安排

（一）统筹兼顾，突出重点。

兵团37个少数民族聚居团场，不同程度存在经济社会发展相对滞后问题。从今年起，要把少数民族聚居团场工作摆在更加重要位置，把加大扶贫开发与加快少数民族聚居团场发展结合起来，对少数民族聚居团场经济社会发展既要统筹兼顾、整体推

进，又要突出重点、以点带面。通过2—3年努力，使少数民族聚居团场发展质量和效益明显提高，职工群众生活生产条件明显改善，确保所有少数民族聚居团场（乡、连队）经济社会发展同步实现跨越。同时，根据少数民族聚居团场的贫困程度，决定将农一师阿拉尔市托喀依乡、农二师223团、农三师44团、50团、51团、53团、伽师总场、农四师64团、农六师北塔山牧场、农九师170团、农十三师柳树泉农场、农十四师47团、皮山农场、一牧场等14个少数民族聚居团场（乡）作为扶持重点。其中，兵团重点扶持农三师44团、50团、51团、53团、伽师总场和农十四师47团、皮山农场、一牧场；其余团场由所属各师重点扶持。兵团和各师重点扶持的团场2012年全部启动，2年内基本完成，3年收尾，确保这些团场的基础设施、产业结构、城镇建设、居住环境发生较大变化，各项社会事业取得明显进步，实现经济快速发展、社会和谐稳定。各师对重点以外的少数民族聚居团场（乡、连队），也要根据发展状况，明确帮扶任务，制定帮扶措施，在3年内全部达到目标任务的要求。

（二）整合资源，集中投入。

做好少数民族聚居团场帮扶工作，重点是统筹用足用活用好兵团现有各种政策、资金、项目资源，对各个渠道的帮扶政策、资金、项目进行整合，集中投入，确保取得最好效益。兵团各个部门从中央争取到的各类项目资金、兵团民生项目十件实事、各师的对口援建项目要优先向少数民族聚居团场倾斜，兵团本级也要拿出部分资金对重点团场予以扶持。兵团发改委、建设局、交通局、水利局、农业局等有关部门通过项目为兵团帮扶的每个重点团场集中1亿元左右投资，连续集中2年。兵团本级财务对由兵团帮扶的重点团场根据规模大小给予1亿元左右资金扶持，对由各师帮扶的重点团场也给予扶持资金1000—2000万元。兵团给三师、十四师支持1000万元，作为前期规划设计费用。各师要举全师之力，集中项目和资金向重点团场倾斜。此外，兵团和各师要安排少数民族发展专项资金，列入同级财务预算，专门用于扶持少数民族聚居团场（乡、连队）的经济社会发展。

（三）整体规划，分类指导。

按照规划在先的原则，根据资源整合情况和时限要求，科学制定好小城镇和产业、项目规划。规划既要和兵团城镇化整体要求相结合，又要因地制宜充分考虑少数民族聚居团场的自身实际，还应考虑到少数民族职工群众生产生活特点。加快推进少数民族经济社会发展，要做到统一要求、高位推动，分类指导。根据师团的不同情况，确定帮扶重点，出台差别化政策，安排项目和资金，制定对口扶持措施，确保加快少数民族聚居团场工作有序推进。兵团负责指导各师团制定政策措施，协调项目资金，完善工作机制，对实施情况进行督查和指导。各师要按照兵团的总体要求，指导少数民族聚居团场制定发展规划和实施方案、抓好项目落实和督查指导。

四、加快少数民族聚居团场经济社会发展的主要措施

（一）加大基础设施建设力度，加快城镇化发展。

兵团从基础设施建设项目中优先安排一批对经济社会起重大拉动作用的项目，集中资金给予重点扶持，南疆困难团场免除项目配套资金。根据兵团城镇和中心连队居住区规划建设的布局要求，做好团域规划、城镇总体规划和中心连队居住区建设规划，规划要包括供排水、供热、燃气、环卫垃圾处理、综合活动场所等配套和公共服务设施建设以及连队旧居民点和自然村整合等内容，城镇建设要解决好职工群众的居住、就业、就学和宗教生活等方面的问题。到“十二五”末，农田水利建设取得重大进展，广播、电视、通讯实现全覆盖，公路实现连连通油路，98%以上的人饮水安全问题得到解决，有条件的基本用上洁净能源，中心连队居住区有达标的卫生室、功能齐全的文化室和较为完善的公共服务设施。

（二）发展优势产业和特色经济。

立足少数民族聚居团场林果业、畜牧养殖、生态环境、民族文化等优势资源进行帮扶。实施优质棉基地建设，加快优质特色林果基地建设，大力推进标准化规模养殖。加大农业产业化资金的支持力度，扶持具有一定经营规模和经济实力、对本地区有较强带动作用的龙头企业，提高资源就地加工和增值的能力。通过项目安排和积极协调贷款，扶持

少数民族特需商品生产，支持民族特色手工艺品开发和生产。“十二五”期间，每个团场培育起 1—2 个特色明显、优势突出、支撑作用较强的支柱产业或优势产业，切实把资源优势转化为经济优势，促进经济社会发展。

（三）解决团场和职工群众贫困问题。

落实《新疆生产建设兵团贯彻落实〈中国农村扶贫开发纲要（2011—2020）〉实施办法》，将贫困的少数民族聚居团场作为扶贫攻坚重点，集中用好中央支持的项目资金和对口援疆政策，加大力度予以扶持，争取在较短的时间内使团场自我发展能力明显增强，职工群众的生活水平显著提高。对少数民族聚居团场历史挂账问题进行深入调研，制定减免政策，帮助减轻负担。师团要制定帮扶困难职工群众的措施，建立结对帮扶机制，帮助困难职工群众实现脱贫致富。

（四）推进安居工程建设。

将团场小城镇规划与安居工程建设结合起来，加快改善职工群众的住房条件和居住环境，积极推动各民族共同生活、融合发展，迅速转变生产生活方式、提高生活品质。从 2012 年起，兵团统筹使用保障性住房国家补助资金和对口援建资金，集中安排廉租住房、解危解困住房、棚户区改造、农村安居工程、游牧定居工程建设。根据职工群众的经济承受力，降低困难群众负担比例，确保保障性住房政策惠及困难群体。

（五）加快推进社会建设。

加大对少数民族聚居团场基础设施建设投入，推进“民汉合校”普通高中建设项目。示范性普通高级中学招生对少数民族学生适度降低入学门槛。大力发展中等职业教育，加大对少数民族应届和往届初中毕业生招生力度。加快“双语”幼儿园建设，尽快实现从学前到高中各阶段“双语”教育的有效衔接。加大少数民族“双语”教师队伍培训力度，调整改善少数民族聚居团场教师队伍结构，对培训后仍不能胜任“双语”教学的教师，实行提前退休、提前离岗和转岗等。

加大对少数民族聚居团场的科技扶贫力度，加强完善农业科技服务体系建设，组织科研院所、高等院校与少数民族聚居团场开展对口科技帮扶，将少数民族聚居团场优先纳入兵团节水灌溉、农业机械化推广和现代农业示范基地建设范围予以支持。

加强少数民族聚居团场文化基础设施和公共文化服务体系建设，中央支持的文化信息共享工程和团场少年宫建设优先向少数民族聚居团场（乡、连队）倾斜。积极为少数民族聚居团场文化中心的免费开放争取补助资金。两年内完成兵团少数民族聚居连队农家书屋的全覆盖，每年向少数民族连队赠阅《兵团日报》维文版 5000 份、《叶尔羌报》、《和田屯垦报》维文版各 1000 份。优先建设和完善团场广播电视基础设施和有线电视联网，支持团场开辟少数民族语言频道及栏目，用 3 年的时间实现所有少数民族聚居连队广播电视全覆盖。在兵团和少数民族人口较多的师成立翻译机构，做好重要文件和各类学习宣传资料的翻译工作。兵团直属文艺团体每年为少数民族聚居团场的职工群众公益性演出不少于 2 次。支持少数民族聚居团场开展形式多样的文化体育活动，不断丰富和提升职工群众的精神文化生活。

优先安排少数民族聚居团场医疗卫生服务机构基础设施建设项目，建立对少数民族聚居团场的医疗卫生对口帮扶制度，继续推进农一师、二师、六师、八师对口支援农十四师医疗卫生工作，启动兵团 2 所三甲医院对口支援农三师和农十四师医疗卫生工作。加大少数民族聚居团场卫生人员培训，适当放宽在少数民族聚居团场工作的医生执业资格的准入条件。

加大人口与计划生育政策的宣传教育，加大力度推动“少生快富”工程，采取多种措施落实长效节育奖励政策。建立少数民族聚居团场孕产妇住院分娩补助政策，保证育龄群众得到孕前优生健康检查，积极创建计划生育优质服务先进团场。

（六）完善社会保障体系。

兵团财务、劳动和社会保障、民政等有关部门在安排社会保障资金、就业专项资金、救济资金、优抚资金和兵团居民最低生活保障资金时给予重点倾斜。凡与团场建立劳动关系、签订劳动合同的人员，必须纳入职工队伍管理，参加团场职工社会保险。积极组织各族群众参加兵团城镇居民养老保险、居民基本医疗保险。参加居民基本医疗保险的困难儿童、学生及成年居民，兵师两级财政给予缴费补助。进一步完善医疗救助制度，扩大救助范围。加强防灾减灾、社会福利等设施建设，提高社会保障能力。

（七）多措并举促进就业。

坚持就地就近做好富余劳动力向二、三产业企业转移就业。2012 年 – 2014 年，计划转移少数民族富余劳动力 1.5 万人，其中，农三师、农十四师分别转移 2680 人、6050 人。鼓励各类企业吸纳少数民族劳动者就业，给企业最长 3 年 50%的社会保险费补贴，给少数民族劳动者个人最长 3 年的全额社会保险费补贴，其中，企业新吸纳大中专毕业生的，可享受每人每年 5 万元贷款额度的贴息，并对其个人社会保险费给予全额补贴。对于少数民族夫妻双方到二三产业企业或城镇就业的，要妥善解决其户口、住房、就医、子女入学等问题，一方失业后可安置到公益性岗位就业。各师要成立劳务输出（派遣）公司，对少数民族职工群众开展有组织的劳务输出，培育民族特色劳务品牌。3 年内每年安置 1500 名少数民族就业困难人员在公益岗位就业，对特别困难的少数民族零就业家庭可安置 2 人到公益性岗位。

少数民族聚居团场的劳动者实现灵活就业、从事家庭服务业的，按照本人实际缴纳基本养老保险和基本医疗保险费给予全额补贴，最长 3 年。对初次创业从事个体经营的大中专毕业生，申请小额担保贷款额度可提高到 10 万元；对合伙经营的，按人均不超过 10 万元、总额不超过 100 万元，给予 3 年全额贴息担保贷款。实施“少数民族职工群众技能振兴计划”，3 年内开展示范性免费就业技能培训 1.5 万人，力争实现“一户一技工”、“一连一技师”目标。鼓励少数民族职工子女就读技工院校，给予学费减免、生活费补助等优惠政策。

就业专项资金对少数民族聚居团场给予重点扶持，3 年内兵团每年从就业专项资金中列支 5000 万元，专项用于少数民族聚居团场就业和技能培训工作，其中，示范性免费就业技能培训 1000 万元，就业困难人员公益性岗位补贴和单位缴纳社会保险补贴 2700 万元，企业社会保险补贴（含个人缴纳部分）700 万元，自主创业、灵活就业扶持资金 600 万元。各师经兵团批准可在 3 年内从上年失业保险基金滚存结余中提取 20%的资金用于促进就业。

（八）加强基层组织建设。

师、团机关与少数民族聚居连队建立联系点，加强对创建“五好”党支部的指导。选优配强连队党支部书记，对表现突出的连队党支部书记重点培养提拔，适当提高职级待遇。实行少数民族聚居连队和汉族连队干部交流任职，保证连队领导班子中至少有 1 名汉族干部。人口在 2000 人、3000 人、4000 人以上的少数民族聚居连队，在兵团现行配备标准基础上，分别增配 1 至 3 名干部。加大连队党员发展力度，重视培养少数民族职工入党，使一线党员数量占人口的比例逐年提升。加强基层工青妇组织建设，发挥党同人民群众密切联系的桥梁纽带作用。加大社区投入，做好社区建设工作，不断完善社区的服务功能。

（九）加强干部人才队伍建设。

加强少数民族聚居团场干部、人才队伍建设，力争 3 至 5 年，使少数民族聚居团场的干部、人才队伍进一步稳定和充实。团场领导班子结构按照以 48 岁左右干部为主体的梯次配备，至少有 1 名 35 岁左右干部、1 名国民教育本科生和 1 名女干部。选拔一批政治上强、具有领导科学发展能力、能够驾驭复杂局面、熟悉民族政策、具备“双语”能力的干部，充实到少数民族聚居团场担任党政正职领导干部，重点团场可增设 1 名党委副书记。

每年从兵团、师（市）机关、兵团高校、科研院所等选派人才到少数民族聚居团场挂任科技副团长或分管工业的副团长；推行兵团、师（市）、团场机关干部到连队、社区挂职和工作；从 2013 年开始，兵团机关下派公务员挂职锻炼，重点安排在少数民族聚居团场；鼓励大学生到团场、连队工作，积极吸纳复员退伍军人到团场、连队工作，力争 3 年实现“一连一生”和每个少数民族聚居连队有 2-3 名优秀复员退伍军人或大中专毕业生的目标。增加在少数民族聚居团场工作的西部计划志愿者、特岗教师及“三支一扶”大学生、选派生数量。实施科技人员服务基层计划，每年组织 100 名科技、教育、卫生等方面的专业技术人才到少数民族聚居团场服务和工作，待遇比照援疆干部标准。

鼓励干部不断提升学历层次和文化水平；分期分批组织干部到对口支援省市轮训，2015 年底前将少数民族聚居团场各级干部特别是团场领导班子成员和连队主要负责人轮训一遍；加强少数民族聚居团场基层干部“双语”能力培养，促进基层干部能够熟练运用“双语”。兵团每年按计划委托有关院校、科研院所和医疗单位，重点培养一批专业技术人员，培训、进修经费列入兵团财务预算。

（十）加强干部职工群众的思想教育。

在各族干部职工群众中深入开展兵团精神教育，抓好中华民族发展史、新疆社会进步史以及“四个认同”教育和“热爱伟大祖国、建设美好家园”主题教育活动，教育各族职工群众热爱祖国、热爱兵团，增强中华民族归属感、中华文化认同感、伟大祖国自豪感和加快兵团发展责任感。坚持不懈地开展党和国家民族宗教政策宣传教育，深入开展民族团结进步创建活动，抓好民族团结创建活动示范点建设。在基层群众中加大现代科学文化知识普及力度，引导职工群众转变思想观念、放弃落后习俗、破除封建迷信、淡化宗教氛围，自觉接受并运用先进科学技术和生产方式，做文明进步的兵团人。

（十一）依法加强宗教事务管理。

贯彻落实党的宗教工作基本方针，加强对信教群众正面教育引导，增强他们辨别是非的能力，分清合法与非法界限，自觉抵御宗教极端思想渗透。依法加强对宗教场所和宗教活动的管理，落实领导干部联系清真寺、领导干部与宗教人士定期谈话等制度。加强对宗教人士教育，加大政治培训，继续组织宗教界代表人士赴内地参观学习，保证宗教组织领导权牢牢掌握在爱国爱教人士手中。加强统战、民宗、公安、司法等部门协作配合，加大治理非法宗教活动力度，健全完善非法宗教活动综合治理工作机制，重点抓好取缔地下讲经、非法“太比力克”活动、私带塔里甫、跨地区讲经等。依法严厉打击利用非法宗教活动宣扬“圣战”、组织暴力恐怖活动。加强对文化市场和新型媒体的管理，加大对非法宗教宣传品的查缴力度。在少数民族聚居团场成立民族宗教工作机构，配备专职工作人员。

（十二）加强基层维稳力量建设。

认真贯彻落实兵团党委关于维护社会稳定、加强和创新社会管理的工作部署，做好各项维稳工作。各团场建立健全团场（单位）综治维稳中心、连队（社区）综治维稳工作站（室）。根据连队（社区）规模，在连队（社区）设 1-2 名专职治安员，负责连队（社区）的社会治安、维护稳定工作，并享受副连级待遇。在连队（社区）落实楼（栋）长、单元长、“十户长”责任制，并按标准予以补贴。在维稳重点团场设立警务室；团场视规模大小和社会治安复杂程度，组建专职治安联防队；加强民兵队伍建设，抓好轮训备勤工作，提升动员能力、维稳处突能力，打造一支政治意识强、军事素质硬、特别能战斗的维稳戍边队伍。团场将维稳综治经费纳入预算，并根据实际需要每年有所递增，建立起符合发展需要的维稳经费稳定增长机制。兵团财务对重点团场予以适当补助，建立兵师团分级负担的治安维稳经费预算保障机制。

五、加快少数民族聚居团场经济社会发展的组织领导

（一）建立机制。

师、团两级成立由主要领导挂帅、分管领导负责、相关部门参加的加快少数民族聚居团场经济社会发展工作领导小组，负责兵团党委决策部署贯彻落实、研究制定具体工作方案并组织实施。领导小组下设办公室，由专人负责，具体处理日常工作。各师组成由师领导带队、兵师两级部门干部参加的工作组，分别进驻重点团场，加强对团场工作的领导和组织实施具体项目。

（二）明确责任。

加快少数民族聚居团场经济社会发展工作，实行师党委负责制，师团两级为具体实施主体。师团党政“一把手”负总责、亲自抓。将推进少数民族聚居团场发展的各项任务分解到各级各部门，形成各司其职、密切配合的工作机制，确保兵团上下步调一致、形成合力、整体推进。把推动少数民族聚居团场经济社会发展情况纳入党政领导班子工作和综合经济指标的考核内容，作为选拔任用领导干部的重要依据。兵、师、团三级按照任务要求签订责任书，对任务实施情况进行监督检查、跟踪问效，对没有完成任务的进行行政问责。

（三）抓好落实。

各级党政要解放思想、创新思路，找准加快推进少数民族聚居团场经济社会发展的切入点和契合点，制定具体规划和实施意见，解决发展中的难点

和热点问题，确保工作取得实效。要加强对少数民族聚居团场经济社会发展各项工作的监督检查，建立相关情况通报制度。把少数民族聚居团场经济社会发展情况列入兵团统计口径，全面掌握经济社会发展情况。把少数民族聚居团场经济社会发展工作纳入宣传工作计划，利用各种媒体宣传兵团各级的做法和经验，为兵团整体推进少数民族聚居团场经济社会发展营造良好的舆论氛围。

统计资料篇

分“民族自治地方”、“陆地边境县”、“牧区半牧区县”、“民族乡镇”、“全国少数民族发展情况”、“其他资料”6部分。涉及到的全国性统计数据均不包括台湾省和香港特别行政区、澳门特别行政区的资料。统计资料主要来源于国家政府主管部门、各级统计和民族工作部门。部分数据合计数或相对数由于单位取舍不同而产生的计算误差均未作机械调整。全部统计资料均经国家统计局国民经济综合统计司审核。

民族自治地方

一、行政区划

1-1 民族自治地方行政区划（2012年末）

省级		地级		县级		乡级
合计	行政区划单位	合计	行政区划单位	合计	行政区划单位	行政区划单位
5	5 自治区	77	31 地级市 13 地 区 30 自治州 3 盟	702	75 市辖区 68 县级市 390 县 49 旗 117 自治县 3 自治旗	7987
	河 北			6	6 自治县	117
	内蒙古	12	9 地级市 3 盟	101	21 市辖区 11 县级市 17 县 49 旗 3 自治旗	767
	辽 宁			8	8 自治县	151
	吉 林	1	1 自治州	11	6 县级市 2 县 3 自治县	111
	黑龙江			1	1 自治县	11
	浙 江			1	1 自治县	22
	湖 北	1	1 自治州	10	2 县级市 6 县 2 自治县	107
	湖 南	1	1 自治州	15	1 县级市 7 县 7 自治县	300
	广 东			3	3 自治县	23
	广 西	14	14 地级市	109	34 市辖区 7 县级市 56 县 12 自治县	1126

*乡级行政区划单位不包括街道办事处。

1-1 续表

省级	地级		县级		乡级
行政区划单位	合计	行政区划单位	合计	行政区划单位	行政区划单位
海南			6	6 自治县	60
重庆			4	4 自治县	136
四川	3	3 自治州	51	1 县级市 46 县 4 自治县	1219
贵州	3	3 自治州	46	4 县级市 31 县 11 自治县	730
云南	8	8 自治州	78	7 县级市 42 县 29 自治县	790
西藏	7	1 地级市 6 地区	74	1 市辖区 1 县级市 72 县	683
甘肃	2	2 自治州	21	2 县级市 12 县 7 自治县	267
青海	6	6 自治州	35	2 县级市 26 县 7 自治县	310
宁夏	5	5 地级市	21	8 市辖区 2 县级市 11 县	193
新疆	14	2 地级市 7 地区 5 自治州	101	11 市辖区 22 县级市 62 县 6 自治县	864

1-2 民族自治地方县(旗)、市分布(2012年末)

地 区	数 量	县（旗）、市名称
河 北	6 自治县	秦皇岛市：青龙满族自治县 廊坊市：大厂回族自治县 承德市：宽城满族自治县、丰宁满族自治县、围场满族蒙古族自治县 沧州市：孟村回族自治县
内蒙古	9 地级市 3 盟 21 市辖区 11 县级市 17 县 49 旗 3 自治旗	* 呼和浩特市：新城区、回民区、玉泉区、赛罕区、土默特左旗、托克托县、和林格尔县、清水河县、武川县 * 包头市：昆都仑区、东河区、青山区、石拐区、白云鄂博矿区、九原区、土默特右旗、固阳县、达尔罕茂明安联合旗 * 乌海市：海勃湾区、海南区、乌达区 * 赤峰市：红山区、元宝山区、松山区、阿鲁科尔沁旗、巴林左旗、巴林右旗、林西县、克什克腾旗、翁牛特旗、喀喇沁旗、宁城县、敖汉旗 * 通辽市：科尔沁区、霍林郭勒市、科尔沁左翼中旗、科尔沁左翼后旗、开鲁县、库伦旗、奈曼旗、扎鲁特旗 * 呼伦贝尔市：海拉尔区、满洲里市、扎兰屯市、牙克石市、根河市、额尔古纳市、阿荣旗、莫力达瓦达斡尔族自治旗、鄂伦春自治旗、鄂温克族自治旗、新巴尔虎右旗、新巴尔虎左旗、陈巴尔虎旗 * 鄂尔多斯市：东胜区、达拉特旗、准格尔旗、鄂托克前旗、鄂托克旗、杭锦旗、乌审旗、伊金霍洛旗 * 乌兰察布市：集宁区、丰镇市、卓资县、化德县、商都县、兴和县、凉城县、四子王旗、察哈尔右翼前旗、察哈尔右翼中旗、察哈尔右翼后旗 * 巴彦淖尔市：临河区、五原县、磴口县、乌拉特前旗、乌拉特中旗、乌拉特后旗、杭锦后旗 兴安盟：乌兰浩特市、阿尔山市、科尔沁右翼前旗、科尔沁右翼中旗 扎赉特旗、突泉县 锡林郭勒盟：二连浩特市、锡林浩特市、阿巴嘎旗、苏尼特右旗、苏尼特左旗、东乌珠穆沁旗、西乌珠穆沁旗、太仆寺旗、镶黄旗、正镶白旗、正蓝旗、多伦县 阿拉善盟：阿拉善左旗、阿拉善右旗、额济纳旗
辽 宁	8 自治县	鞍山市：岫岩满族自治县 抚顺市：新宾满族自治县、清原满族自治县 本溪市：本溪满族自治县、桓仁满族自治县 丹东市：宽甸满族自治县 朝阳市：喀喇沁左翼蒙古族自治县 阜新市：阜新蒙古族自治县
吉 林	1 自治州 6 县级市 2 县 3 自治县	四平市：伊通满族自治县 白山市：长白朝鲜族自治县 松原市：前郭尔罗斯蒙古族自治县 延边朝鲜族自治州：延吉市、图们市、敦化市、珲春市、龙井市、和龙市、汪清县、安图县
黑龙江	1 自治县	大庆市：杜尔伯特蒙古族自治县
浙 江	1 自治县	丽水市：景宁畲族自治县
湖 北	1 自治州 2 县级市 6 县 2 自治县	宜昌市：长阳土家族自治县、五峰土家族自治县 恩施土家族苗族自治州：恩施市、利川市、建始县、巴东县、宣恩县、咸丰县、来凤县、鹤峰县

注：1.内蒙古行政区划中的旗相当于县。
2.表中有*号的为民族自治地方所辖地级市。

1-2 续表 1

地　区	数　量	县（旗）、市名称
湖　南	1 自治州 1 县级市 7 县 7 自治县	邵阳市：城步苗族自治县 永州市：江华瑶族自治县 怀化市：麻阳苗族自治县、新晃侗族自治县、芷江侗族自治县、靖州苗族侗族自治县、通道侗族自治县 湘西土家族苗族自治州：吉首市、泸溪县、凤凰县、花垣县、保靖县、古丈县、永顺县、龙山县
广　东	3 自治县	韶关市：乳源瑶族自治县 清远市：连山壮族瑶族自治县、连南瑶族自治县
广　西	14 地级市 34 市辖区 7 县级市 56 县 12 自治县	* 南宁市：青秀区、兴宁区、江南区、西乡塘区、良庆区、邕宁区、武鸣县、横县、宾阳县、上林县、隆安县、马山县 * 柳州市：柳北区、城中区、鱼峰区、柳南区、柳江县、柳城县、鹿寨县、融安县、三江侗族自治县、融水苗族自治县 * 桂林市：象山区、叠彩区、秀峰区、七星区、雁山区、阳朔县、临桂县、灵川县、全州县、兴安县、永福县、灌阳县、龙胜各族自治县、资源县、平乐县、荔浦县、恭城瑶族自治县 * 梧州市：长洲区、万秀区、蝶山区、岑溪市、苍梧县、藤县、蒙山县 * 北海市：海城区、银海区、铁山港区、合浦县 * 防城港市：港口区、防城区、东兴市、上思县 * 钦州市：钦南区、钦北区、灵山县、浦北县 * 贵港市：港北区、港南区、覃塘区、桂平市、平南县 * 玉林市：玉州区、北流市、容县、陆川县、博白县、兴业县 * 崇左市：江州区、凭祥市、扶绥县、大新县、天等县、宁明县、龙州县 * 来宾市：兴宾区、合山市、象州县、武宣县、金秀瑶族自治县、忻城县 * 贺州市：八步区、昭平县、钟山县、富川瑶族自治县 * 百色市：右江区、田阳县、田东县、平果县、德保县、靖西县、那坡县、凌云县、乐业县、田林县、隆林各族自治县、西林县 * 河池市：金城江区、宜州市、罗城仫佬族自治县、环江毛南族自治县、南丹县、天峨县、凤山县、东兰县、巴马瑶族自治县、都安瑶族自治县、大化瑶族自治县
海　南	6 自治县	白沙黎族自治县、昌江黎族自治县、乐东黎族自治县、陵水黎族自治县、保亭黎族苗族自治县、琼中黎族苗族自治县
重　庆	4 自治县	石柱土家族自治县、秀山土家族苗族自治县、酉阳土家族苗族自治县、彭水苗族土家族自治县
四　川	3 自治州 1 县级市 46 县 4 自治县	绵阳市：北川羌族自治县 乐山市：峨边彝族自治县、马边彝族自治县 阿坝藏族羌族自治州：汶川县、理县、茂县、松潘县、九寨沟县、金川县、小金县、黑水县、马尔康县、壤塘县、阿坝县、若尔盖县、红原县 甘孜藏族自治州：康定县、泸定县、丹巴县、九龙县、雅江县、道孚县、炉霍县、甘孜县、新龙县、德格县、白玉县、石渠县、色达县、理塘县、巴塘县、乡城县、稻城县、得荣县、 凉山彝族自治州：西昌市、木里藏族自治县、盐源县、德昌县、会理县、会东县、宁南县、普格县、布拖县、金阳县、昭觉县、喜德县、冕宁县、越西县、甘洛县、美姑县、雷波县

1-2 续表 2

地 区	数 量	县（旗）、市名称
贵 州	3 自治州 4 县级市 31 县 11 自治县	遵义市：道真仡佬族苗族自治县、务川仡佬族苗族自治县 铜仁地区：玉屏侗族自治县、印江土家族苗族自治县、沿河土家族自治县、松桃苗族自治县 毕节地区：威宁彝族回族苗族自治县 安顺地区：关岭布依族苗族自治县、镇宁布依族苗族自治县、紫云苗族布依族自治县 黔西南布依族苗族自治州：兴义市、兴仁县、普安县、晴隆县、贞丰县、望谟县、册亨县、安龙县 黔东南苗族侗族自治州：凯里市、黄平县、施秉县、三穗县、镇远县、岑巩县、天柱县、锦屏县、剑河县、台江县、黎平县、榕江县、从江县、雷山县、麻江县、丹寨县 黔南布依族苗族自治州：都匀市、福泉市、荔波县、贵定县、瓮安县、独山县、平塘县、罗甸县、长顺县、龙里县、惠水县、三都水族自治县
云 南	8 自治州 7 县级市 42 县 29 自治县	昆明市：石林彝族自治县、禄劝彝族苗族自治县、寻甸回族彝族自治县 玉溪市：峨山彝族自治县、新平彝族傣族自治县、元江哈尼族彝族傣族自治县 丽江市：玉龙纳西族自治县、宁蒗彝族自治县 普洱市：宁洱哈尼族彝族自治县、墨江哈尼族自治县、景东彝族自治县、景谷傣族彝族自治县、镇沅彝族哈尼族拉祜族自治县、江城哈尼族彝族自治县、孟连傣族拉祜族佤族自治县、澜沧拉祜族自治县、西盟佤族自治县 临沧市：双江拉祜族佤族布朗族傣族自治县、耿马傣族佤族自治县、沧源佤族自治县 楚雄彝族自治州：楚雄市、双柏县、牟定县、南华县、姚安县、大姚县、永仁县、元谋县、武定县、禄丰县 红河哈尼族彝族自治州：个旧市、开远市、蒙自县、屏边苗族自治县、建水县、石屏县、弥勒县、泸西县、元阳县、红河县、金平苗族瑶族傣族自治县、绿春县、河口瑶族自治县 文山壮族苗族自治州：文山县、砚山县、西畴县、麻栗坡县、马关县、丘北县、广南县、富宁县 西双版纳傣族自治州：景洪市、勐海县、勐腊县 大理白族自治州：大理市、漾濞彝族自治县、祥云县、宾川县、弥渡县、南涧彝族自治县、巍山彝族回族自治县、永平县、云龙县、洱源县、剑川县、鹤庆县 德宏傣族景颇族自治州：瑞丽市、芒市、梁河县、盈江县、陇川县 怒江傈僳族自治州：泸水县、福贡县、贡山独龙族怒族自治县、兰坪白族普米族自治县 迪庆藏族自治州：香格里拉县、德钦县、维西傈僳族自治县
西 藏	1 地级市 6 地区 1 市辖区 1 县级市 72 县	* 拉萨市：城关区、林周县、当雄县、尼木县、曲水县、堆龙德庆县、达孜县、墨竹工卡县 昌都地区：昌都县、江达县、贡觉县、类乌齐县、丁青县、察雅县、八宿县 、左贡县、芒康县、洛隆县、边坝县 山南地区：乃东县、扎囊县、贡嘎县、桑日县、琼结县、曲松县、措美县、洛扎县、加查县、隆子县、错那县、浪卡子县 日喀则地区：日喀则市、南木林县、江孜县、定日县、萨迦县、拉孜县、昂仁县、谢通门县、白朗县、仁布县、康马县、定结县、仲巴县、亚东县、吉隆县、聂拉木县、萨嘎县、岗巴县 那曲地区：那曲县、嘉黎县、比如县、聂荣县、安多县、申扎县、索县、班戈县、巴青县、尼玛县、双湖县 阿里地区：普兰县、札达县、噶尔县、日土县、革吉县、改则县、措勤县 林芝地区：林芝县、工布江达县、米林县、墨脱县、波密县、察隅县、朗县

1-2 续表 3

地 区	数 量	县（旗）、市名称
甘 肃	2 自治州 2 县级市 12 县 7 自治县	天水市：张家川回族自治县 酒泉市：肃北蒙古族自治县、阿克塞哈萨克族自治县 张掖市：肃南裕固族自治县 武威市：天祝藏族自治县 临夏回族自治州：临夏市、临夏县、康乐县、永靖县、广河县、和政县、东乡族自治县、积石山保安族东乡族撒拉族自治县 甘南藏族自治州：合作市、临潭县、卓尼县、舟曲县、迭部县、玛曲县、碌曲县、夏河县
青 海	6 自治州 2 县级市 26 县 7 自治县	西宁市：大通回族土族自治县 海东地区：民和回族土族自治县、互助土族自治县、化隆回族自治县、循化撒拉族自治县 海北藏族自治州：门源回族自治县、祁连县、海晏县、刚察县 黄南藏族自治州：同仁县、尖扎县、泽库县、河南蒙古族自治县 海南藏族自治州：共和县、同德县、贵德县、兴海县、贵南县 果洛藏族自治州：玛沁县、班玛县、甘德县、达日县、久治县、玛多县 玉树藏族自治州：玉树县、杂多县、称多县、治多县、囊谦县、曲麻莱县 海西蒙古族藏族自治州：格尔木市、德令哈市、乌兰县、都兰县、天峻县
宁 夏	5 地级市 8 市辖区 2 县级市 11 县	* 银川市：兴庆区、金凤区、西夏区、永宁县、贺兰县、灵武市 * 石嘴山市：大武口区、惠农区、平罗县 * 吴忠市：利通区、青铜峡市、盐池县、同心县 * 固原市：原州区、西吉县、隆德县、泾源县、彭阳县 * 中卫市：沙坡头区、中宁县、海原县
新 疆	2 地级市 7 地 区 5 自治州 11 市辖区 22 县级市 62 县 6 自治县	* 乌鲁木齐市：天山区、沙依巴克区、新市区、水磨沟区、头屯河区、达坂城区、米东区、乌鲁木齐县 * 克拉玛依市：克拉玛依区、独山子区、白碱滩区、乌尔禾区 自治区直辖县级市：石河子市、阿拉尔市、图木舒克市、五家渠市、北屯市、铁门关市 吐鲁番地区：吐鲁番市、鄯善县、托克逊县 哈密地区：哈密市、巴里坤哈萨克自治县、伊吾县 阿克苏地区：阿克苏市、温宿县、库车县、沙雅县、新和县、拜城县、乌什县、阿瓦提县、柯坪县 喀什地区：喀什市、疏附县、疏勒县、英吉沙县、泽普县、莎车县、叶城县、麦盖提县、岳普湖县、伽师县、巴楚县、塔什库尔干塔吉克自治县 和田地区：和田市、和田县、墨玉县、皮山县、洛浦县、策勒县、于田县、民丰县 昌吉回族自治州：昌吉市、阜康市、呼图壁县、玛纳斯县、奇台县、吉木萨尔县、木垒哈萨克自治县 博尔塔拉蒙古自治州：博乐市、阿拉山口市、精河县、温泉县 巴音郭楞蒙古自治州：库尔勒市、轮台县、尉犁县、若羌县、且末县、焉耆回族自治县、和静县、和硕县、博湖县 克孜勒苏柯尔克孜自治州：阿图什市、阿克陶县、阿合奇县、乌恰县 伊犁哈萨克自治州：奎屯市、伊宁市、伊宁县、察布查尔锡伯自治县、霍城县、巩留县、新源县、昭苏县、特克斯县、尼勒克县 塔城地区：塔城市、乌苏市、额敏县、沙湾县、托里县、裕民县、和布克赛尔蒙古自治县 阿勒泰地区：阿勒泰市、布尔津县、富蕴县、福海县、哈巴河县、青河县、吉木乃县

主要统计指标解释

行政区划 指国家对行政区域的划分。根据宪法规定，民族自治地方的行政区域划分如下:（1）自治区分为地区（市、自治州)、县、自治县、市;（2）自治州分为县、自治县、市;（3）自治县分为乡、民族乡、镇。

二、综 合

2-1 民族自治地方国民经济与社会发展主要指标

指　标	总量指标						
	1990年	1995年	2000年	2005年	2010年	2011年	2012年
人口与就业							
人口　（万人）							
年底总人口	15296	16044	16818	17311	18531	18656	18762
#少数民族人口	6880	7232	7767	8239	8814	8914	9003
就业							
单位从业人员数　（万人）	1543	1672	1733	1202	1297	1383	1449
宏观经济							
地区生产总值　（亿元）		**4901**	**7486**	**15706**	**38989**	**47916**	**54079**
第一产业		1629	2022	3300	6198	7243	8146
第二产业		1747	2834	6419	18809	23885	26550
第三产业		1526	2629	5987	13982	16788	19383
人均地区生产总值　（元）		**3055**	**4451**	**8991**	**22060**	**27401**	**30871**
固定资产　（亿元）							
全社会固定资产投资总额		1444	2477	8358	29876	38325	43675
#国有单位	259.4	983	1553	3767	12046	12437	15580
财政　（亿元）							
公共财政预算收入	166.7	248	476	1026	3257	4276	5220
公共财政预算支出	304.4	595	1173	3050	10512	13589	16071
产　业							
农业							
耕地面积　（万公顷）	1763	1508	2086	2033	2380	2376	2375
灌溉面积　（万公顷）	764	838	936	1027	1156	1186	1235
农林牧渔总产值　（亿元）		2537	3200	5349	10374	12126	13631
主要农产品产量							
粮食产量　（万吨）	5373	5801	6381	7187	8308	8691	9142
棉花产量　（万吨）	47	95	146	188	248	290	355
油料产量　（万吨）	208	264	353	372	422	417	455
大牲畜年底头数　（万头）	5286	5618	5566	6153	6068	6024	5486
羊年底头数　（万只）	11362	11906	13076	16391	14885	14668	15131
猪年底头数　（万头）	5668	7240	8201	8526	8141	8099	8555
工业							
主要工业产品产量							
布　（亿米）	7.4	6.9	5.0	3.5	3.6	3.7	2.1
机制纸及纸板　（万吨）	94	191	175	273	385	437	513
成品糖　（万吨）	223	240	498	678	907	935	1102
原煤　（亿吨）	1.2	1.7	1.5	3.8	10.4	10.8	13.8
原油　（万吨）	1265	1610	2292	2833	3059	3186	3230
发电量　（亿千瓦小时）	739	1187	1712	3052	6730	7131	8989
粗钢　（万吨）	368	700	647	1846	4005	3240	4019
生铁　（万吨）	417	555	725	2087	4447	4799	5140
水泥　（万吨）	1958	4296	5703	10156	21653	23235	31247
建筑业							
建筑业企业人数　（万人）			132	142	194	190	196
建筑业总产值　（亿元）			754	1656	5203	6392	6823
施工房屋面积　（万平方米）			9232	15964	35052	42753	49144
竣工房屋面积　（万平方米）			5326	8072	15418	17483	19199

速度指标(%)								
指数（2012年为以下各年）						平均增长速度		
1990年	1995年	2000年	2005年	2010年	2011年	1991–2012年	1996–2012年	2001–2012年
122.7	116.9	111.6	108.4	101.2	100.6	0.9	0.9	0.9
130.9	124.5	115.9	109.3	102.2	101.0	1.2	1.3	1.2
93.9	86.7	83.6	120.6	111.8	104.8	-0.3	-0.8	-1.5
	666.7	**432.3**	**248.4**	**127.2**	**112.0**		**11.8**	**13.0**
	256.8	195.5	148.3	112.2	106.1		5.7	5.7
	1104.3	655.9	314.7	134.1	114.5		15.2	17.0
	641.6	399.0	232.5	124.6	111.0		11.6	12.2
	1010.6	**693.5**	**343.3**	**139.9**	**112.7**		**14.6**	**17.5**
	3024.6	1763.2	522.6	146.2	114.0		22.2	27.0
6006.2	1585.6	1003.5	413.5	129.3	125.3	20.5	17.7	21.2
3131.6	2104.1	1097.8	508.6	160.3	122.1	16.9	19.6	22.1
5279.5	2700.5	1370.2	526.8	152.9	118.3	19.8	21.4	24.4
134.7	157.5	113.8	116.8	99.8	100.0	1.4	2.7	1.1
161.7	147.4	132.0	120.2	106.8	104.2	2.2	2.3	2.3
3950.2	283.3	215.8	158.4	113.6	106.5	18.2	6.3	6.6
170.1	157.6	143.3	127.2	110.0	105.2	2.4	2.7	3.0
754.3	374.8	242.4	188.7	142.7	122.1	9.6	8.1	7.7
218.6	172.2	128.7	122.2	107.6	109.1	3.6	3.2	2.1
103.8	97.6	98.6	89.2	90.4	91.1	0.2	-0.1	-0.1
133.2	127.1	115.7	92.3	101.6	103.2	1.3	1.4	1.2
150.9	118.2	104.3	100.3	105.1	105.6	1.9	1.0	0.4
28.0	30.0	41.3	59.1	56.9	55.4	-5.6	-6.8	-7.1
545.1	268.3	292.3	188.0	133.1	117.3	8.0	6.0	9.4
495.2	460.3	221.2	162.6	121.5	117.8	7.5	9.4	6.8
1140.9	831.6	944.1	363.3	132.9	128.0	11.7	13.3	20.6
255.3	200.6	140.9	114.0	105.6	101.4	4.4	4.2	2.9
1216.8	757.6	524.9	294.5	133.6	126.1	12.0	12.7	14.8
1091.2	574.5	621.1	217.7	100.4	124.0	11.5	10.8	16.4
1232.7	926.7	709.2	246.3	115.6	107.1	12.1	14.0	17.7
1596	727	548	308	144	134	13	12	15
		149	138	101	103			3
		905	412	131	107			20
		532.3	307.8	140.2	114.9			15.0
		360.5	237.8	124.5	109.8			11.3

2-1 续表

指 标	总量指标						
	1990年	1995年	2000年	2005年	2010年	2011年	2012年
邮电运输							
铁路营业里程 (万公里)	1.31	1.70	1.43	1.69	2.12	2.30	2.37
公路通车里程 (万公里)	29	33	42	59	91	96	102
邮电业务总量 (亿元)	9	78	297	892	2456	1192	1322
邮路及农村投递							
线路总长度 (万公里)	88	107	110	110	127	139	161
国内商业							
社会消费品零售总额(亿元)	682	1692	2570	4874	11685	13781	15930
对外经济贸易							
进出口总额 (亿美元)			86	222	533	698	821
出口额			50	126	331	426	513
进口额			36	95	202	273	308
国际旅游							
国际旅游人数 (万人次)			269	467	820	867	1226
旅游外汇收入 (亿美元)			8	13	30	36	45
金融							
金融机构各项存款 (亿元)			7906	16324	46622	54672	64118
金融机构各项贷款 (亿元)			6548	11300	30579	37299	44517
教育、文化、卫生							
教育							
在校学生数 (万人)							
普通高等学校	13.6	18.6	34.2	100.0	161.9	165.9	171.9
普通中学	610	632	873	1082	1050	1040	1021
普通小学	1853	1889	1886	1668	1536	1484	1479
专任教师数 (万人)							
普通高等学校	2.8	3.7	3.6	6.3	9.5	9.7	10.1
普通中学	41.5	41.5	47.9	61.1	67.4	69.9	69.3
普通小学	84.8	85.8	89.9	88.1	90.7	89.4	88.9
文化							
出版数量							
图书 (万册)	30166	42275	42310	41958	43099	49303	54793
杂志 (万册)	7866	7881	8332	10280	8276	11088	12119
报纸 (万份)	79120	94985	123277	169518	174848	171833	187018
卫生							
医院、卫生院数 (万个)	1.06	1.23	1.25	1.18	1.20	1.20	1.23
医院、卫生院床位 (万张)	33.2	35.7	36.1	38.4	55.7	60.1	65.9
社会服务							
福利类收养单位床位数 (万张)					27.3	29.8	33.9
城镇社区服务设施数 (个)					6188.0	9798.0	8829.0
城乡最低生活保障人数 (万人)					1907.4	1960.4	2012.3

注：规模以上工业企业统计范围1998年至2006年全部国有及年主营收入在500万元及以上非国有工业企业；2007至2010年为年主营业务收入在500万元及以上的工业企业；2011年为年主营业务收入在2000万元及以上的工业企业。

速度指标(%)								
指数（2012年为以下各年）						平均增长速度		
1990年	1995年	2000年	2005年	2010年	2011年	1991-2012年	1996-2012年	2001-2012年
		165.9	140.1	111.5	102.9			4.3
348.8	308.5	241.9	173.8	112.4	106.6	5.8	6.9	7.6
					111.0			
183.2	151.0	147.2	147.0	127.2	115.8	2.8	2.5	3.3
2336.5	941.3	619.9	326.8	136.3	115.6	15.4	14.1	16.4
		958.8	370.7	154.0	117.6			20.7
		1032.6	405.8	154.8	120.5			21.5
		856.8	324.0	152.7	113.0			19.6
		455.9	262.6	149.6	141.5			13.5
		601.9	355.0	151.5	124.9			16.1
		811.0	392.8	137.5	117.3			19.1
		679.9	394.0	145.6	119.4			17.3
1263.8	924.0	502.5	171.9	106.2	103.6	12.2	14.0	14.4
167.6	161.7	117.0	94.4	97.3	98.3	2.4	2.9	1.3
79.8	78.3	78.4	88.7	96.3	99.6	-1.0	-1.4	-2.0
359.4	272.0	276.5	159.7	106.3	103.8	6.0	6.1	8.8
167.1	167.2	144.8	113.5	102.8	99.2	2.4	3.1	3.1
104.9	103.7	98.9	101.0	98.0	99.5	0.2	0.2	-0.1
181.6	129.6	129.5	130.6	127.1	111.1	2.8	1.5	2.2
154.1	153.8	145.4	117.9	146.4	109.3	2.0	2.6	3.2
236.4	196.9	151.7	110.3	107.0	108.8	4.0	4.1	3.5
115.9	99.4	98.1	103.5	102.5	101.7	0.7	0.0	-0.2
198.4	184.5	182.3	171.3	118.2	109.5	3.2	3.7	5.1
				124.2	113.8			
				142.7	90.1			
				105.5	102.6			

2-2 民族自治地方国民经济与社会发展主要指标占全国的比重

指 标	1990年	1995年	2000年	2005年	2010年	2011年	2012年
人口与就业							
年底总人口	13.38	13.25	13.27	13.36	13.82	13.85	13.86
单位从业人员	10.98	11.22	14.29	10.79	9.94	9.59	9.51
地区生产总值		**8.52**	**7.70**	**7.94**	**8.92**	**9.19**	**9.38**
第一产业		13.68	13.62	14.35	15.29	15.26	15.55
第二产业		6.50	6.19	6.62	8.55	9.05	9.29
第三产业		8.14	7.19	7.69	7.92	7.99	8.13
人均地区生产总值		60.54	56.65	63.98	67.00	70.25	72.50
全社会固定资产投资		**7.21**	**7.52**	**9.41**	**10.74**	**11.90**	**11.66**
国有单位固定资产投资	8.70	9.02	9.41	12.70	14.46	15.08	16.19
财政							
公共财政预算收入	8.60	8.31	7.42	6.80	8.02	8.14	8.55
公共财政预算支出	14.60	12.33	11.31	12.13	14.23	14.65	14.99
农业							
农业总产值	12.80	12.47	12.84	13.56	14.97	14.91	15.24
耕地面积	18.40						
灌溉面积	16.12	17.00	17.40	18.67	19.16	19.23	19.60
主要农牧产品							
粮食	12.00	12.43	15.75	14.85	15.20	15.22	15.51
棉花	10.40	19.84	33.11	32.89	41.68	44.08	51.86
油料	12.90	11.73	11.95	12.09	13.08	12.60	13.23
大牲畜年末头数	40.60	35.40	36.74	39.09	49.58	50.34	46.13
羊年末只数	54.10	43.00	45.04	43.98	53.00	51.95	53.08
猪年末头数	15.60	16.40	18.35	16.94	17.52	17.32	17.97
工业							
工业总产值	5.40	4.60	4.59	4.23	5.51	6.04	
主要工业产品							
布(混合数)	3.90	2.70	1.81	0.74	0.45	0.46	0.24
机制纸及纸板	6.86	6.80	7.06	5.05	3.92	3.97	4.68
成品糖	38.25	42.84	71.17	75.09	81.15	78.77	78.23
原煤	11.20	12.20	14.65	17.37	32.12	30.64	37.82
原油	9.10	10.70	14.06	15.66	15.07	15.70	15.57
发电量	11.90	11.80	12.63	12.33	16.00	15.13	18.02
粗钢	5.60	7.30	5.04	5.24	6.28	4.73	5.55
生铁	6.68	5.27	5.53	6.32	7.45	7.49	7.75
水泥	9.34	9.03	9.55	9.55	11.51	11.07	14.14
木材	31.60	48.10	22.28				

2-2 续表

指 标	1990年	1995年	2000年	2005年	2010年	2011年	2012年
建筑业							
建筑业总产值			4.50	4.77	5.42	5.46	4.97
运输							
铁路营业里程	24.50	31.10	24.30	22.41	23.28	24.68	24.26
公路线路里程	28.40	28.70	30.20	17.63	22.75	23.41	24.18
国内商业							
社会消费品零售总额	9.40	8.20	7.50	7.26	7.44	7.49	7.57
对外经济贸易							
进出口贸易			1.81	1.56	1.79	1.92	2.12
出口额			1.99	1.91	2.10	2.24	2.50
进口额			1.60	1.25	1.45	1.56	1.69
国际旅游							
国际旅游人数			4.17	4.42	7.04	10.11	9.26
旅游外汇收入			4.65	4.37	6.50	7.51	9.08
教育							
在校学生							
普通高等学校	6.59	6.40	6.15	6.40	7.25	7.19	7.19
普通中学	13.29	11.76	11.85	14.88	13.64	13.83	14.13
普通小学	15.14	14.32	14.49	15.35	15.45	14.95	15.25
专任教师							
普通高等学校	7.09	9.23	7.86	6.48	7.05	6.96	6.99
普通中学	13.68	12.44	11.96	12.82	13.38	13.76	13.60
普通小学	15.19	15.15	15.35	15.75	16.15	15.95	15.92
卫生							
医院卫生院数	17.00	18.10	18.78	19.68	19.84	20.10	20.13
医院卫生院床位数	12.70	12.60	12.25	11.96	11.77	12.68	12.52
卫生技术人员	12.50	12.40	7.91	10.66	10.85	11.62	11.54

注：1.本表中涉及民族自治地方GDP占全国的比重，分母为全国31个省(区、市)相加的合计数。
2.财政收支占全国的比重是指占全国地方财政收支的比重。

2-3 按区域分的国民经济和社会发展主要指标（2012年）(一)

指　　标	全国总计	民族自治地方		东部地区	
		绝对数	占全国比重(%)	绝对数	占全国比重(%)
自然资源					
土地面积　（万平方公里）	960.0	613.3	63.9	91.6	9.5
人口					
总人口(年末)　（万人）	135404.0	18762.3	13.9	51460.9	38.2
国民经济核算					
国内(地区)生产总值　（亿元）	576551.8	54078.6	9.4	295892.0	51.3
第一产业	52373.6	8145.7	15.6	18339.6	35.0
第二产业	285648.6	26550.1	9.3	141448.8	49.5
第三产业	238529.7	19382.8	8.1	136103.6	57.1
人均国内(地区)生产总值　（元）	42580.1	30871.1	72.5	57721.8	135.6
固定资产投资					
全社会固定资产投资总额(亿元)	374694.7	43674.8	11.7	151922.4	41.2
财政					
公共财政收入　（亿元）	61078.3	5220.4	8.5	32679.1	53.5
公共财政支出　（亿元）	107188.3	16070.8	15.0	42093.1	39.3
对外贸易					
货物进出口总额　（亿美元）	38671.2	821.1	2.1	32710.8	84.6
出口额	20487.1	513.0	2.5	17010.4	83.0
进口额	18184.1	308.1	1.7	15700.4	86.3
农业					
主要农产品产量　（万吨）					
粮食	58958.0	9141.6	15.5	14553.3	24.7
棉花	683.6	354.5	51.9	157.5	23.0
油料	3436.8	454.7	13.2	817.7	23.8
工业					
主要工业产品产量					
原油　（万吨）	20747.8	3230.1	15.6	7885.1	38.0
发电量　（亿千瓦小时）	49875.5	8989.5	18.0	19784.1	39.7
粗钢　（万吨）	72388.2	4018.9	5.6	39958.6	55.2
水泥　（万吨）	220984.1	31246.8	14.1	80010.1	36.2

中部地区		西部地区		东北地区	
绝对数	占全国比重（%）	绝对数	占全国比重（%）	绝对数	占全国比重（%）
102.8	10.7	686.7	71.5	78.8	8.2
35926.7	26.7	36427.5	27.0	10973.4	8.1
116277.7	20.2	113904.8	19.8	50477.3	8.8
14019.8	26.8	14332.6	27.4	5681.6	10.8
61450.7	21.5	57104.2	20.0	25644.9	9.0
40807.2	17.1	42468.0	17.8	19150.8	8.0
32426.7	76.2	31357.5	73.6	46014.3	108.1
86614.8	23.5	89008.6	24.1	41042.6	11.1
10326.6	16.9	12762.8	20.9	5309.8	8.7
22624.9	21.1	32269.1	30.1	10201.3	9.5
1933.9	5.0	2364.0	6.1	1662.4	4.3
1205.5	5.9	1487.4	7.3	783.8	3.8
728.4	4.0	876.6	4.8	878.7	4.8
17734.9	30.1	15494.7	26.3	11175.0	19.0
154.6	22.6	370.7	54.2	0.9	0.1
1461.3	42.5	933.6	27.2	224.1	6.5
555.5	2.7	6495.3	31.3	5811.9	28.0
11324.4	22.7	15785.2	31.6	2981.8	6.0
15085.6	20.8	10294.7	14.2	7049.3	9.7
59490.8	26.9	68751.5	31.1	12731.7	5.8

2-3 续表

指　　标		全国总计	民族自治地方		东部地区	
			绝对数	占全国比重(%)	绝对数	占全国比重(%)
交通运输业						
铁路营业里程	(公里)	97625.5	23679.1	24.3	22456.8	23.0
公路里程	(公里)	4237508.0	1024560.9	24.2	1038592.0	24.5
旅客周转量	(亿人公里)	33383.1	3078.4	9.2	11040.5	38.9
货物周转量	(亿吨公里)	173770.7	13932.9	8.0	82974.5	52.3
邮电通信业						
邮电业务总量	(亿元)	15019.3	1322.1	8.8	7948.8	52.9
国内商业						
社会消费品零售总额	(亿元)	210307.0	15930.1	7.6	110666.7	52.6
教育						
普通高等学校						
学校数	(个)	2442.0	210.0	8.6	955.0	39.1
招生数	(万人)	688.8	49.7	7.2	267.8	38.9
在校学生数	(万人)	2391.3	171.9	7.2	948.8	39.7
毕业生数	(万人)	624.7	42.3	6.8	253.6	40.6
卫生						
医院、卫生院数	(个)	60877.0	12256.0	20.1	16571.0	27.2
卫生技术人员	(万人)	667.6	77.0	11.5	273.1	41.0
医院、卫生院床位数	(万张)	526.0	65.9	12.5	191.0	36.3
人民生活						
城镇居民可支配收入	(元)	24565.0	20022.1	81.5	29621.6	120.6
农村居民人均纯收入	(元)	7917.0	5800.5	73.3	10817.5	136.6

注：本表中涉及分地区数据相加不等于全国总计的指标，在计算东、中、西和东北地区占全国的比重时，分母为31个省(区、市)相加的合计数。

中部地区		西部地区		东北地区	
绝对数	占全国比重（%）	绝对数	占全国比重（%）	绝对数	占全国比重（%）
22402.0	22.9	37340.1	38.2	15426.6	15.8
1155363.0	27.3	1685719.0	39.8	357833.0	8.4
8286.2	29.2	6957.8	24.5	2072.8	7.3
34499.5	21.8	25968.5	16.4	15162.1	9.6
2730.0	18.2	3231.7	21.5	1108.8	7.4
42670.6	20.3	37359.1	17.8	19610.5	9.3
644.0	26.4	595.0	24.4	248.0	10.2
189.0	27.4	169.7	24.6	62.4	9.1
653.9	27.3	566.9	23.7	221.8	9.3
175.5	28.1	137.0	21.9	58.6	9.4
15647.0	25.7	23433.0	38.5	5226.0	8.6
163.0	24.4	171.6	25.7	59.2	8.9
136.0	25.9	150.0	28.5	49.0	9.3
20697.2	84.3	20600.2	83.9	20759.3	84.5
7435.2	93.9	6026.6	76.1	8846.5	111.7

2-3 按区域分的国民经济和社会发展主要指标（2012年）(二)

指 标	全国总计	民族自治地方	
		绝对数	占全国比重 (%)
县级行政区域单位数 （个）	**2852**	**698**	**24.5**
土地面积 （万平方公里）	**960**	**613**	**63.9**
人口			
总人口(年末) （万人）	135404.0	18762.3	13.9
国内(地区)生产总值 （亿元）	**576551.8**	**54078.6**	**9.4**
第一产业	52373.6	8145.7	15.6
第二产业	285648.6	26550.1	9.3
第三产业	238529.7	19382.8	8.1
人均国内(地区)生产总值 （元）	42580.1	30871.1	72.5
固定资产投资			
全社会固定资产投资总额(亿元)	374694.7	43674.8	11.7
财政			
公共财政收入 （亿元）	61078.3	5220.4	8.5
公共财政支出 （亿元）	107188.3	16070.8	15.0
农业			
农林牧渔业总产值 （亿元）	89453.0	13631.3	15.2
粮食 （万吨）	53934.7	9141.6	16.9
肉类总产量 （万吨）	8387.2	1598.3	19.1
工业			
规模以上工业总产值（亿元）			
教育			
普通中学			
学校数 （个）	66725	9469	14.2
在校学生数 （万人）	7230.2	1021.5	14.1
专任教师数 （万人）	509.9	69.3	13.6
普通小学			
学校数 （个）	228585	44912	19.6
在校学生数 （万人）	9696	1478.7	15.3
专任教师数 （万人）	558.5	88.9	15.9
卫生			
医院、卫生院数 （个）	60877.0	12256.0	20.1
卫生技术人员 （万人）	667.6	77.0	11.5
医院、卫生院床位数 （万张）	572.5	65.9	11.5
人民生活			
农村居民人均纯收入 （元）	7917.0	5800.5	73.3

牧区半牧区县		陆地边境县		青海等省藏区	
绝对数	占全国比重（%）	绝对数	占全国比重（%）	绝对数	占全国比重（%）
268	**9.4**	**136**	**4.8**	**74**	**2.6**
417	**43.4**	**194**	**20.2**	**102**	**10.6**
4702.41	3.5	2336.53	1.7	545.59	0.4
17538.15	**3.0**	**7507.19**	**1.3**	**1557.93**	**0.3**
3069.91	5.9	1532.37	2.9	216.50	0.4
9227.86	3.2	3415.17	1.2	904.46	0.3
5240.37	2.2	2559.65	1.1	436.97	0.2
38682.42	90.8	32320.29	75.4	26746.44	62.8
14072.49	3.8	6160.32	1.6	2019.55	0.5
1037.23	1.7	502.13	0.8	131.15	0.2
3818.60	3.6	1879.16	1.8	1020.59	1.0
5081.90	5.7	2247.24	2.5	284.41	0.3
6618.44	11.2	2219.03	3.8	98.88	0.2
645.83	7.7	212.95	2.5	55.15	0.7
16492.89		5961.62		1235.53	
2340	3.5	1311	2.0	300	0.4
215.8	3.0	102.6	1.4	19505.1	269.8
17.6	3.5	9.2	1.8	2.0	0.4
9923	4.3	5233	2.3	2581	1.1
319.6	3.3	160.61	1.7	53.02	0.5
23.5	4.2	11.70	2.1	3.32	0.6
5084.0	8.4	1950	3.2	948	1.6
16.3	2.4	8.4	1.3	2.3	0.3
13.6	2.6	7.6	1.5	1.5	0.3
6923.1	87.5	6568.4	83.0	4906.5	62.0

2-4 民族自治地方地区生产总值

年 份	地区生产总值（亿元）	第一产业	第二产业	第三产业	地区生产总值构成（%）	第一产业	第二产业	第三产业
1992	2182.62	822.51	750.34	609.77	100	37.7	34.4	27.9
1993	2762.41	938.13	1072.35	751.93	100	34.0	38.8	27.2
1994	3976.93	1294.45	1450.44	1232.04	100	32.5	36.5	31.0
1995	4901.14	1628.55	1746.52	1526.07	100	33.2	35.6	31.2
1996	5658.35	1876.61	2208.18	1753.56	100	33.2	35.8	31.0
1997	6333.26	2047.92	2320.2	1965.14	100	32.3	36.6	31.1
1998	6589.84	2055.62	2381.01	2153.21	100	31.2	36.1	32.7
1999	6886.17	2007.83	2528.18	2350.16	100	29.2	36.7	34.1
2000	7486.15	2022.30	2834.43	2629.41	100	27.0	37.8	35.2
2001	8179.19	2088.98	3085.54	3004.67	100	25.5	37.7	36.8
2002	9015.06	2200.28	3438.70	3376.08	100	24.4	38.1	37.5
2003	10381.02	2455.72	4163.54	3761.76	100	23.7	40.1	36.2
2004	12518.62	2919.70	5347.60	4251.32	100	23.3	42.7	34.0
2005	15705.93	3300.20	6419.02	5986.71	100	21.0	40.9	38.1
2006	18659.12	3622.87	8089.54	6946.71	100	19.4	43.4	37.2
2007	22852.78	4311.54	10265.37	8275.88	100	18.9	44.9	36.2
2008	27940.20	5002.01	13202.16	9736.03	100	17.9	47.3	34.8
2009	32015.43	5243.11	14643.71	12128.61	100	16.4	45.7	37.9
2010	38988.79	6198.21	18808.87	13981.72	100	15.9	48.2	35.9
2011	47915.67	7242.74	23885.14	16787.79	100	15.1	49.8	35.0
2012	54078.62	8145.70	26550.14	19382.77	100	15.1	49.1	35.8

2-5 民族自治地方地区生产总值指数

(上年=100)

年 份	地区生产总值	第一产业	第二产业	第三产业
1993	111.7	104.7	121.8	113.8
1994	113.8	107.1	118.8	114.7
1995	109.4	106.3	112.4	109.3
1996	110.6	110.1	112.3	109.1
1997	110.7	108.4	112.7	110.6
1998	108.8	105.7	111.3	109.0
1999	107.3	102.5	109.5	109.4
2000	107.9	101.7	109.2	111.8
2001	108.3	103.1	109.2	111.4
2002	110.2	105.4	112.4	111.3
2003	111.9	105.9	117.2	110.2
2004	113.4	106.7	119.0	111.7
2005	114.9	107.3	121.7	112.4
2006	114.4	106.2	119.7	113.3
2007	115.4	105.4	120.2	114.8
2008	113.8	106.4	117.1	112.9
2009	114.0	105.0	117.9	113.3
2010	114.0	105.6	118.2	112.1
2011	113.5	105.7	117.1	112.3
2012	112.0	106.1	114.5	111.0

2-6 民族自治地方分地区生产总值(2012年)

单位: 亿元

地 区	地 区 生产总值	第一产业	第二产业	工 业	建筑业	第三产业
合 计	**54078.62**	**8145.70**	**26550.14**	**22282.99**	**4267.16**	**19382.77**
河 北	617.88	106.65	340.03	306.84	33.19	171.21
内蒙古	15880.58	1448.58	8801.50	7735.78	1065.72	5630.50
辽 宁	1257.87	246.13	628.27	580.70	47.57	383.47
吉 林	1418.57	187.22	694.95	636.33	58.63	536.39
黑龙江	96.64	23.29	57.62	56.42	1.20	15.73
浙 江	35.34	5.81	13.04	9.02	4.02	16.49
湖 北	614.72	170.75	202.20	166.51	35.69	241.76
湖 南	720.73	137.49	283.68	250.01	33.66	299.56
广 东	99.56	16.09	43.51	35.03	8.48	39.96
广 西	13035.10	2172.37	6247.43	5279.26	968.17	4615.30
海 南	286.67	123.56	82.68	48.53	34.15	80.43
重 庆	374.25	70.56	169.64	125.67	43.97	134.06
四 川	1587.48	311.75	800.56	616.22	184.34	475.17
贵 州	1916.87	384.98	661.15	522.38	138.78	870.74
云 南	4023.28	928.21	1688.95	1323.08	365.87	1406.12
西 藏	701.03	80.38	242.85	55.35	187.50	377.80
甘 肃	381.44	67.80	156.83	131.33	25.50	156.81
青 海	1184.01	144.11	794.32	675.85	118.47	245.57
宁 夏	2341.29	199.40	1159.37	878.63	280.74	982.52
新 疆	7505.31	1320.57	3481.56	2850.06	631.50	2703.18

2-7 民族自治地方分地区生产总值指数和人均地区生产总值(2012年)

地区	地区生产总值(以2011年为100)	第一产业	第二产业	第三产业	人均地区生产总值(元)
合计	**112.0**	**106.1**	**114.5**	**111.0**	**30871**
河北	112.0	106.1	114.4	111.5	29760
内蒙古	111.5	105.6	113.3	110.0	63886
辽宁	112.0	105.1	115.9	108.9	38578
吉林	111.0	106.2	113.4	109.0	42457
黑龙江	133.8	114.6	151.5	109.6	38326
浙江	109.2	103.8	109.1	111.1	20412
湖北	111.5	104.9	116.8	112.1	15777
湖南	109.7	104.5	110.4	111.3	15578
广东	105.2	106.8	103.5	106.4	24738
广西	111.3	105.6	114.2	109.8	27952
海南	110.5	106.5	117.8	110.7	20528
重庆	112.0	105.2	113.4	113.4	18575
四川	113.6	104.7	118.9	111.0	22411
贵州	116.0	108.8	117.5	117.8	13846
云南	114.0	107.3	118.5	113.2	17654
西藏	111.8	103.4	114.4	112.0	22936
甘肃	115.3	107.4	119.7	115.2	11978
青海	116.2	106.2	118.8	112.9	32486
宁夏	111.5	105.8	113.8	109.7	36394
新疆	112.0	107.0	113.7	112.3	33796

2-8 民族自治地方分地区生产总值构成(2012年)

单位：%

地区	地区生产总值	第一产业	第二产业	工业	建筑业	第三产业
合计	**100**	**15.1**	**49.1**	**41.2**	**7.9**	**35.8**
河北	100	17.3	55.0	49.7	5.4	27.7
内蒙古	100	9.1	55.4	48.7	6.7	35.5
辽宁	100	19.6	49.9	46.2	3.8	30.5
吉林	100	13.2	49.0	44.9	4.1	37.8
黑龙江	100	24.1	59.6	58.4	1.2	16.3
浙江	100	16.4	36.9	25.5	11.4	46.6
湖北	100	27.8	32.9	27.1	5.8	39.3
湖南	100	19.1	39.4	34.7	4.7	41.6
广东	100	16.2	43.7	35.2	8.5	40.1
广西	100	16.7	47.9	40.5	7.4	35.4
海南	100	43.1	28.8	16.9	11.9	28.1
重庆	100	18.9	45.3	33.6	11.7	35.8
四川	100	19.6	50.4	38.8	11.6	29.9
贵州	100	20.1	34.5	27.3	7.2	45.4
云南	100	23.1	42.0	32.9	9.1	34.9
西藏	100	11.5	34.6	7.9	26.7	53.9
甘肃	100	17.8	41.1	34.4	6.7	41.1
青海	100	12.2	67.1	57.1	10.0	20.7
宁夏	100	8.5	49.5	37.5	12.0	42.0
新疆	100	17.6	46.4	38.0	8.4	36.0

2-9 全国民族自治区、自治州、自治县(旗)基本情况(2012年)(一)

地 区	年末总人口(万人)	#少数民族	少数民族占总人口(%)	地区生产总值(亿元)	第一产业(亿元)	第二产业(亿元)
5个自治区合计	**10917.81**	**4433.60**	**40.61**	**39463.31**	**5221.30**	**19932.71**
内蒙古自治区	2490.00	542.24	21.78	15880.58	1448.58	8801.50
广西壮族自治区	5240.00	1988.00	37.94	13035.10	2172.37	6247.43
西藏自治区	307.62	282.84	91.94	701.03	80.38	242.85
宁夏回族自治区	647.19	235.03	36.32	2341.29	199.40	1159.37
新疆维吾尔自治区	2233.00	1385.49	62.05	7505.31	1320.57	3481.56
30个自治州合计	**5885.27**	**3427.55**	**58.24**	**12247.78**	**2442.71**	**5612.60**
吉林省						
延边朝鲜族自治州	218.21	87.34	40.03	765.38	67.74	394.73
湖北省						
恩施土家族苗族自治州	403.25	220.50	54.68	482.19	124.91	164.42
湖南省						
湘西土家族苗族自治州	289.66	227.48	78.53	397.73	59.27	158.60
四川省						
阿坝藏族羌族自治州	91.44	72.42	79.19	203.74	31.57	102.12
凉山彝族自治州	497.24	269.28	54.15	1122.67	218.80	587.87
甘孜藏族自治州	110.33	94.33	85.50	175.02	43.09	68.12
贵州省						
黔东南苗族侗族自治州	459.22	365.87	79.67	477.75	96.94	153.17
黔南布依族苗族自治州	405.06	235.20	58.07	533.34	88.80	215.55
黔西南布依族苗族自治州	347.92	146.39	42.08	462.28	75.27	168.08
云南省						
西双版纳傣族自治州	96.15	74.42	77.40	232.64	67.53	68.16
文山壮族苗族自治州	353.84	200.95	56.79	478.02	115.08	183.64
红河哈尼族彝族自治州	446.95	267.39	59.83	905.43	155.45	485.15
德宏傣族景颇族自治州	122.94	59.11	48.08	201.00	57.66	67.48
怒江傈僳族自治州	52.85	49.44	93.55	74.94	11.44	26.16
迪庆藏族自治州	36.09	31.92	88.45	113.63	9.09	45.71
大理白族自治州	355.86	182.59	51.31	672.06	145.99	284.92
楚雄彝族自治州	261.68	91.61	35.01	570.02	134.00	239.54

第三产业（亿元）	地区生产总值增长速度（%）	人均地区生产总值（元）	公共财政预算收入（亿元）	公共财政预算支出（亿元）	农民人均纯收入（元）	规模以上工业企业数（个）	规模以上工业总产值（亿元）
14309.30	**11.53**	**37702**	**3978.32**	**10900.99**	**6382**	**12371**	**44493.17**
5630.50	11.50	63886	1552.75	3425.99	7611	4244	18192.03
4615.30	11.30	27952	1166.06	2985.23	6008	5239	15657.22
377.80	11.80	22936	86.58	905.34	5719	64	87.25
982.52	11.50	36394	263.96	864.36	6180	865	3024.00
2703.18	12.00	33796	908.97	2720.07	6394	1959	7532.67
4192.47	**13.81**	**21363**	**1099.69**	**4483.47**	**5340**	**4385**	**9827.62**
302.90	12.50	35045	68.18	217.02	7350	457	928.14
192.86	11.90	14605	40.43	192.58	4571	357	272.65
179.86	8.30	15465	28.30	150.25	4229	263	289.40
70.04	13.70	22525	25.82	152.20	5770	93	157.46
316.01	13.80	24669	100.06	300.48	6419	378	1199.21
63.81	12.62	15753	21.57	220.28	4610		60.49
227.64	16.50	13783	70.07	247.83	4625	207	281.97
229.00	15.50	16573	57.87	199.80	5445	273	612.63
218.93	15.40	14578	64.42	181.17	4625	376	536.39
96.95	13.70	20309	22.26	80.63	6174	52	69.94
179.30	14.20	13459	36.13	167.80	4643	132	306.06
264.84	13.20	19909	84.48	248.08	5468	213	991.37
75.87	11.10	16408	24.19	102.16	4763	83	107.04
37.34	10.00	13954	7.51	50.39	2773	18	45.40
58.83	16.00	28133	10.75	73.14	4769	20	37.56
241.15	15.60	19282	59.28	200.50	5689	209	536.62
196.48	12.80	21021	46.32	158.02	5418	182	419.98

2-9(一) 续表 1

地　　区	年末总人口(万人)	#少数民族	少数民族占总人口(%)	地区生产总值(亿元)	第一产业(亿元)	第二产业(亿元)
甘肃省						
临夏回族自治州	218.57	127.53	58.35	151.89	32.10	46.44
甘南藏族自治州	73.65	45.94	62.38	96.74	21.49	26.03
青海省						
海北藏族自治州	28.99	19.14	66.03	95.97	13.98	58.32
黄南藏族自治州	26.28	24.43	92.96	58.11	16.83	21.81
海南藏族自治州	45.71	33.20	72.64	104.35	24.73	52.67
果洛藏族自治州	18.87	17.34	91.88	30.55	5.23	15.03
玉树藏族自治州	39.18	38.33	97.83	47.17	23.07	15.76
海西蒙古族藏族自治州	40.31	12.25	30.40	570.33	17.59	464.04
新疆维吾尔自治区						
昌吉回族自治州	140.21	37.79	26.96	818.56	216.72	388.77
巴音郭楞蒙古自治州	137.47	59.54	43.31	907.49	155.40	583.90
克孜勒苏柯尔克孜自治州	56.06	51.89	92.55	61.41	10.44	18.73
博尔塔拉蒙古自治州	48.45	16.59	34.24	185.40	57.02	42.80
伊犁哈萨克自治州	462.84	267.34	57.76	1251.96	345.46	464.88
120个自治县(旗)合计	**3255.97**	**2081.65**	**63.93**	**6862.00**	**1542.75**	**2821.72**
河北省						
大厂回族自治县	12.36	2.60	21.03	68.26	10.03	38.67
孟村回族自治县	20.57	5.11	24.84	74.40	7.54	45.50
青龙满族自治县	55.65	39.01	70.08	112.76	23.11	54.74
丰宁满族自治县	40.23	28.54	70.95	78.85	19.18	34.85
围场满族蒙古族自治县	53.59	32.17	60.03	79.46	31.77	23.27
宽城满族自治县	25.21	16.67	66.11	204.16	15.02	143.00
内蒙古自治区						
鄂伦春自治旗	26.55	3.24	12.21	53.46	20.68	6.76
莫力达瓦达斡尔族自治旗	32.85	6.83	20.80	90.06	42.50	22.35
鄂温克族自治旗	14.35	5.89	41.03	92.63	7.33	64.23
辽宁省						
阜新蒙古族自治县	72.45	15.42	21.29	158.15	65.01	51.14
喀喇沁左翼蒙古族自治县	42.45	9.66	22.76	116.28	32.91	52.39
岫岩满族自治县	51.60	46.44	90.00	209.81	28.67	116.76

第三产业（亿元）	地区生产总值增长速度（%）	人均地区生产总值（元）	公共财政预算收入（亿元）	公共财政预算支出（亿元）	农民人均纯收入（元）	规模以上工业企业数（个）	规模以上工业总产值（亿元）
73.35	14.80	7712	9.07	137.39	3167	45	72.96
49.22	13.00	14004	6.76	102.98	3610	17	13.29
23.66	16.30	33360	4.90	54.60	7436	40	86.72
19.46	12.20	22348	1.71	30.57	4299	6	24.33
26.94	14.10	23287	4.37	74.35	6128	16	57.04
10.28	12.00	16458	1.96	47.36	3705	2	15.04
8.34	18.00	12158	2.50	111.82	3493		
88.70	17.00	114871	44.91	116.71	7916	89	737.61
213.07	14.60	51211	64.28	143.74	11470	292	559.52
168.19	10.20	65394	60.49	170.84	9936	248	893.70
32.24	20.10	10946	7.09	71.63	3081	20	21.95
85.58	19.40	38141	10.39	52.85	9434	33	20.54
441.62	14.80	26801	113.63	426.31	7563	264	472.63
2125.26	**12.59**	**23321**	**461.52**	**1948.61**	**6325**	**3264**	**5549.11**
19.56	10.40	55644	5.63	10.30	11203	36	150.09
21.35	13.50	33909	4.90	7.83	6290	112	121.05
34.92	11.00	22483	7.35	22.62	5108	44	93.78
24.82	13.00	21984	4.01	20.82	4021	35	65.39
24.41	11.50	18722	2.84	20.41	3887	24	25.87
46.14	12.50	91684	6.57	17.58	6716	38	419.82
26.03	13.00	19821	1.47	19.14	6598	7	4.28
25.22	8.10	27398	2.18	20.43	7964	18	38.96
21.07	13.00	64387	6.07	15.33	12765	13	104.02
42.01	9.50	23912	10.57	31.07	9000	103	107.49
30.98	11.70	27392	7.63	21.98	8460	127	182.38
64.38	10.60	40663	10.52	27.50	9970	154	343.18

2-9(一) 续表 2

地　　区	年末总人口（万人）	#少数民族	少数民族占总人口（%）	地区生产总值（亿元）	第一产业（亿元）	第二产业（亿元）
新宾满族自治县	30.05	22.37	74.45	115.85	23.66	52.90
清原满族自治县	33.49	21.77	65.00	139.22	23.71	77.08
本溪满族自治县	29.08	19.91	68.46	165.90	20.44	97.91
桓仁满族自治县	29.92	17.65	59.00	156.68	24.36	77.68
宽甸满族自治县	43.30	23.79	54.94	195.98	27.36	102.42
吉林省						
长白朝鲜族自治县	8.51	1.50	17.58	34.32	5.26	15.29
前郭尔罗斯蒙古族自治县	59.36	7.39	12.44	476.26	74.50	246.61
伊通满族自治县	47.22	17.98	38.08	142.61	39.72	38.32
黑龙江省						
杜尔伯特蒙古族自治县	25.22	5.25	20.82	96.64	23.29	57.62
浙江省						
景宁畲族自治县	17.31	1.91	11.06	35.34	5.81	13.04
湖北省						
长阳土家族自治县	40.64	26.46	65.10	88.26	29.61	25.77
五峰土家族自治县	20.33	17.21	84.63	44.27	16.23	12.01
湖南省						
城步苗族自治县	25.67	16.02	62.40	25.70	9.24	9.06
通道侗族自治县	23.76	20.91	88.00	26.53	5.83	9.80
江华瑶族自治县	50.00	36.23	72.45	65.56	18.80	19.19
新晃侗族自治县	27.11	24.01	88.55	37.82	5.48	19.86
芷江侗族自治县	37.94	24.60	64.84	69.92	16.27	31.11
靖州苗族侗族自治县	26.99	20.16	74.72	50.08	10.72	18.91
麻阳苗族自治县	39.53	31.69	80.17	47.39	11.89	17.15
广东省						
连南瑶族自治县	16.14	8.75	54.23	26.92	4.45	10.50
连山壮族瑶族自治县	11.72	7.26	61.93	24.31	5.73	8.97
乳源瑶族自治县	21.70	2.24	10.31	48.33	5.91	24.04
广西壮族自治区						
都安瑶族自治县	70.75	68.75	97.17	31.61	11.83	6.77
融水苗族自治县	50.70	37.75	74.45	49.46	13.46	22.35

第三产业（亿元）	地区生产总值增长速度（%）	人均地区生产总值（元）	公共财政预算收入（亿元）	公共财政预算支出（亿元）	农民人均纯收入（元）	规模以上工业企业数（个）	规模以上工业总产值（亿元）
39.29	14.30	38555	10.20	21.42	9262	163	208.25
38.42	14.30	41567	13.47	24.12	9405	165	310.54
47.56	13.20	57053	18.50	28.09	10309	92	205.46
54.64	13.30	52373	14.00	25.18	9399	67	90.63
66.20	10.70	45225	17.80	31.43	10445	155	190.75
13.77	12.20	40328	2.94	13.67	7850	32	31.65
155.14	11.40	79909	11.34	27.98	9190	121	422.17
64.58	2.60	29954	4.55	20.07	8352	36	114.60
15.73	33.80	38326	4.21	17.96	8735	20	99.70
16.49	9.20	20412	4.09	17.43	8384	37	15.29
32.88	10.00	21650	4.35	18.58	4819	33	61.72
16.02	10.70	23649	1.75	15.38	4392	19	27.70
7.40	11.11	10132	1.61	11.92	3272	15	4.71
10.91	11.10	12781	1.66	10.46	3696	26	25.14
27.57	12.20	15733	3.09	15.99	3225	42	34.70
12.49	13.10	15432	1.70	10.74	3936	36	34.06
22.54	10.80	20518	3.57	14.56	4536	57	44.65
20.46	10.60	20348	2.38	11.29	5397	36	45.48
18.34	11.10	13744	2.16	14.61	4300	33	38.79
11.97	6.50	20508	1.48	7.77	5501	12	10.26
9.61	5.80	26468	1.13	5.01	6661	6	14.27
18.38	4.30	26948	3.60	10.33	7388	43	82.60
13.01	5.00	6018	1.65	17.25	3850	18	9.87
13.66	10.10	12250	2.26	18.75	4153	29	25.63

2-9(一)　续表 3

地　　区	年　末 总人口 （万人）	#少数民族	少数民族 占总人口 （%）	地　　区 生产总值 （亿元）	第一产业 （亿元）	第二产业 （亿元）
三江侗族自治县	38.03	32.46	85.36	34.51	13.30	11.51
龙胜各族自治县	17.96	14.26	79.38	40.59	8.43	20.84
金秀瑶族自治县	15.78	12.85	81.44	23.31	7.03	6.99
隆林各族自治县	41.87	33.46	79.91	42.98	8.40	21.00
巴马瑶族自治县	27.95	24.22	86.63	25.56	8.56	8.21
罗城仫佬族自治县	36.60	27.66	75.57	34.11	13.17	9.33
富川瑶族自治县	33.76	15.55	46.06	41.36	14.02	15.69
大化瑶族自治县	45.88	43.05	93.85	35.56	7.51	17.26
环江毛南族自治县	38.05	35.22	92.55	32.22	14.89	6.59
恭城瑶族自治县	30.05	18.39	61.20	66.45	19.83	31.80
海南省						
白沙黎族自治县	19.85	12.66	63.80	22.34	11.00	4.41
昌江黎族自治县	26.42	10.65	40.32	81.05	19.44	46.63
乐东黎族自治县	54.27	20.86	38.43	72.80	44.67	7.87
陵水黎族自治县	38.22	21.51	56.28	71.60	30.27	17.65
琼中黎族苗族自治县	23.28	14.05	60.36	18.54	8.90	3.38
保亭黎族苗族自治县	17.33	11.78	67.96	20.35	9.28	2.74
重庆市						
石柱土家族自治县	54.69	43.64	79.80	93.10	18.19	42.41
秀山土家族苗族自治县	65.54	37.08	56.58	106.08	15.32	51.75
酉阳土家族苗族自治县	84.48	70.97	84.00	89.29	19.28	40.24
彭水苗族土家族自治县	69.08	42.83	62.00	85.78	17.77	35.24
四川省						
北川羌族自治县	24.13	8.91	36.95	31.70	8.01	13.33
木里藏族自治县	13.77	11.15	80.99	22.59	4.62	11.53
马边彝族自治县	21.31	10.01	46.97	25.50	6.45	11.61
峨边彝族自治县	15.10	5.55	36.78	28.85	3.83	17.52
贵州省						
松桃苗族自治县	73.65	50.08	68.00	60.14	18.36	20.06
镇宁布依族苗族自治县	38.74	20.23	52.22	42.06	6.04	13.89
紫云苗族布依族自治县	37.12	24.27	65.40	26.48	9.22	4.49

第三产业 （亿元）	地区生产总值增长速度 （%）	人均地区生产总值 （元）	公共财政预算收入 （亿元）	公共财政预算支出 （亿元）	农民人均纯收入 （元）	规模以上工业企业数 （个）	规模以上工业总产值 （亿元）
9.69	9.00	11483	1.79	14.50	4155	15	8.57
11.31	19.10	25976	3.57	10.26	4200	23	26.99
9.30	8.60	18597	1.26	9.36	4002	13	9.87
13.50	15.00	12280	1.84	8.56	3568	11	9.86
8.78	-0.20	11285	1.21	10.25	3520	27	18.56
11.61	-1.98	11333	1.11	14.44	3560	35	21.54
11.65	10.10	16123	2.26	14.38	4690	34	30.26
10.79	5.28	9773	1.57	16.80	4000	9	17.52
10.74	-4.80	11740	1.33	15.45	4650	19	22.37
14.81	8.60	26259	3.02	12.32	6473	26	82.43
6.93	12.50	18631	1.86	17.37	5785	7	4.96
14.98	13.20	36095	8.63	24.02	6846	19	80.37
20.25	7.10	15695	5.87	33.27	7032	3	5.07
23.68	11.10	23145	20.57	36.75	6435	2	3.21
6.26	10.10	11170	2.24	16.95	5546	4	2.93
8.33	9.30	18023	3.29	14.42	5598	2	0.89
32.51	13.30	22612	7.14	31.34	6848	53	61.82
39.01	11.40	21381	16.08	35.81	5861	83	45.87
29.77	11.90	15626	8.65	40.74	5152	46	40.28
32.77	11.40	16019	7.55	32.55	5960	19	39.14
10.37	12.20	15835	2.61	20.17	5682	16	17.37
6.44	13.60	17445	3.58	13.62	4090	1	7.63
7.44	13.80	14383	2.76	10.12	3985	22	16.50
7.50	14.10	20682	2.89	8.71	3607	24	34.25
21.72	15.10	12682	4.44	26.57	4346	47	44.53
22.13	18.00	14927	3.90	16.37	4667	41	18.08
12.77	18.10	9866	2.12	15.58	4633	13	8.82

2-9(一) 续表 4

地　　区	年　末 总人口 (万人)	#少数民族	少数民族 占总人口 (%)	地　区 生产总值 (亿元)	第一产业 (亿元)	第二产业 (亿元)
威宁彝族回族苗族自治县	143.79	33.60	23.37	95.51	28.38	27.38
关岭布依族苗族自治县	37.57	23.97	63.80	40.29	7.78	11.11
三都水族自治县	36.01	34.90	96.90	22.51	6.29	3.58
玉屏侗族自治县	15.26	13.60	89.08	38.07	4.88	21.47
道真仡佬族苗族自治县	34.10	28.51	83.60	24.58	7.88	4.26
务川仡佬族苗族自治县	45.79	44.11	96.35	28.29	9.46	4.64
印江土家族苗族自治县	43.76	31.55	72.09	39.53	15.50	8.24
沿河土家族自治县	66.14	44.05	66.60	48.54	16.47	8.81
云南省						
峨山彝族自治县	15.21	10.47	68.80	43.94	7.24	20.68
石林彝族自治县	24.42	8.64	35.36	56.81	14.56	18.69
沧源佤族自治县	17.21	16.13	93.72	23.04	6.54	9.77
耿马傣族佤族自治县	28.68	15.86	55.28	54.24	20.60	18.03
玉龙纳西族自治县	21.93	18.85	85.93	33.36	8.53	9.41
宁蒗彝族自治县	26.86	22.27	82.91	22.45	6.07	7.18
江城哈尼族彝族自治县	12.40	10.08	81.30	20.09	7.59	8.09
澜沧拉祜族自治县	49.69	39.40	79.29	39.67	13.21	14.10
孟连傣族拉祜族佤族自治县	13.80	11.88	86.09	16.11	7.27	3.16
西盟佤族自治县	9.22	8.71	94.41	6.46	1.97	1.26
河口瑶族自治县	10.56	7.22	68.34	26.09	7.47	5.80
屏边苗族自治县	15.63	10.33	66.09	16.95	4.67	6.29
贡山独龙族怒族自治县	3.59	3.46	96.37	5.32	1.38	1.92
巍山彝族回族自治县	31.67	14.35	45.31	33.96	13.02	9.09
南涧彝族自治县	22.31	11.13	49.89	33.76	9.55	12.84
寻甸回族彝族自治县	46.30	10.09	21.80	56.95	16.54	18.57
元江哈尼族彝族傣族自治县	20.57	16.65	80.94	43.14	12.88	11.37
新平彝族傣族自治县	27.40	19.84	72.40	84.82	11.62	54.70
墨江哈尼族自治县	37.10	28.40	76.55	34.56	10.34	12.87
双江拉祜族佤族布朗族傣族自治县	17.15	7.78	45.35	24.41	7.41	10.00
兰坪白族普米族自治县	21.26	20.15	94.77	30.59	4.68	16.26
维西傈僳族自治县	15.41	13.38	86.79	26.57	3.93	8.75

第三产业（亿元）	地区生产总值增长速度（%）	人均地区生产总值（元）	公共财政预算收入（亿元）	公共财政预算支出（亿元）	农民人均纯收入（元）	规模以上工业企业数（个）	规模以上工业总产值（亿元）
39.75	17.10	7566	7.76	44.94	4862	70	62.98
21.40	18.00	13341	2.69	15.63	4682	19	18.64
12.64	16.80	9093	1.73	14.34	4962	13	4.11
11.72	17.10	32264	2.32	10.68	6092	38	56.31
12.44	15.80	10156	2.38	14.09	4137	12	6.64
14.19	16.50	8901	2.93	15.19	4052	16	8.54
15.79	17.30	13958	2.17	18.13	4396	40	20.62
23.26	16.60	11068	4.58	23.69	4370	45	13.28
16.02	14.30	26836	3.56	9.47	7013	24	41.27
23.56	13.70	22769	6.15	13.52	8465	32	29.19
6.72	16.40	13134	1.72	14.49	4636	8	10.15
15.61	15.60	18021	2.80	19.91	5474	5	19.05
15.42	16.00	15356	4.51	16.80	5290	6	8.23
9.19	19.00	8577	1.87	21.76	3526	12	7.65
4.41	15.30	16274	1.09	8.94	4014	10	12.81
12.36	10.40	8011	3.54	25.33	3089	12	16.48
5.68	13.30	11712	0.92	9.50	3955	2	3.10
3.23	15.00	7022	0.45	7.50	3148	4	1.70
12.82	10.20	24750	1.44	8.45	4758	3	2.44
6.00	13.50	10949	0.72	9.33	2971	8	7.33
2.03	8.40	13964	0.38	6.49	2209	2	0.70
11.84	15.40	11071	2.58	13.81	4159	15	11.70
11.37	11.80	15160	2.65	11.11	4291	10	17.39
21.85	16.60	12341	5.93	19.57	4739	22	56.84
18.89	12.80	19655	2.55	10.74	6813	19	17.24
18.50	15.40	29502	8.32	19.45	6666	16	156.62
11.34	15.30	9523	2.72	14.50	3921	9	12.98
7.00	16.70	13681	1.62	14.01	4744	6	10.96
9.66	6.30	14288	3.36	13.87	3016	4	13.78
13.89	16.90	16389	1.86	16.50	4626	2	2.62

2-9(一) 续表 5

地　　区	年　末 总人口 （万人）	#少数民族	少数民族 占总人口 （%）	地　　区 生产总值 （亿元）	第一产业 （亿元）	第二产业 （亿元）
景东彝族自治县	36.55	18.21	49.82	43.38	18.59	11.91
景谷傣族彝族自治县	30.73	14.63	47.60	61.50	23.24	25.07
宁洱哈尼族彝族自治县	19.45	10.66	54.80	31.87	8.46	11.83
漾濞彝族自治县	10.42	7.19	69.00	14.99	4.48	7.28
禄劝彝族苗族自治县	47.37	15.02	31.70	49.74	16.00	14.68
金平苗族瑶族傣族自治县	38.46	33.49	87.08	27.88	7.72	12.61
镇沅彝族哈尼族拉祜族自治县	21.31	11.72	55.00	29.00	13.31	6.83
甘肃省						
张家川回族自治县	33.28	23.10	69.40	20.80	4.93	5.00
天祝藏族自治县	20.98	8.34	39.74	39.74	5.19	23.31
肃南裕固族自治县	3.76	2.12	56.52	23.40	3.25	16.11
肃北蒙古族自治县	1.17	0.44	37.87	37.61	0.40	32.58
阿克塞哈萨克族自治县	0.88	0.33	37.66	11.27	0.44	7.37
东乡族自治县	29.16	26.27	90.08	12.12	4.22	2.52
积石山保安族东乡族撒拉族自治县	25.99	14.01	53.92	9.98	2.81	1.14
青海省						
互助土族自治县	39.18	10.55	26.92	69.04	14.79	30.77
化隆回族自治县	29.22	22.88	78.32	37.48	5.05	25.02
循化撒拉族自治县	15.07	12.04	79.88	16.89	3.50	6.54
河南蒙古族自治县	3.81	3.70	97.20	9.42	5.43	1.26
门源回族自治县	15.81	9.93	62.82	26.29	5.89	11.45
大通回族土族自治县	45.64	22.76	49.87	101.90	11.18	76.52
民和回族土族自治县	42.88	25.57	59.63	52.23	8.14	27.84
新疆维吾尔自治区						
巴里坤哈萨克自治县	10.41	3.92	37.67	36.37	8.51	18.09
塔什库尔干塔吉克自治县	3.90	3.64	93.11	6.70	1.04	3.35
木垒哈萨克自治县	8.95	3.21	35.84	20.97	10.29	3.44
焉耆回族自治县	16.43	9.44	57.49	45.82	12.28	13.29
察布查尔锡伯自治县	19.43	12.82	65.98	32.78	15.78	7.69
和布克赛尔蒙古自治县	5.42	3.44	63.55	26.05	3.18	17.62

第三产业 （亿元）	地区生产总值增长速度 （%）	人均地区生产总值 （元）	公共财政预算收入 （亿元）	公共财政预算支出 （亿元）	农民人均纯收入 （元）	规模以上工业企业数 （个）	规模以上工业总产值 （亿元）
12.88	16.20	11983	3.05	16.07	5022	10	11.98
13.20	17.00	20962	4.28	14.39	5538	26	34.66
11.58	15.30	16861	2.36	10.72	5014	14	11.15
3.23	12.80	14495	1.19	7.40	5066	11	9.04
19.06	17.10	12411	4.87	18.51	4585	21	16.52
7.55	12.80	7729	2.20	15.52	3112	11	16.89
8.86	15.90	13806	1.75	11.22	4611	8	7.08
10.87	14.10	7171	0.84	16.08	3343	10	3.04
11.23	14.34	22509	2.32	22.96	3842	28	38.37
4.04	16.80	68912	2.39	11.24	9470	20	31.33
4.64	23.72	250773	2.85	6.66	14025	19	47.32
3.46	17.90	128026	0.62	4.56	15000	9	17.11
5.37	14.30	4157	0.55	20.48	2413	4	6.23
6.03	14.80	4191	0.66	14.25	2690	2	0.28
23.48	18.30	17721	2.13	28.63	5853	2	48.80
7.41	18.30	14414	0.82	16.99	5086	13	40.20
6.85	19.80	13132	0.51	13.52	4664	6	8.39
2.29	8.50	23540	0.15	9.22	5918		
8.95	19.50	16753	0.92	16.12	6697	14	10.49
14.19	12.00	22791	4.34	29.33	8109	28	176.02
16.25	19.50	14775	2.31	28.18	5032	15	39.33
9.77	18.00	35091	2.84	12.55	6972	11	14.04
2.31	25.87	18248	1.02	9.50	4076	3	3.12
7.23	14.00	23556	1.93	11.01	7948	12	4.77
20.25	11.20	29491	2.15	11.44	11513	19	11.61
9.31	22.70	17017	2.60	15.08	8675	9	15.18
5.25	18.00	44151	10.00	15.84	8648		

2-9 全国民族自治区、自治州、自治县(旗)基本情况(2012年)(二)

地　　区	农林牧渔业总产值(亿元)	农业机械总动力(万千瓦特)	粮　食总产量(万吨)	肉　类总产量(万吨)	全社会固定资产投资(亿元)	社会消费品零售总额(亿元)	进出口总　额(亿美元)
5个自治区合计	**8719.15**	**9697.70**	**5756.33**	**842.73**	**30610.50**	**11751.18**	**715.54**
内蒙古自治区	2449.30	3280.60	2528.50	245.80	11875.70	4572.50	112.59
广西壮族自治区	3490.70	3195.90	1484.90	411.00	9808.60	4516.60	294.84
西藏自治区	118.30	465.00	94.90	25.20	670.50	254.64	34.24
宁夏回族自治区	385.15	787.30	375.03	26.53	2096.90	548.83	22.17
新疆维吾尔自治区	2275.70	1968.90	1273.00	134.20	6158.80	1858.60	251.70
30个自治州合计	**3774.77**	**4016.11**	**2599.60**	**587.79**	**10842.49**	**3269.47**	**210.50**
吉林省							
延边朝鲜族自治州	123.18	182.58	121.35	5.71	662.56	351.45	20.61
湖北省							
恩施土家族苗族自治州	209.20	219.68	159.06	45.09	406.19	182.84	3.03
湖南省							
湘西土家族苗族自治州	98.88	144.82	84.99	10.04	232.44	158.62	1.51
四川省							
阿坝藏族羌族自治州	45.87	72.57	17.77	10.44	395.80	45.57	0.32
凉山彝族自治州	362.80	274.00	227.25	66.82	885.10	334.01	0.67
甘孜藏族自治州	55.62	85.03	23.58	9.84	326.23	51.42	0.09
贵州省							
黔东南苗族侗族自治州	161.97	259.70	112.62	17.76	780.66	168.87	0.68
黔南布依族苗族自治州	157.86	241.68	121.10	19.48	702.40	136.09	0.81
黔西南布依族苗族自治州	96.25	214.49	87.84	15.64	612.46	121.79	0.05
云南省							
西双版纳傣族自治州	115.20	118.07	45.21	3.52	160.24	71.21	14.03
文山壮族苗族自治州	192.46	202.35	149.15	53.66	277.21	204.81	2.10
红河哈尼族彝族自治州	260.83	283.14	170.00	68.05	560.91	217.31	25.40
德宏傣族景颇族自治州	91.34	120.29	73.55	9.71	157.93	78.34	15.95
怒江傈僳族自治州	17.23	20.27	19.83	3.68	63.63	20.64	0.15
迪庆藏族自治州	14.76	41.70	17.06	2.77	155.34	30.02	0.14
大理白族自治州	285.58	252.80	163.77	51.24	406.59	204.58	2.34
楚雄彝族自治州	221.01	235.52	117.00	39.81	347.62	184.70	2.01

普通中学在校学生数（万人）	小学在校学生数（万人）	医院、卫生院数（个）	医院、卫生院卫生技术人员数（人）	医院、卫生院床位数（张）	文化馆（个）	图书馆（个）	城镇居民最低生活保障人数（人）	城镇居民最低生活保障支出（万元）	农村居民最低生活保障人数（人）	农村居民最低生活保障支出（万元）
602.09	**844.09**	**6506**	**540928**	**416000**	**200**	**434**	**2508008**	**865437**	**6614868**	**904126**
124.66	136.51	1848	139875	99700	103	114	808032	360029	1235133	254799
276.20	426.48	1749	220761	156700	12	112	515317	150378	3328459	375844
17.81	29.20	777	9336	8000		77	47713	21517	329000	34126
45.04	61.81	373	34265	26500	27	26	181788	47884	363935	55169
138.39	190.08	1759	136691	125100	58	105	955158	285630	1358341	184188
322.27	**486.63**	**4758**	**214132**	**210900**	**375**	**270**	**1573209**	**424774**	**6639336**	**719036**
7.92	9.05	138	13988	9969	8	9	110657	45480	60619	11131
18.17	23.52	115	14804	14826	9	9	47223	13487	298824	31278
14.47	21.32	246	11520	12079	8	9	87270	20830	249360	16752
4.94	7.50	252	3961	3529	14	11	53058	12970	168641	18938
25.34	54.27	678	11971	14792	18	14	80788	17082	572030	45707
4.99	10.71	372	4849	3424	19	3	28353	6895	247423	23657
27.92	36.05	288	13249	14218	17	17	51470	14345	883051	96460
24.96	29.87	292	11136	10678	13	13	63689	17681	549800	60642
22.54	35.14	280	8513	9147		9	29059	8684	494604	53355
5.19	8.88	63	6807	5261	4	4	23591	7092	85355	12219
21.29	34.54	145	7690	9512	104	9	57261	15086	449110	51400
24.79	39.75	247	16104	20139	13	15	117651	31055	480336	56488
6.15	10.45	81	4971	4756	7	7	45489	9601	175076	22309
2.72	4.89	35	1711	1757	5	5	13441	3849	175840	21133
2.13	2.88	37	1515	953	4	4	18547	3069	112762	12677
18.98	27.95	187	10938	13727	14	13	74685	16980	293218	34994
14.19	19.25	178	10583	11962	10	11	89022	20249	178724	20353

2-9(二) 续表 1

地区	农林牧渔业总产值（亿元）	农业机械总动力（万千瓦特）	粮食总产量（万吨）	肉类总产量（万吨）	全社会固定资产投资（亿元）	社会消费品零售总额（亿元）	进出口总额（亿美元）
甘肃省							
临夏回族自治州	45.35	82.21	70.00	5.15	202.11	46.50	
甘南藏族自治州	27.43	37.86	0.00	6.26	174.50	26.23	
青海省							
海北藏族自治州	20.03	42.29	5.04	4.31	71.81	13.10	
黄南藏族自治州	19.81	14.15	2.94	4.21	42.38	5.85	
海南藏族自治州	34.86	43.30	12.25	5.32	108.58	17.09	
果洛藏族自治州	6.20	3.74	0.13	2.62	38.24	3.64	
玉树藏族自治州	26.07	12.30	1.59	3.66	170.84	4.07	
海西蒙古族藏族自治州	17.59	37.25	9.13	2.78	401.59	59.63	
新疆维吾尔自治区							
昌吉回族自治州	271.62	191.00	156.27	53.02	718.75	155.72	21.09
巴音郭楞蒙古自治州	286.91	112.52	43.76	11.63	556.72	104.89	1.67
克孜勒苏柯尔克孜自治州	21.04	33.13	28.87	3.80	71.81	11.68	2.61
博尔塔拉蒙古自治州	63.28	56.98	59.09	2.20	105.61	26.24	24.57
伊犁哈萨克自治州	424.56	380.68	499.40	49.55	1046.23	232.56	70.68
120个自治县(旗)合计	**2651.14**	**2621.04**	**2013.12**	**341.50**	**5581.99**	**1640.90**	**33.56**
河北省							
大厂回族自治县	18.75	27.51	8.82	3.12	75.06	13.08	1.07
孟村回族自治县	13.54	32.40	16.54	3.52	64.83	17.83	
青龙满族自治县	40.18	30.05	13.51	6.82	77.27	25.41	
丰宁满族自治县	32.74	50.77	5.92	4.72	105.28	26.66	0.01
围场满族蒙古族自治县	52.54	65.50	26.25	5.43	70.00	29.23	0.04
宽城满族自治县	24.18	18.87	6.38	2.14	115.06	26.62	0.03
内蒙古自治区							
鄂伦春自治旗	33.88	1.23	50.10	1.53	16.53	18.80	
莫力达瓦达斡尔族自治旗	69.64	71.54	155.25	3.29	36.04	23.57	
鄂温克族自治旗	12.00	18.54	3.03	1.81	50.20	11.60	
辽宁省							
阜新蒙古族自治县	124.71	156.00	175.20	35.62	101.39	34.46	0.19
喀喇沁左翼蒙古族自治县	61.17	23.00	31.45	8.97	93.60	29.26	0.71
岫岩满族自治县	58.96	33.30	20.66	11.53	136.06	82.05	0.40

普通中学在校学生数（万人）	小学在校学生数（万人）	医院、卫生院数（个）	医院、卫生院卫生技术人员数（人）	医院、卫生院床位数（张）	文化馆（个）	图书馆（个）	城镇居民最低生活保障人数（人）	城镇居民最低生活保障支出（万元）	农村居民最低生活保障人数（人）	农村居民最低生活保障支出（万元）
12.60	20.28	148	5512	6570	9	9	151893	38171	580740	51376
5.57	8.28	19	3578	1503	9	9	38508	10070	167729	17591
1.70	2.71	45	1153	1117	4	5	16595	6036	19800	3920
1.54	2.79	58	1034	682	5	5	11493	3600	26830	4679
2.65	4.51		1563		5	6	31931	10085	33083	5646
0.96	2.07	27	795	388	7	7	10261	3235	18300	2900
1.19	5.09	60	854	688	7	7	20483	7612	60935	9878
2.40	3.74	19	2443	1465	8	6	27178	8807	12905	2294
8.22	7.90	116	9284	8605	8	8	18190	5097	16558	2789
8.78	11.35	131	7445	6397	10	10	51121	14575	44101	5670
3.44	5.64	98	2875	3564	5	5	44892	11562	61043	7361
2.20	2.72	35	2490	1872	4	4	32058	7598	14792	1398
24.34	33.51	368	20796	17320	27	27	127352	33891	107747	14043
185.18	**279.39**	**2265**	**85494**	**83528**	**113**	**112**	**626211**	**187315**	**2973228**	**367047**
0.58	0.64	8	485	401	1	1	744	268	3190	539
1.09	1.62	8	498	251	1		1864	503	4073	529
1.95	3.34	27	1058	1013	1	1	8553	3135	38088	5343
1.94	2.46	30	1324	1650	1	1	8164	2672	41291	4242
2.47	3.80	46	1121	1205	1	1	9079	2661	30431	3673
0.88	1.85	21	719	1208	1	1	4611	1347	18023	1824
0.60	0.95	3	1150	680	1	1	37694	15230	5034	1058
1.05	1.63	25	1037	610	1	1	17434	6582	29106	5065
0.46	0.53	14	831	663	1	1	10159	4586	2378	764
3.47	3.89	38	1652	1347	1	1	4971	1450	38033	5158
2.34	2.37	30	1802	1135	1	1	10024	3244	14572	2495
1.39	2.99	27	1413	1519	1	1	5312	1864	20809	2363

2-9(二) 续表 2

地　　区	农林牧渔业总产值（亿元）	农业机械总动力（万千瓦特）	粮　食总产量（万吨）	肉　类总产量（万吨）	全社会固定资产投资（亿元）	社会消费品零售总额（亿元）	进出口总　额（亿美元）
新宾满族自治县	46.67	26.00	20.51	4.30	103.32	26.98	0.23
清原满族自治县	46.41	19.30	20.48	5.53	105.92	28.09	0.25
本溪满族自治县	39.22	20.09	10.37	4.16	120.08	38.63	0.34
桓仁满族自治县	43.58	17.50	13.00	2.99	100.10	33.02	1.25
宽甸满族自治县	46.72	49.20	14.00	5.69	143.43	51.40	0.38
吉林省							
长白朝鲜族自治县	8.26	4.62	2.01	0.24	48.11	7.47	0.45
前郭尔罗斯蒙古族自治县	140.20	149.75	207.75	11.88	210.10	130.18	0.37
伊通满族自治县	65.57	33.60	100.25	8.06	50.10	37.46	
黑龙江省							
杜尔伯特蒙古族自治县	51.69	65.00	103.44	2.62	64.55	11.76	0.05
浙江省							
景宁畲族自治县	9.03	7.80	4.31	0.56	26.09	17.12	0.27
湖北省							
长阳土家族自治县	47.42	19.43	10.22	7.93	47.65	28.89	0.47
五峰土家族自治县	27.56	15.66	8.05	3.56	28.01	13.10	0.02
湖南省							
城步苗族自治县	13.57	14.58	7.64	1.54	19.22	11.74	
通道侗族自治县	9.81	24.46	8.11	1.20	15.25	7.49	
江华瑶族自治县	32.73	34.25	21.66	4.05	46.31	23.85	0.12
新晃侗族自治县	11.30	12.73	7.87	2.27	20.76	8.73	
芷江侗族自治县	25.76	32.00	21.09	3.96	28.02	21.33	0.03
靖州苗族侗族自治县	17.69	28.00	12.46	2.11	20.31	16.12	0.02
麻阳苗族自治县	18.67	11.68	10.93	2.39	27.03	15.82	
广东省							
连南瑶族自治县	6.53	4.15	3.67	0.49	5.56	5.08	0.52
连山壮族瑶族自治县	8.53	4.19	4.21	0.71	7.86	4.08	
乳源瑶族自治县	9.41	5.76	5.95	0.60	37.69	13.94	1.46
广西壮族自治区							
都安瑶族自治县	20.66	39.63	12.57	3.97	29.85	14.44	
融水苗族自治县	25.36	8.90	10.26	2.85	57.90	17.90	

普通中学在校学生数（万人）	小学在校学生数（万人）	医院、卫生院数（个）	医院、卫生院卫生技术人员数（人）	医院、卫生院床位数（张）	文化馆（个）	图书馆（个）	城镇居民最低生活保障人数（人）	城镇居民最低生活保障支出（万元）	农村居民最低生活保障人数（人）	农村居民最低生活保障支出（万元）
1.11	1.54	18	1100	770	1	1	8595	2319	10101	1514
1.19	1.42	20	1327	1026	1	1	9867	3200	19265	2908
1.29	1.38	14	1088	1162	1	1	6554	2824	7039	1670
1.10	1.27	18	863	950	1	1	7507	3658	7245	1874
1.84	2.42	28	1444	1947	1	1	8931	2772	12083	1768
0.31	0.35	12	439	291	1	1	6908	2926	4576	900
2.11	3.41	25	2821	1712	2	1	7738	2444	16779	2895
2.05	2.78	24	1788	1467	1	1	6370	2036	20610	1877
1.17	1.11	14	529	354		1	7674	2160	9039	1458
0.54	0.88	23	741	280	1	1	661	216	8447	1825
1.44	1.50	13	1431	1342	1	1	5074	1754	33221	3419
0.36	0.66	10	685	578	1	1	1375	595	14479	1786
0.79	1.79	14	734	582	1	1	7367	1808	10489	1413
0.74	1.59	24	879	689	1	1	4015	897	10574	1210
2.06	3.75	26	1559	1663	1	1	5139	1500	36438	3949
0.88	1.59	27	721	956	1	1	5108	1128	13075	1282
1.47	0.25	36	1512	668	1	3	4318	1261	18141	1901
1.14	1.70	19	1021	849	1	1	6472	1673	11789	1087
1.36	2.56	31	1022	1106	1	1	6997	1854	18192	1938
0.90	1.14	10	563	384	1	1	965	204	9647	1139
0.56	0.61	14	354	293	1	1	305	162	6714	1545
1.06	1.40	16	990	408	1	1	437	106	5918	1006
3.70	6.03	32	1526	1250	1	1	8974	3917	92208	12032
1.75	4.03	32	1856	680	1	1	3955	1046	54800	6140

2-9(二) 续表 3

地　区	农林牧渔业总产值（亿元）	农业机械总动力（万千瓦特）	粮　食总产量（万吨）	肉　类总产量（万吨）	全社会固定资产投资（亿元）	社会消费品零售总额（亿元）	进出口总　额（亿美元）
三江侗族自治县	16.55	28.56	6.54	2.01	40.58	13.60	
龙胜各族自治县	12.57	22.23	6.64	1.19	39.56	6.83	
金秀瑶族自治县	10.25	11.25	4.57	0.97	22.16	5.89	
隆林各族自治县	13.57	26.35	8.86	2.04	20.16	9.69	
巴马瑶族自治县	13.48	12.47	8.65	1.97	32.15	8.51	0.03
罗城仫佬族自治县	23.70	22.54	12.04	2.16	30.07	11.63	
富川瑶族自治县	23.65	17.55	12.54	2.63	75.41	13.76	
大化瑶族自治县	12.60	19.52	8.86	2.85	30.26	11.25	
环江毛南族自治县	23.47	35.28	10.99	2.36	30.27	14.36	
恭城瑶族自治县	30.06	47.91	7.91	2.32	65.39	17.58	
海南省							
白沙黎族自治县	28.64	11.20	3.68	1.29	12.52	4.60	
昌江黎族自治县	29.90	15.90	5.59	1.65	84.72	8.57	
乐东黎族自治县	66.72	54.08	15.02	2.59	40.91	15.84	
陵水黎族自治县	47.57	11.20	9.48	2.06	130.18	10.37	
琼中黎族苗族自治县	20.77	15.76	4.60	1.04	18.56	5.57	
保亭黎族苗族自治县	21.40	5.75	3.12	1.39	33.41	5.71	
重庆市							
石柱土家族自治县	27.84	27.15	25.50	3.77	132.24	35.38	0.23
秀山土家族苗族自治县	23.71	28.20	30.52	4.27	94.74	36.71	0.43
酉阳土家族苗族自治县	31.07	41.40	36.71	6.13	104.64	33.96	2.14
彭水苗族土家族自治县	28.20	25.07	29.99	5.02	101.34	38.28	0.09
四川省							
北川羌族自治县	13.13	6.34	4.84	2.39	33.18	12.25	
木里藏族自治县	8.03	9.00	5.46	1.59	62.03	4.66	
马边彝族自治县	11.41	4.92	7.22	1.92	23.01	7.21	
峨边彝族自治县	5.70	9.70	4.39	1.28	16.52	9.25	0.29
贵州省							
松桃苗族自治县	29.22	38.00	22.62	0.00	90.07	13.60	
镇宁布依族苗族自治县	9.02	19.18	9.47	1.18	45.48	11.66	
紫云苗族布依族自治县	13.78	16.40	8.72	3.12	23.06	9.07	

普通中学在校学生数（万人）	小学在校学生数（万人）	医院、卫生院数（个）	医院、卫生院卫生技术人员数（人）	医院、卫生院床位数（张）	文化馆（个）	图书馆（个）	城镇居民最低生活保障人数（人）	城镇居民最低生活保障支出（万元）	农村居民最低生活保障人数（人）	农村居民最低生活保障支出（万元）
1.55	3.10	19	1024	785	1	1	7496	2571	35522	5135
0.86	1.03	19	786	325	1	1	2189	737	20959	3649
0.64	1.03	18	825	648	1	1	1383	1768	14953	444
2.15	4.59	26	630	880	1	1	4378	1100	84661	8300
1.36	2.69	25	590	450	1	1	2199	712	23852	3870
2.55	2.36	21	869	864	1	1	3709	894	46874	4833
1.30	2.24	24	890	750	1	1	4644	1167	10274	1727
2.24	4.46	24	756	750	1	1	11098	2874	60235	6556
1.86	2.65	32	899	863	1	1	1310	504	19516	2757
1.13	1.70	13	1056	691	1	1	5654	1476	26453	3196
0.89	1.64	24	756	546	1	1	9074	2955	4140	1006
1.40	1.95	18	983	676	1	1	7834	1787	9409	1019
3.29	4.52	17	1152	933	1	1	8890	3682	18099	4256
1.83	2.64	19	941	654	1	1	7051	2276	9813	1900
0.85	1.45	29	1071	682	1	1	8055	1940	4828	803
0.74	1.22	15	360	310	1	1	3893	1216	4748	896
3.28	4.03	36	1521	1874	1	1	7854	2931	10758	2108
3.17	4.02	35	1079	1590	1	1	6002	2246	26123	3712
5.08	6.40	41	1197	1862	1	1	7095	2006	24641	3720
4.45	5.73	41	1475	1408	1	1	5534	1583	22836	3177
1.04	1.01	25	541	829	1	1	7301	2081	15570	2142
0.58	1.49	34	324	415	1	1	3885	882	30730	2896
0.80	2.21	22	350	552	1	1	1684	455	17653	1715
0.58	1.01	21	363	304	1		1547	438	11555	1307
4.24	6.03	38	445	1698	1	1				
1.34	0.30	20	908	542	1	1	2613	774	67471	7798
2.28	3.21	16	527	629	1	1	4129	1056	81170	10552

2-9(二) 续表 4

地 区	农林牧渔业总产值（亿元）	农业机械总动力（万千瓦特）	粮 食总产量（万吨）	肉 类总产量（万吨）	全社会固定资产投资（亿元）	社会消费品零售总额（亿元）	进出口总 额（亿美元）
威宁彝族回族苗族自治县	50.01	39.10	49.63	7.37	142.43	17.05	
关岭布依族苗族自治县	12.10	17.20	9.85	2.35	25.20	12.95	
三都水族自治县	10.20	14.05	8.97	1.70	27.62	7.79	
玉屏侗族自治县	8.29	11.10	3.03	0.90	66.77	5.67	
道真仡佬族苗族自治县	15.64	16.70	13.31	1.93	41.12	7.88	
务川仡佬族苗族自治县	16.60	21.00	16.38	2.31	54.22	7.90	
印江土家族苗族自治县	23.35	27.00	12.76	2.78	57.87	7.52	
沿河土家族自治县	27.26	29.60	17.66	3.13	98.56	10.56	
云南省							
峨山彝族自治县	11.46	39.18	6.26	2.71	25.52	9.41	0.01
石林彝族自治县	26.61	22.33	13.85	6.16	77.89	23.57	
沧源佤族自治县	13.59	7.57	7.17	1.28	41.55	6.36	0.90
耿马傣族佤族自治县	33.35	28.20	10.65	2.08	76.47	11.28	1.08
玉龙纳西族自治县	16.60	12.00	11.51	4.25	51.25	6.95	
宁蒗彝族自治县	10.16		8.13	1.83	33.14	6.53	
江城哈尼族彝族自治县	12.58	19.70	4.18	0.69	16.17	4.20	0.14
澜沧拉祜族自治县	23.39	29.14	23.23	2.74	70.83	11.40	0.36
孟连傣族拉祜族佤族自治县	12.15	16.36	5.76	0.71	6.16	6.06	0.98
西盟佤族自治县	3.61	7.66	4.01	0.35	4.65	1.72	0.11
河口瑶族自治县	10.90		2.61	0.52	17.10	3.81	19.28
屏边苗族自治县	7.50	3.70	7.20	2.51	14.50	6.50	
贡山独龙族怒族自治县	2.01	0.95	1.12	0.20	6.89	1.74	
巍山彝族回族自治县	21.69	17.02	15.21	4.27	12.32	11.12	0.02
南涧彝族自治县	16.84	8.90	11.11	3.40	7.42	9.16	
寻甸回族彝族自治县	29.50	23.60	23.51	9.10	57.45	18.77	0.01
元江哈尼族彝族傣族自治县	21.80	14.30	8.79	2.05	17.38	14.90	0.15
新平彝族傣族自治县	22.75	23.28	13.72	4.23	36.42	12.91	0.01
墨江哈尼族自治县	17.15	20.96	14.25	2.10	40.63	7.53	
双江拉祜族佤族布朗族傣族自治县	12.52	16.00	6.65	1.54	20.30	5.11	
兰坪白族普米族自治县	6.97	7.80	8.71	1.23	26.48	7.04	
维西傈僳族自治县	6.92	15.00	7.11	1.04	44.04	4.65	

普通中学在校学生数（万人）	小学在校学生数（万人）	医院、卫生院数（个）	医院、卫生院卫生技术人员数（人）	医院、卫生院床位数（张）	文化馆（个）	图书馆（个）	城镇居民最低生活保障人数（人）	城镇居民最低生活保障支出（万元）	农村居民最低生活保障人数（人）	农村居民最低生活保障支出（万元）
12.00	22.13	46	1817	2054	1	1				
1.75	3.02	13	509	429	1	1	2007	592	57463	7712
2.18	3.54	23	483	555	1	1	6240	1643	74779	8734
0.84	0.21	14	427	472	1	1				
2.23	2.64	20	891	975	1	1	3290	714	54986	5705
3.52	3.80	17	430	992	1		3570	764	71050	6411
2.85	3.81	23	774	896	1	1				
4.39	8.53	33	716	650	1	1				
0.88	1.19	14	523	682	1	1	2015	559	5515	814
1.45	2.16	12	1163	857	1	1	1207	318	9278	1538
0.94	1.40	17	409	333	1	1	5236	1377	66379	8290
1.59	3.00	19	782	853	1	1	6548	1427	69483	7663
1.22	1.27	18	660	819	1	1	4397	887	16500	1834
1.67	2.86	20	417	475	5	1	9678	1834	59050	6789
0.51	0.94	11	344	265	1	1	3010	802	45543	5469
1.90	3.18	23	766	739	1	1	9814	2716	172345	20289
0.63	1.13	7	328	239	1	1	3068	859	43203	5910
0.50	0.75	8	221	193	1	1	3072	727	37334	4240
0.51	0.87	12	511	650	1	1	11219	3104	12859	1690
0.69	1.01	10	267	312	1	1	6173	1469	25700	2857
0.16	0.30	6	160	190	1	1	1410	387	18118	2462
1.74	2.61	14	766	843	1	1	4600	1137	26277	3320
1.17	1.90	11	394	479	1	1	3836	869	26400	3412
3.70	4.11	24	867	1602	1	1	4688	1166	24967	3216
1.24	1.68	16	847	493	1	1	5113	1404	11653	1488
1.37	2.17	17	524	522	1	1	4280	1115	18085	1965
1.34	2.07	18	766	891	1	1	5588	1460	70625	6403
0.92	1.28	23	281	553	1	1	6024	1379	47987	5207
1.05	1.93	11	536	612	1	1	5180	1504	55608	7363
0.63	1.21	12	356	169	1	1	5902	706	50005	5768

2-9(二)　续表 5

地　区	农林牧渔业总产值（亿元）	农业机械总动力（万千瓦特）	粮　食总产量（万吨）	肉　类总产量（万吨）	全社会固定资产投资（亿元）	社会消费品零售总额（亿元）	进出口总　额（亿美元）
景东彝族自治县	31.27	28.70	16.74	3.04	12.01	10.02	
景谷傣族彝族自治县	38.78	24.39	17.01	1.60	28.18	13.30	0.04
宁洱哈尼族彝族自治县	14.10	23.00	8.28	2.38	24.75	7.64	
漾濞彝族自治县	7.61	8.80	6.31	1.65	10.61	4.14	
禄劝彝族苗族自治县	29.88	32.90	21.01	6.27	63.56	18.32	
金平苗族瑶族傣族自治县	12.56	14.36	13.56	2.67	22.10	6.09	0.04
镇沅彝族哈尼族拉祜族自治县	22.10	25.10	10.46	1.97	12.37	7.20	
甘肃省							
张家川回族自治县	8.29	11.07	11.44	0.59	33.81	4.76	
天祝藏族自治县	8.15	25.67	3.93	1.35	72.20	15.65	
肃南裕固族自治县	5.26	7.30	2.48	0.96	40.32	3.05	
肃北蒙古族自治县	0.83	3.50	0.42	0.19	46.69	1.34	
阿克塞哈萨克族自治县	0.66	2.45	0.12	0.15	20.30	1.32	
东乡族自治县	7.28	13.55	7.91	1.27	15.10	1.52	
积石山保安族东乡族撒拉族自治县	5.57	6.95	8.93	0.36	16.07	3.02	
青海省							
互助土族自治县	23.52	45.60	11.64	3.01	57.15	9.99	
化隆回族自治县	8.24	20.70	7.15	0.74	21.74	5.12	
循化撒拉族自治县	5.98	8.79	3.61	0.66	19.33	5.12	0.06
河南蒙古族自治县	7.90			1.81	8.56	0.74	
门源回族自治县	9.11	30.20	4.13	1.19	23.43	5.76	
大通回族土族自治县	12.20	44.59	8.34	3.25	50.36	12.21	
民和回族土族自治县	13.82	41.38	21.92	1.48	57.63	14.39	
新疆维吾尔自治区							
巴里坤哈萨克自治县	14.00	12.76	9.39	2.01	40.01	4.43	
塔什库尔干塔吉克自治县	1.99		1.36	0.60	18.30	1.15	
木垒哈萨克自治县	19.40	14.97	11.85	1.92	5.00	5.15	
焉耆回族自治县	19.64	20.98	9.14	1.09	21.09	5.46	
察布查尔锡伯自治县	20.10	18.79	38.73	1.82	66.04	2.31	
和布克赛尔蒙古自治县	7.32	3.89	0.65	1.17	48.90	2.77	

普通中学在校学生数（万人）	小学在校学生数（万人）	医院、卫生院数（个）	医院、卫生院卫生技术人员数（人）	医院、卫生院床位数（张）	文化馆（个）	图书馆（个）	城镇居民最低生活保障人数（人）	城镇居民最低生活保障支出（万元）	农村居民最低生活保障人数（人）	农村居民最低生活保障支出（万元）
1.59	2.60	15	535	860	1	1	4340	1031	39884	4420
1.22	2.30	14	487	686	1	1	2698	601	28118	3004
0.78	1.11	14	736	707	1	1	4073	1155	16943	2125
0.34	0.77	13	195	181	1	1	2709	612	12050	1258
2.31	3.44	22	1293	1387	1	6	1660	484	22026	4768
2.01	3.68	15	587	575	1	1	5604	1344	115447	13627
0.87	1.31	10	419	376	1	1	4107	1159	23668	3002
2.63	3.90	25	685	500	1	1	6482	1664	70200	7573
1.37	1.24	25	927	711	1	1	9505	2340	55274	6135
0.15	0.21	23	225	404	1	1	1950	638	4520	564
0.06	0.07	7	110	123	1	1	804	359	699	102
0.05	0.08	4	55	82	1	1	995	341		
1.76	3.20	28	291	415	1	1	13401	3313	120982	10789
1.38	2.98	18	337	150	1	1	8503	1333	86845	7370
2.23	2.86	23	793	751	1	1	4415	1028	34800	5659
0.80	2.35	22	364	397	1	1	8360	2534	25200	4182
0.53	1.46	14	692	349	1	1	5598	1549	8550	1482
0.17	0.38	11	208		1		1231	382	3860	600
0.94	1.48	16	341	239	1	1	7535	2742	11493	2276
2.56	3.71	33	1219	1408	1	1	15796	5819	33220	5758
2.64	3.72	32	688	936			10074	2755	37100	6199
0.33	0.48	16	338	260			3525	1284	9256	1466
0.25	0.43	17	198	206			2920	790	13231	1655
0.34	0.47	14	457	366	1	1	2783	868	2500	380
0.55	0.89	14	551	504	1	1	8881	2397	3836	419
0.88	1.26	20	543	455	1	1	8226	2423	9200	1044
0.27	0.39	15	380	601	1	1	5819	1362	4415	717

主要统计指标解释

国内（地区）生产总值 是按市场价格计算的国内生产总值的简称。它是一个国家（地区）所有常驻单位在一定时期内生产活动的最终成果。国内生产总值有三种表现形态：价值形态、收入形态和产品形态。从价值形态看，它是所有常驻单位在一定时期内生产的全部货物和服务价值超过同期投入的全部非固定资产货物和服务价值的差额，即所有常驻单位的增加值之和；从收入形态看，它是所有常驻单位在一定时期内所创造并分配给常驻单位和非常驻单位的初次分配收入之和；从产品形态看，它是最终使用的货物和服务减去进口货物和服务。在实际核算中，国内生产总值的三种表现形态表现为三种计算方法即生产法、收入法和支出法。三种方法分别从不同的方面反映国内生产总值及其构成。

当年价格 指报告期的实际价格，如工厂的出厂价格、农产品的收购价格、商业的零售价格等。使用当年价格计算的数字，是为了使国民经济各项指标互相衔接，便于考察当年社会经济效益，便于对生产和流通、生产和分配、生产和消费进行经济核算和综合平衡。

按当年价格计算的价格指标在不同年份之间进行对比时，因为包含有各年间价格的因素，不能确切地反映实物量的增减变动，必须消除价格变动因素后才能真正反映经济发展动态。因此，在计算增长速度时都使用按可比价格计算的数字。

不变价格 指用同类产品的年平均价格作为固定价格来计算各年产品价值。按不变价格计算的产品价值消除了价格变动因素，不同时期对比可以反映生产的发展速度。新中国成立后，随着工农业产品价格水平的变化，国家统计局先后五次制定了全国统一的工业产品不变价格和农业产品不变价格，1949-1957 年使用 1952 年工（农）业产品不变价格，1957-1971 年使用 1957 年不变价格，1971-1981 年使用 1970 年不变价格，1981-1990 年使用 1980 年不变价格，1990 年开始使用 1990 年不变价格。

平均每年增长速度 在我国计算平均增长速度有两种方法：一种是习惯上经常使用的“水平法”，又称几何平均法，是以间隔期最后一年的水平同基期水平对比来计算平均每年增长（或下降）速度；另一种是“累计法”，又称代数平均法或议程法，是以间隔期内各年水平的总和同基期水平对比来计算平均每年增长（或下降）速度。

三次产业 三次产业的划分是世界上较为常用的产业结构分类，但各国的划分不尽一致。我国的三次产业划分是：

第一产业是指农、林、牧、渔业。

第二产业是指采矿业，制造业，电力、煤气及水的生产和供应业，建筑业。

第三产业是指除第一、二产业以外的其他行业。

三、人　口

3-1 民族自治地方年末总人口及构成

单位：万人

年份	民族自治地方总人口	农业人口	非农业人口	比重(以自治地方总人口为100) 农业人口	非农业人口	民族自治地方少数民族人口	少数民族人口占民族自治地方总人口的比重(%)
1952	5600.95	4967.73	633.22	88.59	11.31		
1957	6464.90	5663.04	801.86	87.60	12.40		
1965	7739.20	6618.05	1121.15	85.51	14.49		
1975	10441.43	8873.60	1567.83	84.98	15.02		
1978	11077.22	9376.34	1700.88	84.65	15.35	4342.36	39.2
1979	11333.94	9534.45	1799.49	84.12	15.88		
1980	11586.35	9717.60	1868.75	83.87	16.13	4714.31	40.7
1981	11767.29	9864.52	1902.77	83.83	16.17		
1982	12127.26	10161.43	1965.83	83.79	16.21	5007.50	41.3
1983	12659.05	10601.55	2057.50	83.75	16.25	5339.10	42.2
1984	12899.98	10769.19	2130.79	83.48	16.52	5491.20	42.6
1985	13547.71	11263.66	2284.05	83.14	16.86	5852.87	43.2
1986	13927.03	11567.63	2359.40	83.06	16.94	6072.23	43.6
1987	14246.65	11794.22	2254.43	82.79	17.21	6252.58	43.9
1988	14579.84	12037.74	2542.10	82.56	17.44	6442.79	44.2
1989	15060.57	12382.47	2678.10	82.22	17.78	6688.63	44.4
1990	15295.71	12580.41	2715.30	82.24	17.76	6879.58	45.0
1991	15462.71	12660.58	2802.13	81.88	18.12	7044.32	45.6
1992	15630.06	12768.95	2861.11	81.69	18.31	7125.20	45.6
1993	15776.06	12808.13	2967.93	81.49	18.51	7179.08	45.5
1994	15974.68	12890.12	3084.56	80.69	19.31	7286.83	45.6
1995	16044.41	12878.06	3166.35	80.27	19.73	7232.13	45.1
1996	16230.41	12941.79	3288.72	79.74	20.26	7393.99	45.6
1997	16407.92	13054.47	3353.45	79.56	20.44	7451.12	45.4
1998	16615.95	13155.42	3460.53	79.17	20.83	7577.45	45.6
1999	16678.00	13169.40	3508.60	78.96	21.04	7571.34	45.4
2000	16817.70	13246.25	3570.45	78.76	21.24	7766.76	46.2
2001	16870.10	13256.90	3613.20	78.59	21.41	7799.47	46.2
2002	17051.24	13287.33	3763.91	77.93	22.07	7930.39	46.5
2003	17214.12	13384.84	3829.28	77.75	22.25	8016.96	46.6
2004	17311.28	13407.54	3903.74	77.45	22.55	8114.66	46.9
2005	17498.65	13426.44	4072.21	76.73	23.27	8238.95	47.1
2006	17679.86	13365.71	4314.16	75.60	24.40	8367.37	47.3
2007	17947.89	13570.29	4310.46	75.61	24.02	8501.22	47.4
2008	18135.33	13723.48	4351.91	75.92	24.08	8616.02	47.5
2009	18317.90	13670.06	4647.84	74.63	25.37	8713.71	47.6
2010	18531.02	13489.35	4968.88	72.79	26.81	8813.76	47.6
2011	18656.16	13720.03	4936.13	73.54	26.46	8913.86	47.8
2012	18802.17	13689.10	4758.45	72.81	25.31	9066.54	48.2

注：1.本表未扣除区域变动因素，年度之间不可比。下同。
2.有些年份因部分省区农业人口与非农业人口数据不全，因此合计数不等于总人口数。

3-2 民族自治地方分地区年末总人口和少数民族人口(2012年)

地　　区	年末总人口（万人）	#少数民族人口	少数民族占总人口的比重(%)
合　　计	**18802.168**	**9066.54**	**48.22**
河　　北	207.62	124.10	59.77
内 蒙 古	2490.00	542.24	21.78
辽　　宁	332.33	177.01	53.26
吉　　林	333.29	114.20	34.27
黑 龙 江	25.22	5.25	20.82
浙　　江	17.31	1.91	11.06
湖　　北	464.22	264.16	56.90
湖　　南	520.65	401.09	77.04
广　　东	49.56	18.25	36.82
广　　西	5240.00	1988.00	37.94
海　　南	179.36	91.51	51.02
重　　庆	273.79	194.52	71.05
四　　川	759.54	460.50	60.63
贵　　州	1748.12	1061.43	60.72
云　　南	2249.73	1272.70	56.57
西　　藏	307.62	282.84	91.94
甘　　肃	352.29	207.81	58.99
青　　海	371.32	238.50	64.23
宁　　夏	647.19	235.03	36.32
新　　疆	2233.00	1385.49	62.05

3-3 民族自治地方分地区人口构成(2012年)

单位: 万人

地区	按性别分		按城乡分		按农业非农业分	
	男	女	城镇人口	乡村人口	农业人口	非农业人口
合计	**9765.88**	**9036.29**	**7359.39**	**10884.78**	**13689.10**	**4758.45**
河北	108.26	99.36	79.18	128.44	171.37	36.25
内蒙古	1292.00	1198.00	1438.00	1052.00	1464.00	1026.00
辽宁	169.77	162.55	101.81	230.51	253.05	79.27
吉林	167.97	165.33	235.56	97.73	156.54	176.75
黑龙江	12.76	12.46	6.61	18.61	17.90	7.31
浙江	9.13	8.17	4.68	12.63	14.21	3.10
湖北	242.24	221.98	130.96	333.26	396.10	68.13
湖南	278.41	242.24	163.45	357.20	436.92	83.73
广东	25.64	23.92	8.48	41.08	41.08	8.48
广西	2759.00	2481.00	2038.00	2644.00	4166.00	1027.00
海南	93.98	85.38	60.65	118.71	118.19	61.18
重庆	144.40	129.39	70.98	202.81	192.72	81.08
四川	389.60	369.94	225.81	533.73	648.44	111.10
贵州	915.93	832.19	588.80	1159.32	1546.63	201.49
云南	1156.11	1093.62	680.05	1569.68	1836.28	413.46
西藏	156.89	150.73	69.98	237.64		
甘肃	181.20	171.10	53.97	298.33	285.05	67.24
青海	189.00	182.31	92.46	278.86	267.76	103.55
宁夏	328.58	318.61	327.96	319.23	402.94	244.25
新疆	1145.00	1088.00	982.00	1251.00	1273.90	959.10

注: 因广西城镇人口与乡村人口为户籍人口数, 故与总人口数不等; 广西农业人口、非农业人口不含户口待定人口数, 故与总人口数不等。西藏农业人口、非农业人口数缺。

主要统计指标解释

人口数 指一定时点、一定地区范围内的有生命的个人的总和。年度统计的年末人口数指每年 12 月 31 日 24 时的人口数。

市镇总人口和乡村总人口 一般是按常住人口划分。

市镇总人口 指市、镇辖区的全部人口。

乡村总人口 指县（不含镇）的全部人口。

市 指经国家批准成立“市”建制的城市。

镇 指经省、自治区、直辖市批准的镇。1963 年以前为常住人口在 2000 人以上，非农业人口占 50%以上的人口聚居地。1964 年起改为常住人口在 3000 人以上，非农业人口占 70%以上或常住人口在 2500 人以上，不满 3000 人，非农业人口占 85%以上的。1984 年后又调整为凡县级地方国家机关所在地；或总人口在 20000 人以下的乡，乡政府驻地非农业人口超过 2000 人的；或总人口在 20000 人以上的乡，乡政府驻地非农业人口占全乡 10%以上；或少数民族地区、人口稀少的边远地区、山区和小型工矿区、小港口、风景旅游地、边境口岸等地，非农业人口虽不足 2000 人，都可建镇。

四、就业人员和劳动报酬

4-1 民族自治地方单位就业人员年平均工资

单位：元

年　份	合　计	国有单位	城镇集体单位	其他单位
1981	816	848	650	
1982	845	827	686	
1983	884	917	711	
1984	1026	1077	810	
1985	1142	1202	899	
1986	1320	1392	1011	
1987	1465	1535	1156	
1988	1739	1815	1396	
1989	1850	1931	1420	
1990	2040	2150	1525	2033
1991	2214	2318	1718	2284
1992	2527	3006	1949	2538
1993	3074	3210	2363	3652
1994	3970	4092	3185	4205
1995	4559	4857	3492	4801
1996	5268	5436	4033	5513
1997	5593	5799	4102	6077
1998	6243	6414	4580	6739
1999	6822	6979	5093	7234
2000	7802	7976	5716	8165
2001	9548	9839	6762	9385
2002	10990	11303	7277	11042
2003	12471	12877	8365	12164
2004	14583	15235	10161	13370
2005	15481	15869	10966	15201
2006	17766	18323	12375	17041
2007	21374	22334	15163	19603
2008	25232	26034	18600	23854
2009	28187	29351	21439	25994
2010	32218	33258	27263	30111
2011	37310	38094	32726	36033
2012	41549	41718	35705	41784

注：1．本表未扣除区域变动因素，年度之间不可比。下同。
2．1998年以后为人均劳动报酬。

4-2 民族自治地方分地区年末单位就业人员(2012年)

单位：万人

地　区	合　计	国有单位	城镇集体单位	其他单位
合　计	**1449.21**	**964.28**	**45.45**	**439.48**
河　北	10.35	7.14	0.40	2.80
内蒙古	270.77	176.35	8.53	85.89
辽　宁	18.97	13.47	2.09	3.42
吉　林	34.67	23.35	1.21	10.10
黑龙江	1.17	0.82	0.05	0.30
浙　江	1.09	0.68	0.00	0.41
湖　北	19.12	13.15	0.57	5.40
湖　南	23.82	19.00	1.26	3.57
广　东	3.86	2.17	0.34	1.36
广　西	357.98	214.03	16.25	127.70
海　南	8.69	7.51	0.28	0.90
重　庆	9.78	6.96	0.39	2.43
四　川	42.69	31.69	1.16	9.84
贵　州	68.03	55.87	3.09	9.07
云　南	148.37	87.18	3.85	57.34
西　藏	25.19	24.20	0.43	0.55
甘　肃	19.56	17.64	0.58	1.34
青　海	28.91	21.35	0.78	6.78
宁　夏	67.42	40.92	0.79	25.71
新　疆	288.77	200.82	3.39	84.57

注：浙江省城镇集体单位年末单位就业人员为22人，因四舍五入后小数点后不足2位，故显示数据为0。

4-3 民族自治地方分地区单位就业人员劳动报酬(2012年)

单位：亿元

地区	合计	国有单位	城镇集体单位	其他单位
合计	**6021.38**	**4022.80**	**162.26**	**1836.32**
河北	36.38	25.01	1.43	9.94
内蒙古	1304.73	871.21	38.68	394.84
辽宁	106.20	87.63	8.38	10.19
吉林	110.89	80.15	3.42	27.33
黑龙江	3.12	2.26	0.11	0.75
浙江	6.71	4.01	0.01	2.70
湖北	56.82	41.78	1.76	13.28
湖南	78.38	63.63	3.21	11.54
广东	14.58	8.68	1.11	4.79
广西	1280.52	800.05	45.08	435.39
海南	32.96	29.30	0.85	2.80
重庆	38.37	27.64	0.94	9.79
四川	190.02	147.29	4.04	38.69
贵州	237.30	181.83	9.24	46.23
云南	508.00	324.75	16.47	166.79
西藏	128.50	124.67	1.13	2.70
甘肃	77.03	71.12	1.74	4.18
青海	94.89	71.57	2.51	20.81
宁夏	349.76	205.87	4.73	139.15
新疆	1366.21	854.37	17.41	494.43

4-4 民族自治地方分地区单位就业人员平均劳动报酬(2012年)

单位：元

地　区	合　计	国有单位	城镇集体单位	其他单位
合　计	**41549**	**41718**	**35705**	**41784**
河　北	35165	35029	35375	35481
内蒙古	48186	49403	45335	45970
辽　宁	55971	65069	40085	29838
吉　林	31989	34319	28170	27062
黑龙江	26614	27579	22694	24652
浙　江	61498	58802	31818	66159
湖　北	29713	31766	30806	24596
湖　南	32898	33495	25548	32308
广　东	37734	40071	32493	35327
广　西	35770	37380	27740	34094
海　南	37930	39028	30308	31149
重　庆	39244	39743	24295	40200
四　川	44516	46483	34837	39324
贵　州	34884	32547	29872	50998
云　南	34240	37253	42806	29085
西　藏	51020	51508	26164	49062
甘　肃	39382	40309	30186	31140
青　海	32823	33516	32265	30704
宁　夏	51876	50312	60003	54115
新　疆	47311	42544	51416	58467

4-5 民族自治地方分地区年末在岗职工人数(2012年)

单位: 万人

地　区	合　计	国有单位	城镇集体单位	其他单位
合　计	**1334.11**	**891.64**	**38.03**	**404.43**
河　北	9.09	6.71	0.40	1.97
内蒙古	265.27	173.68	8.06	83.52
辽　宁	18.19	12.93	2.05	3.21
吉　林	32.10	21.76	1.16	9.18
黑龙江	1.17	0.82	0.05	0.30
浙　江	1.09	0.68	0.00	0.40
湖　北	17.64	11.95	0.41	5.28
湖　南	21.65	17.68	1.00	2.98
广　东	3.76	2.08	0.32	1.36
广　西	303.45	190.45	12.12	100.88
海　南	7.92	6.78	0.27	0.87
重　庆	9.45	6.81	0.36	2.28
四　川	40.40	29.91	1.10	9.39
贵　州	62.92	48.72	2.06	12.14
云　南	131.79	78.74	3.25	49.81
西　藏	21.50	20.72	0.28	0.51
甘　肃	17.69	8.69	0.65	8.35
青　海	25.81	18.91	0.52	6.39
宁　夏	62.88	38.14	0.72	24.02
新　疆	280.33	195.47	3.26	81.60

注：浙江省城镇集体单位年末在岗职工人数为19人，因四舍五入后小数点后不足2位，故显示数据为0。

4-6 民族自治地方分地区在岗职工工资总额(2012年)

单位: 亿元

地　区	合　计	国有单位	城镇集体单位	其他单位
合　计	**5676.88**	**3832.91**	**146.70**	**1697.26**
河　北	33.50	24.16	1.42	7.92
内蒙古	1280.55	865.21	37.39	377.94
辽　宁	60.10	42.12	8.27	9.71
吉　林	106.53	77.92	3.33	25.28
黑龙江	3.12	2.26	0.11	0.75
浙　江	6.42	3.77	0.01	2.64
湖　北	56.26	41.51	1.32	13.43
湖　南	74.11	61.21	2.69	10.21
广　东	14.32	8.47	1.06	4.78
广　西	1125.53	749.69	35.29	340.55
海　南	31.48	27.90	0.84	2.74
重　庆	37.71	27.50	0.93	9.28
四　川	184.80	143.90	3.89	37.01
贵　州	239.52	191.22	7.73	40.57
云　南	474.17	308.86	15.23	150.08
西　藏	123.82	120.55	0.75	2.53
甘　肃	72.63	37.82	1.81	32.99
青　海	128.06	92.94	3.04	32.07
宁　夏	258.05	151.54	4.19	102.33
新　疆	1366.21	854.37	17.41	494.43

4-7 民族自治地方分地区在岗职工平均工资(2012年)

单位：元

地区	合计	国有单位	城镇集体单位	其他单位
合计	**42552**	**42987**	**38573**	**41966**
河北	36867	35983	35514	40148
内蒙古	48274	49815	46364	45254
辽宁	33032	32568	40325	30249
吉林	33187	35804	28735	27544
黑龙江	26630	27605	22694	24652
浙江	59028	55342	33158	65360
湖北	31886	34732	32009	25436
湖南	34226	34629	27036	34238
广东	38060	40720	32758	35244
广西	37091	39363	29121	33758
海南	39740	41142	31060	31514
重庆	39906	40368	25674	40779
四川	45738	48105	35259	39429
贵州	38071	39250	37607	33419
云南	35979	39226	46926	30132
西藏	57586	58187	26975	49821
甘肃	41052	43530	27910	39499
青海	49607	49148	58916	50213
宁夏	41042	39735	58257	42601
新疆	48736	43708	53405	60592

主要统计指标解释

单位就业人员 指在各级国家机关、政党机关、社会团体及企业、事业单位中工作，取得工资或其他形式的劳动报酬的全部人员。包括在岗职工和其他就业人员，不包括离开本单位仍保留劳动关系的职工。

乡村劳动力 指乡村人口中实际参加各种行业劳动并取得实物或货币收入的劳动力人数。包括劳动年龄内实际参加劳动的人数和不足或超过劳动年龄实际参加劳动的人数。

城镇登记失业人员 指有非农业户口，在一定的劳动年龄内，有劳动能力，无业而要求就业，并在当地就业服务机构进行求职登记的人员。

城镇登记失业率 指城镇登记失业人数同城镇就业人数与城镇登记失业人数之和的比。计算公式：

城镇登记失业率=城镇登记失业人数/（城镇就业人数+城镇登记失业人数）×100%

就业人员劳动报酬 指各单位在一定时期内直接支付给本单位就业人员的劳动报酬总额。

工资总额的计算原则应以直接支付给职工的全部劳动报酬为根据。各单位支付给职工的劳动报酬以及其他根据有关规定支付的工资，不论是计入成本的还是不计入成本的，不论是按国家规定列入计征资金税项目的还是未列入计征资金税项目的，不论是以货币形式支付的还是以实物形式支付的，均包括在工资总额内。

五、固定资产投资

5-1 民族自治地方全社会固定资产投资和新增固定资产完成情况

单位：亿元

年 份	全社会固定资产投资	#国有经济固定资产投资	新增固定资产
1980			40.03
1981		61.62	29.25
1982		74.20	45.56
1983		93.24	63.21
1984		115.00	75.72
1985		161.94	118.88
1986		171.84	131.72
1987		200.17	241.92
1988		246.86	176.40
1989		230.99	193.15
1990		259.45	226.34
1991		340.84	251.00
1992	675.39	531.01	354.29
1993	978.51	791.44	543.07
1994	1271.46	994.16	603.75
1995	1444.03	982.60	924.65
1996	1611.37	1078.76	950.21
1997	1791.29	1198.37	1000.95
1998	2077.93	1342.49	1226.82
1999	2230.47	1411.56	1445.81
2000	2477.00	1552.59	1803.97
2001	2928.36	1610.05	1718.51
2002	3542.10	2187.80	2058.52
2003	4733.93	2652.59	2582.59
2004	6259.40	2923.32	
2005	8357.69	3767.48	5006.48
2006	10564.01	4642.16	5795.57
2007	13517.34	5198.81	7729.66
2008	17285.35	6655.11	7595.31
2009	23262.59	9397.21	14512.25
2010	29875.92	12045.84	16149.52
2011	37052.16	12437.33	21110.05
2012	43674.83	15580.17	27542.49

5-2 民族自治地方分地区全社会固定资产投资和新增固定资产(2012年)

单位：亿元

地　区	全社会固定资产投资	其中：不含农户投资	新增固定资产
合　计	**43674.83**	**40928.69**	**27542.49**
河　北	507.50	463.55	255.40
内蒙古	11875.70	11749.80	7809.80
辽　宁	903.90	851.06	665.20
吉　林	970.86	547.02	763.17
黑龙江	64.55	50.63	64.55
浙　江	26.09	26.09	8.62
湖　北	481.84	410.54	256.93
湖　南	409.36	396.28	274.01
广　东	51.11	46.32	26.14
广　西	9808.60	9345.20	7062.13
海　南	320.30	299.15	102.42
重　庆	432.96	418.85	226.09
四　川	1679.83	1612.30	1058.48
贵　州	2740.29	2110.05	1282.62
云　南	2846.15	2572.10	1743.45
西　藏	670.50	670.50	359.50
甘　肃	589.93	572.27	218.68
青　海	1039.65	895.96	594.20
宁　夏	2096.90	2033.00	1218.40
新　疆	6158.80	5858.00	3552.70

5-3 民族自治地方分地区按经济类型分的全社会固定资产投资(2012年)

单位：亿元

地　区	全社会固定资产投资	#国有经济	#集体经济	#外商港澳台经济
合　计	**43674.83**	**15580.17**	**902.83**	**782.89**
河　北	507.50	65.18	8.70	
内蒙古	11875.70	3867.10	207.00	143.60
辽　宁	903.90	114.06	93.92	2.38
吉　林	970.86	332.72	13.28	32.93
黑龙江	64.55	36.71	13.92	
浙　江	26.09	9.23	5.28	
湖　北	481.84	175.15	31.75	
湖　南	409.36	307.91	2.71	0.69
广　东	51.11	19.30	24.92	4.99
广　西	9808.60	3238.60	166.71	410.58
海　南	320.30	52.71	29.17	45.91
重　庆	432.96	258.06	0.18	0.07
四　川	1679.83	901.16	26.04	5.24
贵　州	2740.29	767.98	42.98	8.57
云　南	2846.15	1232.44	113.11	24.70
西　藏	670.50	436.40	14.20	4.80
甘　肃	589.93	174.16	65.33	
青　海	1039.65	538.21	30.85	12.27
宁　夏	2096.90	549.20	4.90	38.98
新　疆	6158.80	2503.90	7.90	47.20

注：河北、黑龙江、浙江、湖北、甘肃缺外商港澳台数据。

5-4 民族自治地方分地区按资金来源分的全社会固定资产投资(2012年)

单位：亿元

地　区	国家预算内资金	国内贷款	利用外资
合　计	**4055.97**	**5794.77**	**660.99**
河　北	15.89	50.72	1.06
内蒙古	486.50	1410.90	22.20
辽　宁	29.39	110.75	9.78
吉　林	88.16	58.00	11.52
黑龙江	50.63	4.35	
浙　江	0.84	2.56	
湖　北	65.12	91.72	0.65
湖　南	72.58	65.75	1.13
广　东	8.52	0.50	
广　西	432.10	1308.20	35.70
海　南	22.80	145.96	6.16
重　庆	156.17	95.18	125.20
四　川	268.40	406.02	
贵　州	233.17	112.06	401.56
云　南	435.55	275.66	22.32
西　藏	388.40	25.50	6.50
甘　肃	67.84	99.30	
青　海	240.42	183.05	3.06
宁　夏	177.00	459.90	5.06
新　疆	816.50	888.70	9.10

5-5 民族自治地方国有经济基本建设投资

单位：亿元

年　份	基本建设投资	年　份	基本建设投资
1950—1952	5.60	1976—1980	237.58
1953—1957	40.78	1981—1985	344.71
1958—1962	119.93	1986—1990	662.88
1963—1965	45.06	1991—1995	2399.00
1966—1970	90.05	1996—2000	4876.74
1971—1975	152.12	2001—2003	5169.67

主要统计指标解释

全社会固定资产投资 固定资产投资是社会固定资产再生产的主要手段。通过建造和购置固定资产的活动，国民经济不断采用先进技术装备，建立新兴部门，进一步调整经济结构和生产力的地区分布，增强经济实力，为改善人民物质文化生活创造物质条件。这对我国的社会主义现代化建设具有重要意义。

固定资产投资额是以货币表现的建造和购置固定资产活动的工作量，它是反映固定资产投资规模、速度、比例关系和使用方向的综合性指标。全社会固定资产投资包括国有经济单位投资、城乡集体经济单位投资、各种经济类型的单位投资和城乡居民个人投资。按照我国现行计划管理体制，国有经济单位固定投资总额分为基本建设、更新改造、商品房屋建设投资和其他固定资产投资四个部分；城乡集体经济单位投资包括城镇集体所有制单位投资和农村集体所有制单位投资；各种经济类型的单位投资包括联营经济、股份制经济、中外合资经营、中外合作经营、外资、港澳台与大陆合资经营、港澳台与大陆合作经营、港澳台独资及其他经济类型的单位投资。

基本建设投资 基本建设是企业、事业单位以扩大生产能力或工程效益为主要目的的新建、扩建工程及有关工作。包括工厂、矿山、铁路、桥梁、港口、农田水利、商店、住宅、学校、医院等工程的建造和机器设备、车辆船舶、飞机等的购置。

基本建设投资额是以货币表现的基本建设完成的量，是反映一定时期内基本建设规模和建设进度的综合性指标。它是根据工程的实际进度按预算价格（预算价格是编制施工图预算时所用的价格）计算的工作量，没有形成工程实体的建筑材料和没有开始安装的设备都不计算投资完成额。

更新改造投资 更新改造是指企业、事业单位对原有设施进行固定资产更新和技术改造，以及相应配套的工程和有关工作（不包括大修理和维护工程）。更新改造投资是以货币表现的更新改造完成的工作量。根据我国现行统计制度基本建设和更新改造的划分是:（1）列入基本建设计划的项目作为基本建设投资，列入更新改造计划的项目作为更新改造投资。（2）更新改造计划与基本建设计划结合安排的项目以及未列入计划的项目，根据工程性质作为基本建设投资或更新改造投资。属于对企业、事业单位原有设施进行技术改造或更新的项目和增建主要生产车间、分厂等，其新增生产能力或效益尚未达到大中型标准的项目，以及由于城市环境保护和安全生产的需要而进行的迁建工程，作为更新改造投资。

其他固定资产投资 是指除基本建设投资、更新改造投资和房地产投资以外的其他投资。

新增固定资产 指通过投资活动所形成的新的固定资产价值。包括已经建成投入生产或交付使用的工程价值和达到固定资产标准的设备、工具、器具的价值及有关应摊入的费用。它是以价值形式表示的固定资产投资的综合性指标，可以综合反映不同时期、不同部门、不同地区的固定资产投资成果。

六、财　政

6-1 民族自治地方财政收支情况

单位：亿元

年份	收入			支出			收支差额
	合计	五个自治区	自治州、县	合计	五个自治区	自治州、县	
1952	4.96	3.81	1.15	4.39	3.34	1.05	0.57
1957	11.48	8.91	2.57	12.43	9.58	2.85	-0.95
1960	29.19	21.92	7.27	42.87	35.12	7.75	-13.68
1961	16.58	12.54	4.04	21.36	16.54	4.82	-4.78
1962	13.23	9.93	3.30	14.15	11.10	3.05	-0.92
1963	15.71	11.57	4.14	16.69	12.60	4.09	-0.98
1964	17.62	13.22	4.40	20.55	16.09	4.46	-2.93
1965	19.67	15.09	4.58	23.06	18.48	4.58	-3.39
1966	21.18	16.65	4.53	26.07	21.00	5.07	-4.89
1968	10.68	8.74	1.94	17.02	13.12	3.90	-6.34
1972	22.05	15.94	6.11	43.12	31.55	11.57	-21.07
1973	22.72	15.13	7.59	47.83	34.91	12.92	-25.11
1974	22.87	15.31	7.56	49.66	36.90	12.76	-26.79
1975	23.49	15.80	7.69	50.63	38.01	12.62	-27.14
1976	24.41	16.24	8.17	55.70	41.24	14.46	-31.29
1977	28.46	19.26	9.20	59.97	43.35	16.62	-31.51
1978	40.79	30.18	10.61	83.35	62.02	21.33	-42.56
1979	34.00	25.88	8.12	87.97	69.93	18.04	-53.97
1980	31.07	22.44	8.63	81.20	62.45	18.75	-50.13
1981	29.67	19.77	9.90	76.13	56.17	19.96	-46.46
1982	36.31	23.86	12.45	86.81	63.42	23.39	-50.50
1983	41.48	27.81	13.67	100.62	73.11	27.51	-59.14
1984	45.33	30.65	14.68	131.58	96.28	35.30	-86.25
1985	63.45	42.32	21.13	156.98	112.67	44.31	-93.53
1986	80.66	55.04	25.62	198.62	142.22	56.40	-117.96
1987	97.51	65.62	31.89	210.43	147.92	62.51	-112.92
1988	119.39	78.74	40.65	241.10	167.49	73.61	-121.71
1989	147.65	96.49	51.16	273.26	182.62	90.64	-125.61
1990	166.74	109.28	57.46	304.37	202.37	102.00	-137.63
1991	204.35	136.28	68.07	342.70	227.70	115.00	-138.35
1992	210.00	135.17	74.83	367.52	239.11	128.41	-157.52
1993	302.69	199.59	103.10	462.31	301.48	160.83	-159.62
1994	201.49	139.97	61.52	516.96	338.52	178.44	-315.47
1995	248.13	172.56	75.57	595.12	397.04	198.08	-346.99
1996	313.01	211.19	101.82	720.15	464.65	255.50	-407.14
1997	355.66	246.98	108.68	774.97	512.39	262.58	-419.31
1998	399.31	284.16	115.15	868.54	605.10	263.44	-469.23
1999	437.18	314.86	122.32	1003.77	693.84	309.93	-566.59
2000	475.54	347.35	128.19	1172.90	817.34	355.56	-697.36
2001	544.92	406.88	138.04	1608.60	1132.38	476.22	-1063.68
2002	594.66	449.83	144.83	1926.50	1426.71	499.79	-1331.84
2003	673.97	508.78	165.19	2109.30	1511.01	598.29	-1435.34
2004	825.78	637.72	188.06	2467.73	1749.48	718.25	-1641.95
2005	1026.35	800.56	225.79	3050.44	2158.08	892.36	-2024.08
2006	1281.04	981.34	299.70	3732.88	2613.53	1119.35	-2451.84
2007	1660.89	1297.14	363.75	4898.51	3461.27	1437.24	-3237.61
2008	2099.88	1650.05	449.83	6496.73	4635.88	1860.85	-4396.85
2009	2548.23	2002.30	545.93	8368.64	5798.07	2570.57	-5820.41
2010	3255.56	2532.74	722.82	10511.53	7088.57	3422.95	-7255.97
2011	4276.36	3299.54	976.81	13588.74	9283.00	4305.75	-9312.39
2012	5220.36	3978.32	1242.04	16070.80	10900.99	5169.81	-10850.44

注：表列五个自治区，系指内蒙古自治区、广西壮族自治区、西藏自治区、宁夏回族自治区和新疆维吾尔自治区。
自治州、县系指除上述五个自治区以外各省所属的民族自治州、自治县。

6-2 民族自治地方分地区财政收入情况（2012年）

单位：亿元

地　区	财政总收入	#公共财政预算收入	#各项税收
合　计	**9335.76**	**5220.36**	**3727.51**
河　北	78.03	31.30	26.52
内蒙古	2497.28	1552.75	1119.87
辽　宁	179.47	102.70	75.23
吉　林	168.06	87.02	56.04
黑龙江	9.33	4.21	3.57
浙　江	9.50	4.09	3.35
湖　北	99.71	46.53	36.92
湖　南	72.15	44.45	26.44
广　东	23.79	6.21	4.10
广　西	1810.14	1166.06	762.46
海　南	126.17	42.46	36.98
重　庆	73.07	39.43	20.91
四　川	216.37	155.71	94.20
贵　州	346.17	227.65	140.60
云　南	769.05	354.99	273.31
西　藏	899.93	86.58	70.07
甘　肃	48.04	24.85	13.72
青　海	197.71	70.45	57.27
宁　夏	460.14	263.96	207.02
新　疆	1251.64	908.97	698.93

6-3 民族自治地方分地区各项税收情况(2012年)

单位: 亿元

地 区	各项税收	#增值税	#营业税	#企业所得税	#个人所得税
合 计	**3727.51**	**516.49**	**1226.16**	**471.77**	**167.80**
河 北	26.52	4.64	9.23	2.58	0.95
内蒙古	1119.87	182.68	319.76	179.85	47.61
辽 宁	75.23	6.34	12.04	5.11	2.04
吉 林	56.04	3.00	17.47	7.57	2.08
黑龙江	3.57	1.14	0.62	0.66	0.05
浙 江	3.35	0.83	0.78	0.23	0.89
湖 北	36.92	4.96	13.09	2.95	1.39
湖 南	26.44	3.18	7.73	2.05	1.02
广 东	4.10	1.17	0.93	0.41	0.12
广 西	762.46	84.81	262.32	85.95	24.19
海 南	36.98	1.74	11.11	5.29	0.38
重 庆	20.91	2.28	7.84	1.42	0.64
四 川	94.20	14.06	32.55	8.98	3.02
贵 州	140.60	11.71	44.62	12.88	9.38
云 南	273.31	47.88	89.29	15.44	3.85
西 藏	70.07	7.69	20.75	10.91	23.80
甘 肃	13.72	3.12	5.94	1.46	0.50
青 海	57.27	8.47	18.31	22.64	3.33
宁 夏	207.02	26.23	92.48	25.39	6.68
新 疆	698.93	100.57	259.31	79.99	35.89

6-4 民族自治地方分地区财政支出情况(2012年)(一)

单位: 亿元

地区	公共财政预算支出	#一般公共服务	#教育	#科学技术
合计	**16070.80**	**1889.23**	**2682.08**	**144.20**
河北	99.56	11.98	22.52	0.43
内蒙古	3425.99	341.83	439.97	27.61
辽宁	210.78	23.45	38.81	1.67
吉林	278.73	30.11	49.05	1.53
黑龙江	17.96	1.73	3.57	0.09
浙江	17.43	2.37	3.23	0.17
湖北	226.54	29.26	42.89	1.85
湖南	239.81	32.37	52.94	1.01
广东	23.11	3.52	5.82	0.22
广西	2985.23	386.37	589.24	42.81
海南	142.77	16.70	27.66	1.31
重庆	140.44	16.44	31.29	1.00
四川	711.95	76.32	117.24	3.29
贵州	829.67	160.24	178.90	3.81
云南	1377.10	144.80	265.81	6.64
西藏	905.34	150.36	94.48	5.09
甘肃	301.88	44.93	42.61	0.83
青海	552.07	51.34	95.72	2.22
宁夏	864.36	61.44	106.45	9.61
新疆	2720.07	303.67	473.86	33.01

6-4 民族自治地方分地区财政支出情况(2012年)(二)

单位: 亿元

地　区	#文化体育与传媒	#社会保障和就业	#医疗卫生	#保障住房支出
合　计	**323.27**	**1798.41**	**1065.62**	**895.98**
河　北	1.22	11.44	9.30	3.13
内蒙古	87.21	435.47	177.91	164.83
辽　宁	2.63	17.47	11.43	2.76
吉　林	6.60	38.90	17.08	17.47
黑龙江	0.18	1.25	0.74	0.74
浙　江	0.52	0.83	1.08	0.56
湖　北	3.81	22.56	20.38	8.45
湖　南	5.02	35.86	22.81	7.31
广　东	0.39	2.65	2.10	0.13
广　西	45.52	282.33	253.17	134.39
海　南	2.94	12.67	9.21	9.26
重　庆	1.72	12.29	10.31	8.49
四　川	11.99	59.75	54.43	30.98
贵　州	7.94	75.73	72.11	46.87
云　南	22.98	176.98	125.13	93.04
西　藏	24.18	65.54	36.12	41.14
甘　肃	6.03	42.82	18.23	23.95
青　海	9.70	191.47	32.11	46.80
宁　夏	14.44	89.60	46.09	56.23
新　疆	68.23	222.79	145.88	199.45

主要统计指标解释

财政收入 指国家财政参与社会产品分配所取得的收入，是实现国家职能的财力保证。财政收入所包括的内容几经变化，目前主要包括：

1. 各项税收：包括增值税、营业税、消费税、土地增值税、城市维护建设税、资源税、城市土地使用税、印花税、固定资产投资方向调节税、个人所得税、企业所得税、关税、农牧业税和耕地占用税。

2. 专项收入：包括征收排污费收入、城市水资源费收入、教育费附加收入等。

3. 其他收入：包括基本建设贷款归还收入、基本建设收入、捐赠收入等。

4. 国有企业计划亏损补贴：此项为负收入，冲减财政收入。

财政支出 指国家财政将筹集起来的资金进行分配使用，以满足经济建设和各项事业的需要。主要包括：

1. 一般公共服务：指政府提供基本公共管理与服务的支出。

2. 教育：指政府教育事务支出。

3. 科学技术：指用于科学技术方面的支出。

4. 文化体育与传媒：指政府在文化、文物、体育、广播影响、新闻出版等方面的支出。

5. 社会保障和就业：指政府在社会保障与就业方面的支出。

6. 医疗卫生：指政府医疗卫生方面的支出。

7. 环境保护：指政府环境保护支出。

8. 农林水事务：指政府农林水事务支出。

9. 交通运输：指政府交通运输和邮政业方面的支出。

10. 工业商业金融等事务：指政府对工业、商业及金融等方面的支出。

地方财政收入 指按现行分税制财政体制划分的中央本级收入和地方本级收入。属于地方财政的收入包括营业税（不含铁道部门、各银行总行、各保险公司总公司集中交纳的营业税）、地方企业上缴利润、城市维护建设税（不含铁道部门、各银行总行、各保险公司总公司集中交纳的部分）、房产税、城镇土地使用税、土地增值税、车船税、耕地占有税、契税、烟叶税、印花税、增值税 25%部分、纳入共享范围的企业所得税 40%部分、个人所得税 40%部分、证券交易印花税 3%部分、海洋石油资源税以外的其他资源税、地方非税收入等。

地方财政支出 指根据政府在经济和社会活动中的不同职责，划分中央和地方政府的责权，按照政府的责权划分确定的支出。地方财政支出包括一般公共服务支出、公共安全支出、地方统筹的各项社会事业支出等。

七、人民生活

7-1 民族自治地方农村经济收益分配

单位：万元

年 份	总收入	总费用	纯收入	农村居民人均纯收入（元）
1980	1150891	340849	810042	76
1981	1185423	306249	879174	85
1982	1469052	325352	1143700	121
1983	2365174	523817	1841357	196
1984	2934551	664198	2270353	213
1985	4374432	1197661	3176771	272
1986	4659810	1475707	3184103	282
1987	5612773	1843054	3769719	390
1988	7269734	2614861	4654873	357
1989	8384964	3310070	5074719	316
1990	9808134	3557847	6250287	402
1991	11103900	4257723	6846177	508
1992	14516956	6839613	7677343	568
1993	17647399	9213249	8434150	629
1994	26941170	15745332	12395140	820
1995	39168900	24476400	14634500	945
1996	58982800	30164200	16527500	1300
1997			19025038	1489
1998			20493461	1633
1999			21238277	1653
2000			18513508	1626
2001			18771435	1726
2002			20097149	1771
2003			21630125	1895
2004			23661775	2113
2005			26373410	2287
2006			29105425	2517
2007			33292764	2900
2008			38672130	3369
2009			22860767	3346
2010			46926039	4232
2011			56936464	4969
2012			62011078	5800

7-2 民族自治地方分地区城镇居民生活水平情况(2012年)(一)

单位：元

地　区	城镇居民可支配收入	城镇居民人均生活费支出合计	#食品	#衣着	#居住
合　计	**20022.10**	**14227.20**	**5199.82**	**1739.97**	**1319.55**
河　北	18903.91	11438.87	3325.40	1883.03	1319.04
内蒙古	23150.26	17717.10	5463.18	2730.23	1583.56
辽　宁	12768.10	8071.68	2852.67	1022.78	928.76
吉　林	21439.49	17266.04	5266.74	2338.72	2104.45
黑龙江	13292.00	8744.00	2489.00	1520.00	1208.00
浙　江	22862.00	14278.00	6579.00	1612.00	1338.00
湖　北	14952.44	10846.75	4122.99	1520.12	1303.88
湖　南	14614.57	10366.25	3740.64	1218.31	1405.77
广　东	14689.00	9823.00	4342.00	755.00	1111.00
广　西	21242.80	14243.98	5552.56	1146.46	1377.26
海　南	17872.92	11519.91	5822.37	644.03	946.52
重　庆	17636.69	11646.41	4778.41	1339.83	1388.48
四　川	19766.41	13610.38	5832.40	1695.43	1035.78
贵　州	18414.18	11671.08	4659.78	1323.91	1074.59
云　南	18716.31	12799.34	5211.86	1582.34	982.92
西　藏	18028.32	11184.33	5517.69	1361.57	845.18
甘　肃	12966.74	8918.72	3724.23	1175.46	972.59
青　海	18374.06	13796.42	4843.48	1737.18	1981.96
宁　夏	19831.41	14067.15	4768.91	1875.70	1193.37
新　疆	17920.68	13891.72	5238.89	2031.14	1166.59

7-2 民族自治地方分地区城镇居民生活水平情况(2012年)(二)

单位: 元

地　区	#家庭设备及服务	#医疗保健支　出	#交通和通　讯	#娱乐教育文化服务
合　计	**1012.15**	**949.00**	**1972.45**	**1510.03**
河　北	762.25	910.33	1714.79	1040.78
内蒙古	1242.64	1354.09	2572.93	1971.78
辽　宁	432.33	651.45	652.16	687.03
吉　林	1123.57	1394.01	2579.68	1885.16
黑龙江	699.00	201.00	483.00	294.00
浙　江	694.00	650.00	1662.00	1498.00
湖　北	827.39	886.07	784.33	1093.93
湖　南	869.40	614.98	865.11	1124.24
广　东	710.00	535.00	1194.00	1038.00
广　西	1125.39	883.56	2088.64	1626.05
海　南	870.22	459.14	1280.32	1151.84
重　庆	938.84	794.78	1117.89	950.48
四　川	871.25	612.89	1650.71	1315.05
贵　州	880.37	458.55	1201.37	1321.47
云　南	712.56	756.26	2243.37	1183.82
西　藏	474.69	467.23	1387.45	550.48
甘　肃	547.11	510.43	842.40	766.32
青　海	1309.89	1153.71	2818.90	1925.61
宁　夏	929.01	1063.09	2110.41	1515.91
新　疆	950.17	1027.60	1660.27	1280.81

7-3 民族自治地方分地区农村居民生活水平情况（2012年）（一）

单位：元

地　区	农村居民人均纯收入	农村居民人均生活费支出合计	#食　品	#衣　着	#居　住
合　计	**5800.46**	**4781.17**	**1961.04**	**283.02**	**910.93**
河　北	5160.39	5305.72	1905.34	402.59	942.43
内蒙古	7611.31	6381.97	2379.76	481.75	1078.97
辽　宁	9542.29	6251.14	2411.43	484.08	1112.40
吉　林	8594.70	5826.20	1903.44	498.19	607.82
黑龙江	8735.00	5747.00	1638.00	1000.00	2023.00
浙　江	8384.00	5854.00	2305.00	364.00	1371.00
湖　北	4588.25	4029.28	1933.30	258.87	526.67
湖　南	4115.27	3270.13	1824.21	167.23	357.04
广　东	6579.00	5928.00	2667.00	295.00	1519.00
广　西	6007.55	4933.58	2085.63	156.47	1200.80
海　南	6432.06	4114.46	2204.55	209.60	520.36
重　庆	5838.59	4774.10	2332.27	279.45	709.41
四　川	5911.25	6692.83	2115.11	274.60	506.85
贵　州	4709.89	3761.45	1712.19	201.71	699.19
云　南	4961.11	4009.29	1858.17	240.65	669.37
西　藏	5719.38	2967.56	1592.00	372.62	251.62
甘　肃	1595.51	1158.64	378.35	98.33	325.15
青　海	6518.73	5865.57	2390.61	469.36	996.39
宁　夏	6180.32	5351.36	1891.37	463.35	1033.17
新　疆	6393.68	5301.25	1891.10	429.95	1298.54

7-3 民族自治地方分地区农村居民生活水平情况(2012年)(二)

单位: 元

地　区	#家庭设备及服务	#医疗保健支出	#交通和通讯	#娱乐教育文化服务
合　计	**242.41**	**369.95**	**488.75**	**268.97**
河　北	324.13	547.56	637.50	389.28
内蒙古	268.98	588.87	912.25	513.97
辽　宁	257.91	610.50	609.74	531.00
吉　林	288.73	824.47	728.44	632.93
黑龙江	460.00	115.00	316.00	195.00
浙　江	259.00	452.00	646.00	399.00
湖　北	281.31	317.59	366.01	225.14
湖　南	195.11	219.93	230.40	158.98
广　东	271.00	299.00	534.00	267.00
广　西	274.63	383.95	453.01	270.24
海　南	230.76	222.11	281.81	252.56
重　庆	322.35	345.40	428.68	288.56
四　川	191.08	237.68	330.85	192.30
贵　州	203.92	247.03	315.30	162.45
云　南	223.75	319.43	407.71	218.87
西　藏	173.31	82.67	363.95	40.86
甘　肃	58.88	71.22	187.44	61.39
青　海	385.63	439.92	596.49	282.76
宁　夏	304.95	492.14	620.79	373.36
新　疆	219.11	444.18	646.42	261.74

7-4 民族自治地方分地区居民住房情况(2012年)

地 区	城镇人均使用面积（平方米）	农村人均住房面积（平方米）
合 计	**32.2**	**30.1**
河 北	33.0	25.9
内蒙古	29.9	24.9
辽 宁	27.0	26.7
吉 林	33.1	25.9
黑龙江	37.0	30.3
浙 江	32.3	41.0
湖 北	37.6	43.7
湖 南	35.3	29.2
广 东	29.0	32.0
广 西	29.5	36.0
海 南	23.4	25.2
重 庆	43.9	38.0
四 川	32.3	28.8
贵 州	31.4	27.4
云 南	48.8	30.8
西 藏	36.1	29.6
甘 肃	28.1	12.2
青 海	35.7	25.5
宁 夏	30.0	25.9
新 疆	29.0	27.2

7-5 民族自治地方城乡居民储蓄存款年末余额

单位：亿元

年　份	城乡居民储蓄存款	城镇储蓄	农户储蓄
1980	38.33	24.19	14.14
1981	48.87	31.68	17.19
1982	62.88	40.51	22.37
1983	82.46	60.30	22.16
1984	105.73	78.40	27.33
1985	151.03	110.92	40.11
1986	209.48	155.74	53.74
1987	282.22	217.81	64.41
1988	350.60	271.30	79.30
1989	452.80	364.29	88.51
1990	623.43	506.11	117.32
1991	791.09	644.34	146.75
1992	1007.72	819.57	188.15
1993	1316.27	1078.18	238.09
1994	1798.84	1475.18	323.66
1995	2390.94	1996.03	394.91
1996	2906.20	2439.79	466.41
1997	3473.46	1817.66	1655.80
1998	3932.65	2098.71	1833.94
1999	4351.35	2504.78	1846.57
2000	4765.37		
2001	5299.30		
2002	6131.85		
2003	7353.07		
2004	8162.68		
2005	9665.26		
2006	11180.18		
2007	12124.58		
2008	14955.75		
2009	18086.29		
2010	21538.04		
2011	23708.57		
2012	30688.72		

7-6 民族自治地方分地区城乡居民储蓄存款年末余额(2012年)

单位: 亿元

地　区	城乡居民储蓄存款年末余额
合　计	**30688.72**
河　北	354.74
内蒙古	6597.20
辽　宁	613.34
吉　林	864.25
黑龙江	28.91
浙　江	22.85
湖　北	462.85
湖　南	579.65
广　东	60.62
广　西	7900.80
海　南	218.06
重　庆	278.10
四　川	861.01
贵　州	948.27
云　南	2812.10
西　藏	403.90
甘　肃	340.53
青　海	380.31
宁　夏	1679.43
新　疆	5281.80

主要统计指标解释

城镇家庭可支配收入　指城镇家庭成员得到可用于最终消费支出和其他非义务性支出以及储蓄的总和，即居民家庭可以用来自由支配的收入。它是家庭总收入扣除交纳的所得税、个人交纳的社会保障支出以及记账补贴后的收入。

城镇家庭消费性支出　指城镇家庭用于日常生活的支出，包括食品、衣着、家庭设备用品及服务、医疗保健、交通和通信、娱乐教育文化服务、居住、杂项商品和服务八大类支出。

农村居民家庭纯收入　指农村常住居民家庭总收入中，扣除从事生产和非生产经营费用支出、缴纳税款和上交承包集体任务金额以后剩余的，可直接用于生产性、非生产性建设投资、生活消费和积蓄的那一部分收入。农村居民家庭纯收入包括从事生产性和非生产性的经营收入，取自在外人口寄回、带回和国家财政救济、各种补贴等非经营性收入；既包括货币收入，又包括自产自用的实物收入。但不包括向银行、信用社和亲友借款等属于借贷性的收入。

农村居民家庭生活消费支出　指农村常住居民家庭用于日常生活的全部开支，是反映和研究农民家庭实际生活消费水平高低的重要指标。

城乡居民储蓄存款余额　指某一时点城乡居民存入银行及农村信用社的储蓄金额，包括城镇居民储蓄存款和农民个人储蓄存款，不包括居民的手持现金和工矿企业、部队、机关、团体等单位存款。

八、城市概况

8-1 民族自治地方分地区城市情况(2012年)

地区	城市数(个)	#地级市	#县级市
合计	**99**	**31**	**68**
河北			
内蒙古	20	9	11
辽宁			
吉林	6		6
黑龙江			
浙江			
湖北	2		2
湖南	1		1
广东			
广西	21	14	7
海南			
重庆			
四川	1		1
贵州	4		4
云南	7		7
西藏	2	1	1
甘肃	2		2
青海	2		2
宁夏	7	5	2
新疆	24	2	22

8-2 民族自治地方分地区城市市区情况(2012年)

地　区	市区面积（平方公里）	市区人口（万人）	市区暂住人口（万人）
合　计	**692547.28**	**5175.00**	**656.00**
河　北			
内蒙古	147096.24	900.00	185.00
辽　宁			
吉　林	27325.01	174.00	12.00
黑龙江			
浙　江			
湖　北	8645.00	172.00	10.00
湖　南	1086.80	29.00	3.00
广　东			
广　西	56336.60	1955.00	184.00
海　南			
重　庆			
四　川	2655.20	74.00	6.00
贵　州	8183.00	216.00	16.00
云　南	25866.49	367.00	43.00
西　藏	5355.00	39.00	29.00
甘　肃	2774.33	34.00	2.00
青　海	146873.50	31.00	6.00
宁　夏	22724.08	338.00	40.00
新　疆	237626.03	846.00	120.00

8-3 民族自治地方分地区城市城区面积和人口情况(2012年)

地　区	城区面积（平方公里）	城区人口（万人）	城区暂住人口（万人）
合　计	**20838.07**	**2790**	**557**
河　北			
内蒙古	8500.97	710	163
辽　宁			
吉　林	468.22	114	8
黑龙江			
浙　江			
湖　北	180	40	6
湖　南	47.6	19	3
广　东			
广　西	6067.38	757	168
海　南			
重　庆			
四　川	37.36	34	6
贵　州	505.6	91	5
云　南	906.66	151	35
西　藏	337	33	23
甘　肃	39.94	26	1
青　海	132.28	16	6
宁　夏	2103.16	230	34
新　疆	1511.9	569	99

8-4 民族自治地方分地区城市用地情况(2012年)

地　区	建成区面积（平方公里）	城市建设用地（平方公里）	本年征用土地面积（平方公里）
合　计	**4349.46**	**4186.56**	**207.65**
河　北			
内蒙古	1132.78	1198.84	17.94
辽　宁			
吉　林	116.70	103.14	1.83
黑龙江			
浙　江			
湖　北	49.66	46.80	6.30
湖　南	28.80	21.40	
广　东			
广　西	1083.57	1029.77	88.94
海　南			
重　庆			
四　川	36.39	35.01	
贵　州	128.91	111.58	9.42
云　南	235.39	186.17	27.77
西　藏	119.70	111.03	
甘　肃	28.98	25.29	9.46
青　海	47.11	46.98	2.89
宁　夏	399.57	332.94	10.69
新　疆	941.90	937.61	32.41

8-5 民族自治地方分地区城市供水、液化气供气情况(2012年)

地区	城市供水综合生产能力(万立方米/日)	供水管道长度(公里)	城市液化石油气储气能力(吨)	液化石油气供气管道长度(公里)
合计	**1914.49**	**41529.37**	**128643.25**	**708.64**
河北				
内蒙古	378.7	9967.29	16247.80	176.26
辽宁				
吉林	60.2	1327.3	2282.50	0.50
黑龙江				
浙江				
湖北	16.7	607	619.60	
湖南	12	504.41	100.00	
广东				
广西	664.97	14423.59	65344.37	76.00
海南				
重庆				
四川	11.7	277.07	875.00	118.00
贵州	37.24	1483.09	1012.00	30.13
云南	68.95	2383.12	3634.98	123.94
西藏	59.81	835.07	24262.00	103.00
甘肃	6.53	191.1	390.50	
青海	34.2	195.4	378.50	
宁夏	144.3	1995.94	4378.00	
新疆	419.19	7338.99	9118.00	80.81

8-6 民族自治地方分地区城市道路情况(2012年)

地　区	城市道路长度（公里）	城市道路面积（万平方米）
合　计	**26623.82**	**51051.50**
河　北		
内蒙古	7299.27	15502.40
辽　宁		
吉　林	877.61	1264.10
黑龙江		
浙　江		
湖　北	282.25	310.20
湖　南	193.27	293.00
广　东		
广　西	7021.00	13661.56
海　南		
重　庆		
四　川	190.39	337.63
贵　州	570.23	1030.93
云　南	1683.61	2928.43
西　藏	396.20	792.70
甘　肃	127.59	277.57
青　海	302.84	706.61
宁　夏	1948.16	4618.66
新　疆	5731.40	9327.71

8-7 民族自治地方分地区城市绿化面积(2012年)

地　区	绿化覆盖面积（公顷）	建成区	绿地面积（公顷）	建成区
合　计	**230112**	**156236**	**49156**	**140702**
河　北				
内蒙古	49723	40978	46727	37718
辽　宁				
吉　林	4846	4545	4413	4217
黑龙江				
浙　江				
湖　北	2133	1536	1902	1332
湖　南	638	638	568	568
广　东				
广　西	72785	40631	66964	35254
海　南				
重　庆				
四　川	1462	1446	1312	1312
贵　州	6216	3336	3346	2644
云　南	11383	8319	10202	7376
西　藏	4398	3880	3432	3432
甘　肃	377	377	187	138
青　海	1219	1156	1131	1068
宁　夏	21969	15331	19833	14644
新　疆	52963	34063	49156	30999

8-8 民族自治地方分地区城市公园情况（2012年）

地　区	公园绿地面积（公顷）	公园个数（个）	公园面积（公顷）
合　计	**41173**	**825**	**28187**
河　北			
内蒙古	13618	200	10440
辽　宁			
吉　林	1441	30	649
黑龙江			
浙　江			
湖　北	345	8	198
湖　南	163	5	98
广　东			
广　西	10585	179	7481
海　南			
重　庆			
四　川	376	33	300
贵　州	1015	21	945
云　南	2034	78	1472
西　藏	524	64	681
甘　肃	102	5	86
青　海	124	4	50
宁　夏	4132	60	2110
新　疆	6714	138	3677

8-9 民族自治地方分地区城市环境卫生情况(2012年)

地 区	生活垃圾处理量 (万吨)	垃圾无害化 处理厂(场)数 (座)	公厕数 (座)
合 计	**1350.65**	**85**	**11169**
河 北			
内蒙古	370.98	21	4459
辽 宁			
吉 林	71.33	2	595
黑龙江			
浙 江			
湖 北	15.5	2	134
湖 南	12.1	1	65
广 东			
广 西	260.88	21	2159
海 南			
重 庆			
四 川	18	1	131
贵 州	39.74	3	130
云 南	75.56	9	567
西 藏	24.82		43
甘 肃	12.1	2	37
青 海	12.45	1	103
宁 夏	107.5	4	604
新 疆	329.69	18	2142

8-10 民族自治地方分地区城市市政公用设施水平情况(2012年)(一)

地　区	人口密度 (人/平方公里)	人均日生活用水量 (升)	用水普及率 (%)	燃气普及率 (%)
合　计	**2577**	**165.09**	**94.52**	**85.03**
河　北				
内蒙古	1032	91.12	94.43	84.39
辽　宁				
吉　林	2643	130.98	93.46	92.89
黑龙江				
浙　江				
湖　北	2618	154.75	85.1	73.43
湖　南	4559	159.02	84.79	51.61
广　东				
广　西	1528	248.11	95.3	93.19
海　南				
重　庆				
四　川	10693	195.6	81.73	55.74
贵　州	1907	129.07	87.47	58.82
云　南	2062	149.94	93.5	52.68
西　藏	1655	127.69	75.39	29.79
甘　肃	6838	78.15	84.73	51.85
青　海	1660	199.8	99.41	80.37
宁　夏	1251	156.51	92.3	79.67
新　疆	4408	171.3	99.29	96.89

8-10 民族自治地方分地区城市市政公用设施水平情况(2012年)(二)

地　区	建成区供水管道密度（公里/平方公里）	人均道路面积（平方米）	建成区排水管道密度（公里/平方公里）	人均公园绿地面积（平方米）
合　计	**9.64**	**15.22**	**6.67**	**12.25**
河　北				
内蒙古	8.8	17.67	8.84	15.52
辽　宁				
吉　林	11.37	10.21	6.81	11.64
黑龙江				
浙　江				
湖　北	12.22	6.58	5.32	7.32
湖　南	17.51	13.5	9.53	7.51
广　东				
广　西	13.31	14.74	7.13	11.42
海　南				
重　庆				
四　川	7.61	8.45	8.61	9.41
贵　州	11.5	10.69	5.24	10.52
云　南	10.12	15.67	8.49	10.88
西　藏	6.98	14.22	2.97	9.4
甘　肃	6.74	10.16	3.53	3.73
青　海	12.2	32.18	8.6	5.65
宁　夏	5	17.56	3.11	15.71
新　疆	7.79	14	5.16	10.07

8-10 民族自治地方分地区城市市政公用设施水平情况(2012年)(三)

地　区	建成区绿化覆盖率(%)	建成区绿地率(%)	生活垃圾处理率(%)	生活垃圾无害化处理率(%)
合　计	**35.92**	**32.35**	**95.99**	**84.67**
河　北				
内蒙古	36.17	33.3	96.13	91.22
辽　宁				
吉　林	38.95	36.14	96.15	27.42
黑龙江				
浙　江				
湖　北	30.93	26.82	96.88	96.88
湖　南	22.15	19.72	100	100
广　东				
广　西	37.5	32.54	98	98
海　南				
重　庆				
四　川	39.74	36.05	100	100
贵　州	25.88	20.51	99.6	84.56
云　南	35.34	31.34	98.63	98.63
西　藏	32.41	28.67	96.88	
甘　肃	13.01	4.76	94.75	94.75
青　海	24.54	22.67	97.65	75.29
宁　夏	38.37	36.65	92.49	70.64
新　疆	36.16	32.91	93.98	79.16

主要统计指标解释

供水管道长度 指从送水泵至用户水表之间所有管道的长度。在同一条街道埋设两条或两条以上管道时，应按每条管道的长度计算。

供水总量 指报告期供水企业（单位）供出的全部水量。包括有效供水量和漏损水量。有效供水量指水厂将水供出厂外后，各类用户实际使用到的水量。包括售水量和免费供水量。售水量指收费供应的水量。免费供水量指无偿供应的水量。漏损水量指在供水过程中由于管道及附属设施破损而造成的漏水量、失窃水量以及水表失灵少计算的水量。

城市道路 指城市供车辆、行人通行的，具备一定技术条件的道路、桥梁、隧道及其附属设施。城市道路由车行道和人行道等组成。在统计时只统计路面宽度在 3.5 米（含 3.5 米）以上的各种铺装道路，包括开放型工业区和住宅区道路在内。

道路长度 指道路长度和与道路相通的桥梁、隧道的长度，按车行道中心线计算。

道路面积 指道路面积和与道路相通的广场、桥梁、隧道的面积（统计时，将人行道面积单独统计）。人行道面积按道路两侧面积相加计算，包括步行街和广场，不含人车混行的道路。

建成区面积 城市行政区内实际已成片开发建设、市政公用设施和公共设施基本具备的区域。对核心城市，它包括集中连片的部分以及分散的若干个已经成片建设起来，市政公用设施和公共设施基本具备的地区组成。因此建成区范围，一般是指建成区外轮廓线所能包括的地区，也就是这个城市实际建设用地所达到的范围。

绿地面积 指报告期末用作园林和绿化的各种绿地面积。包括公园绿地、生产绿地、防护绿地、附属绿地和其他绿地的面积。

公园绿地 城市中向公众开放的、以游憩为主要功能，有一定的游憩设施和服务设施，同时兼有健全生态、美化景观、防灾减灾等综合作用的绿化用地。它是城市建设用地、城市绿地系统和城市市政公用设施的重要组成部分。

人口密度 指地区内的人口疏密程度。

人均日生活用水量 指每一用水人口平均每天的生活用水量。

用水普及率 指报告期末城区内用水人口与总人口的比率。

燃气普及率 指报告期末城区内使用燃气的人口与总人口的比率。

人均公园绿地面积 指报告期末城区内平均每人拥有的公园绿地面积。

建成区绿化覆盖率 指报告期末建成区内绿化覆盖面积与区域面积的比率。

建成区绿化率 指报告期末建成区内绿地面积与建成区面积的比率。

生活垃圾处理率 指报告期内生活垃圾处理量与生活垃圾产生量的比率。

生活垃圾无害化处理率 指报告期内生活垃圾无害化处理量与生活垃圾产生量的比率。

九、资源和环境

9-1 民族自治地方自然资源及状况(2012年)

项　　目	2012年	民族自治地方占全国比重(%)
土地资源		
土地总面积(万平方公里)	545	56.7
耕地面积(万公顷)	1992	17.9
草原面积(万公顷)	28304	72.1
#可利用草原面积	23668	71.5
森林资源		
森林面积(万公顷)	8499	43.5
森林蓄积量(亿立方米)	60	44.0
水资源		
水资源总量(亿立方米)	9906	33.5
人均水资源量(立方米/人)	5241	239.8
主要矿产资源基础储量		
煤(亿吨)	733.12	31.9
铁矿石(亿吨)	24.79	12.7
硫铁矿(万吨)	27757.42	20.7
石油(万吨)	74642.52	22.4
天然气(亿立方米)	20583.25	47.0
铜矿（万吨)	1147.42	42.0
铝土矿(万吨)	55643.52	61.4
锰矿(万吨)	14877.15	71.1
铬矿(万吨)	275.54	68.0
铅矿(万吨)	881.98	60.6
锌矿(万吨)	2158.50	61.8
高岭土(万吨)	16639.07	43.6

注：除土地总面积和耕地面积为民族自治地方数据外，其他指标为内蒙古、广西、西藏、宁夏、新疆5个自治区和云南、贵州、青海3个多民族省数据。

9-2 民族自治地方分地区面积(2012年)

地 区	*总面积 (平方公里)	#民族自治地方面积	民族自治地方面积占总面积 (%)	民族自治地方人口密度 (人/平方公里)
全国总计	**9600000**	**6133277**	**63.89**	
合 计	**8362920**	**6133277**	**73.34**	**22.44**
河 北	187700	24005	12.79	10.96
内蒙古	1183000	1183000	100.00	20.98
辽 宁	145900	34200	23.44	22.85
吉 林	187400	54849	29.27	17.88
黑龙江	454600	6054	1.33	0.55
浙 江	101800	1950	1.92	1.70
湖 北	185900	29444	15.84	24.87
湖 南	211800	30946	14.61	24.41
广 东	177900	4622	2.60	2.83
广 西	236000	236000	100.00	220.30
海 南	33920	11462	33.79	52.94
重 庆	82400	14629	17.75	33.01
四 川	485000	303813	62.64	15.40
贵 州	176000	97844	55.59	98.83
云 南	394000	275547	69.94	56.65
西 藏	1228400	1228400	100.00	2.47
甘 肃	454000	171459	37.77	7.66
青 海	721200	709053	98.32	5.00
宁 夏	66000	66000	100.00	96.89
新 疆	1650000	1650000	100.00	13.39

注：1.合计为全国民族自治地方面积合计数。
2.总面积为全省区面积数。

9-3 流经民族自治地方主要河流及流域面积

流域名称	流域面积 （平方公里）
外流河	
黑龙江及绥芬河	934802
辽河、鸭绿江及沿海诸河	314146
黄河	752773
长江	1782715
元江及澜沧江	240389
怒江及滇西诸河	157392
雅鲁藏布江及藏南诸河	387550
藏西诸河	58783
额尔齐斯河	48779
内陆河	
内蒙内陆河	311378
河西内陆河	469843
准嘎尔内陆河	323621
中亚细亚内陆河	93130
塔里木内陆河	1079643
青海内陆河	321161
羌唐内陆河	730077
松花江、黄河、藏南闭流区	42271

9-4 民族自治地方主要山脉基本情况

名　称	山峰高程 （米）	雪线高程 （米）	冰川面积 （平方公里）
阿尔泰山	4374	3000—3200	287
天山	7435	3600—4400	9548
祁连山	5826	4300—5240	2063
帕米尔	7579		2258
昆仑山			11639
喀喇昆仑山	8611	5100—5400	3265
唐古拉山	6137		2082
羌塘高原	6596		3566
念青唐古拉山	7111	4500—5700	7536
横断山	7556	4600—5500	1456
喜玛马拉雅山	8844	4300—6200	11055
冈底斯山	7095	5800—6000	2188

9-5 民族自治地方主要城市气候情况(2012年)

城　市	年平均气温（摄氏度）	年平均相对湿度（%）	年降水量（毫米）	年日照时数（小时）
呼和浩特	7.2	47	551.4	2677.8
南　宁	21.4	80	1086.8	1295.7
拉　萨	9.6	34	365.2	3162.9
银　川	9.8	48	292.7	2728.3
乌鲁木齐	7.4	53	286.9	2864.6

9-6 民族自治区水资源总量和总供水量(2012年)

地　区	水资源总量（亿立方米）	#地表水资源量	#地下水资源量	人均水资源量（立方米/人）	总供水量（亿立方米）	地表水	地下水	其　他
全　国	**29526.9**	**28371.4**	**8416.1**	**2186.1**	**6141.8**	**4963.0**	**1134.2**	**44.6**
内蒙古	510.3	349.2	258.4	2052.7	184.4	89.6	93.0	1.7
广　西	2087.4	2086.4	587.3	4476.0	303.0	291.4	11.0	0.6
西　藏	4196.4	4196.4	951.9	137378.1	29.8	26.3	3.5	
宁　夏	10.8	8.5	21.6	168.0	69.4	63.8	5.5	0.2
新　疆	900.6	851.6	557.0	4055.5	590.1	477.9	110.9	1.4

注：水资源总量等于地表水资源量加地下水资源量减两者之间的重复计算水量。

9-7 民族自治区总用水量和人均生活用水量(2012年)

地　区	总用水量（亿立方米）	农　业	工　业	生　活	生　态	人均生活用水量（立方米/人）
全　国	**6141.8**	**3880.3**	**1423.9**	**728.8**	**108.8**	**454.7**
内蒙古	184.4	135.4	23.5	10.4	15.1	741.6
广　西	303.0	211.9	51.5	36.6	3.0	649.8
西　藏	29.8	27.1	1.7	1.0		975.9
宁　夏	69.4	61.4	4.9	1.6	1.5	1078.0
新　疆	590.1	561.7	12.4	12.0	4.0	2657.4

9-8 民族自治地方分地区工业废水排放及处理情况和工业固体废物产生与综合利用情况(2012年)

单位：万吨

地　区	工业废水排放总量	工业固体废物产生量	工业固体废物综合利用量
合　计	**248096**	**69627**	**30592**
河　北	672	8726	460
内蒙古	33618	24226	10925
辽　宁	1696	1800	998
吉　林	5560	790	600
黑龙江			
浙　江	71	12	12
湖　北	2791	91	56
湖　南	6009	1471	83
广　东	542	5	2
广　西	110671	7964	5369
海　南	1077	195	65
重　庆	1263	339	259
四　川	2966	265	65
贵　州	7746	1911	939
云　南	17707	9006	3715
西　藏	352	366	6
甘　肃	7174	1071	613
青　海	1935	549	320
宁　夏	16548	2961	2044
新　疆	29700	7880	4063

注：黑龙江省缺数据。

主要统计指标解释

自然资源 指人类可以直接从自然界获得，并用于生产和生活的物质资源。自然资源一般可以分成可再生资源和非再生资源两大类。可再生资源是指在较短时间内可以再生、可以循环利用的资源，包括土地资源、水资源、气候资源、生物资源和海洋资源等。非再生资源是指在使用后不能再生的资源，包括矿产资源和地热资源。

土地资源 土地指陆地的表层部分，主要由岩石、岩石的风化物和土壤构成。土地资源按利用类型可以分为农用地、建筑用地和未利用地。

森林资源 指森林、林木、林地以及依托森林、林木、林地生存的野生动物、植物和微生物。

森林面积 指由乔木树种构成，郁闭度 0.2 以上（含 0.2）的林地或冠幅宽度 10 米以上的林带的面积，即有林地面积。

森林蓄积量 指一定森林面积上存在着的林木树干部分的总材量。它是反映一个国家或地区森林资源总规模和水平的基本指标之一，也是反映森林资源的丰富程度、衡量森林生态环境优劣的重要依据。

水利资源 水在自然界中以固态、液态和气态三种聚集状态存在，分布于海洋、陆地（包括土壤）以及大气之中，通过水循环形成水利资源。水利资源包括经人类控制并直接可供灌溉、发电、给水、航运、养殖等用途的地表水和地下水，以及江河、湖泊、井、泉、潮汐、港湾和养殖水域等。水利资源是发展国民经济不可缺少的重要自然资源。

矿产资源 矿产指由地质作用形成，富集于地壳中或出露于地表，达到工农业利用要求的有用矿物。矿产是一种人类需要的自然资源，是社会发展的重要物质基础。

矿产保有储量 指探明的矿产储量（包括工业储量和远景储量），扣除已开采部分和地下损失量后的年末实有储量，是反映国家矿产资源现状的重要指标。

气温 指空气的温度，我国一般以摄氏度（℃）为单位表示。气象观测的温度表是放在离地面 1.5 米处通风良好的百叶箱里测量温度的，因此，通常所说的气温指的是离地面 1.5 米处百叶箱中的温度。其统计计算方法为:

月平均气温是将 12 个月的月平均气温累加后除以 12 而得。

降水量 指从天空降到地面的液态或固态（经融化后）水，未经蒸发、渗透、流失而在地面上积聚的深度。

耕地面积 指经过开垦用以种植农作物并经常进行耕耘的土地面积。包括种有作物的土地面积、休闲地、新开荒地和抛荒未满三年的土地面积。

相对温度 指空气中实际所含水蒸气密度的百分比值。其统计计算方法与气温相同。

日照时数 指太阳实际照射地面的时间。其统计方法与降水量相同。

流域 每条河都有自己的干流和支流，干支流共同组成这条河流的水系。每条河流都有自己的集水区域，这个集水区域就称为该河流的流域。

外流河 指直接或间接流入海洋的河流。供给外流河河水的区域称为外流区。

内陆河 指在陆地内部干燥地区，河水沿途消失于沙漠或注入内陆湖泊的河流。供给内陆河河水的区域称为内陆区。

十、农　业

10-1 民族自治地方农村基层组织情况

年 份	乡镇个数（个）	乡村户数（万户）	乡村人口（万人）
1983	10129	2024.28	10269
1984	17742	2083.79	10444
1985	18429	2189.20	10968
1986	19165	2303.86	11198
1987	18776	2361.84	11794
1988	11594	2451.26	12034
1989	11792	2575.50	12998
1990	11295	2591.42	12358
1991	11149	2700.09	12446
1992	11031	2741.34	12511
1993	10501	2750.84	12602
1994	10645	2865.33	12652
1995	10491	2869.52	12677
1996	9660	2803.80	12495
1997	9943		12782
1998	9972		12544
1999	9630		12856
2000	9534		11414
2001	9045		12959
2002	8916		13027
2003	8747		13104
2004	8737		13243
2005	8275		13331
2006	7796		9193
2007	7743		13262
2008	7802		13362
2009	7757		11853
2010	7794		11087
2011	7832		11459
2012	7987		10885

10-2 民族自治地方分地区农村基层组织情况(2012年)

地　区	乡镇个数 (个)	村民委员会 (个)	乡村人口 (万人)
合　计	**7987**	**85502**	**10884.78**
河　北	117	1453	128.44
内蒙古	767	11210	1052.00
辽　宁	151	1518	230.51
吉　林	111	1547	97.73
黑龙江	11	79	18.61
浙　江	22	254	12.63
湖　北	107	2782	333.26
湖　南	300	4081	357.20
广　东	23	223	41.08
广　西	1126	14355	2644.00
海　南	60	602	118.71
重　庆	136	931	202.81
四　川	1219	8404	533.73
贵　州	730	9070	1159.32
云　南	790	7369	1569.68
西　藏	683	5259	237.64
甘　肃	267	2382	298.33
青　海	310	3050	278.86
宁　夏	193	2263	319.23
新　疆	864	8670	1251.00

10-3 民族自治地方农、林、牧、渔业总产值及指数(一)

年 份	绝对数(亿元)				
	农 林 牧渔业 总产值	#农业	#林业	#牧业	#渔业
1981					
1982					
1983					
1984					
1985					
1986					
1987					
1988	733.21	422.84	50.37	171.42	7.48
1989	653.47	372.19	45.26	156.61	7.11
1990					
1991	1070.63	612.22	71.14	291.41	19.88
1992	1208.49	675.72	85.39	336.87	27.51
1993	1400.64	859.91	92.13	412.92	35.68
1994	1994.17	1210.66	111.28	615.86	56.37
1995	2536.60	1538.41	124.65	795.14	78.40
1996	2947.22	1796.40	137.89	918.38	94.55
1997	3175.11	1911.99	138.79	1014.52	109.81
1998	3210.06	1990.68	145.76	951.34	122.28
1999	3159.95	1898.60	157.68	974.90	128.77
2000	3199.77	1853.04	165.19	1038.43	143.12
2001	3327.71	1899.61	170.36	1110.98	146.77
2002	3501.22	1981.90	187.22	1179.83	152.26
2003	4014.59	2136.46	264.58	1342.09	166.64
2004	4803.39	2509.73	277.23	1708.31	193.54
2005	5349.47	2830.56	290.25	1900.65	210.20
2006	5905.76	3148.31	327.92	2073.17	229.49
2007	7104.18	3693.64	399.90	2552.73	263.07
2008	8260.45	4157.44	470.71	3103.73	306.18
2009	8670.89	4470.73	521.74	3118.90	331.07
2010	10374.44	5647.96	586.69	3506.11	379.30
2011	12125.67	6471.01	712.44	4185.01	467.53
2012	13631.28	7350.19	831.81	4595.38	530.13

注：1992年以前农业总产值包括副业，2003年执行新国民经济行业分类标准，总产值包括农林牧渔服务业产值。下表同。

10-3 民族自治地方农、林、牧、渔业总产值及指数(二)

年份	指数(上年=100)				
	农林牧渔业总产值	#农业	#林业	#牧业	#渔业
1981	107.4	105.1	120.1	111.4	115.3
1982					
1983	107.8	106.7	111.9	106.4	114.6
1984	109.4	107.1	122.7	108.4	108.2
1985	110.8	108.1	114.2	116.3	120.2
1986	103.5	101.7	95.5	107.5	114.7
1987	105.7	106.1	99.4	105.4	113.4
1988	105.8	105.2	102.7	105.7	111.8
1989	106.1	104.8	107.1	108.7	113.0
1990	110.2	115.3	105.8	104.6	146.8
1991	105.9	99.5	130.2	124.0	145.4
1992	107.6	107.6	107.0	108.4	115.4
1993	105.1				
1994	107.1	104.9	106.2	109.8	134.2
1995	108.7	106.1	102.6	114.2	126.2
1996	109.0	108.2	102.2	111.2	118.4
1997	105.7	105.0	99.2	107.2	115.0
1998	106.9	110.4	105.1	99.7	114.1
1999	104.6	104.0	102.9	105.5	109.1
2000	101.9	99.1	103.7	106.6	106.1
2001	104.5	104.1	99.1	106.3	104.8
2002	105.4	105.2	108.7	105.5	104.0
2003	105.8				
2004	108.2				
2005	108.1	106.9	102.6	110.7	106.5
2006	107.4	106.4	109.0	108.0	107.5
2007	106.9	105.9	104.3	105.3	101.0
2008	107.6	107.1	111.8	108.1	105.5
2009	105.8	104.6	103.7	106.6	107.2
2010	106.8	106.3	98.7	106.9	106.0
2011	106.6	107.2	107.6	103.2	107.7
2012	106.5	107.1	107.5	106.0	107.1

10-4 民族自治地方分地区农、林、牧、渔业总产值及指数(2012年)(一)

地区	绝对数(亿元)				
	农林牧渔业总产值	#农业	#林业	#牧业	#渔业
合计	**13631.28**	**7350.19**	**831.81**	**4595.38**	**530.13**
河北	181.93	78.63	13.00	84.07	3.49
内蒙古	2449.30	1172.00	97.80	1118.90	26.10
辽宁	467.43	207.65	50.63	169.70	31.60
吉林	337.21	214.30	24.38	83.65	7.64
黑龙江	51.69	20.66	0.27	29.02	0.07
浙江	9.03	6.28	1.36	1.17	0.13
湖北	284.18	156.30	9.28	110.62	5.60
湖南	228.43	132.41	23.30	67.08	3.72
广东	24.48	13.85	4.34	4.72	0.50
广西	3490.70	1724.00	245.30	1072.80	331.70
海南	215.00	108.18	41.91	30.42	28.14
重庆	110.82	60.96	5.61	42.05	0.95
四川	494.53	218.39	24.21	238.53	4.50
贵州	621.35	325.46	44.11	216.09	16.87
云南	1601.75	816.13	183.67	533.95	39.36
西藏	118.30	53.40	2.60	59.00	0.20
甘肃	95.98	49.29	3.85	40.00	0.23
青海	188.32	76.83	3.42	102.49	0.68
宁夏	385.15	240.46	9.77	105.72	13.36
新疆	2275.70	1675.00	43.00	485.40	15.30

注：本表绝对数按当年价格计算，指数按可比价格计算。

10-4 民族自治地方分地区农、林、牧、渔业总产值及指数(2012年)(二)

地区	指数(上年=100)				
	农林牧渔业总产值	#农业	#林业	#牧业	#渔业
合计	**106.5**	**107.1**	**107.5**	**106.0**	**107.1**
河北	105.6	108.9	115.6	109.4	102.0
内蒙古	105.7	105.8	104.9	105.7	103.6
辽宁	113.2	114.4	116.9	112.5	113.2
吉林	106.2	112.5	92.5	98.8	103.0
黑龙江	114.6	122.2	100.9	111.0	104.1
浙江	111.5	110.6	111.4	117.0	127.4
湖北	112.6	112.0	103.1	114.5	110.8
湖南	104.2	104.1	104.9	104.2	107.4
广东	110.0	102.7	106.8	102.8	105.8
广西	105.7	106.0	108.8	104.5	105.5
海南	106.6	106.2	109.6	103.4	107.7
重庆	100.0	104.8	109.0	104.6	118.7
四川	103.0	104.5	102.5	101.7	102.7
贵州	109.3	112.2	107.9	106.8	109.4
云南	108.2	108.0	107.8	107.9	117.8
西藏	103.6	103.0	102.4	104.5	97.5
甘肃	107.2	107.9	111.4	105.3	118.2
青海	96.2	104.8	96.7	96.2	74.5
宁夏	106.0	105.6	104.8	104.9	116.3
新疆	107.4	106.8	107.6	109.8	104.1

10-5 民族自治地方农、林、牧、渔业总产值构成

单位：%

年份	农、林、牧、渔业总产值	农业	林业	牧业	副业	渔业
1980	100	65.94	4.82	22.17	6.62	0.45
1981	100	64.53	5.38	22.99	6.62	0.48
1982	100	62.11	6.78	22.02	8.37	0.72
1983	100	61.49	7.04	21.75	8.96	0.76
1984	100	60.20	7.90	21.56	9.59	0.75
1985	100	58.77	8.15	22.62	9.65	0.81
1986	100	57.75	7.51	23.49	10.35	0.90
1987	100	57.99	7.06	23.41	10.57	0.97
1988	100	57.67	6.87	23.38	11.06	1.02
1989	100	56.96	6.92	23.97	11.06	1.09
1990	100	59.60	6.65	22.75	9.55	1.45
1991	100	55.99	8.19	26.64	7.19	1.99
1992	100	56.02	8.13	26.84	6.68	2.15
1993	100	61.61	8.09	27.84		2.46
1994	100	60.03	8.03	28.55		3.08
1995	100	58.87	7.58	29.98		3.57
1996	100	58.43	7.11	30.58		3.88
1997	100	60.22	4.37	31.95		3.46
1998	100	62.01	4.54	29.64		3.81
1999	100	60.08	4.99	30.85		4.08
2000	100	57.91	5.16	32.45		4.47
2001	100	57.08	5.12	33.39		4.41
2002	100	56.60	5.35	33.70		4.35
2003	100	53.22	6.59	33.43	2.61	4.15
2004	100	52.25	5.77	35.56	2.39	4.03
2005	100	52.91	5.43	35.53	2.20	3.93
2006	100	53.31	5.55	35.10	2.15	3.89
2007	100	51.99	5.63	35.93	2.74	3.70
2008	100	50.33	5.70	37.57	2.69	3.71
2009	100	51.56	6.02	35.97	2.63	3.82
2010	100	54.44	5.66	33.80	2.44	3.66
2011	100	53.37	5.88	34.51	2.39	3.86
2012	100	53.92	6.10	33.71	2.38	3.89

注：1.本表按当年价格计算。
2.2003年后，总产值包括农林牧渔业服务业。

10-6 民族自治地方分地区农、林、牧、渔业总产值构成(2012年)

(以农、林、牧、渔业和农林牧渔服务业总产值为100)

地　区	农业	林业	牧业	渔业
合　计	**53.92**	**6.10**	**33.71**	**3.89**
河　北	43.22	7.15	46.21	1.92
内蒙古	47.85	3.99	45.68	1.07
辽　宁	44.42	10.83	36.31	6.76
吉　林	63.55	7.23	24.81	2.27
黑龙江	39.98	0.53	56.14	0.13
浙　江	69.58	15.02	12.98	1.41
湖　北	55.00	3.26	38.93	1.97
湖　南	57.96	10.20	29.37	1.63
广　东	56.60	17.74	19.30	2.06
广　西	49.39	7.03	30.73	9.50
海　南	50.32	19.49	14.15	13.09
重　庆	55.01	5.06	37.94	0.85
四　川	44.16	4.90	48.23	0.91
贵　州	52.38	7.10	34.78	2.72
云　南	50.95	11.47	33.34	2.46
西　藏	45.14	2.20	49.87	0.17
甘　肃	51.36	4.02	41.68	0.24
青　海	40.79	1.82	54.42	0.36
宁　夏	62.43	2.54	27.45	3.47
新　疆	73.60	1.89	21.33	0.67

注：本表按当年价格计算。

10-7 民族自治地方耕地面积、总播种面积和粮食播种面积

单位：万公顷

年 份	耕地面积	总播种面积	#粮食播种面积	粮食播种面积占总播种面积比例 (%)
1952	1347.97	1548.56	1344.16	86.80
1957	1536.43	1846.69	1568.33	84.93
1962	1629.33	1770.48	1531.27	86.49
1965	1672.33	1897.81	1637.43	86.28
1975	1635.47	1962.02	1659.29	84.57
1978	1639.60	2018.10	1674.34	82.97
1980	1657.56	1939.90	1583.71	81.64
1981	1650.33	1898.34	1544.39	81.35
1982	1651.91	1933.57	1561.88	80.78
1983	1685.61	1972.06	1609.35	81.61
1984	1661.42	1965.80	1576.22	80.18
1985	1747.06	2022.08	1542.37	76.28
1986	1697.07	2061.43	1579.60	76.63
1987	1698.51	2084.79	1622.16	77.81
1988	1725.04	2139.69	1619.59	75.69
1989	1751.54	2231.22	1685.37	75.54
1990	1763.39	2274.08	1717.69	75.53
1991	1743.00	2266.62	1666.78	73.54
1992	1766.25	2352.48	1697.90	72.17
1993	1776.09	2424.17	1341.07	55.32
1994	1805.89	2410.23	1281.97	53.19
1995	1508.00	2439.00	1726.78	70.80
1996	1804.98	2469.04	1742.38	70.57
1997	2069.84	2620.54	1832.01	69.91
1998	2068.50	2667.96	1862.78	69.82
1999	2095.99	2684.13	1831.14	68.22
2000	2086.44	2660.02	1754.33	65.95
2001	2062.60	2645.44	1721.52	65.07
2002	2006.63	2691.71	1719.73	63.89
2003	1967.68	2624.32	1614.21	61.51
2004	2048.18	2699.24	1660.58	61.52
2005	2033.13	2766.88	1695.65	61.28
2006	2087.60	2797.27	1696.06	60.63
2007	2287.60	2802.92	1718.69	61.32
2008	2302.55	2866.25	1746.29	60.93
2009	2306.86	2964.58	1854.66	62.56
2010	2380.48	3051.75	1911.16	62.63
2011	2375.66	3109.74	1912.17	61.49
2012	2374.57	3168.26	1922.39	60.68

10-8 民族自治地方分地区耕地面积和农作物播种面积(2012年)

单位：千公顷

地　区	年末实有耕地面积	农作物总播种面积	#粮　食	#油　料	#棉　花
合　计	**23745.69**	**31682.59**	**19223.94**	**2331.76**	**1727.15**
河　北	281.68	254.02	198.23	2.95	0.52
内蒙古	7147.20	7154.00	5589.40	764.70	1.00
辽　宁	620.52	611.68	431.97	121.26	0.01
吉　林	810.63	830.19	751.59	22.63	
黑龙江	161.82	153.13	147.12	0.93	
浙　江	7.30	15.86	8.12	0.29	
湖　北	442.81	898.09	505.41	83.44	0.03
湖　南	331.52	649.00	340.36	99.33	0.84
广　东	35.78	54.28	30.17	5.31	
广　西	4217.50	6082.60	3069.10	217.40	2.20
海　南	127.25	203.54	92.47	7.85	
重　庆	188.04	449.95	281.10	45.70	
四　川	536.39	977.52	698.16	40.82	
贵　州	784.65	2183.48	1073.38	195.92	1.67
云　南	1769.32	3858.82	2457.71	200.80	0.08
西　藏	361.60	244.00	170.90	24.00	
甘　肃	278.15	270.92	206.41	34.14	
青　海	411.83	426.40	212.85	133.60	
宁　夏	1107.10	1241.20	828.30	88.40	
新　疆	4124.60	5123.90	2131.20	242.30	1720.80

10-9 民族自治地方主要农产品产量

单位：万吨

年份	粮食	棉花	油料	烟叶		糖料		
					#烤烟		甜菜	甘蔗
1949	1155.50	1.02						
1952	1581.50	3.14	21.47	1.90	1.90	109.52	0.16	109.36
1957	1882.50	5.98	28.79	3.68	3.68	156.86	24.48	132.38
1962	1717.50	3.02	13.03			62.13	12.41	49.72
1965	2217.00	8.87	27.49	5.47	5.47	271.99	39.43	232.56
1975	3069.50	5.39	32.01	10.62	10.62	417.70	56.83	360.87
1978	3123.50	5.97	36.15	12.29	12.29	578.46	65.68	512.78
1980	3300.10	8.33	36.68	8.53	8.53	694.20	133.14	561.06
1981	3371.00	11.73	106.79	17.33	13.51	855.15	127.21	727.94
1982	3744.15	15.21	129.40	27.58	21.51	1208.71	196.50	1012.21
1983	4026.64	16.83	140.51	17.72	13.61	1227.15	207.68	1019.47
1984	4114.67	20.92	153.95	26.22	20.79	1338.80	235.36	1103.44
1985	4006.33	19.36	192.82	46.40	33.72	1780.68	243.59	1537.09
1986	4065.04	22.40	198.79	31.32	23.15	1954.26	270.50	1683.76
1987	4338.74	28.58	175.58	35.14	26.66	2008.29	306.06	1702.23
1988	4361.40	28.26	174.16	51.67	41.43	2335.47	397.04	1938.43
1989	4662.37	29.80	169.33	53.65	42.29	2139.35	335.89	1803.46
1990	5372.98	47.37	208.13	48.76	39.30	2673.98	532.30	2141.68
1991	5516.37	65.24	230.06	63.69	51.96	3404.49	655.32	2749.17
1992	5612.34	67.89	235.23	85.11		3840.06	652.16	3187.90
1993	5157.09	68.93	226.29	90.50	77.08	3657.16	571.25	3085.91
1994	5092.17	89.14	242.91	60.79	49.36	4211.21	1080.18	3131.03
1995	5800.83	94.60	264.09	65.32	55.34	3317.69	613.93	2703.76
1996	6799.13	94.99	252.63	89.82	75.01	4560.67	722.92	3837.75
1997	6640.68	115.85	255.21	158.62		5190.36	822.67	4367.69
1998	7150.42	141.05	290.60	85.92				
1999	6873.84	136.14	332.87	68.57				
2000	6381.36	146.24	353.16	69.19				
2001	6492.55	157.66	313.36	63.34				
2002	6586.77	148.20	355.39	66.94		6656.91		
2003	6480.24	160.81	359.22	65.63		7972.26		
2004	6764.42	179.94	397.36	70.40		6446.32		
2005	7186.78	187.93	372.02	80.30		6511.64		
2006	7202.07	219.46	359.47	82.49		8074.50		
2007	7321.31	302.14	286.54	77.02		9905.47		
2008	7925.39	303.34	396.60	94.68		10427.56		
2009	8005.93	252.97	397.31	103.40		9389.06		
2010	8307.91	248.47	422.40	104.38		9118.30		
2011	8691.24	290.42	416.65	110.68		9360.30		
2012	9141.60	354.53	454.67	120.98		10097.28		

10-10 民族自治地方分地区主要农产品产量(2012年)

单位: 万吨

地区	粮食	油料	棉花	麻类	糖料	烟叶	茶叶	水果
合计	**9141.60**	**454.67**	**354.53**	**4.96**	**10097.28**	**120.98**	**34.56**	**4087.59**
河北	77.43	0.68	0.07					47.17
内蒙古	2528.50	145.10	0.20		167.90	1.40		283.50
辽宁	305.66	38.20				0.96		37.46
吉林	431.36	6.14			1.92	1.26		8.00
黑龙江	103.44	0.29						0.54
浙江	4.31	0.05				0.02	0.19	1.14
湖北	177.33	11.11			0.03	10.51	8.02	29.33
湖南	174.75	13.89	0.04	0.03	2.32	5.55	0.23	149.06
广东	13.83	1.13			0.01	0.19	0.06	3.05
广西	1484.90	54.50	0.20	1.10	7829.70	3.40	4.90	1325.00
海南	41.50	2.42		0.31	115.62		0.01	95.53
重庆	122.72	8.33		0.13	0.06	3.53	0.59	10.78
四川	285.04	6.95		0.01	11.69	15.54	0.85	106.55
贵州	485.00	25.45	0.12	0.06	51.90	14.72	2.98	47.07
云南	990.75	25.85		0.32	1338.00	63.68	16.75	454.84
西藏	94.90	6.30						1.40
甘肃	88.40	8.66			0.92	0.01		12.23
青海	83.74	22.58				0.01		2.29
宁夏	375.03	18.03			0.01	0.21		250.54
新疆	1273.00	59.00	353.90	3.00	577.20			1222.10

10-11 民族自治地方牲畜年末头(只)数及比重

年 份	牲畜总头数(万头/只)	大牲畜	猪	羊	比重(%) 大牲畜	猪	羊
1949	4108.00	1646.00	796.00	1666.00	40.07	19.38	40.55
1952	7606.50	2439.20	1136.90	4030.00	32.07	14.95	52.98
1957	9914.20	2926.30	1589.00	5398.90	29.52	16.03	54.45
1962	10424.60	2560.60	1255.30	6605.70	24.57	12.05	63.38
1965	14119.70	3372.90	2151.40	8595.40	23.89	15.24	60.87
1975	16226.95	3848.53	3031.85	9346.57	23.72	18.68	57.60
1978	16656.50	3807.20	3256.70	9579.60	22.87	19.58	57.55
1980	17168.30	3928.32	3286.26	9983.72	22.88	18.97	58.15
1981	17713.95	4057.86	3314.11	10314.98	22.91	18.71	58.38
1982	18026.93	4244.84	3635.67	10146.42	23.55	20.17	56.28
1983	17983.04	4339.77	3970.58	9672.69	24.13	22.08	53.79
1984	18198.34	4462.62	4047.20	9688.52	24.52	22.24	53.24
1985	19038.77	4748.79	4532.86	9757.12	24.94	23.81	51.25
1986	19808.61	4950.94	4869.33	9988.34	24.99	23.58	50.43
1987	20260.96	5046.00	4968.82	10246.14	24.91	24.52	50.57
1988	20938.16	5130.19	5085.00	10722.97	24.50	24.29	51.21
1989	21948.68	5229.87	5434.73	11284.08	23.83	24.76	51.41
1990	22312.78	5285.92	5668.05	11361.81	23.69	25.39	50.92
1991	22151.91	5308.61	5564.71	11278.59	23.96	25.12	50.91
1992	23039.85	5391.81	6726.06	10921.98	23.40	29.19	47.41
1993	22779.51	5429.58	6443.30	10926.63	23.81	28.26	47.93
1994	23449.37	5480.15	6729.43	11239.79	23.37	28.70	47.93
1995	24763.73	5618.25	7239.62	11905.86	22.69	29.23	48.08
1996	24891.68	5545.03	7138.86	12207.79	22.28	28.68	49.04
1997	25884.50	5636.80	7517.70	12690.00	21.81	29.09	49.10
1998	25455.63	5564.79	7046.73	12844.11	21.86	27.68	50.46
1999	26015.82	5688.57	7291.72	13035.53	21.87	28.03	50.10
2000	26842.63	5565.95	8200.84	13075.84	20.74	30.55	48.71
2001	27039.50	5549.57	8251.87	13238.06	20.52	30.51	48.97
2002	27572.94	5570.19	8062.49	13940.26	20.20	29.24	50.56
2003	28326.20	5797.61	7728.94	14799.65	20.47	27.29	52.25
2004	30155.18	5973.76	7955.65	16225.77	19.81	26.38	53.81
2005	31069.89	6152.63	8526.44	16390.83	19.80	27.44	52.75
2006	30868.69	6265.13	8143.88	16459.68	20.30	26.38	53.32
2007	29010.23	5744.65	7972.45	15293.12	19.80	27.48	52.72
2008	27762.38	5598.60	7696.79	14467.00	20.17	27.72	52.11
2009	28433.52	5683.81	7943.70	14806.01	19.99	27.94	52.07
2010	29094.29	6067.84	8141.22	14885.23	20.86	27.98	51.16
2011	28790.25	6023.70	8098.93	14667.63	20.92	28.13	50.95
2012	29170.85	5485.62	8554.60	15130.63	18.81	29.33	51.87

10-12 民族自治地方大牲畜、猪、羊年末头(只)数占全国的比重

单位: %

年 份	牲畜总头数	大牲畜	猪	羊
1949	25.66	27.42	13.78	39.34
1952	33.36	31.90	12.66	65.24
1957	30.20	34.91	10.89	54.77
1962	34.19	36.48	12.56	49.06
1965	36.20	40.05	12.89	61.82
1975	30.75	39.63	10.78	57.21
1978	28.71	60.55	10.82	56.37
1980	29.20	41.24	10.66	53.30
1981	30.58	41.56	11.28	55.09
1982	30.89	41.17	13.19	61.16
1983	31.61	41.93	13.30	57.94
1984	31.73	41.17	13.19	61.16
1985	31.67	41.72	13.67	62.48
1986	31.83	41.64	14.45	60.23
1987	32.16	41.39	15.16	56.82
1988	31.34	31.04	14.87	53.35
1989	31.69	40.84	15.40	53.32
1990	31.76	40.59	15.63	54.10
1991	31.30	40.23	15.05	54.69
1992	31.72	39.98	17.51	52.68
1993	30.39	38.82	16.40	50.30
1994	29.12	36.70	16.20	46.70
1995	30.81	38.20	17.40	49.50
1996	28.67	43.50	15.60	40.10
1997	27.87	33.85	16.44	41.83
1998	30.32	37.59	16.68	47.74
1999	30.26	37.90	16.90	46.70
2000	30.20	36.74	18.35	45.04
2001	29.86	37.01	18.04	44.38
2002	29.61	36.60	17.42	44.03
2003	29.46	37.40	16.59	43.45
2004	29.99	37.96	16.51	44.29
2005	30.90	39.09	17.69	44.74
2006	30.23	39.74	16.47	44.61
2007	34.18	46.67	18.12	53.54
2008	32.05	45.70	16.63	51.51
2009	32.82	46.40	17.16	52.72
2010	33.59	49.53	17.59	53.00
2011	33.10	50.34	17.32	51.95
2012	33.54	45.84	18.29	53.59

10-13 民族自治地方分地区牲畜出栏数和年底存栏数(2012年)

单位：万头(只)

地　区	牲畜当年出栏数			牲畜年末存栏数		
	大牲畜	猪	羊	大牲畜	猪	羊
合　计	**1669.81**	**10984.98**	**12394.34**	**5485.62**	**8554.60**	**15130.63**
河　北	32.97	134.74	123.08	39.46	81.73	58.51
内蒙古	404.24	940.40	5390.27	839.10	693.80	5144.10
辽　宁	68.93	418.66	344.31	96.07	230.64	238.97
吉　林	87.58	106.09	64.54	78.61	129.83	74.97
黑龙江	5.60	9.62	11.88	27.73	10.87	17.84
浙　江	0.53	4.20	1.40	0.82	3.72	1.50
湖　北	12.68	582.06	134.44	35.22	534.31	123.45
湖　南	19.55	288.88	58.34	81.99	269.35	46.57
广　东	0.56	16.23	1.07	3.80	12.07	0.79
广　西		3342.10		494.20	2466.60	203.60
海　南	6.08	95.47	19.18	21.48	60.66	19.25
重　庆	17.67	198.73	36.23	43.13	164.07	37.89
四　川	176.03	727.08	547.24	708.61	659.75	881.18
贵　州	62.27	775.98	111.99	268.91	677.92	163.83
云　南	260.54	2661.30	466.57	753.20	2070.06	659.01
西　藏		19.32	540.59	643.60	34.40	1525.90
甘　肃	62.61	53.54	340.46	199.11	54.96	562.48
青　海	168.41	79.69	726.61	480.78	64.96	1362.39
宁　夏	61.30	103.30	474.90	104.00	69.50	506.40
新　疆	222.26	427.60	3001.24	565.80	265.40	3502.00

注：广西、西藏大牲畜出栏数据缺。

10-14 民族自治地方主要畜产品产量

单位：万吨

年 份	猪 肉	牛 肉	羊 肉	牛羊奶	羊 毛
1980	131.04	14.30	19.66	43.78	10.70
1981	124.29	19.34	20.56	54.41	11.66
1982	136.55	15.30	23.14	61.08	12.18
1983	135.20	18.58	29.08	65.02	12.59
1984	151.09	20.46	28.54	76.37	12.64
1985	179.85	27.41	31.13	86.76	15.76
1986	191.05	29.60	35.35	111.18	13.00
1987	212.84	30.18	36.32	123.15	13.86
1988	217.22	33.94	35.37	119.51	14.57
1989	235.76	39.12	43.31	126.07	15.62
1990	245.99	40.59	31.33	135.06	17.96
1991	301.63	45.97	51.21	129.32	15.82
1992	304.09	51.50	53.44	150.90	15.45
1993	336.61	56.56	37.20	159.31	15.15
1994	390.88	66.29	57.06	173.76	15.44
1995	454.16	78.77	65.07	185.79	19.34
1996	501.72	87.60	74.09	201.04	16.86
1997	506.74	101.14	84.34	216.85	17.89
1998	536.96	105.56	91.16	230.70	18.05
1999	583.74	111.47	97.72	243.49	18.19
2000	554.17	120.89	110.78	260.52	18.37
2001	616.96	125.44	111.71	304.57	18.66
2002	579.99	131.58	118.54	397.36	18.92
2003	589.18	152.46	138.54	595.35	20.95
2004	607.72	167.04	165.05	830.12	23.43
2005	672.40	185.08	189.69	1071.01	25.71
2006	717.14	204.48	209.96	1301.53	25.70
2007	696.04	194.50	203.38	1385.04	25.89
2008	705.04	199.44	188.94	1377.67	25.59
2009	752.96	208.68	196.13	1363.29	25.58
2010	801.87	220.45	216.09	1405.83	27.89
2011	810.44	219.82	213.68	1408.84	27.60
2012	865.29	220.69	206.87	1427.31	28.51

10-15 民族自治地方分地区畜产品和水产品产量(2012年)(一)

单位: 万吨

地　区	肉类总产量	#猪　肉	#牛　肉	#羊　肉	牛羊奶产量
合　计	**1598.33**	**865.29**	**220.69**	**206.87**	**1427.31**
河　北	25.73	10.72	0.15	0.01	2.96
内蒙古	245.80	73.90	51.20	88.60	930.70
辽　宁	78.78	35.04	8.11	5.40	24.08
吉　林	25.88	8.71	6.24	0.98	4.98
黑龙江	2.62	0.77	0.80	0.18	54.14
浙　江	0.56	0.40	0.04	0.02	
湖　北	56.58	48.73	2.01	2.59	0.09
湖　南	27.57	20.22	2.24	0.95	3.99
广　东	1.79	1.29	0.06	0.01	
广　西	411.00	252.50	13.90	3.20	9.40
海　南	10.01	7.26	0.51	0.25	
重　庆	19.19	14.62	2.27	0.48	0.03
四　川	92.69	56.60	19.43	11.14	26.81
贵　州	77.96	62.06	6.77	2.08	0.39
云　南	289.53	225.17	28.94	9.28	56.35
西　藏	25.20	1.50	15.10	8.50	31.60
甘　肃	14.66	3.75	5.42	5.08	9.24
青　海	32.04	4.17	13.40	11.68	32.75
宁　夏	26.53	7.67	7.91	8.45	103.49
新　疆	134.20	30.20	36.20	48.00	136.30

10-15 民族自治地方分地区畜产品和水产品产量(2012年)(二)

单位: 万吨

地 区	羊 毛			羊 绒	水产品
		山羊毛	绵羊毛		
合 计	**28.51**	**5.61**	**22.89**	**1.13**	**475.60**
河 北	0.15	0.15		0.01	2.96
内蒙古	11.66	1.24	10.42	0.76	13.20
辽 宁	0.51	0.05	0.45	0.04	10.94
吉 林	0.26	0.01	0.25		2.63
黑龙江	0.07		0.07		3.35
浙 江					0.14
湖 北					2.85
湖 南					4.08
广 东					0.51
广 西					303.90
海 南					21.60
重 庆					0.40
四 川	0.77	0.05	0.72		2.56
贵 州					5.71
云 南	0.07	0.01	0.07		36.02
西 藏	1.02	1.02		0.10	40.10
甘 肃	1.20	0.69	0.51		0.01
青 海	1.80	0.25	1.55	0.04	0.09
宁 夏	0.91	0.91		0.05	12.35
新 疆	10.08	1.23	8.85	0.12	12.20

10-16 民族自治地方人均农业总产值和主要农产品人均占有量

年 份	农林牧渔业总产值（元）	粮 食（公斤）	棉 花（公斤）	油 料（公斤）	大牲畜（头）	猪（头）	羊（只）
1980	139.27	287.96	0.73		0.34	0.28	0.87
1981	146.86	288.69	1.01	9.15	0.35	0.28	0.89
1982	225.09	313.39	1.28	10.83	0.36	0.30	0.85
1983	233.81	324.91	1.36	11.34	0.35	0.32	0.78
1984	248.10	321.97	1.64	12.05	0.35	0.32	0.76
1985	265.61	302.96	1.47	14.58	0.36	0.34	0.74
1986	264.63	295.91	1.63	14.47	0.36	0.35	0.73
1987	272.78	308.00	2.03	12.46	0.36	0.35	0.73
1988	282.05	302.60	1.96	12.08	0.36	0.35	0.74
1989	290.99	314.60	2.01	11.43	0.35	0.37	0.76
1990	303.10	342.70	3.00	13.30	0.34	0.36	0.72
1991	692.39	356.75	4.22	14.88	0.34	0.36	0.73
1992	773.18	359.10	4.30	15.00	0.34	0.40	0.70
1993	887.83	330.90	4.40	14.60	0.35	0.40	0.70
1994	1248.33	317.25	5.55	15.14	0.34	0.42	0.73
1995	1580.99	374.97	5.91	16.14	0.35	0.45	0.74
1996	1815.86	426.20	5.95	15.84	0.46	0.45	0.77
1997	1935.11	406.93	7.10	15.64	0.44	0.46	0.78
1998	1931.91	430.75	8.50	17.51	0.34	0.42	0.77
1999	1894.68	412.15	8.16	19.96	0.34	0.44	0.78
2000	1902.62	379.44	8.70	21.00	0.33	0.49	0.78
2001	1972.55	389.29	9.45	18.79	0.33	0.49	0.79
2002	2053.35	386.29	8.69	20.84	0.34	0.49	0.82
2003	2332.15	376.45	9.34	20.87	0.34	0.45	0.86
2004	2774.72	390.75	10.39	22.95	0.35	0.46	0.94
2005	3090.16	411.43	10.76	21.30	0.35	0.49	0.94
2006	3340.39	407.36	12.41	20.33	0.35	0.46	0.93
2007	3958.22	407.92	16.83	15.97	0.32	0.44	0.85
2008	4570.00	438.46	16.78	21.94	0.31	0.43	0.80
2009	4733.56	437.05	13.81	21.69	0.31	0.43	0.81
2010	5598.42	448.32	13.41	22.79	0.33	0.44	0.80
2011	6499.55	465.86	15.57	22.33	0.32	0.43	0.79
2012	7265.23	487.23	18.90	24.23	0.29	0.46	0.81

注：人均农林牧渔业总产值1980年、1981年按1970年不变价格计算，1982—1990年按1980年不变价格，1991年至现在按当年价格计算。

10-17 民族自治地方农业机械总动力和大中小型拖拉机拥有量

年 份	农业机械总动力	大中农用拖拉机		小型拖拉机	
		万台	万千瓦	万台	万千瓦
1980		12.08	410.0	20.75	183.2
1981		12.28	428.2	21.33	188.2
1982		12.45	452.5	23.25	207.1
1983	1869.9	13.07	454.1	27.85	245.8
1984	1964.5	13.25	480.5	33.83	301.3
1985	2144.4	14.37	492.7	40.27	360.3
1986	2468.7	15.25	501.0	51.46	478.0
1987	2643.8	15.27	473.0	58.15	568.8
1988	2908.4	16.41	562.2	75.53	668.6
1989	3329.5	16.10	564.3	84.86	783.8
1990	3817.1	15.89	646.0	90.74	1019.6
1991	3569.0	15.21	570.0	99.74	975.0
1992	3675.7	15.01	551.7	105.37	983.9
1993	4104.7	13.97	540.2	95.22	1049.1
1994	4137.4	12.89	529.1	107.78	1210.3
1995	4563.3	13.00	463.3	125.80	974.1
1996	5053.4	13.80	503.6	131.85	1394.4
1997	5166.3				
1998	5353.7				
1999	5857.5				
2000	6206.5				
2001	6547.2				
2002	7117.7				
2003	7369.8				
2004	7871.7				
2005	8611.3				
2006	9088.1				
2007	9900.2				
2008	11323.0				
2009	12186.7				
2010	13239.3				
2011	14099.9				
2012	15094.0				

10-18 民族自治地方机耕地面积、有效灌溉面积、农村用电量和化肥施用量

年 份	机耕地面积（万公顷）	有效灌溉面积（万公顷）	农村用电量（万千瓦小时）	化肥施用量(折纯)（万吨）
1980	538.73	684.39	237400	99.90
1981	439.34	677.29	260443	98.30
1982	411.99	672.67	278432	116.37
1983	393.42	689.30	292538	138.72
1984	424.71	673.01	328503	140.87
1985	377.02	685.53	335832	154.74
1986	399.10	705.20	422109	179.52
1987	456.23	717.61	463331	197.23
1988	529.07	723.44	485995	209.46
1989	577.02	736.79	568346	245.69
1990	700.36	764.37	702621	266.86
1991	732.08	749.85	691599	307.51
1992	798.16	825.83	927593	323.79
1993		821.52	991140	363.87
1994		841.44	947083	396.92
1995		837.80	1109215	458.42
1996		898.62	1146385	508.59
1997		879.69	1238268	501.17
1998		899.28	1230817	551.10
1999		918.00	1248000	528.40
2000		935.70	1273827	545.08
2001		962.36	1405697	572.80
2002		982.97	1438346	597.60
2003		975.49	1500085	623.23
2004		988.74	1645652	656.61
2005		1027.41	1892751	724.86
2006		1050.00	2059616	813.06
2007		1096.53	2191476	865.09
2008		1114.16	2506820	980.54
2009		1139.28	2712534	919.87
2010		1156.22	3085795	961.73
2011		1186.01	3271024	1006.52
2012		1235.25	3775199	1033.02

10-19 民族自治地方分地区农业机械总动力、化肥施用量及农村用电量(2012年)

地　区	农业机械总动力（万千瓦）	化肥施用量(折纯)（万吨）	农村用电量（万千瓦小时）
合　计	**15094.01**	**1033.02**	**3775199.18**
河　北	225.10	7.02	169330.00
内蒙古	3280.60	189.00	552000.00
辽　宁	344.39	18.67	242738.00
吉　林	370.55	41.48	238043.60
黑龙江	65.00	2.36	5615.00
浙　江	7.80	0.40	3444.00
湖　北	254.77	34.66	51388.79
湖　南	302.52	14.26	43289.49
广　东	14.10	1.52	6117.00
广　西	3195.90	249.00	633000.00
海　南	113.89	9.68	11950.91
重　庆	121.82	12.20	43517.00
四　川	452.56	17.79	103043.00
贵　州	951.15	41.95	176439.22
云　南	1688.51	132.53	437864.42
西　藏	465.00	5.00	10000.00
甘　肃	170.06	3.63	49180.75
青　海	314.09	19.76	112238.00
宁　夏	787.30	39.40	128000.00
新　疆	1968.90	192.70	758000.00

10-20 民族自治地方分地区有效灌溉面积和当年造林面积（2012年）

地 区	有效灌溉面积（千公顷）	当年造林面积（千公顷）
合 计	**12352.51**	**2055.81**
河 北	96.40	26.74
内蒙古	3125.20	781.60
辽 宁	104.59	80.35
吉 林	294.64	9.68
黑龙江	110.51	3.67
浙 江	6.20	0.16
湖 北	68.38	23.28
湖 南	243.63	26.54
广 东	15.48	6.78
广 西	1541.30	148.90
海 南	41.01	3.29
重 庆	61.86	27.16
四 川	171.06	21.90
贵 州	516.79	141.33
云 南	952.97	373.89
西 藏	251.00	36.09
甘 肃	81.50	26.07
青 海	149.48	18.56
宁 夏	491.40	94.80
新 疆	4029.10	205.03

主要统计指标解释

实用耕地面积 指种植农作物并经常进行耕锄的田地。包括热地、当年新开荒地、连续撂荒未满三年的耕地和当年的休闲地（轮歇地），也包括以种植农作物为主，附带种植桑、茶、果树和其他林木的土地以及沿海、沿湖地区已围垦利用的“海涂”、“湖田”等和小于1米宽的渠、路、田埂。不包括专业性的桑园、茶园、果园、果木苗圃、林地、芦苇地、天然草原等。

农业机械总动力 指主要用于农、林、牧、渔业生产经营活动的各种动力机械的动力总和。包括耕地机械、农用排灌机械、收获机械、植保机械、林业机械、畜牧机械、渔业机械、农用机械等。

农村用电总量 指调查年度内农村范围内所有企业、事业、行政单位和住房从事生产经营活动、工作和日常生活用电总量。

农用化肥施用量 指调查年度内实际用于农业生产的化学肥料数量。包括氮肥、磷肥、钾肥和混合肥。施用量要求按折纯法计算，即各类化学肥料的实施施用量按其含氮、五氧化二磷、氧化钾的比例折成100%计算。其计算公式为：折纯量=实物量×某种化肥有效成分含量的百分比。

地膜覆盖面积 指农作物播种面积中覆盖塑料薄膜的面积。包括地膜本身覆盖的面积和操作畦间的未覆盖面积。

农药使用量 指在农业生产过程中为防治病虫害使用的化学药物数量，按实物量计算。包括购买的和自产自用的杀虫剂、杀菌剂、除草剂等，不包括兽药、渔业用药以及土农药。

有效灌溉面积 指具有一定水源、地块比较平整、灌溉工程或设备已经配套、在一般年景下能够进行正常灌溉的耕地面积。

农作物总播种面积 指应该在调查年度内收获农作物产品的播种面积之和。其计算公式为：

本年农作物总播种面积=上年秋冬播种物面积+本年春播作物面积+本年夏播作物面积=本年夏收作物播种面积+本年秋收作物播种面积

农作物产量 指调查年度内全社会生产农产品的数量，不论耕地上与非耕地上的农作物产量，都应该统计在内。各种主要作物产量按国家的统一规定计算。谷物一律按脱粒后原粮计算（玉米按脱粒后的粒子计算）；薯类产量按五斤折一斤计算；豆类按去豆荚后干豆计算；棉花按去籽后的皮棉计算；麻类除亚麻以麻秆计算、苎麻以刮皮后的干麻计算、苘麻和线麻以熟麻皮计算外，其余一律以生麻计算；烤烟和晒烟均以干烟叶计算；花生以带壳的干花生计算；甘蔗以蔗秆计算；甜菜以根块计算。城市郊区按蔬菜计算的薯类和豆类产量按鲜品统计。

粮食产量 指全社会的产量。包括国有经济经营的、集体统一经营的和农民家庭经营的粮食产量，还包括工矿企业办的农场和其他生产单位的产量。粮食除包括稻谷、小麦、玉米、高粱、谷子及其他杂粮外，还包括薯类和豆类。

油料产量 指全部油料作物的生产量。包括花生、油菜子、芝麻、向日葵子、胡麻子（亚麻子）和其他油料。不包括大豆、木本油料和野生油料。花生以带壳干花生计算。

茶叶产量 指调查年度内生产的全部茶叶数量。包括从成片茶园和荒芜未垦土地上种植的以及零星种植的茶树上所采摘的全部产量，不论自食的或出售的，都应统计在内。茶叶产量按经过初步加工后的干毛茶计算。

水果产量 指调查年度内从果树上收获的全部水果数量。不论自食的或出售的，都应统计在内。但不包括果用瓜，如西瓜、甜瓜、白兰瓜、哈密瓜、脆瓜等以及主要作蔬菜用的藕、西红柿等；也不包括采集的野生水果。水果产量按鲜果计算，干枣、葡萄干、柿饼、橘饼等应统一折成鲜果计算。

造林面积 指在荒山、荒地、沙丘等一切可以造林的土地上，采用人工播种、植苗、飞机播种等方法新植的成片乔木林和灌木林，经验收符合“造林技术规程”要求株数，成活率达85%以上的面积。四旁植树如一侧在4行以上，连续面积0.0667公顷（1亩以上），应统计在造林面积内。不包括补植面积、治沙种草面积、经济林垦复面积、迹地更新面积和低产林改造面积。

禽畜出栏数 指报告期内各种类型生产单位和住户饲养的已屠宰或出售的全部畜禽数量。包括交售给国家、集市上出售以及自食的部分但出售或食用的仔畜不包括在内。

禽畜存栏数 指报告期初、期末各种类型生产单位和住户饲养的全部畜禽存栏量。

肉产量 指报告期内出栏并已屠宰的畜禽肉产量。畜禽肉产量按除去头、蹄、下水后的带骨肉重量计算。

水产品产量 指调查年度内捕捞的水产品（包括人工养殖并捕获的水产品和捕捞天然生长的水产品）数量。

农林牧渔业总产值 指以货币表现的农、林、牧渔业全部产品的总量，它反映一定时期内农业生产总规模和总成果。农林牧渔业总产值的计算方法通常是按农林牧渔业产品及其副产品的产量分别乘以各自单位产品价格，少数生产周期较长，当年没有产品或产品产量不易统计的则采用间接方法匡算其产值，然后将四业产品产值相加即为农业总产值。

1957 年以前，农业总产值中包括了厩肥和农民自给性手工业产值（如农民自制衣服、鞋、袜，自己从事粮食初步加工等）。1958 年及以后的农业总产值，林业中增加了村及村以下竹木采伐产值；牧业中取消了厩肥产值；副业中取消了农民自给性手工业产值，增加了村及村以下办的工业产值；渔业中增加了海洋捕捞水产品产值。1980 年及以后的农业总产值，在副业中增加了农民家庭兼营工业商品部分的产值。从 1984 年起，村及村以下工业产值划归工业。从 1993 年起取消副业，将野生动物的捕猎划入牧业，将野生植物采集和农民家庭兼营商品性工业划归农业。从2003年起，农业总产值中增加了农林牧渔服务业产值。

农林牧渔业中间消耗 指各种经济类型的农业生产单位在农业生产经营过程中投入（或消耗）的各种物质产品和劳务价值的总和。包括中间物质消耗和中间劳动消耗两部分。计入中间消耗必须具备以下两个条件：一是与总产出相对应的生产过程中消耗的物质产品和劳务活动；二是本期投入并一次性消耗的不属于固定资产的非耐用品。

十一、工 业

11-1 民族自治地方年末工业企业单位数和工业总产值及指数

年份	工业企业单位数（个）	工业总产值（亿元）	轻工业	重工业	工业总产值指数（上年=100）	轻工业	重工业
1980	37881						
1981	35526						
1982	37184						
1983	36838						
1984	39769						
1985	43762						
1986	46588						
1987	46435						
1988	53495						
1989	57443	1097.57					
1990	53451						
1991	48784	1521.60					
1992	48938	1880.17	841.46	1038.71	118.5	118.7	118.3
1993	50340	2757.41	1086.60	1670.81	122.3	112.8	131.1
1994	53191	3776.85	1639.59	2137.26	128.1	135.6	122.2
1995	59217	4248.39	1848.49	2399.90	105.1	102.3	107.6
1996	58419	4857.79	2078.64	2779.15	116.7	118.2	115.4
1997	55413	5119.40	2138.18	2981.22	111.6	99.8	121.4
1998	12838	3088.22	1092.32	1995.90			
1999	11757	3210.27	1091.12	2119.15			
2000	11040	3931.40					
2001	10803	4037.75					
2002	10385	4524.29					
2003	10499	5665.72					
2004	11761	7822.82					
2005	13161	10653.55					
2006	14819	14214.71					
2007	15661	19008.61					
2008	18531	25910.66					
2009	20370	29145.38					
2010	22459	38473.86					
2011	17728	51011.67					
2012	18916	57521.34					

注：工业企业1997年以前为乡及乡以上口径；
1998年至2006年为全部国有及年主营业务收入500万元及以上的非国有工业企业；
2007年至2010年为年主营业务收入500万元及以上的工业企业；
从2011年开始，为年主营业务收入2000万元及以上的工业企业(即规模以上工业企业)。

11-2 民族自治地方工业总产值

单位：亿元

年 份	工业总产值	国有经济	集体经济	私营经济	联营经济	城乡个体经济	其他经济
1980	240.14						
1981	245.24				11.27		
1982	296.01	238.75	56.52		12.06		0.74
1983	331.51	267.06	62.92		14.18		1.53
1984	364.63	283.58	75.96	12.11	15.02	2.59	2.50
1985	449.72	343.02	96.31	17.30	21.15	5.62	4.77
1986	508.84	378.07	125.70	23.02	33.51	3.72	1.35
1987	585.92	428.89	126.24	26.28	20.47	27.99	2.80
1988	685.93	487.73	154.15	31.21	25.74	35.73	8.32
1989	772.93	531.13	186.43	40.66	33.20	44.42	10.93
1990	814.99	558.24	193.00	42.95	33.96	53.62	10.13
1991	1548.96	1108.70	326.39	82.58	37.27	94.24	19.63
1992	1835.50	1266.64	401.67	111.72	51.37	141.15	26.04
1993	2245.70	1381.41	517.54	151.09	80.62	262.97	83.78
1994	2876.52	1422.95	766.83	166.80	14.02	410.25	22.43
1995	3024.36	1558.91	709.81	255.92	15.34	449.12	35.26
1996	3528.43	1323.68	1375.34	271.34	15.57	713.51	171.01
1997	3686.82	1430.52	897.91	33.46	13.27	987.39	314.27

注：1．工业总产值1980年、1981年按1970年不变价格计算；1982-1990年按1980年不变价格计算，1991-1997年按1990年不变价格计算。
2．1994-1997年工业总产值按新口径统计。

11-3 民族自治地方工业总产值构成

单位：%

年 份	工业总产值	国有经济	集体经济	#乡办工业	#村办工业	城乡个体工业	其他经济类型工业
1980	100						
1981	100				4.60		
1982	100	80.66	19.09		4.07		0.25
1983	100	80.56	18.98		4.28		0.46
1984	100	77.77	20.83	3.32	4.12	0.71	0.69
1985	100	76.27	21.41	3.85	4.70	1.26	1.06
1986	100	74.30	24.70	4.52	6.58	0.73	0.27
1987	100	73.20	21.54	4.49	3.49	4.78	0.48
1988	100	71.11	22.47	4.55	3.75	5.21	1.21
1989	100	68.72	24.12	5.26	4.30	5.75	1.41
1990	100	68.50	23.68	5.27	4.17	6.58	1.24
1991	100	71.58	21.07	5.33	2.41	6.08	1.27
1992	100	69.01	21.88	6.09	2.80	7.69	1.42
1993	100	69.51	23.05	6.73	3.59	11.71	3.73
1994	100	55.28	24.43	7.40	3.88	14.33	5.96
1995	100	54.20	23.47	10.20	3.77	14.85	7.48
1996	100	46.13	14.47	7.42	5.77	21.86	4.25
1997	100	38.80	24.35	7.73	7.05	27.05	9.79

注：1990年以前的村办工业中包括城乡合作经营工业，比重偏大。

11-4 民族自治地方分地区规模以上工业企业单位数(2012年)

单位：个

地　区	总　计	#国有企业	#集体企业	#股份合作企业	#港、澳、台商投资企业	#外商投资企业	#亏损企业
合　计	**18916**	**1163**	**362**	**1410**	**488**	**569**	**2915**
河　北	289	7	1	35	6	12	38
内蒙古	4244	251	66	31	72	111	825
辽　宁	1026	12	71	9	17	25	64
吉　林	646	24	4	47	5	58	46
黑龙江	20	2		17	1		
浙　江	37	1				1	4
湖　北	409	23	2	48	3	3	33
湖　南	508	28	6	324	8		53
广　东	61	9		41	9	2	14
广　西	5239	272	128	443	264	208	
海　南	37	10	2	21	1		9
重　庆	201	10	4	134	4	3	71
四　川	574	43	13	26	6	5	129
贵　州	1197	146	19	67	17	8	396
云　南	1175	93	14	100	28	37	324
西　藏	64	18	2			3	17
甘　肃	148	26	1	47	1	10	9
青　海	217	26	15	12	8	4	56
宁　夏	865	38	2	3	10	26	303
新　疆	1959	124	12	5	28	53	524

11-5 民族自治地方分地区规模以上工业企业总产值(2012年)

单位：亿元

地　区	总产值	#国有企业	#集体企业	#股份合作企　业	#港、澳、台商投资企业	#外　商投资企业	#亏损企业
合　计	**57521.34**	**6398.41**	**583.61**	**1451.68**	**1630.39**	**3663.72**	**4013.69**
河　北	876.00	14.81	0.21	67.03	18.26	20.67	107.27
内蒙古	18192.03	1716.91	72.53	286.05	261.73	894.94	2240.91
辽　宁	1638.68	14.18	164.89	14.41	31.36	61.18	60.42
吉　林	1496.57	46.08	2.61	106.07	8.21	152.35	82.61
黑龙江	99.70	1.14	88.50	10.06			
浙　江	15.29	2.25				0.64	1.22
湖　北	362.07	41.80	0.61	87.37	1.78	2.32	26.55
湖　南	516.94	43.40	2.67	75.18	12.70		30.65
广　东	107.13	18.61		45.44	37.16	2.92	0.63
广　西	15657.22	2050.02	154.07	123.70	942.35	1872.00	
海　南	97.44	17.12		63.63	10.59		7.02
重　庆	187.11	27.99	0.43	100.52	1.82	0.85	38.57
四　川	1485.28	301.10	13.36	20.68	65.44	34.06	182.41
贵　州	1689.42	361.44	12.40	14.69	29.78	1.76	28.67
云　南	2999.64	424.78	9.22	147.02	97.85	390.99	158.16
西　藏	87.25	32.57	1.08			6.93	
甘　肃	223.42	55.67	1.35	115.47	0.66		1.11
青　海	1233.48	85.94	39.75	163.23	18.55	44.54	71.01
宁　夏	3024.00	458.91	2.33	8.87	32.40	74.14	858.78
新　疆	7532.67	683.68	17.60	2.26	59.76	103.44	117.70

11-6 民族自治地方分地区规模以上工业企业主要财务指标(2012年)(一)

单位: 亿元

地区	工业销售产值	本年应交增值税	主营业务收入	资产合计
合计	**55789.21**	**2198.47**	**54932.64**	**64792.38**
河北	821.90	30.09	824.45	770.95
内蒙古	18192.03	749.77	18135.15	21754.32
辽宁	1585.56	46.62	1594.37	611.52
吉林	1493.26	32.21	1388.14	943.00
黑龙江	98.02	4.08	9.97	28.79
浙江	14.80	0.64	14.85	22.55
湖北	352.60	11.41	336.78	457.38
湖南	524.01	24.79	491.84	308.96
广东	101.38	3.15	96.70	112.77
广西	15657.22	528.62	14733.63	11759.56
海南	92.40	7.17	85.89	192.75
重庆	182.26	11.01	180.54	354.74
四川	1321.00	70.63	1377.20	1923.44
贵州	1540.27	53.48	1231.41	1660.83
云南	2758.35	143.97	2753.84	4274.73
西藏	88.96	7.70	91.88	506.86
甘肃	188.66	10.17	168.89	361.63
青海	471.51	37.62	924.97	2218.24
宁夏	2956.58	97.48	2981.46	4860.19
新疆	7348.44	327.88	7510.67	11669.17

11-6 民族自治地方分地区规模以上工业企业主要财务指标(2012年)(二)

单位：亿元

地　　区	负债合计	所有者权益合计	利润总额	亏损企业 亏损总额
合　　计	**39763.92**	**24774.30**	**4906.00**	**577.63**
河　　北	518.52	252.29	88.77	5.08
内 蒙 古	13323.58	8370.91	1931.69	163.37
辽　　宁	322.90	281.75	103.94	3.50
吉　　林	473.67	455.16	100.32	2.52
黑 龙 江	15.90	15.90	5.32	
浙　　江	6.83	7.72	1.28	0.04
湖　　北	280.03	177.35	25.80	2.10
湖　　南	164.63	139.19	21.00	1.71
广　　东	64.39	48.38	5.58	0.64
广　　西	7345.60	4295.15	932.83	121.20
海　　南	83.31	111.72	15.43	4.14
重　　庆	258.39	96.34	13.54	2.15
四　　川	1290.73	608.75	119.90	12.04
贵　　州	1120.42	539.30	74.79	19.43
云　　南	2798.37	1482.90	257.00	33.50
西　　藏	163.38	343.16	12.89	10.42
甘　　肃	233.65	127.98	26.81	0.53
青　　海	1390.40	822.03	149.26	27.14
宁　　夏	3236.63	1612.69	131.22	50.40
新　　疆	6672.60	4985.61	888.64	117.70

11-7 民族自治地方主要工业产品产量(一)

年 份	纱（吨）	布（万米）	机制纸及纸板（万吨）	成品糖（万吨）	卷烟（亿支）	原煤（万吨）	原油（万吨）
1952	483	3500	1.31		2.58	178	5
1957	4785	8100	3.97		3.57	545	10
1962	11521	8000	5.86			1631	101
1965	29278	18200	7.86	22.20	7.70	2029	97
1975	45542	25700	20.97	32.72	36.28	4561	441
1978	66554	37300	30.90	43.57	51.43	6081	578
1980	79400	44300	32.07	65.62	89.39	5418	624
1981	91907	45789	31.65	78.99	107.05	5430	617
1982	103619	52136	34.56	82.30	131.60	5799	625
1983	105025	52995	45.30	101.16	150.99	6521	672
1984	98992	47414	44.51	107.32	174.47	6993	705
1985	121984	54183	59.21	126.91	209.89	8597	805
1986	146097	67766	64.33	174.52	257.20	8875	862
1987	170916	67210	72.68	187.81	323.60	9261	899
1988	173602	69419	79.68	180.75	371.08	10995	973
1989	187615	77916	93.16	198.65	413.84	13924	1113
1990	220499	73705	94.10	222.62	443.10	12077	1265
1991	262900	71433	109.52	249.06	441.27	12227	1402
1992	272100	69287	131.85	372.82	444.05	13064	1405
1993	220850	66505	151.27	373.94	479.78	14157	1637
1994	316616	70072	153.00	280.20	491.60	14860	1466
1995	371319	69306	191.21	239.54	353.63	16639	1610
1996	328504	61689	172.84	312.42	271.45	17205	1813
1997	365347	69246	168.99	312.42	458.85	19038	2003
1998	334036	52548	155.82	519.48	446.28	17570	2047
1999	416571	52191	153.07	567.20	434.76	15361	2058
2000	457689	50096	175.46	498.22	376.49	14623	2292
2001	452315	47197	178.51	437.68	395.74	15930	2229
2002	428472	37000	177.95	669.09	417.34	15727	2460
2003	446235	29969	219.68	823.95	444.73	20614	2597
2004	407111	23135	224.94	813.02	1756.45	27127	2843
2005	481145	34786	272.85	678.09	2105.57	38038	2833
2006	471856	47193	258.73	758.48	2042.46	42931	2914
2007	613969	44604	283.39	1005.39	2077.56	50991	3033
2008	543640	32091	358.32	1174.42	1684.40	65284	3055
2009	542573	30885	500.22	1047.41	2620.44	83287	2975
2010	563125	36326	385.27	906.89	2672.64	103894	3059
2011	556483	37356	437.37	935.39	2762.32	107862	3186
2012	590192	20687	512.94	1102.30	2404.79	138050	3230

注：卷烟2003年及以前计量单位为万箱。

11-7 民族自治地方主要工业产品产量(二)

年 份	发电量（亿千瓦小时）	生铁（万吨）	粗钢（万吨）	水泥（万吨）	木材（万立方米）	农用化肥(折纯)（万吨）
1952	0.81	0.90			233	
1957	0.43	4.50			645	
1962	23.40	41.70	10.30	11.92	220	1.03
1965	33.40	55.80	39.40	91.01	858	36.43
1975	125.65	89.90	66.20	334.98	1034	48.67
1978	173.99	168.20	128.50	554.00	1212	
1980	193.36	177.52	166.60	576.09	1619	57.10
1981	202.24	190.02	166.15	587.12	1493	61.95
1982	221.25	182.76	167.59	699.87	1545	67.11
1983	239.30	195.66	173.38	843.38	1565	74.55
1984	260.90	214.98	197.82	940.78	1665	80.18
1985	389.01	258.12	232.45	1222.08	1826	85.72
1986	400.81	295.08	248.06	1343.15	2049	100.03
1987	518.97	346.23	291.09	1538.03	1903	131.85
1988	553.34	328.60	291.36	1667.50	1931	128.64
1989	675.57	362.88	320.04	1714.40	1763	153.93
1990	738.80	417.03	368.25	1957.83	1761	197.05
1991	712.72	376.86	414.14	2372.10	1808	203.59
1992	847.62	450.92	435.21	2828.96	1863	213.31
1993	992.09	515.34	489.40	3210.18	2008	205.37
1994	1107.87	536.70	493.48	3952.47	2042	205.25
1995	1186.46	554.68	699.57	4295.92	3257	218.75
1996	1228.93	663.67	722.14	4181.51	3453	189.47
1997	1230.44	841.30	663.72	4454.00	1895	227.50
1998	1356.79	701.73	632.76	4905.98	1637	299.79
1999	1428.87	696.44	643.34	5271.35	1230	314.57
2000	1712.00	725.00	647.05	5703.15	1052	388.65
2001	1777.00	853.00	738.45	5896.53	1155	431.86
2002	1957.00	988.00	899.82	6552.63	1023	517.24
2003	2243.24	1156.93	1082.34	7828.52	1097	554.61
2004	2363.18	1409.66	1321.02	8394.46	276	636.55
2005	3052.23	2086.77	1846.25	10155.90	169	717.29
2006	3740.15	2384.34	2150.20	11752.67	464	862.66
2007	4903.37	2907.68	2660.04	14011.36	131	932.08
2008	5500.95	3021.32	2980.87	15779.76	385	950.32
2009	5910.84	3945.56	3468.61	21375.54	401	1159.96
2010	6729.86	4447.49	4004.81	21652.56	417	1294.62
2011	7131.44	4799.34	3240.01	23235.36	342	889.79
2012	8989.47	5140.50	4018.94	31246.76	311	1091.50

11-8 民族自治地方分地区主要工业产品产量(2012年)(一)

地　区	纱 (万吨)	布 (万米)	机制纸及纸板 (万吨)	原　盐 (万吨)	成品糖 (万吨)	卷　烟 (亿支)
合　计	**59.02**	**20686.50**	**512.94**	**749.24**	**1102.30**	**2404.79**
河　北		195.00				
内蒙古	1.09	4153.00	15.00	253.62	31.10	315.00
辽　宁	0.39	1827.00	0.02		7.40	
吉　林	0.75		0.97			279.00
黑龙江			3.98			
浙　江						
湖　北	0.31	333.00	7.75			192.22
湖　南	1.05	1430.00	6.82			
广　东						
广　西	11.78	5550.00	336.37	7.19	861.51	753.50
海　南				2.65	9.00	
重　庆	1.48					
四　川			0.80		0.80	
贵　州	0.75		10.21			14.05
云　南	0.41	498.50	45.77	7.39	138.86	681.02
西　藏						
甘　肃						
青　海	0.80			177.00		
宁　夏			52.86			
新　疆	40.22	6700.00	32.39	301.40	53.64	170.00

11-8 民族自治地方分地区主要工业产品产量(2012年)(二)

地　区	原　煤 (万吨)	原　油 (万吨)	天然气 (万立方米)	发电量 (亿千瓦小时)	生　铁 (万吨)
合　计	**138050.36**	**3230.10**	**5790100**	**8989.47**	**5140.50**
河　北	2.29			32.28	316.00
内蒙古	106194.31	197.84	2591700	3172.18	1326.40
辽　宁	80.78			27.24	230.47
吉　林	1434.80	151.85		68.39	
黑龙江				6.61	
浙　江				11.40	4.87
湖　北	313.44			77.12	
湖　南	4.86			32.32	28.66
广　东				27.21	17.77
广　西	753.61	2.30		1186.07	1302.66
海　南				7.67	
重　庆	186.11			80.87	
四　川	186.52			478.80	88.50
贵　州	1031.81			99.99	6.28
云　南	2774.96	0.02		695.50	380.99
西　藏				26.24	
甘　肃	496.87			173.73	
青　海	2345.35	205.06	635000	539.12	28.93
宁　夏	8597.66	2.33	33300	1009.66	80.67
新　疆	13646.98	2670.70	2530100	1237.06	1328.29

11-8 民族自治地方分地区主要工业产品产量(2012年)(三)

地区	粗钢（万吨）	水泥（万吨）	平板玻璃（万箱）	木材（万立方米）	农用化肥(折纯)（万吨）
合计	**4018.94**	**31246.76**	**1358.55**	**311.34**	**1091.50**
河北	331.08	61.36		6.14	
内蒙古	1734.10	5872.06	549.15	208.82	123.03
辽宁	20.82	252.48	34.25	28.24	5.09
吉林	6.77	465.79			14.46
黑龙江					2.36
浙江				5.66	
湖北		618.85			2.94
湖南	3.36	475.23	23.30	13.16	5.29
广东	9.32	0.59		13.42	
广西	1341.62	9983.95	607.60		124.41
海南		344.31			
重庆		405.10			0.86
四川	82.50	777.41		3.65	9.80
贵州		1672.98		1.36	135.46
云南	461.55	3257.67	143.89	30.76	226.72
西藏		286.70			
甘肃	0.53	108.76			31.09
青海	5.25	432.58		0.14	322.00
宁夏	22.06	1615.01	0.36		87.99
新疆	1138.20	4615.93	375.23		304.17

主要统计指标解释

工业 指从事自然资源的开采，对采掘品和农产品进行加工和再加工的物质生产部门。具体包括：（1）对自然资源的开采，如采矿、晒盐、森林采伐等（但不包括禽兽捕猎和水产捕捞）。（2）对农副产品的加工、再加工，如粮油加工、食品加工、轧花、缫丝、纺织、制革等。（3）对采掘品的加工、再加工，如炼铁、炼钢、化工生产、石油加工、机器制造、木材加工等以及电力、自来水、煤气的生产和供应等。（4）对工业品的修理、翻新，如机器设备的修理、交通运输工具（包括小卧车）的修理等。

轻工业 指主要提供生活消费品和制作手工工具的工作。按其使用的原料不同，可分为两大类：（1）以农产品为原料的轻工业，是指直接或间接以农产品为基本原料的轻工业。主要包括食品制造、饮料制造、烟草加工、纺织、缝纫、皮革和皮毛制作、造纸以及印刷等工业。（2）以非农产品为原料的轻工业，是指以工业品为原料的轻工业。主要包括文教体育用品、化学药品、合成纤维、日用化学制品、日用玻璃制品、日用金属制品、手工工具、医疗器械、文化和办公用机械制造等工业。

重工业 指为国民经济各部门提供物质技术基础的主要生产资料的工业。按其生产性质和产品用途，可以分为下列三类：（1）采掘（伐）工业，是指对自然资源的开采，包括石油开采、煤炭开采、金属矿开采、非金属矿开采和木材采伐等工业。（2）原材料工业，指向国民经济各部门提供基本材料、动力和燃料的工业。包括金属冶炼及加工、炼焦及焦炭化学、化工原料、水泥、人造板以及电力、石油和煤炭加工等工业。（3）加工工业，是指对工业原材料进行再加工制造的工业。包括装备国民经济各部门的机械设备制造工业，金属结构、水泥制品等工业以及为农业提供生产资料如化肥、农药等工业。

1984 年以前农村的村及村以下办工业归属农业，1984 年以后划归工业。

工业总产值 指以货币表现的工业企业在报告期内生产的工业产品总量。

工业总产值包括：生产成品价值、对外加工费收入以及自制半成品、在产品期末期初差额价值。

工业总产值不包括：非本企业生产的工业产品价值、本企业工业生产过程中产生的废料（如锯末、切屑、矸石等）的出售价值。

工业总产值计算价格：

（1）不变价格：又称固定价格，指在计算不同时期的总产值时，采用同一时点的工业产品出厂价格。采用不变价格计算工业总产值，主要是为消除不同时期价格变动影响，以保证计算工业发展速度时可比。

新中国成立以来，我国已编制过 5 次工业产品不变价格：1952 年不变价格，1957 年不变价格，1970 年不变价格，1980 年不变价格，1990 年不变价格。目前采用的是 1990 年不变价格。

（2）当年价格：指计算工业总产值时，采用的报告期内的产品实际销售价格。报告期的产品销售价格前后有变动，或同一种产品在同一时期有几种销售价格的，应分别按不同价格计算总产值，如生产完成时还不能确定按哪一种价格销售，可按报告期实际平均销售价格计算。实际销售价格指产品销售时的实际出厂价格不含增值税销项税额）。工业总产值中有些项目，如自制设备、提供本企业基本建设和生活福利部门的产品和工业性作业等，没有出厂价格，可以把它们的实际成本作为当年价格。

工业增加值 指工业企业在报告期内以货币表现的工业生产活动的最终成果。工业增加值有两种计算方法：一是生产法，即工业总产值减去工业中间投入加上应交增值税；二是收入法，即从收入的角度出发，根据生产要素在生产过程中应得到的收入份额计算，具体构成项目有固定资产折旧、劳动者报酬、生产税净额、营业盈余。

生产法：工业增加值=工业总产值-工业中间投入+应交增值税

工业中间投入 指工业企业在工业生产活动中消耗的外购物质产品和对外支付的服务费用。服务费用包括支付物质生产部门（工业、农业、批发零售贸易业、建筑业、运输邮电业）的服务费用和支付给非物质生产部门（保险、金融、文化教育、科学研究、医疗卫生、行政管理等）的服务费用。

工业中间投入包括外购材料、燃料、动力的消耗以及向外单位支付的运输费、邮电费、修理费、仓储费、利息支出、保险费、职工教育费等各种服务费。不包括外购产品和服务时支付的增值税进项税额。工业中间投入按购买价格计算。

固定资产折旧 指固定资产在使用过程中，通过逐渐损耗（包括有形损耗和无形损耗）而转移到产品成本的部分价值，即为补偿生产中所耗用的固定资产而提取的价值。固定资产折旧由两部分组成，一部分是按规定比率提取的基本折旧，另一部分是为恢复固定资产在使用过程中已损耗部分的价值而发生的大修理费用。

工业销售产值 指以货币表现的工业企业在一定时间内销售的本企业生产的工业产品总量。包括已销售的成品、半成品价值，对外提供的工业性作业价值。工业销售产值按现行价格计算。

产品销售收入 指企业销售产品的销售收入和提供劳务等主要经营业务取得的收入总额。

资产 指企业拥有或控制的能以货币计量的经济资源，包括各种财产、债权和其他权利。资产按其流动性（即资产的变现能力和支付能力）划分为：流动资产、长期投资、固定资产、无形资产、递延资产和其他资产。

负债 指企业所承担的能以货币计量，将以资产或劳务偿还的债务。偿还形式包括货币、资产或提供劳务。负债一般按偿还期长短分为流动负债和长期负债。

所有者权益 指企业投资人对企业净资产的所有权。企业净资产为企业全部资产与企业全部负债的差额，包括实收资本、资本公积、盈余公积、未分配利润等。

利润总额 指企业实现的利润。

全员劳动生产率 指根据产品的价值量指标计算的平均每一个从业人员在单位时间内的产品生产量，是考核企业经济活动的重要指标，是企业生产技术水平、经营管理水平、职工技术熟练程度和劳动积极性的综合表现。目前我国的全员劳动生产率是将工业企业的工业增加值除以同一时期全部从业人员的平均人数来计算的。计算公式为：

全员劳动生产率=工业增加值 ÷ 全部从业人员平均人数

十二、建筑业

12-1 民族自治地方分地区建筑业基本情况

年 份 地 区	单位数 (个)	建筑业 总产值 (亿元)	房屋建筑 施工面积 (万平方米)	房屋建筑 竣工面积 (万平方米)	年 末 从业人数 (万人)
1998	5333	584.72	8587.33	4573.54	130.04
1999	5092	639.67	9148.76	5408.04	133.80
2000	4828	754.30	9231.85	5325.88	131.59
2001	4587	916.49	10448.20	6149.86	133.77
2002	4148	1064.46	11547.41	6480.94	138.67
2003	4108	1227.17	13420.09	7221.96	138.10
2004	4361	1358.38	14100.68	6893.58	132.56
2005	4508	1610.27	15964.37	8072.09	141.73
2006	4694	1927.93	18543.61	9183.23	151.85
2007	4945	2500.49	22694.59	11234.59	162.61
2008	5198	3082.89	24600.04	11857.88	165.28
2009	5250	3961.73	28156.47	13167.00	183.97
2010	5380	5202.99	35052.18	15418.48	194.24
2011	5407	6391.76	42752.82	17483.12	190.14
2012	5207	6823.22	49143.97	19199.42	195.96
合 计	**5207**	**6823.22**	**49143.97**	**19199.42**	**195.96**
河 北	65	57.16	271.82	132.10	3.95
内蒙古	828	1441.00	10550.70	3659.00	36.66
辽 宁	127	169.49	759.51	585.80	4.24
吉 林	206	133.14	1021.96	604.86	3.60
黑龙江	9	3.98	30.00	23.00	0.06
浙 江	10	5.40	28.54	16.70	0.19
湖 北	119	79.46	644.74	304.11	3.37
湖 南	78	55.12	447.02	142.11	1.78
广 东	6	5.11	53.11	35.85	0.26
广 西	1053	1867.06	15076.60	5028.70	67.03
海 南	3	7.51	111.05	98.10	0.06
重 庆	59	90.34	430.84	99.14	1.58
四 川	90	69.03	318.18	190.21	2.80
贵 州	156	69.79	1213.58	247.32	4.01
云 南	668	492.83	2816.98	1573.34	19.23
西 藏	175	86.40	198.80	138.20	3.59
甘 肃	49	47.04	176.94	108.28	1.51
青 海	111	54.09	230.33	134.40	2.75
宁 夏	508	466.95	3736.77	1524.20	8.97
新 疆	887	1622.31	11026.50	4554.00	30.30

12-2 民族自治地方分地区建筑业主要财务指标(2012年)

单位：亿元

地　区	企业资产合计	企业负债合计	企业所有者权益	企业利润总额	建筑业增加值
合　计	**5664.54**	**3792.14**	**1861.30**	**255.18**	**1905.36**
河　北	29.72	14.00	15.71	3.81	32.09
内蒙古	1616.99	1034.11	582.88	86.22	348.78
辽　宁	61.65	37.50	24.16	5.13	41.45
吉　林	97.89	56.90	41.00	6.04	49.56
黑龙江	2.17	1.02	1.15	0.45	1.08
浙　江	4.49	2.41	2.09	0.25	1.52
湖　北	56.89	28.77	28.12	3.65	35.69
湖　南	30.25	15.22	15.02	2.57	33.07
广　东	1.63	1.37	0.26	0.09	3.08
广　西	1124.14	761.14	363.00	34.27	302.86
海　南	0.04	0.04		0.01	5.26
重　庆	42.01	22.72	19.30	6.02	29.91
四　川	72.61	50.49	22.11	1.46	26.47
贵　州	193.49	139.86	53.63	31.64	125.47
云　南	384.89	232.01	152.89	19.29	341.91
西　藏	128.29	65.54	62.75	3.97	19.96
甘　肃	16.99	11.40	5.59	0.60	22.77
青　海	60.21	38.08	22.13	0.86	47.14
宁　夏	440.59	306.28	134.31	13.11	98.66
新　疆	1299.58	973.30	315.19	35.74	338.64

主要统计指标解释

建筑业统计单位 指从事房屋、构筑物建造和设备安装活动的法人企业。建筑业法人企业应同时具备的条件是：（1）依法成立，有自己的名称、组织机构和场所，能够承担民事责任。（2）独立拥有和使用资产，承担负责，有权与其他单位签订合同。（3）独立核算盈亏，能够编制资产负债表。

建筑业总产值（自行完成施工产值） 是以货币表现的建筑安装企业在一定时期内生产的建筑业产品的总和。建筑业总产值包括：

1. 建筑工程产值：指列入建筑工程预算内的各种工程价值。

2. 设备安装工程产值：指列入建筑工程预算内的各种工程价值。

3. 房屋、构筑物修理产值：指房屋、构筑物修理所完成的价值，但不包括被修理房屋、构筑物本身的价值和生产设备的修理价值。

4. 非标准设备制造产值：指加工制造没有定型的、非标准的生产设备的加工费和原材料价值以及附属加工厂为本企业承建工程制作的非标准设备的价值。

房屋建筑施工面积 指在报告期内施工的全部房屋建筑面积，包括本期新开工的房屋面积、上期停缓建在本期恢复施工的房屋面积、本期竣工的房屋面积以及本期施工后又停缓建的房屋面积。

房屋建筑竣工面积 指在报告期内房屋建筑按照设计要求全部完工，达到住人和使用条件，经验收鉴定合格，正式移交使用单位的房屋建筑面积。

十三、运输和邮电

13-1 民族自治地方运输、邮电情况

年 份	铁路营业里 程（万公里）	公路里程（万公里）	全年铁路货运量（万吨）	全年公路货运量（万吨）	邮电局、所（个）	邮路及农村投递线路（万公里）
1949	0.35	1.14				
1952	0.38	2.59		355	3499	13.13
1957	0.55	6.27		1425	4452	39.72
1962	0.72	12.57			5174	45.73
1965		12.55		4165	5272	36.37
1975		17.71		10695		
1978	0.90	20.80		13448	7222	94.75
1980	0.20	21.16		10266	7136	88.68
1981	1.22	21.21		12059	7121	84.61
1982	1.23	21.65	9999	14960	7226	86.19
1983	1.21	23.00	11014	11885	7482	88.11
1984	1.21	23.54	12066	12864	7578	87.04
1985	1.25	25.41	13101	22013	8075	90.40
1986	1.26	25.09	13212	31628	8809	88.37
1987	1.27	27.57	12283	38566	8219	87.27
1988	1.27	27.68	14045	53937	8276	86.61
1989	1.29	30.05	15599	61385	8443	95.10
1990	1.31	29.37	18078	58371	8436	88.02
1991	1.33	28.67	17066	76352	9589	90.51
1992	1.35	28.30	17651	68366	8509	84.25
1993	1.45	30.84	27038	122362	8422	85.61
1994	1.67	31.19	23117	128162	8814	83.29
1995	1.70	33.21	20385	111060	9076	106.82
1996	1.76	36.33			9082	108.00
1997	1.69	36.49	22250	113947	9836	100.38
1998	1.71	37.64	18909	110164	12664	102.56
1999	1.75	40.26	19294	120064	13564	106.07
2000	1.42	42.36	21248	181784	10893	109.52
2001	1.43	49.57	22734	136983	12574	109.04
2002	1.44	52.70	23045	119536	7855	100.37
2003	1.51	54.78	24246	133128	8812	108.53
2004	1.68	55.67	35285	154040	9049	108.06
2005	1.69	58.96	34170	171842	9321	109.67
2006	1.80	77.28	39932	333614	9110	114.23
2007	1.83	84.25	45027	214636	9171	112.29
2008	2.00	86.35	58892	264528	8814	115.59
2009	2.09	88.01	65509	292338	9124	123.06
2010	2.12	91.19	81690	343776	9083	125.75
2011	2.30	96.14	92350	430562	9064	139.18
2012	2.37	102.46	98221	445176	10358	161.24

注：1.本表未扣除区域变动因素，年度之间不可比。
2.2000年后铁路营业里程指国有铁路营业里程。
3.2002年后邮电局、所数据仅指邮政局所数。

13-2 民族自治地方分地区运输条件(2012年)

单位：公里

地　　区	公路线路里　　程	#等级路	国有铁路营业里程	内河航道里　　程	民用机场数（个）
合　　计	**1024561**	**719993**	**23679**	**14218**	**55**
河　　北	10164	6684	83		
内 蒙 古	163763	151064	9474	2403	12
辽　　宁	14591	12160	233	281	
吉　　林	16072	12774	650		2
黑 龙 江	1580	148	50	147	
浙　　江	1792	1785		94	
湖　　北	26487	22498	221	728	1
湖　　南	23028	5035	497	751	1
广　　东	4124	2125			
广　　西	107906	91583	3195	5479	6
海　　南	5092	4260	43		
重　　庆	13672	9714	178	135	
四　　川	66527	54570	407	467	3
贵　　州	83244	33567	775	2716	3
云　　南	152380	95734	51	460	5
西　　藏	65198	41776	532		4
甘　　肃	19257	9078		211	
青　　海	57253	20568	1252	217	2
宁　　夏	26522	26009	1290	130	3
新　　疆	165909	118861	4750		13

13-3 民族自治地方分地区公路、铁路旅客、货物运输量(2012年)

地　区	客运量合计（万人）	#公　路	#铁　路	货运量合计（万吨）	#公　路	#铁　路
合　计	**356485**	**305716**	**18293**	**564371**	**445176**	**98221**
河　北	735	691	44	3683	3649	34
内蒙古	27630	23310	4320	189942	125260	64682
辽　宁	5033	5300		11199	11199	55
吉　林	14969	14461	508	6963	5987	976
黑龙江	1054	965	89	1062	982	80
浙　江	214	210		127	117	
湖　北	4069	3647	358	4100	3662	20
湖　南	8913	8298	523	7059	6311	665
广　东	1171	1171		375	235	
广　西	90229	86449	3310	161356	135112	6846
海　南	6974	6454		1407	1407	
重　庆	4850	4758	91	2265	2222	19
四　川	14597	14572		12093	12092	
贵　州	70888	37414	5999	21665	15725	5889
云　南	35835	32751	123	26306	25465	817
西　藏	3849	3739	110	1127	1042	85
甘　肃	4384	4384		3340	3340	
青　海	6417	5270	158	10396	6770	2755
宁　夏	16343	15666	535	41113	32646	8459
新　疆	38331	36206	2125	58794	51954	6840

13-4 民族自治地方分地区公路、铁路旅客、货物周转量(2012年)

地区	旅客周转量(亿人公里)	#公路	#铁路	货物周转量(亿吨公里)	#公路	#铁路
合计	**3078.45**	**2429.80**	**637.20**	**13932.91**	**7897.27**	**4639.94**
河北	4.32	3.35	0.97	24.46	23.34	1.12
内蒙古	436.40	264.00	172.40	5870.30	3299.80	2570.50
辽宁	24.47	24.47		35.69	42.53	
吉林	63.81	63.81		95.11	95.11	
黑龙江	2.16	1.38	0.78	1.81	1.20	0.61
浙江	1.04	1.03		1.29	1.28	
湖北	37.48	35.36		66.34	50.25	
湖南	58.93	54.82	3.94	77.20	71.83	2.63
广东	3.02	3.02		2.01	2.01	
广西	1048.00	858.00	187.70	4110.60	1878.30	860.00
海南	14.34	14.34		15.70	14.38	
重庆	21.08	21.05		20.02	19.80	
四川	96.09	95.15		139.05	139.04	
贵州	252.32	243.34	7.13	230.34	202.14	19.51
云南	273.47	267.16	2.44	318.85	305.87	8.83
西藏	33.50	23.20	10.30	46.20	27.90	18.30
甘肃	21.17	21.17		51.58	51.58	
青海	30.07	30.07		147.00	147.00	
宁夏	121.00	79.69	41.15	1064.87	700.12	367.74
新疆	535.80	325.40	210.40	1614.50	823.80	790.70

13-5 民族自治地方分地区邮电业情况(2012年)

地 区	邮电业务总量（亿元）	邮政局所（处）	邮路总长度（万公里）	农村投递线路（万公里）	移动电话年末用户（万户）	固定电话年末用户（万户）	互联网接入用户（万户）
合 计	**1322.11**	**10358**	**96.25**	**64.98**	**13131.49**	**2391.25**	**2214.45**
河 北	7.80	52	0.40	0.88	130.77	22.00	13.66
内蒙古	273.34	2204	15.47	10.93	2550.10	368.30	274.80
辽 宁	13.61	186	1.21	1.68	113.69	80.43	22.08
吉 林	2.90	173	1.35	1.15	286.89	56.55	47.11
黑龙江	0.19	11	0.11	0.10	11.93	5.59	2.59
浙 江	0.88	5	0.10	0.05	14.68	1.99	1.76
湖 北	22.21	133	0.40	2.70	398.61	41.65	4.05
湖 南	20.59	246	1.33	1.67	221.47	42.07	40.95
广 东	1.79	28	0.06	0.06	20.69	7.09	2.86
广 西	366.36	2328	27.35	10.08	2884.10	599.30	516.00
海 南	2.72	90	0.21	0.31	42.28	13.73	6.45
重 庆	8.04	129	0.42	0.43	125.66	17.99	5.41
四 川	37.40	347	2.96	2.73	452.21	64.03	50.85
贵 州	25.60	492	1.87	2.41	803.85	116.72	207.65
云 南	141.05	1082	5.17	10.84	1514.68	226.63	221.43
西 藏	34.86	247	2.95	9.74	235.50	40.50	457.30
甘 肃	13.00	127	0.58	1.23	521.36	27.35	1.82
青 海	20.73	104	0.78	0.86	201.43	36.47	13.87
宁 夏	65.67	489	5.41	1.00	591.00	104.96	62.30
新 疆	263.36	1885	28.12	6.13	2010.60	517.90	261.50

主要统计指标解释

铁路营业里程 又称营业长度，指办理客货运输业务的铁路正线总长度。凡是全线或部分建成双线及以上的线路，以第一线的实际长度计算；复线、站线、段管线、岔线和特殊用途以及不计算运费的联络线都不计算营业里程。铁路营业里程是反映铁路运输业基础设施发展水平的重要指标，也是计算客货周转量、运输密度和机车车辆运用效率等指标的基础资料。

公路里程 指在一定时期内实际达到《公路工程（WTBZ）技术标准 JTJ00-88》规定的等级公路，并经公路主管部门正式验收交付使用的公路里程数。包括大中城市的郊区公路以及通过小城镇街道部分的公路里程，包括桥梁、渡口的长度，不包括大中城市的街道和厂矿、林区生产用道的里程。两条或多条公路共同经由同一路段，只计算一次，不得重复计算里程长度。它是反映公路建设发展规模的重要指标，也是计算运输网密度等指标的基础资料。

内河航道里程 也称内河通航里程，指在一定时期内，能通航运输船舶及排筏的天然河流、湖泊、水库、运河及通航渠道的长度。包括全年季节性通航累计三个月以上的航道，不包括仅供零散流放竹、木排的河道。它是反映内河水运网规模、水平和发展情况的主要指标。

铁路旅客运量 指一定时期内使用铁路客车运送的旅客人数。铁路旅客运量的计算方法：不论票价多少或行程长短，均按单程计算为一人次；不足购票年龄免购客票的儿童不计算运量；月、季票按每月往返各 25 人次计算。

铁路旅客周转量 指一定时期内使用铁路客车运送的旅客人数与运输距离的乘积之总和。

铁路货物运量 指使用铁路货车实际运送的货物数量。

铁路货物周转量 指一定时期内使用铁路货车完成的货物运量与运送距离的乘积之总和。

公路货运量 指在一定时期内由各种公路运输工具实际运送到目的地并卸完的货物数量。反映公路货运量的指标有发送货物吨数、到达货物吨数和运送货物吨数。

公路货物周转量 指一定时期内由各种公路运输工具实际完成运送过程的货物总运输量。

公路客运量 指公路运输企业及由其组织的其他单位在一定时期内实际运送的旅客人数。公路客运量的计算方法：不论乘车路程远近和票价多少，以客票为依据，“人”为计量单位；不足购票年龄的免票儿童不计算客运量。

公路旅客周转量 指在报告期内实际运送的旅客人数与其相应的旅客运送距离的乘积。

邮电业务总量 指以价值量形式表现的邮电通信企业为社会提供各类邮电通信服务的总数量。

移动电话用户 指通过移动电话交换机进入移动电话网、占有移动电话号码的各类电话用户。

国际互联网用户 国际互联网是一个连接计算机的网络，范围遍及全世界，包括局域网、城域网和广域网，旨在实现计算机资源共享。

城市电话用户 指直辖市、省辖市、地级市、县级市的市区、市郊区及县城（包括县人民政府所在地的县城关区或行政建制相当于县人民政府所在地的镇）范围内接入局用交换机的电话用户数，包括分布在农村地区的独立工矿区、林区、驻军等接入局用交换机的电话用户数。

邮路 指各邮电局、所、代办所之间，邮电局、所与代办所、车站、码头、机场、转运站、报刊社之间，有自编或委办人员按固定班期规定路线交换邮件、报刊的路线。包括农村地区运邮兼投递的路线，不包括城市、农村地区纯投递路线。

农村投递路线 指农村局、所自编或委办人员按固定班期、规定路线至农村乡（镇）、行政村等收件单位投递邮件、报刊的路线。

十四、国内贸易

14-1 民族自治地方社会消费品零售总额、国内纯购进总额

单位：亿元

年　份	社会消费品零售总额	国内纯购进总额	#农副产品购进
1952	17.10	4.80	4.46
1957	37.35	24.00	14.37
1965	58.79	42.90	24.51
1975	102.70	82.20	36.74
1978	125.07	103.30	41.97
1980	176.67	131.23	58.09
1981	196.75	145.87	63.73
1982	217.43	163.57	75.05
1983	247.39	185.50	85.55
1984	290.28	199.69	87.16
1985	370.45	237.74	94.31
1986	415.45	277.65	105.92
1987	476.60	360.12	133.50
1988	607.27	497.83	185.76
1989	633.72	554.74	197.82
1990	681.84	618.58	227.01
1991	762.96	696.60	260.52
1992	890.41	744.32	258.28
1993	1205.10	1056.60	153.29
1994	1356.42	2027.85	280.86
1995	1169.29	2541.73	394.75
1996	1867.40	2535.08	385.49
1997	2063.72	2470.81	296.82
1998	2332.10	1406.92	
1999	2378.23	1173.70	
2000	2569.84	1321.45	
2001	2809.35	1420.59	
2002	2832.01	1479.99	
2003	3108.98	1919.62	
2004	3677.93		
2005	4874.17		
2006	5665.30		
2007	6712.45		
2008	8243.07		
2009	9857.15		
2010	11685.76		
2011	13780.51		
2012	15930.13		

注：1998年以后国内纯购进总额为限额以上社会商品购进总额。

14-2 民族自治地方分地区社会消费品零售总额(2012年)

单位: 亿元

地 区	社会消费品零售总额	批发零售贸易业	餐饮住宿业	其他
合 计	**15930.13**	**14159.52**	**1179.74**	**590.87**
河 北	138.83	121.91	16.92	
内蒙古	4572.50	4133.41	120.72	318.37
辽 宁	323.87	285.71	38.16	
吉 林	526.56	453.46	73.09	
黑龙江	11.76	10.54	1.22	
浙 江	17.12	14.90	1.94	0.28
湖 北	224.83	197.42	26.49	0.93
湖 南	263.70	229.26	34.44	
广 东	23.11	20.11	3.00	
广 西	4516.60	4227.60	86.61	202.40
海 南	50.66	39.66	10.60	0.40
重 庆	144.33	123.33	21.00	
四 川	459.71	375.45	83.54	0.73
贵 州	530.63	479.04	44.20	7.39
云 南	1214.79	1014.83	199.78	0.17
西 藏	254.64	212.28	42.36	
甘 肃	98.85	77.18	21.08	0.59
青 海	150.21	123.72	26.49	
宁 夏	548.83	466.34	82.49	
新 疆	1858.60	1553.37	245.62	59.61

14-3 民族自治地方分地区限额以上批发零售贸易业商品购进、销售、库存总额(2012年)(一)

单位: 亿元

地区	法人企业（个）	年末从业人员（人）	购进总额（亿元）	年末库存总额（亿元）
合计	**8353**	**591351**	**16935.49**	**1704.51**
河北	81	5104	65.20	6.72
内蒙古	1667	138705	3858.70	369.20
辽宁	153	4551	61.05	3.28
吉林	186	11422	195.29	37.67
黑龙江	5	1100	1.54	0.15
浙江	13	684	42.29	2.66
湖北	258	14471	155.30	24.09
湖南	89	7796	71.00	7.94
广东	6	85	2.34	0.08
广西	2185	164632	4157.80	377.00
海南	24	647	21.64	1.44
重庆	194	7391	99.90	12.35
四川	216	16498	310.85	46.67
贵州	284	16876	254.43	34.04
云南	1036	42708	1117.78	169.24
西藏	81	7505	110.70	15.10
甘肃	46	3472	40.17	1.56
青海	9	567	80.13	7.51
宁夏	432	35964	1029.19	82.70
新疆	1388	111173	5260.20	505.10

14-3 民族自治地方分地区限额以上批发零售贸易业商品购进、销售、库存总额(2012年)(二)

单位：亿元

地　区	销售总额	批发合计	零售合计
合　计	**17776.62**	**13185.25**	**4591.37**
河　北	74.85	34.92	39.93
内蒙古	3949.60	2462.00	1487.60
辽　宁	65.79	32.69	33.10
吉　林	220.67	94.08	126.59
黑龙江	1.74	0.76	0.98
浙　江	42.81	37.16	5.65
湖　北	159.89	100.75	59.14
湖　南	108.08	65.77	42.31
广　东	2.80	2.22	0.58
广　西	4227.60	3267.60	960.00
海　南	20.70	17.56	3.14
重　庆	105.77	55.90	49.88
四　川	377.26	277.13	100.13
贵　州	351.25	211.62	139.63
云　南	1221.28	889.21	332.07
西　藏	141.10	49.60	91.50
甘　肃	44.60	20.90	23.71
青　海	96.73	60.58	36.15
宁　夏	1051.20	711.70	339.50
新　疆	5512.90	4793.10	719.80

14-4 民族自治地方分地区限额以上批发零售贸易业企业财务状况(2012年)

单位: 亿元

地　　区	资产合计	负债合计	企业所有者权益
合　　计	**7675.70**	**5620.32**	**2055.38**
河　　北	27.32	19.43	7.90
内 蒙 古	1837.20	1320.10	517.10
辽　　宁	25.57	15.79	9.78
吉　　林	112.20	81.96	30.24
黑 龙 江	0.75	0.14	0.62
浙　　江	29.52	16.93	12.59
湖　　北	71.86	49.05	22.81
湖　　南	43.17	21.46	21.71
广　　东	3.31	0.91	2.41
广　　西	1956.50	1484.10	472.40
海　　南	4.76	3.43	1.33
重　　庆	32.69	24.16	8.52
四　　川	153.61	89.45	64.16
贵　　州	152.02	91.77	60.26
云　　南	598.86	367.09	231.77
西　　藏	59.60	30.60	29.00
甘　　肃	6.62	1.79	4.83
青　　海	19.22	12.77	6.45
宁　　夏	375.60	281.10	94.50
新　　疆	2165.30	1708.30	457.00

主要统计指标解释

社会消费品零售总额 指批发和零售业、餐饮业、新闻出版业、邮政业和其他服务业等，售与城乡居民用于生活消费的商品和社会集团用于公共消费的商品之总量。社会消费品零售总额包括:

一、批发和零售业企业（单位)。

1. 售与城乡居民的各种生活消费品。

2. 售与入境旅游的外国人、华侨、港澳台同胞的各类商品。

3. 售与行政事业单位、社会团体、军队和武警等机构的商品以及以零售方式售与各类企业的商品。具体包括：用于非生产和社会交往的办公用品，如通信设备、计算器具和设备、电信网络设备、文印设备、音像视听器材和设备、纸张、本册、文具及装订文印材料、家具、日用电器、针纺织品、清洁卫生用品、文体用品、奖品、纪念品、礼品等；供内部人员使用的交通工具和燃料；用于办公设施修缮的各类配件、材料、工具等；用于取暖和防暑降温的设备、燃料、材料及食品等；专用于教学的用品和设备；非盈利医疗机构的中、西药品、中药材和医疗设备器材；非专用的劳动保护用品；不对外营业的内部食堂用的餐具、炊具、设备、清洁卫生工具和食品、燃料等；军队、武警用于其人员生活的衣着品和个人用品；其他各类非生产性设备和用品。

二、餐饮业出售的主食、菜肴、烟酒饮料和其他商品。

三、新闻出版业、邮政业售与城乡居民、企事业单位、军队和武警等机构的书报杂志、音像制品、邮品等。

四、其他服务业出售的食品、烟酒饮料、服装鞋帽、日常生活用品、医药保健用品、艺术品、工艺美术品、玩具、殡葬用品以及其他消费品。

批发零售贸易业商品购、销、存总额 指各种登记注册类型的批发、零售业企业（单位）以本企业（单位）为总体的，从国内、国外市场购进的商品总量、销售和出口的商品总量、库存商品总量等情况。该指标可以反映商品流转过程中商品的购进、销售、库存之间的比例关系和存在的问题。

商品购进总额 指从本企业（单位）以外的单位和个人购进（包括从境外直接进口）作为转卖或加工后转卖的商品总额。它反映批发零售贸易业从国内、国外市场上购进商品的总量。商品购进总额包括:（1）从工农业生产者购进的商品；（2）从出版社、报社的出版发行部门购进的图书、杂志和报纸；（3）从各种登记注册类型的批发零售贸易企业（单位）购进的商品；（4）从其他单位购进的商品，如从机关、团体、企业等单位购进的剩余物资，从餐饮业、服务业购进的商品，从海关、市场管理部门购进的缉私和没收的商品，从居民手中收购的废旧商品等；（5）从国（境）外直接进口的商品。不包括企业（单位）为自身经营用和未通过买卖行为而收入的商品以及销售退回、商品升溢等。

商品销售总额 指对本企业（单位）以外的单位和个人出售（包括对境外直接出口）的商品总额。它反映批发零售贸易业在国内市场上销售商品以及出口商品的总量。商品销售总额包括:（1）售给城乡居民和社会集团消费用的商品；（2）售给工业、农业、建筑业、运输邮电业、批发零售贸易业、餐饮业、服务业等作为生产、经营使用的商品；（3）售给批发零售贸易业作为转卖或加工后转卖的商品；（4）对国（境）外直接出口的商品。不包括出售本企业（单位）自用的废旧包装用品；未通过买卖行为付出的商品经本单位介绍，由买卖方直接结算，本单位只收取手续费的业务；购货退回的商品以及商品损耗和损失等。

批发和零售贸易业库存 指报告期末各种登记注册类型的批发零售贸易企业（单位）已取得所有权的商品。它反映批发零售贸易企业（单位）的商品库存情况和对市场商品供应的保证程度。期末库存包括:（1）存放在批发零售贸易业经营单位（如门市部、批发站、经营处）仓库、货场、货棋局和货架中的商品；（2）挑选、整理包括装中的商品；（3）已记入购进而尚未运到本单位的商品，即发货单或银行承兑凭证已到而货未到的部分；（4）寄放他处的商品，如因购货方拒绝承付而暂时存放在购货方的商品和已办完加工成品收回手续而未提回的商品；（5）委托其他单位代销（未作销售或调出）尚未售出的商品；（6）代其他单位购进尚未交付的商品。不包括所有权不属于本单位的商品、拨付除批发零售贸易业以外的其他行业所属独立核算加工厂等加工生产尚未收回成品的商品、代国家物资储备部门保管的商品等。

库存总额采用的计算价格是：农副产品采购单位按购进价计算；批发单位按进货价计算；零售单位按核算价格计算，即按什么价格核算就按什么价格计算。

餐饮业商品零售额 指餐饮企业、产业活动单位或个体户直接对居民和社会集团零售的各种商品。包括：（1）经烹饪、调制加工后出售的各种食品，如主食、炒菜、凉拌菜等；（2）不经加工直接转卖的各种外购商品，如卷烟、酒、饮料、熟食、水果等；（3）附设非独立核算的专门销售商品的小卖部出售的各种食品及其他商品。

限额以上批发零售贸易业、餐饮业统计限额标准 批发业，年末从业人员 20 人及以上，年销售额 2000 万元及以上；零售业，年末从业人员 60 人及以上，年销售额 500 万元及以上；餐饮业，年末从业人员 40 人及以上，年销售额 200 万元及以上。

十五、对外经济贸易

15-1 民族自治地方分地区对外贸易和利用外资情况

单位：万美元

年　　份	进出口总额	进口总额	出口总额	当年新签利用外资协议(合同)项目(个)	本年实际利用外资额	年末实有外商投资企业(户)
1997	670200	213000	457200	1132	164000	6416
1998	613000	211800	401200	874	130600	7503
1999	621900	245000	376900	775	141100	6029
2000	856410	359631	496779	1137	150441	5942
2001	757372	354831	402541	1162	164514	5366
2002	1010576	460291	550285	794	167082	5252
2003	1357730	573371	784359	1036	200541	3203
2004	1733122	809524	923599	1002	185468	5310
2005	2214873	951257	1263616	969	265772	5637
2006	2752293	1035358	1718724	753	340745	2931
2007	3818965	1353481	2465484	1009	416601	5520
2008	5313640	1634242	3679399	669	693933	5073
2009	4158091	1500897	2657194	903	547223	5618
2010	5332648	2018237	3314412	871	679044	12919
2011	6984261	2727511	4256750	895	671598	11720
2012	8211217	3081398	5129819	496	713917	10259
合　　计	**8211217**	**3081398**	**5129819**	**496**	**713917**	**10259**
河　　北	11405	796	10609	4	7811	38
内 蒙 古	1125898	728882	397016	39	417665	3114
辽　　宁	37423	14942	22481	16	35872	77
吉　　林	214268	36710	177558	35	18244	660
黑 龙 江	501	264	237			
浙　　江	2682	211	2471		250	
湖　　北	35160	347	34813		2124	9
湖　　南	16798	1473	15325	8	8676	25
广　　东	19833	6071	13761	11	1265	59
广　　西	2948446	1401671	1546775	109	74853	3773
海　　南						
重　　庆	28997	11	28986	1	779	
四　　川	13737	3954	9783	12	11413	44
贵　　州	15297	13670	1627	15	2813	107
云　　南	659131	225499	433631	173	56548	358
西　　藏	342414	6896	335518			208
甘　　肃						
青　　海	550		550			
宁　　夏	221671	57559	164112	18	34809	476
新　　疆	2517006	582441	1934565	55	40795	1311

注：进出口总额按经营单位所在地分。

主要统计指标解释

进出口总额 指实际进出我国国境的货物总金额。包括对外贸易实际进出口货物，来料加工装配进出口货物，国家间、联合国及国际组织无偿援助物资和赠送品，华侨、港澳台同胞和外籍人员捐赠品，租赁期满归承租人所有的租赁货物，进料加工进出口货物，边境地方贸易及边境地区小额贸易进出口货物（边民互市贸易除外），中外合资经营企业、中外合作经营企业、外商独资经营企业进出口货物和公用物品，到、离岸价格在规定限额以上的进出口货样的广告品（无商业价值、无使用价值和免费提供出口的除外），从保税仓库提取在中国境内销售的进口货物以及其他进出口货物。进出口总额用以观察一个国家在对外贸易方面的总规模。我国规定出口货物按离岸价格统计，进口货物按到岸价格统计。

进口 指直接从国外进口的商品和委托外贸部门代理进口的商品，不包括从国内有关单位（包括对外贸易部门和其他单位）购进的进口商品。对外贸易企业只统计自主经营进口的商品，不包括受托代理进口的商品。

出口 指直接向国（境）外出口商品和委托外贸部门代理出口的商品，不包括售给外贸部门出口或加工后出口的商品以及在国内市场以外币销售的商品。

商品经营单位所在地进出口额 指所在地海关注册登记的有进出口经营权的企业实际进出口额。

利用外资 指我国各级政府、部门、企业和其他经济组织通过对外借款、吸收外商直接投资以及用其他方式筹措的境外现汇、设备、技术等。

十六、旅　游

16-1 民族自治地方分地区世界遗产情况(2012年)

单位: 个

地区	世界自然遗产	世界文化遗产	世界自然与文化遗产	人类口述和非物质遗产
全国	**7**	**26**	**4**	**4**
合计	**5**	**2**		**2**
河北				
内蒙古				1
辽宁				
吉林				
黑龙江				
浙江				
湖北				
湖南				
广东				
广西				
海南				
重庆				
四川	3			
贵州	1			
云南	1	1		
西藏		1		
甘肃				
青海				
宁夏				
新疆				1

16-2 民族自治地方分地区重点文物保护单位(2012年)

单位：个

地区	全国重点文物保护单位	古遗址	古墓葬	古建筑及历史纪念建筑物	近现代重要史迹及代表性建筑	石窟寺石刻及其他
合　计	**373**	**116**	**42**	**126**	**57**	**32**
河　北						
内蒙古	80	42	10	21	5	2
辽　宁	6	5	1			
吉　林	10	6	3	1		
黑龙江						
浙　江	1			1		
湖　北	8	4		2	1	1
湖　南	10	1		4	3	2
广　东						
广　西	43	8	1	12	19	3
海　南					1	
重　庆	1				1	
四　川	17	2	1	10	3	1
贵　州	14		1	9	4	
云　南	42	6		22	10	4
西　藏	36	3	4	27	2	
甘　肃	8	3		1	1	3
青　海	14	4	1	5	3	1
宁　夏	17	7	1	6	1	2
新　疆	65	25	19	5	3	13

16-3 民族自治地方分地区国家A级旅游区(2012年)

单位：个

地区	国家AAAAA级旅游区	国家AAAA级旅游区	国家AAA级旅游区	国家AA级旅游区	国家A级旅游区
合计	**12**	**180**	**146**	**212**	**43**
河北		3	3	4	
内蒙古		28	29	48	6
辽宁		10	3	10	3
吉林		4	6	10	1
黑龙江				3	
浙江				2	
湖北		3	2	9	
湖南		3	5	2	
广东					
广西	2	46	36	5	
海南		1			
重庆		1		3	1
四川	1	8	1	1	
贵州	2	4		3	
云南	2	25	11	45	7
西藏		8	1	2	1
甘肃		6	13	7	1
青海		7		1	
宁夏	2	6	3	8	1
新疆	3	17	33	49	22

16-4 民族自治地方分地区国家级重点风景名胜区和全国历史文化名城、名镇、名村(2012年)

单位：个

地　　区	国家级风景名胜区	全国历史文化名城	全国历史文化名镇	全国历史文化名村
合　　计	**47**	**18**	**32**	**29**
河　　北				
内 蒙 古	1	1	4	2
辽　　宁	2		1	
吉　　林	2			
黑 龙 江				
浙　　江			1	
湖　　北			1	2
湖　　南	3	1	3	
广　　东				
广　　西	3	3	7	9
海　　南				
重　　庆			2	
四　　川	4			1
贵　　州	11	1	2	3
云　　南	9	4	5	3
西　　藏	4	3	2	3
甘　　肃			1	
青　　海	1	1		1
宁　　夏	2	1		1
新　　疆	5	3	3	4

16-5 民族自治地方分地区国家重点自然保护区(2012年)

地　区	国家重点自然保护区(个)	面　积(千公顷)
合　计	**125**	**81581.22**
河　北	3	77.97
内蒙古	25	4048.90
辽　宁	3	33.69
吉　林	7	508.18
黑龙江		
浙　江		
湖　北	4	183.70
湖　南	1	24.80
广　东		
广　西	17	333.80
海　南	4	81.97
重　庆		
四　川	11	1730.60
贵　州	5	152.31
云　南	12	951.48
西　藏	9	37153.10
甘　肃	4	2015.12
青　海	5	20252.50
宁　夏	6	426.90
新　疆	9	13606.20

16-6 民族自治地方分地区旅行社单位数和旅游人数(2012年)

地　区	旅行社数（个）	旅游人次合计（万人次）	国际旅游	国内旅游
合　计	**2730**	**72820.1**	**1226.5**	**71593.6**
河　北	15	367.8		367.8
内蒙古	779	6046.3	159.0	5887.3
辽　宁	43	3249.2	21.3	3227.8
吉　林	138	1504.5	54.4	1450.2
黑龙江	5	115.3	0.3	115.0
浙　江	6	315.1	0.7	314.4
湖　北	77	2625.7	35.7	2589.9
湖　南	47	2516.6	7.3	2509.3
广　东	9	350.2	0.3	349.9
广　西	576	21128.3	350.3	20778.0
海　南	3	788.8	14.2	774.6
重　庆	26	1325.2		1325.2
四　川	79	5694.1	29.6	5664.4
贵　州	62	7254.2	30.8	7223.4
云　南	206	10685.1	343.4	10341.7
西　藏	99	1058.4	19.5	1038.9
甘　肃	22	514.9	6.8	508.1
青　海	24	1075.9	1.1	1074.8
宁　夏	101	1340.9	1.9	1339.0
新　疆	413	4863.7	149.8	4713.9

16-7 民族自治地方分地区旅游收入(2012年)

地　区	国际旅游收入(万美元)	国内旅游收入(亿元)
合　计	**454364.8**	**6255.6**
河　北		20.8
内蒙古	77196.0	1080.7
辽　宁	8517.9	287.3
吉　林	18643.6	164.9
黑龙江	40.3	4.5
浙　江	279.7	12.9
湖　北	4646.7	137.9
湖　南	63.6	137.5
广　东	151.8	22.8
广　西	127887.0	1578.9
海　南	816.5	15.4
重　庆		50.3
四　川	6452.1	326.8
贵　州	7839.8	696.5
云　南	134200.8	764.4
西　藏	10570.0	119.8
甘　肃	1043.7	149.4
青　海	413.4	40.2
宁　夏	545.0	103.1
新　疆	55057.0	541.8

主要统计指标解释

旅游人数 包括入境国际旅游者人数、出境居民人数和国内旅游者人数。

1. 入境国际旅游者人数：指来中国参观、访问、旅行、探亲、访友、休养、考察、参加会议和从事经济、科技、文化、教育、宗教等活动的外国人、华侨、港澳同胞和台湾同胞的人数。不包括外国在我国的常驻机构，如使领馆、通讯社、企业办事处的工作人员，以及来我国常住的外国专家、留学生、在岸逗留不过夜人员。

2. 出境居民人数：指我国大陆居民因公务活动或私人事务短期出境的人数。公务活动出境居民人数包括在国际交通工具上的中国服务员工，因私出境居民人数不包括在国际交通工具上的中国服务员工。

3. 国内旅游者人数：指我国大陆居民和在我国常住 1 年以上的外国人、华侨、港澳台同胞离开常住地在境内其他地方的旅游设施内至少停留 1 夜、最长不超过 6 个月的人数。

国际旅游（外汇）收入 指入境旅游的外国人、华侨、港澳同胞和台湾同胞在中国内地旅游过程中发生的一切旅游支出，对于国家来说就是国际旅游（外汇）收入。

国际旅行社 指经营对外招徕并接待外国人、华侨、港澳同胞和台湾同胞来中国、归国或回内地旅游业务的旅行社。

国内旅行社 指负责经营招徕、组团、接待国内旅客的旅游业务，以及不对外招徕，负责经营接待国际旅行社或其他涉外部门组织的外国人、华侨、港澳同胞和台湾同胞来中国、归国或回内地旅游业务的旅行社。

十七、银行和金融

17-1 民族自治地方金融机构存贷款年末余额

单位：亿元

年 份	各项存款	各项贷款
1989	824.19	1041.28
1990	1048.99	1449.71
1991	1226.48	1525.62
1992	1671.64	2012.49
1993	2048.81	2451.69
1994	2654.01	2961.95
1995	3865.71	4035.72
1996	4483.19	4728.59
1997	5325.62	5770.71
1998	5975.78	6188.96
1999	6918.26	6738.41
2000	7905.79	6548.01
2001	8954.49	7288.37
2002	10238.64	8039.72
2003	11749.93	9339.76
2004	13545.97	10613.63
2005	16323.84	11299.73
2006	19897.89	13419.65
2007	24208.78	15696.98
2008	30144.33	19318.35
2009	37097.90	24493.96
2010	46621.78	30578.95
2011	54671.94	37299.12
2012	64118.39	44516.93

注：1997年以前的信贷数为国家银行信贷数，1998年以后为全部金融机构数。

17-2 民族自治地方分地区金融机构信贷(2012年)

单位: 亿元

地　区	各项存款	各项贷款
合　计	**64118.39**	**44516.93**
河　北	508.67	324.92
内蒙古	13612.72	11284.20
辽　宁	785.36	378.37
吉　林	1308.01	597.69
黑龙江	30.38	30.38
浙　江	53.90	35.25
湖　北	800.04	425.23
湖　南	868.51	350.75
广　东	95.12	39.68
广　西	15966.65	12355.52
海　南	517.71	131.57
重　庆	409.42	254.78
四　川	2042.00	933.32
贵　州	2296.13	1393.41
云　南	5239.74	3203.56
西　藏	2054.25	664.05
甘　肃	577.03	314.02
青　海	1126.44	546.65
宁　夏	3495.41	3339.58
新　疆	12330.89	7914.00

17-3 民族自治地方上市公司股本结构及主要财务指标(一)

指 标	2000年	2001年	2002年	2003年	2004年	2006年
上市公司数目(家)	**77**	**84**	**87**	**95**	**98**	**100**
A股上市公司	76	83	86	94	96	98
B股上市公司	1	1	1	1	2	2
A、B股上市公司						
总股本(亿股)	**171.42**	**207.76**	**237.09**	**266.15**	**305.73**	**488.97**
主要财务指标(亿元)						
资产总额	865.32	1130.03	1394.94	1740.22	2084.15	2706.59
所有者权益合计	474.28	562.33	640.89	711.40	790.75	928.46
营业收入	331.63	468.72	598.93	808.65	1061.60	1609.15
利润总额	92.91	109.76	145.12	185.04	234.23	328.23
净利润	41.48	31.06	32.06	26.82	32.19	70.24
每股收益(元)						0.32
净资产收益率(%)	8.75	5.52	5.00	3.77	4.07	7.57

17-3 民族自治地方上市公司股本结构及主要财务指标(二)

指 标	2007年	2008年	2009年	2010年	2011年	2012年
上市公司数目(家)	**102**	**106**	**111**	**111**	**117**	**125**
A股上市公司	101	104	109	109	115	123
B股上市公司	1	2	2	2	2	2
A、B股上市公司						
总股本(亿股)	**431.47**	**525.52**	**437.25**	**729.95**	**834.85**	**834.14**
主要财务指标(亿元)						
资产总额	3499.36	4166.06	3839.89	4146.09	7894.34	8846.82
所有者权益合计	1220.79	1447.81	1288.68	1345.76	2988.67	3400.77
营业收入	2088.04	2706.37	2231.63	2729.53	4879.50	4789.93
利润总额	221.12	152.17	147.67	779.22	342.79	324.69
净利润	141.55	97.78	92.90	263.42	276.19	269.94
每股收益(元)	0.33	15.30	0.24	0.62	1.16	0.94
净资产收益率(%)	11.60	6.75	7.21	19.57	9.24	7.94

17-4 民族自治地方分地区上市公司数(2012年)

地区	总计(个)	A股上市公司	B股上市公司
合计	**125**	**123**	**2**
河北			
内蒙古	25	23	2
辽宁			
吉林	1	1	
黑龙江			
浙江			
湖北			
湖南	1	1	
广东			
广西	30	30	
海南			
重庆			
四川	1	1	
贵州			
云南	3	3	
西藏	10	10	
甘肃			
青海	2	2	
宁夏	12	12	
新疆	40	40	

17-5 民族自治地方分地区上市公司主要财务指标(2012年)(一)

地 区	总股本（亿股）	资产总额（亿元）	所有者权益合计（亿元）	营业收入（亿元）
合 计	**834.14**	**8846.82**	**3400.77**	**4789.93**
河 北				
内蒙古	237.79	2590.17	997.00	1590.85
辽 宁				
吉 林	5.34	5.00	3.11	3.03
黑龙江				
浙 江				
湖 北				
湖 南	3.25	25.43	18.91	16.52
广 东				
广 西	184.68	1706.68	609.19	1273.84
海 南				
重 庆				
四 川	3.65	18.67	9.14	6.21
贵 州				
云 南	7.73	46.44	23.06	24.21
西 藏	58.70	376.36	152.74	174.74
甘 肃				
青 海	20.41	445.92	194.69	94.68
宁 夏	44.60	387.55	171.90	218.80
新 疆	267.99	3244.59	1221.03	1387.05

17-5 民族自治地方分地区上市公司主要财务指标(2012年)(二)

地　区	利润总额(亿元)	净利润(亿元)	每股收益(元)	净资产收益率(%)
合　计	**324.69**	**269.94**	**0.94**	**7.94**
河　北				
内蒙古	129.06	105.78	0.39	9.54
辽　宁				
吉　林	6.03	6.03	1.13	193.96
黑龙江				
浙　江				
湖　北				
湖　南	6.53	4.95	1.52	26.12
广　东				
广　西	28.45	29.10	0.14	30.16
海　南				
重　庆				
四　川	0.76	0.71	0.20	8.71
贵　州				
云　南	2.98	2.30	0.22	7.53
西　藏	20.18	16.25	5.53	212.38
甘　肃				
青　海	36.20	30.53	1.39	14.54
宁　夏	15.06	12.67	5.46	141.65
新　疆	79.43	61.63	0.21	4.57

17-6 民族自治地方上市公司总股本及财务指标(2012年)(一)

上市公司名称	总股本（亿股）	资产总额（万元）	所有者权益合计（万元）	营业收入（万元）
内蒙古	**237.79**	**25901675.95**	**9969955.08**	**15908499.29**
金河生物	1.09	100337.28	86354.70	9908.20
蒙草抗旱	1.37	132223.49	81973.54	62800.15
内蒙君正	12.80	790300.13	540885.16	364914.27
东宝生物	1.52	48525.58	32402.58	25557.33
金宇集团	2.81	188283.89	107760.76	55647.51
内蒙华电	25.81	3608231.05	1299036.77	1106112.86
伊利股份	18.70	1360810.48	752498.37	4199069.21
四海股份	3.22	71756.32	58420.58	18310.13
包钢股份	64.24	6375937.15	1314616.73	3693360.60
*ST明科	3.37	133629.55	55895.36	3173.59
包钢稀土	24.22	1764986.69	993387.58	924175.05
华资实业	4.85	201205.59	168210.98	17626.94
平庄能源	10.14	557190.88	466264.13	359031.23
福瑞股份	1.25	92758.46	73364.04	40763.90
北方股份	1.70	349017.75	103955.10	255410.89
兴业矿业	4.38	332555.70	170502.47	88450.31
北方创业	2.29	343991.52	216365.62	306671.67
西水股份	3.84	1646154.95	524463.00	705377.13
亿利能源	15.33	1896529.57	673493.78	1105158.61
鄂尔多斯	10.32	3334805.23	1112239.38	1350842.61
伊泰B股	16.27	4136714.36	2193886.79	3246332.47
远兴能源	7.68	996605.84	419954.44	366230.26
兰太实业	3.59	677073.55	149442.89	162896.20
露天煤业	13.27	898765.30	568467.12	687010.61
鄂资B股	10.32	3334805.23	1112239.38	1350842.61
吉　林	**5.34**	**50007.22**	**31109.76**	**30346.04**
*ST石岘	5.34	50007.22	31109.76	30346.04
湖　南	**3.25**	**254290.52**	**189101.39**	**165213.10**
酒鬼酒	3.25	254290.52	189101.39	165213.10
广　西	**184.68**	**17066771.93**	**6091885.20**	**12738417.91**
百洋股份	0.88	123653.20	91305.56	16341.25
丰林集团	4.69	170014.64	156940.96	85733.48

17-6(一) 续表 1

上市公司名称	总股本（亿股）	资产总额（万元）	所有者权益合计（万元）	营业收入（万元）
八菱科技	0.98	85101.76	65368.62	54764.47
桂冠电力	22.80	2177184.08	490153.41	519817.61
五洲交通	8.34	1144072.12	318979.28	538888.70
南化股份	2.35	237917.06	28988.11	80652.77
南宁百货	5.45	210148.16	107146.25	264149.93
阳光股份	7.50	682980.10	336324.60	54597.80
*ST南纺	2.59	296603.21	25253.71	445360.50
南宁糖业	2.87	586739.44	119267.56	331170.91
两面针	4.50	324233.98	212895.00	122761.55
柳化股份	3.99	429622.26	156341.46	281858.52
莱茵生物	1.30	90815.74	16336.24	30773.92
广陆数测	0.85	41613.74	26589.93	18714.85
柳钢股份	25.63	2253973.32	539626.09	3727636.16
柳工	11.25	2258392.48	932869.35	1262966.66
国海证券	17.92	1138384.44	300757.50	145972.34
桂林旅游	3.60	226579.01	153551.14	50217.60
中恒集团	10.92	466035.33	310524.12	194571.85
索芙特	2.88	111558.26	65664.96	57681.51
*ST河化	2.94	207243.58	68423.49	91491.61
*ST国发	2.79	61397.74	9159.98	54298.27
北海港	1.42	149674.28	41629.86	209621.98
银河科技	6.99	211041.25	86586.36	95730.57
桂东电力	2.76	743674.51	344390.81	418734.04
皇氏乳业	2.14	129638.71	90613.28	75426.94
桂林三金	5.90	248515.53	207789.04	131154.66
贵糖股份	2.96	130765.12	92669.67	109518.12
恒逸石化	11.54	2124052.60	698746.04	3267162.85
北生药业	3.95	5146.28	-3007.18	646.53
四　川	**3.65**	**186738.07**	**91367.91**	**62054.40**
西昌电力	3.65	186738.07	91367.91	62054.40
云　南	**7.73**	**464448.07**	**230603.84**	**242085.42**
文山电力	4.79	247744.71	125036.62	171034.07
丽江旅游	1.64	167155.16	101660.29	58958.23
景谷林业	1.30	49548.20	3906.93	12093.12

17-6(一) 续表 2

上市公司名称	总股本（亿股）	资产总额（万元）	所有者权益合计（万元）	营业收入（万元）
西　藏	**58.70**	**3763648.59**	**1527438.78**	**1747426.84**
海思科	4.00	194629.20	170780.17	80206.93
西藏药业	1.46	84515.07	38543.42	122138.54
西藏天路	5.47	271557.23	134628.91	164025.53
ST珠峰	1.58	41778.41	2670.75	133752.40
西藏旅游	1.89	112682.22	67026.78	16262.02
西藏城投	5.76	838846.99	123438.27	292075.77
梅花集团	27.08	1709831.48	548128.65	746967.81
奇正藏药	4.06	143255.64	135165.89	93427.47
西藏发展	2.64	114900.87	99010.13	47519.36
西藏矿业	4.76	251651.47	208045.81	51050.99
青　海	**20.41**	**4459224.64**	**1946947.85**	**946759.95**
青青稞酒	4.50	215220.03	178092.64	119679.22
盐湖股份	15.91	4244004.61	1768855.20	827080.73
宁　夏	**44.60**	**3875498.79**	**1718979.43**	**2188031.10**
大元股份	2.00	46612.82	37749.02	3823.15
宁夏恒力	2.74	253828.18	108845.06	184180.56
赛马实业	4.78	769783.63	416113.08	314786.79
新华百货	2.07	343244.35	156284.39	599982.99
ST广夏	6.86	28753.85	13647.12	376.49
美利纸业	3.17	313460.56	68707.52	136275.13
中银绒业	7.19	505258.11	171743.92	242606.04
银星能源	2.83	510710.76	50505.39	94225.19
英力特	3.03	362596.92	268024.29	272068.49
东方钽业	4.41	462963.04	244946.75	224849.03
*ST西轴	2.17	84241.45	22395.84	37367.75
青龙管业	3.35	194045.12	160017.05	77489.49
新　疆	**267.99**	**32445946.05**	**12210334.61**	**13870486.48**
天山生物	0.91	42517.32	39043.27	8200.35
新疆浩源	0.19	68132.21	58733.68	23827.30
新研股份	1.80	103123.18	95461.06	41052.51
新疆天业	4.39	448334.68	219945.42	405004.16
啤酒花	3.68	124769.11	73674.66	125242.12
广汇股份	35.04	2321232.67	875231.14	371523.59
美克股份	6.33	376789.34	251028.68	263106.26

17-6(一) 续表 3

上市公司名称	总股本（亿股）	资产总额（万元）	所有者权益合计（万元）	营业收入（万元）
新疆城建	6.76	707158.84	195713.47	258749.40
八一钢铁	7.66	1432607.45	366887.52	2658624.37
百花村	2.69	441812.56	110425.97	111886.98
友好集团	3.11	781286.85	183131.02	790972.19
新疆众和	5.34	724635.43	369629.32	224979.80
国际实业	4.83	298700.49	208345.46	140030.91
渤海租赁	12.70	3000263.53	957331.90	249183.88
宏源证券	19.86	3189708.93	1479538.98	329586.89
天山纺织	3.63	59473.46	41519.83	25730.50
天山股份	8.80	1915653.07	759531.18	769918.01
新中基	4.82	372616.29	21762.94	124596.21
中泰化学	11.54	2192536.28	718374.53	711288.80
天康生物	2.95	252706.69	123862.08	332731.34
北新路桥	4.29	644228.89	127773.79	349430.28
ST天宏	0.80	22702.61	10358.40	16092.81
天富热电	6.56	909730.68	248047.33	291835.00
天利高新	5.78	421041.19	127312.80	318923.13
伊力特	4.41	277386.58	133932.60	176229.17
新农开发	3.21	192918.17	32567.62	98041.09
特变电工	26.35	4204476.38	1489623.13	2032514.19
中粮屯河	10.05	927490.99	204102.46	380889.98
新赛股份	3.03	241694.46	81960.12	266452.14
冠农股份	3.62	281628.00	118676.58	107164.96
ST香梨	1.48	33085.09	28438.44	6075.31
青松建化	6.89	1123840.98	564670.85	230053.53
金风科技	27.00	3194352.48	1328562.39	1132418.90
国统股份	1.16	157171.68	94857.87	47236.06
准油股份	0.99	67575.14	37064.33	41375.35
西部建设	2.10	305106.19	131391.34	211877.59
*ST中葡	8.10	281008.32	89414.26	61903.94
光正钢构	2.17	93309.63	51276.80	46581.11
西部牧业	1.17	110017.01	65670.36	48103.89
新研股份	1.80	103123.18	95461.06	41052.51

17-6 民族自治地方上市公司总股本及财务指标(2012年)(二)

上市公司名称	利润总额（万元）	净利润（万元）	每股收益（元）	净资产收益率（%）
内蒙古	**1290588.97**	**1057762.39**	**0.40**	**9.54**
金河生物	10788.34	8957.69	0.96	10.36
蒙草抗旱	14276.26	12725.26	1.14	15.60
内蒙君正	52155.64	41788.14	0.33	7.86
东宝生物	4184.43	3538.35	0.23	10.92
金宇集团	15384.58	12859.97	0.46	12.12
内蒙华电	234586.53	186084.21	0.53	12.90
伊利股份	208676.18	173602.17	1.07	23.41
四海股份	-4459.40	-4612.23	-0.14	-7.80
包钢股份	33868.59	25820.42	0.04	1.98
*ST明科	1184.88	1184.88	0.04	2.12
包钢稀土	209597.74	167273.48	0.62	22.48
华资实业	654.71	534.10	0.01	0.32
平庄能源	49184.07	41062.39	0.40	8.81
福瑞股份	4862.09	3682.11	0.33	5.81
北方股份	19204.78	16627.22	0.99	16.34
兴业矿业	15949.23	10585.00	0.30	7.69
北方创业	19085.31	16603.48	0.98	8.70
西水股份	40367.02	37896.96	0.18	2.94
亿利能源	26298.54	24734.55	0.14	3.75
鄂尔多斯	118507.28	94406.86	0.61	10.43
伊泰B股	871831.71	731888.10	4.30	33.62
远兴能源	37267.56	29693.16	0.15	1.43
兰太实业	-3110.11	-4754.12	-0.03	7.83
露天煤业	182074.72	157468.34	1.19	27.92
鄂资B股	118507.28	94406.86	0.61	10.43
吉　林	**60349.06**	**60349.06**	**1.13**	**193.96**
*ST石岘	60349.06	60349.06	1.13	193.99
湖　南	**65305.29**	**49466.42**	**1.52**	**26.12**
酒鬼酒	65305.29	49466.42	1.52	26.53
广　西	**284542.17**	**291032.38**	**0.16**	**4.95**
百洋股份	8778.54	8464.47	1.15	9.55
丰林集团	6935.32	7026.97	0.01	0.29

17-6(二) 续表 1

上市公司名称	利润总额（万元）	净利润（万元）	每股收益（元）	净资产收益率（%）
八菱科技	9011.75	8658.67	0.88	13.25
桂冠电力	53628.48	43214.38	0.13	8.60
五洲交通	39125.14	29643.18	0.38	11.22
南化股份	-33350.70	-33350.70	-1.21	--
南宁百货	8111.31	6441.84	0.12	6.01
阳光股份	32368.50	27007.30	0.35	9.48
*ST南纺	-327.10	-715.87	0.07	5.97
南宁糖业	-37789.67	-33030.77	1.08	-28.83
两面针	5222.26	3446.68	0.03	0.72
柳化股份	4197.07	3702.82	0.10	2.72
莱茵生物	-6804.24	-6600.65	0.01	1.09
广陆数测	943.49	872.08	0.10	3.28
柳钢股份	12573.05	12258.79	0.05	2.27
柳工	33807.55	27880.86	0.25	2.99
国海证券	23549.25	16413.21	0.07	4.87
桂林旅游	7394.19	5870.65	0.17	4.11
中恒集团	8294.90	71419.98	0.34	25.45
索芙特	1384.05	1289.08	0.05	2.37
*ST河化	-1578.76	-1578.76	-0.05	-2.31
*ST国发	-10113.89	-10442.18	-0.39	-389.29
北海港	4963.60	4151.82	0.29	9.98
银河科技	3454.29	2587.34	0.03	2.87
桂东电力	14266.49	11542.70	0.31	2.73
皇氏乳业	4283.44	3913.92	0.15	4.08
桂林三金	40630.65	33115.19	0.56	15.94
贵糖股份	969.04	1401.89	0.05	1.51
恒逸石化	49527.35	45356.26	0.27	6.08
北生药业	1086.81	1071.20	0.03	-0.36
四　川	**7552.46**	**7083.50**	**0.20**	**8.71**
西昌电力	7552.46	7083.50	0.20	8.71
云　南	**29787.03**	**22975.85**	**0.22**	**7.53**
文山电力	17027.35	14186.12	0.30	11.35
丽江旅游	23569.00	19599.06	0.84	15.64
景谷林业	-10809.32	-10809.32	-0.83	-256.66

17-6(二) 续表 2

上市公司名称	利润总额（万元）	净利润（万元）	每股收益（元）	净资产收益率（%）
西　藏	**201798.87**	**162474.91**	**5.53**	**212.38**
海思科	48033.16	44306.09	1.12	25.94
西藏药业	3204.78	3050.21	0.21	8.22
西藏天路	376.88	-1904.01	-0.08	-3.98
ST珠峰	7786.92	7846.80	0.46	2285.36
西藏旅游	1651.92	1198.49	0.06	1.71
西藏城投	49198.77	37603.95	0.51	30.64
梅花集团	79194.87	60783.23	0.22	11.09
奇正藏药	22284.68	18779.98	0.47	14.39
西藏发展	8426.57	6815.75	0.08	3.51
西藏矿业	-18359.68	-16005.60	-0.27	-7.47
青　海	**362007.68**	**305337.26**	**1.39**	**14.54**
青青稞酒	40030.20	30144.57	0.67	16.93
盐湖股份	321977.48	275192.69	1.59	15.85
宁　夏	**150588.53**	**126689.39**	**5.46**	**141.65**
大元股份	1147.10	1147.10	0.06	4.78
宁夏恒力	4655.84	4282.86	0.15	4.12
赛马实业	15643.38	9929.99	0.13	1.61
新华百货	32615.09	24990.42	1.17	17.21
ST广夏	36543.02	36543.02	0.53	269.06
美利纸业	3411.80	2516.61	0.08	3.72
中银绒业	32289.73	27936.48	0.47	16.48
银星能源	-1280.42	-1848.06	0.02	1.70
英力特	3962.39	3036.56	0.11	1.13
东方钽业	12036.29	10275.28	0.24	4.26
*ST西轴	811.20	811.17	0.04	3.62
青龙管业	8753.10	7067.96	0.23	4.77
新　疆	**794349.60**	**616257.51**	**0.21**	**4.57**
天山生物	1934.39	1906.50	0.23	4.90
新疆浩源	7742.87	6478.51	1.09	11.03
新研股份	8929.31	8006.03	0.44	8.39
新疆天业	-3864.82	-7735.49	-0.16	-4.15
啤酒花	12188.99	10586.67	0.04	3.29
广汇股份	124524.09	98504.47	0.28	11.90
美克股份	5025.66	2071.02	0.03	0.83

17-6(二) 续表 3

上市公司名称	利润总额（万元）	净利润（万元）	每股收益（元）	净资产收益率（%）
新疆城建	18406.92	15401.82	0.23	9.08
八一钢铁	19187.04	15427.83	0.20	4.21
百花村	7444.25	4196.13	0.08	2.17
友好集团	91127.44	67711.61	1.08	23.00
新疆众和	16446.56	15423.63	0.29	4.18
国际实业	12202.94	10125.13	0.21	4.83
渤海租赁	83271.61	63082.05	0.39	6.95
宏源证券	118526.61	86768.00	0.50	5.86
天山纺织	-1324.95	-1377.88	-0.04	-3.37
天山股份	49750.95	48193.85	0.37	4.93
新中基	7443.63	591.74	0.08	15.46
中泰化学	32138.50	27898.10	0.24	3.78
天康生物	13411.24	10414.17	0.37	8.94
北新路桥	5450.33	3824.27	0.09	3.07
ST天宏	-3768.78	392.43	-0.47	-36.73
天富热电	30078.28	25916.78	0.39	10.91
天利高新	-27097.88	-24370.38	-0.39	-19.07
伊力特	28787.83	22767.87	0.54	18.21
新农开发	5458.80	2442.86	0.06	4.69
特变电工	105490.58	93342.07	0.37	7.18
中粮屯河	-74541.70	-75292.39	-0.73	-36.92
新赛股份	3723.96	1257.44	0.12	4.93
冠农股份	24636.58	24286.20	0.69	21.24
ST香梨	-689.41	-626.85	-0.04	-1.99
青松建化	13205.09	11021.71	0.17	1.87
金风科技	20685.59	16546.84	0.06	1.19
国统股份	2399.19	1308.55	0.14	1.85
准油股份	1401.26	1133.00	0.11	3.06
西部建设	17476.46	13397.96	0.52	9.23
*ST中葡	1766.02	1393.38	0.01	1.06
光正钢构	3324.78	2787.51	0.13	5.44
西部牧业	3120.10	3048.33	0.27	5.40
新研股份	8929.31	8006.03	0.44	8.39

主要统计指标解释

信贷资金 指金融机构以信用方式积聚和分配的货币资金。金融机构信贷资金的来源有各项存款、金融债券、对国际金融机构负债、流通中现金、其他项目等；信贷资金的运用有各项贷款、有价证券及投资、金银占款、外汇占款、财政借款以及在国际金融机构中的资产等。

存款 指企业、机关、团体或居民根据资金必须收回的原则，把货币资金存入银行或其他信贷机构保管并取得一定利息的一种信用活动形式。根据存款对象或性质的不同可划分为企业存款、财政存款、机关团体存款、城乡储蓄存款、农业存款、信托及委托类存款、其他存款等科目。它是银行信贷资金的主要来源。

贷款 指银行或其他信贷机构根据资金必须归还的原则，按一定利率，为企业、个人等提供资金的一种信用活动形式。我国银行贷款分为短期贷款、委托及信托类贷款、其他类贷款等。

十八、教育和科技

18-1 民族自治地方各类学校

单位：所

年 份	高等学校	中等学校	#中等专业学校	#普通中学	小 学
1952	11	531			59597
1957	14	1115			57480
1965	37	4777			140056
1975	35	8353			121110
1978	56	14277			142865
1979	63	12249	545	11704	139256
1980	63	11765	588	11177	131123
1981	67	11072	563	10509	117581
1982	68	11056	586	10470	114164
1983	76	11493	516	10977	119418
1984	74	11406	567	10839	117643
1985	86	11644	560	11084	121712
1986	93	11677	547	11130	119874
1987	100	11849	541	11308	119879
1988	101	12038	583	11455	119614
1989	106	14441	815	11626	120118
1990	105	12273	648	11625	117717
1991	104	12882	571	11563	103139
1992	102	12148	560	11588	99916
1993	101	12051	570	11481	97858
1994	104	12677	559	11880	99160
1995	105	13550	584	11606	97650
1996	96	13460	570	11484	90982
1997	92	13466	579	11486	90704
1998	94	13323	578	11364	88869
1999	95	13034	554	11209	87150
2000	97	12841	515	11208	84710
2001	105	12926	472	11433	75386
2002	116	13196	450	11862	73577
2003	135	13094	419	11711	70497
2004	149	12975	425	11653	66757
2005	155	12771	384	11559	67056
2006	167	12469	647	11247	63149
2007	171	12220	721	10885	58223
2008	192	11925	738	10622	55374
2009	196	11334		10261	52283
2010	209	11063		9944	49367
2011	211	10848		9751	46510
2012	210	10668		9469	44912

注：本表未扣除区域变动因素，年度之间不可比，下同。中等学校包括职业中学，下同。

18-2 民族自治地方各类学校专任教师

单位：万人

年 份	高等学校	中等学校	#中等专业学校	#普通中学	小 学
1952	0.06	1.02			
1957	0.26	2.22			
1965	0.62	5.30			
1975	0.79	27.47			
1978	1.49	37.70			
1979	1.68	34.78	1.63	33.15	61.25
1980	1.51	35.10	1.94	33.16	73.01
1981	1.51	31.87	1.93	29.94	72.29
1982	1.67	32.05	2.02	30.03	74.23
1983	1.90	32.41	2.09	30.32	77.12
1984	2.03	31.08	2.17	28.91	75.85
1985	2.18	33.53	2.39	31.14	60.03
1986	2.39	35.66	2.58	33.09	80.58
1987	2.55	37.39	2.78	34.61	80.71
1988	2.67	39.86	3.20	36.66	83.21
1989	3.40	47.57	10.36	37.21	84.01
1990	2.77	41.55	3.30	38.25	84.78
1991	2.70	43.09	3.24	38.90	83.96
1992	2.71	42.53	3.19	39.34	83.39
1993	2.69	42.92	3.17	39.75	83.68
1994	2.80	43.96	3.28	40.67	86.11
1995	3.69	48.90	4.07	41.47	85.83
1996	2.92	49.41	3.47	42.40	83.83
1997	2.95	52.29	3.57	44.65	88.55
1998	3.01	52.79	3.56	45.65	87.77
1999	3.10	54.29	3.59	46.97	89.89
2000	3.64	54.50	3.33	47.89	89.94
2001	3.87	55.74	3.12	49.32	86.43
2002	4.22	60.14	4.91	53.73	89.68
2003	4.88	61.54	2.67	55.51	87.69
2004	5.76	63.06	2.40	57.46	86.80
2005	6.26	66.80	2.49	61.15	88.05
2006	7.12	68.33	3.32	62.57	88.23
2007	7.59	71.55	5.29	63.66	89.21
2008	8.22	72.50	5.15	64.73	89.98
2009	8.70	71.52		66.19	90.59
2010	9.47	74.19		67.44	90.73
2011	9.69	76.84		69.88	89.39
2012	10.06	76.46		69.33	88.94

18-3 民族自治地方各类学校在校学生

单位：万人

年 份	高等学校	中等学校	#中等专业学校	#普通中学	小 学
1952	0.45	20.94			467.31
1957	1.20	49.39			599.45
1965	3.05	95.41			1124.44
1975	3.11	362.46			1416.10
1978	5.65	682.00			1705.24
1979	6.20	628.39	7.50	610.19	1685.50
1980	7.08	601.14	18.56	582.57	1701.73
1981	7.79	509.15	15.38	493.76	1629.57
1982	7.18	469.15	13.75	455.41	1645.07
1983	7.76	486.41	14.52	471.89	1711.15
1984	8.73	508.38	17.62	490.76	1752.13
1985	10.44	573.29	20.65	516.64	1836.90
1986	11.61	595.60	21.83	573.77	1875.90
1987	12.38	608.72	22.83	585.89	1840.70
1988	13.23	610.86	25.64	585.22	1833.20
1989	13.98	707.17	27.33	579.84	1997.00
1990	13.55	509.64	25.25	584.40	1852.90
1991	13.16	665.44	27.39	589.30	1877.44
1992	14.17	627.99	28.37	599.62	1913.65
1993	16.11	606.52	32.04	574.48	1844.30
1994	18.06	643.52	35.89	607.62	1998.69
1995	18.60	721.09	39.14	631.88	1889.49
1996	18.66	767.21	48.16	667.66	2014.76
1997	20.47	819.15	43.40	721.75	2061.79
1998	22.13	867.75	47.75	763.75	2030.69
1999	26.00	918.84	51.31	809.76	1927.46
2000	34.23	978.33	52.71	872.97	1886.01
2001	44.89	999.89	49.03	901.20	1806.05
2002	56.70	1093.22	48.89	996.11	1813.33
2003	69.54	1134.98	46.62	1036.74	1738.25
2004	83.53	1169.83	49.71	1064.90	1692.94
2005	100.00	1386.97	52.38	1082.39	1667.69
2006	113.02	1218.80	85.74	1092.61	1653.10
2007	123.46	1254.29	122.80	1081.43	1645.80
2008	137.47	1231.45	115.90	1061.57	1615.53
2009	148.51	1224.75		1050.15	1580.89
2010	161.88	1248.64		1050.35	1536.29
2011	165.92	1220.30		1039.64	1484.42
2012	171.87	1218.81		1021.47	1478.70

18-4 民族自治地方各类学校毕业生

单位：万人

年 份	高等学校	中等学校	#中等专业学校	#普通中学	小 学
1952	0.03	2.93			22.56
1957	0.14	7.44			69.43
1965	0.82	15.70			60.82
1975	0.76	103.71			158.30
1978	1.06	182.31			254.10
1979	1.05	219.68	3.49	216.19	224.69
1980	0.74	183.56	6.66	176.90	222.16
1981	1.21	132.36	8.17	124.19	217.55
1982	2.57	142.33	6.90	135.44	203.81
1983	2.04	143.89	5.33	129.56	214.51
1984	1.77	127.88	4.97	122.92	215.58
1985	2.04	143.00	5.40	137.60	228.02
1986	2.37	152.17	6.56	145.61	243.31
1987	3.54	162.64	7.26	155.38	251.29
1988	3.64	175.96	7.65	168.31	244.39
1989	3.63	185.75	41.33	144.42	283.60
1990	4.04	182.76	9.06	173.70	218.97
1991	3.98	177.71	8.98	161.98	237.50
1992	3.81	173.80	8.39	165.41	306.08
1993	3.65	178.64	8.80	169.84	261.09
1994	4.07	170.43	8.71	161.73	258.53
1995	5.29	193.86	9.94	171.16	257.68
1996	5.32	201.74	11.12	176.89	262.93
1997	4.99	213.64	11.26	187.72	278.73
1998	5.39	234.91	12.01	207.31	294.22
1999	5.58	244.89	13.73	215.24	313.09
2000	5.99	225.31	14.81	193.85	324.57
2001	6.69	255.77	14.27	227.53	314.90
2002	8.38	286.18	15.06	368.12	325.85
2003	12.00	312.38	16.77	281.22	315.90
2004	14.69	330.09	14.25	302.14	300.02
2005	19.26	357.83	14.01	327.41	289.12
2006	23.92	372.13	19.44	341.66	276.14
2007	28.33	384.38	26.65	346.46	271.21
2008	30.96	373.97	29.53	332.14	274.46
2009	32.98	377.46		336.00	269.58
2010	40.01	377.37		330.75	264.95
2011	40.03	375.80		331.61	258.05
2012	42.29	387.96		330.29	249.65

18-5 民族自治地方分地区高等学校基本情况(2012年)

单位：人

地区	学校数(所)	在校研究生数	在校本、专科学生数	招生数	毕业生数	教职工数	#专任教师数
合计	**210**	**61608**	**1657109**	**496569**	**422896**	**151823**	**100625**
河北							
内蒙古	48	16214	391434	105629	105054	38057	24654
辽宁							
吉林	2	3445	25309	5943	5266	3122	2194
黑龙江							
浙江							
湖北	2		24478	8368	7684	2038	1346
湖南	3		36526	15284	9505	2283	1414
广东							
广西	70	23545	617117	192144	162169	53344	35027
海南							
重庆							
四川	3		29613	9386	7524	2012	1541
贵州	9		59182	21365	14264	4756	3680
云南	11	436	65665	19562	15805	5076	3742
西藏	6		33542	10022	8580	2485	2369
甘肃	1		9087	2313	1808	563	456
青海							
宁夏	16	3356	96440	30779	20718	10202	6632
新疆	39	14612	268716	75774	64519	27885	17570

18-6 民族自治地方分地区各类中等学校基本情况(2012年)

单位：人

地　区	学校数（所）	在校学生数	招生数	毕业生数	教职工数	#专任教师数
合　计	**10668**	**12188116**	**4200399**	**3879572**	**901529**	**764559**
河　北	88	100934	34442	34400	8699	7397
内蒙古	1311	1522115	510208	534032	133692	109708
辽　宁	173	149675	45131	51327	17164	11750
吉　林	250	142835	42464	45310	18156	14477
黑龙江	15	12034	3568	3414	1325	1181
浙　江	8	6745	2354	2184	602	474
湖　北	200	234566	78587	79621	16624	14823
湖　南	374	265686	98580	88945	23165	20682
广　东	32	28393	8069	10906	2457	2107
广　西	2629	3624475	1274227	1096168	215431	182790
海　南	114	94811	33551	31187	8437	7884
重　庆	120	172465	56775	59019	11560	9692
四　川	377	424376	139164	129865	28478	24094
贵　州	1114	1189180	421775	352055	81728	65135
云　南	1238	1386440	471167	441793	100222	88790
西　藏	128	196382	68854	69214	14246	13272
甘　肃	215	235386	80064	74965	17755	15310
青　海	256	227346	84251	74041	17538	14665
宁　夏	348	555109	190743	175248	35468	31677
新　疆	1678	1619163	556425	525878	148782	128651

18-7 民族自治地方分地区普通中学基本情况(2012年)

单位: 人

地　区	学校数(所)	在校学生数	招生数	毕业生数	教职工数	#专任教师数
合　计	**9469**	**10214721**	**3495381**	**3302899**	**804680**	**693283**
河　北	82	89092	30832	31097	7747	6698
内蒙古	1035	1246588	414187	424537	112572	94383
辽　宁	164	137514	41600	47258	16187	11029
吉　林	232	123882	39527	42887	17224	13854
黑龙江	14	11687	3433	3285	1282	1149
浙　江	7	5423	1856	1785	515	401
湖　北	186	199689	66294	67910	15066	13517
湖　南	334	229256	83166	75893	20913	18355
广　东	29	25271	7286	9177	2211	1945
广　西	2310	2762030	961473	881278	185000	162035
海　南	108	90055	31231	30346	8043	7545
重　庆	114	159857	51217	56758	10513	8821
四　川	346	376885	121108	116995	26035	22080
贵　州	1045	1108465	387933	329215	77846	61866
云　南	1103	1220456	422132	392085	91441	81699
西　藏	122	178091	60953	59864	13500	12640
甘　肃	190	224354	76067	72002	16350	14238
青　海	237	191888	70724	63150	16192	13604
宁　夏	314	450352	154688	142787	32000	29125
新　疆	1497	1383886	469674	454590	134043	118299

18-8 民族自治地方分地区职业中学基本情况(2012年)

单位：人

地区	学校数（所）	在校学生数	招生数	毕业生数	教职工数	#专任教师数
合计	**1199**	**1973395**	**705018**	**576673**	**96849**	**71276**
河北	6	11842	3610	3303	952	699
内蒙古	276	275527	96021	109495	21120	15325
辽宁	9	12161	3531	4069	977	721
吉林	18	18953	2937	2423	932	623
黑龙江	1	347	135	129	43	32
浙江	1	1322	498	399	87	73
湖北	14	34877	12293	11711	1558	1306
湖南	40	36430	15414	13052	2252	2327
广东	3	3122	783	1729	246	162
广西	319	862445	312754	214890	30431	20755
海南	6	4756	2320	841	394	339
重庆	6	12608	5558	2261	1047	871
四川	31	47491	18056	12870	2443	2014
贵州	69	80715	33842	22840	3882	3269
云南	135	165984	49035	49708	8781	7091
西藏	6	18291	7901	9350	746	632
甘肃	25	11032	3997	2963	1405	1072
青海	19	35458	13527	10891	1346	1061
宁夏	34	104757	36055	32461	3468	2552
新疆	181	235277	86751	71288	14739	10352

18-9 民族自治地方分地区小学基本情况(2012年)

单位：人

地 区	学校数（所）	在校学生数	招生数	毕业生数	教职工数	#专任教师数
合 计	**44912**	**14786986**	**2519184**	**2496547**	**927700**	**889401**
河 北	309	137145	27226	19679	9744	8596
内蒙古	2443	1365080	233545	242927	127745	112898
辽 宁	477	173041	28040	30134	18267	14525
吉 林	515	155840	26938	23780	18406	15513
黑龙江	30	11103	2311	2209	1154	1045
浙 江	16	8806	1578	1418	822	665
湖 北	692	256779	48412	41924	14878	14279
湖 南	768	345453	64227	61939	21700	20687
广 东	70	31401	5685	5374	2325	2163
广 西	13535	4264831	742110	686423	232714	217151
海 南	474	134244	24720	21511	10013	9449
重 庆	657	201831	34531	35901	13010	12476
四 川	2577	767075	149733	113493	42881	38710
贵 州	5499	1547397	229994	290727	83250	78757
云 南	6907	1885139	292797	329303	123002	118039
西 藏	857	292016	51552	47537	18966	18853
甘 肃	2005	340583	60511	57361	20949	20182
青 海	1651	350238	58722	56232	17294	14898
宁 夏	1896	618140	104818	107655	33415	34385
新 疆	3534	1900844	331734	321020	117165	136130

18-10 民族自治地方分地区教育经费支出情况(2012年)

地　区	教育经费支出（万元）
合　计	**26774235**
河　北	226371
内蒙古	5040005
辽　宁	401413
吉　林	490644
黑龙江	19115
浙　江	29103
湖　北	416160
湖　南	498052
广　东	61621
广　西	5938482
海　南	243526
重　庆	254213
四　川	1208099
贵　州	1316887
云　南	2721496
西　藏	826102
甘　肃	463037
青　海	700179
宁　夏	1313862
新　疆	4605867

18-11 民族自治地方分地区县及县以上政府部门所属研究与开发机构及情报文献机构和人员(2012年)

地 区	机构数（个）	从业人员（人）	#从事科技活动人员	#大学本科及以上学历
合 计	**665**	**45330**	**31348**	**21320**
内蒙古	128	9650	7238	4756
辽 宁	9	173	138	54
吉 林	9	217	207	145
湖 北	20	291	219	115
湖 南	8	213	136	80
广 东	4	41	11	1
广 西	202	15972	9561	6547
海 南	9	591	85	12
重 庆	2	12	11	4
四 川	14	793	602	354
贵 州	13	395	277	160
云 南	42	2373	2035	1224
西 藏	19	1617	969	535
甘 肃	5	439	362	169
青 海	9	211	185	85
宁 夏	45	4164	2189	1490
新 疆	127	8178	7123	5589

18-12 民族自治地方分地区县及县以上政府部门所属研究与开发机构及情报文献机构经费(2012年)

单位: 千元

地　区	经费收入	#科技活动收入	经费支出	#科技经费支出
合　计	**13784298**	**7441961**	**13431158**	**7202774**
内蒙古	2937188	1600571	2787454	1554894
辽　宁	19303	14326	19303	14530
吉　林	36465	21648	27268	12196
湖　北	47578	31144	47002	22195
湖　南	17145	14639	11624	9947
广　东	2014	378	2001	292
广　西	5856692	2543506	5660683	2486684
海　南	12747	3749	12360	5447
重　庆	1201	1021	861	726
四　川	111339	98873	103551	84190
贵　州	67955	34375	68018	36282
云　南	562910	436291	538561	426366
西　藏	381541	321361	390696	302297
甘　肃	43549	29514	39351	31783
青　海	43742	36589	34490	25210
宁　夏	892185	420207	954170	358663
新　疆	2750744	1833769	2733765	1831072

18-13 民族自治地方分地区县及县以上政府部门所属研究与开发机构及情报文献机构科技活动成果情况(2012年)

单位：篇

地区	发表科技论文	#国外发表	出版科技著作	有效发明专利总数(项)	专利申请数	#发明专利	专利授权数	#发明专利
合计	**9236**	**650**	**230**	**995**	**889**	**549**	**502**	**266**
内蒙古	1037	68	21	69	52	21	41	19
辽宁	24							
吉林	22	1	1	1	14	3	5	1
湖北	69	1	3	4	10	7	7	3
湖南	2	1						
广东								
广西	3342	203	48	281	346	253	148	81
海南	1							
重庆								
四川	223	6	16		14		9	
贵州	90	8		3	6	1	1	1
云南	457	91	4	40	22	17	19	14
西藏	191	32	7	12	14	13	12	12
甘肃	16							
青海	46			3	1	1	1	1
宁夏	426	14	8	76	40	21	16	13
新疆	3290	225	122	506	370	212	243	121

18-14 民族自治地方分地区开发区高新技术企业主要经济指标(2012年)

开发区	企业数（个）	从业人员（人）	总收入（万元）	出口总额（万美元）
全国	**63926**	**12695462**	**1656898613**	**37604125**
合计	**2195**	**489644**	**52851414**	**705893**
包头	508	115719	13837262	157273
延吉	175	13500	2063344	10207
南宁	643	124239	10019152	146204
桂林	337	84612	5759850	60786
柳州	176	77485	12001100	102711
银川	39	7616	940493	20825
乌鲁木齐	252	57054	6607587	203834
昌吉	65	9419	1622626	4053

主要统计指标解释

普通高等学校 指按照国家规定的设置标准和审批程序批准举办，通过国家统一招生教育，招收高中毕业生为主要培养对象，实施高等教育的全日制大学、独立设置的学院和高等专科学校、短期职业大学。

独立研究与开发机构 指有明确的任务和研究方向，有一定学术水平的业务骨干和一定数量的研究人员，具有研究、开发、开展学术工作的基本条件，主要进行科学研究与技术开发活动，并且在行政上有独立的组织形式，财务上独立核算盈亏，有权与其他单位签订合同，在银行有单独户头的单位。包括国务院各部门、中国科学院、中国社会科学院和各省、自治区、协调以及地（市）以上［含地（市）］各部门所属的国有科学研究与技术开发机构。

独立研究与开发机构职工 指在独立研究与开发机构工作，并由其支付工资的人员。包括长期职工、临时职工和招聘人员，不包括编制以外的离休、退休人员和停薪留职人员。

研究与发展经费支出 指用于研究与发展课题活动（基础研究、应用研究、实验发展）的全部实际支出，包括用于研究与发展课题活动的直接支出和间接用于研究与发展活动的支出［如研究院（所）管理费、维持研究院（所）正常运转的必需费用和与研究发展有关的基本建设支出］。

科学家和工程师 指具有大学本科及以上学历和不具备上述学历但有高、中级职称的人员。

十九、文化和出版

19-1 民族自治地方艺术事业机构

单位：个

年份	合计	艺术表演团体	#少数民族歌舞团	艺术表演场馆	#剧场、影剧院	艺术创作机构
1979	645	589	24		56	
1980	672	603	37		69	
1981	682	603	34		79	
1982	690	600	43		90	
1983	703	608	39		95	
1984	709	614	43		95	
1985	726	630	46		96	
1986	887	616	56		180	91
1987	889	607	64		184	98
1988	923	592	67		182	149
1989	843	565	52		177	101
1990	846	557	54		184	105
1991	843	545	59		182	113
1992	828	540	59		175	111
1993	820	530	60		179	109
1994	821	535	62		176	108
1995	827	535	63		179	113
1996	834	516	61		183	135
1997	856	526	59		188	142
1998	825	534	58		194	97
1999	831	511	58		180	140
2000	829	510	58		182	137
2001	819	508	55		167	144
2002	846	512	55		193	141
2003	845	513	69		188	144
2004	761	501	59		173	81
2005	764	525	55		166	67
2006	773	538	73		164	66
2007	859	651	127		157	25
2008	866	651	127		163	24
2009	953	748	122	186	145	19
2010	1006	806	137	177	134	23
2011	985	805	134	164	127	16
2012	1050	823	157	195	146	32

注：本表未扣除区域变动因素，年度之间不可比。下同。

19-2 民族自治地方艺术事业机构职工

年 份	合 计	艺术表演团体	#少数民族歌舞团	艺术表演场馆	#剧场、影剧院	艺术创作机构
1979	28466	27883	2322		583	
1980	29516	28661	3861		855	
1981	30291	29319	3504		972	
1982	29665	28590	4528		1075	
1983	29013	27909	4053		1104	
1984	28967	27821	4411		1146	
1985	27961	26831	4168		1130	
1986	32299	28429	4855		2702	1168
1987	32370	28216	5214		2798	1356
1988	31047	26518	5098		2848	1681
1989	29237	24930	3770		2931	1379
1990	29419	25105	3790		2996	1308
1991	29528	24650	4753		3151	1663
1992	28836	24097	4728		3099	1599
1993	28196	23323	4762		3174	1653
1994	27491	22881	4908		2972	1601
1995	27160	22470	4786		3044	1646
1996	26307	21240	4401		3261	1806
1997	27197	21729	3801		3472	1996
1998	26410	21573	3711		3594	1243
1999	25758	20705	3897		3277	1776
2000	24818	20456	4125		2671	1691
2001	25519	21139	4022		2694	1686
2002	25697	21230	3882		2840	1627
2003	24990	20849	4550		2445	1696
2004	24065	20760	3430		2313	902
2005	24193	21012	3052		2272	811
2006	24417	21169	3349		2319	819
2007	34021	30131	5598		2571	188
2008	29393	25912	5912		2272	187
2009	31144	28201	5557	2809	1798	134
2010	32492	29328	5825	3000	1881	164
2011	32312	29633	6211	2556	1677	123
2012	32841	29228	7006	3371	2636	242

19-3 民族自治地方群众文化事业、图书馆事业机构

单位：个

年 份	群众文化机构	群众艺术馆	文化馆	文化站	图书馆
1979	2568		544	2024	
1980	3158		568	2590	
1981	3436		582	2854	331
1982	3974		562	3412	332
1983	5008		566	4442	407
1984	7169		856	6313	469
1985	7699		579	7120	494
1986	8164	73	614	7476	533
1987	8030	77	620	7333	547
1988	7980	77	623	7280	549
1989	7866	80	670	7114	551
1990	7994	79	637	7278	556
1991	8295	79	626	7590	561
1992	7531	78	635	6818	573
1993	8231	79	629	7523	573
1994	8222	81	630	7511	577
1995	8323	79	639	7605	584
1996	7624	79	653	6892	573
1997	7867	80	658	7129	596
1998	8079	82	679	7318	661
1999	7847	79	645	7123	670
2000	7812	79	655	7078	563
2001	7671	84	637	6950	563
2002	7698	83	633	8082	567
2003	7617	81	642	6894	566
2004	7925	80	632	7213	575
2005	7757	83	630	7044	591
2006	7423	82	631	6710	602
2007	7429	96	618	6715	605
2008	7582	80	643	6859	604
2009	7945		738	7207	619
2010	8618		776	7842	636
2011	8937		784	8153	653
2012	8994		789	8205	749

19-4 民族自治地方群众文化事业、图书馆事业机构职工

单位：人

年 份	群众文化事业				图书馆事业
	合 计	群众艺术馆	文化馆	文化站	
1979	7101		4896	2205	
1980	8436		5441	2995	
1981	9408		6147	3261	2853
1982	10655		6282	4373	3031
1983	11928		6527	5401	3722
1984	14682		7153	7529	4278
1985	15198		6657	8541	4698
1986	18717	1702	7495	9517	5411
1987	19162	1837	7392	9933	5775
1988	19058	1858	7451	9749	6124
1989	19180	1973	7814	9393	6241
1990	19934	1949	8221	9764	6507
1991	20313	2001	8264	10048	6794
1992	19651	1995	8182	9474	7024
1993	20425	1971	8176	10278	7088
1994	20076	1970	8106	10000	7052
1995	22305	1991	8159	12155	7165
1996	16459	1855	7614	6990	7002
1997	17556	1897	7746	7913	7311
1998	17873	1957	7771	8145	7363
1999	16969	1881	7157	7931	7202
2000	17429	1839	7183	8407	7065
2001	19072	2017	7152	9903	7204
2002	19602	2020	7083	10499	7177
2003	19734	1799	6904	11031	7024
2004	20317	1829	6894	11594	6993
2005	20215	1891	7039	11285	9598
2006	20496	1939	7047	11510	7256
2007	20458	1890	7093	11475	7432
2008	21107	1725	7314	12068	7285
2009	21982		9179	12803	7439
2010	22525		9131	13394	7499
2011	23834		9288	14546	7590
2012	25999		10500	15499	7761

19-5 民族自治地方文物事业机构和职工

单位：个、人

年 份	文物事业机构		#文物保护管理机构		#博物馆	
	机构数	职工人数	机构数	职工人数	机构数	职工人数
1983	122	1379	95	665	27	714
1984	156	1504	115	701	41	803
1985	201	1919	152	1004	49	915
1986	263	2692	204	1605	59	1087
1987	311	3020	244	1886	67	1134
1988	333	3376	256	1966	77	1410
1989	367	3478	284	2060	83	1418
1990	418	3534	327	2032	91	1502
1992	337	2959	269	1775	68	1184
1993	315	3390	243	2118	72	1272
1994	334	3349	259	2067	75	1282
1995	398	4217	317	2776	81	1441
1996	544	6884	401	2189	121	1945
1997	571	8988	415	2349	134	2099
1998	607	10461	430	2474	155	2344
1999	602	9598	435	2312	144	2183
2000	617	12240	444	2422	151	2206
2001	622	9486	441	5159	156	2417
2002	644	5652	458	2774	162	2310
2003	630	6139	445	3291	163	2391
2004	636	8896	438	5126	175	2724
2005	659	9598	456	5717	184	2808
2006	678	7176	471	3399	190	2821
2007	701	9310	467	5217	212	3219
2008	732	7943	470	3417	240	3567
2009	833	8495	499	3113	312	4437
2010	1056	12755	689	7021	344	4765
2011	1376	14791	968	7929	385	5664
2012	1387	16047	955	8506	410	6138

19-6 民族自治地方分类别按登记注册类型分的主要文化事业机构(2012年)

单位: 个

类　别	合 计	文化部门				其他部门
		小 计	国有经济	集体经济	其他经济	
总　　计	**50797**	**13446**	**13333**	**56**	**57**	**37351**
艺术事业	1050	607	567	5	35	443
1.艺术表演团体	823	450	420	4	26	373
#少数民族歌舞团	157	71	64	1	6	86
2.艺术表演场馆	195	125	115	1	9	70
#剧场、影剧院	146	106	97	1	8	40
3. 艺术创作机构	32	32	32			
图书馆事业	749	749	749			
群众文化事业	8994	8994	8994			
文化馆	789	789	789			
文化站	8205	8205	8205			
文物事业机构	1387	1375	1315	51	9	12
#文物保护管理机构	955	954	901	48	5	1
#博物馆	410	399	392	3	4	11
网络文化服务	22					22
文化休闲娱乐服务	36225					36225
1.娱乐场所	18636					18636
2.其他计算机服务(网吧)	17589					17589
动漫企业	22	12			12	10
其他文化产业及相关产业	2370	1709	1708		1	661

19-7 民族自治地方分类别按登记注册类型分的主要文化事业机构职工(2012年)

单位：人

类别	合计	文化部门				其他部门
		小计	国有经济	集体经济	其他经济	
总计	**275763**	**94064**	**92066**	**240**	**1758**	**181699**
艺术事业	32841	21300	19892	114	1294	11541
1.艺术表演团体	29228	19711	18424	97	1190	9517
#少数民族歌舞团	7006	3722	3439	24	259	3284
2.艺术表演场馆	3371	1347	1226	17	104	2024
#剧场、影剧院	2636	1242	1131	17	94	1394
3. 艺术创作机构	242	242	242			
图书馆事业	7761	7761	7761			
群众文化事业	25999	25999	25999			
文化馆	10500	10500	10500			
文化站	15499	15499	15499			
文物事业机构	16047	15861	15658	126	77	186
#文物保护管理机构	8506	8506	8379	116	11	
#博物馆	6138	5952	5876	10	66	186
网络文化服务	963					963
文化休闲娱乐服务	159198					159198
1.娱乐场所	102137					102137
2.其他计算机服务(网吧)	57061					57061
动漫企业	866	362			362	504
其他文化产业及相关产业	33051	22781	22756		25	10270

19-8 民族自治地方分地区按登记注册类型分的主要文化事业机构(2012年)

单位：个

地区	合计	文化部门				其他部门
		小计	国有经济	集体经济	其他经济	
合计	**50797**	**13446**	**13333**	**56**	**57**	**37351**
河北	473	157	154	2	1	316
内蒙古	7990	1806	1799		7	6184
辽宁	699	202	200		2	497
吉林	1073	223	221		2	850
黑龙江	65	21	21			44
浙江	63	30	30			33
湖北	652	176	175		1	476
湖南	2129	505	503	1	1	1624
广东	131	41	41			90
广西	10800	1926	1915	1	10	8874
海南	790	127	127			663
重庆	568	194	194			374
四川	2624	1486	1486			1138
贵州	2235	842	836	2	4	1393
云南	6685	1351	1349		2	5334
西藏	2344	1121	1055	47	19	1223
甘肃	705	410	409	1		295
青海	1424	546	542		4	878
宁夏	1881	367	364	2	1	1514
新疆	7466	1915	1912		3	5551

19-9 民族自治地方分地区按登记注册类型分的主要文化事业机构职工(2012年)

单位：人

地　区	合　计	文化部门				其他部门
		小　计	国有经济	集体经济	其他经济	
合　计	**275763**	**94064**	**92066**	**240**	**1758**	**181699**
河　北	1949	649	503	55	91	1300
内蒙古	45436	18189	17943		246	27247
辽　宁	2758	950	876		74	1808
吉　林	4762	2013	1922		91	2749
黑龙江	273	147	147			126
浙　江	475	153	153			322
湖　北	5025	1374	1349		25	3651
湖　南	9772	2831	2807	24		6941
广　东	714	293	293			421
广　西	66635	15588	15020	2	566	51047
海　南	4324	792	792			3532
重　庆	3055	904	904			2151
四　川	10245	3292	3292			6953
贵　州	13048	5031	4916	8	107	8017
云　南	36840	9522	9502		20	27318
西　藏	14223	9171	8703	106	362	5052
甘　肃	4294	2210	2192	18		2084
青　海	8471	2219	2131		88	6252
宁　夏	8117	3759	3702	27	30	4358
新　疆	35347	14977	14919		58	20370

19-10 民族自治地方分地区艺术事业机构(2012年)

单位: 个、座

地 区	合 计	艺术表演团 体	#少数民族歌舞团	艺术表演场 馆	#剧 场影剧院	艺术创作机 构
合 计	**1050**	**823**	**157**	**195**	**146**	**32**
河 北	24	22		2	2	
内蒙古	170	137	8	20	19	13
辽 宁	20	18	2	2	1	
吉 林	11	3	1	5	4	3
黑龙江	1	1				
浙 江	14	13	1	1	1	
湖 北	27	27	6			
湖 南	30	18	8	10	9	2
广 东	7	5	3	2	1	
广 西	95	68	6	20	18	7
海 南	13	11	3	2	2	
重 庆	13	11	2	2	1	
四 川	70	41	26	28	15	1
贵 州	32	29	6	3	2	
云 南	154	125	35	29	16	
西 藏	114	92	14	22	12	
甘 肃	19	15	8	2	2	2
青 海	56	34	15	22	20	
宁 夏	24	16		7	6	1
新 疆	156	137	13	16	15	3

19-11 民族自治地方分地区艺术事业机构职工(2012年)

单位: 人

地 区	合 计	艺术表演团体	#少数民族歌舞团	艺术表演场馆	#剧场影剧院	其 他
合 计	32841	29228	7006	3371	2636	242
河 北	449	430		19	19	
内蒙古	6740	6330	943	350	348	60
辽 宁	406	395	75	11		
吉 林	358	294	46	52	33	12
黑龙江	64	64				
浙 江	242	227	21	15	15	
湖 北	1343	1343	947			
湖 南	764	641	292	106	86	17
广 东	215	198	113	17	5	
广 西	3031	2744	126	212	193	75
海 南	380	293	98	87	87	
重 庆	196	191	62	5	5	
四 川	1682	1501	1222	177	78	4
贵 州	681	653	137	28	19	
云 南	4843	3319	1025	1524	1015	
西 藏	2833	2659	602	174	166	
甘 肃	752	721	439	16	16	15
青 海	1169	1060	419	109	106	
宁 夏	811	663		130	120	18
新 疆	5882	5502	439	339	325	41

19-12 民族自治地方分地区群众文化事业、图书馆事业机构(2012年)

单位：个、座

地　区	群众文化事业			图书馆事业
	合　计	文化馆	文化站	
合　计	**8994**	**789**	**8205**	**749**
河　北	124	7	117	6
内蒙古	1132	116	1016	114
辽　宁	164	8	156	8
吉　林	145	12	133	12
黑龙江	15	1	14	1
浙　江	23	1	22	1
湖　北	120	11	109	11
湖　南	404	19	385	19
广　东	26	3	23	3
广　西	1290	123	1167	112
海　南	85	8	77	8
重　庆	171	5	166	5
四　川	1272	54	1218	47
贵　州	643	40	603	40
云　南	908	88	820	88
西　藏	320	81	239	77
甘　肃	140	24	116	24
青　海	346	45	301	42
宁　夏	254	27	227	26

19-13 民族自治地方分地区群众文化事业、图书馆事业机构职工(2012年)

单位：人

地　区	群众文化事业			图书馆事业
	合　计	文化馆	文化站	
合　计	**25999**	**10500**	**15499**	**7761**
河　北	227	65	162	36
内蒙古	4420	1941	2479	1937
辽　宁	350	169	181	114
吉　林	731	496	235	289
黑龙江	38	14	24	15
浙　江	69	12	57	10
湖　北	418	114	304	101
湖　南	1013	287	726	198
广　东	56	25	31	21
广　西	4827	2092	2735	1467
海　南	230	76	154	65
重　庆	672	86	586	52
四　川	1088	530	558	185
贵　州	1647	483	1164	240
云　南	3545	1297	2248	885
西　藏	374	264	110	91
甘　肃	613	271	342	211
青　海	657	314	343	229
宁　夏	1139	611	528	545
新　疆	3885	1353	2532	1070

19-14 民族自治地方分地区文物事业机构和职工(2012年)

单位: 个、人

地　区	文物事业机构		#文物保护管理机构		#博物馆	
	机构数	职工人数	机构数	职工人数	机构数	职工人数
合　计	**1387**	**16047**	**955**	**8506**	**410**	**6138**
河　北	9	45	6	24	3	21
内蒙古	155	2000	87	596	65	1328
辽　宁	15	277	7	141	8	107
吉　林	27	223	12	111	15	112
黑龙江	2	18	1		1	18
浙　江	2	22	1	6	1	17
湖　北	9	113	2	105	7	84
湖　南	29	473	14		15	306
广　东	3	23		271	3	23
广　西	148	1981	60		79	1529
海　南	5	25		26	5	24
重　庆	7	46	5	157	2	20
四　川	48	554	28	126	20	397
贵　州	58	565	34	353	24	248
云　南	109	794	73	5455	35	423
西　藏	480	5781	475	42	2	63
甘　肃	38	349	8	69	30	299
青　海	37	169	23	334	14	58
宁　夏	34	609	22	685	9	209
新　疆	172	1980	97	572	72	852

19-15 民族自治地方分地区文化休闲娱乐服务机构和职工(2012年)

单位：个、人

地区	文化休闲娱乐服务		娱乐场所		其他计算机服务(网吧)	
	机构数	职工人数	机构数	职工人数	机构数	职工人数
合　　计	**36225**	**159198**	**18636**	**102137**	**17589**	**57061**
河　　北	296	1012	112	558	184	454
内 蒙 古	6094	25856	2933	16892	3161	8964
辽　　宁	451	1326	229	855	222	471
吉　　林	850	2749	416	1461	434	1288
黑 龙 江	44	126	20	82	24	44
浙　　江	20	101	8	58	12	43
湖　　北	451	2506	156	1438	295	1068
湖　　南	1612	6546	381	3135	1231	3411
广　　东	77	321	55	244	22	77
广　　西	8782	49050	3869	30161	4913	18889
海　　南	659	3436	386	2411	273	1025
重　　庆	362	1949	143	1168	219	781
四　　川	1067	5649	496	3903	571	1746
贵　　州	1324	7002	714	4874	610	2128
云　　南	5182	24042	3460	18894	1722	5148
西　　藏	1122	2991	783	1872	339	1119
甘　　肃	258	1211	142	825	116	386
青　　海	677	1870	417	1079	260	791
宁　　夏	1469	4001	866	1768	603	2233
新　　疆	5428	17454	3050	10459	2378	6995

19-16 民族自治地方分地区网络文化服务、动漫企业和其他文化产业及相关产业机构和职工(2012年)

单位: 个、人

地　区	网络文化服务		动漫企业		其他文化产业及相关产业	
	机构数	职工人数	机构数	职工人数	机构数	职工人数
合　计	**22**	**963**	**22**	**866**	**2370**	**33051**
河　北					14	180
内蒙古			7	246	318	4237
辽　宁					41	285
吉　林					28	412
黑龙江					2	12
浙　江					3	31
湖　北					34	544
湖　南					35	778
广　东					15	78
广　西	2	225	7	220	366	6059
海　南					20	188
重　庆					10	140
四　川					120	1087
贵　州					138	2913
云　南					244	2731
西　藏	6	22			231	2153
甘　肃					73	1158
青　海					266	4377
宁　夏			2	45	72	967
新　疆	14	716	6	355	340	4721

19-17 民族自治地方广播、电视事业机构

单位：个

年　份	广播电视台	广播电台	电视台
1952		5	
1957		6	
1965		14	
1975		42	
1978		50	
1979		25	
1980		25	
1981		34	
1982		34	
1983		33	
1984		42	16
1985		54	44
1986		64	69
1987		75	69
1988		133	88
1989		107	94
1990		111	96
1991		133	96
1992		189	106
1993		152	126
1994		209	142
1995		247	206
1996		205	215
1997		202	189
1998		261	225
1999		193	193
2000		277	206
2001		84	85
2002		73	90
2003		73	94
2004	389	41	50
2005	444	41	50
2006	381	91	117
2007	348	49	65
2008	447	47	59
2009	599	47	59
2010	564	46	56
2011	523	47	58
2012	537	38	45

注：1. 2001年后广播电台、电视中心台数据由国家广电总局提供，与以前数据不可比。
　　2. 2004年及以后数据中，广播电视台指既可对外广播又可播放电视的机构，广播电台仅含播放广播的机构，电视台仅含播放电视的机构。

19-18 民族自治地方分地区广播电视机构设置情况(2012年)(一)

单位: 个

地区	合计	广播电台	电视台	广播电视台
合计	**620**	**38**	**45**	**537**
河北	6			6
内蒙古	98	8	9	81
辽宁	8			8
吉林	13	1	1	11
黑龙江	1			1
浙江	1			1
湖北	11	1	1	9
湖南	17	1	1	15
广东	3			3
广西	99	9	8	82
海南	6			6
重庆	4			4
四川	54	1	1	52
贵州	47			47
云南	92	6	6	80
西藏	9	1	2	6
甘肃	16			16
青海	11	2	6	3
宁夏	21	2	2	17
新疆	103	6	8	89

19-18 民族自治地方分地区广播电视机构设置情况(2012年)(二)

单位：个

地　区	省			
	合　计	广播电台	电视台	广播电视台
合　计	**12**	**6**	**5**	**1**
内蒙古	2	1	1	
广　西	3	2	1	
西　藏	2	1	1	
宁　夏	3	1	1	1
新　疆	2	1	1	

19-18 民族自治地方分地区广播电视机构设置情况(2012年)(三)

单位：个

地　区	地			
	合　计	广播电台	电视台	广播电视台
合　计	**107**	**30**	**38**	**39**
内蒙古	20	7	8	5
吉　林	2	1	1	
湖　北	2	1	1	
湖　南	2	1	1	
广　西	21	7	7	7
四　川	4	1	1	2
贵　州	3			3
云　南	13	5	5	3
西　藏	7		1	6
甘　肃	2			2
青　海	8	2	6	
宁　夏	5	1	1	3
新　疆	18	4	6	8

19-18 民族自治地方分地区广播电视机构设置情况(2012年)(四)

单位：个

地区	县			
	合计	广播电台	电视台	广播电视台
合计	**501**	**2**	**2**	**497**
河北	6			6
内蒙古	76			76
辽宁	8			8
吉林	11			11
黑龙江	1			1
浙江	1			1
湖北	9			9
湖南	15			15
广东	3			3
广西	75			75
海南	6			6
重庆	4			4
四川	50			50
贵州	44			44
云南	79	1	1	77
西藏				
甘肃	14			14
青海	3			3
宁夏	13			13
新疆	83	1	1	81

19-19 民族自治地方使用民族语言广播播出机构(2012年)(一)

单位：个

地区	总计	蒙古语	藏语	维吾尔语	苗语	彝语	壮语	朝鲜语
合计	**100**	**34**	**13**	**41**	**1**	**2**	**2**	**7**
内蒙古	27	27						
辽宁	3	2						1
吉林	7	1						6
黑龙江	1	1						
广西	1						1	
四川	2		1			1		
云南	4		1		1	1	1	
西藏	6		6					
甘肃	2		2					
青海	4	1	3					
新疆	43	2		41				

19-19 民族自治地方使用民族语言广播播出机构(2012年)(二)

单位：个

地区	总计	哈尼语	哈萨克语	傣语	傈僳语	拉祜语	景颇语	柯尔克孜语
合计	**26**	**2**	**12**	**3**	**2**	**1**	**2**	**4**
内蒙古								
辽宁								
吉林								
黑龙江								
广西								
四川								
云南	10	2		3	2	1	2	
西藏								
甘肃								
青海								
新疆	16		12					4

19-20 民族自治地方广播节目制作情况(2012年)(一)

单位：小时

地区	全年制作广播节目时间	全年制作新闻资讯类广播节目时间	全年制作专题服务类广播节目时间	全年制作综艺类广播节目时间
合计	**960694**	**182403**	**297525**	**292746**
河北	196	62	43	65
内蒙古	262470	40959	93011	75244
辽宁	14574	1948	4544	5453
吉林	41406	4359	17092	13220
黑龙江	113	70	37	6
浙江	636	91	194	91
湖北	4923	1106	1364	855
湖南	8431	2544	1218	2068
广东				
广西	188943	37627	41319	71824
海南	1940	476	477	814
重庆	661	513	44	60
四川	2318	1162	341	469
贵州	19538	4103	5436	4549
云南	43322	10278	16024	9372
西藏	29546	4810	10499	11211
甘肃	7220	2875	2411	1202
青海	2424	643	600	943
宁夏	43825	9857	10972	12775
新疆	288208	58920	91899	82525

注：广东当年数据缺。

19-20 民族自治地方广播节目制作情况(2012年)(二)

单位: 小时

地 区	全年制作广播剧类广播节目时间	全年制作广告类广播节目时间	全年制作其他类广播节目时间
合 计	**18414**	**58988**	**45497**
河 北		11	15
内蒙古	12747	30063	10439
辽 宁		1383	1246
吉 林	710	5814	206
浙 江		30	230
湖 北		580	1018
湖 南	750	669	1181
广 西	644	13775	23745
海 南		120	50
重 庆			44
四 川		100	245
贵 州	2242	1043	2165
云 南	1071	2708	3866
西 藏	10	2644	366
甘 肃	190	48	493
青 海	50		188
宁 夏	1519	6864	1835
新 疆	8303	22078	24460

19-21 民族自治地方广播覆盖情况(2012年)(一)

地 区	广播综合人口覆盖		中央节目		省级节目	
	人 口(万人)	覆盖率(%)	人 口(万人)	覆盖率(%)	人 口(万人)	覆盖率(%)
合 计	**17431.49**	**94.37**	**17243.91**	**93.35**	**16882.24**	**91.40**
河 北	200.17	96.69	200.17	96.69	198.33	95.80
内蒙古	2430.06	97.92	2417.87	97.43	2262.43	91.16
辽 宁	314.51	94.35	312.21	93.66	309.25	92.77
吉 林	332.68	99.29	327.79	97.83	328.43	98.02
黑龙江	23.21	92.65	23.21	92.65	23.14	92.38
浙 江	17.32	100.00	17.32	100.00	17.32	100.00
湖 北	457.81	99.01	457.81	99.01	435.71	94.23
湖 南	350.29	76.03	340.57	73.92	329.72	71.57
广 东	47.56	99.58	47.56	99.58	47.56	99.58
广 西	4993.85	96.05	4915.41	94.55	4864.45	93.57
海 南	169.95	94.63	169.90	94.60	153.20	85.31
重 庆	257.53	95.10	257.53	95.10	257.53	95.10
四 川	611.87	84.67	611.17	84.58	583.40	80.74
贵 州	1520.64	87.62	1506.38	86.80	1503.61	86.64
云 南	2172.10	95.55	2169.45	95.44	2120.93	93.30
西 藏	282.96	93.38	254.37	83.94	282.41	93.20
甘 肃	334.46	96.33	321.88	92.70	308.63	88.89
青 海	331.72	92.11	331.72	92.11	320.35	88.95
宁 夏	620.48	95.20	620.48	95.20	619.58	95.06
新 疆	1962.32	95.34	1941.11	94.31	1916.26	93.10

19-21 民族自治地方广播覆盖情况(2012年)(二)

地区	广播综合人口覆盖				无线广播综合覆盖			
	地市级节目		县级节目				中央节目	
	人口(万人)	覆盖率(%)	人口(万人)	覆盖率(%)	人口(万人)	覆盖率(%)	人口(万人)	覆盖率(%)
合计	**11902.28**	**64.44**	**6182.02**	**33.47**	**16705.74**	**90.44**	**16545.43**	**89.57**
河北	186.33	90.00	21.78	10.52	153.06	73.93	151.96	73.40
内蒙古	2254.57	90.85	1176.16	47.39	2425.17	97.72	2412.98	97.23
辽宁	265.84	79.75	286.08	85.82	311.15	93.34	304.52	91.35
吉林	291.73	87.07	237.80	70.97	332.62	99.27	327.74	97.82
黑龙江	23.21	92.65	23.00	91.82	23.21	92.65	23.21	92.65
浙江	8.10	46.77	8.10	46.77	17.32	100.00	17.32	100.00
湖北	378.74	81.91	144.49	31.25	453.97	98.17	453.97	98.17
湖南	253.49	55.02	163.24	35.43	337.34	73.22	324.78	70.49
广东	31.00	64.91	31.00	64.91	47.56	99.58	47.56	99.58
广西	3865.34	74.35	1808.69	34.79	4848.74	93.26	4802.45	92.37
海南			113.36	63.12	169.83	94.57	168.58	93.87
重庆			169.20	62.48	232.83	85.98	232.83	85.98
四川	365.94	50.64	82.70	11.44	583.83	80.79	583.83	80.79
贵州	622.61	35.88	110.91	6.39	1150.16	66.28	1141.00	65.75
云南	1570.76	69.10	179.00	7.87	2119.84	93.25	2117.36	93.15
西藏	53.67	17.71			279.68	92.29	251.97	83.15
甘肃	171.89	49.50	106.97	30.81	317.33	91.39	308.28	88.79
青海	21.75	6.04	2.10	0.58	331.72	92.11	331.72	92.11
宁夏	599.44	91.97	301.71	46.29	616.82	94.64	616.82	94.64
新疆	937.87	45.57	1215.73	59.07	1953.56	94.92	1926.55	93.60

19-22 民族自治地方使用民族语言电视播出机构(2012年)(一)

单位：个

地 区	合 计	蒙古语	藏语	维吾尔语	彝语	壮语
合 计	**168**	**36**	**30**	**49**	**1**	**4**
内蒙古	29	29				
辽 宁	1	1				
吉 林	12	1				
黑龙江	1	1				
广 西	3					3
四 川	16		16			
云 南	15		2		1	1
西 藏	6		6			
甘 肃	2		2			
青 海	5	1	4			
新 疆	78	3		49		

19-22 民族自治地方使用民族语言电视播出机构(2012年)(二)

单位：个

地 区	朝鲜语	哈萨克语	傣语	景颇语	柯尔克孜语
合 计	**11**	**23**	**8**	**3**	**3**
内蒙古					
辽 宁					
吉 林	11				
黑龙江					
广 西					
四 川					
云 南			8	3	
西 藏					
甘 肃					
青 海					
新 疆		23			3

19-23 民族自治地方电视节目制作情况(2012年)(一)

单位：小时

地 区	全年制作电视节目时间	#新闻资讯类	#专题服务类	#综艺益智类	#影视剧类	#广告类
合 计	**390431**	**127020**	**91552**	**47815**	**11748**	**80508**
河 北	4048	661	418	1754		784
内蒙古	66794	22318	16330	7432	7	16399
辽 宁	8325	1028	1035	3693	975	1128
吉 林	10764	1856	2994	2809	192	2370
黑龙江	216	102	37	6		71
浙 江	464	86	49	98		110
湖 北	8641	2229	1399	754		3366
湖 南	9056	3316	1424	847		1630
广 东	432	372				60
广 西	88375	27032	23695	8521	303	21558
重 庆	1292	688	291	104		176
四 川	10400	5450	2090	914	13	1105
贵 州	8352	3564	877	1427		1029
云 南	36436	13809	7852	3300	1328	6987
西 藏	8438	3049	2079	380	1200	964
甘 肃	6919	2246	2538	981		702
青 海	5013	1174	1299	1167		803
宁 夏	23984	5882	7351	3387	276	5217
新 疆	92482	32158	19794	10241	7454	16049

19-23 民族自治地方电视节目制作情况(2012年)(二)

单位: 小时

地区	全年制作其他类电视节目时间(小时)	全年制作电视剧数量	
		部	集
合计	**31715**	**197**	**4886**
河北	430		
内蒙古	4305		
辽宁	466		
吉林	538	10	278
黑龙江			
浙江	121		
湖北	893		
湖南	1839		
广东			
广西	7244	9	404
重庆	31		
四川	826		
贵州	1455		
云南	3156	26	422
西藏	766	49	1330
甘肃	451		
青海	569		
宁夏	1868	1	30
新疆	6757	102	2422

19-24 民族自治地方电视覆盖情况(2012年)(一)

地区	电视人口综合覆盖		中央节目		省级节目	
	人口(万人)	覆盖率(%)	人口(万人)	覆盖率(%)	人口(万人)	覆盖率(%)
合计	**17835.65**	**96.56**	**17547.85**	**95.00**	**17047.07**	**92.29**
河北	203.93	98.50	203.93	98.50	160.66	77.60
内蒙古	2403.27	96.84	2391.63	96.37	2139.53	86.21
辽宁	318.10	95.43	316.22	94.86	315.78	94.73
吉林	329.08	98.22	323.39	96.52	320.42	95.63
黑龙江	23.36	93.25	23.36	93.25	23.36	93.25
浙江	17.32	100.00	17.32	100.00	17.32	100.00
湖北	457.34	98.90	457.34	98.90	454.57	98.30
湖南	437.30	94.92	435.65	94.56	400.73	86.98
广东	47.56	99.58	47.56	99.58	47.56	99.58
广西	5081.44	97.74	4916.80	94.57	4953.28	95.27
海南	168.33	93.73	167.90	93.49	164.84	91.79
重庆	263.22	97.20	263.22	97.20	263.22	97.20
四川	670.48	92.79	667.68	92.40	621.06	85.95
贵州	1631.52	94.01	1603.34	92.39	1593.02	91.80
云南	2206.58	97.07	2204.56	96.98	2085.15	91.73
西藏	286.39	94.51	255.76	84.40	285.46	94.20
甘肃	336.78	96.99	325.03	93.61	308.58	88.87
青海	340.93	94.66	340.93	94.66	331.33	92.00
宁夏	644.62	98.90	644.62	98.90	642.50	98.58
新疆	1968.10	95.62	1941.61	94.33	1918.70	93.22

19-24 民族自治地方电视覆盖情况(2012年)(二)

地区	电视人口综合覆盖率							
	地市级节目		县级节目		无线电视综合覆盖			
							中央节目	
	人口（万人）	覆盖率（%）	人口（万人）	覆盖率（%）	人口（万人）	覆盖率（%）	人口（万人）	覆盖率（%）
合计	**11732.73**	**63.52**	**8431.74**	**45.65**	**16486.01**	**89.25**	**16231.44**	**87.87**
河北	182.02	87.92	128.75	62.19	190.05	91.80	190.05	91.80
内蒙古	1967.56	79.28	1080.65	43.54	2270.12	91.47	2266.92	91.35
辽宁	292.21	87.66	271.24	81.37	283.13	84.94	279.38	83.81
吉林	282.04	84.18	298.17	88.99	266.64	79.58	253.72	75.72
黑龙江	20.26	80.88	12.35	49.30	23.36	93.25	23.36	93.25
浙江	8.43	48.67	8.43	48.67	17.32	100.00	17.32	100.00
湖北	421.51	91.16	330.25	71.42	453.84	98.15	453.79	98.14
湖南	265.73	57.68	196.39	42.63	416.44	90.39	415.09	90.10
广东	31.00	64.91	31.00	64.91	47.56	99.58	47.56	99.58
广西	3981.93	76.59	2540.88	48.87	4918.46	94.60	4758.21	91.52
海南					167.35	93.18	167.10	93.05
重庆			131.16	48.43	220.12	81.28	220.12	81.28
四川	382.68	52.96	359.14	49.70	635.88	88.00	633.48	87.67
贵州	526.41	30.33	209.46	12.07	1110.85	64.01	1110.44	63.99
云南	1560.05	68.63	1252.12	55.08	1932.28	85.00	1931.98	84.99
西藏	53.91	17.79			282.24	93.14	253.11	83.53
甘肃	95.38	27.47	97.05	27.95	319.37	91.98	309.93	89.26
青海	61.32	17.03	20.63	5.73	340.93	94.66	340.93	94.66
宁夏	626.19	96.08	341.07	52.33	636.17	97.61	636.17	97.61
新疆	974.10	47.33	1123.00	54.56	1953.90	94.93	1922.78	93.42

19-25 民族自治地方出版物情况

单位：种数：种；印数：万册(份)

年 份	图 书		杂 志		报 纸	
	种 数	印 数	种 数	印 数	种 数	印 数
1978	1336	14279.4	78	1306.4	44	28271.3
1979	2018	13332.5	76	1226.8	62	47739.6
1980	2084	16162.5	114	2250.5	68	45109.9
1981	2343	23964.6	160	3770.7	67	52678.2
1982	3242	28089.6	163	8385.6	68	54594.5
1983	2613	17477.9	165	2480.7	79	49894.6
1984	2859	28065.2	231	8606.7	117	63627.4
1985	3365	35906.9	321	7818.8	175	76847.2
1986	3435	29287.8	332	7171.9	176	150281.9
1987	4507	29167.4	358	7273.6	214	92964.4
1988	5107	30754.8	445	8620.4	236	93274.4
1989	5696	30127.0	447	6502.9	239	76404.0
1990	5784	30166.3	544	17866.4	227	79119.6
1991	6662	39810.3	507	6561.9	245	87342.0
1992	6707	41277.0	487	6705.0	334	89412.0
1993	5907	42263.3	502	9833.3	248	71607.1
1994	8052	60986.3	631	8541.2	350	101678.5
1995	7647	42275.0	633	7881.0	340	94984.8
1996	7979	44497.3	560	7482.1	298	102861.1
1997	8417	45876.7	559	7824.4	322	116203.9
1998	10154	48507.5	542	7509.9	293	108276.7
1999	11208	48394.4	592	8069.4	347	111943.9
2000	11402	42310.0	650	8332.0	356	123277.0
2001	10089	42599.0	693	8892.0	441	132611.0
2002	10856	45564.0	750	9085.0	383	139467.0
2003	12431	43214.6	778	9981.9	381	163731.6
2004	12332	39510.9	731	8341.7	311	173632.6
2005	12592	41957.6	738	10279.5	311	169518.4
2006	15082	45838.7	580	10223.1	265	143372.3
2007	13482	45627.4	657	7729.8	315	177110.0
2008	19086	48929.1	675	7256.7	313	159786.3
2009	21518	47689.9	733	7366.0	334	165394.8
2010	20635	43098.9	739	8276.2	329	174847.8
2011	24106	49303.3	752	11088.3	333	171832.5
2012	27832	54793.1	875	12120.6	405	187051.3

19-26 民族自治地方分地区图书、杂志、报纸出版情况(2012年)

单位: 种数: 种; 印数: 万册(份)

地区	图书		杂志		报纸	
	种数	印数	种数	印数	种数	印数
合计	**27832**	**54793**	**875**	**12121**	**405**	**187051**
河北						
内蒙古	2863	6000	148	3000	61	27000
辽宁	2		1		5	164
吉林	4997	4731	21	62	12	2630
黑龙江			1	1	2	2
浙江					1	69
湖北	152	3	38	3	4	1994
湖南					2	1500
广东						
广西	8667	29000	186	5000	54	70000
海南						
重庆			2	4	2	658
四川			14	5	8	4456
贵州	25	15	14	10	8	220
云南	211	33	157	30	51	5986
西藏	546	1000	35		23	7000
甘肃			1		2	305
青海	2	11	10	6	59	69
宁夏	1676	3000	37	2000	14	11000
新疆	8691	11000	210	2000	97	54000

主要统计指标解释

文化产业机构 指专门从事文化工作具有法人资格、独立核算的事业、企业单位以及单独核算、附属于事业单位的经营性专业文化活动单位。

文化产业机构包括艺术业、图书馆业、群众文化业、文物业、文化艺术教育业、出版业、娱乐业、文化艺术经纪与代理业以及不属于以上分类的其他文化产业。

艺术业 包括戏剧、舞蹈、音乐、美术等各种艺术团及艺术家的活动。如演员、音乐家、作家、雕刻家、画家、漫画家、雕塑家的活动等。也包括剧场、音乐厅、美术展览馆等演出、展出设施的管理。

在制度中，将艺术业分为艺术表演团体、艺术表演场所和其他艺术三类。

艺术表演团体赛 指话剧团、方言话剧团、滑稽剧团、儿童剧团、歌剧团、舞剧团、歌舞剧团、歌舞团、轻音乐团、乐团、合唱团、文工团、文宣队、乌兰牧骑、戏曲剧团、曲艺团、说唱团、杂技团、马戏团、木偶团、皮影团等专业艺术表演团体。不包括半工半艺、半艺半农和民间职业剧团。

艺术表演场所 指由各级文化主管部门或文化单位举办的和除部队系统外其他部门兴办的，具有观众厅、舞台、灯光设备，经常供专业艺术表演团体演出，在工商、税务部门登记，公开售票的营业场所。艺术表演场所共分为两类：第一类为剧场、影剧院，包括独立核算的专业剧场和属文化部门主管的能演出戏剧的影剧院、兼映电影的剧场，以及附属在剧院、公开营业的非独立核算的剧场、排演场；第二类为其他艺术表演场所，包括不论是否独立核算的书场、曲艺场、杂技场、马戏场、音乐厅等。

图书馆业 包括公共图书馆和除部队系统外的各类单位内部举办的或单独举办的图书馆。不包括群众艺术馆、文化馆、文化站内设的图书室。目前制度仅统计公共图书馆。

群众文化业 包括群众艺术馆、文化馆、文化站、文化宫、少年宫等群众文化活动。在制度中，目前暂时不统计文化系统外的文化宫和少年宫。

群众艺术馆、文化馆、文化站指从事群众文化工作的专业机构。不包括临时抽调人员组成、没有编制的农村和街道文化工作队、服务站等。

广播电台 经国家广播电影电视总局（原广播电影电视部，下同）批准设置并颁发许可证，独立建制，财务上独立核算，有自办节目并正式播出的无线广播播出机构。

广播节目套数 经国家广播电影电视总局批准，并在颁发许可证中载明的，用固定频率自办播出节目并编有整套节目时间表，定期向听众公布广播节目名称和播出时间和节目的套数。

广播覆盖人口数 按一定的技术标准在对象区内能接收广播节目的人口数。

电视台 经国家广播电影电视总局批准设置，并颁发许可证，独立建制，财务上独立核算，有自办节目并正式播出的无线电视播出机构。

电视节目套数 经国家广播电影电视总局批准，并在颁发许可证中载明的，用固定频道自办电视节目，并编有整套节目时间表，定期向观众公布电视节目名称和播出时间的节目的套数。

电视覆盖人口数 按一定的技术标准在对象区内能接收电视节目的人口数。

电视发射台和转播台 经广播电影电视行政主管部门批准设置正式开播的电视发射台和转播台。

电影放映单位 指具有放映机器设备、固定或不固定的放映场所与专职或兼职的放映技术人员，经有关部门登记批准，经常为一定的观众对象放映电影的机构。包括经批准对外开放进行营业，并与电影发行放映管理机构分账的专用放映单位和军委系统租片单位。

二十、卫　生

20-1 民族自治地方卫生机构、床位、人员

年 份	机 构（个）	#医院、卫生院	床位(张)	#医院、卫生院	卫生技术人员（人）	#医 生
1949	361	230	3310		3531	
1952	1176	378	5711		17877	
1957	13819	603	26470	20773	65649	26825
1962	19763	3203	94769	71356	129818	59086
1965	25306	6275	120781	89497	156889	72832
1975	21575	9749	219055	190980	232218	97957
1978	23934	10191	253520	22927	279387	120711
1980	26073	10433	271463	241679	324300	140752
1981	27604	10735	276119	246922	353395	154439
1982	28237	10803	281555	251805	468850	159927
1983	28800	11349	290067	267382	387690	169141
1984	29794	11659	302321	279259	406880	176305
1985	30432	10061	312137	288732	423733	182503
1986	31168	10012	318144	294676	435882	186717
1987	31838	10129	332116	307350	451429	192597
1988	31931	10520	338892	313677	463900	215187
1989	31081	10342	347555	321659	478304	224851
1990	31973	10574	359382	331955	488661	230088
1991	32142	10680	365439	338425	500254	232819
1992	31075	10210	375377	347194	512996	236402
1993	30642	10389	419873	380079	545934	253329
1994	30588	12482	415203	380626	554220	259481
1995	28957	12331	387139	357024	527438	250733
1996	15706	12201	370171	349457	455220	209508
1997	16111	12461	378905	357059	475731	220647
1998	16724	12859	392671	370449	498720	233290
1999	16733	12464	379121	357972	482722	230138
2000	16009	12492	381979	361235	485181	231024
2001	15904	12372	385995	365274	486749	235750
2002	15319	11832	362185	346818	460043	207999
2003	15230	11768	381534	359090	463382	208246
2004	15519	11884	400448	375029	475313	213882
2005	15488	11846	409938	384466	478320	214447
2006	15463	11796	425361	399690	485766	216159
2007	47081	12198	458316	430786	578875	249957
2008	44429	11872	501968	471146	603747	256811
2009	44209	11840	550535	515809	637850	263924
2010	44681	11961	596342	557305	680547	274046
2011	45598	12049	643035	601446	720489	279269
2012	46664	12103	703973	660410	770095	289904

注：1.本表未扣除区域变动因素，年度之间不可比。下同。
2.1996-2006年机构数不含诊所数、村卫生室、社区卫生服务中心。下同。
3.2002年卫生机构数为登记注册数。下同。
4.2002年后医生系执业(助理)医师数，故有所减少。

20-2 民族自治地方卫生机构

单位：个

年份	合计	医院	卫生院	疗养院、所	门诊部	专科防治所、站	卫生防疫站	妇幼保健所、站	其他
1957	13819	603		17	5541		146	641	6871
1962	19763	3203		69	15279		387	363	462
1965	25306	6275		43	17626		485	427	450
1975	21575	9749		25	10292		633	412	464
1978	23934	10191		30	11866		649	478	720
1979	25027	10254		30	12676	124	635	478	830
1980	26073	10433		34	13457	140	672	497	840
1981	27604	10735		36	14661	146	694	505	827
1982	28237	10803		41	15175	164	720	511	
1983	28800	11349		44	15130	173	727	522	855
1984	29794	11659		43	15713	187	763	545	884
1985	30432	10061		47	17761	221	817	559	966
1986	31168	10012		47	18342	249	847	591	1080
1987	31838	10129		49	18817	277	873	600	1093
1988	31931	10520		48	18488	283	862	603	1127
1989	31081	10342		46	17744	291	892	606	1160
1990	31973	10574		48	18312	300	910	625	1204
1991	32142	10680		48	18307	313	915	634	1245
1992	31075	10210		49	11568	315	930	640	1363
1993	30642	10389		64	16772	309	1004	649	1423
1994	30588	12482		65	14651	350	994	643	1403
1995	28957	12331		45	13282	331	995	630	1343
1996	15706	2548	9653	44	377	311	881	593	1299
1997	16111	2606	9855	44	435	320	893	609	1349
1998	16724	2691	10168	41	543	340	920	624	1397
1999	16733	2681	9783	38	1124	329	887	529	1362
2000	16009	2685	9807	37	339	323	884	525	1409
2001	15904	2695	9677	38	401	319	881	525	1368
2002	15319	2671	9161	36	698	278	740	387	1348
2003	15230	2603	9165	35	645	262	672	371	1477
2004	15519	2739	9145	35	571	238	502	364	1925
2005	15488	2739	9107	34	487	216	411	363	2131
2006	15463	2780	9016	33	479	190	305	361	2299
2007	47081	2907	9291	34	502	181	910	690	32566
2008	44429	2868	9004	27	495	171	893	675	30296
2009	44209	2901	8939	25	517	165	889	669	30104
2010	44681	2994	8967	23	585	162		668	31282
2011	45598	3095	8954	22	596	159		674	32098
2012	46664	3249	8854	22	646	160		675	33058

注：1995年以前卫生院数字含在医院数中。

20-3 民族自治地方卫生机构床位

单位：张

年份	合 计	医 院	卫生院	疗养院、所	门诊部	专科防治所、站	卫生防疫站	妇幼保健所、站	其 他
1957	26470	20773		1277					4420
1962	94769	71356		4954					18459
1965	120781	89497		3732					27552
1975	219055	190980		3178					24897
1978	253520	220927		3482					29111
1979	263202	230877		3736	25127	1035	60	426	1941
1980	271463	241679		4318	21471	1248	60	661	
1981	276119	246922		4844	19735	1299	60	882	2377
1982	281555	251805		5436	19811	1174	60	1063	2206
1983	290067	267382		5651	12034	1234	60	1376	2321
1984	302321	279259		5851	12120	1113	60	1530	2388
1985	312137	288732		6213	11972	770	75	1536	2839
1986	318144	294676		6367	11191	944	75	1824	3067
1987	332116	307350		6681	11589	1090	84	1994	3328
1988	338892	313677		6294	11756	967	118	2130	3950
1989	347555	321659		5981	11757	1384	116	2261	4391
1990	359382	331955		6262	12051	1717	117	2509	4771
1991	365439	338425		6157	11548	1772	216	2533	4788
1992	375377	347194		6508					
1993	416259	380079		12187	12709	1761	146	3464	5913
1994	415203	380626		11464	12087	1087	68	3478	5593
1995	387139	357024		6511	12017	1621	241	4076	5649
1996	370171	257701	91756	6588	2720	1308	238	4578	5282
1997	378905	260708	96351	6667	2957	1571	286	5276	5089
1998	392671	272202	98247	6637	2600	1550	293	5697	5445
1999	379121	261888	96084	6256	3266	1465	317	4696	5149
2000	381979	264963	96272	5591	2673	1570	347	5018	5545
2001	385995	268103	97171	5567	2695	1563	490	5347	5059
2002	362185	257800	89018	2249	1379	2158		3234	6347
2003	381534	269155	89935	128	1523	1480		3384	15929
2004	400448	282239	92790	2872	2127	2265		3789	14364
2005	409938	289726	94740	2804	1795	1867		3819	15173
2006	425361	299743	99947	4066	1228	1539		4001	14836
2007	458316	318697	112089	3846	1116	1235		15743	5590
2008	501968	343568	127578	3143	1063	1280		17942	6944
2009	550535	371645	144164	3601	994	1343		19089	9699
2010	596342	402269	155036	3154	1193	1453		20463	12774
2011	643035	440033	161413	2752	998	1450		21926	14463
2012	703973	491432	168978	2697	1167	1615		24188	13896

注：1995年以前卫生院数字含在医院数中。

20-4 民族自治地方专业卫生人员

单位：人

年 份	专业卫生人员	#卫生技术人员	#中 医	#西医师	#西医士	#中、西医结合高级医师
1957	77221	65649	15014	2997	8814	
1962	152872	129818	25980	10360	22764	
1965	184446	156889	26448	17860	28524	
1975	288559	232218	16126	35498	46333	
1978	349249	279387	20575	42574	57562	
1979	379396	302034	22663	45174	61018	
1980	407629	324300	24770	52258	63724	
1981	443076	353395	28562	58808	66940	129
1982	461245	368850	30106	60692	68954	175
1983	482042	387690	32706	65544	70723	168
1984	505994	406880	37010	65707	73377	211
1985	526965	432733	39634	64999	77710	160
1986	544777	435882	39909	66237	80391	180
1987	562349	451429	41722	69372	81304	199
1988	573682	463900	43647	114098	57023	419
1989	592461	478304	44250	123978	65180	443
1990	606085	488661	44266	127894	57470	458
1991	621172	500254	42922	129825	59664	408
1992	638230	512996	42764	130294	62864	480
1993	693651	548899	44089	143005	61875	755
1994	696548	554240	43862	152530	62169	920
1995	657512	527438	41406	146031	62171	1125
1996	579693	455220				
1997	601826	475731				
1998	629331	498720				
1999	606016	482722				
2000	606447	485181				
2001	606776	486749				
2002	568754	460043				
2003	569326	463382				
2004	581723	475313				
2005	585216	478320				
2006	592094	485766				
2007	697774	578875				
2008	726526	603747				
2009	765433	637850				
2010	816549	680547				
2011	861713	720489				
2012	919409	770095				

20-5 民族自治地方分地区卫生机构数(2012年)(一)

单位：个

地区	卫生机构数	医院	卫生院	门诊部	疗养院、所	专科防治所、站	疾病预防控制中心	妇幼保健所、站
合计	**46664**	**3249**	**8854**	**646**	**22**	**160**	**881**	**675**
河北	523	19	117	3			6	6
内蒙古	9024	519	1329	117	6	52	119	117
辽宁	1026	29	156	8	2	9	8	8
吉林	1515	78	126	62	2	11	13	13
黑龙江	77	4	11				2	1
浙江	45	1	25				1	1
湖北	631	30	108	13		1	11	11
湖南	1057	65	348	5		6	16	16
广东	80	8	32	6		3	3	3
广西	10829	469	1280	82	5	41	109	103
海南	83	14	13	7			1	1
重庆	295	12	131			3	4	4
四川	2103	134	1234	7		3	54	54
贵州	1745	208	630	4		1	46	47
云南	4471	437	848	31		23	89	86
西藏	1406	104	673		1		82	57
甘肃	1149	47	296	2	1	1	24	23
青海	1076	92	344			1	44	11
宁夏	1709	143	230	21	1		25	22
新疆	7820	836	923	278	4	5	224	91

20-5 民族自治地方分地区卫生机构数(2012年)(二)

单位: 个

地区	社区卫生服务中心(站)	诊所、卫生所、医务室	急救中心(站)	采供血机构	卫生监督所(中心)	医学科学研究机构	医学在职培训机构	健康教育所(站、中心)	其他卫生机构
合计	**2681**	**28282**	**29**	**113**	**711**	**31**	**32**	**33**	**265**
河北	39	322			6				5
内蒙古	1162	5379	7	18	111	7	8	22	51
辽宁	28	730		1	8	1			38
吉林	17	1133	2	8	9		1		40
黑龙江		56			1		1		1
浙江		14			1				2
湖北	30	399		2	11		1		14
湖南	6	547		1	16	1			30
广东		22			3				
广西	266	8306	2	26	105	13	1	1	20
海南	1	43		1	1				1
重庆	14	120			4		1		2
四川	20	521	2	5	54	1	7		7
贵州	67	671	1	7	46	1	3		13
云南	75	2747	9	8	85	3	3	3	24
西藏	9	476		1	2		1		
甘肃	38	684		2	22	3	3	2	1
青海	58	472		7	44	1	1	1	
宁夏	107	1115	2	5	24		1	4	9
新疆	744	4525	4	21	158				7

20-6 民族自治地方分地区卫生机构床位数(2012年)(一)

单位: 张

地　区	卫生机构	医　院	市	县	卫生院	乡卫生院
合　计	**703973**	**491432**	**271626**	**219806**	**168978**	**168847**
河　北	6800	4048		4048	2299	2299
内 蒙 古	110788	82244	56700	25544	17517	17502
辽　宁	11054	6409		6409	3905	3905
吉　林	13910	10706	7052	3654	2646	2646
黑 龙 江	469	288		288	131	131
浙　江	339	280		280	59	59
湖　北	18406	10731	5194	5537	6936	6820
湖　南	20397	12769	3055	9714	6924	6924
广　东	1026	486		486	478	478
广　西	168691	107350	66709	40641	49331	49331
海　南	840	688		688	143	143
重　庆	6785	2919		2919	3473	3473
四　川	24537	14919	4017	10902	8639	8639
贵　州	39715	26556	9526	17030	11029	11029
云　南	88684	62853	25067	37786	21603	21603
西　藏	8352	5385	1753	3632	2573	2573
甘　肃	11351	7259	2340	4919	3373	3373
青　海	12472	8531	928	7603	3331	3331
宁　夏	27765	23937	19068	4869	2598	2598
新　疆	131592	103074	70217	32857	21990	21990

20-6 民族自治地方分地区卫生机构床位数(2012年)(二)

单位: 张

地区	门诊部	疗养院、所	专科防治所、站	妇幼保健所、站	其他卫生机构
合计	**1167**	**2697**	**1615**	**24188**	**13896**
河北	50			237	166
内蒙古	343	640	286	3075	6683
辽宁	5	300	100	143	192
吉林	68	68	92	256	74
黑龙江				50	
浙江					
湖北			10	496	233
湖南	53		22	494	135
广东			12	50	
广西	88	1073	454	9550	845
海南				9	
重庆			43	154	196
四川	10			805	164
贵州	40		70	1304	716
云南	81		402	3198	547
西藏		40		344	10
甘肃	2	100		428	189
青海			35	157	418
宁夏	40	100		896	194
新疆	387	376	89	2542	3134

20-7 民族自治地方分地区专业卫生人员(2012年)(一)

单位：人

地　区	卫生人员合计	#卫生技术人员	#执业(助理)医师
合　计	**919409**	**770095**	**289904**
河　北	7311	6186	3006
内蒙古	162367	137686	57583
辽　宁	12830	10157	4031
吉　林	22171	18573	7717
黑龙江	745	599	293
浙　江	693	586	221
湖　北	19347	16861	5963
湖　南	22422	18798	6631
广　东	2259	1931	743
广　西	261765	216199	73876
海　南	1279	1047	376
重　庆	7040	5843	2187
四　川	29253	24432	9503
贵　州	41607	35844	13662
云　南	86807	73196	28249
西　藏	11317	9318	4035
甘　肃	12939	11039	4456
青　海	14144	12314	4961
宁　夏	40174	34085	12853
新　疆	162939	135401	49558

20-7 民族自治地方分地区专业卫生人员(2012年)(二)

单位：人

地区	市属卫生人员	#卫生技术人员	#执业(助理)医生	县属专业卫生人员	#卫生技术人员	#执业(助理)医生
合计	**291955**	**241712**	**84211**	**342094**	**288024**	**103848**
河北				6401	5333	2523
内蒙古	57509	48260	18299	38303	32778	13634
辽宁				9574	7498	2944
吉林	8075	6834	2625	5738	4585	1857
黑龙江				483	368	171
浙江				490	404	151
湖北	5666	4744	1464	8117	7090	2375
湖南	3889	3251	1064	16720	13918	4824
广东				1435	1221	437
广西	99898	81380	26323	99294	81796	25126
海南				649	530	140
重庆				3552	2979	883
四川	6523	5185	1927	18448	15691	6243
贵州	9957	8257	2806	16492	14550	5465
云南	24629	20690	7132	42479	36279	14224
西藏	2698	2069	1037	3586	3062	1416
甘肃	2426	1951	869	7464	6350	2620
青海	2998	2492	989	6296	5634	2202
宁夏	14005	11789	4211	6841	6039	2477
新疆	53682	44810	15465	49732	41919	14136

20-8 民族自治地方少数民族专业卫生人员

单位：人

年 份	专业卫生人员	#卫生技术人员	#中 医	#西医师	#西医士	#中、西医结合高级医师
1980	71694	56823	5815	8656	13782	
1981	96115	74843	7318	11197	18556	9
1982	100672	80521	8083	12038	18943	19
1983	108287	87216	8803	13509	20104	30
1984	117473	95310	10928	13818	22252	36
1985	135745	105656	11884	14926	22792	23
1986	139196	112058	12051	15516	25284	35
1987	147783	118748	12464	15360	24550	32
1988	154894	123586	13736	31191	18347	115
1989	163731	189603	14758	34717	18569	114
1990	170738	141448	14957	36825	20570	129
1991	178890	145406	11689	37943	21402	109
1992	187543	149635	14235	38438	22800	156
1993	172504	143744	13136	39007	19931	101
1994	180811	151953	14220	41238	20391	118
1995	180049	152523	13379	41363	20999	141
1996	174537	144575				
1997	183469	155803				
1998	185412	158121				
1999	185458	159199				
2000	186494	160113				
2001	184132	158169				
2002	184132	158169				
2003	196725	177110				
2004	194686	175213				

20-9 民族自治地方分地区中医中的民族医生

单位：人

年份 地区	合计	蒙医	藏医	维医	傣医
1991	5584	3325	1787	439	33
1992	4759	3325	1014	420	
1993	5649	3361	1706	525	57
1994	6098	3537	1815	707	39
1995	5702	3095	1804	767	36
1996	5557	3202	1801	461	93
1997	5857	3076	1961	660	160
1998	6252	3312	1995	736	209
1999	5970	2827	2109	853	181
2000	6744	3386	2169	934	255
2001	6440	2766	2307	1124	243
2002	6440	2766	2307	1124	243
2003	4302	2136	1723	417	26
2004	4544	2314	1759	438	33
合计	**4544**	**2314**	**1759**	**438**	**33**
河北	1				1
内蒙古	2107	2094	10		3
辽宁	125	124		1	
吉林	1				1
黑龙江	2	2			
浙江					
湖北	1	1			
湖南	2				2
广东					
广西	4	1		3	
海南					
重庆					
四川	307		304		3
贵州	2				2
云南	67	2	57	1	7
西藏	651		651		
甘肃	418	1	417		
青海	363	46	317		
宁夏	2				2
新疆	491	43	3	433	12

20-10 民族自治地方分地区卫生机构万元以上设备台数(2012年)

单位: 台

地 区	合 计	10万元以下	10-49万元	50—99万元	100万元以上
合 计	**381835**	**299486**	**64340**	**10179**	**7830**
河 北	2475	2045	347	35	48
内蒙古	66781	53098	10480	1669	1534
辽 宁	3779	3001	595	105	78
吉 林	9270	7105	1681	250	234
黑龙江	254	216	23	13	2
浙 江	649	514	111	14	10
湖 北	9288	7262	1593	279	154
湖 南	7904	6595	976	184	149
广 东	683	589	73	12	9
广 西	105660	82978	17647	2791	2244
海 南	550	437	104	4	5
重 庆	2587	2097	414	52	24
四 川	12541	10551	1623	273	94
贵 州	14660	11225	2795	392	248
云 南	40569	31714	7076	997	782
西 藏	2152	1627	397	101	27
甘 肃	3378	2847	411	72	48
青 海	4061	3283	623	103	52
宁 夏	17833	13471	3382	560	420
新 疆	76761	58831	13989	2273	1668

20-11 民族自治地方农村村级卫生组织

单位：个

年 份	村总数	有卫生机构的村数	占村总数的比重(%)	无医疗点的村数	占村总数的比重(%)
1978	67937	56655	83.4	11282	16.6
1979	68783	44324	64.4	24459	35.6
1980	68916	39325	55.6	30591	44.4
1981	75257	53434	71.0	21823	29.0
1982	75523	54240	71.8	21283	28.2
1983	79105	64006	80.9	15099	19.1
1984	80406	60790	75.6	19616	24.4
1985	86764	65426	75.4	21338	24.6
1986	92575	67353	72.8	25222	27.2
1987	92822	69005	74.3	23817	25.7
1988	96096	65248	67.9	30848	32.1
1989	97459	65665	67.4	31794	32.6
1990	91092	68843	75.6	22249	24.4
1991	96525	70045	72.6	26480	27.4
1992	76188	59356	77.9	16832	22.1
1993	93939	74260	79.1	19679	20.9
1994	97287	76244	78.4	21043	21.6
1995	96685	74375	76.9	29310	23.1
1996	97140	76059	78.3	21081	21.7
1997	100012	79368	79.4	20644	20.6
1998	101644	83571	82.2	18073	17.8
1999	98496	82023	83.3	16473	16.7
2000	99621	83442	83.8	16179	16.2
2001	98091	82995	84.6	15096	15.4

20-12 民族自治地方乡村医生、卫生员、农村接生员

单位：人

年 份	乡村医生和卫生员	乡村医生	卫生员	#少数民族乡村医生和卫生员	农村接生员
1982	116965	47933	69032	49743	86158
1983	116754	55580	61174	49228	88703
1984	118730	58109	60621	52630	96148
1985	131381	62255	69129	55914	101291
1986	135634	68480	68154	57423	106411
1987	139901	72374	67527	56634	107692
1988	135751	73106	62645	55188	106464
1989	136780	75228	61552	56304	141857
1990	135424	75935	59489	54594	107261
1991	139332	79709	59623	58052	104869
1992	146472	83518	62954	44695	97374
1993	163129	100993	62136	63582	98064
1994	154147	96347	57800	63573	94585
1995	158014	102376	55639	64290	91630
1996	159529	101416	58113	66865	84919
1997	165976	108712	57264	71229	86735
1998	172286	115367	56919	68872	81786
1999	169759	116520	53239	69098	80421
2000	173025	119979	53046	70989	73321
2001	171341	120976	50365	68431	68870
2002	171341	120976	50365	68431	68870
2008	117401	106146	11255		
2009	133541	119579	13962		
2010	138114	123545	14569		
2011	149727	132385	17342		
2012	150365	132408	17957		

20-13 民族自治地方分地区乡村医生、卫生员(2012年)

单位：人

地区	乡村医生和卫生员	乡村医生	卫生员
合计	**150365**	**132408**	**17957**
河北	2320	2298	22
内蒙古	19318	18065	1253
辽宁	3599	3503	96
吉林	2115	1824	291
黑龙江	215	188	27
浙江	57	57	
湖北	3727	3663	64
湖南	5199	4189	1010
广东	286	270	16
广西	37432	33874	3558
海南	37	37	
重庆	2096	1841	255
四川	9533	8254	1279
贵州	11834	8388	3446
云南	18651	17033	1618
西藏	10223	7819	2404
甘肃	2561	2358	203
青海	4624	4024	600
宁夏	3682	3175	507
新疆	12856	11548	1308

20-14 民族自治地方分地区民族医院情况（2012年）

单位：个

地区	机构个数	床位数	人员数				
			合计	卫生技术人员小计	医生	其他技术人员	管理人员
合计	**184**	**14052**	**13297**	**10967**	**4872**	**641**	**581**
河北							
内蒙古	46	2951	3816	3278	1417	174	135
辽宁	1	300	141	98	46		39
吉林	1	80	109	95	43		14
黑龙江	1	40	61	43	18	7	5
浙江							
湖北	2	316	351	314	128	24	5
湖南	3	58	39	29	13	6	2
广东							
广西	4	243	444	373	125	9	21
海南							
重庆							
四川	23	485	589	482	350	14	44
贵州	4	346	302	255	104	21	14
云南	3	175	241	200	93	11	5
西藏	10	869	1088	807	457	26	85
甘肃	10	526	558	487	250	29	18
青海	27	1069	800	659	351	23	37
宁夏	2	51	22	18	7		2
新疆	47	6543	4736	3829	1470	297	155

主要统计指标解释

医院 指设有固定床位，能收容病人住院并能为病人提供医疗、护理服务的医疗机构，包括县及县以上医院、农村乡卫生院和其他医院三部分。医院按所属性质不同分为卫生部门、工业及其他部门和集体经济单位三类。县及县以上医院按业务性质不同分为综合医院和专科医院。

医院包括综合医院、中医医院、中西医结合医院、各类专科医院（含专科病防治院）、妇幼保健院。

卫生院 指名称为“乡（镇）中心卫生院”、“乡（镇）卫生院”和“街道卫生院”的医疗机构。包括无床的乡卫生院和独立核算的乡卫生院分院。

门诊部 指名称为“门诊部”的医疗机构。

专科防治所、站 不包括各类专科病防治院，各类专科病防治院计入相应的专科医院中。

村卫生室总数 应与当地卫生厅行政部门注册登记的个数相等。

床位数 指本年 10 月底的固定实有床位（非编制床位数）。包括正规床、简易床、监护床和正在消毒、修理的床位及因扩建或大修理而停用的床位，不包括产科新生儿床、库存床、观察床、临时加床、病人家属陪侍床、接产室待产床。

卫生员 指村卫生室中未获得乡村医生证书的卫生人员。

卫生技术人员 指卫生机构中医生、护理人员、药剂人员、检验人员等卫生技术人员。

医生 指在医疗、预防保健机构工作且取得《执业医师证书》的执业医师和执业助理医师。

二十一、社会服务

21-1 民族自治地方分地区收养单位、民间组织和社区建设情况(2012年)

地 区	收养单位		民间组织		社区建设	
	福利类收养单位床位数(万张)	福利类收养单位收养救助人数(万人)	单位数(个)	#社会团体	城镇社区服务设施数(个)	城镇便民、利民服务网点(个)
合 计	**33.92**	**23.93**	**59885**	**41348**	**8829**	**28835**
河 北	0.67	0.61	388	327	7	
内蒙古	6.9	4.22	9799	6432	1846	9627
辽 宁	1.01	0.67	881	595	46	520
吉 林	1.4	0.89	2008	1215	210	256
黑龙江	0.03	0.02	44	32	11	32
浙 江	0.06	0.04	104	72		1
湖 北	1.59	1.33	2296	801	280	289
湖 南	1.32	1.1	1502	867	215	411
广 东	0.08	0.03	132	95	91	
广 西	5.43	3.87	14799	9810	978	1609
海 南	0.13	0.01	316	255	4	
重 庆	0.94	0.65	829	549	249	82
四 川	2.1	1.71	2055	1560	167	
贵 州	1.17	0.62	1888	1488	1159	2561
云 南	3.2	2.39	7185	5804	365	55
西 藏	0.9	0.67	439	409	38	
甘 肃	0.63	0.41	940	842	440	589
青 海	0.65	0.54	1327	1026	70	
宁 夏	0.82	0.56	4127	3172	630	9065
新 疆	4.89	3.59	8826	5997	2023	3738

21-2　民族自治地方分地区城镇居民最低生活保障情况(2012年)

地　区	城镇居民最低生活保障人数(人)	城镇居民最低生活保障户数(户)	城镇居民最低生活保障支出(万元)	城镇居民最低生活保障年支出水平(元/人、年)
合　计	**4318749**	**2199853**	**1364533**	**3160**
河　北	33015	15884	10586	3206
内蒙古	808032	444432	360029	4456
辽　宁	61761	34244	21332	3454
吉　林	131673	81963	52887	4017
黑龙江	7674	3557	2160	2815
浙　江	661	423	216	3272
湖　北	53672	31257	15836	2951
湖　南	126686	56558	30951	2443
广　东	1707	777	472	2763
广　西	515317	267113	150378	2918
海　南	44797	16790	13854	3093
重　庆	26485	16353	8766	3310
四　川	176616	94770	40803	2310
贵　州	166067	89703	46253	2785
云　南	576936	345005	140568	2436
西　藏	47713	25072	21517	4510
甘　肃	232041	84245	58228	2509
青　海	170950	79828	56185	3287
宁　夏	181788	86372	47884	2634
新　疆	955158	425507	285630	2990

21-3 民族自治地方分地区农村居民最低生活保障情况(2012年)

地　区	农村居民最低生活保障人数(人)	农村居民最低生活保障户数(户)	农村居民最低生活保障支出(万元)	农村居民最低生活保障年支出水平(元/人、年)
合　计	**15803949**	**7241995**	**1934877**	**1224**
河　北	135096	108647	16150	1195
内蒙古	1235133	917795	254799	2063
辽　宁	129147	60288	19750	1529
吉　林	102584	73369	16803	1638
黑龙江	9039	5093	1458	1613
浙　江	8447	5429	1825	2161
湖　北	346524	204288	36483	1053
湖　南	368058	163865	29532	802
广　东	22279	10582	3689	1656
广　西	3328459	1335727	375844	1129
海　南	51037	18815	9880	1936
重　庆	84358	44193	12717	1508
四　川	1063602	437825	96363	906
贵　州	2334374	983201	257368	1103
云　南	3121471	1573130	371760	1191
西　藏	329000	86774	34126	1037
甘　肃	1086989	310657	101500	934
青　海	326076	110044	55473	1701
宁　夏	363935	246425	55169	1516
新　疆	1358341	545848	184188	1356

主要统计指标解释

城镇低保人数 指在实施居民最低生活保障制度地区，领取最低生活保障费的城镇人员总数。包括“三无”对象、失业人员和在职、下岗、退休人员等。

城镇保障资金 指在报告期内实施最低生活保障制度的城市（县），国家财政用于救济城镇低保人员支出的资金总数。

农村低保人数 指报告期内实施农村最低生活保障制度的地区，领取最低生活保障费或救济的农业人口数。

农村保障资金 指在报告期内实施农村最低生活保障制度的城市（县），国家财政用于救济农村低保人员支出的资金和实物折款总数。

城镇社区服务设施数 指报告期末城镇（街道办事处、居委会）设立以非盈利为目的，为本社区居民服务，特别是为老年人、残疾人、儿童服务的社区服务中心、活动站、服务站、养老院、老年公寓（托老所）、残疾人工作站、残疾儿童日托所、家务服务站、婚姻介绍所等福利性设施以及职工社会保险管理服务的机构数。几种不同类型的社区服务单位共用一个场所的，只能统计为一个社区服务设施。成为社区服务设施的条件：（1）是独立核算单位；（2）有固定的从业人员；（3）有一定的服务项目；（4）有一定的场所。

城镇便民、利民服务网点 指报告期末居委会设立的、方便本社区居民生活服务的网点。

农村社会保障网络数 指设有社会保障委员会或领导小组，在其统一管理和指导下已有各种福利院、社会福利厂，优待和五保实行集体统筹三项或三项以上农村社会保障项目的乡（镇）个数。

陆地边境县

1-1 陆地边境县经济发展主要指标

指　　标		2010年	占全国比重(%)	2011年	占全国比重(%)	2012年	占全国比重(%)
人口与就业							
年底总人口	(万人)	2315.64	1.73	2332.97	1.73	2336.53	1.73
#少数民族人口		1101.65		1127.31		1156.95	
单位就业人员数	(万人)	171.01	1.31	176.99	1.23	188.71	1.24
地区生产总值	**(亿元)**	**5158.75**	**1.18**	**6132.14**	**1.18**	**7507.19**	**1.30**
第一产业		1090.82	2.69	1276.48	2.69	1532.37	2.93
第二产业		2256.10	1.03	2724.23	1.03	3415.17	1.20
第三产业		1811.84	1.03	2131.43	1.01	2559.65	1.07
人均地区生产总值	**(元)**	**22226.23**	**67.50**	**26315.10**	**74.80**	**32320.29**	**75.36**
固定资产	**(亿元)**						
全社会固定资产投资总额		4153.14	1.49	4764.64	1.53	6160.32	1.64
财政	**(亿元)**						
地方财政收入		315.79	0.78	399.31	0.76	502.13	0.82
地方财政支出		1193.23	1.61	1557.71	1.68	1879.16	1.75
农业							
耕地面积	(万公顷)	514.54	4.23	515.12	4.23	522.70	4.29
灌溉面积	(万公顷)	202.73	3.36	210.84	3.42	227.33	3.61
农林牧渔总产值	(亿元)	1560.75	2.25	1896.42	2.33	2247.24	2.51
主要农产品产量							
粮食产量	(万吨)	1717.74	3.14	1893.15	3.31	2219.03	3.76
棉花产量	(万吨)	23.91	4.01	22.36	0.04	22.85	3.34
油料产量	(万吨)	70.66	2.19	74.66	2.26	84.56	2.46
大牲畜年底头数	(万头)	983.17	8.03	848.79	7.09	870.99	7.32
羊年底头数	(万只)	3072.45	10.94	3099.97	10.98	3101.66	10.88
猪年底头数	(万头)	906.22	1.95	893.73	1.91	923.98	1.94
肉类总产量	(万吨)	193.47	2.44	194.81	2.45	212.95	2.54
工业							
规模以上工业总产值	(亿元)	3747.52	0.54	4785.14	0.57	5961.62	
教育							
普通中学							
学校数	(个)	1402	2.04	1356	2.00	1311	1.96
在校学生数	(人)	1107269	1.44	1099473	1.46	1025878	1.42
专任教师数	(人)	88095	1.75	95738	1.88	92457	1.81
普通小学							
学校数	(个)	6017	2.34	5623	2.33	5233	2.29
在校学生数	(人)	1642188	1.65	1641911	1.65	1606147	1.66
专任教师数	(人)	121765	2.17	117823	2.10	117002	2.09
医疗卫生							
医院、卫生院数	(个)	2110	3.54	1927	3.21	1950	3.20
医院、卫生院床位数	(张)	63124	1.43	69019	1.46	76414	1.45
卫生技术人员数	(人)	76141	1.30	77546	1.25	84338	1.26

2-1 陆地边境县行政区划(2012年末)

地　区	合计	自治县	县	旗	市	市辖区
合　计	**136**	**17**	**71**	**15**	**27**	**6**
内蒙古	19			15	4	
辽　宁	5	1			1	3
吉　林	10	1	2		6	1
黑龙江	18		12		5	1
广　西	8		5		2	1
云　南	25	9	12		4	
西　藏	18		18			
甘　肃	1	1				
新　疆	32	5	22		5	

2-2 我国陆地边境县(旗)、市(市辖区)分布（2012年）

地区	个 数	县、旗、市(市辖区)
内蒙古自治区	4 市 15 旗	包头市：达尔罕茂明安联合旗 乌兰察布市：四子王旗 锡林郭勒盟：二连浩特市、阿巴嘎旗、东乌珠穆沁旗 苏尼特左旗、苏尼特右旗 呼伦贝尔市：满洲里市、额尔古纳市、陈巴尔虎旗 新巴尔虎左旗 新巴尔虎右旗 巴彦淖尔市：乌拉特中旗、乌拉特后旗 阿拉善盟：阿拉善左旗、阿拉善右旗、额济纳旗 兴安盟：阿尔山市、科尔沁右翼前旗
辽宁省	1 市 3 市辖区 1 自治县	丹东市：振安区、元宝区、振兴区、东港市、宽甸满族自治县
吉林省	6 市 1 市辖区 2 县 1 自治县	通化市：集安市 白山市：浑江区、临江市、抚松县、长白朝鲜族自治县 延边朝鲜族自治州：图们市、龙井市、珲春市、和龙市、安图县
黑龙江省	5 市 1 市辖区 12 县	鹤岗市：萝北县、绥滨县 双鸭山市：饶河县 鸡西市：密山市、虎林市、鸡东县 伊春市：嘉荫县 牡丹江市：穆棱市、绥芬河市、东宁县 佳木斯市：同江市、抚远县 黑河市：爱辉区、逊克县、孙吴县 大兴安岭地区：呼玛县、塔河县、漠河县
广西壮族自治区	2 市 1 市辖区 5 县	防城港市：防城区、东兴市 崇左市：凭祥市、大新县、宁明县、龙州县 百色市：靖西县、那坡县

2-2　续表

地区	个　数	县、旗、市(市辖区)
云南省	3　市 13　县 9 自治县	普洱市：澜沧拉祜族自治县、江城哈尼族彝族自治县 西盟佤族自治县、孟连傣族拉祜族佤族自治县 临沧市：镇康县、沧源佤族自治县、耿马傣族佤族自治县 保山市：龙陵县、腾冲县 文山壮族苗族自治州：麻栗坡县、马关县、富宁县 红河哈尼族彝族自治州：绿春县、金平苗族瑶族傣族自治县、河口瑶族自治县 西双版纳傣族自治州：景洪市、勐海县、勐腊县 德宏傣族景颇族自治州：芒市、瑞丽市、盈江县、陇川县 怒江傈僳族自治州：泸水县、福贡县、贡山独龙族怒族自治县
西藏自治区	18　县	山南地区：洛札县、错那县、浪卡子县 日喀则地区：定结县、定日县、康马县、聂拉木县、吉隆县、亚东县、 岗巴县、仲巴县、萨嘎县 阿里地区：噶尔县、普兰县、日土县、札达县 林芝地区：墨脱县、察隅县
甘肃省	1 自治县	酒泉市：肃北蒙古族自治县
新疆维吾尔自治区	5　市 22　县 5 自治县	哈密地区：哈密市、伊吾县、巴里坤哈萨克自治县 和田地区：和田县、皮山县 阿克苏地区：温宿县、乌什县 喀什地区：叶城县、塔什库尔干塔吉克自治县 克孜勒苏柯尔克孜自治州：阿图什市、阿合奇县、乌恰县、阿克陶县 昌吉回族自治州：奇台县、木垒哈萨克自治县 博尔塔拉蒙古自治州：博乐市、温泉县 伊犁哈萨克自治州：昭苏县、霍城县、察布查尔锡伯自治县 塔城地区：塔城市、额敏县、裕民县、托里县、和布克赛尔蒙古自治县 阿勒泰地区：阿勒泰市、青河县、吉木乃县、 富蕴县、布尔津县、福海县、哈巴河县

3-1 陆地边境县分地区年末总人口和少数民族人口(2012年)

单位：万人

地　区	年底总人口	#少数民族人口	乡村人口	城镇人口
合　计	**2336.53**	**1156.95**	**1389.85**	**946.69**
内蒙古	174.20	59.84	89.34	84.85
辽　宁	182.67	40.22	81.83	100.84
吉　林	201.72	49.71	77.31	124.41
黑龙江	296.18	16.96	138.49	157.69
广　西	260.35	212.02	200.28	60.07
云　南	657.79	396.78	460.15	197.64
西　藏	35.86	33.30	30.13	5.73
甘　肃	1.17	0.44	0.58	0.59
新　疆	526.60	347.69	311.74	214.86

4-1 陆地边境县分地区生产总值(2012年)

单位：亿元

地　区	地区生产总值	第一产业	第二产业	第三产业	人均地区生产总值(元)
合　计	**7507.19**	**1532.37**	**3415.17**	**2559.65**	**32320**
内蒙古	1627.52	157.66	1057.78	412.07	84679
辽　宁	984.61	106.17	474.61	403.83	55494
吉　林	835.75	75.12	456.76	303.86	41077
黑龙江	1163.45	437.14	320.59	405.71	39793
广　西	531.95	120.04	251.77	160.15	24704
云　南	1011.67	286.99	353.45	371.23	15006
西　藏	53.11	10.52	17.08	25.51	14687
甘　肃	37.61	0.40	32.58	4.64	250773
新　疆	1261.52	338.33	450.54	472.65	23796

4-2 陆地边境县分地区生产总值指数(2012年)

地　区	地区生产总值(以2010年为100)	第一产业	第二产业	第三产业
合　计	**114.2**	**109.1**	**117.5**	**112.7**
内蒙古	113.9	106.4	116.6	110.3
辽　宁	110.9	105.2	112.0	109.9
吉　林	113.2	106.6	115.0	112.2
黑龙江	115.3	115.1	119.3	112.4
广　西	112.2	106.2	116.2	110.9
云　南	114.0	107.1	118.2	115.0
西　藏	114.1	105.9	127.0	111.2
甘　肃	123.7	106.2	125.9	115.1
新　疆	117.9	107.8	127.4	116.7

4-3 陆地边境县分地区生产总值构成(2012年)

单位：%

地　区	地区生产总值	第一产业	第二产业	第三产业
合　计	**100**	**20.4**	**45.5**	**34.1**
内蒙古	100	9.7	65.0	25.3
辽　宁	100	10.8	48.2	41.0
吉　林	100	9.0	54.7	36.4
黑龙江	100	37.6	27.6	34.9
广　西	100	22.6	47.3	30.1
云　南	100	28.4	34.9	36.7
西　藏	100	19.8	32.2	48.0
甘　肃	100	1.1	86.6	12.3
新　疆	100	26.8	35.7	37.5

5-1 陆地边境县单位从业人员和劳动报酬（2012年）

地　区	单位从业人员数（万人）	劳动报酬（亿元）	平均劳动报酬（元）
合　计	**188.71**	**626.67**	**33208**
内蒙古	20.86	97.89	46936
辽　宁	20.84	59.95	28769
吉　林	20.83	58.05	27866
黑龙江	23.50	68.80	29277
广　西	14.57	41.25	28304
云　南	42.01	125.63	29908
西　藏	1.60	8.42	52635
甘　肃	0.31	1.54	50176
新　疆	44.20	165.14	37365

5-2 陆地边境县在岗职工和劳动报酬（2012年）

地　区	在岗职工人数（万人）	工资总额（亿元）	平均工资（元）
合　计	**178.83**	**616.53**	**34476**
内蒙古	20.12	95.83	47640
辽　宁	20.27	60.14	29666
吉　林	19.22	55.77	29018
黑龙江	21.98	66.44	30224
广　西	13.78	41.27	29957
云　南	38.71	124.15	32068
西　藏	1.27	6.72	52987
甘　肃	0.28	1.47	52203
新　疆	43.20	164.74	38137

6-1 陆地边境县分地区全社会固定资产投资、社会消费品零售总额和进出口总额(2012年)

单位：亿元

地　区	全社会固定资产投资	社会消费品零售总额	进出口总额（亿美元）
合　计	**6160.32**	**1770.29**	**678.96**
内蒙古	1265.52	310.20	103.14
辽　宁	558.09	310.56	5.18
吉　林	738.96	273.43	17.78
黑龙江	599.42	208.65	193.93
广　西	653.29	117.56	256.59
云　南	912.35	316.62	74.49
西　藏	54.97	9.66	1.55
甘　肃	46.69	1.34	
新　疆	1331.05	222.26	26.29

7-1 陆地边境县分地区财政收入情况(2012年)

单位：亿元

地　区	财政总收入	#地方财政收入	#各项税收
合　计	**864.86**	**502.13**	**344.65**
内蒙古	189.19	94.23	54.99
辽　宁	108.12	74.73	55.59
吉　林	93.23	43.39	8.81
黑龙江	54.28	54.28	35.35
广　西	62.86	43.42	35.51
云　南	155.08	80.19	67.16
西　藏	23.33	2.98	1.31
甘　肃	5.70	2.85	1.27
新　疆	173.07	106.05	84.66

7-2 陆地边境县分地区各项税收情况(2012年)

单位：亿元

地区	各项税收	#增值税	#营业税	#企业所得税	#个人所得税
合计	**391.44**	**64.33**	**117.27**	**46.74**	**13.30**
内蒙古	54.99	8.40	15.58	7.65	1.84
辽宁	55.59	3.65	15.37	5.47	1.00
吉林	55.59	8.81	9.91	8.53	2.21
黑龙江	35.35	7.07	8.71	6.86	1.81
广西	35.51	7.40	4.19	2.49	0.53
云南	67.16	13.14	25.32	4.67	1.40
西藏	1.31	2.43	0.59	0.17	0.05
甘肃	1.27	0.19	0.46	0.20	0.02
新疆	84.66	13.24	37.14	10.70	4.46

7-3 陆地边境县分地区财政支出情况(2012年)

单位：亿元

地区	地方财政支出	#一般公共服务	#教育	#科学技术
合计	**1879.16**	**216.91**	**331.11**	**11.56**
内蒙古	292.65	36.95	28.18	1.44
辽宁	96.95	10.89	18.88	0.31
吉林	180.17	17.10	33.31	0.80
黑龙江	241.54	21.88	46.80	1.27
广西	135.56	21.23	27.97	1.03
云南	408.66	41.04	73.87	1.72
西藏	44.90	10.44	6.00	0.11
甘肃	6.66	1.04	0.86	0.04
新疆	472.07	56.34	95.24	4.84

8-1 陆地边境县分地区农村居民生活水平情况(2012年)(一)

单位: 元

地　区	农村居民人均纯收入	农村居民人均生活费支出合计	#食　品	#衣　着	#居　住
合　计	**6568**	**4931**	**1941**	**370**	**772**
内蒙古	7473	7130	2704	601	1063
辽　宁	11370	7732	3231	598	
吉　林	7745	6202	1972	375	632
黑龙江	9679	6264	2439	696	879
广　西	5839	4471	1809	153	1066
云　南	4623	3716	1711	202	649
西　藏	5018	3016	1012	465	204
甘　肃	14025	7608	2370	721	
新　疆	6851	4927	1668	475	925

8-1 陆地边境县分地区农村居民生活水平情况(2012年)(二)

单位: 元

地　区	农村居民人均生活费支出			
	#家庭设备及服务	#医疗保健支出	#交通和通讯	#娱乐教育文化服务
合　计	**280**	**409**	**585**	**272**
内蒙古	320	650	1166	412
辽　宁	426	630	847	456
吉　林	418	649	536	428
黑龙江	325	570	594	595
广　西	273	344	490	260
云　南	213	212	514	130
西　藏	527	232	308	181
甘　肃	706	366	633	919
新　疆	255	504	549	227

9-1 陆地边境县分地区农村基层组织情况(2012年)

地　区	乡镇个数（个）	乡村人口（万人）	村民委员会（个）
合　计	**1189**	**1389.85**	**10716**
内蒙古	144	89.34	1175
辽　宁	48	81.83	452
吉　林	81	77.31	950
黑龙江	156	138.49	1413
广　西	84	200.28	1003
云　南	253	460.15	2098
西　藏	124	30.13	812
甘　肃	3	0.58	26
新　疆	296	311.74	2787

9-2 陆地边境县分地区农、林、牧、渔业总产值及指数(2012年)

单位：亿元

地　区	农林牧渔业总产值	#农业	#林业	#牧业	#渔业	农林牧渔业总产值指数
合　计	**2247.24**	**1154.49**	**233.52**	**609.08**	**126.37**	**113.8**
内蒙古	263.17	93.81	8.90	129.47	3.70	119.4
辽　宁	178.43	62.48	4.54	46.48	60.27	108.1
吉　林	130.91	15.23	34.67	15.23	5.55	106.7
黑龙江	493.50	350.47	40.93	79.97	13.14	117.3
广　西	191.01	103.88	20.78	34.15	28.55	105.8
云　南	477.37	235.22	114.25	107.19	12.83	110.8
西　藏	15.00	4.20	0.30	6.04	0.11	113.3
甘　肃	0.83	0.15	0.00	0.65		146.2
新　疆	497.03	289.05	9.14	189.88	2.20	121.9

9-3 陆地边境县分地区耕地面积和有效灌溉面积(2012年)

单位：千公顷

地区	年末实有耕地面积	有效灌溉面积
合计	**5227.02**	**2273.31**
内蒙古	907.24	210.66
辽宁	143.86	66.54
吉林	181.51	71.21
黑龙江	1704.17	516.40
广西	260.28	73.25
云南	680.29	262.92
西藏	34.61	32.37
甘肃	0.70	0.70
新疆	1314.37	1039.25

9-4 陆地边境县分地区主要农产品产量(2012年)

单位：万吨

地区	粮食	油料	棉花
合计	**2219.03**	**84.56**	**22.85**
内蒙古	233.62	34.01	0.19
辽宁	69.33	0.86	
吉林	70.51	0.46	
黑龙江	883.35	5.16	
广西	64.84	1.03	0.01
云南	307.51	12.03	
西藏	10.83	0.70	
甘肃	0.42	0.05	
新疆	578.62	30.27	22.65

9-5 陆地边境县分地区牲畜年末存栏数(2012年)

单位: 万头(只)

地　区	牲畜年末存栏数		
	大牲畜	猪	羊
合　计	**870.99**	**923.98**	**3101.66**
内蒙古	119.20	23.61	1269.50
辽　宁	8.09	50.68	19.67
吉　林	24.00	23.39	11.99
黑龙江	59.40	102.02	107.16
广　西	31.64	109.80	7.67
云　南	179.09	551.91	64.44
西　藏	94.06	17.36	245.58
甘　肃	1.02	0.14	30.78
新　疆	354.47	45.06	1344.89

9-6 陆地边境县分地区畜产品产量(2012年)

单位: 万吨

地　区	肉类总产量	#猪肉	#牛肉	#羊肉
合　计	**212.95**	**92.34**	**38.31**	**44.79**
内蒙古	34.46	2.10	7.91	19.82
辽　宁	18.63	7.33	0.71	0.40
吉　林	4.84	2.42	1.78	0.14
黑龙江	21.07	12.10	4.63	1.57
广　西	13.79	8.05	0.96	0.16
云　南	58.05	45.99	5.99	0.88
西　藏	2.29	0.09	0.93	0.91
甘　肃	0.19	0.01	0.01	0.13
新　疆	59.63	14.25	15.39	20.78

9-7 陆地边境县分地区农业机械总动力和农村用电量(2012年)

地　区	农业机械总动力（万千瓦）	农村用电量（万千瓦小时）
合　计	**2305.17**	**537391.88**
内蒙古	327.01	37882.90
辽　宁	119.49	176665.00
吉　林	114.91	49279.40
黑龙江	522.04	56531.18
广　西	181.86	33702.56
云　南	487.48	56060.54
西　藏	57.77	1013.42
甘　肃	3.50	104.03
新　疆	491.10	126152.85

10-1 陆地边境县分地区规模以上工业企业单位数和工业总产值（2012年）

地　区	工业企业单位数（个）	工业总产值（亿元）
合　计	**3157**	**5961.62**
内蒙古	860	1683.79
辽　宁	564	859.46
吉　林	556	1283.48
黑龙江	285	476.97
广　西	171	581.80
云　南	289	468.87
西　藏	12	1.10
甘　肃	19	47.32
新　疆	401	558.84

11-1 陆地边境县分地区普通中学和普通小学基本情况(2012年)

单位：人

地区	普通中学			普通小学		
	学校数(所)	在校学生数	#专任教师数	学校数(所)	在校学生数	#专任教师数
合计	**1311**	**1025878**	**92457**	**5233**	**1606147**	**117002**
内蒙古	102	70651	7931	131	83487	8984
辽宁	75	50598	3944	326	79951	5487
吉林	152	67266	8043	252	82159	8599
黑龙江	161	117869	10517	326	149404	11355
广西	108	94794	6259	963	188617	10977
云南	322	344318	22854	2189	575981	35061
西藏	18	16417	1406	158	34381	2182
甘肃	2	643	102	3	717	109
新疆	371	263322	31401	885	411450	34248

12-1 陆地边境县分地区卫生机构情况(2012年)

单位：个、张、人

地区	医院、卫生院数	医院、卫生院床位数	卫生技术人员数
合计	**1950**	**76414**	**84338**
内蒙古	304	6363	10127
辽宁	77	5240	4899
吉林	164	7363	8794
黑龙江	221	9280	11551
广西	125	6317	8071
云南	399	21470	20353
西藏	163	1537	1328
甘肃	7	123	110
新疆	490	18721	19105

13-1 陆地边境县分地区收养单位、民间组织和社区建设情况(2012年)

地区	收养单位		民间组织		社区建设	
	福利类收养单位床位数（万张）	福利类收养单位收养救助人数（万人）	单位数（个）	#社会团体	城镇社区服务设施数（个）	城镇便民、利民服务网点（个）
合　计	**4.60**	**3.43**	**5284**	**3953**	**875**	**1579**
内蒙古	0.35	0.22	489	396	188	1273
辽　宁	0.76	0.50	394	201	104	
吉　林	0.69	0.52	909	612	190	255
黑龙江	0.86	0.73	534	281	89	9
广　西	0.26	0.15	492	392	15	
云　南	0.84	0.64	1291	1106	88	1
西　藏	0.06	0.02			5	
甘　肃	0.01	0.01	8	8	2	
新　疆	0.77	0.64	1167	957	194	41

13-2 陆地边境县分地区城镇居民最低生活保障情况(2012年)

地区	城镇居民最低生活保障人数（人）	城镇居民最低生活保障户数（户）	城镇居民最低生活保障支出（万元）	城镇居民最低生活保障年支出水平（包括春节等一次性补助）（元/人、年）
合　计	**756864**	**437868**	**274692**	**3629**
内蒙古	74373	42962	34029	4575
辽　宁	41566	22839	14505	3490
吉　林	146312	89574	55481	3792
黑龙江	12819	58969	40982	31970
广　西	35125	17608	9971	2839
云　南	157623	85188	40042	2540
西　藏	4253	2765	3033	7131
甘　肃	804	437	359	4465
新　疆	283989	117526	76290	2686

13-3 陆地边境县分地区农村居民最低生活保障情况（2012年）

地　区	农村居民最低生活保障人数（人）	农村居民最低生活保障户数（户）	农村居民最低生活保障支出（万元）	农村居民最低生活保障年支出水平（元/人、年）
合　计	**2533219**	**1165500**	**324539**	**1281**
内蒙古	99811	67391	24838	2489
辽　宁	32928	18088	5559	1688
吉　林	68287	50029	12743	1866
黑龙江	121397	58866	16239	1338
广　西	276993	100294	28490	1029
云　南	1468426	685747	176226	1200
西　藏	46909	13966	5668	1208
甘　肃	699	388	102	1458
新　疆	417769	170731	54674	1309

14-1 各陆地边境县主要经济社会指标(2012年)(一)

地　区	年　末 总人口 (万人)	地　　区 生产总值 (亿元)	人均地区 生产总值 (元)	规模以上 工业总产值 (亿元)	农林牧渔业 总产值 (亿元)
内蒙古自治区					
达尔罕茂明安联合旗	10.01	168.66	167571	199.61	24.14
四子王旗	21.40	47.08	21877	44.48	21.44
二连浩特市	2.67	67.92	90205	54.84	0.82
阿巴嘎旗	4.52	49.03	112579	54.60	10.78
东乌珠穆沁旗	7.90	124.73	129789	139.84	28.35
苏尼特左旗	3.42	35.79	106361	32.50	7.89
苏尼特右旗	6.92	45.00	63120	53.67	7.33
满洲里市	17.00	175.92	70400	115.27	5.50
额尔古纳市	8.36	37.00	44223	20.67	21.76
陈巴尔虎旗	5.86	78.09	133042	95.27	14.62
新巴尔虎左旗	4.22	32.00	76274	7.32	10.63
新巴尔虎右旗	3.53	66.75	188499	83.80	6.90
乌拉特中旗	14.43	102.98	73557	133.98	23.68
乌拉特后旗	6.57	65.58	99842	103.96	4.57
阿拉善左旗	14.27	362.37	201568	403.58	12.11
阿拉善右旗	2.54	35.56	137394	44.60	3.27
额济纳旗	1.81	45.32	250901	41.96	2.74
阿尔山市	4.86	12.73	26235	0.35	4.59
科尔沁右翼前旗	33.91	75.01	22146	53.49	52.04
辽宁省					
振安区	17.55	78.39	44661	112.97	12.11
元宝区	18.54	52.85	28512	43.07	2.04
振兴区	42.53	182.47	48979	42.51	3.00
东港市	60.75	474.92	78177	470.16	114.57
宽甸满族自治县	43.30	195.98	45225	190.75	46.72
吉林省					
集安市	21.85	83.04	37661	49.52	15.20
浑江区	34.89	172.30	49383	331.89	14.89

粮　食 总产量 （万吨）	肉　类 总产量 （万吨）	全社会固定 资产投资 （亿元）	社会消费品 零售总额 （亿元）	农民人均 纯收入 （元）	地方财政 收　　入 （亿元）	地方财政 支　　出 （亿元）
8.92	2.02	189.87	15.95	9414	11.81	20.66
9.85	3.81	25.75	15.36	4598	1.17	19.18
0.10	0.09	39.04	22.66	14933	3.62	11.97
	3.36	40.46	7.49	14463	2.21	6.87
7.00	4.37	89.48	19.18	16800	10.02	18.06
	1.93	27.25	4.84	8655	1.80	7.26
0.04	1.96	39.21	11.71	6360	1.79	12.69
0.10	0.24	110.16	97.65		11.68	33.54
30.10	0.70	21.48	10.28	15250	1.97	11.02
10.39	1.83	41.08	4.17	13159	3.88	10.10
4.55	2.28	33.29	5.00	12468	1.43	8.34
0.34	1.67	24.37	4.47	12523	6.08	12.25
33.35	1.71	125.09	10.60	9487	6.94	20.80
5.05	0.55	89.00	5.70	8578	5.59	12.51
16.17	1.13	195.61	36.65	9836	16.87	35.97
1.47	0.30	14.32	5.10	11418	1.09	7.89
0.20	0.16	30.60	9.39	12158	3.30	8.62
5.50	0.15	36.76	4.99	4658	0.78	11.30
100.50	6.22	92.71	19.01	5056	2.21	23.65
3.20	2.56	69.34	14.20	11160	6.84	8.85
0.42	0.49	66.92	66.32	11614	4.77	5.15
1.45	0.43	94.15	86.94	11743	15.32	10.37
50.25	9.47	184.24	91.71	12381	30.00	41.15
14.00	5.69	143.43	51.40	10445	17.80	31.43
6.20	0.56	105.28	33.34	8711	7.37	21.08
2.60	0.60	101.07	82.80	9585	4.84	12.16

14-1(一) 续表 1

地　区	年　末 总人口 （万人）	地　　区 生产总值 （亿元）	人均地区 生产总值 （元）	规模以上 工业总产值 （亿元）	农林牧渔业 总产值 （亿元）
临江市	16.74	83.54	49905	155.02	12.65
抚松县	28.72	151.24	52699	257.89	32.69
长白朝鲜族自治县	8.51	34.32	40328	41.13	8.26
图们市	12.33	38.82	31058	57.81	3.03
龙井市	17.25	35.05	20041	41.24	7.54
珲春市	22.11	125.18	55884	229.38	9.97
和龙市	18.46	53.72	28305	82.01	12.36
安图县	20.87	58.52	27605	37.59	14.31
黑龙江省					
萝北县	8.62	31.10	36090	12.07	18.04
绥滨县	13.34	21.28	15953	3.73	21.47
饶河县	14.38	44.74	31075	3.14	24.20
密山市	42.35	132.62	31170	41.22	55.83
虎林市	28.81	139.25	48009	44.39	48.06
鸡东县	29.25	111.01	37954	44.38	40.84
嘉荫县	7.38	24.72	33512	2.26	19.98
绥芬河市	6.82	111.32	96158	30.24	1.24
东宁县	21.01	134.41	63953	25.45	49.88
同江市	21.57	87.93	40760	22.66	33.43
抚远县	12.65	47.24	40030	4.91	35.56
爱辉区	18.93	17.77	20627	15.30	14.21
逊克县	10.30	21.00	20325	5.24	19.60
孙吴县	10.48	11.36	10852	5.99	12.61
呼玛县	5.25	16.19	30810	6.39	15.25
塔河县	7.18	23.40	24871	5.35	17.75
漠河县	8.74	41.03	47614	17.26	19.00
穆棱市	29.12	147.08	50401	187.00	46.54
广西壮族自治区					
防城区	41.45	89.74	24296	93.19	32.57
东兴市	13.54	62.45	42098	74.33	17.28

粮食总产量（万吨）	肉类总产量（万吨）	全社会固定资产投资（亿元）	社会消费品零售总额（亿元）	农民人均纯收入（元）	地方财政收入（亿元）	地方财政支出（亿元）
4.30	0.48	78.12	25.96	8982	5.43	18.18
7.40	0.45	128.06	35.63	9333	11.22	27.38
2.01	0.24	48.11	7.47	7850	2.94	13.67
3.85	0.21	34.81	13.04	8219	2.56	11.80
13.25	0.62	34.88	10.30	5036	2.73	17.15
10.30	0.55	108.00	38.09	8578	16.23	25.88
10.50	0.53	44.98	13.25	5134	3.58	16.82
10.10	0.59	55.65	13.56	5241	3.75	16.06
41.53	1.82	21.74	8.40	11482	3.54	11.52
54.62	1.26	15.63	6.72	4837	1.12	11.22
48.00	0.39	37.04	3.43	3520	1.16	10.69
118.61	3.99	42.60	25.19	10797	3.43	19.56
119.11	1.04	29.55	18.58	11981	2.95	18.01
68.98	2.62	29.01	13.68	10533	3.54	15.12
29.09	0.58	17.98	4.46	9856	0.89	8.74
0.90	0.23	85.49	17.15	13381	9.02	19.66
21.67	0.89	67.07	25.53	15136	7.50	19.79
110.58	1.05	48.74	13.20	4866	2.19	17.09
105.55	1.29	15.30	7.02	8034	1.89	14.52
27.46	0.88	23.92	4.64	9326	1.50	12.38
41.81	0.57	9.37	4.28	9178	1.23	10.21
30.40	0.56	6.60	4.77	5943	0.61	9.17
20.18	0.22	12.39	2.87	11002	0.85	8.42
1.58	0.28	9.23	5.00	7560	1.03	5.75
0.71	0.35	23.73	10.17	13750	4.30	8.69
42.58	3.05	104.04	33.58	11423	7.56	21.00
10.64	2.52	105.97	28.42	7786	6.22	16.52
2.52	0.72	100.97	15.68	9264	7.92	14.44

14-1(一) 续表 2

地 区	年 末 总人口 (万人)	地 区 生产总值 (亿元)	人均地区 生产总值 (元)	规模以上 工业总产值 (亿元)	农林牧渔业 总产值 (亿元)
凭祥市	11.18	36.37	32003	15.36	6.80
大新县	37.37	82.19	27467	88.68	31.69
宁明县	43.53	79.03	23210	80.80	41.87
龙州县	26.49	63.50	28463	45.77	31.20
靖西县	65.50	103.11	20456	180.01	20.62
那坡县	21.29	15.56	10037	3.65	8.98
云南省					
澜沧县	49.69	39.67	8011	16.48	23.79
江城县	12.40	20.09	16274	12.81	12.58
西盟县	9.22	6.46	7022	1.70	3.45
孟连县	13.80	16.11	11712	3.10	12.15
镇康县	17.89	28.81	16157	21.40	12.36
沧源县	17.21	23.94	13134	10.15	13.59
耿马县	28.68	54.24	18021	19.05	33.35
龙陵县	29.05	42.81	15279	51.09	21.09
腾冲县	66.32	105.05	16124	52.31	41.28
麻栗坡县	28.10	36.60	12900	17.65	14.89
马关县	37.20	51.37	13847	35.69	22.93
富宁县	40.77	49.74	12088	19.84	23.37
绿春县	23.32	17.75	7892	5.00	10.98
金平县	38.46	27.88	7729	16.89	12.56
河口县	10.56	26.09	24750	2.44	10.90
景洪市	40.88	124.91	23770	36.28	50.71
勐海县	32.32	58.78	17530	25.01	25.38
勐腊县	22.95	55.01	19323	8.65	39.10
芒市	39.50	63.80	16197	41.56	25.25
瑞丽市	18.66	39.64	21367	4.85	11.36
盈江县	30.88	57.43	18598	36.99	27.20
陇川县	18.35	27.02	14779	15.16	18.82
泸水县	17.72	26.15	14078	13.87	5.84
福贡县	10.27	7.02	6831	0.20	2.41
贡山县	3.59	5.32	13964	0.70	2.01

粮食 总产量 (万吨)	肉类 总产量 (万吨)	全社会固定 资产投资 (亿元)	社会消费品 零售总额 (亿元)	农民人均 纯收入 (元)	地方财政 收入 (亿元)	地方财政 支出 (亿元)
1.67	0.55	68.40	14.82	6280	5.75	12.13
11.41	3.01	77.21	8.34	6488	6.24	18.20
6.95	2.00	69.53	9.90	6208	4.84	19.02
4.78	0.85	62.89	12.03	5484	3.64	15.19
20.75	2.87	138.23	19.70	4235	7.98	26.86
6.13	1.25	30.10	8.66	3559	0.83	13.22
23.23	2.74	70.83	11.40	3089	3.64	25.33
4.18	0.69	16.17	4.20	4014	1.09	8.94
4.01	0.35	4.65	1.72	3148	0.45	7.50
5.76	0.71	6.16	6.06	4860	0.92	9.50
7.65	2.06	47.99	5.50	4637	2.67	14.35
7.17	1.28	41.55	6.36	4636	1.72	14.49
10.65	2.08	76.47	11.28	5474	2.80	19.91
13.87	2.80	31.58	9.13	4741	2.67	17.20
39.27	10.85	102.12	26.43	6122	12.10	35.94
11.35	4.56	20.08	12.43	4471	2.70	14.82
16.49	4.92	17.67	21.01	4716	4.31	16.77
14.67	5.18	58.26	27.06	4644	2.87	20.06
9.62	1.98	17.20	5.27	3035	1.17	13.68
13.56	2.67	22.10	6.09	3112	2.20	15.52
2.62	0.52	17.10	3.81	4758	1.44	8.45
11.38	1.35	127.08	44.51	7574	10.18	32.84
26.01	1.24	20.23	12.37	5546	2.51	16.46
7.81	0.96	29.02	14.33	5064	2.91	16.00
22.39	2.62	59.01	26.47	4877	5.66	28.24
9.31	1.98	44.44	22.08	5586	6.95	15.86
20.78	2.76	34.90	19.84	5641	4.95	18.07
14.58	1.33	10.59	5.66	4186	1.70	11.01
6.55	1.64	21.76	9.55	3234	1.72	12.71
3.45	0.60	8.50	2.31	2229	0.47	8.52
1.12	0.20	6.89	1.74	2209	0.38	6.49

14-1(一) 续表 3

地　区	年　末 总人口 (万人)	地　　区 生产总值 (亿元)	人均地区 生产总值 (元)	规模以上 工业总产值 (亿元)	农林牧渔业 总产值 (亿元)
西藏自治区					
洛札县	2.01	2.52	12569		0.52
错那县	1.59	3.12	19600	0.07	0.29
浪卡子县	3.69	3.50	9472		0.66
定结县	2.18	2.23	10389		0.72
定日县	5.42	4.57	8544		2.00
康马县	2.23	2.63	10946		1.45
聂拉木县	1.88	3.68	10000		0.95
吉隆县	1.53	2.86	19173	0.04	0.49
亚东县	1.32	3.48	26611		0.78
岗巴县	1.08	1.79	16397		0.41
仲巴县	2.29	3.86	17195		1.63
萨嘎县	2.00	5.12	35000		0.74
噶尔县	2.00	1.73	20116	0.83	0.48
普兰县	0.94	1.59	17000	0.07	2.50
日土县	1.01	1.93	20000	0.05	0.50
札达县	0.74	1.48	19950	0.05	1.00
墨脱县	1.13	2.60	18776		0.29
察隅县	2.83	4.42	15768		1.21
甘肃省					
肃北蒙古族自治县	1.17	37.61	250773	47.32	0.83
新疆维吾尔自治区					
哈密市	46.55	209.44	45361	157.17	20.64
伊吾县	2.27	22.43	98594	13.51	5.61
巴里坤哈萨克自治县	10.41	36.37	35091	17.43	14.00
和田县	27.95	19.08	6827	4.06	17.41

粮　食 总产量 （万吨）	肉　类 总产量 （万吨）	全社会固定 资产投资 （亿元）	社会消费品 零售总额 （亿元）	农民人均 纯收入 （元）	地方财政 收　入 （亿元）	地方财政 支　出 （亿元）
0.96	0.09	4.20	0.39	5844	0.10	2.36
0.42	0.11	5.06	0.45	5040	0.10	2.37
0.75	0.29	5.30	0.57	5474	0.16	3.09
0.61	0.10	1.27	0.43	3800	0.05	2.58
2.63	0.23	4.57	0.70	3805	0.27	4.13
0.95	0.12	1.18	0.37	5343	0.05	2.32
0.62	0.13	2.45	1.82		0.13	2.57
0.46	0.14		0.46	4564	0.07	2.34
0.12	0.10	5.18	0.63	5300	0.35	3.18
0.32	0.11	1.62	0.28	5135	0.05	2.08
	0.50	2.49	0.17	6281	0.19	3.44
0.13	0.19	1.74	0.65	3678	0.05	2.22
0.07	0.13	1.94	0.54	5827	0.30	2.32
0.26	0.05	1.19	0.50	5423	0.11	2.04
0.10	0.21	1.05	0.59	5965	0.11	2.11
0.08	0.05	1.78	0.10	5037	0.06	2.08
0.50	0.11	5.36	0.45	7498	0.81	
1.86	0.14	7.44	0.73	4980	0.22	3.41
0.42	0.19	46.69	1.34	14025	2.85	6.66
2.91	2.44	299.23	49.58	9092	22.26	31.18
0.65	0.82	57.88	1.44	9115	2.43	7.92
9.39	2.01	3.50	4.43	6972	2.84	12.55
16.31	1.37	21.09	1.61	4387	1.22	17.26

14-1(一) 续表 4

地 区	年 末 总人口 (万人)	地 区 生产总值 (亿元)	人均地区 生产总值 (元)	规模以上 工业总产值 (亿元)	农林牧渔业 总产值 (亿元)
皮山县	24.92	16.03	5984	0.47	11.46
温宿县	24.76	47.15	19415	12.02	31
乌什县	21.00	21.21	10222	8.82	12.53
叶城县	47.44	50.53	10849	9.42	52.27
塔什库尔干塔吉克自治县	3.90	7.12	18248	3.12	1.99
阿图什市	25.44	27.97	10951	12.41	8.90
阿合奇县	4.26	5.87	13756	1.75	1.53
乌恰县	5.87	10.63	18140	1.37	1.57
阿克陶县	20.50	16.29	7949	6.42	8.46
奇台县	24.05	85.24	39934	50.62	57.11
木垒哈萨克自治县	8.95	20.97	23556	6.93	19.40
博乐市	26.56	126.88	47917	39.28	26.46
温泉县	7.46	16.00	21248	0.29	10.08
昭苏县	18.91	29.59	15884	8.72	15.69
霍城县	40.75	73.80	18187	26.71	25.02
察布查尔锡伯自治县	19.43	32.78	17017	2.64	20.10
塔城市	15.32	59.49	35836	9.80	26.32
额敏县	16.50	55.90	25505	10.86	27.37
裕民县	5.41	11.94	20141	0.17	7.84
托里县	9.88	35.72	35634	19.96	8.86
和布克赛尔蒙古自治县	5.42	33.49	52323	17.38	7.32
阿勒泰市	19.63	45.37	23928	13.52	10.16
青河县	6.34	10.43	16125	2.92	5.27
吉木乃县	3.94	5.33	14110	0.72	2.54
富蕴县	9.52	46.35	51161	48.00	10.21
布尔津县	7.12	14.68	21617	5.22	5.64
福海县	7.45	28.06	36063	7.37	13.74
哈巴河县	8.69	39.38	46454	32.97	10.20

粮　食 总产量 （万吨）	肉　类 总产量 （万吨）	全社会固定 资产投资 （亿元）	社会消费品 零售总额 （亿元）	农民人均 纯收入 （元）	地方财政 收　入 （亿元）	地方财政 支　出 （亿元）
12.87	1.01	12.85	1.66	3845	1.04	16.75
26.08	2.03	9.22	5.15	10339	3.10	17.60
17.41	1.72	2.79	1.27	4898	1.02	13.59
37.22	5.17	41.52	8.85	5936	3.10	30.09
1.36	0.60	18.30	1.15	4076	1.02	9.38
8.39	1.47	25.94	7.41	3521	2.00	17.16
1.22	0.46	9.68	0.83	3057	0.66	9.24
1.00	0.54	14.71	1.04	3300	1.77	12.48
18.27	1.33	3.05	2.40	2951	1.97	19.84
73.98	10.71	112.13	17.60	11133	5.85	18.57
11.85	2.60	10.67	5.15	7948	1.93	11.01
26.04	1.04	90.96	18.35	10003	5.38	15.59
31.14	0.58	11.42	1.94	7385	0.60	8.38
13.73	2.46	27.18	3.90	8945	1.00	12.79
25.45	3.45	57.69	12.05	9597	3.01	17.24
38.73	1.82	66.04	2.31	8675	2.60	15.08
63.81	1.37	25.02	11.66	10850	2.94	14.05
68.69	2.65	46.54	10.59	10039	2.44	14.73
20.91	1.16	7.50	1.89	8321	0.47	8.70
15.52	1.87	22.94	3.15	6214	2.55	12.68
0.65	1.29	48.90	2.47	8648	10.00	15.84
5.55	1.69	39.58	18.21	7015	3.38	18.28
4.05	0.61	20.23	2.23	5121	1.37	12.15
1.15	0.45	12.73	0.87	4288	0.41	8.68
6.02	1.51	44.37	5.85	7388	8.86	19.20
3.91	1.12	22.82	9.16	7108	1.69	9.70
8.05	1.13	16.52	4.47	7675	2.15	10.81
6.33	1.15	28.16	3.59	7558	5.00	13.54

14-1 各陆地边境县主要经济社会指标(2012年)(二)

地 区	普通中学在校学生（人）	普通中学专任教师（人）	普通小学在校学生（人）	普通小学专任教师（人）	文化馆（个）	图书馆（个）
内蒙古自治区						
达尔罕茂明安联合旗	2654	395	4051	415	1	1
四子王旗	7159	544	7634	727	1	1
二连浩特市	3492	326	5577	291	1	1
阿巴嘎旗	977	275	2072	206	7	1
东乌珠穆沁旗	3389	276	6320	416	1	1
苏尼特左旗	927	105	1904	190	1	1
苏尼特右旗	3442	352	4137	430	1	1
满洲里市	11552	1146	8556	791	1	1
额尔古纳市	3538	405	3762	532	1	1
陈巴尔虎旗	1318	258	348	430	1	1
新巴尔虎左旗	704	230	1791	176	1	1
新巴尔虎右旗	876	112	1628	185	1	1
乌拉特中旗	3820	381	4588	512	1	1
乌拉特后旗	2046	200	2831	321	1	1
阿拉善左旗	11183	1061	10465	854	1	2
阿拉善右旗	1201	125	1101	160	1	1
额济纳旗	855	134	1168	74	1	1
阿尔山市	995	186	1499	174		
科尔沁右翼前旗	10523	1420	14055	2100	1	1
辽宁省						
振安区	10318	826	5854	615	1	1
元宝区	866	63	4924	397	1	1
振兴区	1400	113	11800	744	1	1
东港市	19584	1647	33129	1810	1	1
宽甸满族自治县	18430	1295	24244	1921	1	1
吉林省						
集安市	10827	822	13370	1060	2	1
浑江区	6373	917	10034	1272	1	

博物馆（个）	医院、卫生院机构数（个）	医院、卫生院床位数（张）	卫　生技术人员（人）	城镇居民最低生活保障人数（人）	城镇居民最低生活保障支出（万元）	农村居民最低生活保障人数（人）	农村居民最低生活保障支出（万元）
1	23	364	408	2565	1461	5650	2582
1	27	514	508	6665	3683	24936	6097
1	2	140	377	1013	564		
1	13	186	290	1419	639	1740	637
1	20	289	514	4004	2411	3043	1572
1	13	115	239	909	458	1487	357
	14	150	371	3258	1891	4408	1208
5	8	732	1698	8132	3694		
	10	447	679	6232	2884		
1	13	192	353	4046	1761	742	291
	14	124	290	2619	1116	2130	568
2	27	165	292	2362	1121	1450	395
1	18	332	435	5486	2142	10150	1775
1	13	226	300	8810	3049	5977	1680
1	34	745	1309	3084	1487	2387	714
1	10	97	197	451	217	280	130
1	8	163	162	957	435		
	11	284	259	7751	3187		
1	26	1098	1446	4610	1828	35431	6834
	9	432	288	5660	1921	2988	667
	6	20	102	10003	4291	877	322
	8	410	254	13113	4383	2670	672
1	26	2431	2811	3859	1137	14310	2131
1	28	1947	1444	8931	2772	12083	1768
1	26	840	849	10980	3554	8680	1292
1	14	384	519	33207	11154	7935	1502

14-1(二) 续表 1

地 区	普通中学在校学生(人)	普通中学专任教师(人)	普通小学在校学生(人)	普通小学专任教师(人)	文化馆(个)	图书馆(个)
临江市	7098	859	6930	768	1	1
抚松县	14385	1804	17055	1332	1	1
长白朝鲜族自治县	3101	423	3511	544	1	1
图们市	3066	301	3074	378	1	1
龙井市	3494	663	4404	473	1	1
珲春市	8170	645	9981	1099	1	1
和龙市	4705	829	5409	910	1	1
安图县	6047	780	8391	763	1	1
黑龙江省						
萝北县	4667	417	5675	519	1	1
绥滨县	4960	382	9433	660	1	
饶河县	3848	318	7303	300	1	1
密山市	20515	1835	19753	1035	2	1
虎林市	10289	658	7766	622	1	1
鸡东县	9800	1035	10300	1273	1	1
嘉荫县	2503	248	3507	281	1	1
绥芬河市	6405	490	7290	415	1	1
东宁县	9561	696	12142	881	1	1
同江市	8105	668	11178	1007	1	1
抚远县	5931	469	11035	662	1	1
爱辉区	5019	499	9709	778	1	1
逊克县	3023	395	6015	439	1	1
孙吴县	5502	323	7677	540	1	1
呼玛县	1665	254	3217	221	1	1
塔河县	1773	308	2720	480	1	1
漠河县	6122	641	1412	281	1	1
穆棱市	8181	881	13272	961	2	1
广西壮族自治区						
防城区	16492	869	33473	1691	1	1
东兴市	8040	489	17266	763	1	1

博物馆 （个）	医院、卫生院机构数 （个）	医院、卫生院床位数 （张）	卫生技术人员 （人）	城镇居民最低生活保障人数 （人）	城镇居民最低生活保障支出 （万元）	农村居民最低生活保障人数 （人）	农村居民最低生活保障支出 （万元）
	18	1004	1084	12292	5329	5328	925
1	21	1991	1468	20763	7962	9851	1697
	12	291	439	6908	2926	4576	900
1	12	486	631	7743	4179	3154	740
1	12	535	589	9275	4209	6364	1179
	18	508	1192	17011	6070	6442	1349
1	15	795	763	17416	5707	4930	1343
1	16	529	1260	10717	4393	11027	1817
1	10	336	402	6159	1950	4024	433
	11	348	491	4077	1790	8588	1021
1	11	307	299	1775	597	4968	647
	23	1030	1235	14195	4081	9795	985
1	19	976	963	11607	3753	16776	2197
	15	1267	910	12819	4194	11741	1531
1	11	272	307	5105	1710	3369	481
1	5	625	384	15575	5189	14490	2064
	10	610	690	1695	618	1617	356
1	15	349	481	7145	2453	4578	706
	10	150	321	8421	2878	16011	2219
1	13	468	613	5200	1788	10531	1471
1	12	313	373	9332	3184	3767	503
3	14	264	449	3611	1270	4296	582
	11	252	323	3768	1297	3731	523
	8	365	502	2546	1083	1423	293
1	8	402	641	5509	1122	1293	163
1	15	946	2167	6237	2024	399	64
1	14	1631	1892	10872	3021	41951	4711
1	4	348	818	1606	442	14563	1524

14-1(二)　续表 2

地　区	普通中学在校学生（人）	普通中学专任教师（人）	普通小学在校学生（人）	普通小学专任教师（人）	文化馆（个）	图书馆（个）
凭祥市	4162	344	9059	632	1	1
大新县	10844	842	20003	1687	15	1
宁明县	12639	1003	32092	1834	1	1
龙州县	8545	533	15217	1017	1	1
靖西县	26488	1579	45251	2398	1	1
那坡县	7584	600	16256	955	1	1
云南省						
澜沧县	18957	1545	31753	1917	1	1
江城县	5100	324	9362	564	1	1
西盟县	5001	309	7458	533	1	1
孟连县	6265	365	11255	641	1	1
镇康县	9733	543	16917	1023	1	1
沧源县	9422	647	13960	1213	1	1
耿马县	15864	735	29952	1685	1	1
龙陵县	16254	1147	23542	1673	1	1
腾冲县	44691	2866	58803	2848	1	2
麻栗坡县	15905	1189	23087	2090	1	1
马关县	12863	1155	28669	1867	1	1
富宁县	27164	1179	44547	3056	1	1
绿春县	12820	767	22394	986		1
金平县	20111	1426	36844	1740	1	1
河口县	5080	353	8726	636	1	1
景洪市	25782	1698	39596	2325	1	1
勐海县	13438	881	23338	1193	1	1
勐腊县	12664	810	25879	1339	1	1
芒市	21750	1508	32182	2112	1	2
瑞丽市	8628	530	16233	850	1	1
盈江县	13656	1051	28117	1567	1	1
陇川县	9994	772	15907	1070	1	1
泸水县	5807	597	14160	1332	1	1
福贡县	5814	336	10301	589	1	1
贡山县	1555	121	2999	212	1	1

博物馆 （个）	医院、卫生院机构数 （个）	医院、卫生院床位数 （张）	卫生技术人员 （人）	城镇居民最低生活保障人数 （人）	城镇居民最低生活保障支出 （万元）	农村居民最低生活保障人数 （人）	农村居民最低生活保障支出 （万元）
1	6	236	648	2584	813	4600	546
1	20	733	1012	1329	355	33122	2691
	18	833	1062	7633	2370	28509	3852
1	22	725	813	3050	901	12093	1566
4	26	1326	1326	5240	1362	97983	8877
2	15	485	500	2811	706	44172	4723
	23	739	766	9814	2716	172345	20289
	11	265	344	3010	802	45543	5469
1	8	193	221	3072	727	37334	4240
1	7	239	328	3068	859	43203	5910
	9	693	351	2482	730	67434	8674
1	17	333	409	5236	1377	66379	8290
1	19	853	782	6548	1427	69483	7663
	16	920	527	5542	1284	63195	7502
1	29	2119	2253	5340	1167	87793	9317
	14	905	689	7190	1858	75986	8494
	23	795	657	5863	1484	87867	9820
1	17	549	512	7911	2287	87208	11527
1	11	495	244	3692	965	88070	10316
	15	575	587	5604	1344	115447	13627
	12	650	511	11219	3104	12859	1690
	32	3157	3639	12528	3949	16606	3113
	15	924	677	9049	2553	49094	5880
	16	1141	1432	2014	590	19655	3225
1	22	1865	2104	15459	3190	36233	4133
	16	867	877	7902	1717	14252	1915
	22	1019	561	8486	1598	52456	6023
	12	708	615	8333	1970	39752	5340
	16	951	897	3219	1055	58880	6426
	11	325	210	3632	903	43234	4881
	6	190	160	1410	387	18118	2462

14-1(二)　续表 3

地　区	普通中学在校学生（人）	普通中学专任教师（人）	普通小学在校学生（人）	普通小学专任教师（人）	文化馆（个）	图书馆（个）
西藏自治区						
洛札县	700	52	1696	163	1	1
错那县	586	64	990	85	1	1
浪卡子县	1919	131	3797	235	1	
定结县	854	63	2022	129	2	1
定日县	2467	186	5647	332		1
康马县	750	80	2193	156	2	
聂拉木县	898	75	1906	134		
吉隆县	899	207	1902	135		1
亚东县	399	51	947	98	1	1
岗巴县	396	54	1017	98	1	1
仲巴县	1313	73	2588	189	2	
萨嘎县	885	172	1546			
噶尔县			1575		1	
普兰县	430	31	861	81	1	3
日土县	391		1211		1	
札达县	292	24	655	63	1	1
墨脱县	734	64	1087	85	1	1
察隅县	1580	79	2741	199	1	1
甘肃省						
肃北蒙古族自治县	643	102	717	109	1	1
新疆维吾尔自治区						
哈密市	28068	2172	25974	2142	2	2
伊吾县	1052	217	1483	179	1	1
巴里坤哈萨克自治县	3320	433	4811	699	1	1
和田县	19427	1246	30012	1497	1	1

博物馆（个）	医院、卫生院机构数（个）	医院、卫生院床位数（张）	卫生技术人员（人）	城镇居民最低生活保障人数（人）	城镇居民最低生活保障支出（万元）	农村居民最低生活保障人数（人）	农村居民最低生活保障支出（万元）
	8	82	45	210	110	2165	259
	13	52	43	84	33	2089	250
	11	45	94	206	86	4015	480
	11	62	82	493	304	3003	403
	14	161	107	603	575	11019	729
	9	78	143	130	271	2744	325
	10	80	63	330	217	2180	383
	8	67	89	148	173	2525	307
	8	51	53	660	277	1304	254
	6	42	139	164	151	1466	369
	14	195	116	231	210	3323	123
	9	70	80	531	323	2354	345
	6	236	30	77	53	1175	174
	4	29	28	70	46	1358	239
	7	51	50	46	45	1348	187
	7	29	45	43	27	1014	158
	11	117	43	36	34	978	194
	7	90	78	191	101	2849	492
1	7	123	110	804	359	699	102
1	30	2159	2818	11048	3750	13836	2300
1	8	205	175	1064	390	1501	212
1	16	260	338	3525	1284	9256	1466
	17	1121	634	8191	2592	56532	8138

14-1(二)　续表 4

地　区	普通中学在校学生（人）	普通中学专任教师（人）	普通小学在校学生（人）	普通小学专任教师（人）	文化馆（个）	图书馆（个）
皮山县	14524	1070	22529	1204	1	1
温宿县	11976	1197	18845	1510	1	1
乌什县	11359	778	20639	1026	1	1
叶城县	31608	2608	57911	3244	1	1
塔什库尔干塔吉克自治县	2487	151	4348	278	1	1
阿图什市	11600	1395	25100	2085	1	1
阿合奇县	1732	196	4669	418	1	1
乌恰县	2004	759	4827	649	1	1
阿克陶县	12076	3311	21784	1969	1	
奇台县	12930	2267	11652	1341	1	1
木垒哈萨克自治县	3658	317	4683	932	1	1
博乐市	10715	2853	13583	1530	2	1
温泉县	1727	374	3566	543	1	1
昭苏县	9502	754	13046	911	1	1
霍城县	15303	1251	24132	1757	1	1
察布查尔锡伯自治县	8849	818	12574	1194	1	1
塔城市	5062	696	10062	968	1	1
额敏县	8863	690	11813	999	1	1
裕民县	2900	433	3921	592	1	1
托里县	5557	1253	8798	944	1	1
和布克赛尔蒙古自治县	2653	317	3859	611	1	1
阿勒泰市	4999	943	11175	1415	1	2
青河县	3207	449	5388	530	1	1
吉木乃县	1788	277	2881	366	1	1
富蕴县	3330	509	8855	809	1	1
布尔津县	3421	682	5776	525	1	1
福海县	3324	457	4930	670	1	1
哈巴河县	4301	528	7824	711	1	1

博物馆（个）	医院、卫生院机构数（个）	医院、卫生院床位数（张）	卫生技术人员（人）	城镇居民最低生活保障人数（人）	城镇居民最低生活保障支出（万元）	农村居民最低生活保障人数（人）	农村居民最低生活保障支出（万元）
	23	673	482	10734	3334	30877	4447
	22	737	482	10927	2666	15919	944
	11	330	669	11220	3167	26500	3501
1	31	1957	887	24504	6959	47337	6481
	17	206	198	2920	790	13231	1655
	14	395	722	12728	3960	14717	2078
	8	220	417	12996	2038	15236	1072
1	12	385	354	8470	2161	8007	1122
	18	781	716	10698	3398	23083	3087
1	17	846	860	4578	1219	3314	609
1	14	366	457	2783	868	2500	380
1	21	1984	1584	17957	3992	7625	544
	9	211	236	6490	1880	3896	429
	16	551	575	8677	1758	10223	1051
	17	547	831	11067	3271	18494	2845
	20	455	543	8226	2423	9200	1044
	12	408	529	10845	2739	7552	728
1	22	458	1016	12468	2967	12152	1590
1	20	457	180	3666	890	3958	559
1	12	310	416	5415	1332	5311	634
1	15	601	442	5819	1362	4415	717
1	16	451	598	17745	4640	12158	1279
1	9	230	245	6269	1893	10730	1446
1	7	120	179	5045	1526	6431	921
1	11	392	391	7706	2170	7851	981
1	8	279	497	6164	1724	4684	674
	10	280	329	7325	1630	6059	739
	7	346	305	6719	1518	5184	1005

牧区半牧区县

1-1 牧区半牧区县经济社会发展主要指标

指　标		2011年	占全国比重(%)	2012年	占全国比重(%)
人口					
年底总人口	(万人)	4689.60	3.48	4702.41	3.47
地区生产总值	**(亿元)**	**14942.91**	**2.87**	**17538.15**	**3.04**
第一产业		2689.86	5.67	3069.91	5.86
第二产业		7741.79	2.93	9227.86	3.23
第三产业		4511.26	2.15	5240.37	2.20
人均地区生产总值	(元)	32122.10	91.30	38875.52	91.30
固定资产	**(亿元)**				
全社会固定资产投资总额		11374.51	3.65	14072.49	3.76
财政	**(亿元)**				
地方财政收入		907.43	1.73	1037.23	1.70
地方财政支出		3144.91	3.39	3818.60	3.56
农业					
农林牧渔总产值	(亿元)	4446.84	5.47	5081.90	5.68
粮食产量	(万吨)	5842.16	10.23	6618.44	11.23
大牲畜年底头数	(万头)	3444.83	28.79	3313.49	27.86
羊年底头数	(万只)	10418.85	36.90	10829.35	38.60
猪年底头数	(万头)	2361.84	5.05	2595.72	5.45
肉类总产量	(万吨)	604.53	7.60	645.83	7.70
工业					
规模以上工业总产值(亿元)		13719.06	1.62	16492.89	
教育					
普通中学					
学校数	(个)	2476	3.65	2340	3.51
在校学生数	(人)	2371611	3.15	2158419	2.99
专任教师数	(人)	179994	3.54	175922	3.45
普通小学					
学校数	(个)	10926	4.53	9923	4.34
在校学生数	(人)	3351338	3.38	3196250	3.30
专任教师数	(人)	230262	4.11	235077	4.21
医疗卫生					
医院、卫生院数	(个)	4943	8.25	5084	8.35
医院、卫生院床位数	(张)	124132	2.62	136393	2.59
卫生技术人员数	(人)	152145	2.45	162655	2.44
人民生活					
农村居民人均纯收入	(元)	6050	86.7	6923	87.5

2-1 牧区半牧区县行政区划(2012年末)

地　区	合计	自治县	县	旗	市	市辖区
合　计	**268**	**19**	**184**	**46**	**18**	**1**
河　北	6	2	4			
山　西	1	1				
内蒙古	53		4	46	2	1
辽　宁	6	2	3		1	
吉　林	8	1	4		3	
黑龙江	15	1	10		4	
四　川	48	1	46		1	
云　南	3	1	2			
西　藏	38		38			
甘　肃	20	4	15		1	
青　海	30	2	26		2	
宁　夏	3		3			
新　疆	37	4	29		4	

2-2 我国牧区半牧区县(旗)、市(市辖区)分布

地区	个数	县、旗、市(市辖区)
河北省	4 县 2 自治县	张家口市：张北县、康保县、沽源县、尚义县 承德市：丰宁满族自治县、围场满族蒙古族自治县
山西省	1 县	朔州市：右玉县
内蒙古自治区	46 旗 4 县 2 市辖区 2 市	包头市：达尔罕茂明安联合旗 赤峰市：阿鲁科尔沁旗、巴林左旗、巴林右旗、林西县、克什克腾旗、翁牛特旗、敖汉旗 通辽市：科尔沁左翼中旗、科尔沁左翼后旗、开鲁县、库伦旗、扎鲁特旗、奈曼旗 鄂尔多斯市：东胜区、达拉特旗、准格尔旗、鄂托克旗、鄂托克前旗、杭锦旗、乌审旗、伊金霍洛旗 呼伦贝尔市：阿荣旗、莫力达瓦达斡尔旗、鄂温克旗、陈巴尔虎旗、新巴尔虎左旗、新巴尔虎右旗、扎兰屯市 巴彦淖尔市：磴口县、乌拉特前旗、乌拉特中旗、乌拉特后旗 乌兰察布市：察哈尔右翼中旗、察哈尔右翼后旗、四子王旗 兴安盟：科尔沁右翼前旗、科尔沁右翼中旗、扎赉特旗、突泉县 锡林郭勒盟：锡林浩特市、阿巴嘎旗、苏尼特左旗、苏尼特右旗、东乌珠穆沁旗、西乌珠穆沁旗、太仆寺旗、镶黄旗、正镶白旗、正蓝旗 阿拉善盟：阿拉善左旗、阿拉善右旗、额济纳旗
辽宁省	1 市 3 县 2 自治县	沈阳市：康平县 阜新市：阜新蒙古族自治县、彰武县 朝阳市：建平县、喀喇沁左翼蒙古族自治县、北票市
吉林省	3 市 4 县 1 自治县	四平市：双辽市 松原市：前郭尔罗斯蒙古族自治县、长岭县、乾安县 白城市：镇赉县、通榆县、洮南市、大安市
黑龙江省	10 县 1 自治县 4 市	齐齐哈尔市：龙江县、泰来县、甘南县、富裕县 鸡西市：虎林市 大庆市：肇州县、肇源县、林甸县、杜尔伯特蒙古族自治县 佳木斯市：同江市 绥化市：兰西县、青冈县、明水县、安达市、肇东市

2-2 续表

地区	个数	县、旗、市(市辖区)
四川省	46 县 1 自治县 1 市	阿坝藏族羌族自治州：汶川县、理县、茂县、松潘县、九寨沟县、金川县、小金县、黑水县、马尔康县、壤塘县、阿坝县、若尔盖县、红原县 甘孜藏族自治州：康定县、泸定县、丹巴县、九龙县、雅江县、道孚县、炉霍县、甘孜县、新龙县、德格县、白玉县、石渠县、色达县、理塘县、巴塘县、乡城县、稻城县、得荣县 凉山彝族自治州：西昌市、木里藏族自治县、盐源县、德昌县、会理县、会东县、宁南县、普格县、布拖县、金阳县、昭觉县、喜德县、冕宁县、越西县、甘洛县、美姑县、雷波县
云南省	2 县 1 自治县	迪庆藏族自治州：香格里拉县、德钦县、维西傈僳族自治县
西藏自治区	38 县	拉萨市：林周县、当雄县 昌都地区：昌都县、江达县、贡觉县、类乌齐县、丁青县、察雅县、八宿县 山南地区：曲松县、措美县、错那县、浪卡子县 日喀则地区：昂仁县、谢通门县、康马县、仲巴县、亚东县、萨嘎县、岗巴县 那曲地区：那曲县、嘉黎县、比如县、聂荣县、安多县、申扎县、索县、班戈县、巴青县、尼玛县 阿里地区：普兰县、札达县、噶尔县、日土县、革吉县、改则县、措勤县 林芝地区：工布江达县
甘肃省	15 县 4 自治县 1 市	兰州市：永登县 金昌市：永昌县 白银市：靖远县 武威市：民勤县、天祝藏族自治县 张掖市：肃南裕固族自治县、山丹县 酒泉市：瓜州县、肃北蒙古族自治县、阿克塞哈萨克族自治县 庆阳市：环县、华池县 定西市：漳县、岷县 甘南藏族自治州：合作市、卓尼县、迭部县、玛曲县、碌曲县、夏河县
青海省	26 县 2 自治县 2 市	海北藏族自治州：门源回族自治县、祁连县、海晏县、刚察县 黄南藏族自治州：同仁县、尖扎县、泽库县、河南蒙古族自治县 海南藏族自治州：共和县、同德县、贵德县、兴海县、贵南县 果洛藏族自治州：玛沁县、班玛县、甘德县、达日县、久治县、玛多县 玉树藏族自治州：玉树县、杂多县、称多县、治多县、囊谦县、曲麻莱县 海西蒙古族藏族自治州：格尔木市、德令哈市、乌兰县、都兰县、天峻县
宁夏回族自治区	3 县	吴忠市：盐池县、同心县 中卫市：海原县
新疆维吾尔自治区	29 县 4 自治县 4 市	乌鲁木齐市：乌鲁木齐县 哈密地区：哈密市、巴里坤哈萨克自治县、伊吾县 昌吉回族自治县：奇台县、木垒哈萨克自治县 博尔塔拉蒙古自治州：博乐市、精河县、温泉县 巴音郭楞蒙古自治州：尉犁县、且末县、和静县、和硕县 阿克苏地区：温宿县、沙雅县 克孜勒苏柯尔克孜自治州：阿克陶县、阿合奇县、乌恰县 喀什地区：塔什库尔干塔吉克自治县 和田地区：民丰县 伊犁哈萨克自治州：巩留县、新源县、昭苏县、特克斯县、尼勒克县 塔城地区：塔城市、额敏县、托里县、裕民县、和布克赛尔蒙古自治县 阿勒泰地区：阿勒泰市、布尔津县、富蕴县、福海县、哈巴河县、青河县、吉木乃县

3-1 牧区半牧区县分地区年末总人口和少数民族人口(2012年)

单位：万人

地 区	年底总人口	城镇人口	乡村人口
合 计	**4702.41**	**1326.00**	**3376.41**
河 北	200.09	55.45	144.65
山 西	11.34	5.54	5.80
内蒙古	1139.37	372.99	766.38
辽 宁	307.60	51.83	255.77
吉 林	342.58	100.37	242.21
黑龙江	637.18	196.02	441.16
四 川	699.01	114.88	584.13
云 南	39.71	8.82	30.89
西 藏	142.63	15.27	127.36
甘 肃	373.58	80.19	293.39
青 海	193.06	50.59	142.47
宁 夏	102.10	43.34	58.76
新 疆	514.17	230.72	283.45

4-1 牧区半牧区县分地区生产总值(2012年)

单位：亿元

地 区	地区生产总值				人均地区生产总值
		第一产业	第二产业	第三产业	
合 计	**17538.15**	**3069.91**	**9227.86**	**5240.37**	**38876**
河 北	323.57	103.95	125.44	94.18	19822
山 西	43.45	3.62	22.41	17.42	38382
内蒙古	8002.57	849.29	4792.68	2360.59	68996
辽 宁	986.67	264.25	456.50	265.92	33954
吉 林	1534.59	288.99	766.30	479.30	44587
黑龙江	1806.25	573.71	755.22	477.33	28229
四 川	1494.68	293.46	753.34	447.87	22763
云 南	114.11	9.13	46.48	58.51	27807
西 藏	195.37	38.84	51.26	105.27	12447
甘 肃	706.84	126.57	360.04	220.23	20761
青 海	798.46	101.12	520.22	177.11	37873
宁 夏	109.59	23.40	42.96	43.23	12530
新 疆	1422.01	393.58	535.00	493.42	34774

4-2 牧区半牧区县分地区生产总值指数(2012年)

地　区	地区生产总值(以2010年为100)	第一产业	第二产业	第三产业
合　计	**114.3**	**106.9**	**124.6**	**111.9**
河　北	111.6	106.3	118.3	109.5
山　西	112.4	105.4	117.5	109.3
内蒙古	114.1	105.8	129.0	111.0
辽　宁	111.7	106.0	114.6	111.7
吉　林	111.2	104.9	112.4	111.8
黑龙江	117.0	112.0	126.1	109.5
四　川	113.6	104.7	119.0	111.1
云　南	116.7	108.3	118.2	116.7
西　藏	114.1	105.9	130.6	121.6
甘　肃	116.1	107.3	120.2	114.9
青　海	117.4	106.5	125.0	113.6
宁　夏	113.1	105.7	118.8	112.0
新　疆	116.8	106.4	125.6	116.4

4-3 牧区半牧区县分地区生产总值构成(2012年)

单位：%

地　区	地区生产总值	第一产业	第二产业	第三产业
合　计	**100**	**17.5**	**52.6**	**29.9**
河　北	100	32.1	38.8	29.1
山　西	100	8.3	51.6	40.1
内蒙古	100	10.6	59.9	29.5
辽　宁	100	26.8	46.3	27.0
吉　林	100	18.8	49.9	31.2
黑龙江	100	31.8	41.8	26.4
四　川	100	19.6	50.4	30.0
云　南	100	8.0	40.7	51.3
西　藏	100	19.9	26.2	53.9
甘　肃	100	17.9	50.9	31.2
青　海	100	12.7	65.2	22.2
宁　夏	100	21.4	39.2	39.4
新　疆	100	27.7	37.6	34.7

5-1 牧区半牧区县分地区在岗职工和劳动报酬（2012年）

地　　区	在岗职工人数（万人）	工资总额（亿元）	平均工资（元）
合　　计	**290.41**	**1196.70**	**41207**
河　　北	7.97	26.35	33060
山　　西	1.07	4.91	45821
内 蒙 古	91.24	444.75	48744
辽　　宁	13.29	49.15	36985
吉　　林	22.18	58.10	26196
黑 龙 江	26.86	73.11	27220
四　　川	35.59	161.78	45451
云　　南	3.10	13.92	44867
西　　藏	3.53	15.44	43795
甘　　肃	20.04	73.37	36601
青　　海	16.06	74.66	46489
宁　　夏	2.97	12.91	43412
新　　疆	46.50	188.26	40487

5-2 牧区半牧区县分地区农村居民生活水平情况(2012年)(一)

单位：元

地　　区	农村居民人均纯收入	农村居民人均生活费支出合计	#食　品	#衣　着	#居　住
合　　计	**6923.08**	**6048.79**	**2446.42**	**513.39**	**958.73**
河　　北	4291.19	5121.86	1912.69	535.17	758.67
山　　西	4600.00	3582.90	1506.21	262.30	374.60
内 蒙 古	8033.22	6312.80	2463.18	469.61	1031.45
辽　　宁	8813.67	6100.45	2252.01	458.21	1037.30
吉　　林	7422.53	5062.91	1844.82	447.56	771.22
黑 龙 江	7478.09	4812.91	2008.25	533.52	692.83
四　　川	5995.23	3883.23	2158.85	266.49	486.86
云　　南	4803.59	2981.23	1374.56	317.28	489.73
西　　藏	5235.77				
甘　　肃	4859.01	4215.26	1690.73	351.49	755.98
青　　海	5472.93	5222.13	2230.21	409.88	1335.04
宁　　夏	4383.84	3945.72	1478.81	360.05	653.07
新　　疆	8608.45	6376.71	1922.67	654.78	941.97

5-2　牧区半牧区县分地区农村居民生活水平情况(2012年)(二)

单位：元

地　　区	农村居民人均生活费支出			
	#家庭设备及服务	#医疗保健支出	#交通和通讯	#娱乐教育文化服务
合　　计	**268.85**	**445.54**	**573.07**	**415.93**
河　　北	437.21	543.90	516.33	319.30
山　　西	124.05	375.80	466.00	399.13
内 蒙 古	269.24	580.93	788.23	688.26
辽　　宁	271.82	616.20	698.72	486.20
吉　　林	215.92	515.71	578.59	555.33
黑 龙 江	313.17	392.98	432.94	371.97
四　　川	183.04	214.20	331.33	184.53
云　　南	210.23	241.34	241.31	105.44
西　　藏				
甘　　肃	219.00	270.13	533.09	300.88
青　　海	250.79	489.26	594.83	214.83
宁　　夏	215.61	351.13	501.92	313.68
新　　疆	413.31	576.69	701.97	367.22

6-1　牧区半牧区县分地区财政收支、城乡居民储蓄存款、全社会固定资产投资和社会消费品零售总额(2012年)

单位：亿元

地　　区	公共财政预算收入	公共财政预算支出	城乡居民储蓄存款年末余额	全社会固定资产投资	社会消费品零售总额
合　　计	**1037.23**	**3818.60**	**5988.46**	**14072.49**	**3378.21**
河　　北	15.72	90.22	222.72	427.45	108.64
山　　西	3.52	10.37	26.13	58.76	10.26
内 蒙 古	464.48	1156.96	2044.72	5906.99	1293.44
辽　　宁	83.14	173.19	462.56	734.53	202.71
吉　　林	48.16	187.64	356.66	954.87	389.54
黑 龙 江	71.73	310.30	557.33	871.69	352.58
四　　川	119.13	532.98	693.92	1436.93	430.27
云　　南	6.36	59.86	56.16	152.91	30.47
西　　藏	10.31	117.96	29.24	149.13	16.95
甘　　肃	36.67	269.05	436.81	1060.21	152.31
青　　海	36.97	323.84	280.28	721.36	122.43
宁　　夏	8.36	83.34	64.97	142.89	22.99
新　　疆	132.68	502.90	756.98	1454.80	245.63

7-1 牧区半牧区县分地区农业经济和规模以上工业总产值(2012年)

地　区	农林牧渔业总产值（亿元）	粮食总产量（万吨）	规模以上工业总产值（亿元）
合　计	**5081.90**	**6618.44**	**16492.89**
河　北	190.36	70.05	161.28
山　西	7.98	3.33	44.17
内蒙古	1438.03	1992.44	8700.00
辽　宁	502.75	413.97	1292.74
吉　林	528.99	844.75	1553.62
黑龙江	921.27	2177.37	1088.52
四　川	464.30	268.59	1417.16
云　南	14.99	16.34	36.96
西　藏	51.83	25.50	8.24
甘　肃	202.72	177.88	531.25
青　海	134.24	30.91	853.47
宁　夏	47.52	58.60	57.51
新　疆	576.93	538.70	747.98

7-2 牧区半牧区县分地区牲畜年末存栏数和奶产量(2012年)

单位：万头(只)

地　区	牲畜年末存栏数			奶产量（万吨）
	大牲畜	猪	羊	
合　计	**3313.49**	**2595.72**	**10829.35**	**912.92**
河　北	50.29	63.86	97.85	53.83
山　西	2.49	2.10	33.30	1.51
内蒙古	624.06	478.59	4249.49	276.18
辽　宁	137.37	408.92	336.28	45.83
吉　林	95.23	197.67	280.27	33.30
黑龙江	314.49	565.77	373.42	317.82
四　川	702.13	613.80	846.61	26.77
云　南	30.86	48.99	22.70	1.45
西　藏	415.23	30.80	855.12	15.61
甘　肃	192.83	97.40	833.13	11.68
青　海	418.40	11.30	1225.20	25.30
宁　夏	11.80	7.00	197.96	0.30
新　疆	318.30	69.52	1478.02	103.35

7-3 牧区半牧区县分地区肉产量(2012年)

单位: 万吨

地　区	肉类总产量	#猪肉	#牛肉	#羊肉
合　计	**645.83**	**263.30**	**139.80**	**131.27**
河　北	17.08	6.94	6.20	1.94
山　西	1.01	0.15	0.17	0.67
内蒙古	158.78	45.61	35.13	57.62
辽　宁	99.33	52.04	9.39	5.91
吉　林	45.06	22.33	5.13	3.36
黑龙江	106.76	57.59	17.44	4.53
四　川	87.10	52.87	18.74	10.43
云　南	2.83	2.06	0.47	0.14
西　藏	17.60	0.13	12.63	5.32
甘　肃	18.47	6.58	4.34	6.45
青　海	22.93	1.09	11.24	10.46
宁　夏	5.03	0.53	1.22	3.04
新　疆	63.86	15.37	17.69	21.42

8-1 牧区半牧区县分地区普通中学和普通小学基本情况(2012年)

单位: 人

地　区	普通小学			普通中学		
	学校数(所)	在校学生数	专任教师数	学校数(所)	在校学生数	专任教师数
合　计	**9923**	**3196250**	**235077**	**2340**	**2158419**	**175922**
河　北	212	113759	7737	60	84009	5996
山　西	12	7257	822	5	5536	472
内蒙古	1232	611419	56285	473	493729	42283
辽　宁	250	164611	12338	157	119319	11828
吉　林	1045	193455	17840	202	122924	12586
黑龙江	997	279448	23734	276	254708	22557
四　川	2371	724640	36222	310	352690	19925
云　南	83	28484	2271	7	13868	1110
西　藏	444	131944	7313	72	55148	3142
甘　肃	1508	266716	20940	288	258313	18163
青　海	494	205551	9426	111	98607	6272
宁　夏	538	110152	6163	50	63250	4253
新　疆	737	358814	33986	329	236318	27335

9-1 牧区半牧区县分地区医疗卫生情况(2012年)

地　区	医院、卫生院机构数（个）	医院、卫生院床位数（张）	卫生技术人员（人）
合　计	**5084**	**136393**	**162655**
河　北	155	5605	4554
山　西	13	469	516
内蒙古	1089	34172	51120
辽　宁	219	8949	10257
吉　林	188	10395	13813
黑龙江	290	12176	17465
四　川	1302	21745	22887
云　南	36	919	839
西　藏	509	3153	2626
甘　肃	366	10613	11041
青　海	342	7029	6539
宁　夏	51	2227	2312
新　疆	524	18941	18686

10-1 牧区分地区城镇居民最低生活保障情况(2012年)

地　区	城镇居民最低生活保障人数（人）	城镇居民最低生活保障户数（户）	城镇居民最低生活保障支出（万元）	城镇居民最低生活保障年支出水平（元/人、年）
合　计	1378898	730103	434579	38979
河　北	47488	26404	13200	2780
山　西	4703	2095	1063	2260
内蒙古	285801	163183	128951	4512
辽　宁	69294	35356	17607	2541
吉　林	92114	53519	29841	3240
黑龙江	172463	99926	53382	3095
四　川	161111	86026	36583	2271
云　南	18547	10095	3069	1655
西　藏	13711	7094	6630	4835
甘　肃	99875	43244	27694	2773
青　海	110494	51687	36828	3333
宁　夏	32480	12382	10116	3115
新　疆	270817	139092	69617	2571

10-2 牧区分地区农村居民最低生活保障情况(2012年)

地 区	农村居民最低生活保障人数(人)	农村居民最低生活保障户数(户)	农村居民最低生活保障支出(万元)	农村居民最低生活保障年支出水平(元/人、年)
合 计	3948652	1983548	521945	17341
河 北	191213	160018	24715	1293
山 西	7073	5804	911	1288
内蒙古	732857	506216	152683	2083
辽 宁	121160	58659	18167	1499
吉 林	145399	111360	21517	1480
黑龙江	311856	165389	39425	1264
四 川	986094	403489	88123	894
云 南	112762	66363	12677	1124
西 藏	171348	39904	16973	991
甘 肃	610238	188791	68771	1127
青 海	171483	63785	29252	1706
宁 夏	88742	68462	12117	1365
新 疆	298427	145308	36613	1227

11-1 各牧区半牧区县主要经济社会指标(2012年)(一)

地 区	年 末 总人口 (万人)	地 区 生产总值 (亿元)	人均地区 生产总值 (元)	规模以上 工业总产值 (亿元)	农林牧渔业 总产值 (亿元)
河北省	**200.09**	**323.57**	**19822**	**161.28**	**190.36**
张北县	22.44	31.47	18399	7.10	24.47
康保县	19.44	28.80	16870	9.33	16.28
沽源县	36.52	68.64	22744	43.50	31.66
尚义县	40.23	78.85	21984	65.39	32.74
丰宁满族自治县	53.59	79.46	18722	25.87	52.54
围场满族蒙古族自治县	27.87	36.34	17670	10.09	32.67
山西省	**11.34**	**43.45**	**38382**	**44.17**	**7.98**
右玉县	11.34	43.45	38382	44.17	7.98
内蒙古自治区	**663.56**	**5723.33**	**68996**	**6315.18**	**804.81**
达尔罕茂明安联合旗	10.01	168.66	167571	199.61	24.14
阿鲁科尔沁旗	29.96	91.76	34011	118.93	25.29
巴林左旗	35.56	100.21	30992	146.03	30.35
巴林右旗	18.50	61.08	35105	88.04	15.71
林西县	24.01	58.17	29068	73.34	16.83
克什克腾旗	25.21	124.06	61023	164.04	25.08
翁牛特旗	48.63	118.09	24357	154.72	59.27
敖汉旗	60.19	136.70	25575	70.37	59.13
科尔沁左翼中旗	40.38	142.50	35110	185.40	46.47
科尔沁左翼后旗	39.76	181.68	45717	296.76	69.87
开鲁县	18.04	61.99	34488	62.79	26.20
库伦旗	30.57	162.37	53108	230.84	47.62
扎鲁特旗	44.54	133.17	29989	203.61	39.80
奈曼旗	26.30	850.34	141310	449.78	2.59
东胜区	35.76	451.46	137535	550.03	48.31
达拉特旗	30.87	1000.40	271111	1151.07	14.85
准格尔旗	9.68	382.07	243201	511.80	11.81
鄂托克旗	7.63	92.84	134800	89.21	17.24
鄂托克前旗	14.23	70.03	62695	10.60	25.55
杭锦旗	10.88	310.16	235323	479.55	19.69
乌审旗	16.75	635.61	268757	740.18	11.93
伊金霍洛旗	33.04	129.20	39102	100.25	70.79
阿荣旗	32.85	90.06	27398	38.96	69.64
莫力达瓦达斡尔旗	14.35	92.63	64387	104.02	12.00
鄂温克旗	5.86	78.09	133042	95.27	14.62

粮食总产量（万吨）	肉类总产量（万吨）	全社会固定资产投资（亿元）	社会消费品零售总额（亿元）	农牧民人均纯收入（元）	地方财政收入（亿元）	地方财政支出（亿元）
70.05	**17.08**	**427.45**	**108.64**	**4291**	**15.72**	**90.22**
11.11	0.96	45.22	11.09	4499	1.74	10.84
4.41	1.22	38.19	8.40	4484	0.98	9.49
9.39	1.92	120.17	19.13	4814	4.90	17.83
5.92	4.72	105.28	26.66	4021	4.01	20.82
26.25	5.43	70.00	29.23	3887	2.84	20.41
12.96	2.84	48.58	14.13	4564	1.25	10.82
3.33	**1.01**	**58.76**	**10.26**	**4600**	**3.52**	**10.37**
3.33	1.01	58.76	10.26	4600	3.52	10.37
1115.84	**82.39**	**4111.30**	**871.41**	**8033**	**344.72**	**713.81**
8.92	2.02	189.87	16.09	9414	11.81	20.66
50.10	2.57	65.73	21.97	6310	2.46	23.21
40.00	2.46	111.61	28.43	6337	3.59	22.34
15.20	3.67	70.71	16.50	6466	2.73	19.08
23.00	2.17	65.30	21.72	5958	2.42	18.87
17.05	1.70	128.25	22.19	6955	7.86	21.22
71.50	4.98	99.58	29.72	6403	2.92	29.48
78.40	7.88	90.25	30.65	6749	3.68	31.46
91.00	3.61	86.50	26.50	7554	2.75	22.71
94.00	8.66	114.68	29.27	9698	4.08	19.93
50.05	2.76	52.87	11.47	6738	2.93	12.14
51.00	6.97	145.60	23.89	9204	7.29	22.65
56.00	6.70	91.59	27.38	6999	3.96	22.40
0.91	0.23	602.61	250.86		77.87	81.04
56.50	3.53	190.29	46.00	11394	16.54	42.10
8.50	1.25	550.12	78.00	11452	67.38	69.40
10.72	1.43	260.10	27.39	11365	17.13	26.92
16.63	1.84	201.36	14.08	11468	9.79	21.68
36.90	1.78	125.13	23.95	11334	6.54	25.37
12.04	3.92	300.36	24.10	11446	12.46	23.16
8.70	1.05	340.59	37.00	11452	62.36	74.02
150.05	4.31	100.86	24.90	9357	4.03	18.12
155.25	3.29	36.04	23.57	7964	2.18	20.43
3.03	1.81	50.20	11.60	12765	6.07	15.33
10.39	1.83	41.08	4.17	13159	3.88	10.10

11-1(一) 续表 1

地　区	年　末 总人口 (万人)	地　　区 生产总值 (亿元)	人均地区 生产总值 (元)	规模以上 工业总产值 (亿元)	农林牧渔业 总产值 (亿元)
陈巴尔虎旗	4.22	32.00	76274	7.32	10.63
新巴尔虎左旗	3.53	66.75	188499	83.80	6.90
新巴尔虎右旗	42.14	148.65	34993	174.52	63.13
扎兰屯市	12.29	51.31	44517	37.72	12.83
磴口县	34.31	122.92	41987	79.75	47.40
乌拉特前旗	14.43	102.98	73557	133.98	23.68
乌拉特中旗	6.57	65.58	99842	103.96	4.57
乌拉特后旗	23.26	40.06	17552	33.09	22.73
察哈尔右翼中旗	22.07	67.74	30888	119.52	14.36
察哈尔右翼后旗	21.40	47.08	21877	44.48	21.44
四子王旗	33.91	75.01	22146	53.49	52.04
科尔沁右翼前旗	25.88	48.00	18590	25.00	28.91
科尔沁右翼中旗	39.92	70.01	17590	39.77	52.70
扎赉特旗	31.37	56.02	17871	38.27	35.37
突泉县	17.80	194.54	77505	188.63	18.33
锡林浩特市	4.52	49.03	112579	54.60	10.78
阿巴嘎旗	3.42	35.79	106361	32.50	7.89
苏尼特左旗	6.92	45.00	63120	53.67	7.33
苏尼特右旗	7.90	124.73	129789	139.84	28.35
东乌珠穆沁旗	7.91	102.11	114219	123.00	19.77
西乌珠穆沁旗	21.14	37.01	33490	16.51	17.78
太仆寺旗	3.12	39.80	137253	53.26	5.12
镶黄旗	7.41	22.18	41301	10.64	7.18
正镶白旗	8.25	52.02	62485	68.00	9.97
正蓝旗	14.27	362.37	201568	403.58	12.11
阿拉善左旗	2.54	35.56	137394	44.60	3.27
阿拉善右旗	1.81	45.32	250901	41.96	2.74
额济纳旗					
辽宁省	**307.60**	**986.67**	**33954**	**1292.74**	**502.75**
康平县	34.98	181.89	57300	517.68	64.01
阜新蒙古族自治县	72.45	158.15	23912	107.49	124.71
彰武县	41.27	114.16	27662	90.00	107.71
建平县	58.20	196.95	39608	146.95	70.53
喀喇沁左翼蒙古族自治县	42.45	116.28	27392	182.38	61.17
北票市	58.25	219.25	36994	248.23	74.62
吉林省	**98.38**	**657.05**	**44587**	**670.93**	**209.87**
双辽市	39.02	180.79	45945	246.73	69.67
前郭尔罗斯蒙古族自治县	59.36	476.26	79909	424.19	140.20

粮　食 总产量 （万吨）	肉　类 总产量 （万吨）	全社会 固定资产投资 （亿元）	社会消费品 零售总额 （亿元）	农牧民人均 纯收入 （元）	地方财政 收　　入 （亿元）	地方财政 支　　出 （亿元）
4.55	2.28	33.29	5.00	12468	1.43	8.34
0.34	1.67	24.37	4.47	12523	6.08	12.25
102.80	5.17	126.89	45.43	9151	3.51	24.82
19.79	0.98	28.01	10.30	10536	1.60	9.85
69.03	3.71	103.01	22.76	10121	7.67	22.03
33.35	1.71	125.09	10.60	9487	6.94	20.80
5.05	0.55	89.00	5.70	8578	5.59	12.51
6.43	1.90	28.90	8.53	3863	0.82	13.69
7.88	1.96	50.10	17.50	6082	2.15	15.04
9.85	3.81	25.75	15.36	4598	2.35	19.18
100.50	6.22	92.71	19.01	5056	2.21	23.65
51.50	2.82	77.27	13.50	4709	1.71	19.31
106.50	7.24	58.10	21.02	4981	1.14	24.03
54.00	2.23	63.99	15.13	4861	0.65	19.17
4.49	1.90	144.84	41.59	14786	16.01	23.82
	3.36	40.46	7.49	14463	2.21	6.87
	1.93	27.25	4.84	8655	1.80	7.26
0.04	1.96	39.21	11.71	6360	1.79	12.69
7.00	4.37	89.48	19.18	16800	10.02	18.06
0.01	7.53	91.46	13.56	14398	13.02	14.06
13.77	1.14	23.01	13.15	6730	0.78	11.86
0.20	0.61	12.83	4.20	8200	2.32	6.49
0.77	0.86	14.15	5.74	6020	0.58	7.81
5.61	1.94	42.98	9.12	9879	3.77	10.05
16.17	1.13	195.61	36.65	9836	16.87	35.97
1.47	0.30	14.32	5.10	11418	1.09	7.89
0.20	0.16	30.60	9.39	12158	3.30	8.62
413.97	**99.33**	**734.53**	**202.71**	**8814**	**83.14**	**173.19**
60.84	13.69	181.71	35.94	10544	14.01	24.17
175.20	35.62	101.39	34.46	9000	10.57	31.07
83.63	17.02	87.88	13.30	8631	8.32	21.26
11.15	8.41	128.83	41.97	8541	22.60	37.07
31.45	8.97	93.60	29.26	8460	7.63	21.98
51.70	15.62	141.11	47.78	8062	20.01	37.64
318.30	**24.29**	**296.88**	**174.25**	**7423**	**16.07**	**48.17**
110.55	12.41	86.78	44.08	8706	4.73	20.20
207.75	11.88	210.10	130.18	9190	11.34	27.98

11-1(一) 续表 2

地　区	年　末 总人口 （万人）	地　区 生产总值 （亿元）	人均地区 生产总值 （元）	规模以上 工业总产值 （亿元）	农林牧渔业 总产值 （亿元）
长岭县	63.87	245.51	38318	254.41	123.68
乾安县	30.86	185.47	59849	298.54	36.40
镇赉县	28.51	112.55	38877	67.07	49.96
通榆县	36.63	102.04	27797	51.97	29.25
洮南市	43.44	110.55	25350	105.60	47.78
大安市	40.90	121.41	29686	105.10	32.05
黑龙江省	**637.18**	**1806.25**	**28229**	**1088.52**	**921.27**
龙江县	60.19	83.76	13789	39.62	88.80
泰来县	32.94	40.77	12570	19.45	36.57
甘南县	39.14	50.99	13027	26.69	41.89
富裕县	29.20	54.67	18528	33.10	38.54
虎林市	28.81	136.25	46975	88.77	48.06
肇州县	46.60	155.09	33282	165.27	77.14
肇源县	47.59	140.09	29463	116.72	81.89
林甸县	26.58	55.60	20506	39.22	35.53
杜尔伯特蒙古族自治县	25.22	96.64	38326	99.70	51.69
同江市	21.57	87.93	43647	31.07	33.43
兰西县	49.53	41.02	8282	22.73	45.34
青冈县	50.02	41.95	8054	34.17	56.08
明水县	36.85	40.82	11079	42.93	35.86
安达市	48.90	335.07	67167	150.80	96.61
肇东市	94.05	445.60	47376	178.27	153.83
四川省	**91.44**	**197.57**	**22763**	**157.46**	**45.87**
汶川县	10.10	46.08	45808	72.85	3.35
理县	4.58	15.11	32143	14.76	2.26
茂县	11.15	24.89	23636	36.99	5.36
松潘县	7.56	12.67	17402	4.04	3.70
九寨沟县	6.70	17.95	22217	4.47	2.35
金川县	7.38	7.98	11853	0.46	2.99
小金县	8.13	9.13	11738	4.70	3.00
黑水县	6.17	14.90	24425	11.13	2.28
马尔康县	5.60	16.55	28286	1.11	2.61
壤塘县	4.19	5.60	14098		2.73
阿坝县	7.63	7.16	9719		3.73
若尔盖县	7.73	11.61	15372	2.93	7.58
红原县	4.52	7.95	17864	4.03	3.92

粮食总产量（万吨）	肉类总产量（万吨）	全社会固定资产投资（亿元）	社会消费品零售总额（亿元）	农牧民人均纯收入（元）	地方财政收入（亿元）	地方财政支出（亿元）
178.50	8.17	169.31	75.02	7931	3.50	22.16
71.95	2.39	135.79	40.34	8268	7.30	18.83
83.25	2.91	87.38	21.11	5121	4.81	23.25
47.50	1.22	81.20	25.95	5314	4.63	23.29
75.25	2.47	96.84	26.91	7768	4.12	24.36
70.00	3.62	87.46	25.95	4781	7.73	27.58
2177.37	**106.76**	**871.69**	**352.58**	**7478**	**71.73**	**310.30**
350.45	8.90	32.36	21.00	8596	2.99	22.21
0.01	3.59	63.40	7.48	4135	1.72	13.77
121.86	4.94	25.58	7.13	3966	1.88	17.34
64.24	2.66	23.89	19.20	8574	2.47	18.93
119.11	1.04	29.55	18.58	11981	2.95	18.01
150.08	9.99	72.02	13.23	8652	7.20	20.05
167.67	9.88	92.01	15.85	8681	6.23	19.19
157.51	4.41	47.20	12.40	5479	3.57	16.01
103.44	2.62	64.55	11.76	8735	4.21	17.96
110.58	1.05	48.74	13.20	4866	2.19	17.09
130.16	6.62	33.55	14.72	5766	2.49	19.72
155.82	9.57	30.65	13.35	6294	1.00	18.77
105.34	2.73	16.78	12.44	5064	1.56	17.03
131.00	9.88	155.53	80.02	9688	14.77	32.72
310.11	28.90	135.90	92.25	9698	16.50	41.52
17.77	**10.44**	**345.67**	**45.57**	**5995**	**12.48**	**119.94**
1.34	0.45	49.07	5.50	6430	3.38	15.89
0.87	0.28	27.43	2.06	5506	1.01	5.91
3.22	0.86	49.01	4.78	5740	1.75	10.52
2.13	0.71	36.50	3.82	5890	1.06	7.78
1.06	0.46	30.00	7.45	5800	1.60	7.55
2.00	0.64	29.08	2.58	5560	0.36	9.06
2.46	0.65	15.82	3.05	5250	0.47	6.63
1.69	0.48	31.09	2.26	4840	0.89	7.26
0.96	0.63	25.00	5.30	6630	1.01	10.10
0.33	0.60	11.03	1.22	4560	0.14	10.16
1.11	1.05	12.85	2.81	6150	0.22	10.21
0.60	2.62	15.29	2.87	6000	0.36	11.07
	1.02	13.51	1.87	6780	0.23	7.82

11-1(一) 续表 3

地　区	年　末 总人口 （万人）	地　区 生产总值 （亿元）	人均地区 生产总值 （元）	规模以上 工业总产值 （亿元）	农林牧渔业 总产值 （亿元）
康定县	11.24	40.98	31096	18.66	4.93
泸定县	8.71	16.10	18804	10.84	3.72
丹巴县	6.06	10.13	15614	1.65	3.52
九龙县	6.59	23.42	37236	19.38	2.65
雅江县	4.98	6.53	12857		2.56
道孚县	5.59	5.45	9732		2.54
炉霍县	4.67	4.07	8614		2.44
甘孜县	6.82	6.22	8997		4.07
新龙县	5.06	5.69	11156		3.27
德格县	8.48	5.37	6513		3.32
白玉县	5.42	10.03	17657	6.91	3.11
石渠县	10.95	6.03	7287		4.26
色达县	5.10	4.44	7507		2.93
理塘县	6.66	7.17	10272		3.53
巴塘县	5.23	7.88	16007	1.46	2.71
乡城县	2.99	6.04	18180	1.27	2.19
稻城县	3.19	4.57	14407	0.32	1.89
得荣县	2.59	4.32	16361		1.98
西昌市	63.54	334.05	45325	324.77	56.56
木里藏族自治县	13.77	22.59	17445	7.63	8.03
盐源县	38.55	74.32	21084	132.93	23.00
德昌县	20.85	52.48	24468	66.29	22.04
会理县	46.19	190.59	43864	261.24	54.19
会东县	41.65	107.87	29554	120.00	51.97
宁南县	18.99	39.04	22374	37.58	19.27
普格县	18.44	19.63	12504	19.00	10.73
布拖县	18.22	22.15	13674	16.42	9.15
金阳县	19.28	24.58	14805	17.73	10.06
昭觉县	30.09	19.29	7859	8.89	12.93
喜德县	21.80	18.07	10954	14.47	8.83
冕宁县	38.64	77.41	22182	57.56	26.09
越西县	33.61	32.29	12095	39.50	15.80
甘洛县	22.04	27.15	13994	18.45	8.59
美姑县	25.51	17.26	7973	9.93	11.14
雷波县	26.09	43.88	19811	46.82	14.42

粮食总产量（万吨）	肉类总产量（万吨）	全社会固定资产投资（亿元）	社会消费品零售总额（亿元）	农牧民人均纯收入（元）	地方财政收入（亿元）	地方财政支出（亿元）
2.01	0.76	120.04	9.78	5550	9.82	11.07
2.15	0.67	26.15	16.59	4949	1.51	8.54
2.02	0.57	22.22	2.49	5373	1.31	6.90
1.64	0.46	17.10	1.29	6000	2.68	7.73
0.90	0.35	24.80	1.44	4524	1.05	7.46
1.30	0.50	3.10	1.13	4261	0.51	7.58
1.09	0.51	2.98	1.46	4226	0.20	7.15
2.90	0.69	16.31	2.95	4354	0.31	9.39
1.00	0.58	4.97	0.69	4219	0.31	6.37
1.16	0.72	5.13	1.09	4139	0.21	8.49
0.97	0.62	5.86	1.25	4289	1.01	7.32
0.68	0.70	11.83	1.73	4174	0.21	12.25
0.25	0.80	4.10	1.01	4017	0.21	9.03
1.15	0.70	5.65	2.63	4171	0.47	9.98
1.30	0.37	13.62	2.26	4336	0.56	6.80
1.00	0.30	17.48	1.16	4434	0.56	5.16
1.04	0.26	18.61	1.09	4702	0.34	7.22
1.00	0.27	6.27	0.65	4309	0.30	5.09
31.27	9.52	260.07	148.93	9018	23.45	41.41
5.46	1.59	62.03	4.66	4090	3.58	13.62
18.57	4.39	33.15	12.89	5752	7.01	21.83
9.88	3.55	41.11	16.40	8861	4.37	12.44
29.94	10.06	65.34	34.83	8838	14.81	28.18
27.00	8.81	37.43	28.45	8536	8.15	20.25
8.33	2.69	37.03	11.90	7952	3.43	12.48
7.71	1.61	10.01	5.93	4868	1.27	9.39
7.35	1.54	11.00	2.86	4112	1.04	9.39
6.89	1.98	14.23	4.64	4075	1.75	10.13
10.88	3.25	13.04	4.27	4297	1.03	13.00
8.14	1.92	5.76	4.64	4063	0.94	11.65
16.78	4.76	40.35	25.67	7427	5.01	16.53
12.73	3.45	20.14	10.78	4551	2.18	13.94
8.32	2.10	17.27	6.08	3965	2.20	10.90
8.45	3.20	12.06	3.62	3981	1.30	10.70
9.54	2.38	85.01	7.44	4593	3.56	13.65

11-1(一)　续表 4

地　区	年　末 总人口 (万人)	地　区 生产总值 (亿元)	人均地区 生产总值 (元)	规模以上 工业总产值 (亿元)	农林牧渔业 总产值 (亿元)
云南省	**39.71**	**114.11**	**27807**	**36.96**	**14.99**
香格里拉县	17.53	70.83	40537	29.12	5.73
德钦县	6.76	16.72	22732	5.23	2.34
维西傈僳族自治县	15.41	26.57	16389	2.62	6.92
西藏自治区	**129.70**	**172.15**	**12447**	**11.31**	**48.80**
林周县	6.07	11.28	22470		3.00
当雄县	5.28	7.44	11606	4.13	2.88
昌都县	12.44	27.91	22439	0.14	3.35
江达县	7.63	11.10	13898	0.45	3.39
贡觉县	4.14	4.00	9651	0.05	1.55
类乌齐县	5.00	5.40	10798		2.16
丁青县	7.65	8.54	11169	0.09	3.72
察雅县	6.20	6.25	10087	0.01	1.83
八宿县	4.38	4.19	9569	0.02	1.59
曲松县	1.69	5.24	24386	1.71	0.48
措美县	1.48	1.73	11690		0.35
错那县	1.59	3.12	19599	0.07	0.31
浪卡子县	3.69	3.50	9476		0.66
昂仁县	5.37	4.63	8571		2.00
谢通门县	4.79	6.27	13089	3.22	2.08
康马县	2.23	2.63	10946		0.96
仲巴县	2.29	3.86	17195		1.63
亚东县	1.32	3.48	26611		0.76
萨嘎县	1.48	2.13	14398		0.74
岗巴县	1.08	1.79	16397		0.46
那曲县	8.06	8.66	10754		2.49
嘉黎县	3.40	4.46	13120	1.16	1.67
比如县	6.69	5.58	8341		2.96
聂荣县	3.30	4.61	13966		0.98
安多县	4.06	5.24	12915		1.02
申扎县	1.93	2.84	14739		0.64
索县	4.61	4.03	8747		1.48
班戈县	3.73	3.88	4776		1.16
巴青县	5.17	4.14	8012	0.26	1.16
尼玛县	2.96	4.21	14241		1.34

粮　食 总产量 （万吨）	肉　类 总产量 （万吨）	全社会 固定资产投资 （亿元）	社会消费品 零售总额 （亿元）	农牧民人均 纯收入 （元）	地方财政 收　　入 （亿元）	地方财政 支　　出 （亿元）
16.34	**2.83**	**152.91**	**30.47**	**4804**	**6.36**	**59.86**
7.19	1.43	78.20	21.76	4867	3.50	26.89
2.05	0.36	30.67	4.06	5136	1.01	16.47
7.11	1.04	44.04	4.65	4626	1.86	16.50
24.33	**17.11**	**130.49**	**14.32**	**5236**	**7.05**	**98.59**
6.21	0.42	4.33		5526	0.59	4.96
	0.83	10.41	0.58	7718	1.22	4.75
1.86	1.05	18.20		5889	0.52	6.00
1.29	1.33	6.43	1.34	4823	0.34	4.85
1.26	0.64	2.20	0.88	3271	0.15	3.76
0.79	0.60	5.00	1.30	5278	0.19	3.60
2.38	0.75	7.13	1.86	5067	0.37	4.70
1.33	0.68	4.47		4880	0.15	0.72
1.08	0.55	4.84	1.11	4345	0.18	3.90
0.72	0.19	3.80	0.29	6052	0.27	2.25
0.32	0.20	2.80	0.27	4470	0.08	1.82
0.42	0.11	5.06		5040	0.10	2.37
0.75	0.29	5.30	0.57	5475	0.16	3.09
1.82	0.36	4.86	0.84	4218	0.10	3.67
1.48	0.39	3.82		5041	0.68	4.47
0.95	0.12	1.18	0.37	5343	0.05	2.32
	0.50	2.49	0.17	6281	0.19	3.44
0.12	0.10	5.18		5300	0.35	3.18
0.13	0.19	1.74	0.65	3678	0.05	2.22
0.32	0.11	1.62		5135	0.05	2.08
	1.19	0.32		5691	0.24	4.56
0.10	0.59	4.59	1.04	6430	0.29	3.17
0.33	0.72	3.32			0.07	3.89
	0.87	2.93	0.47	4701	0.06	2.63
	1.25	2.49	0.77	5620	0.17	2.88
	0.57	1.82	1.52	4158	0.07	2.01
0.64	0.49	4.45		3992	0.11	3.35
	0.53	4.38	0.28	4220	0.08	2.65
0.01	0.66	3.37			0.06	2.91
0.02	0.83	1.93		5725	0.09	2.37

11-1(一) 续表 5

地 区	年 末 总人口 （万人）	地 区 生产总值 （亿元）	人均地区 生产总值 （元）	规模以上 工业总产值 （亿元）	农林牧渔业 总产值 （亿元）
普兰县	0.94	1.59	16925	0.07	0.42
札达县	0.74	1.48	19950	0.05	0.30
噶尔县	2.00	1.73	8641	0.83	0.48
日土县	1.01	1.93	19199	0.05	0.67
革吉县	1.66	2.08	12500		1.10
改则县	2.32	3.32	14562	0.06	1.91
措勤县	1.50	1.75	11800	0.01	0.78
工布江达县	2.75	9.35	7981		1.86
甘肃省	**373.58**	**706.84**	**20761**	**531.25**	**202.72**
永登县	52.97	95.85	22594	141.53	15.70
永昌县	25.24	51.79	21903	88.51	18.79
靖远县	46.99	53.76	11726	15.05	28.06
民勤县	27.17	52.04	21438	25.59	33.09
天祝藏族自治县	20.98	39.31	22347	38.37	8.15
肃南裕固族自治县	3.76	23.40	68912	31.33	5.26
山丹县	20.06	34.85	21457	20.23	11.65
瓜州县	14.72	60.64	41199	54.72	15.77
肃北蒙古族自治县	1.17	37.62	250773	47.32	0.83
阿克塞哈萨克族自治县	0.88	11.27	128026	17.11	0.66
环县	35.18	54.96	18056	11.25	16.98
华池县	13.06	79.70	65436	1.28	7.14
漳县	20.67	13.99	7204	5.05	7.97
岷县	47.70	23.93	5285	6.27	13.09
合作市	9.18	23.51	25466	8.87	1.95
卓尼县	10.98	10.70	10456	4.13	3.92
迭部县	5.92	7.91	15149	1.27	2.49
玛曲县	4.80	12.43	22321	7.67	4.55
碌曲县	3.39	7.09	19592	1.48	2.58
夏河县	8.75	12.10	13825	4.21	4.09
青海省	**38.41**	**113.93**	**37873**	**86.72**	**19.72**
门源回族自治县	15.81	26.29	16753	10.49	9.11
祁连县	5.06	15.51	30639	7.37	4.60
海晏县	3.60	36.05	50980	50.89	1.89
刚察县	4.52	18.11	40521	17.96	4.11
同仁县	9.42	17.96	19069		

粮　食 总产量 （万吨）	肉　类 总产量 （万吨）	全社会 固定资产投资 （亿元）	社会消费品 零售总额 （亿元）	农牧民人均 纯收入 （元）	地方财政 收　　入 （亿元）	地方财政 支　　出 （亿元）
0.26	0.05	1.19	0.50	5452	0.11	2.04
0.08	0.05	1.78	0.10		0.06	2.08
0.07	0.13	14.79	0.54	5827	0.30	2.32
0.10	0.21	1.05	0.59	5965	0.11	2.11
	0.41	2.53	0.52	5342	0.15	2.38
	0.54	1.46	0.58		0.10	2.70
	0.20	1.54	0.56		0.07	2.11
0.66	0.22	7.19		7981	3.76	11.82
177.88	**18.47**	**1060.21**	**152.31**	**4859**	**36.67**	**269.05**
19.84	1.18	45.72	14.49	4900	2.36	14.83
28.20	0.89	53.19	15.45	7610	2.20	12.37
18.70	1.90	35.21	15.06	4836	5.61	24.22
12.64	1.59	112.73	15.32	7035	1.84	19.18
3.93	1.35	72.20	15.65	3842	2.32	22.96
2.48	0.96	40.32	3.05	9470	2.39	11.15
16.95	0.80	24.61	8.59	7316	1.36	11.47
2.60	0.65	274.00	14.11	9443	2.58	11.61
0.42	0.19	43.43	1.34	14025	2.85	6.66
0.12	0.15	18.11	1.30	15000	0.62	4.36
41.10	1.37	80.47	10.11	3636	3.46	23.13
12.33	0.52	72.37	6.95	4155	2.07	12.40
6.23	0.59	29.31	2.58	3467	0.71	9.85
7.88	1.15	48.49	7.03	3384	1.57	25.27
0.89	0.43	34.69	8.77	3702	1.10	9.14
1.23	0.99	14.51	2.58	3271	0.57	12.51
0.80	0.36	20.68	2.22	3642	0.61	9.77
0.29	1.54	8.32	2.27	4798	1.39	9.27
0.29	0.68	7.00	1.66	4368	0.55	6.92
0.97	1.19	24.85	3.78	3707	0.51	11.99
6.50	**4.83**	**85.91**	**18.95**	**5473**	**5.24**	**66.17**
4.13	1.22	23.43	5.76	6697	0.92	16.12
0.28	1.31	17.08	2.91	8453	0.74	9.55
0.45	0.63	18.87	2.13	7705	2.05	17.78
0.13	1.17	13.63	2.30	9210	1.19	11.10
1.52	0.50	12.90	5.85	4537	0.34	11.62

11-1(一) 续表 6

地　区	年　末 总人口 (万人)	地　　区 生产总值 (亿元)	人均地区 生产总值 (元)	规模以上 工业总产值 (亿元)	农林牧渔业 总产值 (亿元)
尖扎县	5.91	20.79	35178	21.73	
泽库县	7.21	9.93	13778		
河南蒙古族自治县	3.81	9.42	23540	3.40	7.90
共和县	13.33	35.14	27759	22.91	8.67
同德县	6.43	9.54	14825		
贵德县	10.78	29.06	26959	29.35	4.19
兴海县	7.76	18.63	19539	6.32	7.55
贵南县	7.87	11.98	15363		7.80
玛沁县	5.18	17.67	34078	15.04	1.79
班玛县	2.74	2.41	8786		0.95
甘德县	3.42	1.94	5667		0.89
达日县	3.15	2.15	6831		0.85
久治县	2.63	2.38	9053		1.12
玛多县	1.44	1.62	1102		0.57
玉树县	10.60	15.00	14148		
杂多县	5.81	7.68	13223		
称多县	6.10	9.12	14941		
治多县	3.61	4.92	13620		
囊谦县	10.02	5.87	5860		
曲麻莱县	3.10	4.58	14788		
格尔木市	13.01	290.00	222869	200.81	
德令哈市	7.51	47.34	63017	37.10	
乌兰县	3.70	33.59	90742	63.57	
都兰县	7.31	20.34	27821	8.56	
天峻县	2.21	73.44	331708	116.17	
宁夏回族自治区	**102.10**	**109.59**	**12530**	**57.51**	**47.52**
盐池县	16.92	44.05	29630	35.66	10.95
同心县	39.15	36.22	11016	16.95	19.15
海原县	46.03	29.32	7382	4.89	17.42
新疆维吾尔自治区	**89.27**	**369.23**	**34774**	**242.50**	**102.35**
乌鲁木齐县	5.99	15.75	27013	3.78	8.80
哈密市	46.55	209.44	45361	157.17	20.88
巴里坤哈萨克自治县	10.41	36.37	35091	17.43	14.00
伊吾县	2.27	22.43	98594	13.51	6.21
奇台县	24.05	85.24	39934	50.62	52.47

粮　食 总产量 （万吨）	肉　类 总产量 （万吨）	全社会 固定资产投资 （亿元）	社会消费品 零售总额 （亿元）	农牧民人均 纯收入 （元）	地方财政 收　入 （亿元）	地方财政 支　出 （亿元）
1.42	0.26	12.72	3.05	4055	0.59	9.66
	1.65	8.21	0.99	3523	0.14	9.75
	1.81	8.56	1.01	5918	0.15	9.22
2.97	1.56	28.02	17.09	6668	1.05	16.15
1.08	1.01	9.08	8.70	5489	0.28	10.23
2.61	0.45	17.35	1.06	5716	1.09	13.35
1.02	1.38	13.31	3.42	6663	0.77	10.73
4.58	0.96	11.24	1.29	5912	0.30	11.70
	0.61	18.81	3.64	6172	0.40	8.79
0.13	0.60	3.95	1.75	3352	0.10	5.77
	0.28	4.02	0.32	2801	0.09	6.52
	0.46	3.71	0.35	2527	0.10	6.70
	0.52	3.31	0.35	3253	0.09	5.68
	0.16	4.46	0.50	3539	0.09	5.71
0.43	0.77	146.71	1.21	4007	0.66	9.14
	0.54	4.84	0.42	3738	0.07	7.48
0.30	0.38	9.03	0.45	3369	0.10	7.09
	0.64	5.37	0.48	4026	0.18	6.41
0.86	0.76	2.80	0.43	2653	0.15	10.19
	0.58	2.09	0.53	4061	0.08	6.80
1.09	0.44	191.42	40.50	9696	14.84	28.86
2.12	0.38	71.79	6.66	7963	2.09	15.66
1.23	0.56	22.73	1.77	7049	1.15	9.87
4.70	0.66	16.78	3.62	7183	1.35	13.69
	0.64	15.17	3.89	9471	5.83	12.54
58.60	**5.03**	**142.89**	**22.99**	**4384**	**8.36**	**83.34**
9.03	1.65	68.02	8.37	4793	5.80	20.91
27.78	2.02	40.52	8.15	4533	1.70	30.06
21.79	1.36	34.35	6.47	4225	0.86	32.37
76.61	**18.86**	**529.50**	**79.19**	**8608**	**36.96**	**76.69**
1.21	1.11	19.47	6.13	9845	3.58	6.46
2.91	2.44	299.23	49.58	9020	22.26	31.18
9.08	2.01	40.78	4.43	6972	2.84	12.55
0.65	0.82	57.88	1.44	9115	2.43	7.92
62.76	12.48	112.13	17.60	11133	5.85	18.57

11-1(一) 续表 7

地　区	年　末 总人口 （万人）	地　区 生产总值 （亿元）	人均地区 生产总值 （元）	规模以上 工业总产值 （亿元）	农林牧渔业 总产值 （亿元）
木垒哈萨克自治县	8.95	20.97	23556	4.77	19.40
博乐市	26.56	126.88	47917	39.28	26.46
精河县	14.43	42.62	29510	7.54	26.73
温泉县	7.46	16.00	21248	0.29	10.09
尉犁县	11.06	39.89	34567	0.60	23.11
且末县	6.34	18.22	28476	0.25	14.48
和静县	19.77	65.08	32886	111.03	25.68
和硕县	7.55	22.50	34215	2.70	24.76
温宿县	24.76	47.15	19415	12.02	34.27
沙雅县	26.39	39.42	15090	19.96	24.89
阿克陶县	20.50	16.29	7949	6.42	9.00
阿合奇县	4.26	5.87	13756	1.75	1.53
乌恰县	5.87	10.63	18140	1.37	1.57
塔什库尔干塔吉克自治县	3.90	7.12	18248	3.05	1.94
民丰县	3.78	6.23	16442		2.45
巩留县	20.45	29.29	14817	19.34	17.66
新源县	31.60	70.15	22353	73.08	30.91
昭苏县	18.91	29.59	15884	8.72	15.88
特克斯县	17.20	17.04	10027	3.67	12.95
尼勒克县	18.69	35.70	19307	21.08	17.34
塔城市	17.05	59.49	35836	9.80	24.79
额敏县	21.92	55.90	25505	10.86	27.18
托里县	9.79	35.72	35634	19.81	8.34
裕民县	5.95	11.94	20141		7.92
和布克赛尔蒙古自治县	5.42	33.49	52323	17.38	7.40
阿勒泰市	23.28	45.37	23928	13.52	10.16
布尔津县	7.12	14.68	21617	5.22	5.64
富蕴县	9.52	46.35	51161	48.00	10.21
福海县	7.45	28.06	36063	7.37	13.74
哈巴河县	8.69	39.38	46454	32.97	10.30
青河县	6.34	10.43	16125	2.92	5.27
吉木乃县	3.94	5.33	14110	0.72	2.54

粮　食总产量（万吨）	肉　类总产量（万吨）	全社会固定资产投资（亿元）	社会消费品零售总额（亿元）	农牧民人均纯收入（元）	地方财政收　入（亿元）	地方财政支　出（亿元）
11.85	2.60	10.67	5.15	7948	1.93	11.01
26.04	1.04	90.96	18.35	10003	5.38	15.59
1.91	0.58	34.61	4.41	10863	1.95	10.58
31.14	0.58	11.42	1.94	7385	0.60	8.51
0.12	0.50	15.91	1.58	10580	1.76	10.15
4.44	0.76	18.62	0.83	11056	2.35	10.04
6.37	1.98	69.32	3.13	10881	8.00	22.89
3.37	0.60	12.66	1.45	10809	1.06	8.99
26.08	2.03	42.22	5.15	10339	3.10	17.60
18.71	1.13	31.03	6.82	9020	10.10	18.38
18.27	1.33	21.34	2.40	2951	1.97	19.84
1.22	0.46	9.68	0.83	3057	0.66	9.24
0.99	0.54	14.71		3300	1.77	12.48
1.36	0.51	18.30	1.15	4076	1.02	9.50
1.56	0.47	5.33	0.81	4556	0.66	6.98
28.44	2.87	20.20	4.45	9055	1.44	14.86
37.57	3.80	45.00	17.70	9552	5.12	19.25
13.73	2.46	27.18	3.90	8945	1.00	12.79
10.12	1.78	16.73	6.86	8266	1.31	14.29
18.60	2.95	45.00	5.55	8423	3.61	14.64
63.81	1.37	25.02	11.66	10850	2.94	14.05
64.72	2.65	46.54	10.59	10039	2.45	14.73
15.52	1.90	22.94	3.46	6214	2.55	12.68
20.46	1.16	36.61	1.89	8321	0.47	8.70
0.65	1.29	48.90	2.01	8648	10.00	15.84
5.55	1.69	39.58	18.21	6955	3.38	18.28
3.91	1.12	22.82	9.16	7108	1.69	9.70
6.02	1.51	44.37	5.85	7388	8.59	19.20
8.05	1.13	16.52	4.47	7675	2.08	11.05
6.33	1.15	28.16	3.59	7558	5.00	13.54
4.05	0.61	20.23	2.23	5121	1.37	12.15
1.15	0.45	12.73	0.87	4288	0.41	8.68

11-1 各牧区半牧区县主要经济社会指标(2012年)(二)

地　区	普通中学在校学生（人）	普通中学专任教师（人）	普通小学在校学生（人）	普通小学专任教师（人）	医院、卫生院机构数（个）
河北省	**84009**	**5996**	**113759**	**7737**	**155**
张北县	7374	702	10066	977	17
康保县	8500	525	9595	906	17
沽源县	16499	1209	20011	1432	27
尚义县	19360	1600	24613	1830	30
丰宁满族自治县	24703	1395	37994	1614	46
围场满族蒙古族自治县	7573	565	11480	978	18
山西省	**5536**	**472**	**7257**	**822**	**13**
右玉县	5536	472	7257	822	13
内蒙古自治区	**479331**	**40937**	**583250**	**53370**	**1057**
达尔罕茂明安联合旗	2654	395	4051	415	23
阿鲁科尔沁旗	15490	1050	17980	1806	26
巴林左旗	19942	1438	21072	2001	25
巴林右旗	9802	814	11003	1401	17
林西县	13453	1063	15564	1243	23
克什克腾旗	10281	868	10395	1160	23
翁牛特旗	21783	1604	25295	2259	31
敖汉旗	33011	2221	34168	2310	30
科尔沁左翼中旗	15183	1543	23547	2086	31
科尔沁左翼后旗	21165	1775	27172	2048	24
开鲁县	6762	814	11340	1263	19
库伦旗	13248	919	18265	2399	29
扎鲁特旗	22646	1522	27111	2229	26
奈曼旗	29917	2361	31882	1882	31
东胜区	16579	1072	18758	1057	30
达拉特旗	16594	1396	21962	1287	27
准格尔旗	6489	647	8604	733	19
鄂托克旗	3263	252	4338	263	10
鄂托克前旗	5264	584	5519	457	14
杭锦旗	4514	438	6660	606	18
乌审旗	6225	659	9544	790	21
伊金霍洛旗	10084	1266	15097	1442	22
阿荣旗	10490	1184	16250	1731	24
莫力达瓦达斡尔旗	4582	847	5327	796	14
鄂温克旗	1318	258	2367	430	13

医院、卫生院床位数（张）	卫生技术人员（人）	城镇居民最低生活保障人数（人）	城镇居民最低生活保障支出（万元）	农村居民最低生活保障人数（人）	农村居民最低生活保障支出（万元）
5605	**4554**	**47488**	**13199.60**	**191213**	**24715.30**
650	345	7880	2075.40	36797	5273.80
532	324	9840	2613.10	32805	4526.40
1138	1129	6045	1579.90	28453	3957.00
1650	1324	6480	1598.20	21436	3043.10
1205	1121	8164	2672.00	41291	4242.00
430	311	9079	2661.00	30431	3673.00
469	**516**	**4703**	**1063.00**	**7073**	**911.00**
469	516	4703	1063.00	7073	911.00
33481	**50301**	**285801**	**128951.30**	**732857**	**152683.10**
364	408	2565	1460.50	5650	2582.00
1200	1131				
998	1239	6420	2947.50	25500	3763.60
469	876	4588	2350.90	13031	2165.00
1039	1340	7281	2944.60	19567	3186.40
981	1087	6280	3037.30	22968	4065.40
947	1441	6252	2930.80	32400	5074.50
1421	1926	7545	3460.60	45854	8333.50
570	1638	14509	6082.70	36800	6870.60
836	1693	7564	3349.20	19851	4140.10
416	749	6240	2827.70	17172	2997.60
714	993	5900	2331.80	12320	2273.60
635	1267	12586	5600.30	26973	5083.60
3044	5405	7712	3390.00	25747	5036.00
1219	1895	4548	2960.70	2910	1222.40
1584	2332	2214	1215.40	10812	3128.70
887	846	6928	3204.00	13008	4173.20
315	561	2193	1104.40	4642	1471.80
365	786	2029	1169.10	4126	1159.40
399	675	1233	929.00	6441	1834.30
615	1174	2768	1948.90	6698	2654.10
704	833	1608	961.10	5284	2092.20
765	1037	11522	4868.70	21476	4014.80
732	831	17434	6581.80	29106	5065.40
192	353				

11-1(二) 续表 1

地 区	普通中学在校学生（人）	普通中学专任教师（人）	普通小学在校学生（人）	普通小学专任教师（人）	医院、卫生院机构数（个）
陈巴尔虎旗	704	230	1791	176	14
新巴尔虎左旗	876	112	1628	185	27
新巴尔虎右旗	12847	1101	17113	1739	30
扎兰屯市	4483	281	4407	482	9
磴口县	15080	839	13969	1353	26
乌拉特前旗	3820	381	4588	512	18
乌拉特中旗	2046	200	2831	321	13
乌拉特后旗	6466	441	4858	646	27
察哈尔右翼中旗	4995	333	7208	602	19
察哈尔右翼后旗	7159	544	7634	727	27
四子王旗	10523	1420	14055	2100	26
科尔沁右翼前旗	10997	1084	15350	1746	27
科尔沁右翼中旗	11370	1139	18468	2210	26
扎赉特旗	11784	1010	14427	1279	14
突泉县	20367	1493	16947	1083	14
锡林浩特市	977	109	2072	206	13
阿巴嘎旗	927	105	1904	190	13
苏尼特左旗	3442	352	4137	430	14
苏尼特右旗	3389	276	6320	416	20
东乌珠穆沁旗	3850	188	4539	298	16
西乌珠穆沁旗	5847	460	5796	756	13
太仆寺旗	1074	124	1559	129	5
镶黄旗	1080	219	2501	265	9
正镶白旗	1250	186	3143	337	15
正蓝旗	11183	1061	10465	854	34
阿拉善左旗	1201	125	1101	160	10
阿拉善右旗	855	134	1168	74	8
额济纳旗					
辽宁省	**119319.00**	**11828.00**	**164611.00**	**12338.00**	**219.00**
康平县	9598	2041	16875	427	16
阜新蒙古族自治县	21869	2140	38939	3376	38
彰武县	15874	1826	22902	1728	27
建平县	29436	2266	33019	2442	40
喀喇沁左翼蒙古族自治县	13434	1054	23731	2163	30
北票市	29108	2501	29145	2202	68
吉林省	**122924**	**12586**	**193455**	**17840**	**188**
双辽市	15417	1250	26949	2110	17
前郭尔罗斯蒙古族自治县	21103	2359	34083	2896	25

医院、卫生院床位数（张）	卫生技术人员（人）	城镇居民最低生活保障人数（人）	城镇居民最低生活保障支出（万元）	农村居民最低生活保障人数（人）	农村居民最低生活保障支出（万元）
124	290	4046	1761.30	742	290.60
165	292	2619	1116.40	2130	567.50
1591	2108	2362	1120.50	1450	394.70
358	469	16999	8011.50	31482	6602.80
1099	1359	5638	2376.70	4965	1031.40
332	435	6830	2933.30	17558	3350.90
226	300	5486	2142.20	10150	1774.70
230	258	8810	3049.30	5977	1679.60
302	472	6010	2232.50	25988	5745.00
514	508	6208	2798.20	24145	5209.20
1098	1446	6665	3683.00	24936	6097.20
1058	1363	4610	1828.30	35431	6834.30
878	894	8543	3437.00	21150	4225.70
662	792	8546	3244.80	37561	6528.70
748	2093	7535	2934.20	29370	5125.40
186	290	7219	3778.90	1127	650.90
115	239	1419	639.00	1740	637.00
150	371	909	458.00	1487	356.70
289	514	3258	1891.20	4408	1207.90
230	358	4004	2411.30	3043	1572.40
232	453	4435	2184.60	3358	1244.50
130	256	4500	1820.50	19300	4188.30
143	255	1620	831.00	2131	858.00
205	302	2141	975.70	6810	1469.90
745	1309	2978	1496.10	5415	1808.00
97	197	3084	1486.50	2387	714.00
163	162	451	217.40	280	129.60
		957	434.90		
8949.00	**10257.00**	**69294**	**17606.90**	**121160**	**18167.40**
959	1125	4548	1200.80	14131	1838.60
1277	1652	4971	1450.00	38033	5158.00
1332	1717	2719	1150.00	16871	2413.00
1867	1951	8897	2591.40	18179	3038.20
1120	1802	10024	3244.00	14572	2495.40
2394	2010	38135	7970.70	19374	3224.20
10395	**13813**	**92114**	**29840.60**	**145399**	**21516.60**
1271	1887	9244	3384.60	11333	1921.20
1712	2821	7738	2443.90	16779	2895.30

11-1(二) 续表 2

地　区	普通中学在校学生（人）	普通中学专任教师（人）	普通小学在校学生（人）	普通小学专任教师（人）	医院、卫生院机构数（个）
长岭县	23875	1643	35901	2426	36
乾安县	9155	1545	14881	2608	17
镇赉县	14577	1098	18989	1720	17
通榆县	14251	2066	21361	1490	22
洮南市	15261	1296	23153	2200	24
大安市	9285	1329	18138	2390	30
黑龙江省	**254708**	**22557**	**279448**	**23734**	**290**
龙江县	12943	1455	30219	2178	27
泰来县	13574	1000	11693	450	18
甘南县	12287	1063	19395	1041	15
富裕县	11735	871	14603	937	19
虎林市	10289	658	7766	622	19
肇州县	14232	1118	19264	1594	22
肇源县	22049	2200	21709	2354	20
林甸县	8159	858	15274	1258	15
杜尔伯特蒙古族自治县	12034	1181	11103	1045	14
同江市	8105	668	11178	1007	15
兰西县	45733	3774	22179	2007	19
青冈县	21614	1465	18613	1850	19
明水县	10895	1022	16232	1874	22
安达市	9193	1936	21664	2280	21
肇东市	41866	3288	38556	3237	25
四川省	**352690**	**19925**	**724640**	**36222**	**1302**
汶川县	6984	612	4657	674	17
理县	1790	217	2506	390	14
茂县	6347	522	8115	681	26
松潘县	3482	308	5294	478	25
九寨沟县	4326	360	5249	418	20
金川县	3319	302	4144	480	25
小金县	4685	303	5314	469	23
黑水县	2274	162	5433	353	19
马尔康县	4049	412	3960	469	17
壤塘县	1573	86	4239	341	14
阿坝县	2140	108	10431	519	20
若尔盖县	5945	280	10225	536	19
红原县	2467	164	5428	396	13

医院、卫生院床位数（张）	卫生技术人员（人）	城镇居民最低生活保障人数（人）	城镇居民最低生活保障支出（万元）	农村居民最低生活保障人数（人）	农村居民最低生活保障支出（万元）
1324	1553	10593	3555.70	32026	4511.00
1140	1723	9975	3842.00	9633	1690.20
623	1142	13381	3869.90	16609	2251.50
1007	1256	10317	3415.80	17789	2646.10
1878	1770	16105	4922.30	19015	2652.90
1440	1661	14761	4406.40	22215	2948.40
12176	**17465**	**172463**	**53382.20**	**311856**	**39424.80**
1200	1059	8036	2334.40	16146	2100.90
670	640	6616	2044.00	8369	995.00
710	1220	7374	2095.00	9263	1199.20
1270	1108	7593	2139.80	14843	1835.10
976	963	14195	4081.30	9795	985.10
835	3596	14549	4196.00	18400	1654.00
910	736	16756	5359.00	15044	2259.00
382	956	7138	2260.60	13410	2385.30
354	271	7674	2159.90	9039	1458.10
349	481	8421	2877.90	16011	2219.10
1001	1104	13857	4357.00	52791	6270.00
1126	775	16281	4652.00	32229	4128.00
685	898	11086	3858.00	27575	3336.00
344	2100	13877	4657.00	25152	2896.00
1364	1558	19010	6310.30	43789	5704.00
21745	**22887**	**161111**	**36582.60**	**986094**	**88123.20**
441	434	4749	1153.90	9020	1099.90
167	192	1266	319.00	3858	445.70
413	468	14235	3251.40	5868	689.40
223	235	8529	2348.00	12305	1366.40
308	320	7124	1764.90	7835	847.10
253	282	1123	278.40	9457	1085.60
362	224	3275	760.00	14743	1692.40
220	167	1720	416.60	18307	2115.90
456	708	4236	1031.00	12086	1378.70
125	226	1291	363.60	19980	2286.80
204	229	2768	645.10	30794	3151.20
193	244	1616	375.90	11962	1343.20
164	232	1126	261.80	12426	1435.90

11-1(二) 续表 3

地　区	普通中学在校学生（人）	普通中学专任教师（人）	普通小学在校学生（人）	普通小学专任教师（人）	医院、卫生院机构数（个）
康定县	8203	566	10178	606	28
泸定县	6003	403	7236	528	15
丹巴县	3324	215	5735	453	18
九龙县	4144	212	8293	464	18
雅江县	2272	112	6032	332	19
道孚县	1325	97	5221	302	24
炉霍县	1771	122	5455	304	20
甘孜县	3819	224	6921	333	24
新龙县	1791	63	4598	396	25
德格县	3258	110	7940	439	28
白玉县	1385	64	4720	300	18
石渠县	2203	92	8126	420	25
色达县	2080	71	4117	246	19
理塘县	1652	101	7354	447	25
巴塘县	2915	253	5641	431	21
乡城县	1290	118	3762	274	14
稻城县	1267	91	3241	267	18
得荣县	1190	95	2520	242	13
西昌市	55956	2976	68272	3152	60
木里藏族自治县	5823	332	14912	879	31
盐源县	25804	1240	41830	1789	36
德昌县	12263	726	20783	984	25
会理县	27056	1370	34102	1720	53
会东县	22996	1030	40456	1533	55
宁南县	10396	609	17339	901	27
普格县	5721	312	26223	930	37
布拖县	4005	210	22422	971	31
金阳县	5375	289	23868	967	35
昭觉县	10523	477	35854	1490	48
喜德县	8625	383	29245	1196	27
冕宁县	22263	981	40185	1858	43
越西县	10182	634	41292	1510	43
甘洛县	9414	430	25605	1153	29
美姑县	6703	446	29123	1139	46
雷波县	10312	635	31044	1062	52

医院、卫生院床位数（张）	卫生技术人员（人）	城镇居民最低生活保障人数（人）	城镇居民最低生活保障支出（万元）	农村居民最低生活保障人数（人）	农村居民最低生活保障支出（万元）
922	1037	4474	871.00	12348	1143.00
261	393	3617	754.40	13951	1320.40
184	255	1455	374.00	11782	1213.00
167	229	1200	306.00	10020	945.00
107	194	1802	417.00	12653	1220.00
159	222	1543	312.00	14939	1404.00
188	205	1271	389.00	11102	1070.00
202	288	1472	443.00	20286	1942.00
105	211	1293	346.00	11085	1021.00
114	154	1401	312.00	17616	1669.00
205	217	792	256.60	10200	966.00
131	238	1412	386.00	37205	3859.00
92	154	783	187.00	12856	1013.90
120	250	1171	260.00	15740	1500.00
161	236	764	275.00	11000	1050.00
115	175	941	246.00	7404	704.00
103	172	1171	276.00	7843	720.00
88	141	703	200.00	7393	718.00
4520	5291	9193	1987.90	16776	1341.60
367	311	3885	881.70	30730	2895.70
759	555	5602	1072.00	54890	4193.00
989	777	2954	606.10	12177	864.00
1302	1201	9134	2012.00	21738	1752.00
980	645	9430	1788.00	27775	2046.00
642	603	3140	681.60	17569	1421.70
394	348	3852	905.00	25811	2052.20
330	336	3872	801.00	34598	2998.00
556	346	2846	622.00	35148	3203.00
492	403	4673	1100.20	55492	3464.90
365	440	4440	925.00	37997	3158.60
1004	854	3147	749.00	33542	3381.60
690	688	6339	1235.00	44279	3278.00
518	531	2079	456.10	38038	3078.70
405	371	2169	378.20	47108	3363.90
479	455	4033	801.20	38362	3213.80

11-1(二) 续表 4

地 区	普通中学在校学生（人）	普通中学专任教师（人）	普通小学在校学生（人）	普通小学专任教师（人）	医院、卫生院机构数（个）
云南省	**13868**	**1110**	**28484**	**2271**	**36**
香格里拉县	5335	535	12416	962	13
德钦县	2215	237	4005	473	9
维西傈僳族自治县	6318	338	12063	836	14
西藏自治区	**55148**	**3142**	**131944**	**7313**	**509**
林周县	2100		4658		
当雄县	2150	154	4929	281	8
昌都县	2036	118	8497	401	1
江达县	3902	164	7405	299	12
贡觉县	2110	324	3936	236	52
类乌齐县	2196	89	5343	295	10
丁青县	3673	110	7869	336	14
察雅县	3082	127	5959	387	14
八宿县	2019	107	4605	259	15
曲松县	767	63	1327	101	8
措美县	663	49	1105	132	20
错那县	586	64	990	85	21
浪卡子县	1919	131	3797	235	99
昂仁县	2177	163	5757	297	20
谢通门县	1937	163	3997	309	20
康马县	750	80	2193	156	9
仲巴县	1313	73	2588	189	14
亚东县	399	51	947	98	7
萨嘎县	885	172	1546	128	9
岗巴县	396	54	1017	98	6
那曲县	2400	134	9900	530	12
嘉黎县	1328	83	3720	1	12
比如县	2370	109	5875	14	13
聂荣县	1963	99	4302	220	15
安多县	2428	125	4584	237	14
申扎县	1204	76	2136	1423	10
索县	1800	88	5100	268	14
班戈县	1687	89	4079	89	11
巴青县	1347	108	4190	267	13
尼玛县	1508	107	3541	159	11

医院、卫生院床位数（张）	卫生技术人员（人）	城镇居民最低生活保障人数（人）	城镇居民最低生活保障支出（万元）	农村居民最低生活保障人数（人）	农村居民最低生活保障支出（万元）
919	**839**	**18547**	**3068.70**	**112762**	**12676.60**
470	290	9676	1649.00	42402	4604.90
192	195	2969	713.90	20355	2304.00
257	354	5902	705.80	50005	5767.70
3153	**2626**	**13711**	**6629.80**	**171348**	**16973.40**
71		1209	356.90	4609	562.60
80	12	708	136.70	4326	212.00
192	134	1059	497.00	8446	710.60
98		278	138.80	9370	899.00
140	95	225	80.30	6529	536.20
99		213	102.10	5803	542.60
125	58	136	55.50	8993	920.70
152		200	112.70	7828	716.70
57	111	136	67.90	6179	570.90
46	72	138	42.10	1620	205.20
29	47	324	24.70	1680	200.70
52	43	84	32.50	2089	249.60
45	94	206	85.50	4015	479.60
170	80	267	467.70	8956	408.80
192	108	230	350.00	7435	573.50
78	143	130	270.60	2744	325.10
195	116	231	210.40	3323	123.30
51	20	660	276.90	1304	254.10
70	80	531	323.40	2354	345.20
42	139	164	150.60	1466	368.50
83	96	1923	711.50	10832	1241.00
95	39	375	155.00	4302	389.50
84	117	676	283.90	7876	702.70
91	69	410	169.50	5620	568.20
104	74	579	234.30	5193	556.30
63	202	324	128.90	3136	281.80
50	101	174	69.90	5570	536.70
40	60	647	267.40	5637	581.40
77	94	220	90.90	5315	489.00
117	60	309	190.90	4577	436.70

11-1(二) 续表 5

地 区	普通中学在校学生（人）	普通中学专任教师（人）	普通小学在校学生（人）	普通小学专任教师（人）	医院、卫生院机构数（个）
普兰县	430	31	861	81	4
札达县	292	24	652	63	1
噶尔县	924		1575	81	
日土县	391		1211		7
革吉县	630	46	1515	123	24
改则县	1082	69	3041	178	7
措勤县	800	52	1763	114	7
工布江达县	967		2951		11
甘肃省	**258313**	**18163**	**266716**	**20940**	**366**
永登县	29657	2258	28508	2549	21
永昌县	16858	1104	15933	1146	12
靖远县	43127	3014	30545	3004	21
民勤县	24414	1720	14731	1439	32
天祝藏族自治县	13654	1167	12371	1533	25
肃南裕固族自治县	1478	200	2101	228	23
山丹县	10472	682	11863	926	18
瓜州县	10354	631	11418	725	17
肃北蒙古族自治县	643	90	717	109	7
阿克塞哈萨克族自治县	540	58	767	63	4
环县	25591	1749	26429	1821	22
华池县	7520	579	8737	780	24
漳县	14054	871	16833	999	15
岷县	27516	1899	40584	1806	24
合作市	8885	569	8751	727	35
卓尼县	9017	548	11109	783	20
迭部县	4017	352	5854	620	14
玛曲县	2662	174	6352	432	10
碌曲县	2827	198	4344	537	7
夏河县	5027	300	8769	713	15
青海省	**98607**	**6272**	**205551**	**9426**	**342**
门源回族自治县	9357	561	14829	684	17
祁连县	3132	196	4393	237	10
海晏县	3126	277	3790	240	7
刚察县	1401	104	4106	236	9
同仁县	6872	359	10126	660	13

医院、卫生院床位数（张）	卫生技术人员（人）	城镇居民最低生活保障人数（人）	城镇居民最低生活保障支出（万元）	农村居民最低生活保障人数（人）	农村居民最低生活保障支出（万元）
35	28	70	45.50	1358	239.20
29	45	43	26.90	1014	157.70
236		77	52.50	1175	173.80
51		46	44.80	1348	186.80
53	36	108	63.40	2535	341.00
93	180	249	124.90	3537	396.70
90	105	76	50.40	2278	323.10
53	96	276	136.90	976	166.90
10613	**11041**	**99875**	**27694.10**	**610238**	**68771.20**
1768	180	4524	1509.80	33282	3819.10
686	1757	7308	2184.00	9249	1030.50
943	1549	7900	2077.00	65445	7409.00
658	835	7879	1968.60	28073	2958.00
711	927	9505	2340.40	55274	6135.20
404	225	1950	637.60	4520	564.10
1000	851	10117	2997.00	17455	1864.00
452	496	3113	1194.10	50238	6278.40
123	51	804	359.00	699	101.90
82	75	995	340.60		
640	696	3749	1083.00	86077	9726.00
670	445	3565	1026.00	18976	2401.00
378	337	4276	902.00	51945	5875.00
1100	922	7732	1965.00	101383	11145.00
54	285	12308	3074.00	8784	838.00
261	382	3889	1099.00	27203	3057.00
100	139	2882	862.00	12803	1305.00
218	278	1831	590.00	10110	988.00
195	220	1312	362.00	7463	777.00
170	391	4236	1123.00	21259	2499.00
7029	**6539**	**110494**	**36827.70**	**171483**	**29252.40**
241	288	7535	2741.60	11493	2275.60
158	222	2600	960.60	3733	739.10
285	149	2862	1040.70	1895	375.20
164	176	3598	1293.00	2679	530.40
58	192	5655	1742.80	8270	1874.70

11-1(二) 续表 6

地 区	普通中学在校学生（人）	普通中学专任教师（人）	普通小学在校学生（人）	普通小学专任教师（人）	医院、卫生院机构数（个）
尖扎县	3562	51	5010	47	16
泽库县	3234	171	8919	400	12
河南蒙古族自治县	1701	86	3827	187	8
共和县	9835	628	12012	761	16
同德县	3120	289	8093	288	9
贵德县	7424	785	9041	244	9
兴海县	2342	142	8183	331	9
贵南县	3753	290	7812	457	9
玛沁县	1975	303	6327	134	9
班玛县	1266	38	3013	176	14
甘德县	1084	45	3647	155	10
达日县	1343	80	3123	277	12
久治县	1150	95	2925	235	7
玛多县	923	22	1463	98	5
玉树县	3104	142	14544	448	9
杂多县	1795	94	7081	180	11
称多县	2231	99	6869	297	12
治多县	1029	61	5002	169	10
囊谦县	1988	98	10485	436	13
曲麻莱县	1177	30	4480	158	29
格尔木市	11291	502	19261	748	15
德令哈市	3359	208	6133	354	9
乌兰县	2154	255	2409	253	7
都兰县	2628	222	6306	398	14
天峻县	1251	39	2342	138	12
宁夏回族自治区	**63250**	**4253**	**110152**	**6163**	**51**
盐池县	10088	838	13569	1133	10
同心县	27110	1608	41252	2158	13
海原县	26052	1807	55331	2872	28
新疆维吾尔自治区	**236318**	**27335**	**358814**	**33986**	**524**
乌鲁木齐县	3972	220	3811	373	10
哈密市	28068	2172	25974	2142	30
巴里坤哈萨克自治县	3320	396	4811	699	16
伊吾县	1052	217	1483	179	7
奇台县	12930	1086	11652	1341	17

医院、卫生院床位数（张）	卫生技术人员（人）	城镇居民最低生活保障人数（人）	城镇居民最低生活保障支出（万元）	农村居民最低生活保障人数（人）	农村居民最低生活保障支出（万元）
265	211	1715	536.10	6600	932.80
126	173	1860	628.20	8100	1271.40
162	208	1231	381.90	3860	600.00
851	658	10560	3708.10	7900	1329.50
210	283	3635	912.40	5100	873.80
690	283	5072	1743.30	8400	1441.10
243	138	3509	1164.90	5883	1013.30
390	194	9155	2556.50	5800	988.40
75	118	2957	813.00	3150	490.10
52	110	1213	366.80	2900	457.40
80	112	1193	416.00	3350	537.70
91	112	852	263.30	3350	536.90
80	127	611	230.80	3000	471.00
49	61	1242	437.20	2250	354.80
58	119	4517	1673.00	19864	3244.00
125	81	3297	1222.00	7456	1218.00
165	256	4217	1562.00	10301	1683.00
120	15	3506	1299.00	5251	863.00
180	207	1737	643.00	13193	2155.00
96	126	1150	453.00	4870	715.00
1040	1181	8162	2658.70	1272	325.30
399	322	9689	2963.60	2849	471.60
180	175	2457	809.20	2032	348.90
289	181	3205	1125.30	5084	860.40
107	61	1502	481.70	1598	275.00
2227	**2312**	**32480**	**10115.90**	**88742**	**12116.50**
569	345	4312	1919.90	10686	1717.40
708	935	20407	5320.00	36814	4722.10
950	1032	7761	2876.00	41242	5677.00
18941	**18686**	**270817**	**69616.70**	**298427**	**36613.00**
75	191	681	208.80	3434	456.20
2154	2818	11048	3750.00	13836	2300.00
260	338	3525	1284.00	9256	1465.80
205	128	1064	390.30	1501	211.80
846	860	4578	1219.30	3314	608.70

11-1(二) 续表 7

地 区	普通中学在校学生（人）	普通中学专任教师（人）	普通小学在校学生（人）	普通小学专任教师（人）	医院、卫生院机构数（个）
木垒哈萨克自治县	3658	317	4683	932	14
博乐市	10715	2853	13583	1530	16
精河县	6725	639	9385	911	10
温泉县	1727	374	3566	592	9
尉犁县	3921	378	5702	500	8
且末县	3543	344	4611	577	15
和静县	7280	614	10711	966	19
和硕县	3050	314	4304	537	9
温宿县	11976	1197	18845	1510	22
沙雅县	11521	1261	24469	1391	16
阿克陶县	12079	1451	21784	1969	18
阿合奇县	1732	196	4669	418	8
乌恰县	2004	270	4827	649	12
塔什库尔干塔吉克自治县	2487	151	4348	278	17
民丰县	2037	376	2881	373	8
巩留县	7131	789	16400	1607	18
新源县	19031	1331	26257	1938	29
昭苏县	9502	754	13046	911	16
特克斯县	8211	753	16507	1524	12
尼勒克县	8233	852	15223	1298	16
塔城市	5062	696	10062	968	12
额敏县	8863	690	11813	999	22
托里县	5557	621	8798	944	12
裕民县	2341	412	3921	592	20
和布克赛尔蒙古自治县	2653	317	3859	611	15
阿勒泰市	4999	746	11175	1415	19
布尔津县	3421	682	5776	433	8
富蕴县	4897	1114	8855	910	11
福海县	3324	1575	4930	794	10
哈巴河县	4301	451	7824	279	7
青河县	3207	449	5388	530	9
吉木乃县	1788	277	2881	366	7

医院、卫生院床位数（张）	卫生技术人员（人）	城镇居民最低生活保障人数（人）	城镇居民最低生活保障支出（万元）	农村居民最低生活保障人数（人）	农村居民最低生活保障支出（万元）
366	142	2783	867.80	2500	380.20
928	1584	17957	3991.50	7625	543.60
508	587	7611	1726.90	3271	425.10
211	236	6490	1879.80	3896	429.10
356	288	4101	1100.00	4801	556.20
489	327	6055	1474.00	8199	1092.00
596	457	6611	1906.50	9412	1212.10
317	138	3471	894.40	2601	285.60
737	482	10927	2666.00	15919	943.60
638	760	8651	2083.40	9591	982.40
781	716	10698	3397.70	23083	3087.20
220	417	12996	2037.70	15236	1071.90
385	354	8470	2160.70	8007	1121.50
206	198	2920	790.00	13231	1654.70
276	214	2070	628.40	3274	472.30
590	490	8703	1875.40	9322	959.70
1014	603	7667	2057.70	6930	910.80
636	557	8677	1757.50	10223	1050.50
503	288	8447	2578.90	11457	1503.60
632	537	9430	2498.90	12023	1616.00
408	529	10845	2739.20	7552	727.80
376	1016	12468	2966.60	12152	1590.20
310	416	5415	1332.00	5311	634.20
457	180	3666	889.70	3958	559.20
601	442	5819	1362.40	4415	717.00
1116	546	17745	4639.50	12158	1279.30
299	493	6164	1724.40	4684	673.50
392	391	7706	2170.30	7851	980.90
357	264	7325	1629.50	6059	738.60
346	305	6719	1518.40	5184	1004.60
230	215	6269	1892.90	10730	1446.20
120	179	5045	1526.20	6431	920.90

民族乡镇

1-1 全国民族乡镇基本情况

年份	民族乡（个）	#实际汇总数	年末总人口（万人）	#少数民族人口	农业总产值（亿元）	工业总产值（亿元）	粮食总产量（万吨）	财政收入（万元）	人均纯收入（元）
1991	1246	1031	1250.92	597.32	91.93	87.13	1195.85	396135	
1992	1260	1153	1933.72	770.83	128.22	89.90	719.58	63573	
1993	1262	1238	1759.87	868.28	157.20	187.99	1120.81	103445	
1994	1711	1258	1710.63	860.64	206.01	257.88	1511.17	94085	
1995	1267	1263	1729.24	878.93	282.15	348.92	1408.46	112923	
1996	1272	1264	1714.58	889.13	326.34	451.45	953.93	141068	
1997	1256	1207	1676.70	1011.90	382.20	547.90	2246.70	213727	
1998	1252	1249	1690.90	894.64	382.96	561.72	957.88	259527	
1999	1252	1248	1738.64	901.89	521.12	543.93	751.81	310977	1466
2000	1231	1247	1851.20	947.70	415.32	595.45	901.05	191942	1674
2001		1204	1769.59	900.31	316.89	388.90	873.52	184372	1510
2002	1190	1190	1745.18	894.94	386.73	432.13	832.92	221046	1611
2003	1173	1165	1716.13	883.20	398.29	520.42	792.69	235592	1740
2004	1159	1151	1731.21	899.91	462.84	607.36	943.47	286062	2148
2005	1159	1123	1754.05	891.21	516.15	714.99	1092.77	368015	2361
2006	1125	1125	1767.66	905.81	594.21	902.16	1067.36	414099	2648
2007	1131	1123	1800.32	923.76	827.18	1132.60	1076.59	495824	3092
2008	1135	1135	1815.38	935.07	898.62	1344.95	1161.39	682219	3420
2009	1140	1140	1830.82	943.05	932.41	1464.63	1160.58	693493	4028
2010	1137	1137	1863.43	962.30	909.96	1795.83	1233.64	819400	4526
2011	1132	1132	1890.16	972.29	949.35	1805.84	1233.77	863904	5229
2012	1120	1120	1851.80	957.78	1115.71	2048.44	1296.20	1105110	6184

2-1 全国分地区民族乡镇基本情况(2012年)

地区	民族乡镇数(个)	#民族镇	#民族苏木	行政区划面积(平方公里)	年末总人口(万人)	#少数民族
合计	**1120**	**40**	**1**	**271109**	**1851.80**	**957.78**
北京	5			621	6.93	1.96
天津	1			25	0.68	0.22
河北	52			5477	90.39	36.79
内蒙古	18		1	29257	22.97	6.72
辽宁	63			8764	106.22	62.47
吉林	33	5		7266	63.85	19.40
黑龙江	66	11		25524	108.52	44.81
江苏	1			54	2.34	0.70
浙江	18	4		1244	19.54	4.26
安徽	9			428	19.66	6.16
福建	19			2120	43.37	14.50
江西	8			1083	10.61	2.83
山东	4	3		216	15.06	3.04
河南	21	9		431	76.78	18.26
湖北	12	2		2388	28.35	15.77
湖南	99	1		9351	115.73	82.25
广东	7			1374	8.06	3.61
广西	58			15516	108.68	77.61
重庆	14			1419	16.61	6.95
四川	98			16765	75.29	34.50
贵州	250			25488	522.50	269.94
云南	149	2		43682	297.26	181.34
西藏	9			2342	0.93	0.56
陕西	3	3		746	3.77	1.13
甘肃	33			17420	32.12	20.86
青海	28			5547	21.92	14.15
新疆	42			46560	33.65	26.96

2-2 全国分地区民族乡镇村民委员会情况(2012年)

地 区	村民委员会(个)	#已通公路的村	#已通自来水的村	#已通电的村	#已通电话的村	#已通邮的村
合 计	**11254**	**10888**	**8137**	**11082**	**10495**	**8986**
北 京	62	62	62	62	62	62
天 津	13	13	11	13	13	13
河 北	673	667	562	673	671	670
内蒙古	186	189	87	183	188	177
辽 宁	614	613	338	614	614	614
吉 林	395	385	262	395	392	395
黑龙江	548	548	448	548	548	548
江 苏	6	6	6	6	6	6
浙 江	259	259	258	259	259	259
安 徽	64	69	33	69	69	69
福 建	321	321	308	321	321	321
江 西	71	71	51	71	71	71
山 东	128	128	122	128	128	128
河 南	206	206	169	206	206	206
湖 北	193	193	142	193	193	192
湖 南	1251	1216	576	1249	1196	1162
广 东	50	50	49	50	50	48
广 西	585	581	420	585	582	556
重 庆	99	99	65	99	99	75
四 川	629	601	389	625	553	465
贵 州	2809	2627	1933	2687	2300	1018
云 南	1142	1109	1047	1138	1137	1123
西 藏	27	27	27	25	26	20
陕 西	29	29	29	29	25	29
甘 肃	304	285	257	306	295	271
青 海	346	306	285	311	261	274
新 疆	244	228	201	237	230	214

3-1 全国分地区民族乡镇乡镇企业情况(2012年)

地　区	乡镇企业个　数(个)	乡镇企业从业人员(万人)	乡镇企业总产值(万元)	#工业企业总产值(万元)	乡镇企业年净利润总额(万元)
合　计	**74013**	**91.03**	**30948223**	**20484391**	**2361467**
北　京	707	1.96	798017	442108	22299
天　津	160	0.08	5600	5300	200
河　北	15077	12.48	4456188	3121693	476299
内蒙古	418	0.93	216464	180148	212291
辽　宁	5736	8.20	9170843	4096162	319472
吉　林	3108	4.34	1280750	825255	131859
黑龙江	4147	4.33	1097987	871293	68497
江　苏	419	0.90	1275000	1099000	83400
浙　江	1788	1.44	312842	308586	22911
安　徽	555	0.68	142049	115567	11968
福　建	5645	5.09	1987211	1811783	65747
江　西	819	1.35	485034	466150	30208
山　东	354	1.58	1688993	1538063	23652
河　南	4489	11.08	2042024	1244539	94628
湖　北	1259	1.92	492354	452576	30260
湖　南	3984	4.58	395089	274030	50015
广　东	207	0.19	103769	62261	10893
广　西	5548	4.42	392893	282561	47235
重　庆	130	0.26	41054	19719	9295
四　川	1251	2.65	686089	613059	96983
贵　州	2279	11.95	1850258	1270388	357093
云　南	12491	8.29	1562322	1101673	147284
西　藏	2		838		374
陕　西	1238	0.14	49434	37065	5132
甘　肃	1653	1.06	150180	98039	10048
青　海	153	0.14	7869	4447	2422
新　疆	396	1.00	257073	142927	31003

4-1 全国分地区民族乡镇农业基本情况(2012年)(一)

地　　区	农业机械总动力(万千瓦)	农　村用电量(万千瓦时)	年末实有耕地面积(公顷)	有效灌溉面积(公顷)	农作物总播种面积(公顷)	#粮食播种面　积
合　　计	**2060**	**385968**	**2424592**	**842402**	**3332056**	**2406750**
北　　京	3	19471	5479	3741	5793	4193
天　　津	1	402	400	209	273	216
河　　北	320	62818	83584	52769	98401	81432
内 蒙 古	60	2904	376318	38621	228311	171971
辽　　宁	135	55812	178857	44095	190096	150614
吉　　林	152	22131	173683	70623	176464	157428
黑 龙 江	209	24666	496465	155064	496801	449952
江　　苏	1	6448	1961	1961	1961	1919
浙　　江	10	7398	9555	6536	18797	10175
安　　徽	33	5979	16704	13899	35618	26056
福　　建	10	48710	21851	13639	38764	22201
江　　西	3	2249	4273	3867	9131	6800
山　　东	150	4724	11517	11181	18251	15423
河　　南	212	9348	21280	19549	47562	32396
湖　　北	173	5274	25019	8117	52534	31998
湖　　南	44	13766	64928	47578	126543	78715
广　　东	3	1217	5790	2807	8893	4958
广　　西	96	6152	76886	32437	122715	83131
重　　庆	5	1401	19341	5262	33220	21447
四　　川	34	10495	60008	20601	122625	86390
贵　　州	155	34862	271435	72527	689574	471157
云　　南	147	32185	281534	80718	581888	360929
西　　藏	2	43	744	701	749	591
陕　　西	1	143	3698	685	4728	3330
甘　　肃	36	2938	56048	15522	60309	40979
青　　海	26	488	36125	6929	38179	17329
新　　疆	40	3945	121109	112761	123873	75019

4-1 全国分地区民族乡镇农业基本情况(2012年)(二)

地　区	农林牧渔业总产值（万元）	粮食产量（吨）	肉类总产量（吨）
合　计	**11157100**	**12961967**	**2005730**
北　京	38094	25630	8941
天　津	9000	712	501
河　北	834985	538468	120045
内蒙古	279005	759708	65661
辽　宁	1206452	1111558	320569
吉　林	608420	1222093	129603
黑龙江	1243497	3155473	132474
江　苏	47660	28216	7559
浙　江	114963	54339	10813
安　徽	175000	5979	19377
福　建	270692	134563	20514
江　西	39979	39198	5302
山　东	124291	153004	35181
河　南	192850	209660	41714
湖　北	212867	146652	34638
湖　南	689511	676611	110873
广　东	46525	23744	4210
广　西	619221	417042	86191
重　庆	132584	82672	14790
四　川	462659	370404	105734
贵　州	1305837	1549802	245621
云　南	1775432	1434704	365983
西　藏		3413	1882
陕　西	22868	12501	2020
甘　肃	82892	153478	18345
青　海	90790	86082	15946
新　疆	531028	566259	81242

5-1 全国分地区民族乡镇财政收支和人均纯收入情况(2012年)

地　区	财政收入（万元）	财政支出（万元）	人均纯收入（元）
合　计	**1105110**	**947051**	**6184**
北　京	44768	45239	16714
天　津	927	927	12486
河　北	135046	44507	5074
内蒙古	22417	16891	6721
辽　宁	111561	100299	7995
吉　林	53256	48920	7915
黑龙江	47678	48150	10439
江　苏	18228	18115	18573
浙　江	20781	19324	7885
安　徽	5076	5979	7557
福　建	43980	39444	7802
江　西	34647	10977	7938
山　东	15119	7734	7488
河　南	29770	31880	6391
湖　北	14376	12833	5629
湖　南	33057	34049	2745
广　东	4019	3974	6322
广　西	19735	24338	3697
重　庆	13649	12986	6270
四　川	55155	53277	6100
贵　州	192342	174614	4336
云　南	133452	139971	4168
西　藏	500	496	6635
陕　西	92	630	6217
甘　肃	11673	11496	3279
青　海	7028	3711	5452
新　疆	36778	36291	9062

6-1　全国分地区民族乡镇教育情况(2012年)

地　区	学校总数（所）	在校学生数（人）	教师总数（人）
合　计	**7541**	**2048459**	**139707**
北　京	15	10492	927
天　津	3	560	55
河　北	328	69049	5941
内蒙古	44	9570	1692
辽　宁	294	82110	7587
吉　林	196	44688	5379
黑龙江	236	55340	7081
江　苏	3	1674	170
浙　江	23	10424	846
安　徽	64	17230	1293
福　建	112	48710	2910
江　西	60	11145	678
山　东	38	15626	1091
河　南	194	156647	9438
湖　北	57	24090	1776
湖　南	393	83772	6511
广　东	13	5113	523
广　西	668	107405	9104
重　庆	44	12744	862
四　川	268	81973	4798
贵　州	2432	711127	37639
云　南	1514	391091	24456
西　藏	7	1912	182
陕　西	20	3061	300
甘　肃	250	40167	2589
青　海	156	20197	1532
新　疆	109	32542	4347

7-1 全国分地区民族乡镇文化情况（2012年）

地　　区	图书馆	文化站	村文化活动室
合　　计	**994**	**1178**	**9339**
北　　京	4	5	69
天　　津		1	13
河　　北	65	54	495
内 蒙 古	10	29	114
辽　　宁	55	63	529
吉　　林	46	33	334
黑 龙 江	98	82	425
江　　苏	1	1	8
浙　　江	40	20	225
安　　徽	25	9	61
福　　建	24	21	276
江　　西	6	8	67
山　　东	7	8	73
河　　南	42	24	133
湖　　北	6	12	152
湖　　南	116	105	934
广　　东	5	7	44
广　　西	58	58	411
重　　庆	17	14	93
四　　川	36	108	559
贵　　州	99	251	2311
云　　南	56	147	1296
西　　藏	9	5	24
陕　　西	21	3	30
甘　　肃	27	35	230
青　　海	28	24	227
新　　疆	93	51	206

8-1 全国分地区民族乡镇卫生情况（2012年）

地 区	医院、卫生院			村卫生室	
	个 数（个）	医生数（人）	病床数（张）	个 数（个）	医生数（人）
合 计	**1271**	**17647**	**24769**	**10333**	**13019**
天 津	1	6	17	11	12
河 北	68	930	1463	741	936
内蒙古	23	228	284	146	203
辽 宁	66	716	1767	718	852
吉 林	43	633	845	398	580
黑龙江	79	1049	1591	549	708
江 苏	1	29	28	6	27
浙 江	24	198	244	80	87
安 徽	11	154	299	69	138
福 建	19	157	389	340	317
江 西	9	117	146	88	114
山 东	5	158	172	79	169
河 南	49	4196	3355	197	295
湖 北	14	502	552	180	228
湖 南	108	1055	1609	891	927
广 东	7	53	107	50	51
广 西	78	1034	1572	661	787
重 庆	15	161	254	108	143
四 川	104	759	1146	444	548
贵 州	259	2379	3683	2667	2701
云 南	158	1883	3614	1147	2396
西 藏	9	30	46	21	38
陕 西	4	58	72	32	32
甘 肃	45	401	490	204	215
青 海	29	216	268	295	275
新 疆	43	545	756	211	240

9-1 全国分地区民族乡镇农业科技情况(2012年)

地　区	农业科技与服务单位数	中高级农业技术人员数
合　计	**2118**	**7455**
北　京	4	19
天　津	2	7
河　北	135	343
内蒙古	19	73
辽　宁	252	740
吉　林	155	664
黑龙江	91	404
江　苏	7	24
浙　江	32	120
安　徽	18	35
福　建	39	108
江　西	19	68
山　东	27	96
河　南	138	363
湖　北	28	90
湖　南	172	378
广　东	13	18
广　西	67	272
重　庆	17	80
四　川	110	213
贵　州	335	1340
云　南	256	1566
西　藏	4	10
陕　西	3	13
甘　肃	88	167
青　海	34	53
新　疆	53	191

10-1 全国各民族乡镇基本情况(2012年)

民族乡镇名称	村民委员会(个)	年末实有耕地面积(公顷)	年末总人口(人)	#少数民族	乡镇企业总产值(万元)	农林牧渔业总产值(万元)
北京市						
朝阳区常营回族乡			22669	7767	211330	1480
通州区于家务回族乡	23	59026	24566	3120	309221	21170
密云县檀营满族蒙古族乡			4987	1343		
怀柔区喇叭沟门满族乡	15	11850	7003	3011	58543	8355
怀柔区长哨营满族乡	24	11316	10046	4390	218923	7089
天津市						
蓟县孙各庄满族乡	13	6007	6755	2155	5600	9000
河北省						
石家庄市新乐市彭家庄回族乡	8	21798	21589	6179	337859	31031
石家庄市藁城市九门回族乡	13	42358	44386	6011	702960	59952
石家庄市无极县高头回族乡	15	36810	38507	15144	39487	44365
唐山市遵化市汤泉满族乡	10	12795	9148	7318	25890	6027
唐山市遵化市西下营满族乡	14	12600	11563	5235	18000	7807
唐山市遵化市东陵满族乡	27	38700	23508	14255	119512	13179
邯郸市邱县陈村回族乡	5	12975	6410	5675	37655	15324
邯郸市大名县营镇回族乡	17	19200	16380	5076	10600	1800
保定市易县凌云册满族回族乡	19	38655	31067	9626	29490	31854
保定市定州市号头庄回族乡	17	62250	38459	13265	134268	66254
保定市涞水县娄村满族乡	22	22965	29163	15133	5825	10791
张家口市沽源县大二号回族乡	4	27705	3227	785	340	4925
张家口市怀来县王家楼回族乡	16	16860	8126	1918	23652	8869
廊坊市永清县管家务回族乡	12	20991	11679	3008	28935	14535
廊坊市文安县大围河回族满族乡	24	53040	31926	5683	386522	14426
承德市丰宁南关蒙古族乡	14	43260	18577	9660	21010	11034
承德市滦平县平坊满族乡	8	9380	7359	5257	9242	12492
承德市滦平县安纯沟门满族乡	11	13470	13362	10310	3309	13747
承德市滦平县五道营子满族乡	6	9300	4950	4307	2056	3933
承德市滦平县邓厂满族乡	3	2600	2695	2218	4421	4300
承德市滦平县马营子满族乡	10	8580	9773	6420	6648	10310
承德市滦平县付家店满族乡	6	4415	5620	2629	16368	12147
承德市滦平县小营满族乡	10	16005	14325	12955	555086	8273

粮食产量 (吨)	肉类总产量 (吨)	财政收入 (万元)	财政支出 (万元)	人均纯收入 (元)	学校数 (所)	在校学生数 (人)	教师数 (人)	医院、卫生院 (个)	医生数 (人)	病床数 (张)
		14009	10729	20639	6	7471	544	1	40	
18084	3154	16966	16966	14960	4	1722	179	1	19	50
		1405	2493		1	697	68			
2792	3909	4727	7303	14066	2	268	49	1	27	6
4753	1878	7661	7748	13990	2	334	87	1	10	9
712	501	927	927	12486	3	560	55	1	6	17
19172	7029	650	650	7960	9	1086	120	1	15	20
33289	5266	2230	2230	11670	12	3758	252	1	30	36
26723	4901	485	485	8903	8	1985	215	1	21	20
3294	681	649	693	6520	5	810	67	2	10	58
1463	685	447	447	6520	1	1054	65	1	11	10
8771	5146	1750	1750	6060	7	1678	114	2	38	88
805	6695	221	221	7210	1	664	42	1	12	28
4268	800	70	70	5050	6	2205	130	1	13	27
26183	7078	228	228	3353	2	1250	62	1	8	20
39693	3672	385	385	6718	10	2898	207	2	26	38
11569	983	309	309	2688	7	1412	155	1	15	14
985	160	122	122	2578	1	132	17	1	6	16
2595	830	780	780	5480	3	1141	129	1	4	10
9368	2206	925	925	7087	4	821	95	1	15	36
19425	2369	3709	773	7890	14	4033	291	2	39	46
7365	676	269	269	1301	15	1331	114	1	15	30
2056	4039	672	403	2320	3	189	36	1	5	10
3339	4770	1096	552	2950	6	658	58	1	22	13
1607	1891	351	310	2610	1	202	19	1	5	10
1181	414	376	204	2250	1	137	13	1	3	4
1640	2881	306	297	3170	1	401	42	1	15	9
1702	3580	480	271	3400	6	205	23	1	5	5
4830	955	56791	454	5204	5	719	57	2	24	15

10-1 续表 1

民族乡镇名称	村民委员会（个）	年末实有耕地面积（公顷）	年末总人口（人）	#少数民族	乡镇企业总产值（万元）	农林牧渔业总产值（万元）
承德市滦平县大屯满族乡	14	20180	20900	14040	77160	19080
承德市滦平县西沟满族乡	9	8815	7532	6040	6696	10318
承德市双滦区西地满族乡	10	16200	20683	7708	58200	5700
承德市承德县岗子满族乡	10	9480	8649	3280	7496	6984
承德市承德县两家满族乡	9	14415	10766	3892	7980	9059
承德市兴隆县八卦岭满族乡	8	6795	15040	11325	69105	18055
承德市兴隆县南天门满族乡	10	5820	7474	2148	30874	9507
承德市隆化县尹家营满族乡	11	18705	8830	5831	2170	11400
承德市隆化县庙子沟蒙古族满族乡	6	8870	6966	3562	700	7150
承德市隆化县偏坡营蒙古族乡	14	13100	13565	6328	4254	11241
承德市隆化县八达营蒙古族乡	12	17050	14180	8098	5810	13615
承德市隆化县太平庄满族乡	11	15665	12173	7531	6100	9870
承德市隆化县旧屯满族乡	11	16734	8062	6350	120	13576
承德市隆化县西阿超满族蒙古族乡	10	12900	12310	7386	1510	3000
承德市隆化县白虎沟蒙古族满族乡	6	12195	8881	7214	2000	7000
承德市平泉县柳溪满族乡	8	12480	12708	10125	20880	19193
承德市平泉县七家岱满族乡	4	9765	9471	5877	29070	12036
承德市平泉县平房满族蒙古族乡	13	24375	17626	16155	3600	8361
承德市平泉县茅兰沟满族蒙古族乡	10	29350	19909	9768	2300	22314
承德市平泉县郭杖子满族乡	10	19395	20526	16211	25000	17035
沧州市黄骅市羊二庄回族乡	48	75950	52762	6684	482210	37298
沧州市黄骅市新村回族乡	4		9687	1605	900	24511
沧州市河间市果子洼回族乡	20	26865	21326	6542	98184	11950
沧州市献县本斋回族乡	11	28875	14081	3881	220850	31129
沧州市沧县大褚村回族乡	26	54345	26061	4125	52700	28549
沧州市沧县杜林回族乡	39	58815	44703	3680	218741	24500
沧州市沧县李天木回族乡	14	101500	36944	3446	274234	10144
沧州市沧县捷地回族乡	16	36105	31268	6076	98500	18080
沧州市黄骅市杨三木回族乡	8	32308	9032	4967	129709	6955
内蒙古自治区						
莫力达瓦旗巴彦鄂温克民族乡	17	494224	17237	5338		
莫力达瓦旗杜拉尔鄂温克民族乡	10	248000	7734	1780	130	5900
鄂温克旗巴彦塔拉达斡尔民族乡	6	400000	2371	2204		

粮食产量（吨）	肉类总产量（吨）	财政收入（万元）	财政支出（万元）	人均纯收入（元）	学校数（所）	在校学生数（人）	教师数（人）	医院、卫生院（个）	医生数（人）	病床数（张）
6625	3842	803	528	3550	9	1360	126	2	25	29
3348	3907	692	441	2800	4	387	36	1	8	20
6320	1545	4993	934	4064	8	922	118	1	23	11
4714	1589	649	410	3060	1	462	26	1	5	16
4649	607	948	422	2889	1	470	34	1	8	19
1178	854	458	443	6551	3	927	50	1	9	18
1664	556	308	308	4910	2	454	37	1	9	15
8045	2074	596	512	4100	7	489	34	1	28	24
6381	1309	446	446	4000	5	350	29	1	20	20
13081	3250	561	561	4848	6	705	72	1	30	24
11750	2082	580	580	3720	9	782	66	1	23	21
8900	2030	413	413	4165	9	424	52	1	20	30
7445	1789	518	518	4061	2	410	60	1	11	10
7050	1700	500	500	3535	8	410	47	1	14	20
6695	1566	570	570	3733	5	432	43	1	18	12
6083	689	1736	285	5007	5	728	75	1	6	20
6038	390	2057	239	5300	5	501	60	1	6	10
10307	251	334	298	2068	13	1016	104	3	14	20
13543	545	669	296	4354	10	1543	117	2	11	24
11848	428	1830	410	6395	16	1878	150	2	7	12
30878	6180	18186	5265	9941	11	3779	404	3	50	51
		415	415	8567	2	2384	147	2	40	120
11104	1165	920	920	7278	3	1122	161	1	28	20
12514	3642	2670	2670	6806	6	1207	59	1	12	12
16179	2785	1259	1413	4600	11	1856	149	1	15	30
29771	1479	3736	3736	5878	15	3900	373	1	23	52
30933	2025	5123	4922	6600	11	3106	247	3	55	73
21658	3062	1459	2174	3080	8	7626	676	2	48	158
8444	997	8316	1050	9081	5	650	66	1	7	9
45733	731	841	841	5000	2	289	63	1	3	10
24800	2207	511	511	6500	1	208	57	1	3	6
	509	1324	1049	6000	1	27	12	1	7	8

10-1 续表 2

民族乡镇名称	村民委员会（个）	年末实有耕地面积（公顷）	年末总人口（人）	#少数民族	乡镇企业总产值（万元）	农林牧渔业总产值（万元）
扎兰屯市南木鄂伦春民族乡	6	180669	16761	2034	2700	270
扎兰屯市萨马街鄂温克民族乡	6	253995	8244	2629		11475
扎兰屯市达斡尔民族乡	6	186645	13381	3729		13460
阿荣旗查巴奇鄂温克民族乡	11	283208	11430	1678	170	20000
阿荣旗新发朝鲜族民族乡	7	225000	11712	1236	1700	8400
阿荣旗音河达斡尔鄂温克民族乡	8	270933	13100	2237	3405	
阿荣旗得力其尔鄂温克民族乡	9	294270	15812	2021	906	15368
根河市敖鲁古雅鄂温克民族乡	1	530915	1454	486	304	761
陈巴尔虎旗鄂温克苏木	7	200000	2603	1987		
额尔古纳市三河回族乡	17	750000	11168	4690	285	40000
额尔古纳市室韦俄罗斯民族乡	7	195000	2423	1108	734	4720
科右前旗满族屯满族乡	8	550000	4802	4792	750	8500
赤峰市松山区当铺地满族乡	25	420000	38672	13082	77380	150151
赤峰市喀喇沁旗十家满族乡	14	82982	27361	13012	128000	
乌盟凉城县曹碾满族乡	21	78930	23472	3124		
辽宁省						
沈阳市康平县柳树屯蒙古族满族乡	9	87200	15250	8212	1650	24500
沈阳市康平县沙金台蒙古族满族乡	11	94500	18035	13510	215	38110
沈阳市法库县四家子蒙古族乡	9	69450	16268	7809	18000	35000
沈阳市康平县东升满族蒙古族乡	10	94005	18329	7235	168000	36965
沈阳市康平县西关屯蒙古族满族乡	9	77000	15320	8931	1280	27000
大连市瓦房店市三台满族乡	10	53152	25787	10826	1172000	75650
大连市瓦房店市杨家满族乡	11	82095	23151	7560	500644	27578
大连市庄河市太平岭满族乡	6	4052	21556	4777	157680	35000
大连市庄河市桂云花满族乡	5	31095	19546	7235	168300	25005
抚顺市抚顺县拉古满族乡	10	39120	17265	4700	634184	15968
抚顺市抚顺县汤图满族乡	9	20298	7695	7265	28103	22708
本溪市桓仁县雅河朝鲜族乡	8	31860	19839	9941	140321	16126
锦州市义县聚粮屯满族乡	14	63058	20568	14300	3137010	2628
锦州市义县地藏寺满族乡	5	35625	7660	3545	68726	9835
锦州市义县留龙沟满族乡	10	36466	14031	9879	267800	7480
锦州市义县大定堡满族乡	8	26038	8269	4950	156400	11000
锦州市义县头台满族乡	9	33540	12128	7146	93400	16742

粮食产量（吨）	肉类总产量（吨）	财政收入（万元）	财政支出（万元）	人均纯收入（元）	学校数（所）	在校学生数（人）	教师数（人）	医院、卫生院（个）	医生数（人）	病床数（张）
29832	4059	1015	1071	9200	3	576	118	2	25	12
87628	17383	485	485	9028	1	376	58	1	8	12
84388	14678	710	710	9190	1	610	90	1	8	8
80431	8062	1020	1051	11280	2	569	104	1	6	8
51421	2120	3700	3700	8744				1	6	6
37424	2578	934	934	10950	2	632	159	1	17	20
109289	5127	950	946	10271	2	665	105	1	9	8
3544	148		410	7200	1	769	85	1	4	4
30671	3157	940	587	13157				1	5	12
70000	120	590	570	7000	3	1070	117	2	33	60
20100	573	460	320	12000	1	35	27	1	11	20
230	300	410	410	6800	1	430	82	1	18	10
66125	3864	4902	1805	9019	9	2352	390	3	41	48
29954		3586	1452	7068	14	962	225	2	23	30
4650	45	39	39	4500				1	1	2
31000	3800	350	350	9871	1	1035	138	1	20	20
42000	4600	1942	1942	9869	1	1980	213	1	22	25
26327	7165	1700	1700	11800	1	1450	132	1	10	20
40613	7982	2568	2568	10691	4	1197	107	1	10	20
30000	8000	3000	3000	10700	1	1148	133	1	16	20
22976	17165	9848	9789	16290	5	1095	106	1	22	30
24153	14086	4677	3710	13958	4	1004	144	1	29	68
19120	7620	5431	5431	9251	5	1143	120	1	15	30
10891	6080	3027	3027	8758	5	1438	167	2	12	40
19765	1447	10518	7427	9491	1	1138	117	1	3	14
7120	366	4037	2644	8296	1	443	57	1	8	12
10570	1972	4006	2000	9488	1	248	33	1	4	22
37533	9760	3832	2956	9358	5	3368	109	1	18	35
12128	2741	1750	1324	5160	6	375	66	1	5	20
21286	1650	1461	1045	5385	5	584	96	1	3	20
8437	3900	1900	1900	6100	1	480	45	1	6	20
9550	4931	4120	3132	9447	2	680	77	1	6	27

10-1 续表 3

民族乡镇名称	村民委员会（个）	年末实有耕地面积（公顷）	年末总人口（人）	#少数民族	乡镇企业总产值（万元）	农林牧渔业总产值（万元）
锦州市义县头道河满族乡	11	46305	14442	9997	219976	13000
锦州市黑山县镇安满族乡	22	103280	33465	19545	584900	87082
锦州市凌海市温滴楼满族乡	12	48420	18842	6615	286066	21000
阜新市彰武县西六家子蒙古族满族乡	10	92000	18324	10127	45000	20000
阜新市彰武县二道河子蒙古族乡	8	58395	13604	3991	53346	18768
辽阳市辽阳县吉洞峪满族乡	12	27705	20370	13118	119275	7820
辽阳市辽阳县甜水满族乡	14	36921	20998	17900	97100	14200
铁岭市开原市林丰满族乡	10	16700	10871	8655	7540	12150
铁岭市铁岭县白旗寨满族乡	9	23295	12372	5624	37230	12300
铁岭市西丰县成平满族乡	10	37074	13272	10082	18355	17084
铁岭市西丰县德兴满族乡	7	29821	10718	8585	31100	13680
铁岭市西丰县和隆满族乡	10	38138	17009	10852	21320	14896
铁岭市西丰县金星满族乡	9	43350	14637	9361	23235	21016
铁岭市西丰县明德满族乡	7	29817	10397	7110	5600	16200
铁岭市西丰县营厂满族乡	9	26484	10182	6717	17200	16863
铁岭市清河区聂家满族乡	10	42000	11431	9805	4700	10515
朝阳市北票市马友营蒙古族乡	9	55026	16253	3521	30842	12756
朝阳市北票市凉水河蒙古族乡	6	17400	6790	626	30500	3990
朝阳市建平县三家蒙古族乡	14	128110	28395	3845	66552	42850
朝阳市凌源县三家子蒙古族乡	17	40275	37169	2629	5686	36785
朝阳市朝阳县松岭门蒙古族乡	6	19500	10300	3010	115430	15896
朝阳市朝阳县乌兰河硕蒙古族乡	7	43650	10190	3057	400	23597
葫芦岛市绥中县西平坡满族乡	10	26970	19918	18700	13618	13870
葫芦岛市绥中县范家满族乡	10	23480	17852	16231	1210	4320
葫芦岛市绥中县高甸子满族乡	9	32805	19109	16339	9370	14600
葫芦岛市绥中县葛家满族乡	10	14475	14990	12730	14555	15488
葫芦岛市绥中县明水满族乡	8	11207	14195	13563	12270	11580
葫芦岛市绥中县网户满族乡	14	51313	21039	10212	22650	27958
葫芦岛市兴城市白塔满族乡	6	19500	11844	9935	7865	1800
葫芦岛市兴城市大寨满族乡	14	52920	23322	20101	35921	27210
葫芦岛市兴城市高家岭满族乡	10	29955	15856	13922	19000	14380
葫芦岛市兴城市碱厂满族乡	7	28080	11326	8710	22450	7145
葫芦岛市兴城市旧门满族乡	8	19695	10174	6050	18200	9100

粮食产量（吨）	肉类总产量（吨）	财政收入（万元）	财政支出（万元）	人均纯收入（元）	学校数（所）	在校学生数（人）	教师数（人）	医院、卫生院（个）	医生数（人）	病床数（张）
31791	2696	2624	2624	5612	5	823	103	1	12	30
63044	18391	2800	3362	12270	6	1087	156	1	17	32
23232	5460	4054	2679	8009	3	1187	85	1	8	30
35000	9672	1540	1540	8015	1	939	141	1	5	4
37245	8265	1459	1438	7094	1	930	102	1	10	8
6199	2200	1890	1890	7210	10	1850	133	2	8	50
13510	1200	1463	1463	5430	7	1486	162	2	14	50
10120	2010	721	721	8018	3	665	82	1	5	18
8836	6490	936	936	9588	3	846	72	1	21	18
14373	7322	325	424	5995	4	620	75	1	4	15
11672	3650	150	270	4926	1	345	36	1	10	9
17580	382	273	512	5500	4	944	104	1	11	20
17344	5486	331	335	6871	3	594	59	1	5	6
15890	3426	698	776	5800	2	402	41	1	13	10
10306	5225	831	831	7738	3	731	64	1	5	21
29608	5105	590	590	9750	1	896	84	1	9	10
13365	4852	645	645	8325	9	1203	147	1	6	30
7800	2430	631	631	6300	3	217	41	1	8	80
23535	4220	3540	3540	8500	13	4983	318	1	15	25
8366	5415	1339	1339	7025	13	3376	269	1	45	36
9751	3974	881	881	6500	5	594	82	1	8	10
19054	4822	1342	1342	6136	5	905	88	1	5	25
10608	8535	475	380	7573	8	2930	170	1	10	20
10036	5010	802	722	7404	2	1462	85	1	18	65
9423	8580	760	520	9223	6	1480	116	1	26	50
6300	3988	290	290	3600	1	2100	133	1	6	10
3913	3582	632	632	4850	4	1121	81	1	25	45
23955	12666	683	553	7050	5	1795	105	1	22	30
8517	3203	600	600	9500	6	1125	131	1	6	15
37105	1830	328	323	8200	11	2115	210	1	15	20
6051	4417	253	272	6500	6	1500	111	1	6	7
7989	1435	108	108	3396	5	1073	109	1	8	30
8239	4614	404	404	5388	4	1000	110	1	17	26

10-1 续表 4

民族乡镇名称	村民委员会（个）	年末实有耕地面积（公顷）	年末总人口（人）	#少数民族	乡镇企业总产值（万元）	农林牧渔业总产值（万元）
葫芦岛市兴城市刘台子满族乡	10	27900	14815	7375	4900	7212
葫芦岛市兴城市南大山满族乡	15	52560	21497	19154	2800	7800
葫芦岛市兴城市望海满族乡	10	61745	20356	15301	10000	18976
葫芦岛市兴城市围屏满族乡	8	31860	13433	11638	2400	12000
葫芦岛市兴城市羊安满族乡	11	39006	21343	17333	51260	14113
葫芦岛市兴城市药王庙满族乡	11	26205	14353	8920	64746	3843
葫芦岛市兴城市三道沟满族乡	11	24795	20431	19260	15600	5500
葫芦岛市兴城市元台子满族乡	9	37737	18340	10973	68965	9769
葫芦岛市建昌二道湾子蒙古族乡	12	37694	22702	6390		9650
丹东市宽甸满族自治县下露河朝鲜族乡	6	16436	11221	7415	850	4600
丹东市东港市合隆满族乡	10	51525	20198	12463	29363	30160
大连市普兰店市乐甲满族乡	5	18136	20817	7685	194200	35001
丹东市凤城市大堡蒙古族乡	8	64643	22343	21749	13584	20634
吉林省						
延边州珲春市三家子满族乡	8	37287	8732	5414	5500	13864
延边州珲春市杨泡满族乡	7	38670	4090	2700	7000	14000
吉林市昌邑区土城子满族朝鲜族乡	12	60782	20860	11068	8856	17800
吉林市龙潭区乌拉街满族镇	28	144705	64176	14682	150056	48306
吉林市龙潭区大口钦满族镇	12	53295	21756	6718	98956	30067
吉林市昌邑区两家子满族乡	13	91440	19835	5360	2300	40450
吉林市永吉县金家满族乡	7	92370	21072	7810	410	34100
吉林市蛟河市乌林朝鲜族乡	20	123822	18092	5428	8075	22153
通化市梅河口小杨满族朝鲜族乡	17	40575	16139	3826	15320	12000
通化市集安市凉水朝鲜族乡	9	6825	6325	1928	3470	6973
通化市通化县金斗朝鲜族满族乡	5	18670	7138	2575	8602	5633
通化市通化县大泉源满族朝鲜族乡	21	53820	24537	8075	11970	17795
通化市辉南县楼街朝鲜族乡	12	97410	25836	4013	34023	27922
通化市柳河县姜家店朝鲜族乡	10	62160	12342	5179	38000	13600
通化市柳河县三元浦朝鲜族镇	20	105690	30320	6068	33560	41238
辽源市东丰县三合满族朝鲜族乡	16	64210	26286	5768	285400	19290
长春市双阳区双营子回族乡	6	62835	16616	4993	457000	7700
榆树市延和朝鲜族乡	3	12135	3180	3052	4500	1850
九台市胡家回族乡	9	87150	23886	9259	6850	9400

粮食产量（吨）	肉类总产量（吨）	财政收入（万元）	财政支出（万元）	人均纯收入（元）	学校数（所）	在校学生数（人）	教师数（人）	医院、卫生院（个）	医生数（人）	病床数（张）
10554	2224	201	201	7030	5	1218	97			
13235	5608	356	356	6305	8	1580	180	2	13	30
17635	5922	660	660	7930	10	1844	158	1	4	20
8278	2900	230	230	5900	6	1070	122	1	8	20
20411	3483	600	600	9800	7	1480	186	1	5	20
9409	3066	500	330	2972	10	1602	170	1	9	24
6975	783	653	549	2148	6	1593	141	1	2	17
15240	3494	430	430	6862	5	1607	153	1	3	20
23152	2952	320	373	8767	7	1995	177	1	12	35
6800	70	812	812	3698	1	810	114	1	7	14
18900	4135	885	890	4035	5	1326	112	1	8	30
7045	7013	2044	2044	8490	2	1286	135	1	6	39
20698	5102	5306	5306	10693	10	2569	177	1	27	200
18138	343	290	290	9159	1	140	20	1	7	18
6845	294	414	414	8544	1	58	25	1	4	8
44000	3040	415	415	9700	4	1188	100	1	4	12
48029	24310	1850	1850	9905	6	4177	434	1	34	50
36942	8369	793	793	9453	2	1068	137	1	26	35
55000	9150	155	155	9671	6	1133	112	1	16	12
38000	2500	722	722	8671	3	704	98	1	4	20
41133	4065	1361	1361	8560	6	958	177	1	32	36
28700	1553	460	400	7948	7	675	104	1	18	18
2985	308	645	645	7254	1	249	64	1	5	6
6217	461	615	615	9882	1	130	26	1	9	40
18893	1312	2281	2281	8499	5	1676	187	2	35	77
41762	7078	1280	1280	8011	4	1630	196	1	18	28
47090	16500	1447	1370	9000	2	392	54	1	20	16
40137	4725	3685	1900	10338	4	1674	170	1	70	60
74758	9200	3465	1055	9318	17	2895	262	3	54	55
33726	6248	24000	24000	8300	5	1606	250	1	19	9
6492	36	125	125	12500	1	15	18	1	2	4
55000	760	978	978	7317	1	2198	195	1	7	8

10-1 续表 5

民族乡镇名称	村民委员会（个）	年末实有耕地面积（公顷）	年末总人口（人）	#少数民族	乡镇企业总产值（万元）	农林牧渔业总产值（万元）
九台市莽卡满族乡	12	106455	33904	13452	19530	24181
白城市通榆县包拉温都蒙古族乡	4	23500	5100	2805		4410
白城市通榆县向海蒙古族乡	16	159550	27000	9239	1300	10695
白城市洮南市呼和车力蒙古族乡	7	45000	6717	1780		6300
白城市洮南市胡力吐蒙古族乡	10	40180	8488	1778		1500
白城市镇赉县哈吐气蒙古族乡	5	20630	5100	1900		6180
白城市镇赉县莫莫格蒙古族乡	13	48750	13126	6362		4912
白城市大安市新艾里蒙古族乡	5	28750	5684	1172	400	4850
白城市洮北区德顺蒙古族乡	19	168285	21300	3658	3500	30500
松原市三骏满族蒙古族锡伯族乡	29	277395	49873	6363	22000	33550
铁东区叶赫满族镇	13	89430	32044	12817	14792	18556
公主岭市二十家子满族镇	9	104220	23520	9995	22780	38345
公主岭市龙山满族乡	8	61505	14680	4496	8600	14900
双辽县那木斯蒙古族乡	10	177750	20785	4299	8000	25400
黑龙江省						
哈尔滨市南岗区红旗满族乡	8	50592	19190	7042	308208	30300
哈尔滨市双城市幸福满族乡	8	101550	18906	9122	34000	22800
哈尔滨市双城市乐群满族乡	9	119415	22244	18305	9000	25000
哈尔滨市双城市同心满族乡	7	106955	19937	13308	67520	33825
哈尔滨市双城市希勤满族乡	8	136400	20650	16325	1400	54000
哈尔滨市双城市公正满族乡	9	134685	23090	13530	1850	13110
哈尔滨市双城市联兴满族乡	8	103672	21318	6410	87768	24518
哈尔滨市双城市团结满族乡	14	195045	36320	9080	68200	43111
哈尔滨市双城市新兴满族乡	7	99825	23560	12234	328500	59492
哈尔滨市双城市青岭满族乡	9	127510	21050	12440	2100	1600
哈尔滨市双城市农丰满族锡伯族镇	9	115589	22138	12450	14000	32000
哈尔滨市五常市拉林满族镇	13	183075	53030	31818	114178	42185
哈尔滨市五常市红旗满族乡	12	233385	43896	23141		32118
哈尔滨市五常市营城子满族乡	7	108000	30850	22120	20326	40200
哈尔滨市五常市牛家满族镇	15	243165	46771	15434	24000	16143
哈尔滨市五常市民乐朝鲜族乡	6	48285	12456	6232		
哈尔滨市尚志市河东朝鲜族乡	9	3473	15987	6394	59885	200000000
哈尔滨市尚志市鱼池朝鲜族乡	7	57564	12216	2592	50000	42894

粮食产量（吨）	肉类总产量（吨）	财政收入（万元）	财政支出（万元）	人均纯收入（元）	学校数（所）	在校学生数（人）	教师数（人）	医院、卫生院（个）	医生数（人）	病床数（张）
72319	1701	831	831	6830	6	2269	316	1	10	16
3950	635	45	46	3000	1	568	101	1	12	11
28455	934	467	467	2765	3	3423	374	3	25	62
21050	500	135	135	3140	9	450	98	5	13	8
11067	780	150	150	3900	7	634	110	2	13	8
6580	520	28	28	2100	6	390	75	1	5	11
14100	280	60	60	2100	19	1380	240	1	30	25
15840	1050	410	410	4600	2	415	94	1	13	14
61000	1750	275	275	5700	17	2990	352	1	26	68
134323	6500	3300	3300	9350	12	3250	265	1	18	16
41992	3790	1840	1840	7128	13	3240	275	1	26	30
54610	8691	388	388	6890	6	823	164	1	8	6
32960	1980	130	130	5760	8	1160	113	1	9	22
80000	240	216	212	8720	10	1130	173	1	41	36
20300	3000	2500	2695	8000	2	1350	175	1	33	60
65865	1420	876	876	11207	5	316	134	1	24	19
95816	1695	420	420	13117	2	1220	122	1	5	19
76322	841	722	722	11089	10	1542	106	1	18	14
76000	3800	450	450	10300	5	990	99	1	34	39
31800	180	900	890	10100	2	1920	130	1	10	30
79927	6604	1200	1200	13852	1	648	102	1	2	19
137836	5383	880	930	10191	17	1941	204	2	35	25
65450	4115	6550	6550	14500	4	1546	130	1	12	12
87000	105	910	910	13000	2	1078	126	1	8	20
82000	620	958	958	9956	3	1102	340	1	31	19
79510	8510	2651	2651	13495	8	3408	330	3	99	270
146432	831200	330	330	11126	2	2224	259	1	10	8
70358	3000	288	285	12725	5	850	176	1	7	20
166298	1493	1750	1750	14075	13	2076	262	1	27	30
311210	4	110	110	14118	4	186	85	1	36	21
34139	1740	515	515	13316	2	94	36	2	12	31
21997	518	307	307	12590	3	442	77	1	12	7

10-1 续表 6

民族乡镇名称	村民委员会（个）	年末实有耕地面积（公顷）	年末总人口（人）	#少数民族	乡镇企业总产值（万元）	农林牧渔业总产值（万元）
哈尔滨市依兰县迎兰朝鲜族乡	15	188400	24575	3268	53000	28815
齐齐哈尔市梅里斯区卧牛吐达斡尔族镇	7	195987	14187	4625	5532	5179
齐齐哈尔市梅里斯区莽格吐达斡尔族乡	3	192112	7670	2650	1972	4977
齐齐哈尔市泰来县宁姜蒙古族乡	7	209300	17680	3060	425	15230
齐齐哈尔市泰来县胜利蒙古族乡	5	209715	17124	2596	1541	19800
齐齐哈尔市泰来县江桥蒙古族镇	6	167520	21900	2191	3500	21000
齐齐哈尔市昂昂溪区水师营满族镇	6	38600	17982	3984		12150
齐齐哈尔市富裕县友谊达满柯族乡	14	247320	24819	4914	27504	58094
齐齐哈尔市富裕县塔哈满族达斡尔族乡	12	299792	24755	5661		35102
齐齐哈尔市讷河市兴旺鄂温克族乡	12	342000	36866	1868	7200	19928
齐齐哈尔市富拉尔基区杜尔门沁达族乡	3	91907	15835	3010	6250	14876
牡丹江市海林市新安朝鲜族镇	17	100470	19162	8124	346	28130
牡丹江市海林市海南朝鲜族乡	11	59150	18234	7015	26500	12007
牡丹江市宁安市江南朝、满族乡	31	223830	31643	9936	29188	36694
牡丹江市宁安市卧龙朝鲜族乡	13	5127	15716	5200	9300	21970
牡丹江市东宁县三岔口朝鲜族镇	13	83775	16834	6810	16000	46574
佳木斯市同江市街津口赫哲族乡	6	93000	3899	547	748	9765
佳木斯市同江市八岔赫哲族乡	4	204000	3878	491	123	14342
佳木斯市桦川县星火朝鲜族乡	6	33869	4949	4949	1485	4516
佳木斯市汤原县汤旺朝鲜族乡	14	63390	12046	8400	221	11
大庆市肇源县义顺蒙古族乡	7	104850	14691	4701		35257
大庆市肇源县浩德蒙古族乡	5	72150	9810	1432	1200	9310
大庆市肇源县超等蒙古族乡	7	94740	18890	6195		23047
黑河市逊克县新鄂鄂伦春族乡	5	45735	2240	642	195	4697
黑河市逊克县新兴鄂伦春族乡	4	29835	1616	278	133	3311
黑河市爱辉区新生鄂伦春族乡	3	41880	1079	161	128	930
黑河市爱辉区四嘉子满族乡	6	77175	4604	1645	85	5700
黑河市爱辉区坤河达、满族乡	6	56220	2797	1835	90	4446
黑河市北安市主星朝鲜族乡	4	55000	4358	1893		5671
黑河市孙吴县沿江达、满族乡	8	145320	7078	4165	150	10500
绥化市北林区兴和朝鲜族乡	2	24480	3762	3687	80	6026
绥化市北林区绥胜满族镇	5	129375	19690	12836	6805	22545
绥化市北林区永安满族镇	7	187500	28180	13500	4270	43380

粮食产量（吨）	肉　类总产量（吨）	财政收入（万元）	财政支出（万元）	人　均纯收入（元）	学校数（所）	在　校学生数（人）	教师数（人）	医院、卫生院（个）	医生数（人）	病床数（张）
51000	120			9000	5	750	132	2	8	15
23299	940	249	249	5386	6	810	126	1	20	24
22780	257	387	387	5235	4	840	78	1	8	12
35549	1410	554	554	5520	5	812	137	1	15	20
84910	2017	822	822	6112	12	1350	152	1	13	30
21820	3200	680	680	4200	4	1320	158	1	26	50
18500	1000		8	12319	2	850	90	1	16	24
94032	2650	264	264	9565	3	1203	174			
43499	3712	3576	215	9274	1	974	115	1	14	15
141000	3000	527	527	5890	11	1634	271	2	14	15
47120	3433	38	38	15844	3	1009	136	1	23	26
55195	1087	1147	594	13105	3	828	106	1	8	40
26617	1269	659	659	12770	2	416	100	1	4	8
107684	3150	690	690	12650	10	2347	282	2	21	29
35500	2800	358	358	12560	2	900	110	1	25	18
32000	658	7499	830	21960	7	719	183	1	22	25
28250	58	330	330	9235	1	86	34	1	10	8
50637	379	200	200	9619	1	78	37	1	7	8
18698	20	312	312	8192	1	48	35	1	6	18
32060	600	430	430	9468	1	2	15	1	4	12
70767	6581	636	636	7385	7	959	152	1	12	12
43194	4500	261	261	7100	1	510	116	1	5	10
58552	5920	340	340	9520	3	1160	191	1	18	26
7567	303	50	50	6960				1	3	5
5752	353	50	50	6765				1	6	6
6512	902	578	578	7093	1	54	19	1	3	4
14349	486	450	450	9018	2	142	49	1	17	5
17074	218	316	316	11745	1	14	14	1	6	6
28000	50	250	250	8670	1	125	13	1	5	8
40000	950	540	240	8000	1	130	28	1	20	15
16872	1	4	357	11217	1	12	14	1	5	24
79469	7252	1076	1076	7496	4	367	77	1	8	15
68590	2935	900	900	10300	2	950	185	1	65	40

10-1 续表 7

民族乡镇名称	村民委员会（个）	年末实有耕地面积（公顷）	年末总人口（人）	#少数民族	乡镇企业总产值（万元）	农林牧渔业总产值（万元）
绥化市北林区红旗满族乡	5	115740	18768	17622	227	18990
绥化市望奎县惠七满族镇	8	190455	24052	6200	9000	14200
绥化市望奎县厢白满族乡	7	168255	27140	18183		18625
绥化市望奎县灵山满族乡	5	105000	17800	5700	1300	2150
伊春市铁力市年丰朝鲜族乡	10	77985	11245	2292	4620	29461
鹤岗市萝北县东明朝鲜族乡	7	39928	3589	3553	1485	7198
鹤岗市绥滨县福兴满族乡	3	51840	4356	2398		3421
大兴安岭地区呼玛县白银纳鄂伦春族乡	6	76000	2044	388	2042	3422
大兴安岭地区塔河县十八站鄂伦春族乡	6	38645	4184	567		3732
双鸭山市饶河县四排赫哲族乡	4	57636	1871	201	270	2063
双鸭山市友谊县成富朝鲜族满族乡	9	83940	5326	685		11708
七台河市勃利县杏树朝鲜族乡	11	149925	20236	2751	1316	17950
七台河市勃利县吉兴朝鲜族、满族乡	14	125280	16152	4615	750	19215
鸡西市密山市和平朝鲜族乡	12	152545	12078	4544	956	10938
鸡西市鸡东县鸡林朝鲜族乡	6	53064	10211	9811	2000	7048
鸡西市鸡东县明德朝鲜族乡	8	61440	10224	3374	1115	12939
鸡西市城子河区永丰朝鲜族乡	7	17212	12100	2914	6500	7757
江苏省						
扬州市高邮市菱塘回族乡	6	29415	23366	7034	1275000	47660
浙江省						
金华市兰溪市水亭畲族乡	36	27825	21678	3035	84180	13220
金华市武义县柳城畲族镇	53	17745	29901	3604	39762	19883
衢州市龙游县沐尘畲族乡	10	8702	11852	1780	23000	10000
丽水市莲都区老竹畲族镇	25	15278	15500	3350	2550	11196
丽水市莲都区丽新畲族乡	10	7545	10279	2140	3043	11056
丽水市龙泉市竹垟畲族乡	10	10676	7741	2398	4120	7549
丽水市云和县雾溪畲族乡	6	995	2119	552	3190	1575
丽水市云和县安溪畲族乡	8	2091	2709	813	529	2046
丽水市遂昌县三仁畲族乡	8	7458	8434	2077	14000	7110
丽水市松阳县板桥畲族乡	9	2093	4936	1400	5379	2422
杭州市桐庐县莪山畲族乡	7	9150	9240	2780	105900	6500
温州市平阳县青街畲族乡	11	3670	11590	2600		965
温州市苍南县岱岭畲族乡	8	4605	6681	2540	350	4567

粮食产量（吨）	肉类总产量（吨）	财政收入（万元）	财政支出（万元）	人均纯收入（元）	学校数（所）	在校学生数（人）	教师数（人）	医院、卫生院（个）	医生数（人）	病床数（张）
58206	4150	110	110	7185	2	312	120	1	29	28
74200	560	200	200	14000	7	500	150	1	18	10
91387	6842	380	7850	11	380	7850	8	1	20	10
68251	430	1600	1600	7680	8	480	167	1	6	15
36278	2957	369	369	9327	1	255	57	1	17	15
17182	1700	256	256	14002	1	90	44	1	10	17
22256	300	20	20	4805	1	100	25	1	4	10
12162	112	547	709	8246	1	150	29	1	2	
5430	418	942	731	8989	1	423	65	1	59	80
2089	17	194	194	8386	1	32	19	1	3	4
52866	3899			13200	1	6	14	1	5	14
52192	4608	1750	1730	8519	5	973	91	1	14	20
51000	37	785	785	8767	2	882	94	1	5	12
64439	4121	1419	1419	10730	2	1038	116	1	9	31
39798	59	770	770	12667	1	150	40	1	3	18
38040	168	370	370	12566	1	287	65	1	5	30
7592	1853	1603	1603	11735				8	14	68
28216	7559	18228	18115	18573	3	1674	170	1	29	28
10338	3980	1604	1604	7345	3	1135	89	2	58	18
7600	1281	2908	3124	6693	4	3504	246	1	49	110
3900	300	664	659	8296	2	380	31	1	5	5
4358	401	3200	2536	8217	2	1383	102	1	16	40
3556	538	994	905	9425	1	271	15	1	5	12
4805	498	1103	1146	8652	1	176	21	1	7	2
548	35	349	363	8248				1	3	3
1119	1223	348	333	7788	1	56	13	1	3	3
2602	290	695	692	9577	1	313	23	1	11	3
1109	205	142	150	8335	1	190	20	1	5	3
3293	400	1759	1500	11863	1	381	27	1	6	
1052	40	620	605	6738	1	200	37	1	2	2
1057	295	1390	1393	6388	1	220	33	1	4	3

10-1 续表 8

民族乡镇名称	村民委员会（个）	年末实有耕地面积（公顷）	年末总人口（人）	#少数民族	乡镇企业总产值（万元）	农林牧渔业总产值（万元）
温州市苍南县凤阳畲族乡	6	3645	5563	2837		2658
温州市文成县西坑畲族镇	27	9936	20046	4796	7254	5594
温州市文成县周山畲族乡	9	2880	5189	1781	269	1307
温州市泰顺县司前畲族镇	13	5274	19008	2901	18055	6046
温州市泰顺县竹里畲族乡	3	3750	2964	1232	1261	1269
安徽省						
淮南市谢家集区孤堆回族乡	8	28362	16200	5616	15561	9480
合肥市肥东县牌坊回族满族乡	13	44105	43827	6242	16210	75520
滁州市定远县二龙回族乡	5	28940	15600	11900	6540	11200
淮南市凤台县李冲回族乡	1	12571	17809	7317	23568	10237
淮南市潘集区古沟回族乡	12	30600	31183	6184	45000	13680
六安市寿县陶店回族乡	4	25040	14397	5188	11000	17582
宣城市宁国市云梯畲族乡	4	2490	6119	1845	13390	6188
蚌埠市五河县临北回族乡	11	50679	27513	9334	10087	21013
阜阳市颍上县赛涧回族乡	6	27776	23920	7980	693	10100
福建省						
福州市罗源县霍口畲族乡	24	23240	19678	4058	34181	18480
福州市连江县小沧畲族乡	5	2050	4316	2501	2257	2319
宁德市福安市坂中畲族乡	19	14463	24798	11420	533574	13901
宁德市福安市康厝畲族乡	32	23698	30127	7521	84310	18807
宁德市福安市穆云畲族乡	33	19600	26370	9473	36400	18726
宁德市霞浦县盐田畲族乡	22	19590	33329	6672	304487	26351
宁德市霞浦县崇儒畲族乡	27	29405	24423	5472	25000	13632
宁德市霞浦县水门畲族乡	23	27600	23461	5018	18210	14215
宁德市蕉城区金涵畲族乡	16	11022	27323	5627	279644	7686
宁德市福鼎市硖门畲族乡	9	10310	16962	4293	169123	10719
宁德市福鼎市佳阳畲族乡	12	13396	22793	8368	5978	14584
漳州市漳浦县赤岭畲族乡	9	14805	13927	12562	8169	6745
漳州市漳浦县湖西畲族乡	10	22812	26433	9400	11649	14618
漳州市龙海市隆教畲族乡	10	18250	25500	8950	46000	21205
三明市永安市青水畲族乡	21	22264	16685	5735	61295	23662
三明市宁化县治平畲族乡	12	8225	13870	4308	7039	6356
龙岩市上杭县官庄畲族乡	18	17525	31257	12230	30722	10898
龙岩市上杭县庐丰畲族乡	14	25854	28442	7985	6018	22169
泉州市惠安县百崎回族乡	5	3650	24045	13414	323155	5619

粮食产量（吨）	肉类总产量（吨）	财政收入（万元）	财政支出（万元）	人均纯收入（元）	学校数（所）	在校学生数（人）	教师数（人）	医院、卫生院（个）	医生数（人）	病床数（张）
765	125	1065	1065	5750	1	80	12	1	4	5
3528	394	1866	1099	7239	1	687	60	4	13	20
1026	95	461	399	7780				1	1	1
3090	697	1293	1342	8560	2	1448	117	3	23	9
594	16	320	409	7109				1	4	5
23730	415	89	89	7160	6	1926	92	1	15	30
25339	6899	2215	1018	8749	21	3413	342	3	43	60
22142	1268	310	308	7162	1	818	73	1	6	15
7206	1199	317	638	7162	7	1306	106	1	18	30
26684	1053	254	263	7161	7	3472	258	1	14	36
24928	2739	406	406	7168	4	720	77	1	8	20
1103	1414	334	465	11013	1	135	22	1	8	8
33197	3730	1095	1182	7165	12	1980	170	1	10	18
10200	660	56	463	6508	5	3460	153	1	32	82
8429	715	4216	4185	5400	4	793	122	1	6	15
982	63	466	465	5743	1	8	11	1	2	5
4141	557	5839	5813	10597	18	9302	542	1	10	7
8533	1150	1292	1261	9416	2	2965	180	1	4	8
6441	644	2466	2460	8735	8	2480	84	1	5	10
4168	407	5576	972	7723	3	1479	146	1	13	15
20969	548	1689	1689	5690	3	540	115	1	10	128
5808	1576	1731	1638	7153	9	593	119	1	9	15
2245	77	1229	2817	8075	5	1202	265	1	11	10
3321	368	3203	3172	9038	4	798	110	1	3	10
3214	218	961	901	8383	5	306	84	1	4	15
6425	2159	712	702	6348	3	1312	92	1	8	18
12278	665	1630	1620	8664	7	2347	159	1	2	10
5800	1416	3579	2736	6898	10	2191	174	1	4	20
10322	1778	721	721	10040	4	1223	110	1	8	23
4929	691	385	385	5798	1	815	89	1	19	20
8401	2291	2141	1763	6877	10	2182	167	1	19	25
16409	4713	1464	1464	6638	11	1830	222	1	13	20
1748	478	4680	4680	11020	4	2140	119	1	7	15

10-1 续表 9

民族乡镇名称	村民委员会（个）	年末实有耕地面积（公顷）	年末总人口（人）	#少数民族	乡镇企业总产值（万元）	农林牧渔业总产值（万元）
江西省						
鹰潭市贵溪市樟坪畲族乡	5	2582	4472	1198	410000	6212
上饶市铅山县太源畲族乡	4	1115	2061	872	5820	1800
上饶市铅山县篁碧畲族乡	4	2655	4089	1401	1800	1823
吉安市永丰县龙冈畲族乡	11	14550	14701	4432	24000	8900
赣州市南康市赤土畲族乡	17	15890	46884	9811	10500	9650
吉安市青原区东固畲族乡	15	17220	18655	5300	21000	4500
抚州市乐安县金竹畲族乡	10	7467	11963	4286	4389	4928
吉安市峡江县金坪民族乡	5	2610	3244	1036	7525	2166
山东省						
淄博市临淄区金岭回族镇	10	6916	14000	5080	1270500	4900
聊城市莘县张鲁回族镇	51	70035	56897	6653	21672	80925
菏泽市曹县侯集回族镇	33	55044	45294	12968	95821	16016
德州市禹城市十里望回族乡	34	40760	34385	5721	301000	22450
河南省						
郑州市荥阳市金寨回族乡	2	4700	6310	5048	36255	4879
周口市太康县城关回族镇	16	4748	84312	17553	141000	3995
周口市淮阳县城关回族镇	15	16440	134523	22869	332502	26247
周口市沈丘县槐店回族镇	19	9580	117923	21260	259125	5583
商丘市宁陵县城关回族镇	5	6960	46350	8813	83270	4810
商丘市睢县城关回族镇	7	3804	66872	11396	310339	7463
商丘市民权县伯党回族乡	9	23805	22221	9658	6950	13760
商丘市民权县胡集回族乡	13	21750	19190	9165	6820	13900
平顶山市叶县马庄回族乡	8	7600	11325	6037	42340	6260
平顶山市郏县姚庄回族乡	6	8040	8326	4801	5869	2950
新乡市封丘县荆乡回族乡	5	7155	6220	6169	9100	1700
许昌市许昌县艾庄回族乡	9	11580	14069	1816	22860	10195
许昌市禹州市山货回族乡	6	11685	12210	5690	41600	8206
许昌市襄城县颖桥回族镇	5	8295	9950	3075	6072	3287
南阳市镇平县郭庄回族乡	9	18810	12796	5182	4856	6312
南阳市方城县袁店回族乡	9	22170	16670	6490	8210	8780

粮食产量（吨）	肉类总产量（吨）	财政收入（万元）	财政支出（万元）	人均纯收入（元）	学校数（所）	在校学生数（人）	教师数（人）	医院、卫生院（个）	医生数（人）	病床数（张）
1027	9	22687	225	8144	4	312	54	1	6	18
625	332	772	137	8132	1	528	22	1	5	6
1145	139	520	520	8000	2	682	27	1	6	10
10453	720	1100	662	7867	13	1818	92	1	19	28
11256	2924	6080	5800	7872	10	3621	225	1	36	40
9850	400	1193	1124	7920	14	2310	142	1	22	18
3352	268	1218	1218	8120	15	1568	102	2	12	16
1490	510	1077	1292	8109	1	306	14	1	11	10
4000	6160	10967	3342	12750	2	912	75	1	29	22
70330	13264	1186	1186	7710	10	4250	361	1	58	30
44004	2717	1826	1826	6256	18	4840	234	2	46	60
34670	13040	1140	1380	6600	8	5624	421	1	25	60
3840	602	851	545	10190	1	341	29	1	16	15
2350	783	7758	7758	6970	16	17412	791	7	829	333
7100	2247	5900	5900	5300	19	12460	1040	8	1266	360
6385	2220	4986	4986	9790	22	22885	2086	3	261	210
4320	890	1972	1972	4650	11	25650	1139	9	868	760
4797	2166	810	1510	5960	18	43735	2031	6	578	1162
23500	4551	125	176	4310	7	2028	160	1	28	40
19900	1300	116	169	4220	7	1950	140	1	18	40
5600	3230	495	643	3992	6	1723	155	1	11	45
4691	896	1241	1290	4318	5	538	49	1	14	19
5890	1550	115	140	4180	3	1524	82	1	8	20
8075	1147	345	489	7160	3	1395	80	1	20	20
9513	814	403	510	7325	3	1005	75	1	15	20
5011	1121	260	398	5103	3	910	94	1	21	27
9520	162	82	354	3672	9	1437	126	1	18	22
7560	2194	450	830	5300	9	1978	152	1	23	35

10-1 续表 10

民族乡镇名称	村民委员会（个）	年末实有耕地面积（公顷）	年末总人口（人）	#少数民族	乡镇企业总产值（万元）	农林牧渔业总产值（万元）
驻马店市西平县蔡寨回族乡	6	21450	16886	5096	5080	13500
驻马店新蔡县李桥回族镇	10	33000	29981	6200	67584	20447
漯河市临颖县繁城回族镇	32	66840	59762	3212	135762	22083
洛阳市洛宁县王范回族镇	4	2560	38915	4830	41200	4215
洛阳市瀍河回族区瀍河回族乡	11	8235	32982	18251	475230	4278
湖北省						
荆门市钟祥市九里回族乡	9	26033	12728	2793	77211	23845
荆州市洪湖市老湾回族乡	11	18944	17317	4676	6136	14895
荆州市松滋市卸甲坪土家族乡	9	12878	14234	8574	15500	3500
宜昌市宜都潘家湾土家族乡	9	17754	15798	6282	213536	45608
十堰市郧西县湖北口回族乡	19	25149	21896	4520	4100	12879
恩施州恩施市芭蕉侗族乡	18	52291	63061	39981	118653	5639
恩施州宣恩县长潭河侗族乡	39	53639	38296	30609	7512	14622
恩施州宣恩县晓关侗族乡	40	87804	43486	32665	3200	29403
仙桃市沔城回族镇	12	23124	24955	8165	9450	18880
神农架林区下谷坪土家族乡	6	8480	5680	4659	212	4406
咸宁市赤壁市周郎嘴回族镇	9	34335	11462	3264	27274	31030
恩施州鹤峰县铁炉白族乡	12	14861	14629	11500	9570	8160
湖南省						
怀化市罗子山瑶族乡	10	7650	7308	4963		1307
怀化市苏木溪瑶族乡	13	5780	9355	6193		1603
怀化市上蒲溪瑶族乡	12	5890	9521	6507	215	1109
怀化市后塘瑶族乡	17	12097	19797	11752	119	2737
怀化市仙人湾瑶族乡	20	15995	23545	10748	1235	7398
怀化市深渡苗族乡	13	15120	10998	8140	257	3987
怀化市龙船塘瑶族乡	9	836	8635	7180	107	1512
怀化市炮团侗族苗族乡	12	6850	13238	12968	780	230
怀化市宝田侗族苗族乡	10	14885	10167	8734	2360	2890
怀化市蒲稳侗族苗族乡	9	6395	9868	9172	205	2804
怀化市金子岩侗族苗族乡	13	8550	13300	12309	113	2890
怀化市漠滨侗族苗族乡	10	5017	13460	12158	568	3812
怀化市青朗侗族苗族乡	9	6330	10091	7632		2705
怀化市二酉苗族乡	40	45000	42011	37683		14800

粮食产量（吨）	肉类总产量（吨）	财政收入（万元）	财政支出（万元）	人均纯收入（元）	学校数（所）	在校学生数（人）	教师数（人）	医院、卫生院（个）	医生数（人）	病床数（张）
15960	2197	375	375	4800	7	2290	105	1	18	20
22610	5021	238	238	6364	13	4397	283	1	48	50
38371	4769	827	1176	5973	25	7296	541	1	106	80
1080	2160	1523	1523	6583	5	5233	230	1	22	57
3587	1694	898	898	6917	2	460	50	1	8	20
24178	3525	809	809	9150	2	734	102	2	16	20
10550	402	223	223	5654	2	1740	79	1	45	25
5645	2114	780	810	4200	3	1022	64	1	18	20
8677	5217	4251	3595	8791	2	665	59	1	7	20
7451	1577	396	396	4009	9	1598	146	1	32	50
19996	6662	2410	2410	5002	2	5030	289	2	170	150
17529	5051	1590	1590	4350	8	2458	161	1	53	82
18467	5000	1349	550	4380	15	2729	204	1	75	85
9400	1520	1300	1250	9393	4	5200	386	1	15	41
2223	730	544	520	4890	3	509	60	1	9	10
15120	1120	515	470	8676	4	1210	117	1	32	21
7416	1720	210	210	4180	3	1195	109	1	30	28
1608	248	327	319	1480	6	304	55	1	5	15
2322	250	450	440	1660	8	590	51	1	8	16
2070	306	365	360	1682	4	505	41	1	10	25
6105	641	608	605	1596	7	989	87	1	22	43
8295	560	810	780	1770	8	1196	196	1	26	47
7621	729	163	163	2270	3	643	46	1	13	20
4990	445	172	172	1603	1	596	52	1	9	12
30180	52	587	586	1550	1	900	68	1	8	20
3256	421	150	150	1780	1	451	55	1	8	20
2546	821	200	200	1450	7	786	66	1	7	15
4600	1100	174	174	2170	11	955	68	1	13	20
5319	521	321	321	1825	5	1125	92	1	11	12
2778	451	182	182	1390	4	934	56	1	8	22
171200	1044	793	793	1540	5	2261	231	3	54	73

10-1 续表 11

民族乡镇名称	村民委员会（个）	年末实有耕地面积（公顷）	年末总人口（人）	#少数民族	乡镇企业总产值（万元）	农林牧渔业总产值（万元）
怀化市火场土家族乡	9	10229	6623	6559		6582
怀化市蒿吉坪瑶族乡	7	5583	6163	3452	352	2332
怀化市大高坪苗族乡	4	2424	3751	3508		780
怀化市锅冲苗族乡	3	1345	1531	1500	10	614
怀化市传素瑶族乡	5	1478	1499	1094		1455
怀化市步头降苗族乡	14	12153	11751	11395		3784
怀化市米贝苗族乡	16	10045	10295	9765	16	1895
邵阳党坪苗族乡	12	11955	11110	10333	8597	4717
邵阳河口苗族乡	7	5385	6427	4246	2213	3159
邵阳麻塘苗族乡	13	8864	10228	8218	8302	4420
邵阳竹江舟苗族乡	9	9248	8608	6750	1135	4650
邵阳东山侗族乡	19	13373	17788	16609	7410	15600
邵阳朝仪侗族乡	13	6306	8421	7686	360	2736
邵阳鹅公岭侗族苗族乡	17	12050	12665	12285	317	5455
邵阳寨市苗族侗族乡	20	16735	16643	13802	1880	6643
邵阳乐安铺苗族侗族乡	11	9210	9852	9142	8540	6520
邵阳联民苗族侗族乡	8	6242	5982	3547	187	392
邵阳枫木团苗族侗族乡	10	4569	7254	5968	596	2863
邵阳黄桑坪苗族乡	11	7005	5955	5360	256	682
邵阳关峡苗族乡	19	23651	24299	23205	2800	4410
邵阳长铺子苗族乡	24	15398	19183	16521	2663	1444
邵阳山界回族乡	25	16625	26220	9100	5800	4815
邵阳虎形山瑶族乡	15	16000	16058	5965	2300	6171
邵阳那溪瑶族乡	17	7095	11340	7166	2300	510
邵阳大屋瑶族乡	11	2830	5157	2518	1865	98
邵阳长塘瑶族乡	10	2387	5375	2209	1090	1560
邵阳黄金瑶族乡	15	6230	8641	6048	5520	2800
邵阳麻林瑶族乡	15	8491	12998	8980	6600	2500
永州荆竹 瑶族乡	8	2950	4431	4312	4320	3126
永州紫良瑶族乡	5	2543	3188	3011	1500	2771
永州浆洞瑶族乡	9	4385	5339	4900	2480	2680
永州汇源瑶族乡	5	780	3060	1654	1552	690
永州大桥瑶族乡	10	9684	9213	3880	10928	12984

粮食产量（吨）	肉类总产量（吨）	财政收入（万元）	财政支出（万元）	人均纯收入（元）	学校数（所）	在校学生数（人）	教师数（人）	医院、卫生院（个）	医生数（人）	病床数（张）
3395	460	250	250	1753	1	545	51	1	7	24
1921	240	295	295	1788	1	393	41	1	7	10
963	76	180	200	1247	1	380	17	1	5	4
514	47	128	128	1369	1	27	2	1	1	4
519	130	170	169	1180	1	23	1	1		2
3678	464	260	263	1346	1	727	56	1	12	15
3434	764	276	275	1450	5	658	48	1	8	14
4065	723	128	146	3126	1	190	45	1	5	6
2515	621	50	138	2718	2	709	49	1	13	20
509	687	57	116	3756	2	459	48	1	7	20
4500	1350	237	297	3343	1	340	52	1	10	8
8681	1008	152	212	2418	1	1100	90	1	26	30
3007	494	197	276	3326	2	668	73	1	8	20
6198	129	280	167	2134	2	455	59	1	10	16
5223	1137	355	361	2465	2	636	70	1	10	10
4280	957	107	108	4538	2	636	70	1	10	10
2123	29	183	212	2258	1	157	32	1	4	12
2120	415	240	282	3854	1	186	36	1	4	8
4020	651	105	124	3580	1	236	35	1	5	6
12900	1800	126	126	2920	8	1260	171	1	15	27
966	1338	246	297	4535	4	1664	118	1	25	6
12770	931	590	590	1680	6	1800	153	1	19	23
7226	1137	480	485	1395	8	1175	74	1	17	16
3200	1100	420	358	3260	15	1375	72	1	12	20
1473	560	92	171	1930	1	178	20	1	3	4
1234	162	55	150	1650	4	316	32	1	6	6
5610	288	755	717	1550	3	740	63	1	12	12
4750	890	629	624	1200	4	1121	82	1	15	20
960	180	220	396	3400	1	118	16	1	5	3
1267	590	270	270	1500	1	180	15	1	1	5
236	71	258	240	1370	1	200	22	1	6	10
1056	530	170	190	2336	2	151	13	1	3	2
4507	198	40	57	5000	1	626	33	1	15	14

10-1 续表 12

民族乡镇名称	村民委员会（个）	年末实有耕地面积（公顷）	年末总人口（人）	#少数民族	乡镇企业总产值（万元）	农林牧渔业总产值（万元）
永州松柏瑶族乡	14	11896	13504	12762	224	8258
永州千家洞瑶族乡	10	8431	11091	9646	122	7010
永州兰溪瑶族乡	10	7811	6910	6702		3577
永州源口瑶族乡	7	4244	5966	5667	2150	1860
永州九疑山瑶族乡	31	20943	32628	6751	850	7542
永州棉花坪瑶族乡	4	1998	5852	4137	66	876
永州桐木漯瑶族乡	7	3510	5580	2791	900	43
永州荒塘瑶族乡	15	5562	10609	4259	336	538
永州横岭瑶族乡	15	8788	9526	5088	1520	7398
永州洪塘营瑶族乡	17	10770	14887	9974	1950	8500
永州井塘瑶族乡	7	6981	9826	6283	1566	11680
永州审章塘瑶族乡	17	19925	17509	7925	7320	14800
永州晒北滩瑶族乡	11	1675	6683	3096	108	2568
永州门楼下瑶族乡	20	4068	9026	6708	1500	1761
永州上梧江瑶族乡	23	7105	14639	4038	196	3222
永州清塘壮族乡	12	5910	7285	5111	865	1631
永州犁头瑶族乡	4	2588	2798	1150	50	920
张家界刘家坪白族乡	13	8107	11866	11174		1891
张家界马合口白族乡	16	8885	10709	9866		1654
张家界走马坪白族乡	11	8533	8478	8347		
张家界淋溪河白族乡	11	1469	4775	4441		408
张家界芙蓉桥白族乡	13	8063	13070	12416	7805	2041
张家界麦地坪白族乡	8	6950	5058	4958		988
张家界洪家关白族乡	25	16893	25320	23340	622	3530
张家界索溪峪土家族乡	11	5788	14581	13708	9290	1365
张家界三关寺土家族乡	26	22329	25000	23400	18330	4531
张家界高峰土家族乡	25	18008	17610	15874	310	9000
张家界金岩土家族乡	19	17300	18300	16800	21	3881
张家界许家坊土家族乡	16	19430	20088	18970	910	4580
张家界阳和土家族乡	16	18974	18547	16426	1130	3901
张家界甘堰土家族乡	21	18700	21243	20116	513	3775
张家界赵家岗土家族乡	20	12700	15839	15372	4350	2570
郴州华山瑶族乡	6	1265	3500	871	325	1990

粮食产量 （吨）	肉　类 总产量 （吨）	财政收入 （万元）	财政支出 （万元）	人　均 纯收入 （元）	学校数 （所）	在　校 学生数 （人）	教师数 （人）	医院、 卫生院 （个）	医生数 （人）	病床数 （张）
7413	1612	148	152	1350	2	1420	87	1	8	20
7326	988	176	187	1550	1	794	65	1	5	5
2975	70	32	117	1650	1	487	35	1	8	6
4160	986	86	89	1300	1	643	44	1	9	32
13250	6138	851	851	2650	7	2262	166	3	18	15
1798	1653	126	190	1883	1	607	17	1	1	4
715	190	196	196	1585	4	670	57	1	6	4
1669	917	269	289	1529	2	762	58	1	14	15
7086	1392	168	168	2889	8	892	67	1	12	4
7035	520	145	145	2279	6	1040	65	1	12	10
4980	395	102	102	2600	7	900	60	1	6	5
10195	1890	142	142	2630	10	1070	68	1	18	30
1621	316	356	342	4322	4	276	35	1	4	4
1500	60	204	204	1738	2	388	37	1	5	10
5674	485	680	720	1645	3	260	37	2	12	9
6335	1352	173	173	1249	1	687	49	1	6	6
746	380	12	22	1110	2	114	11	1	3	5
6640	535	460	460	1831	1	696	82	1	12	16
4500	1000	300	300	1850	7	768	56	2	11	18
4115	411	552	552	1950	2	334	24	1	18	18
3287	370	189	196	1604	1	242	24	1	3	8
3040	567	308	308	1391	7	1089	86	1	21	30
1995	230	264	264	1864	2	203	21	1	3	10
10469	7120	581	584	1730	14	4048	316	2	30	49
2056	1139	1139	1120	6508	5	1328	67	1	2	
10917	1079	390	390	3120	20	2730	124	1	9	15
12897	2366	530	530	4235	7	1105	98	1	7	12
7475	570	294	245	2388	12	1310	75	1	7	16
9015	1186	310	310	2246	7	1682	82	1	6	20
7300	947	382	374	4250	5	1350	80	1	11	20
8834	600	372	365	3374	9	1453	87	1	6	20
5500	2610	300	300	3015	14	1500	77	1	5	18
665	351	11	11	3890	1	160	17	1	4	4

10-1 续表 13

民族乡镇名称	村民委员会（个）	年末实有耕地面积（公顷）	年末总人口（人）	#少数民族	乡镇企业总产值（万元）	农林牧渔业总产值（万元）
郴州杨柳瑶族乡	3	3235	2757	530	460	607
郴州月峰瑶族乡	8	5432	7271	2035	9800	3900
郴州大塘瑶族乡	4	2403	4232	902	217	9409
郴州盈洞瑶族乡	11	6437	7196	6691	489	3382
郴州延寿瑶族乡	17	11670	18394	15843	4430	267805
郴州小垣瑶族镇	7	5180	11230	7100	17762	13142
郴州岭秀瑶族乡	12	8789	11202	8962	4664	1849
郴州三江口瑶族乡	11	8228	9746	6782	6422	4255
郴州西山瑶族乡	6	2294	2358	891	8500	3160
郴州团结瑶族乡	7	1774	2790	958	4100	2898
郴州连坪瑶族乡	4	2686	2312	923	3720	5897
郴州莽山瑶族乡	7	4884	6817	4542	5687	2500
常德许家桥回族维吾尔族乡	18	28468	18603	8803	11918	7976
常德毛家滩回族维吾尔族乡	16	32970	25591	9823	22877	6604
常德枫树维吾尔族回族乡	12	42075	32241	9101	26700	19300
常德青林回族维吾尔族乡	8	28998	25068	8376	8086	22739
株洲龙渣瑶族乡	4	2464	2371	1233	6080	1653
衡阳塔山瑶族乡	13	5922	9052	4379		526
益阳鲜埠回族乡	9	14770	21379	9657	92000	12000
广东省						
惠州市龙门县蓝田瑶族乡	7	13192	10653	9792	23510	16800
清远市连州市三水瑶族乡	4	2316	4309	1659	89	2389
清远市连州市瑶安瑶族乡	10	7782	11769	4340	15829	4010
清远市阳山县秤架瑶族乡	10	42185	17298	4772	24730	12345
肇庆市怀集县下帅壮族瑶族乡	5	5955	11221	7629	4987	8790
韶关市始兴县深渡水瑶族乡	4	6735	5345	1883	935	3366
河源市东源县漳溪畲族乡	10	11418	20047	6980	33689	6925
广西壮族自治区						
梧州市蒙山县长坪瑶族乡	5	1620	3150	2810		1500
梧州市蒙山县夏宜瑶族乡	6	3220	6623	5690	100	3156
贺州市八步区黄洞瑶族乡	4	9280	7325	5121	15680	6600
贺州市八步区大平瑶族乡	6	14200	14200	3250	655	7650
贺州市昭平县仙回瑶族乡	6	10010	15210	5931	1090	14200

粮食产量（吨）	肉类总产量（吨）	财政收入（万元）	财政支出（万元）	人均纯收入（元）	学校数（所）	在校学生数（人）	教师数（人）	医院、卫生院（个）	医生数（人）	病床数（张）
667	89	11	11	3802	1	136	11	1	4	4
2261	890	300	320	7112	1	804	46	1	14	7
1160	574	239	239	9690	5	406	25	1	7	7
3124	893	460	450	1368	1	930	45	1	10	9
10090	700	301	282	1129	5	2417	126	1	10	20
1878	231	660	648	1036	1	916	46	1	4	21
5630	1016	780	770	1370	1	1259	64	1	10	18
5599	892	650	750	1665	2	1258	72	2	12	16
946	196	146	192	4668	3	38	13	1	1	3
908	335	190	150	9588	1	80	18	1	5	2
1203	893	376	348	8696	1	92	19	1	4	5
3471	557	280	278	2288	6	387	30	1	3	20
17098	17522	1087	1076	4726	2	1146	122	1	32	45
24417	3982	335	344	5818	3	1428	85	1	18	32
13960	6980	1008	1026	4015	4	2149	157	1	15	17
17741	3844	854	854	6788	4	1389	225	1	50	120
1136	452	220	220	3534	1	208	23	1	5	4
1430	258	462	461	2145	7	1123	78	2	10	14
8000	2400	1150	1298	6000	10	2672	109	1	31	20
4398	679	1580	1570	7853	2	683	111	1	8	30
613	310	143	142	6474	1	145	13	1	6	10
1682	524	220	218	5920	1	447	84	1	6	12
5217	519	570	570	6233	3	951	84	1	16	28
3221	1023	552	551	4688	1	1523	93	1	4	12
2199	305	593	562	7055	1	136	25	1	4	5
6414	850	361	361	6032	4	1228	113	1	9	10
800	120	190	186	2823	1	55	16	1	3	9
2530	680	220	220	2630	5	600	45	1	5	12
2000	450	855	780	5000	2	570	30	1	15	7
5100	385	221	210	2805	2	230	12	1	7	25
5200	1053	100	250	4307	2	211	9	1	16	30

10-1 续表 14

民族乡镇名称	村民委员会（个）	年末实有耕地面积（公顷）	年末总人口（人）	#少数民族	乡镇企业总产值（万元）	农林牧渔业总产值（万元）
贺州市钟山县两安瑶族乡	6	22880	16956	16199	820	7850
贺州市钟山县花山瑶族乡	6	3500	7945	6120	2750	3900
贵港市平南县马练瑶族乡	12	13400	45204	30154	780	8200
贵港市平南县国安瑶族乡	10	7000	24271	22700	2600	8700
防城港市上思县南屏瑶族乡	9	46000	13690	13620		6210
南宁市马山县古寨瑶族乡	9	23120	21242	21160		7400
南宁市马山县里当瑶族乡	10	28295	21350	6524		7465
南宁市上林县镇圩瑶族乡	11	16920	23304	23135	1850	3650
柳州市三江县同乐苗族乡	19	19300	43746	43411	280	5320
柳州市三江县福禄苗族乡	14	16800	30947	29847	500	7200
柳州市三江县高基苗族乡	8	11230	8085	5687	4650	6120
柳州市融水县滚贝侗族乡	11	19500	18459	14944		7980
柳州市融水县同练瑶族乡	6	8500	10969	10396	300	5800
柳州市柳城县古砦仫佬族乡	13	54950	35585	14287	4500	14000
桂林市临桂县宛田瑶族乡	15	21850	23589	11963	21000	20000
桂林市临桂县黄沙瑶族乡	5	11520	5227	2371	3820	50420
桂林市灵川县大境瑶族乡	8	11000	12700	5395	9000	4980
桂林市灵川县兰田瑶族乡	3	4480	6168	3099	12000	3600
桂林市全州县蕉江瑶族乡	8	12000	15000	5000	1588	39500
桂林市全州县东山瑶族乡	16	45500	33500	26500	26000	48500
桂林市兴安县华江瑶族乡	9	12821	17540	4444	139180	15200
桂林市灌阳县洞井瑶族乡	9	8450	8850	3198	8000	8400
桂林市灌阳县西山瑶族乡	10	9000	13055	4554	15000	9200
桂林市资源县车田苗族乡	12	21100	23978	14933	18600	15420
桂林市资源县两水苗族乡	6	9650	11145	7718	4800	13000
桂林市资源县河口瑶族乡	5	4060	4975	3645	3700	3000
桂林市平乐县大发瑶族乡	10	26100	18125	10372	5600	12800
桂林市荔浦县蒲芦瑶族乡	8	18486	11170	9065	9800	5650
桂林市雁山区草坪回族乡	3	3540	5216	1868	3400	2750
百色市右江区汪甸瑶族乡	13	39500	26578	2610	3200	30000
百色市田东县作登瑶族乡	21	25600	37444	37389		12450
百色市田林县潞城瑶族乡	19	33300	26560	22995		15200
百色市田林县利周瑶族乡	9	19410	1734	16095		12450

粮食产量（吨）	肉类总产量（吨）	财政收入（万元）	财政支出（万元）	人均纯收入（元）	学校数（所）	在校学生数（人）	教师数（人）	医院、卫生院（个）	医生数（人）	病床数（张）
6000	1560	256	250	4625	5	840	75	1	7	34
2000	2458	278	300	4150	4	465	26	1	9	15
95000	2569	410	780	5140	11	3950	322	1	25	35
4500	1245	255	310	3990	8	2550	127	1	14	20
1400	98	460	460	2950	6	1870	143	1	13	12
5900	1856	210	1200	2980	9	1543	145	1	23	40
4800	1458	185	1750	3200	8	1156	125	1	20	46
5200	1863	300	580	3950	8	1563	127	1	40	35
6000	1960	470	468	3850	18	4550	210	1	40	50
4600	1560	350	365	3400	12	3800	150	10	36	16
2300	752	256	278	5000	11	400	35	1	15	12
3642	845	220	520	2480	15	1320	100	1	18	25
3200	563	185	190	2350	6	1000	70	1	16	18
15600	1569	850	850	4200	14	2563	156	1	12	50
8000	250	650	620	1320	5	1500	120	1	15	18
2300	1458	410	410	4720	4	456	23	1	12	18
3700	763	530	525	4500	8	802	85	1	25	25
1900	450	720	690	4100	2	365	55	1	7	16
7000	3350	160	140	3880	9	650	80	1	28	18
2100	8250	120	120	3160	4	2500	160	1	8	30
6000	1450	1345	1400	8756	9	850	108	1	35	33
6000	930	250	350	3655	9	600	80	1	10	28
4300	800	296	368	3580	20	750	125	1	16	18
7300	1200	400	420	4250	15	1500	156	1	18	30
6120	1000	201	201	4211	8	525	45	1	8	10
2000	500	155	155	4159	4	180	25	1	9	8
7900	1456	120	120	4089	10	1025	100	1	7	18
3200	9850	180	190	3960	23	650	75	1	21	15
1560	785	500	550	5420	2	420	40	1	5	12
10000	2750	435	435	4723	28	2600	200	2	33	55
8500	2740	825	850	2510	25	3950	2330	1	16	25
9200	1856	715	700	3200	18	2400	250	2	12	45
5500	1425	417	400	3268	15	1850	110	1	16	25

10-1 续表 15

民族乡镇名称	村民委员会（个）	年末实有耕地面积（公顷）	年末总人口（人）	#少数民族	乡镇企业总产值（万元）	农林牧渔业总产值（万元）
百色市田林县八桂瑶族乡	12	20850	14458	14088		10000
百色市田林县八渡瑶族乡	17	29300	21752	19420		16520
百色市凌云县伶站瑶族乡	9	10000	17865	15430	25600	5030
百色市凌云县朝里瑶族乡	6	10000	8778	8365		1800
百色市凌云县沙里瑶族乡	12	25685	18611	12297		6500
百色市凌云县玉洪瑶族乡	18	21412	23752	15697	6000	2800
百色市西林县足别瑶族苗族乡	6	34527	8145	8033		2000
百色市西林县普合苗族乡	7	19536	10453	10234		2200
百色市西林县那佐苗族乡	18	68850	24356	22253		8100
河池市南丹县八圩瑶族乡	16	19920	23752	17824	240	9000
河池市南丹县里湖瑶族乡	13	20710	20910	18722	880	6400
河池市南丹县中堡苗族乡	6	6700	7953	5877	280	2500
河池市天峨县八腊瑶族乡	9	28924	21631	7030	1550	8450
河池市凤山县平乐瑶族乡	10	13840	23333	16300	6500	
河池市凤山县江洲瑶族乡	7	6560	11785	8102	2500	
河池市凤山县金牙瑶族乡	12	15800	25450	15188	2800	
河池市东兰县三弄瑶族乡	5	3600	5340	2180		500
河池市环江县驯乐苗族乡	10	28521	29215	2657	18000	12000
河池市宜州市北牙瑶族乡	17	59456	60952	47477	4700	44000
河池市宜州市福龙瑶族乡	15	42000	37506	34700	2600	26000
重庆市						
奉节县云雾土家族乡	3	33620	4619	3180	200	3102
奉节县长安土家族乡	8	27092	16289	5413		11212
奉节县龙桥土家族乡	6	22461	11374	5382	1320	10593
奉节县太和土家族乡	8	31782	13792	6665		8670
万州区恒合土家族乡	14	37538	27991	13897	11836	14670
万州区地宝土家族乡	4	5566	8102	6620	2564	3604
云阳县清水土家族乡	15	23580	18576	4126	8536	22158
巫山县红椿土家族乡	5	11780	7896	3860	1865	18100
巫山县邓家土家族乡	5	9563	4225	1802		3575
忠县磨子土家族乡	7	20440	18777	6290	10012	8685
文复苗族土家族乡	6	13995	9408	3698	221	9711
石桥苗族土家族乡	6	15600	11116	4012	4500	6571
浩口苗族仡佬族乡	6	10095	6373	2316		4933
后坪苗族土家族乡	6	27000	7585	2272		7000

粮食产量（吨）	肉类总产量（吨）	财政收入（万元）	财政支出（万元）	人均纯收入（元）	学校数（所）	在校学生数（人）	教师数（人）	医院、卫生院（个）	医生数（人）	病床数（张）
6600	1369	529	530	3210	15	1650	130	2	17	35
8080	1856	550	650	2404	12	2820	160	2	15	31
3600	1578	401	350	2696	9	2475	145	1	26	31
2890	896	287	275	3115	7	1356	85	1	7	15
4450	1236	395	360	2745	26	3500	145	1	11	25
6530	458	30	35	3339	30	3200	250	2	17	35
3850	687	12	5	3435	9	900	28	1	21	10
4780	245	15	11	3120	12	980	68	1	21	15
10600	589	11	5	3560	20	2915	151	2	29	30
6050	988	124	460	3620	22	2650	142	1	31	18
4950	1145	156	400	3450	12	2800	175	1	21	18
1620	1190	147	320	3900	8	500	69	1	7	9
8650	1500	350	350	3612	8	2500	175	3	53	56
6980	1082	320	320	3485	12	2800	150	1	11	50
2750	454	360	360	2786	10	2000	100	1	7	35
4400	486	430	430	2823	28	4500	230	2	26	55
1520	275	25	11	2630	5	4500	28	1	3	14
10230	2450	700	650	2855	21	2850	253	2	27	18
18600	2500	158	160	5900	29	6400	340	2	38	1110
21560	900	35	65	2296	8	3300	190	1	11	23
2166	220	848	848	5810	1	315	26	1	7	10
11592	866	1009	1009	5545	6	1400	69	1	11	20
5602	658	841	841	5890	3	986	34	1	7	6
6058	1068	908	908	5845	4	1149	116	1	14	20
15619	862	1258	1650	5921	2	2875	189	1	18	40
3000	383	36	910	6147	1	305	32	1	20	20
8101	3578	851	851	6092	16	2282	141	2	23	57
1200	238	1682	1853	6700	1	386	28	1	11	8
2952	1023	2905	780	7309	2	520	32	1	5	20
9049	976	1089	1089	7108	1	700	46	1	31	20
4353	1719	585	585	7070	1	425	38	1	5	8
6105	842	723	723	7049	3	530	56	1	5	12
3880	1499	639	639	6512	1	300	28	1	3	8
2995	858	275	300	5864	2	571	27	1	1	5

10-1 续表 16

民族乡镇名称	村民委员会（个）	年末实有耕地面积（公顷）	年末总人口（人）	#少数民族	乡镇企业总产值（万元）	农林牧渔业总产值（万元）
四川省						
甘孜州九龙县子耳彝族乡	5	5415	4124	2911		1777
甘孜州九龙县三垭彝族乡	4	4095	3374	3368		1686
甘孜州九龙县俄尔彝族乡	3	3900	2943	2939		1225
甘孜州九龙县小金彝族乡	3	2670	2793	2500		1113
甘孜州九龙县朵落彝族乡	3	1530	1509	1204		905
甘孜州九龙县踏卡彝族乡	4	1245	4532	4200		1720
甘孜州九龙县湾坝彝族乡	5	4245	7281	6666		2628
阿坝州松潘县十里回族乡	6	7450	3477	2131		1551
阿坝州松潘县进安回族乡	10	1300	5185	3155		3634
攀枝花市仁和区大龙潭彝族乡	8	32520	16413	11011	1981	14429
攀枝花市仁和区啊喇彝族乡	6	7980	9189	5049	4490	11228
攀枝花市米易县麻陇彝族乡	8	21000	8777	5671	65	6950
攀枝花市米易县白坡彝族乡	10	24390	10369	3484	314	12119
攀枝花市米易县湾丘彝族乡	8	18051	16759	6219	54027	10110
攀枝花市米易县新山傈僳族乡	4	15901	7158	1820	7956	6865
攀枝花市盐边县敢鱼彝族乡	14	11252	7753	4850	450	3430
攀枝花市盐边县红果彝族乡	11	13575	13013	6609	94530	8647
攀枝花市盐边县温泉彝族乡	7	14819	7507	5827		6978
攀枝花市盐边县箐河傈僳族乡	6	5805	6442	1848	7647	4012
攀枝花市盐边县格萨拉彝族乡	11	24280	12604	12173	9806	9336
攀枝花市盐边县和爱彝族乡	4	10100	5432	1846	900	14786
攀枝花市盐边县红宝苗族彝族乡	7	6018	4952	3860	1024	3600
泸州市叙永县白蜡苗族乡	7	21930	22587	5041	1372	4433
泸州市叙永县合乐苗族乡	5	13400	12512	5471	781	5430
泸州市叙永县枧槽苗族乡	5	13889	13028	4946	432	4300
泸州市叙永县石坝彝族乡	4	5978	9216	3793	1567	4338
泸州市叙永县水潦彝族乡	10	18000	23168	10800	455	4432
泸州市古蔺县箭竹苗族乡	8	17220	15068	3213	38565	5836
泸州市古蔺县大寨苗族乡	3	7445	7428	1978	438	5892
泸州市古蔺县马嘶苗族乡	5	19327	13156	1581	850	2479

粮食产量（吨）	肉类总产量（吨）	财政收入（万元）	财政支出（万元）	人均纯收入（元）	学校数（所）	在校学生数（人）	教师数（人）	医院、卫生院（个）	医生数（人）	病床数（张）
1397	221	230	230	5760	1	583	32	1	4	6
1276	173	322	322	5810	1	390	19	1	10	8
828	203	183	183	5487	1	372	12	1	4	6
589	177	197	197	5677	1	223	16	1	5	2
444	49	209	209	5293	1	164	12	1	5	4
728	244	253	253	5703	1	418	27	1	6	4
2735	959	310	310	5935	2	974	52	1	15	8
952	292	211	211	6188	1	328	31	1	2	2
350	170	488	488	6224	1	760	61			
13628	3101	1041	1092	9274	8	867	80	1	28	45
6552	1269	353	353	8895	1	595	65	2	22	50
4393	1136	1239	1239	9135	1	578	39	1	10	9
4363	1557	1262	1262	8582	6	718	73	1	18	8
6548	1060	1316	993	8503	3	2783	191	1	30	13
4343	1553	824	824	8598	2	469	36	1	9	6
3123	959	310	310	7713	6	308	29	1	9	12
5560	1679	1029	644	7800	2	1075	48	1	13	52
3097	1802	396	396	7596	4	899	52	3	9	8
3538	511	433	311	7781	6	679	47	1	7	4
6706	2250	514	514	6705	6	351	74	4	18	28
2044	634	396	396	7702	4	511	29	1	8	20
1803	845	433	433	7777	2	149	22	1	6	4
10040	2580	2009	2009	3088	3	3478	172	1	20	25
5101	1523	1710	1280	3947	2	1580	67	1	8	25
4702	1197	1550	1517	4310	6	2356	114	1	6	25
2558	1689	423	423	3258	4	1215	60	1	16	25
5859	990	729	729	4332	4	3781	186	1	12	44
7887	1928	2151	2549	5912	5	1684	93	1	5	18
4558	863	1092	759	5180	3	847	49	1	8	15
5840	1080	860	875	5100	6	2239	86	1	12	18

10-1 续表 17

民族乡镇名称	村民委员会（个）	年末实有耕地面积（公顷）	年末总人口（人）	#少数民族	乡镇企业总产值（万元）	农林牧渔业总产值（万元）
广元市青川县蒿溪回族乡	5	8908	4229	1506	300	2782
广元市青川县大院回族乡	6	9922	5918	1400		3141
乐山市金口河区和平彝族乡	6	6612	9182	1946	2100	2900
乐山市金口河区共安彝族乡	7	5055	6088	2500	1214	1658
南充市阆中市博树回族乡	8	7638	7366	3768	980	4861
宜宾市筠连县高坪苗族乡	5	8535	7879	2538	27232	3327
宜宾市筠连县联合苗族乡	8	11151	8878	3325	700	4248
宜宾市筠连县团林苗族乡	8	8325	7400	2330	570	2800
宜宾市屏山县屏边彝族乡	7	10935	8786	4382	2000	3912
宜宾市屏山县清平彝族乡	10	14340	8963	2008	143	6898
宜宾市兴文县大坝苗族乡	17	20524	31113	7044	15000	26313
宜宾市兴文县毓秀苗族乡	5	11750	6909	2367	5563	4272
宜宾市兴文县大河苗族乡	18	27388	42654	7184	33500	21780
宜宾市兴文县麒麟苗族乡	25	23052	31171	7070	8000	18700
宜宾市兴文县仙峰苗族乡	12	18061	12320	3868	56612	8687
宜宾市珙县罗渡苗族乡	11	12159	14893	3827	3615	5040
宜宾市珙县玉和苗族乡	4	4381	5802	1908		3309
宜宾市珙县观斗苗族乡	4	4517	5186	1230	6850	2365
雅安市汉源县小堡藏族彝族乡	3	3450	2655	860	2800	1475
雅安市汉源县坭美彝族乡	5	4328	2152	1308	83	1250
雅安市汉源县永利彝族乡	6	10274	3637	927		3688
雅安市汉源县顺河彝族乡	4	2720	5949	1235	200	2319
雅安市汉源县片马彝族乡	6	9305	5878	1980		1079
雅安市石棉县安顺彝族乡	6	4592	8838	3835	27000	3116
雅安市石棉县先锋藏族乡	7	5298	6495	2136	23821	4179
雅安市石棉县蟹螺藏族乡	7	3420	4090	1925	15742	1034
雅安市石棉县回隆彝族乡		1941	7556	1889	188760	3174
雅安市石棉县擦罗彝族乡	5	1590	4337	2042	5640	1000
雅安市石棉县栗子坪彝族乡	7	2107	4672	4642	6136	2286
雅安市石棉县新民藏族彝族乡	9	7789	6624	2312	1336	4650
雅安市石棉县挖角彝族藏族乡	3	1016	3245	1702	6191	2428
雅安市石棉县田湾彝族乡	6	3038	2860	1161	2757	2983
雅安市石棉县草科藏族乡	5	2751	2524	1611	3754	2137

粮食产量（吨）	肉类总产量（吨）	财政收入（万元）	财政支出（万元）	人均纯收入（元）	学校数（所）	在校学生数（人）	教师数（人）	医院、卫生院（个）	医生数（人）	病床数（张）
1570	430	239	407	5540	1	396	43	1	6	8
2493	326	234	234	4727	1	473	50	1	4	6
2811	1200	386	386	5894	3	1112	64	1	9	5
1076	791	347	347	6337	3	660	60	1	7	8
4526	1468	213	213	5727	1	323	44	1	6	6
5214	1816	414	414	6725	3	1088	53	1	5	10
4178	3938	465	465	6325	5	1175	75	1	5	4
3800	900	337	337	6429	6	1002	59	1	6	8
6625	425	541	541	5220	1	1138	49	1	1	15
4093	1394	691	640	5620	7	1160	64	1	4	10
19989	4870	1857	1857	5921	1	4109	183	1	34	50
3699	1094	796	796	5890	1	682	32	1	7	5
19932	5781	2300	2300	6767	15	5138	274	1	17	28
16100	3220	2200	2200	6812	4	3964	193	1	5	30
8500	3300	1672	1672	7525	7	1500	72	1	16	20
7129	1629	320	320	7120	7	1816	93	1	7	20
2926	937	255	255	7133	4	767	45	1	5	8
2322	664	404	404	6643	2	516	34	1	4	10
1141	229	253	253	5557	2	148	15	1	5	6
2200	210	75	75	5553	2	294	13	1	5	6
2059	495	324	234	5238	1	110	16	1	5	4
1123	404	318	318	6352	2	58	6	1	5	2
2921	513	235	235	6160	3	476	21	1	5	7
2339	850	493	493	6621	3	650	43	1	11	9
2531	750	461	461	6737	2	913	70	1	10	10
2173	556	355	355	6735	2	253	26	1	6	5
977	589	383	383	7266	4	786	38	1	5	10
950	320	1200	1200	5863	3	642	34	1	6	6
1132	584	1201	931	6742	2	778	27	1	7	14
3909	1736	351	332	6746	3	752	40	1	11	12
463	889	354	354	6920	1	389	16	1	7	11
1358	710	303	303	6711	1	182	14	1	9	5
1599	485	310	310	6714	1	171	21	1	5	5

10-1 续表 18

民族乡镇名称	村民委员会（个）	年末实有耕地面积（公顷）	年末总人口（人）	#少数民族	乡镇企业总产值（万元）	农林牧渔业总产值（万元）
雅安市宝兴县跷碛藏族乡	5	4671	5503	5220	1553	3650
雅安市荥经县宝峰彝族民族乡	3	3462	3412	963		1774
雅安市荥经县民建彝族民族乡	5	3262	4330	1275	2401	1023
凉山州西昌市高草回族乡	7	21710	14376	2568		21940
凉山州西昌市裕隆回族乡	9	26898	17005	4251	570	25576
凉山州木里县屋脚蒙古族乡	2	4305	2438	2428		583
凉山州木里县俄亚纳西族乡	6	9225	5915	5181		2384
凉山州木里县白碉苗族乡	4	9915	6197	5557		1613
凉山州木里县项脚蒙古族乡	3	6975	3495	3126		1085
凉山州木里县固增苗族乡	4	8445	3548	2857		1288
凉山州盐源县大坡蒙古族乡	5	8662	3679	2453		1052
凉山州德昌县金沙傈僳族乡	3	4680	3112	3105		2260
凉山州德昌县南山傈僳族乡	3	4265	2006	1986		680
凉山州会理县新安傣族乡	5	5775	4293	2974		5928
凉山州冕宁县和爱藏族乡	6	5950	3389	1486	1490	3169
凉山州越西县保安藏族乡	3	5655	4996	4144		1441
绵阳市平武县木皮藏族乡	3	233	1130	858		712
绵阳市平武县木座藏族乡	3	615	1748	1050		769
绵阳市平武县白马藏族乡	4	527	1531	1334		498
绵阳市平武县黄羊关藏族乡	6	5166	1583	598		1560
绵阳市平武县虎牙藏族乡	5	3555	2504	1005		1005
绵阳市平武县泗耳藏族乡	3	1097	847	360		1087
绵阳市平武县徐塘羌族乡	5	11112	2657	2604		1390
绵阳市平武县锁江羌族乡	10	20355	6352	6098	220	7001
绵阳市平武县平南羌族乡	5	7035	2234	2099		2331
绵阳市北川县桃龙藏族乡	6	6785	3417	2627		4670
绵阳市盐亭县大兴回族乡	8	6886	7235	2279		8843
绵阳市平武县水田羌族乡	7	16332	3909	2876		1812
绵阳市平武县旧堡羌族乡	6	6424	3518	2110		2165
绵阳市平武县阔达藏族乡	6	8147	5181	2780	2363	2785
绵阳市平武县土城藏族乡	9	13847	5958	3885		4576
达州市宣汉渡口土家族乡	7	9164	7870	7540		2872
达州市宣汉龙泉土家族乡	13	6555	11564	10708		6855
达州市宣汉三墩土家族乡	7	7485	15133	12146	1221	4500
达州市宣汉漆树土家族乡	4	3337	6879	6533	21	2123

粮食产量（吨）	肉类总产量（吨）	财政收入（万元）	财政支出（万元）	人均纯收入（元）	学校数（所）	在校学生数（人）	教师数（人）	医院、卫生院（个）	医生数（人）	病床数（张）
2934	2400	667	667	6513	6	354	48	1	12	10
1725	545	232	233	5201	1	182	16	1	5	3
1563	403	301	304	5542	2	291	27	1	4	15
13970	4426	426	426	8249	3	1278	104	1	4	13
19028	3164	2837	2430	8935	5	2462	138	2	11	25
1099	293	214	214	3896	1	286	20	1	3	3
2772	1009	289	289	4107	1	668	28	1	6	4
2702	442	336	336	4078	2	911	29	1	2	8
1679	366	296	296	3896	1	349	29	1	5	5
1836	540	274	274	4200	1	286	23	1	4	12
3935	865	78	78	2800	1	348	12	1	3	8
1510	253	170	170	5200	1	402	19	1	3	1
1360	390	99	97	7110	1	247	22	1	5	5
3582	1170	130	130	2983	1	320	13	1	2	9
2092	758	178	178	5760	1	265	16	1	3	5
3659	644	162	162	3911	5	389	16	1	5	3
50	75	243	245	5125	1	47	12	1	3	2
146	128	250	241	4318	1	67	8	1	3	5
20	119	262	262	4700	1	19	4	1	4	20
813	244	174	174	5198	1	42	10	1	4	10
816	335	180	180	4300	1	47	9	1	4	6
181	239	258	216	3684	1	8	4	1	1	3
1194	410	164	164	5155	1	150	19	1	4	3
3464	815	321	321	5543	2	311	33	1	4	4
1165	242	191	191	5298	1	105	14	1	2	5
2060	974	287	287	4839	1	114	13	1	2	2
3742	536	570	570	7680	2	326	35	1	10	19
1360	780	254	254	4637	1	163	17	1	5	6
1462	756	376	376	4715	1	131	14	1	9	7
1124	427	366	366	5411	2	222	26	1	7	8
1710	525	368	368	5290	2	227	26	1	8	6
8823	818	352	352	3370	5	626	28	1	8	12
2524	1732	501	501	3350	7	2781	79	1	18	16
7201	1839	288	288	3540	2	2048	102	1	4	15
1704	875	302	302	3687	4	506	24	1	7	11

10-1 续表 19

民族乡镇名称	村民委员会（个）	年末实有耕地面积（公顷）	年末总人口（人）	#少数民族	乡镇企业总产值（万元）	农林牧渔业总产值（万元）
贵州省						
贵阳市南明区小碧布依族苗族乡	12	10095	16206	2465	1300	8783
贵阳市花溪区高坡苗族乡	19	15550	22251	9845	4256	10007
贵阳市花溪区马铃布依族苗族乡	8	8850	9240	3530	80105	7843
贵阳市花溪区孟关苗族布依族乡	9	12585	19469	9531	5540	12991
贵阳市花溪区黔陶布依族苗族乡	7	7395	10500	3492	27500	8998
贵阳市花溪区湖潮布依族苗族乡	13	19350	23551	8369		4566
贵阳市乌当区偏坡布依族乡	2	2175	1912	1659		2308
贵阳市乌当区新堡布依族乡	7	6390	5308	3009	75358	6772
贵阳市白云区都拉布依族乡	7	3390	8765	4366	3600	5919
贵阳市白云区牛场布依族乡	13	10860	13142	3867	13037	9361
贵阳市清镇市麦格苗族布依族乡	27	16545	23460	7498	965	2255
贵阳市清镇市王庄布依族苗族乡	15	18300	22486	6883	3530	8805
贵阳市清镇市流长苗族乡	39	29000	50513	22776	30	6544
贵阳市息烽市青山苗族乡	5	12075	7317	1798	6000	4838
贵阳市开阳县禾丰布依族苗族乡	6	20685	16782	5564		8902
贵阳市开阳县南江布依族苗族乡	6	21450	20742	6170		6260
贵阳市开阳县高寨苗族布依族乡	8	58560	26031	8285	8510	11177
贵阳市修文县大石布依族乡	15	15405	13706	2811	1200	7983
六盘水市六枝特区落别布依族彝族乡	13	22304	38108	20578	50223	3818
六盘水市六枝特区折溪彝族乡	9	12105	18882	2100	500	3270
六盘水市六枝特区牛场苗族彝族乡	9	28155	23975	9990	78	6633
六盘水市六枝特区中寨苗族彝族布依族乡	21	2401	42185	41763	75124	4070
六盘水市六枝特区箐口彝族仡佬族布布依族苗族乡	7	14040	13369	8612	1198	16100
六盘水市六枝特区洒志彝族布依族苗族乡	9	22860	19143	14251	250	4803
六盘水市六枝特区毛口布依族苗族乡	6	603	10518	8412	2899	5100
六盘水市六枝特区梭戛苗族彝族乡	7	12465	20657	7581	879	1225
六盘水市六枝特区陇脚布依族乡	8	9321	14765	6644	867	3417
六盘水市盘县特区普田回族乡	6	12270	13891	4658	220	5186
六盘水市盘县特区鸡场坪彝族乡	13	41910	40771	15579	109847	7536
六盘水市盘县特区旧营白族彝族苗族乡	11	31740	30150	11701	260	6686

粮食产量（吨）	肉类总产量（吨）	财政收入（万元）	财政支出（万元）	人均纯收入（元）	学校数（所）	在校学生数（人）	教师数（人）	医院、卫生院（个）	医生数（人）	病床数（张）
3098	1020	1616	1578	7612	9	2281	151	1	9	8
5916	2100	585	796	5400	10	2146	176	1	8	12
2879	924	333	580	5500	5	550	82	1	3	8
4709	1008	854	905	9788	7	2530	174	1	10	22
1345	871	620	581	8292	6	866	80	1	3	11
5191	1604	789	782	8114	9	1811	145	1	3	15
432	51	68	630	8463	2	264	19	1	3	5
3141	105	228	852	8768	8	534	58	1	7	4
788	630	1720	1711	8165	5	1106	64	1	6	13
3255	670	600	1025	6728	8	1066	99	1	13	14
5821	1083	3150	1568	6332	5	2050	142	1	10	14
4438	1418	800	900	6850	9	2016	155	1	8	18
5438	1842	1280	1348	6666	19	8291	198	1	10	25
4003	513	1150	1840	7425	3	564	72	1	7	12
4420	1582	450	1163	5890	8	1753	113	1	6	12
6046	1874	408	847	5806	7	1381	122	1	7	5
6529	1822	607	854	5245	8	2320	143	1	8	7
3182	1187	718	785	5032	5	939	84	1	10	7
11936	1179	854	1268	4596	14	3768	206	1	27	11
9012	1035	104	182	5207	8	1994	112	1	6	14
7639	1160	620	620	3222	15	3725	152	1	11	22
15024	990	2255	1252	4486	21	4761	250	1	20	11
2414	688	562	502	4050	8	1348	87	1	11	12
7293	555	255	443	4140	15	1241	93	1	8	6
3124	200	224	566	4165	7	1025	86	1	12	11
5846	702	201	211	4422	10	3132	150	1	13	11
6256	783	552	552	5412	6	1219	100	1	9	11
3874	413	252	292	4023	6	1240	101	1	5	7
9362	3248	2123	1688	5190	11	4838	311	1	25	12
8864	1395	108	75	4319	12	2197	149	1	14	19

10-1 续表 20

民族乡镇名称	村民委员会（个）	年末实有耕地面积（公顷）	年末总人口（人）	#少数民族	乡镇企业总产值（万元）	农林牧渔业总产值（万元）
六盘水市盘县特区马场彝族苗族乡	11	12945	15878	6033	301	4264
六盘水市盘县特区羊场布依族白族苗族乡	16	22451	38100	15554	700	7750
六盘水市盘县特区保基苗族彝族乡	7	15336	14706	14324	3710	7197
六盘水市盘县特区四格彝族乡	9	25785	23864	3686	1200	34
六盘水市盘县特区松河彝族乡	6	11010	25691	8734	210000	2625
六盘水市盘县特区坪地彝族乡	15	37200	34699	11566	14762	7547
六盘水市盘县特区淤泥彝族乡	19	21045	28374	22983	33000	6048
六盘水市盘县特区普古彝族苗族乡	19	37615	25394	16252	3050	6970
六盘水市钟山区月照彝族回族苗族乡	7	4710	16642	4584	108932	4968
六盘水市水城县坪寨彝族乡	4	8776	11957	3863	125	2315
六盘水市水城县勺米彝族苗族乡	8	11715	20396	5399	20458	4144
六盘水市水城县比德苗族彝族乡	7	14970	32390	11345	11391	2354
六盘水市水城县化乐苗族彝族乡	10	3670	32904	13321	38006	5080
六盘水市水城县陡箐苗族彝族乡	9	17889	24730	7688	36831	2357
六盘水市水城县董地苗族彝族乡	9	27386	17627	7403	5165	4425
六盘水市水城县双戛彝族乡	5	2415	10910	3171	540	2309
六盘水市水城县南开苗族彝族乡	14	27630	45977	22488	1395	4924
六盘水市水城县保华苗族彝族回族乡	11	15030	25354	19712	18775	6102
六盘水市水城县青林苗族彝族乡	7	15465	19193	11102	700	3278
六盘水市水城县金盆苗族彝族乡	9	28500	28939	16291	1997	2487
六盘水市水城县木果彝族苗族乡	12	27377	34896	14655	8919	1897
六盘水市水城县发箐苗族彝族乡	5	8663	9689	3682	1235	3755
六盘水市水城县玉舍彝族苗族乡	11	15750	32964	10272	198543	4670
六盘水市水城县纸厂彝族乡	5	6808	11950	5278	14121	2533
六盘水市水城县杨梅彝族苗族回族乡	13	17475	23479	11274	301	2488
六盘水市水城县新街彝族苗族布依族乡	5	7575	15453	10590	876	2477
六盘水市水城县野钟苗族彝族布依族乡	7	16170	19597	8763	2438	5488
六盘水市水城县果布嘎彝族苗族布依族乡	5	14530	16434	12530	179	3207
六盘水市水城县发耳布依族苗族彝族乡	15	21210	38191	20267	23864	1322
六盘水市水城县都格布依族苗族彝族乡	6	15756	30245	12390	24350	6800
六盘水市水城县鸡场布依族彝族苗族乡	8	15558	27496	11868	88123	3500
六盘水市水城县龙场苗族白族彝族乡	14	11760	22758	16396	1104	4650
六盘水市水城县营盘苗族彝族白族乡	6	8839	19256	12394	385	3986

粮食产量（吨）	肉类总产量（吨）	财政收入（万元）	财政支出（万元）	人均纯收入（元）	学校数（所）	在校学生数（人）	教师数（人）	医院、卫生院（个）	医生数（人）	病床数（张）
5139	757	296	143	3406	6	1528	94	1	16	15
6965	1511	2588	2145	5016	10	4497	220	1	21	21
6504	625	712	702	2688	3	1352	95	1	10	14
7127	2336	550	550	3477	6	3654	170	1	9	15
5206	1183	2241	600	5782	6	3325	176	1	20	14
9200	1800	2145	1520	3780	13	3910	256	1	16	14
6379	2230	3378	4375	5974	9	1777	140	1	18	11
11314	2088	3800	2168	4636	7	2997	175	1	14	9
1933	1044	2478	1300	6253	9	2919	100	1	10	25
2695	323	250	576	4020	5	1461	78	1	9	8
5850	810	1884	1509	4078	10	4330	221	1	9	14
8312	765	654	946	4000	15	6376	235	1	13	25
5756	319	1500	1238	4023	13	4733	249	1	9	17
7740	1299	1000	1000	4680	11	3085	213	1	11	9
3476	455	1050	900	4518	11	3058	92	1	10	7
3000	540	1123	877	4007	6	1328	103	1	7	11
10459	1560	715	730	4525	19	6078	293	1	13	18
8655	1066	1031	947	4023	12	4420	164	1	8	15
4208	814	200	500	4102	9	3687	165	1	8	14
8977	645	592	450	4001	11	4322	239	1	8	11
9250	343	1189	450	3520	11	6280	189	1	11	11
3581	522	743	697	4652	6	736	72	1	8	25
12131	1830	3500	800	4532	19	8422	389	1	17	22
4032	876	980	900	5001	6	1422	94	1	8	6
5373	499	383	650	3853	12	4504	203	1	11	25
4698	612	500	613	3489	8	2113	143	1	7	7
6520	775	300	905	4035	9	3865	199	1	7	11
9390	600	285	400	4031	6	1790	93	1	9	19
12000	1876	3012	1618	4257	16	10220	476	1	25	30
12521	1179	650	827	4120	9	4778	287	1	8	15
8208	765	2500	1701	4234	12	5300	248	1	10	11
6735	958	600	700	4615	8	2146	149	1	8	25
11100	231	654	840	3866	7	2543	128	1	7	7

10-1 续表 21

民族乡镇名称	村民委员会（个）	年末实有耕地面积（公顷）	年末总人口（人）	#少数民族	乡镇企业总产值（万元）	农林牧渔业总产值（万元）
六盘水市水城县顺场苗族彝族布依族乡	11	12105	23477	19486	3000	3871
六盘水市水城县花戛苗族布依族彝族乡	18	12347	17525	16049	1012	2787
六盘水市水城县米箩布依族苗族彝族乡	5	18700	30535	16796	2544	5277
六盘水市水城县猴场苗族布依族乡	11	13568	21383	12672	9897	6176
六盘水市水城县红岩布依族彝族苗族乡	8	10976	18589	8674	4735	4461
黔东南州麻江县贤昌布依族乡	6	15821	16990	15163	250	5024
黔东南州麻江县坝芒布依族乡	7	13304	16437	11617	38	2300
黔东南州麻江县景阳布依族乡	5	11142	9218	8157	377	3416
黔东南州镇远县尚寨土家族乡	4	6418	7863	7076		3100
黔东南州岑巩县杨桥土家族乡	15	20190	27765	22212	120	6365
黔东南州黎平县顺化瑶族乡	4	2176	5286	5279		722
黔东南州黎平县雷洞瑶族水族乡	16	7007	12436	12436	142	958
黔东南州从江县秀塘壮族乡	13	4516	7852	7480		4176
黔东南州从江县刚边壮族乡	15	4757	10969	10824	102	475
黔东南州从江县翠里瑶族壮族乡	20	9589	13424	11950	250	437
黔东南州榕江县三江水族乡	13	7895	14725	13243	20	3701
黔东南州榕江县塔石瑶族水族乡	9	5706	10734	9731	25	3562
黔东南州榕江县仁里水族乡	8	8175	11749	10574		725
黔东南州榕江县定威水族乡	7	3965	6458	5988	350	2527
黔东南州榕江县兴华水族乡	5	17000	10875	10755	81	2578
黔东南州榕江县水尾水族乡	5	2100	4256	4236	13	2350
黔东南州雷山县达地水族乡	10	7487	11229	9882		5972
黔南州都匀市基场水族乡	4	8625	12567	12331		3712
黔南州都匀市阳和水族乡	4	6390	12819	12306		3720
黔南州都匀市奉和水族乡	4	4350	7404	6293	2635	3137
黔南州平塘县卡蒲毛南族	6	11172	13937	13663	10360	4123
黔南州荔波县瑶山瑶族乡	4	3780	6106	6056	60	1333
黔南州荔波县水利水族乡	5	4339	6605	6290	230	1002
黔南州荔波县水尧水族乡	5	4676	8088	7487	13850	2801
黔南州荔波县永康水族乡	6	5072	6549	6400	2670	2650
黔南州荔波县瑶麓瑶族乡	1	1700	1583	1583	1116	1089
黔南州独山县甲定水族乡	5	4095	3616	3312		1683
黔南州独山县翁台水族乡	3	2556	3111	3075	80	1533

粮食产量（吨）	肉类总产量（吨）	财政收入（万元）	财政支出（万元）	人均纯收入（元）	学校数（所）	在校学生数（人）	教师数（人）	医院、卫生院（个）	医生数（人）	病床数（张）
5925	822	792	698	4520	10	2260	147	1	10	14
4771	875	300	450	4112	7	6555	154	1	7	14
11018	534	500	741	4021	13	4096	220	1	5	7
6712	702	3692	2174	4530	8	2862	137	1	6	7
6058	450	700	700	3894	10	2844	162	1	7	11
5499	760	347	347	3376	9	1896	151	1	12	21
3485	825	224	250	3360	7	1371	129	1	10	14
3260	925	273	273	3085	5	876	92	1	7	25
3204	450	294	294	2754	5	945	54	1	6	14
5760	1210	573	573	3958	13	4594	205	1	17	33
1031	208	233	233	1585	4	347	19	1	12	9
2939	360	221	221	2018	19	870	40	1	15	14
3704	616	553	553	2368	7	929	67	1	5	16
3450	788	189	189	2650	8	1620	82	1	5	18
6100	161	162	162	2220	3	1631	103	1	9	14
2807	291	263	263	2925	14	1912	99	1	8	20
2598	43	126	126	2590	8	1323	66	1	10	11
2974	114	213	213	2044	8	1654	98	1	14	7
1776	85	157	257	2771	1	882	57	1	12	9
3168	94	60	60	2408	1	1587	58	1	9	8
1743	83	195	195	2205	11	825	48	1	7	8
3428	757	240	240	2460	5	1447	93	1	8	11
4322	809	230	370	3740	6	1110	79	1	8	9
3544	889	329	343	4692	6	1258	79	1	8	8
2169	719	331	338	5134	5	702	57	1	6	11
500	620		203	5240	7	1260	105	1	9	11
1313	400	99	356	4610	3	936	78	1	12	11
1901	233	37	249	4988	5	609	49	1	7	11
2060	385	179	328	4800	6	734	32	1	6	14
2173	531	375	386	4770	3	423	36	1	11	7
563	255	20	157	5136	1	95	7			
1537	239	121	125	3937	1	131	24	1	4	4
1280	198	146	143	3005	1	198	21	1	4	7

10-1 续表 22

民族乡镇名称	村民委员会（个）	年末实有耕地面积（公顷）	年末总人口（人）	#少数民族	乡镇企业总产值（万元）	农林牧渔业总产值（万元）
黔南州独山县本寨水族乡	12	20355	27601	25944	912	8622
黔西南州晴隆县三宝彝族乡	3	5370	5328	5232		700
黔西南州兴仁县鲁础营回族乡	8	15138	18336	6726	880	7597
黔西南州望谟县油迈瑶族乡	8	1578	13383	12905		4850
遵义市遵义县洪关苗族乡	3	25665	11084	1093	700	5820
遵义市遵义县平正仡佬族乡	6	4955	21875	4018	3100	9468
遵义市桐梓县马鬃苗族乡	10	1152	8973	2270	2418	958
遵义市余庆县花山苗族乡	4	52005	15192	8126	600	11921
遵义市仁怀后山苗族布依族乡	4	10086	10372	4020	1300	5599
遵义市正安县谢坝仡佬族苗族乡	6	15625	15799	12840	178	4575
遵义市正安县市坪苗族仡佬族乡	4	8300	21755	18491	1100	5880
遵义市道真县上坝土家族乡	3	8500	17953	16966	3420	7790
安顺市西秀区新场布依族苗族乡	16	14835	16502	6653	878	63
安顺市西秀区鸡场布依族苗族乡	11	16523	18780	6745	1464	7200
安顺市西秀区岩腊苗族布依族乡	13	10499	26730	10023	1900	9113
安顺市西秀区杨武布依族苗族乡	20	10430	29382	16286	1300	243
安顺市西秀区黄腊布依族苗族乡	14	20752	17417	15246	3200	6011
安顺市平坝县十字回族乡	21	22553	34080	10466	15802	3711
安顺市平坝县羊昌布依族苗族乡	12	21441	23773	14858	64800	9944
安顺市普定县坪上苗族彝族布依族乡	25	19199	32488	6510	15469	6377
安顺市普定县补郎苗族乡	16	18720	24239	7640	31000	9100
安顺市普定县猫洞苗族仡佬族乡	26	19729	31180	10066	7000	8810
安顺市普定县猴场苗族仡佬族乡	17	15460	24519	8969	9574	5150
毕节市七星关区千溪彝族苗族白族乡	5	16410	21437	6396	3876	6387
毕节市七星关区阴底彝族苗族白族乡	12	27050	43102	11927	38	3800
毕节市七星关区团结彝族苗族乡	13	18477	23983	4284	190	3280
毕节市七星关区阿市苗族彝族乡	13	26985	26234	8815	4100	6882
毕节市七星关区大屯彝族乡	8	14259	23013	4120	144	4129
毕节市七星关区田坎彝族乡	7	12540	17827	4850	240	3861
毕节市黔西县花溪彝族苗族乡	10	17753	19335	12007	15860	4311
毕节市黔西县定新彝族苗族乡	12	16318	21073	5787	2017	3811
毕节市黔西县协和彝族苗族乡	14	27890	33789	11892	9967	9941
毕节市黔西县钟山布依族彝族乡	11	19895	30530	9346	3600	7959

粮食产量（吨）	肉类总产量（吨）	财政收入（万元）	财政支出（万元）	人均纯收入（元）	学校数（所）	在校学生数（人）	教师数（人）	医院、卫生院（个）	医生数（人）	病床数（张）
6665	1667	107	171	4018	15	2912	221	1	12	15
1578	172		180	3158	1	810	35	1	6	5
4586	1207	253	200	3120	9	2786	131	1	5	14
4815	876	313	198	2980	15	1302	106	1	14	7
8176	783	680	650	4875	4	1399	78	1	3	4
10399	1424	1245	1245	4473	10	3275	151	1	5	22
4159	249	368	368	4575	5	834	33	1	7	4
10458	1718	1350	750	5910	5	1840	97	1	13	13
3500	724	721	721	2610	6	1210	78	1	8	9
5401	309	573	201	4010	2	1800	91	1	4	7
4580	800	386	376	4123	5	2050	171	1	16	17
7325	590	699	712	3765	7	2411	170	1	10	14
3263	1445	156	1010	3222	5	2485	123	1	5	13
5180	1200	200	1086	3581	3	3242	179	1	9	24
6278	1500	1200	1736	3208	15	2538	160	1	8	14
35123	650	190	1108	3636	20	3500	186	1	13	24
11720	1700	520	793	3692	9	1121	115	1	7	14
10969	1900	650	992	3255	20	4484	276	1	6	14
10900	1178	600	772	3500	13	2723	161	1	6	14
5500	1616	450	610	4062	16	3806	220	1	15	14
6572	2152	1207	1210	3526	12	2786	169	1	15	17
6541	1850	1355	1245	4474	14	1675	185	1	20	14
6889	1030	788	756	3840	13	3509	202	1	16	17
7159	585	800	684	4832	6	3318	154	1	4	25
10000	1000	155	324	4665	17	4999	343	1	6	17
5000	516	1038	953	4740	14	4078	186	1	5	30
4000	791	120	124	4345	10	4999	187	1	5	25
3000	359	163	163	4396	8	3149	135	1	5	25
3000	581	704	703	4288	5	1461	85	1	2	15
4658	453	1150	780	4396	11	1433	113	1	3	18
3345		131	150	4436	10	2412	90	2	8	18
8919	1900	2325	551	4740	9	5219	239	1	9	21
6044	1210	755	542	5324	11	3531	202	1	8	25

10-1 续表 23

民族乡镇名称	村民委员会（个）	年末实有耕地面积（公顷）	年末总人口（人）	#少数民族	乡镇企业总产值（万元）	农林牧渔业总产值（万元）
毕节市黔西县绿化白族彝族乡	10	13082	17728	7116	8196	5200
毕节市黔西县新仁苗族乡	9	19453	24245	6774	2500	7636
毕节市黔西县红林彝族苗族乡	10	11129	20930	12980	5300	5380
毕节市黔西县沙井苗族彝族仡佬族乡	20	33225	42989	12480	510	9120
毕节市黔西县中建苗族彝族乡	6	9980	12145	2064	5400	4100
毕节市黔西县仁和彝族苗族乡	12	18414	25121	12116	260	8301
毕节市黔西县永燊彝族苗族乡	13	21832	27491	7327	1690	6850
毕节市黔西县太来彝族苗族乡	13	22647	32510	7847	10790	7380
毕节市黔西县铁石苗族彝族乡	10	18977	23585	13229	2330	8910
毕节市黔西县金波苗族彝族满族乡	10	19262	17965	12761	2000	5278
毕节市黔西县五里布依族苗族乡	10	17760	22659	9668	1400	5830
毕节市大方县竹园彝族苗族乡	9	14995	25037	9813	760	4785
毕节市大方县响水白族彝族仡佬族乡	14	18628	36420	10983	150	7884
毕节市大方县鼎新彝族苗族乡	12	25154	43063	19250	650	7954
毕节市大方县牛场苗族彝族乡	10	24391	48708	16697	113	11759
毕节市大方县理化苗族彝族乡	10	4588	47563	14323	168	14531
毕节市大方县安乐彝族仡佬族乡	8	21205	14910	11180	800	7679
毕节市大方县凤山彝族蒙古族乡	9	11887	17932	6830	1000	4935
毕节市大方县白纳彝族乡	2	7393	9801	4431	2261	3006
毕节市大方县三元彝族苗族白族乡	8	22501	18880	9828	1168	6067
毕节市大方县普底彝族苗族白族乡	18	54000	31092	15118	300	5193
毕节市大方县沙厂彝族乡	8	11758	14887	3509	150	4377
毕节市大方县大水彝族苗族布依族乡	8	18500	13344	8812	300	3850
毕节市大方县黄泥彝族苗族满族乡	8	11096	11751	6344	2437	6117
毕节市大方县核桃彝族白族乡	9	20867	32572	10284	1060	6254
毕节市大方县八堡彝族苗族乡	9	26374	39420	11055	6800	9948
毕节市大方县兴隆苗族乡	8	21758	28725	9951	451	6919
毕节市大方县大山苗族彝族乡	11	15320	18306	4933		4936
毕节市大方县星宿苗族彝族仡佬族乡	10	17743	12556	4197	5942	5285
毕节市金沙县石场苗族彝族乡	10	21589	25897	5628	2500	8000
毕节市金沙县太平彝族苗族乡	5	13684	13640	3662	500	3818
毕节市金沙县箐门苗族彝族仡佬族乡	8	8630	6750	2011		2004
毕节市金沙县马路彝族苗族乡	8	14400	17013	3701	30	3948

粮食产量（吨）	肉类总产量（吨）	财政收入（万元）	财政支出（万元）	人均纯收入（元）	学校数（所）	在校学生数（人）	教师数（人）	医院、卫生院（个）	医生数（人）	病床数（张）
5771	800	2477	1102	4580	5	2117	184	1	8	25
6000	1394	123	130	4408	9	3183	182	1	4	14
3511	838	200	880	5032	10	2448	133	1	9	18
4965	1000	150	1170	4954	17	5380	274	1	6	14
3855	700	700	400	1800	7	900	90	1	3	18
8871	1126	1553	1600	5035	11	2644	156	1	15	11
4800	1479	300	1272	4370	11	1895	123	1	3	12
6600	772	1396	1396	4340	14	2735	216	1	3	14
7100	1470	136	855	3489	10	2039	168	1	4	14
3300	1147	900	1100	5100	11	2297	140	1	15	18
6910	912	4411	900	4385	10	3080	172	1	6	10
5251	727	350	702	4910	11	3171	165	1	12	14
6840	891	611	1058	4794	13	3193	203	2	15	18
7330	1059	650	158	5120	15	6787	307	2	12	24
8660	970	1001	897	5308	13	5591	361	1	15	14
8361	1043	1001	1106	5506	17	5086	252	1	17	24
6282	1073	863	675	4895	6	1472	102	1	10	14
3787	1033	800	195	5212	10	2165	111	1	11	14
3286	570	500	668	5218	7	1820	152	2	19	18
6818	676	749	605	4556	9	2238	123	1	7	11
6300	800	2720	2830	5770	18	4753	264	2	14	14
4340	644	665	637	4785	9	1949	101	1	15	24
5500	200	1900	800	3200	9	1490	132	1	5	14
4699	692	627	783	4551	6	1518	110	1	6	14
6250	866	1006	831	4983	10	3311	171	1	10	14
11120	896	1126	937	4776	9	4576	264	2	11	14
7014	893	873	789	4615	11	5063	230	1	10	14
5961	591	724	673	4573	11	3271	147	1	10	14
4733	694	588	665	5627	9	2140	112	1	8	14
10025	3000	691	1271	4890	11	2246	218	2	15	25
4700	350	200	190	4018	9	2364	110	1	12	14
4200	420	221	451	4582	7	735	66	1	7	11
6789	750	650	611	4415	11	2364	148	1	18	14

10-1 续表 24

民族乡镇名称	村民委员会（个）	年末实有耕地面积（公顷）	年末总人口（人）	#少数民族	乡镇企业总产值（万元）	农林牧渔业总产值（万元）
毕节市金沙县安洛苗族彝族满族乡	8	22965	20258	8493	32000	3948
毕节市金沙县新华苗族彝族满族乡	10	22901	28403	4510	1400	6552
毕节市金沙县大田彝族苗族布依族乡	8	11291	9989	3752	20000	3462
毕节市织金县三甲白族苗族乡	14	9981	29019	10157	24800	3800
毕节市织金县官寨苗族乡	16	13450	32499	16532	1000	4550
毕节市织金县金龙苗族彝族布依族乡	20	29859	48312	15698	2400	12300
毕节市织金县鸡场苗族彝族布依族乡	24	27200	46000	24334	620	10900
毕节市织金县自强苗族乡	11	11572	17324	7640	1605	4860
毕节市织金县茶店布依族苗族彝族乡	21	21587	36903	19291	61	6000
毕节市织金县太平苗族彝族乡	13	12860	21574	9847	550	6200
毕节市织金县后寨苗族乡	13	13054	25759	11654	5500	6373
毕节市纳雍县新房彝族苗族乡	25	18131	40019	12412	500	8292
毕节市纳雍县库东关彝族苗族白族乡	10	19610	21872	8714	2000	4600
毕节市纳雍县董地苗族彝族乡	17	18118	28164	21065	1600	6300
毕节市纳雍县化作苗族彝族乡	21	19263	21540	16734	10200	6281
毕节市纳雍县姑开苗族彝族乡	11	12553	32774	9729	1200	4242
毕节市纳雍县羊场苗族彝族乡	16	19600	31125	19265	400	3900
毕节市纳雍县锅圈岩苗族彝族乡	15	18402	28916	13266	400	2964
毕节市纳雍县昆寨苗族彝族白族乡	20	13687	21598	10142	600	2320
毕节市纳雍县左鸠戛彝族苗族乡	10	8746	12055	4060	600	2798
毕节市纳雍县猪场苗族彝族乡	13	10752	20592	14826	3300	1800
毕节市威宁县新发布依族乡	31	22626	45725	14002	2000	8600
毕节市赫章县兴发苗族彝族回族乡	16	26904	26223	9968	8000	5693
毕节市赫章县松林坡白族彝族苗族乡	16	19706	26539	10468	8000	5244
毕节市赫章县雉街彝族苗族乡	10	16029	15540	7905	360	5300
毕节市赫章县朱市彝族乡	18	29634	22346	12513	600	6000
毕节市赫章县双坪彝族乡	26	44812	40410	15530	200	9922
毕节市赫章县辅处彝族苗族乡	9	11375	16618	4337	1800	4421
毕节市赫章县铁匠苗族乡	10	15654	18358	3962	150	4622
毕节市赫章县可乐彝族满族乡	19	27825	39459	11717	140	5122
毕节市赫章县河镇彝族苗族乡	20	42340	36233	17029	400	7211
毕节市赫章县结构彝族苗族乡	8	10102	19077	10303	600	3355
毕节市赫章县水塘堡彝族苗族乡	14	13362	19421	4300	1500	4204

粮食产量（吨）	肉类总产量（吨）	财政收入（万元）	财政支出（万元）	人均纯收入（元）	学校数（所）	在校学生数（人）	教师数（人）	医院、卫生院（个）	医生数（人）	病床数（张）
6617	960	2988	1201	5000	10	2700	137	1	6	14
4150	1023	1350	1643	5200	9	4493	217	1	18	14
4010	2000	2877	1000	5200	6	1672	104	1	7	14
7177	1000	880	600	5216	9	2923	129	1	7	7
4945	1000	350	900	4077	10	3971	160	1	13	14
5400	2900	350	951	5256	14	5149	189	1	7	7
8831	1177	200	331	4613	11	8000	333	1	6	9
6000	460	300	506	4400	8	1415	103	1	6	5
8189	680	152	180	4828	10	4058	159	1	18	7
5500	701	541	655	4414	9	3211	116	1	6	9
8000	1590	451	183	4516	8	3688	155	1	11	4
8512	1000	655	380	3910	7	6045	246	1	8	22
6500	547	2890	2786	4233	10	3243	150	1	7	17
4000	300	2544	511	3184	14	5951	308	1	10	45
8000	539	2544	2644	3470	14	5305	231	1	4	25
7000	500	2500	280	3350	15	5926	268	1	5	17
6512	778	2300	300	3851	13	5125	286	1	9	14
4500	500	2355	350	4465	15	4304	226	1	5	25
6500	540	2500	351	3668	22	4300	217	1	8	28
3000	301	2400	355	3271	7	2269	112	1	9	28
5500	515	2511	700	3716	16	3512	171	1	5	17
7125	3595	900	860	4663	22	8998	407	1	22	21
6116	989	1029	350	4300	10	5103	266	2	16	30
10555	500	225	251	4380	14	4126	208	1	8	16
6271	500	2355	2533	4710	12	2633	125	1	14	20
7560	815	4488	332	4350	13	4680	221	1	7	10
11362	1319	380	364	4310	22	9495	412	1	8	10
5029	840	317	1500	4268	10	3475	143	1	8	10
5250	737	207	1808	4581	9	4037	193	1	13	21
9000	1676	650	360	5010	20	8566	265	2	26	30
11516	1266	120	400	4680	8	6600	311	2	8	18
5026	420	3228	1929	4830	11	3904	199	1	14	15
4710	466	1033	2115	4510	16	4797	212	1	11	26

10-1 续表 25

民族乡镇名称	村民委员会（个）	年末实有耕地面积（公顷）	年末总人口（人）	#少数民族	乡镇企业总产值（万元）	农林牧渔业总产值（万元）
毕节市赫章县古达苗族彝族乡	25	20139	25927	7143	1200	7461
铜仁市碧江区桐木坪侗族乡	3	7000	9493	5790	360	5000
铜仁市万山区鱼塘侗族土家族苗族乡	12	21780	31129	28935	500	320
铜仁市万山区大坪侗族土家族苗族乡	10	1709	28655	25640	80	600
铜仁市碧江区和平土家族侗族乡	9	13905	22143	21742		9156
铜仁市碧江区滑石侗族苗族土家族乡	7	45885	19221	11430		9011
铜仁市碧江区瓦屋侗族乡	6	8811	11676	10606	3000	3411
铜仁市碧江区六龙山侗族土家族乡	4	3900	4568	4320	350	900
铜仁市江口县太坪土家族苗族乡	7	17000	18100	12190	250	1568
铜仁市江口县桃映土家族苗族乡	7	19830	33926	21036	400	
铜仁市江口县民和侗族土家族苗族乡	10	58920	29968	22535	400	9320
铜仁市江口县德旺土家族苗族乡	6	19300	18485	8470	220	570
铜仁市江口县官和侗族土家族苗族乡	4	7127	9897	6835	400	2535
铜仁市江口县怒溪土家族苗族乡	6	13755	23016	15484	500	3200
铜仁市江口县坝盘土家族侗族苗族乡	9	21783	30582	17886	1800	1501
铜仁市石阡县青羊苗族仡佬族侗族乡	14	10009	12343	9632	800	231
铜仁市石阡县枫香仡佬族侗族乡	12	12280	10086	7468	250	3200
铜仁市石阡县坪地仡佬族侗族乡	18	18107	20900	20273	600	1650
铜仁市石阡县龙井侗族仡佬族乡	23	21465	28672	26178	600	1340
铜仁市石阡县石固仡佬族侗族乡	14	19800	14423	10893	660	230
铜仁市石阡县坪山仡佬族侗族乡	8	9150	8261	6845	900	410
铜仁市石阡县甘溪仡佬族侗族乡	9	8760	15948	12020	800	2720
铜仁市石阡县聚凤仡佬族侗族乡	18	16067	21378	14964	50	9050
铜仁市石阡县大沙坝仡佬族侗族乡	15	15525	21888	16456	180	3700
铜仁市思南县大河坝土家族苗族乡	22	18148	24554	10523	500	11971
铜仁市思南县思林土家族苗族乡	13	12991	15384	6823	200	3888
铜仁市思南县东华土家族苗族乡	14	10125	13682	7670	500	6168
铜仁市思南县胡家湾苗族土家族乡	14	11425	15726	10235	400	8722
铜仁市思南县宽坪土家族苗族乡	14	10771	16058	8112	500	6300
铜仁市思南县亭子坝土家族苗族乡	10	9870	13837	6620	2000	4400
铜仁市思南县枫柸土家族苗族乡	15	13278	17818	8600	900	5991
铜仁市思南县香坝土家族苗族乡	23	20636	17792	8611	500	8051
铜仁市思南县长坝苗族土家族乡	14	11430	14483	7023	1200	4122

粮食产量（吨）	肉类总产量（吨）	财政收入（万元）	财政支出（万元）	人均纯收入（元）	学校数（所）	在校学生数（人）	教师数（人）	医院、卫生院（个）	医生数（人）	病床数（张）
6598	620	101	2134	3402	13	4648	208	1	9	40
5000	1742	300	350	4472	6	751	96	1	8	9
24299	1766	364	364	4181	15	3177	181	1	5	20
8400	2578	410	450	4012	11	3224	141	1	9	14
6925	1362	300	310	4418	8	2755	123	1	8	15
36560	1536	410	420	6207	10	1254	125	1	8	11
4763	1263	360	350	4745	3	1251	77	1	8	5
1648	1693	280	297	4310	4	154	28	1	6	4
8354	1133	208	447	4200	12	1882	149	1	18	22
5126	1136	408	678	3900	20	3826	133	1	5	12
11500	1378	460	570	3900	19	3319	225	1	32	22
7335	257	265	643	2750	7	1648	101	1	11	17
2111	333	24	398	2850	8	911	81	1	4	10
8440	1600	24	126	3200	11	2600	69	1	7	21
14000	2157	133	584	3500	13	6626	214	2	30	41
2144	386	120	115	2150	10	1252	114	1	7	20
2244	560	99	200	2586	9	1015	74	1	3	17
10887	1962	128	516	2951	16	2754	183	1	8	30
10004	2001	126	300	2640	10	5044	210	1	12	20
7411	216	273	439	2760	15	1553	142	1	7	20
510	450	132	284	1813	5	543	85	1	11	12
8600	850	300	322	1836	9	1883	140	1	12	15
10211	1880	233	492	2648	19	3218	160	1	12	6
3666	876	300	351	2720	5	3003	150	1	8	10
3045	1479	286	424	3009	17	3333	155	1	14	9
3800	1110	132	274	3885	6	4877	160	1	4	15
6056	1153	145	263	4585	7	2163	122	1	3	6
6181	1018	80	224	4354	10	3193	158	1	6	7
6302	1068	121	266	2856	7	3124	165	1	3	9
7124	815	131	242	2560	9	2571	122	1	6	7
8430	900	290	336	4261	7	2911	140	1	3	7
9088	1430	235	495	4525	11	2999	141	1	5	14
6116	925	111	275	5034	9	2636	131	1	5	6

10-1　续表 26

民族乡镇名称	村民委员会（个）	年末实有耕地面积（公顷）	年末总人口（人）	#少数民族	乡镇企业总产值（万元）	农林牧渔业总产值（万元）
铜仁市思南县板桥苗族土家族乡	10	10650	16559	7512	1300	5566
铜仁市思南县三道水土家族苗族乡	17	13305	20740	7521	900	7701
铜仁市思南县天桥土家族苗族乡	12	11545	16350	7721	900	7755
铜仁市思南县兴隆土家族苗族乡	13	10876	16352	6911	1300	4577
铜仁市思南县杨家坳乡	18	15225	21912	10032	600	7177
铜仁市德江县泉口土家族乡	20	18294	28425	26942	700	12311
铜仁市德江县楠杆土家族乡	13	53880	18356	17845	120	9411
铜仁市德江县复兴土家族乡						
铜仁市德江县合兴土家族乡						
铜仁市德江县沙溪土家族乡	14	29850	14769	11815	800	10111
铜仁市德江县长堡土家族乡	18	11220	30074	30001	1000	10733
铜仁市德江县桶井土家族乡	25	32520	30652	29855	1500	9988
铜仁市德江县共和土家族乡	19	11640	25156	17585	600	9378
铜仁市德江县荆角土家族乡	15	46080	17651	17651	600	1516
铜仁市德江县长丰土家族乡	14	26000	20674	17006	400	7500
铜仁市德江县平原土家族乡	14	31950	15428	10799	900	11352
铜仁市德江县高山土家族乡	13	15945	17623	15861	500	1644
铜仁市德江县钱家土家族乡	13	10679	15837	14665	600	8734
铜仁市德江县龙泉土家族乡	12	9338	15015	12012	500	2988
铜仁市德江县堰塘土家族乡	13	18525	18780	14690	400	8165
铜仁市万山区下溪侗族乡	7	4560	8966	8745	1600	4865
铜仁市万山区熬寨侗族乡	5	18032	10191	9132	1000	200
铜仁市万山区高楼坪侗族乡	13	18675	16819	13960	1000	6148
铜仁市万山区黄道侗族乡	10	7980	15438	13331	1200	7020
云南省						
昆明市晋宁县夕阳彝族乡	10	11387	9813	7827	17190	10824
昆明市晋宁县双河彝族乡	6	12576	9440	7544	27819	17406
昆明市宜良县九乡彝族回族乡	8	24375	18917	5298	2411	12532
昆明市宜良县耿家彝族苗族乡	9	21120	18983	6352	22549	25807
昭通市守望回族乡	7	29689	43165	31718	16350	14750
昭通市小龙洞回族彝族乡	6	48349	34917	30945	28890	7650
昭通市布嘎回族乡	6	22500	40725	38371		12850
昭通市青冈岭回族彝族乡	7	23158	30256	10211	9986	4145

粮食产量（吨）	肉类总产量（吨）	财政收入（万元）	财政支出（万元）	人均纯收入（元）	学校数（所）	在校学生数（人）	教师数（人）	医院、卫生院（个）	医生数（人）	病床数（张）
6634	1238	313	386	4858	12	2756	158	1	6	8
8954	938	400	393	2556	10	3762	202	1	3	14
8899	1082	350	291	4172	9	2752	171	1	3	4
7312	1231	300	336	4056	9	2852	106	1	6	7
9720	1197	113	280	4326	22	3029	81	1	3	8
4200	1269	548	548	2782	15	3981	115	1	18	15
6551	1298	299	311	4351	5	2640	158	1	12	18
4138	948	954	945	2300	11	1304	98	1	10	11
7477	1683	30	649	3620	12	3321	176	1	14	30
4286	1059	552	552	1900	8	3248	115	1	12	7
7020	1939	40	650	4090	11	2494	108	1	18	15
7507	1334	112	400	4410	11	1689	114	1	3	12
3000	1500	152	400	2980	6	2000	140	1	12	8
4902	1125	618	592	4520	10	2178	167	1	12	14
3807	1102	287	400	2052	10	4211	118	1	14	25
5596	1376	380	500	2400	11	1432	80	1	12	15
3145	1244	120	520	2850	7	1632	77	1	8	25
5144	1528	170	681	3791	12	2135	164	1	12	25
3057	1412		150	4722	6	645	44	1	5	9
4144	734	270	160	4120	8	735	65	1	6	6
7955	1607	40	40	4491	5	1798	111	1	6	35
4100	1100	100	180	4210	9	1230	111	1	10	12
4843	908	847	647	5810	3	772	72	1	8	10
4350	3033	1303	1260	6456	2	1125	83	1	21	16
9930	4353	1110	1110	3698	5	2743	178	1	8	28
10659	4995	623	623	3624	5	2363	135	1	5	30
1747	2026	736	731	4603	10	6823	317	1	13	26
14500	1550	678	625	3108	10	5407	249	1	16	50
10411	410	2493	2493	2895	6	5679	241	1	20	65
10466	1461	515	515	2480	9	4781	210	1	12	35

10-1 续表 27

民族乡镇名称	村民委员会(个)	年末实有耕地面积(公顷)	年末总人口(人)		乡镇企业总产值(万元)	农林牧渔业总产值(万元)
				#少数民族		
昭通市鲁甸县桃源回族乡	6	34122	40725	38371		8610
昭通市鲁甸县茨院回族乡	5	22813	27510	7989		6500
昭通市大关县上高桥回族彝族苗族乡	6	25260	18314	6128		7900
昭通市永善县马楠苗族彝族乡	6	30660	17586	4391		2873
昭通市永善县伍寨彝族苗族乡	5	31650	13637	3430		3830
昭通市镇雄县坡头彝族苗族白族镇	12	56072	71996	15318	6662	12136
昭通市镇雄县果珠彝族乡	5	55273	39325	9212	1743	14645
昭通市镇雄县林口彝族苗族乡	8	45900	44602	11150	6300	10014
昭通市镇雄县以古彝族苗族乡	8	40266	32159	6874		7305
昭通市彝良县龙街苗族彝族乡	12	62925	44072	10716		10638
昭通市彝良县奎香苗族彝族乡	8	44446	49120	9186		18320
昭通市彝良县树林彝族苗族乡	4	37000	24803	7404		2985
昭通市彝良县柳溪苗族乡	5	21936	22210	5537	326	3862
昭通市彝良县洛旺苗族乡	8	32466	31451	7459	1420	4354
昭通市威信县双河苗族彝族乡	8	36135	31307	8083		7915
曲靖市师宗县龙庆彝族壮族乡	14	57240	36314	16648	3524	30268
曲靖市师宗县五龙壮族乡	13	47190	35283	14035	20100	48115
曲靖市师宗县高良壮族苗族瑶族乡	11	45120	28280	20586	9055	12436
曲靖市罗平县长底布依族乡	6	12930	17271	6143	1465	13786
曲靖市罗平县旧屋基彝族乡	7	13035	11274	3728	180	5600
曲靖市罗平县鲁布革布依族苗族乡	9	11005	19119	16629	1450	4950
曲靖市富源县古敢水族乡	3	11010	16501	5772	630	14190
曲靖市会泽县新街回族乡	16	24203	42597	17497	2473	4436
楚雄州南华县雨露白族乡	7	17624	14465	11814		14587
楚雄州大姚县湾碧傈僳傣族乡	12	17402	18116	10222	5204	15358
楚雄州永仁县永兴傣族乡	12	17176	13057	8677	15045	10762
楚雄州武定县东坡傣族乡	8	14845	14486	11865	8631	12469
玉溪市红塔区小石桥彝族乡	3	9512	6477	2903	23868	15631
玉溪市红塔区洛河彝族乡	5	11431	9991	9158	253627	15074
玉溪市江川县安化彝族乡	5	9280	9356	8992	3580	14239
玉溪市通海县高大傣族彝族乡	6	10300	11445	7592	21049	12540
玉溪市通海县里山彝族乡	6	16622	8722	4428	91771	13763
玉溪市兴蒙蒙古族乡		3307	5631	5391	14113	5491

粮食产量（吨）	肉类总产量（吨）	财政收入（万元）	财政支出（万元）	人均纯收入（元）	学校数（所）	在校学生数（人）	教师数（人）	医院、卫生院（个）	医生数（人）	病床数（张）
10411	2160	2493	2493	2895	11	5679	412	1	20	65
4823	1823	2235	2235	3857	7	4842	313	1	8	60
7380	2618	610	610	2943	15	2919	122	1	7	10
3389	270	721	682	1926	10	2015	120	1	3	20
5954	180	592	578	2636	1	1888	118	1	8	20
15730	505	762	762	2893	16	10829	652	1	25	38
15606	2726	265	265	3638	25	8903	301	1	8	20
15166	4018	1280	1280	3290	19	8008	340	1	16	48
12012	2660	530	530	2042	22	6910	275	1	8	40
13548	3389	612	612	3983	18	8182	422	1	10	15
19621	1991	395	652	3462	22	9717	452	1	15	12
7540	983	722	722	2962	16	5247	233	1	9	24
6428	1514	474	474	2660	18	3338	176	1	4	14
8400	1800	788	633	3564	16	4282	223	1	18	30
13356	2970	1594	1594	3245	29	6230	271	1	15	6
23792	10401	1566	1566	3645	15	5544	255	1	17	32
21233	9120	1519	1519	2355	14	4267	272	1	26	50
20880	6219	1163	1163	2645	16	5480	310	1	54	45
8685	3245	753	1240	3140	7	2167	168	1	13	10
4500	2100	390	680	2990	12	1821	101	1	10	25
3790	2168	830	923	2656	12	3552	225	3	35	80
7812	3545	1681	1671	5865	12	2129	171	1	12	10
12736	2892	1078	1061	4447	15	6447	278	1	20	16
6546	2560	545	545	5486	8	1587	102	1	7	12
9033	1791	530	915	3680	7	1974	141	1	21	15
6979	2464	904	890	4499	4	672	63	1	21	17
7064	3015	2939	2939	4826	9	1300	100	1	14	35
6990	2537	2054	1233	8956	4	877	76	1	11	17
4707	4102	6158	1594	7256	5	1211	113	1	13	12
3800	829	1166	1166	6331	3	745	52	1	6	10
5741	2552	983	640	7243	4	962	62	1	3	12
4859	2058	1001	1001	4181	3	963	76	1	5	36
119	460	214	477	6046	1	359	32	1	5	55

10-1 续表 28

民族乡镇名称	村民委员会（个）	年末实有耕地面积（公顷）	年末总人口（人）	#少数民族	乡镇企业总产值（万元）	农林牧渔业总产值（万元）
玉溪市通红甸彝族苗族乡	6	18033	10678	4496	3029	9607
玉溪市易门县十街彝族乡	8	21961	12996	7213	10502	17629
玉溪市易门县浦贝彝族乡	7	21793	18028	9568	79878	21592
玉溪市易门县铜厂彝族乡	9	31554	22447	14467	9990	23860
红河州河口县桥头苗族壮族乡	8	21606	19761	14863	1412	3625
红河州金平县拉祜族乡	4	22265	22149	22004	568	9827
红河州蒙自县期路白苗族乡	6	19455	18558	14159		5997
红河州蒙自县老寨苗族乡	4	19847	10975	5988	5305	8167
红河州开远市大庄回族乡	4	25446	18362	14632	17808	34510
文山州文山县东山彝族乡	4	15746	10219	9047	16005	11961
文山州文山县红甸回族乡	4	19057	14583	11276	7720	7422
文山州文山县秉烈彝族乡	10	24786	23005	21837		9801
文山州文山县柳井彝族乡	7	18457	15667	10116	200	8114
文山州文山县坝心彝族乡	5	11850	7924	4070		6071
文山州砚山县阿舍彝族乡	6	27028	23723	19219	96574	8862
文山州砚山县维末彝族乡	10	66898	54469	36542	4740	33213
文山州砚山县盘龙彝族乡	5	31245	31789	20038	52813	36033
文山州砚山县干河彝族乡	4	27845	23751	19456	30000	18962
文山州丘北县舍得彝族乡	7	47377	18747	16184	368	12299
文山州丘北县新店彝族乡	6	33566	19829	18303	350	14064
文山州丘北县树皮彝族乡	9	66241	43740	25153	227	42654
文山州丘北县八道哨彝族乡	5	40922	31698	22268	26524	25604
文山州丘北县腻脚彝族乡	7	44309	26337	15454	912	26528
文山州麻栗坡县猛硐瑶族乡	5	14817	14843	14238	10806	8628
文山州富宁县洞波瑶族乡	12	39456	37705	33741	11000	6635
普洱市澜沧县酒井哈尼族乡	4	62441	14102	13340	196	11005
普洱市澜沧县发展河哈尼族乡	4	35910	16887	13128	374	11284
普洱市澜沧县惠民哈尼族乡	5	31065	17300	14817	1451	7978
普洱市澜沧县谦六彝族乡	15	90090	51427	39996	494	12915
普洱市澜沧县文东佤族乡	6	46980	17873	11829	100	6804
普洱市澜沧县安康佤族乡	5	32475	13118	12927	279	3498
普洱市澜沧县雪林佤族乡	7	34725	14995	14942	361	2939
普洱市思茅区云仙彝族乡	12	3540	16970	6350	180	6130

粮食产量（吨）	肉类总产量（吨）	财政收入（万元）	财政支出（万元）	人均纯收入（元）	学校数（所）	在校学生数（人）	教师数（人）	医院、卫生院（个）	医生数（人）	病床数（张）
4262	2315	814	814	4488	7	1406	106	1	10	12
7875	3598	741	938	7175	9	1398	160	1	18	20
7716	5767	1117	1117	7626	8	2012	175	1	11	12
10071	5016	1409	1409	6536	10	2525	231	1	17	10
10323	1800	148	3002	2077	11	2358	204	1	4	30
10207	1662	26	450	3862	9	2831	134	1	8	33
9290	2686	646	524	3186	7	1351	94	1	6	6
8063	2257	675	726	4320	11	1440	111	1	7	16
10015	2930	174	360	7602	15	1672	138	1	4	28
5827	1642		679	4310.54	4	921	68	1	8	7
6350	1851		412	5022.02	5	1604	106	1	15	39
11961	2607		608	4331.94	11	3274	166	1	12	15
7607	1945		447	3132.31	7	1711	96	1	13	15
4722	1460		401	3534.05	1	631	49	1	10	6
10935	2531	534	534	4250	15	3193	187	1	18	20
38086	7752	312	357	5166	56	11250	493	3	25	36
20293	2241	1070	524	5301	15	3707	346	1	32	20
12736	3366	457	364	5190	13	3409	255	1	4	20
16183	5605	711	711	4776	9	2941	213	1	6	10
12492	5679	670	670	4944	6	3359	239	1	7	10
18096	9458	1363	1363	5481	13	7311	439	1	10	33
15532	12682	1018	1018	5235	14	5317	322	1	12	46
18257	9810	788	788	5326	11	5393	330	1	13	50
7245	2397	670	670	4265	8	2018	182	1	13	30
1649	4832	915	915	4973	16	5114	251	1	20	20
7867	630	1792	1792	1994	6	1334	85	1	14	23
9191	1348	1681	1077	2218	5	1295	94	1	9	15
6434	935	2349	2349	2299	6	1655	121	1	15	35
20843	1268	4197	4197	2022	27	4963	278	1	26	20
10180	933	1987	1987	2096	9	1429	102	1	11	10
5134	383	1881	1881	1298	7	1701	89	1	5	10
5197	500	2568	2568	1099	10	1813	95	1	8	10
11307	2095	510	820	2250	7	1530	214	1	19	12

10-1　续表 29

民族乡镇名称	村民委员会（个）	年末实有耕地面积（公顷）	年末总人口（人）	#少数民族	乡镇企业总产值（万元）	农林牧渔业总产值（万元）
普洱市思茅区龙潭彝族傣族乡	6	1670	11140	4610	530	4010
普洱市墨江县孟弄彝族乡	7	25935	12912	10689		8576
普洱市墨江县鱼塘彝族乡	9	46005	18135	13965		8476
普洱市西盟县力所拉祜族乡	5	3377	11723	11352	1000	7169
大理州大理市太邑彝族乡	5	5115	8760	8460	11360	7263
大理州鹤庆县六合彝族乡	13	16710	16202	16015	1789	5107
大理州宾川县钟英傈僳族彝族乡	6	19697	8992	5427	2995	10858
大理州宾川县拉乌彝族乡	7	10958	10329	4552	305	6315
大理州祥云县东山彝族乡	8	8018	9926	9576		6076
大理州弥渡县牛街彝族乡	11	18290	20441	7305	290	18354
大理州永平县北斗彝族乡	9	25287	13356	10110	2557	17822
大理州永平县厂街彝族乡	11	39993	19669	10754	12100	20485
大理州永平县水泄彝族乡	9	33826	17159	13173	241	16707
大理州云龙县苗尾傈僳族乡	8	24653	19846	15599	8600	8122
大理州云龙县团结彝族乡	5	15330	10904	10485	2226	5264
丽江市华坪县永兴傈僳族乡	7	17300	14105	4745	40035	4590
丽江市华坪县通达傈僳族乡	5	10209	8586	6316	3960	4384
丽江市华坪县新庄傈僳族傣族乡	7	18800	17728	8362	3815	4196
丽江市华坪县石龙坝彝族傣族乡	6	19400	16319	6044	111025	3826
丽江市华坪县船房傈僳族傣族乡	4	12200	10619	3178	5786	3600
丽江市永胜县羊坪彝族乡	5	19373	7182	7182		2593
丽江市永胜县东山傈僳族彝族乡	5	14338	8250	8158		7555
丽江市永胜县东风傈僳族乡	9	17596	12726	11024		4636
丽江市永胜县六德傈僳族彝族乡	8	18438	14246	11032	5670	5647
丽江市永胜县大安彝族纳西族乡	8	22101	15651	11097		4517
丽江市永胜县光华傈僳族彝族乡	8	14579	14955	8564	376	4453
丽江市永胜县松坪傈僳族彝族乡	8	11081	8220	7560		1960
丽江市宁蒗县翠玉傈僳族普米族乡	6	17367	15245	10933		7766
丽江市古城区金山白族乡	10	36327	24211	22619	55382	7932
丽江市古城区金江白族乡	5	4489	4369	4098	52	675
丽江市玉龙县九河白族乡	11	36075	27654	26834	1950	11853
丽江市玉龙县石头白族乡	5	11175	9412	8300	362	4057
丽江市玉龙县黎明傈僳族乡	7	23323	16079	13175	891	7538

粮食产量（吨）	肉类总产量（吨）	财政收入（万元）	财政支出（万元）	人均纯收入（元）	学校数（所）	在校学生数（人）	教师数（人）	医院、卫生院（个）	医生数（人）	病床数（张）
4875	1105	460	680	2130	7	1730	107	1	15	10
5562	627	437	437	3765	4	786	74	1	4	10
8180	923	591	591	4351	2	904	68	1	3	19
6008	463	503	435	3253	4	958	101	1	8	8
5088	2105	659	601	4547	6	629	96	1	8	20
5088	3000	355	355	2285	18	1771	102	1	8	12
5860	1063	531	531	3859	8	878	115	1	6	10
4246	637	479	479	7566	4	1096	80	1	7	20
5634	1564	751	641	3709	9	1349	63	1	4	10
13502	5154	759	1315	3225	11	2375	174	1	11	24
9424	2765	937	604	5700	4	1435	105	1	7	20
12435	2309	1858	807	6446	12	2534	160	1	6	30
12626	2626	1546	521	5581	15	1869	142	1	9	22
12520	2440	2578	2035	4606	8	1423	118	1	8	16
7557	3083	327	576	4862	6	1202	87	1	12	20
4930	526	92	637	2515	10	1517	157	1	26	27
2733	569	185	944	2970	6	886	66	1	5	10
7090	1049	600	1262	5210	13	1516	181	1	19	20
9816	1858	1056	1038	4949	7	1738	148	2	27	32
2160	1129	808	791	3240	15	1060	118	1	7	26
4936	512	466	466	3130	5	821	70	1	4	10
3770	1435	416	381	3850	5	842	82	1	5	10
4391	847	51	332	2298	10	1264	94	1	4	8
6117	1546	530	530	4111	9	1453	117	1	6	12
5087	1217	499	297	3337	10	1563	143	2	13	10
5978	909	99	301	3274	8	1669	136	1	3	4
3900	1060	544	544	3401	9	882	71	1	6	8
4636	1241	656	641	3521	10	2270	131	1	8	17
15726	609	1149	1149	7932	13	1534	169	1	23	10
1640	19	63.71063.7		6086	5	223	42	1	9	10
10993	4231	1747	1747	5705	13	2814	251	1	26	20
4368	1167	378	378	4680	6	1114	93	1	9	12
10365	1959	1255	1255	5681	8	1025	97	1	3	6

10-1 续表 30

民族乡镇名称	村民委员会（个）	年末实有耕地面积（公顷）	年末总人口（人）	#少数民族	乡镇企业总产值（万元）	农林牧渔业总产值（万元）
保山市隆阳区瓦马彝族白族乡	21	31029	25672	12583	2476	21451
保山市隆阳区瓦房彝族苗族乡	19	31560	32583	13512	6108	29928
保山市隆阳区杨柳白族彝族乡	18	55460	38204	25777	23743	37714
保山市隆阳区潞江傣族镇	27	107202	73869	18346	31674	73122
保山市隆阳区芒宽彝族傣族乡	14	55850	43244	27651	14802	53199
保山市施甸县摆榔彝族布朗族乡	4	8142	7335	5151		4900
保山市施甸县木老元布朗族彝族乡	4	11604	6129	2903		3567
保山市龙陵县木城彝族傈僳族乡	5	26176	8998	3411	455	9859
保山市昌宁县朱街彝族乡	10	31126	14452	13419	7900	12049
保山市昌宁县苟街彝族苗族乡	11	40591	23985	5976	13966	19469
保山市昌宁县湾甸傣族乡	5	33171	16751	5232	54160	25333
德宏州陇川户撒阿昌族乡	11	61350	25884	16554	32307	11706
德宏州潞西市三台山德昂族乡	4	40272	6951	5282		6292
德宏州梁河县曩宋阿昌族乡	9	27055	25000	6880	4852	9878
德宏州梁河县九保阿昌族乡	6	22173	13914	6655	2254	7109
德宏州盈江县苏典傈僳族乡	4	11376	8068	5813	3000	2361
怒江州福贡县匹河怒族乡	9	12913	11628	11604	2880	2981
怒江州泸水洛本卓白族乡	8	11651	13671	11758	734	1395
怒江州泸水县老窝白族乡	6	22155	14506	10485	175	5460
迪庆州香格里拉县三坝纳西族乡	6	21780	18582	17578	460	5664
迪庆州德钦县霞若傈僳族乡	7	12450	8614	8588	142	3324
迪庆州德钦县拖顶傈僳族乡	5	10890	9688	9587	6299	3198
临沧市凤庆县新华彝族苗族乡	11	39473	25359	18512		15540
临沧市凤庆县腰街彝族乡	6	13868	8497	7677		8481
临沧市凤庆县郭大寨彝族白族乡	11	20800	21932	8353	2730	8439
临沧市云县栗树彝族傣族乡	16	36080	22024	17216	401	3020
临沧市云县忙怀彝族布朗族乡	11	46779	20153	15776		13718
临沧市云县后箐彝族乡	11	30400	21486	14569		10286
临沧市永德县大雪山彝族拉祜族傣族乡	8	46785	19489	6350	18560	14684
临沧市永德县乌木龙彝族乡	10	37091	27648	20072	6117	9507
临沧市临翔区平村彝族傣族乡	5	26510	9096	5205	1680	5563
临沧市临翔区南美拉祜乡	4	14874	4607	3640		2831
临沧市耿马县芒洪拉祜族布朗族乡	5	19046	8673	5922	520	10325

粮食产量（吨）	肉类总产量（吨）	财政收入（万元）	财政支出（万元）	人均纯收入（元）	学校数（所）	在校学生数（人）	教师数（人）	医院、卫生院（个）	医生数（人）	病床数（张）
24402	5700	205	205	3925	20	2968	221	2	15	56
34586	8242	571	973	3566	20	3566	238	1	17	50
43960	7457	1720	1720	4727	25	3512	212	1	25	54
33126	8549	1863	1798	4325	42	9976	556	3	78	346
24786	7098	2226	2145	6917	18	4894	298	1	21	65
3157	1209	294	294	3509	6	986	79	1	9	6
3694	1306	477	477	2668	5	651	71	1	5	5
4986	1070	313	313	4712	6	1028	89	1	8	20
9330	3016	1123	1860	4016	11	1838	94	1	8	12
10900	6728	1885	1885	5144	18	3770	217	1	47	60
12028	4818	1380	1297	7279	6	2101	109	1	12	29
25617	2490	680	740	3969	13	2868	205	1	4	20
4463	473	547	547	3583	2	827	84	1	12	13
8163	1002	826	826	3907	15	2412	243	1	23	15
5859	809	874	822	3860	8	1586	167	1	10	20
4363	543	684	684	2285	9	1226	62	1	4	10
4432	641		3200	2231	4	1826	96	1	17	20
3541	911	629	608	2201	9	1446	98	1	6	30
6452	1640	551	629	3476	8	1589	187	1	6	25
12284	1293	860	850	3794	2	1221	106	1	18	14
4096	298	1471	1471	4829	1	1224	99	1	10	20
6177	965	1626	1626	5358				1	18	20
16062	2641	295	346	5279	20	3485	189	1	13	14
3291	1150	334	334	5193	10	1165	82	1	11	10
7066	2799	590	590	5041	21	2613	162	1	6	10
11899	3174		523	6221	19	2510	147	1	5	10
11252	2250	20	521	5092	11	2304	168	1	6	22
11000	1838		528	4778	12	1991	164	1	11	20
12150	2039	902	2000	5500	9	3700	149	1	27	20
11886	2051	1447	1718	4250	17	3972	176	1	12	20
3537	326	391	391	4378	4	1275	86	1	10	8
2801	183	1	298	3563	6	705	39	1	5	5
4376	576			3701	4	773	71	1	5	8

10-1 续表 31

民族乡镇名称	村民委员会（个）	年末实有耕地面积（公顷）	年末总人口（人）	#少数民族	乡镇企业总产值（万元）	农林牧渔业总产值（万元）
临沧市沧源县勐角傣族彝族拉祜族乡	9	34991	14234	13679	736	6430
临沧市镇康县军赛佤族拉祜族傈僳族德昂族乡	6	21341	14120	5846	4860	13230
西双版纳州景洪市基诺山基诺族乡	7	17867	13939	13207		22170
西双版纳州景洪市景哈哈尼族乡	6	2336	16107	15473	52335	43809
西双版纳州勐腊县瑶区瑶族乡	4	30020	8318	7727	1196	9075
西双版纳州勐腊县象明彝族乡	5	49806	10546	10357	367	11937
西双版纳州勐海县格朗和哈尼族乡	5	55292	16979	16588	1044	12604
西双版纳州勐海县布朗山布朗族乡	7	66223	20577	20339	2069	11048
西双版纳州勐海县西定哈尼族乡	11	120322	25753	24105	402	13630
西藏自治区						
错那县麻玛门巴族乡	1	68	157	104		
错那县贡日门巴族乡	2	145	170	155		
错那县基巴门巴族乡	2	290	213	195		
错那县勒布区勒门巴族乡	2	25	132	90		
林芝县更章门巴族乡	6	2364	1302	1293	38	756
米林县南伊珞巴乡	3	2177	1219	1219		334
墨脱县达木珞巴族乡	4	2359	1003	981		141
芒康县下盐井纳西族乡	4	3154	4486	1314	800	
隆子县斗玉珞巴民族乡	3	580	603	205		
陕西省						
商洛市镇安县西口回族镇	13	20521	16669	3511		10500
商洛市镇安县茅坪回族镇	7	18000	11307	5450	3200	7481
安康市宁陕县江口回族镇	9	16945	9749	2375	46234	4887
甘肃省						
临夏州广河县阿里麻土东乡族乡	6	11600	15070	15070		
甘南州临潭县长川回族乡	10	27811	10516	5001		2199
甘南州临潭县卓洛回族乡	3	6300	3113	2967		
甘南州临潭县古战回族乡	5	16970	5683	2050		
甘南州卓尼县勺哇土族乡	2	5495	1850			1044
陇南市文县铁楼藏族乡	16	16872	10873	3280	143	3131
陇南市武都县坪垭藏族乡	9	8436	5691	5671	420	2230
陇南市武都县磨坝藏族乡	8	8100	5290	1864	360	920
陇南市宕昌县新城子藏族乡	10	7489	7742	2499	767	493

粮食产量（吨）	肉类总产量（吨）	财政收入（万元）	财政支出（万元）	人均纯收入（元）	学校数（所）	在校学生数（人）	教师数（人）	医院、卫生院（个）	医生数（人）	病床数（张）
975	1807	961	940	4931	9	1627	149	1	13	21
9080	2162	97	989	4610	8	2039	120	1	11	8
7397	566		1341	7427	1	494	85	1	37	34
4435	442	1376	1347	9544	4	2996	216	1	19	50
4752	370	3168	496	4331	3	1188	84	1	3	12
6839	378	36	460	3830	3	1581	82	1	5	18
9211	567	691	691	4760	2	708	60	1	3	14
10372	533	1889	1536	2759	5	3064	146	1	6	24
21199	845	1024	1011	3748	4	1651	107	1	3	23
23	6			6505	1	49	4	1	3	4
28	11			6317				1		2
46	15			6196				1	1	3
21	6			6625				1	2	3
64	2	306	305	7304	1	195	22	1	5	5
73	34	170	167	7800	1	139	17	1	5	5
41	62	24	24	6257	1	78	17	1	3	10
29532	1700			6050	2	1425	119	1	9	14
164	46			8094	1	26	3	1	2	
5640	769	45	27	5865	8	1086	124	2	32	26
3811	800	28	320	5740	6	1006	71	1	23	20
3050	451	20	283	7373	6	969	105	1	3	26
6247	170	99	99	3101	8	2001	80	1	9	10
2082		15	15	2795	10	2665	88	1	7	14
644	119			3059	2	274	26	1	6	5
559	174	127	127	2820	5	1700	87	1	5	12
491	243			3302	2	182	19	1	4	4
4377	429	256	256	2680	10	1070	78	1	8	12
2751	73	218	218	2350	8	623	37	1	15	9
1900	260	110	110	2340	11	415	33	1	20	16
2652	31	2060	1460	1911	7	856	62	1	6	4

10-1 续表 32

民族乡镇名称	村民委员会（个）	年末实有耕地面积（公顷）	年末总人口（人）	#少数民族	乡镇企业总产值（万元）	农林牧渔业总产值（万元）
酒泉市肃州区黄泥堡裕固族乡	1	6366	1661	988		2403
酒泉市玉门市小金湾东乡族乡	5	21000	5585	5506		4009
白银市会宁县新添堡回族乡	13	6292	20307	15636		4416
庆阳市正宁县五倾源回族乡	5	18780	6629	2350		33500
平凉市峡门回族乡	24	72953	20166	18149	115614	2705
平凉市华亭县神峪回族乡	11	39166	12132	3876	5923	2584
平凉市华亭县山寨回族乡	8	40090	14221	3892	5740	2500
平凉市寨河回族乡	12	52460	14656	12311	2940	1420
平凉市大寨回族乡	24	98056	23900	16973	5730	4200
平凉市白庙回族乡	9	40816	13563	6700	915	1400
平凉市大秦回族乡	12	37709	11439	10002	586	1860
平凉市西阳回族乡	13	58650	12866	12866	45	1150
平凉市上杨回族乡	7	27516	7215	6799	2320	985
张掖市肃南县祁丰藏族乡	13	5734	3021	2573		4300
张掖市肃南县马蹄藏族乡	23	17504	4720	2451		6047
张掖市肃南县白银蒙古族乡	3	852	624	389		460
张掖市甘州区平山湖蒙古族乡	3	331	757	153	659	1120
临夏州临夏县井沟东乡族乡	13	23557	18522	10990	3868	5418
临夏州和政县梁家寺东乡族乡	8	14646	14057	13147	100	439
临夏州临夏县安家坡东乡族乡	4	10370	11232	5985	1800	3650
酒泉市瓜州县七墩回族东乡族乡	3	20201	4067	2278	1365	1394
酒泉市瓜州县腰站子东乡族乡	6	30273	8209	3109	646	9300
酒泉市瓜州县广至藏族乡	6	31200	9322	3222	240	3876
酒泉市瓜州县沙河回族乡	5	27249	8755	2105		1796
酒泉市玉门市独山子东乡族乡	4	29880	7716	7716		2093
青海省						
西宁市大通县朔北藏族乡	18	40866	18740	7354	2927	13826
西宁市大通县向化藏族乡	9	31212	8387	4529	23	5096
西宁市湟中县群加藏族乡	5	6099	2369	1381	179	1746
西宁市湟中县大才回族乡	19	38384	24903	13945	738	10872
西宁市湟中县汉东回族乡	14	27414	20125	10465		56748
西宁市湟源县日月乡藏族乡	23	38701	14530	6272		3233
海东地区民和县杏儿藏族乡	7	10733	4426	4130	49	1412

粮食产量（吨）	肉类总产量（吨）	财政收入（万元）	财政支出（万元）	人均纯收入（元）	学校数（所）	在校学生数（人）	教师数（人）	医院、卫生院（个）	医生数（人）	病床数（张）
1103	271	53	53	7758	1	112	16	1	3	17
2555	348	181	181	1998	2	842	50	8	15	
12066	944	1515	1515	3452	16	2120	151	1	12	15
5919	480	508	508	3615	5	549	57	1	7	6
10118	887	675	675	4908	25	1965	148	2	17	21
8620	224	414	414	2027	11	1523	146	1	37	36
5720	640	638	638	1840	10	2273	172	1	27	25
11131	1120	565	565	4255	13	3024	166	1	15	16
13000	1100	203	203	2680	22	2556	143	2	21	23
11259	3270	360	360	3868	10	1521	118	1	11	17
7395	580	485	505	3193	7	1650	102	1	18	22
10020	700	186	186	3640	12	1532	93	1	15	12
4861	193	120	120	3957	7	852	69	1	13	14
1538	1645	567	546	10467	1	267	44	1	16	10
960	1346	119	543	8673	2	344	66	3	14	12
343	340	412	412	9393				1	1	3
89	593	161	161	5579	1		3	1	5	10
8361	511			2545	15	2181	103	1	26	25
4396	200			2878	1	1825	77	1	8	7
5725	450			3770	5	1468	105	1	7	15
1160	144	277	277	2263	1	339	14	1	3	9
3768	599	334	334	5962	5	905	69	1	7	24
	29	401	401	1818	6	808	60	1	11	40
620	72	295	295	2145	6	880	63	1	8	16
1050	159	321	321	1372	3	845	44	1	4	9
3983	1137	521	521	6398	7	2438	137	2	25	11
4570	849	207	207	5509	2	981	63	1	11	7
679	281	17	15	5187	3	247	23	1	4	25
5543	1210	326	288	5469	8	2314	140	1	20	15
3194	1245	293	293	7511						
2860	2813	35507	356	6002	3	1594	118	1	16	20
4627	33	78	78	4844	7	388	38	1	3	4

10-1 续表 33

民族乡镇名称	村民委员会（个）	年末实有耕地面积（公顷）	年末总人口（人）	#少数民族	乡镇企业总产值（万元）	农林牧渔业总产值（万元）
海东地区乐都县下营藏族乡	7	10733	4405	4128	48	1398
海东地区乐都县中坝藏族乡	10	6421	5232	1580		2166
海东地区乐都县达拉土族乡	14	25043	7459	2387		2763
海东地区互助县松多藏族乡	8	23079	6309	4410		2348
海东地区化隆县雄先藏族乡	24	37030	9839	6335	286	4872
海东地区化隆县查甫藏族乡	12	30278	6454	4106	113	4326
海东地区化隆县金源藏族乡	14	21042	6915	6912	108	2637
海东地区化隆县塔加藏族乡	9	11145	4328	4328		2244
海东地区循化县道帏藏族乡	11	14006	5001	5001		2876
海东地区循化县尕楞藏族乡	11	18190	4992	4992		3078
海东地区循化县文都藏族乡	1		2053	2053		1242
海东地区循化县岗察藏族乡	3		2053	8214		916
海北州海晏县哈勒景蒙古族乡	3	585	1583	1295		2380
海北州门源县皇城蒙古族乡	4	16240	1918	1503	570	3602
海东地区平安县沙沟回族乡	10	19807	11159	7508	1420	2649
海东地区平安县巴藏沟回族乡	13	22500	4776	5403		1356
海东地区平安县石灰窑回族乡	14	37600	9449	4277		2234
海东地区平安县洪水泉回族乡	15	6005	8175	3786		652
海东地区平安县古城回族乡	14	13662	12716	7738	1008	1326
海东地区互助县巴扎藏族乡	8	7896	5115	3458		2354
海南州贵德县新街回族乡	9	27200	5789	3987	400	1511
新疆自治区						
吐鲁番地区鄯善县东巴扎回族乡	4	5437	3826	3712	90	7239
和田地区皮山县瑙阿巴提塔吉克族乡	3	2809	975	972		752
和田地区皮山县康克尔柯尔克孜族乡	2	1403	1438	1433		537
巴音郭楞州和硕县乌什塔拉回族乡	7	143200	11000	6387	3	37339
昌吉州奇台县大泉塔塔尔族乡	2	65232	4396	3401	382	15938
昌吉州奇台县五马场哈萨克族乡	2	122240	8287	6575	201	83900
昌吉州奇台县乔仁哈萨克族乡	1	26000	3841	3201		12959
昌吉州木垒县大南沟乌孜别克族乡	3	15000	3367	3326		3455
昌吉州玛纳斯县旱卡子滩哈萨克族乡	5	19000	4642	2985	6275	19560
昌吉州玛纳斯县塔西河哈萨克族乡	6	15000	4265	3970	16989	4995
昌吉州玛纳斯县清水河哈萨克族乡	6	18200	7159	6022	3758	7925

粮食产量 （吨）	肉　类 总产量 （吨）	财政收入 （万元）	财政支出 （万元）	人　均 纯收入 （元）	学校数 （所）	在　校 学生数 （人）	教师数 （人）	医院、 卫生院 （个）	医生数 （人）	病床数 （张）
4148	21	76	76	4672	7	398	41	1	3	4
6520	672	231	231	4643	6	444	43	1	4	8
4269	497	54	52	4888	12	745	82	1	5	4
153	322			3793	1	329	21	1	7	6
4831	605	187	145	4876	12	1323	73	2	7	25
1859	561	132	111	4789	10	732	48	1	3	7
1614	264	104	86	4502	12	928	41	1	4	8
1110	220	94	86	4529	10	504	33	1	5	7
158	257	149	149	4248	9	861	37	1	8	6
2431	75	135	135	4919	8	836	58	1	8	6
		43	43	5712	1	183	13	1	3	7
		24	26	3852	1	144	12	1	12	6
	832	208	208	12657				1	10	2
	814	17	23	14840	1	73	12	1	3	4
2930	110	17	15	5306	5	1188	102	1	9	14
16500	16	120	124	4325	6	365	96	1	4	10
128	98	140	140	4696	8	568	56	1	5	14
8764	2387	11	11	4824	5	580	70	1	5	8
1932	150	12	12	4879	4	1090	90	1	11	12
801	332	215	215	5171	7	534	58	1	11	3
2479	145	68	68	3420	1	410	27	1	10	25
40	684	765	728	7453	1	549	40	1	7	
187	386	15	15	3805	1	63	8	1	7	10
352	36	4	4	3580	1	286	28	1	7	8
1037	1000	587	587	11477	4	1080	119	1	20	18
20268	3268	24	24	10312	1	181	65	1	18	12
45400	2872	72	72	10121	2	500	138	1	24	10
11970	2000	389	389	10223	1	130	45	1	1	12
3080	421	374	300	5960	1	202	48	1	16	8
8322	2380	518	518	10613	1	268	54	1	12	15
4368	1527	335	335	10025	1	335	71	1	14	10
3058	3850	468	468	10528	2	387	123	1	23	20

10-1 续表 34

民族乡镇名称	村民委员会（个）	年末实有耕地面积（公顷）	年末总人口（人）	#少数民族	乡镇企业总产值（万元）	农林牧渔业总产值（万元）
昌吉州阜康市三工河哈萨克族乡	3	26500	4782	3560	35	11256
昌吉州阜康市上户沟哈萨克族乡	7	246252	11099	6974	13179	28900
昌吉州昌吉市阿什里哈萨克族乡	7	30524	9811	9685	16972	21776
昌吉州呼图壁县石梯子哈萨克族乡	5	87612	7525	6090	27300	46100
乌鲁木齐市米东区柏杨河哈萨克族乡	6	21460	5019	2954	49987	5700
克孜勒苏州阿克陶县塔尔塔吉克族乡	8	3085	5025	5025		1979
喀什地区塔什库尔干县科克亚尔柯尔克孜族乡	2	2018	1069	925		315
喀什地区泽普县布依鲁克塔吉克族乡	4	19230	3643	2448		1236
喀什地区莎车县孜热普夏提塔吉克族乡	12	55542	10457	10125	1536	9426
伊犁地区察布查尔县米粮泉回族乡	3	22077	5746	5161	1800	8875
伊犁地区特克斯县科克铁热克柯尔克孜族乡	7	37097	17780	15402	195	7850
伊犁地区特克斯县呼吉尔特蒙古族乡	6	28004	7607	5173	205	9615
伊犁地区伊宁县愉群翁回族乡	15	113861	54883	51368	53864	55788
伊犁地区尼勒克县科克浩特浩尔蒙古族乡	10	89606	17774	12878	5215	22465
伊犁地区霍城县伊车嘎善锡伯族乡	5	65000	13622	5495	7206	15097
伊犁地区霍城县三宫回族乡	5	28415	15960	13885	12620	11650
伊犁地区昭苏县胡松图喀尔逊蒙古族乡	8	6956	10239	7693	230	14831
伊犁地区昭苏县察汗乌苏蒙古族乡	7	64991	11762	9568	310	14317
伊犁地区昭苏县夏特柯尔克孜族乡	8	76832	14899	13181	300	1690
塔城地区塔城市阿西尔达斡尔族乡	20	179500	10111	4640	610	11900
塔城地区乌苏市塔布勒合特蒙古族乡	4	15500	2915	2517	11103	5200
塔城地区乌苏市吉尔格勒特郭楞蒙古族乡	9	25000	5800	1900	9313	6693
塔城地区额敏县额玛勒郭楞蒙古族乡	9	44000	4692	2111	8104	560
塔城地区额敏县霍吉尔特蒙古族乡	5	35000	4272	3177		5320
阿克苏地区乌什县雅曼苏柯尔克孜族乡	7	17269	9281	9159		5815
阿克苏地区温宿县博孜东柯尔克孜族乡	5	13500	4568	4566	191	1656
哈密地区伊吾县前山哈萨克族乡	4	3798	2676	2648		2513
哈密地区哈密市德外都如克哈萨克族乡	2	9110	2935	2911		2470
哈密地区哈密市乌拉台哈萨克族乡	1	3735	892	892		985
阿勒泰地区布尔津县禾木哈纳斯蒙古族乡	2	1500	2331	2203		1800
阿勒泰地区阿勒泰市汗德尕特蒙古族乡	7	10133	4120	3331	9100	2650

粮食产量（吨）	肉类总产量（吨）	财政收入（万元）	财政支出（万元）	人均纯收入（元）	学校数（所）	在校学生数（人）	教师数（人）	医院、卫生院（个）	医生数（人）	病床数（张）
7000	800	1567	1567	10699				1	19	15
70530	605	2368	2368	11198	2	498	161	1	8	10
4512	5135	1506	1506	9609	1	670	108	1	23	24
26216	11796	776	776	10157	1	560	84	1	14	8
3664	1301	1528	1508	8730	1	122	87	1	15	15
1050	160	401	351	1963	6	610	106	2	7	20
65	254		13	5333	1	46	13	1	9	12
2138	452	156	156	3367	1	371	25	1	4	8
11260	273	364	364	4042	6	1588	139	1	12	35
12436	473	379	379	10463	1	1016	75	1	12	15
3356	3602	4558	4558	7198	9	2254	248	1	22	12
4177	1850	3130	3130	8995	4	666	107	1	18	5
90463	9566	5600	5400	9609	15	6609	545	1	23	150
39460	3361	1144	1144	10008	5	1876	327	1	31	62
32740	3186	190	190	10644	4	968	125	1	14	25
12720	1968	303	303	8901	7	2058	210	1	4	15
7205	2488	750	719	11200	2	1200	147	1	12	20
7596	2212	718	617	9839	3	1673	143	1	17	32
5825	2382	794	790	9085	4	1430	180	1	25	10
55000	3200			11028	2	310	75	1	16	9
21285	650	877	872	12923	1	8	12	1	7	4
11000	460	500	500	10787	2	696	76	1	10	20
16100	180	568	568	10791	1	386	80	1	5	10
11709	250	796	695	8400	2	653	141	1	9	20
7145	2875	1168	1173	4640	3	937	86	1	16	17
2400	1440	171	171	1524	2	457	58	1	3	10
	521	518	233	8560	1	185	41	1	1	15
		290	333	7251	1	274	36	1	10	6
40	99	194	194	7105	1	79	25	1	2	10
	215	750	1184	11900	2	181	74	1	20	10
1085	1064	1165	1090	6927	2	180	74	1	8	9

全国少数民族发展情况

一、人　口

1-1 历次人口普查全国分民族人口

单位：人

民　族	历次普查人口数					
	1953年	1964年	1982年	1990年	2000年	2010年
全国总计	**577856141**	**691220104**	**1003913927**	**1130510638**	**1242612226**	**1332810869**
汉族	542824056	651296368	936674944	1039187548	1137386112	1220844520
蒙古族	1451035	1965766	3411367	4802407	5813947	5981840
回族	3530498	4473147	7228398	8612001	9816805	10586087
藏族	2753081	2501174	3847875	4593072	5416021	6282187
维吾尔族	3610462	3996311	5963491	7207024	8399393	10069346
苗族	2490874	2782088	5021175	7383622	8940116	9426007
彝族	3227750	3380960	5453564	6578524	7762272	8714393
壮族	6864585	8386140	13383086	15555820	16178811	16926381
布依族	1237714	1348055	2119345	2548294	2971460	2870034
朝鲜族	1111275	1339569	1765204	1923361	1923842	1830929
满族	2399228	2695675	4304981	9846776	10682262	10387958
侗族	712802	836123	1426400	2508624	2960293	2879974
瑶族	665933	857265	1411967	2137033	2637421	2796003
白族	567119	706623	1132224	1598052	1858063	1933510
土家族		524755	2836814	5725049	8028133	8353912
哈尼族	481220	628727	1058806	1254800	1439673	1660932
哈萨克族	509375	491637	907546	1110758	1250458	1462588
傣族	478966	535389	839496	1025402	1158989	1261311
黎族	360950	438813	887107	1112498	1247814	1463064
傈僳族	317465	270628	481884	574589	634912	702839
佤族	286158	200272	298611	351980	396610	429709
畲族		234167	371965	634700	709592	708651
高山族	329	366	1650	2877	4461	4009
拉祜族	139060	191241	304256	411545	453705	485966
水族	133566	156099	286908	347116	406902	411847
东乡族	155761	147443	279523	373669	513805	621500
纳西族	143453	156796	251592	277750	308839	326295
景颇族	101852	57762	92976	119276	132143	147828

注：1. 各年度人口均为中国大陆人口普查数，不包括现役军人。
2. 少数民族人口合计数中不包括其他未识别的民族人口和外国人加入中国籍人口数。
3. 1982年人口数未包括西藏间接调查的28 601人，据有关资料计算，如包括间接调查人口数，1982年门巴族约为6 248人，珞巴族约为2 065人。
4. 2010年人口数为人口普查机器汇总数据。

1-1 续表

单位：人

民族	历次普查人口数					
	1953年	1964年	1982年	1990年	2000年	2010年
柯尔克孜族	70944	70151	113386	143537	160823	186708
土族	53277	77349	159632	192568	241198	289565
达斡尔族		63394	94126	121463	132394	131992
仫佬族		52819	90357	160648	207352	216257
羌族	35660	49105	102815	198303	306072	309576
布朗族		39411	58473	82398	91882	119639
撒拉族	30658	34664	69135	87546	104503	130607
毛南族		22382	38159	72370	107166	101192
仡佬族		26852	54164	438192	579357	550746
锡伯族	19022	33438	83683	172932	188824	190481
阿昌族		12032	20433	27718	33936	39555
普米族		14298	24238	29721	33600	42862
塔吉克族	14462	16236	26600	33223	41028	51069
怒族		15047	22896	27190	28759	37524
乌孜别克族	13626	7717	12213	14763	12370	10569
俄罗斯族	22656	1326	2917	13500	15609	15393
鄂温克族	4957	9681	19398	26379	30505	30875
德昂族		7261	12297	15461	17935	20556
保安族	4957	5125	9017	11683	16505	20074
裕固族	3861	5717	10568	12293	13719	14378
京族		4293	13108	18749	22517	28199
塔塔尔族	6929	2294	4122	5064	4890	3556
独龙族		3090	4633	5825	7426	6930
鄂伦春族	2262	2709	4103	7004	8196	8659
赫哲族		718	1489	4254	4640	5354
门巴族		3809	1140	7498	8923	10561
珞巴族			1066	2322	2965	3682
基诺族			11962	18022	20899	23143
其他未识别民族	1017299	32411	799705	752347	734438	640101
外国人加入中国籍	1004	7416	4937	3498	941	1448

1-2 历次人口普查少数民族人口的分布情况(一)

单位：人，%

地区	1953年			1964年		
	绝对数	占该地区总人口的比重(%)	占全国少数民族人口的比重(%)	绝对数	占该地区总人口的比重(%)	占全国少数民族人口的比重(%)
全　国	**34013782**	**5.89**	**100**	**39883909**	**5.77**	**100**
北　京	168404	6.08	0.50	283524	3.75	0.71
天　津	79857	2.96	0.23	115613	2.70	0.29
河　北	715752	1.75	2.10	621926	1.50	1.56
山　西	20316	0.14	0.06	40100	0.22	0.10
内蒙古	959336	15.73	2.82	1604756	13.00	4.02
辽　宁	1482619	8.07	4.36	1858900	6.90	4.66
吉　林	1193237	10.67	3.51	1342170	8.57	3.37
黑龙江	944328	7.98	2.78	1087045	5.40	2.73
上　海	31461	0.51	0.90	43591	0.40	0.11
江　苏	66362	0.16	0.20	83002	9.19	0.21
浙　江	30854	0.14	0.09	106411	0.38	0.27
安　徽	133801	0.45	0.39	155256	0.50	0.39
福　建	19979	0.15	0.06	147017	0.88	0.37
江　西	2001	0.01	0.01	9300	0.04	0.02
山　东	252506	0.52	0.74	294643	0.53	0.74
河　南	405715	0.93	1.19	517195	1.03	1.30
湖　北	35434	0.13	0.10	183035	0.54	0.46
湖　南	586737	1.78	1.72	1275719	3.43	3.20
广　东	430279	1.25	1.27	747181	1.75	1.87
广　西	7337944	37.51	21.57	8553300	41.03	21.45
海　南						
四　川	2022315	3.11	5.95	1728955	2.54	4.33
贵　州	3562493	23.69	10.47	4009683	23.39	10.05
云　南	5411883	31.59	15.91	6384114	31.13	16.01
西　藏	1273969	100.00	3.75	1213796	97.01	3.04
陕　西	56272	0.36	0.17	93978	0.45	0.24
甘　肃	1486775	11.71	4.37	955396	7.56	2.40
青　海	854136	50.95	20.51	829318	38.65	2.18
宁　夏				650366	30.86	1.63
新　疆	4449017	93.01	13.08	4948619	68.07	12.41

1-2 历次人口普查少数民族人口的分布情况(二)

单位：人，%

地　区	1982年			1990年		
	绝对数	占该地区总人口的比重(%)	占全国少数民族人口的比重(%)	绝对数	占该地区总人口的比重(%)	占全国少数民族人口的比重(%)
全　国	**66434341**	**6.62**	**100**	**90567245**	**8.01**	**100**
北　京	322320	3.49	0.49	413937	3.83	0.46
天　津	164241	2.12	0.25	202642	2.31	0.22
河　北	853275	1.61	1.28	2408876	3.94	2.66
山　西	63760	0.25	0.10	82061	0.29	0.09
内蒙古	2996477	15.55	4.51	4166260	19.42	4.60
辽　宁	2909615	8.15	4.38	6165508	15.62	6.81
吉　林	1829555	8.11	2.75	2525212	10.24	2.79
黑龙江	1613043	4.94	2.43	1997934	5.67	2.21
上　海	49748	0.42	0.07	62171	0.47	0.07
江　苏	110559	0.18	0.17	153060	0.23	0.07
浙　江	161546	0.42	0.24	212582	0.51	0.23
安　徽	261760	0.53	0.39	324227	0.58	0.36
福　建	250449	0.97	0.38	465995	1.55	0.51
江　西	22052	0.07	0.03	101144	0.27	0.11
山　东	407849	0.55	0.61	505694	0.60	0.56
河　南	799338	1.07	1.20	1008972	1.18	1.11
湖　北	1778494	3.72	2.68	2140188	3.97	2.36
湖　南	2201087	4.08	3.31	4823649	7.95	5.33
广　东	1057527	1.78	1.59	354625	0.56	0.39
广　西	13933250	38.26	20.97	16577113	39.24	18.30
海　南				1114803	17.00	1.23
四　川	3660402	3.67	5.51	4889295	4.56	5.40
贵　州	6675360	23.38	10.05	10504828	32.43	11.60
云　南	10277069	31.57	15.47	12351834	33.41	13.64
西　藏	1769935	94.97	2.66	2112168	96.18	2.33
陕　西	133098	0.46	2.20	156403	0.48	0.17
甘　肃	1555186	7.95	2.34	1857467	8.30	2.05
青　海	1535774	39.42	2.31	1878028	42.14	2.07
宁　夏	1244238	31.94	1.87	1549067	33.27	1.71
新　疆	7797344	59.61	11.74	9961202	62.42	10.45

1-2 历次人口普查少数民族人口的分布情况(三)

单位: 万人

地　区	2000年			2010年		
	总人口	少数民族人口	占总人口比例(%)	总人口	少数民族人口	占总人口比例(%)
全　国	**126583**	**10643**	**8.41**	**133972**	**11379**	**8.49**
北　京	1382	59	4.26	1961	80	4.08
天　津	1001	26	2.64	1294	33	2.55
河　北	6744	291	4.31	7185	299	4.16
山　西	3297	10	0.29	3571	9	0.25
内蒙古	2376	493	20.76	2471	506	20.48
辽　宁	4238	678	16.02	4375	664	15.18
吉　林	2728	246	9.03	2746	219	7.97
黑龙江	3689	185	5.02	3831	137	3.58
上　海	1674	10	0.60	2302	28	1.22
江　苏	7438	25	0.33	7866	38	0.48
浙　江	4677	40	0.85	5443	121	2.22
安　徽	5986	38	0.63	5950	40	0.67
福　建	3471	58	1.67	3689	80	2.17
江　西	4140	11	0.27	4457	15	0.34
山　东	9079	62	0.68	9579	73	0.76
河　南	9256	113	1.22	9402	113	1.20
湖　北	6028	262	4.34	5724	247	4.32
湖　南	6440	658	10.21	6568	655	9.97
广　东	8642	123	1.42	10430	206	1.98
广　西	4489	1721	38.34	4603	1711	37.17
海　南	787	136	17.29	867	145	16.72
重　庆	3090	198	6.42	2885	194	6.73
四　川	8329	415	4.98	8042	491	6.11
贵　州	3525	1334	37.85	3475	1255	36.12
云　南	4288	1433	33.41	4597	1534	33.37
西　藏	262	246	94.07	300	276	91.93
陕　西	3605	18	0.49	3733	19	0.51
甘　肃	2562	223	8.69	2558	241	9.42
青　海	518	236	45.51	563	264	46.92
宁　夏	562	194	34.53	630	223	35.39
新　疆	1925	1143	59.39	2181	1307	59.92

1-3 全国少数民族分布的主要地区

民　族	分布的主要地区
蒙古族	内蒙古、辽宁、吉林、河北、黑龙江、新疆
回族	宁夏、甘肃、河南、新疆、青海、云南、河北、山东、安徽、辽宁、北京、内蒙古、天津、黑龙江、陕西、贵州、吉林、江苏、四川
藏族	西藏、四川、青海、甘肃、云南
维吾尔族	新疆
苗族	贵州、湖南、云南、广西、重庆、湖北、四川
彝族	云南、四川、贵州
壮族	广西、云南、广东
布依族	贵州
朝鲜族	吉林、黑龙江、辽宁
满族	辽宁、河北、黑龙江、吉林、内蒙古、北京
侗族	贵州、湖南、广西
瑶族	广西、湖南、云南、广东
白族	云南、贵州、湖南
土家族	湖南、湖北、重庆、贵州
哈尼族	云南
哈萨克族	新疆
傣族	云南
黎族	海南
傈僳族	云南、四川
佤族	云南
畲族	福建、浙江、江西、广东
高山族	台湾、福建
拉祜族	云南
水族	贵州、广西

1-3 续表

民　族	分布的主要地区
东乡族	甘肃、新疆
纳西族	云南
景颇族	云南
柯尔克孜族	新疆
土族	青海、甘肃
达斡尔族	内蒙古、黑龙江
仫佬族	广西
羌族	四川
布朗族	云南
撒拉族	青海
毛南族	广西
仡佬族	贵州
锡伯族	辽宁、新疆
阿昌族	云南
普米族	云南
塔吉克族	新疆
怒族	云南
乌孜别克族	新疆
俄罗斯族	新疆、黑龙江
鄂温克族	内蒙古
德昂族	云南
保安族	甘肃
裕固族	甘肃
京族	广西
塔塔尔族	新疆
独龙族	云南
鄂伦春族	黑龙江、内蒙古
赫哲族	黑龙江
门巴族	西藏
珞巴族	西藏
基诺族	云南

1-4　2010年全国人口普查各民族分城市、镇、乡村的人口

单位：人，%

民　族	总人口	城市人口	镇人口	乡村人口
全国总计	**1332810869**	**403760040**	**266245506**	**662805323**
汉族	1220844520	386027166	247209627	587607727
少数民族合计	**111324800**	**17680203**	**18916027**	**74728570**
少数民族占全国比重	8.35	4.38	7.10	11.27
蒙古族	5981840	1351092	1411757	3218991
回族	10586087	3606760	2057256	4922071
藏族	6282187	315622	923177	5043388
维吾尔族	10069346	1161024	1092195	7816127
苗族	9426007	958670	1457396	7009941
彝族	8714393	523907	1120997	7069489
壮族	16926381	2685283	3132374	11108724
布依族	2870034	347835	404996	2117203
朝鲜族	1830929	999237	271198	560494
满族	10387958	2608600	1935398	5843960
侗族	2879974	291661	585784	2002529
瑶族	2796003	258966	393313	2143724
白族	1933510	273943	388571	1270996
土家族	8353912	1132394	1785132	5436386
哈尼族	1660932	83289	204994	1372649
哈萨克族	1462588	125800	211905	1124883
傣族	1261311	116239	291357	853715
黎族	1463064	120068	262798	1080198
傈僳族	702839	14950	60685	627204
佤族	429709	16036	63211	350462
畲族	708651	113750	118551	476350
高山族	4009	1593	826	1590
拉祜族	485966	16305	62724	406937
水族	411847	32688	47784	331375
东乡族	621500	41258	62481	517761
纳西族	326295	78456	39339	208500
景颇族	147828	11615	17536	118677
柯尔克孜族	186708	12099	23428	151181

1-4 续表

单位：人

民　族	总人口	城市人口	镇人口	乡村人口
土族	289565	41623	52268	195674
达斡尔族	131992	38755	37252	55985
仫佬族	216257	44439	51264	120554
羌族	309576	21506	74048	214022
布朗族	119639	4896	13622	101121
撒拉族	130607	17270	22019	91318
毛南族	101192	15408	18982	66802
仡佬族	550746	65389	130285	355072
锡伯族	190481	74997	25881	89603
阿昌族	39555	3090	5960	30505
普米族	42862	2530	6139	34193
塔吉克族	51069	1865	7784	41420
怒族	37524	1865	4319	31340
乌孜别克族	10569	4906	2317	3346
俄罗斯族	15393	10888	2133	2372
鄂温克族	30875	6003	10720	14152
德昂族	20556	1196	1911	17449
保安族	20074	1510	2375	16189
裕固族	14378	3000	3879	7499
京族	28199	9251	6217	12731
塔塔尔族	3556	1416	702	1438
独龙族	6930	326	828	5776
鄂伦春族	8659	2298	2794	3567
赫哲族	5354	2356	1269	1729
门巴族	10561	520	1890	8151
珞巴族	3682	122	398	3162
基诺族	23143	3638	1608	17897
其他未识别的民族	640101	52304	119571	468226
外国人加入中国籍	1448	367	281	800

1-5　2010年全国人口普查各民族6岁及6岁以上人口的受教育状况(一)

单位：人，%

民　族	合　　计	未上过学	小　学	初　中
全国总计	**1242546122**	**62136405**	**357211733**	**518176222**
汉族	1140804980	53726722	317175239	482244975
少数民族合计	**101741142**	**8409683**	**40036494**	**35931247**
少数民族占全国比重(%)	8.19	13.53	11.21	6.93
蒙古族	5493484	181845	1576111	2092137
回族	9684824	829803	3451225	3256837
藏族	5652093	1727358	2593670	751132
维吾尔族	8911219	312376	3705107	3741470
苗族	8509677	872566	3919856	2722963
彝族	7792892	1114281	4190993	1744197
壮族	15450124	734370	5587561	6601655
布依族	2598781	317940	1169545	824977
朝鲜族	1764882	22789	236872	766999
满族	9644853	206212	2635047	4433743
侗族	2619132	173293	1023789	1013249
瑶族	2496825	166437	1097493	874247
白族	1785320	104148	693269	649936
土家族	7630400	466043	2790562	2887431
哈尼族	1495794	217182	807352	341877
哈萨克族	1305071	20763	473830	535399
傣族	1154883	130337	613322	293869
黎族	1317322	85524	411397	639645
傈僳族	640339	118004	358140	122790
佤族	398890	54899	232864	83034
畲族	643415	40412	259014	235542
高山族	3674	95	751	1287
拉祜族	446816	70495	278976	69673
水族	370377	48543	174757	109644
东乡族	551196	97262	357318	68468
纳西族	307242	23495	105359	103015

1-5 续表

单位：人，%

民 族	合 计	未上过学	小 学	初 中
景颇族	132808	12534	72498	34975
柯尔克孜族	165498	5220	75643	54936
土族	266248	28772	103264	78400
达斡尔族	121946	1414	25607	51541
仫佬族	195734	8194	74142	73733
羌族	289490	20394	122080	90504
布朗族	108074	15420	63324	20384
撒拉族	113873	24119	58679	19217
毛南族	91706	3876	35010	36031
仡佬族	497661	45033	208655	162617
锡伯族	176497	1972	36721	77860
阿昌族	34844	2794	17424	10518
普米族	39094	5688	15467	10921
塔吉克族	45716	1601	22758	13707
怒族	34002	5117	15952	8259
乌孜别克族	9596	196	2809	2857
俄罗斯族	14516	183	2125	4420
鄂温克族	28111	348	6261	11070
德昂族	18251	3530	10389	3269
保安族	17517	1930	10442	3041
裕固族	13441	822	5056	3765
京族	25159	1392	6674	10191
塔塔尔族	3244	46	710	967
独龙族	6220	1018	2623	1681
鄂伦春族	7884	109	1407	3017
赫哲族	4940	94	820	1827
门巴族	9509	3559	3466	1214
珞巴族	3213	882	1554	413
基诺族	21014	1911	8616	7162

1-5　2010年全国人口普查各民族6岁及6岁以上人口的受教育状况(二)

单位：人，%

民　族	高　中	大学专科	大学本科	研　究　生
全国总计	**186646865**	**68610519**	**45625793**	**4138585**
汉族	176525992	64353701	42822692	3955659
少数民族合计	**10120873**	**4256818**	**2803101**	**182926**
少数民族占全国比重(%)	5.42	6.20	6.14	4.42
蒙古族	860899	420682	335274	26536
回族	1240522	504660	371555	30222
藏族	270620	192834	111515	4964
维吾尔族	586636	382935	178129	4566
苗族	619448	235032	132635	7177
彝族	448569	183627	106949	4276
壮族	1653720	560431	296407	15980
布依族	168197	72622	43878	1622
朝鲜族	456566	130639	141342	9675
满族	1273292	576376	477022	43161
侗族	247176	101127	57878	2620
瑶族	220155	81596	53343	3554
白族	195778	79341	59298	3550
土家族	936733	330121	204943	14567
哈尼族	84070	29350	15456	507
哈萨克族	159961	79416	34739	963
傣族	70756	30213	15860	526
黎族	128694	35779	15722	561
傈僳族	24620	10959	5654	172
佤族	17969	7289	2746	89
畲族	68856	21606	16961	1024
高山族	742	385	374	40
拉祜族	15415	7680	4425	152
水族	23003	8911	5291	228
东乡族	17049	7041	3926	132
纳西族	39320	20933	14308	812

1-5　续表

单位：人，%

民　族	高　中	大学专科	大学本科	研　究　生
景颇族	7859	3435	1467	40
柯尔克孜族	16131	10030	3443	95
土族	30221	13319	11726	546
达斡尔族	21767	11807	9132	678
仫佬族	22281	9977	6952	455
羌族	32378	15323	8395	416
布朗族	5083	2289	1528	46
撒拉族	6051	3427	2287	93
毛南族	9597	4376	2677	139
仡佬族	43041	21667	16020	628
锡伯族	29729	15525	13495	1195
阿昌族	2386	1051	650	21
普米族	3870	1836	1274	38
塔吉克族	4137	2979	519	15
怒族	2571	1451	630	22
乌孜别克族	1692	1079	919	44
俄罗斯族	3531	2272	1847	138
鄂温克族	5318	2998	1987	129
德昂族	674	263	124	2
保安族	1202	601	291	10
裕固族	1788	1186	774	50
京族	3963	1658	1219	62
塔塔尔族	643	426	433	19
独龙族	497	282	108	11
鄂伦春族	1511	1011	764	65
赫哲族	920	574	637	68
门巴族	597	373	290	10
珞巴族	175	83	105	1
基诺族	1973	942	390	20

1-6 2010年全国人口普查各民族15岁及15岁以上的文盲人口状况

单位：人，%

民 族	15岁及15岁以上人口	文盲人口	文盲人口占15岁及以上人口比例
全国总计	**1111488248**	**54190864**	**4.88**
汉族	1024636211	47108426	4.60
少数民族合计	**86852037**	**7082438**	**8.15**
少数民族占全国比重	7.81	13.07	
蒙古族	4805740	156455	3.26
回族	8345262	749916	8.99
藏族	4671710	1382295	29.59
维吾尔族	7464351	256724	3.44
苗族	7025185	754482	10.74
彝族	6340355	919980	14.51
壮族	13496217	600570	4.45
布依族	2109850	285427	13.53
朝鲜族	1677260	17216	1.03
满族	8632096	170832	1.98
侗族	2228281	151472	6.80
瑶族	2125293	136168	6.41
白族	1526504	84352	5.53
土家族	6475074	414066	6.39
哈尼族	1276730	178784	14.00
哈萨克族	1115037	12446	1.12
傣族	1008297	112823	11.19
黎族	1128234	75775	6.72
傈僳族	541808	100448	18.54
佤族	344456	47085	13.67
畲族	561607	32922	5.86
高山族	3270	84	2.57
拉祜族	389618	56991	14.63
水族	298766	43409	14.53
东乡族	450604	82038	18.21
纳西族	271264	20515	7.56

1-6 续表

单位：人，%

民 族	15岁及15岁以上人口	文盲人口	文盲人口占15岁及以上人口比例
景颇族	111711	10014	8.96
柯尔克孜族	138037	4161	3.01
土族	228647	26212	11.46
达斡尔族	108406	947	0.87
仫佬族	170896	6557	3.84
羌族	251028	18618	7.42
布朗族	90914	11444	12.59
撒拉族	93341	22520	24.13
毛南族	78306	3107	3.97
仡佬族	394113	39694	10.07
锡伯族	156598	1368	0.87
阿昌族	28325	2303	8.13
普米族	32685	5037	15.41
塔吉克族	37678	1411	3.74
怒族	28781	4138	14.38
乌孜别克族	8224	129	1.57
俄罗斯族	13013	142	1.09
鄂温克族	24543	254	1.03
德昂族	15293	3271	21.39
保安族	14207	1667	11.73
裕固族	11714	729	6.22
京族	21482	1151	5.36
塔塔尔族	2869	33	1.15
独龙族	5205	887	17.04
鄂伦春族	6828	71	1.04
赫哲族	4436	70	1.58
门巴族	7634	2759	36.14
珞巴族	2538	790	31.13
基诺族	18332	1785	9.74

1-7 2010年全国人口普查各民族分产业的人口

单位：人，%

民族	总计	第一产业	第二产业	第三产业
全国总计	**71547989**	**34584219**	**17284443**	**19679327**
汉族	65539943	30416927	16553309	18569707
少数民族合计	**5978017**	**4144630**	**727539**	**1105848**
少数民族占全国比重	8.36	11.98	4.21	5.62
蒙古族	302690	192045	27118	83527
回族	512837	270396	73806	168635
藏族	320211	262995	10460	46756
维吾尔族	545158	449906	21541	73711
苗族	502575	353974	87130	61471
彝族	511991	422672	37748	51571
壮族	965994	669288	136494	160212
布依族	151167	104854	27244	19069
朝鲜族	72332	19133	14607	38592
满族	557607	325949	81427	150231
侗族	159794	101525	31794	26475
瑶族	155806	114989	21977	18840
白族	108565	72575	14387	21603
土家族	418466	252259	83056	83151
哈尼族	101348	79930	9499	11919
哈萨克族	63313	49574	2492	11247
傣族	78770	63746	4517	10507
黎族	81296	65968	4570	10758
傈僳族	45768	41066	1640	3062
佤族	27923	21815	3262	2846
畲族	36129	18063	9544	8522
高山族	218	95	42	81
拉祜族	33055	29040	1385	2630
水族	22627	17040	3321	2266
东乡族	40761	35883	1300	3578
纳西族	19443	13119	853	5471
景颇族	8811	7252	445	1114

1-7 续表

单位：人，%

民 族	总 计	第一产业	第二产业	第三产业
柯尔克孜族	8546	6942	283	1321
土族	15978	11032	2141	2805
达斡尔族	5796	3042	516	2238
仫佬族	10431	5821	2029	2581
羌族	18297	13345	1613	3339
布朗族	7402	6327	401	674
撒拉族	5589	3650	291	1648
毛南族	5758	3662	1070	1026
仡佬族	26501	16389	4968	5144
锡伯族	9934	5339	1356	3239
阿昌族	2138	1688	204	246
普米族	2433	1892	148	393
塔吉克族	2119	1881	46	192
怒族	2215	1773	137	305
乌孜别克族	375	124	49	202
俄罗斯族	617	113	85	419
鄂温克族	1352	791	84	477
德昂族	1255	1127	40	88
保安族	1009	780	63	166
裕固族	800	527	65	208
京族	1293	633	117	543
塔塔尔族	188	103	14	71
独龙族	453	400	17	36
鄂伦春族	340	103	31	206
赫哲族	244	79	50	115
门巴族	603	509	19	75
珞巴族	182	159	3	20
基诺族	1514	1248	40	226
其他未识别的民族	29951	22616	3583	3752
外国人加入中国籍	78	46	12	20

1-8 2010年全国人口普查各民族分年龄的人口

单位：人，%

民 族	人口总计	0-14岁	15-60岁	61岁以上
全国总计	**1332810869**	**221322621**	**933893808**	**177594440**
汉族	1220844520	196208309	858795454	165840757
少数民族合计	**111324800**	**24906147**	**74725436**	**11693217**
少数民族占全国比重	8.35	11.25	8.00	6.58
蒙古族	5981840	1176100	4351233	454507
回族	10586087	2240825	7172993	1172269
藏族	6282187	1610477	4117366	554344
维吾尔族	10069346	2604995	6664484	799867
苗族	9426007	2400822	6019521	1005664
彝族	8714393	2374038	5578659	761696
壮族	16926381	3430164	11371698	2124519
布依族	2870034	760184	1768421	341429
朝鲜族	1830929	153669	1365732	311528
满族	10387958	1755862	7544429	1087667
侗族	2879974	651693	1858387	369894
瑶族	2796003	670710	1842364	282929
白族	1933510	407006	1307009	219495
土家族	8353912	1878838	5373544	1101530
哈尼族	1660932	384202	1128229	148501
哈萨克族	1462588	347551	1024109	90928
傣族	1261311	253014	892225	116072
黎族	1463064	334830	1004243	123991
傈僳族	702839	161031	479809	61999
佤族	429709	85253	306638	37818
畲族	708651	147044	477440	84167
高山族	4009	739	2896	374
拉祜族	485966	96348	347918	41700
水族	411847	113081	255321	43445
东乡族	621500	170896	395139	55465
纳西族	326295	55031	228744	42520
景颇族	147828	36117	101059	10652

1-8 续表

单位：人，%

民族	人口总计	0-14岁	15-60岁	61岁以上
柯尔克孜族	186708	48671	123555	14482
土族	289565	60918	207268	21379
达斡尔族	131992	23586	98926	9480
仫佬族	216257	45361	147537	23359
羌族	309576	58548	217159	33869
布朗族	119639	28725	81517	9397
撒拉族	130607	37266	82562	10779
毛南族	101192	22886	65777	12529
仡佬族	550746	156633	330184	63929
锡伯族	190481	33883	138387	18211
阿昌族	39555	11230	25499	2826
普米族	42861	10176	28958	3727
塔吉克族	51069	13391	33895	3783
怒族	37523	8742	25109	3672
乌孜别克族	10569	2345	7237	987
俄罗斯族	15393	2380	11208	1805
鄂温克族	30875	6332	23159	1384
德昂族	20556	5263	13882	1411
保安族	20074	5867	12473	1734
裕固族	14378	2664	10212	1502
京族	28199	6717	18421	3061
塔塔尔族	3556	687	2509	360
独龙族	6930	1725	4649	556
鄂伦春族	8659	1831	6438	390
赫哲族	5354	918	4051	385
门巴族	10561	2927	6891	743
珞巴族	3682	1144	2292	246
基诺族	23143	4811	16071	2261
其他未识别的民族	640101	207992	371899	60210
外国人加入中国籍	1448	173	1019	256

1-9 2010年全国人口普查各民族分性别出生人口和死亡人口（2009.11.1-2010.10.31）

单位：人，%

民族	出生人数			死亡人数		
	小计	男	女	小计	男	女
全国总计	**1190060**	**652073**	**537987**	**7421990**	**4293783**	**3128207**
汉族	1059649	582390	477259	6823973	3937020	2886953
少数民族合计	**129819**	**69336**	**60483**	**595028**	**354912**	**240116**
少数民族占全国比重	10.91	10.63	11.24	8.02	8.27	7.68
蒙古族	5504	2877	2627	24817	15455	9362
回族	12113	6501	5612	47198	27664	19534
藏族	6812	3490	3322	39143	21133	18010
维吾尔族	17132	8741	8391	52855	31018	21837
苗族	11714	6436	5278	52259	31466	20793
彝族	12041	6348	5693	52195	31585	20610
壮族	19946	11047	8899	92308	55667	36641
布依族	3758	2124	1634	18944	11321	7623
朝鲜族	684	378	306	10337	6133	4204
满族	7439	3992	3447	46716	28915	17801
侗族	3498	1937	1561	17354	10245	7109
瑶族	3329	1841	1488	14343	8997	5346
白族	1850	928	922	11687	6690	4997
土家族	7871	4175	3696	45272	26593	18679
哈尼族	2337	1220	1117	10540	6367	4173
哈萨克族	2331	1195	1136	6809	4403	2406
傣族	1508	780	728	7627	4341	3286
黎族	2053	1110	943	6456	3961	2495
傈僳族	986	536	450	5045	2982	2063
佤族	545	270	275	3132	1873	1259
畲族	591	332	259	4072	2616	1456
高山族	1		1	10	7	3
拉祜族	603	298	305	3657	2201	1456
水族	633	357	276	3481	2137	1344
东乡族	1103	611	492	2632	1440	1192
纳西族	255	134	121	2036	1128	908
景颇族	301	151	150	1062	640	422

1-9 续表

单位：人，%

民　　族	出　生　人　数			死　亡　人　数		
	小　计	男	女	小　计	男	女
柯尔克孜族	246	134	112	881	517	364
土族	282	150	132	1663	983	680
达斡尔族	118	57	61	547	363	184
仫佬族	254	137	117	859	539	320
羌族	325	161	164	1535	896	639
布朗族	164	91	73	671	393	278
撒拉族	240	115	125	467	268	199
毛南族	113	67	46	559	346	213
仡佬族	562	287	275	3109	1931	1178
锡伯族	105	62	43	682	463	219
阿昌族	60	33	27	202	127	75
普米族	49	26	23	236	145	91
塔吉克族	75	43	32	233	131	102
怒族	43	26	17	324	185	139
乌孜别克族	8	3	5	30	21	9
俄罗斯族	7	2	5	57	34	23
鄂温克族	34	20	14	121	86	35
德昂族	42	23	19	141	81	60
保安族	41	26	15	84	43	41
裕固族	11	6	5	63	39	24
京族	27	16	11	186	110	76
塔塔尔族	2	1	1	17	10	7
独龙族	8	4	4	64	41	23
鄂伦春族	3	2	1	35	21	14
赫哲族	3	1	2	10	5	5
门巴族	15	10	5	119	71	48
珞巴族	11	5	6	44	28	16
基诺族	33	19	14	102	57	45
其他未识别的民族	582	340	242	2956	1829	1127
外国人加入中国籍	10	7	3	33	22	11

二、教　育

2-1 全国分地区少数民族教职工(2012年)(一)

单位：人

地 区	普通高等学校	成人高等学校	中等职业教育
全 国	**115727**	**4451**	**48572**
北 京	7306	165	526
天 津	1535	53	185
河 北	3895	77	1449
山 西	344	25	62
内蒙古	10808	117	4385
辽 宁	9294	278	3492
吉 林	6469	84	2098
黑龙江	3640	112	514
上 海	1458	15	114
江 苏	1988	19	210
浙 江	1365	7	235
安 徽	867	10	171
福 建	938	8	150
江 西	456	10	56
山 东	1845	21	255
河 南	2575	100	513
湖 北	4215	35	1197
湖 南	4263	23	2725
广 东	3089	43	747
广 西	11601	419	7808
海 南	645	7	309
重 庆	1381	28	1108
四 川	2976	37	889
贵 州	9043	51	4214
云 南	7447	375	5307
西 藏	1100		461
陕 西	1484	25	81
甘 肃	1965	13	969
青 海	1345	41	871
宁 夏	1879	21	529
新 疆	8511	2232	6942

2-1 全国分地区少数民族教职工(2012年)(二)

单位：人

地区	普通中学	特殊教育学校	小学	幼儿园
全国	**529393**	**3670**	**581951**	**133003**
北京	4225	61	2794	1797
天津	1366	23	949	311
河北	15270	192	16162	4336
山西	272	6	173	51
内蒙古	35421	347	35658	9153
辽宁	42974	371	27203	7822
吉林	11235	143	7995	1886
黑龙江	7274	60	5415	603
上海	1028	25	394	270
江苏	982	21	580	355
浙江	1866	16	2059	841
安徽	1329	20	1227	394
福建	1816	29	2206	669
江西	400	1	332	148
山东	2404	28	1830	811
河南	3711	36	4060	1660
湖北	12122	77	11241	3610
湖南	37775	203	27592	10375
广东	7088	49	2677	3540
广西	71842	710	93889	27029
海南	4270	10	7353	1362
重庆	11502	81	13025	2152
四川	11182	77	23299	2051
贵州	73230	452	85958	12886
云南	48492	273	77866	14135
西藏	8728	86	17213	1724
陕西	710	5	470	340
甘肃	8897	29	12793	1678
青海	9440	31	10695	2247
宁夏	8156	48	9514	2314
新疆	84386	160	79329	16453

2-2 全国少数民族专任教师

单位：万人

年 份	高等学校	中等技术学校	中等师范学校	普通中学	职业中学	小 学
1951				0.27		
1952	0.06			0.45		5.98
1957	0.19			1.17		9.82
1963	0.10	0.12	0.05	1.32	0.06	7.24
1965	0.33	0.11	0.04	1.46	0.28	13.32
1975	0.27			6.85		27.17
1978	0.59	0.27	0.20	11.23		31.02
1979	0.72	0.29	0.22	10.82		31.30
1980	0.78	0.35	0.26	11.23	0.07	32.94
1981	0.84	0.38	0.24	10.52	0.09	33.06
1982	0.92	0.44	0.27	10.42	0.13	34.32
1983	1.08	0.49	0.27	10.72	0.23	34.49
1984	1.08	0.52	0.28	11.24	0.36	37.80
1985	1.28	0.60	0.32	12.56	0.56	39.78
1986	1.42	0.78	0.36	13.92	0.68	42.13
1987	1.54	0.81	0.42	15.05	0.84	43.68
1988	1.69	0.85	0.44	15.85	1.63	42.12
1989	1.75	0.92	0.47	17.39	1.03	46.25
1990	1.78	0.97	0.51	18.30	1.09	45.87
1991	1.89	1.01	0.53	19.21	1.19	46.41
1992	1.94	1.05	0.51	20.00	1.29	47.63
1993	1.94	1.04	0.52	20.21	1.39	47.72
1994	2.11	1.10	0.52	20.76	1.40	47.88
1995	2.20	1.16	0.58	22.25	1.50	50.19
1996	2.20	1.22	0.60	23.34	1.82	51.55
1997	2.28	1.27	0.62	24.69	1.66	52.79
1998	2.32	1.26	0.62	26.03	1.64	53.69
1999	2.33	1.25	0.61	27.14	1.68	54.51
2000	2.51	1.26	0.53	28.16	1.63	55.30
2001	2.87	1.16	0.47	30.04	1.63	57.47
2002	3.35	1.05	0.46	31.70	1.65	57.23
2003	3.63	0.87	0.37	33.35	0.30	57.09
2004	4.30	0.82	0.35	34.61	0.28	56.86
2005	4.65			36.18	0.21	56.93
2006	5.03			37.44	0.17	57.20
2007	5.52			38.18	0.12	57.79
2008	5.83			38.93	0.08	58.11
2009	6.20			39.90	0.05	58.52
2010	6.48			40.62	0.04	58.39
2011	6.86			46.15		53.58
2012	7.16			42.19		58.56

注：2003年以后职业中学数仅指职业初中数。(下同)

2-3 全国少数民族专任教师占全国专任教师总数的比重

单位：%

年 份	高等学校	中等技术学校	中等师范学校	普通中学	职业中学	小 学
1951				2.6		
1952				2.9		
1957	2.8			3.9		4.3
1963	2.2	2.5	4.1	3.1	3.9	2.8
1965	2.4	2.5	3.5	3.2	1.4	3.5
1975	1.7	4.2		3.3		5.2
1978	2.9	3.9	6.6	3.5		5.9
1979	3.0	3.7	6.4	3.5		5.8
1980	3.2	3.9	6.9	3.7	3.2	6.0
1981	3.4	3.9	6.4	3.7	3.0	5.9
1982	3.2	4.0	6.7	3.9	3.3	6.2
1983	3.6	4.2	6.9	4.1	3.1	6.4
1984	3.4	4.3	6.6	4.4	3.5	7.0
1985	3.7	4.7	6.9	4.7	3.9	7.4
1986	3.8	5.4	7.3	5.0	4.2	7.8
1987	4.0	5.2	7.8	5.2	4.5	8.0
1988	4.3	5.1	7.7	5.4	8.0	7.7
1989	4.4	5.4	8.2	5.8	4.8	8.3
1990	4.4	5.5	8.7	6.0	4.9	8.2
1991	4.8	5.7	9.3	6.2	5.1	8.4
1992	5.0	5.9	8.9	6.4	5.2	8.6
1993	5.0	5.7	9.0	6.4	5.3	8.6
1994	5.3	5.9	8.7	5.3	5.1	8.5
1995	5.5	5.9	9.4	6.7	5.1	8.9
1996	5.5	6.0	9.5	6.7	5.9	9.0
1997	5.6	6.0	9.8	6.9	5.2	9.1
1998	5.7	6.1	5.7	7.0	4.9	9.2
1999	5.5	6.2	9.9	7.1	5.0	9.3
2000	5.4	6.2	9.9	7.0	5.1	9.4
2001	5.4	6.3	10.4	7.2	5.3	9.7
2002	5.4	6.2	12.2	7.2	5.3	9.9
2003	5.0			7.4		10.0
2004	5.0			7.4		10.1
2005	4.8			7.6		10.2
2006	4.6			7.7		10.2
2007	4.7			7.8		10.3
2008	4.7			7.9		10.3
2009	4.8			8.0		10.4
2010	5.0			8.1		10.4
2011	4.9			9.1		10.4
2012	5.0			8.3		10.5

2-4 全国分地区少数民族专任教师(2012年)(一)

单位：人

地区	普通高等学校	成人高等学校	中等职业教育
全国	**71568**	**2383**	**2383**
北京	3257	79	79
天津	917	32	32
河北	2408	50	50
山西	220	21	21
内蒙古	7004	53	53
辽宁	5889	163	163
吉林	2526	37	37
黑龙江	2105	59	59
上海	956	8	8
江苏	1285	9	9
浙江	1003	3	3
安徽	578	5	5
福建	654	3	3
江西	304		
山东	1254	12	12
河南	1707	50	50
湖北	2376	22	22
湖南	2933	21	21
广东	2117	25	25
广西	7558	250	250
海南	376	6	6
重庆	913	9	9
四川	2024	25	25
贵州	5872	49	49
云南	5052	209	209
西藏	624		
陕西	799	13	13
甘肃	1237	10	10
青海	933	31	31
宁夏	1301	10	10
新疆	5386	1119	1119

2-4　全国分地区少数民族专任教师(2012年)(二)

单位：人

地　区	普通中学	特殊教育学校	小　学	幼儿园
全　国	**421921**	**3031**	**585636**	**86113**
北　京	3013	47	2734	1182
天　津	1109	17	879	198
河　北	12473	157	14947	2847
山　西	232	6	167	27
内蒙古	25320	287	33290	6371
辽　宁	29434	291	30735	5543
吉　林	8306	116	7959	1148
黑龙江	5844	47	5523	395
上　海	867	21	415	198
江　苏	845	19	590	210
浙　江	1487	15	2213	533
安　徽	1035	17	1324	288
福　建	1576	27	2153	421
江　西	335	1	364	80
山　东	2031	20	1887	512
河　南	3127	32	4019	1081
湖　北	10380	71	11187	1950
湖　南	27945	176	32251	6188
广　东	5873	49	3221	2569
广　西	59690	544	88315	15779
海　南	3220	10	7646	811
重　庆	10058	74	13130	1281
四　川	8763	64	23283	1554
贵　州	64254	399	84680	8381
云　南	41202	223	76423	9319
西　藏	8225	71	17097	1246
陕　西	567	4	480	205
甘　肃	7391	19	13018	1203
青　海	7196	30	11553	1360
宁　夏	7043	48	9740	1401
新　疆	63080	129	84413	11832

2-5 全国少数民族在校学生

单位：万人

年　份	高等学校	中等技术学校	中等师范学校	普通中学	职业中学	小　学
1950	0.13					
1951		0.07	0.45	4.03		94.3
1952	0.29	0.26	1.62	7.32		147.4
1957	1.61	1.77	1.97	27.69		319.4
1962	2.87	1.31	0.94	29.47		
1963					1.21	299.2
1965	2.19	1.09	0.81	37.18	1.35	521.9
1975	3.06			155.69		770.8
1978	3.60	2.84	3.03	246.75		768.6
1979	3.74	3.22	3.97	205.87		737.8
1980	4.29	3.93	4.47	199.30	1.46	752.2
1981	5.12	3.91	3.90	177.06	1.36	735.6
1982	5.39	4.10	3.46	177.96	1.77	823.9
1983	5.96	4.48	3.74	182.97	3.62	821.9
1984	6.93	5.24	4.21	202.07	6.17	910.1
1985	9.41	6.65	4.98	224.47	8.74	954.8
1986	9.95	7.57	5.62	254.06	10.32	1033.7
1987	11.87	8.50	6.22	280.07	12.43	1051.3
1988	12.54	8.83	6.18	281.64	26.39	983.6
1989	13.16	9.95	6.28	283.54	13.65	1052.1
1990	13.79	11.41	6.77	294.62	15.06	1069.5
1991	14.18	11.93	6.70	308.59	16.51	980.6
1992	15.29	12.71	7.09	320.88	18.37	1122.3
1993	16.32	14.30	7.67	313.69	18.62	1140.2
1994	17.79	15.69	7.52	324.23	18.98	1149.2
1995	18.76	18.43	8.84	346.65	23.78	1200.2
1996	19.68	21.05	9.02	370.19	24.57	1251.1
1997	21.68	23.71	9.13	403.93	22.93	1248.2
1998	22.63	25.25	9.72	449.16	22.86	1240.2
1999	24.77	27.96	9.71	463.29	24.15	1214.2
2000	31.99	28.98	9.47	498.91	23.88	1181.6
2001	40.97	27.60	8.70	482.84	25.07	1172.0
2002	52.39	27.17	7.82	613.16	26.55	1149.7
2003	65.52	18.88	5.10	654.46	8.74	1120.70
2004	75.59	18.72	3.71	676.11	8.95	1097.15
2005	95.32			684.74	8.55	1078.07
2006	107.55			689.38	3.47	1081.28
2007	115.35			685.46	3.10	1074.18
2008	127.99			680.23	2.19	1070.79
2009	141.05			679.94	1.61	1059.12
2010	150.83			680.34	1.15	1048.24
2011	167.62			683.67		1044.02
2012	176.88			678.26		1037.54

2-6 全国少数民族在校学生占全国在校学生总数的比重

单位：%

年份	高等学校	中等技术学校	中等师范学校	普通中学	职业中学	小学
1951	1.4	0.4	2.1	2.6		2.2
1952	1.5	0.9	4.7	2.9		2.9
1957	3.7	3.7	6.7	4.4		5.0
1962	3.5	3.7	5.2	3.9	3.9	4.1
1965	3.2	2.8	5.2	4.0	2.3	4.5
1975	6.1	7.6		3.5	5.0	5.1
1978	4.2	5.4	8.4	3.8		5.3
1979	3.7	4.5	8.2	3.5		5.0
1980	3.8	5.2	9.3	3.6	3.2	5.1
1981	4.0	6.2	8.9	3.6	2.8	5.1
1982	4.7	6.5	8.4	3.9	2.5	5.9
1983	4.9	6.5	8.2	4.2	3.0	6.0
1984	5.0	6.5	8.2	4.4	3.5	6.7
1985	5.3	6.6	8.9	4.8	3.8	7.1
1986	5.3	6.6	9.2	5.2	4.0	7.8
1987	6.1	7.0	9.5	5.7	4.7	8.2
1988	6.1	6.5	9.0	5.9	9.4	7.8
1989	6.3	6.7	9.2	6.3	4.8	11.2
1990	6.6	7.3	10.0	6.4	5.1	8.7
1991	6.9	7.4	10.1	6.6	5.2	8.1
1992	7.0	7.3	10.7	6.7	5.4	9.2
1993	6.4	6.8	10.6	6.6	5.1	9.2
1994	6.4	6.5	9.6	5.5	4.7	9.0
1995	6.5	6.4	10.4	6.5	5.3	9.1
1996	6.5	6.3	10.3	6.5	5.2	9.2
1997	6.8	6.3	10.0	6.7	4.5	8.9
1998	6.6	6.2	10.6	7.1	4.2	8.9
1999	6.0	6.6	10.7	6.8	4.5	9.0
2000	5.8	7.0	12.3	6.8	4.7	9.1
2001	5.7	7.0	13.1	7.5	5.4	9.3
2002	5.8	6.9	13.0	9.3	5.2	9.5
2003	5.9			7.6		9.6
2004	5.7			7.8		9.8
2005	6.1			8.0		9.9
2006	6.2			8.2		10.1
2007	6.1			8.3		10.2
2008	6.3			8.4		10.4
2009	6.6			8.6		10.5
2010	7.0			8.6		10.4
2011	6.8			9.1		10.5
2012	7.4			9.4		10.7

2-7 全国分地区少数民族在校学生(2012年)(一)

单位：人

地区	博士生（含科研机构）	硕士生（含科研机构）	普通高等学校（普通本、专科）	成人高等学校（成人本、专科）	中等职业教育
全国	**14853**	**84588**	**1768822**	**20520**	**1239946**
北京	4159	13030	62773	1014	8300
天津	440	2035	35592	790	2805
河北	109	1761	62984	423	31751
山西	53	484	7125	56	418
内蒙古	302	4668	105843	347	59735
辽宁	1215	8007	146649	2108	57530
吉林	863	5928	61283	504	12482
黑龙江	580	2912	39866	679	5529
上海	917	3459	24179	66	2070
江苏	708	2553	29027	244	2633
浙江	230	957	17223	97	5602
安徽	144	687	10686	27	3497
福建	253	944	18445	5	8619
江西	14	483	23633	49	2795
山东	157	1096	31478	181	10625
河南	30	1006	37029	736	7854
湖北	1141	5004	85198	181	31258
湖南	376	3704	99548	657	75624
广东	667	2844	20397	169	7942
广西	121	3311	193615	1415	252050
海南	11	183	16598		25866
重庆	344	2294	46300	1393	43561
四川	616	3731	71349	2905	43515
贵州	55	1673	141345	1224	138442
云南	282	3524	133441	1030	172386
西藏	14	118	21209		14872
陕西	610	2976	29474	383	2949
甘肃	271	1713	40601	22	10443
青海	12	419	20980	961	29006
宁夏	20	622	30161	530	25121
新疆	139	2462	104791	2324	144666

2-7 全国分地区少数民族在校学生(2012年)(二)

单位：人

地区	普通中学	特殊教育学校	小学	幼儿园
全国	**6782586**	**13030**	**10375371**	**2838231**
北京	39465	149	43557	15463
天津	16221	25	15363	3456
河北	182661	463	257402	96237
山西	3276		2105	963
内蒙古	324075	783	352694	113207
辽宁	338861	755	381500	90485
吉林	88249	207	66888	17343
黑龙江	58070	69	46972	5523
上海	10750	33	8497	1835
江苏	14490	10	12393	2857
浙江	29644	99	76372	12637
安徽	20641	7	19473	5387
福建	37552	100	61463	15550
江西	5164	5	5698	1456
山东	35802	70	46418	12460
河南	77754	47	91108	24081
湖北	159459	417	196292	66989
湖南	363552	670	562012	189999
广东	37596	19	67373	24711
广西	974647	2765	1561447	571722
海南	83767	30	126665	24187
重庆	180320	345	204034	63150
四川	248957	303	631774	88023
贵州	1146707	1478	1596713	372274
云南	882042	1592	1473340	336723
西藏	169636	413	281914	53462
陕西	9399	6	8500	3317
甘肃	154955	139	279271	27451
青海	151143	521	300804	70636
宁夏	159655	321	296319	57777
新疆	778076	1189	1301010	468870

2-8 全国民族学院(大学)教职工(一)

单位:人

年 份	合 计	中央民族大学	内蒙古民族大学	大连民族学院	中南民族大学
1978	4888	11731			
1979	5616	1380			
1980	6241	1674			
1981	7652	1849			674
1982	7997	1911			718
1983	8255	1933			803
1984	8466	1945			877
1985	9431	2125			1000
1986	9902	2200			1085
1987	10403	2386			1145
1988	10377	2248			1218
1989	10641	2034			1231
1990	10593	1938			1265
1991	10612	2034			1264
1992	10570	1877			1264
1993	10584	1837			1254
1994	10629	1791			1210
1995	10752	1821			1215
1996	10452	1551			1220
1997	10668	1544			1128
1998	11342	1776		205	1129
1999	10621	1763		289	1126
2000	10549	1591		330	1124
2001	11041	1587		469	1395
2002	11939	1536		515	1371
2003	13691	1501	1664	574	1325
2004	14469	1547	1678	642	1430
2005	15355	1638	1821	713	1545
2006	16457	1813	1837	807	1673
2007	16819	1879	1755	841	1725
2008	17171	1918	1793	919	1807
2009	17430	2029	1762	982	1767
2010	18102	1897	1769	1288	1891
2011	18507	1730	1754	1305	1941
2012	19060	1886	1772	1335	2001

2-8 全国民族学院(大学)教职工(二)

单位：人

年 份	湖北民族学院	广东民族学院	广西民族大学	西南民族大学	贵州民族学院
1978		145	759	630	139
1979		179	808	738	186
1980		240	845	803	224
1981		279	917	829	335
1982		338	918	950	378
1983		364	914	992	415
1984		394	295	1046	402
1985		411	970	1127	906
1986		436	1007	1168	654
1987		429	1055	1204	722
1988		423	1054	948	780
1989	477	434	1045	1206	792
1990	512	421	1049	1192	792
1991	518	410	1033	1170	753
1992	550	399	1018	1161	843
1993	540	419	1049	1164	882
1994	558	439	1047	1157	888
1995	591	463	1050	1143	920
1996	601	467	1048	1108	956
1997	611	491	1052	1252	934
1998	1079	510	1028	1192	923
1999	1066		1003	993	880
2000	1080		1008	1004	890
2001	1086		967	1006	898
2002	1119		1007	1382	851
2003	1163		1043	1316	909
2004	1221		1120	1436	986
2005	1281		1158	1497	1049
2006	1451		1202	1564	1084
2007	1428		1185	1608	1124
2008	1365		1156	1667	1135
2009	1396		1134	1696	1129
2010	1433		1200	1795	1136
2011	1473		1209	1857	1191
2012	1463		1194	1910	1210

2-8 全国民族学院(大学)教职工(三)

单位:人

年 份	云南民族大学	西藏民族学院	西北民族大学	青海民族大学	北方民族大学
1978	416	568	586	472	
1979	484	633	634	574	
1980	509	630	655	661	
1981	624	641	828	676	
1982	725	650	844	565	
1983	776	609	873	576	
1984	783	609	903	582	
1985	554	562	941	654	181
1986	915	559	1011	639	228
1987	953	597	1011	654	247
1988	948	873	971	655	268
1989	956	581	958	659	268
1990	960	561	970	646	281
1991	944	567	981	648	290
1992	953	574	998	614	319
1993	928	575	996	616	324
1994	980	577	1010	594	378
1995	984	591	1000	589	385
1996	918	601	1006	570	406
1997	977	596	995	582	402
1998	975	577	984	546	418
1999	911	561	979	554	496
2000	909	553	986	568	506
2001	943	554	990	580	566
2002	867	667	1087	902	635
2003	864	549	1056	1023	704
2004	911	581	1115	1030	772
2005	947	627	1183	1045	851
2006	1004	661	1286	1193	882
2007	985	699	1466	1215	909
2008	1027	729	1503	1221	931
2009	1067	775	1532	1198	963
2010	1152	823	1579	1165	974
2011	1216	881	1721	1144	1075
2012	1296	900	1759	1144	1190

2-9 全国民族学院(大学)专任教师(一)

单位：人

年 份	合 计	中央民族大学	内蒙古民族大学	大连民族学院	中南民族大学
1978	2121	563			
1979	2430	673			
1980	2891	818			185
1981	3253	732			306
1982	3334	775			302
1983	3479	781			344
1984	3516	809			363
1985	3874	804			419
1986	4092	834			439
1987	4208	855			432
1988	4557	821			525
1989	4484	800			462
1990	4393	763			472
1991	4241	720			471
1992	4332	687			503
1993	4466	678			522
1994	4486	701			512
1995	4629	740			526
1996	4702	797			530
1997	4755	760			516
1998	4897	730		73	509
1999	4780	722		129	512
2000	4816	700		156	511
2001	5361	698		281	709
2002	6171	714		367	731
2003	7223	734	806	403	758
2004	8073	751	803	467	837
2005	8933	859	939	490	957
2006	9952	959	1021	573	998
2007	10180	1003	955	634	1044
2008	10902	1040	1004	640	1093
2009	11096	1175	1034	672	1131
2010	11589	1036	1048	808	1201
2011	12621	1052	1045	817	1255
2012	19060	1083	1076	838	1307

2-9 全国民族学院(大学)专任教师(二)

单位：人

年 份	湖北民族学院	广东民族学院	广西民族大学	西南民族大学	贵州民族学院
1978		68	307	318	34
1979		84	315	324	56
1980		96	327	347	68
1981		113	410	356	119
1982		129	381	426	156
1983		153	400	461	157
1984		160	410	432	163
1985		167	435	488	388
1986		181	449	464	283
1987		182	445	468	302
1988		182	446	495	386
1989	197	189	447	490	359
1990	228	180	441	444	375
1991	225	177	424	442	306
1992	243	174	426	440	385
1993	233	192	453	518	418
1994	282	202	470	439	420
1995	296	202	500	448	430
1996	326	211	431	473	429
1997	325	225	491	452	436
1998	529	247	440	412	469
1999	532		462	408	449
2000	524		460	426	447
2001	521		481	498	469
2002	555		521	774	490
2003	564		534	713	512
2004	655		605	914	562
2005	692		616	984	611
2006	834		717	1010	645
2007	819		741	1064	655
2008	783		758	1156	655
2009	801		777	1229	694
2010	812		849	1307	719
2011	988		867	1375	718
2012	999		875	1423	752

2-9 全国民族学院(大学)专任教师(三)

单位：人

年　份	云南民族大学	西藏民族学院	西北民族大学	青海民族大学	北方民族大学
1978	163	193	246	229	
1979	182	223	272	301	
1980	209	203	314	314	
1981	272	226	289	330	
1982	321	209	376	259	
1983	340	185	400	258	
1984	336	185	401	257	
1985	219	235	424	211	84
1986	403	235	438	270	96
1987	436	224	474	287	103
1988	442	389	436	298	137
1989	445	244	431	292	128
1990	422	234	429	274	131
1991	406	229	439	271	131
1992	389	232	444	241	168
1993	376	238	443	226	169
1994	377	232	449	209	193
1995	396	233	437	222	199
1996	416	243	427	217	202
1997	424	243	438	221	193
1998	420	233	442	194	199
1999	428	241	449	200	248
2000	433	235	459	209	256
2001	442	240	483	218	321
2002	446	239	564	419	351
2003	464	259	577	477	422
2004	513	303	683	541	439
2005	560	354	754	610	507
2006	642	488	806	731	528
2007	686	468	874	702	535
2008	732	519	883	717	564
2009	762	564	910	714	633
2010	872	592	942	707	696
2011	946	596	1060	697	758
2012	1025	609	1121	654	859

2-10 全国民族学院(大学)在校学生(一)

单位：人

年 份	合 计	中央民族大学	内蒙古民族大学	大连民族学院	中南民族大学
1978	6902	1337			
1979	7384	1474			
1980	8477	1778			
1981	10059	2126			161
1982	9556	1977			514
1983	11337	2135			1078
1984	14045	2487			1591
1985	18369	3255			2060
1986	21497	3211			3826
1987	20267	3171			2760
1988	22144	3374			3004
1989	22932	2983			3039
1990	22095	2723			3064
1991	21400	2416			2952
1992	22836	2366			2997
1993	26638	2726			3532
1994	30782	2871			4393
1995	32625	3512			4750
1996	33516	3948			5536
1997	35081	3995			5695
1998	39332	3850		650	5848
1999	42751	3799		1533	6478
2000	52098	3881		2543	7037
2001	71096	4784		4237	8997
2002	86681	6373		5595	11764
2003	115966	8100	13185	7238	13198
2004	133865	9715	16402	8571	15551
2005	146716	10766	16013	9277	16817
2006	154992	11127	15653	10196	17837
2007	162947	11237	17169	10996	18477
2008	178566	11305	16563	11868	19027
2009	190116	11271	17867	13089	19757
2010	194458	11236	19686	13883	20697
2011	204368	11247	19892	14747	21601
2012	216132	11261	20495	14844	22757

2-10 全国民族学院(大学)在校学生(二)

单位: 人

年 份	湖北民族学院	广东民族学院	广西民族大学	西南民族大学	贵州民族学院
1978		402	1306	933	178
1979		532	1316	1198	176
1980		123	1586	1439	260
1981		547	1584	1436	241
1982		395	1366	1513	391
1983		518	1493	1674	638
1984		737	1933	1924	910
1985		1041	2562	2315	1338
1986		1266	2479	2386	1603
1987		1144	2285	2471	1728
1988		1569	2302	2680	1764
1989	1639	1850	2204	2572	1728
1990	1792	1204	2188	2480	1654
1991	1834	1052	2022	2649	1477
1992	2099	1298	2492	2740	1450
1993	2143	1594	2942	3197	1726
1994	2178	2215	3464	3708	2173
1995	2211	2464	3602	3585	2663
1996	2348	2530	3634	3664	2181
1997	2586	2551	4040	3901	2349
1998	4093	2620	4620	4353	2655
1999	4701		5423	4445	3489
2000	5682		6624	5445	4489
2001	6584		7713	7211	6073
2002	7570		9074	9804	7239
2003	8391		9996	12871	8791
2004	9574		11270	15115	8682
2005	11114		12410	16660	9926
2006	12095		13599	17558	9440
2007	12504		14337	18130	8249
2008	13453		14689	19023	8757
2009	12938		14795	20090	9925
2010	13498		15237	21850	11613
2011	14910		15329	22950	12422
2012	16702		15471	24709	13464

2-10 全国民族学院(大学)在校学生(三)

单位: 人

年 份	云南民族大学	西藏民族学院	西北民族大学	青海民族大学	北方民族大学
1978	793	496	514	943	
1979	854	201	790	843	
1980	895	314	734	1108	
1981	1167	438	1006	1353	
1982	858	418	1005	1119	
1983	1068	409	1118	1206	
1984	1432	409	1302	1320	
1985	1979	559	1631	1363	266
1986	2344	838	1909	1241	394
1987	2366	837	1949	1185	371
1988	2665	1098	2067	1218	403
1989	2489	697	2046	1141	544
1990	2526	663	2009	1149	643
1991	2557	586	2006	1100	689
1992	2562	618	2299	1124	891
1993	2653	951	2731	1248	1195
1994	2618	1184	2879	1376	1723
1995	2528	1539	2613	1450	1708
1996	2624	1283	2640	1508	1620
1997	2835	1244	2807	1520	1558
1998	3103	1317	2873	1566	1784
1999	3764	1588	3573	1690	2268
2000	4612	2098	4329	2229	3129
2001	5437	2494	6051	2915	4363
2002	6866	3199	7265	6640	5292
2003	7993	3781	9484	6655	6283
2004	8988	5604	10920	6372	7101
2005	8845	7497	12756	6781	7854
2006	9019	8435	13908	7155	8970
2007	9430	9334	15262	7662	10160
2008	10451	10024	16802	8036	11470
2009	12662	9813	18413	8442	12830
2010	15194	9074	19833	8587	14070
2011	17743	8699	21057	8401	15370
2012	19474	8932	22602	8361	17060

2-11 全国民族学院(大学)教职工基本情况(2012年)(一)

单位：人

单位	总计	校本部职工	专任教师	正高级	副高级	中级	初级
合计	**19060**	**18452**	**12621**	**2033**	**4063**	**4677**	**1346**
中央民族大学	1886	1742	1083	272	356	337	24
内蒙古民族大学	1772	1742	1076	150	357	359	166
大连民族学院	1335	1241	838	123	246	379	82
中南民族大学	2001	1934	1307	170	437	436	172
湖北民族学院	1463	1278	999	126	292	395	175
广西民族大学	1194	1174	875	166	262	331	32
西南民族大学	1910	1910	1423	185	390	661	175
贵州民族学院	1210	1191	752	110	334	256	52
云南民族大学	1296	1283	1025	191	331	349	151
西藏民族学院	900	900	609	58	202	249	75
西北民族大学	1759	1729	1121	187	372	397	108
青海民族学院	1144	1146	654	193	234	161	52
北方民族大学	1190	1182	859	102	250	367	82

2-11 全国民族学院(大学)教职工基本情况(2012年)(二)

单位：人

单位	无职称	行政人员	教辅人员	工勤人员	科研机构人员	校办企业人员	其他附设机构
合计	**502**	**2642**	**1953**	**1236**	**116**	**94**	**400**
中央民族大学	94	416	143	100	36		108
内蒙古民族大学	44	126	328	212			30
大连民族学院	8	240	133	30		94	
中南民族大学	92	268	209	150	41		26
湖北民族学院	11	126	100	53	7		178
广西民族大学	84	130	99	70	1		19
西南民族大学	12	278	78	131			
贵州民族学院		212	165	62	10		9
云南民族大学	3	135	61	62	13		
西藏民族学院	25	81	115	95			
西北民族大学	57	296	233	79			30
青海民族学院	14	202	138	152			
北方民族大学	58	132	151	40	8		

2-12 全国民族学院(大学)学生基本情况(2012年)

单位: 人

单 位	本、专科生		
	在校学生	招生数	毕业生数
合 计	**216132**	**58089**	**45663**
中央民族大学	11261	2812	2737
内蒙古民族大学	20495	4936	4341
大连民族学院	14844	3997	3798
湖北民族学院	16702	4851	3181
中南民族大学	22757	6050	4744
广西民族学院	15471	3969	3713
西南民族大学	24709	6777	5058
贵州民族学院	13464	3545	2605
云南民族大学	19474	5199	3535
西藏民族学院	8932	2684	2342
西北民族大学	22602	6050	4248
青海民族学院	8361	2219	2051
北方民族大学	17060	5000	3310

2-13 全国内地西藏班和新疆班招生情况

单位: 人

年 份	合 计	西藏班						新疆班
		小 计	初 中	高 中	中 师	中 专	大 学	高 中
1985	1300	1300	1300					
1986	1240	1240	1240					
1987	1320	1320	1320					
1988	1400	1400	1400					
1989	2176	2176	1180	200	295	501		
1990	2485	2485	1277	300	302	606		
1991	2444	2444	1242	261	250	691		
1992	2654	2654	1222	300	270	605	257	
1993	2654	2654	1300	294	200	612	248	
1994	2646	2646	1235	333	240	576	262	
1995	2815	2815	1420	360	280	544	211	
1996	3151	3151	1621	390	310	550	280	
1997	3161	3161	1735	400	336	489	201	
1998	3365	3365	1855	455	369	347	339	
1999	3442	3442	1782	505	375	380	400	
2000	4487	3487	1520	953	205	387	422	1000
2003	5574	4039	2568	1471				1535
2004	5281	3144	2012	2137				2304
2005	5992	3073	1873	1200				2919
2006	7288	3385	2042	1343				3903
2007	8404	3750	2115	1635				4654
2008	9648	3677	2026	1651				5971
2009	10668	3865	1969	1896				6803
2010	11432	4675	1884	2791				6757
2011	12261	4688	1946	2742				7573
2012	14273	4746	2233	2513				9527

2-14 全国分地区内地西藏班和新疆班招生情况(2012年)

单位：人

地　区	合　计	西藏班			新疆班
		小　计	初　中	高　中	高　中
总　计	**14273**	**4746**	**2233**	**2513**	**9527**
北　京	1441	363		363	1078
天　津	1006	328		328	678
河　北	165	165		165	
山　西	100	100		100	
辽　宁	348	225	185	40	123
吉　林	248				248
黑龙江	1215				1215
上　海	1373	395	225	170	978
江　苏	1463	399	245	154	1064
浙　江	1590	385	200	185	1205
安　徽	206	206	126	80	
福　建	453	207	80	127	246
江　西	281	181	100	81	100
山　东	628	150	150		478
河　南	410	160		160	250
湖　北	442	207	90	117	235
湖　南	381	201		201	180
广　东	1773	324	190	134	1449
重　庆	318	318	210	108	
四　川					
陕　西	432	432	432		

2-15 全国分地区内地西藏班和新疆班在校学生数(2012年)

单位：人

地 区	合 计	西藏班			新疆班
		小 计	初 中	高 中	高 中
总 计	**39666**	**14151**	**7153**	**6998**	**25515**
北 京	4695	1039		1039	3656
天 津	3153	982		982	2171
河 北	398	398		398	
山 西	295	295		295	
辽 宁	1304	840	740	100	464
吉 林	686				686
黑龙江	1215				1215
上 海	4769	1276	849	427	3493
江 苏	4565	1192	794	398	3373
浙 江	4768	1282	789	493	3486
安 徽	609	609	437	172	
福 建	1180	785	318	467	395
江 西	767	467	294	173	300
山 东	1642	595	595		1047
河 南	1079	538		538	541
湖 北	1409	823	435	388	586
湖 南	727	532		532	195
广 东	4960	1053	720	333	3907
重 庆	1013	1013	750	263	
四 川					
陕 西	432	432	432		

三、文 化

3-1 全国少数民族文字出版物情况

单位：种数：种；印数：万册(份)

年 份	图 书		期 刊		报 纸	
	种数	印数	种数	印数	种数	印数
1952	621	661	15	169	20	2933
1957	1763	1462	35	244	32	2434
1962	942	910	27	170	32	2252
1965	1694	2480	36	268	36	3955
1970	312	1331	5	93	5	3262
1975	1226	3365	18	237	10	6461
1978	1386	3179	35	313	11	7072
1980	1921	3427	42	575	18	7384
1981	1904	2652	63	590	18	6631
1982	2270	3330	75	631	18	7063
1983	2327	3358	74	616	19	7927
1984	2524	3514	76	748	42	15175
1985	2759	3629	109	1035	57	11402
1986	2972	3635	126	1085	56	12561
1987	3157	4184	128	1148	70	13306
1988	3294	3816	541	1350	76	13411
1989	3260	3853	153	1280	75	9031
1990	3251	3867	131	1027	79	14837
1991	3575	4922	142	1006	81	11983
1992	3065	4326	167	1354	83	11981
1993	3500	5090	173	1291	87	11513
1994	3248	4552	178	1247	92	12526
1995	3342	4791	185	1197	92	16833
1996	3209	5060	183	1011	89	14917
1997	3429	4999	184	970	88	10527
1998	4108	5376	184	1099	83	9651
1999	4591	6021	185	1009	81	10486
2000	5062	5640	193	863	84	10116
2001	4779	5306	202	990	92	12396
2002	5125	5729	211	978	89	10229
2003	4787	5034	205	781	88	13130
2004	5457	6355	193	584	89	14404
2005	5295	6755	192	466	82	10966
2006	5931	6518	192	651	82	11809
2007	5561	6444	192	758	82	12740
2008	5563	3797	192	650	82	14964
2009	8535	6689	192	612	82	12184
2010	7593	4925	207	850	82	19846
2011	9275	7310	222	894	84	20070
2012	9119	6659	228	1240	98	20828

3-2 全国少数民族文字出版的图书(一)

单位：种数：种；印数：万册(份)；印张：万印张

年 份	总计				书籍			
	种数		印数	印张	种数		印数	印张
	合计	#新出			合计	#新出		
1952	621	534	661	1714	391	341	281	739
1957	1763	1504	1462	6320	1204	1120	685	3122
1962	942	627	910	4111	361	341	202	1230
1965	1694	1290	2480	9276	644	560	1002	4650
1970	312	247	1331	4874	159	134	797	3556
1975	1226	1072	3365	12428	762	720	1868	8514
1978	1386	1120	3179	12346	750	689	874	4914
1979	1544	1290	2707	14166	803	791	716	5571
1980	1921	1456	3427	16854	1047	976	905	6449
1981	1904	1471	2652	16249	1038	973	776	6991
1982	2270	1713	3330	18882	1232	1132	1033	7919
1983	2237	1683	3358	19783	1267	1182	1113	8974
1984	2524	1931	3514	21177	1483	1379	1142	9854
1985	2759	2075	3629	20253	1602	1478	1111	8168
1986	2972	2108	3635	21030	1679	1567	1021	8158
1987	3157	2022	4184	22878	1752	1532	1215	9134
1988	3294	1975	3816	21647	1842	1580	1046	7958
1989	3260	1783	3853	22059	1709	1385	1124	8088
1990	3251	1869	3867	21673	1734	1422	1049	7853
1991	3575	1913	4922	25103	1700	1369	1201	8220
1992	3065	1556	4326	2549	1536	1207	1096	8104
1993	3500	1995	5090	26069	1704	1353	1398	9087
1994	3428	1827	4552	25869	2277	1535	2136	12926
1995	3342	1473	4791	24943	1547	1085	1411	8521
1996	3209	1431	5060	26523	1607	1080	1648	8635
1997	3429	1361	4999	27022	1959	1143	1784	9027
1998	4108	1548	5376	30291	2412	1341	2164	11418
1999	4591	1828	6021	34557	2367	1473	1896	11156
2000	5062	2078	5640	33514	2598	1741	1510	9965
2001	4779	2374	5306	32241	2451	1933	1412	9254
2002	5125	2329	5729	34765	2548	1840	1552	10524
2003	4787	2275	5034	31947	2624	1683	1501	9289
2004	5457	2430	6355	40022	2832	1798	1458	10137
2005	5295	2522	6755	44154	2606	1669	1424	9902
2006	5931	2811	6518	47302	3324	2156	1382	12493
2007	5561	2175	6444	42347	4543	1821	5264	35770
2008	5563	2543	3797	26679	4734	2285	2780	21057
2009	8535	3163	6689	45988	5361	2687	2705	19106
2010	7593	3173	4925	35335	6050	2828	3362	24323
2011	9275	3675	7310	53867	5586	3091	2559	23236
2012	9119	3629	6659	51739	5652	3113	3013	24889

3-2 全国少数民族文字出版的图书(二)

单位：种数：种；印张：万印(份);印张：万印张

年份	课本				图片			
	种数		印数	印张	种数		印数	印张
	合计	#新出			合计	#新出		
1952	230	193	380	975	41	41	29	18
1957	509	341	759	3180	50	43	18	18
1962	550	256	640	2820	31	30	68	61
1965	787	561	1150	4404	263	169	328	222
1970	75	35	316	1144	78	78	218	174
1975	358	246	939	3481	106	106	558	433
1978	537	340	1629	6829	99	91	676	603
1980	808	414	1958	9713	66	66	564	692
1981	803	436	1692	8998	63	62	184	260
1982	974	517	2170	10820	64	64	27	143
1983	975	420	2020	10499	85	81	225	310
1984	946	464	2198	11145	95	88	174	121
1985	1084	525	2326	11885	73	72	192	201
1986	1263	515	2561	12686	30	26	53	179
1987	1330	416	2847	13566	75	74	124	154
1988	1400	345	2669	13197	52	50	101	299
1989	1509	356	2624	13644	42	42	105	154
1990	1482	413	2754	13582	35	34	64	226
1991	1828	497	3671	16616	47	47	50	233
1992	1488	309	3154	14261	41	40	76	163
1993	1780	628	3623	16837	16	14	71	97
1994	1137	283	2361	12843	14	9	55	99
1995	1780	373	3346	16283	15	15	34	20
1996	1592	343	3403	17860	10	8	9	10
1997	1464	213	3204	17908	6	5	11	24
1998	1677	193	3199	18805	19	14	13	67
1999	2204	337	4100	22871	20	18	25	108
2000	2455	334	4124	23838	9	3	6	11
2001	2311	427	3886	22978	17	14	8	9
2002	2555	472	4163	24137	22	17	14	89
2003	2142	583	3521	22623	21	9	12	18
2004	2611	619	4890	29873	14	13	7	12
2005	2689	853	5331	34239				
2006	2605	653	5134	34802				
2007	1009	347	1175	6545				
2008	826	257	1015	5620				
2009	3154	470	3962	26811				
2010	1523	327	1548	10948	4	2	2	4
2011	3665	562	4703	30559				
2012	3457	510	3639	26834				

3-3 全国分地区少数民族文字出版的图书(2012年)(一)

单位：种数：种；印数：万册(份)；印张：千印张

地区	总计				书籍			
	种数合计	#新出	印数	印张	种数合计	#新出	印数	印张
总计	**9119**	**3629**	**6659**	**517390**	**5652**	**3113**	**3013**	**248893**
中央	**643**	**449**	**198**	**30011**	**637**	**447**	**190**	**28475**
民族出版社	615	425	179	28236	613	423	176	27017
中国人口出版社	2		6	292				
中国藏学出版社	10	10	2	339	10	10	2	339
中央民族大学出版社	4	3		84	3	3		70
中国农业出版社	8	8	5	429	8	8	5	429
宗教文化出版社	1	1	3	273	1	1	3	273
北京大学出版社	1			12				
地方	**8453**	**3160**	**6976**	**500124**	**4780**	**2592**	**2265**	**194243**
内蒙古	1478	559	1177	89093	746	429	361	28362
辽宁	146	110	54	3638	123	97	41	2618
吉林	856	303	247	20059	611	284	167	13136
黑龙江	79	31	10	1984	74	30	8	1622
广西	109	100	21	1524	89	80	14	996
四川	246	56	189	12831	106	46	45	4304
云南	150	150	44	4125	95	95	25	2327
西藏	405	142	491	41785	266	131	204	22562
甘肃	126	126	32	4101	125	125	32	4086
青海	342	110	351	26782	116	82	64	6566
新疆	4520	1474	3837	280573	2648	1251	1855	133050

3-3 全国分地区少数民族文字出版的图书(2012年)(二)

单位：种数：种；印数：万册(份)；印张：千印张

地区	课本			
	种数合计	#新出	印数	印张
总计	**3457**	**510**	**3639**	**268342**
中央	**5**	**1**	**8**	**1519**
中国藏学出版社				
地方	**3452**	**509**	**3631**	**266823**
内蒙古	732	130	814	60690
辽宁	19	13	12	994
吉林	245	19	80	6923
黑龙江	5	1	2	361
广西	20	20	7	528
四川	140	10	145	8527
云南	52	52	18	1762
西藏	139	11	288	19223
甘肃	1	1		15
青海	226	28	287	20216
新疆	1870	221	1977	147489

3-4 全国少数民族文字出版的期刊、报纸

单位：种数：种；印数：万册(份)；印张：万印张

年 份	期刊			报纸		
	种 数	印 数	印 张	种 数	印 数	印 张
1950				14	259	205
1952	15	169	311	20	2933	2043
1957	35	244	757	32	2434	2432
1962	27	170	617	32	2252	2002
1965	36	268	846	36	3955	4159
1970	5	93	659	5	3262	3880
1975	18	237	1346	10	6461	6211
1978	35	313	2022	11	7072	7416
1979	41	392	2084	12	6078	6291
1980	42	575	2441	18	7384	6231
1981	63	590	2462	18	6631	5541
1982	75	631	2432	18	7063	6598
1983	74	616	2495	19	7927	8377
1984	76	748	3123	42	15175	13657
1985	109	1035	4745	57	11402	9331
1986	126	1085	4991	56	12561	11070
1987	128	1148	4742	70	13306	11571
1988	154	1350	5823	76	13411	11829
1989	153	1280	5188	75	9031	7998
1990	131	1027	4221	79	14837	13957
1991	142	1006	4151	81	11983	10819
1992	167	1354	5124	83	11981	10410
1993	173	1291	5011	87	11513	8831
1994	178	1247	4577	92	12526	12102
1995	185	1197	4544	92	16833	14078
1996	183	1011	3983	89	14917	10728
1997	184	970	3723	88	10527	9596
1998	184	1099	4207	83	9651	9227
1999	185	1009	3919	81	10486	11996
2000	193	863	3349	84	10116	10133
2001	202	990	3759	92	12396	12705
2002	211	978	3693	89	10229	11001
2003	205	781	3037	88	13130	15149
2004	193	584	2383	89	14404	17495
2005	192	466	2186	82	10966	12131
2006	192	651	2655	82	11809	12800
2007	192	758	3130	82	12740	14526
2008	192	650	2889	82	14964	30570
2009	192	612	2742	82	12184	15329
2010	207	850	3754	82	19846	24427
2011	222	894	4090	84	20070	32599
2012	228	1240	5380	98	20828	31650

3-5　全国分地区少数民族文字出版的期刊(2012年)(一)

单位: 种数: 种; 印数: 万册(份); 印张: 千印张

地　区	合　计				综合类			
	种　数	平均期印　数	总印数	总印张	种　数	平均期印　数	总印数	总印张
总　计	**228**	**128**	**1240**	**53797**	**13**	**4**	**32**	**2174**
中　央	**18**	**15**	**88**	**4968**	**5**	**1**	**9**	**887**
地　方	**210**	**113**	**1152**	**48829**	**8**	**3**	**23**	**1287**
内蒙古	44	38	438	15938	1		2	60
吉　林	14	4	48	3041				
黑龙江	5	2	24	1557				
广　西	1		1	21				
四　川	4	1	4	114				
云　南	3		2	73				
西　藏	14	5	39	1581	1		1	55
甘　肃	3	1	2	145				
青　海	12	2	11	701				
新　疆	110	60	584	25659	6	2	21	1172

3-5　全国分地区少数民族文字出版的期刊(2012年)(二)

单位: 种数: 种; 印数: 万册(份); 印张: 千印张

地　区	哲学、社会科学类				自然科学、技术类			
	种　数	平均期印　数	总印数	总印张	种　数	平均期印　数	总印数	总印张
总　计	**79**	**79**	**865**	**33492**	**37**	**14**	**96**	**4289**
中　央	**10**	**13**	**71**	**3451**				
地　方	**69**	**66**	**794**	**30041**	**37**	**14**	**96**	**4289**
内蒙古	20	34	399	13786	8	1	10	410
吉　林	5	3	36	1869	2		3	171
黑龙江	1	1	13	818	1		2	148
广　西								
四　川	2	1	3	96				
云　南								
西　藏	5	3	32	1119	1			12
甘　肃	2			32				
青　海	4	1	4	189	2		1	50
新　疆	30	24	306	12132	23	12	81	3497

3-5 全国分地区少数民族文字出版的期刊(2012年)(三)

单位：种数：种；印数：万册(份)；印张：千印张

地区	文化、教育类				文学、艺术类			
	种数	平均期印数	总印数	总印张	种数	平均期印数	总印数	总印张
总计	**38**	**15**	**140**	**5312**	**61**	**16**	**108**	**8530**
中央					**3**	**1**	**8**	**630**
地方	**38**	**15**	**140**	**5312**	**58**	**15**	**100**	**7900**
内蒙古	3	1	10	342	12	2	18	1340
吉林	2		4	211	5	1	5	789
黑龙江					3	1	9	590
广西					1		1	21
四川					2			18
云南					3		2	73
西藏	4	1	4	278	3		2	116
甘肃					1	1	2	112
青海	3	1	3	225	3	1	3	237
新疆	26	12	118	4256	25	9	58	4603

3-5 全国分地区少数民族文字出版的期刊(2012年)(四)

单位：种数：种；印数：万册(份)；印张：千印张

地区	少儿读物类				画刊类			
	种数	平均期印数	总印数	总印张	种数	平均期印数	总印数	总印张
总计	**2**	**6**	**72**	**2089**	**7**	**1**	**11**	**977**
中央					**5**	**1**	**9**	**887**
地方	**2**	**6**	**72**	**2089**	**2**		**2**	**90**
内蒙古					1		2	60
吉林	1	1	8	461				
黑龙江								
广西								
四川								
云南								
西藏								
甘肃								
青海								
新疆	1	5	64	1628	1		1	30

3-6 全国分地区少数民族文字出版的报纸(2012年)

单位：种数：种；印数：万册(份)；印张：千印张

地区	合计				#省、自治区、直辖市级			
	种数	平均期印数	总印数	总印张	种数	平均期印数	总印数	总印张
总计	**98**	**113**	**20828**	**316497**	**36**	**54**	**8652**	**135750**
内蒙古	13	7	1344	16812	3	3	498	8401
辽宁	2	1	61	1150	1	1	56	1125
吉林	8	6	665	12250	1	1	122	608
黑龙江	2	2	370	6890	2	2	370	6890
四川	3	2	233	2327				
云南	7	3	174	1318				
西藏	10	14	2728	49936	4	7	1673	30743
青海	7	3	141	1378	5	3	121	1276
新疆	41	63	14684	216942	16	26	5440	79757

3-7 2012年全国少数民族文字期刊出版数量与上年相比增减的百分比(2012年)

地区	种数	总印数	总印张
总计	**2.70**	**38.67**	**31.54**
中央		15.49	30.87
地方	2.94	40.82	31.61

3-8 2012年全国少数民族文字报纸出版数量与上年相比增减的百分比(2012年)

地区	合计				#省、自治区、直辖市级			
	种数	平均期印数	总印数	总印张	种数	平均期印数	总印数	总印张
总计	**14**	**22.93**	**3.78**	**-2.91**				
中央	3							
地方	11	10.59	1.99	-5				

3-9 主要少数民族语言广播播出基本情况(2012年)

地区	广播使用语言	合计	转中央台节目	转省级台节目	转地市级台节目	制作节目播出时间
	(种)	时:分	时:分	时:分	时:分	时:分
合计	蒙古语	**177988 : 43**	**48917 : 20**	**17900 : 20**	**6563 : 28**	**94520 : 35**
内蒙古		150310 : 13	46351 : 20	15157 : 40	5585 : 48	76965 : 25
辽宁		6863 : 00	365 : 0	365 : 0		4750 : 0
吉林		5780 : 00	195 : 0	190 : 0		3570 : 0
黑龙江		2238 : 30	465 : 0	596 : 40	857 : 40	309 : 10
青海		4250 : 00		950 : 0		2690 : 0
新疆		8546 : 00	1541 : 0	642 : 0	121 : 0	6236 : 0
合计	朝鲜语	**40415 : 50**	**1478 : 10**			**24600 : 30**
辽宁		6387 : 30	182 : 30			730 : 0
吉林		34028 : 20	1295 : 40			23870 : 30
合计	藏语	**61486 : 30**	**8752 : 20**	**8034 : 0**		**35546 : 20**
四川		6577 : 30	182 : 20	5083 : 0		1249 : 40
云南		6485 : 00	763 : 0	579 : 0		2662 : 0
西藏		27216 : 15	1090 : 0	360 : 0		21175 : 15
甘肃		8397 : 00	1455 : 0	1062 : 0		4471 : 0
青海		12810 : 45	5262 : 20	950 : 0		5988 : 25
合计	维吾尔语	**190719 : 15**	**21874 : 40**	**62409 : 45**	**3235 : 0**	**96716 : 35**
新疆		190719 : 15	21874 : 40	62409 : 45	3235 : 0	96716 : 35

3-10 主要少数民族语言电视播出基本情况(2012年)

地 区	电视节目播出语种种类	合 计	转中央台节目	转省级台节目	转地市级台节目	制作节目播出时间
	(种)	时：分	时:分	时:分	时:分	时:分
合 计	蒙古语	**198847：50**	**39347：10**	**23260：0**	**12720：48**	**53479：46**
内蒙古		163892：50	38318：40	21959：0	7112：48	46386：16
辽 宁		6060：	190：30			1150：30
吉 林		6570：	205：0	370：0		2185：0
黑龙江		6650：			5608：0	309：0
青 海		6020：	360：0			1970：0
新 疆		9655：	273：0	931：0		1479：0
合 计	朝鲜语	**69242：0**	**1479：0**			**23719：39**
吉 林		69242：0	1479：0			23719：39
合 计	藏语	**92123：47**	**7905：40**	**7012：0**	**1691：0**	**25460：7**
四 川		40373：59	3025：40	1570：0	1691：0	9045：19
云 南		7494：48	1164：0	1034：0		2008：48
西 藏		20108：0	2254：0	1799：0		6093：0
甘 肃		8851：0	365：0	440：0		3208：0
青 海		15296：0	1097：0	2169：0		5105：0
合 计	维吾尔语	**256423：27**	**17923：37**	**34188：48**	**4403：30**	**48017：20**
新 疆		256423：27	17923：37	34188：48	4403：30	48017：20
合 计	哈萨克语	**89397：49**	**2578：5**	**16995：30**	**1067：0**	**12798：10**
新 疆		89397：49	2578：5	16995：30	1067：0	12798：10

四、体 育

4-1 全国少数民族传统体育运动会情况

届 次	时 间	地 点	参加代表团（个）	运动员人数（个）	比赛项目（个）	表演项目（个）
1	1953.11	天津	15	395	6	414
2	1982.9	呼和浩特	29	863	2	68
3	1986.8	乌鲁木齐	29	1097	7	115
4	1991.11	南宁	30	1740	9	120
5	1995.11	昆明	31	2342	11	129
6	1999.8—9	拉萨、北京	31	3390	14	150
7	2003.9	银川、石嘴山	34	3735	14	125
8	2007.11	广州	34	6381	15	149
9	2011.9	贵阳	34	6790	16	185

4-2 全国少数民族在队运动员和教练员

单位：人

年 份	少数民族运动员	少数民族教练员
1991	1120	296
1992	1197	306
1993	954	289
1994	998	326
1995	941	262
1996	1018	258
1997	1049	261
1998	1064	269
1999	1026	242
2000	1105	252
2001	1137	247
2002	1063	239
2003	1234	1791
2004	1195	1846
2005	1204	1804
2006	1150	1840
2007	1400	2268
2008	1756	1950
2009	1729	1631
2010	2103	1712
2011	2261	2089
2012	2224	457

注：2002年以前少数民族教练员为一线教练员，2003年后教练员指一、二、三线教练员。

4-3 全国分地区少数民族在队运动员和教练员(2012年)

单位: 人

地区	少数民族运动员	少数民族教练员
全国	**2224**	**457**
中央	**22**	**6**
地方	**2202**	**451**
北京	73	4
天津	6	6
河北	24	2
山西	27	1
内蒙古	315	51
辽宁	199	64
吉林	9	2
黑龙江	21	18
上海	6	4
江苏	13	6
浙江	4	1
安徽	18	3
福建	65	18
江西	1	
山东	14	16
河南	33	20
湖北	10	4
湖南	32	10
广东	39	3
广西	666	38
海南	4	11
重庆	6	93
四川	43	4
贵州	30	10
云南	52	37
西藏	122	26
陕西	25	6
甘肃	46	24
青海	8	8
宁夏	75	9
新疆	216	45

五、民族贸易和民族用品生产

5-1 全国分地区定点边销茶企业生产情况(2012年)

地　区	企业数 (个)	从业人员年末数 (人)	#专　业技术人员 (人)	边　销茶产量 (吨)	边销茶产量占企业产品总产量的比重(%)
合　计	**41**	**10227**	**1259**	**96919**	**71.7**
内蒙古	**1**	**26**	**4**	**2000**	**100.0**
包头市容兴茶叶精制厂		26	4	2000	100.0
浙　　江	**3**	**416**	**61**	**12062**	**99.1**
武义骆驼九龙砖茶有限公司		128	17	5300	98.0
新昌县江南诚茂砖茶有限公司		106	21	4200	100.0
宁波赤岩峰茶业有限公司		182	23	2562	100.0
湖　　北	**5**	**1088**	**179**	**12020**	**86.8**
赵李桥茶厂有限责任公司		452	105	4300	80.0
富华茶业有限公司		72	5	720	100.0
柏墩砖茶厂		58	15	1500	99.0
羊楼洞茶业有限公司		480	45	5000	89.1
赵李桥锦合茶业有限公司		26	9	500	80.0
湖　　南	**11**	**2473**	**518**	**21948.73**	**67.5**
安华怡清源茶业有限公司		429	35	1708	60.0
湖南紫艺茶业有限公司		35	13	125	80.0
益阳茶厂有限公司		325	52	3225	80.0
湖南省白沙溪茶厂有限责任公司		683	285	4976.75	72.1
湖南省安化茶厂		183	50	323.98	17.9
湖南益阳香炉山茶业有限公司		155	10	2800	80.0
临湘市茶业有限责任公司		65	12	3000	100.0
湖南省临湘永巨茶业有限公司		192	30	3780	95.0
临湘市明伦茶业有限公司		186	16	1600	35.0
湖南浩茗茶业食品有限公司		145	3	110	15.0
湖南阿香茶果食品有限公司		75	12	300	30.0

边销茶销售量（吨）	边销茶产　值（万元）	边销茶产值占企业产品总产值的比重（%）	边销茶销售收入（万元）	边销茶销售利润（万元）	全年流动资金贷款额（万元）	享受流动资金贷款利率优惠额（万元）	减　免增值税（万元）
78017	**152954**	**40.6**	**85526**	**4975**	**52105**	**12706**	**4729**
200	**1600**	**100**	**160**	**16**	**120**		**5**
200	1600	100	160	16	120		5
10925	**10143**	**95.4**	**9285**	**381**	**7500**	**130**	**689**
4980	4895	91	4600	180	2500	58	193
4000	3000	100	2870	150	3500	72	417
1945	2248	100	1815	51	1500		79
6284.5	**58376**	**30.4**	**9506.6**	**897.45**	**8800**	**51**	**200.03**
3800	4800	80	4000	78	2000	51	186
602	576	100	482	9			14
1200	2000	80	1600	400			
283	50000	28	2825	311	6800		
400	1000	85	600	100			
18861	**35665**	**58**	**27439**	**2085**	**12050**	**247**	**1167**
1580	7686	60	3950	198	1200	9	79
100	2800	80	2500	300	2000	20	
3250	3605	46	3633	105	3600	104	108
4047	11977	63	8426	934	3000	81	716
264	323	11	198	4		17	29
2300	1600	70	1320	50	150		39
2000	2000	100	2000	200	300	16	100
3520	3946	95	3680	212			96
1500	1450	25	1450	80	500		
					800		
300	279	25	282	3	500	1	

5-1 续表

地　区	企业数（个）	从业人员年末数（人）	#专业技术人员（人）	边销茶产量（吨）	边销茶产量占企业产品总产量的比重(%)
四　川	**11**	**1168**	**244**	**41615**	**73.7**
四川省雅安茶厂有限公司		168	15	11500	100.0
雅安市友谊茶叶有限公司		126	26	2300	80.0
四川吉祥茶业有限公司		140	38	5400	82.0
雅安市名山县西藏朗赛茶厂		72	12	3871	93.0
雅安市蔡龙茶厂		**91**	**30**	**4300**	**97.0**
四川省平武茶业有限责任公司		120	31	1800	60.0
四川省洪雅县松潘民族茶厂		82	7	3995	100.0
宜宾市外贸金叶茶业有限责任公司		141	26	3434	85.0
四川省叙府茶业有限责任公司		30	12	4000	32.0
四川省巴山雀舌名茶实业有限公司		**127**	**37**	**1000**	**30.0**
炉霍雪域俄色有限责任公司		71	10	15	30.0
贵　州	**4**	**274**	**61**	**4982**	**72.6**
贵州梵锦茶业有限公司		30	25	32	70.0
贵州桐梓县金龙茶叶有限责任公司		67	18	600	100.0
贵州湄江印象茶业有限责任公司		115	15	3750	70.0
镇宁自治县金瀑农产品开发有限责任公司		62	3	600	70.0
云　南	**6**	4782	192	2291	20.3
云南下关沱茶(集团)股份有限公司		621	49	648	17.4
云南龙生茶叶股份有限公司		305	90	102	3.6
云南省普洱市江城牛洛河茶叶股份能限公司		3670	32	278	10.0
云南省耿马县国营洛凌茶厂		134	7	1038	95.0
云南省双江自治县双龙古茶厂		28	6	90	30.0
云南省陇川县纵歌茶厂		24	8	135	25.0

边销茶销售量（吨）	边销茶产　值（万元）	边销茶产值占企业产品总产值的比重(%)	边销茶销售收入（万元）	边销茶销售利润（万元）	全年流动资金贷款额（万元）	享受流动资金贷款利率优惠额（万元）	减　免增值税（万元）
34495	**39138**	**61**	**31427**	**1270**	**11905**	**915**	**1706**
10850	8300	100	7180	310	300	10	1043
1800	1380	80	1080	71			184
4785	4428	65	3927	89	1830	830	126
3976	3213	93	3300	66	1300		99
2750	**5564**	**96**	**2400**	**167**	**300**		
1600	1100	35	1000	30	1175	34	40
2745	3116	100	2141	107			214
2977	4087	87	4019	45	2000	41	
2000	3600	35	2200	45	2000		
1000	**4000**	**25**	**3900**	**200**	**2500**		
12	350	30	280	140	500		
4782	**4129**	**71**	**3632**	**547**	**900**	**7593**	**155**
22	224	60	134	30	120	36	12
600	204	100	216	12	120		6
3560	3201	71	2782	450	500	17	137
600	500	70	500	55	160		
2470	3903	10	4076	-221	10830	3770	807
659	782	3	795	-206	8000	3500	135
95	182	3	175		1210		
296	389	8	416	10	800		632
1200	2100	90	2100	-120	270		40
85	180	20	350	70	400	200	
135	270	25	240	25	150	70	

5-2 国家专项安排用于民族贸易和民族用品生产的主要原材料和技术改造贷款

年份	专项原材料		技术改造专项贷款及贴息(万元)		
	黄金(两)	白银(万两)	贷款	贴息	#中央
1991	8000	23.23			
1992	8100	23.23			
1993	14600	23.23	4000		
1994	24000	23.23	4000		
1995	25600	25.36	4000		
1996	24000	25.36			
1997	25600	25.36	7050		
1998	27520	25.36	8230		
1999	28000		14329		
2000	28000		10000	596	298
2001	1300(公斤)		10000	598	299
2002			10000	598	299
2003			10000	598	299
2004			10000	598	299
2005			10000	598	299
2006			50000	2796	1398
2007			50000	3126	1563
2008			50000	3126	1563
2009			50000	3184	1592
2010			50000	2656	1328
2011			100000		2753
2012			100000		3000

六、其　他

6-1 历届中国共产党全国代表大会少数民族中央委员、候补中央委员人数

届次	时间	地点	代表总数	#少数民族代表	中央委员、中央候补委员总数	#少数民族中央委员、中央候补委员人数
第一届	1921.7.23—31	上海	12	1		
第二届	1922.7.16—23	上海	12	1	5	
第三届	1923.6.12—20	广州	30余人		14	
第四届	1925.1.11—22	上海	20		14	
第五届	1927.4.27—5.9	武汉	80	1	45	
第六届	1928.6.18—7.11	莫斯科	118		36	1
第七届	1945.4.23—6.11	延安	755		77	2
第八届	1956.9.15—27	北京	1133		170	10
第九届	1969.4.1—24	北京	1512		279	
第十届	1973.8.24—28	北京	1249		319	15
第十一届	1977.8.12—18	北京	1510		333	16
第十二届	1982.9.1—11	北京	1749	104	348	31
第十三届	1987.10.25—11.1	北京	1936		285	32
第十四届	1992.10.12—18	北京	1989	198	319	32
第十五届	1997.9.12—18	北京	2048	219	344	38
第十六届	2002.11.8—14	北京	2114	230	356	35
第十七届	2007.10.15—21	北京	2213	242	371	40
第十八届	2012.11.8—14	北京	2270	249	376	39

6-2 历届全国人民代表大会少数民族代表人数

届次	时间	代表总数	#少数民族代表数	少数民族代表比例(%)	少数民族(个)
第一届	1954年	1226	178	14.50	30
第二届	1959年	1226	179	14.60	30
第三届	1964年	3040	372	12.20	53
第四届	1975年	2885	270	9.40	54
第五届	1978年	3497	381	10.90	54
第六届	1983年	2978	403	13.60	55
第七届	1988年	2970	445	14.90	55
第八届	1993年	2898	554	18.60	55
第九届	1998年	2979	428	14.37	55
第十届	2003年	2985	415	13.90	55
第十一届	2008年	2987	411	13.76	55
第十二届	2013年	2987	409	13.69	55

6-3 历届中国人民政治协商会议全国委员会少数民族委员人数

届次	时间	委员总数	#少数民族委员数	少数民族委员比例(%)	少数民族(个)
第一届	1949年	198	19	9.60	10
第二届	1954年	753	61	8.10	16
第三届	1959年	1071	78	7.29	19
第四届	1965年	1199	81	6.76	20
第五届	1978年	2268	147	6.49	31
第六届	1983年	2228	185	8.31	37
第七届	1988年	2180	222	10.19	45
第八届	1993年	2172	101	4.65	55
第九届	1998年	2196	259	11.80	55
第十届	2003年	2238	262	11.70	55
第十一届	2008年	2237	250	11.18	55
第十二届	2013年	2237	258	11.53	55

6-4 国务院历次全国民族团结进步表彰情况(一)

单位: 个，人

地　区	总　计			1988年第一次表彰			1994年第二次表彰		
	集体	个人	#女	集体	个人	#女	集体	个人	#女
合　计	**1833**	**1842**	**330**	**565**	**601**	**106**	**642**	**613**	**106**
北　京	36	24	5	12	5	2	12	9	2
天　津	27	23	6	9	5	1	8	8	1
河　北	42	42	7	11	14	3	15	13	1
山　西	12	17	3	3	4	1	4	5	
内蒙古	93	98	18	34	34	8	29	33	5
辽　宁	75	62	12	26	16	4	25	22	4
吉　林	52	71	12	15	26	4	18	22	3
黑龙江	47	47	5	18	12	2	16	16	2
上　海	31	20	7	8	6	2	11	7	1
江　苏	19	22	2	5	7	1	7	7	1
浙　江	21	17	5	7	5	2	7	6	2
安　徽	17	20	2	5	5		6	8	1
福　建	27	16	3	8	4	1	11	6	1
江　西	15	10	2	4	3	1	4	3	1
山　东	32	34	7	10	9	2	11	12	1
河　南	37	31	3	15	7		10	13	2
湖　北	49	46	12	13	15	5	19	14	3
湖　南	71	55	9	25	16	3	22	20	1
广　东	21	21	2	4	8		8	7	2
广　西	128	119	26	46	39	6	41	41	10
海　南	35	30	6	11	9	2	12	10	1
重　庆	15	11	3						
四　川	67	87	12	18	37	5	29	30	4
贵　州	97	81	24	33	29	7	33	23	8
云　南	127	113	16	45	39	3	47	30	7
西　藏	50	80	21	10	38	9	19	21	5
陕　西	17	18	3	3	7	1	7	5	1
甘　肃	63	60	8	18	24	1	22	19	3
青　海	57	52	10	26	16	5	17	16	2
宁　夏	49	64	12	17	25	4	17	17	2
新　疆	108	163	33	24	61	15	40	45	10
其　他	296	288	34	82	76	6	115	125	19

6-4 国务院历次全国民族团结进步表彰情况(二)

单位：个，人

地区	1999年第三次表彰			2005年第四次表彰			2009年第五次表彰		
	集体	个人	#女	集体	个人	#女	集体	个人	#女
合计	**626**	**628**	**118**	**642**	**676**	**135**	**739**	**749**	**161**
北京	12	10	1	12	10	3	15	13	5
天津	10	10	4	9	10	4	10	11	6
河北	16	15	3	17	18	2	19	19	4
山西	5	8	2	5	7	2	7	8	2
内蒙古	30	31	5	32	31	4	32	34	4
辽宁	24	24	4	22	23	5	25	24	4
吉林	19	23	5	19	23	5	20	22	3
黑龙江	13	19	1	17	15	2	17	18	2
上海	12	7	4	13	7	3	16	7	3
江苏	7	8		10	8	2	11	10	6
浙江	7	6	1	8	8	1	9	10	4
安徽	6	7	1	7	8	3	9	9	2
福建	8	6	1	8	10	1	10	11	1
江西	7	4		8	4	2	8	7	3
山东	11	13	4	13	11	2	14	13	2
河南	12	11	1	13	12	3	17	12	3
湖北	17	17	4	17	18	2	19	19	6
湖南	24	19	5	24	22	4	28	25	4
广东	9	6		11	11	1	15	11	2
广西	41	39	10	42	42	11	44	44	11
海南	12	11	3	11	12	2	13	13	3
重庆	15	11	3	16	13	2	16	15	5
四川	20	20	3	23	23	3	29	27	4
贵州	31	29	9	33	32	5	35	34	11
云南	35	44	6	39	40	8	39	40	7
西藏	21	21	7	21	21	9	24	28	5
陕西	7	6	1	6	6		8	8	3
甘肃	23	17	4	21	21	4	24	21	3
青海	14	20	3	17	18	3	18	20	3
宁夏	15	22	6	18	19	6	21	21	7
新疆	44	57	8	40	52	13	40	53	16
其他	99	87	9	90	121	18	127	142	17

主要统计指标解释

普通高等学校 指按照国家规定的设置标准和审批程序批准举办的，通过全国普通高等学校统一招生考试，招收高中毕业生为主要培养对象，实施高等教育的全日制大学、独立设置的学院和高等专科学校、高等职业学校和其他机构。大学、独立设置的学院主要实施本科层次以上教育，高等专科学校、高等职业学校实施专科层次教育，其他机构是承担国家普通招生计划任务不计校数的机构。包括普通高等学校分校和批准筹建的普通高等学校等。

成人高等学校 指按照国家规定的设置标准和审批程序批准举办的，通过全国成人高等学校统一招生考试，招收具有高中毕业或同等学力的在职从业人员为主要培养对象，利用函授、业余、脱产等多种形式对其实施高等学历教育的学校。包括职工高等学校、农民高等学校、管理干部学院、教育学院、独立函授学院、广播电视大学、其他机构等。其他机构是承担国家成人招生计划任务不计校数的机构。

文化事业机构 指从事专业文化工作和为专业文化工作服务的独立建制的单位。不包括这些单位另外举办独立核算的其他机构和各部门的业余文化组织。该指标主要反映文化事业机构发展规模水平。

艺术表演团体 指从事戏曲、音乐、舞蹈、杂技等专业艺术表演，有独立账户的单位，不包括半工半艺、半农半艺和民间职业剧团。该指标主要反映全国专业艺术表演团体发展规模水平。

少数民族教练员 指在聘的一线专职的少数民族教练员。

乡镇企业 指所有乡镇办、村办、村民小组办、联户办和农户办企业（单位）。具体包括：（1）领取企业法人执照的集体、私营、联营、股份制、外商投资和港澳台投资企业；（2）未领取企业法人执照，但满足以下四条标准的乡镇办、村办、村民小组办和联户办的非农企业：a.有固定的生产经营组织、场所、设备和从事经营活动的人员；b.常年从事经营活动，季节性生产经营活动全年开工时间在 3 个月以上；c.有独立核算制度和账目；d.有当地工商行政管理部门颁布发的营业执照；（3）虽然领取的是农村个体工商营业执照，但雇工 8 人（含 8 人）以上的户。

文化站 指乡镇人民政府、城市街道办事处设立的全民所有制文化事业单位，同时又是当地群众进行各种文化娱乐活动的场所，是国家最基层的文化事业机构。

其他资料

其他资料一　全国行政区划（2012年底）

单位：个

省级区划名称	地级区划数	#地级市	县级区划数	#市辖区	#县级市	#县	#自治县	乡镇级区划数	#镇	#乡级	#街道办事处
全　国	**333**	**285**	**2852**	**860**	**368**	**1453**	**117**	**40446**	**19881**	**13281**	**7282**
北京市			16	14		2		325	144	38	143
天津市			16	13		3		245	123	11	111
河北省	11	11	172	37	22	107	6	2234	1019	940	274
山西省	11	11	119	23	11	85		1397	564	632	201
内蒙古自治区	12	9	101	21	11	17		1010	490	277	243
辽宁省	14	14	100	56	17	19	8	1515	615	270	630
吉林省	9	8	60	20	20	17	3	895	429	189	277
黑龙江省	13	12	128	64	18	45	1	1278	485	409	384
上海市			17	16		1		208	108	2	98
江苏省	13	13	102	55	23	24		1281	836	96	349
浙江省	11	11	90	32	22	35	1	1341	650	279	412
安徽省	16	16	105	43	6	56		1509	923	334	252
福建省	9	9	85	26	14	45		1104	609	320	175
江西省	11	11	100	19	11	70		1540	802	596	142
山东省	17	17	138	48	30	60		1824	1094	113	617
河南省	17	17	159	50	21	88		2399	1014	827	558
湖北省	13	12	103	38	24	38	2	1232	746	188	298
湖南省	14	13	122	35	16	64	7	2388	1131	952	305
广东省	21	21	121	56	23	39	3	1586	1131	11	444
广西壮族自治区	14	14	109	34	7	56	12	1243	715	411	117
海南省	3	3	20	4	6	4	6	222	183	21	18
重庆市			38	19		15	4	1012	604	220	188
四川省	21	18	181	45	14	118	4	4660	1831	2549	280
贵州省	9	6	88	13	7	56	11	1518	729	710	79
云南省	16	8	129	13	11	76	29	1365	659	584	122
西藏自治区	7	1	74	1	1	72		693	140	543	10
陕西省	10	10	107	24	3	80		1418	1136	80	202
甘肃省	14	12	86	17	4	58	7	1345	470	758	117
青海省	8	1	43	4	2	30	7	396	138	228	30
宁夏回族自治区	5	5	22	9	2	11		237	101	92	44
新疆维吾尔自治区	14	2	101	11	22	62	6	1026	262	601	162
香港特别行政区											
澳门特别行政区											
台湾省											

其他资料二　国民经济和社会发展总量与速度指标

指　　标	总量指标				
	1978	1990	2000	2011	2012
人口与就业					
人口　（万人）					
总人口　（年末）	96259	114333	126743	134735	135404
男性人口	49567	58904	65437	69068	69395
女性人口	46692	55429	61306	65667	66009
城镇人口	17245	30195	45906	69079	71182
乡村人口	79014	84138	80837	65656	64222
就业　（万人）					
就业人员数	40152	64749	72085	76420	76704
城镇登记失业人数	530	383	595	922	917
宏观经济					
国民经济核算　（亿元）					
国民总收入	3645.2	18718.3	98000.5	468562.4	516282.1
国内生产总值	3645.2	18667.8	99214.6	473104.0	518942.1
第一产业	1027.5	5062.0	14944.7	47486.2	52373.6
第二产业	1745.2	7717.4	45555.9	220412.8	235162.0
第三产业	872.5	5888.4	38714.0	205205.0	231406.5
支出法国内生产总值	3605.6	19347.8	98749.0	472619.2	529238.4
最终消费支出	2239.1	12090.5	61516.0	232111.5	261832.8
居民消费	1759.1	9450.9	45854.6	168956.6	190423.8
政府消费	480.0	2639.6	15661.4	63154.9	71409.0
资本形成总额	1377.9	6747.0	34842.8	228344.3	252773.2
固定资本形成总额	1073.9	4827.8	33844.4	215682.0	241756.8
存货增加	304.0	1919.2	998.4	12662.3	11016.4
货物和服务净出口	-11.4	510.3	2390.2	12163.3	14632.4
固定资产投资					
全社会固定资产投资总额(亿元)		4517.0	32917.7	311485.1	374694.7
城　镇		3274.4	26221.8	302396.1	364854.1
#房地产开发		253.3	4984.1	61796.9	71803.8
全社会房屋施工面积(万平方米)		137171	265294	1035519	1167238
全社会房屋竣工面积(万平方米)		107952	181974	329073	335504

指数(%) (2012为以下各年)				平均增长速度(%)		
1978	1990	2000	2011	1979–2012	1991–2012	2001–2012
140.7	118.4	106.8	100.5	1.0	0.8	0.6
140.0	117.8	106.0	100.5	1.0	0.7	0.5
141.4	119.1	107.7	100.5	1.0	0.8	0.6
412.8	235.7	155.1	103.0	4.3	4.0	3.7
81.3	76.3	79.4	97.8	-0.6	-1.2	-1.9
191.0	118.5	106.4	100.4	1.9	0.8	0.5
173.0	239.4	154.1	99.5	1.6	4.0	3.7
2410.3	853.3	321.1	108.1	9.8	10.2	10.2
2422.7	860.0	318.8	107.7	9.8	10.3	10.1
456.6	239.5	164.8	104.5	4.6	4.0	4.3
3806.6	1251.7	351.9	107.9	11.3	12.2	11.1
3272.0	903.5	342.2	108.1	10.8	10.5	10.8
	8295.2	1138.3	120.3		22.4	22.6
	11142.6	1391.4	120.7		23.9	24.5
	28352.9	1440.7	116.2		30.5	25.4
	850.9	440.0	112.7		10.2	13.1
	310.8	184.4	102.0		5.3	5.2

其他资料二 续表 1

指 标	总量指标				
	1978	1990	2000	2011	2012
消费					
社会消费品零售总额 (亿元)	1559	8300	39106	183919	210307
对外贸易 (亿美元)					
货物进出口总额	206.4	1154.4	4742.9	36418.6	38671.2
出口额	97.5	620.9	2492.0	18983.8	20487.1
进口额	108.9	533.5	2250.9	17434.8	18184.1
实际利用外资额 (亿美元)					
外商直接投资		34.9	407.2	1160.1	1117.2
外商其他投资		2.7	86.4	16.9	15.8
财政 (亿元)					
国家财政收入	1132.3	2937.1	13395.2	103874.4	117253.5
中 央	175.8	992.4	6989.2	51327.3	56175.2
地 方	956.5	1944.7	6406.1	52547.1	61078.3
国家财政支出	1122.1	3083.6	15886.5	109247.8	125953.0
中 央	532.1	1004.5	5519.9	16514.1	18764.6
地 方	590.0	2079.1	10366.7	92733.7	107188.3
物价总指数 (上年=100)					
居民消费价格指数	100.7	103.1	100.4	105.4	102.6
商品零售价格指数	100.7	102.1	98.5	104.9	102.0
农产品生产价格指数	103.9	97.4	96.4	116.5	102.7
工业生产者出厂价格指数	100.1	104.1	102.8	106.0	98.3
工业生产者购进价格指数		105.6	105.1	109.1	98.2
固定资产投资价格指数		108.0	101.1	106.6	101.1
能源生产与消费 (万吨标准煤)					
能源生产总量	62770	103922	135048	317987	331848
能源消费总量	57144	98703	145531	348002	361732
产 业					
农业					
农林牧渔业总产值 (亿元)	1397.0	7662.1	24915.8	81303.9	89453.0

指数(%)（2012为以下各年）				平均增长速度(%)		
1978	1990	2000	2011	1979-2012	1991-2012	2001-2012
13493.3	2533.8	537.8	114.3	15.5	15.8	15.0
18736.0	3349.9	815.3	106.2	16.6	17.3	19.1
21012.5	3299.6	822.1	107.9	17.0	17.2	19.2
16697.9	3408.4	807.9	104.3	16.2	17.4	19.0
	3203.8	274.4	96.3		17.1	8.8
	588.8	18.3	93.5		8.4	-13.2
10355.7	3992.2	875.3	112.9	14.6	18.2	19.8
31959.5	5660.4	803.7	109.4	18.5	20.1	19.0
6385.7	3140.8	953.4	116.2	13.0	17.0	20.7
11224.9	4084.6	792.8	115.3	14.9	18.4	18.8
3526.4	1868.1	339.9	113.6	11.0	14.2	10.7
18168.4	5155.5	1034.0	115.6	16.5	19.6	21.5
528.7	319.3	245.7	104.4	5.0	5.4	7.8
633.0	366.5	248.6	103.9	5.6	6.1	7.9
700.6	343.6	178.9	104.9	5.9	5.8	5.0

其他资料二　续表 2

指　　标	总量指标				
	1978	1990	2000	2011	2012
主要农产品产量　　（万吨）					
粮　食	30476.5	44624.3	46217.5	57120.8	58958.0
棉　花	216.7	450.8	441.7	659.8	683.6
油　料	521.8	1613.2	2954.8	3306.8	3436.8
甘　蔗	2111.6	5762.0	6828.0	11443.5	12311.4
甜　菜	270.2	1452.5	807.3	1073.1	1174.0
茶　叶	26.8	54.0	68.3	162.3	179.0
水　果	657.0	1874.4	6225.1	22768.2	24056.8
肉　类			6013.9	7965.1	8387.2
奶　类			919.1	3810.7	3875.4
水产品	465.4	1237.0	3706.2	5603.2	5907.7
工业					
主要工业产品产量					
原　煤　　（亿吨）	6.18	10.80	13.84	35.20	36.50
原　油　　（万吨）	10405	13831	16300	20288	20748
天然气　　（亿立方米）	137	153	272	1027	1072
成品糖　　（万吨）	227	582	700	1187	1409
布　　（亿米）	110	189	277	814	849
水　泥　　（万吨）	6524	20971	59700	209926	220984
粗　钢　　（万吨）	3178	6635	12850	68528	72388
钢　材　　（万吨）	2208	5153	13146	88620	95578
汽　车　　（万辆）	14.9	51	207	1842	1928
家用电冰箱　　（万台）	2.8	463	1279	8699	8427
房间空气调节器　　（万台）	0.02	24	1827	13913	13281
家用洗衣机　　（万台）	0.04	663	1443	6716	6791
彩色电视机　　（万台）	0.38	1033	3936	12231	12824
发电量　　（亿千瓦小时）	2566	6212	13556	47130	49876
规模以上工业企业					
主要指标　　（亿元）					
资产总计			126211	675797	768421
主营业务收入			84152	841830	929292
利润总额			4393	61396	61910
建筑业					
建筑业企业从业人员　　（万人）		1011	1994	3852	4267
建筑业总产值　　（亿元）		1345	12498	116463	137218

指数(%)（2012为以下各年）				平均增长速度(%)		
1978	1990	2000	2011	1979–2012	1991–2012	2001–2012
193.5	132.1	127.6	103.2	2.0	1.3	2.0
315.5	151.6	154.8	103.6	3.4	1.9	3.7
658.6	213.0	116.3	103.9	5.7	3.5	1.3
583.0	213.7	180.3	107.6	5.3	3.5	5.0
434.5	80.8	145.4	109.4	4.4	-1.0	3.2
667.8	331.4	261.9	110.3	5.7	5.6	8.4
3661.8	1283.4	386.4	105.7	11.2	12.3	11.9
		139.5	105.3			2.8
		421.6	101.7			12.7
1269.5	477.6	159.4	105.4	7.8	7.4	4.0
590.6	338.0	263.7	103.7	5.4	5.7	8.4
199.4	150.0	127.3	102.3	2.1	1.9	2.0
780.4	700.4	393.9	104.3	6.2	9.3	12.1
620.9	242.2	201.4	118.7	5.5	4.1	6.0
769.7	449.7	306.5	104.3	6.2	7.1	9.8
3387.2	1053.8	370.2	105.3	10.9	11.3	11.5
2277.8	1091.0	563.3	105.6	9.6	11.5	15.5
4328.7	1854.8	727.0	107.9	11.7	14.2	18.0
12928.4	3750.2	931.2	104.7	15.4	17.9	20.4
300964	1819.9	658.9	96.9	26.6	14.1	17.0
66405500	55177.0	727.1	95.5	48.3	33.2	18.0
16977800	1024.8	470.6	101.1	42.5	11.2	13.8
3374610.5	1241.3	325.8	104.8	35.9	12.1	10.3
1943.7	802.9	367.9	105.8	9.1	9.9	11.5
		608.8	113.7			16.2
		1104.3	110.4			22.2
		1409.1	100.8			24.7
	422.2	214.0	110.8		6.8	6.5
	10202.0	1098.0	117.8		23.4	22.1

其他资料二　续表 3

指　　标	总量指标				
	1978	1990	2000	2011	2012
交通运输业					
客运量　（万人）	253993	772682	1478573	3526319	3804035
铁　路	81491	95712	105073	186226	189337
公　路	149229	648085	1347392	3286220	3557010
水　运	23042	27225	19386	24556	25752
民　航	231	1660	6722	29317	31936
货运量　（万吨）	248946	970602	1358682	3696961	4099400
铁　路	110119	150681	178581	393263	390438
公　路	85182	724040	1038813	2820100	3188475
水　运	43292	80094	122391	425968	458705
民　航	6	37	197	557	545
管　道	10347	15750	18700	57073	61238
沿海规模以上港口货物吞吐量（万吨）	19834	48321	125603	616292	665245
邮电通信业					
邮电业务总量　（亿元）	34.1	155.5	4792.7	13333.5	15019.3
函　件　（亿件）	28.4	54.9	77.7	73.8	70.7
报刊期发数　（万份）	11250	20078	20090	15008	15402
移动电话年末用户　（万户）		1.8	8453.3	98625.3	111215.5
固定电话年末用户　（万户）	192.5	685.0	14482.9	28509.8	27815.3
城市	119.2	538.4	9311.6	19121.7	18893.4
农村	73.4	146.6	5171.3	9388.1	8921.9
公用电话　（万户）	1.2	4.6	352.0	2468.3	2347.1
局用交换机容量　（万门）	405.9	1231.8	17825.6	43428.4	43749.3
旅游业					
入境旅游过夜游客　（万人次）	71.6	1048.4	3122.9	5758.1	5772.5
国际旅游外汇收入　（亿美元）	2.6	22.2	162.2	484.6	500.3
金融业　（亿元）					
金融机构人民币各项存款余额	1155	13943	123804	809368	917555
金融机构人民币各项贷款余额	1890	17511	99371	547947	629910
股票筹资额			2103	5814	4134
保险公司保费金额			1598	14339	15488
保险公司赔款及给付金额			526	3929	4716

指数(%) (2012为以下各年)				平均增长速度(%)		
1978	1990	2000	2011	1979–2012	1991–2012	2001–2012
1497.7	492.3	257.3	107.9	8.3	7.5	8.2
232.3	197.8	180.2	101.7	2.5	3.1	5.0
2383.6	548.8	264.0	108.2	9.8	8.0	8.4
111.8	94.6	132.8	104.9	0.3	-0.3	2.4
13825.1	1923.9	475.1	108.9	15.6	14.4	13.9
1646.7	422.4	301.7	110.9	8.6	6.8	9.6
354.6	259.1	218.6	99.3	3.8	4.4	6.7
3743.1	440.4	306.9	113.1	11.2	7.0	9.8
1059.6	572.7	374.8	107.7	7.2	8.3	11.6
8516.2	1473.1	277.1	97.8	14.0	13.0	8.9
591.8	388.8	327.5	107.3	5.4	6.4	10.4
3354.1	1376.7	529.6	107.9	10.9	12.7	14.9
164889.0	36137.1	1172.8	112.6	24.3	30.7	22.8
249.5	128.9	91.0	95.9	2.7	1.2	-0.8
136.9	76.7	76.7	102.6	0.9	-1.2	-2.2
	6071047.4	1315.6	112.8		65.0	24.0
14446.2	4060.4	192.1	97.6	15.8	18.3	5.6
15856.8	3508.9	202.9	98.8	16.1	17.6	6.1
12156.1	6086.7	172.5	95.0	15.2	20.5	4.6
201661.9	50973.9	666.8	95.1	25.1	32.8	17.1
10778.9	3551.6	245.4	100.7	14.8	17.6	7.8
8062.1	550.6	184.8	100.3	13.8	8.1	5.3
19022.1	2255.5	308.4	103.2	16.7	15.2	9.8
79442.0	6580.8	741.1	113.4	21.7	21.0	18.2
33328.6	3597.2	633.9	115.0	18.6	17.7	16.6
		196.6	71.1			5.8
		969.2	108.0			20.8
		896.6	120.0			20.1

其他资料二 续表 4

指 标	总量指标				
	1978	1990	2000	2011	2012
教育、科技、文化					
教育					
专任教师数 (万人)					
#普通高等学校	20.6	39.5	46.3	139.3	144.0
普通中学	318.2	303.2	400.6	508.0	509.8
普通小学	522.6	558.2	586.0	560.5	558.5
在校学生数 (万人)					
#普通本专科	85.6	206.3	556.1	2308.5	2391.3
普通中学	6548.3	4586.0	7368.9	7519.0	7228.4
普通小学	14624.0	12241.4	13013.3	9926.4	9695.9
教育经费支出 (亿元)			3849.1	23869.3	
科技 (亿元)					
研究与试验发展经费支出			895.7	8687.0	10298.4
技术市场成交额		75.1	650.8	4764.0	6437.1
文化					
图书出版总印数 (亿册、亿张)	37.7	56.4	62.7	77.1	79.2
电视节目制作时间 (万小时)		9.2	58.5	295.0	343.6
故事片产量 (部)	46	134	91	558	745
家庭生活					
规模 (人)					
城镇居民平均每户家庭人口		3.50	3.13	2.87	2.86
农村居民平均每户常住人口		4.80	4.20	3.90	3.88
婚姻 (万对)					
结婚登记总数	597.8	951.1	848.5	1302.4	1323.6
离婚数	28.5	80.0	121.3	287.4	310.4
居住 (平方米)					
城镇人均住房建筑面积				32.7	32.9
农村人均住房面积	8.1	17.8	24.8	36.2	37.1
生活					
城镇居民人均可支配收入 (元)	343	1510	6280	21810	24565
农村居民人均纯收入 (元)	134	686	2253	6977	7917
城乡人民币储蓄存款余额(亿元)	211	7120	64332	343636	399551

指数(%)（2012为以下各年）				平均增长速度(%)		
1978	1990	2000	2011	1979–2012	1991–2012	2001–2012
699.2	364.6	311.2	103.4	5.9	6.1	9.9
160.2	168.1	127.3	100.4	1.4	2.39	2.0
106.9	100.1	95.3	99.7	0.2	0.003	-0.4
2793.6	1159.1	430.0	103.6	10.3	11.8	12.9
110.4	157.6	98.1	96.1	0.3	2.1	-0.2
66.3	79.2	74.5	97.7	-1.2	-1.1	-2.4
		1149.8	118.5			22.6
	8571.3	989.2	135.1		22.4	21.0
210.0	140.6	126.3	102.9	2.2	1.6	2.0
	3751.4	587.4	116.5		17.9	15.9
1619.6	556.0	818.7	133.5	8.5	8.1	19.1
	81.7	91.4	99.7		-0.9	-0.7
	80.9	92.4	99.5		-1.0	-0.7
221.4	139.2	156.0	101.6	2.4	1.5	3.8
1089.1	388.0	255.9	108.0	7.3	6.4	8.1
			100.8			
457.9	208.3	149.5	102.3	4.6	3.4	3.4
1146.7	578.8	298.9	109.6	7.4	8.3	9.6
1176.9	378.2	243.5	110.7	7.5	6.2	7.7
189720.3	5611.8	621.1	116.3	24.9	20.1	16.4

其他资料二　续表 5

指　　标	总量指标				
	1978	1990	2000	2011	2012
社会保险　(亿元)					
社会保险基金收入		187	2645	24043	28910
社会保险基金支出		152	2386	18055	22182
卫生					
医院　(个)	9293	14377	16318	21979	23170
执业(助理)医师　(万人)	97.8	176.3	207.6	246.6	261.6
医院床位数　(万张)	110.0	186.9	216.7	370.5	416.1
城市市政建设					
年供水总量　(亿吨)	78.8	382.3	469.0	513.4	523.0
人工煤气供气量　(亿立方米)		174.7	152.4	84.7	77.0
天然气供气量　(亿立方米)		64.2	82.1	678.8	795.0
年末实有道路长度　(万公里)	2.7	9.5	16.0	30.9	32.7
排水管道长度　(万公里)	2.0	5.8	14.2	41.4	43.9
年末公共交通车辆运营数(万辆)	2.6	6.2	22.6	41.3	43.2
城市绿地面积　(万公顷)	8.2	47.5	86.5	224.3	236.8
环境、灾害					
废水中化学需氧量排放量(万吨)				2500	2424
废气中二氧化硫排放量　(万吨)				2218	2118
交通事故发生数　(起)		250244	616971	219521	204196
交通事故直接财产损失　(万元)		35362	263290	92634	117490
火灾发生数　(起)		57302	189185	132497	152157
火灾直接经济损失　(万元)		51182	152217	195945	217716

注：1.本表价值指标除邮电业务总量按不变价格计算外，其余均按当年价格计算。邮电业务总量2000年及以前按1990年不变价格计算，2001-2010年按2000年不变价格计算，2011年起按2010年不变价格计算。

2.本表速度指标中，国民总收入、国内生产总值及三次产业增加值、农林牧渔业总产值、邮电业务总量和城乡居民收入指标均按可比价格计算。固定资产投资平均增长速度按累计法计算。

3.2011年起，固定资产投资除房地产投资、农村个人投资外，统计起点由50万元提高至500万元，城镇固定资产投资数据发布口径改为固定资产投资(不含农户)。固定资产投资(不含农户)等于原口径的城镇固定资产投资加上农村企事业组织的项目投资。

4.全国规模以上工业企业统计范围1998年至2006年为全部国有及年主营业务收入在500万元及以上非国有工业企业；2007年至2010年为年主营业务收入在500万元及以上的工业企业；2011年及以后年份为年主营业务收入在2000万元及以上的工业企业。

指数(%)(2012为以下各年)				平均增长速度(%)		
1978	1990	2000	2011	1979-2012	1991-2012	2001-2012
	15476.9	1093.0	120.2		25.8	22.1
	14605.0	929.8	122.9		25.4	20.4
249.3	161.2	142.0	105.4	2.7	2.2	3.0
267.4	148.4	126.0	106.1	2.9	1.8	1.9
378.3	222.7	192.1	112.3	4.0	3.7	5.6
663.7	136.8	111.5	101.9	5.7	1.4	0.9
	44.1	50.5	90.8		-3.7	-5.5
	1238.4	968.4	117.1		12.1	20.8
1212.9	344.3	204.4	105.9	7.6	5.8	6.1
2245.2	757.0	309.2	106.0	9.6	9.6	9.9
1672.0	696.8	191.2	104.7	8.6	9.2	5.5
2897.0	498.5	273.7	105.6	10.4	7.6	8.8
			97.0			
			95.5			
	81.6	33.1	93.0		-0.9	-8.8
	332.3	44.6	126.8		5.6	-6.5
	265.5	80.4	114.8		4.5	-1.8
	425.4	143.0	111.1		6.8	3.0

其他资料三　平均每天主要社会经济活动

指　　标	1978	1990	2000	2011	2012
国民总收入　(亿元)	10.0	51.3	268.5	1283.7	1414.5
国内生产总值　(亿元)	10.0	51.1	271.8	1296.2	1421.8
第一产业	2.8	13.9	40.9	130.1	143.5
第二产业	4.8	21.1	124.8	603.9	644.3
第三产业	2.4	16.1	106.1	562.2	634.0
全社会固定资产投资总额(亿元)		12.4	90.2	853.4	1026.6
社会消费品零售总额　(亿元)	4.3	22.7	107.1	503.9	576.2
货物进出口总额　(亿美元)	0.6	3.2	13.0	99.8	105.9
出口额	0.3	1.7	6.8	52.0	56.1
进口额	0.3	1.5	6.2	47.8	49.8
外商直接投资　(亿美元)		0.1	1.1	3.2	3.1
国家财政收入　(亿元)	3.1	8.0	36.7	284.6	321.2
国家财政支出　(亿元)	3.1	8.4	43.5	299.3	345.1
能源生产总量　(万吨标准煤)	172.0	284.7	370.0	871.2	909.2
能源消费总量　(万吨标准煤)	156.6	270.4	398.7	953.4	991.0
主要农产品产量　(万吨)					
粮　食	83.5	122.3	126.6	156.5	161.5
棉　花	0.6	1.2	1.2	1.8	1.9
油　料	1.4	4.4	8.1	9.1	9.4
肉　类			16.5	21.8	23.0
奶　类			2.5	10.4	10.6
水产品	1.3	3.4	10.2	15.4	16.2
主要工业产品产量					
原　煤　(万吨)	169.3	295.9	379.2	964.4	1000.0
原　油　(万吨)	28.5	37.9	44.7	55.6	56.8
天然气　(亿立方米)	0.4	0.4	0.7	2.8	2.9
水　泥　(万吨)	17.9	57.5	163.6	575.1	605.4
粗　钢　(万吨)	8.7	18.2	35.2	187.7	198.3
钢　材　(万吨)	6.0	14.1	36.0	242.8	261.9
发电量　(亿千瓦小时)	7.0	17.0	37.1	129.1	136.6
客运量　(万人)	695.9	2116.9	4050.9	9661.1	10422.0
货运量　(万吨)	682.0	2659.2	3722.4	10128.7	11231.2
沿海规模以上港口货物吞吐量　(万吨)	54.3	132.4	344.1	1688.5	1822.6
邮电业务总量　(亿元)	0.1	0.4	13.1	36.5	41.1
入境旅游过夜游客　(万人次)	0.2	2.9	8.6	15.8	15.8
国际旅游外汇收入　(亿美元)	0.01	0.1	0.4	1.3	1.4
出生　(万人)	4.8	6.6	4.9	4.4	4.5
死亡　(万人)	1.6	2.1	2.2	2.6	2.7
结婚登记总数　(万对)	1.6	2.6	2.3	3.6	3.6
离婚数　(万对)	0.1	0.2	0.3	0.8	0.9

注：本表价值指标除邮电业务总量按不变价格计算外，其余均按当年价格计算。

附 录

收编了各类少数民族方面的资料。

全国人大、政协少数民族领导人名单

■历届全国人大常委会少数民族副委员长、全国政协常委会少数民族副主席简表

届次	年份	全国人大常委会副委员长	年份	全国政协常委会副主席
第一届	1954	达赖喇嘛·丹增嘉措(藏)、赛福鼎·艾则孜(维吾尔)	1949	
第二届	1959	达赖喇嘛·丹增嘉措(藏)、赛福鼎·艾则孜(维吾尔)、班禅额尔德尼·确吉坚赞(藏)	1954	班禅额尔德尼·确吉坚赞(藏)、包尔汉(维吾尔)
第三届	1964	赛福鼎·艾则孜(维吾尔)、阿沛·阿旺晋美(藏)	1959	包尔汉(维吾尔)、帕巴拉·格列朗杰(藏)、阿沛·阿旺晋美(藏)
第四届	1975	韦国清(壮)、赛福鼎·艾则孜(维吾尔)、乌兰夫(蒙古)、阿沛·阿旺晋美(藏)	1965	韦国清(壮)、帕巴拉·格列朗杰(藏)
第五届	1978	乌兰夫(蒙古)、韦国清(壮)、赛福鼎·艾则孜(维吾尔)、阿沛·阿旺晋美(藏)	1978	乌兰夫(蒙古)、韦国清(壮)、杨静仁(回)、帕巴拉·格列朗杰(藏)
第六届	1983	韦国清(壮)、阿沛·阿旺晋美(藏)、班禅额尔德尼·确吉坚赞(藏)、赛福鼎·艾则孜(维吾尔)	1983	杨静仁(回)、帕巴拉·格列朗杰(藏)、包尔汉(维吾尔)
第七届	1988	乌兰夫(蒙古)、韦国清(壮)、阿沛·阿旺晋美(藏)、班禅额尔德尼·确吉坚赞(藏)、赛福鼎·艾则孜(维吾尔)、廖汉生(土家)	1988	杨静仁(回)、帕巴拉·格列朗杰(藏)、司马义·艾买提(维吾尔)
第八届	1993	帕巴拉·格列朗杰(藏)、布赫(蒙古)、铁木尔·达瓦买提(维吾尔)	1993	阿沛·阿旺晋美(藏)、赛福鼎·艾则孜(维吾尔)
第九届	1998	帕巴拉·格列朗杰(藏)、布赫(蒙古)、铁木尔·达瓦买提(维吾尔)	1998	阿沛·阿旺晋美(藏)、赵南起(朝鲜)、白立忱(回)
第十届	2003	司马义·艾买提(维吾尔)、热地(藏)、乌云其木格(女，蒙古)	2003	帕巴拉·格列朗杰(藏)、阿沛·阿旺晋美(藏)、阿不来提·阿不都热西提(维吾尔)、白立忱(回)、李兆焯(壮)
第十一届	2008	乌云其木格(女，蒙古)、司马义·铁力瓦尔地(维吾尔族)	2008	帕巴拉·格列朗杰(藏)、阿沛·阿旺晋美(藏)、阿不来提·阿不都热西提(维吾尔)、白立忱(回)
第十二届	2013	向巴平措(藏族)、艾力更·依明巴海(维吾尔族)	2013	帕巴拉·格列朗杰(藏)、王正伟(回)、马飚(壮)、齐续春(满)

全国人大民委、国家民委、全国政协民委主要领导人名单

■历届全国人大民委、国家民委和全国政协民委主任简表

届次	时间	全国人大民委主任	时间	国家民委主任	时间	全国政协民委主任
第一届	1954.9	刘格平(回)	1949.10	李维汉	1949.9	乌兰夫(蒙古)
第二届	1959.4	刘格平(回)	1954.9	乌兰夫(蒙古)	1954.12	卢汉(彝)
第三届	1965.4	谢扶民(壮)	1959.4	乌兰夫(蒙古)	1964.12	卢汉(彝)
第四届			1965.1	乌兰夫(蒙古)	1964.12	卢汉(彝)
第五届	1979.7	阿沛·阿旺晋美(藏)	1978.3	杨静仁(回)	1978.2	萨空了(蒙古)
第六届	1983.6	阿沛·阿旺晋美(藏)	1986.1	司马义·艾买提(维吾尔)	1983.6	马信(回)
第七届	1988.3	阿沛·阿旺晋美(藏)	1988.4	司马义·艾买提(维吾尔)	1988.3	杨静仁(回)
第八届	1993.3	王朝文(苗)	1993.3	司马义·艾买提(维吾尔)	1993.3	金鉴(满)
					1995.3	赵朴初
第九届	1998.3	王朝文(苗)	1998.3	李德洙(朝鲜)	1998.3	乌力吉(蒙古)
第十届	2003.3	多吉才让(藏)	2003.3	李德洙(朝鲜)	2003.3	钮茂生(满)
第十一届	2008.3	马启智(回)	2008.3	杨晶(蒙古)	2008.3	田聪明
第十二届	2013.3	李景田(满)	2013.3	王正伟(回)	2013.3	朱维群

注：1. 历届人大民委所设为主任委员。

2. 政协一至六届设民族组，从第七届起设民族委员会，第八届常委会第十二次会议将民族委员会与宗教委员会合并为民族和宗教委员会。

3. 一至四届称中央民委，从第五届起称国家民委；第一届中央民委主任由中央人民政府委员会任命，从第二届起由全国人大或其常委会任命。

中国共产党第十六届至十八届中央委员会少数民族委员、候补委员及中央纪律检查委员会少数民族委员名单

■中国共产党第十六届中央委员会少数民族委员名单（15 人）（按姓氏笔画为序）

马启智(回族)	乌云其木格(女，蒙古族)	石宗源(回族)
白立忱(回族)	司马义・艾买提(维吾尔族)	列确(藏族)
回良玉(回族)	多吉才让(藏族)	李兆焯(壮族)
李德洙(朝鲜族)	杨正午(土家族)	阿不来提・阿不都热西提(维吾尔族)
钮茂生(满族)	热地(藏族)	戴秉国(土家族)

■中国共产党第十六届中央委员会少数民族候补委员名单（20 人）
（按得票多少排序，票数相同的按姓氏笔画为序）

艾斯海提・克里木拜(哈萨克族)	王正伟(回族)	全哲洙(朝鲜族)
黄瑶(布依族)	彭祖意(瑶族)	杨晶(蒙古族)
黄选平(回族)	符桂花(女，黎族)	管国忠(傣族)
石玉珍(女，苗族)	白春礼(满族)	向巴平措(藏族)
李景田(满族)	罗正富(彝族)	李克(壮族)
仁青加(藏族)	司马义・铁力瓦尔地(维吾尔族)	李成玉(回族)
欧泽高(藏族)	王正福(苗族)	

■中国共产党第十六届中央纪律检查委员会少数民族委员名单（7 人）（按姓氏笔画为序）

马子龙(回族)	王正福(苗族)	巴特尔(蒙古族)
司马义・铁力瓦尔地(维吾尔族)	布穷(藏族)	李成玉(回族)
欧泽高(藏族)		

■中国共产党第十七届中央委员会少数民族委员名单(16 人)(按姓氏笔画为序)

王正伟（回族）	乌云其木格(女，蒙古族)	艾斯海提·克里木拜（哈萨克族）
石宗源（回族）	白立忱（回族）	司马义·铁力瓦尔地（维吾尔族）
列确（藏族）	回良玉（回族）	向巴平措（藏族）
李成玉（回族）	李兆焯（壮族）	李景田（满族）
杨晶（蒙古族）	陆兵（壮族）	阿不来提·阿不都热西提（维吾尔族）
戴秉国（土家族）		

■中国共产党第十七届中央委员会少数民族候补委员名单(24 人)
(按得票多少排序，票数相同的按姓氏笔画为序)

符跃兰（女，黎族）	马飚（壮族）	旦科（藏族）
全哲洙（朝鲜族）	罗正富（彝族）	刘慧（女，回族）
佘远辉（瑶族）	努尔·白克力（维吾尔族）	黄康生（布依族）
刘学普（土家族）	刘振来（回族）	金振吉（朝鲜族）
巴音朝鲁（蒙古族）	刘晓凯（苗族）	咸辉（女，回族）
谌贻琴（女，白族）	白春礼（满族）	多吉（藏族）
李克（壮族）	李康（女，壮族）	武吉海（苗族）
刀林荫（女，傣族）	雷春美（女，畲族）	乌兰（女，蒙古族）

■中国共产党第十七届中央纪律检查委员会少数民族委员名单(8 人)(按姓氏笔画为序)

王正福（苗族）	仁青加（藏族）	巴特尔(蒙古族)
朱明国（黎族）	李汉柏（白族）	欧泽高（藏族）
金道铭（满族）	贺邦靖（女，白族）	

■中国共产党第十八届中央委员会少数民族委员名单(10 人)(按姓氏笔画为序)

马飚（壮族）	王正伟（回族）	巴音朝鲁（蒙古族）
巴特尔（蒙古族）	白玛赤林（藏族）	白春礼（满族）
全哲洙（朝鲜族）	杨晶（蒙古族）	陈求发（苗族）
努尔·白克力（维吾尔族）		

■中国共产党第十八届中央委员会少数民族候补委员名单(29 人)

（按得票多少排序，票数相同的按姓氏笔画为序）

刘晓凯（苗族）	陈志荣（黎族）	金振吉（朝鲜族）
咸辉（女，回族）	马顺清（回族）	朱明国（黎族）
刘学普（土家族）	杨崇勇（满族）	余远辉（瑶族）
陈武（壮族）	陈鸣明（布依族）	赵金（彝族）
赵立雄（白族）	洛桑江村（藏族）	谌贻琴（女，白族）
蓝天立（壮族）	旦科（藏族）	刘慧（女，回族）
夏杰（女，回族）	叶红专（土家族）	尔肯江·吐拉洪（维吾尔族）
李康（女，壮族）	李昌平（藏族）	努尔兰·阿不都满金（哈萨克族）
欧阳坚（白族）	刀林荫（女，傣族）	公保扎西（藏族）
雷春美（女，畲族）	乌兰（女，蒙古族）	

■中国共产党第十八届中央纪律检查委员会少数民族委员名单(4 人)(按姓氏笔画为序)

马勇霞（女，回族）	丹珠昂奔（藏族）	石生龙（满族）
多杰热旦（藏族）		

中国少数民族文化资料

■中国少数民族语言系属

汉	藏缅语族	藏语、门巴语、珞巴语、彝语、哈尼语、白语、羌语、傈僳语、纳西语、拉祜语、景颇语、土家语、普米语、怒语、独龙语、阿昌语、基诺语
藏	壮侗语族	壮语、侗语、布依语、傣语、水语、黎语、毛南语、仫佬语
语	苗瑶语族	苗语、瑶语、畲语
系	语族未定	仡佬语
阿	突厥语族	维吾尔语、哈萨克语、柯尔克孜语、撒拉语、乌孜别克语、塔塔尔语、
尔		裕固(尧乎尔)语
泰	蒙古语族	蒙古语、达斡尔语、东乡语、土族语、保安语、裕固(恩格尔)语
语	通古斯-满语族	满语、鄂温克语、鄂伦春语、锡伯语、赫哲语
系	语族未定	朝鲜语
印欧语系	斯拉夫语族	俄罗斯语
	伊朗语族	塔吉克语
南亚语系	孟高棉语族	佤语、德昂语、布朗语
南岛语系	印尼语族	高山语

注：1. 京族语的系属尚未确定。

2. 回族、满族大部通用汉语(满语只在极少数满族人口中使用)。

■中国各民族文字类型

象形文字	纳西族东巴文
汉字及其变体	汉文、方块壮字、方块侗字、水书、白文。
音节文字	纳西族哥巴文、彝文。
	(一)印度字母体系—藏文、傣文。
	(二)阿拉伯字母体系—老维吾尔文、老哈萨克文以及乌孜别克文、柯尔克孜文、塔塔尔文。
	(三)回鹘文字母体系—蒙古文、“托忒蒙古文”、锡伯文。
拼音文字	(四)朝鲜文字母体系—朝鲜文。
	(五)拉丁字母体系—壮文、景颇文、拉祜文、佤文、傈僳文、新维吾尔文、
	新哈萨克文以及布依、苗、黎、纳西、侗、哈尼各族的文字方案。
	(六)斯拉夫字母体系—俄罗斯族的俄文。

■中国各民族名称的罗马字母拼写法

民族	罗马字母拼写法	字母代码	民族	罗马字母拼写法	字母代码
汉族	Han	HA	柯尔克孜族	Kirgiz	KG
蒙古族	Mongol	MG	土族	Tu	TU
回族	Hui	HU	达斡尔族	Daur	DU
藏族	Zang	ZA	仫佬族	Mulao	ML
维吾尔族	Uygur	UG	羌族	Qiang	QI
苗族	Miao	MH	布朗族	Blang	BL
彝族	Yi	YI	撒拉族	Salar	SL
壮族	Zhuang	ZH	毛南族	Maonan	MN
布依族	Buyei	BY	仡佬族	Gelao	GL
朝鲜族	Chosen	CS	锡伯族	Xibe	XB
满族	Man	MA	阿昌族	Achang	AC
侗族	Dong	DO	普米族	Pumi	PM
瑶族	Yao	YA	塔吉克族	Tajik	TA
白族	Bai	BA	怒族	Nu	NU
土家族	Tujia	TJ	乌孜别克族	Uzbek	UZ
哈尼族	Hani	HN	俄罗斯族	Russ	RS
哈萨克族	Kazak	KZ	鄂温克族	Ewenki	EW
傣族	Dai	DA	德昂族	Deang	DE
黎族	Li	LI	保安族	Bonan	BN
傈僳族	Lisu	LS	裕固族	Yugur	YG
佤族	Va	VA	京族	Gin	GI
畲族	She	SH	塔塔尔族	Tatar	TT
高山族	Gaoshan	GS	独龙族	Derung	DR
拉祜族	Lahu	LH	鄂伦春族	Oroqen	OR
水族	Sui	SU	赫哲族	Hezhen	HZ
东乡族	Dongxiang	DX	门巴族	Monba	MB
纳西族	Naxi	NX	珞巴族	Lhoba	LB
景颇族	Jingpo	JP	基诺族	Jino	JN

■中国少数民族主要节日

民族	主要节日	时间	民族	主要节日	时间
	火把节	农历六月二十五日	德昂族	泼水节	农历四月十五日
	会街节	农历九月初十		圣纪节	伊斯兰教历三月十二日
阿昌族	泼水节	农历二月二十九日	东乡族	开斋节	伊斯兰教历九月三十日
	撒　神	农历七月初一		古尔邦节	伊斯兰教历十二月十日
	尝新节	农历八月十五日		芦笙节	农历六月至九月
	三月街	农历三月十五日		侗　年	农历十一月十九日
白　族	火把节	农历六月二十四日	侗　族	斗牛节	农历二月
	渔潭会	农历八月十五日		吃新节	农历六月至七月
	圣纪节	伊斯兰教历三月十二日	独龙族	卡雀哇	农历十月中下旬
保安族	开斋节	伊斯兰教历九月三十日	俄罗斯族	复活节	公历三、四月
	古尔邦节	伊斯兰教历十二月十日	鄂伦春族	春节	农历正月初一
	开门节	傣历十二月十五日	鄂温克族	米阔鲁节	农历五月二十二日
布郎族	关门节	傣历九月十五日	高山族	新年祭	农历十二月
	泼火节	农历二月十九日		灯杆节	农历正月初一
	六月六	农历六月初六	仡佬族	仡佬节	农历三月初三
布依族	三月三	农历三月初三		尝新节	农历六、七月
	四月八	农历四月初八		库扎节	傣历三月
	元　日	农历正月初一	拉祜族	火把节	农历六月二十四日
	上元节	农历正月初五		尝新节	傣历十二月
朝鲜族					
	寒食节	农历四月初五	黎族	三月三	农历三月初三
	端　午	农历五月初五		收获节	农历九月
	十月节	农历十月初一		澡塘节	农历正月初三
哈尼族			傈僳族		
	六月节	农历六月二十四日		过年节	农历正月初一
	圣纪节	伊斯兰教历三月十二日		刀杆节	农历二月初八
哈萨克族	开斋节	伊斯兰教历九月三十日		旭独龙节	藏历二月
			珞巴族		
	古尔邦节	伊斯兰教历十二月十日		隆德节	藏历四月
赫哲族	赫哲年	农历正月初一		颁金节	阴历十一月十三日
			满　族		
	圣纪节	伊斯兰教历三月十二日		庙　会	农历四月
回　族	开斋节	伊斯兰教历九月三十日	景颇族	目脑节	农历正月十五日
	古尔邦节	伊斯兰教历十二月十日		圣纪节	伊斯兰教历三月十二日
	打铁节	农历一月		开斋节	伊斯兰教历九月三十日
基诺族			柯尔克孜族		
	火把节	农历六月		古尔邦节	伊斯兰教历十二月十日
京　族	哈　节	农历六月初十		诺劳孜	农历正月初一
达斡尔族	春节(阿涅)	农历正月初一		蒙古族新年	农历正月初一
			蒙古族		

续表

民族	主要节日	时间
傣族	泼水节	傣历六月六日
	开门节	傣历十二月十五日
	关门节	傣历九月十五日
苗族	龙船节	农历五月二十四日
	吃新节	农历六月初六
	赶秋节	农历九月
仫佬族	依饭节	农历十月
	后生节	农历正月或七月
纳西族	正月农具会	农历正月二十日
	三月龙王庙会	农历三月十五日
	七月骡马会	农历七月十五日
怒族	鲜花节	农历三月十五日
普米族	大过年	农历正月初七
	大十五节	农历十二月十五日
	尝新节	农历九月
	转山节	农历七月十五日
土家族	过赶节	农历十二月二十九日
	祈禳节	农历正月初三
	牛王会	农历八月初八
土族	擂台会	农历二月初二
	火神节	农历正月二十九日
	端阳	农历五月初五
佤族	火把节	农历六月二十四日
	播种节	农历三月十五日
	新米节	农历七、八月
维吾尔族	古尔邦节	伊斯兰教历十二月十日
	开斋节	伊斯兰教历九月三十日
	努鲁斯节	伊斯兰教历八月十四日
乌孜别克族	古尔邦节	伊斯兰教历十二月十日
	开斋节	伊斯兰教历九月三十日
	圣纪节	伊斯兰教历三月十二日
锡伯族	春节	农历十二月二十三日至次年正月初二
毛南族	庙节	农历五月
	南瓜节	农历九月初九
	那达慕大会	农历七～八月
苗族	苗年节	农历十月初五
	四月八	农历四月初八
门巴族	藏历年	藏历正月初一
	望果节	藏历八月间
羌族	羌族大年	农历正月初一
	青苗会	农历三月十二日
	端午节	农历五月初五日
撒拉族	开斋节	伊斯兰教历九月三十日
	圣纪节	伊斯兰教历三月十二日
	古尔邦节	伊斯兰教历十二月十日
畲族	分龙节	农历五月十五日
水族	借额节	农历九月
	卯节	农历五、六月
塔吉克族	古尔邦节	伊斯兰教历十二月十日
	迄脱迄迪尔爱脱节	农历三月间
	肉孜节	伊斯兰教历九月三十日
塔塔尔族	古尔邦节	伊斯兰教历十二月十日
	开斋节	伊斯兰教历九月三十日
	圣纪节	伊斯兰教历三月十二日
瑶族	盘王节	农历十月十六日
	尝新节	农历八、九月
	歌节	农历三月初三
彝族	二月八	农历二月初八
	送年节	农历三月初七
裕固族	春节	农历正月初五
	端午节	农历五月初五
	中秋节	农历八月十五
藏族	藏历年	藏历正月初一
	望果节	藏历八月间
	雪顿节	藏历七月一日
壮族	三月三	农历三月初三
	中元节	农历七月十四日

■民族自治地方全国重点文物保护单位

（截至 2009 年底）

地 区	数量	名 称	时 代	地 址
（一）古遗址：115 处				
内蒙古自治区	41	辽上京遗址	辽	巴林左旗
		辽中京遗址	辽	宁城县
		大窑遗址	旧石器时代	呼和浩特市
		居延遗址	汉	额济纳旗
		嘎仙洞遗址	北魏	鄂伦春自治旗
		元上都遗址	元	正蓝旗
		兴隆洼遗址	新石器时代	敖汉旗
		大甸子遗址	青铜时代	敖汉旗
		固阳秦长城遗址	秦	固阳县
		缸瓦窑遗址	辽	赤峰市
		敖伦苏木城遗址	元	达尔罕茂明安联合旗
		萨拉乌苏遗址	旧石器时代	乌审旗
		岱海遗址群	新石器时代	凉城县
		庙子沟遗址	新石器时代	察哈尔右翼前旗
		架子山遗址群	青铜时代	喀喇沁旗
		大井古铜矿遗址	青铜时代	林西县
		城子山遗址	青铜时代	敖汉旗
		和林格尔土城子遗址	汉至唐	和林格尔县
		黑山头城址	金、元	额尔古纳市
		金界壕遗址	金	呼伦贝尔盟、兴安盟、通辽市、赤峰市、乌兰察布盟、包头市
		应昌路故城遗址	元	克什克腾旗
		阿善遗址	新石器时代	包头市
		赵宝沟遗址	新石器时代	敖汉旗
		红山遗址群	新石器时代至青铜时代	赤峰市
		夏家店遗址群	新石器时代至战国	赤峰市
		朱开沟遗址	新石器时代至商	伊金霍洛旗
		秦直道遗址	秦	鄂尔多斯市
		麻池城遗址和召湾墓群	汉	包头市
		黑城遗址	汉	宁城县
		朔方郡故城	汉	磴口市、巴彦淖尔市
		霍洛柴登城址	汉	杭锦旗
		克里孟城址	汉至南北朝	察哈尔右翼后旗
		沃野镇故城	汉至南北朝	乌拉特前旗
		白灵淖尔城址	南北朝	固阳县
		十二连城城址	隋至唐	准格尔旗
		城川城址	唐	鄂托克前旗
		查干浩特城址	辽至明	阿鲁科尔沁旗
		安答堡子城址	金至元	达尔罕茂明安联合旗
		净州路故城	金至元	四子王旗
		砂井路总管府故城	元	四子王旗
		巴彦乌拉城址	元	鄂温克族自治旗

续表 1

地　区	数量	名　　称	时　　代	地　　址
辽宁省	5	查海遗址	新石器时代	阜新蒙古族自治县
		庙后山遗址	旧石器时代	本溪满族自治县
		赫图阿拉故城	明	新宾满族自治县
		五女山山城	高句丽（公元前 37—668 年）	桓仁满族自治县
		东山嘴遗址	新石器时代	喀左自治县
吉林省	6	渤海中京城遗址	渤海（公元 698—926 年）	和龙市
		八连城遗址	唐、五代	珲春市
		塔虎城	辽、金	前郭尔罗斯蒙古族自治县
		百草沟遗址	战国至晋	汪清县
		城山子山城	唐	敦化市
		磨盘村山城	唐至金	图们市
湖北省	4	建始直立人遗址	旧石器时代	建始县
		施州城址	宋	恩施市
		唐崖土司城址	元至清	咸丰县
		容美土司遗	明至清	鹤峰县
湖南省	1	老司城遗址	五代至清	永顺县
广西壮族自治区	8	百谷和高岭坡遗址	旧石器时代	百色市、田东县
		甑皮岩遗址	新石器时代	桂林市
		顶蛳山遗址	新石器时代	邕宁县
		白莲洞遗址	旧石器至新石器时代	柳州市
		鲤鱼嘴遗址	旧石器至新石器时代	柳州市
		感驮岩遗址	新石器时代至战国	那坡县
		秦城遗址	秦至晋	兴安县
		智城城址	唐	上林县
四川省	2	营盘山和姜维城遗址	新石器时代	茂县、汶川县
		大洋堆遗址	周至战国	西昌市
云南省	6	太和城遗址	南诏（公元 649—902 年）	大理白族自治州大理市
		元谋猿人遗址	旧石器时代	元谋县
		腊玛古猿化石地点		禄丰县
		石佛洞遗址	新石器时代	耿马傣族佤族自治县
		白羊村遗址	新石器时代	宾川县
		山龙山于图山城址	唐	巍山彝族回族自治县
西藏自治区	3	古格王国遗址	约为公元十世纪前后	扎达县
		卡若遗址	新石器时代	昌都县
		拉加里王宫遗址	13 世纪至 18 世纪	曲松县
甘肃省	3	齐家坪遗址	新石器时代	广河县
		林家湾遗址	新石器时代	东乡县
		八角城城址	唐至明	夏河县
青海省	4	马厂塬(yuán)遗址	新石器时代	民和回族土族自治县
		西海郡故城遗址	汉至南北朝	海晏县
		喇家遗址	新石器时代	民和回族土族自治县
		塔温搭里哈遗址	青铜时代	都兰县

续表 2

地　区	数量	名　称	时　代	地　址
宁夏回族自治区	7	水洞沟遗址	旧石器时代	灵武县
		开城遗址	元	固原县
		鸽子山遗址	旧石器时代	青铜峡市
		菜园遗址	新石器时代	海原县
		照壁山铜矿遗址	汉	中卫市
		灵武窑址	宋至明	灵武市
		张家场城址	汉	盐池县
新疆维吾尔族自治区	25	高昌故城	高昌（公元 500—640 年）	吐鲁番县
		雅尔湖故城	高昌（公元 500—640 年）	吐鲁番县
		楼兰故城遗址	汉至晋	若羌县
		北庭故城遗址	唐	吉木萨尔县
		尼雅遗址	西汉－西晋	民丰县
		苏巴什佛寺遗址	南北朝－唐	库车县
		奴拉赛铜矿遗址	青铜时代	尼勒克县
		圆沙古城	汉	于田县
		克孜尔尕哈烽燧	汉	库车县
		孔雀河烽燧群	汉至晋	尉犁县
		罗布泊南古城遗址	汉至晋	若羌县
		莫尔寺遗址	汉至唐	疏附县
		托库孜萨来遗址	汉至唐	巴楚县
		米兰遗址	汉至唐	若羌县
		安迪尔古城遗址	汉至唐	民丰县
		石头城遗址	晋至清	塔什库尔干塔吉克自治县
		七个星佛寺遗址	晋至宋	焉耆回族自治县
		热瓦克佛寺遗址	南北朝	洛浦县
		白杨沟佛寺遗址	唐	哈密市
		大河古城	唐	巴里坤县
		乌拉泊古城	唐至元	乌鲁木齐县
		台藏塔遗址	唐至宋	吐鲁番市
		丹丹乌里克遗址	南北朝至唐	策勒县
		麻扎塔格戍堡址	唐	墨玉县
		通古斯巴西城址	唐	新和县
（二）石窟寺、石刻及其他：26 处				
内蒙古自治区	2	阴山岩画	新石器至青铜时代	乌拉特前旗、乌拉特后旗、乌拉特中旗、磴口县
		真寂之寺石窟	辽	巴林左旗
湖北省	1	仙佛寺石窟	唐	来凤县
湖南省	2	溪州铜柱	五代	湘西土家族苗族自治州永顺县
		阳华岩摩崖	唐至清	江华瑶族自治县
广西壮族自治区	3	花山岩画	战国至东汉	宁明县
		桂林石刻	唐至清	桂林市
		柳侯祠碑刻	宋至民国	柳州市

续表 3

地　区	数量	名　　称	时　　代	地　　址
四川省	1	博什瓦黑岩画	唐至宋	昭觉县
云南省	4	石钟山石窟	南诏、大理（公元649—1094年）	大理白族自治州剑川县
		南诏铁柱	南　诏	弥渡县
		元世祖平云南碑	元	大理市
		沧源崖画	新石器时代	沧源县
甘肃省	3	炳灵寺石窟	北魏至明	临夏县
		马蹄寺石窟群	十六国～清	肃南裕固族自治县
		文殊山石窟	北朝～西夏	肃南裕固族自治县
青海省	1	贝大日如来佛石窟寺和勒巴沟摩崖	唐	玉树县
宁夏回族自治区	2	须弥山石窟	北朝至唐	固原县
		贺兰山岩画	元	贺兰县
新疆维吾尔族自治区	7	克孜尔千佛洞	唐至宋	拜城县
		库木吐喇千佛洞	唐至宋	库车县
		柏孜克里克千佛洞	唐至元	吐鲁番县
		森木塞姆千佛洞	晋－宋	库车县
		克孜尔尕哈石窟	北朝至唐	库车县
		平定准噶尔勒铭碑	清	昭苏县
		吐峪沟石窟	南北朝至唐	鄯善县
（三）古墓葬：40 处				
内蒙古自治区	9	辽陵及奉陵邑(含怀陵及奉陵)	辽	巴林右旗、巴林左旗
		成吉思汗陵	1954 年迁建	伊金霍洛旗
		宝山、罕苏木墓群	辽	阿鲁科尔沁旗
		扎赉诺尔墓群	汉	满洲里市
		王昭君墓	汉	呼和浩特市
		韩匡嗣家族墓地	辽	巴林左旗
		吐尔基山墓	辽	科尔沁左翼后旗
		萧氏家族墓	辽	奈曼旗
		张应瑞家族墓地	元	翁牛特旗
辽宁省	1	永陵	清	新宾满族自治县
吉林省	3	干沟子墓群	战国至西汉	长白朝鲜族自治县
		龙头山古墓群	渤海	和龙市
		六顶山古墓	渤海(公元 698—927 年)	延边朝鲜族自治州敦化市
广西壮族自治区	1	合浦汉墓群	汉	合浦县
四川省	1	凉山大石墓群	战国至汉	德昌县、喜德县
贵州省	1	交乐墓群	汉	兴仁县
西藏自治区	4	藏王墓	公元七世纪	穷结县
		烈山墓地	唐	朗县
		吉堆吐蕃墓群	唐	洛扎县
		查木钦墓群	唐	拉孜县
青海省	1	热水墓群	唐	都兰县
宁夏回族自治区	1	西夏陵	西夏	银川市

续表 4

地区	数量	名称	时代	地址
新疆维吾尔族自治区	18	阿斯塔纳古墓群	晋至唐	吐鲁番市
		阿巴和明麻札	清	喀什市
		三海子墓葬及鹿石	青铜时代	青河县
		焉不拉克古墓群	青铜时代	哈密市
		察乌乎古墓群	青铜时代	和静县
		切木尔切克石人及石棺墓群	青铜时代至汉、魏	阿勒泰市
		扎滚鲁克石墓群	青铜时代至汉、晋	且末县
		山普拉古墓群	汉、晋	洛浦县
		楼兰墓群	新石器时代至晋	若羌县
		五堡墓群	青铜时代	哈密市
		洋海墓群	青铜时代至唐	鄯善县
		阿日夏特石人墓	隋至唐	温泉县
		麻赫穆德·喀什噶里墓	元	疏附县
		速檀·歪思汗麻扎	明	伊宁县
		叶尔羌汗国王陵	明	莎车县
		艾比甫·艾洁木麻扎	清	阿图什市
		哈密回王墓	清至民国	哈密市
		吐虎鲁克·铁木尔汗麻扎	元	霍城县
（四）古建筑及历史纪念建筑物：128 处				
内蒙古自治区	21	万部华严经塔	辽	呼和浩特市
		金刚座舍利宝塔	清	呼和浩特市
		美岱召	明	土默特右旗
		五当召	清	包头市
		汇宗寺	清	多伦县
		福会寺	清	喀喇沁旗
		喀喇沁亲王府及家庙	清	喀喇沁旗
		和硕恪靖公主府	清	呼和浩特市
		开鲁县佛塔	元	开鲁县
		清水河县长城	明	清水河县
		纳林塔秦国长城遗址	战国	伊金霍洛旗
		锦山龙泉寺	清	喀喇沁旗
		大召	明至清	呼和浩特市
		绥远城墙和将军衙署	清	呼和浩特市
		贝子庙	清	锡林浩特市
		定远营	清	阿拉善左旗
		灵悦寺	清	喀喇沁旗
		诺尔古建筑群	清	多伦县
		库伦三大寺	清	库伦旗
		僧格林沁王府	清	科尔沁左翼后旗
		宝善寺	清	阿鲁科尔沁旗
吉林省	1	灵光塔	渤海	长白朝鲜族自治县
浙江省	1	时思寺	元至清	景宁畲族自治县

续表 5

地　区	数量	名　　称	时　　代	地　　址
湖北省	2	鱼木寨	明至清	利川市
		大水井古建筑群	清	利川市
湖南省	4	马田鼓楼	清	通道侗族自治县
		芋头侗寨古建筑群	明、清	通道侗族自治县
		坪坦风雨桥	清	通道侗族自治县
		凤凰古城堡	清	凤凰县
广西壮族自治区	12	经略台真武阁	明	容县
		程阳永济桥	民国	三江县
		灵渠	秦	兴安县
		大士阁	明	合浦县
		莫土司衙署	明、清	忻城县
		靖江王府及王陵	明	桂林市
		岜团桥	清	三江侗族自治县
		临贺故城	汉至清	贺州市
		江头村和长岗岭村古建筑群	明至民国	灵川县
		马殷庙	明至清	富川瑶族自治县
		燕窝楼	明至清	全州县
		恭城古建筑群	明至清	恭城瑶族自治县
四川省	10	卓克基土司官寨	清	马尔康县
		德格印经院	清	德格县
		直波碉楼	清	马尔康县
		松潘古城墙	明	松潘县
		棒托寺	明、清	壤塘县
		丹巴古碉群	唐至清	丹巴县
		措尔机寺	元至清	壤塘县
		日斯满巴碉房	元至明	壤塘县
		松格嘛呢石经城和巴格嘛呢石经墙	明至清	石渠县
		波日桥	清	新龙县
贵州省	9	增冲鼓楼	清	从江县
		青龙洞	清	镇远县
		福泉城墙	明	福泉市
		郎德上寨古建筑群	明、清	雷山县
		地坪风雨桥	清	黎平县
		寨英村古建筑群	明至清	松桃苗族自治县
		飞云崖古建筑群	明至清	黄平县
		旧州古建筑群	明至清	黄平县
		葛镜桥	明	福泉市

续表 6

地　区	数量	名　称	时　代	地　址
云南省	22	崇圣寺三塔	唐、五代	大理白族自治州大理市
		广允缅寺	清	沧源佤族自治县
		景真八角亭	清	勐海县
		曼飞龙塔	清	景洪市
		大宝积宫与琉璃殿	明	玉龙纳西族自治县
		中心镇公堂	清	香格里拉县
		喜洲白族古建筑群	明、清	大理市
		建水文庙	明、清	建水县
		水目寺塔	唐至明	祥云县
		佛图寺塔	唐	大理市
		大姚白塔	唐	大姚县
		指林寺大殿	元至清	建水县
		宝山石头城	元	玉龙纳西族自治县
		州城文庙和武庙	明至清	宾川县
		龙华寺	明至清	姚安县
		朝阳楼	明	建水县
		西门街古建筑群	明	剑川县
		沙溪兴教寺	明至民国	剑川县
		孟连宣抚司署	清	孟连傣族拉祜族佤族自治县
		曼短佛寺	清	勐海县
		双龙桥	清	建水县
		长春洞	清	巍山彝族回族自治县
		寿国寺	清	维西傈僳族自治县
西藏自治区	27	大昭寺		拉萨市
		昌珠寺		乃东县
		萨迦寺	元	萨迦县
		布达拉宫	明至民国	拉萨市
		噶丹寺	明初至清	拉萨市
		扎什伦布寺	明初至清	日喀则县
		哲蚌寺	明	拉萨市
		色拉寺	明	拉萨市
		罗布林卡	清	拉萨市
		夏鲁寺	元至清	日喀则市
		桑耶寺	789—799 年	扎囊县
		托林寺	宋	扎达县
		扎塘寺	1081—1093 年	扎囊县
		白居寺	明	江孜县
		朗色林庄园	明	扎囊县
		曲德寺、卓玛拉康	公元 10 世纪、公元 1274 年	吉隆县(大唐天竺使出铭公元 658 年)
		色喀古托寺	公元 1080 年	洛扎县
		科迦寺	公元 996 年	普兰县
		小昭寺	公元 641 年	拉萨市

续表 7

地　区	数量	名　　称	时　　代	地　　址
西藏自治区	27	吉如拉康	唐至清	乃东县
		松卡石塔	唐	扎囊县
		聂塘卓玛拉康	宋	曲水县
		敏竹林寺	明	扎囊县
		查杰玛大殿	元至清	昌都地区
		平措林寺	明	拉孜县
		邦纳寺	明	索县
		康松桑卡林	清	扎囊县
甘肃省	1	拉卜楞寺	清	夏河县
青海省	5	隆务寺	明、清	同仁县
		贵德文庙及玉皇阁	明、清	贵德县
		藏娘佛塔及桑周寺	北宋至清	玉树县
		格萨尔三十大将军灵塔和达那寺	宋、元	囊谦县
		却藏寺	清	互助土族自治县
宁夏回族自治区	7	海宝塔	清	银川市
		同心清真大寺	清	同心县
		拜寺口双塔	西　夏	贺兰县
		一百零八塔	元	青铜峡市
		承天寺塔	清	银川市
		董府	清	吴忠市
		宁夏秦长城遗址	战国	彭阳县、西吉县、固原县
新疆维吾尔自治区	5	苏公塔	清	吐鲁番市
		伊犁将军府	清	伊宁市
		昭苏圣佑庙	清	昭苏县
		艾提尕尔清真寺	明	喀什市
		靖远寺	明	察布查尔锡伯自治县
（五）革命遗址、革命纪念建筑物及近现代重要史迹和代表性建筑：55 处				
内蒙古自治区	5	乌兰夫故居	清至民国	土默特左旗
		成吉思汗庙	民国	乌兰浩特市
		"独贵龙"运动旧址	1919—1921 年	乌审旗
		百灵庙起义旧址	1936 年	达尔罕茂明安联合旗
		内蒙古自治政府成立大会会址	1947 年	乌兰浩特市
湖北省	1	五里坪革命旧址	1929—1933 年	鹤峰县
湖南省	3	沈从文故居	清	凤凰县
		湘鄂川黔革命根据地旧址	1934—1935 年	张家界市、永顺县、龙山县
		抗日胜利芷江洽降旧址	1945 年	芷江侗族自治县
广西壮族自治区	18	金田起义地址	1851 年	桂平县金田村
		中国工农红军第七军、第八军军部旧址	1929—1930 年	百色市、龙州县

续表 8

地　区	数量	名　称	时　代	地　址
广西壮族自治区	18	李宗仁故居(包括李宗仁府邸)	1921、1948 年	临桂县、桂林市
		李济深故居	民国	苍梧县
		右江工农民主政府旧址	1929 年	田东县
		八路军桂林办事处旧址	1938 年	桂林市
广西壮族自治区	18	北海近代建筑	近代	北海市
		刘永福、冯子材旧居建筑群	清	钦州市
		连城要塞遗址和友谊关	明至清	北海市、防城港市、宁明县、凭祥市、龙州县、大新县、靖西县、那坡县
		容县近代建筑	清至民国	容县
		太平天国永安活动旧址	1851 年	蒙山县
		马胖鼓楼	民国	三江侗族自治县
		梧州中山纪念堂	民国	梧州市
		广西农民运动讲习所旧址	1925 年	东兰县
		红军标语楼	1930 年	河池市
		湘江战役旧址	1934 年	兴安县、 全州县、灌阳县
		昆仑关战役旧址	1939—1940 年	南宁市、宾阳县、柳州市
		胡志明旧居	1942—1954 年	柳州市
海南省	1	陵水县苏维埃政府　旧址	1927—1928 年	陵水黎族自治县
重庆市	1	赵世炎故居	1904—1914 年	酉阳自治县
四川省	3	泸定桥	1935 年	甘孜藏族自治州泸定县
		阿坝红军长征遗迹	1935 年	小金县、黑水县、松潘县、若尔盖县、茂县、红原县
		白利寺	1936—1950 年	甘孜藏族自治州泸定县
贵州省	4	黔东特区革命委员会旧址	1934 年	沿河土家族自治县、德江县、印江土家族苗族自治县
		黎平会议会址	1934 年	黎平县
		“二十四道拐”抗战公路	1936 年	晴隆县
		和平村旧址	1941—1944 年	镇远县
云南省	10	纳楼长官司署	清	建水县
		南甸宣抚司署	清、民国	梁河县
		五家寨铁路桥	清	屏边苗族自治县
		茨中教堂	清	德钦县
		蒙自海关旧址	清至民国	蒙自县
		鸡街火车站	民国	个旧市
		企鹤楼	民国	石屏县
		陈氏宗祠	民国	石屏县
		允燕塔	民国	盈江县
		民族团结誓词碑	1951 年	普洱哈尼族彝族自治县
西藏自治区	1	江孜宗山抗英遗址	1904 年	江孜县
甘肃省	1	俄界会议旧址	1935 年	迭部县
青海省	3	第一个核武器研制基地旧址	1957—1995 年	海晏县
		新寨嘉那嘛呢	清	玉树县
		循化西路红军革命旧址	1939—1946 年	循化撒拉族自治县
宁夏回族自治区	1	将台堡革命旧址	1936 年	西吉县
新疆维吾尔自治区	3	坎尔井地下水利工程	清	吐鲁番市
		塔城红楼	清至民国	塔城市
		三区革命政府政治文化活动中心旧址	民国	伊宁市

■民族自治地方全国历史文化名城

（截至 2009 年底）

内蒙古自治区	呼和浩特市
湖南省	凤凰县
广西壮族自治区	桂林市　柳州市
贵州省	镇远县
云南省	大理市　丽江市　巍山彝族回族自治县　建水县
西藏自治区	拉萨市　日喀则市　江孜县
青海省	同仁县
宁夏回族自治区	银川市
新疆维吾尔自治区	喀什市　吐鲁番　特克斯

■民族自治地方中国历史文化名镇

（截至 2009 年底）

内蒙古自治区	喀喇沁旗王爷府镇
	多伦县多伦淖尔镇
辽宁省	新宾满族自治县永陵镇
浙江省	景宁畲族自治县鹤溪镇
湖北省	宣恩县椒园镇
湖南省	龙山县里耶镇
	永顺县芙蓉镇
	泸溪县浦市镇
广西壮族自治区	昭平县黄姚镇
	灵川县大圩镇
	阳朔县兴坪镇
重庆市	石柱土家族县西沱镇
	酉阳土家族苗族自治县龙潭镇
贵州省	黄平县旧州镇
	雷山县西江镇
云南省	禄丰县黑井镇
	剑川县沙溪镇
	孟连县娜允镇
	洱源县凤羽镇
	蒙自市新安所镇
西藏自治区	乃东县昌珠镇
	日喀则市萨迦镇
甘肃省	临潭县新城镇
新疆维吾尔自治区	鄯善县鲁克沁镇
	霍城县惠远镇

■民族自治地方全国历史文化名村

（截至 2009 年底）

内蒙古自治区	土默特右旗美岱召镇美岱召村
	包头市石拐区五当召镇五当召村
湖北省	恩施市崔家坝镇滚龙坝村
	恩施市宣恩县沙道沟镇两河口村
广西壮族自治区	灵山县佛子镇大芦村
	玉林市玉州区城北街道办事处高山村
	富川瑶族自治县朝东镇秀水村
四川省	丹巴县梭坡乡莫洛村
贵州省	锦屏县隆里乡隆里村
	黎平县肇兴乡肇兴寨村
	从江县往洞乡增冲村
云南省	云龙县诺邓镇诺邓村
	石屏县宝秀镇郑营村
	巍山县永建镇东莲花村
青海省	同仁县年都乎乡郭麻日村
宁夏回族自治区	中卫市香山乡南长滩村
新疆维吾尔自治区	鄯善县吐峪沟乡麻扎村
	哈密市回城乡阿勒屯村

中国少数民族文学、少数民族题材作品“骏马奖”资料

■历届全国少数民族文学“骏马奖”获奖作品

	第一届	第二届	第三届	第四届	第五届	第六届	第七届	第八届	第九届	第十届
长篇小说	7	4	6	6	8	7	7	5	5	5
中、短篇小说集(中、短篇小说)	29	51	14	28	14	15	17	6	5	5
诗歌集(诗集、长诗、短诗)	59	33	10	25	13	14	10	5	7	5
散文、报告文学集(散文、报告文学)	17	12	5	11	10	12	12	10	8	10
评论集(评论)		6	1	4	4	4	4	5	5	
儿童文学集(儿童文学)	8		3	3	1	4	2			
电影文学	4									
剧本	5									
翻译奖		8(人)	4(人)	6(人)	3(人)	6(人)	4(人)	1(人)	4(人)	4(人)
新人新作			18	16	10					
特别奖			22			1				
荣誉奖	11	13								
人口较少民族特别奖									5	
合计	140	127	83	99	63	63	56	32	39	29

■历届全国少数民族题材电视“骏马奖”评奖活动

届数	时间	地点	主办单位	协办单位	承办单位
第一届	1986 年	呼和浩特	国家民委 文化部 中国文联 中国视协		内蒙古自治区广电厅、民委、视协
第二届	1988 年	昆明	国家民委 文化部 中国文联 中国视协		云南省广电厅、民委、视协
第三届	1990 年	乌鲁木齐	国家民委 文化部 中国文联 中国视协		新疆维吾尔自治区广电厅、民委、视协
第四届	1992 年	南宁	国家民委 广电部 文化部 中国文联	中国视协	广西壮族自治区广电厅、民委、视协
第五届	1994 年	成都	国家民委 广电部 文化部 中国文联	中国视协	四川省广电厅、民委、视协
第六届	1996 年	北京	国家民委 广电部 文化部 中国文联	中国视协	国家民委文化宣传司
第七届	1998 年	广州	国家民委 广电部 文化部 中国文联	中国视协	广州市广电局广州电视台、广东省民委
第八届	2000 年	北京	国家民委 广电部 文化部 中国文联	中国视协	北京电视台
第九届	2002 年	济南	国家民委 广电部 文化部 中国文联	中国视协	山东省民委、广电局、文化厅、文联承办、山东电视综艺频道具体承办
第十届	2004 年	呼和浩特	国家民委 广电部 文化部 中国文联	中国视协	内蒙古自治区民委、广电厅、文化厅、文联承办

■历届全国少数民族题材电视“骏马奖”获奖作品

（单位：部）

	第一届	第二届	第三届	第四届	第五届	第六届	第七届	第八届	第九届	总计
北京			1			3	1	4	6	15
天津					1	1				2
河北				2	1		1	2	1	7
山西	1		1					1		3
吉林	1	4	5	4	4	4	4	5	5	36
内蒙古	2	3	11	5	10	7	14	14	14	80
辽宁	1				1	2				4
吉林	1	4	5	4	4	4	4	5	5	36
黑龙江	1			1	2	2	2	3	5	16
上海			1	1	1		3	4	1	11
江苏				1		1			2	4
浙江		1	1							2
安徽				1					1	2
福建					1	1		1	1	4
江西										
山东				1	1	2	2	6	17	29
河南										
湖北			2	4	1	1	2	3	4	17
湖南		2	3	3	3	5	3	4	4	27
广东			1	1	1	2	1	1		7
广西	1	2	7	17	4	3	2	9	11	56
海南				1		1		2		4
重庆										
四川		1	2	2	15	2	3	2	5	32
贵州	2	1	1	3			2	3	3	15
云南	2	5	4	4	3	7	10	14	16	65
西藏	1	1	4	4	4	4	5	2		25
陕西	1		1							2
甘肃	1	1	2	2	6	2		6	2	22
青海		1	1	4	3	4	9	10	15	47
宁夏	1	1	1	2	2	2	2	3	1	15
新疆	1	5	14	20	14	14	19	27	33	147
中央电视台			5	1	3	5	4	17	33	68
中国电视剧制作中心		2			1	1			2	6
中央电视台新影制作中心									4	4
中国广播艺术团								1	2	3
中国农业电影电视中心									2	2
合计	17	34	73	88	86	80	93	149	195	815

■历届全国少数民族题材电影“骏马奖”获奖作品

（单位：部，人）

	第一届(1994 年)	第二届(1998 年)	第三届(2002 年)
故事片一等奖	1	1	1
故事片二等奖	3	1	2
故事片三等奖	6	1	1
故事片评委会特别奖	1		
故事片评委会提名奖(纪念奖)	23		5
儿童片一等奖			
儿童片二等奖			
儿童片三等奖			2
儿童片评委会提名奖			2
纪录片一等奖	1		
纪录片二等奖	2		
纪录片三等奖	3		
优秀纪录片奖			2
美术片一等奖	1		
美术片二等奖	2	1	
美术片三等奖	1	1	
优秀美术片奖			2
科教片一等奖	1		
优秀电视电影奖			2
最佳编剧(优秀编剧)	1(人)	2(人)	4(人)
最佳导演(优秀导演)	2(人)	2(人)	2(人)
最佳摄影(优秀摄影)		1(人)	1(人)
最佳男演员(优秀男演员)	1(人)	1(人)	1(人)
最佳女演员(优秀女演员)	1(人)	1(人)	1(人)
少数民族语优秀译制片奖	36		
少数民族语优秀译制片奖(蒙古语)		3	2
少数民族语优秀译制片奖(藏语)		1	3
少数民族语优秀译制片奖(维吾尔语)		4	2
少数民族语优秀译制片奖(哈萨克语)		1	1
少数民族语优秀译制片奖(彝语)		2	2
少数民族语优秀译制片奖(壮语)		2	6
少数民族语优秀译制片奖(傣语)		1	2
少数民族语优秀译制片奖(侗语)		1	2
少数民族语优秀译制片奖(佤语)			1
少数民族语优秀译制片奖(傈僳语)		1	
少数民族语优秀译制片奖(苗语)		2	
少数民族语译制片综合技术奖(蒙古语)		1	1
少数民族语译制片综合技术奖(藏语)		1	2
少数民族语译制片综合技术奖(维吾尔语)		1	2
少数民族语译制片综合技术奖(哈萨克语)			
少数民族语译制片综合技术奖(彝语)		1	
少数民族语译制片综合技术奖(壮语)		1	
少数民族语译制片综合技术奖(侗语)		1	
少数民族语译制片综合技术奖(鄂温克语)		1	
少数民族语译制片综合技术奖(佤语)		1	
少数民族语译制片综合技术奖(苗语)			1

中国少数民族传统体育运动会资料

■历届全国少数民族传统体育运动会

项目	第一届	第二届	第三届	第四届
时间	1953 年 11 月 8 日—12 日	1982 年 9 月 2 日—8 日	1986 年 8 月 10 日—17 日	1991 年 11 月 10 日—17 日
地点	天津市	呼和浩特市	乌鲁木齐市	南宁市
参加单位	华北、东北、西北、中南、西南、东南等 6 大行政区和内蒙古、解放军、铁路系统共 9 个单位	29 个省、自治区、直辖市代表团	29 个省、自治区、直辖市代表团	30 个省、自治区、直辖市代表团
民族及人数	蒙古、回、藏、维吾尔、哈萨克、苗、满、朝鲜、傣、纳西、塔塔尔等 12 个民族，395 名运动员	55 个少数民族，863 名运动员、教练员，其中：少数民族运动员 593 人；2 个观摩团，400 多人；300 多名中外记者	55 个少数民族，1097 名运动员、教练员，其中：少数民族运动员 777 人；29 个观摩团，872 人；中外记者 580 人；港澳同胞及外国朋友 45 人	55 个少数民族，1740 名运动员。29 个观摩团，有教练员、裁判员、工作人员、少数民族体育先进地区和单位代表、新闻工作者共 4500 人
比赛项目	举重、拳击、石锁、摔跤、击剑和步射(弓箭射准)	射箭邀请赛、中国式摔跤比赛	摔跤、射箭、赛马、叼羊、射弩、抢花炮、秋千	龙舟、抢花炮、秋千、射弩、珍珠球、木球、摔跤、赛马和武术
表演项目	武术(分棒术和器械，共 383 项)、民间体育(分石提、爬杆等 22 项)、骑术(各种马上技巧表演 9 项)	傣族的孔雀拳、蒙古族的赛骆驼、赛马等 68 项	表演项目 115 项	表演项目 120 项

续表

项目	第五届	第六届	
时间	1995 年 11 月 5 日—12 日	1999 年 9 月 24 日—30 日	1999 年 8 月 18 日—23 日
地点	昆明市	北京市(主赛场)	拉萨市(分赛场)
参加单位	31 个省、自治区、直辖市代表团，新疆生产建设兵团、解放军代表团、台湾少数民族代表团	31 个省、自治区、直辖市代表团，新疆生产建设兵团、解放军代表团、台湾少数民族代表团	31 个省、自治区、直辖市代表团、新疆生产建设兵团、解放军代表团
民族及人数	55 个少数民族，2342 名运动员。30 个省、自治区、直辖市组织了观摩团。运动员、教练员、工作人员、观摩人员、少数民族体育模范代表，中外记者及来宾共 7000 人参加了运动会。	55 个少数民族，2626 名运动员。各省、自治区、直辖市组织了观摩团、运动员、教练员、工作人员、观摩人员、少数民族体育模范代表及记者共计 6000 人。	35 个少数民族，764 名运动员。各省、自治区、直辖市组织了 33 个代表团和 40 个观摩团。运动员、教练员、工作人员、观摩人员及记者共计 2386 人。
比赛项目	抢花炮、珍珠球、木球、民族式摔跤(博克、且里西、格、北嘎、绊跤)、秋千、武术、射弩、龙舟、马上项目(速度赛马、走马、跑马、射击、跑马射箭、跑马拣哈达、叼羊)、打陀螺、毽球等共 11 项	抢花炮、珍珠球、毽球、蹴球、木球、秋千、武术、龙舟、民族式摔跤(博克、格、且里西、北嘎、绊跤)、马上项目(速度赛马、走马、跑马、射击、跑马射箭、跑马拾哈达)等 10 个项目	马上项目、射弩、打陀螺、押加等 4 个项目。
表演项目	表演项目 129 项	表演项目 11 项	表演项目 39 项

项目	第七届	第八届
时间	2003 年 9 月 6 日—13 日	2007 年 11 月 10 日—18 日
地点	银川市（主赛场） 石嘴山市（分赛场）	广州市
参加单位	31 个省、自治区、直辖市代表团，新疆生产建设兵团、解放军代表团、台湾少数民族代表团	31 个省、自治区、直辖市代表团，新疆生产建设兵团、解放军代表团、台湾少数民族代表团
民族及人数	55 个少数民族，3735 名运动员。30 个省、自治区、直辖市组织了观摩团。运动员、教练员、工作人员、观摩人员、少数民族体育模范代表，中外记者及来宾共 9039 人参加了运动会。	55 个少数民族，6381 名运动员。30 个省、自治区、直辖市组织了观摩团。运动员、教练员、工作人员、观摩人员、少数民族体育模范代表，中外记者及来宾共 1.5 万人参加了运动会。
比赛项目	抢花炮、珍珠球、木球、民族式摔跤(博克、且里西、格、北嘎、绊跤)、秋千、武术、射弩、龙舟、马术(速度赛马、走马、跑马射箭、跑马射击、跑马拾哈达)、打陀螺、毽球、蹴球、高脚竞速、押加等共 14 项	抢花炮、珍珠球、木球、民族式摔跤(博克、且里西、格、北嘎、绊跤、朝鲜族式摔跤)、秋千、武术、射弩、龙舟、马术(速度赛马、走马、跑马射箭、跑马射击、跑马拾哈达)、打陀螺、毽球、蹴球、高脚竞速、板鞋竞速、押加等共 15 项
表演项目	表演项目 125 项。	表演项目 148 项。

中国少数民族传统体育运动竞赛项目

项目名称	项目内容	
1. 花炮	男子	16 人集体项目
2. 珍珠球	男子	14 人集体项目
	女子	14 人集体项目
3. 木球	男子	10 人集体项目
4. 蹴球	男子	单蹴、双蹴
	女子	单蹴、双蹴
	男女混合	双蹴
5. 毽球	男子	6 人集体项目
	女子	6 人集体项目
6. 龙舟	男子	直道竞速：250 米、500 米、800 米
	女子	直道竞速：250 米、500 米、800 米
	男女混合	直道竞速：250 米、500 米、800 米
7. 秋千	女子	团体赛
		双人触铃、双人高度
		单人触铃、单人高度
8. 射弩	男女混合	团体
	男子	全能
		20 米双轮跪姿
		20 米双轮立姿
	女子	全能
		15 米双轮跪姿
		15 米双轮立姿
9. 陀螺	男子	3 人团体赛 个人赛
	女子	3 人团体赛
		个人赛
10. 押加	男子	55 公斤、60 公斤、70 公斤、80 公斤、80 公斤以上级
11. 高脚竞速	男子	200 米竞速、2×200 米接力
	女子	200 米竞速、2×200 米接力
	男女混合	4×100 米混合接力
12. 武术	男子、女子拳术	A 组：各种长拳、南拳、太极拳
		B 组：形意拳、八卦拳、八极拳、通臂拳、翻子拳、臂挂拳、地躺拳、象形拳、查拳、华拳、花拳、炮拳、洪拳、红拳、少林拳
		C 组：除 A、B 外的各种拳术套路
	男子、女子器械	A 组：长拳类刀、剑、枪、棍
		B 组：各种双、软器械
		C 组：除 A、B 外的各种单器械
	男子、女子对练	3 人以内各种对练套路(不允许混合)
13. 民族式摔跤(男子项目)	博克(蒙式)团体、个人赛	
	且里西(维式)52 公斤、62 公斤、74 公斤、90 公斤、90 公斤以上	
	格(彝式)52 公斤、62 公斤、74 公斤、90 公斤、90 公斤以上	
	北嘎(藏式)52 公斤、62 公斤、74 公斤、90 公斤、90 公斤以上	
	绊跤(回式)52 公斤、62 公斤、74 公斤、90 公斤、90 公斤以上	
14. 马术	速度赛马：1000 米、2000 米、3000 米、5000 米、10000 米	
	走马：1000 米、2000 米、5000 米	
	跑马射击	
	跑马射箭	
	跑马拾哈达	

中国民族自治地方世界遗产、国家级自然保护区、风景名胜区和旅游区名单

■民族自治地方世界遗产

	省　区	名　　称	地　　址
世界文化遗产	西藏自治区	布达拉宫（大昭寺、罗布林卡）	西藏自治区拉萨市
	云南省	丽江古城	云南省丽江市
		红河哈尼梯田	云南省红河哈尼族彝族自治州元阳县
	吉林省、辽宁省	中国高句丽王城、王陵及贵族墓葬	吉林省集安市、辽宁省桓仁县
世界自然遗产	四川省	九寨沟	四川省阿坝藏族羌族自治州九寨沟县
		黄龙	四川省阿坝藏族羌族自治州松潘县
		四川大熊猫栖息地	四川省阿坝藏族羌族自治州小金县
	云南省	三江并流	云南省迪庆藏族自治州、怒江傈僳族自治州
	云南省、贵州省	中国南方喀斯特	云南省石林彝族自治县、贵州省黔南布依族苗族自治州荔波县
	新疆维吾尔自治区	新疆天山	新疆维吾尔自治区
世界人类口述和非物质遗产	内蒙古自治区	蒙古族传统长调民歌	内蒙古自治区
	新疆维吾尔自治区	新疆维吾尔“木卡姆”	新疆维吾尔自治区

■民族自治地方国家级自然保护区名录

（截至 2009 年）

地区	保护区名称	行政区域	面积（公顷）	主要保护对象	类型	建立时间
河北省	红松洼草原	围场县	7300	草原生态系统	草原草甸	1994-8-1
	塞罕坝	围场县	20029.8	森林-草原交错带生态系统	草原草甸	2007-4-6
	滦河上游	围场县	50637.4	滦河上游的自然生态环境、森林生态系统及其生物多样性和珍稀濒危的野生动植物物种	森林和野生动物	2008-1-14
内蒙古自治区	赛罕乌拉	巴林左旗	100400	森林及马鹿等野生动物	森林生态	1997-4-1
	达里诺尔鸟类	克什克腾旗	119413	珍稀鸟类	野生动物	1987-9-8
	白音熬包云杉林	克什克腾旗	13862	沙地云杉林	森林生态	1979-10-4
	黑里河	宁城县	27638	森林生态系统	森林生态	1996-12-31
	大黑山	敖汉旗	86799	天然阔叶林	森林生态	1996-9-1
	汗玛	根河市	107348	森林生态系统	森林生态	1996-11-29
	红花尔基樟子松林	额温克旗	20085	樟子松林	森林生态	1998-5-1
	辉河	鄂温克族自治旗	346848	湿地、珍禽、草原	内陆湿地	1997-12-1
	达赉湖	新巴尔虎右旗	740000	湖泊、湿地、草原生态系统	内陆湿地	1987-1-1
	科尔沁	科尔沁右翼中旗	126987	湿地珍禽、灌丛及疏林草原	野生动物	1986-6-1
	图牧吉	扎赉特旗	94830	草原生态系统及大鸨等珍禽	草原草甸	1996-8-1
	大青沟	科尔沁左翼后旗	8183	针阔混交林	森林生态	1988-5-9
	锡林郭勒草原	锡林浩特市	580000	草甸草原、沙地疏林	草原草甸	1985-8-8
	鄂尔多斯遗鸥	鄂尔多斯市东胜区	14770	遗鸥及其生境	野生动物	1991-1-1
	西鄂尔多斯	鄂托克旗、乌海市	555849	古老残遗濒危植物	野生植物	1986-12-1
	乌拉特梭梭林－蒙古野驴	乌拉特后旗	68000	梭梭林、蒙古野驴及荒漠生态系统	荒漠生态	1985-10-1
	内蒙古贺兰山	阿拉善左旗	67710	水源涵养林、野生动植物	森林生态	1992-10-27
	额济纳胡杨林	额济纳旗	26253	胡杨林	荒漠生态	1968-6-1
	阿鲁科尔沁	阿鲁科尔沁旗	136793	沙地草原、湿地生态系统及珍稀鸟类	森林生态	2005-7-23
	哈腾套海	磴口县	123600	荒漠植被和野生动植物	荒漠生态	2005-7-23
	额尔古纳	额尔古纳市	124527	寒温带针叶林	森林生态	2006-2-11
	鄂托克恐龙遗迹化石	鄂托克旗查布苏木	46410	多种类型的恐龙足迹化石,以及恐龙骨骼化石	地质遗迹	2007-4-6
	大青山	乌兰察布市卓资县、呼和浩特市、包头市	388577	山地森林灌丛珍稀野生动植物及水源涵养地	森林生态	2008-1-14
辽宁省	老秃顶子	桓仁、新宾县	15219	长白植物区系原生型森林及紫杉、人参等珍稀物种	森林生态	1981-9-18
	白石砬子	宽甸县	7467	原生型红松阔叶混交林	森林生态	1981-9-9
	海棠山	阜新蒙古族自治县	11002.7	油松栎类混交的顶极群落及野生动物	森林生态	2007-4-6

续表 1

地区	保护区名称	行政区域	面积（公顷）	主要保护对象	类型	建立时间
吉林省	伊通火山群	伊通自治县	765	火山地质遗迹	地质遗迹	1984-6-27
	鸭绿江上游	长白县	20306	冷水性鱼类	野生动物	1996-10-1
	天佛指山松茸	龙井市	77317	松茸及森林生态系统	野生植物	1996-8-22
	长白山	安图县	196465	森林及野生动物	森林生态	1960-4-1
	珲春东北虎	珲春市	108700	东北虎、豹及其栖息地	野生动物	2005-7-23
	查干湖	吉林省西部前郭、乾安和大安2县1市	50684	半干旱地区湖泊水生生态系统、湿地生态系统和野生珍稀、濒危鸟类	内陆湿地和水域生态	2007-4-6
	雁鸣湖	敦化	53940	牡丹江上游湿地及黑鹳、东方白鹳、丹顶鹤、中华秋沙鸭等濒危水禽及东北虎迁移的重要生态通道	内陆湿地和水域生态	2007-4-6
湖北省	神农架	房县、兴山、巴东	70467	森林生态系统及珍稀动物金丝猴等	森林生态	1986-7-9
	后河	五峰自治县	10340	原始森林珍稀动植物	森林生态	2000-4-1
	星斗山	利川、咸丰、恩施市	68339	水杉、珙桐及森林植被	野生植物	1988-1-1
	七姊妹山	宣恩县	34550	典型的中亚热带山地常绿阔叶林生态系统、珙桐为主的珍稀濒危植物及群落、大型猫科动物为主的珍稀濒危动物及其栖息环境和亚高山泥炭藓沼泽湿地	野生植物	2008-1-14
湖南省	小溪	永顺县	24800	原始次生林	森林生态	1985-7-16
广西壮族自治区	大明山	武鸣、马山、上林县	16994	季风常绿阔叶林、水源涵养林及自然景观	森林生态	1981-8-1
	花坪	龙胜、临桂县	17400	银杉及典型常绿阔叶林生态系统	野生植物	1961-11-1
	猫儿山	资源、兴安县	17009	典型常绿阔叶林生态系统、水源涵养林	森林生态	1976-5-1
	山口红树林	合浦县	8000	红树林生态系统	海洋海岸	1990-9-30
	岑王老山	田林县、凌云县	18994	南亚热带中山常绿阔叶混交林、垂直带谱森林生态系统和黑颈长尾雉、叉孢苏铁、伯乐树等珍稀濒危物种	森林生态	2007-4-6
	九万山	融水苗族自治县、罗城仫佬族自治县、环江毛南族自治县	25212.8	水源涵养林	森林生态	2007-4-6
广西壮族自治区	合浦儒艮	合浦县	35000	儒艮及海洋生态系统	野生动物	1986-4-27
	北仑河口海洋	防城市防城区	3000	红树林生态系统	海洋海岸	1990-3-4
	防城上岳金花茶	防城市防城区	9195	金花茶及森林生态系统	野生植物	1986-4-5
	十万大山	上思、钦州、防城	58277	水源涵养林	森林生态	1982-6-1
	弄岗	龙州、宁明县	10080	石灰岩季节雨林生态系统、白头叶猴、黑叶猴等	森林生态	1978-1-1
	大瑶山	金秀自治县	24907	水源林及瑶山鳄蜥、银杉	森林生态	1982-6-1
	木论	环江自治县	8969	中亚热带石灰岩、常绿阔叶混交林生态系统	森林生态	1991-8-18
	千家洞	灌阳县	12231	亚热带常绿阔叶林	森林生态	2006-2-11
	金钟山黑颈长尾雉	隆林各族自治县、西林县	20924.4	黑颈长尾雉	野生动物	2008-1-14

续表 2

地区	保护区名称	行政区域	面积（公顷）	主要保护对象	类型	建立时间
海南省	尖峰岭	乐东自治县	20170	热带雨林生态系统	森林生态	1976-10-1
	五指山	琼中自治县	13435.9	热带原始林生态系统	森林生态	1985-11-1
	霸王岭	昌江自治县	29980	黑冠长臂猿及生境	野生动物	1980-4-9
	吊罗山	陵水县、保亭县、琼中县	18389	森林生态系统及珍稀动植物	森林生态	2008-1-14
四川省	马边大风顶	马边自治县	30164	大熊猫及森林生态系统	野生动物	1977-5-1
	卧龙	汶川县	200000	大熊猫及森林生态系统	野生动物	1975-1-1
	九寨沟	九寨沟县	64297	大熊猫及森林生态系统	野生动物	1978-1-1
	四姑娘山	小金县	48500	野生动物及高山生态系统	野生动物	1996-11-29
	若尔盖湿地	若尔盖县	166571	高寒沼泽湿地及黑颈鹤等野生动物	内陆湿地	1994-8-18
	贡嘎山	康定、泸定县	400000	珍稀动物及高山生物多样性	森林生态	1997-12-8
	察青松多	白玉县	143682.6	白唇鹿、金钱豹等野生动物	野生动物	1995-1-1
	亚丁	稻城县	134400	森林生态系统、野生动植物、冰川	森林生态	1997-12-16
	美姑大风顶	美姑县	50655	大熊猫及森林生态系统	野生动物	1982-1-1
	长江上游珍稀、特有鱼类国家级自然保护区	33174	33174	珍稀鱼类	野生动物	1987-12-4
	海子山	甘孜藏族自治州稻城县、理塘县	459161	高寒湿地生态系统	内陆湿地	2008-1-14
贵州省	梵净山	江口、印江、松涛	41900			1986-7-9
	麻阳河黑叶猴	沿河自治县	31113	黑叶猴等珍稀动物及生境	野生动物	1987-8-1
	草海	威宁自治县	12000	高原湿地生态系统及黑颈鹤等	内陆湿地	1985-1-1
	雷公山	黔东南自治州	47300	中亚热带森林及秃杉等珍稀植物	森林生态	1982-6-1
	茂兰	荔波县	20000	喀斯特地貌为主的森林生态系统	森林生态	1986-4-9
云南省	哀牢山	新平县	67700	原始森林、黑长臂猿等珍稀动植物	森林生态	1986-3-1
	高黎贡山					
	大围山	屏边自治县	43993	南亚热带常绿阔叶林及珍稀动物	森林生态	1986-6-1
	金平分水岭	金平自治县	42027	热带半山山地苔藓常绿阔叶林以及珍稀动植物	森林生态	1986-6-1
	绿春黄连山	绿春县	65058	亚热带常绿阔叶林生态系统、野生动植物	森林生态	1983-4-1
	文山老君山	文山县	26867	原始阔叶林	森林生态	1958-10-8
	无量山	景东、南涧县	30938	亚热带常绿阔叶林及长臂猿等	森林生态	1988-3-1
	西双版纳	西双版纳自治州	241776	热带森林生态系统及珍稀野生动植物	森林生态	1958-10-9
	纳板河	景洪县	26100	森林和野生动植物	森林生态	1992-7-1
	苍山洱海	大理市	79700	断层湖泊、古代冰川遗迹、弓鱼、苍山冷杉、杜鹃林	内陆湿地	1981-11-5
	白马雪山	德钦县	276432	高山针叶林、滇金丝猴	森林生态	1984-1-1
	南滚河	沧源自治县	50887	亚洲象及其栖息的热带季雨林	野生动物	1980-1-1

续表 3

地区	保护区名称	行政区域	面积（公顷）	主要保护对象	类型	建立时间
西藏自治区	雅鲁藏布江中游黑颈鹤	林周县	614350	黑颈鹤及其越冬生境	野生动物	1993-1-1
	芒康滇金丝猴	芒康县	185300	滇金丝猴及其生态系统	野生动物	1993-1-1
	珠穆朗玛峰	日喀则地区	3381000	高山森林及荒漠生态系统	森林生态	1988-4-5
	色林错	申扎县	2032380	黑颈鹤繁殖地、高原湿地生态系统	野生动物	1993-1-1
	羌塘	双湖、文南、改则等	29800000	藏羚羊、野牦牛等野生动物及高原荒漠生态系统	荒漠生态	1993-4-4
	雅鲁藏布大峡谷	墨脱县	916800	热带山地垂直带植被及珍贵动植物	森林生态	1985-7-9
	察隅慈巴沟	察隅县	101400	羚羊、山地亚热带森林生态系统	森林生态	1985-1-1
	拉鲁湿地	拉萨市	1220	高寒湿地生态系统	内陆湿地	2005-7-23
	类乌齐马鹿	类乌齐县	120614	马鹿、白唇鹿等野生动物及其生境、自然植被	野生动物	2005-7-23
甘肃省	莲花山	卓尼、康乐县	11691	森林生态系统	森林生态	1982-12-1
	尕海－则岔	碌曲县	247431	候鸟等野生动物、森林生态、石林等	野生动物	1995-10-1
	盐池湾	肃北蒙古族自治县	1360000	白唇鹿及过渡带生态系统	荒漠生态	2006-2-11
	安南坝野骆驼	阿克塞哈萨克族自治县	396000	野骆驼及其荒漠生态系统	野生动物	2006-2-11
青海省	孟达	循化自治县	17290	森林生态系统及珍稀生物物种	森林生态	1980-4-1
	青海湖	刚察县	495200	斑头雁、棕头鸥等水禽及生态系统	野生动物	1975-8-8
	可可西里	玉树自治州	4500000	藏羚羊、野驴、野牦牛等有蹄类动物及生态系统	野生动物	1995-10-8
	隆宝	玉树县	10000	黑颈鹤、天鹅等水禽及草甸生态系统	野生动物	1986-8-9
	三江源	玉树县	15230000	珍稀动物、湿地、森林、高寒草甸、冰川等生态系统	内陆湿地	2000-5-1
宁夏回族自治区	贺兰山	银川市	206266	森林生态系统、野生动植物资源	森林生态	1982-7-1
	沙坡头	中卫县	13722	自然沙生植被及人工植被、野生动物	荒漠生态	1984-9-1
	罗山	同心县	33710	水源涵养林	森林生态	1982-7-1
	白芨滩	灵武市	74843	天然柠条母树林及沙生植被	荒漠生态	1985-1-4
	六盘山	固原县	26667	野生动物及水源涵养林	森林生态	1982-5-9
	哈巴湖	盐池县	84000	过渡区荒漠-湿地生态系统	内陆湿地	2006-2-11
新疆维吾尔自治区	阿尔金山	若羌县	4500000	三大有蹄类野生动物	荒漠生态	1983-1-1
	罗布泊野骆驼	若羌县	7800000	野骆驼及其生境	野生动物	1986-1-1
	巴音布鲁克	和静县	100000	天鹅等珍稀水禽、沼泽	野生动物	1980-5-9
	托木尔峰	温宿县	237600	野生动植物	森林生态	1980-1-1
	西天山	巩留县	31217	雪岭云杉林森林生态系统	森林生态	1983-1-2
	甘家湖梭梭林	乌苏县	54667	梭梭林及生境	荒漠生态	1983-10-1
	哈纳斯	布尔津、哈巴河县	220162	西伯利亚动植物区系及自然景观	森林生态	1980-5-1
	塔里木胡杨	尉犁县、轮台县	395420	胡杨林及其荒漠生态系统	森林生态	2006-2-11
	艾比湖湿地	博乐市、精河县	267085	湿地及珍稀野生动植物	内陆湿地	2007-4-6

■民族自治地方国家 AAAAA 级旅游区（点）名单

（截至 2009 年）

地　区	数量（个）	名　　称
广西	2	桂林市漓江景区
		桂林市乐满地度假世界
四川	1	阿坝藏族羌族自治州九寨沟旅游景区
贵州	2	安顺市黄果树大瀑布景区
		安顺市龙宫景区
云南	2	昆明市石林风景区
		丽江市玉龙雪山景区
宁夏	2	石嘴山市沙湖旅游景区
		中卫市沙坡头旅游景区
新疆	3	新疆天山天池风景名胜区
		吐鲁番市葡萄沟风景区
		阿勒泰地区喀纳斯景区

■民族自治地方国家 AAAA 级旅游区（点）名单

（截至 2009 年）

地　区	数量（个）	名　　称
河北省	3	承德塞罕坝国家森林公园
		承德御道口草原森林风景区
		丰宁京北第一草原
内蒙古自治区	28	内蒙古格根塔拉草原旅游中心
		成吉思汗陵旅游区
		满洲里中俄互市贸易旅游区
		包头五当召
		阿拉善盟贺兰山南寺生态旅游区
		鄂尔多斯响沙湾旅游区
		阿尔山海神圣泉旅游度假区
		通辽大青沟国家级自然保护区
		赤峰市喀喇沁亲王府
		赤峰市克什克腾世界地质公园阿斯哈图花岗岩石林园区
		阿拉善盟腾格里达来·月亮湖沙漠生态探险度假营地
		巴彦淖尔市维信国际高尔夫度假村
		鄂尔多斯市鄂尔多斯文化旅游村
		鄂尔多斯市恩格贝生态旅游区
		呼伦贝尔市扎兰屯吊桥公园
		包头市北方兵器城

续表 1

地　区	数量（个）	名　　称
内蒙古自治区	28	鄂尔多斯市成吉思汗陵旅游区
		满洲里俄罗斯套娃广场
		呼伦贝尔市陈巴尔虎旗呼和诺尔旅游景区
		包头市南海湿地景区
		鄂尔多斯市库布齐沙漠公园七星湖景区
		锡林郭勒盟锡林浩特市贝子庙景区
		锡林郭勒盟西乌旗蒙古汗城
		呼伦贝尔市内蒙古世界反法西斯战争海拉尔纪念园
		呼和浩特市昭君博物馆
		呼和浩特市蒙牛工业旅游景区
		阿尔山市柴河旅游景区
		满洲里市红色国际秘密交通线教育基地暨国门景区
辽宁省	10	本溪关门山国家森林公园
		阜新海棠山风景名胜区
		抚顺赫图阿拉城
		桓仁五女山风景区
		新宾猴石国家森林公园
		宽甸天华山风景名胜区
		宽甸天桥沟国家级森林公园
		本溪大雅河漂流景区
		本溪关门山风景区
		清原红河峡谷漂流区
吉林省	4	长白山国家级自然保护区
		松原市查干湖旅游度假区
		四平市伊通县满族博物馆
		四平市伊通县牧情谷景区
湖北省	3	恩施土家族苗族自治州利川腾龙洞风景旅游区
		宜昌市清江画廊旅游度假区
		巴东神农溪旅游区
湖南省	3	怀化市芷江抗战授降旧址
		湘西州凤凰古城景区
广西壮族自治区	46	七星景区
		芦笛景区
		北海银滩旅游区
		南宁青秀山风景旅游区
		象山景区（原象山公园、滨江公园）
		桂林世外桃源旅游区
		北海海底世界

续表 2

地 区	数量（个）	名 称
广西壮族自治区	46	柳州龙潭景区
		柳侯公园
		柳州立鱼峰风景区
		桂林冠岩景区
		玉林容县"三名"旅游景区
		桂平西山风景名胜区
		桂林市荔浦银子岩风景旅游度假区
		南宁嘉和城景区
		百色乐业大石围天坑群景区
		百色起义纪念馆
		靖西县古龙山峡谷群生态旅游景区
		钦州八寨沟旅游景区
		梧州市骑楼城-龙母庙景区
		兴业鹿峰山风景区
		大新德天跨国瀑布景区
		桂林愚自乐园艺术园
		桂林市两江四湖景区
		南宁九曲湾温泉景区
		北海海洋之窗
		钦州三娘湾旅游区
		钦州刘冯故居景区
		贺州姑婆山旅游区
		靖西通灵大峡谷景区
		桂林古东瀑布景区
		桂林靖江王城景区
		兴安灵渠景区
		桂林市穿山景区
		桂林市荔浦丰鱼岩田园旅游度假区
		桂林市龙胜温泉旅游度假区
		南宁市八桂田园景区
		南宁市动物园
		南宁市广西药用植物园
		柳州市三江程阳侗族八寨景区
		桂林市尧山景区
		桂林市荔浦荔江湾景区
		梧州市藤县石表山休闲旅游景区
		百色市大王岭景区
		玉林市陆川谢鲁温泉休闲景区
		贺州市昭平黄姚古镇风景名胜区

续表 3

地　区	数量（个）	名　　称
重庆市	1	酉阳县桃花源
四川省	8	泸定海螺沟冰川森林公园
		黄龙风景名胜区
		小金四姑娘山
		绵阳市西羌九黄山猿王洞景区
		凉山州邛海泸山国家级风景名胜区
		凉山州冕宁县灵山旅游景区
		凉山州螺髻山旅游景区
		凉山州泸沽湖旅游景区
贵州省	4	黔南州荔波樟江风景名胜区
		黔南州平塘掌布"藏子石"景区
		安顺市夜郎洞景区
		黔西南州万峰林景区
云南省	25	中科院西双版纳热带植物园
		西双版纳傣族园
		西双版纳原始森林公园
		大理南诏风情岛
		泸西阿庐古洞景区
		大理崇圣寺三塔
		建水燕子洞风景名胜区
		大理宾川鸡足山景区
		德宏南甸宣抚司署
		丽江玉水寨景区
		丽江束河古镇
		西双版纳野象谷景区
		西双版纳热带花卉园
		德宏州潞西市勐巴娜西珍奇园
		德宏州瑞丽市莫里热带雨林景区
		迪庆州梅里雪山景区
		迪庆州普达措国家公园
		丽江黑龙潭
		楚雄州禄丰世界恐龙谷
		楚雄州彝人古镇
		楚雄州元谋土林
		红河州建水文庙
		文山州丘北普者黑景区
		西双版纳州景洪曼听公园
		西双版纳州勐泐文化园

续表 4

地　区	数量（个）	名　称
西藏自治区	8	西藏博物馆
		西藏布达拉宫
		西藏大昭寺
		西藏罗布林卡
		西藏林芝巴松措旅游区
		日喀则扎什伦布寺
		日喀则地区珠穆朗玛峰国家级自然保护区
		山南地区桑耶寺
甘肃省	6	肃南马蹄寺风景名胜区
		松鸣岩风景名胜区
		冶力关风景区
		拉卜楞寺
		卓尼县大峪沟景区
		黄河三峡风景名胜区
青海省	7	格尔木昆仑旅游区
		互助土族故土园旅游区
		塔尔寺旅游区
		青海湖景区
		循化撒拉族绿色家园
		青海藏医药文化博物馆
		青海金银滩景区
宁夏回族自治区	6	沙湖生态旅游区
		沙坡头旅游区
		银川市镇北堡华夏西部影视城
		宁夏贺兰山苏峪口国家森林公园
		宁夏固原博物馆
		宁夏六盘山旅游区
新疆维吾尔族自治区	15	布尔津县喀纳斯风景名胜区
		乌鲁木齐市红山公园景区
		新疆民街民俗博物馆
		新疆那拉提旅游风景区
		乌鲁木齐市水磨沟风景区
		新疆生产建设兵团军垦博物馆
		中国彩棉科技园
		艾提尕民俗文化旅游风景区
		察布查尔县锡伯民俗风情园
		库车王府

续表 5

地　区	数量（个）	名　　称
		龟兹绿洲生态园
		和硕县金沙滩旅游景区
		乌鲁木齐市新疆维吾尔自治区博物馆
		吐鲁番地区库木塔格沙漠风景区
		昌吉回族自治州杜氏旅游景区
新疆生产建设兵团	2	乌鲁木齐西山老君庙
		农五师怪石峪风景区

■民族自治地方国家 AAA 级旅游区（点）名单

（截至 2009 年）

地　区	数量（个）	名　　称
河北省	3	丰宁白云古洞景区
		桃林口水库
		祖山风景区
内蒙古自治区	29	包头新世纪青年生态园
		希拉穆仁草原旅游中心
		鄂尔多斯世珍园
		鄂尔多斯恩格贝旅游区
		内蒙古敕勒川哈素海旅游区
		阿拉善盟通湖草原旅游区
		乌兰察布市辉腾锡勒草原明珠接待中心
		锡林郭勒盟赛汗塔拉旅游娱乐园
		锡林郭勒盟西乌旗蒙古汗城旅游区
		兴安盟成吉思汗庙景区
		兴安盟科右前旗万豪蒙古大营
		鄂尔多斯市七星湖沙漠生态旅游区
		鄂尔多斯草原旅游区
		鄂尔多斯市九成功生态园
		鄂尔多斯市巴图湾旅游区
		呼伦贝尔市莫尔道嘎国家森林公园
		呼伦贝尔市红花尔基森林公园
		呼伦贝尔市中国达斡尔民族园
		呼伦贝尔市呼和诺尔草原旅游度假区
		呼伦贝尔市海拉尔国家森林公园
		呼伦贝尔市扎兰屯秀水山庄
		呼伦贝尔市布苏里度假山庄
		赤峰市曼坨山庄

续表 1

地　区	数量（个）	名　　称
内蒙古自治区	29	包头市石门风景区
		包头市美岱召文物旅游点
		包头市梅力更风景旅游区
		呼和浩特市乌兰夫纪念馆
		呼和浩特市乌素图森林旅游开发区
		呼和浩特市大召寺
辽宁省	3	本溪桓仁县望天洞
		本溪观音阁水库景区
		宽甸黄椅山森林公园
吉林省	6	长白县长白朝鲜族民俗村
		伊通满族自治县南山风景区
		长白朝鲜族自治县望天鹅旅游风景区
		和龙仙境台风景区
		汪清县满天星国家森林公园
		安图县长白山和平滑雪场
湖北省	2	恩施州龙麟宫景区
		恩施市梭布垭风景区
湖南省	5	麻阳滕代远纪念馆
		邵阳城步南山牧场景区
		怀化通道龙底生态漂流景区
		湘西花垣边城
		皇都侗文化村
广西壮族自治区	36	南宁良凤江国家森林公园
		南宁武鸣伊岭岩风景区
		桂林阳朔文化古迹山水园
		桂林丰鱼岩旅游度假区
		桂林漓江民俗风情园
		桂林银子岩旅游度假区
		桂林尧山景区
		桂林龙胜温泉旅游度假区
		柳州都乐岩风景区
		桂林资江景区
		桂林刘三姐景观园
		阳朔聚龙潭度假公园
		百色澄碧湖风景区
		南宁乡村大世界
		柳州花果山生态景区

续表 2

地　区	数量（个）	名　　称
广西壮族自治区	36	阳朔图腾古道景区
		临桂十二滩漂流景区
		桂林会仙岩景区
		钦州龙门群岛海上生态公园
		桂平龙潭国家森林公园
		南丹温泉公园
		宜州金浪湾景区
		宜州会仙山景区
		隆安龙虎山风景区
		横县九龙瀑布群景区
		昆仑关旅游风景区
		宾阳蔡氏书香古宅群景区
		融水贝江景区
		阳朔鉴山寺景区
		阳朔九马画山景区
		桂林雁山园景区
		荔浦天河瀑布景区
		东兴陈公馆景区
		平桂十八水景区
		田东十里莲塘景区
		武宣百崖大峡谷景区
云南省	11	大理蝴蝶泉公园
		武定狮子山景区
		腾冲火山国家公园
		红河州建水朱家花园景区
		西双版纳州勐景来旅游景区
		迪庆州霞给藏族文化村旅游景区
		丽江东巴谷生态民族村
		楚雄州博物馆
		楚雄黑井古镇
		西双版纳勐泐文化园
		迪庆州香格里拉硕都湖旅游景区
西藏自治区	1	拉萨市娘热度假村
甘肃省	2	肃南马蹄寺风光旅游区
		临夏枹罕山庄
青海省	11	大通老爷山风景名胜区
		贵德黄河奇石苑

续表 3

地 区	数量（个）	名 称
青海省	11	龙羊峡旅游景区
		青海茶卡盐湖旅游景区
		可鲁克湖——托素湖高原生态旅游景区
		玛多黄河源旅游区
		玉树新寨嘉那嘛呢景区
		勒巴沟——文成公主庙景区
		玉树当卡寺旅游景区
		玉树结古寺旅游景区
		玉树称多拉布民俗村
宁夏回族自治区	3	宁夏平罗玉皇阁景区
		宁夏青铜峡旅游区
		宁夏中卫高庙保安寺
新疆维吾尔自治区	31	哈密地区天山风景名胜区
		巴州和硕县金沙滩旅游度假区
		巴州博湖县阿洪口旅游风景区
		阿勒泰地区福海海滨旅游区
		乌鲁木齐水磨沟生态旅游区
		新疆阿勒泰市桦林公园
		昌吉黑马科技园
		阜康市恒泰齐鲁山庄
		吐鲁番坎儿井游乐园
		哈密亚尔丹风景旅游区
		沙湾县温泉旅游区
		喀什地区泽普县金湖杨国家森林公园区
		喀什市艾提噶尔民俗文化旅游区
		喀什市西山民族风情园
		伊犁州伊宁市城市海景
		巩留县库尔德宁生态旅游区
		察布查尔锡伯自治县锡伯民俗风情园
		阿勒泰五指泉景区
		富蕴县可可托海景区
		裕民县塔斯特风景旅游区
		乌鲁木齐市植物园
		乌鲁木齐雅马里克山旅游风景区
		鄯善县吐峪沟景区
		吐鲁番火焰山景区
		吐鲁番沙漠生态旅游风景区
		吐鲁番大漠土艺馆
		巴州莲花湖风景旅游区
		巴州相思湖旅游度假区
		乌鲁木齐东白杨沟风景区
		青格达湖旅游风景区
		一万泉旅游度假村

■民族自治地方国家 AA 级旅游区（点）名单

（截至 2009 年）

地 区	数量（个）	名 称
河北省	4	承德宽城县塞外"潘龙湖"景区
		承德九龙松景区
		承德市丰宁千松坝森林公园
		承德市云雾山省级森林公园
内蒙古	42	赤峰市布日敦沙漠旅游区
		鄂尔多斯市绿洲宾馆旅游区
		呼伦贝尔盟巴彦呼硕草原旅游区
		呼伦贝尔盟侵华日军海拉尔要塞遗址
		呼伦贝尔盟牙克石凤凰山庄
		呼伦贝尔盟满洲里市达赉湖旅游区
		兴安蒙古包旅游村
		兴安盟阿尔山国家森林公园
		锡林郭勒盟锡日塔拉草原旅游度假村
		锡林郭勒盟葛根敖包草原旅游度假村
		锡林郭勒盟多伦县南沙梁旅游区
		锡林郭勒盟多伦县滦源殿旅游度假村
		乌兰察布盟辉腾锡勒铁骑旅游中心
		乌兰察布盟辉腾锡勒外事旅游中心
		巴彦淖尔市镜湖生态旅游区
		乌兰察布市铁骑草原旅游中心
		乌兰察布市辉腾锡勒草原旅游中心
		乌兰察布市岱海自然生态旅游度假区
		乌兰察布市阿贵庙旅游点
		乌兰察布市集宁老虎山公园
		兴安盟科右中旗翰嘎利湖生态景区
		兴安盟科右中旗蒙格罕山生态旅游景区
		鄂尔多斯市陶亥召
		鄂尔多斯市柒开淖旅游区
		鄂尔多斯市昭君城旅游区
		呼伦贝尔市牙克石凤凰山滑雪场
		呼伦贝尔市鹿鸣山庄
		呼伦贝尔市绰源国家森林公园
		呼伦贝尔市扎兰屯吊桥公园
		呼伦贝尔市陈巴尔虎旗金帐汗蒙古部落
		呼伦贝尔市鄂伦春博物馆
		呼伦贝尔市嘎仙洞景区
		赤峰市达里湖旅游区
		赤峰市赤峰市植物园
		赤峰市巴林左旗召庙
		赤峰市翁牛特旗红山湖

续表 1

地　区	数量（个）	名　　称
内蒙古	42	赤峰市红山区红山公园
		包头市庙法寺
		通辽市珠日河草原旅游区
		通辽市霍林郭勒市静湖度假村
		通辽市霍林郭勒市怪山风景旅游区
辽宁省	10	本溪铁刹山风景区
		鞍山岫岩药山风景区
		岫岩龙潭湾风景区
		抚顺夏湖军旅生活旅游度假区
		阜新瑞应寺风景区
		阜新关山风景区
		本溪天龙洞风景区
		朝阳喀左天成观
		阜新三塔沟自然生态旅游区
		阜新乌兰木图山风景区
吉林省	10	长白石林风景区
		长白塔山公园
		敦化六项山风景区
		珲春防川风景区
		安图县红旗朝鲜族民俗村
		安图县福满生态沟
		安图县长白山文化博览城
		安图县长白山峡谷浮石林景区
		伊通县满族民俗馆
		伊通满族自治县大孤山旅游风景区
黑龙江省	3	大庆市杜尔伯特蒙古族自治县寿山民俗休闲度假村
		连环湖狩猎场
		大庆市杜尔伯特蒙古族自治县草原赛马场
浙江省	2	景宁县草鱼塘森林公园
		景宁“畲乡之窗”旅游区
湖北省	9	来凤龙嘴峡景区
		鹤峰湘鄂边苏区鹤峰革命烈士陵园
		利川市朝阳洞景区
		利川市福宝山生态综合开发区
		利川大水井古建筑群
		利川玉龙洞景区
		恩施州枫香坡侗族风情寨
		建始县朝阳观旅游区
		巴东县无源洞景区
湖南省	2	通道独岩公园
		靖州苗族侗族自治县文峰塔景区

续表 2

地　区	数量（个）	名　　称
广西壮族自治区	5	防城港十万大山国家森林公园
		宜州市白龙公园
		宜州市刘三姐故居
		宜州市古龙河漂流景区
		防城港火山岛景区
重庆市	3	酉阳龚滩古镇
		石柱县毕兹卡绿宫
		重庆市酉阳县赵世炎烈士故居
贵州省	3	黔南州都匀西山公园
		黔南州东山公园
		黔西南州贵州奇香园旅游区
云南省	45	楚雄太阳历公园
		紫溪山风景区
		永仁方山景区
		大理市洱海公园
		大理天镜阁景区
		上关花—天龙洞景区
		剑川满贤林景区
		鹤庆县新华民族村
		弥度县东山森林公园
		漾鼻石门关景区
		丽江文笔山景区
		玉柱擎天景点
		丽江东巴王国文化旅游景点
		丽江东巴万神园
		依拉草原旅游景区
		迪庆州博物馆
		藏经堂旅游景区
		迪庆州民族服饰旅游展演中心
		中甸纳帕海景区
		中甸天生桥温泉景区
		砚山浴仙湖景区
		富宁驮娘江景区
		弥勒白龙洞景区
		石屏焕文公园
		开远市南洞名胜风景保护区
		大槟榔园民族文化生态旅游村
		新化古州野林
		高香生态茶文化旅游区
		新平哀牢山陇西世族庄园
		元江世界第一高桥旅游风景区

续表 3

地　区	数量（个）	名　　称
云南省	45	澜沧拉祜风情旅游区
		西盟佤族生态旅游区
		孟连土司边境旅游区
		普洱茶马古道源旅游区
		景谷佛迹仙踪、芒玉峡谷康体旅游区
		墨江北回归线标志园
		西双版纳州民族风情园
		西双版纳猴山景区
		西双版纳雨林谷
		德宏民族风情浏览区
		瑞丽独树成林景点
		瑞丽旅游淘宝场
		临沧茶文化风景园
		临沧五老山国家森林公园
		沧源崖画景区
西藏自治区	2	西藏昌都地区然乌湖
		西藏昌都地区查杰玛大殿
甘肃省	6	临夏市人民公园
		临夏市东郊公园
		夏河桑科草原
		甘南州合作市当州草原风景区
		甘南州安多合作米拉日巴佛阁
		甘南州玛曲天下黄河第一弯旅游风景区
青海省	1	民和桃花园林
宁夏回族自治区	8	银川金水园
		银川海宝塔寺
		银川贺兰山滚中口
		宁夏华夏珍奇艺术城
		宁夏青铜峡旅游区
		固原须弥山石窟
		宁夏兵沟旅游区
		宁夏大武口北武当生态旅游区
新疆维吾尔自治区	45	哈密天宝康乐中心
		石河子市北湖旅游风景区
		石河子市周恩来总理纪念碑馆
		石河子市高新农业技术示范园区
		博州博格达温泉度假村
		伊犁州阿克塔斯避暑山庄
		伊犁州尼勒克次森林度假村
		阿克苏天山神木园
		阿克苏天山神秘大峡谷

续表 4

地　区	数量（个）	名　　称
新疆维吾尔自治区	45	克州喀拉库勒湖
		喀什阿帕尔霍加墓
		乌鲁木齐市水上乐园
		乌鲁木齐市植物园
		乌鲁木齐市银都度假村
		昌吉市人民公园
		石河子市屯垦第一连
		石河子市巴音山庄
		哈密天山之夏狩猎场
		巴里坤县怪石山旅游度假村
		喀什盘橐城
		克拉玛依市展览馆
		克拉玛依市阳光水世界
		克拉玛依市大漠高尔夫球场
		克拉玛依市白杨河大峡谷
		阿勒泰大小东沟景区
		米泉市天地园农庄
		乌鲁木齐市盐湖生态旅游区
		蔬附县大众旅游度假村
		喀什市玉素甫·哈斯·哈吉甫墓
		伊宁市伊犁河民族文化旅游村
		察布查尔锡伯自治县清水湖生态旅游度假村
		阿勒泰市塘巴湖水上乐园
		阿勒泰市齐背岭旅游区
		阿勒泰地区文物博物馆
		阿勒泰市金山葡萄风景区
		阿勒泰市驼峰景区
		中科院生地所标本馆
		乌鲁木齐天牧玫瑰园
		乌鲁木齐板房沟科技示范基地
		乌鲁木齐燕尔窝风景区
		巴州金海湾疗养培训中心
		阿克苏塔里木祥龙湖风景区
		巴州罗布人村寨
		沙湾县三道河子林场森林公园
		怪石峪旅游风景区

■民族自治地方国家 A 级旅游区（点）名单

（截至 2009 年）

地　区	数量（个）	名　　称
内蒙古自治区	6	包头市美岱召文物旅游点
		赤峰市勃隆克沙漠旅游区
		鄂尔多斯市转龙湾旅游度假村
		锡林郭勒盟苏尼特右旗社保局旅游点
		赤峰市巴林右旗巴林蒙古部落
		包头市西河水库旅游度假村
辽宁	3	鞍山岫岩清凉山风景区
		鞍山岫岩罗圈背风景区
		抚顺红河谷风景旅游度假区
吉林	1	松原市孝庄祖陵旅游区
云南省	7	牟定化佛山景区
		文山西华公园
		思茅小黑江森林公园
		勐海景真八角亭景点
		勐海打洛独树成林景点
		盈江凯棒亚湖景区
		临沧西门公园
西藏	1	西藏拉萨市热堆寺卓玛拉康
甘肃省	1	肃北县人民公园
宁夏回族自治区	1	泾源胭脂峡
新疆维吾尔族自治区	22	塔城市垂钓公园
		昌吉州杜氏旅游度假村
		博州怪石沟
		博州青格里度假村
		昌吉州玛纳斯县北公园
		昌吉州清水泉旅游度假村
		沙湾县森林公园
		巴里坤县古民宅
		布尔津县阳光沙滩
		昌吉市绿野山庄
		呼图壁县公园
		乌鲁木齐市六十户乡生态渔村
		塔城地区沙湾县东大塘旅游区
		阿勒泰市额河奇石古城
		青河县白桦公园
		青河县天林度假村
		阿勒泰地区矿产陈列馆
		乌鲁木齐卧龙岗庄园
		温宿县稻香园度假村
		沙雅县园中园休闲度假村
		阿克苏市多浪公园
		乌鲁木齐市雷鸣山庄

■民族自治地方国家级风景名胜区名单

（截至 2009 年）

地　区	数量（个）	风景名胜区名单
内蒙古自治区	3	扎兰屯风景名胜区
		赤峰市巴林右旗巴林蒙古部落
		包头市西河水库旅游度假村
辽宁省	2	鸭绿江风景名胜区
		本溪水洞风景名胜区
吉林省	2	仙景台风景名胜区
		防川风景名胜区
湖南省	3	猛洞河风景名胜区
		德夯风景名胜区
		万佛山-侗寨风景名胜区
广西壮族自治区	3	桂林漓江风景名胜区
		桂平西山风景名胜区
		花山风景名胜区
四川省	4	黄龙寺－九寨沟风景名胜区
		贡嘎山风景名胜区
		四姑娘山风景名胜区
		邛海－螺髻山风景名胜区
贵州省	11	黄果树风景名胜区
		㵲阳河风景名胜区
		荔波樟江风景名胜区
		马岭河峡谷风景名胜区
		都匀斗篷山－剑江风景名胜区
		黎平侗乡风景名胜区
		紫云格凸河穿洞风景名胜区
		平塘风景名胜区
		榕江苗山侗水风景名胜区
		沿河乌江山峡风景名胜区
		瓮安江界河风景名胜区
云南省	9	路南石林风景名胜区
		西双版纳风景名胜区
		大理风景名胜区
		三江并流风景名胜区
		丽江玉龙雪山风景名胜区
		瑞丽江—大盈江风景名胜区
		省建水风景名胜区
		普者黑风景名胜区
		阿庐风景名胜区
西藏自治区	4	雅砻河风景名胜区
		拉萨市热堆寺卓玛拉康

续表 1

地　区	数量（个）	风景名胜区名单
西藏自治区	4	纳木措-念青唐古拉山风景名胜区
		唐古拉山-怒江源风景名胜区
青海省	1	青海湖风景名胜区
宁夏回族自治区	1	西夏王陵风景名胜区
新疆维吾尔自治区	18	天山天池风景名胜区
		库木塔格沙漠风景名胜区
		博斯腾湖风景名胜区
		赛里木湖风景名胜区
		布尔津县阳光沙滩
		昌吉市绿野山庄
		呼图壁县公园
		乌鲁木齐市六十户乡生态渔村
		塔城地区沙湾县东大塘旅游区
		阿勒泰市额河奇石古城
		青河县白桦公园
		青河县天林度假村
		阿勒泰地区矿产陈列馆
		乌鲁木齐卧龙岗庄园
		温宿县稻香园度假村
		沙雅县园中园休闲度假村
		阿克苏市多浪公园
		乌鲁木齐市雷鸣山庄

中国民族自治区、自治州、自治县（旗）、民族乡镇、市辖民族区名单

■中国民族自治区、自治州、自治县一览表

民族自治地方	建立时间	首府驻地	面积（万平方公里）
自治区			
内蒙古自治区	1947.5.1	呼和浩特市	118.3000
广西壮族自治区	1958.3.15	南宁市	23.6660
西藏自治区	1965.9.1	拉萨市	122.8400
宁夏回族自治区	1958.10.25	银川市	6.6400
新疆维吾尔自治区	1955.10.1	乌鲁木齐市	166.0400
自治州			
吉林省			
延边朝鲜族自治州	1952.9.3	延吉市	4.3559
湖北省			
恩施土家族苗族自治州	1983.12.1	恩施市	2.3902
湖南省			
湘西土家族苗族自治州	1957.9.20	吉首市	1.5461
四川省			
甘孜藏族自治州	1950.11.24	康定县城关镇	15.1078
凉山彝族自治州	1952.10.1	西昌市	6.0111
阿坝藏族羌族自治州	1953.1.1	马尔康镇	8.3201
贵州省			
黔东南苗族侗族自治州	1956.7.23	凯里市	3.0339
黔南布依族苗族自治州	1956.8.8	都匀市	2.6207
黔西南布依族苗族自治州	1982.5.1	兴义市	1.6804
云南省			
西双版纳傣族自治州	1953.1.24	允景洪镇	1.9700
德宏傣族景颇族自治州	1953.7.24	芒市镇	1.1526
怒江傈僳族自治州	1954.8.23	鲁掌镇	1.4703
大理白族自治州	1956.11.22	大理市	2.9460
迪庆藏族自治州	1957.9.13	中心镇	2.3870
红河哈尼族彝族自治州	1957.11.18	蒙自市	3.2929
文山壮族苗族自治州	1958.4.1	开化镇	3.2239
楚雄彝族自治州	1958.4.15	楚雄市	2.9256
甘肃省			
甘南藏族自治州	1953.10.1	合作镇	4.0898
临夏回族自治州	1956.11.19	临夏市	0.8166
青海省			
玉树藏族自治州	1951.12.25	结古镇	18.8794
海南藏族自治州	1953.12.6	恰卜恰镇	4.5895

续表 1

民族自治地方	建立时间	首府驻地	面积(万平方公里)
黄南藏族自治州	1953.12.22	隆务镇	1.7921
海北藏族自治州	1953.12.31	浩门镇	3.9354
果洛藏族自治州	1954.1.1	大武镇	7.6312
海西蒙古族藏族自治州	1954.1.25	德令哈市	32.5785
新疆维吾尔自治区			
巴音郭楞蒙古自治州	1954.6.23	库尔勒市	46.2700
博尔塔拉蒙古自治州	1954.7.13	博乐市	2.5074
克孜勒苏柯尔克孜自治州	1954.7.14	阿图什市	6.9112
昌吉回族自治州	1954.7.15	昌吉市	7.7129
伊犁哈萨克自治州	1954.11.27	伊宁市	49.0039
自治县(旗)			
河北省			
孟村回族自治县	1955.11.30	孟村镇	0.0393
大厂回族自治县	1955.12.7	大厂镇	0.0176
青龙满族自治县	1987.5.10	青龙镇	0.3309
丰宁满族自治县	1987.5.15	大阁镇	0.8747
围场满族蒙古族自治县	1990.6.12	围场镇	0.9058
宽城满族自治县	1990.6.16	宽城镇	0.1933
内蒙古自治区			
鄂伦春自治旗	1951.10.1	阿里河镇	6.0378
鄂温克族自治旗	1958.8.1	巴彦托海镇	1.8750
莫力达瓦达斡尔族自治旗	1958.8.15	尼尔基镇	1.0985
辽宁省			
喀喇沁左翼蒙古族自治县	1958.4.1	大城子镇	0.2238
阜新蒙古族自治县	1958.4.7	阜新镇	0.6284
新宾满族自治县	1985.6.7	新宾镇	0.4287
岫岩满族自治县	1985.6.11	岫岩镇	0.4507
清原满族自治县	1990.6.6	清原镇	0.3926
本溪满族自治县	1990.6.8	小市镇	0.3362
桓仁满族自治县	1990.6.10	桓仁镇	0.3548
宽甸满族自治县	1990.6.12	宽甸镇	0.6125
吉林省			
前郭尔罗斯蒙古族自治县	1956.9.1	前郭镇	0.7076
长白朝鲜族自治县	1958.9.15	长白镇	0.2498
伊通满族自治县	1989.8.30	伊通镇	0.2523
黑龙江省			
杜尔伯特蒙古族自治县	1956.12.5	泰康镇	0.6427
浙江省			
景宁畲族自治县	1984.12.24	鹤溪镇	0.1950
湖北省			
长阳土家族自治县	1984.12.8	龙舟坪镇	0.3430

续表 2

民族自治地方	建立时间	首府驻地	面积(万平方公里)
五峰土家族自治县	1984.12.12	五峰镇	0.2072
湖南省			
通道侗族自治县	1954.5.7	双江镇	0.2225
江华瑶族自治县	1955.11.25	沱江镇	0.3216
城步苗族自治县	1956.11.30	儒林镇	0.2620
新晃侗族自治县	1956.12.5	新晃镇	0.1511
芷江侗族自治县	1987.9.24	芷江镇	0.2096
靖州苗族侗族自治县	1987.9.27	渠阳镇	0.2211
麻阳苗族自治县	1990.4.1	高村镇	0.1561
广东省			
连南瑶族自治县	1953.1.25	三江镇	0.1231
连山壮族瑶族自治县	1962.9.26	吉田镇	0.1264
乳源瑶族自治县	1963.10.1	乳城镇	0.2125
广西壮族自治区			
龙胜各族自治县	1951.8.19	龙胜镇	0.2537
金秀瑶族自治县	1952.5.28	金秀镇	0.2517
融水苗族自治县	1952.11.26	融水镇	0.4665
三江侗族自治县	1952.12.3	古宜镇	0.2455
隆林各族自治县	1953.1.1	新州镇	0.3542
都安瑶族自治县	1955.12.15	安阳镇	0.4092
巴马瑶族自治县	1956.2.6	巴马镇	0.1966
富川瑶族自治县	1984.1.1	富阳镇	0.1572
罗城仫佬族自治县	1984.1.10	东门镇	0.2639
环江毛南族自治县	1987.11.24	思恩镇	0.4558
大化瑶族自治县	1987.12.23	大化镇	0.2754
恭城瑶族自治县	1990.10.15	恭城镇	0.2149
海南省			
乐东黎族自治县	1987.12.28	抱由镇	0.2746
琼中黎族苗族自治县	1987.12.28	营根镇	0.2693
保亭黎族苗族自治县	1987.12.30	保城镇	0.1161
昌江黎族自治县	1987.12.30	石碌镇	0.1596
白沙黎族自治县	1987.12.30	牙叉镇	0.2118
陵水黎族自治县	1987.12.30	陵城镇	0.1128
重庆市			
秀山土家族苗族自治县	1983.11.7	中和镇	0.2450
酉阳土家族苗族自治县	1983.11.11	钟多镇	0.5173
彭水苗族土家族自治县	1984.11.10	汉葭镇	0.3903
石柱土家族自治县	1984.11.18	南宾镇	0.3031
四川省			
北川羌族自治县	2003.10.25	曲山镇	0.2865
木里藏族自治县	1953.2.19	博瓦镇	1.3246

续表 3

民族自治地方	建立时间	首府驻地	面积(万平方公里)
峨边彝族自治县	1984.10.5	沙坪镇	0.2395
马边彝族自治县	1984.10.9	民建镇	0.2383
贵州省			
威宁彝族回族苗族自治县	1954.11.11	城关镇	0.6294
松桃苗族自治县	1956.12.31	城关镇	0.2861
三都水族自治县	1957.1.2	三合镇	0.2384
镇宁布依苗族自治县	1963.9.11	城关镇	0.1721
紫云苗族布依族自治县	1966.2.11	松山镇	0.2284
关岭布依族苗族自治县	1981.12.31	关索镇	0.1468
玉屏侗族自治县	1984.11.7	平溪镇	0.0517
印江土家族苗族自治县	1987.11.20	印江镇	0.1961
沿河土家族自治县	1987.11.23	和平镇	0.2469
务川仡佬族苗族自治县	1987.11.26	都濡镇	0.2773
道真仡佬族苗族自治县	1987.11.29	玉溪镇	0.2156
云南省			
峨山彝族自治县	1951.5.12	双江镇	0.1972
澜沧拉祜族自治县	1953.4.7	勐朗镇	0.8807
江城哈尼族彝族自治县	1954.5.18	勐烈镇	0.3476
孟连傣族拉祜族佤族自治县	1954.6.16	孟连镇	0.1957
耿马傣族佤族自治县	1955.10.16	耿宣镇	0.3837
宁蒗彝族自治县	1956.9.20	大兴镇	0.0206
贡山独龙族怒族自治县	1956.10.1	茨开镇	0.4506
巍山彝族回族自治县	1956.11.9	文华镇	0.2266
石林彝族自治县	1956.12.31	鹿阜镇	0.1777
玉龙纳西族自治县	1961.4.10	黄山镇	0.6521
屏边苗族自治县	1963.7.1	玉屏镇	0.1906
河口瑶族自治县	1963.7.11	河口镇	0.1313
沧源佤族自治县	1964.2.28	勐董镇	0.2539
西盟佤族自治县	1965.3.5	西盟镇	0.1391
南涧彝族自治县	1965.11.27	南涧镇	0.1802
墨江哈尼族自治县	1979.11.28	玖联镇	0.5459
寻甸回族彝族自治县	1979.12.20	仁德镇	0.3966
元江哈尼族彝族傣族自治县	1980.11.12	澧江镇	0.2858
新平彝族傣族自治县	1980.11.25	桂山镇	0.4223
维西傈僳族自治县	1985.10.13	保和镇	0.4661
漾濞彝族自治县	1985.11.1	上街镇	0.1957
禄劝彝族苗族自治县	1985.11.25	屏山镇	0.4378
金平苗族瑶族傣族自治县	1985.12.7	金河镇	0.3677
普洱哈尼族彝族自治县	1985.12.15	宁洱镇	0.3670
景东彝族自治县	1985.12.20	锦屏镇	0.4532
景谷傣族彝族自治县	1985.12.25	威远镇	0.7777

续表 4

民族自治地方	建立时间	首府驻地	面积（万平方公里）
双江拉祜族佤族布朗族傣族自治县	1985.12.30	勐勐镇	0.2292
兰坪白族普米族自治县	1988.5.25	金顶镇	0.4555
镇沅彝族哈尼族拉祜族自治县	1990.5.15	按板镇	0.4223
甘肃省			
天祝藏族自治县	1950.5.6	华藏寺镇	0.7147
肃北蒙古族自治县	1950.7.29	党城湾镇	6.6748
东乡族自治县	1950.9.25	锁南镇	0.1510
张家川回族自治县	1953.7.6	张家川镇	0.1293
肃南裕固族自治县	1954.4.20	红湾寺镇	2.3041
阿克塞哈萨克族自治县	1954.4.27	博罗转井镇	3.3333
积石山保安族东乡族撒拉族自治县	1981.9.30	吹麻滩镇	0.0910
青海省			
门源回族自治县	1953.12.19	浩门镇	0.6896
互助土族自治县	1954.2.17	威远镇	0.3320
化隆回族自治县	1954.3.1	巴燕镇	0.2740
循化撒拉族自治县	1954.3.1	积石镇	0.1749
河南蒙古族自治县	1954.10.16	优干宁	0.6250
民和回族土族自治县	1986.6.27	上川口镇	0.1780
大通回族土族自治县	1986.7.10	桥头镇	0.3090
新疆维吾尔自治区			
焉耆回族自治县	1954.3.15	焉耆镇	0.2439
察布查尔锡伯自治县	1954.3.25	察布查尔镇	0.4469
木垒哈萨克自治县	1954.7.17	木垒镇	1.3235
和布克赛尔蒙古自治县	1954.9.10	和布克赛尔镇	3.2000
塔什库尔干塔吉克自治县	1954.9.17	塔什库尔干镇	5.2300
巴里坤哈萨克自治县	1954.9.30	巴里坤镇	3.5714

■中国民族乡镇一览表

地　区	数　量	乡镇名称
北京市	5	密云县檀营满族蒙古族乡、怀柔区喇叭沟门满族乡、怀柔区长哨营满族乡、通州区于家务回族乡、朝阳区常营回族乡
天津市	1	蓟县孙各庄满族乡
河北省	52	新乐市彭家庄回族乡、藁城市九门回族乡、无极县高头回族乡、遵化市汤泉满族乡、遵化市西下营满族乡、遵化市东陵满族乡、邱县陈村回族乡、大名县营镇回族乡、易县凌云册满族回族乡、定州市号头庄回族乡、涞水县娄村满族乡、沽源县大二号回族乡、怀来县王家楼回族乡、永清县管家务回族乡、文安县大围河回族满族乡、丰宁满族自治县南关蒙古族乡、滦平县平坊满族乡、滦平县安纯沟门满族乡、滦平县五道营子满族乡、滦平县邓厂满族乡、滦平县马营子满族乡、滦平县付家店满族乡、滦平县西地满族乡、滦平县小营满族乡、滦平县大屯满族乡、滦平县西沟满族乡、承德县岗子满族乡、承德县两家满族乡、兴隆县八卦岭满族乡、兴隆县南天门满族乡、隆化县尹家营满族乡、隆化县庙子沟蒙古族满族乡、隆化县偏坡营满族乡、隆化县八达营蒙古族乡、隆化县太平庄满族乡、隆化县旧屯满族乡、隆化县西阿超满族蒙古族乡、隆化县白虎沟蒙古族满族乡、平泉县柳溪满族乡、平泉县七家岱满族乡、平泉县平房满族蒙古族乡、平泉县茅兰沟满族蒙古族乡、平泉县郭杖子满族乡、平泉县蒙和乌苏蒙古族乡、黄骅市羊二庄回族乡、黄骅市新村回族乡、河间市果子洼回族乡、献县本斋回族乡、沧县大褚村回族乡、沧县杜林回族乡、沧县李天木回族乡、沧县捷地回族乡、黄骅市杨三木回族乡
内蒙古自治区	18	莫力达瓦达斡尔族自治旗巴彦鄂温克族乡、莫力达瓦达斡尔族自治旗杜拉尔鄂温克族乡、鄂温克族自治旗巴彦塔拉达斡尔族乡、扎兰屯市南木鄂伦春族乡、扎兰屯市萨马街鄂温克族乡、扎兰屯市达斡尔族乡、阿荣旗查巴奇鄂温克族乡、阿荣旗新发朝鲜族乡、阿荣旗音河达斡尔族鄂温克族乡、阿荣旗得力其尔鄂温克族乡、根河市敖鲁古雅鄂温克族乡、陈巴尔虎旗鄂温克苏木、额尔古纳市苏心回族乡、额尔古纳市恩和俄罗斯族乡、科右前旗满族屯满族乡、赤峰市松山区当铺地满族乡、喀喇沁旗十家满族乡、凉城县曹碾满族乡
辽宁省	70	沈阳市东陵区满堂满族乡、沈阳市新城子区黄家锡伯族乡、沈阳市新城子区石佛寺朝鲜族锡伯族乡、沈阳市于洪区大兴朝鲜族乡、康平县柳树屯蒙古族满族乡、康平县沙金台蒙古族满族乡、法库县四家子蒙古族乡、康平县东升满族蒙古族乡、康平县西关屯蒙古族满族乡、大连市金州区七顶山满族乡、瓦房店市三台满族乡、瓦房店市杨家满族乡、庄河市太平岭满族乡、庄河市桂云花满族乡、抚顺市抚顺县拉古满族乡、抚顺市抚顺县汤图满族乡、桓仁满族自治县雅河朝鲜族乡、本溪市南芬区思山岭满族乡、丹东市合隆满族乡、丹东市宽甸满族自治县下露河朝鲜族乡、锦州市义县巨粮屯满族乡、锦州市义县地藏寺满族乡、锦州市义县留龙沟满族乡、锦州市义县大定堡满族乡、锦州市义县头台满族乡、锦州市义县头道河满族乡、锦州市义县城镇满族乡、锦州市黑山县镇安满族乡、锦州市凌海市温滴楼满族乡、阜新市西六家子蒙古族满族乡、阜新市彰武县二道河子蒙古族乡、阜新市彰武县苇子沟蒙古族乡、彰武县大冷蒙古族乡、辽阳县吉洞峪满族乡、辽阳县甜水满族乡、开原县上肥地满族乡、开原县下肥地满族乡、开原县林丰满族乡、开原市黄旗寨满族乡、铁岭市清河区夏家河满族乡、铁岭县白旗寨满族乡、铁岭县横道河子满族乡、西丰县成平满族乡、西丰县德兴满族乡、西丰县和隆满族乡、西丰县金星满族乡、西丰县明德满族乡、西丰县营厂满族乡、朝阳市北票市马友营蒙古族乡、朝阳市北票市凉水河蒙古族乡、朝阳市建平县三家蒙古族乡、朝阳市凌源县三家子蒙古族乡、朝阳县松岭门蒙古族乡、朝阳县乌兰河硕蒙古族乡、绥中县西平坡满族乡、绥中县范家满族乡、绥中县高甸子满族乡、绥中县葛家满族乡、绥中县明水满族乡、绥中县网户满族乡、兴城市三道沟满族乡、兴城市白塔满族乡、兴城市大寨满族乡、兴城市高家岭满族乡、兴城市海滨满族乡、兴城市红崖子满族乡、兴城市碱厂满族乡、兴城市旧门满族乡、兴城市刘台子满族乡、兴城市南大山满族乡、兴城市望海满族乡、兴城市围屏满族乡、兴城市羊安满族乡、兴城市药王庙满族乡、兴城市元台子满族乡、建昌县二道湾子蒙古族乡、盘锦市大洼县荣兴朝鲜族乡

续表 1

地　区	数　量	乡镇名称
吉林省	33(其中民族镇 5)	九台市胡家回族乡、九台市莽卡满族乡、长春市双阳区双营子回族乡、榆树市延河朝鲜族乡、梨树县叶赫满族镇、公主岭市龙山满族乡、公主岭市二十家子满族乡、双辽市那木斯蒙古族乡、大安市新艾里蒙古族乡、洮南市胡力吐蒙古族乡、洮南市呼河车力蒙古族乡、镇赉县莫莫格蒙古族乡、镇赉县哈吐气蒙古族乡、通榆县向海蒙古族乡、通榆县包拉温都蒙古族乡、通榆县西艾力蒙古族乡、白城市洮北区德顺蒙古族乡、珲春市三家子满族乡、珲春市杨泡满族乡、吉林市昌邑区土城子满族朝鲜族乡、吉林市昌邑区乌拉街满族镇、吉林市龙潭区大口钦满族镇、吉林市龙潭区两家子满族乡、永吉县金家满族乡、蛟河市乌林朝鲜族乡、梅河口市小杨满族朝鲜族乡、集安市凉水朝鲜族乡、通化县金斗朝鲜族满族乡、通化县大泉源朝鲜族满族乡、辉南县楼街朝鲜族乡、柳河县姜家店朝鲜族乡、柳河县三源浦朝鲜族镇、梅河口市山城镇、东丰县三合满族朝鲜族乡
黑龙江省	69(其中民族镇 10)	哈尔滨市红旗满族乡、双城市幸福满族乡、双城市乐群满族乡、双城市同心满族乡、双城市希勤满族乡、双城市公正满族乡、双城市联兴满族乡、双城市团结满族乡、双城市新兴满族乡、双城市青岭满族乡、双城市农丰满族镇、五常市拉林满族镇、五常市红旗满族乡、五常市营城子满族乡、五常市牛家满族镇、五常市民乐朝鲜族乡、尚志市河东朝鲜族乡、尚志市鱼池朝鲜族乡、阿城市料甸满族乡、依兰县迎兰朝鲜族乡、卧牛吐达斡尔族镇、齐齐哈尔市梅里斯区达斡尔族区、齐齐哈尔市梅里斯区莽格吐达斡尔族乡、泰来县宁姜蒙古族乡、泰来县好新蒙古族乡、泰来县胜利蒙古族乡、泰来县江桥蒙古族镇、齐齐哈尔市昂昂溪区水师营满族镇、富裕县友谊达斡尔族满族柯尔克孜族乡、富裕县塔哈满族达斡尔族乡、讷河市兴旺鄂温克族乡、齐齐哈尔市富拉尔基区杜尔门沁达斡尔族乡、海林市新安朝鲜族镇、海林市海南朝鲜族乡、宁安市江南朝鲜族满族乡、宁安市卧龙朝鲜族乡、东宁县三岔口朝鲜族镇、同江市街津口赫哲族乡、同江市八岔赫哲族乡、桦川县星火朝鲜族乡、汤原县汤旺朝鲜族乡、肇源县义顺蒙古族乡、肇源县浩德蒙古族乡、肇源县超等蒙古族乡、逊克县新鄂鄂伦春族乡、逊克县新兴鄂伦春族乡、黑河市爱辉区新生鄂伦春族乡、黑河市爱辉区四嘉子满族乡、黑河市爱辉区坤河达斡尔族满族乡、北安市主星朝鲜族乡、孙吴县沿江达斡尔族满族乡、绥化市北林区兴和朝鲜族乡、绥化市北林区绥胜满族镇、绥化市北林区永安满族镇、绥化市北林区红旗满族乡、望奎县惠七满族镇、望奎县厢自满族乡、望奎县灵山满族乡、铁力市年丰朝鲜族乡、萝北县东明朝鲜族乡、绥滨县福兴满族乡、呼玛县白银纳鄂伦春族乡、塔河县十八站鄂伦春族乡、友谊县成富朝鲜族满族乡、饶河县四排赫哲族乡、勃利县杏树朝鲜族乡、密山市和平朝鲜族乡、鸡东县鸡林朝鲜族乡、鸡东县明德朝鲜族乡、鸡西市城子河区永丰朝鲜族乡
江苏省	1	高邮市菱塘回族乡
浙江省	18(其中民族镇 4)	兰溪市水亭畲族乡、武义县柳城畲族镇、龙游县沐尘畲族乡、丽水市连都区老竹畲族镇、丽水市连都区丽新畲族乡、龙泉市竹垟畲族乡、云和县雾溪畲族乡、云和县安溪畲族乡、遂昌县三仁畲族乡、松阳县板桥畲族乡、桐庐县莪山畲族乡、平阳县青街畲族乡、苍南县岱岭畲族乡、苍南县凤阳畲族乡、文成县西坑畲族镇、文成县周山畲族乡、泰顺县司前畲族镇、泰顺县竹里畲族乡
安徽省	9	长丰县孤堆回族乡、肥东县牌坊回族满族乡、定远县二龙回族乡、凤台县李冲回族乡、淮南市潘集区古沟回族乡、寿县陶店回族乡、宁国市云梯畲族乡、五河县临北回族乡、颍上县赛涧回族乡
福建省	19	罗源县霍口畲族乡、连江县小沧畲族乡、福安市坂中畲族乡、福安市康厝畲族乡、福安市穆云畲族乡、霞浦县盐田畲族乡、福安市崇儒畲族乡、福安市水门畲族乡、宁德市金涵畲族乡、福鼎县硖门畲族乡、漳浦县赤岭畲族乡、漳浦县湖西畲族乡、龙海市隆教畲族乡、永安市青水畲族乡、宁化县治平畲族乡、上杭县官庄畲族乡、上杭县庐丰畲族乡、惠安县百崎回族乡
江西省	8	南康市赤土畲族乡、永丰县龙岗畲族乡、铅山县太源畲族乡、铅山县篁碧畲族乡、鹰潭市贵溪市樟坪畲族乡、青原区东固畲族乡、乐安县金竹畲族乡

续表 2

地　区	数　量	乡镇名称
山东省	4(其中民族镇 3)	淄博市临淄区金岭回族镇、莘县张鲁回族镇、曹县侯集回族镇、禹城市十里望回族乡
河南省	21(其中民族镇 9)	荥阳市金寨回族乡、太康县城关回族镇、淮阳县城关回族镇、沈丘县槐店回族镇、宁陵县城关回族镇、睢县城关回族镇、民权县伯党回族乡、民权县胡集回族乡、叶县马庄回族乡、郏县姚庄回族乡、封丘县荆乡回族乡、许昌县艾庄回族乡、禹州市山货回族乡、襄城县颖桥回族镇、镇平县郭庄回族乡、方城县袁店回族乡、西平县蔡寨回族乡、新蔡县李桥回族镇、临颍县繁城回族镇、洛宁县王范回族镇、洛阳市廛河回族区廛河回族乡
湖北省	12(其中民族镇 2)	钟祥市九里回族乡、洪湖市老湾回族乡、松滋市卸甲坪土家族乡、宜都市潘家湾土家族乡、郧西县湖北口回族乡、恩施市芭蕉侗族乡、宣恩县长潭河侗族乡、宣恩县晓关侗族乡、仙桃市沔城回族镇、神农架林区下谷坪土家族乡、咸宁市赤壁市周郎嘴回族镇、恩施州鹤峰县铁炉白族乡
湖南省	99(其中民族镇 1)	怀化市罗子山瑶族乡、怀化市苏木溪瑶族乡、怀化市上蒲溪瑶族乡、怀化市后塘瑶族乡、怀化市仙人湾瑶族乡、怀化市深渡苗族乡、怀化市龙船塘瑶族乡、怀化市炮团侗族苗族乡、怀化市宝田侗族苗族乡、怀化市蒲稳侗族苗族乡、怀化市金子岩侗族苗族乡、怀化市漠滨侗族苗族乡、怀化市青朗侗族苗族乡、怀化市二酉苗族乡、怀化市火场土家族乡、怀化市蒿吉坪瑶族乡、怀化市大高坪苗族乡、怀化市锅冲苗族乡、怀化市传素瑶族乡、怀化市步头降苗族乡、怀化市米贝苗族乡、邵阳市党坪苗族乡、邵阳市河口苗族乡、邵阳市麻塘苗族乡、邵阳市竹舟江苗族乡、邵阳市东山侗族乡、邵阳市朝仪侗族乡、邵阳市鹅公岭侗族苗族乡、邵阳市寨市苗族侗族乡、邵阳市乐安铺苗族侗族乡、邵阳市联民苗族侗族乡、邵阳市枫木团苗族侗族乡、邵阳市黄桑坪苗族乡、邵阳市关峡苗族乡、邵阳市长铺子苗族乡、邵阳市山界回族乡、邵阳市虎形山瑶族乡、邵阳市那溪瑶族乡、邵阳市大屋瑶族乡、邵阳市长塘瑶族乡、邵阳市黄金瑶族乡、邵阳市麻林瑶族乡、永州市荆竹瑶族乡、永州市紫良瑶族乡、永州市浆洞瑶族乡、永州市汇源瑶族乡、永州市大桥瑶族乡、永州市松柏瑶族乡、永州市千家洞瑶族乡、永州市兰溪瑶族乡、永州市源口瑶族乡、永州市九嶷山瑶族乡、永州市棉花坪瑶族乡、永州市桐木漯瑶族乡、永州市荒塘瑶族乡、永州市横岭瑶族乡、永州市洪塘营瑶族乡、永州市井塘瑶族乡、永州市审章塘瑶族乡、永州市晒北滩瑶族乡、永州市门楼下瑶族乡、永州市上梧江瑶族乡、永州市清塘壮族乡、永州市犁头瑶族乡、张家界市刘家坪白族乡、张家界市马合口白族乡、张家界市走马坪白族乡、张家界市淋溪河白族乡、张家界市芙蓉桥白族乡、张家界市麦地坪白族乡、张家界市洪家关白族乡、张家界市索溪峪土家族乡、张家界市三关寺土家族乡、张家界市高峰土家族乡、张家界市金岩土家族乡、张家界市许家坊土家族乡、张家界市阳和土家族乡、张家界市甘堰土家族乡、张家界市赵家岗土家族乡、郴州市华山瑶族乡、郴州市杨柳瑶族乡、郴州市月峰瑶族乡、郴州市大塘瑶族乡、郴州市莽山瑶族乡、郴州市盈洞瑶族乡、郴州市延寿瑶族乡、郴州市小垣瑶族镇、郴州市岭秀瑶族乡、郴州市三江口瑶族乡、郴州市西山瑶族乡、郴州市团结瑶族乡、郴州市连坪瑶族乡、常德市许家桥回族维吾尔族乡、常德市毛家滩回族维吾尔族乡、常德市枫树维吾尔族回族乡、常德市青林回族维吾尔族乡、株洲市龙渣瑶族乡、衡阳市塔山瑶族乡、益阳市鲜埠回族乡
广东省	7	龙门县蓝田瑶族乡、连州市三水瑶族乡、连州市瑶安瑶族乡、阳山县秤架瑶族乡、怀集县下帅壮族瑶族乡、始兴县深渡水瑶族乡、东源县漳溪畲族乡

续表 3

地　区	数　量	乡镇名称
广西壮族自治区	58	蒙山县草坪瑶族乡、蒙山县长坪瑶族乡、蒙山县夏宜瑶族乡、贺州市黄洞瑶族乡、贺州市大平瑶族乡、昭平县仙回瑶族乡、钟山县两安瑶族乡、钟山县花山瑶族乡、平南县马练瑶族乡、平南县国安瑶族乡、上思县南屏瑶族乡、马山县古寨瑶族乡、马山县里当瑶族乡、上林县镇圩瑶族乡、三江侗族自治县同乐苗族乡、三江侗族自治县福禄苗族乡、三江侗族自治县高基苗族乡、融水苗族自治县滚贝侗族乡、融水苗族自治县同练瑶族乡、柳州市古砦仫佬族乡、临桂县宛田瑶族乡、临桂县黄沙瑶族乡、灵川县大境瑶族乡、灵川县兰田瑶族乡、全州县蕉江瑶族乡、全州县东山瑶族乡、兴安县华江瑶族乡、灌阳县洞井瑶族乡、灌阳县西山瑶族乡、资源县车田苗族乡、资源县两水苗族乡、资源县河口瑶族乡、平乐县大发瑶族乡、荔浦县蒲芦瑶族乡、桂林市雁山区草坪回族乡、百色市汪甸瑶族乡、田东县作登瑶族乡、田林县潞城瑶族乡、田林县利周瑶族乡、田林县八桂瑶族乡、田林县八渡瑶族乡、凌云县伶站瑶族乡、凌云县朝里瑶族乡、凌云县沙里瑶族乡、凌云县玉洪瑶族乡、西林县足别瑶族苗族乡、西林县普合苗族乡、西林县那佐苗族乡、南丹县八圩瑶族乡、南丹县里湖瑶族乡、南丹县中堡苗族乡、天峨县八腊瑶族乡、凤山县平乐瑶族乡、凤山县江洲瑶族乡、凤山县金牙瑶族乡、东兰县三弄瑶族乡、环江毛南族自治县驯乐苗族乡、宜州市北牙瑶族乡．宜州市福龙瑶族乡
重庆市	13	奉节县云雾土家族乡、奉节县龙桥土家族乡、奉节县长安土家族乡、奉节县太和土家族乡、万州区恒河土家族乡、万州区地宝土家族乡、云阳县清水土家族乡、巫山县红椿土家族乡、巫山县邓家土家族乡、忠县磨子土家族乡、文复苗族土家族乡、石桥苗族土家族乡、浩口苗族仡佬族乡、后坪苗族土家族乡
四川省	98	九龙县子耳彝族乡、九龙县三垭彝族乡、九龙县俄尔彝族乡、九龙县小金彝族乡、九龙县朵洛彝族乡、九龙县踏卡彝族乡、九龙县湾坝彝族乡、松潘县十里回族乡、松潘县进安回族乡、攀枝花市仁和区大龙潭彝族乡、攀枝花市仁和区啊喇彝族乡、米易县麻陇彝族乡、米易县白坡彝族乡、攀枝花市米易县湾丘彝族乡、米易县新山傈僳族彝族乡、攀枝花市盐边县敢鱼彝族乡、攀枝花市盐边县红果彝族乡、盐边县岩口彝族乡、盐边县哇落彝族乡、盐边县温泉彝族乡、攀枝花市盐边县箐河傈僳族乡、攀枝花市盐边县格萨拉彝族乡、盐边县岩门傈僳族乡、盐边县龙胜彝族乡、盐边县择木龙彝族乡、盐边县林海彝族乡、盐边县红宝苗族乡、盐边县高坪彝族乡、盐边县红民彝族乡、盐边县花椒箐彝族乡、攀枝花市盐边县和爱彝族乡、叙永县白蜡苗族乡、叙永县合乐苗族乡、叙永县枧槽苗族乡、叙永县石坝苗族乡、叙永县水潦苗族乡、古蔺县箭竹苗族乡、古蔺县乌龙苗族乡、古蔺县大寨苗族乡、古蔺县马嘶苗族乡、青川县蒿溪回族乡、青川县大院回族乡、金口河区和平彝族乡、金口河区共安彝族乡、阆中市博树回族乡、筠连县高坪苗族乡、筠连县联合苗族乡、筠连县团林苗族乡、屏山县屏边彝族乡、屏山县清平彝族乡、兴文县沙坝苗族乡、兴文县毓秀苗族乡、兴文县大河苗族乡、兴文县麒麟苗族乡、兴文县仙峰苗族乡、珙县罗渡苗族乡、珙县玉河苗族乡、珙县观斗苗族乡、汉源县小堡藏族彝族乡、汉源县坭美彝族乡、汉源县永利彝族乡、汉源县顺河彝族乡、汉源县片马彝族乡、石棉县安顺彝族乡、石棉县先锋彝族乡、石棉县蟹螺彝族乡、石棉县回隆彝族乡、石棉县擦罗彝族乡、石棉县栗子坪彝族乡、石棉县新民藏族彝族乡、石棉县挖角彝族藏族乡、石棉县田湾彝族乡、石棉县草科藏族乡、宝兴县跷碛藏族乡、西昌市高草回族乡、西昌市裕隆回族乡、木里藏族自治县屋脚蒙古族乡、木里藏族自治县俄亚纳西族乡、木里藏族自治县白碉苗族乡、木里藏族自治县项脚蒙古族乡、木里藏族自治县固增苗族乡、盐源县大坡蒙古族乡、德昌县金沙傈僳族乡、德昌县南山傈僳族乡、会理县新安傣族乡、冕宁县和爱藏族乡、越西县保安藏族乡、平武县木皮藏族乡、平武县木座藏族乡、平武县白马藏族乡、平武县黄羊关藏族乡、平武县虎牙藏族乡、平武县泗耳藏族乡、平武县徐塘羌族乡、平武县锁江羌族乡、平武县平南羌族乡、北川县桃龙藏族乡、盐亭县大兴回族乡、达州市渡口土家族乡、达州市龙泉土家族乡、达州市三墩土家族乡、达州市漆树土家族乡

续表 4

地 区	数 量	乡镇名称
贵州省	252	贵阳市花溪区花溪布依族苗族乡、贵阳市花溪区高坡苗族乡、贵阳市花溪区马铃布依族苗族乡、贵阳市花溪区孟关苗族布依族乡、贵阳市花溪区黔陶布依族苗族乡、贵阳市花溪区湖潮布依族苗族乡、贵阳市花溪区小碧布依族苗族乡、贵阳市乌当区偏坡布依族乡、贵阳市乌当区新堡布依族乡、贵阳市白云区都拉布依族乡、贵阳市白云区牛场布依族乡、清镇市麦格苗族布依族乡、清镇市王庄布依族苗族乡、清镇市流长苗族乡、息烽市青山苗族乡、开阳县禾丰布依族苗族乡、开阳县哨上布依族苗族乡、开阳县高寨苗族布依族乡、修文县大石布依族乡、六枝特区落别布依族彝族乡、六枝特区折溪彝族乡、六枝特区牛场苗族彝族乡、六枝特区中寨苗族彝族布依族乡、六枝特区箐口彝族仡佬族布依族乡、六枝特区洒志彝族布依族苗族乡、六枝特区毛口布依族苗族乡、六枝特区梭戛苗族彝族乡、六枝特区陇脚布依族乡、盘县特区普田回族乡、盘县特区鸡场坪彝族乡、盘县特区旧营白族彝族苗族乡、盘县特区马场彝族苗族乡、盘县特区羊场布依族白族苗族乡、盘县特区保基苗族彝族乡、盘县特区四格彝族乡、盘县特区松河彝族乡、盘县特区坪地彝族乡、盘县特区淤泥彝族乡、盘县特区普古彝族苗族乡、钟山区月照彝族回族苗族乡、水城县坪寨彝族乡、水城县勺米彝族苗族乡、水城县比德苗族彝族乡、水城县化乐苗族彝族乡、水城县陡箐苗族彝族乡、水城县董地苗族彝族乡、水城县双戛彝族乡、水城县南开苗族彝族乡、水城县保华苗族彝族回族乡、水城县青林苗族彝族乡、水城县金盆苗族彝族乡、水城县木果彝族苗族乡、水城县发箐苗族彝族乡、水城县玉舍苗族彝族乡、水城县纸厂彝族乡、水城县杨梅彝族苗族回族乡、水城县新街彝族苗族布依族乡、水城县野钟苗族彝族布依族乡、水城县果布嘎彝族苗族布依族乡、水城县发耳布依族苗族彝族乡、水城县都格布依族苗族彝族乡、水城县鸡场布依族彝族苗族乡、水城县龙场苗族白族彝族乡、水城县营盘苗族彝族白族乡、水城县顺场苗族彝族布依族乡、水城县花戛苗族布依族彝族乡、水城县米箩布依族苗族彝族乡、水城县猴场苗族布依族乡、水城县红岩布依族彝族苗族乡、麻江县贤昌布依族乡、麻江县坝芒布依族乡、麻江县景阳布依族乡、镇远县尚寨土家族乡、岑巩县羊桥土家族乡、黎平县顺化瑶族乡、黎平县雷洞瑶族水族乡、从江县秀塘壮族乡、从江县刚边壮族乡、从江县翠里瑶族壮族乡、榕江县三江水族乡、榕江县塔石瑶族水族乡、榕江县仁里水族乡、榕江县定威水族乡、榕江县兴华水族乡、榕江县水尾水族乡、雷山县达地水族乡、都匀市基场水族乡、都匀市阳和水族乡、都匀市奉和水族乡、独山县本寨水族乡、独山县甲定水族乡、独山县翁台水族乡、平塘县卡蒲毛南族乡、荔波县瑶山瑶族乡、荔波县水利水族乡、荔波县水尧水族乡、荔波县永康水族乡、荔波县瑶麓瑶族乡、兴仁县鲁础营回族乡、晴隆县三宝彝族乡、望谟县油迈瑶族乡、遵义市洪关苗族乡、遵义市平正仡佬族乡、桐梓县马鬃苗族乡、余庆县花山苗族乡、仁怀县后山苗族布依族乡、正安县谢坝仡佬族苗族乡、正安县市坪苗族仡佬族乡、道真县上坝土家族乡、安顺市西秀区新场布依族苗族乡、安顺市西秀区鸡场布依族苗族乡、安顺市西秀区岩腊苗族布依族乡、安顺市西秀区杨武布依族苗族乡、安顺市西秀区黄腊布依族苗族乡、平坝县十字回族苗族乡、平坝县羊昌布依族苗族乡、普定县坪上苗族彝族布依族乡、普定县补郎苗族乡、普定县猫洞苗族仡佬族乡、普定县猴场苗族仡佬族乡、毕节市田坎彝族乡、毕节市大屯彝族乡、毕节市阿市苗族彝族乡、毕节市团结彝族苗族乡、毕节市千溪彝族苗族白族乡、毕节市阴底彝族苗族白族乡、黔西县花溪彝族苗族乡、黔西县定新彝族苗族乡、黔西县协和彝族苗族乡、黔西县钟山布依族彝族乡、黔西县绿化白族彝族乡、黔西县新仁苗族乡、黔西县红林彝族苗族乡、黔西县沙井苗族彝族仡佬族乡、黔西县中建苗族彝族乡、黔西县仁和彝族苗族乡、黔西县永燊彝族苗族乡、黔西县太来彝族苗族乡、黔西县铁石苗族彝族乡、黔西县金坡苗族彝族满族乡、黔西县五里布依族苗族乡、大方县竹园彝族苗族乡、大方县响水白族彝族仡佬族乡、大方县鼎新彝族苗族乡、大方县牛场苗族彝族乡、大方县理化苗族彝族乡、大方县安乐彝族仡佬族乡、大方县凤山彝族蒙古族乡、大方县百纳彝族乡、大方县三元彝族苗族白族乡、大方县普底彝族苗族白族乡、大方县沙厂彝族乡、大方县大水彝族苗族布依族乡、大方县黄泥彝族苗族蒙古族乡、大方县核桃苗族白族乡、大方县八堡彝族苗族乡、大方县兴隆苗族乡、大方县大山苗族彝族乡、大方县星宿苗族彝族仡佬族乡、金沙县石场苗族彝族乡、金沙县太平彝族苗族乡、金沙县箐门苗族彝族仡佬族乡、金沙县马路彝族苗族乡、金沙县安洛苗族彝族满族乡、金沙县绿化苗族彝族满族乡、金沙县大田彝族苗族布依族乡、织金县三甲白族苗族乡、织金县宫寨苗族乡、织金县金龙苗族彝族布依族乡、织金县鸡场苗族彝族布依族乡、织金县自强苗族乡、织金县茶店

续表 5

地　区	数　量	乡镇名称
贵州省	252	布依族苗族彝族乡、织金县太平苗族彝族乡、织金县后寨苗族乡、纳雍县新房彝族苗族乡、纳雍县库东关彝族苗族白族乡、纳雍县董地苗族彝族乡、纳雍县化作苗族彝族乡、纳雍县姑开苗族彝族乡、纳雍县羊场苗族彝族乡、纳雍县锅圈岩苗族彝族乡、纳雍县昆寨苗族彝族白族乡、纳雍县左鸠戛彝族苗族乡、纳雍县猪场苗族彝族乡、威宁县新发布依族乡、赫章县兴发苗族彝族回族乡、赫章县松林白族彝族苗族乡、赫章县雉街彝族苗族乡、赫章县珠市彝族乡、赫章县双坪彝族乡、赫章县辅处彝族苗族乡、赫章县铁匠苗族乡、赫章县可乐彝族满族乡、赫章县河镇彝族苗族乡、赫章县结构彝族苗族乡、赫章县水塘堡彝族苗族乡、赫章县古达苗族彝族乡、铜仁市桐木坪侗族乡、铜仁市鱼塘侗族土家族苗族乡、铜仁市大坪侗族土家族苗族乡、铜仁市和平土家族侗族乡、铜仁市滑石侗族苗族土家族乡、铜仁市瓦层侗族乡、铜仁市六龙山侗族土家族乡、江口县太平土家族苗族乡、江口县桃映土家族苗族乡、江口县民和侗族土家族苗族乡、江口县德旺土家族苗族乡、江口县官和侗族土家族苗族乡、江口县怒溪土家族苗族乡、江口县坝盘土家族侗族苗族乡、石阡县青阳苗族仡佬族侗族乡、石阡县枫香仡佬族侗族乡、石阡县坪地仡佬族侗族乡、石阡县龙井侗族仡佬族乡、石阡县石固仡佬族侗族乡、石阡县坪山仡佬族侗族乡、石阡县甘溪仡佬族侗族乡、石阡县聚凤仡佬族侗族乡、石阡县大沙坝仡佬族侗族乡、思南具大河坝土家族苗族乡、思南县思林土家族苗族乡、思南县东华土家族苗族乡、思南县胡家湾苗族土家族乡、思南县宽坪土家族苗族乡、思南县亭子坝土家族苗族乡、思南县枫芸土家族苗族乡、思南县香坝土家族苗族乡、思南县长坝苗族土家族乡、思南县板桥苗族土家族乡、思南县三道水土家族苗族乡、思南县天桥土家族苗族乡、思南县兴隆土家族苗族乡、思南县杨家坳苗族土家族乡、德江县泉口土家族乡、德江县楠杆土家族乡、德江县复兴土家族乡、德江县合兴土家族乡、德江县河溪土家族乡、德江县长堡土家族乡、德江县桶井土家族乡、德江县共和土家族乡、德江县荆角土家族乡、德江县长丰土家族乡、德江县平原土家族乡、德江县高山土家族乡、德江县藏家土家族乡、德江县龙泉土家族乡、德江县堰塘土家族乡、万山特区下溪侗族乡、万山特区熬寨侗族乡、万山特区高楼坪侗族乡、万山特区黄道侗族乡
云南省	150	昆明市五华区沙朗白族乡、富民县罗免彝族苗族乡、晋宁县夕阳彝族乡、晋宁县双河彝族乡、官渡区阿拉彝族乡、宜良县九乡彝族回族乡、宜良县耿家彝族苗族乡、昭通市昭阳区守望回族乡、昭通市昭阳区小龙洞回族彝族乡、昭通市昭阳区布嘎回族乡、昭通市昭阳区青冈岭回族彝族乡、鲁甸县桃源回族乡、鲁甸县茨院回族乡、大关县上高桥回族彝族苗族乡、永善县马楠苗族彝族乡、永善县伍寨彝族苗族乡、镇雄县坡头彝族苗族白族乡、镇雄县果珠彝族乡、镇雄县林口彝族苗族乡、镇雄县以古彝族苗族乡、彝良县龙街苗族彝族乡、彝良县奎香苗族彝族乡、彝良县树林彝族苗族乡、彝良县柳溪苗族乡、彝良县洛旺苗族乡、威信县双河苗族彝族乡、师宗县龙庆彝族壮族乡、师宗县五龙壮族乡、师宗县高良壮族苗族瑶族乡、罗平县长底布依族乡、罗平县旧屋基彝族乡、罗平县鲁布革布依族苗族乡、富源县古敢水族乡、会泽县新街回族乡、南华县雨露白族乡、大姚县湾碧傈僳族傣族乡、永仁县永兴傣族乡、武定县东坡傣族乡、玉溪市红塔区小石桥彝族乡、玉溪市红塔区洛河彝族乡、江川县安化彝族乡、通海县高大傣族彝族乡、通海县里山彝族乡、通海县兴蒙蒙古族乡、华宁县通红甸彝族苗族乡、易门县十街彝族乡、易门县浦贝彝族乡、易门县铜厂彝族乡、河口瑶族自治县桥头苗族壮族乡、金平苗族瑶族傣族自治县者米拉祜族乡、蒙自县期路白苗族乡、蒙自县老寨苗族乡、开远市大庄回族乡、文山县东山彝族乡、文山县红甸回族乡、文山县秉烈彝族乡、文山县柳井彝族乡、文山县追栗街彝族乡、文山县坝心彝族乡、砚山县阿舍彝族乡、砚山县维末彝族乡、砚山县盘龙彝族乡、砚山县干河彝族乡、丘北县舍得彝族乡、丘北县新店彝族乡、丘北县树皮彝族乡、丘北县八道哨彝族乡、丘北县腻脚彝族乡、麻栗坡县猛硐瑶族乡、富宁县洞波瑶族乡、澜沧拉祜族自治县酒井哈尼族乡、澜沧拉祜族自治县发展河哈尼族乡、澜沧拉祜族自治县惠民哈尼族乡、澜沧拉祜族自治县谦六彝族乡、澜沧拉祜族自治县文东佤族乡、澜沧拉祜族自治县安康佤族乡、澜沧拉祜族自治县雪林佤族乡、思茅市云仙彝族乡、思茅市龙潭彝族傣族乡、墨江哈尼族自治县孟弄彝族乡、墨江哈尼族自治县鱼塘彝族乡、西盟佤族自治县力所拉祜族乡、大理市太邑彝族乡、鹤庆县六合彝族乡、宾川县拉乌彝族乡、宾川县拉乌彝族乡、

续表 6

地　区	数　量	乡镇名称
云南省	150	祥云县东山彝族乡、弥渡县牛街彝族乡、永平县北斗彝族乡、永平县厂街彝族乡、永平县水泄彝族乡、云龙县表村傈僳族乡、云龙县团结彝族乡、华坪县永兴傈僳族乡、华坪县通达傈僳族乡、华坪县新庄傈僳族傣族乡、华坪县石龙坝彝族傈僳族乡、华坪县船房傈僳族傣族乡、永胜县羊坪彝族乡、永胜县东山傈僳族彝族乡、永胜县东风傈僳族乡、永胜县六德傈僳族彝族乡、永胜县大安彝族纳西族乡、永胜县光华傈僳族彝族乡、永胜县松坪傈僳族彝族乡、宁蒗彝族自治县翠玉傈僳族普米族乡、丽江市古城区金山白族乡、丽江市古城区金江白族乡、玉龙纳西族自治县九河白族乡、玉龙纳西族自治县石头白族乡、玉龙纳西族自治县黎明傈僳族乡、保山市隆阳区瓦窑白族彝族乡、保山市隆阳区瓦马彝族白族乡、保山市隆阳区汶上彝族苗族乡、保山市隆阳区瓦房彝族乡、保山市隆阳区杨柳白族彝族乡、保山市隆阳区潞江傣族乡、保山市隆阳区芒宽彝族傣族乡、施甸县摆榔彝族布朗族乡、施甸县木老元布朗族彝族乡、腾冲县荷花傣族佤族乡、龙陵县木城彝族傈僳族乡、昌宁县朱街彝族乡、昌宁县苟街彝族苗族乡、保山市昌宁县湾甸傣族乡、陇川县户撒阿昌族乡、潞西县三台山德昂族乡、梁河县囊宋阿昌族乡、梁河县九保阿昌族乡、福贡县匹河怒族乡、泸水县洛本卓白族乡、泸水县老窝白族乡、中甸县三坝纳西族乡、德钦县霞若傈僳族乡、德钦县拖顶傈僳族乡、凤庆县新华彝族苗族乡、凤庆县腰街彝族乡、凤庆县郭大寨彝族白族乡、云县栗树彝族傣族乡、云县忙怀彝族布朗族乡、云县后箐彝族乡、永德县大雪山彝族拉祜族傣族乡、永德县乌木龙彝族乡、临翔区平村彝族傣族乡、临翔区霖南美拉祜族乡、耿马傣族佤族自治县芒洪拉祜族布朗族乡、沧源佤族自治县勐角傣族彝族拉祜族乡、镇康县军赛佤族拉祜族傈僳族德昂族乡、景洪市基诺山基诺族乡、景洪市景哈哈尼族乡、勐腊县瑶区瑶族乡、勐腊县象明彝族乡、勐海县格朗和哈尼族乡、勐海县布朗山布朗族乡、勐海县西定哈尼族乡
西藏自治区	8	错那县麻玛门巴族乡、错那县贡日门巴族乡、错那县基巴门巴族乡、错那县勒布区勒门巴族乡、林芝县排龙门巴族乡、米林县南伊珞巴族乡、墨脱县达木珞巴族乡、芒康县下盐井纳西族乡
陕西省	3(其中民族镇 3)	安县西口回族镇、镇安县茅坪回族镇、宁陕县江口回族镇
甘肃省	24	临夏县井沟东乡族乡、和政县梁家寺东乡族乡、临夏县安家坡东乡族乡、广河县阿里麻土东乡族乡、临潭县长川回族乡、临潭县卓洛回族乡、临潭县古战回族乡、卓尼县勺哇土族乡、文县铁楼藏族乡、武都县坪垭藏族乡、武都县磨坝藏族乡、宕昌县新城子藏族乡、酒泉市黄泥堡裕固族乡、玉门市小金湾东乡族乡、会宁县新添堡回族乡、正宁县五顷源回族乡、平凉市峡门回族乡、华亭县神峪回族乡、华亭县山寨回族乡、平凉市白庙回族乡、平凉市大秦回族乡、平凉市寨河回族乡、平凉市大寨回族乡、平凉市西阳回族乡、平凉市上杨回族乡、肃南裕固族自治县祁丰藏族乡、肃南裕固族自治县马蹄藏族乡、肃南裕固族自治县白银蒙古族乡、张掖市平山湖蒙古族乡
青海省	27	大通回族土族自治县朔北藏族乡、大通回族土族自治县向化藏族乡、湟中县群加藏族乡、湟中县大才回族乡、湟中县汉东回族乡、湟源县日月藏族乡、平安县古城回族乡、平安县沙沟回族乡、平安县巴藏沟回族乡、平安县石灰窑回族乡、平安县洪水泉回族乡、民和回族土族自治县杏儿藏族乡、乐都县下营藏族乡、乐都县中坝藏族乡、乐都县达拉土族乡、互助土族自治县松多藏族乡、互助土族自治县巴扎藏族乡、化隆回族自治县支扎藏族乡、化隆回族自治县雄先藏族乡、化隆回族自治县查甫藏族乡、化隆回族自治县金源藏族乡、化隆回族自治县塔加藏族乡、循化撒拉族自治县道帏藏族乡、循化撒拉族自治县尕楞藏族乡、循化撒拉族自治县岗察藏族乡、循化撒拉族自治县文都藏族乡、贵德县新街回族乡、门源回族自治县皇城蒙古族乡、海晏县哈勒景蒙古族乡、海晏县托勒蒙古族乡

续表 7

地　区	数　量	乡镇名称
新疆维吾尔自治区	42	鄯善县东巴回族乡、皮山县瑙阿巴提塔吉克族乡、皮山县康克尔柯尔克孜族乡、和硕县乌什塔拉回族乡、奇台县大泉塔塔尔族乡、奇台县五马场哈萨克族乡、奇台县乔仁哈萨克族乡、木垒哈萨克自治县大南沟乌孜别克族乡、玛纳斯县旱卡子滩哈萨克族乡、玛纳斯县塔西河哈萨克族乡、玛纳斯县清水河哈萨克族乡、阜康市三工河哈萨克族乡、阜康市上户沟哈萨克族乡、昌吉市阿什里哈萨克族乡、呼图壁县石梯子哈萨克族乡、米泉市白杨河哈萨克族乡、阿克陶县塔尔塔吉克族乡、塔什库尔干塔吉克自治县科克亚柯尔克孜族乡、泽普县布依鲁克塔吉克族乡、莎车县孜热普提塔吉克族乡、察布查尔锡伯自治县米粮泉回族乡、特克斯县科克铁热克柯尔克孜族乡、特克斯县呼吉尔特蒙古族乡、伊宁县愉群翁回族乡、尼勒克县科克浩特浩尔蒙古族乡、霍城县伊车嘎善锡伯族乡、霍城县三宫回族乡、昭苏县胡松图喀尔逊蒙古族乡、昭苏县察汗乌苏蒙古族乡、昭苏县夏特柯尔克孜族乡、塔城市阿西尔达斡尔族乡、乌苏市塔布勒合特蒙古族乡、乌苏市吉尔格勒特郭楞蒙古族乡、额敏县额玛勒特郭楞蒙古族乡、额敏县霍吉尔特蒙古族乡、乌什县雅曼苏柯尔克孜族乡、温宿县博孜东柯尔克孜族乡、伊吾县前山哈萨克族乡、哈密市德外里克哈萨克族乡、哈密市乌拉台哈萨克族乡、布尔津县乔木哈纳斯蒙古族乡、阿勒泰市汗德尕特蒙古族乡

■中国市辖民族区一览表

地　区	市辖民族区名称
内蒙古自治区	呼和浩特市回族区
黑龙江省	齐齐哈尔市梅里斯达斡尔族区
河南省	郑州市管城回族区
	洛阳市廛河回族区
	开封市顺河回族区

注：全国现有市辖“民族区”5个。

中国陆地边境县、牧区半牧区县、民族贸易县、民族自治地方国家扶贫工作重点县

■中国陆地边境县(旗)、市(市辖区)一览表

地区	自治州(盟、地、市)	县、旗、市(市辖区)
内蒙古自治区	包头市	达尔罕茂明安联合旗
	乌兰察布市	四子王旗
	锡林郭勒盟	二连浩特市　阿巴嘎旗　东乌珠穆沁旗　苏尼特左旗　苏尼特右旗
	呼伦贝尔市	满洲里市　额尔古纳市　陈巴尔虎旗　新巴尔虎左旗　新巴尔虎右旗
	巴彦淖尔市	乌拉特中旗　乌拉特后旗
	阿拉善盟	阿拉善左旗　阿拉善右旗　额济纳旗
	兴安盟	阿尔山市　科尔沁右翼前旗
辽宁省	丹东市	振安区　元宝区　振兴区　东港市　宽甸满族自治县
吉林省	通化市	集安市
	白山市	浑江区　临江市　抚松县　长白朝鲜族自治县
	延边朝鲜族自治州	图们市　龙井市　珲春市　和龙市　安图县
黑龙江省	鹤岗市	萝北县　绥滨县
	双鸭山市	饶河县
	鸡西市	虎林市　密山市　鸡东县
	伊春市	嘉荫县
	牡丹江市	穆棱市　绥芬河市　东宁县
	佳木斯市	同江市　抚远县
	黑河市	爱辉区　逊克县　孙吴县
	大兴安岭地区	呼玛县　塔河县　漠河县
广西壮族自治区	防城港市	防城区　东兴市
	崇左市	凭祥市　大新县　宁明县　龙州县
	百色市	靖西县　那坡县
云南省	思茅市	澜沧拉祜族自治县　江城哈尼族彝族自治县　西盟佤族自治县　孟连傣族拉祜族佤族自治县
	临沧市	镇康县　沧源佤族自治县　耿马傣族佤族自治县
	保山市	龙陵县　腾冲县
	文山壮族苗族自治州	麻栗坡县　马关县　富宁县
	红河哈尼族彝族自治州	绿春县　金平苗族瑶族傣族自治县　河口瑶族自治县

续表

<table>
<tr><th>地区</th><th>自治州(盟、地、市)</th><th colspan="2">县、旗、市(市辖区)</th></tr>
<tr><td rowspan="3"></td><td>西双版纳傣族自治州</td><td colspan="2">景洪市　勐海县　勐腊县</td></tr>
<tr><td>德宏傣族景颇族自治州</td><td colspan="2">潞西市　瑞丽市　盈江市　陇川县</td></tr>
<tr><td>怒江傈僳族自治州</td><td colspan="2">泸水县　福贡县　贡山独龙族怒族自治县</td></tr>
<tr><td rowspan="4">西藏自治区</td><td>山南地区</td><td colspan="2">洛札县　错那县　浪卡子县</td></tr>
<tr><td>日喀则地区</td><td colspan="2">定结县　定日县　康马县　聂拉木县　吉隆县　亚东县　岗巴县　仲巴县　萨嘎县</td></tr>
<tr><td>阿里地区</td><td colspan="2">噶尔县　普兰县　日土县　札达县</td></tr>
<tr><td>林芝地区</td><td colspan="2">墨脱县　察隅县</td></tr>
<tr><td>甘肃省</td><td>酒泉市</td><td colspan="2">肃北蒙古族自治县</td></tr>
<tr><td rowspan="10">新疆维吾尔自治区</td><td>哈密地区</td><td colspan="2">哈密市　伊吾县　巴里坤哈萨克自治县</td></tr>
<tr><td>和田地区</td><td colspan="2">和田县　皮山县</td></tr>
<tr><td>阿克苏地区</td><td colspan="2">温宿县　乌什县</td></tr>
<tr><td>喀什地区</td><td colspan="2">叶城县　塔什库尔干塔吉克自治县</td></tr>
<tr><td>克孜勒苏柯尔克孜自治州</td><td colspan="2">阿图什市　阿合奇县　乌恰县　阿克陶县</td></tr>
<tr><td>昌吉回族自治州</td><td colspan="2">奇台县　木垒哈萨克自治县</td></tr>
<tr><td>博尔塔拉蒙古自治州</td><td colspan="2">博乐市　温泉县</td></tr>
<tr><td rowspan="3">伊犁哈萨克自治州</td><td colspan="2">昭苏县　霍城县　察布查尔锡伯自治县</td></tr>
<tr><td>塔城地区</td><td>塔城市　额敏县　裕民县　托里县　和布克赛尔蒙古自治县</td></tr>
<tr><td>阿勒泰地区</td><td>阿勒泰市　青河县　吉木乃县　富蕴县　布尔津县　福海县　哈巴河县</td></tr>
</table>

注：1. 名单顺序按民政部编《中华人民共和国行政区划简册》排列。

2. 统计口径以沿陆地国境线的县级行政区划为单位。

3. 资料截止时间为 2006 年 12 月 31 日。

4. 新疆建设兵团 58 个边境团场暂未列入本表。

■中国牧区、半牧区县(旗)一览表

地 区	分 类	县 数	县(旗)名单
河北	半牧区	6	张北、康保、沽源、尚义、丰宁、围场
山西	半牧区	1	右玉
内蒙古	牧区	33	阿鲁科尔沁、巴林右、巴林左、克什克腾、翁牛特、鄂温克、新巴尔虎右、新巴尔虎左、陈巴尔虎、科尔沁右翼中、科尔沁左翼中、科尔沁左翼后、扎鲁特、锡林浩特市、阿巴嘎、苏尼特左、苏尼特右、东乌珠穆沁、西乌珠穆沁、镶黄、正镶白、正蓝、达茂、四子王、鄂托克前、鄂托克、杭锦、乌审、乌拉特中、乌拉特后、阿拉善左、阿拉善右、额济纳
	半牧区	20	林西、敖汉、扎兰屯市、阿荣、莫力达瓦、科尔沁右翼前、扎赉特、突泉、开鲁、库伦、奈曼、太仆寺、察右中、察右后、东胜区、达拉特、准格尔、伊金霍洛、磴口、乌拉特前
辽宁	半牧区	6	阜新、彰武、康平、北票市、建平、喀左
吉林	牧区	1	通榆
	半牧区	7	双辽、扶余、长岭、前郭尔罗斯、大安、镇赉、乾安
黑龙江	牧区	7	龙江、甘南、杜尔伯特、富裕、安达、青冈、肇源
	半牧区	8	泰来、林甸、同江、虎林、肇东、兰西、肇州、明水
四川	牧区	10	松潘、壤塘、阿坝、若尔盖、红原、德格、白玉、石渠、色达、理塘
	半牧区	38	汶川、理县、茂县、九寨沟、金川、小金、黑水、马尔康、康定、泸定、丹巴、九龙、雅江、道孚、炉霍、甘孜、新龙、巴塘、乡城、稻城、得荣、西昌市、木里、盐源、德昌、会理、会东、宁南、普格、布拖、金阳、昭觉、喜德、冕宁、越西、甘洛、美姑、雷波
云南	牧区	3	香格里拉、德钦、维西
西藏	牧区	13	当雄、仲巴、萨嘎、那曲、嘉黎、聂荣、安多、申扎、班戈、巴青、革吉、改则、措勤
	半牧区	25	林周、昌都、江达、贡觉、类乌齐、丁青、察雅、八宿、曲松、措美、错那、昂仁、谢通门、比如、索县、普兰、札达、噶尔、日土、工布江达、浪卡子、康马、亚东、岗巴、尼玛
甘肃	牧区	7	肃北、阿克塞、肃南、天祝、玛曲、碌曲、夏河
	半牧区	13	永登、永昌、靖远、瓜州、山丹、民勤、漳县、岷县、环县、华池、合作、卓尼、迭部
青海	牧区	26	祁连、海晏、刚察、泽库、河南、共和、同德、兴海、贵南、玛沁、班玛、甘德、达日、久治、玛多、玉树、杂多、称多、治多、囊谦、曲麻莱、格尔木市、德令哈市、乌兰、都兰、天峻
	半牧区	4	门源、同仁、尖扎、贵德
宁夏	牧区	1	盐池
	半牧区	2	同心、海原
新疆	牧区	22	伊吾、木垒、温泉、和静、阿合奇、乌恰、塔什库尔干、民丰、新源、昭苏、特克斯、尼勒克、托里、裕民、和布克赛尔、阿勒泰市、布尔津、富蕴、福海、哈巴河、青河、吉木乃
	半牧区	15	乌鲁木齐、哈密、巴里坤、奇台、博乐市、精河、尉犁、且末、和硕、温宿、沙雅、阿克陶、巩留、塔城市、额敏

注：全国共有牧区县和半牧区县 268 个。

■民族自治地方国家扶贫工作重点县一览表

地　区	数　量	县(旗、市)名称
河北	5	丰宁满族自治县、宽城满族自治县、围场满族蒙古族自治县、青龙满族自治县、孟村回族自治县
内蒙古	31	托克托县、武川县、和林格尔县、清水河县、固阳县、达尔罕茂明安联合旗、宁城县、林西县、巴林左旗、巴林右旗、克什克腾旗、翁牛特旗、喀喇沁旗、敖汉旗、库伦旗、奈曼旗、科尔沁右翼中旗、扎赉特旗、多伦县、太仆寺旗、化德县、商都县、察哈尔右翼前旗、察哈尔右翼中旗、察哈尔右翼后旗、四子王旗、准格尔旗、鄂托克前旗、杭锦旗、乌审旗、伊金霍洛旗
吉林	4	龙井市、和龙市、汪清县、安图县
黑龙江	1	杜尔伯特蒙古族自治县
湖北	9	长阳土家族自治县、恩施市、利川市、建始县、巴东县、宣恩县、咸丰县、来凤县、鹤峰县
湖南	11	桑植县、江华瑶族自治县、城步苗族自治县、通道侗族自治县、泸溪县、凤凰县、花垣县、保靖县、古丈县、永顺县、龙山县
广西	28	龙胜各族自治县、隆安县、马山县、天等县、龙州县、田东县、平果县、德保县、靖西县、那坡县、凌云县、乐业县、西林县、田林县、隆林各族自治县、南丹县、天峨县、凤山县、东兰县、巴马瑶族自治县、都安瑶族自治县、大化瑶族自治县、罗城仫佬族自治县、环江毛南族自治县、忻城县、三江侗族自治县、融水苗族自治县、金秀瑶族自治县
海南	5	五指山市、白沙黎族自治县、琼中黎族苗族自治县、陵水黎族自治县、保亭黎族苗族自治县
重庆	5	黔江区、石柱土家族自治县、彭水苗族土家族自治县、酉阳土家族苗族自治县、秀山土家族苗族自治县
四川	20	马边彝族自治县、小金县、黑水县、壤塘县、雅江县、新龙县、石渠县、色达县、理塘县、盐源县、普格县、布拖县、金阳县、昭觉县、喜德县、越西县、甘洛县、美姑县、雷波县、木里藏族自治县
贵州	36	道真仡佬族苗族自治县、务川仡佬族苗族自治县、关岭布依族苗族自治县、镇宁布依族苗族自治县、紫云苗族布依族自治县、威宁彝族回族苗族自治县、印江土家族苗族自治县、沿河土家族自治县、松桃苗族自治县、黄平县、施秉县、三穗县、岑巩县、天柱县、锦屏县、剑河县、台江县、黎平县、榕江县、从江县、雷山县、麻江县、丹寨县、荔波县、独山县、平塘县、罗甸县、长顺县、三都水族自治县、兴仁县、普安县、晴隆县、贞丰县、望谟县、册亨县、安龙县
云南	51	禄劝彝族苗族自治县、寻甸回族彝族自治县、宁蒗彝族自治县、普洱哈尼族彝族自治县、墨江哈尼族自治县、景东彝族自治县、镇沅彝族哈尼族拉祜族自治县、江城哈尼族彝族自治县、孟连傣族拉祜族佤族自治县、澜沧拉祜族自治县、西盟佤族自治县、双江拉祜族佤族布朗族傣族自治县、沧源佤族自治县、梁河县、泸水县、福贡县、贡山独龙族怒族自治县、兰坪白族普米族自治县、香格里拉县、德钦县、维西傈僳族自治县、弥渡县、永平县、云龙县、洱源县、剑川县、鹤庆县、漾濞彝族自治县、南涧彝族自治县、巍山彝族回族自治县、双柏县、南华县、姚安县、大姚县、永仁县、武定县、绿春县、泸西县、元阳县、红河县、金平苗族瑶族傣族自治县、屏边苗族自治县、文山县、砚山县、西畴县、麻栗坡县、马关县、丘北县、广南县、富宁县、勐腊县
甘肃	14	张家川回族自治县、天祝藏族自治县、临夏县、康乐县、永靖县、广河县、和政县、东乡族自治县、积石山保安族东乡族撒拉族自治县、合作市、临潭县、卓尼县、舟曲县、夏河县
青海	12	大通回族土族自治县、民和回族土族自治县、化隆回族自治县、循化撒拉族自治县、尖扎县、泽库县、甘德县、达日县、玉树县、杂多县、治多县、囊谦县
宁夏	8	盐池县、同心县、固原县、海原县、西吉县、隆德县、泾源县、彭阳县
新疆	27	疏附县、疏勒县、英吉沙县、莎车县、叶城县、岳普湖县、伽师县、塔什库尔干塔吉克自治县、乌什县、柯坪县、和田县、墨玉县、皮山县、洛浦县、策勒县、于田县、民丰县、巴里坤哈萨克自治县、阿图什市、阿克陶县、阿合奇县、乌恰县、尼勒克县、察布查尔锡伯自治县、托里县、青河县、吉木乃县
西藏	74	拉萨市城关区、林周县、当雄县、尼木县、曲水县、堆龙德庆县、达孜县、墨竹工卡县、那曲县、嘉黎县、比如县、聂荣县、安多县、申扎县、索县、班戈县、巴青县、尼玛县、昌都县、江达县、贡觉县、类乌齐县、丁青县、察雅县、八宿县、左贡县、芒康县、洛隆县、边坝县、林芝县、工布江达县、米林县、墨脱县、波密县、察隅县、朗县、乃东县、扎囊县、贡嘎县、桑日县、琼结县、曲松县、措美县、洛扎县、加查县、隆子县、错那县、浪卡子县、日喀则市、南木林县、江孜县、定日县、萨迦县、拉孜县、昂仁县、谢通门县、白朗县、仁布县、康马县、定结县、仲巴县、亚东县、吉隆县、聂拉木县、萨嘎县、岗巴县、樟木口岸办事处、噶尔县、普兰县、札达县、日土县、革吉县、改则县、措勤县

中国民族贸易县(旗)、市一览表

地　区	数　量	县(旗、市)名称
河北	5	青龙满族自治县、丰宁满族自治县、围场满族蒙古族自治县、宽城满族自治县、孟村回族自治县
内蒙古	57	苏尼特左旗、阿巴嘎旗、西乌珠穆沁旗、镶黄旗、正镶白旗、正蓝旗、苏尼特右旗、东乌珠穆沁旗、多伦县、太仆寺旗、达尔罕茂明安联合旗、四子王旗、商都县、化德县、察哈尔右翼前旗、察哈尔右翼右旗、察哈尔右翼后旗、乌拉特中旗、乌拉特后旗、鄂托克旗、杭锦旗、准格尔旗、乌审旗、伊金霍洛旗、鄂托克前旗、林西县、巴林右旗、阿鲁科尔沁旗、克什克腾旗、翁牛特旗、巴林左旗、宁城县、敖汉旗、喀喇沁旗、科尔沁右翼前旗、扎赉特旗、科尔沁左翼后旗、科尔沁右翼中旗、库伦旗、奈曼旗、扎鲁特旗、陈巴尔虎旗、新巴尔虎左旗、新巴尔虎右旗、额尔古纳左旗、鄂温克族自治旗、莫力达瓦达斡尔族自治旗、鄂伦春自治旗、阿拉善左旗、阿拉善右旗、额济纳旗、科尔沁左翼中旗、托克托县、清水河县、武川县、和林格尔县、固阳县
辽宁	5	阜新蒙古族自治县、喀喇沁左翼蒙古族自治县、新宾满族自治县、岫岩满族自治县、桓仁满族自治县
吉林	3	安图县、长白朝鲜族自治县、龙井市、和龙市、汪清县
黑龙江	1	杜尔伯特蒙古族自治县
浙江	1	景宁畲族自治县
湖北	10	来凤县、鹤峰县、咸丰县、利川市、巴东县、建始县、宣恩县、恩施市、五峰土家族自治县、长阳土家族自治县
湖南	12	龙山县、桑植县、永顺县、保靖县、花垣县、古丈县、泸溪县、凤凰县、新晃侗族自治县、通道侗族自治县、城步苗族自治县、江华瑶族自治县
广东	3	连山壮族瑶族自治县、连南瑶族自治县、乳源瑶族自治县
广西	34	那坡县、凌云县、乐业县、西林县、隆林各族自治县、平果县、田林县、德保县、靖西县、田东县、马山县、上林县、天等县、大新县、龙州县、宁明县、隆安县、上思县、巴马瑶族自治县、环江毛南族自治县、罗城仫佬族自治县、东兰县、凤山县、都安瑶族自治县、天峨县、南丹县、大化瑶族自治县、金秀瑶族自治县、融水苗族自治县、三江侗族自治县、忻城县、资源县、龙胜各族自治县、富川瑶族自治县
海南	8	保亭黎族苗族自治县、白沙黎族自治县、乐东黎族自治县、琼中黎族苗族自治县、东方黎族自治县、陵水黎族自治县、昌江黎族自治县、通什市
重庆	5	酉阳土家族苗族自治县、秀山土家族苗族自治县、黔江区、彭水苗族土家族自治县、石柱土家族自治县
四川	51	马尔康县、茂县、红原县、阿坝县、汶川县、若尔盖县、理县、黑水县、小金县、松潘县、金川县、九寨沟县、壤塘县、峨边彝族自治县、马边彝族自治县、冕宁县、宁南县、德昌县、会东县、会理县、昭觉县、金阳县、甘洛县、布拖县、普格县、喜德县、雷波县、越西县、美姑县、木里藏族自治县、盐源县、米易县、盐边县、康定县、九龙县、炉霍县、甘孜县、雅江县、新龙县、道孚县、白玉县、理塘县、德格县、乡城县、石渠县、稻城县、色达县、巴塘县、泸定县、德荣县、丹巴县
贵州	51	道真仡佬族苗族自治县、剑河县、台江县、黎平县、榕江县、从江县、雷山县、丹寨县、黄平县、锦屏县、天柱县、麻江县、施秉县、镇远县、三穗县、岑巩县、荔波县、罗甸县、惠水县、三都水族自治县、平塘县、独山县、长顺县、贵定县、龙里县、福泉县、瓮安县、松桃苗族自治县、沿河土家族自治县、印江土家族苗族自治县、卢丰县、望谟县、册亨县、安龙县、晴隆县、兴仁县、普安县、威宁彝族回族苗族自治县、赫章县、纳雍县、镇宁布依族苗族自治县、紫云苗族布依族自治县、关岭布依族苗族自治县、大方县、黔西县、织金县、金沙县、水城县、盘县特区、六枝特区、务川仡佬族苗族自治县

续表 1

地　区	数　量	县(旗、市)名称
云南	68	富宁县、麻栗坡县、马关县、文山县、砚山县、丘北县、广南县、西畴县、屏边苗族自治县、河口瑶族自治县、金平苗族瑶族傣族自治县、绿春县、元阳县、红河县、泸西县、石屏县、武定县、禄劝彝族自治县、石林彝族自治县、巍山彝族回族自治县、南涧彝族自治县、漾濞彝族自治县、剑川县、鹤庆县、云龙县、弥渡县、洱源县、祥云县、宾川县、永平县、景谷傣族彝族自治县、江城哈尼族彝族自治县、孟连傣族拉祜族佤族自治县、西盟佤族自治县、澜沧拉祜族自治县、墨江哈尼族自治县、峨山彝族自治县、新平彝族傣族自治县、元江哈尼族彝族傣族自治县、勐海县、勐腊县、潞西县、陇川县、盈江县、梁河县、福贡县、泸水县、贡山独龙族怒族自治县、兰坪白族普米族自治县、香格里拉县、维西傈僳族自治县、德钦县、宁蒗彝族自治县、丽江纳西族自治县、耿马傣族佤族自治县、镇康县、沧源佤族自治县、双江拉祜族佤族布朗族傣族自治县、寻甸回族彝族自治县、景东彝族自治县、镇源彝族哈尼族拉祜族自治县、龙陵县、南华县、牟定县、大姚县、双柏县、永仁县、姚安县
甘肃	20	张家川回族自治县、临潭县、舟曲县、玛曲县、夏河县、卓尼县、迭部县、碌曲县、临夏市、临夏县、永靖县、和政县、康乐县、广河县、东乡族自治县、积石山保安族东乡族撒拉族自治县、天祝藏族自治县、肃南裕固族自治县、肃北蒙古族自治县、阿克塞哈萨克族自治县
青海	33	门源回族自治县、祁连县、刚察县、海晏县、尖扎县、同仁县、河南蒙古族自治县、泽库县、贵德县、同德县、兴海县、贵南县、共和县、玛沁县、班玛县、甘德县、达日县、久治县、玛多县、玉树县、杂多县、称多县、治多县、囊谦县、曲麻莱县、乌兰县、都兰县、天峻县、循化撒拉族自治县、化隆回族自治县、互助土族自治县、民和回族土族自治县、大通回族土族自治县
宁夏	9	同心县、盐池县、固原县、西吉县、泾源县、海原县、隆德县、灵武县、彭阳县
新疆	53	且末县、若羌县、和静县、和田市、和田县、皮山县、洛浦县、民丰县、策勒县、墨玉县、于田县、坷坪县、乌什县、温宿县、喀什市、巴楚县、伽师县、疏附县、疏勒县、英吉沙县、岳普湖县、麦盖提县、莎车县、泽普县、塔什库尔干塔吉克自治县、叶城县、尼勒克县、新源县、巩留县、伊吾县、巴里坤哈萨克自治县、阿图什市、阿克陶县、阿合奇县、乌恰县、奇台县、木垒哈萨克自治县、温泉县、察布查尔锡伯自治县、霍城县、昭苏县、特克斯县、和布克赛尔蒙古自治县、裕民县、额敏县、托里县、阿勒泰市、布尔津县、青河县、哈巴河县、富蕴县、福海县、吉木乃县

注：吉林省珲春市和新疆维吾尔自治区博乐市、塔城市、焉耆回族自治县境内距县城(市区)100 公里以上，交通不便，少数民族聚居的 16 个乡镇按民族贸易县内的乡镇对待，享受国家有关民族贸易优惠政策。

中国民族特需商品定点生产企业、产品名录

■中国民族特需商品定点生产企业、产品一览表

“十二五”期间全国少数民族特需商品定点生产企业名单及其生产的少数民族特需商品目录

(不含边销茶企业)

定点企业名称	民族特需用品名称
北京市（20 家）	
北京月盛斋清真食品有限公司	清真食品
北京老马清真食品有限责任公司	清真食品
北京民族印务有限责任公司	少数民族文体用品
北京金维福仁清真食品有限公司	清真食品
北京祥聚斋食品有限公司	清真食品
北京祥益斋食品厂	清真食品
北京薛家赢清真肉类食品加工配送中心	清真食品
北京剧装厂	少数民族服装
北京东来顺集团有限责任公司	清真食品
北京市珐琅厂有限责任公司	少数民族工艺美术品
北京工美集团有限责任公司	少数民族工艺美术品
北京市美术红灯厂有限责任公司	少数民族工艺美术品
北京金漆镶嵌有限责任公司	少数民族工艺美术品
北京象牙雕刻厂有限责任公司	少数民族工艺美术品
北京三江宏利牧业有限公司	清真食品
北京窦店益生清真肉业有限公司	清真食品
北京卓宸畜牧有限公司	清真食品
北京隆昊肉类食品有限公司	清真食品
北京市如意食品有限责任公司	清真食品
北京大顺斋食品有限责任公司	清真食品
天津市(35 家)	
天津市春合体育用品厂	少数民族文体用品
天津市天发重型水电设备制造有限公司	少数民族生产工具
天津市天塑科技集团有限公司第二塑料制品厂	少数民族生产工具
天津华韵乐器有限公司	少数民族文体用品
天津市华龙餐具有限公司	少数民族日用杂品
天津市远东科技工艺发展有限公司	少数民族日用杂品
天津市中环电子计算机有限公司	少数民族文体用品

续表 1

定点企业名称	民族特需用品名称
天津市鑫海地毯有限公司	少数民族针纺织
天津斯必得服装集团有限公司	少数民族服装
天津名都皮革制品有限公司	少数民族鞋帽
天津市兴凯体育器械有限公司	少数民族文体用品
天津市澳玛化妆品有限公司	少数民族日用杂品
天津市金锚集团有限责任公司	少数民族生产工具
天津市兴华森亚迪服饰有限公司	少数民族服装
天津市第三食品加工厂	清真食品
天津伊利康业冷冻食品有限公司	清真食品
天津市北辰区顺义清真牛羊肉综合加工厂	清真食品
天津市天方清真食品有限公司	清真食品
天津耳朵眼炸糕餐饮有限责任公司	清真食品
天津市桂顺斋糕点有限公司	清真食品
天津市桂顺斋糕点食品二厂	清真食品
天津市古兰斋清真食品有限公司	清真食品
天津市河东鸿起顺饭庄有限公司	清真食品
天津津河乳业有限公司	清真食品
天津市全兴源牛羊肉类食品有限公司	清真食品
天津大宇食品科技有限公司	清真食品
天津市顺峰工贸有限公司	少数民族生产工具
天津竟成家纺饰品有限公司	少数民族针纺织
天津天星科生皮革制品有限公司	少数民族鞋帽
天津市佳世通金属制品有限公司	少数民族生产工具
天津市凯达重型水电设备制造有限公司	少数民族生产工具
天津伊利乳业有限责任公司	清真食品
天津市春升清真食品有限公司	清真食品
天津神农种业有限责任公司	清真食品
天津金土地食品有限公司	清真食品
河北省(51 家)	
河北健民淀粉糖业有限公司	清真食品
宁晋县福兰德服装有限公司	少数民族服装
河北宁纺集团有限责任公司	少数民族针纺织
玉锋实业集团有限公司	清真食品
今麦郎食品有限公司	清真食品
河北德凯纺织有限公司	少数民族针纺织

续表 2

定点企业名称	民族特需用品名称
河北御芝林药业有限公司	少数民族药
河北华香清真肉类加工有限责任公司	清真食品
河北天赐调料有限公司	清真食品
邯郸市名福植物油有限责任公司	清真食品
河北美佳食品有限公司	清真食品
河北康远清真食品有限公司	清真食品
邯郸摩罗丹药业股份有限公司	少数民族药
河北鼎康粮油有限公司	清真食品
邯郸隆润纺织有限责任公司	少数民族针纺织
河北东明牛皮制革有限公司	少数民族服装
益海（石家庄）粮油工业有限公司	清真食品
河北古城香业集团股份有限公司	少数民族日用杂品
沧州伊杰清真肉类食品有限公司	清真食品
石家庄华莹玻璃制品有限公司	少数民族日用杂品
张北县祥云食品有限公司	清真食品
保定津海服装有限公司	少数民族服装
唐山法立德清真食品有限公司	清真食品
石家庄常山纺织股份有限公司	少数民族针纺织
河北美客多食品集团有限公司	清真食品
黄骅市和顺伊城清真肉食有限公司	清真食品
阜城县华兴服装有限公司	少数民族服装
衡水一壶斋工艺品有限公司	少数民族工艺美术品
秦皇岛正大有限公司	清真食品
河北三环太阳能有限公司	少数民族日用杂品
河北巴迈隆实业集团有限公司	少数民族服装
承德华富玻璃器皿有限公司	少数民族日用杂品
河北正先食品有限公司	清真食品
河北唐龙纺织集团有限公司	少数民族针纺织
定州伊利乳业有限责任公司	清真食品
宁晋县诚宏铜业有限公司	少数民族日用杂品
河北宝泰食品有限公司	清真食品
光为绿色新能源股份有限公司	少数民族日用杂品
河北蓝鸟家具股份有限公司	少数民族家具
河北强盛风电设备有限公司	少数民族日用杂品
廊坊伊利乳品有限公司	清真食品

续表 3

定点企业名称	民族特需用品名称
唐山中红三融畜禽有限公司	清真食品
大厂回族自治县福华肉类有限公司	清真食品
滦县伊利乳业有限责任公司	清真食品
承德格林食品有限公司	清真食品
张北顺达油脂有限责任公司	清真食品
衡水遨宇纺织有限公司	少数民族针纺织
大厂回族自治县跃华食品有限公司	清真食品
承德开源地毯有限公司	少数民族针纺织
河北荣达畜禽有限公司	清真食品
秦皇岛市牧羊源食品有限公司	清真食品
山西省(29 家)	
山西省平遥县龙海实业有限公司	清真食品
山西绿洲纺织有限责任公司	少数民族针纺织
晋城东方玻璃制品有限公司	少数民族日用杂品
山西大象农牧集团有限公司	清真食品
山西粟海集团有限公司	清真食品
山西忠民集团有限公司	清真食品
山西永济晋美油脂有限公司	清真食品
山西华晋纺织印染有限公司	少数民族针纺织
山西卓里集团有限公司	少数民族生产工具
山西卫氏鱼康实业有限公司	少数民族药
山西迎太塑料有限公司	少数民族生产工具
新绛县鸿远纺织有限责任公司	少数民族针纺织
山西金绛食品有限公司	清真食品
山西宏艺玻璃器皿有限责任公司	少数民族日用杂品
山西红萍服饰有限公司	少数民族服装
山西兵娟制衣有限公司	少数民族服装
山西中德塑钢型材有限责任公司	少数民族生产工具
山西华晟果蔬饮品有限公司	清真食品
祁县红海玻璃有限公司	少数民族日用杂品
翼城县华煜离心球墨铸管有限责任公司	少数民族生产工具
山西吉利尔潞绸集团织造股份有限公司	少数民族服装
山西汤荣机械制造股份有限公司	少数民族生产工具
山西双银电热能有限公司	少数民族生产工具
山西光宇半导体照明股份有限公司	少数民族日用杂品

续表 4

定点企业名称	民族特需用品名称
汾州裕源土特产品有限公司	清真食品
山西胡兰食品有限公司	清真食品
山西兴业绿源农牧业开发有限公司	清真食品
太原市牛羊肉类加工厂	清真食品
长治市雄丰清真养殖屠宰有限公司	清真食品
内蒙古自治区(120 家)	
内蒙古鹿王羊绒有限公司	少数民族针纺织
内蒙古圣鹿源生物科技股份有限公司	少数民族工艺美术品
内蒙古伊德清真肉业食品有限公司	清真食品
包头市都仁装饰工程有限公司	少数民族日用杂品
四子王旗民族贸易有限责任公司	清真食品
赤峰凯兰羊绒制品有限公司	少数民族针纺织
赤峰昭乌达羊绒制品有限责任公司	少数民族服装
内蒙古苏尼特肉业有限责任公司	清真食品
内蒙古蒙元牧业有限责任公司	清真食品
阿巴嘎旗百吉乐民族置业有限责任公司	少数民族工艺美术品
察哈尔右翼后旗察哈尔民族服饰服装有限责任公司	少数民族服装
内蒙古赛罕安达羊绒制品有限公司	少数民族针纺织
通辽今日印刷有限公司	少数民族文体用品
鄂托克旗景程皮毛制品厂	少数民族针纺织
内蒙古乌拉美羊业有限责任公司	清真食品
内蒙古鲁花葵花仁油有限公司	清真食品
阿拉善右旗民族工艺地毯有限责任公司	少数民族针纺织
包头市那日苏马头琴文化传播有限公司	少数民族文体用品
呼伦贝尔市中荣食品有限公司	清真食品
赤峰宝山能源（集团）贺麒铜业有限责任公司	少数民族日用杂品
内蒙古乌兰布和乳业有限公司	清真食品
二连浩特市策格文化传播有限公司	少数民族工艺美术品
内蒙古金川伊利乳业有限责任公司	清真食品
内蒙古伊利实业集团股份有限公司	清真食品
扎兰屯伊利乳业有限责任公司	清真食品
内蒙古蒙药股份有限公司	少数民族药
内蒙古通辽岳泰股份有限公司	少数民族生产工具
奈曼旗华宝麦饭石系列产品有限公司	少数民族日用杂品
奈曼旗金秋农牧业科技发展有限公司	少数民族生产工具

续表 5

定点企业名称	民族特需用品名称
内蒙古重鹤畜牧有限公司	清真食品
通辽市锦绣木业有限公司	少数民族家具
通辽市草原旭日食品有限责任公司	清真食品
内蒙古谷道粮原农产品有限责任公司	清真食品
通辽东北六药业有限公司	少数民族药
内蒙古科尔沁民族文化服饰有限公司	少数民族服装
内蒙古兴雅包装有限公司	少数民族文体用品
内蒙古科尔沁牛业股份有限公司	少数民族生产工具
扎鲁特旗北方食品有限公司	少数民族生产工具
内蒙古清谷新禾有机食品集团有限责任公司	清真食品
通辽市泽强医药有限责任公司	少数民族药
通辽朵兰纺织品有限公司	少数民族服装
内蒙古维尔农业有限公司	清真食品
通辽谷润肉业有限公司	清真食品
内蒙古蒙古王实业股份有限公司	少数民族文体用品
通辽市大漠绿洲养殖有限公司	少数民族生产工具
奈曼旗天兴民族木业有限公司	少数民族家具
通辽市阳光畜牧发展有限责任公司	清真食品
通辽绿丰肉食品有限公司	清真食品
天蒙羊绒有限公司	少数民族针纺织
通辽市润旺生物质加工有限责任公司	少数民族生产工具
通辽市东蒙肉业有限公司	清真食品
内蒙古联亿羊业有限公司	少数民族鞋帽
内蒙古元丰木业有限公司	少数民族家具
通辽余粮畜业开发有限公司	少数民族生产工具
扎鲁特旗鑫诚肉食品有限公司	少数民族生产工具
扎鲁特旗罕山肉业有限责任公司	清真食品
扎鲁特旗希日莫羊绒纺织品有限责任公司	少数民族针纺织
内蒙古王峰拖拉机制造有限公司	少数民族生产工具
通辽卓衡机械制造有限公司	少数民族生产工具
包头万青网围栏有限公司	少数民族生产工具
阿鲁科尔沁旗塔山食品有限责任公司	清真食品
克什克腾旗天太皮毛皮革有限责任公司	少数民族鞋帽
内蒙古蒙都羊业食品有限公司	清真食品
内蒙古东方万旗肉牛产业有限公司	清真食品

续表 6

定点企业名称	民族特需用品名称
内蒙古塞飞亚农业科技发展股份有限公司	清真食品
内蒙古独伊佳食品有限公司	清真食品
赤峰天奇制药有限责任公司	少数民族药
赤峰金碧药业有限公司	少数民族药
内蒙古中敖食品有限公司	清真食品
巴林左旗福山食品有限责任公司	清真食品
内蒙古草原金峰集团霞光肉类营销有限责任公司	清真食品
赤峰丹龙药业有限公司	少数民族药
赤峰他林草都清真肉业有限责任公司	清真食品
翁牛特旗路路通商贸有限责任公司	少数民族针纺织
巴林右旗巴林广告印刷有限责任公司	少数民族文体用品
赤峰市新州中药饮片有限公司	少数民族药
内蒙古茂源国际绒业有限公司	少数民族针纺织
二连市长青民族服装有限责任公司	少数民族服装
二连浩特市元兴民族文化发展有限责任公司	少数民族生产工具
阿拉善左旗驼中王绒毛制品有限责任公司	少数民族针纺织
内蒙古大盛业羊绒制品有限公司	少数民族针纺织
内蒙古大唐药业有限公司	少数民族药
内蒙古森木民族用品有限责任公司	少数民族生产工具
呼和浩特市苏鲁锭皮业有限责任公司	少数民族工艺美术品
呼和浩特市舞美艺术服装厂	少数民族服装
呼和浩特市御盛斋食品有限责任公司	清真食品
内蒙古伊鑫源肉业有限责任公司	清真食品
内蒙古蒙伊萨食品有限责任公司	清真食品
包头伊利乳业有限责任公司	清真食品
内蒙古华德牧草机械有限责任公司	少数民族生产工具
呼伦贝尔绿祥清真肉食品有限责任公司	清真食品
鄂温克族自治旗伊赫塔拉畜牧业发展有限责任公司	清真食品
陈巴尔虎旗夏家食品有限责任公司	清真食品
内蒙古蒙犇畜牧有限责任公司	清真食品
内蒙古安达牧业有限公司	清真食品
内蒙古草原兴牧肉类有限公司	清真食品
乌兰浩特中蒙制药有限公司	少数民族药
乌兰浩特兴安岭拖拉机有限公司	少数民族生产工具
内蒙古扎赉特旗鑫神峰制衣厂	少数民族服装

续表 7

定点企业名称	民族特需用品名称
内蒙古科右中旗兴华高级服装厂	少数民族服装
锡林郭勒盟穆兴皮毛制品有限公司	少数民族针纺织
锡林郭勒盟正林畜产品有限责任公司	清真食品
锡林郭勒盟伊顺清真肉类有限责任公司	清真食品
锡林郭勒盟伊荣清真肉食品有限责任公司	清真食品
锡林浩特伊利乳品有限责任公司	清真食品
锡林郭勒盟云华民族文化服饰发展有限公司	少数民族服装
苏尼特左旗盛草网围栏有限责任公司	少数民族生产工具
内蒙古西乌珠穆沁旗沁绿肉类食品有限责任公司	清真食品
正镶白旗伊盛肉类有限责任公司	清真食品
内蒙古福瑞中蒙药科技股份有限公司	少数民族药
内蒙古马志全清真食品有限公司	清真食品
乌兰察布市草原肉食品有限责任公司	清真食品
鄂尔多斯市阿腾莎民族用品有限责任公司	少数民族工艺美术品
鄂尔多斯市锡尼绒毛厂	少数民族针纺织
巴彦淖尔伊利乳业有限责任公司	清真食品
内蒙古美洋洋食品有限公司	清真食品
内蒙古草原宏宝食品有限公司	清真食品
阿拉善左旗善玉雕刻有限公司	少数民族工艺美术品
阿拉善右旗腾飞民族工艺品有限责任公司	少数民族文体用品
内蒙古奥特奇蒙药股份有限公司	少数民族药
辽宁省(91 家)	
沈阳萃华金银珠宝股份有限公司	少数民族工艺美术品
大连东风纺织工艺品有限公司	少数民族针纺织
瓦房店市欣惠达装饰品有限公司	少数民族服装
岫岩满族自治县万金润玉雕有限公司	少数民族工艺美术品
本溪湘泉建陶有限责任公司	少数民族日用杂品
辽宁超懿工贸集团有限公司	少数民族针纺织
阜新福棉纺织有限责任公司	少数民族针纺织
辽宁中泽集团朝阳纺织有限责任公司	少数民族针纺织
朝阳市新隆毛纺织集团有限公司	少数民族针纺织
北票新元纺织有限公司	少数民族针纺织
沈阳宏发企业集团家俱有限公司	少数民族家具
大连俊铭服装有限公司	少数民族服装
大连天益玻璃制品有限公司	少数民族生产工具

续表 8

定点企业名称	民族特需用品名称
辽宁伊利乳业有限公司	清真食品
瓦房店龙城肉食品加工有限公司	清真食品
大连华富食品有限公司	清真食品
辽宁振隆特产股份有限公司	清真食品
鞍山市晋丰达牧业有限公司	清真食品
北票市宏发食品有限公司	清真食品
辽宁宏达牛业发展有限公司	清真食品
丹东药业集团有限公司	少数民族药
阜新蒙药有限责任公司	少数民族药
辽宁康博士制药有限公司	少数民族药
海城柏仙太子服饰有限公司	少数民族服装
辽宁柞蚕丝绸科学研究院有限责任公司	少数民族针纺织
阜新天祺玛瑙玉器开发有限责任公司	少数民族工艺美术品
调兵山宏大肉禽加工有限责任公司	清真食品
雪龙黑牛股份有限公司	清真食品
辽宁宏达费氏食品工业有限公司	清真食品
阜新维远食品科技有限公司	清真食品
辽宁佳泰实业有限公司	少数民族服装
阜新霍氏兄弟鞋业有限责任公司	少数民族鞋帽
铁岭市永发茧产品有限公司	少数民族服装
朝阳朝工机械有限公司	少数民族生产工具
大连四方电泵有限公司	少数民族生产工具
朝阳宾朋毛巾有限责任公司	少数民族针纺织
建平县臣龙机械有限责任公司	少数民族生产工具
喀左永达民族陶业有限公司	少数民族日用杂品
辽宁通达泵业集团有限公司	少数民族生产工具
海城市海富染整印花有限公司	少数民族针纺织
本溪满族自治县鑫盛陶瓷厂	少数民族日用杂品
辽宁飞天针织品有限责任公司	少数民族服装
喀左县民族地毯厂	少数民族针纺织
朝阳飞马集团机械制造有限公司	少数民族生产工具
大连丽豪硕服装辅料有限公司	少数民族服装
岫岩满族自治县万客来玉石床垫有限公司	少数民族工艺美术品
鞍山中通发展有限公司	少数民族日用杂品
大连俊峰热工工程设备有限公司	少数民族日用杂品

续表 9

定点企业名称	民族特需用品名称
辽宁兴达金属钢网有限公司	少数民族生产工具
桓仁鑫艺有限公司	少数民族日用杂品
抚顺市立营木业有限责任公司	少数民族生产工具
丹东市唐人服饰有限公司	少数民族服装
本溪天龙古洞旅游开发有限责任公司	少数民族工艺美术品
锦州市夏氏满族工艺发展有限公司	少数民族针纺织
朝阳市龙泉家俱有限责任公司	少数民族家具
朝阳黑猫伍兴岐炭黑有限责任公司	少数民族针纺织
葫芦岛佰宏制衣有限公司	少数民族服装
清原满族自治县鹏发木制品有限公司	少数民族家具
大连俊铭时装有限公司	少数民族日用杂品
抚顺海源肉禽加工有限公司	清真食品
阜新东祥油脂有限责任公司	清真食品
大连明达食品有限公司	清真食品
阜新六和农牧有限公司	清真食品
辽宁鑫枫牧业股份有限公司	清真食品
清原得胜禽业有限公司	清真食品
开原市赢得肉禽有限责任公司	清真食品
辽宁宏福肉类集团有限公司	清真食品
沈阳福来食品实业有限公司	清真食品
沈阳冠卓牧业有限公司	清真食品
中敖西丰清真食品有限公司	清真食品
抚顺顺意清真食品有限公司	清真食品
本溪万顺达发展有限公司	清真食品
辽阳市真乐回族食品有限公司	清真食品
辽宁绿源肉业有限公司	清真食品
鞍山市九股河食品有限责任公司	清真食品
朝阳华瑞棉业有限责任公司	少数民族针纺织
辽宁宏兴包装制品有限公司	少数民族文体用品
朝阳小平五丰木业有限公司	少数民族家具
本溪冶炼集团有限公司	少数民族日用杂品
丹东优耐特纺织品有限公司	少数民族针纺织
辽宁北方曲轴有限公司	少数民族日用杂品
鞍山永安包装工业有限公司	少数民族文体用品
葫芦岛市天天清真牛羊定点屠宰有限公司	清真食品

续表 10

定点企业名称	民族特需用品名称
辽宁成大木业有限公司	少数民族家具
阜新市联成裘革制衣有限公司	少数民族鞋帽
辽宁东明工艺品有限公司	少数民族工艺美术品
本溪九鲲鹏制衣有限公司	少数民族服装
辽宁龙江工艺品有限公司	少数民族日用杂品
海城鸿尊达牧业有限公司	清真食品
喀左飞鹏机械制造有限公司	少数民族日用杂品
凌源市鑫晟木业有限公司	少数民族家具
吉林省(102 家)	
吉林省长春皓月清真肉业股份有限公司	清真食品
吉林华康药业股份有限公司	少数民族药
延边路兴沥青贮运有限责任公司	少数民族日用杂品
伊通满族自治县芮来满族服饰有限公司	少数民族服装
延边大学草仙药业有限公司	少数民族药
吉林市吉东木业有限公司	少数民族家具
长春老韩头清真食品有限公司	清真食品
吉林市东福实业有限公司	清真食品
吉林市宏林陶瓷有限责任公司	少数民族日用杂品
延边白头山制药有限公司	少数民族药
吉林省东明清真食品有限公司	清真食品
修正药业集团股份有限公司	少数民族药
吉林丽美坚木业股份有限公司	少数民族家具
吉林省天地美清真食品有限公司	清真食品
白城天福粮油食品集团有限公司	清真食品
大森林食品有限公司	清真食品
吉林市红阳农业开发有限公司	清真食品
延边新华印刷有限公司	少数民族文体用品
长春市紫玉木兰工艺有限公司	少数民族鞋帽
吉林华商建设集团有限公司	少数民族日用杂品
吉林龙鑫药业有限公司	少数民族药
延边天元机械有限公司	少数民族生产工具
敦化市洪源木业有限公司	少数民族家具
珲春弘丰制衣有限公司	少数民族服装
敦化市鸿发食品有限责任公司	清真食品
吉林奥箭集团大成木业有限责任公司	少数民族家具

续表 11

定点企业名称	民族特需用品名称
敦化市中信木业有限责任公司	少数民族家具
吉林康乃尔药业有限公司	少数民族药
吉林市富薪木业有限责任公司	少数民族日用杂品
长春大华实业集团有限公司	少数民族家具
吉林福源馆食品集团有限责任公司	清真食品
吉林吉春制药股份有限公司	少数民族药
长春市桥霖木业有限公司	少数民族家具
吉林省东丰药业股份有限公司	少数民族药
东丰县鹏翔牧业有限责任公司	清真食品
前郭尔罗斯蒙古族自治县哈萨尔王食品有限公司	清真食品
松原市弘晟喷灌喷泉工程有限公司	少数民族生产工具
白城电力镇赉变压器有限责任公司	少数民族日用杂品
大安市安大牧业有限责任公司	清真食品
延边恒达实业集团有限公司	少数民族日用杂品
吉林三三零五机械厂	少数民族日用杂品
吉林延边林业集团珲春森林山木业有限公司	少数民族家具
图们市华仁塑料制品有限公司	少数民族日用杂品
吉林正方农牧股份有限公司	清真食品
吉林卓越实业股份有限公司	清真食品
吉林一正药业集团有限公司	少数民族药
敦化市金诚实业有限责任公司	少数民族文体用品
地球卫士环保新材料股份有限公司	少数民族文体用品
吉林延边林业集团八家子林业有限公司	少数民族家具
吉林宝信清真食品有限公司	清真食品
吉林草还丹药业有限公司	少数民族药
吉林省东北亚药业股份有限公司	少数民族药
延吉市明珠实业有限公司	少数民族服装
延吉新树杰木业有限公司	少数民族家具
敦化市金海木业有限公司	少数民族家具
白山市喜丰塑业有限公司	少数民族生产工具
吉林天力泰药业有限公司	少数民族药
吉林天宇建设集团股份有限公司	少数民族日用杂品
吉林福敦木业有限公司	少数民族家具
延吉市海金蒲民族被有限公司	少数民族针纺织
吉林郭尔罗斯生物饲料有限公司	少数民族生产工具

续表 12

定点企业名称	民族特需用品名称
延边石岘白麓纸业股份有限公司	少数民族文体用品
敦化市吉森木业有限责任公司	少数民族家具
延边宝利祥蜂业有限公司	清真食品
吉林益民堂制药有限公司	少数民族药
敦化市中联木业有限公司	少数民族家具
延边泛西方塑料有限公司	少数民族日用杂品
延边海宇服饰有限公司	少数民族服装
延边阿里郎包装有限责任公司	少数民族文体用品
延边畜牧开发集团有限公司	清真食品
延边方园木业有限责任公司	少数民族家具
敦化市德信木业有限责任公司	少数民族家具
敦化市大福门业有限公司	少数民族家具
天成玉米开发有限公司	清真食品
敦化市森泰木业有限责任公司	少数民族家具
安图亚鑫木制品有限公司	少数民族家具
延边瑞迪神高新技术开发有限公司	少数民族日用杂品
吉林福康医药生物科技有限公司	少数民族药
珲春运达针织服装有限公司	少数民族服装
延边大宗实业有限公司	少数民族服装
吉林新元木业有限公司	少数民族家具
吉林省长春清真肉业集团有限公司	清真食品
延边商业集团有限公司	少数民族文体用品
敦化市北营木业有限责任公司	少数民族家具
敦化市森翔木业有限责任公司	少数民族家具
吉林成达食品有限公司	清真食品
吉林九江潮集团有限公司	清真食品
吉林市吉兴粮业有限公司	清真食品
敦化市振鑫钢铁改制有限责任公司	少数民族日用杂品
伊通满族自治县盛世服饰有限公司	少数民族服装
吉林省鸿乔木业有限责任公司	少数民族家具
吉林六鼎山实业有限公司	少数民族服装
敦化市广晟油脂生物科技有限责任公司	少数民族生产工具
敦化市亚联机械制造有限公司	少数民族日用杂品
吉林敖东药业集团延吉股份有限公司	少数民族药
吉林延边林业集团和龙林业有限公司	少数民族家具

续表 13

定点企业名称	民族特需用品名称
吉林敖东延边药业股份有限公司	少数民族药
敦化市敖东食品开发有限责任公司	清真食品
吉林敖东集团金海发药业股份有限公司	少数民族药
通钢集团敦化塔东矿业有限责任公司	少数民族日用杂品
四平成达食品有限公司	清真食品
珲春兴业木业有限责任公司	少数民族家具
黑龙江省(29 家)	
牡丹江北方水泥有限公司	少数民族日用杂品
黑龙江天顺源清真食品有限公司	清真食品
大庆市杜尔伯特伊利乳业有限责任公司	清真食品
绥化市肇东市伊利乳业有限责任公司	清真食品
黑龙江宾西牛业	清真食品
东宁县吉信木业有限责任公司	少数民族家具
齐齐哈尔市瑞盛食品制造有限公司	清真食品
黑河市嫩江县清真肉类加工厂	清真食品
哈尔滨常皓清真牧业有限公司	清真食品
齐齐哈尔市再志清真屠宰场	清真食品
黑龙江源和盛清真食品有限公司	清真食品
齐齐哈尔三义成清真食品有限公司	清真食品
鹤岗市丰荟回民食品有限责任公司	清真食品
鹤岗市清真定点屠宰厂	清真食品
哈尔滨市冰城牧业有限公司	清真食品
双鸭山饶河脉动珍稀动物繁育有限公司	少数民族服装
黑龙江赛路恩电子产品开发有限公司	少数民族文体用品
齐齐哈尔市龙江县伊龙清真食品有限责任公司	清真食品
黑龙江省大庆皓月清真食品工业有限公司	清真食品
牡丹江市王旺回民食品有限公司	清真食品
集贤县晨光牧业有限公司	清真食品
大庆市国康木业有限公司	少数民族家具
佳木斯富锦市明达牧业有限责任公司	清真食品
牡丹江市回回顺清真食品有限公司	清真食品
大庆市怡丽美服装服饰有限公司	少数民族服装
齐齐哈尔市伊旺食品有限公司	清真食品
安达市伊利乳业有限责任公司	清真食品
黑龙江省蓝艺地毯集团有限公司	少数民族针纺织

续表 14

定点企业名称	民族特需用品名称
双鸭山黑龙江农垦北大荒牛业有限公司	清真食品
上海市(8 家)	
上海民族乐器一厂	少数民族文体用品
中国第一铅笔有限公司	少数民族文体用品
上海老凤祥有限公司	少数民族工艺美术品
上海东亚食品工业有限公司	清真食品
上海伊利爱贝食品有限公司	清真食品
上海牛羊肉公司	清真食品
上海爱普食品工业有限公司	清真食品
上海圣华副食品有限公司	清真食品
江苏省(59 家)	
江苏华佳丝绸有限公司	少数民族针纺织
江苏宏健粮油科技发展有限公司	清真食品
江苏省华扬太阳能有限公司	少数民族日用杂品
江苏泗绢集团有限公司	少数民族针纺织
江苏玖久丝绸股份有限公司	少数民族针纺织
江苏龙嫂绿色食品有限公司	清真食品
南京云锦研究所股份有限公司	少数民族针纺织
南京金箔集团有限责任公司	少数民族工艺美术品
南京绿柳居清真食品有限公司	清真食品
南京清真安乐园菜馆	清真食品
南京韩复兴清真食品有限公司	清真食品
南京清真桃源村食品厂有限公司	清真食品
徐州益客食品有限公司	清真食品
徐州澳华肉食品有限公司	清真食品
常州环球地毯制造有限公司	少数民族针纺织
苏州市青田企业发展有限公司	少数民族针纺织
苏州华思丝绸印染有限公司	少数民族针纺织
苏州剧装戏具合作公司	少数民族服装
南通市苏中纺织有限公司	少数民族针纺织
南通罗盖特生物科技有限公司	清真食品
益海（连云港）粮油工业有限公司	清真食品
连云港天明自然纤维制品有限公司	少数民族针纺织
扬州纪元纺织有限公司	少数民族针纺织
扬州玉器厂	少数民族工艺美术品

续表 15

定点企业名称	民族特需用品名称
扬州漆器厂	少数民族工艺美术品
扬州神州风力发动机有限公司	少数民族日用杂品
宿迁洋河纺织有限公司	少数民族针纺织
宿迁天辰纺织有限公司	少数民族针纺织
吴江市新申织造有限公司	少数民族针纺织
吴江赴东纺织集团有限公司	少数民族针纺织
吴江飞翔印染有限公司	少数民族针纺织
大丰市佳丰油脂有限责任公司	清真食品
丹阳市通泰纺织有限公司	少数民族针纺织
泗阳县嘉泰纺织有限公司	少数民族针纺织
江苏伟楼生物科技有限公司	清真食品
江苏康乃馨织造有限公司	少数民族针纺织
江苏玉人服装有限公司	少数民族针纺织
江苏高和机电股份有限公司	少数民族日用杂品
金海新源电气江苏有限公司	少数民族日用杂品
江苏东佳木业有限公司	少数民族家具
江苏宝宝宿迁国民生物科技有限公司	清真食品
南京海锚电器织造有限公司	少数民族日用杂品
南京双峰油泵油嘴有限公司	少数民族生产工具
南京朝中食品有限责任公司	清真食品
苏州民族乐器一厂有限公司	少数民族文体用品
连云港飞雁毛毯有限责任公司	少数民族针纺织
盐城顶益食品有限公司	清真食品
张家港市大新毛纺有限公司	少数民族针纺织
吴江市震洲喷气织造厂	少数民族针纺织
仪征苏豪制衣有限公司	少数民族服装
江苏箭鹿毛纺股份有限公司	少数民族针纺织
江苏春绿粮油有限公司	清真食品
江苏苏龙纺织科技集团有限公司	少数民族针纺织
江苏宝龙集团有限公司	清真食品
扬州市华光双瑞实业有限公司	少数民族生产工具
吴江市双盈化纺实业有限公司	少数民族针纺织
盐城蓝多特纺织原料有限公司	少数民族针纺织
江苏海利达纺织有限公司	少数民族针纺织
江苏柏泰集团有限公司	少数民族服装

续表 16

定点企业名称	民族特需用品名称
浙江省(6 家)	
杭州翠沁斋清真食品有限公司	清真食品
景宁畲族自治县龙凤民族服饰有限公司	少数民族针纺织
衢州安康民族工艺饰品有限公司	少数民族工艺美术品
新昌县江南诚茂砖茶有限公司	边销茶(紧压茶)
浙江武义骆驼九龙砖茶有限公司	边销茶(紧压茶)
宁波赤岩峰茶业有限公司	边销茶(紧压茶)
安徽省(18 家)	
安庆市清怡针纺织品有限责任公司	少数民族针纺织
铜陵锦鹏工艺品有限责任公司	少数民族针纺织
安庆市柏兆记工贸实业发展有限公司	清真食品
安徽省林锦记食品工业有限公司	清真食品
安徽华卫集团禽业有限公司	清真食品
安徽协和成药业饮片有限公司	清真食品
安徽鑫河清真牛羊肉加工有限公司	清真食品
安徽康尔美油脂有限公司	清真食品
安徽远旺清真食品有限责任公司	清真食品
全椒县礼庚管坝牛肉有限公司	清真食品
合肥桂和农牧渔发展有限公司	清真食品
合肥新晟天工贸有限公司	少数民族鞋帽
安徽省凤阳县御膳油脂有限公司	清真食品
滁州市琅琊米源斋清真食品厂	清真食品
天长市鑫光民族服饰有限公司	少数民族服装
亳州市永刚饮片厂有限公司	清真食品
淮南市碗碗香豆业有限公司	清真食品
安徽金丰粮油股份有限公司	清真食品
福建省(4 家)	
福安市珍华工艺品有限公司	少数民族工艺美术品
福建盈盛号金银饰品有限公司	少数民族工艺美术品
福建省满园春茶业有限公司	边销茶(紧压茶)
正大（中国）服饰有限公司	少数民族服装
江西省(13 家)	
江西桐青金属工艺品有限公司	少数民族工艺美术品
余干县民族乐器有限公司	少数民族文体用品
德兴市百勤异 VC 钠有限公司	清真食品

续表 17

定点企业名称	民族特需用品名称
景德镇远景瓷业有限公司	少数民族日用杂品
景德镇佳洋陶瓷有限公司	少数民族日用杂品
九江市清真梁启发食品厂	清真食品
九江市清真梁义隆食品有限公司	清真食品
九江市清真牛羊禽蛋加工厂	清真食品
江西牛牛乳业有限责任公司	清真食品
江西南方黑芝麻食品有限责任公司	清真食品
江西绿源油脂实业有限公司	清真食品
江西仙客来生物科技有限公司	清真食品
景德镇诺耐新材料科技有限公司	少数民族日用杂品
山东省(94 家)	
青岛九联集团股份有限公司	清真食品
青岛清光食品有限公司	清真食品
泰山石膏股份有限公司	少数民族日用杂品
山东康平纳集团有限公司	少数民族针纺织
肥城市龙祥纺织有限公司	少数民族针纺织
山东金马工业集团股份有限公司	少数民族生产工具
山东银凤股份有限公司	少数民族日用杂品
山东神龙毯业有限公司	少数民族针纺织
中澳控股集团有限公司	清真食品
谷神生物科技集团有限公司	清真食品
山东鼎力枣业食品集团有限公司	清真食品
山东鑫亚工业股份有限公司	少数民族生产工具
临清三和纺织集团有限公司	少数民族针纺织
山东泉林纸业有限责任公司	少数民族文体用品
山东凤祥股份有限公司	清真食品
阳谷县鲁信清真食业有限公司	清真食品
山东冠洲股份有限公司	少数民族生产工具
冠县冠星纺织有限责任公司	少数民族针纺织
山东东阿钢球集团有限公司	少数民族日用杂品
山东汇通纺织有限公司	少数民族针纺织
山东省阳信广富畜产品有限公司	清真食品
山东渤海油脂工业有限公司	清真食品
山东滨州亚光毛巾有限公司	少数民族针纺织
山东鲁花浓香花生油有限公司	清真食品

续表 18

定点企业名称	民族特需用品名称
山东达驰电气有限公司	少数民族生产工具
淄博兰雁集团有限责任公司	少数民族针纺织
金乡县华光食品进出口有限公司	清真食品
山东明胜纺织有限公司	少数民族针纺织
山东齐旺达包装制品有限公司	少数民族生产工具
东辰控股集团有限公司	清真食品
希森三和集团有限公司	清真食品
三阳纺织有限公司	少数民族针纺织
莱阳鲁花浓香花生油有限公司	清真食品
烟台龙源油食品有限公司	清真食品
山东春雪食品有限公司	清真食品
山东圣豪家纺有限公司	少数民族针纺织
山东黎明纺织有限公司	少数民族针纺织
山东禹王实业有限公司	清真食品
山东益寿食品股份有限公司	清真食品
无棣伊德圆畜牧有限公司	清真食品
山东峰宇面粉有限公司	清真食品
山东胜通化工有限公司	少数民族生产工具
莱芜泰禾生化有限公司	清真食品
山东常林机械集团股份有限公司	少数民族生产工具
山东华盛农业药械有限责任公司	少数民族生产工具
中通客车控股股份有限公司	少数民族生产工具
中冶纸业银河有限公司	少数民族文体用品
山东润源实业有限公司	少数民族生产工具
山东奥克特化工有限公司	少数民族药
山东省曹普工艺有限公司	少数民族家具
威海毛纺织集团有限公司	少数民族针纺织
日照东升地毯有限公司	少数民族针纺织
山东华誉集团有限公司	清真食品
山东龙大植物油有限公司	清真食品
山东宇泰光电科技有限公司	少数民族日用杂品
山东华兴纺织集团有限公司	少数民族针纺织
山东中奥毯业有限公司	少数民族针纺织
青岛东生集团股份有限公司	清真食品
山东超越纺织有限公司	少数民族针纺织

续表 19

定点企业名称	民族特需用品名称
山东巨益新能源有限公司	少数民族日用杂品
山东中谷淀粉糖有限公司	清真食品
青岛长寿食品有限公司	清真食品
山东智德纺织有限公司	少数民族针纺织
泰安鲁普耐特塑料有限公司	少数民族生产工具
山东桑乐太阳能有限公司	少数民族日用杂品
山东洪丰面粉有限公司	清真食品
金猴集团有限公司	少数民族服装
山东如意科技集团有限公司	少数民族针纺织
山东飞泰纺织有限公司	少数民族针纺织
诸城外贸有限责任公司	清真食品
山东岱银纺织集团股份有限公司	少数民族针纺织
招远市针织厂有限公司	少数民族针纺织
山东香驰粮油有限公司	清真食品
山东绿健生物技术有限公司	清真食品
阳信亿利源清真肉类有限公司	清真食品
蓬莱汇洋食品有限公司	清真食品
淄博欧木特种纸业有限公司	少数民族日用杂品
山东新光股份有限公司	少数民族针纺织
山东招金银楼有限公司	少数民族工艺美术品
山东万得福实业集团有限公司	清真食品
日照海通丝业有限公司	少数民族针纺织
武城县英潮经贸有限公司	清真食品
淄博大染坊丝绸集团有限公司	少数民族针纺织
邹平三星油脂工业有限公司	清真食品
山东清田塑工有限公司	少数民族生产工具
山东兴泉油脂有限公司	清真食品
昌邑华晨纺织印染有限公司	少数民族针纺织
山东鸿润油脂有限公司	清真食品
山东红叶地毯有限公司	少数民族针纺织
山东呈祥电工电气有限公司	少数民族日用杂品
山东环球印铁制罐有限公司	少数民族日用杂品
青岛春明调味品有限公司	清真食品
齐鲁宏业纺织集团有限公司	少数民族针纺织
青岛品品好粮油有限公司	清真食品

续表 20

定点企业名称	民族特需用品名称
河南省(87 家)	
焦作隆丰皮草企业有限公司	少数民族针纺织
河南阿凡提食品股份有限公司	清真食品
中牛集团有限公司	少数民族鞋帽
河南华英农业发展股份有限公司	清真食品
河南羚锐制药股份有限公司	少数民族药
南阳纺织集团有限公司	少数民族针纺织
河南新野纺织股份有限公司	少数民族针纺织
河南大用实业有限公司	清真食品
焦作大用实业有限公司	清真食品
河南大用邦杰食品有限公司	清真食品
河南省淇县永达食业有限公司	清真食品
鹤壁朝歌纺织有限公司	少数民族针纺织
濮阳新三强纺织有限公司	少数民族针纺织
新乡景弘印染有限公司	少数民族针纺织
河南太行振动机械股份有限公司	少数民族生产工具
郑州天方食品集团有限公司	清真食品
郑州泰阳纺织有限公司	少数民族针纺织
河南省中原皓月清真食品工业有限公司	清真食品
洛阳金香斋食品有限公司	清真食品
河南省金牛足食品有限公司	清真食品
河南省天鹅型材有限公司	少数民族日用杂品
沁阳市金牛皮业有限公司	少数民族针纺织
河南伊赛牛肉股份有限公司	清真食品
沁阳市亚中皮毛制品有限公司	少数民族针纺织
河南省诚实人食品有限公司	清真食品
开开援生制药股份有限公司	少数民族药
郑州雪阳集团股份有限公司	少数民族针纺织
河南省星河油脂有限公司	清真食品
河南梦想食品有限公司	清真食品
漯河市永利食品有限公司	清真食品
漯河市永光电气设备有限公司	少数民族日用杂品
河南九华纺织有限公司	少数民族针纺织
河南尚正食品有限公司	清真食品
沁阳市大扬鞋材有限公司	少数民族鞋帽

续表 21

定点企业名称	民族特需用品名称
河南省武陟县亨威皮毛服装有限公司	少数民族针纺织
沁阳市星月工贸实业有限公司	少数民族针纺织
沁阳市协和皮业有限公司	少数民族针纺织
河南粤禽农牧有限公司	清真食品
安阳市健丰食品有限公司	清真食品
鹤壁市豫光面粉有限公司	清真食品
河南豪丰机械制造有限公司	少数民族生产工具
河南银丰机械制造有限公司	少数民族生产工具
尉氏县凯华皮革有限公司	少数民族服装
河南昌泰电力设备有限公司	少数民族日用杂品
漯河双汇万中禽业加工有限公司	清真食品
淮阳县辉华面业有限公司	清真食品
河南辅仁堂制药有限公司	少数民族药
驻马店联顺食品有限公司	清真食品
河南启明肉食品有限公司	清真食品
河南天瀛食品科技有限公司	清真食品
河南省宛西制药股份有限公司	少数民族药
河南三源粮油食品有限责任公司	清真食品
河南黄国粮业有限公司	清真食品
河南山信粮业有限公司	清真食品
民权县科农食品贸易有限公司	清真食品
河南五环彩印包装股份有限公司	少数民族文体用品
河南义江民族服饰有限公司	少数民族服装
河南花仙子粮油加工有限公司	清真食品
漯河市天味食品有限公司	清真食品
河南省隆庆祥服饰有限公司	少数民族针纺织
河南永达清真食品有限公司	清真食品
内黄县意隆纺织有限责任公司	少数民族针纺织
河南省淇花食用油有限公司	清真食品
新野县康园纺织有限公司	少数民族针纺织
商丘市农家源粮油有限公司	清真食品
信阳市四季香茶业有限公司	边销茶(紧压茶)
焦作市金厨食品有限公司	清真食品
修武县顾氏畜产制品有限责任公司	少数民族针纺织
罗山县高盛瓷业有限公司	少数民族日用杂品

续表 22

定点企业名称	民族特需用品名称
河南帮太食品有限公司	清真食品
河南省华鹏棉业有限公司	少数民族针纺织
商丘市银河棉业股份有限公司	少数民族针纺织
夏邑县淮海铸造有限公司	少数民族日用杂品
鄢陵县鑫鑫肠衣有限公司	清真食品
河南米多奇食品有限公司	清真食品
河南永达生物食品有限公司	清真食品
河南森源集团有限公司	少数民族日用杂品
淅川县豫西清真肉业有限公司	清真食品
河南新能光伏有限公司	少数民族日用杂品
河南七点半食品有限公司	清真食品
洛阳市伊伊清真食品有限公司	清真食品
南乐县大乐面粉有限公司	清真食品
尉氏纺织有限公司	少数民族针纺织
河南省新野鹏升纺织有限公司	少数民族针纺织
新野县华星棉纺织有限责任公司	少数民族针纺织
河南九华山茶业有限公司	边销茶(紧压茶)
河南一加一面粉有限公司	清真食品
湖北省(44 家)	
湖北采花茶业有限公司	少数民族日用杂品
湖北新桥生物科技有限责任公司	少数民族日用杂品
湖北任森农业科技发展有限公司	清真食品
枝江步步升布艺有限公司	少数民族鞋帽
远安县德中茧丝有限责任公司	少数民族针纺织
宜昌雅佳明妃家具有限公司	少数民族家具
宜昌市雅尊服饰有限公司	少数民族服装
恩施新佰佳民族工艺开发有限公司	少数民族日用杂品
恩施州青山木业有限公司	少数民族家具
湖北龙船调服饰有限公司	少数民族服装
湖北锐强农机制造有限公司	少数民族生产工具
湖北香连药业有限责任公司	少数民族药
湖北爱茵木塑制品有限责任公司	少数民族日用杂品
建始永恒太阳能光电科技有限公司	少数民族日用杂品
恩施州鑫鑫麻织品有限责任公司	少数民族针纺织
湖北宝石花工艺品有限公司	少数民族工艺美术品

续表 23

定点企业名称	民族特需用品名称
来凤金凤建材工业有限责任公司	少数民族日用杂品
荆门市奥斯曼复合材料有限公司	少数民族日用杂品
十堰市伊兰清真实业有限公司	清真食品
武当山特区有宏精铸有限公司	少数民族工艺美术品
神农架神农御酒有限责任公司	少数民族针纺织
武汉清真牛羊加工有限公司	清真食品
武汉市副食品商业储备有限公司	清真食品
唐古拉汉藏文化交流有限公司	少数民族工艺美术品
松滋市银舟棉业有限公司	少数民族针纺织
襄阳新襄棉纺织有限公司	少数民族针纺织
襄阳市天佐农牧有限公司	清真食品
宜城市天鑫油脂有限公司	清真食品
湖北雪美实业股份有限公司	少数民族针纺织
湖北巨源油业有限公司	清真食品
房县昂欣布业有限责任公司	少数民族针纺织
宜昌三峡制药有限公司	少数民族药
湖北省赵李桥茶厂有限责任公司	边销茶(紧压茶)
湖北富华茶业有限公司	边销茶(紧压茶)
宣恩县安居建材有限公司	少数民族日用杂品
湖北宏远药业有限公司	少数民族药
恩施州土司皇宫刺绣有限公司	少数民族鞋帽
恩施州百贝木业有限公司	少数民族家具
宜昌市形成服饰有限公司	少数民族服装
山泰水电设备制造有限责任公司	少数民族生产工具
湖北瑞源纺织有限责任公司	少数民族针纺织
咸宁市柏墩生甡川砖茶厂	边销茶(紧压茶)
羊楼洞茶业有限公司	边销茶(紧压茶)
湖北赵李桥锦合茶叶有限公司	边销茶(紧压茶)
湖南省(72家)	
吉首诚成纺织有限公司	少数民族针纺织
湘西自治州长丰纺织有限责任公司	少数民族针纺织
酒鬼酒股份有限公司	少数民族日用杂品
湘西土家族苗族自治州民族中医院	少数民族药
湘西宏成制药有限责任公司	少数民族药
湘西土家族苗族自治州人民医院	少数民族药

续表 24

定点企业名称	民族特需用品名称
湖南湘泉药业股份有限公司	少数民族药
湘西自治州锦绣湘西民族文化产业有限公司	少数民族家具
湘西自治州毕果民族服饰研制中心	少数民族服装
吉首银世界珠宝首饰有限公司	少数民族工艺美术品
古丈县卓良木业有限责任公司	少数民族家具
湖南永顺锦帛钰纺织有限责任公司	少数民族针纺织
湖南本草制药有限责任公司	少数民族药
湖南省泸溪县金旭冶化有限责任公司	少数民族日用杂品
花垣县民族民间工艺美术厂	少数民族针纺织
凤凰古城文化旅游投资股份有限公司	少数民族服装
凤凰县长松投资有限公司	少数民族服装
湘西自治州丰达合金科技有限公司	少数民族服装
湘西自治州天源建材有限责任公司	少数民族日用杂品
湘西芙蓉镇景点圈旅游投资开发股份有限公司	少数民族鞋帽
龙山县叶氏民族工艺有限公司	少数民族针纺织
吉首市宗南重工制造有限公司	少数民族生产工具
湘西自治州兄弟玻璃有限公司	少数民族日用杂品
湖南恒兴木业有限公司	少数民族家具
永顺县土家村姑实业有限责任公司	少数民族针纺织
泸溪县鑫兴冶化有限公司	少数民族工艺美术品
泸溪县金瑞冶化有限责任公司	少数民族工艺美术品
湖南省花垣苗河文化产品有限公司	少数民族工艺美术品
凤凰县铭城旅游设施维护建设有限责任公司	少数民族工艺美术品
湖南金丰纺织集团有限公司	少数民族针纺织
怀化市安江纺织有限责任公司	少数民族针纺织
怀化市恒裕实业有限公司	少数民族日用杂品
新晃老蔡食品有限责任公司	清真食品
怀化正好制药有限公司	少数民族药
湖南佳惠百货有限责任公司	少数民族服装
湖南正清制药集团股份有限公司	少数民族药
洪江市华宇竹业有限公司	少数民族家具
怀化华宏印务有限公司	少数民族文体用品
湖南绿步科技有限责任公司	少数民族日用杂品
湖南恒伟药业股份有限公司	少数民族药
湖南敬和堂制药有限公司	少数民族药

续表 25

定点企业名称	民族特需用品名称
张家界惊梦酒业食品有限责任公司	少数民族日用杂品
张家界金鲵生物工程股份有限公司	少数民族针纺织
张家界三木能源开发有限公司	少数民族日用杂品
张家界康华实业有限公司	少数民族工艺美术品
靖州苗族侗族自治县人民医院	少数民族药
桃江县湘益木业有限责任公司	少数民族家具
桃源县义哥清真牛肉食品厂	清真食品
黄龙洞投资股份有限公司	少数民族服装
湖南省恒鑫饰品有限公司	少数民族工艺美术品
张家界永兴玻璃有限公司	少数民族日用杂品
城步苗族自治县玉兰民族服装厂	少数民族服装
长沙沙坪金球湘绣有限公司	少数民族针纺织
湖南永州奔腾彩印有限公司	少数民族文体用品
湖南省回春堂药业有限公司	少数民族药
靖州县金茶油科技开发有限责任公司	少数民族服装
湖南华洋铜业股份有限公司	少数民族日用杂品
张家界康茜置业有限公司	少数民族日用杂品
怀化湘鹤（集团）电缆科技有限公司	少数民族生产工具
桃江县牛魔王食品有限公司	清真食品
城步苗族自治县银河纸业有限责任公司	少数民族文体用品
安化怡清源茶业有限公司	边销茶(紧压茶)
湖南紫艺茶业有限公司	边销茶(紧压茶)
益阳茶厂有限公司	边销茶(紧压茶)
湖南省白沙溪茶厂有限责任公司	边销茶(紧压茶)
湖南省安化茶厂	边销茶(紧压茶)
湖南益阳香炉山茶业有限公司	边销茶(紧压茶)
临湘市茶业有限责任公司	边销茶(紧压茶)
湖南省临湘永巨茶业有限公司	边销茶(紧压茶)
临湘市明伦茶业有限公司	边销茶(紧压茶)
湖南浩茗茶业食品有限公司	边销茶(紧压茶)
湖南阿香茶果食品有限公司	边销茶(紧压茶)
广东省(8 家)	
广州市回民饭店有限公司	清真食品
广州市塞俩目食品实业发展有限公司	清真食品
广州江村多营禽畜肉业有限公司	清真食品

续表 26

定点企业名称	民族特需用品名称
连南瑶族自治县鹿鸣茧丝绸有限责任公司	少数民族针纺织
乳源瑶族自治县粮食购销有限责任公司	少数民族针纺织
龙门县南昆山乳业有限公司	清真食品
东源县黄龙岩旅游发展有限公司	少数民族服装
连山壮族瑶族自治县山韵民族文化传媒发展有限公司	少数民族服装
广西壮族自治区(132 家)	
广西五丰粮食集团有限公司	清真食品
南宁锦虹棉纺织有限责任公司	少数民族针纺织
广西南方黑芝麻食品股份有限公司	清真食品
南南铝业股份有限公司	少数民族日用杂品
广西横县鸿达茧丝绸有限公司	少数民族针纺织
广西皇氏甲天下乳业股份有限公司	清真食品
广西万通制药有限公司	少数民族药
广西博科药业有限公司	少数民族药
广西集盛食品有限公司	清真食品
广西上林大染坊茧丝绸有限公司	少数民族针纺织
广西南宁德致药业有限公司	少数民族药
广西立盛茧丝绸有限公司	少数民族针纺织
广西万寿堂药业有限公司	少数民族药
广西金花茶业有限公司	边销茶(紧压茶)
广西百大丝绸集团有限公司	少数民族针纺织
广西千珍制药有限公司	少数民族药
横县桂华茧丝绸有限责任公司	少数民族针纺织
广西南宁百洋食品有限公司	清真食品
广西桂西制药有限公司	少数民族药
南宁市八桂纸业有限公司	少数民族文体用品
广西恒拓医药投资集团有限公司	少数民族药
南宁市维威制药有限公司	少数民族药
广西健丰药业有限公司	少数民族药
广西乐达包装有限公司	少数民族生产工具
广西莫老爷食品有限公司	清真食品
南宁五菱桂花车辆有限公司	少数民族生产工具
横县万力隆皮业有限责任公司	少数民族服装
广西南宁百会药业集团有限公司	少数民族药
南宁市上英印刷有限责任公司	少数民族文体用品

续表 27

定点企业名称	民族特需用品名称
宾阳县民族织锦厂	少数民族针纺织
广西金海堂药业有限责任公司	少数民族药
广西金嗓子有限责任公司	少数民族药
广西银钢南益制造有限公司	少数民族生产工具
柳州两面针股份有限公司	少数民族日用杂品
鹿寨县贵盛茧丝工贸有限公司	少数民族针纺织
柳州华晟纺织有限公司	少数民族针纺织
广西壮族自治区花红药业股份有限公司	少数民族药
柳州中皓油脂工业有限公司	清真食品
柳州市润澄针织有限公司	少数民族针纺织
广西天天乐药业股份有限公司	少数民族药
柳州市汇利丰茧丝绸有限责任公司	少数民族针纺织
广西正堂药业有限责任公司	少数民族药
广西日田丝业有限责任公司	少数民族针纺织
广西三江艺尚民族工艺商贸有限公司	少数民族工艺美术品
柳州市柳城鹏鑫源茧丝绸有限公司	少数民族针纺织
广西日田药业集团有限责任公司	少数民族药
柳州市柳城县石门山丝绸有限公司	少数民族针纺织
广西圣特药业有限公司	少数民族药
广西亿康药业股份有限公司	少数民族药
广西柳城县鸿艺丝绸有限公司	少数民族针纺织
广西仙草堂制药有限责任公司	少数民族药
融安桂华茧丝绸有限责任公司	少数民族针纺织
广西柳州长安制药有限公司	少数民族药
柳州市明盈针织服装厂	少数民族服装
广西鹿寨县华顺贸易有限责任公司	少数民族针纺织
广西柳州金杉木业有限公司	少数民族日用杂品
柳城县鼎铭金属制品有限公司	少数民族生产工具
广西融安县金鼎制丝有限责任公司	少数民族针纺织
桂林南药股份有限公司	少数民族药
桂林三金药业股份有限公司	少数民族药
桂林兄弟木业有限责任公司	少数民族家具
广西荔浦桂邦家居有限公司	少数民族家具
桂林金色雨林木业有限责任公司	少数民族家具
广西荔浦肥涛食品饮料有限公司	清真食品

续表 28

定点企业名称	民族特需用品名称
桂林裕祥家居用品有限公司	少数民族家具
桂林中族中药股份有限公司	少数民族药
广西梧州制药(集团)股份有限公司	少数民族药
广西梧州冰泉实业股份有限公司	清真食品
广西华虹蚕丝股份有限公司	少数民族针纺织
广西梧州茂圣茶业有限公司	边销茶(紧压茶)
梧州神冠蛋白肠衣有限公司	清真食品
广西玉兰制药有限公司	少数民族药
广西壮族自治区梧州茶厂	边销茶(紧压茶)
蒙山县五丰丝绸有限公司	少数民族针纺织
蒙山县辉明丝绸制品有限公司	少数民族针纺织
广西华虹绢纺有限公司	少数民族针纺织
北海洪恩水产有限公司	清真食品
北海保通冷冻食品有限公司	清真食品
广西恒拓集团仁盛制药有限公司	少数民族药
广西灵山县宇峰保健食品有限公司	清真食品
广西桂合集团有限公司	少数民族针纺织
广西钦州力顺机械有限公司	少数民族生产工具
广西半宙天龙制药有限公司	少数民族药
广西世彪药业有限公司	少数民族药
钦州承坭斋陶艺有限公司	少数民族日用杂品
广西中和兽药厂	少数民族药
广西源安堂药业有限公司	少数民族药
平南县兽药厂	少数民族药
广西清隆机械制造有限公司	少数民族生产工具
广西平南新马工艺品有限公司	少数民族工艺美术品
广西三环企业集团股份有限公司	少数民族日用杂品
广西容县美柏工艺品有限公司	少数民族工艺美术品
广西开元机器制造有限责任公司	少数民族生产工具
广西北流仲礼瓷业有限公司	少数民族日用杂品
广西玉林制药集团有限责任公司	少数民族药
广西南山瓷器有限公司	少数民族日用杂品
广西中医药大学制药厂	少数民族药
广西玉林大金大药业有限公司	少数民族药
广西博白东美工艺品有限公司	少数民族日用杂品

续表 29

定点企业名称	民族特需用品名称
靖西县壮锦厂	少数民族针纺织
广西高山茧丝绸科技有限公司	少数民族针纺织
广西灵峰药业有限公司	少数民族药
广西贺州市美仪瓷业有限责任公司	少数民族日用杂品
广西江缘茧丝绸有限公司	少数民族针纺织
广西嘉联丝绸有限公司	少数民族针纺织
广西都安建兴机械有限公司	少数民族生产工具
广西东兰花神丝绸有限公司	少数民族针纺织
广西华佳丝绸有限公司	少数民族针纺织
广西双蚁药业有限公司	少数民族药
广西方略集团龙州制药有限公司	少数民族药
广西汇工印业有限公司	少数民族文体用品
宾阳县茧丝工贸有限责任公司	少数民族针纺织
广西天景山丝绸有限公司	少数民族针纺织
广西金鼎家具集团有限公司	少数民族家具
广西方略药业集团有限公司	少数民族药
广西北斗星动物保健品有限公司	少数民族药
广西圣保堂药业有限公司	少数民族药
南宁市宾阳县嘉利丝业有限公司	少数民族针纺织
广西康华药业有限责任公司	少数民族药
南宁桂通连印务有限责任公司	少数民族文体用品
广西潘多拉科工贸有限公司	少数民族文体用品
广西隆鑫工贸发展有限公司	少数民族服装
忻城县瑞龙丝业有限责任公司	少数民族针纺织
广西古方药业有限公司	少数民族药
广西盛世鸿霞玻璃钢制品有限公司	少数民族工艺美术品
广西志光办公家具有限公司	少数民族家具
鹿寨古典桑蚕丝织有限公司	少数民族针纺织
广西中天药业有限公司	少数民族药
广西鸿博药业有限公司	少数民族药
广西金茶王油脂有限公司	清真食品
广西民族印刷包装集团有限公司	少数民族文体用品
上林海润丝业有限公司	少数民族针纺织
海南省(3 家)	
海南锦绣织贝有限公司	少数民族针纺织

续表 30

定点企业名称	民族特需用品名称
海南美裕营销有限公司	少数民族工艺美术品
陵水藤竹工艺品有限公司	少数民族家具
重庆市(15 家)	
重庆周君记火锅食品有限公司	清真食品
重庆市天润食品开发有限公司	清真食品
重庆市双河丝绸有限公司	少数民族针纺织
重庆市万州区三峡绣手工艺品有限公司	少数民族针纺织
重庆市海伦地毯有限公司	少数民族针纺织
重庆长宏木业有限公司	少数民族家具
大足石刻艺术品公司	少数民族工艺美术品
重庆市七妹民族工艺品开发有限公司	少数民族针纺织
重庆市乐尔佳机械有限公司	少数民族日用杂品
重庆德庄农产品开发有限公司	清真食品
重庆天宏鞋业有限公司	少数民族针纺织
重庆鸿庆食品有限公司	清真食品
重庆宏普食品有限公司	清真食品
重庆峰谷美地生态养蜂有限公司	清真食品
重庆建容木制品有限公司	少数民族家具
四川省(54 家)	
成都永业有限公司	少数民族家具
四川鑫利达皮具伞业有限责任公司	少数民族家具
雅安市名山县西藏朗赛茶厂	边销茶(紧压茶)
四川省洪雅县松潘民族茶厂	边销茶(紧压茶)
四川吉祥茶业有限公司	边销茶(紧压茶)
雅安市友谊茶叶有限公司	边销茶(紧压茶)
四川省雅安茶厂有限公司	边销茶(紧压茶)
雅安市蔡龙茶厂	边销茶(紧压茶)
四川省叙府茶业有限公司	边销茶(紧压茶)
宜宾市外贸金叶茶业有限责任公司	边销茶(紧压茶)
四川巴山雀舌名茶实业有限公司	边销茶(紧压茶)
四川省平武茶业有限责任公司	边销茶(紧压茶)
凉山彝族自治州民政民族工艺厂	少数民族工艺美术品
凉山阿英莫彝族精品服饰有限公司	少数民族服装
凉山州鸿腾清真食品有限公司	清真食品
甘孜州华康进出口有限责任公司	少数民族工艺美术品

续表 31

定点企业名称	民族特需用品名称
石渠县太阳部落土特产品有限责任公司	少数民族服装
康定青藏谷地农牧业生物科技有限公司	清真食品
甘孜州神螺藏医药研究开发中心	少数民族药
道孚县雪域安巴民间工艺品有限责任公司	少数民族工艺美术品
九寨沟天然药业集团有限责任公司	少数民族药
阿坝县联营民族特需用品工艺厂	少数民族工艺美术品
九寨沟高原食品有限公司	清真食品
阿坝州新希望牦牛产业有限公司	清真食品
成都伊利乳业有限责任公司	清真食品
成都天和银楼有限责任公司	少数民族工艺美术品
自贡市扎染工艺有限公司	少数民族针纺织
四川荣州动物药业有限公司	少数民族药
自贡市博宏丝绸有限公司	少数民族针纺织
四川自贡百味斋食品有限公司	清真食品
乐山市金源纺织有限责任公司	少数民族针纺织
四川省犍为罗城忠烈塑料有限责任公司	少数民族生产工具
四川罗城牛肉食品有限公司	清真食品
四川省美宁实业集团清真食品有限公司	清真食品
四川华峰总公司成都公司	少数民族家具
绵阳市永隆清真食品有限责任公司	清真食品
四川省邛崃市冉义镇新民民族用品有限责任公司	少数民族针纺织
成都弘光工艺品有限公司	少数民族工艺美术品
四川阳光教学设备有限公司	少数民族家具
四川洪兴工贸有限公司	少数民族家具
四川嘎玛博秀雪艺文化发展有限公司	少数民族工艺美术品
炉霍雪域俄色有限责任公司	边销茶(紧压茶)
四川康定金珠制药有限责任公司	少数民族药
康定康藏工艺品制造有限公司	少数民族工艺美术品
道孚亚姆热旅游开发有限责任公司	少数民族工艺美术品
四川宇妥藏药药业有限责任公司	少数民族药
阿坝州红祥民族工艺品开发有限责任公司	少数民族工艺美术品
阿坝州雪松牦牛肉干有限公司	清真食品
成都市棒棒娃实业有限公司	清真食品
四川省丹丹调味品有限公司	清真食品
四川金宫川派味业有限公司	清真食品

续表 32

定点企业名称	民族特需用品名称
成都市荣泰清真食品有限责任公司	清真食品
四川省阿坝州茂县兄弟牦牛肉制品厂	清真食品
犍为县罗城海氏回族食品有限责任公司	清真食品
贵州省(80 家)	
贵阳德昌祥药业有限公司	少数民族药
贵州恒霸药业有限责任公司	少数民族药
贵州健兴药业有限公司	少数民族药
贵州绿太阳制药有限公司	少数民族药
贵州益康制药有限公司	少数民族药
贵州太和制药有限公司	少数民族药
贵州威门药业股份有限公司	少数民族药
贵阳新天药业股份有限公司	少数民族药
贵州汉方制药有限公司	少数民族药
贵州万顺堂药业有限公司	少数民族药
贵州远程制药有限责任公司	少数民族药
贵州维康药业有限公司	少数民族药
贵州地道药业有限公司	少数民族药
贵州同济堂制药有限公司	少数民族药
际华 3537 制鞋有限责任公司	少数民族鞋帽
贵州多彩民族民间文化发展有限公司	少数民族工艺美术品
贵州金芦笙有限公司	少数民族针纺织
贵州高原彝药厂	少数民族药
贵州百祥制药有限责任公司	少数民族药
贵州三力制药有限责任公司	少数民族药
贵州百灵企业集团和仁堂药业有限公司	少数民族药
贵州科辉制药有限公司	少数民族药
贵州好一多乳业股份有限公司	清真食品
贵州伊然红清真食品有限公司	清真食品
贵州多彩雪飞文化旅游商品有限公司	少数民族针纺织
贵州益佰制药有限公司	少数民族药
贵州百灵企业集团制药股份有限公司	少数民族药
贵州顺健制药有限公司	少数民族药
贵州牛来香实业有限公司	清真食品
平坝县杨平清真食品厂	清真食品
安顺市鸿泰蜡染开发有限公司	少数民族针纺织

续表 33

定点企业名称	民族特需用品名称
安顺大明屯堡文化艺术发展有限公司	少数民族工艺美术品
安顺市屯堡雕刻艺术有限公司	少数民族工艺美术品
贵州万胜药业有限责任公司	少数民族药
贵州旭阳食品（集团）有限公司	清真食品
贵州三仁堂药业有限公司	少数民族药
贵州宏奇药业有限公司	少数民族药
六盘水民艺苑商贸有限公司	少数民族服装
贵州榜香郁苗绣服饰开发有限公司	少数民族服装
贵州仰阿莎民族工艺品有限责任公司	少数民族工艺美术品
锦屏县打岩塘鸿发石材有限责任公司	少数民族日用杂品
黔东南州九黎苗妹工艺品有限公司	少数民族工艺美术品
雷山县津龙民族商贸有限责任公司	少数民族工艺美术品、针纺织
剑河县章氏古典家具有限公司	少数民族日用杂品
黔东南朵碟朵阿旅游商品开发有限公司	少数民族针纺织
黔东南州太阳鼓苗侗刺绣有限责任公司	少数民族针纺织
贵阳杏林堂制药有限公司	少数民族药
贵州飞云岭药业股份有限公司	少数民族药
贵州奥特药业有限公司	少数民族药
贵州信邦制药股份有限公司	少数民族药
贵州盛世龙方制药股份有限公司	少数民族药
贵州省都匀瑞祥民族纺织品有限公司	少数民族针纺织
贵州特色制药有限责任公司	少数民族药
贵州永红食品有限公司	清真食品
平塘县禄麒牙舟古陶文化有限公司	少数民族日用杂品
贵州良济药业有限公司	少数民族药
兴仁县马大姐食品有限公司	清真食品
贵州苗药药业有限公司	少数民族药
贵州省兴义市布谷鸟民族实业发展有限公司	少数民族服装
黔西南州金艺商贸发展有限公司	清真食品
贵州兴诚华英食品有限公司	清真食品
黔西南州晶晶民族文化旅游产品发展有限公司	少数民族服装
贵州百灵企业集团世禧制药有限公司	少数民族药
威宁县毛纺有限责任公司	少数民族针纺织
大方彝族漆器工艺品发展有限公司	少数民族工艺美术品
贵州千红万紫民族工艺开发有限公司	少数民族服装、针纺织

续表 34

定点企业名称	民族特需用品名称
贵州省玉屏侗族自治县箫笛厂	少数民族文体用品
贵州省松桃梵净山苗族文化旅游产品开发有限公司	少数民族针纺织
关岭布依族苗族自治县蒙固袂民族服装厂	少数民族服装
六盘水市钟山区德付木雕工艺厂	少数民族日用杂品
黎平民族刺绣服饰厂	少数民族服装、针纺织
贵州省凯里锦天纺织有限公司	少数民族针纺织
台江县锦绣图腾工艺品有限公司	少数民族针纺织
贵州省施秉县舞水云台旅游商品开发有限公司	少数民族服装
贵州省福泉市机械厂	少数民族生产工具
镇宁自治县瀑乡蜡妹民族旅游商品有限公司	少数民族工艺美术品
贵州省关岭鹏强银饰工艺品有限公司	少数民族工艺美术品
水城县金来民族服饰加工厂	少数民族服装
贵州丹寨宁航蜡染有限公司	少数民族针纺织
贵州苗珍堂生物科技有限公司	少数民族针纺织
云南省(116 家)	
昆明鸿运玖久丝绸有限公司	少数民族针纺织
石林毕氏民族服装服饰有限公司	少数民族针纺织
云南龙布瑞农特产品有限公司	少数民族针纺织
玉溪市桦星织带有限责任公司	少数民族针纺织
云南省通海民族织染厂	少数民族针纺织
姚安县麻纺织厂	少数民族针纺织
云南海润茧丝绸有限公司	少数民族针纺织
云南大姚棉织有限责任公司	少数民族针纺织
云南嘉宏纺织集团有限公司	少数民族针纺织
文山钰幅戎民族刺绣有限公司	少数民族针纺织
西双版纳民族文化传播有限公司	少数民族针纺织
巍山县三彝扎染工贸有限公司	少数民族针纺织
巍山县蓝龙扎染有限责任公司	少数民族针纺织
巍山县兴国扎染有限公司	少数民族针纺织
大理滇西纺织有限责任公司	少数民族针纺织
弥渡县民族线带厂	少数民族针纺织
鹤庆县茧丝有限责任公司	少数民族针纺织
丽江毛纺织品有限责任公司	少数民族针纺织
丽江七星民族用品纺织服饰有限公司	少数民族针纺织
云南长秀服装厂	少数民族服装

续表 35

定点企业名称	民族特需用品名称
楚雄红枫叶制衣有限公司	少数民族服装
楚雄四喜服饰文化有限责任公司	少数民族服装
楚雄市振翼实业有限公司	少数民族服装
开远市跃进彩妹手工制绣有限责任公司	少数民族服装
建水县民族金银首饰有限责任公司	少数民族服装
澜沧兰花花民族服饰文化有限公司	少数民族服装
西盟佤山服饰有限公司	少数民族服装
巍山县民族工艺服装厂	少数民族服装
贡山县民族服装厂	少数民族服装
丽江涵蜜金民族服饰工贸有限公司	少数民族服装
丽江丽雪民族服装有限公司	少数民族服装
丽江纳西人民族服装工贸有限公司	少数民族服装
丽江市宁蒗县阿妈六斤民族服饰有限公司	少数民族服装
丽江市古城区皮毛皮革厂	少数民族鞋帽
石林瓷业有限责任公司	少数民族日用杂品
曲靖珠源瓷业有限公司	少数民族日用杂品
曲靖石林锦达瓷业有限公司	少数民族日用杂品
云南省易门益兴瓷业有限公司	少数民族日用杂品
云南省易门华盛瓷业有限公司	少数民族日用杂品
澜沧盛鑫陶瓷制品有限责任公司	少数民族日用杂品
鹤庆县走夷方文化传播有任公司	少数民族日用杂品
瑞丽市荣丰现代装饰装璜有限责任公司	少数民族日用杂品
德钦县益西藏文化产业有限公司	少数民族日用杂品
香格里拉县尼西乡黑陶开发有限责任公司	少数民族日用杂品
丽江市宁蒗县再生木业有限责任公司	少数民族日用杂品
香格里拉县尼西黑土陶开发有限责任公司	少数民族日用杂品
新平美坚新型竹材有限公司	少数民族家具
澜沧县桂华家具有限公司	少数民族家具
镇沅县祥惠木业有限责任公司	少数民族家具
剑川县狮河木雕有限公司	少数民族家具
剑川县方圆石雕石材有限责任公司	少数民族家具
剑川狮河金达木器木雕有限公司	少数民族家具
剑川县宏盛古建筑工程有限责任公司	少数民族家具
新平鹏源彩印包装厂	少数民族文体用品
石屏县坝心印刷厂	少数民族文体用品

续表 36

定点企业名称	民族特需用品名称
西双版纳报社印刷厂	少数民族文体用品
德宏民族出版社印刷厂	少数民族文体用品
怒江报社民族印刷有限责任公司	少数民族文体用品
丽江印刷有限责任公司	少数民族文体用品
丽江华丽印刷有限责任公司	少数民族文体用品
石林印象柿子食品文化有限公司	少数民族工艺美术品
华宁县宁州舒氏陶艺有限责任公司	少数民族工艺美术品
保山市金齿永子文化传媒有限责任公司	少数民族文体用品
云南通海民族银饰制品有限公司	少数民族工艺美术品
新平彝族傣族自治县综合厂	少数民族工艺美术品
楚雄彝艺民族文化旅游产品开发公司	少数民族工艺美术品
武定县民族工艺饰品厂	少数民族工艺美术品
永仁县天彝苴却砚文化开发有限责任公司	少数民族工艺美术品
石屏县恒誉实业有限公司	少数民族工艺美术品
广南县跃升民族银饰工艺有限公司	少数民族工艺美术品
大理文州银都水乡旅游投资有限公司	少数民族工艺美术品
芒市海华开发有限公司民族金银首饰厂	少数民族工艺美术品
德钦县民族用品开发有限责任公司	少数民族工艺美术品
丽江市古城区民族首饰有限公司	少数民族工艺美术品
曲靖市寥廓鑫源工贸有限公司	少数民族生产工具
曲靖市塑料集团公司	少数民族生产工具
马龙县佳誉塑料制品有限公司	少数民族生产工具
宣威市中博塑料有限公司	少数民族生产工具
曲靖市麒麟金叶塑料有限公司	少数民族生产工具
云南科地塑胶有限公司	少数民族生产工具
玉溪市兴红太阳能设备有限公司	少数民族生产工具
玉溪市旭日塑料有限公司	少数民族生产工具
云南大姚机械配件厂	少数民族生产工具
云南省前所机制农具厂	少数民族生产工具
沧源自治县佤山旅游产品开发有限责任公司	少数民族生产工具
云南生物谷灯盏花药业有限公司	少数民族药
昆明群芳药业有限公司	少数民族药
云南永孜堂制药有限公司	少数民族药
滇虹药业集团玉溪生物制药有限公司	少数民族药
云南维和药业股份有限公司	少数民族药

续表 37

定点企业名称	民族特需用品名称
云南龙发制药有限公司	少数民族药
楚雄云中制药有限责任公司	少数民族药
云南盘龙云海药业有限公司	少数民族药
云南金碧制药有限公司	少数民族药
昆明制药集团金泰得药业股份有限公司	少数民族药
云南特安呐制药股份有限公司	少数民族药
西双版纳版纳药业有限责任公司	少数民族药
西双版纳雨林制药有限责任公司	少数民族药
大理州中药制药有限公司	少数民族药
云南大理瑞鹤药业有限公司	少数民族药
昆明华曦牧业集团有限公司	清真食品
云南寻甸仁德食品有限公司	清真食品
寻甸县东发食品有限公司	清真食品
云南海潮集团天牧肉牛产业有限公司	清真食品
云南省鲁甸县理世实业有限公司	清真食品
云南滇回马氏食品有限公司	清真食品
玉溪市回族糕点糖果厂	清真食品
云南天方食品有限公司	清真食品
云南保山同心食品有限公司	清真食品
腾冲县高黎贡山生态茶业有限责任公司	清真食品
楚雄市树苴乡农业技术综合开发公司	清真食品
云南开远泰昌清真食品有限公司	清真食品
开远市坤杰清真食品有限责任公司	清真食品
文山华博贸易有限责任公司	清真食品
永平县阿巧嬢清真食品有限责任公司	清真食品
云南下关沱茶集团股份有限公司	边销茶(紧压茶)
西藏自治区(50 家)	
西藏自治区拉萨皮革厂	少数民族鞋帽
西藏康曲民族经济文化发展有限公司	少数民族针纺织、工艺美术品
西藏银桥股份有限公司	少数民族工艺美术品
西藏阿卓商贸有限公司	少数民族工艺美术品
拉萨唐杰工艺品有限责任公司	少数民族日用杂品、工艺美术品
西藏蓝雪工贸有限公司	少数民族针纺织、工艺美术品
西藏日喀则地区亚美民族手工业产品有限责任公司	少数民族工艺美术品
西藏仁布县玉石雕刻厂	少数民族工艺美术品

续表 38

定点企业名称	民族特需用品名称
拉孜旅游文化发展有限责任公司	少数民族日用杂品
改则县鑫隆乡镇企业民族手工艺厂	少数民族针纺织
洛扎县洛扎扎镇门当居委会民族手工艺编织厂	少数民族针纺织
西藏琼结县水晶玉石厂	少数民族工艺美术品
山南地区扎囊县阳光氆氇编织厂	少数民族针纺织
西藏那曲兴达民族产品开发股份合作有限责任公司	少数民族工艺美术品
西藏自治区藏药厂	少数民族药
西藏藏药集团股份有限公司	少数民族药
西藏藏医学院藏药有限公司	少数民族药
西藏神猴药业有限责任公司	少数民族药
西藏山南雍布拉康藏药厂	少数民族药
西藏金哈达药业有限公司	少数民族药
西藏昌都日通藏医药研制中心藏药厂	少数民族药
西藏昌都光宇利民药业有限责任公司	少数民族药
西藏龙凤地毯加工有限公司	少数民族针纺织
西藏卓玛民族手工艺品有限公司	少数民族针纺织
西藏帮锦镁朵工贸有限公司	少数民族针纺织
西藏日喀则市康帕地毯厂	少数民族针纺织
西藏自治区江孜县地毯厂	少数民族针纺织
山南乃东县地毯厂	少数民族针纺织
西藏浪卡子地毯厂	少数民族针纺织
西藏拉萨地毯有限责任公司	少数民族针纺织
拉萨市城关区地毯厂	少数民族针纺织
西藏那曲地区纳木措地毯实业有限责任公司	少数民族针纺织
西藏优格仓工贸有限公司	少数民族日用杂品
西藏珠穆拉瑞商贸发展有限公司	少数民族日用杂品
西藏日喀则市得勒棉崇藏香有限责任公司	少数民族日用杂品
扎囊县敏珠林寺藏香厂	少数民族日用杂品
西藏圣海螺民族产品开发有限公司	少数民族日用杂品
西藏吞柏古藏香有限公司	少数民族日用杂品
西藏洛卓龙商贸有限公司	少数民族日用杂品
拉萨彩泉福利民族手工业有限公司	少数民族服装
江孜县民族服装厂	少数民族服装
拉萨荣恒服装有限责任公司	少数民族服装
西藏自治区江孜铁木家具厂	少数民族家具

续表 39

定点企业名称	民族特需用品名称
日喀则市扎西吉彩金银铜器加工厂	少数民族工艺美术品
西藏自治区日喀则市铁器厂	少数民族日用杂品
拉萨市城关区古艺建筑美术公司	少数民族工艺美术品
拉萨市茂源家具装潢有限责任公司	少数民族家具
西藏童嘎家私有限公司	少数民族家具
西藏柒木家私有限公司	少数民族家具
拉萨市城关区毛纺二厂	少数民族针纺织
陕西省(23家)	
西安市凯丽思清真食品有限责任公司	清真食品
陕西顶麦食品有限公司	清真食品
华丰食品（咸阳）有限公司	清真食品
陕西心特软食品有限公司	清真食品
陕西子祺食品有限公司	清真食品
陕西蒲城华星食品有限公司	清真食品
定边县付翔食品有限责任公司	清真食品
陕西建忠佳家乐食品有限公司	清真食品
陕西华祥食品（集团）有限公司	清真食品
宝鸡惠民奶业有限公司	清真食品
宝鸡华龙牧业集团有限公司	清真食品
西北二棉纺织有限公司	少数民族针纺织
陕西怡泽茯茶有限公司	边销茶(紧压茶)
陕西德富祥食品餐饮有限公司	清真食品
陕西雍城面业有限公司	清真食品
宝鸡同盛食品有限公司	清真食品
陕西三原兴邦油品有限公司	清真食品
西安三宝双喜清真食品有限公司	清真食品
西安哈牙食品有限公司	清真食品
岐山华祥纸箱有限公司	少数民族文体用品
陕西福万家食品有限公司	清真食品
西安嘉奥调味食品有限公司	清真食品
陕西三秦香食品有限公司	清真食品
甘肃省(105家)	
兰州庄园牧场股份有限公司	清真食品
甘肃雅赛尼工贸有限公司	少数民族服装
兰州国智民贸有限公司	少数民族工艺美术品

续表 40

定点企业名称	民族特需用品名称
兰州马大胡子餐饮服务有限公司	清真食品
兰州吉祥斋西饼食品有限公司	清真食品
兰州依果商贸有限公司	少数民族服装
兰州东方宫清真餐饮有限公司	清真食品
兰州忠华商贸有限公司	清真食品
兰州小二黑食品有限公司	清真食品
兰州伊利乳业有限公司	清真食品
甘肃阿敏生物清真明胶有限公司	清真食品
兰州百味全清真食品有限公司	清真食品
兰州市永登吉福清真肉食品有限公司	清真食品
肃北县温格金民族贸易有限公司	少数民族工艺美术品
肃南县草原惠成食品有限公司	清真食品
肃南县富达民族服饰工艺有限公司	少数民族服装
山丹县康源清真牛羊肉食品有限公司	清真食品
民勤县德兴食品有限公司	清真食品
武威天润白牦牛绿色食品开发有限公司	清真食品
甘肃伊真堂药业有限公司	少数民族药
甘肃伊发药业有限公司	少数民族药
岷县瑞丰药业有限公司	少数民族药
定西伊兰纯牛业有限公司	清真食品
临洮巍雅斯名表眼镜有限公司	少数民族工艺美术品
甘肃德煌炘园食品有限公司	清真食品
白银特澳特番茄制品有限公司	清真食品
天水市康宁生物科技有限公司	少数民族药
平凉市凯沣贸易进出口有限公司	清真食品
平凉市景兴清真肉品有限公司	清真食品
华亭县宏源牧业有限公司	清真食品
庆阳北地红调味食品有限公司	清真食品
甘肃华羚酪蛋白股份有限责任公司	清真食品
甘南藏族自治州燎原乳业有限责任公司	清真食品
甘南州澎曹民族产品开发有限责任公司	少数民族服装
甘南州恒达商贸开发有限责任公司	少数民族日用杂品
甘南州晟羚肉类加工有限责任公司	清真食品
甘南州科瑞乳品开发有限公司	清真食品
甘南州玛曲雪原肉业有限公司	清真食品

续表 41

定点企业名称	民族特需用品名称
甘肃安多清真绿色食品有限公司	清真食品
甘南州夏河县雪域藏香厂	少数民族日用杂品
甘南州恒发商贸有限责任公司	少数民族日用杂品
甘南州伊丰源商贸开发有限责任公司	清真食品
甘南州卡加曼藏药开发有限公司	少数民族药
甘南州临潭县金洮良种牛繁育有限责任公司	清真食品
甘南州羚城藏族文化科技开发有限责任公司	少数民族日用杂品、工艺美术品
甘南州玛曲县昌翔清真肉业有限公司	清真食品
甘南州玛曲县安泰旅游产品有限责任公司	少数民族日用杂品、工艺美术品
甘南州迭部迭山藏药有限责任公司	少数民族药
甘南州卓尼县鼎元艺术品开发有限责任公司	少数民族日用杂品
甘南藏药有限公司	少数民族药
临夏市兴强地毯有限责任公司	少数民族针纺织
临夏市友和商贸有限责任公司	少数民族日用杂品
甘肃临夏雪羚毛纺地毯有限责任公司	少数民族针纺织
临夏市协恒源副食品有限责任公司	清真食品
临夏市什锦清真食品有限责任公司	清真食品
临夏市天宝食品有限责任公司	清真食品
临夏市清河源清真食品有限责任公司	清真食品
临夏市泉乳乳品有限责任公司	清真食品
临夏市南园清真食品有限责任公司	清真食品
临夏州顺发清真食品有限公司	清真食品
临夏州华安生物制品有限责任公司	清真食品
临夏州雪峰清真冷冻食品有限责任公司	清真食品
临夏回族自治州兰州穆斯林经济贸易公司	清真食品
临夏华羚酪蛋白有限公司	清真食品
临夏市维良毛纺织品有限公司	少数民族针纺织
临夏市鑫磊农具制造有限公司	少数民族生产工具
临夏市兴元皮毛制品有限责任公司	少数民族鞋帽
临夏伊尔雅有限责任公司	少数民族服装
临夏滨河物流有限责任公司	少数民族针纺织
临夏学和民族用品厂	少数民族鞋帽
甘肃佳家味清真食品有限公司	清真食品
临夏市树人商贸有限责任公司	少数民族服装
临夏银星清真餐饮有限责任公司	清真食品

续表 42

定点企业名称	民族特需用品名称
临夏市盛德工贸有限责任公司	少数民族针纺织
临夏州福源豆业清真食品有限责任公司	清真食品
临夏八坊商贸有限责任公司	少数民族生产工具
临夏市临牛农机有限责任公司	少数民族生产工具
甘肃省临夏永恒实业有限公司	少数民族药
临夏恒丰实业有限责任公司	清真食品
临夏县莲花湖食品有限责任公司	清真食品
临夏县爱丽福清真食品有限责任公司	清真食品
临夏县绿康清真冷冻食品有限责任公司	清真食品
临夏润兴清真食品有限公司	清真食品
甘肃圣泽园清真食品生产集团有限公司	清真食品
临夏州燎源乳业有限责任公司	清真食品
临夏州汇通木业有限责任公司	少数民族家具
临夏县伊美清真食品有限责任公司	清真食品
临夏县穆伊肉食品有限责任公司	清真食品
甘肃省宏良皮业有限公司	少数民族鞋帽
广河县顺发商贸有限公司	少数民族针纺织
广河县银河毛纺织有限公司	少数民族针纺织
广河县陇黔商贸有限公司	少数民族针纺织
甘肃清源皮业有限公司	少数民族鞋帽
广河县诚德民族用品公司	少数民族服装
广河县雪羚农产品有限公司	清真食品
广河县雪峰农产品有限公司	少数民族针纺织
甘肃伊朊生物制品有限公司	清真食品
广河县汇源畜产品有限公司	少数民族针纺织
甘肃丰源农业开发有限公司	清真食品
甘肃伊尊民族用品工贸有限公司	少数民族服装
积石山县进军药业有限责任公司	少数民族药
积石山县三联副食品经销有限责任公司	清真食品
积石山县保安民族腰刀制造有限公司	少数民族日用杂品
甘肃威宝淀粉有限公司	清真食品
甘肃康美现代牧产业集团有限责任公司	清真食品
青海省(54 家)	
青海藏羊地毯（集体）有限公司	少数民族针纺织
青海雪舟三绒集团	少数民族针纺织

续表 43

定点企业名称	民族特需用品名称
金诃藏药股份有限公司	少数民族药
青海绿草原食品有限公司	清真食品
青海省海湖藏毯有限公司	少数民族针纺织
青海久美藏药药业有限公司	少数民族药
青海百德投资发展有限公司	清真食品
湟源县活力朔料制品有限责任公司	少数民族日用杂品
青海伊佳民族用品有限公司	少数民族鞋帽
青海省威乐木业有限责任公司	少数民族生产工具
民和县康益达有限公司	少数民族日用杂品
青海仙红辣椒开发集体有限公司	清真食品
同仁县热贡艺术有限公司	少数民族工艺美术品
青海柴达木高科技药业有限公司	少数民族药
乌兰县蒙方民族用品有限公司	少数民族生产工具
丹噶尔皮绣研制开发有限公司	少数民族针纺织
柴达木羊绒有限公司	少数民族针纺织
青海塔尔寺旅游资源开发有限公司	少数民族工艺美术品
西宁泰诚工贸有限责任公司	少数民族日用杂品
青海藏之堂科贸有限公司	少数民族针纺织
青海可可西里食品有限公司	清真食品
青海伊佳民族服饰有限责任公司	少数民族服装
青海裕泰畜产品有限公司	清真食品
青海三江雪食品饮料有限公司	清真食品
青海芳谱精炼油有限公司	清真食品
青海吉友湟源醋实业有限公司	清真食品
青海青海湖乳业有限责任公司	清真食品
青海缘汇木雕工艺有限公司	少数民族工艺美术品
湟中县佛光工艺雕塑有限责任公司	少数民族工艺美术品
互助县塞纳文化发展有限公司	少数民族针纺织
海南州布绣嘎玛民族工艺品有限责任公司	少数民族针纺织
贵南县东格尔藏绣科技有限责任公司	少数民族针纺织
尖扎县宗喀民族藏香有限公司	少数民族日用杂品
刚察县草原肉食品有限公司	清真食品
青海省帝玛尔藏药药业有限公司	少数民族药
门源县伊源奶制品有限责任公司	清真食品
青海循化县博艺旅游文化有限公司	少数民族工艺美术品

续表 44

定点企业名称	民族特需用品名称
青海博热工贸有限公司	少数民族日用杂品
海晏县夏华清真肉食品有限公司	清真食品
循化县甲秀畜产品开发有限公司	清真食品
泽库县民族服饰加工厂	少数民族服装
青海伊之堂文化旅游开发有限公司	少数民族针纺织
循化县藏族服装加工开发公司	少数民族服装
循化县岗拉民族用品有限公司	少数民族工艺美术品
青海玉良工艺有限责任公司	少数民族工艺美术品
尖扎县衣之贵民族服装有限公司	少数民族服装
天峻县桑木纯精乳制品加工专业合作社	清真食品
海南州五彩藏绣艺术有限公司	少数民族针纺织
西宁伊品园食品有限公司	清真食品
青海湖源牧开发有限公司	清真食品
河南县民族贸易有限公司	少数民族日用杂品
泽库县赛日龙藏文化工艺有限公司	少数民族工艺美术品
民和银昊工贸有限公司	少数民族日用杂品
海西州绿色能源有限公司	少数民族生产工具
宁夏回族自治区(88 家)	
宁夏圣雪绒羊绒有限公司	少数民族服装
宁夏中银绒业股份有限公司	少数民族服装
宁夏嘉源绒业集团有限公司	少数民族服装
宁夏荣昌绒业集团有限公司	少数民族服装
宁夏宏达羊绒制品有限公司	少数民族服装
宁夏灵武圣雪绒羊绒制品有限公司	少数民族服装
宁夏阿尔法绒业有限公司	少数民族服装
宁夏特米尔羊绒制品有限公司	少数民族服装
宁夏金海皮业有限责任公司	少数民族针纺织
吴忠市万绨旎民族服饰有限责任公司	少数民族服装
宁夏雄鹰皮草有限责任公司	少数民族服装
宁夏同心县生海绒业有限责任公司	少数民族服装
宁夏同心祥福绒毛制品有限公司	少数民族服装
盐池县忠信畜产品开发有限公司	少数民族服装
宁夏盐池恒纳地毯有限公司	少数民族针纺织
宁夏盛源绒业有限公司	少数民族服装
宁夏紫荆花纸业有限公司	少数民族文体用品

续表 45

定点企业名称	民族特需用品名称
宁夏回乡文化实业有限公司	少数民族工艺美术品
宁夏全保家具有限公司	少数民族家具
宁夏天马冶化（集团）股份有限公司	少数民族工艺美术品
平罗县赛云建材有限公司	少数民族日用杂品
固原源通环保技术有限公司	少数民族生产工具
宁夏科豪陶瓷有限公司	少数民族日用杂品
宁夏夏进制箱包装有限公司	少数民族文体用品
宁夏泰瑞制药有限公司	少数民族药
宁夏多维药业有限公司	少数民族药
银川市金河乳业有限公司	清真食品
银川伊布拉欣清真食品有限公司	清真食品
宁夏安优卜清真食品有限公司	清真食品
宁夏伊味清真食品有限公司	清真食品
宁夏伊品生物科技股份有限公司	清真食品
宁夏北方乳业有限责任公司	清真食品
宁夏大北农科技实业有限公司	清真食品
宁夏厚生记食品有限公司	清真食品
宁夏平顺源清真食品有限公司	清真食品
宁夏成玉植物油有限公司	清真食品
宁夏夏进乳业集团股份有限公司	清真食品
宁夏万胜生物工程有限公司	清真食品
宁夏吴忠市国军清真食品有限公司	清真食品
宁夏红果乳业有限公司	清真食品
宁夏涝河桥清真肉食品有限公司	清真食品
宁夏雪泉乳业有限公司	清真食品
宁夏红山河食品有限公司	清真食品
吴忠市兴达粮油有限公司	清真食品
宁夏国平油脂有限公司	清真食品
青铜峡市清真食品有限责任公司	清真食品
宁夏同心阿伊河清真肉食品有限公司	清真食品
宁夏夏华肉食品有限公司	清真食品
宁夏杞芽食品科技有限公司	清真食品
德泓（宁夏）国际纺织有限公司	少数民族服装
银川市富邦印刷包装有限公司	少数民族文体用品
宁夏汇川服装有限公司	少数民族服装

续表 46

定点企业名称	民族特需用品名称
宁夏吴忠市精艺裘皮制品有限公司	少数民族服装
固原贤明民族服饰有限公司	少数民族服装
灵武市嘉艺科技有限公司	少数民族服装
宁夏海原国华农机制造有限责任公司	少数民族生产工具
宁夏启元国药有限公司	少数民族药
宁夏启元药业有限公司	少数民族药
宁夏金岛食品有限公司	清真食品
宁夏家家食用油有限公司	清真食品
宁夏天人和豆制品有限公司	清真食品
银川原源食用油有限公司	清真食品
宁夏优素福清真食品有限公司	清真食品
宁夏鼎润清真食品有限公司	清真食品
宁夏伊顺园农工贸有限公司	清真食品
银川泰丰生物科技有限公司	清真食品
宁夏曼苏尔清真食品有限公司	清真食品
宁夏贺兰县红星粮油加工厂（有限公司）	清真食品
宁夏敬义泰清真食品有限公司	清真食品
宁夏乐口福食品有限公司	清真食品
宁夏亿美生物科技有限公司	清真食品
宁夏野娇娇食品有限公司	清真食品
宁夏沙湖清真食品有限公司	清真食品
宁夏周家八食品有限公司	清真食品
平罗县黄渠桥老豆腐制品有限公司	清真食品
宁夏华恩食品有限公司	清真食品
宁夏伊宁和清真豆制品有限公司	清真食品
宁夏宁杨清真食品有限公司	清真食品
宁夏肯萨清真方便面肉制品有限公司	清真食品
宁夏吴忠市金瑞清真食品有限公司	清真食品
吴忠市生利来清真食品有限公司	清真食品
吴忠市曼苏尔清真食品有限公司	清真食品
吴忠市嘉禾粮油食品有限公司	清真食品
宁夏伊友乳业有限公司	清真食品
宁夏顺宝现代农业有限公司	清真食品
中卫市金帝冷冻食品有限责任公司	清真食品
宁夏昊裕油脂有限公司	清真食品

续表 47

定点企业名称	民族特需用品名称
青铜峡市明珠圆清真食品乳业有限责任公司	清真食品
新疆维吾尔自治区(268 家)	
中粮屯河股份有限公司	清真食品
新疆果业集团有限公司	清真食品
麦趣尔集团股份有限公司	清真食品
新疆泰昆集团股份有限公司	清真食品
新疆康尤美粮油集团有限公司	清真食品
新疆金鑫生物科技发展有限公司	清真食品
精河县精棉棉业有限责任公司	清真食品
新疆九禾种业有限责任公司	清真食品
新疆哈巴河县雅居床服有限责任公司	少数民族服装
新疆震企生物科技有限公司	清真食品
精河县托里棉花加工厂	清真食品
新疆奎屯天康植物蛋白有限公司	清真食品
新和健鹰纺织有限公司	少数民族针纺织
哈密协力棉业有限公司	少数民族针纺织
疏勒县丰润油脂有限公司	清真食品
新疆麦趣尔食品有限公司	清真食品
新疆笑厨食品有限公司	清真食品
新疆仓麦园有限责任公司	清真食品
新疆江皓工贸有限公司	清真食品
新疆阿尔曼清真食品工业集团有限公司	清真食品
新疆玉泰驼绒纺织品有限公司	少数民族针纺织
新疆维吾尔药业有限责任公司	少数民族药
新疆帕尔拉克进出口贸易有限公司	少数民族针纺织
新疆海奥油脂科技发展有限公司	清真食品
新疆康尤美昭苏油脂有限公司	清真食品
安琪酵母（伊犁）有限公司	清真食品
福海县大尾羊有限责任公司	清真食品
昌吉市昌鼎工贸有限公司	清真食品
昌吉市沈派西域老回民饭庄	清真食品
新疆麦趣尔集团有限责任公司	清真食品
新疆华兴投资集团有限公司	清真食品
昌吉金西域棉业有限责任公司	少数民族针纺织
新疆天山毛纺织股份有限公司	少数民族服装

续表 48

定点企业名称	民族特需用品名称
华凌畜牧产业开发有限公司	清真食品
新疆银朵兰维药股份有限公司	少数民族药
新疆维阿堂制药有限公司	少数民族药
乌鲁木齐市古再丽文化艺术有限责任公司	少数民族服装
新疆五江兴华实业有限公司	少数民族日用杂品
新疆维吾尔自治区新华书店	少数民族文体用品
哈密市长青农牧有限公司	清真食品
哈密长河工贸集团长兴畜产品工贸有限责任公司	清真食品
新疆天娇红农业科技开发有限公司	清真食品
新疆阿克苏天康植物蛋白有限公司	清真食品
巴楚县金谷油脂有限公司	清真食品
喀什佰佳肉业有限责任公司	清真食品
喀什市新艺工艺美术有限责任公司	少数民族针纺织
喀什阿米娜清真食品有限公司	清真食品
喀什远东陶瓷有限公司	少数民族日用杂品
新疆南达乳业有限公司	清真食品
新疆西昆仑骨明胶有限公司	清真食品
新疆绿草原肉禽食品有限公司	清真食品
焉耆县三宇实业有限责任公司	清真食品
新疆博湖县万福食品有限责任公司	清真食品
新疆永升嘉轩食品有限责任公司	清真食品
西域旅游开发股份有限公司	少数民族工艺美术品
玛纳斯恒泰实业有限公司	清真食品
玛纳斯县来利塑料制品厂	少数民族生产工具
昌吉市银洋生物有限公司	清真食品
新疆天山骄子食品有限责任公司	清真食品
伊宁向新禽业有限责任公司	清真食品
伊犁百信草原蜂业有限责任公司	清真食品
新疆旺利隆商贸有限公司	清真食品
伊犁三润食品有限责任公司	清真食品
伊犁阿旺都食品有限责任公司	清真食品
伊犁德康粮贸有限责任公司	清真食品
伊犁德利发食品有限责任公司	清真食品
新疆绿洲国信植物蛋白有限公司	清真食品
新疆鸿锦枸杞实业有限公司	清真食品

续表 49

定点企业名称	民族特需用品名称
精河县鑫源油脂有限责任公司	清真食品
新疆精河县天顺祥棉花加工有限公司	少数民族针纺织
新疆伊犁巴口香实业有限责任公司	清真食品
伊犁雪莲乳业有限公司	清真食品
伊犁伊力特乳业有限责任公司	清真食品
新疆伊源乳业股份有限公司	清真食品
博湖县阿勒奇民族工艺品有限公司	少数民族工艺美术品
新疆盛康粮油有限公司	清真食品
伊犁万顺油脂有限公司	清真食品
昭苏县草原粮油实业有限责任公司	清真食品
新疆伊品酪蛋白有限公司	清真食品
新疆金汇食品有限公司	清真食品
新疆阳派食品有限公司	清真食品
伊犁天药生物科技有限公司	少数民族工艺美术品
新疆昌润商贸有限责任公司	清真食品
新疆芳草湖益民塑料化工有限公司	少数民族生产工具
呼图壁县天山气流纺有限公司	少数民族针纺织
吉木萨尔县二工乡天元粮油制品农民专业合作社	清真食品
昌吉市麦客来达氏回民食品厂	清真食品
阜康市金岭粮油工贸有限责任公司	清真食品
新疆开利地毯织造有限公司	少数民族针纺织
伊宁市塔斯布拉克民族服装公司	少数民族服装
霍城县代吾然地毯有限公司	少数民族针纺织
克拉玛依市阿丽米热商贸有限责任公司	清真食品
伊犁华蓝木业有限公司	少数民族家具
新疆天宝祥食品有限公司	清真食品
精河县康瑞棉花加工有限公司	少数民族针纺织
精河县力达纺织有限公司	少数民族针纺织
博乐市家乐油脂有限责任公司	清真食品
博乐市博水缘食品有限责任公司	清真食品
新疆福鑫粮油有限公司	清真食品
博尔塔拉蒙古自治州万力源科技开发有限责任公司	少数民族日用杂品
沙雅鸿兴油脂有限责任公司	清真食品
新疆塔河明珠果业有限公司	清真食品
新疆旺源驼奶实业有限公司	清真食品

续表 50

定点企业名称	民族特需用品名称
阿勒泰冰花食品有限责任公司	清真食品
阿克苏伊格尔食品有限公司	清真食品
阿克苏塔里木畜产品有限公司	清真食品
温宿县海川乳业有限公司	清真食品
沙雅富宏棉纺有限公司	少数民族针纺织
新疆多浪畜产品开发有限责任公司	清真食品
库车县亚地卡尔民族手工艺品制造有限公司	少数民族针纺织
阿克陶县益丰实业有限公司	清真食品
新疆锡力旦科技文化发展有限公司	少数民族文体用品
新疆雅徕维吾尔厨具有限公司	少数民族日用杂品
新疆香巴拉食品有限公司	清真食品
新疆西尔丹食品有限公司	清真食品
新疆紫罗兰食品有限公司	清真食品
新疆金派利尔食品有限公司	清真食品
新疆新粮油脂有限责任公司	清真食品
喀什德吾苒发展有限公司	清真食品
新疆阿布丹食品开发有限公司	清真食品
和田阳光沙漠玫瑰有限责任公司	清真食品
新疆西域玫瑰精细化工有限公司	少数民族工艺美术品
英吉沙县民族小刀制品有限责任公司	少数民族日用杂品
莎车县农工商民族食品有限责任公司	清真食品
喀什市古城民族用品有限责任公司	少数民族针纺织
麦盖提县古刀郎有限责任公司	清真食品
伽师县前程股份合作印刷厂	少数民族文体用品
福海县布伦托海水产养殖开发有限公司	清真食品
布尔津县卧龙湾旅游开发有限责任公司	少数民族工艺美术品
福海县海瑞有限责任公司	清真食品
阿勒泰地区金农农牧业开发有限责任公司	清真食品
哈巴河县桦林节水设备有限公司	少数民族生产工具
吉木乃县粮油收储有限责任公司	清真食品
新疆阿勒泰地区哈萨克医医院	少数民族药
福海水产有限责任公司	清真食品
哈密金牛盖瑞乳业有限公司	清真食品
新疆和硕丁丁食品有限责任公司	清真食品
新疆瑞源乳业有限公司	清真食品

续表 51

定点企业名称	民族特需用品名称
石河子汇昌油脂有限责任公司	清真食品
新疆石河子花园乳业有限公司	清真食品
哈密摆氏清真食品配送中心有限公司	清真食品
巴里坤老油坊粮油商业有限公司	清真食品
和田地毯有限责任公司	少数民族针纺织
和田维吾尔药业有限责任公司	少数民族药
新疆纳克西湾手工地毯开发有限公司	少数民族针纺织
吐鲁番地区民心工贸有限责任公司	清真食品
吐鲁番地区维吾尔医医院制药厂	少数民族药
鄯善县库木塔格农产品农民专业合作社	清真食品
新疆和静县羽彩民族工艺品有限公司	少数民族工艺美术品
和静利华食品有限责任公司	清真食品
新疆青鹤实业（集团）有限公司	清真食品
新疆博湖县红丰食品有限责任公司	清真食品
新疆博湖县蓝翔食品水产有限公司	清真食品
尉犁同丰油脂工贸有限责任公司	清真食品
新疆宏景清真食品股份有限公司	清真食品
新疆红帆生物科技有限公司	清真食品
新疆天意节水设备有限公司	少数民族生产工具
尉犁县永发塑业有限责任公司	少数民族生产工具
巴州友邦生物科技有限公司	清真食品
新疆新建番茄制品有限公司	清真食品
新疆绿翔牧业有限责任公司	清真食品
额敏县万通畜牧有限责任公司	清真食品
新疆红花缘科技有限公司裕民公司	清真食品
新疆谢利盖畜牧有限责任公司	清真食品
和布克赛尔县江格王绒制品有限公司	少数民族针纺织
沙湾县盖瑞乳业有限责任公司	清真食品
和布克赛尔蒙古自治县蒙哥尔肉类开发有限公司	清真食品
克拉玛依独山子马合苏提商贸有限公司	清真食品
爱萨拉商贸有限责任公司	清真食品
新疆中太肉联有限责任公司	清真食品
新疆惠利灌溉科技有限公司	少数民族生产工具
新疆古丽汗手工地毯开发有限公司	少数民族针纺织
新疆塔里木震企生物科技有限公司	清真食品

续表 52

定点企业名称	民族特需用品名称
哈密华艺文体发展有限公司	少数民族工艺美术品
国药集团新疆制药有限公司	少数民族药
新疆奇康哈博维药有限公司	少数民族药
巴州哈力馨蒙西医医院	少数民族药
新疆尤再尔农业科技发展有限公司	清真食品
新疆精河县永合力纺织有限公司	少数民族针纺织
新疆曼福农业科技开发有限公司	少数民族针纺织
鄯善县哈木热汗手工地毯厂	少数民族针纺织
察布查尔锡伯自治县沁源油脂有限责任公司	清真食品
新疆新华印刷厂	少数民族文体用品
新疆奥斯曼生物资源有限公司	少数民族日用杂品
新疆庄子实业有限公司	清真食品
新疆恒远中汇彩印包装有限公司	少数民族文体用品
新疆新华华龙印务有限责任公司	少数民族文体用品
塔城市鹏坤玉米食品有限责任公司	清真食品
乌鲁木齐市安卡维文软件开发有限公司	少数民族文体用品
哈密市新潮工贸有限公司	清真食品
乌市米娜娃时装商贸有限公司	少数民族服装
新疆亲努尔生物科技有限公司	少数民族日用杂品
哈密新世纪服装有限责任公司	少数民族服装
哈密市红柳清真家禽屠宰厂	清真食品
新疆壹俐绮服饰文化发展有限公司	少数民族服装
新疆银谷泰油脂有限公司	清真食品
岳普湖县大陆公司油脂化工厂	清真食品
伽师县鼎鑫油脂有限责任公司	清真食品
新疆百味餐饮食品有限公司	清真食品
喀什知心食品有限责任公司	清真食品
昌吉市飞马财富商贸有限责任公司	清真食品
莎车县维吾尔医医院	少数民族药
巴楚县那斯尔实业有限公司	清真食品
巴州众恒油脂有限公司	清真食品
若羌银河油脂工贸有限公司	清真食品
吐鲁番市民族工艺玉器地毯厂	少数民族针纺织
新疆巴什格穆时尚服饰设计制作有限公司	少数民族服装
新疆爱勒塔记民族服装有限公司	少数民族服装

续表53

定点企业名称	民族特需用品名称
洛浦县民乐民族地毯有限责任公司	少数民族针纺织
和田县毛丹王地毯有限责任公司	少数民族针纺织
伊宁市漫紫拉民族产品编织厂	少数民族服装
和田市塔瓦热克地毯有限责任公司	少数民族针纺织
新疆天山水泥股份有限公司	少数民族日用杂品
新疆哈密长联肠衣有限公司	清真食品
新疆西部节水科技股份有限公司	少数民族生产工具
新疆锦德食品有限责任公司	清真食品
阿瓦提县永和油脂化工有限责任公司	清真食品
新疆康源番茄制品有限公司	清真食品
新疆云龙油脂有限公司	清真食品
新疆天玛生态食品有限公司	清真食品
新疆中德农业发展有限公司	清真食品
和田天王纺织有限公司	少数民族针纺织
若羌金丰源纺织有限公司	少数民族针纺织
新疆隆平高科弘安天然色素有限公司	清真食品
喀什昆仑维吾尔药业股份有限公司	少数民族药
尼勒克县美特尔乳业有限公司	清真食品
吉木萨尔县新明农牧机械制造厂	少数民族生产工具
玛纳斯县兴隆塑料制品厂	少数民族生产工具
麦盖提县青年油脂有限责任公司	清真食品
和田市友谊牛羊定点屠宰有限责任公司	清真食品
洛浦县白城地毯厂	少数民族针纺织
洛浦县故乡地毯有限公司	少数民族针纺织
新疆白花村金面王食品有限责任公司	清真食品
伊犁霍尔果斯枣索制革厂	少数民族针纺织
新汶矿业集团（伊犁）泰山阳光新型建材有限公司	少数民族工艺美术品
和静县瑞和番茄制品有限责任公司	清真食品
和硕县天喜食品有限责任公司	清真食品
呼图壁县嘉泰油脂有限责任公司	清真食品
玛纳斯县金丰植物油工贸有限责任公司	清真食品
呼图壁县景泰番茄制品有限公司	清真食品
玛纳斯县胜旗塑化工贸有限公司	少数民族生产工具
伊犁大草原农牧有限责任公司	清真食品
伊犁西天山农牧发展有限责任公司	清真食品

续表 54

定点企业名称	民族特需用品名称
伊犁蓝海食品有限公司	清真食品
库尔勒金阳光服装有限责任公司	少数民族服装
新疆意诺牧业科技有限公司	清真食品
巴州新州喀尔万食品开发有限公司	清真食品
新疆天盛实业有限公司	少数民族针纺织
于田县农佳乐地毯厂	少数民族针纺织
洛浦县时代地毯厂	少数民族针纺织
新疆秦星实业投资有限公司	清真食品
乌鲁木齐市一帆电子有限公司	少数民族文体用品
新疆富洋食品有限公司	清真食品
库车县天山畜产品有限责任公司	清真食品
新疆塔城储绿粮油集团面粉加工有限公司	清真食品
新疆娜尔格兰科技发展有限公司	清真食品
岳普湖益华纸业包装有限公司	少数民族文体用品
克拉玛依市奥兹库瓦提食品有限公司	清真食品
巴州中星油脂有限公司	清真食品
哈密市正商油脂有限公司	清真食品
新疆赛湖渔业科技开发有限公司	清真食品
阿勒泰市达尔汗农业开发有限责任公司	清真食品
阿克苏地区久久棉纺有限公司	少数民族针纺织
新疆红彤彤食品有限公司	清真食品
哈密市夏尔拉山食品有限公司	清真食品
托克逊县三源油脂有限责任公司	清真食品
托克逊县地方国营牧场	清真食品
托克逊县天福食品有限责任公司	清真食品
新疆生产建设兵团(25 家)	
新疆中基番茄制品有限责任公司	清真食品
新疆新光油脂有限公司	清真食品
新疆绿翔牧业有限责任公司	清真食品
新疆弘生家纺有限公司	少数民族针纺织
新疆天润生物科技股份有限公司	清真食品
新疆昌恒纺织有限责任公司	少数民族针纺织
新疆奎屯绿源酱业有限公司	清真食品
沙湾盖瑞乳业有限责任公司	清真食品
新疆五家渠鑫宝农业科技开发有限公司	清真食品

续表 55

定点企业名称	民族特需用品名称
新疆伊犁伊帕尔汗香料发展有限责任公司	少数民族工艺美术品
图木舒克市前海棉纺织有限责任公司	少数民族针纺织
图木舒克疆绒纺织有限公司	少数民族针纺织
福海县额河牧业有限责任公司	清真食品
石河子康隆油脂工贸有限责任公司	清真食品
和田昆仑山印业有限公司	少数民族文体用品
新疆震企油脂有限公司	清真食品
北屯额河草原食品有限责任公司	清真食品
乌苏市泉盛饲料有限责任公司	清真食品
新疆保康油脂有限公司	清真食品
新疆顶山食品有限公司	清真食品
奎屯润泽塑业科技有限公司	少数民族生产工具
银桥国际控股（新疆奎屯市）乳业有限公司	清真食品
焉耆天湖鹅业开发有限公司	清真食品
乌苏高泉天天乳业有限责任公司	清真食品
新疆绿翔纺织品有限责任公司	少数民族针纺织